常熟是个好地方，粮棉双高产，对国家贡献大。

——周恩来　1966 年 1 月 8 日

客有问吾邑者书此答之

[清]孙原湘

软红尘里小蓬莱，画阁文疏对岸开。

七溪流香穿郭过，半山飞绿进城来。

酒多按节倾家酿，花不论钱遍地栽。

莫笑耕夫多识字，梁时便有读书台。

孙原湘（1760—1829），字子潇，清代昭文（今常熟）人。嘉庆十年（1805年）进士，任翰林院庶吉士，充武英殿协修。著有《天真阁诗文集》。

中国年鉴资源全文数据库核心年鉴 / 中国知识资源总库

2016 常熟年鉴

CHANGSHU YEARBOOK

常熟市人民政府 主办
常熟市地方志编纂委员会办公室 编

方志出版社
Publishing House of Local Records

图书在版编目（CIP）数据

常熟年鉴. 2016 / 常熟市地方志编纂委员会办公室编. -- 北京 ：方志出版社，2016.11
ISBN 978-7-5144-2214-6

Ⅰ. ①常… Ⅱ. ①常… Ⅲ. ①常熟—2016—年鉴
Ⅳ. ①Z525.33

中国版本图书馆CIP数据核字（2016）第290714号

常熟年鉴（2016）

编　　者：常熟市地方志编纂委员会办公室
责任编辑：丛　珺
出 版 人：冀祥德
出 版 者：方志出版社
地址　北京市朝阳区潘家园东里9号（国家方志馆4层）
邮编　100021
网址　http://www.fzph.org
发　　行：方志出版社发行中心
电话（010）67110500
经　　销：各地新华书店
印　　刷：常熟市梅李印刷有限公司
开　　本：889×1194　1/16
印　　张：30
字　　数：1017千字
版　　次：2016年11月第1版　2016年11月第1次印刷
印　　数：0001～1500册
ISBN 978-7-5144-2214-6　定价：250.00元

常熟市地方志编纂委员会

主　　任　周勤第　常熟市人民政府代理市长

常务副主任　陶　理　常熟市人民政府副市长

副 主 任
韩卫兵　中共常熟市委副书记兼宣传部部长
钱向宏　常熟市人大常委会副主任
殷丽萍　政协常熟市委员会副主席

成　　员
周荣葆　中共常熟市委办公室主任
支立新　常熟市人大常委会办公室副主任兼研究室主任
马维刚　常熟市人民政府办公室主任
施　晨　政协常熟市委员会秘书长
陆乾元　常熟市地方志编纂委员会办公室主任
邹燕兰　中共常熟市委组织部副部长
时映光　中共常熟市委宣传部副部长
吴建兴　中共常熟市委农村工作办公室主任
李丽芳　常熟市发展和改革委员会主任
邓国华　常熟市经济和信息化委员会主任
陈邵东　常熟市教育局局长
潘　伟　常熟市科学技术局局长
戴炳元　常熟市民政局局长
浦梅萍　常熟市财政局局长
廖瑞娟　常熟市人力资源和社会保障局局长
陆继军　常熟市住房和城乡建设局局长
蒋向阳　常熟市规划局局长
唐志军　常熟市交通运输局局长
陈永进　常熟市水利局局长
高宝兴　常熟市农业委员会主任
吴　伟　常熟市文化广电新闻出版局局长
朱兴元　常熟市卫生和计划生育委员会主任
顾玉芬　常熟市环境保护局局长
陆益斌　常熟市统计局局长
顾志强　常熟市档案局（馆）局（馆）长
张　怡　常熟市广播电视总台台长
范建峰　常熟日报社总编辑

《常熟年鉴》编辑部

主　　编	陆乾元
执行主编	陈建东　汤　涵
副 主 编	戴仁璋　王　宏　祝慧江　浦君芝
编　　辑	邹　萍　刘品玉　薛　卫　虞　柳　张　军
编　　务	蔡玉芬　杨沁怡
索　　引	曹培根
英文翻译	吴　磊
图片提供	常熟日报社、钱伟春等

《常熟年鉴》书名字体说明：

《常熟年鉴》书名字体系用翁同龢的字组合而成。翁同龢（1830—1904），字叔平，号松禅，别署瓶庐居士等，江苏常熟人。清末政治家、书法家。清咸丰六年（1856年）殿试中一甲一名（状元），历刑部、工部、户部尚书，协办大学士、都察院左都御史、军机大臣兼总理各国事务衙门大臣，加太子少保等。

《常熟年鉴（2016）》审稿人员

（以姓氏笔画为序）

丁　雷	卜鸿昌	马曾扣	马志强	王利民	王永明	邓国华
邓　玨	归若飞	冯　晋	刘玉方	刘　洪	朱惠明	朱兴元
朱凤伟	朱国清	祁　伟	汤亚明	齐　竝	许晓挺	吴　伟
吴志明	吴　军	吴友华	吴国华	吴建兴	宋　刚	宋建明
张俊华	张正祥	张卫忠	张建忠	张　怡	张军阳	张龙卫
李丽芳	李兴祥	李根发	李俊峰	李学东	李晓敏	杨坚红
沈育军	沈靖波	苏加宏	苏建东	芮卫国	邵　军	陆　林
陆晓棣	陆乾元	陆建达	陆　清	陆建中	陆凤妹	陈　军
陈永进	陈祥云	陈　涛	陈　勇	陈　芳	陈　鹏	季俊华
季恒义	孟雨青	周建宏	周　祥	周荣葆	庞学海	范建峰
范立军	金　华	郝　磊	姚卫东	赵东方	赵　斌	须亚军
俞惠良	唐　政	唐　晓	唐佩军	唐志军	唐剑锋	夏红君
徐　力	徐惠东	徐　明	徐翔年	浦梅萍	钱进平	钱新锋
钱耀良	陶俊明	顾玉芬	顾君明	顾伟明	高宝兴	高雪峰
曹建华	章桂生	黄小龙	黄晓东	游立志	掌孝恩	董国新
蒋向阳	韩音梅	程凤鸣	蔡美月	阚国良	潘　伟	薛志恒
戴亚芳	戴建东	戴炳元				

常熟城市精神：

崇文 尚和 创新 超越

编辑说明

一、《常熟年鉴》是在中共常熟市委领导下，由常熟市人民政府主办，常熟市地方志编纂委员会办公室编辑的常熟地方综合年鉴，每年一卷。

二、《常熟年鉴（2016）》是1996年创刊后的第21卷。该部年鉴全面、系统、翔实地记载了2015年度常熟市政治、经济、文化和社会生活等方面的基本情况，为各级领导决策和社会各界了解常熟、研究常熟提供较翔实的信息资料，为推进常熟经济社会更好、更快发展提供借鉴。

三、本部年鉴采用分类编辑法。全书设36个类目，配有照片135帧，图表82幅，地图2幅。不同层次的标题，通过字体、字号和版式设计加以区别；条目标题以黑体字加【】表示。以“综述”“概况”和专题等形式介绍行业或事业发展情况。

四、本部年鉴中的条目由全市各镇（场）、部门、有关单位（包括驻常单位）指定专人撰写，并经主管领导审核签发，确保资料、数据的真实性、准确性和权威性。由于涉及部门、单位较多，加上数据来源和统计时间、方法不同，文中涉及的各类数据如有差异，一律以常熟市统计局编辑的《常熟统计年鉴》为准。

五、为便于读者检索，年鉴卷首有中文细目和英文简目；卷末附有索引。全书所有信息资料均可从目录、索引、书眉、大事记等内容中获得，并配有年鉴电子光盘。

六、《常熟年鉴（2016）》的编辑出版得到全市各区镇、各部门、各单位和社会各界人士的支持和帮助，在此深表谢意。

卷首语

由常熟市人民政府主办、常熟市地方志编纂委员会办公室编辑的《常熟年鉴》，自1996年首部出版发行至今，已经走过了整整20个春秋。今年出版的《常熟年鉴（2016）》为第21卷，全面记述2015年常熟政治、经济、社会的发展状况。

《常熟年鉴》属于综合性年鉴，集资料性、权威性、科学性和连续性于一身，汇辑了常熟市一个年度经济社会发展的重要文献、时政要闻和统计资料等。多年来，《常熟年鉴》按照国家《地方志工作条例》的要求，以“严谨、务实、求真”的理念，履行了年鉴资政、信息、存史和借鉴等职能，为促进常熟经济社会发展发挥了应有功能，起到了积极作用。

2015年，全市上下在中央、省委和苏州市委的坚强领导下，全面贯彻落实党的十八大和十八届三中、四中、五中全会精神，深入贯彻习近平总书记系列重要讲话特别是视察江苏重要讲话精神，主动适应经济发展新常态，各方面工作取得新进展，这在《常熟年鉴（2016）》中有详细的记录和充分的展示。2016年是实施“十三五”规划的开局之年，全市上下将紧紧围绕“五位一体”总体布局和“四个全面”战略布局，大力实施创新驱动、民生优先、城乡统筹、绿色发展、文化提升五大战略，扎实推进供给侧结构性改革，践行五大理念，打造精致城市，努力建设“强富美高”新常熟，为高水平全面建成小康社会而不懈奋斗。

《常熟年鉴》坚持海纳百川、博采众长，做到凸显个性、常编常新、与时俱进，具备了图文并茂、信息密集、资料权威、反应及时、连续出版等特点，具有较高的史学价值和文化价值。衷心希望《常熟年鉴》继续为促进常熟经济社会持续平稳健康发展发挥新的更大作用。

预祝《常熟年鉴》越办越好！

中共常熟市委书记

常熟获得的全国性荣誉

HONOR

国务院农业生产丰产奖状	1958
棉花皮棉亩产全国第二	1966
县级外贸出口全国第二	1977
国家历史文化名城	1986
中国明星县（市）	1993
全国150个植棉大县（市）之一	1994
全国农村电气化市	1995
1994年全国财政收入百强县（市）	1995
中国综合实力百强县	1995
全国卫生城市	1996
全国科技实力百强县（市）	1996
全国城市环境综合整治优秀县级市	1996
全国农科教结合示范区先行县（市）	1996
全国水利经济十强县	1996
1995年全国财政收入百强县（市）	1996
全国持续高效农业技术研究与示范区	1998
国家卫生城市	1999
中国优秀旅游城市	2001
城市交通畅通工程优秀城市	2001
国家环保模范城市	2001
全国"畅通工程"模范管理城市	2001
国家园林城市	2002
中国纺织产业基地市	2002
中国休闲服装名城	2002
全国村民自治模范市	2003
中国人居环境范例奖	2003

国家园林城市	2003
全国双拥模范城	2003
全国篮球城市	2004
全国绿化模范城市	2004
中国古琴之乡	2004
国际花园城市	2004
全国科普示范市	2004
全国科技进步示范市	2004
全国计划生育优秀服务先进市	2005
全国生态示范区	2005
全国环境优美镇"满堂红"	2005
全国"双合格"家庭教育工作示范市	2005
马可·波罗国际金奖城市	2006
国家生态市	2006
全国亿万农民健康促进行动示范县（区）	2006
全国农村社区建设实验县（市）	2007
中国十佳休闲旅游名市	2007
全国首批旅游文化示范地	2007
全国农村社区建设实验县（市、区）	2007
全国消防科普教育基地	2007
全国唯一拥有两个"国家城市湿地公园"城	2007
全国绿色学校创建活动优秀组织单位	2007
全国双拥模范城	2007
中国最受游客喜爱的地方	2007
中国县域旅游品牌十强县	2007
中国自驾车旅游品牌十大目的地	2007

HONOR

常熟获得的全国性荣誉

HONOR

全国首批基层残疾人组织规范化建设达标城市	2007
中国改革十大创新城市	2008
中国十大文化生态旅游城市	2008
中国品牌城市	2008
中国购物中心城市贡献奖城市	2008
中国曲艺之乡	2008
中国民间文化艺术之乡	2008
中国大陆最佳商业城市（县级市）首位	2008
全国心理教育优秀实验区	2008
全国健康城市优秀实验奖	2008
中国市场名城	2008
全国文化信息资源共享工程示范市	2008
中国全面小康十大示范县	2009
中国商业名城	2009
中国十大服装专业市场榜首	2009
第二批全国生态文明建设试点城市	2009
全国和谐社区建设示范区	2009
全国首批白内障无障碍县	2009
中国书法之乡	2009
全国群众艺术示范基地	2009
全国实施农民体育健身工程先进县	2009
2010中国大陆最佳县级城市	2010
中国休闲服装名城和纺织产业基地市	2010
品牌中国（县域旅游）十大品牌目的地	2010
全国双拥模范城	2011
中国红色经典文化旅游名城	2011

国家节水型城市	2011
国家生态文明示范城市试点市	2011
全国六星级慈善城市	2011
中国人居环境奖	2011
中国十佳绿色城市	2011
中国民间艺术之乡	2011
全国法制宣传教育先进县（市）	2011
全国纺织模范产业集群	2012
全国十大服装产业示范集群	2012
全国粮食生产先进单位	2012
江南音乐创作基地	2012
全国节水型社会建设示范区	2013
2013中国休闲小城	2013
国家级出口电子信息产品质量安全示范区	2013
国家火炬特色产业基地	2013
中国产学研合作创新示范基地	2013
全国七星级慈善城市	2014
全国“六五”普法中期先进集体	2014
全国文明城市提名城市	2014
中国休闲城市标准示范市	2014
全国首批电子商务进农村综合示范县	2015
常熟高新区升格为国家级高新区	2015
全国率先实施农村生活污水治理PPP项目	2015

2015 CHRONICLE OF EVENTS IN CHANGSHU

常熟大事记略

获批联合国世界旅游组织可持续发展中国观测点

文史专著《让国南来仲雍》《南方夫子言偃》出版

文庙工程主体建筑完成

日间照料中心、助餐点等养老设施建设加快推进

在全国率先实施农村污水治理PPP项目

三环路高架全线贯通

科技创新体制综合改革试点方案获江苏省批准

被认定为全国首批电子商务进农村综合示范县

高新区成为江苏省创业投资集聚发展示范区

完成“四个百万亩”用地计划调整

高新区升格为国家级高新区

县处级以上领导干部开展“三严三实”专题教育

数字常熟2015

总面积：**1276.32** 平方千米

私家车保有量：**30.24** 万辆

常住人口：**151.01** 万人

邮电业务总收入：**27.17** 亿元

户籍人口：**106.82** 万人

A 级景区接待境内外游客 **1780.75** 万人次

地区生产总值：**2044.88** 亿元

旅游营业收入：**1.87** 亿元

第一产业增加值：**40.76** 亿元

本外币各项存款余额：**2604.88** 亿元

第二产业增加值：**1064.27** 亿元

本外币各项贷款余额：**2040.32** 亿元

第三产业增加值：**939.85** 亿元

居民人均可支配收入：**41506** 元

三次产业比例 **1.99:52.05:45.96**

居民人均消费支出：**25472** 元

人均地区生产总值：**135414** 元

农业总产值：**76.20** 亿元

社会用电量：**1623840** 万千瓦时

工业总产值：**4554.30** 亿元

数字常熟2015

规模以上工业产值：**4554.30** 亿元

公共财政预算收入：**157.70** 亿元

各类学校总数：**108** 所

公共财政预算支出：**155.26** 亿元

在校生数：**152150** 人

固定资产投资额：**631.22** 亿元

专任教师数 **10250** 人

社会消费品零售总额：**627.07** 亿元

各类医疗卫生机构：**468** 个

商品市场成交额：**1756.70** 亿元

医疗卫生机构床位：**7346** 张

进出口总额：**221.57** 亿美元

卫生技术人员：**8569** 人

新办境外企业：**17** 家

全民健身工程（点）：**519** 个

旅客运输量：**3853** 万人次

建成各类保障性住房：**1054** 套

货物运输总量：**1527** 万吨

养老机构床位数：**11704** 张

常熟港货物吞吐量：**8507** 万吨

2015年6月25日，住建部部长陈政高（前右四）到常熟调研新农村污水处理设施建设

2015年4月15日，国家质检总局副局长梅克保（左二）到奇瑞捷豹路虎汽车有限公司调研

2015年6月15日，省委书记、省人大常委会主任罗志军（前中）到常熟考察奇瑞捷豹路虎汽车有限公司

2015年8月25日，省委副书记、省长李学勇（中）到常熟国家大学科技园调研

2015年3月13日，省委副书记、苏州市委书记石泰峰（前右二）到常熟调研工业经济转型升级情况

2015年7月3日，省委常委、宣传部部长王燕文（中）到常熟调研宣传思想文化工作

2015年6月18日，副省长徐南平（前左一）到常熟调研

2015年12月11日，苏州市委副书记、市长周乃翔（前中）到常熟调研

虞山秋色

尚湖风光

聚沙园初春

琴川河夜景

现代新农村

元和路改造

市保障性安居工程——“晨枫家园”

常熟市体育中心一角

渔民丰收

农资储备

奶牛养殖

农业对外合作

地产葡萄上市

2015年11月19日，观致汽车有限公司发布第四款量产车型观致5SUV

2015年12月21日，常熟签出首份中韩自贸区原产地证书

2015年4月25日，长三角百名企业家参观常熟开关制造有限公司

中交天和机械设备制造有限公司为广东佛山用于挖掘城市地铁线路而生产的6.25米复合式土压盾构机进行调试

2015年5月20日，第十六届中国江苏（常熟）服装服饰博览会暨2015江南国际时装周举行。图为休闲装设计精英大奖赛现场

常熟服装城一角

环保夏令营

南沙路小游园

建设中的常熟高速铁路

2015年1月，东南环高架路建成

2015年10月1日，纯电动公交车投用

常熟服装城客运站

2015年7月，常熟南门坛上得意楼工程主体结构完成

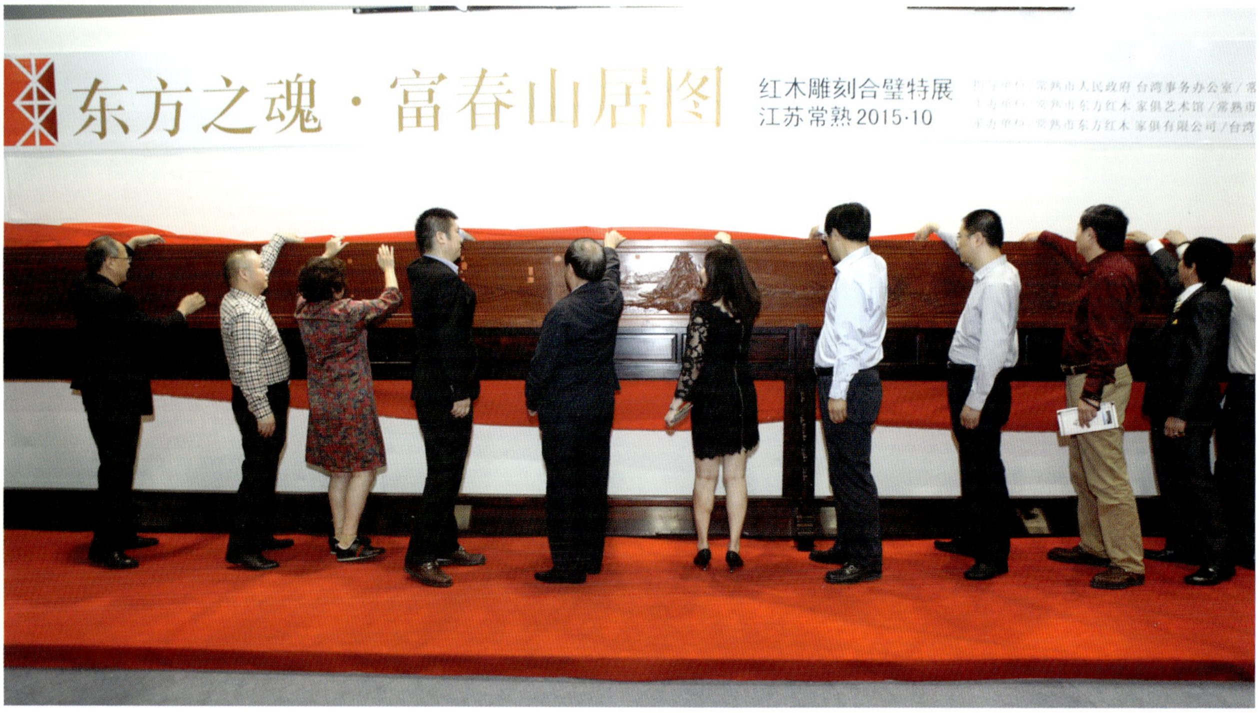

2015年10月21日，《富春山居图》红木雕刻合璧特展在常熟国际展览中心举行

2015年9月4日，“正义之声——苏州市纪念中国人民抗日战争暨世界反法西斯战争胜利70周年大型主题群众歌会”在沙家浜风景区举行

2015年9月3日，《中国人民抗日战争暨世界反法西斯战争胜利七十周年》纪念邮票在沙家浜革命历史纪念馆首发

2015年1月16日，常熟市文化科技卫生“三下乡”活动启动仪式

2015年，文庙修复工程完成主体建筑

2015年，异地建成投用的董浜徐市中心小学

2015年，新建成的东南实验小学

市民体验全媒体科普阅览屏

2015年7月2日，2015欧美海智人才暨海外华侨华人高层次人才常熟行活动举办

2015年10月30日，中关村医疗器械国际化发展联盟首批4家企业落户常熟高新园

开展社区义诊活动

2015年6月13日，江苏省龙舟精英赛在尚湖风景区举行

2015年10月18日，第五届尚湖国际半程马拉松暨环太湖马拉松系列比赛（常熟站）在尚湖风景区举行

立志参军，精忠报国

2015年4月，江苏预备役高炮第二师第二团誓师大会举行

常熟民警任浩（右二）义务捐献造血干细胞

全国人大代表钱月宝接受小记者采访

2015年5月6日，古里镇在全市率先成立“仁风古里”女大学生“村官”公益宣讲团，同时启动“我身边的最美家庭”事迹宣讲村村行活动

2015年，常熟法治雕塑公园建成

开展全市安全生产宣传巡演

老年居民学电脑

新增公共自行车

目录

特载

专记

大　事　记

概　况

中国共产党常熟市委员会

常熟市人民代表大会

常熟市人民政府

中国人民政治协商会议常熟市委员会

纪检·监察

民主党派·工商联·群众团体

法 治·武 装

开放型经济

开发区建设

港　口 · 口　岸

现 代 农 业

工业和信息化

商贸服务业

旅 游 业

城乡建设

交通·邮政·快递

水利·水务

环境保护

财政·税务

金融

综合经济管理

科学技术

教育

文化·新闻·出版

卫生·医疗

体育·健身

人力资源和社会保障

社 会 民 生

镇(区)概况

人物·荣誉

附　　录

索　　引

Main Contents

Contents

Legal & Military Affairs

Open—oriented Economy

Economic Development Zone

Port Administration

Modern Agriculture

Industry and Informatization

Commercial Service Industry

Tourist Industry

Urban & Rural Construction

Transportation & Post & Express

Water Services

Environment Protection

Finance & Taxation

Finance

Comprehensive Economic Administration

Science and Technology

Education

Culture & Press

Public Health & Medicine

Sports & Fitness

HR & Social Insurance

Livelihoods

An Overview of Each Town

Figures & Honors

Index

加快转型升级　推动全面创新
为开创"十三五"发展新局面而努力奋斗

——在市委十二届十四次全体(扩大)会议上的工作报告

惠建林

(2015 年 12 月 24 日)

市委书记　惠建林

同志们:

这次全会的主要任务是,深入学习贯彻党的十八届五中全会、中央经济工作会议和省委十二届十一次全会精神,回顾总结 2015 年工作,研究部署明年工作,动员全市各级党组织、广大党员和干部群众,进一步振奋精神、真抓实干,协调推进"四个全面"战略布局,为开创"十三五"发展新局面、全面建成更高水平小康社会而努力奋斗。

下面,我代表市委常委会,向全委会报告工作。

一、关于 2015 年工作回顾

一年来,市委常委会牢牢把握工作主线,切实加强统筹协调,引领和推动经济社会健康发展。重点抓了 3 件大事:

一是深入学习贯彻习近平总书记系列重要讲话精神。 市委常委会把学习贯彻习总书记系列重要讲话特别是视察江苏重要讲话精神作为首要任务,带头加强学习,推动各级党委(党组)中心组发挥示范作用,组织市镇两级宣讲团,广泛开展宣传宣讲,分层分级培训轮训,引导全市干部群众把讲话精神学深悟透用好,自觉作为思想引领和行动指南。围绕实现总书记对江苏确立的新目标,深入开展调查研究,全面展开工作布局,制定出台"五个迈上新台阶"实施意见,逐项进行深化部署,推出了一系列务实管用的方法和举措,确保总书记重要讲话精神落到实处。认真贯彻十八届四中全会精神,组织 1400 多名科级干部参加专题轮训,引导各级党员干部做尊法学法守法用法的典范。制定出台全面推进法治常熟建设实施意见,梳理 7 个方面 27 项重点任务,推进法治政府、法治社会、法治市场一体化建设。明确 45 个先行先试单位,采用"八个一"工作法,扎实推进法治型基层党组织建设。通过创新实践,法治建设各项工作制度得到完善,依法行政意识进一步增强。十八届五中全会闭幕后,市委中心组认真组织专题学习并迅速在全市兴起学习贯彻热潮,努力把学习贯彻五中全会精神引向深入。

二是科学谋划“十三五”经济社会发展。市委常委会加强对规划编制工作的组织领导，制订工作方案，抓好13个专项规划编制，组织开展系列专题论证。围绕“十三五”发展重大问题，深入开展调查研究，组织召开各板块、市级机关部门负责同志等专题座谈会，听取对“十三五”规划的意见建议。坚持以十八届五中全会精神为指导，把握“十三五”发展的总体要求，明确常熟未来发展的前进方向，围绕践行五大发展理念，紧扣“强富美高”奋斗目标，推出一系列重大举措。历时九个多月时间，集中各方智慧，形成了提请本次全会审议的《中共常熟市委关于制定常熟市国民经济和社会发展第十三个五年规划的建议(讨论稿)》。

三是扎实开展“三严三实”专题教育。市委常委会牢牢把握中央“三个见实效”的目标要求，紧紧围绕省委提出的“六查六看六整治”主线，科学制定《实施方案》，切实抓好“四专题一强化”的各个环节。市委常委班子成员坚持以上率下，带头聚焦问题讲好专题党课，带头开展专题调研，带头抓好三个专题集中学习研讨，带头开展批评和自我批评，带头抓好整改落实。组织开展“学先进、当标杆”主题活动，集聚正能量、提振精气神；坚持把查改“不严不实”问题贯穿专题教育始终，严密组织自查抽查，全市86个单位集中召开专题民主生活会，认真梳理“不严不实”问题清单，做到边学边改、立行立改。高度重视省委巡视反馈意见的整改落实工作，将巡视组提出的四个方面主要问题逐一分解，细化为19项任务、75条整改措施，确保巡视反馈问题整改到位。延展深化群众路线教育实践活动，市委40项整改措施落实到位，有力推动新老问题一起解决，整改工作取得阶段性成效。

在抓好3件大事的同时，市委常委会坚持“五位一体、综合发展”总基调，努力适应新常态，积极谋求新发展。主要抓了6方面工作：

1. 全力保持经济平稳健康运行。全市经济运行总体呈现稳中有进、进中提质的态势。预计全年完成地区生产总值2045亿元，增长6.8%；一般公共预算收入157.7亿元，增长7%。完成工业总产值4535亿元、规模以上工业产值3635亿元，分别下降1%和0.8%。骨干企业支撑作用凸显，规上工业企业利税、利润总额分别增长6%和3%。完成固定资产投资631亿元，下降3%。实现社会消费品零售总额668亿元，增长8.5%；商品市场成交额1790亿元，增长5%，其中服装城市场成交额1300亿元。实现外贸进出口总额220亿美元，其中出口143亿美元，分别增长9%和13.9%；实现注册外资13亿美元，实际利用外资8亿美元；实现服务外包离岸执行额1.8亿美元，增长14.6%；新增境外投资额1.6亿美元，增长23%；常熟港完成货物吞吐量8500万吨，增长5.6%。汽车服务业、电子商务、现代物流、文化旅游等业态加快培育，虞山尚湖旅游度假区升格省级旅游度假区，完成服务业增加值926亿元，占地区生产总值比重45.3%。现代农业发展势头良好，新增高标准农田4.4万亩(0.29万公顷)，新增村级合作农场31家，农业龙头企业销售、利润总额分别增长10.1%和3.2%；村均稳定性收入增长10%。

2. 加快推进转型升级。加强要素统筹、服务保障和跟踪督查，扎实推进奇瑞捷豹路虎二期、丰田变速箱、中联光电新材料等重大项目建设，带动产业结构调整和集聚发展。预计完成新兴产业产值1586亿元、高新技术产业产值1405亿元，分别占规上工业产值比重43.6%和38.7%。汽车及零部件、装备制造、纺织服装三大主导产业支撑力进一步增强，预计完成产值2430亿元，占工业总产值比重53.6%。重点税源企业支撑作用稳固，一般公共预算税收收入超千万元企业70家，其中超3000万元企业25家；新增新三板挂牌企业16家。加大对实体经济支持力度，“营改增”试点累计为企业减税2.5亿元，减税面超过95.4%。加强存量用地整合优化，盘活存量土地6283亩，存量供地占比达到57.3%，土地产出效益稳步增长。以省科技体制综合改革试点为契机，深入实施创新驱动发展战略，加快增长动力转换。新认定高新技术企业99家、省民营科技企业204家、省高新技术产品223只，获得省重大科技成果转化项目4项，形成开票销售超3000万元科技企业30家。常熟高新区升格国家级高新区，大学科技园、科创园积极探索市场化运行，新建3家省级科技企业孵化器，新增博士后工作站4家，挂牌成立智能车综合技术研发与测试中心。新增市级领军人才项目50个、“姑苏计划”人才20人、省“双创计划”5人，高层次人才集聚效应进一步放大。科技镇长团作用充分发挥，政产学研合作富有实效，建成国家可持续发展实验区。实施“小巨人”“专精特新”企业培育提升工程，全市技改投资占工业投资比重达到67%，设备投资占技改投资比重达到77%，累计拥有国内行业细分领域“单打冠军”企业70家、产品90只。建立企业“健康体检”、重点投资项目监控等机制，及时有效防范企业债务担保、劳资纠纷等潜在风险，确保经济平稳健康运行。

3. 推进重点领域改革举措落地见效。积极承担好34项省级以上改革试点任务，注重提高试点工作实施方案质量，县委权力公开透明运行试点、梅李镇“强镇扩权”试点、公立医院综合改革试点、审判权运行机制改革试点、全国农民合作社和家庭农场党组织建设试点等15项改革试点取得阶段性成果。围绕优化提升服务效能，稳步推进大部门制改革，组建卫计委、市场监督管理局，调整水务管理体制；整合各类资源平台，组建市检验检测中心、市公共资源交易中心；扎实推进以“5张清单、1个平台、7项相关改革”为重点的简政放权，取消项目投资前置条件169项，向社会转移政府职能100项，行政审批事项精简40.7%，涉民事项即办件比例提高到67.5%；实行并联审批，加强中介服务机构管理，推进事中事后监管；推进商事制度改革，复制上海自贸区海关监管6项制度，深化“三证合一”登记制度，全面优化营商环境，新登记企业数增长15%，新增内资民资注册资本260亿元，增长10%。探索建立高效的运行体制机制，镇域综合执法改革全面推开，下放各类行政处罚权328项，设立镇综合执法局，启用镇域综合执法平台，综合执法效能明显提升；推进镇便民服务体系建设，首批下放经济管理和公共服务权限87项；实施新市民积分管理，累计完成积分入学入医入市民卡12.1万人。统筹推进农村各项改革，强化农村“三资”监管，梅李镇农村集体资产交易服务中心挂牌运行；试点开展社区股份合作社股权固化、“政经分离”和“村账镇代理”改革，全面推进农村土地承包经营权确权登记颁证改革。

4. 切实加大城乡一体发展和生态建设力度。加快实施“三优三保”行动，全面推进“多规合一”，开展城乡空间发展战略规划编制工作，完成新一轮镇总体规划修编，优化镇村布局规划，市域空间布局体系基本形成。加快推进产城融合，完善城市基础设施，完成三环路高架系统建设，有序推进通港路、常沙线快速化改造、沪通铁路常熟段工程，元和路、书院街、红旗北路等道路工程相继竣工，中医院扩建、血站迁建等28个民生项目陆续投用，12个安置房建设项目按序时推进，基本完成昆承工业园企业收储。实施城乡环境整治“百日行动”，完成“九整治”项目40个、“三规范”项目189个，通过全国卫生城市复审。着力提高新型城镇化水平，稳步推进城乡一体化示范小区建设，累计竣工交付230多万平方米，入住安置规范有序。加强生态文明建设，十大工程和三年行动计划按序时推进，生态红线区域面积占比15.1%。改善流域水环境质量，落实水系连通调控规划，加快推进25个“畅流活水”项目、38条城乡河道综合治理和100项省太湖治理工程项目。实施农村分散式污水处理一期PPP项目，完成农村分散式污水治理工程70个，城乡生活污水治理“四个统一”做法得到住建部推广。深化农业面源污染治理，推进畜禽养殖污染整治三年行动，累计关停治理污染养殖户2600户。狠抓大气污染防治，扎实推进7大类993项重点项目，强化空气质量应急管控，PM2.5年平均浓度比2013年下降13.1%。沿江片区集中供热主管网全线贯通，污泥干化焚烧处置项目正式启动。扎实推进美丽村庄建设，完成20个“三星级”康居乡村创建。

5. 稳步提升民生事业均等化水平。围绕五大类20项实事项目，扎实办好各项民生实事，持续加大民生投入，城乡公共服务支出占公共财政支出比重达到75%。促进各类群体利益均等化，兼顾好各方利益，最大限度增加和谐因素。社会保障体系全面覆盖，完成全民参保登记工作，完成城乡养老保险制度衔接，城镇职工社会保险、城乡居民养老保险和医疗保险覆盖率均保持在99%以上，城乡居民基本医疗保险人均筹资标准提高到800元，城乡低保标准提高到每月750元。新增就业岗位8.7万个，城镇登记失业率为1.9%；城镇居民人均可支配收入50300元，农村居民人均可支配收入25860元，分别增长8%和8.8%。深化义务教育集团办学模式，推进实验中学等4所学校改扩建工程，新开工3.3万平方米校安工程，加快新校布点建设，优质教育资源不断拓展。推进养老服务改革，养老床位数超过1.17万张，镇级居家养老服务管理中心覆盖率100%。“医联体”建设深入推进，基本药物零差率销售制度全面实施，基本医疗保障机制不断完善。持续推进文化强市建设，弘扬和践行社会主义核心价值观，制定创建全国文明城市三年行动计划，顺利跨入“全国文明城市提名城市”行列。健全重大主题宣传策划机制，中央主要媒体刊发报道常熟稿件创历年新高。加强网络舆情管理，巩固扩大网上舆论阵地。推动文化体制改革和文化繁荣发展，加快建设“书香城市”，实施系列文化惠民工程，6个项目列入省重点文化产业项目，成功创建省级公共体育服务示范区。完善“大平安”体系，综治网格化建设、技防街区建设、治安重点地区整治扎实开展，刑事发案率实现连续8年下降，累计降幅达50%。持续优化金融生态环境，高度重视安全生产，抓好企业主体责任落实，突出抓好三级政府挂牌重大安全隐患整治，安全生产形势稳定可控。

6. 全面加强党的建设。市委常委会高度重视党的建设，制定出台关于推动全面从严治党迈上新台阶的实施意见和相关制度，明确“八个从严”重点任务。强化对意识形态工作的引领和管理，推行党政领导干部年终述学制度，积极开展党委（党组）中心组理论学习巡听旁听、督学考学，蝉联全省基层党员冬训工作示范县（市）。进一步完善选人用人机制，制定《市管党政领导干部“动议比选任用”实施办法》及民主推荐、考察、任前公示等配套实施细则，加强对领导班子和领导干部的日常考察和综合分析研判，做好干部调配工作。注重优秀年轻干部培养选拔，深入实施“梯队培优育才”计划，面向全市竞争性选拔副科职干部。出台《从严管理干部若干规定》等文件，建立领导干部个人有关事项报告抽查核实机制，对13名不适宜担任现职的科级领导干部进行调整。落实公务员职务与职级并行制度，梳理完善有关干部政策，进一步关爱激励干部。着眼乡镇党委换届准备，加强综合分析研判，配优配强各级领导班子。完善党委管党责任措施，制定出台党委班子成员抓基层党建四份“任务清单”，扎实开展“农民合作社、家庭农场”基层党建全国试点，大力整顿软弱涣散村党组织，常熟农村基层党建工作经验做法被省委组织部向全省介绍推广。建立完善党风廉政建设“责任清单”体系，设定101项评价标准，着力推动“两个责任”落实。开展首轮党风廉政建设巡察，以点带面发现问题。坚持抓早抓小、防微杜渐，出台领导干部廉洁诚信积分管理办法，推动党员干部日常管理制度化可量化。持续开展“清风行动”，扎实开展工作纪律专项整治行动，推动作风建设常态化。开展生产安全事故调查处理落实情况“四严查、四问责”专项检查和生态文明建设立项监察工作，35名党员干部因履责不到位被问责。持续加大纪律审查力度，共查处各类违纪违法案件208件。市委充分发挥总揽全局、协调各方作用，支持人大、政协履行职能，全面加强统一战线工作，加强和改进群团工作，重视发挥老干部独特作用，积极推进军民融合发展，全市形成了勤勉务实、干事创业、团结和谐的良好氛围。

在经济下行压力加大、面临诸多困难挑战的情况下，取得这样的成绩，确实来之不易。但我们也要清醒地看到，当前我市经济社会发展中出现不少新情况新问题，主要是：国内外市场需求偏弱，部分企业生产经营困难，经济风险隐患有所凸显，转型升级的任务仍然十分艰巨；安全、环保隐患仍然很多，生态文明建设和安全监管仍需持续用力；因利益调整、民生诉求等引发的稳定问题时有发生，社会稳定面临较大压力；全面从严治党取得的成效还是阶段性的，扫除不良风气、推进党风廉政建设和反腐败斗争还需要下更大力气，等等。对此，我们要高度重视，采取更为有效的措施切实加以解决。

二、关于明年的主要工作

明年是实施“十三五”规划的开局之年。综观国内外形势变化和常熟基础条件，我们仍处于可以大有作为的重要战略机遇期，也面临诸多矛盾叠加、风险隐患增多的严峻挑战，特别是市场环境、社会环境、法治环境已经发生深刻变化，对常熟未来发展提出了新的要求。当前，我国经济发展进入新常态，发展方式正从规模速度型转向质量效率型，经济结构调整正从增量扩能为主转向调整存量、做优增量并举，发展动力正从要素推动转向创新驱动，这既为常熟创新发展提供了重要契机，也形成了转型升级的倒逼压力。我们应当清醒地看到，在经济新常态下，速度换挡不能落差太大，更不能换成空挡，结构优化、动力转换更需要我们自身努力，这是适应和引领新常态的着力点和主攻点，做不好结构优化、动力转换这两篇文章，全面建成小康社会，乃至向更高目标迈进就会遇到瓶颈制约，区域发展就有可能陷入“中等收入陷阱”。站在新的起点，我们既要看到困难和风险挑战的一面，更要看到机遇和前景光明的一面。要科学分析判断形势，保持战略定力，坚定发展信心，强化敢于负责、勇于担当、勤勉务实、奋发有为的鲜明导向，充分激发广大干部群众的积极性、主动性、创造性，充分发挥广大企业家、各类创新创业人才的聪明才智，锐意改革、大胆创新，不断开辟常熟发展新境界，推动实现更高质量、更有效率、更加公平、更可持续发展。

明年工作指导思想是：坚持以习近平总书记系列重要讲话精神为根本遵循，协调推进“四个全面”战略布局，认真落实省委、苏州市委部署，坚持“五位一体、综合发展”总基调，以五大发展理念引领“十三五”发展，始终坚持以提高经济发展质量和效益为中心，以改革创新为根本动力，以增强发展的协调性为重要取向，以增进民生福祉为出发点和落脚点，更加注重发展主导产业，更加注重创新驱动发展，更加注重调存量优增量并举，更加注重推进产城融合，更加注重防范各类风险，更加注重优质高效服务，努力保持经济社会平稳健康发展。

明年工作主要预期目标是：地区生产总值增长 8%左右，一般公共预算收入增长 8%左右；工业总产值增长 4%，规模以上工业产值增长 5%；全社会固定资产投资 610 亿元；社会消费品零售总额增长 8.5%；服务业增加值占地区生产总值比重达到 45.5%；外贸进出口总额保持增长，实际利用外资 7 亿美元；城乡居民人均可支配收入分别增长 8%和 9%，城镇登记失业率控制在 3%以内；节能减排完成上级下达的目标任务。

明年主要抓好以下几方面工作：

1. 突出转型升级创新发展，积极引领经济发展新常态。推进转型升级创新发展，是常熟适应和引领经济发展新常态的根本之策。要全力以赴转方式调结构，以稳增长和调结构的互促并进，实现调速不减势、量增质更优。

加快发展方式转变。推动产业布局调整和结构优化，促进企业集中布局、产业集聚发展、资源高效利用，加快实现由分散发展向集约集聚发展转变。在区域布局上，坚持以开发区为主阵地培育壮大一批竞争力、带动力强的产业集群，放大对经济增长的支撑效应和贡献份额；鼓励各镇工业小区按照集约化特色化的要求，提高项目引进质量和开发利用效率，实现内涵和形态的“双提升”。全面推进各类存量建设用地特别是村级工业用地整合优化，有序开展“退二还一”、“退二进三”，加快低端产业和低效企业的退出，盘活存量建设用地，提升土地资源配置效率。在产业培育上，牢固确立“以工业经济为主、以主导产业为主、以骨干企业为主”的发展导向，更加注重发展主导产业，全力打造汽车及零部件、高端装备制造、纺织服装三大主导产业，进一步提高三大主导产业对全市发展的支撑力。各乡镇板块要进一步明确产业方向，明确适合自身发展的主导产业和特色产业，形成各具特色、竞相攀高的产业优势。要按照“兼并重组、减少数量、提升规模、提高质量”的要求，做大做强特色产业，坚持产业整合和技术改造并举，鼓励企业开展产业链垂直整合，引导中小企业走“专精特新”之路，全面开展技术、管理、制度和商业模式创新，着力提高产业集中度和市场竞争力。

推动产业高端化发展。立足常熟产业基础和发展方向，重点培育新能源、新材料、新一代信息技术、生物医药、节能环保等战略性新兴产业，加速形成产业技术优势和规模优势，推动产业结构由中低端向中高端攀升。主动对接《中国制造 2025》及省、苏州行动纲要，落实“互联网＋制造业”行动方案，实施“智能制造 400 工程”，争取两年内创建 400 家智能制造示范、试点企业（车间），有序推进“机器换人”，提高企业劳动生产率。大力拓展现代服务业，认真落实服务业发展规划，以生产性服务业为重点，积极发展总部经济、现代物流、科技服务、电子商务、汽车服务、金融服务、服务外包等产业，发展基于网络的数字化制造、内容服务、平台经济等新业态，推动生产性服务业向价值链高端延伸。推动生活性服务业向精细化和高品质转变，加快商贸流通业转型升级，实施城乡集贸市场升级改造，做强做大商贸流通主体。完善促进消费体系，培育信息消费、网络消费、品牌消费、文化消费和信用消费等新兴消费热点。加快健康常熟、畅游常熟建设，打造旅游目的地城市。

着力扩大有效投入。发挥投资对稳增长的关键作用，优化投向、提高投效，厚植实体经济发展优势，引导企业加快技术改造、装备升级，加强战略合作、兼并重组，支持企业专注核心业务，向产业链、价值链高端迈进，切实做到投资有效益、产品有市场、企业有利润、员工有收入、政府有税收。加大招商引资力度，坚持有所为有所不为，突出抓好产业链招商、以商引商、效益招商，切实提高项目引进质量，不断增强发展后劲。健全项目建设推进机制，围绕重点内外资工业项目、服务业项目，全力以赴做好项目报批、要素保障等工作，加快推进奇瑞捷豹路虎二期、观致汽车平台技改、中利来光伏、斐讯数据中心、泰达汽车物流等一批重点项目，以投入总量增长推动经济总量扩张，以投资结构优化带动产业结构调整。

坚持存量增量并举。以推动民营企业转型升级为重点，促进存量优化提升，实施"小巨人"、"专精特新"企业培育提升工程，引导民营企业明晰发展战略、优化股权结构、完善治理结构、提升人才结构，加强以设备更新为载体的技术创新、工艺创新和管理创新，培育更多创新能力强、市场前景好的优秀企业。深入实施专利、标准、品牌"三位一体"的知识产权战略，加强汽车零部件产业基地、常熟服装城、新能源产业基地等区域品牌建设，不断提升企业品牌价值和产业发展整体素质。抓住资本市场深化改革带来的机遇，推动更多企业国内外上市，注重发挥好上市企业在资金、品牌等方面的优势，通过并购重组、战略合作等形式，实现做优做强和可持续发展。加快推动外资企业本土化进程，进一步加强民资外资融合发展，鼓励本土企业通过合资合作、股权置换等多种形式吸引外资，推动外资企业参与本土企业的改造提升和兼并重组，形成更加紧密的技术合作、产业协作关系。进一步完善促进实体经济发展举措，提高行政服务效能，落实国家和省出台的为企业减负系列政策，清理和规范涉企行政性收费，提高金融服务效率，着力降低企业特别是中小企业的融资成本，切实降低实体经济运行成本。落实扶持政策，保障要素供给，加强经济运行监测，构建金融风险防范机制，完善企业健康体检制度，确保经济平稳健康运行。加强对政府性债务的管理和监督，优化债务结构，降低债务成本，防范债务风险。

2. 突出改革创新，着力增强创新驱动力和发展活力。竞争力主要体现在创新力。要全面实施创新驱动发展，深化重点领域改革，着力培育发展新动能，拓展经济发展新空间，打造产业科技创新新高地。

发挥创新主引擎作用。以省科技体制综合改革试点为契机，强化产业科技创新，推动经济转入创新驱动、内生增长轨道。突出企业创新主体地位和主导作用，实施高新技术企业倍增计划、"双创"企业"313"工程，培育壮大创新型企业集群。深化产学研协同创新，支持规模骨干企业加强技术研发能力建设，提高企业研发机构的运行质量和水平，组建校企合作联盟和产业技术创新战略联盟，开展关键技术、共性技术联合攻关，在高端装备制造、生物医药、新能源汽车和动力电池等领域形成一批创新成果。加强与省产业技术研究院合作，加快中国智能车综合技术研发与测试中心建设与运营。深化科技体制综合改革，加强政策和资源整合，推进科技金融深度融合，完善区域创新服务体系，形成支持企业技术研发、产品转化以及市场开拓的联动效应。着力构建有利于人才集聚、发展的机制和环境，紧盯我市产业发展需求，引进和培育一批科技领军人才、高技能人才，培养一支高水平的企业经营管理人才队伍。

推进重大载体平台创新。全面融入苏南自主创新示范区建设，围绕"做优载体、做强产业、做大贡献"的目标，推动开发区在平台、功能、政策、机制、项目等方面实现新突破，努力打造成新兴产业集聚区、科技创新先导区、产城融合示范区和体制机制创新试验区。经济技术开发区要充分发挥培育主导产业的主阵地作用，为常熟建设制造强市和产业科技创新高地提供强力支撑。高新区要抓住升格国家级的契机，放大政策叠加效应，创新工作体制机制，全力实施转型升级五年行动计划，主攻集聚和培育高端人才、高端技术、高端产业，努力成为全市"创新核心区"。国家大学科技园要充分发挥现有技术创新中心、科技服务平台、企业研发中心、创业孵化加速器的作用，加快形成大科园"四创"载体优势和集聚效应，着力打造"创新创业港"。各乡镇板块要完善区镇联动机制，探索形成"一区多园"发展模式，促进资源共享、产业互联、功能互补，实现更大范围内的要素统筹、均衡发展。

增创开放型经济新优势。全面融入"一带一路"、长江经济带建设，引导我市优势行业、骨干企业把对外投资、拓展市场与转型升级紧密结合起来，深化与沿线国家、地区和长江经济带城市的产业协作联系，不断提升区域产业的竞争力和国际化水平。深化"对接自贸、接轨上海"行动计划，重点在新型创新平台、功能区域合作、开发区创新、口岸联动等方面加强接轨，主动承接、复制自贸试验区制度创新成果，推进综保区贸易多元化试点，加强口岸"单一窗口"建设，深化"三个一"、"三互"合作，着力构建法治化、国际化的营商环境。加快转变外贸发展方式，推进加工贸易向高技术含量、高附加值方向转变，积极培育市场采购贸易、跨境电子商务等新型贸易方式，形成以"技术、品牌、质量、服务"为核心的竞争优势。支持企业"走出去"，鼓励行业领军企业构建国际化生产、研发、营销网络，支持具有一定跨国整合能力的企业由生产商向综合供应商转变，提升常熟企业和产品的国际竞争力。

推进重点领域改革突破。按照"突出问题导向、突出精准发力、突出完善制度、突出督察落实"的总要求，推动改革向全面建成小康社会目标聚焦、向构建发展新体制机制聚焦，确保改革关键之年有关键作为。主动承担好国家和省（市）层面的各项改革试点任务，推出一批具有重大牵引作用的改革举措，建立完善项目化跟踪督察机制，健全能定责、可追责考核机制，加大改革实绩考核权重，营造鼓励改革、支持改革正确用人导向，尊重基层和群众首创精神，努力形成一批制度创新成果。围绕优化提升服务效能，持续深化简政放权、放管结合、优化服务的改革，建立政府权力和责任清单，加快形成边界清晰、分工合理、权责一致、运转高效、依法保障的政府职能体系。深化市场配置要素改革，加快完善现代市场体系，深入推进商事制度改革，增创政策创新、规则接轨、制度环境新优势。围绕建立运行高效的体制机制，推进乡镇职能转变和机构改革，深化镇域综合执法改革，完善乡镇便民服务中心、综合执法局运作机制；推进城市执法体制改革，构建权责明晰、服务为先、管理优化、执法规范、高效有序的城市管理体制。围绕保障改善民生，推出一批群众普遍关切的改革项目，统筹推进生态文明建设制度、医疗卫生保障体系、养老服务体系、社会治理创新等方面的配套改革，让群众看得到变化、见得到实惠，促进社会共建共享和公平正义。

3．突出产城融合发展，全面提升新型城镇化和城乡一体化水平。城镇化是现代化的必由之路，既是经济发展的结果，又是经济发展的动力。要充分发挥规划引领作用，优化城乡资源配置和功能布局，大力推进产城融合发展，积极探索更具常熟特色的新型城镇化和城乡一体化发展新路。

优化市域空间布局。加快推进“多规合一”试点和“三优三保”行动，确立全域规划理念，修编新一轮城市总体规划，调整稳定镇村布局规划，开展城中村规划研究，统筹城乡生产、生活、生态功能布局，走节约集约和内涵式城市发展道路。优化中心城区空间形态和功能布局，加强古城保护和整治更新，推进城市东部功能拓展区、南部国际性生态社区、西部生态休闲区、北部生活社区合理分工、组团发展。合理定位城镇职能与拓展方向，注重控制城镇规模，全面提升小城市建设内涵，积极稳妥推进城乡一体化示范小区建设，完善新型社区管理体制机制，积极建设规模集聚、功能完整的现代江南小城市。推进产业与城市功能融合、空间整合，加快国家级开发区由产业园区向城市空间转变，建设滨江新城和南部新城。

完善现代城市功能。构建完善城市综合交通体系，实施通港路、常沙线快速化改造等工程；协调推进沪通铁路、盐通苏嘉城际铁路、沿江城际铁路的规划研究和项目建设。优化市域交通组织，完善重点区域路网框架，持续推进道路交通瓶颈改善和交通微循环改造，强化停车行为管理引导，提升城市通畅水平。探索海绵城市建设，改进城市排水设施，建立雨污分流、高效处理的城市排水系统。加强智慧城市建设，构建完善电子政务、城市管理、民生服务综合信息服务平台。加强市容市貌秩序管控，实施“强富美高”新农村建设行动，完善城乡基础设施，建立长效管理机制，争创省优秀管理城市。

提高户籍人口城镇化水平。加快推进“以人为本”的城镇化，控制人口总量增长，着力优化人口结构，促进人口与产业、城市协调发展。以“小城市”为重要载体，以制度创新为有力保障，推动更多农民进城进镇，享受平等的工作机会和均等化的基本公共服务，改变生产生活方式，逐步融入城市生活。进一步提高“小城市”内在承载力，推动产业发展与城镇建设紧密融合、基础设施与公共服务协调布局，完善城镇综合功能，增加创业就业机会，为农民在城镇稳定就业和生活创造良好条件。推进以满足新市民为出发点的住房制度改革，稳定房地产市场。深化新市民积分管理改革，推进新市民“文化本土化、身份市民化、服务均等化”，引导新市民参与社会公共服务，形成共建共享共治良性机制，逐步实现基本公共服务常住人口全覆盖。

大力发展现代农业。继续深化农业产业结构调整，加快现代农业园区建设，以“一核三带多园区”为重点，构建以优质水稻、特色水产、高效蔬菜为主导的现代农业产业体系。统筹农业综合开发、农田水利、土地综合整理等工作，扎实推进高标准农田建设。加快培育新型农业经营主体，大力发展家庭农场，提升农村新型合作组织建设水平，规范专业合作社的经营管理，完善合作社内部治理结构，实现规模化种植、基地化管理、标准化生产、市场化运作。提升农业科技装备水平，加大农业科技创新和技术推广投入，推进农业技术集成化应用，加速农业科技成果转化。构建富民强村长效机制，鼓励和引导各村组建股份合作经济组织或联合置业发展公司，推进“一村二楼宇”建设，提高存量资源资产的产出效益，积极帮扶经济薄弱村建立“造血”机制，促进村级集体经济均衡稳定增长。完善“村账镇代理”实施办法，提升农村集体资产监管水平。深入推进农村改革，完成农村土地承包经营权确权登记颁证，深化社区股份合作社股权固化改革，推进农村产权流转交易市场建设，加快农村金融服务创新，建立承包土地经营权价值评估体系。

4．突出生态文明建设，加快构建资源节约型和环境友好型社会。扎实推进生态文明建设工程，推动形成绿色发展方式和生活方式，彰显城市“人文、生态、精致、宜居”的环境特色。

严格保护生态空间。编制完成生态红线区域保护规划，制定落实管控实施方案和监督管理考核办法，做好红线区域的落地上图，严守耕地保护、开发强度和生态保护三条红线。持续推进生态保护和修复，加快长江湿地公园等重点工程建设，办好第十届国际湿地大会，构建虞山尚湖生态旅游区、尚湖南湖生态涵养区和长江江滩生态屏障区。加强城乡绿化科学统筹，推进城区生态斑块、片区公园绿地建设和三环路、常浒河等沿路沿河绿化，因地制宜开展农村绿化，着力提高绿化质量和效益。实施建设用地“减量化”战略，加大闲置土地清理和“退二进三”力度，创建全国国土资源节约集约模范市。

推动低碳绿色发展。实行能源、水资源消耗总量和强度双控行动，严格执行国家、省产业政策指导目录，强化源头控制，推动产业结构调优调绿。注重运用市场机制和经济手段，有序化解过剩产能，坚决淘汰“三高一低”企业。推进节能技改和节能低碳专项行动，加强重点企业清洁生产审计，培育一批“能效之星”示范企业。大力发展循环经济，加强工业园区生态化、循环化改造，重点在汽车及零部件、精细化工、高档造纸等领域培育一批生态产业链，推动高新区创建国家生态工业园区。

深化环境污染治理。实行最严格的环境保护制度，坚持系统治理、综合治理，把污染防治与产业布局调整、生态保护修复、美丽镇村建设等更好地结合起来，统筹考虑各项重点工程，在功能设计、区域布局、时序进度等方面加强衔接、协同推进，努力实现更好的生态效益、经济效益和社会效益。推进大气、水、土壤三大污染防治行动计划，严格执行新《中华人民共和国大气污染防治法》,完成燃煤锅炉整治,加强热电热网整合,抓好有机废气治理、扬尘污染控制、黄标车淘汰等重点工程;持续推进重点流域水环境治理,系统开展工业废水、城乡生活污水和农业面源污染治理,实施畅流活水工程,促进水环境质量持续改善;开展土壤污染情况调查,落实重金属污染防治,推进污染土壤修复试点。加强环保执法能力建设,健全环境执法与司法联动机制。加强城乡环境基础设施建设,提升优化城区、集镇区污水收集管网,推进农村分散式污水处理一期PPP项目,提高设施运营管理水平;加快推进污泥干化焚烧项目,完善农村生活固体废弃物处置设施,推进农村垃圾分类收集和资源化综合利用,提升城乡环境长效管理水平。

健全生态文明制度体系。严格落实《党政领导干部生态环境损害责任追究办法》等三项规定,完善生态文明建设绩效考核实施办法和生态文明建设“一票否决”制度,真正把生态环境保护“党政同责、一岗双责”落到实处。创新排污许可证管理模式,全面推行排污费差别化征收制度,完善排污权初始核定、有偿使用和交易制度,初步建立排污权交易二级市场。广泛开展创建生态文明镇村、低碳社区、绿色学校等细胞工程,实施公交优先战略,扩大公共自行车服务范围,倡导绿色消费、低碳生活,营造人人参与生态文明建设的社会氛围。

5. 突出共建共享,切实增强人民群众获得感和满意度。坚持普惠性、保基本、均等化、可持续方向,完善保障改善民生制度安排,统筹兼顾各类群体利益,扎实办好民生实事,增加公共服务供给,形成包容和谐、共享发展的良好局面。

大力促进就业创业。坚持把促进就业创业作为增加居民收入的根本途径,深入实施就业优先战略和更加积极的就业政策,建立公共投资和重大项目建设带动就业评估机制,推进人力资源服务产业园建设,加强劳动者职业技能培训,着力解决结构性就业矛盾,努力实现更加充分、更高质量、更加稳定就业。落实创业扶持政策,搭建创业服务平台,加强创业项目库建设和管理,鼓励高校毕业生、农村劳动力、城镇就业困难人员等各类人员自主创业,以创业带动就业、促进增收。建立科学的工资水平正常增长机制、支付保障机制,推行企业工资集体协商制度,构建和谐劳动关系。

完善多层次保障体系。加强城乡保障制度的衔接与整合,提升社保扩面征缴工作水平,健全更加公平和可持续的社会保障体系。实施机关事业单位养老保险新制度,落实城乡居民基本养老保险制度。推进职工医保和居民医保管理体制整合,巩固发展基本医疗保险、大病补充医疗保险、医疗救助“三位一体”的医疗保障体系。优化住房保障方式,建立“市场建房、居民租(购)房、政府补贴、社会管理”的良性循环保障模式,持续推进保障性安居工程建设,切实解决中低收入家庭住房困难。

促进公共资源均衡配置。优化学校布局和教育资源配置,深化集团办学模式,扎实推进校安工程建设,实施新市民子弟学校提升行动计划,缩小义务教育城乡、区域、学校、群体之间的差距。围绕全市和区域重点产业,优化职业教育专业设置,探索建立与产业发展、职业岗位相适应的职业教育专业体系。优化城区公立医院布局,扩展医联体协作范围,科学规划设置社区卫生服务网点,加快构建分级诊疗制度。深化公立医院改革,完善公立医院价格联动、医保政策、财政补偿等综合措施,引导和鼓励民资、外资兴办医疗机构,扩大医疗服务供给。稳妥推进全面两孩生育政策的实施。更加积极主动应对老龄化问题,加快推进日间照料中心、老年关爱之家等居家养老服务组织布点建设,实施养老机构“公建民营”“民办公助”改革,积极探索医养融合服务模式,进一步提升养老服务水平。

加快文化强市建设。坚持以先进思想文化为引领,大力培育和践行社会主义核心价值观,持续深化文明城市创建工作,积极开展民风建设示范行动,加强身边典型选树宣传,促进全社会形成“爱、敬、诚、善”的良好风尚。把握正确舆论导向,创新新闻发布和政策解读机制,推动传统主流媒体与新媒体融合发展,加强网上正能量建设和网上舆论生态治理,提升新媒体格局下的价值引导力。加强优秀传统文化的宣传普及,充分发挥常熟人文底蕴深厚的优势,创新保护传承机制,实施文化遗产“解读”工程、“展示”工程,推动丰富遗产资源转为可读、可视、可感的城市公共资源。巩固提升国家公共文化服务体系示范区建设成果,完善以城带乡联动机制,深入实施文化惠民工程,统筹市、镇、村公共文化设施建设,构建城市“十分钟文化圈”和农村“十里文化圈”。发展提升文化产业,重点培育文化创意、文化旅游产业,实施项目带动战略,推动企业集聚和融合发展,形成一批具有市场竞争力的文化企业和文化品牌。

加强社会治理创新。启动“七五普法”,积极营造办事依法、遇事找法、解决问题用法、化解矛盾靠法的法治环境。全面推进法治政府、法治市场、法治社会一体化建设,依法理顺政府、市场、社会之间的关系,切实把政府职能转到主要为市场主体、社会主体服务和创造良好发展环境上来。大力推进政务诚信、商务诚信、社会诚信建设,加快建立覆盖全社会的信用信息系统,形成守信激励和失信惩戒联动机制,真正让守信者处处受益,让失信者寸步难行。优化社区管理服务体系,开展“三社联动”试点工作,完善“政社互动”“社区减负”机制,积极发挥社会组织作用,实现政府治理和社会自我调节、居民自治良性互动。严格落实社会稳定风险评估机制,健全重大群体性、突发性社会事件预警监测和处理机制,进一步强化法治在维护群众权益、调处利益关系中的权威地位,引导群众增强法治观念和法治意识,依法合理表达利益诉求,在法治的框架下维护自身权益。坚决维护公共安全,依法严厉打击各类犯罪活动,推进“技防城”资源整合和改造升级,提高治安防范科技化、智能化水平。严格执行安全生产“一岗双责”要求,强化企业主体责任和部门、乡镇、行业监管责任,深化重点领域安全隐患排查整治,确保把安全生产各项制度措施落实到位,全力保持安全生产形势总体平稳。

三、落实全面从严治党各项要求

顺利实现“十三五”发展良好开局，党的建设是根本保证。要坚持思想建党和制度治党紧密结合，推动全面从严治党迈上新台阶，努力实现管理更严格、纪律更严明、干部更清正、政治更清明，为经济社会发展提供坚强政治保障。

1. **强化理想信念和党性教育。**严格落实党委中心组学习巡听督学制度和领导干部述学考核制度，持续加强学习型党组织建设，深入学习贯彻习近平总书记系列重要讲话精神，突出加强理想信念教育，高度重视党性锤炼，严格党内政治生活，严明纪律严守规矩，引导党员干部做到心中有党、心中有民、心中有责、心中有戒，始终保持对党绝对忠诚。巩固“三严三实”专题教育成果，以“严”“实”标准建立全市先进典型后备库，表彰新一轮十大党员标兵，着力营造“学榜样、当标杆”的良好氛围。广大党员干部要切实增强忠诚干净担当的思想自觉和行动自觉，积极干事创业、勇于创新突破，坚持矛盾面前不回避、困难面前不徘徊、挫折面前不退缩，做到工作作风踏实严谨，工作态度认真较真，工作方法实事求是，努力使“勤勉务实”成为常熟党员干部的鲜明特征。

2. **切实加强干部队伍建设。**精心做好市镇两级党委换届工作，坚持好干部标准，突出实绩导向，重点选优配强正职领导，进一步优化班子结构，增强班子整体效能。注重从基层一线选拔干部，统筹考虑年轻干部、女干部和党外干部的选拔培养。严肃换届工作纪律，加强换届工作全过程监督，坚决防止拉票贿选、跑官要官等不正之风，确保换届工作风清气正。深入贯彻《党政领导干部选拔任用工作条例》，强化制度执行，严格干部“德”和实绩考核，严把选人用人关，切实发挥党组织领导和把关作用。坚持从严管理干部，严格落实个人有关事项报告、离任交接、关爱提醒、诫勉谈话等制度，坚决整治为官不严、为官不为、为官不实等现象，建立能者上、劣者汰、庸者下的常态机制。加强干部交流任职，积极推进市级机关与乡镇板块之间的干部交流。完善干部培训体制机制，大力开展分级分类培训，着力提升干部能力素质。坚持党管人才，完善人才优先发展、优先投入的工作格局，推动形成人才促发展、发展兴人才的生动局面，加快建设人才强市和人力资源强市。

3. **增强基层党组织战斗力。**各级党组织书记要切实增强主业主角意识，牢固树立抓好党建是最大政绩的理念，坚持不懈种好基层党建“责任田”，深化落实党委班子成员抓党建“四张任务清单”、“四项制度”，构建党建工作齐抓共管新格局。切实抓好村（社区）党组织换届工作，选优配强党组织书记。落实农村党建“六强六在前”职责任务，抓镇促村、以上率下，进一步巩固提升农村党建工作水平。深入推进“新农”党建试点工作，研究出台系列文件，形成制度成果，创出常熟经验。适应农民加速集聚居住的新形势，高度重视村改社区党建工作，织密农村基层组织体系。推动法治型基层党组织建设措施落地、成效显现，命名一批具有示范效应的法治型党组织建设标兵。深入开展“党代表看党建、市领导督党建、常委会议党建”活动，继续倒排一批整顿帮扶对象，着力破解基层党建难点问题。进一步深化区域党建工作站建设，探索建立“两区两园党建一体化”建设联合体。选派机关优秀年轻干部到企业任专职副书记，提升重点非公企业党建水平，形成“两新”党建品牌集聚群。加强党组织带头人队伍建设，从严加强党员教育管理，健全党员分类积分管理体系。

4. **正风肃纪挺纪在前。**严格落实党风廉政建设“两个责任”，扎实开展党风廉政建设巡察工作，对党委（党组）主体责任、纪委（纪检组）监督责任落实情况进行动态评估，对落实责任不力、发生严重违纪违法行为的，实行“一案双查”。深入学习贯彻《中国共产党廉洁自律准则》和《纪律处分条例》，提升党员干部遵纪守纪的自觉性。把严明纪律体现在日常管理监督中，把握运用监督执纪“四种形态”，严格落实约谈、函询、诫勉谈话等制度，发现苗头就及时提醒，触犯纪律就尽早处理，绝不养痈遗患、放任自流。毫不松懈抓好中央八项规定和市委十二项规定的落实，实行常规工作月督查、专项整治重点查、重要问题随时查，建立作风问题举报核查专办制度，对顶风违纪行为从严查处，加大通报曝光力度。深化廉洁诚信积分评价工作，完善作风网络舆情收集机制，拓宽群众监督渠道，加大对行政审批、行政执法违纪违规行为的责任追究力度，加大“庸懒散奢”和“中梗阻”整治力度，严肃查处失职渎职行为，充分调动党员干部担当有为、干事创业的积极性。

5. **充分发挥党委领导核心作用。**坚持党的领导、人民当家作主、依法治市有机统一，充分发挥党委总揽全局、协调各方作用，广泛凝聚共识，汇集各方力量。支持市人大及其常委会依法履行职能，进一步创新人大代表工作机制，密切与人民群众的联系，更好体现人民意志、维护人民利益。支持人民政协履行职能，拓展协商内容，丰富协商形式，提高人民政协协商民主制度化、规范化、程序化水平。加强统一战线工作，把握重点、创新机制，不断推进多党合作事业健康发展。支持工青妇等人民团体依据章程独立自主开展工作，重视发挥老干部独特作用，推进军民融合发展，为全市改革发展汇聚强大合力。

同志们，常熟“十三五”美好蓝图展现在我们面前，目标催人奋进，发展时不我待。让我们紧密团结在以习近平同志为总书记的党中央周围，开拓进取、扎实工作，努力推动各项事业再上新台阶，为构筑“五位一体、综合发展”新优势、全面建成更高水平小康社会而不懈奋斗！

政府工作报告

——在市十四届人大五次会议上

王　飚

（2016年1月6日）

市长　王　飚

各位代表：

现在，我代表常熟市人民政府，向大会报告工作，请予审议，并请市政协委员和其他列席人员提出意见。

2015年工作及“十二五”发展简要回顾

2015年，面对国内外经济形势的深刻复杂变化，特别是经济下行压力加大的严峻挑战，市政府在市委坚强领导下，在市人大和市政协监督支持下，全面贯彻落实党的十八大和十八届三中、四中、五中全会精神，坚持以习总书记系列重要讲话特别是视察江苏重要讲话精神为根本遵循，团结依靠全市人民，牢牢把握“五位一体、综合发展”总基调，主动适应经济发展新常态，全力以赴稳增长、促转型、惠民生，各方面工作取得新进展。

一、坚持稳增长、调结构统筹兼顾，经济运行稳中有进。深入研究新常态下既保持经济平稳发展又着力推进转型升级的思路举措，坚持发展第一要务，更加突出“工业经济、主导产业、骨干企业”三个为主的发展导向，以落实“410”工程为主抓手，努力化解经济下行压力，经济增长稳定在合理区间，转型升级步伐加快。预计完成地区生产总值2045亿元，增长6.8%；一般公共预算收入157.7亿元，增长7%，税收占比81.4%。实现全社会固定资产投资631亿元；社会消费品零售总额668亿元，增长8.5%；外贸进出口220亿美元，增长9%；实际利用外资8亿美元。现代农业发展水平不断提升，新增高标准农田4.4万亩(0.29万公顷)，粮食作物全面丰收。农业产业化步伐加快，完成“四个百万亩”用地计划调整，国家农业科技园区“一核三带多园区”建设初见成效，新增村级合作农场32家、家庭农场40家、农民合作社17家。全面开展农村土地承包经营权确权登记颁证，完成50%以上确权任务；实施股权固化、政经分离试点，全面推进农村集体资产交易服务中心建设，村级经济稳定性收入增长10%。工业转型升级步伐加快，实现规模以上工业产值3635亿元；完成新兴产业产值1586亿元、高新技术产业产值1405亿元，分别增长1.9%和2.5%。汽车及零部件、装备制造、纺织服装“三个千亿级”产业完成投资140亿元，占全部工业投入50%；完成产值2430亿元，占工业总产值比重53.6%。18家“小巨人”企业开票销售收入增长4.8%；70家“专精特新”企业完成销售920亿元，增长3.3%。民营经济加快发展，新办私营企业3486家、个体工商户9723户，净增内资注册资本185亿元，民营经济累计注册资本突破1200亿元。金融生态环境向好发展，净增本外币贷款100亿元。资本市场“常熟板块”不断壮大，累计上市企业达10家、新三板挂牌企业20家。土地节约集约利用持续加强，盘活存量用地6283亩(418.87公顷)。服务业发展提质增效，完成服务业投资347亿元，增长13.5%，服务业增加值占地区生产总值比重45.3%。常熟港货物吞吐量突破8500万吨，增长5.6%。高新区成为全省创业投资集聚发展示范区，全面启动昆承湾总部集聚区规划建设，引进和培育总部企业3家。成功举办第十六届服博会等节庆活动。服装城开展专业流通市场综合配套改革，内外贸市场平台建设取得进展。电子商务持续快速增长，被商务部认定为全国首批电子商务进农村综合示范县。

二、坚持抓改革、促创新双轮驱动，发展动力加快转换。全面推进“5张清单、1个平台、7项相关改革”，健全完善事中事后监管机制，政府职能加快转变。全面取消非行政许可审批事项，行政审批事项精简40.7%，政府行政权力、专项资金和行政事业性收费全部实现清单管理，组建市公共资源交易中心，形成上下衔接的公共资源交易平台体系。企业投资建设项目实行并联审批，审批流程得到简化优化。深化政府机构改革，市场监管局、卫计委、市政府法制办挂牌运行，新组建综合性检验检测中心，理顺水务管理和城乡居民医保管理体制。镇域相对集中行政处罚权试点工作全面推开，下放

328项权力至7个镇2个街道，设立镇综合执法机构。深化行政执法和司法联动工作。推进政务服务向基层延伸，首批下放经济管理和公共服务权限87项，镇（街道）便民服务中心实现全覆盖。进一步推进政企分开，行业主管部门与中介机构彻底脱钩，服务市场全面开放，建立中介机构信用等级评定制度。稳妥推进政府职能向社会转移试点，向社会转移政府职能100项。落实注册资本认缴、先照后证等改革举措，全面推进"三证合一、一照一码"登记制度改革。国有企业加快去行政化改革步伐，全面落实市场化主体建设，国有资产分级监管、分类考核机制得到健全。常熟科技创新体制综合改革试点方案获省政府批准。"高新技术企业三年培育计划"全面完成，"313"工程扎实推进，新认定高新技术企业99家，新增省高新技术产品330个，新增发明专利授权659件，列入省重大科技成果转化专项4项。重大载体加快布局，高新区升格为国家级高新区，新增博士后工作站4家、省级科技企业孵化器4家，中国智能车综合技术研发与测试中心挂牌成立，大学科技园被省科技厅列为众创集聚区试点，4家众创空间获得省级备案支持。推动科技、人才与经济发展紧密结合，入选苏州市级及以上人才计划25人，新增市级科技创新创业领军人才项目50个。

三、坚持强统筹、优生态互动并进，城市品质不断提升。开展《美丽常熟——城乡空间发展战略规划》研究，推进镇控制性详细规划全覆盖，开展镇村布局规划优化调整和综合整治村庄规划、村级工业用地整合规划编制，市规划委员会实体化运作。全面启动"多规合一"试点。加快推进"三优三保"行动，完成潜力调查，辛庄镇"三优三保"专项规划通过省级论证。重大基础设施建设加快推进，三环路高架全线贯通，通港路、常沙线快速化改造工程启动建设，沪通铁路常熟段清障工作基本完成。新世纪大道北延一期、常浒线九里段节点改造前期积极推进，元和路、书院街综合改造工程全线通车，县南街主路面具备通车条件，红梅路、开元大道、香山南路等一批城区道路建成通车。加快推进棚户区（危旧房）改造，完善危险公寓房解危政策。完成安置房建设项目6个，面积37.3万平方米。南门坛上历史文化街区保护与整治工作有序推进。昆承工业园企业搬迁基本完成。优化道路交通组织管理，规范城区停车秩序。开展城乡环境整治"百日行动"，完成"九整治"项目40个、"三规范"项目189个，通过国家卫生城市复审和国家生态园林城市、省优秀管理城市现场考查。"美丽乡村"创建和城乡一体化示范小区建设扎实推进。生态文明建设取得新进展，调整优化164.8平方公里省级生态红线保护区域，完成水系连通调控规划编制，实施城乡河道综合治理38条、省太湖治理工程100项、"畅流活水"项目25个，古城区活水自流效果显现，七浦塘常熟段全线通水，铁黄沙整治、城西污水处理厂二期等重大环境工程进展顺利。在全国率先实施农村生活污水治理PPP项目。积极开展水利部河湖管护体制机制创新试点。狠抓大气污染防治、环保大检查等五项重点工作，建成智慧环保系统，移送司法机关处理环境违法案件14件。沿江片区集中供热管网全线贯通，污泥干化焚烧处置项目正式启动。加强农药集中配送和投入品监管，持续推进农业面源污染治理，区域环境质量得到改善。

四、坚持惠民生、善治理协调共进，社会环境不断优化。五大类20项重点民生项目基本完成。完善征地补偿和被征地农民社会保险制度，新老政策平稳衔接，补偿安置36.6万人。城乡养老保险制度衔接工作圆满完成，18万群众受益。新增就业岗位8.7万个，本市籍大中专毕业生就业率96%以上，城镇登记失业率控制在1.9%以下。实施全民参保登记计划，城镇职工社会保险覆盖率、城乡居民养老保险和医疗保险覆盖率均保持在99%以上，城乡低保标准提高到每月750元，居民基本医疗保险人均筹资标准提高到800元。启动住房保障货币化补贴新政，新增缴存住房公积金职工5.5万人。养老设施建设加快推进，启用市敬老院，建成日间照料中心102家、助餐点92个，镇级居家养老服务管理中心建成率100%。昆承中学扩建工程、游文幼儿园、东南实验小学及幼儿园建成投用，新开工校安工程3.3万平方米；深化义务教育集团办学模式，扶持普惠性民办幼儿园发展，推进公办幼儿园独立法人扩面，完成国标校车升级工作。市血站迁建、中医院扩建工程投用，紧密型医联体建设纵深推进，实施慢病患者下沉社区管理，受惠群众18万人。文庙工程主体建筑完成，举办江南文化节暨沙家浜旅游节、中国古琴艺术节等重大文化活动，文史专著《让国南来·仲雍》《南方夫子·言偃》正式出版，填补了国内吴文化专著研究空白。市公共体育服务中心建成投用，新增8所学校体育设施向社会开放，成功创建省公共体育服务示范区。获批联合国世界旅游组织旅游可持续发展中国观测点。深入实施社会治理创新工程，扎实推进政社互动和社区减负，新市民积分管理持续深化，累计受理入学入医入市民卡申请12.1万人。高度重视安全生产，全面抓好企业主体责任落实，持续开展重点行业领域安全整治，实现事故起数、死亡人数"双下降"，安全生产形势持续稳定好转。社会信用体系加快建设，社会大局保持稳定可控，公众安全感、法治建设满意度显著提升。民族宗教、侨台事务、人民防空、统计、气象、外事、档案、地方志、工会、共青团、妇女儿童等工作都取得新的进步。

与此同时，政府自身建设进一步加强。巩固和拓展党的群众路线教育实践活动成果，扎实开展"三严三实"专题教育，切实抓好"四专题一强化"各个环节，持续抓好专项整治任务，推动干部担当作为、"马上就办"，政府机关作风建设持续加强。优化整合政务服务资源，完善政务服务体系，智慧政务服务平台上线运行，为民服务项目即办件比例提高到67.5%。全面推进法治政府建设，认真执行市政府常务会议、市长办公会议议事制度，强化政府绩效考核，修改完善重大决策程序规定，建立健全决策听证、后评估和责任追究制度。自觉接受人大监督和政协民主监督，办理人大代表建议115件、政协提案230件。深化财政预算管理制度改革，扩大预决算信息公开范围，实现政府预算全口径公开。加强政府性债务管理，优化债务结构，降低债务成本，有效防范债务风险。全面深化政务公开,加大监察、审计工作力度,深化政风行风“媒体问政”机制,推进廉洁诚信积分管理,严格落实行政问责制,政府廉政建设取得新成效。

2015年各项目标任务的顺利完成,为“十二五”画上圆满句号。“十二五”期间,全市经济社会保持转型加快、活力增强、民生改善的良好态势,为全面建成高水平小康社会奠定坚实基础。

过去五年,是转型升级步伐加快的五年。地区生产总值跃上2000亿元台阶,年均增长9.1%,人均超过3万美元,达到上中等收入国家和地区水平。一般公共预算收入年均增长9.5%。全社会固定资产投资累计总额超过3000亿元,年均增长7.4%。产业结构加快向中高端迈进,确立以“三个千亿级”主导产业为核心的现代产业体系,新材料、新一代信息技术、新能源等新兴产业加速壮大,新兴产业、高新产业产值占规上工业产值比重分别达43.6%和38.7%。观致汽车、奇瑞捷豹路虎、丰田汽车研发中心等一批重大项目相继投产。全市技改投资占工业投资比重超过67%、设备投资占技改投资比重超过77%。服务业投入产出持续增加,投资回报率不断提高,增加值年均增长8.8%。

过去五年,是民生质量持续改善的五年。城乡居民收入分别达到50300元和25860元,年均分别增长10.5%和12.1%,城乡居民收入比缩小为1.95∶1。城乡社会保障体系不断完善,纯农人员农保转接城保超过23万人,纳入社会化管理的企业退休人员和老年居民超过36万人。累计新开工保障性住房9065套,完成城区老住宅小区综合改造186万平方米,物业管理覆盖率提高到98%。教育现代化发展水平保持全省前列,成为全国首批义务教育均衡发展市、省学前教育改革发展示范区,高等教育毛入学率70%。城乡医疗卫生体系更加完善,探索分级诊疗、急慢分治医疗服务模式,公共卫生服务人口覆盖率100%,人均期望寿命达到84.7岁。养老服务基本形成“9064”格局,养老床位数达1.17万张,是“十一五”的2.5倍。文化体育等资源布局有效拓展,成功创建国家公共文化服务体系示范区,人均公共文化和体育设施面积分别增加到0.35和3.16平方米,学校体育设施向社会开放率达61%。智慧城市形成基本框架,完成数据交换中心、五大数据库建设,公共信息服务平台上线运行,市民卡发放116万张、社保卡发放104万张,获得国家智慧城市试点市称号,获评中欧绿色和智慧城市创新奖。“平安常熟”建设全面加强,安全生产事故起数、死亡人数较“十一五”分别下降9.8%和19.8%,刑事发案数连续下降,刑事案件破案率较“十一五”末提升8.6%,社会安定有序、团结和谐、充满活力。

过去五年,是改革创新不断突破的五年。全面深化改革成效初显,在行政体制、经济体制、社会体制、文化体制、生态文明体制、农村体制等重点领域取得突破。主动融入国家扩大开放大格局,国际国内双向互动开放深入推进,长江经济带海关通关一体化改革取得明显成效,进出口规模跃上200亿美元台阶,出口加工区获批综合保税区,沙家浜—虞山尚湖获批省级旅游度假区并荣膺国家AAAAA级,各类特色园区、载体和功能平台加快建设。增强科技创新主驱动作用,全社会研发经费支出占地区生产总值比重2.3%;大中型工业企业研发机构建有率93%,比“十一五”末提高61个百分点;万人发明专利拥有量提高到20.3件。累计建成省级以上企业研发机构230家,省级以上科技企业孵化器面积达到28万平方米,国家火炬计划重点高新技术企业累计达到32家。充分发挥科技镇长团桥梁纽带作用,促进校企广泛对接,共建21家驻常大学研究院,建成11个产业技术创新战略联盟,与常熟理工学院开展全面合作,实现校地互动共赢。各类人才总量发展到27.5万人,其中高层次人才1.9万人。获评全国科技进步示范市、国家可持续发展实验区、国家知识产权示范城市。

过去五年,是统筹城乡力度加大的五年。牢固确立城乡一体发展导向,持续深化农村改革,城乡区域协调发展水平明显提升,户籍人口城镇化率达75%,比“十一五”末提高5个百分点,农民集中居住率61.9%。项目化落实村级财力建设三年行动计划,推进村企挂钩、生态补偿和村级存量资源整合,村集体经济总收入比“十一五”末增长1.1倍。确立城市快速化路网骨架,新建城乡道路75公里,城市公交、城乡公交、镇村公交实现无缝衔接,普遍实行低票价,投放公共自行车1.2万辆。延伸城乡供水管网490公里,自来水日供水能力比“十一五”末提高29.8%。天然气用户累计超过16万户。实施两轮城乡生活污水治理三年行动计划,新(扩)建污水处理厂7座,延伸城乡污水主次干管830公里,建成分散式污水处理设施超过1000套。农村生活垃圾实现“村保洁、镇收集、市运处”体系全覆盖。建成城乡一体化示范小区41个、547万平方米,安置入住8000户。完成农村村庄环境整治超过9000户,建成苏州市级以上“三星级康居乡村”38个。

过去五年,是绿色发展质量提升的五年。生态人居环境持续改善,环保投入累计363.4亿元,占地区生产总值比重3.8%。节能减排取得明显成效,主要污染物净削减完成上级下达任务。资源利用更趋集约节约,盘活存量土地2.85万亩,单位地区生产总值建设用地占比累计下降20%,万元工业增加值用水量下降到15立方米。五年关停落后产能和排放不达标企业1127家,淘汰10蒸吨以下燃煤小锅炉1650台,淘汰黄标车1.77万辆,PM2.5平均浓度较2013年下降13.1%。实施重点流域水环境综合整治项目2950项,关停治理畜禽养殖污染户2600户,Ⅲ类以上地表水比例比“十一五”末上升10个百分点。基本建成120平方公里核心生态圈,自然湿地保护率56.3%,被评为全国湿地保护先进市。累计新增绿地面积12.6万亩(0.84万公顷),林木覆盖率17.7%,建成区绿化覆盖率提高到45.2%。

各位代表,这些成绩的取得,得益于市委的正确领导,得益于市人大、市政协的有效监督和大力支持,得益于全市人民的共同努力。在此,我谨代表市政府向广大干部群众,向人大代表、政协委员,向离退休老同志,向各民主党派、工商联和无党派人士、人民团体,向驻常部队、武警官兵,向所有关心、支持常熟经济社会发展的海内外朋友，表示衷心的感谢并致以崇高的敬意！

五年来的丰富实践和积极探索，为我们积累了十分宝贵的经验。一是更加突出转型升级，优化产业质态。始终坚持以经济建设为中心，坚定不移加快转型升级，坚持把稳增长与调结构、抓创新紧密结合起来，不失时机、一着不让地推动产业结构迈向中高端。坚持把经济结构战略性调整作为转方式的主攻方向，加快改造提升传统产业，发展战略性新兴产业，推动服务业发展，打造新产业、新业态、新商业模式，积极培育新的经济增长点。二是更加突出科学发展，提高发展质效。始终坚持稳中求进，以提高经济发展质量和效益为中心，在加快转变经济发展方式上下真功、见实效，抓牢重大项目、人才科技、载体平台等关键要素，大力实施淘汰落后、腾笼换凤，产业转型呈现提质增速的良好势头。三是更加突出改革创新，优化体制机制。始终坚持以深化改革增强发展动能，加快推进简政放权，转变政府职能，正确处理政府与市场的关系。以构建区域自主创新体系为主导，深入实施创新驱动发展，突出企业技术创新主体地位，做优载体平台，推进大众创业、万众创新，提升产业核心竞争力。四是更加突出精细精致，提升城市内涵。始终坚持高质量建设重大项目，高水平推进城乡一体，高效能加强城市管理，优化城乡面貌，提升城市品质，彰显常熟“人文、生态、精致、宜居”特色。激发社会活力，深化文明创建，提升城市文明程度和市民文明素养，推进以人为核心的城镇化。实施“文化强市”工程，努力以文化软实力的提升带动城市品质内涵的提升。五是更加突出群众获得感，共享发展成果。始终坚持以人为本，千方百计提升民生质量，持续改善人民生活。围绕充分的就业、完善的社会保障、均衡优质的教育、完善的医疗服务、良好的生态环境等群众最关心、最直接、最现实的利益问题，增加公共服务供给，推进基本公共服务均等化，提高公共服务共建能力和共享水平，让人民群众共享改革发展成果。

“十三五”发展目标和 2016 年工作安排

今后五年，我们既处于可以大有作为的重要战略机遇期，也面临诸多矛盾叠加、风险隐患增多的严峻挑战。世界多极化、经济全球化、文化多样化、社会信息化深入发展，新一轮科技革命和产业变革蓄势待发。我国经济长期向好的基本面没有改变，特别是“一带一路”、长江经济带、长三角一体化等国家战略的实施，为常熟加快转型发展带来了新的机遇。经过“十二五”的发展，我市综合发展水平有了较大提升，同时，常熟将跻身大城市行列，为城市未来发展奠定了坚实基础，确立了新的坐标。我们也充分认识到，常熟面临的发展环境已经并将继续发生深刻变化：经济发展方式尚未得到根本转变，区域创新能力有待进一步提高，经济发展与资源承载能力的矛盾突出；制约市场经济活力、发展方式转变的体制机制障碍仍然存在，改革攻坚任务更加艰巨；教育、医疗、养老等基本公共服务供给压力加大，社会建设与治理还有不少薄弱环节，法治建设需要进一步加强。我们必须准确把握国际国内发展基本趋势，准确把握常熟发展阶段性特征和新常态新要求，充分运用有利条件，发挥比较优势，着力改革创新，探索发展新路，努力构筑常熟“五位一体、综合发展”新优势。

“十三五”时期我市国民经济和社会发展的指导思想是：高举中国特色社会主义伟大旗帜，全面贯彻党的十八大和十八届三中、四中、五中全会精神，以邓小平理论、“三个代表”重要思想、科学发展观为指导，深入贯彻习近平总书记系列重要讲话精神，以总书记视察江苏重要讲话精神为引领，认真落实“四个全面”战略布局，坚持“五位一体、综合发展”总基调，全面实施创新驱动、民生优先、城乡统筹、绿色发展、文化提升五大战略，协同推进经济建设、政治建设、文化建设、社会建设、生态文明建设和党的建设，争当建设“强富美高”新江苏的先行军排头兵，率先全面建成高水平小康社会，积极探索开启基本实现现代化建设新征程，谱写好中华民族伟大复兴中国梦的常熟篇章。

“十三五”时期我市国民经济和社会发展的主要任务和奋斗目标是：努力把常熟建设成为产业特色鲜明、创新活力迸发、文化事业繁荣、城市精致秀美、社会均衡协调的现代江南名城。经济结构明显优化。经济保持中高速增长、产业迈向中高端水平，基本形成以高新技术产业为主导、先进制造业和现代服务业为主干、现代农业为基础的现代产业体系。地区生产总值年均增长 7.5%左右，一般公共预算收入年均增长 7.5%左右，提前实现地区生产总值和城乡居民收入比 2010 年翻一番。质量效益不断提升。基本形成集约集聚发展方式，主导产业竞争力和支撑力明显增强，劳动生产率、资源利用效率明显提高，单位建设用地产出地区生产总值达到 61 万元/亩(915 万元/公顷)。创新能力显著增强。着力打造产业特色鲜明的先进制造业高地和体制优势明显的产业科技创新高地。全社会研发经费支出占地区生产总值比重提高到 3%，高新技术产业产值占规上工业产值比重达到 45%，企业核心竞争力和城市创新能力显著增强。民生事业均衡发展。百姓富裕程度、人民生活水平和质量普遍提高，就业水平和社会保障稳步提升，文化、教育、卫生、体育等社会事业协调发展。文化强市建设扎实推进，充分彰显国家历史文化名城的特色和优势。绿色发展成效明显，空气质量优良天数比例达到 80%以上，III 类以上地表水比例达到 70%以上，建成国家生态文明建设示范市。体制机制更加完善。基本形成系统完备、科学规范、运行有效的制度体系，重点领域和关键环节改革取得重要成果，政府公信力和行政效率明显提高。法治常熟建设扎实推进，社会治理法治化水平明显提升。

2016 年是实施“十三五”规划的开局之年，是推动常熟经济社会发展迈上新台阶的关键之年。新一年政府工作的总体要求是：以习总书记系列重要讲话精神为根本遵循，全面落实创新、协调、绿色、开放、共享发展理念，紧扣省委、苏州市委“五个迈上新台阶”的系列部署，牢牢把握“五位一体、综合发展”总基调，更加注重供给侧结构性改革，以提高经济发展质量和效益为中心，稳定经济增长，突出创新驱动，强化统筹协调，注重改善民生，促进经济社会持续协调发展，赢得“十三五”良好开局。

全市国民经济和社会发展的主要预期目标是：地区生产总值增长8%左右；一般公共预算收入增长8%左右；工业总产值增长4%，规模以上工业产值增长5%；全社会固定资产投资额610亿元；服务业增加值占地区生产总值比重45.5%；社会消费品零售总额增长8.5%左右；外贸进出口保持增长；实际利用外资7亿美元；完成上级下达的节能减排任务。

按照上述总体要求和目标，新的一年里，我们将重点抓好七个方面工作：

一、突出质量效益，迈上经济发展新台阶

确保经济稳健运行。发挥投资对增长的关键作用，着力抓好132项重点项目，布局和实施一批战略新兴产业和现代服务业项目。着力提高招商选资水平，建立专业化、市场化招商引资运作机制，统筹推进重大招商引资项目，储备一批优质项目。发挥消费对增长的基础作用，促进信息消费、旅游休闲消费、养老健康消费，培育新的消费增长点。发挥出口对增长的促进作用，大力促进外贸转型升级，全力稳定外贸增长。加强出口基地、品牌和营销渠道建设，打造国际投资贸易综合服务平台，大力培育市场采购贸易等新型贸易方式，提高一般贸易比重和加工贸易增值率。以质量和品牌提升有效供给能力，大力推进质量强市战略，新增一批驰名商标、著名商标和江苏名牌产品，争创苏州市长质量奖。

调整优化产业结构。落实经济发展迈上新台阶“410”工程，着力打造“先进制造业、现代服务业”双轮驱动的现代产业体系。培育壮大主导产业，推动汽车及零部件产业提升发展层次和集聚度、装备制造产业向智能制造转型、纺织服装产业向时尚创意产业发展，抓好观致汽车平台技改项目、奇瑞捷豹路虎二期等重大项目建设。加快培育新能源、新材料、新一代信息技术、节能环保等新兴产业，大力推进大数据云计算等产业基地建设，新兴产业产值占规上工业产值比重提高1个百分点。大力发展现代服务业。深化服务业综合改革试点，争取服装城获批国家市场采购贸易试点。重点发展现代物流、汽车服务、金融服务等生产性服务业，加大制造业企业二三产分离推进力度。大力发展总部经济，推进昆承湾总部集聚区建设。加快发展电子商务，建设服装时尚产业互联网创业服务平台，大力发展“互联网＋农业”、“互联网＋物流”、跨境电子商务等新业态新模式。

提升企业竞争能力。引导企业推进兼并重组，优化股权结构，不断完善现代企业制度。加快市属国有企业市场主体建设，推进政企分离、布局优化和资产整合重组，加快资产证券化步伐。推动企业积极进入多层次的资本市场，新增上市和新三板挂牌企业15家。鼓励企业加强技术改造升级，完成工业投入305亿元，技改投资占工业投资比重60%以上，设备投资占技改投资比重70%。推进“机器换人”，新增智能制造示范企业100家、两化深度融合企业100家。实施“专精特新”中小企业培育工程，新增培育“小巨人”企业2家、行业细分领域“单打冠军”产品10个。

强化创新驱动发展。深化科技创新体制综合改革，整合集成政策资源，探索建立企业研发准备金制度，实施“科技创新券”等间接支持和后补助方式，强化企业创新主体地位，完善区域创新服务体系。大力实施高新技术企业倍增计划、“313”培育工程，新增高新技术企业60家，年开票销售超3000万元的科技“双创”企业累计超过100家。新增省级以上企业研发机构30家，大中型工业企业、规模以上高新技术企业研发机构建有率达95%。打造“知识产权零侵权”城市，万人发明专利拥有量达22件。强化人才对创新的支撑作用，编制创新资源与行业领军人才分布图，引进行业细分领域“双创”领军人才团队50个，新增高层次人才2200人。深入推进大众创业、万众创新，新增孵化器载体面积30万平方米，培育科技创业天使团队20个。充分发挥“科技镇长团”作用，加强与高校院所对接，深化全方位产学研协同创新。

二、突出改革开放，激发内生增长新动力

推进重点领域改革。深化行政审批制度改革，强化事中事后监管，狠抓改革措施落实，增强市民群众获得感。推进经济发达镇行政管理体制改革和镇域综合执法改革试点，加大经济管理和公共服务事项下放力度，完善乡镇便民服务中心、综合执法局运作机制，推动乡镇职能转变和机构改革。完成不动产统一登记工作。转变财政投入方式，设立工业信息化产业投资、创新创投等基金，逐步推进“资金改基金”、财政无偿补助向有偿资助改革。充分使用地方政府置换债券，设立“常熟城建发展基金”，优化债务结构，降低融资成本。

充分释放市场活力。深化商事制度改革，全面推进“三证合一、一照一码”，加强创业孵化平台建设，激发市场主体创业热情，民营经济累计注册资本突破1300亿元。推进社会诚信体系建设，完善企业信用数据交换共享机制，强化信用信息应用，加强对失信主体的约束和惩戒。放宽市场准入，加大政府与社会资金合作模式在公共服务领域的推广应用，鼓励民间资本参与市政基础设施和社会事业建设。推进生产要素市场化配置，促进劳动力、资金、土地等合理流动。深化人力资源服务产业园建设，着力解决企业人力资源结构性矛盾。加强政银企对接合作，鼓励金融机构增加有效信贷投放，新增贷款120亿元。完善金融风险防范机制，防范打击非法集资和恶意逃废债务。提高电网互联互供能力，投运110千伏以上变电站5座。

提高双向开放水平。全方位对接上海，学习复制上海自贸区改革成功经验，在基础设施、要素市场、产业配套、公共服务等领域主动与上海对接。充分发挥高新区核心载体作用，全面融入苏南国家自主创新示范区建设。抢抓“一带一路”战略发展机遇，鼓励有条件的企业走出去，培育一批本土重点跨国企业。加强开放型经济载体功能创新，加快铁黄沙整治开发，拓展综保区自由贸易功能，完善贸易便利等公共服务平台体系，推动港口口岸、特殊监管区、科技创新等功能平台与产业的互动融合，加快产业载体由简单集中向特色专业集聚转变。推动虞山高新园升级创建。创新区镇联动机制，促进区镇载体的共享共用和错位发展。

三、突出统筹发展，展现美丽乡村新面貌

加快发展现代农业。充分发挥国家农业科技园区的支撑带动作用，完善“一核三带多园区”产业布局，加强“四个百万亩”建设长效管理。加快构建新型农业经营体系，新增各类新型农业经营主体50家，提升一批种养大户为家庭农场。统筹农业综合开发、农田水利、土地综合整理等项目建设，新建高标准农田5万亩（0.33万公顷）。提升农业物质装备水平，推进高标准全程机械化示范基地建设。推动农业科技创新，实施新型职业农民培育工程，启动农村实用人才带头人计划。推进测土配方，发展种养结合循环农业，健全农产品质量安全监管、追溯、检验检测体系，完善粮食流通仓储设施，确保地产农产品生产供应和质量安全。

深化农村综合改革。推进农村土地制度改革，开展农民住房确权登记，探索多途径的农村宅基地有偿退出机制，探索农村集体经营性建设用地流转制度，深入推进农村土地承包经营权确权登记颁证，进一步规范农村承包土地经营权流转管理。组织实施农村集体资源资产所有权确权登记，建立集体经济组织成员登记备案机制，规范社区股份合作社经营管理，全面完成社区股份合作社股权固化改革。推进农村产权流转交易市场建设。实施农村土地所有权、承包权、经营权“三权分置”，探索农村承包土地经营权抵押贷款。

实施富民强村工程。加快村级经济发展，推进“一村二楼宇”建设，统筹建设一批集体经营性物业项目，村级集体经济稳定性收入力争增长8%。继续实施薄弱村村级财力建设三年规划，强化“造血”机制，增强自我发展能力。实行公益性岗位向劳务合作社倾斜，提高就业困难农民的收入水平。完善社区股份合作社分配制度，逐步提高分红水平。保障农民土地承包经营权收入，进一步落实被征地农民生活保障。全面建成财务、监督、交易“三网合一”的农村集体“三资”信息管理系统，提高农村集体资产监管水平。

推进美丽镇村建设。积极稳妥推进城乡一体化示范小区规划建设，精心组织拆（搬）迁农户安置入住，加强农村新型社区服务管理。加强农村住宅建设行为监管，稳妥实施解急解危。完成中心集镇控制性详细规划、综合整治村庄规划，加强农村传统村落和民居的保护，彰显江南水乡特色风貌。组织实施镇村道路提档升级等“六大工程”，完善农村基础设施配套，促进城乡公共服务均衡。大力实施村庄综合整治，完成组团式村庄环境综合整治80个，充分发挥村民自治作用，形成村庄环境长效管理机制。

四、突出建管并重，实现城市品质新提升

优化空间布局。进一步完善城乡规划统一管理体制，统筹全市重要规划单元、重要道路两侧、重点项目的规划布局。加快推进“多规合一”和“三优三保”工作，科学划定开发边界，落实重要民生及基础设施项目用地，形成市域规划“一张蓝图”。修编新一轮城市总体规划，开展轨道交通、城中村等规划研究，深化琴湖、昆承工业园和城铁站等重点片区的控制性详细规划和城市设计。完善城市各片区功能定位，推进城市南部国际性生态社区，以及东部功能拓展区、西部生态休闲区、北部生活社区组团发展。推进片区整体开发，全力推进文化片区、琴湖片区、城铁站等片区征收搬迁工作。探索货币化安置，多渠道满足动迁安置需求。

完善功能配套。加快快速路网建设，完善三环路与城市道路的对接及功能配套，推进通港路、常沙线快速化改造工程建设，全力配合沪通铁路项目建设、盐通苏嘉城际铁路前期工作。完善重点区域路网框架，改造完善城区道路，实施常浒线九里段节点改造工程、辛羊线周塘河桥改扩建工程。分类推进城中村改造，完成古城区大院户基础设施改造100个。新开工保障性住房（安置房）2243套，竣工2760套。科学合理收储土地，有序推出成熟地块，促进房地产市场健康发展。加强物业服务企业管理，完善物业管理市场化运作机制。深化智慧城市建设，新增光纤到户12万户，实现4G网络全覆盖，推进智慧交通、智慧医疗等项目建设，深化民生和政务领域的智慧应用。

加强城市管理。进一步理顺城市管理体制，强化城市精细化管理。优化市域交通组织引导，实行差异化停车收费，扩大交通严管道路范围，提高路面“见警率”。深化公交优先战略，优化调整公交线路40条，新增、更新公交车136辆，建设城乡首末站10处，镇村公交候车亭200个。开展环境综合整治提升工程，大力整治城市重点地段、薄弱区域环境脏乱差现象，争创省一星级优秀管理城市。推进垃圾分类收集和资源化综合利用，加强收、运、处全程监管，建立应急处置机制。

五、突出山水宜居，增创生态环境新优势

节约集约利用资源。实施建设用地“减量化”战略，加大闲置土地清理和“退二进三”工作力度，大力推进镇村工业用地整合，盘活存量土地5000亩（333.33公顷）以上，创建全国国土资源节约集约模范市。严格水资源管理，实施用水总量控制，推进海绵城市建设。创新排污许可证管理模式，全面推行排污费差别化征收制度，完善排污权初始核定、有偿使用和交易制度，初步建立排污权交易二级市场。强化节能减排刚性约束，落实能源消费总量控制目标，新增“能效之星”企业5家，节能技改项目节能量达10万吨标准煤，关停落后产能企业100家。

加大环境治理力度。推进“畅流活水”工程，实施北环河、金泾塘整治、常浒河闸站、望虞河除险加固等工程建设，拓浚整治河道18条。实施城区污水收集系统完善工程，完成农村生活污水治理1.2万户。启动实施新一轮阳澄湖生态优化行动，完成印染行业提标治理工程，深化农村环境连片整治，水功能区达标率达70%，III类以上地表水比例提高5个百分点。狠抓大气污染防治，完成燃煤锅炉整治，加强机动车尾气污染防治，落实扬尘控制长效机制，确保PM2.5年平均浓度比2013年下降13%。启动土壤污染防治工作，开展土壤污染专项调查。建成年处理30万吨污泥干化焚烧项目。加大环境执法监管力度，开展环境违法违规建设项目清理。

推进生态文明建设。落实生态文明“党政同责、一岗双责”，加强生态环境责任督查、审计和追究。强化生态空间管控和保护，守住耕地保护、开发强度、生态保护“三条红线”。整体布局山、水、林、田、湖各要素，加快建成虞山尚湖生态旅游区、尚湖南湖生态涵养区和长江江滩生态屏障区。加强湿地保护，建成湿地生态监测中心，承办“第十届国际湿地大会”。深入开展生态文明细胞工程建设，争创国家生态文明建设示范市。提高绿化质量和效益，新增绿化面积80万平方米。

六、突出民生福祉，开创社会建设新局面

放大文化名城影响。弘扬社会主义核心价值观，深化社会公德、职业道德、家庭美德、个人品德教育。深入推进文明城市创建，广泛开展弘扬良好家风、乡风、校风、行风行动，扎实推进文明旅游、文明交通、文明餐桌行动。加强古城、古镇、古村保护整治，推进南门坛上历史街区保护整治工程。完成文庙修复并开放，组织举办祭孔大典、纪念庞薰琹先生诞辰110周年等活动，启动《曾朴全集》和《常熟改革开放前20年口述历史》编纂工程，传承历史文脉，彰显城市特质。大力培养文艺人才，挖掘历史文化底蕴，繁荣文艺精品创作。创新文化产业引导资金投入方式，引导文化产业特色化、差异化、集群化发展。促进文化与旅游融合发展，办好江南文化节暨沙家浜旅游节和服装服饰博览会，加强城市形象推介，打响“江南福地，常来常熟”城市品牌。

完善社会保障体系。大力推进就业创业，新增就业人数2.5万人，本市籍高校毕业生就业率95%以上。落实“收入倍增计划”，促进城乡居民收入稳定增长。完善最低工资和工资支付保障机制，完善企业工资集体协商制度。深化事业单位绩效工资制度改革，全面实施机关事业单位养老保险新制度，完善城乡居民基本养老保险制度。完成职工医保和居民医保系统整合，巩固发展基本医疗保险、大病补充医疗保险和医疗救助“三位一体”的医疗保障体系。实施低保标准自然增长机制，探索建立新型临时救助制度。新增住房公积金缴存职工2.9万人。

优化公共服务供给。实施锦荷学校、琴湖小学、石梅幼儿园等6项学校新迁建工程，深化城乡教师交流，进一步优化集团办学。扶持非营利性民办教育发展，合理布点普惠性民办幼儿园。实施“新市民子弟学校新三年提升行动计划”，完成新市民子弟学校“一镇一校”布局。实施义务教育改薄工程，创建一批省、市优质幼儿园，整体提升各类教育办学水平。深化公立医院综合改革，建立医疗、医保、医药联动机制。推进“医联体”建设，新改扩建社区卫生服务机构10家，推进慢病患者下沉社区管理，引导患者分层次就医。启动常熟北部医院建设。组织实施一对夫妇可生育两个孩子政策，关心帮扶存在特殊困难的计划生育家庭。完善养老服务体系，推进公办养老机构转型，新建日间照料中心20家。儿童福利院改扩建工程和思亲苑二期项目建成投用。加大公共体育设施投入力度，新增健身步道60公里，办好尚湖马拉松等重大赛事。

创新加强社会治理。加快培育社会组织，完善政府购买公共服务内容，推进“三社联动”和“政社互动”，增强社会自治和服务功能。做好第十一届村委会和第六届社区居委会换届选举工作。完善新市民积分管理制度，引导新市民参与社会公共服务。启动“七五普法”，营造全社会学法、懂法、守法、用法的良好氛围。依法规范信访秩序，完善人民调解、行政调解、司法调解联动工作体系，积极化解社会矛盾。完善治安防控体系，加强社会治安综合治理。加强行政执法和刑事司法联动，依法严厉打击各类违法犯罪活动。健全公共卫生、食品安全、社会安全等事件的预防预警和应急处置体系，完成市消防指挥中心升级改造工程和消防大数据综合业务平台建设。严格落实“党政同责、一岗双责、失责追责”和企业安全生产主体责任，突出重点行业、重点领域和重点区域安全生产隐患整治，严防重特大事故。

七、突出勤政廉政，树立法治政府新形象

推进作风效能建设。以实施机关绩效管理为抓手，全面推进部门职能转变，提高机关执行力和公信力，促进作风建设常态长效。着力践行“三严三实”要求，对懒政惰政等现象严肃问责。大力弘扬“马上就办、真抓实干”的好作风，主动帮助基层和企业解决实际问题，将制定的政策措施一抓到底、抓出成效。积极营造高效便捷的服务环境，不断强化服务意识，创新服务举措，提升服务水平。严格财政预算执行，加强财政专项资金管理，进一步提升财政资金使用效益。

提高依法行政水平。坚持用法治思维和方式指导工作，严格按照法定权限行使权力履行职责，推行政府权力清单制度。完善决策咨询和政府法律顾问运行机制，健全重大行政决策程序，推进科学民主决策。自觉接受人大法律和工作监督、政协民主监督，主动接受社会监督和舆论监督。强化督查督办机制，提高人大代表议案、建议和政协提案的办理水平和落实成效。加强行政复议工作和行政机关负责人出庭应诉工作，完善规范性文件制定管理，全面落实行政执法责任制。全面推进政府信息和政务公开，健全信息发布和政策解读机制，落实新闻发言人工作制度。充分发挥市长信箱、“12345”便民服务热线、“寒山闻钟”等交流平台作用，积极回应社情民意、网络舆情，有效疏导和妥善解决群众诉求。

加大廉政建设力度。严格执行中央“八项规定”精神，持之以恒纠正“四风”。强化行政监察，加强对重点领域、重点资金、重点项目的监管，加大对违纪违法行为的查处力度。进一步推进审计监督全覆盖，保障审计部门依法独立行使审计监督权。深入开展执法监察、廉政监察、效能监察，加大行政问责力度，促进行政机关勤政廉政建设。严格落实党风廉政建设责任制，严肃查办发生在重点领域、关键环节和群众身边的腐败案件，打造清正廉洁的政府形象。

各位代表，时代赋予新的重任，实干铸就新的辉煌。让我们在中共常熟市委的正确领导下，紧紧依靠全市人民，进一步振奋精神、凝心聚力，干在实处、走在前列，为率先全面建成高水平小康社会而努力奋斗！

责任编辑　邹　萍

常熟市开展“三严三实”专题教育

综　　述

2015 年以来，常熟市严格按照中央、省委和苏州市委部署要求，认真贯彻落实上级精神，聚焦忠诚、干净、担当，对照践行“四有”要求，高标准、严要求组织开展“三严三实”专题教育，有力有序推动各项活动。中央政治局委员、中组部部长赵乐际，省委副书记、省长石泰峰等先后来常熟市视察调研，对专题教育给予指导，并予以肯定。在上级指导关心下，常熟市以严实标准、严实作风开展专题教育，取得了实实在在效果。

主要做法

【从严从实抓规范】 常熟市始终认真贯彻落实上级部署，紧扣时序要求，牢牢抓住关键环节，严格责任落实，扎扎实实推进专题教育各项工作。

一是及早谋划、精心组织。中央动员部署后，常熟市委第一时间组织常委班子学习领会上级文件和习近平总书记讲话精神，反复酝酿制定具体实施方案，牢牢把握专题教育正确方向。明确由常委牵头，组、纪、宣等相关部门参与，搭建强有力的工作班子，避免仅靠一个部门单打独斗抓教育。针对群众路线集中活动之后紧接开展专题教育，部分党员干部存在的模糊认识和思想障碍，市委通过不同会议反复讲明专题教育重大意义，消除厌倦懈怠情绪、克服消极应付心理，为专题教育开展奠定扎实思想基础。在做好规定工作同时，精心设计自选动作，开展“党代表看党建、市领导督党建、常委会议党建”活动，组织全体市委常委、中共党员副市长分别调研各板块党建工作，查找存在的重点问题，提交常委会专题研究，不断提升全市基层党建工作水平。

二是领导带头、以上率下。市委主要领导作为专题教育第一责任人，严格按照省委下发的“一把手”职责清单，自开局起，就带头学、带头讲、带头找、带头批、带头改，给全市干部作示范，形成上行下效、上率下行的良好局面。5 月 19 日，市委书记惠建林以专题党课开局，进行全面动员部署。主持制定常委班子学习计划，圈定 10 本选学书目，认真制定个人自学计划，并坚持以普通党员身份参加支部学习和中心组学习。第一时间率先开展“三解三促”活动，带领各级党员领导干部到基层驻点调研。市四套班子领导带队深入基层开展专题调研 142 人次，走访慰问低保户、低保边缘户 3890 户。专题民主生活会前，全体常委第一时间带头认真学习近平总书记在中央政治局专题民主生活会上的重要讲话，对参加专题党课、专题学习研讨情况进行回顾梳理，为开好专题民主生活打牢思想基础。

三是教育为先、坚定信念。始终把坚定信念、对党忠诚作为党员领导干部严以修身的首要内容，组织全体县处级领导干部认真制定个人计划开展自学，读原著、学原文，深入学习中国特色社会主义理论，学习习近平总书记系列重要讲话精神。把每年 7 月 1 日确定为“党章学习日”，组织党员干部深入学习党章，赴沙家浜接受革命传统教育，重温入党誓词，增进对党的理论认同、思想认同、情感认同。以正反两面镜子为对照，召开市委中心组学习焦裕禄、杨善洲等先进典型，召开七一纪念会，学习 4 名基层干部先进事迹；认真研读《领导干部违纪违法案例警示录》，接受警示教育。认真组织开展三个专题集中交流研讨，对自身在信仰信念、宗旨意识、党性修养、权力行使、纪律规矩、做人做事等多方面谈认识，找问题，不断提高政治修养。

四是从严从实、查摆问题。专题教育启动之初，市委主要领导带队分头深入基层，开展走访调研，充分了解民情民意，组织召开 26 个专题座谈会、听取 110 多名党员群众代表意见建议。全市县处级领导干部结合各类调研、学习研讨，梳理列出“不严不实”问题 720 多条。专题学习研讨和民主生活会前，县处级领导干部对照习近平总书记关于党员领导干部践行“三严三实”的新思路新观点新要求，对照《中国共产党党章》和《中国共产党廉洁自律准则》《中国共产党纪律处分条例》等规章制度，结合自身实际，深入查摆存在问题，深刻剖析思想根源。在前期认真学习、深入谈心谈话、广泛征求意见建议基础上，从严从实召开专题民主生活会，严肃认真开展批评和自我批评，不绕弯子、不兜圈子，以整风精神修正错误、抓好整改，达到了相互帮助、相互提醒、相互提高、增进团结、促进工作的积极作用。

【突出问题抓整改】　专题教育过程中，常熟市委始终坚持问题导向，组织开展各项工作都聚焦问题，以严实态度和作风集中力量解决突出问题，做到立行立改、真抓实改。

一是统一认识，党员干部践行“三严三实”要求更加自觉。通过专题党课、专题学习研讨、专题调研、专题民主生活会等活动，全市县处级领导干部广大党员干部进一步理解掌握“三严三实”核心要义，进一步深刻认识不严不实的严重危害，坚定理想信念、增强“三个自信”，以更强的党性意识和纪律规矩意识，更加自觉地听党话、跟党走、守纪律、讲规矩，不断强化从严从实的行为规范。全国优秀县委书记表彰会后，市委及时将学习“四个人”的要求与专题教育结合起来，全市党员领导干部积极响应市委号召，自觉践行相关要求，切实增强使命担当，争当政治的明白人、发展的开路人、群众的贴心人、班子的带头人，在协调推进“四个全面”中创造价值、实现理想。结合专题民主生活会、组织生活会，聚焦“严”与“实”，深入查摆各级党员干部存在的不想为不愿为、不敢为不会为等“不严不实”问题，进一步激发自觉践行“三严三实”要求，争当“信念坚定、为民服务、勤政务实、敢于担当、清正廉洁”的好干部。

二是立行立改，真抓实干作风不断弘扬。市委以问题整改开局亮相，以问题整改取信于民，专题研究先期列出4大重点问题，坚决及时加以整改。针对决策自由裁量权过大和项目建设存在人为因素的问题，深化市委权力公开透明运行，建立政府投资项目生成机制，从制度层面避免权力行使的随意性。针对企业发展中战略不清、缺少创新的问题，及时推出“小巨人”企业培育计划，引导面广量大的中小企业走小而精、小而专、小而强的特色成长之路。针对乡镇工业“村村点火”导致环境资源约束加剧问题，果断关停淘汰落后产能企业，对村新办企业一律停批，并通过多种措施建立村级集体经济持续增长机制。针对落实全面从严治党中存在的问题，制定党委各成员抓党建工作任务清单，推进法治型党组织建设，探索实施“动议比选任用”干部选拔任用新机制。全市县处级领导干部结合调研、学习，梳理列出“不严不实”问题清单，并明确相应整改措施，做到思想问题和实际问题一起改，大问题和小问题都不放过，持续向问题叫板。集中力量对基层干部不作为乱作为等损害群众利益问题，在全市范围分自下而上拉网式自查、专题教育协调小组自下而上排查、重点职能部门专项排查、纪检部门明查暗访等四个层面，开展全面排查，累计面向全市14个板块、350多个村(社区)及70多个部门共征集汇总问题30多个。针对排查发现的共性问题突出问题，认真分析存在根源，落实有力措施开展专项整治。

三是落实措施，群众路线整改成果不断巩固。在抓好专题教育的同时，坚持以驰而不息、抓铁有痕的劲头推进群众路线教育实践活动后续整改工作。将专项整治相关内容纳入常态化工作，作为当年度党建工作、作风建设和绩效考核的重要内容，与43个党(工)委“一把手”全部签订整改落实责任书。各单位围绕班子整改方案和个人整改清单落实情况进行自查，对专项整治进一步明确责任分工、分解工作任务、细化整改措施，每项整治任务都落到部门、分到科室、对接到人，定期梳理、加快推进。以市委十二项专项治理行动为重点的各项整治行动取得阶段性成效，编制行政审批事项目录清单等4张清单并向社会公布，在全省县级市中率先向社会公布行政审批事项目录清单，实行“目录之外无审批”，全面清理规范各类行政事业性收费和政府性基金项目，建立健全政府非税收入管理制度，实行“目录以外无收费”，市政府相关部门的行政审批事项精简41%。

【融入日常抓重点】　“三严三实”专题教育作为党的群众路线教育实践活动的延展深化，是加强党的思想政治建设和作风建设的重要举措，是锻造干部过硬作风、推动事业发展的有力抓手。常熟市在近一年的专题教育过程中，对如何在新形势下结合日常工作开展专题教育有了新认识、积累了新经验。

一是抓责任落实必须突出党委牵头、书记带头。开展“三严三实”专题教育，党委要始终发挥好组织推动作用，书记要把责任牢牢扛在肩上。党委全面负责专题教育，既要对安排部署、协调推进的过程负责，更要对专题教育的实践成果、实际成效负责。作为专题教育第一责任人，主要领导第一个上专题党课、第一个下基层专题调研、第一个交流发言、第一个自我剖析，并对专题教育方案、重要文稿亲自审定、多次修改，充分发挥了领导干部的示范带头作用，带动形成了全市上行下效、上率下行的良好局面。

二是抓学习研讨必须突出坚定信念、对党忠诚。坚定理想信念、对党绝对忠诚是对党员的基本政治要求，是党的凝聚力和战斗力的坚强政治保证，也是党员领导干部严以修身的首要内容。通过读原著、学原文，广大党员干部用理论武装头脑、增强政治坚定，通过学好用好正反两面镜子，不断深化认识，切实把思想自觉转化为行动自觉，增强使命担当，积极履职尽责。

三是抓问题解决必须突出立行立改、真抓实改。开展“三严三实”专题教育，教育是手段，目的是为了发现和解决问题。发现问题要牢牢抓住县处级领导干部这些“少数关键”，无论专题党课还是学习研讨，都紧扣个人实际聚焦问题、梳理问题、列出清单。解决问题牢牢结合经济社会发展这个“当前实际”，坚持从群众最期盼的方面改起，从制约经济社会发展最突出的问题改起，从社会各界能够达成共识的环节改起，使整改贯穿专题教育全过程。

四是抓组织推进必须突出融入日常、服务大局。牢牢把握此次专题教育常态化特点，更加注重教育内容、教育实效。将专题党课与“三会一课”结合，在县处级干部上好专题党课的基础上，发动全市千名基层党组织书记围绕“三严三实”主题为党员上党课，进一步扩大专题教育受益面。将专题学习研讨与市委中心组学习结合，将专题教育贯穿全年，做到“月月有学习，双月一研讨”。同时，注重统筹协调、服务大局，将贯彻落实习近平总书记在江苏视察时的重要讲话精神作为深化专题教育的重要抓手，紧紧围绕“强富美高”新目标，全面推动各项工作，防止“两张皮”。

【持续用力抓长效】 目前，专题教育进入靠后阶段，各项工作正处在出成果、见实效的关键节点，常熟市委结合贯彻习总书记系列讲话精神，根据上级有关要求，继续一如既往扎实做好各项工作，不断巩固深化专题教育成果。一是更加注重严明责任。进一步强化责任意识、主体意识，主要领导、班子成员根据民主生活会整改方案，带头主动认领整改项目、牵头抓好整改落实，同时从严求实做好个人不严不实问题的整改，做到齐头并进。市“三严三实”专题协调小组定期对整改情况进行检查，确保有始有终。二是更加注重长效机制。及时梳理提炼，把专题教育中的好经验好做法固化为制度规定，进一步构建、完善工作机制，深化立规执纪。将整改内容作为常态化工作，纳入新一年度党建工作、作风建设和绩效考核的重要内容，持续用力、久久为功抓好整改落实，确保标准不降、力度不减。三是更加注重巩固成效。紧扣当前专题教育严格落实上级有关部署要求，结合前期“回头看”自查自纠情况，深化“回头看”整改工作，对照“三个见实效”目标，逐项盘点，细化措施，确保按时按质完成整改任务，以构筑常熟“五位一体、综合发展”新优势的实际成效检验专题教育成果。

基本情况

【专题教育《实施方案》起草情况说明】 根据中央、省委和苏州市委专题教育《实施方案》精神，结合常熟实际，起草形成了全市专题教育《实施方案（讨论稿）》。总体按照苏州市委《实施方案》框架，分指导思想、总体要求、方法措施和组织领导四个部分展开。《实施方案》中明确，自 2015 年 5 月起，在市四套班子和镇（街道）、开发区、服装城、度假区及机关、企事业单位的县处级以上领导干部中同步开展“四专题一强化”工作，即领导干部讲专题党课，深入开展专题学习研讨，组织专题调研，召开“三严三实”专题民主生活会和组织生活会，强化整改落实和立规执纪。根据中央、省委和苏州市委部署要求，这次专题教育不分批次、不划阶段、不设环节，总体上 5 月份开始。5 月底前，要以党委（党组）书记讲党课开局，全面完成动员部署。每个学习研讨专题一般安排 2 个月左右，“三严三实”专题调研和整改落实立规执纪可与专题学习研讨交叉进行。

《实施方案》主要围绕落实上级规定动作展开，同时，安排了一项创新动作，即结合纪念建党 94 周年和党代表常任制工作，在专题调研中增加了“市领导督党建、常委会议党建”活动。“七一”期间由市委常委、市政府中共党员副市长带领相关党代表到各板块集中开展一次党建工作视察，全面掌握党建工作情况和存在问题，并召开市委常委会专题研究改进和解决措施，力争在贯彻上级要求中体现常熟特色。

【有关情况说明】 根据上级《关于“三严三实”专题教育若干具体问题的答复意见》和有关会议精神，现就有关问题作如下说明：

一是动员会时间安排。省委、苏州市委分别于 5 月 11 日、13 日分别召开了专题教育动员会，要求县市 5 月 20 日左右完成动员部署。常熟市“三严三实”专题党课暨专题教育动员部署会定于 5 月 19 日上午举行，参会对象参照苏州市委动员会出席范围。

二是市四套班子领导干部如何参加专题教育。在市委书记惠建林上党课后，市四套班子中的党员领导干部要结合班子分工和工作安排，分别到分管地区和部门、各类联系点和有关领域讲党课，具体范围和时间由四办负责与领导沟通后确定。党外领导干部一并参加专题教育，召开领导班子专题民主生活会时，请他们列席，但不要求撰写对照检查材料、开展批评和自我批评。

三是常熟经济技术开发区、高新产业技术开发区如何开展专题教育。开发区专题教育活动参照相应级别党政机关开展。由主持日常工作的党工委负责同志上党课并动员部署，其他班子成员结合各自分工到分管部门、各类联系点和有关领域讲党课。

四是扩权强镇试点镇和主要领导高配的镇（街道）、市级机关部门如何开展专题教育。主要领导要带头上专题党课，原则上 5 月底前完成；班子成员中的县处级党员干部结合班子分工和工作安排，到分管部门、各类联系点和有关领域讲党课，具体范围和时间由各单位自行确定。专题学习研讨结合本单位中心组学习开展，主要领导和班子成员中的县处级领导干部做重点交流研讨，对参会其他同志不作统一要求，由各单位自主提要求。主要领导和班子成员中的县处级领导干部要结合“三解三促”和工作实际开展专题调研，形成“不严不实”问题清单，撰写践行“三严三实”心得体会。专题民主生活会结合领导班子年度民主生活会进行，主要领导和班子成员中的县处级领导干部须认真撰写对照检查材料，带头开展批评和自我批评，对参会的其他同志不作统一要求，由各单位自主提要求。

五是镇（街道）、县级市（区）机关班子中其他县处级干部如何参加专题教育。结合本单位中心组学习，对照要求，进行重点交流研讨；结合“三解三促”活动和工作实际，开展专题调研，形成“不严不实”问题清单，撰写践行“三严三实”心得体会；结合本单位年度民主生活会，是党员的，撰写对照检查材料，开展深刻批评和自我批评，认真抓好整改落实。

六是非领导职务的县处级干部如何参加专题教育。对非领导职务的县处级干部，不作上党课要求，但要参加专题学习研讨、专题调研、专题民主生活会和组织生活会等规定动作，具体参加形式由各单位按照惯例和实际情况自行确定，确保县处级干部参加专题教育全覆盖。

七是科级及以下干部是否参加专题教育。对于科级及以下干部不作统一要求，由各单位根据实际自行研究确定。

八是派出督导组和建立联系点问题。根据中央精神，这次专题教育不派出专门督导组、不建立专门联系点。督查指导工作结合党的群众路线教育实践活动整改督查、“三解三促”和有关重点工作安排统筹开展。

市委常委会专题教育工作方案

【举办专题党课暨动员部署】 根据苏州市委常委会“三严三实”专题教育工作方案精神，结合常熟实际，现就市委常委会开展“三严三实”专题教育制定如下工作方案：一是市委书记围绕“三严三实”主题，带头讲一次党课，并对专题教育进行动员部署。二是其他市委常委在适当范围讲一次党课。

【组织开展专题学习研讨】 在抓好自己学、自己讲、自己找、自己改的同时，指导督促本系统和分管领域专题教育。三个专题学习研讨期间，都要把党的十八大以来习近平总书记系列重要讲话和中央、省委和市委有关重要文件规定作为重要内容，把《习近平谈治国理政》《习近平关于全面依法治国论述摘编》《习近平关于党风廉政建设和反腐败斗争论述摘编》作为必读书目。

专题一：严以修身，加强党性修养，坚定理想信念，把牢思想和行动的“总开关”。

本专题学习研讨期间，重点研读《习近平同志在江苏视察时的讲话》《习近平同志在新进中央委员会的委员、候补委员学习贯彻党的十八大精神研讨班上的讲话》《习近平同志在党的群众路线教育实践活动工作会议上的讲话》《习近平同志在党的群众路线教育实践活动第一批总结暨第二批部署会议上的讲话》等篇目，切实增强党的意识、党员意识、纪律意识、规矩意识。方式方法：

一是个人自学。

二是以“学习、践行三严三实”为主题，举办先进典型事迹报告会。

三是召开市委中心组学习会，组织开展集中学习研讨，前两天集中自学，第三天安排一半左右常委交流发言，邀请专家点评。

四是结合纪念建党94周年和常熟市设立的首个“党章学习日”，开展“心中有党不忘恩”活动，组织常委同志和市人大、市政府、市政协领导班子成员及县处级领导干部瞻仰革命烈士纪念碑，参观革命烈士纪念馆，学党章、重温入党誓词，召开“七一”纪念大会。

五是七一前后，开展“心中有民不忘本”活动，常委同志带头发放党员关爱基金，深入困难群众家庭访贫问苦。

六是围绕学习先进典型事迹，组织开展集中学习研讨，安排一半左右常委交流发言。

七是每位常委对照第一专题学习研讨内容，列出“不严不实”问题清单。

专题二：严以律己，严守党的政治纪律和政治规矩，自觉做政治上的“明白人”。

本专题学习研讨期间，重点研读《党章》《中共中央关于全面推进依法治国若干重大问题的决定》《习近平同志在十八届中央纪委五次全会上的讲话》《习近平同志在教育实践活动总结大会上的讲话》《中共中央政治局关于改进工作作风、密切联系群众的八项规定》等篇目，切实做到慎独、慎微、慎行。方式方法：

一是个人自学。

二是结合召开市委十三次全会，研究制定推动全面从严治党迈上新台阶的《意见》，出台从严管理干部相关制度文件。

三是结合领导干部学习会，组织开展集中学习研讨，安排一半左右常委交流发言。

四是召开市委中心组学习会，组织开展集中学习研讨，安排一半左右常委交流发言。

五是每位常委对照第二专题学习研讨内容，列出“不严不实”问题清单。

专题三：严以用权，真抓实干，实实在在谋事创业做人，树立忠诚、干净、担当的新形象。

本专题学习研讨期间，重点研读《中共中央关于全面深化改革若干重大问题的决定》《习近平同志在十八届中央纪委二次全会上的讲话》《习近平同志在十八届中央纪委三次全会上的讲话》等篇目，切实增强自我净化、自我完善、自我革新、自我提高能力。方式方法：

一是个人自学。

二是开展“心中有戒不妄为”活动，召开全市警示教育会，以案明纪。

三是召开市委中心组学习会，安排一半左右常委交流发言。

四是采取座谈会形式，市、镇(街道)、机关部门联动开展学习交流，安排部分常委同志和镇(街道)、机关部门党委(党组)书记代表交流发言。

五是每位常委对照第三专题学习研讨内容，列出“不严不实”问题清单。

六是结合市委常委述职述廉，组织开展一次述学，每位市委常委在述职述廉后，谈自身参加“三严三实”专题教育学习研讨情况。

【组织开展专题调研】 其方式方法有：

一是常委会成员结合“三解三促”、党的群众路线教育实践活动整改督查和分管工作，赴基层开展“三严三实”专题调研，深入听取基层干部群众对“不严不实”的意见，加强对所赴地区(单位)“三严三实”专题教育的督查和指导，示范带动面上专题教育工作开展。

二是组织开展“市领导督党建、常委会议党建”活动，市委常委、市政府党员副市长集中开展一次党建工作视察，全面掌握党建工作情况和存在问题，并召开市委常委会专题研究改进和解决措施。

【筹备召开专题民主生活会】 其方式方法有：

一是广泛征求意见。在深入学习研讨和专题调研的基础上，采取书面征求、召开座谈会等形式，征求各方面对市委常委践行“三严三实”要求的意见和建议。

二是开展谈心谈话。市委主要领导与常委会班子成员、常委与分管部门单位主要负责同志、常委之间进行谈心谈话，该提醒的提醒，该批评的批评，并征求对自己的意见。

三是撰写党性分析材料。每位常委对照“三严三实”要求，认真梳理征求到的意见建议，检查自身落实“三严三实”要求的情况，找准找实找全存在突出问题，亲自撰写党性分析材料。

四是召开专题民主生活会。

五是常委会成员参加所在党支部组织生活会。

六是常委会成员可结合工作分工和相关联系点安排，指导参加下一级党委（党组）领导班子专题民主生活会。

七是形成市委常委会专题民主生活会专项报告，上报苏州市委和苏州市纪委、苏州市委组织部。

【强化整改落实和立规执纪】 其方式方法有：

结合落实整改，开展“心中有责不懈怠”活动。每位常委对照“三严三实”要求，把自己摆进去、把职责摆进去、把实际思想和工作摆进去，立行立改、带头整改。

一是突出边学边查边改。常委同志通过学习研讨、专题调研及时发现问题，及时进行整改。

二是集中抓好整改。常委同志根据查摆出的问题清单，制定整改措施，逐项抓好整改。对群众反映强烈、具有普遍性的“不严不实”问题，牵头抓好专项整治。

三是健全长效机制。针对“三严三实”方面存在的突出问题，在深入调研的基础上，结合整改情况，健全完善相关制度规定。

全市实施方法

【指导思想】 按照中央、省委和苏州市委统一部署，深入学习贯彻党的十八大和十八届三中、四中全会精神，深入学习贯彻习近平总书记系列重要讲话尤其是视察江苏重要讲话精神，紧紧围绕协调推进“四个全面”战略布局，对照“严以修身、严以用权、严以律己，谋事要实、创业要实、做人要实”的要求，聚焦对党忠诚、个人干净、敢于担当，把思想教育、党性分析、整改落实、立规执纪结合起来，教育引导县处级以上领导干部强党性、守纪律、树正气、干实事，认真查摆和解决“不严不实”问题，自觉按照“三严三实”要求修身做人、为官用权、干事创业，做到心中有党不忘恩、心中有民不忘本、心中有责不懈怠、心中有戒不妄为，不断巩固和拓展党的群众路线教育实践活动成果，积极营造风清气正的政治生态，进一步增强敢于担当、履职尽责的责任意识，为构筑常熟“五位一体、综合发展”新优势提供坚强的思想、政治和组织保证。

【总体要求】 坚持从严要求、强化问题导向，紧紧围绕省委提出的“六查六看六整治”主线深入开展，推动县处级以上领导干部真查真看真改“不严不实”问题，真正把“三严三实”作为修身做人用权律己的基本遵循、干事创业的行为准则，在深化“四风”整治、巩固和拓展党的群众路线教育实践活动成果上见实效，在守纪律讲规矩、营造良好政治生态上见实效，在真抓实干、推动改革发展稳定上见实效。查修身严不严，看是否做到信念坚定、党性坚强、道德高尚，着力整治理想信念动摇、信仰迷茫、精神迷失，宗旨意识淡薄、借为民办事搞个人政绩、漠视或侵害群众利益，党性修养缺失、不讲党的原则，家风家教缺失、违反社会公德家庭美德等问题。查用权严不严，看是否做到为民用权、秉公用权、依法用权，着力整治权力寻租、权钱交易、以权谋私，侵吞国有资产、插手工程建设和土地出让，权无边界、任性作为等问题。查律己严不严，看是否做到心存敬畏、手握戒尺、遵纪守法，着力整治无视党的政治纪律和政治规矩，心中无党纪、眼中无国法，听信和传播甚至制造政治谣言，搞团团伙伙、小圈子，重大问题不请示、不报告，边整边犯、顶风违纪等问题。查谋事实不实，看是否做到尊重规律、尊重科学、尊重实际，着力整治政绩观不正确、拍脑袋决策、搞形象工程，脱离实际、好大喜功、盲目攀比，急功近利、重显绩轻实干等问题。查创业实不实，看是否做到真抓实干、锐意进取、敢于担当，着力整治“乱作为”“慢作为”“不作为”“不担当”，消极观望、庸懒散拖、推诿扯皮，自满懈怠、斗志消退、固步自封，见到矛盾推、遇到问题躲、碰到难事拖等问题。查做人实不实，看是否做到忠诚老实、襟怀坦白、公道正派，着力整治执行中央、省委和市委决策打折扣、搞变通，敷衍塞责、阳奉阴违、自行其是，弄虚作假、投机钻营，心浮气躁、贪图虚名，私心严重、处事不公等问题。

【方法措施】 坚持以上率下，示范带动。市委常委会带头开展“三严三实”专题教育，带头学习提高，带头查摆解决问题，以坚定的信念、决心和行动树标杆、作表率。市人大、市政府、市政协党组及经济开发区、高新区党工委结合各自实际开展专题教育。市党政领导班子成员要立足承上启下、为政一方，同群众联系更直接、更紧密的实际开展专题教育，从思想深处清除与“三严三实”要求不适应、不符合的突出问题，切实做到忠诚、干净、担当。相关板块、机关、企事业单位中的县处级以上领导干部，要立足本职岗位开展专题教育，真正从思想、工作和作风上严起来、实起来，把“三严三实”要求体现到履职尽责、做人做事的方方面面。

全市“三严三实”专题教育从2015年5月开始，在市四套班子和镇（街道）、开发区、服装城、度假区及机关、企事业单位的县处级以上领导干部中同步开展，不分批次、不划阶段、不设环节，融入领导干部经常性学习教育，重点围绕“四专题一强化”组织实施。

一是讲好“三严三实”专题党课。以领导干部讲专题党课开局启动，发挥带学促学作用。5月底前，市委书记结合专题教育动员部署，紧扣“三严三实”要求，带头讲一次党课。市委和人大、政府、政协党组其他领导成员也要在适当范围讲一次党课。各党（工）委（党组）主要负责同志是县处级以上领导干部的，要在本单位讲一次党课。要带着问题讲党课，课前认真搞好调查研究，广泛征求意见，找准突出问题，深入剖析根源，亲自动手撰写讲稿；课上紧密联系本地本部门本单位实际，联系党员、干部思想、工作、生活和作风实际，有针对性地讲清楚“三严三实”的重大意义和丰富内涵，讲清楚“不严不实”的具体表现和严重危害，讲清楚落实“三严三实”的实践要求和实现路径。

二是开展“三严三实”专题学习研讨。深入学习习近平总书记系列重要讲话精神，学习党章和党的纪律规定，重点研读《习近平谈治国理政》《习近平关于党风廉政建设和反腐败斗争论述摘编》，读原著、学原文、悟原理。用好中央纪委、中央组织部编写的《优秀领导干部先进事迹选编》《领导干部违纪违法案例警示录》，认真学习焦裕禄、杨善洲、沈浩以及周广智、赵亚夫等先进典型事迹，从周永康、薄熙来、徐才厚、令计划、苏荣等违纪违法案件中汲取教训。组织部门要结合年度干部教育培训计划，指导市委党校(市行政学校)开设专门课程，进行有针对性培训。宣传部门要做好各级党委(党组)中心组的学习安排，宣传好“时代楷模”“最美基层干部”、优秀共产党员等先进典型。纪检监察机关要认真梳理近年来查处的违纪违法案例，编写反面典型忏悔录，抓好警示教育。在个人自学基础上，学习研讨重点分三个专题开展，每个专题大体2个月时间，制定切实可行的学习计划，做到学习人员、学习时间、学习内容、学习效果“四落实”。突出交流互动，每个专题安排2～3次互动式交流研讨，每次安排部分班子成员作交流发言，班子成员把自己摆进去、把职责摆进去、把实际思想和工作摆进去，自己撰写心得体会，做到踊跃发言、讨论起来，相互启发、形成共识。要按照学习内容对标找差，每个专题都要相应列出自身“不严不实”问题清单，边学边查边改。

专题学习研讨一：严以修身，加强党性修养，坚定理想信念，把牢思想和行动的“总开关”。重点学习研讨如何坚定马克思主义信仰和中国特色社会主义信念，增强道路自信、理论自信、制度自信，增强实现中国梦和构筑常熟“五位一体、综合发展”新优势的自信；如何站稳党和人民立场，牢固树立正确的世界观、人生观、价值观和公私观、是非观、义利观，忠于党、忠于国家、忠于人民，做到科学发展向上攀登、联系群众向下扎根；如何践行社会主义核心价值观，保持高尚道德情操和健康生活情趣，自觉远离低级趣味，树立良好家风，坚决抵制歪风邪气，坚守共产党人精神家园。

本专题学习研讨期间，要重点研读中央规定内容，同时认真研读习近平总书记视察江苏时的重要讲话，以及总书记关于加强党性修养、坚定理想信念等系列重要讲话精神。结合日常工作安排，通过学习常德盛、汪明如等身边先进典型、道德模范的感人事迹，利用本地党性教育基地、革命传统教育基地等资源开展情景式教育等灵活多样的方式，深化学习研讨效果。

专题学习研讨二：严以律己，严守党的政治纪律和政治规矩，自觉做政治上的“明白人”。重点学习研讨如何严格遵守党章，落实习近平总书记在十八届中央纪委五次全会上提出的“五个必须”要求，自觉维护党中央权威，任何时候任何情况下都做到在思想上政治上行动上同以习近平同志为总书记的党中央保持高度一致；维护党的团结，做老实人、说老实话、干老实事，不搞团团伙伙，不搞任何形式的派别活动；遵循组织程序，不超越权限办事，不搞先斩后奏；服从组织决定，不跟组织讨价还价，不欺骗组织、对抗组织；管好亲属和身边工作人员，不让他们利用特殊身份谋取非法利益。

本专题学习研讨期间，要重点研读中央规定内容，同时认真研读习近平总书记关于加强作风建设、严守政治纪律和政治规矩等系列重要讲话精神，认真学习党内政治生活有关规定，深入学习贯彻中央八项规定、省委十项规定、苏州市委十二项规定和常熟市委十二项规定精神以及作风建设相关制度规定，深入学习贯彻省委、苏州和常熟市委关于推动全面从严治党的一系列决策部署，以及省委关于落实从严管理干部“五个要”的若干规定。结合纪念建党94周年和首个“党章学习日”的设立，组织开展学党章、重温入党誓词和入党志愿书，深入贫困家庭发放党员关爱基金等活动，增强党的意识、党员意识、纪律意识、规矩意识。

专题学习研讨三：严以用权，真抓实干，实实在在谋事创业做人，树立忠诚、干净、担当的新形象。重点学习研讨如何坚持用权为民，自觉遵守宪法法律和党的纪律，按规则、按制度、按法律行使权力，敬法畏纪，为政清廉，任何时候都不搞特权、不以权谋私；如何坚持民主集中制，自觉接受监督，不搞大权独揽、独断专行；如何弘扬“三创三先”新时期江苏精神和构筑“五位一体、综合发展”新优势，从本地本部门本单位实际出发谋划事业、推进工作，敢于担当、攻坚克难、开拓创新，努力创造经得起实践、人民和历史检验的实绩。

本专题学习研讨期间，要重点研读中央规定内容，同时认真研读习近平总书记关于全面建成小康社会、全面深化改革、全面依法治国、全面从严治党以及党风廉政建设和反腐败斗争等系列重要讲话精神。在抓好自学和交流研讨的基础上，采取多种形式开展警示教育，组织学习成果交流。

三是组织“三严三实”专题调研。把“三解三促”作为“三严三实”专题教育的重要载体，进一步丰富内涵、创新形式，引导县处级以上领导干部深入基层、深入群众查找解决“不严不实”问题。突出重点地区、重点单位、重点领域，组织县处级以上领导干部多到困难家庭、多到矛盾多意见大的地方和单位，多到重大项目、重点工程现场，多到教育、医疗卫生、交通、信访等民生一线，察民情、送关爱、知不足、受教育。突出工作重点，引导县处级以上领导干部把自己摆进去，采取随机性调研、驻村蹲点、座谈交流、民情恳谈等多种形式广泛征求意见，面对面听取基层干部群众对党的群众路线教育实践活动问题整改的评价，对存在“不严不实”问题的反映，对践行“三严三实”的意见建议。突出管党责任，组织开展“市领导督党建、常委会议党建”活动，市委常委、市政府党员副市长集中开展一次党建工作视察，全面掌握党建工作情况和存在问题，并召开市委常委会专题研究改进和解决措施。通过专题调研，进一步修改自身“不严不实”的问题清单，撰写践行“三严三实”的心得体会。

四是召开“三严三实”专题民主生活会和组织生活会。2015年底，县处级以上党员领导干部要以践行“三严三实”为主题，贯彻整风精神，认真参加年度民主生活会和组织生活会。要注重运用党的群众路线教育实践活动成功经验，会前，广泛征求意见建议，深入开展谈心谈话，按照“两对照三联系”的要求，认真对照党内规章制度、党的纪律、国家法律、党的优良传统和工作惯例，对照正反两方面典型，紧密联系个人思想、工作、生活和作风实际，联系个人成长进步经历，联系党的群众路线教育实践活动中个人整改措施落实情况，深入剖析“不严不实”问题，进行深刻的党性分析，撰写对照检查材料；会上，党委（党组）主要负责同志要带头查摆问题、开展批评，班子成员逐一开展严肃认真的批评和自我批评。党员领导干部可结合工作分工和有关联系点安排，参加指导下一级领导班子专题民主生活会。

五是强化整改落实和立规执纪。坚持列出清单、专项整改，立说立行、边学边改，建立机制、督促整改，上下结合、联动整改，立规执纪、刚性整改，以解决问题的成效、转变作风的成效、促进发展的成效取信于民。把深化党的群众路线教育实践活动后续整改作为“三严三实”专题教育的重要内容，对后续整改情况组织专项检查，严格对照领导班子整改方案和个人整改清单，特别是中央21项、省委18项、苏州市委12项和常熟市委12项专项整治任务，不折不扣抓好落实、确保全部兑现承诺。对新查摆出的问题，党（工）委（党组）主要负责同志带头，对照问题清单，制定整改措施，一个问题一个问题解决，完成一个销号一个。把专项整治作为具体抓手，针对群众反映强烈、具有普遍性的“不严不实”突出问题，特别是为官不严、为官不实、为官不为等问题，集中时间、集中精力开展专项整治。建立整改跟踪督查机制，对“不严不实”问题比较严重的领导干部，要立足教育提高，由市委主要领导与其开展谈心谈话，点明问题，提出要求，促其改正。对群众意见大、不认真查摆问题、没有明显改进的，要结合后备干部专题调研、领导班子换届等，及时进行组织调整。对顶风违纪、边改边犯特别是不遵守政治纪律和政治规矩的，要依规依纪严肃处理。针对“不严不实”问题，制定领导干部“三严三实”行为规范，围绕严肃党内政治生活、加强干部教育管理、加强权力运行制约监督等，进一步完善相关制度规定，抓好制度入脑入心，强化刚性执行，推动践行“三严三实”要求制度化、常态化、长效化。

【组织领导】 始终把开展“三严三实”专题教育作为一项重大政治任务，切实加强组织领导，始终以从严务实的作风开展专题教育，确保不走过场、取得实效。

一是落实领导责任。全市“三严三实”专题教育在市委常委会领导下开展，由市委组织部牵头组织实施，市纪委、市委办公室、市政府办公室、市委宣传部等相关部门单位要各司其职、协力推进。县处级党委（党组）领导班子是抓好专题教育的责任主体，要对专题教育全面负责，精心组织谋划，周密安排部署，扎实有效推进。主要负责同志切实承担第一责任人责任，既带头接受教育，又进行具体指导，用心抓好重点工作，自始至终把责任扛在肩上。

二是强化督查指导。结合党的群众路线教育实践活动整改落实工作和巩固拓展活动成果情况专项检查，加强对专题教育的督促指导。市委统筹有关重点工作安排和“三解三促”活动，市委常委牵头，有关职能部门参加，适时开展调研督查指导。组织部门要整合相关部门力量，采取巡回检查、专项调研、随机抽查等方式，开展常态化督查。

三是加强宣传引导。充分运用报刊、广播、电视、网络等媒体，广泛宣传中央和省委、市委精神，通过新闻报道、典型宣传、言论评论、工作综述、专题专访等形式，加强正面宣传和舆论引导，为专题教育健康有序开展营造良好氛围。积极探索在全面从严治党中加强党的思想政治建设的有效办法和措施。

四是注重统筹兼顾。坚持专题教育与日常工作有机融合，与中心组学习、“三会一课”、年度民主生活会紧密结合，不以抓集中活动的形式开展。坚持讲求实效、力戒形式主义，防止简单以做多少笔记、写多少文章、修改多少次发言稿来评判专题教育成效。坚持两手抓两促进，把开展“三严三实”专题教育与贯彻落实党的十八大和十八届三中、四中全会精神结合起来，与落实市委关于全面从严治党要求结合起来，与做好改革发展稳定各项工作结合起来，以推动构筑“五位一体、综合发展”新优势的实际成效检验专题教育成果。

“三严三实”专题党课

【“三严三实”的内涵】 2014年全国“两会”期间，习近平总书记就加强作风建设提出“三严三实”，要求党员干部特别是领导干部严以修身、严以用权、严以律己，谋事要实、创业要实、做人要实。之后，又先后4次在不同场合，就践行“三严三实”提出明确要求。“三严三实”高屋建瓴、质朴凝练，思想深刻、内涵丰富，为各级党员干部指明了做人之本、为政之道、成事之要，是党员干部的思想和行为准则。学习、贯彻、践行“三严三实”是一项长期重大政治任务，必须深化思想认识，进一步领会“三严三实”的重大意义和丰富内涵。

严以修身，就是要加强党性修养，坚定理想信念，提升道德境界，追求高尚情操，自觉远离低级趣味，自觉抵制歪风邪气。

严以用权，就是要坚持用权为民，按规则、按制度行使权力，把权力关进制度的笼子里，任何时候都不搞特权、不以权谋私。

严以律己，就是要心存敬畏、手握戒尺，慎独慎微、勤于自省，遵守党纪国法，做到为政清廉。

谋事要实，就是要从实际出发谋划事业和工作，使点子、政策、方案符合实际情况、符合客观规律、符合科学精神，不好高骛远，不脱离实际。

创业要实，就是要脚踏实地、真抓实干，敢于担当责任，勇于直面矛盾，善于解决问题，努力创造经得起实践、人民、历史检验的实绩。

做人要实，就是要对党、对组织、对人民、对同志忠诚老实，做老实人、说老实话、干老实事，襟怀坦白，公道正派。

"三严三实"是一个完整的思想体系，相互联系、相辅相成、辩证统一。习近平总书记多次强调，"为官之本，在于为官一场、造福一方；为官之理，在于讲奉献；为官之德，在于清廉；为官之义，在于明法。""三严三实"强调修心正身、律己求实，既融合了中华民族传统文化的政治智慧，又把握了思想道德修养的时代脉搏；既强化了领导干部的从政准则，又提升了领导干部的作风标准。"三严"是内在要求，讲的是主观世界的改造，蕴涵了马克思主义信仰、共产主义远大理想、中国特色社会主义共同理想等严肃的政治追求，完善组织生活、贯彻民主集中制等严格的组织原则，懂规矩、守底线、拒腐蚀、永不沾等严明的纪律要求。管党治党必须从严，自我要求也要从严，"严"不立，"一处弛则百处懈"，导致信仰迷失、纪律松弛、事业废弛。"三实"是行为导向，讲的是客观世界的改造，蕴涵了一切从实际出发、理论联系实际、实事求是、在实践中检验真理和发展真理的思想路线，求真务实、尊重实践、注重实效的工作方法，忠诚老实、厚道朴实、认真踏实的处世态度。做不到"实"，就会脱离实际、贪图虚功，最终贻害事业、贻害人民。"三严三实"相互融合、共为一体，闪耀着辩证唯物主义和历史唯物主义的光芒，彰显了共产党人的政治品格和价值追求，铸就了共产党人的精神风范，诠释了党员干部的政治本色，推动着党的事业健康发展。

【"三严三实"的意义】 "三严三实"的提出，是习近平总书记对党和国家事业发展的战略思考、准确把握，体现了新一届中央领导集体从严从实的执政风格，贯穿着马克思主义政党建设的基本原则和内在要求，丰富和发展了党的建设理论，为加强新形势下党的思想政治建设和作风建设提供了重要遵循，具有重大现实指导意义。

从党的性质宗旨看，"三严三实"反映了共产党人必须具备的政治特质。

从推动全面从严治党看，"三严三实"为从严管党治党注入了新的时代内涵。

从持续推进作风建设看，"三严三实"为进一步转作风改作风树立了鲜明导向。

从推动事业发展看，"三严三实"为构筑常熟"五位一体、综合发展"新优势提供了强大动力。

常熟有一支作风严、干事实、敢创新、有担当的干部队伍密切相关。当前，常熟发展正站在新的起点，改革进入攻坚阶段，转型处于关键时期，构筑"五位一体、综合发展"新优势，关键在于党员干部队伍，特别是各级领导干部。必须把思想认识统一到习总书记重要讲话精神上来，提振干事创业的精气神，保持昂扬向上的进取心，通过扎实开展"三严三实"专题教育，造就一支既严于律己又踏实苦干、既忠诚干净又担当干事的党员干部队伍，为推进常熟各项事业发展提供坚强的组织保证。

【"不严不实"的表现和根源】 习近平总书记强调的"三严三实"，是着眼于解决作风方面的突出问题提出来的，具有很强的现实针对性。应该肯定常熟市党员干部队伍绝大多数是好的，但也要清醒地看到，对照"三严三实"要求，不少干部在涉及信仰信念、党性修养、权力行使、纪律规矩、做人做事等方面，仍然存在着许多问题，特别是从群众意见、近年查处的违纪违法案件看，一些领导班子和党员干部还不同程度存在"不严不实"问题。

——在修身方面：作为党的干部，首先要做到信念坚定、党性坚强、道德高尚。可是有些人在党不为党，在党不信党，理想信仰动摇，认为共产主义理想太遥远，不要太认真、太执着，过好自己的日子才最现实；有的信念迷失，精神迷茫，不信真理信金钱，不信马列信鬼神；有的修身不严，不学政治理论、不读经典著作，却潜心研究"官场秘笈""赌术精选"等歪门邪道；有的宗旨意识淡薄，重对上负责、轻对下负责，重局部利益、轻全局利益，心中淡忘群众、办事不靠群众、对群众疾苦漠不关心；有的党性修养缺失、不讲党的原则，参加组织生活不规律，民主生活会质量不高，开展批评与自我批评时大行"好人主义"；有的道德境界不高，违反社会公德，以低级趣味为乐，玩世不恭，声色犬马。

——在用权方面：领导干部手中握着权力，权力用得好可以用来干大事，为人民谋利；用得不好就会被污水沾染，有时不知不觉之中就会陷入了"温水效应"之中。可是有的公权私用，信奉"有权不用、过期作废"、一朝权在手、便把利来谋，利用自己掌握的权力设租寻租、收受贿赂、贪赃枉法；有的搞权钱交易、权色交易，和老板勾肩搭背、称兄道弟；有的用权逾矩、权无边界，插手市场主体的商业行为，插手工程建设，甚至插手司法公正；有的滥用职权，不给钱不办事，收了钱乱办事，以人情代替原则，拿公权为亲朋谋利、为自己"造福"，腐败案件仍然易发多发，窝案串案、群蛀现象时有发生，个别干部堕落的速度比断线的风筝还快。

——在律己方面："打铁还需自身硬"，领导干部只有严以律己，才能赢得人心，取信于民。可是有的忘记了自己作为共产党员的身份，目无党的政治纪律，口无遮拦，听信、传播甚至制造政治谣言，捕风捉影、以讹传讹，丑化了党和国家形象；有的党性原则缺失，在大是大非和政治原则问题上当"绅士"不当"战士"，因"爱惜羽毛"、不敢亮剑；有的不遵守党的组织纪律，重大事项不请示、不报告，在工作安排和进退留转上计较个人得失，甚至跟组织讨价还价；有的搞团团伙伙、小圈子，以江湖文化替代组织原则，结成利益团体、利益联盟，热衷于拉拉扯扯，找靠山，编织个人关系网；有的干部边整边犯、顶风违纪，行动上有所收敛，思想上并未解决"四风"问题。

——在谋事方面：为政之道，贵在实干。自古以来，"不谋实事"是对为官者最强烈的批评之一。可是有的抓经济转型升级口号多于行动，整体规划和指导显得不力，发展方式还比较粗放、载体建设质量不高，板块之间发展的不平衡性不断拉大；特别是工作不落实现象较为普遍，是谋事不实最突出的问题之一，有的抓工作有布置无落实，说的和做的不协调，会议上部署过的，行动上不落实，或者落实不快，甚至对市委、市政府部署的重点工作也是有上文无下文，迟迟不见成效；一些工作中的形式主义、官僚主义有所反弹回潮，一些制度和措施没有真正落实到位，严肃问责没有真正落实到位；有的干部政绩观存在偏差，热衷于装点门面，表面上看干了不少事，其实背后的问题不少；有的不顾实际，自认为干的事为了群众，但群众却不认可；有的重显绩轻实干，讲成绩津津乐道，谈问题轻描淡写，数字好看，表面光鲜，内涵不实，甚至把口号当政绩、把布置当落实，好大喜功、急功近利、弄虚作假，不“做事”只“作秀”，不“造福一方”只“造势一时”；有的工作缺乏系统性、整体性、协调性，决策前缺乏深入调查研究，推进中缺乏整体协调配合，工作思路举措与实际情况常常脱节。

——在创业方面：现在，随着各方面约束的收紧，有些人发出了“为官不易”的感叹，其实为官不易是正常的，做官容易了、轻松了，反而不正常。但为官不易不能为官不为，遵守规矩不能无所作为。可是有的在纪律约束趋紧的情况下，干事创业的精气神下降了，攻坚克难的劲头衰减了，该管的事不管、该负的责不负，碰到困难乱推诿，遇到矛盾绕着走；有的借口中央八项规定要求严了、紧箍咒紧了，为自己不担当、不作为找理由，个别干部怕工作失误冒风险，怕承担责任，宁肯不干事、也要不出事；有的党员干部沉溺于自我设计、自我价值的实现，把工作当作谋取功名利禄的跳板，少数干部热情减弱、动力下降，工作积压，倾向于“混日子”，当“太平官”；有的不能正确处理勤政与廉政的关系，借依法行政之名行懒政懈怠之实，部门之间缺乏协调配合，大局意识不强，各自为政、自行其事，政府职能转变尚需不断深化，与基层群众的期盼仍有不小差距；有的自我感觉良好、自满自大，总觉得发展比过去快、比其他地方强，对自己的问题看不见、对别人的成绩看不上。

——在做人方面：“做人要实”是根基和落脚点，当干部首先要做一个老实人，襟怀坦白、表里如一。可是有的对上级政策阳奉阴违，对中央和省市出台的各项规定存在抵触情绪，执行规定制度时打折扣、搞变通，甚至有令不行、有禁不止；有的心浮气躁，耐不住寂寞，缺乏淡定从容的心态，缺乏埋头苦干的工作态度；有的言行不一、诚信缺失，填报个人重大事项遮遮掩掩；有的私心严重，处事不公，办事只凭个人好恶，只顾一己私利，完全忘了党性原则，忘了人民国家。

产生“不严不实”问题的根源是多方面的，从党员干部自身来说，主要是三个方面：一是理想信念动摇。一些干部在世界观、人生观、价值观上出了问题。近年来所曝光的腐败案件中，腐败分子在忏悔时无一例外地讲到，他们走向违法犯罪的根源，是理想信念出了问题。在领导岗位上时间久了，掌声、鲜花、恭维纷至沓来，逐渐放松了自我修养的提高，理想信念被放到一边，最终导致“越了轨、翻了车”。二是宗旨意识淡漠。在教育实践活动中，各级党组织都开展了“为了谁、依靠谁、我是谁”大讨论，但一些党员干部对“水能载舟、亦能覆舟”的警醒还不够强烈，没有真正弄清楚“为了谁、依靠谁、我是谁”这一根本问题，全心全意为人民服务的意识还不够牢固。忘记一切为了群众，就会忘记踏实谋事创业；忘记一切依靠群众，就会忘记严格修身律己；忘记从群众中来、到群众中去，就会发生权力观的扭曲，把公共权力作为谋取个人私利的工具。三是党性观念不强。讲党性、重品行、作表率，是党员干部做到“三严三实”的重要前提。一些党员干部不注重党性修养，缺乏严格的党性锻炼，缺少经常性党内政治生活的“体检”，党性修养“严”不起来，党性原则“强”不起来，群众立场自然就“立”不起来，“不严不实”的种种问题就会滋生。全体党员干部特别是领导干部一定要结合自身实际，深入查找“不严不实”的问题表现，认清危害、剖析根源，按照“三严三实”要求改进作风、提升自我。

【把践行“三严三实”作为终身课题】 “三严三实”浅显易懂、朴实无华，体现了对修己正身之道的凝练和提升，体现了内在自觉与外在约束的辩证统一，是协调推进“四个全面”战略布局的重要保障，是新时期党员干部作风形象的基本标准。全市广大党员干部都要认真践行“三严三实”，保持政治定力，守住法纪底线，不断实现自我净化、自我完善、自我革新、自我提高，手握戒尺、举有所虑、言有所规、行有所止，争当党的优良作风的实践者和推动者。

1. 修身讲忠诚，提升精神境界。严以修身，关键是严以修心，对党员干部来说，就是要保持一颗对党忠诚的赤子之心。我们讲共产党人是“用特殊材料制成的”，这个“特殊材料”就是在改造主观世界和客观世界过程中不断修身自强而炼成的。人最难战胜的不是别人，而是自己。怎样才能管住自己、战胜自己，关键在于严以修身。一要多读书勤修德。要把坚定理想信念作为安身立命的主心骨、修身立业的压舱石，从思想深处解决好信仰信念问题。各级干部要养成多读书、读好书的习惯，把读书当成一种生活态度、一种工作责任、一种精神追求、一种境界要求，使读书学习成为改造思想、加强修养的重要途径，成为净化灵魂、培养高尚情操的有效手段，使一切有益的知识、一切廉洁的文化入脑入心，沉淀在我们的血液里，融汇到我们的从政行为中，做到修身慎行、怀德自重，敦方正直、清廉自守。二要戒浮躁励志趣。“非淡泊无以明志，非宁静无以致远”。领导干部如果产生浮躁之气，从浅层次看是一种情绪、一种心理状态，从深层次看，则是为官从政的一种不良作风。浮躁祸国殃民，贻害无穷，必须戒此顽疾。力戒浮躁，最根本的是要坚守做人的操守和从政的道德，树立正确的世界观、人生观、价值观，树立正确的权力观、地位观、利益观，正确对待名利地位，正确看待进退留转，淡泊处世，静心思考，磨炼意志，砥砺志趣，耐得住寂寞，守得住清贫。三要守纪律强党性。“立志严为本,修身行乃先”。行为是一个人修养的外在表现。对党忠诚不是一句空洞的口号,必须落实到党员干部的具体行动之中。要把守纪律讲规矩摆在更加重要位置,自觉遵循党章规定的重大原则,自觉遵循党的路线方针政策,严格遵守党的政治纪律和组织纪律,任何时候任何情况下在思想上政治上行动上都与以习近平同志为总书记的党中央保持高度一致。各级领导干部要积极参加严格的党内政治生活,切实增强党内生活的政治性原则性战斗性,开展经常性的批评和自我批评,不断清除思想和行为上的灰尘。

2. 用权不任性,做到公私分明。权力观是领导干部世界观、人生观、价值观的集中体现,直接影响领导干部行使权力的具体行为。权力是双刃剑,权力越大,越应该低调,越应该谨慎,越不能“任性”,更不可妄为。一是为民用权不偏向。党员干部必须弄清楚自己从什么地方来,手中的权力从什么地方来,始终牢记我们是人民当家作主的社会主义国家,一切权力属于人民,一切权力为了人民。党和人民把我们放到领导岗位上,是一种信任、一种重托,越是职位高、权力大,越要牢记权力的本质,越要牢记自己是人民公仆而不是主人,是人民的勤务员而不是“父母官”,自觉把人民赋予的权力真正用来为人民服务。要强化权为民赋、权为民用、利为民谋、为政不私的意识,培养和增强对人民群众的深厚感情。二是依法用权不出格。领导干部要带头尊法学法守法用法,自觉在宪法和法律范围内活动,不断提高运用法治思维、法治方式解决问题的能力。要遵守权力使用的纪律规定,严格执行民主集中制,讨论问题讲民主,进行决策讲程序,执行决议讲纪律,确保权力行使不偏离正确方向,确保权力行使的神圣性,真正实现党员干部“法律面前人人平等、制度面前没有特权、制度约束没有例外”。三是秉公用权不越轨。公生明、廉生威。为政清廉才能取信于民,秉公用权才能赢得人心。党员干部为官用权,心中要有杆秤,始终保持谨慎与敬畏,面对金钱,一定要牢记“当官就不要发财,发财就别来当官”的告诫,不起贪恋之心、不取不义之财;面对美色,一定要洁身自好、严守操行,不能沉湎于美色而自甘堕落;面对亲友,一定要把握分寸,不能因私情而违背原则。选人用人是领导干部的重要权力,要认真落实习近平总书记提出的“好干部”标准,坚持公道正派,严格按照程序,不以个人好恶、亲疏远近划线,不搞任人唯亲、任人唯权、任人唯利,以公心提高公信。

3. 律己靠自觉,保持敬畏之心。领导干部只有时时保持敬畏之心、处处严格要求自己,才能真正经受住各种考验。律己要做到“四慎”:一是慎微。于细微处见精神,于细微处也见品德。小事小节是一面镜子,能够反映人品,反映作风。小事小节中有党性,有原则,有人格。要坚决抵制腐朽思想观念和生活方式的侵蚀,远离各种低级趣味和不良嗜好,慎小事,拘小节,从点滴之处筑实筑牢为政清廉的防线。二是慎独。一个人在众目睽睽之下往往能够遵守规矩,但到没人监督时能不能做到始终如一,这要看慎独的功夫。党员干部在任何时候任何情况下都要保持清醒头脑,自觉检点个人言行,强化自我规范和约束,尤其是在私底下、无人时、细微处,更要如履薄冰、如临深渊,始终不放纵、不越轨、不逾矩,切实做到人前人后一个样、八小时内外一个样。三是慎初。从许多腐败分子的忏悔录中可以看出,在面对第一次拉拢腐蚀时,他们大多经历过内心的犹豫和挣扎,但还是在贪欲面前败下阵来,有了第一次,便一而再、再而三,最终滑向犯罪的深渊。“早知今日事,悔不慎当初。”作为领导干部,一定要在思想上时刻守住第一道“闸门”,把每一次诱惑和考验都当成人生必须打好打赢的“第一仗”,真正做到“心不动于微利之诱,目不眩于五色之惑”,以“善始”求“善终”,走稳走好从政之路。四是慎情。从近年来查处的违纪违法案件看,有的干部被亲情感情所困,手中权力被家人利用、被朋友借用、搞交易使用的情况不在少数,有的甚至利用家人收受贿赂,不但毁掉自己的前程,也使家人与自己一道身陷囹圄。党员干部不仅要管住自己,自己立得正,还要加强对家人亲属和身边工作人员的教育管理,绝不能为情所累、为情所伤、为情所误。

4. 谋事重实际,强化工作落实。在经济发展进入新常态的大背景下,要实现有质量、有效益、可持续发展,关键是谋事要实、创新突破,努力实现中高速增长和迈向中高端水平“双目标”。一要在推动转型升级上求实效。要把适应新常态作为调结构、转方式、抓改革的重要机遇,进一步苦练内功,更加重视科技人才作用,进一步优化产业布局和结构,巩固发展优势产业,整合提升特色产业,大力发展新兴产业,坚决淘汰落后产能,加快构建以主导产业、高新技术产业、品牌经济和现代服务业为主体的现代产业体系。二要在保障改善民生上求实效。“谋事要实”体现了群众立场、群众观点,保障改善民生必须为群众着想、为群众而干,做到严而又严、实而又实,只有这样才能真正取信于民。要始终把出发点和落脚点放在人民群众的根本利益上,把群众的需求当作工作指向和行动目标,多干群众急需的事,多干群众受益的事,多干打基础的事,多干长远起作用的事,创造出经得起群众检验的工作业绩。三要在解决棘手难题上求实效。当前,在一些党员干部中,存在着等待观望、消极畏难等情绪,面对类似的问题和挑战,面对同样的政策环境和市场环境,有的板块不等不靠、积极作为,着力破难题、解困局;而有的只看到挑战的一面,看不到机遇,被困难吓倒,止步不前。在困难面前,各级领导干部不应该消极畏难,无所作为,更不能怨天尤人、不思进取,而应当坚定信心,视困难为考验,把挑战当机遇,变被动为主动,千方百计战胜挑战、迎难而上。要强化制度执行力,提高工作执行力,始终保持一抓到底的耐心、定力和韧劲,在专项整改上持续用力,在制度建设上久久为功,坚决抓好已有制度的贯彻执行,切实破解执行难、落实难的问题,真正让制度落地生根、发挥效力。

5. 为官要创业,敢于担当负责。领导干部担任重要职务,干事创业是首责，敢于担当显品格。必须始终保持干事创业的锐气和勇往直前的精神，用铁的肩膀担负起党和人民赋予的职责。一要勇担当严问责。老百姓痛恨贪污腐败，同样痛恨尸位素餐。如果只想当官不想做事、只想揽权不想担责、只想出彩不想出力，是没有资格当干部的。当前，要认真贯彻苏州市委常委会和市党政联席会精神，狠抓落实、狠抓督查、狠抓处罚、狠抓问责，以铁的决心、铁的手腕、铁的措施全力压降事故。二要重实干勇开拓。机遇总是垂青勇于创新的人。面对激烈的区域竞争和市场竞争，我们绝不能有丝毫懈怠，绝不能满足于现状，一定要有谦虚的态度，树立不进则退、慢进也是退的竞争意识，清醒认识形势，始终保持改革创新、真抓实干的精气神，成绩面前不懈怠、任务面前不推诿、困难面前不退缩、矛盾面前不回避，在攻坚克难中把握主动、推动发展。三要抓改革提效能。要深化市级权力公开透明运行试点，全面清权、依法确权、公开晒权、规范行权、强化问责，不断推进行政审批透明化、标准化、便捷化、信息化、系统化建设，努力激发市场主体活力和发展内生动力。要切实抓好镇域综合执法试点工作，推动监管重心下移，充实加强和整合相关执法力量，提高综合执法效率，加快形成统筹协调、重心下移、属地管理、综合执法、有效监督的行政执法体制。

6．做人须诚实，贵在正字当头。做人要有人品，“当官”要有“官德”，人格魅力是领导干部人品、气质、能力的综合反映，也是党的干部所应具备的公正无私、以身作则、言行一致优良品质的外在表现。一要做襟怀坦荡、光明磊落的表率。作为新时期的党员干部特别是领导干部，更要涵养坦荡君子之风，有坦荡的胸怀、开阔的胸襟，真诚对待组织、真诚对待同志、真诚对待群众；要有容人容事的气度，从善如流的雅量，对有些事要拿得起、放得下，豁达一些，做到严于律己，宽以待人，大事讲原则，小事讲风格，善于听取各种不同意见，自觉接受群众监督和评判，做一个向组织、向人民交底的“透明人”。二要做公道正派、刚正不阿的表率。公道出自公心、正派源于己正；公道才能成事，正派才能服众。党员干部做到公道正派，首先要敢于坚持原则，不以私谊废公事，不因感情弃公道，不拿原则做交易；还要敢于较真碰硬，对违反原则的人和事，对社会上的不良风气，要旗帜鲜明反对，理直气壮抵制，以身作则纠正。要始终保持先进性，以“富贵不能淫，贫贱不能移，威武不能屈”的大丈夫气节，做到身在顺境而不骄纵，身处逆境而不失志，宠辱不惊，处变不乱，扎实工作。三要做诚实守信、表里如一的表率。讲实话是硬本事，干实事是真功夫。广大党员干部要大兴讲真话、报实情、干实事、求实效的务实之风，不搞弄虚作假、不做表面文章，反对欺下瞒上、夸夸其谈，力戒报喜不报忧，力求抓工作与求实效相统一、对上负责与对下负责相统一，着力提高诚实守信、履行宗旨和践行诺言的能力。

【确保专题教育抓出成效】 开展“三严三实”专题教育，是全面从严治党的重要举措。中央专门下发通知，省委、苏州市委、市委分别结合实际制定具体的《实施方案》。要严格按照中央部署和省委、市委要求，切实增强责任感使命感，以饱满的热情和有力的举措做好各项工作，确保专题教育扎实有效推进。

一要准确把握总体要求。具体开展过程中要做到“四个突出”：一是突出问题导向。坚持问题导向，解决突出问题，是确保专题教育取得实效的关键。这次专题教育，要紧紧围绕省委提出的“六查六看六整治”这条主线，把问题意识、问题导向贯穿专题教育的全过程，无论是专题党课、专题学习研讨、专题调研、专题民主生活会和组织生活会，还是整改落实、立规执纪，都要聚焦问题、对准问题，把发现问题、解决问题作为出发点和落脚点，使专题教育的过程成为校正“不严不实”问题的过程。二是突出从严要求。“三严三实”核心在于“严”和“实”，开展专题教育更要秉持严的要求、实的态度。中央提出这次专题教育要努力在深化“四风”整治、巩固和拓展党的群众路线教育实践活动成果上见实效，在守纪律讲规矩、营造良好政治生态上见实效，在真抓实干、推动改革发展稳定上见实效。落实这“三个见成效”，必须坚持严的标准、严的要求、严的措施，以严促深入、以严求实效。三是突出以上率下。坚持领导带头，是教育实践活动的一条成功经验。专题教育中央政治局带头开展，省委常委会率先示范，市一级也从常委班子和常委同志做起。各级领导干部要自觉树立标杆意识、表率意识，一级做给一级看，一级带着一级干。特别是一把手，更要当好示范，带头讲好党课，带头查找问题，带头开展批评和自我批评，带头抓好整改落实，带动专题教育有力有效开展。四是突出融入日常。要把握常态化教育的特点，注重经常性教育的要求，不能用搞活动的办法来搞“三严三实”专题教育。要把专题教育与平时的“三会一课”、中心组学习、年度民主生活会等更好地结合起来，推动经常性学习教育突出主题、聚焦问题，具有实质性内容，取得实实在在效果。

二要扎实做好“关键动作”。市委的《实施方案》明确了专题教育的方法举措，最核心的是要抓好“四专题一强化”：一是紧密联系实际讲好专题党课。以领导干部讲专题党课启动开局，是这次专题教育的一个创新。要在吃透中央和省委、市委精神的基础上，紧密联系本地本单位实际，联系党员干部的思想和工作实际，讲清楚“三严三实”的重大意义，讲清楚“不严不实”的具体表现，讲清楚落实“三严三实”的实践要求。二是着眼真学真懂组织好专题学习研讨。开展专题教育，首要的是抓好学习教育、打牢思想基础。这次专题教育学习研讨重点分 3 个专题开展，每个专题大体 2 个月时间，每个专题安排 2—3 次互动式交流研讨。要突出学习重点，深入学习习近平总书记系列重要讲话精神，重点研读《习近平谈治国理政》《习近平关于党风廉政建设和反腐败斗争论述摘编》，读原著、学原文、悟真理。学习研讨时要把自己摆进去、把职责摆进去、把实际思想和工作摆进去，交流观点、分享体会。用好正反两面镜子，注重对照先辈先进查找差距，从违纪违法案件中汲取教训。三是结合“三解三促”搞好专题调研。要把“三解三促”作为专题教育的实践平台，突出针对性、实效性，进一步丰富内涵、创新形式，引导各级领导干部深入基层、深入群众，广泛听取意见，查找解决“不严不实”问题。要结合纪念建党94周年和常熟市首个“党章学习日”的设立，组织开展学党章、重温入党誓词，深入贫困家庭发放党员关爱基金等活动，真正做到察民情、知不足，受教育、明方向。四是贯彻整风精神开好专题民主生活会。要继续大力弘扬整风精神，在听取意见、谈心谈话、对照检查等各个环节都切实做到动真格、有辣味。要真正拿起批评和自我批评有力武器，直截了当、开门见山，自我批评要具体列举“不严不实”问题的典型表现，深入透彻剖析原因，相互批评要直指要害、出以公心，出汗排毒，使人受益，真正达到“坚持真理、修正错误，统一意志、增进团结”的目的。五是坚持动真碰硬强化整改落实和立规执纪。教育是为了解决问题，解决问题才是最好的教育。要把深化党的群众路线教育实践活动后续整改作为“三严三实”专题教育的重要内容，严格对照“两方案一计划”和个人整改清单，不折不扣抓好落实。要把群众反映强烈、影响面大的“不严不实”问题，特别是为官不严、为官不实、为官不为等问题纳入专项整治内容，综合运用批评教育、组织调整、纪律查处等手段，多措并举、集中治理，正风肃纪、刚性整改，确保取得群众满意实效。

三要从严抓好组织实施。各级党委（党组）要把开展“三严三实”专题教育作为重大政治任务，切实加强组织领导，以严而又严、实而又实的作风组织开展，确保不走过场、取得实效。要严格落实责任，县处级党委（党组）领导班子要对专题教育负全面责任，精心组织谋划，周密安排部署，扎实有效推进。主要负责同志要切实承担起第一责任人责任，自始至终把责任扛在肩上。组织部门要认真履行牵头责任，深入研究谋划，把握进度节奏，搞好统筹协调。纪检、宣传等相关部门要各司其职、协力推进。县处级党委（党组）领导班子要组织班子成员，结合实际主动开展自查自纠、抓好督查指导。要加强宣传引导，充分运用各类媒体，广泛宣传中央和省委、市委关于专题教育的重要精神和决策部署，宣传专题教育的工作进展和实际成效，宣传过程中的好经验好做法。

聚焦严实
抓党建解民忧

【多方“会诊”为全市党建“把脉”】

常熟市建立健全党代表定期视察党建工作机制，组织开展“党代表看党建、市领导督党建、常委会议党建”活动，全面掌握全市党建工作整体情况，查找存在问题和不足，为推动全面从严治党要求迈上新台阶提供决策依据。2015年6月15～24日，14位市委常委和党员副市长带领70名市级党代表对14个板块的党建工作进行了调研视察，走访全市29个基层党组织，组织召开15场专题座谈会，听取100多名基层党组织书记、党务干部和党员群众代表的意见建议，排查出各板块党建工作存在问题66条，提出对策建议50多条，并形成全市基层党建工作综合性调研报告，提交常熟市委常委会专题研究，确定当前全市党建工作需要解决的4大重点问题和5项重点措施，作为下阶段全市党建重点工作予以推进和落实。

【流动党代表工作室进村入企】

“让自己多辛苦一些，让百姓少跑一点”。常熟市委进一步打造党代表直接联系服务群众的有效平台，在创新开展“第一党代表工作建设”的基础上，又探索推出“党代表流动工作室”，把17个市级党代表工作室全面延伸至村、社区和基层企事业单位，由市委书记率先示范，组织400名市级党代表全部变驻点接访为流动接访，固定“党代表接待日”深入基层主动听取党员群众代表意见建议，解答百姓疑虑困惑，让群众话有地说、难有人帮、事有人管。自推进党代表工作室建设以来，常熟各党代表工作室共开展活动404次，接待来访群众589人次，共收集问题、建议713件，答复反馈了713件。

【打开“强光灯”进行自我解剖】

为进一步落实全面从严治党要求，严肃党内政治生活，“三严三实”专题教育中，常熟市委专门下发通知，要求全市副科级以上领导干部，对照“三严三实”标准，聚焦“为官不为”的具体表现，在“七一”前夕集中召开一次专题民主生活会。全市86个单位、600多名领导干部认真学习习近平总书记系列重要讲话和上级有关文件精神，广泛征求干部群众意见，深入开展谈心谈话，认真撰写发言提纲，深入查摆不想为不愿为、不敢为不会为问题，进一步激发自觉践行“三严三实”要求。会后，各班子成员及时制定整改措施，切实解决“不严不实”问题，进一步增强使命担当，争当政治的明白人、发展的开路人、群众的贴心人、班子的带头人。

（组织部供稿　陈建东整理）

常熟市三环路快速化改造工程完成通车

常熟市三环路快速化改造项目是常熟历史上投资最大、复杂程度最高的一个交通重点工程，也是全国县级市中第一条开工建设且里程最长的环城高架快速化道路。其工程又名三环快速路、三环路高架。其中南环、东环和北环为主线高架＋地面辅道形式，全长26.3千米，总投资约104亿元。所谓主线高架道路，是指主要线路与地面保持一定空间并设置高架道路交通指路标志，专供机动车通行的道路。常熟市三环路快速化改造项目高架系统按照城市快速路标准设计，双向六车道，宽25.5米，设计车速每小时80千米；地面系统按照城市主干道标准设计，双向六车道，地面辅路路基宽53.5米，设计车速每小时40千米。其中东南环段工程已于2014年7月28日正式通车，东北环段高架部分也于2015年11月20日建成通车。常熟市三环路快速化改造对推动常熟市城市发展、城乡一体化进程、完善城市快速路网、缓解目前严重的交通瓶颈及提升城市形象和交通安全，有着十分重要的作用。

工程总体概况

【工程动因】 三环路快速化改造前，常熟交通拥堵，带来了噪声、废气污染等一系列环境问题，也极大地影响了城市景观，而且三环路沿线现状开口200多处，其中道路交叉口137处，平均每千米达4～5处，横向穿越交通的干扰很大，存在着不容忽视的交通安全隐患。三环路的现况与常熟山水相连的自然景观、快速发展的现代化城市形象均难以适应，因此必须尽快对三环路进行改造，恢复交通使用功能，保障交通安全。进一步提升城市环境和城市形象。

【工程前期主要节点】 (1)2009年8月6日，常熟市委托相关设计部门开始进行项目工程可行性研究工作。

(2)随即设计部门组织各专业设计人员赴现场踏勘，先后走访常熟市水利局、航道局、国土局、规划局、公路局等单位以及自来水、燃气、广电、电信、电力、移动、铁通等专业管线单位。

(3)收集三环路现状道路、路网规划、管线、结构物的设计资料，以及沿线重大基础设施的建设和规划情况。

(4)与沿线乡镇以及开发区进行多次沟通。

(5)8月20日，开展对省道342、省道227与三环路两交叉口24小时交通量调查工作。

(6)9月14日，设计部门向常熟市汇报设计方案(包括所有方案效果图)。

(7)9月26日，设计部门向常熟市委、市政府汇报方案(同时完成北环动画和通港路互通交通仿真分析)。

【工程设计总体原则】 "世上湖山，天下常熟"。常熟地处长江三角洲苏锡常地区，是一座有着悠久历史和现代活力的城市。常熟这座千年古城，含蓄、不张扬。而且自古就是江南福地、鱼米之乡，社会经济发达，人民生活富庶。形成了城市与山水共美，传统与现代互动，自然与人文交融的城市特色。独特的吴地风情，也形成了山、水、城一体的独特格局和空间形态。这些既是常熟的城市品牌，也在一定程度上成为城市建设和交通发展的影响因素。根据常熟市的城市特点以及三环路具体的建设条件、用地条件、横向联系密度、景观要求、与规划的衔接、工程规模、造价等因素考虑，工程总体设计原则为：

(1)符合常熟市城市总体规划和路网规划，满足地方交通的总体需求，并在满足功能的前提下注重实用性。

(2)工程规模、建设标准与功能定位相适应，具备条件的段落尽量做地面快速路，设置完善的辅道系统。对于城市连片发展或横向联系密切的区域，可考虑高架方案。

(3)充分注重景观效果，重视环境保护，对于景观要求较高的段落，可考虑隧道方案。

(4)工程方案布置应当结合沿线区域规划，做到少占地、少拆迁、减少对现有重要地下管线影响的原则。

(5)工程方案应便于快速施工，减少对现状交通的影响。突出解决主要节点和沿线地区车辆出行的问题。

(6)断面型式考虑老路的充分利用，灵活采用整体式拼宽和分离式高架等。

(7)兼顾现状和发展，采用分期实施的方案。

【总体方案】 (1)路线走向：由北部的义虞路(G204)开始向东，至通港路，为环线的北环；通港路向南至新世纪大道(南)，为环线的东环；新世纪大道(南)向西至元和路(老S342)，为环线的南环；最后元和路(老S342)向北至义虞路(G204)段，为环线的西环，本次暂不改造。

(2)立交布置：工程主要与义虞路、虞山北路、报慈北路、海虞北路、新世纪大道(北)、黄河路、开元大道、青墩塘路(G204)、富兴路、新世纪大道(南)、安定街(S227)等主要道路相交，并设置互通。

(3)建设规模：三环路快速路通道为规划城市快速环线。高架路线全长26.3千米。

(4)交通互通：工程范围内主要与义虞路、虞山路、报慈北路、海虞北路、新世纪大道北段、通港路、通港二通道、青墩塘路、富兴路、新世纪大道南段、安定街(S227)、元和路(S342)等主要横向道路相交设置互通。并在主要道路节点处设置匝道出入口，设置平面信号灯交叉口供车辆转向。其余次要道路或支路均为与地面主线相交或右进右出。

常熟市三环路快速化改造工程互通式立交一览表

表1

序号	被交道路及等级	立交等级	立交形式	互通功能
1	通港路互通	一级互通	双菱形+定向、半定向匝道	枢纽型
2	常昆路(城市快速路)	一级互通	Y型	枢纽型
3	义虞路(G204)互通	二级互通	菱形互通	服务型

续表 1

序号	被交道路及等级	立交等级	立交形式	互通功能
4	海虞北路互通	二级互通	菱形互通	服务型
5	开元大道互通	二级互通	菱形互通	服务型
6	新世纪大道南(主干路)	二级互通	苜蓿叶	服务型
7	安定街互通(主干道)S227(干线公路)	二级互通	半直连＋菱形	服务型
8	虞山北路互通	三级互通	菱形	服务型
9	报慈北路互通	三级互通	菱形	服务型
10	新世纪大道北互通	三级互通	菱形	服务型
11	富兴路互通	三级互通	菱形	服务型
12	元和路互通	三级互通	菱形	服务型

【建设标准】 (1)道路等级。主线:城市快速路。地面道路:城市主干路。(2)设计车速。主线快速路:设计车速80千米/小时。地面道路:设计车速40千米/小时。

【路线方案】 三环路快速路通道沿现状三环路,由北部的义虞路(G204)开始向东,至通港路,为环线的北环;通港路向南至新世纪大道(南),为环线的东环;新世纪大道(南)向西至元和路(老S342),为环线的南环;最后元和路(老S342)向北至义虞路(G204)段,为环线的西环。

三环路路线走向:按照现状三环路线位,环线北环由义虞路立交(G204)→北山路→虞山北路→报慈北路→海虞北路→新世纪大道(北)→通港路,路线全长约8.968千米;东环线由通港路→常浒路→规划通港二通道→G204→富春江路→富兴路→新安江路→常昆路→新世纪大道(南),路线全长约10.377千米;南环线由新世纪大道(南)→规划海虞南路→安定街(S227)→元和路(老S342),路线全长约6.543千米;西环由元和路(老S342)→尚湖大道(新S342)→义虞路(G204),路线全长约8.549千米。

【主要技术指标】 (1)设计车速:主线快速路取80千米/小时。辅路取40千米/小时。立交匝道和其他快速路出入口35～50千米/小时。(2)机动车通行净空高度。快速路:≥5.0米。地面主干路:≥5.0米。地面次干路:≥4.5米。非机动车道:≥3.5米。人行道:≥2.5米。匝道:≥5.0米。(3)荷载等级。新建和拆除重建桥梁计算荷载:公路—Ⅰ级。辅路利用的老桥原设计计算荷载:汽—20,挂—100。隧道道路路面及隧道顶面地面道路计算荷载:公路—Ⅰ级。人群荷载:按《城市桥梁设计荷载标准》(CJJ77—98)取用。路面计算荷载:BZZ—100型标准车。(4)抗震要求:地震动峰值加速度0.05g,结构重要性系数1.3。

【施工工艺】 主要采用水泥搅拌浆软基处理,SMW工法桩围护,正循环钻孔桩施工工艺,先张法预应力砼空心板梁预制,真空压浆,满堂支架现浇箱梁施工,挂篮悬浇箱梁施工,桥面真空抛丸凿毛。

设立工程指挥部

【工程指挥部】 为建立统一、顺畅、高效的三环路快速化改造工程指挥体系,确保工程的各项工作有序、快速推进,打造优质、高效、廉洁工程的典范,决定成立市三环路快速化改造工程指挥部。2010年4月16日,常熟市人民政府办公室下发常政办发〔2010〕36号文件——《关于成立常熟市三环路快速化改造工程指挥部的通知》。指挥部领导机构为:

总指挥:惠建林(市政府市长);常务副总指挥:范建国(市政府副市长);副总指挥:陆晓棣(市政府秘书长)、季建炯(市交通运输局局长);成员:吴建兴(市政府副秘书长)、阚国良(市监察局局长)、姚丽英(市发改委主任)、潘建华(市财政局局长)、顾志明(市国土资源局局长)、程忠明(市住建局局长)、钱炳才(市规划局局长)、钱振荣(市城管局局长)、金惠生(市水利局局长)、许建明(市审计局局长)、蒋伟(市环保局局长)、殷朱(市安监局局长)、戴炳元(市信访局局长)、丁雷(市拆迁办主任)、庾晨(市检察院副检察长)、钱仲华(市公安局副局长)、王建国(市绿委办主任)、王建良(市交巡警大队大队长)、夏建国(虞山镇镇长)、刘洪(虞山尚湖度假区主任)、吴伟(市广电总台台长)、姜宁(市供电公司总经理)、万金和(市电信局局长)、丁忠明(常熟移动公司总经理)、高波(常熟联通公司总经理)、时葆胜(常熟中法水务公司董事长),以及市天然气公司负责人等。

【工程指挥部办事机构】 工程指挥部下设办公室和监察效能组、财务审计组、交通安全组、征拆协调组、工程建设组、技术协调组、档案管理组7个工作小组。办公室设交通运输局。具体领导机构为:

办公室主任季建炯(市交通运输局局长)、副主任:吴建兴(市政府副秘书长）。成员：章迈（市发改委副主任）、季俊华（市财政局副局长）、俞翔（市规划局副局长）、陈建刚（市国土局副局长）、顾生生（市交通运输局副局长）。

监察效能组组长阚国良（市监察局局长）、副组长庚晨（市检察院副检察长）、唐佩军（市监察局副局长）。成员：李平（市检察院职务犯罪预防科科长）、唐国林（市纪委执法室副主任）。

财务审计组组长季俊华（市财政局副局长）、副组长徐晓华（市审计局副局长）。成员：蔡明（市财政局经建科科长）、钱建刚（市交通运输局财务科科长）、范惠琴（市交通工程管理处财务科科长）。

交通安全组组长王卫青（市交巡警大队副大队长）、副组长查鸿鸣（市交通运输局副局长）、高建国（市安监局副局长）。成员：朱适（市公路管理处副主任）、支国光（市交巡警大队秩序股股长）、唐永清（市交通运输局法制安全科科长）、朱莉（市交通工程质量监督站站长）、程磊（市交通工程管理处安全办主任）。

征拆协调组组长顾生生（市交通运输局副局长）、副组长褚宏伟（市拆迁安置办副主任）、许晓挺（虞山镇副镇长）。成员：朱一（市交通运输局高速公路指挥部办公室副主任）、魏奇（市卫生局党委副书记）、毛天伟（虞山镇琴湖管理区主任）、陆正忠（虞山镇兴福管理区主任）、王峰（虞山镇虹桥管理区主任）、季浚（虞山镇谢桥管理区主任）、顾峰（虞山镇莫城管理区主任）、王建华（虞山林场副场长）、方协平（市广电总台副台长）、顾仲德（市供电公司副总经理）、朱建宏（市电信局副局长）、王跃（常熟联通公司副总经理）、谭震（常熟移动公司综合部主任）、刘志强（常熟中法水务公司副总经理）、谢永明（市天然气公司总工程师）。

工程建设组组长由市交通工程管理处主任担任、副组长钱世东（市交通工程管理处副主任）、朱月亮（市交通工程管理处副主任）。

技术协调组组长朱顺龙（市交通运输局主任科员）、副组长徐雪峰（市交通运输局规划科科长）。特邀专家陆瑞文、龚瑞如、许柏民、胡官火、郁国华。

文书档案组组长由市交通工程管理处主任担任、副组长朱鹤峰（市交通工程管理处办公室副主任）。

工程指挥部下属部门工作职责

【指挥部办公室工作职责】 （1）贯彻执行党和国家的路线、方针、政策，严格遵守各项法律、法规和规章制度。（2）组织三环路快速化改造工程的实施，保障常熟市三环路快速化改造工程的正常有序进行。（3）负责常熟市三环路快速化改造工程的前期工作，包括工程建设项目的调查研究、可行性研究、建设用地征用、动迁、环境评价、安全性评价等有关工作。（4）负责常熟市三环路快速化改造工程从招投标开始、开工到竣工验收全过程管理工作。（5）负责解决常熟市三环路快速化改造工程中的一些重大、综合性关键问题，确保工程的顺利开展。（6）负责三环路快速化改造工程的文明施工与安全生产管理。（7）做好指挥部办公室全体工作人员的思想政治工作，抓好指挥部办公室廉洁勤政责任制的贯彻落实，推进指挥部办公室社会主义精神文明建设。（8）完成市委、市政府和上级交通部门交办的有关工作。

【工程建设组工作职责】 （1）贯彻执行党和国家的路线、方针、政策，严格遵守各项法律、法规和规章制度，认真执行上级主管部门的各项决定。（2）参与项目预可、工可、初步设计、施工图设计等审查工作，协助配合工程计划组进行项目招投标工作。（3）负责工程项目合同起草、签订工作，对监理、施工、设计、技术服务等参建单位进行监督、考核。（4）负责工程实施阶段的质量控制，监督落实各参建单位的质量保证体系及正常运转，组织技术难度大、比较关键的工艺进行技术论证会议，并及时处理工程中出现的一般技术问题，监督工地试验室的运转情况，对工程原材料、工程实体、外观等进行必要的试验检测。（5）根据工程总体目标计划和年度计划，编制并下达节点目标计划、季度、月度计划给施工、监理单位执行，并统计汇总进度情况，填报工程形象进度图。（6）负责工程实施阶段的投资控制，按照相关实施细则处理好工程变更、计量、支付、材料调差等的审核工作。（7）严格执行部颁规程规范、设计文件等，认真学习国内外高等级公路建设的新技术、新经验、新成果。（8）协调工程实施中出现的问题及工程实施中各有关方面、各级监理的工作关系，并和指挥部其他各成员组配合衔接好。（9）完成指挥部领导交办的其他工作。

【专家协调组工作职责】 （1）贯彻执行党和国家的路线、方针、政策，严格遵守各项法律、法规和规章制度。（2）负责常熟市三环路快速化改造工程施工实施性组织设计、监理大纲的审查工作。（3）组织工程总体技术交底工作。（4）负责审查工程施工图设计图纸。（5）负责审查变更设计图纸。（6）参与重大施工方案专项审查并提出专家意见。（7）组织工程重大技术问题的专题会议。（8）定期或不定期组织施工现场技术检查，现场指导施工。

【综合组工作职责】 （1）贯彻执行党和国家的路线、方针、政策，严格遵守各项法律、法规和规章制度。（2）负责贯彻落实上级的指令、指示，督办本部门各项工作的开展落实。（3）负责会务组织、安排，宣传报道，各类文件、函件的收发，文字材料的组织整理、归档，印章，介绍信的使用管理，合同登记管理和相关统计工作。（4）协调相关单位联系处理各类纠纷。（5）负责拟定指挥部办公室重要会议材料、信息、简报。（6）负责指挥部办公室日常事务管理、日常接待和后勤保障工作，做好综合协调和服务工作，保证指挥部办公室各项工作正常有序进行，当好指挥部办公室参谋。（7）协调有关部门做好工程建设的内部安全、社会治安等工作。（8）完成上级领导交办的有关工作。

【财务审计组工作职责】 （1）贯彻执行党和国家的路线、方针、政策，严格遵守各项法律、法规和规章制度。（2）负责工程建设资金的筹集、调度、管理工作,严格工程资金的审批要求和拨付操作程序。(3)负责会计核算、财务管理、内部审计和监督管理,建立健全各项内部控制制度,完善内部监督机制。(4)参与拟订经济合同、协议和制定工程建设计划。(5)加强工程成本费用核算,合理安排建设资金,并对工程资金进行监管。(6)按时编制各类财务报表、物资报表、统计报表及财务分析报告等,负责相关资料的收集、整理和归档工作。

【交通安全组工作职责】 (1)贯彻执行党和国家的路线、方针、政策,严格遵守各项法律、法规和规章制度,贯彻执行《中华人民共和国安全生产法》。(2)对监理单位、施工单位的安全生产机构的建立和有效运行进行监督检查。(3)按照法律法规负责对工程施工项目部安全生产各类资质严格把关。(4)负责施工路段、施工现场、安全生产经费使用的监督管理并严格考核。(5)组织总体交通组织方案的审查、报批;审批各施工标段的交通组织方案;组织重大施工工艺的专项安全方案审查。(6)组织、参与各类安全生产检查、专项整治、培训教育和各类安全生产活动。(7)加强日常检查和协调、指导,努力改善施工区域的行车环境,保障公路畅通。(8)参与相关部门组织的安全专项整治和事故的调查处理。(9)负责做好各类安全生产宣传报道工作;协调做好安全教育和培训工作。(10)负责抓好指挥部办公室内部的安全生产和安全保卫工作。(11)完成部领导交办的其他工作。

【征拆协调组工作职责】 (1)贯彻执行党和国家的路线、方针、政策,严格遵守各项法律、法规和规章制度,认真执行上级主管部门的各项批示、决定。严格按照省、市有关交通工程建设征地拆迁的政策,坚持公开、公平、公正的原则,做好三环路快速化改造工程的征拆协调工作。(2)负责牵头做好三环路快速化改造工程的征地拆迁与地方关系的协调工作。(3)贯彻执行国家、省、市有关征地拆迁政策,密切与各部门的配合,认真落实对征地拆迁工作实施的六包干,即:包组织、包实施、包经费、包进度、包协调、包安置。(4)做好征地协议的签订;抓好房屋拆迁、管线迁移的合同起草工作和拆迁数量的审核、督促、统计等工作。(5)监督检查征地拆迁所支付的各项补偿等经费的落实情况。(6)协调解决工程建设中与地方各方面的各种矛盾和问题,为工程建设创造良好的外部环境,保障工程顺利实施。(7)完成部领导交办的其他工作。

【工程计划组工作职责】 (1)贯彻执行党和国家的路线、方针和政策,严格遵守各项法律、法规和规章制度,认真执行上级主管部门的各项指示、决定。(2)严格按照国家基本建设程序,负责项目前期规划、土地、环保、立项等工作和项目开工报告的报批。(3)负责项目勘察设计阶段与国土、环保、水利等有关部门的协调工作。(4)组织项目预可、工可、初步设计审查,参与施工图设计管理和审查,参与工程实施阶段重大技术问题的研究。(5)负责制定项目总体实施思路及招标计划,组织招投标及招标文件审查。(6)负责制定工程总体实施计划,编制下达分年度计划,进行计划管理工作。(7)完成上级领导交办的其他工作。

【纪律监察效能组工作职责】 (1)在常熟市三环路快速化改造工程指挥部办公室领导下开展工作。(2)贯彻执行党的路线、方针、政策,严格遵守各项法律法规和规章制度。(3)负责对指挥部办公室全体人员的廉政教育,督促工程施工、监理、质监人员加强廉政教育。(4)负责工程全过程(项目立项、资金筹措、设计方案审查、征地拆迁、发布招标信息、资格审查、工程量变更、工程监理、工程现场管理、资金拨付、交工验收、竣工验收以及分包转包等行为的监督和管理)和大宗物品采购的纪检监察工作,确保建设阳光工程、廉政工程、优质工程。(5)督促财务部门认真遵守财经纪律和财务制度,参与并协助做好工程的阶段审计。(6)负责定期对指挥部办公室各专业组的效能督查工作;负责定期或不定期地对涉及工程建设各环节、各部门工作效能的督查。(7)建立例会制度,每季至少召开一次会议,对纪检监察情况进行分析研究部署。

【工程建设组组织框架】 常熟市三环路快速化改造工程指挥部工程建设组组织框架图如下:

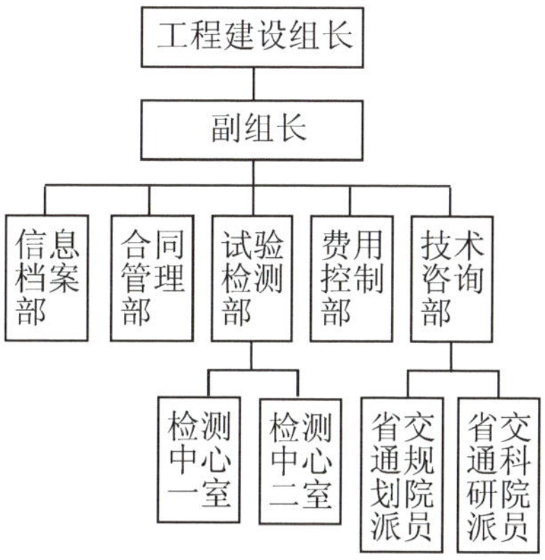

东南环段工程概况

【总体概况】 东南环段起于青墩塘平交以北800米处(桩号为K12+854.5),经青墩塘路互通、富兴路互通、常昆路互通、新世纪(南)互通、安定街互通、元和路互通后终于常熟市西环线(桩号为K26+040),长13.186千米。共设互通6个,上下匝道22个,定向匝道8个,下穿隧道1处,地面道路桥梁大桥3座、中小桥14座。概算投资约41.5亿元。

【前期工作执行情况】 东南环段工程前期工作执行的主要文件和依据有(1)常发改投〔2010〕9号文“关于常熟市三环路快速化改造工程可行性研究报告的批复”(2)苏发改基础发〔2011〕1320号《省发改委关于227省道常熟黄河路至相城交界段改扩建工程可行性研究报告的批复》(3)苏发改基础发〔2012〕999号《省发改委关于227省道常熟黄河路至相城交界段改扩建工程初步设计的批复》(4)苏交公程〔2013〕62号《省交通运输厅公路局关于印发227省道常熟黄河路至相城交界段改扩建工程施工图设计审查会议纪要的通知》(5)苏环审〔2011〕110号《关于对227省道常熟黄河路至相城交界段改扩建工程环境影响报告书的批复》(6)苏国土资预〔2011〕24号《关于227省道常熟黄河路至相城交界段改扩建工程项目用地的预审意见》等。

【参建单位情况】 通过公开招标，工程陆续于2010年6月确定S14标、2010年10月确定S8/S9标、2011年4月确定S12/13标、2011年5月确定S10/11标施工单位，2012年9月确定LM—1/LM—2标施工单位，2013年10月确定LM—3标施工单位，2013年12月确定JA—1标施工单位。

常熟市三环路快速化改造工程东南环段参建单位一览表

表2

单位性质	合同标段	单位名称	标段负责	合同价(万元)	主要工程内容
质量监督	—	苏州市交通工程质量监督站	谢桂华 仲晓晨	—	工程质量监督
安全监督	—	常熟市交通工程质量监督站	朱　莉 程晓波	—	工程安全监督
设计单位	—	江苏省交通规划设计院	姚　宇 方　荣	—	道桥主体设计
监理单位	JL—2	江苏润通交通工程监理咨询有限公司	田喜东	—	路基桥梁监理(不含路面、交安、绿化、照明)
	JL—3	苏州市路达工程监理咨询有限公司	鞠晓东	—	路面、交安、声屏障、照明监理
技术服务单位	JSFU—1	江苏省交通科学研究院	曹世勇	—	桥隧工程技术服务和桥梁监控
	JSFU—2	江苏省交通规划设计院股份有限公司	刘亚楼	—	路面工程技术咨询服务
中心试验室	SY—1	江苏省交通科学研究院	陈　奎	—	业主试验检测
施工标段	S8	江苏嘉隆工程建设有限公司	倪　同	32576	K12+854.5～K14+004.5长1.15千米路基桥涵施工 快速路高架+辅路(青墩塘隧道、2对上下匝道)
	S9	中交二公局第三工程有限公司	张晓东	33120	K14+004.5～K15+909.5长1.905千米路基桥涵施工 快速路高架+辅路(富兴路互通、2对上下匝道)
	S10	江苏省交通工程集团有限公司	巫亚明	56584	变更后K15+909.5～K18+430长2.5205千米路基桥涵施工 快速路高架+辅路(常昆互通、2/3世纪大道立交、白茆塘桥)
	S11	临沂市政工程总公司	曲宗欣	32487	变更后K18+430～K19+827.5长1.3975千米路基桥涵施工 快速路高架+辅路(1/3新世纪大道互通、横泾塘桥)
	S12	江苏港通路桥集团有限公司	邵永斌	22796	K19+827.5～K21+114.5长1.287千米路基桥涵施工 快速路高架+辅路(申张线桥梁、1对上下匝道)
	S13	中城建第二工程局有限公司	杨翠峰	46237	K21+114.5～K23+263长2.148千米路基桥涵施工 快速路高架+辅路(安定街互通)
	S14	江苏省镇江市路桥工程总公司	汪明中	41781	K23+263～K26+040长2.777千米路基桥涵施工 快速路高架+辅路(元和路互通、周塘河桥、1对上下匝道)
	ZZ—1	常熟市双惠路桥工程构件有限公司	丁　民	1758	提供S8/S9/S10/S11标段所有桥梁的支座(变更后投资有所变化)
	ZZ—2	江苏万宝桥梁构件有限公司	费　斌	1468	提供S12/S13/S14标段所有桥梁的支座
	LM—1	常熟路桥工程有限公司	凌　程	12358	地面辅道桩号K12+854.5—K18+905范围内路面工程(含快车道、非机动车道、人行道)

续表 2

单位性质	合同标段	单 位 名 称	标段负责	合同价(万元)	主要工程内容
施工标段	LM—2	江苏常凌交通工程有限公司	王斌策	11438	地面辅道桩号 K18+905—K26+040 范围内路面工程(含快车道、非机动车道、人行道)
	LM—3	江苏港通路桥集团有限公司	侯立永	8870	桩号 K12+854.5—K26+040 范围内路面工程(含高架主线桥、匝道桥、互通匝道的桥面沥青混凝土铺装)
	SPZ—1	江苏远兴集团建设有限公司	杭志远	2858	全线声屏障工程
	JA—1	江苏华夏交通工程集团有限公司	张天亮	1433	全线交安设施工程
	ld1	常熟市路灯安装工程有限公司	蒋 星	744	高架桥路灯工程
	ld2	常熟市路灯安装工程有限公司	蒋 星	593	地面部分路灯工程
	ld3	常熟市路灯安装工程有限公司	蒋 星	560	地面部分路灯工程

【工期建设情况】 工程于 2010 年 6 月 30 日开工,通过参建各方的共同努力,2014 年 7 月 28 日,工程高架快速路部分通过交工验收并开放通车,至 2014 年 12 月 31 日,全部工程施工完成,工程质量经检测符合设计及规范要求,符合交工验收条件。

【工程建设主要内容】 钻孔灌注桩 29.7 万米;下部结构混凝土 18.5 万立方米;上部结构混凝土 37.8 万立方米;路基土方填筑 116.2 万立方米;软基处理湿喷桩 146.9 万米;高架沥青混凝土桥面 48.2 万平方米;地面沥青混凝土路面 63.2 万平方米;交通标志 454 套、标线 10.5 万平方米;声屏障 9030 米。

【征地和拆迁情况】 全线共占地 116.38 公顷,其中新增用地 51.1 公顷。三环路全线主线拆除民房 128 户;弱电管线 3814 道,电力线 2884 道,其他管道 43.5 千米;涉及企事业单位 65 家,加油站 10 家,码头 29 个。东南环段还涉及企事业单位 28 家,加油站 4 家,码头 3 个。

【智能化交通控制系统】 常熟市三环路东南三环智能化交通控制系统包括交通信号控制系统、闯红灯自动记录系统、交通流信息采集系统、交通电视监控系统、固定超速监测系统、公路车辆智能监测系统、交通信息发布系统、被交道卡口系统、社会面治安监控系统及通信供电系统等子系统 10 个。可实现对三环路道路交通无死角监控、全方位管理,同时系统终端设备首次采用政府租赁模式,既节约成本又可提高使用效率。

【生态绿化和慢行系统工程】 三环路生态绿化和慢行系统工程范围为三环路建华转盘—青墩塘—大义段,总用地面积约 107 公顷,目标是创造一个兼顾城市个性与自然风情三环线景观绿道。一期实施建华转盘—青墩塘段,总用地面积约 55.9 公顷,绿化面积 48.7 公顷,主要建设内容为道路两侧绿化种植、地形处理,新增自行车道、栈道、平台等慢行道路系统。慢行系统与三环路生态绿化结合后产生的“绿道”,不仅能为市民休闲、锻炼提供更多的公共空间,也能引导更多市民采用“步行”“自行车+步行”的绿色出行方式,缓解交通压力。

【高架桥面建成通车】 2014 年 7 月 28 日,常熟首条城市高架道路——三环路快速化改造工程东南环主线高架桥面系统建成通车。通车后,从青墩塘到建华转盘 13 千米高架路面,理论通行时间只需要 10 分钟。三环路快速化改造东南环整个系统由高架桥面、匝道、地面系统等组成,28 日通车的为高架桥面,市民可从青墩塘匝道直接上高架,到建华转盘的落地段可以直接下高架。其间可以通行的匝道有元和路互通上下匝道、安定互通东西上下匝道、新莲路匝道、新世纪大道南互通东侧上匝道和西侧上下匝道、常昆路匝道、富兴路匝道、青墩塘互通南侧上下匝道。

【工程验收】 2015 年 1 月 28 日,常熟

东南环段新世纪大道互通

市交通工程管理处组织对东南环段工程所有项目进行交工验收。交工验收委员会认真审阅了工程建设有关文件，听取了各单位对工程情况的汇报，对全线工程进行了实地查看。经过评议认为：路线平纵线形组合良好，平面顺适，纵向平缓，线形流畅，路面美观，视觉良好；桥梁工程内外轮廓线条顺滑清晰，混凝土表面较平整光洁；各构件几何尺寸、混凝土强度、钢筋保护层厚度符合设计及规范要求；下穿通道工程线形顺直，大面平整，混凝土强度、钢筋保护层厚度、几何尺寸等检测指标符合设计及规范要求；沥青砼路面平整密实，路面厚度、平整度、抗滑性能满足设计及规范要求；交通安全设施设置基本合理，标线顺适，标志安装牢固，反光效果良好；声屏障布设合理，外形美观；各项档案资料基本齐全。

根据《公路工程质量检验评定标准》，各合同段质量检测数据符合评定标准要求，常熟市三环路快速化改造工程（东南环段）交工验收质量综合评定得分为96.4分，质量等级为合格，同意通过交工验收，缺陷责任期自2015年1月29日至2017年1月28日。227省道常熟黄河路至相城交界段改扩建工程（青墩塘至安定段）交工验收质量综合评定得分为93.7分，质量等级为合格，同意通过交工验收，缺陷责任期自2015年1月29日至2017年1月28日。

东北环段工程概况

【总体概况】 常熟市三环路快速化改造工程东北环段（义虞路—青墩塘路），全长约13.116千米，总投资约54亿元，其中建安投资约34亿元，前期费用约20亿元。东北环段先后设置了义虞路立交、虞山北路交叉、报慈北路交叉、海虞北路立交、新世纪大道北立交、黄河路立交等六处重要结点。全线采用"主线高架＋地面辅道"方案。高架系统按照城市快速路标准设计，双向六车道25.5米宽，设计车速采用每小时80千米；地面系统按照城市次干路标准设计，设计车速每小时40千米，一般路段路基宽度53.5米。

【前期工作执行情况】 东南环段工程前期工作执行的主要文件和依据有（1）常发改投〔2010〕9号文"关于常熟市三环路快速化改造工程可行性研究报告的批复"（2）常环计〔2010〕140号"关于对常熟市交通运输局实施常熟市三环路快速化改造工程项目环境影响报告书的批复"（3）常土审〔2010〕12号"关于常熟市三环路快速化改造工程项目的用地预审意见"（4）常发改〔2012〕12号"关于常熟市三环路东北环快速化改造工程初步设计的批复"等。

常熟市三环路快速化改造工程东北环段参建单位一览表

表3

<table>
<tr><th colspan="2">单位
项目</th><th>参建单位名称</th><th colspan="2">备注</th></tr>
<tr><td colspan="2">质量安全监督单位</td><td>常熟市交通工程质量监督站</td><td colspan="2">质量安全监督</td></tr>
<tr><td colspan="2">建设单位</td><td>常熟市交通工程管理处</td><td colspan="2">—</td></tr>
<tr><td colspan="2">设计单位</td><td>江苏省交通科学研究院股份有限公司</td><td colspan="2">—</td></tr>
<tr><td colspan="2">管线设计单位</td><td>苏州联创工程设计咨询有限公司</td><td colspan="2">—</td></tr>
<tr><td rowspan="3">BT－S123标</td><td>S1标　2.66千米</td><td rowspan="3">江苏宏鑫路桥建设有限公司</td><td rowspan="3">1359975000
（中标价）</td><td rowspan="7">3403239596</td></tr>
<tr><td>S2标　2.67千米</td></tr>
<tr><td>S3标　2.17千米</td></tr>
<tr><td rowspan="3">BT－S456标</td><td>S4标　0.97千米</td><td>上海城建市政工程（集团）有限公司</td><td rowspan="3">1603098450
（中标价）</td></tr>
<tr><td>S5标　0.92千米</td><td>上海公路桥梁（集团）有限公司</td></tr>
<tr><td>S6标　1.59千米</td><td>上海公路桥梁（集团）有限公司</td></tr>
<tr><td>BT－S7标</td><td>S7标2.15千米</td><td>江苏港通路桥集团有限公司</td><td>440166146</td></tr>
<tr><td colspan="2">JSFW－3（桥隧技术服务）</td><td>江苏省交通科学研究院股份有限公司</td><td colspan="2">4070000</td></tr>
<tr><td colspan="2">SY－2（业主中心试验室）</td><td>江苏省交通规划设计研究股份有限公司</td><td colspan="2">9868300</td></tr>
<tr><td colspan="2">JLBT－1（对应BT－S123标监理）</td><td>江苏润通交通工程监理有限公司</td><td colspan="2">18180000</td></tr>
<tr><td colspan="2">JLBT－2（对应BT－S456标、BT－S7标监理）</td><td>江苏燕宁工程咨询有限公司</td><td colspan="2">24897600</td></tr>
</table>

【工程管理】 常熟市交通工程管理处根据上级要求及工程实际，申请常熟市交通质量监督站为安全、质量监督单位，按工程段落划分情况分别配备项目管理班子和组织机构，实行项目负责人制度及标段负责人制度，明确分工和职责，并制订《常熟市三环路快速化改造工程项目管理手册》，明确项目法人对工程建设的责任制、各工程项目招投标制度、工程建设管理程序、工程变更管理制度、项目部建设标准化制度等，对工程的进度、质量、安全、费用、合同以

及信息管理等以实行规范化、标准化管理，制定并贯彻《工程处“平安工地”建设活动实施方案》、《混凝土质量管理及通病防治办法》等。

【重要工程节点】　东北环工程于2013年6月份正式开工，2013年主要进行高架桩基、承台、立柱等下部结构工程，2014年主要进行高架立柱、现浇箱梁浇筑及部分路基土方工程；2015年主要进行剩余高架箱梁施工，高架路面及附属工程，地面道路施工全面展开，并于当年11月份完成高架系统交工并通车。2016年进行剩余地面道路路面施工，并将在6月完工。

【重大工程推进】　三环路东北环段有多处重要节点，涉及到施工周期长，交通转换次数多，工艺复杂，特别是跨海虞北路上跨桥、跨黄河路主跨桥，位于进出城的关键路口，对交通影响较大，参建单位克服种种困难，在预定时间节点前完成施工：

（1）海虞北路上跨立交拆除及跨海虞北路挂篮施工。2013年9月完成拆除，2014年5月完成主跨下部结构施工，2015月1月完成中跨合拢。

（2）黄河路下穿隧道及跨黄河路挂篮施工。2013年10完成黄河两侧围挡及交通便道施工。2014年10月完成隧道主体结构施工，并开始跨黄河路下部结构施工，2015年8月完成挂篮施工中跨合拢，实现整个东北环高架结构部分贯通。

（3）九里河桥拆除及跨九里河桥高架施工。2013年10月完成拆除，并实行断航围堰施工，2014年7月完成下部结构施工，2014年11月完成高架箱梁施工，2015年5月完成九里河地面桥板梁架设。

【质量管理】　（1）按规定办理前期相关手续、工地试验室合格证、质量安全监督手续；（2）强化项目管理队伍建设，常熟市交通工程管理处根据交通局要求及工程实际，按工程段落划分情况分别配备项目管理班子和组织机构，明确分工和职责，并制订《常熟市三环路快速化改造工程东北环段项目管理手册（试行版）》以实行规范化、标准化管理；（3）通过公开招投标确定BT单位、监理单位和业主中心试验室，建立“施工自检、监理抽检、业主抽查、质监站监督”的四级质量控制管理体系。落实各级各部门的质保体系、质量创优计划，质量责任人，制度、岗位等图表上墙公示；（4）质量控制中实行技术交底制度、开工报告制度、专项技术方案论证制度施工技术先行指导制度、主要材料准入制度、标准试验业主审批制度和首件认可制度等。并制定业主试验检测流程及审批流程，指挥部随时对施工过程进行巡查，施工中若有质量隐患或违规操作等问题及时指正和制止。

【安全管理】　工程处始终抓住责任落实不放松、事故隐患排查整改不放松、经常性基础性工作不放松，把事故预防作为主攻方向，把规范生产行为作为重要保障，不断强化责任落实，不断完善安全生产责任网，不断夯实安全生产基础工作。

（1）强化组织领导，落实工作责任。为更好地做好工程建设的安全生产管理工作，成立安全生产领导小组，成员有各股室负责人、各标段负责人、项目经理、监理组长。领导小组办公室设在处安全股，负责具体指导、协调、开展交通工程建设的安全生产管理工作。各参建单位内部也成立了相应的领导小组，具体负责管辖范围内活动的开展。每个标段进场后，落实安全责任，并将项目部主要负责人列为指挥部安全领导小组成员；督促各施工项目部按照标书落实安全管理人员，建立安保体系；及时制订施工安全组织方案及安全生产经费使用计划，按照“平安工地”要求建立安全台帐，在落实各项安全防范措施后才能正式开始施工。

（2）制定各类安全计划。年初制定了年度安全工作计划，并发文至各参建单位，要求各参建单位根据文件要求及各自实际情况，制订年度安全计划及月度计划。重点是月度计划，要求每月底制订下月安全工作计划，明确安全工作重点、难点，隐患情况及应对措施，从而为安全管理提供方向及指导。

（3）积极开展隐患排查，对项目部严格考核。根据安全生产管理制度的要求，结合“平安工地创建”“安全生产月”及“打非治违”专项活动要求，不定期分别对各参建单位的内外业进行检查，重点是督促、检查各施工单位有无违法分包、转包，特殊工种和特种机械持证情况以及现场的安全隐患排查方面，督促施工单位按照相关要求做好隐患排查治理工作。在日常监管中，根据安全生产检查考核细则，通过日常巡查、月度检查等工作，对各标段进行月度安全履约考核，并把结果进行通报；根据考核和风险奖惩制度，利用经济手段，提高各项目部安全管理积极性。2014年8月，委托江苏省交科院安全专家组对三环路东北环段进行全面的安全检查，从各个细节排查安全隐患。

（4）提高应急能力。为提高各项目部应急指挥救援的能力，要求各项目部继续开展有针对性的应急救援演练，以提高项目部处置突发事件的能力。各项目部根据工程进展情况，开展高处坠落、触电事故、高温中暑、消防等应急演

高架路沥青摊铺

练。并在演练结束后，及时对演练进行评估总结，查找救援预案或演练过程中存在的不足，从而进一步完善应急预案的体系，提高预案的针对性、科学性和可操作性，强化应急救援协调联动机制，提高应急处置能力。

（5）狠抓宣传教育。围绕“科学发展、安全发展”的主题，通过安全会议向项目部、监理组作落实宣传活动的要求。各参建单位通过在施工场地悬挂安全标语横幅、在职工生活区粘贴安全知识宣传画、在宣传橱窗栏内粘贴安全贴图，营造安全宣传氛围；组织施工人员观看《红十字急救培训》教学光盘；讲解学习《建筑工地农民工安全》课程；对事故案例尤其是本地的事故案例进行剖析，分析事故原因，吸取教训，进一步增强职工自我防范意识，提高安全生产管理工作水平。从而让安全理念、安全法规、安全常识深入每位员工的内心，从而真正做好安全宣传工作。

【工程验收】 2015 年 11 月 18 日，常熟市交通运输局在常熟组织召开常熟市三环路快速化改造工程东北环段（高架快速路部分）交工验收会议。工程质量交工验收结论：路线平纵线形组合良好，平面顺适，纵向平缓，路线线形流畅，路面美观，视觉良好。桥梁工程内外轮廓线条顺滑清晰，混凝土表面较平整光洁；各构件几何尺寸、混凝土强度、钢筋保护层厚度符合设计要求；桥面铺装平整，抗滑性能满足规范要求；桥梁静动载试验表明桥梁的静力力学性能和动力力学性能均满足设计和规范要求。交通安全设施齐全，标志、标线、声屏障布设合理，外观及使用效果良好；各项内业资料较齐全。

根据《公路工程质量检验评定标准》，各合同段高架快速路部分质量检测数据符合评定标准要求，高架快速路交工验收质量综合评定得分为 97.74 分（各标段评定得分见附表），质量等级为合格，同意通过交工验收，自 2015 年 11 月 19 日起进入缺陷责任期。

【东北环段高架道路建成通车】 2015 年 11 月 20 日，常熟市三环路快速化改造东北环段高架道路正式通车，这标志着常熟市三环路高架桥面系统全线贯通，常熟正式迎来“高架时代”。当日，双向六车道的高架桥面已全部完工。宽阔平坦的沥青路面一眼望不到头，路面标志标线已划好，交通指示牌、声屏障、路灯等附属设施全部安装到位。在黄河路枢纽互通处，S5 标项目总工介绍，涉及黄河路枢纽互通的 S5 标是三环路快速化改造工程中工序较为繁复的标段，需要在进出城主干道上施工四层互通立交，交通组织复杂。跨黄河路主线高架挂篮法施工是本次工程的重难点之一，施工方先后开展 30 多次的挂篮班组技术交流会议，进行 5 次交通转换措施，工人夜间加班累计 3 个多月，最终攻克这一工程难点。开通的东北环段全长 13 千米，起自义虞路交叉口，终点位于三环路建材市场附近。工程采用“主线高架＋地面辅道”方案，实施快速化改造。其中高架系统按照城市快速路标准设计，双向六车道。全线设有枢纽式互通 2 个，上下匝道 19 条，设计最高时速为 80 千米。

（市交通局供稿　陈建东整理）

责任编辑　陈建东

大事记

1月

1日 全市取消7项、暂停8项行政事业性收费，对小微企业(含个体工商户)免征43项行政事业性收费，同时，对小微企业减免5项政府性基金，包括防洪保安资金、教育费附加、地方教育附加、文化教育事业建设费和残疾人就业保障金；对其他企业减半征收防洪保安资金，且从2月1日起不再征收职教基金，预计全年减少征收约2亿元。

是日 《常熟市危险公寓房解困指导意见》出台，推出“个人出资，财政补助”解危模式，对结构已严重损坏或承重构件已属于危险构件随时有可能丧失结构稳定和承载能力、不能保证居住和使用安全的房屋，开展解困活动。

5日 市政协十三届四次会议召开。

6日 市十四届人大四次会议召开。

10日 创建“江苏省优秀管理城市”现场考察情况通报会召开。

31日 市委中心组举行专题学习报告会。

2月

10日 《新华日报》公布省发改委下达的《江苏省2015年重大项目投资计划》，常熟共有4个项目(包括一个储备项目)列入计划，分别是：常熟服装城转型提升工程、常熟斐讯大型云计算数据中心、常熟苏宁云商电子商务运营中心、奇瑞捷豹路虎汽车乘用车二期项目(储备项目)。

13日 省委副书记、苏州市委书记石泰峰到支塘镇蒋巷村看望慰问村党委书记常德盛。苏州市委副书记陈振一参加慰问。

25日 全市作风效能建设会议召开，惠建林、王飚、秦卫星、徐永达等市四套班子全体领导出席。

是月 常熟出口加工区经国务院批复同意整合优化为综合保税区。

3月

9日 市委书记惠建林会见杜邦公司高层。

10日 常熟就业援助服务中心推出“一对一”援助服务方案。援助对象是法定劳动年龄内具有劳动能力和就业愿望的本市户籍登记失业人员中就业困难人员、失业满6个月以上人员、经人社部门确定需要接受援助的对象。方案规定了服务流程设计，确定了援助路径和措施。

11日 常熟市成为首批省信息消费试验区。

是日 省委副书记、苏州市委书记石泰峰到常熟调研基层党建工作。苏州市委副书记陈振一，苏州市委常委、组织部部长郭腊军陪同调研。

13日 省委副书记、苏州市委书记石泰峰到常熟调研工业经济转型升级情况，苏州市委常委、市委秘书长王少东，苏州市副市长徐美健陪同调研。

23日 召开沪通铁路常熟段征地搬迁工作现场推进会，市委副书记、市长王飚出席会议。

24日 中国恒瑞碳纤维项目正式落户常熟高新区，项目总投资近1亿美元。

27日 全市生态文明建设推进会召开。

31日 《常熟市市级文物保护经费管理办法》出台。办法进一步规范文物保护经费的使用范围和支出内容，明确了文物保护经费安排、使用、申请流程，首次规定对乡镇或个人实施的文物保护维修项目进行经费补助。

是月 常熟市人民法院行政审判第一庭更名为“环境资源审判庭”，行政审判第二庭更名为“行政审判庭”，正式成立专门的环境资源审判机构，实行环境司法的专门化。

是月 中利科技集团股份有限公司通过汽车行业全球最权威的德国DEKRA(德凯)认证，获该机构全球第一张新能源汽车车内用电缆认证证书。

4月

1日 “出租房屋超市”在“常熟新市民事务中心网”上线试运行。为新市民提供及时、优良、覆盖全市的出租房屋信息。

10 日　市委副书记、市长王飏带领相关部门就南门坛上历史文化街区保护整治情况进行调研。

11 日　市委书记惠建林出席由德国西门子公司联合同方信息科技有限公司合作开展的常熟云谷产业基地项目签约仪式。

14 日　德尔福汽车空调项目签约落户常熟高新技术产业开发区。德尔福集团热交换系统事业部亚太区副总裁克里希纳库马尔、常熟市委书记惠建林出席签约仪式。

20 日　全市农村土地承包经营权确权登记颁证工作动员会召开。市委副书记、市长王飏出席会议。

25 日　市委中心组举行专题学习报告会，邀请全省"'四个全面'宣讲基层行"宣讲专家作专题辅导。

29 日　常熟市举行科技金融——"集合信贷"签约仪式，正式推出以科技风险补偿专项资金提供信用保障、保险公司贷款保证保险为增信条件、合作银行提供贷款资金支持的信贷业务。

5 月

13 日　中央机构编制委员会办公室副主任王峰到常熟调研行政审批制度改革与权力清单建设等工作。

18 日　全国政协副主席、民进中央常务副主席罗富和到常熟考察。全国政协副秘书长、民进中央副主席朱永新，全国政协常委、民进中央环境资源委员会主任、中国科学院科技政策和管理科学研究所所长王毅陪同考察。

19 日　全市"三严三实"专题党课暨专题教育部署会议召开。

20 日　市委书记惠建林会见芬欧汇川总裁兼首席执行官贝松宁一行。

6 月

1 日　市政府发布《关于加强投资项目审批中介服务机构管理工作的意见》。

9 日　市委书记惠建林带领金融办、经信委、科技局等部门负责人到部分新三板企业调研。

10 日　全市"多规合一"启动大会召开，计划用两年时间，完成"一张蓝图、一个平台、一张表格、一套机制"促进规划体制创新，改革项目审批制度，提升城市管理能力。

是日　市委书记惠建林出席中国服装协会羽绒服装及制品专业委员会年会暨换届会议。

15 日　省委书记、省人大常委会主任罗志军到常熟调研。省委副书记、苏州市委书记石泰峰，省委常委、省委秘书长樊金龙，苏州市委副书记、市长周乃翔陪同调研。

16 日　市委书记惠建林带领调研组到虞山镇开展"党代表看党建、市领导督党建、常委会议党建"走访调研。

25 日　住建部部长陈政高到常熟调研。副省长张雷，苏州市委副书记、市长周乃翔，副市长徐明陪同调研。

26 日　市委中心组举行专题学习报告会，邀请国务院参事室特约研究员，国家安监总局新闻发言人，总局原党组成员、总工程师黄毅作安全生产专题报告。

27 日　惠建林、王飏、秦卫星、徐永达等四套班子党员领导参加"三严三实"专题教育第一专题的第一次集中学习调研活动。

7 月

1 月　召开党政联席会议，传达习近平总书记在北京会见全国优秀县委书记时的讲话精神。常熟市委书记惠建林当选全国优秀县委书记，6 月 30 日出席在北京召开的表彰大会，受到习近平总书记亲切接见。

9 日　市委常委会结合学习先进典型，围绕"做人实不实"开展"三严三实"专题教育第一专题学习第二次集中交流研讨。

17 日至 18 日　中共中央政治局委员、中央组织部部长赵乐际到常熟考察基层党组织建设工作。中央组织部副部长潘立刚、中央组织部秘书长高选民随同考察。江苏省委书记、省人大常委会主任罗志军，省委副书记、苏州市委书记石泰峰，省委常委、组织部部长王炯，副省长、省公安厅厅长王立科，苏州市委副书记、市长周乃翔，苏州市委常委、组织部长陆新陪同考察。

11 日　常熟市首批新市民积分入学准入卡在市新市民事务中心及全市各分中心正式发放。

22 日　市委常委议军会暨国防动员委员会会议召开。市委书记、市人武部党委第一书记惠建林，市委副书记、市国防动员委员会主任王飏，市人大常委会主任秦卫星，市政协主席徐永达等市领导出席会议。

25 日　市委十二届十三次全体(扩大)会议举行。

29 日　市委市政府召开全国双拥模范城"四连冠"动员大会。

8 月

1 日　"铁流东进、鱼水深情"沪剧《芦荡火种》复排战地首演在常熟大剧院举行。

14 日　国家旅游局公布全国首批乡村旅游"千千万万"品牌名单，支塘镇蒋巷村等一批常熟乡村旅游典型入选。

18 日　中国智能车综合技术研发与测试中心在常熟成立。

20 日　市领导惠建林、王飏、秦卫星、徐永达出席第七批、第八批科技镇长团迎送会。

24 日　市领导惠建林、王飏、沈一平出席新中源丰田汽车能源系统有限公司开业典礼。

25 日　省委副书记、省长李学勇到常熟调研，省委副书记、苏州市委书记石泰峰，苏州市委副书记、市长周乃翔陪同调研。

26 日　江苏省锡剧团、常熟市锡剧团联合排演的锡剧《侠医缪希雍》在南京紫金大戏院首演。

27日 《常熟市政府向社会转移职能事项目录》印发。转移的政府职能总计100项,其中共性项目9项、个性项目91项。

28日 全省道德模范与身边好人现场交流活动暨常熟市第三届道德模范颁奖典礼举行。

30日 联合国世界旅游组织全体大会及执委会总干事、亚太地区部主任徐京到常熟考察,确定世界旅游组织在常熟设立观察点事宜。

9月

2日 市领导惠建林、沈一平会见三菱电机株式会社栅山正树社长一行。

4日 "正义之声"苏州市纪念中国人民抗日战争暨世界反法西斯战争胜利70周年大型主题群众歌会在常熟沙家浜革命历史纪念馆前广场举行。

12日 市委中心组举行专题学习报告会,邀请《文汇报》党委副书记、上海交通大学教授谢海光就"互联网+"国家战略与创业创新作专题报告。

17日 华安钢宝利中国区总部项目签约落户常熟经济技术开发区,同时将建设"激光拼焊高新钢板加工"项目。

21日 全省践行"三严三实"先进典型报告会召开。会议的主题是发挥先进典型的示范引领作用,扎实推进"三严三实"专题教育活动。市四套班子领导在常熟分会场观看会议实况。

28日 全省领导干部警示教育大会召开。市四套班子领导在常熟分会场观看会议实况。

28日 常熟市公共信息服务平台首发上线仪式在常熟国际饭店举行,同时启动常熟市公共信息服务平台。

29日 国务院批复常熟高新技术产业开发区升级为国家高新技术产业开发区。

9月 全球知名战略管理咨询公司——罗兰·贝格国际管理咨询公司联合常熟汽车科技产业园成立的汽车2.5产业创业创新基地落户常熟高新区。当天同时签约落户的还有依托于该基地的轩车信息技术和逸步网络科技等两家公司,分别从事汽车大数据中心客服运维中心建设及新能源车辆分时租赁、定制班线出行服务等。

10月

1日 江苏检验检疫局率先授予常熟检验检疫局《CCC免办证明》办理复审权限。

8日 海虞镇政府对区内一家印染企业渗漏排放定型机废油的环境违法行为下达《行政处罚决定书》,依法责令企业立即改正违法行为并处罚款2万元,这是全省镇域综合执法试点后开出的首张镇级环境行政处罚罚单。

24日 常熟市·常熟理工学院校地合作领导小组第四次会议举行。"十三五"期间,双方将继续拓宽在"人才支撑、技术成果转化、人文科学"等领域的深入合作。

28日 泰达华东汽车物流及贸易项目签约仪式在常熟经济技术开发区举行。该项目总投资30亿元,将建设一个集汽车物流中转中心、零部件进出口保税仓储配送中心、平行进口汽车展销中心、汽车电商基地等功能为一体的大型区域物流运营中心。

11月

6日 市政务服务中心承担的国家级行政服务标准化试点工作通过国家标准委考核评估。

7日 世界联合学院主席约旦努尔王后出席世界联合学院中国常熟分校的首个开学典礼并致辞。

15日 2015中国智能车未来挑战赛在常熟正式开赛。军事交通学院军交猛狮车队、国防科技大学红旗二代车队、国防科技大学开路雄狮车队分别获得本届比赛综合排名前三名。

16日 市委常委会举行"三严三实"专题教育第三专题学习集中研讨。

18日 文史专著《让国南来——仲雍》赠书仪式暨学术研讨会在仲雍故里陕西岐山举行。此次活动由中国先秦史学会指导,江苏省政协文史委、陕西省政协文史委支持,江苏省常熟市政协和陕西省岐山县政协共同举办。

是日 常熟市智慧城市建设领导小组办公室与浙江蚂蚁小微金融服务集团有限公司签约。双方将共同建设支付宝城市生活服务平台。

20日 常熟三环快速路东北环段高架道路通车运行。

27日 由新华网等主办的"中国智造·世界影响(第二季)——寻找具有世界影响力的中国品牌"颁奖盛典在北京钓鱼台国宾馆举行,现场揭晓"2015年度最具世界影响力的中国品牌榜"和"2015年度中国品牌新锐榜"两大榜单。波司登获"最具世界影响力中国品牌"称号。

12月

1日 市委中心组举行专题学习会,邀请省委宣讲团成员、省国土资源厅厅长、党组书记李桢就"党的十八届五中全会和省委十二届十一次全会精神"进行专题辅导。

11日 2015"黄玫瑰之夜"圣诞晚会暨"常熟之友"授予仪式举行。

24日 市委十二届十四次全体(扩大)会议在会议中心举行。

28日 市委常委会举行"三严三实"专题民主生活会。苏州市委常委、政法委书记曹福龙,常熟市委书记惠建林主持会议。

责任编辑 刘品玉

概况

地情概要

【地理位置】 常熟市位于江苏省东南、长三角腹地，属苏州市，东邻距上海仅 80 千米；北濒长江黄金水道，与南通隔江相望；处于上海、南京、苏州、无锡、杭州等城市组成的江南都市圈核心地区。境域东西宽 49 千米，处东经 120°33′～121°03′，南北距 37 千米，处北纬 31°31′～31°50′，总面积 1276.32 平方千米。

常熟地理位置优越。目前以沈海高速、常台（苏嘉杭）高速、常合（沿江）高速、常昆高速为主的 4 条高速骨干路网 8 个互通实现对外交通快速连接，以 204 国道、224、227、338、342 省道、锡太公路、苏虞张公路等国省干线实现对接周边城市。境内水网密布，航道总里程达 527.29 千米，位于市境北部长江南岸的常熟港为国家一类口岸。穿境而过的沪通铁路将于 2019 年通车。市区距离苏南硕放国际机场 32 千米、上海虹桥国际机场 76 千米、上海浦东国际机场 120 千米。

【地貌】 市境内地势低平、水网交织，海拔大都在 3～7 米间。境域南部低洼，属太湖水网平原，局部地段最低为 2.5 米；西北部与东北部略高，属长江冲积平原。境内山丘主要有虞山、顾山、福山等。其中以虞山为最，海拔 263 米，山脊长 6400 米，东端蜿蜒入古城，素有“十里青山半入城”之说，称著江南。境内水网交织，各河流湖荡均属太湖水系，其分布呈以城区为轴心向四乡辐射状，东南较密，西北较疏，河道较小，水流平稳。主要河流有望虞河、白茆塘、常浒河、元和塘、张家港、盐铁塘、耿泾塘等，湖泊有昆承湖、尚湖、南湖荡等。

【气候】 常熟地处温带，属亚热带季风性海洋气候，四季分明，气候温和，雨量充沛。2015 年平均气温 16.9 度，年极端最高气温 38.3 度，出现在 8 月 3 日；年极端最低气温-3.3 度，出现在 1 月 2 日。全年降水量 1615.3 毫米，为常熟建站以来年最大降水量，比历年平均偏多 479.7 毫米（历年平均值为 1135.6 毫米）。2015 年入梅正常，出梅略偏迟；梅长 28 天；梅雨量 614 毫米，属于异常偏多。全年日照时数为 1711.3 小时，比历年平均偏少 102.6 小时（历年平均值为 1813.9 小时），年日照百分率 39%。

【人口】 2015 年末，常熟市户籍人口 106.82 万人，比上年减少 633 人；人口出生率 7.33‰，人口死亡率 8.07‰，人口自然增长率为-0.74‰。年末常住人口 151.01 万人，比上年增加 0.04 万人。其中城镇人口为 101.27 万人，占常住人口的 67.0%，比重较上年提高 1.0 个百分点。

【自然资源】 常熟地势平缓，气候温和，风调雨顺，自然资源丰富，素有“江南鱼米之乡”的美誉。全市总面积 1276.32 平方千米，其中水域面积 388.54 平方千米。全市耕地总面积 42015 公顷；主要种植水稻、小麦等，兼有部分油料作物及蔬菜、瓜果等，低洼唐田出产莲藕、茭白等，特产有鸭血糯、宝岩杨梅、虞山绿茶、王庄西瓜、梅李南瓜、虞山水蜜桃、桂花栗子等。野生植物资源有乔木、灌木、药材、草、蕈菌等 5 大类 200 多种。野生动物主要有哺乳类、鸟类 800 余种。

境内地下水均以第四系孔隙水为主。分布面广，水量丰富，水质上乘，曾被广泛采用。境内的各类水域，除长江过境部分外，从流域性河道、区域性河道，至局部生产河道共 5000 余条，较大的湖荡 10 余处，还有小面积的潭荡、上

燕园牡丹

浜河以及鱼塘等为数众多，内河、湖荡容积总计为35400万立方米。主要水产品有出自长江的鮰鱼、鲥鱼、刀鱼、海白虾等，出自内河的有鲫鱼、草鱼、鲢鱼、扁鱼、青鱼、青虾和大闸蟹等。特产有绿毛龟、阳澄湖大闸蟹等。境内矿产尚有高岭土、黄沙、煤、泥炭、石英砂、天然气等，但储量不多。

历史人文

【建置沿革】　常熟殷商时称荆蛮之地，商末为句吴国属地。西周时属吴诸侯国，后又先后隶于越、楚。秦属会稽郡。西汉时设虞乡，隶会稽郡吴县。东汉时又置南沙乡，隶吴郡吴县。西晋以虞乡设海虞县，隶吴郡，为常熟境内县治之始。东晋以南沙乡置南沙县，隶晋陵郡。梁大同六年（540年），以南沙地置常熟县，隶信义郡。隋唐时，常熟县隶属于苏州（吴郡）。宋代隶苏州（平江府）。元元贞元年（1295年），常熟县升常熟州。明洪武二年（1369年），复为县。清雍正四年（1726年），划东境分设昭文县。辛亥革命后，两合并为常熟县。1949年5月，以城区及附郭设常熟市，市、县并存。1958年撤常熟市，并入常熟县。1983年，撤常熟县设县级市。1985年，全市设2个建制镇，32个乡，3个农（林）场。后区划经多次调整，至2015年，全市下辖9个镇、2个街道办事处、1个国营虞山林场、2个国家级开发区。

【历史文化】　常熟是国家历史文化名城，有3000年文明史，1700多年建城史，是吴文化的发祥地之一。商末，周族首领古公亶父的次子仲雍（虞仲）让国南来建句吴国，仲雍殁后葬于海隅山，山因之改名虞山。自西晋太康四年（283年）建城以来，至唐代，常熟已成为商业发达、街市繁荣的江南名城。

常熟素以人文荟萃、学道名邦著称，名人众多。商初贤相、中国第一位天文学家巫咸，商末仲雍及春秋孔子唯一的南方弟子言偃，均为吴文化的先驱。自唐至清，有进士486名，其中状元8名，榜眼4名，探花5名。仕至三品以上的宰执10名，封疆大臣20多人。文学艺术领域，流派纷呈，人才辈出。元代画家黄公望被列为“元四家”之首。明代琴家严澂，创“虞山琴派”。天启年间，王毅擅微雕，所刻核舟令人叹服。明末清初，“东南文宗”钱谦益为“虞山诗派”首领；毛晋的“汲古阁”印刷版本走遍天下。清初，画家王翚及其弟子创“虞山画派”，王翚与另一名画家吴历俱名列清初画坛“清六家”；林皋等篆刻名家在印坛异军突起，立“虞山印派”。清末的翁同龢、杨沂孙为国内著名书家。清末民初，赵石的篆刻，名满江左；沈石友的藏砚，蜚声东瀛。常熟藏书，自宋代至清末民初，代有大家，其中著名的有赵用贤与赵琦美父子的脉望馆、钱谦益的绛云楼、毛晋的汲古阁，瞿绍基及其后人的铁琴铜剑楼，其中铁琴铜剑楼藏书传承五代，为晚清海内四大民间藏书楼之一。

20世纪初，常熟文艺领域有著名小说家、翻译家曾朴，所著《孽海花》被鲁迅列为清末四大“谴责小说”之首；徐念慈创作了中国最早的科幻小说，被认为是中国科幻小说的先驱；黄人的《中国文学史稿》是中国最早的文学史专著，因编《百科新大辞典》被称为“现代百科全书之父”；徐枕亚、吴双热被称为文坛“鸳鸯蝴蝶派”的开山鼻祖和代表人物；美学家宗白华为中国现代美学研究的奠基者之一；庞薰琹在西洋画、工艺美术方面卓有贡献。20世纪80年代以后，群众文化空前活跃，个人著作层出不穷，部门单位编书蔚然成风。据资料统计，自商朝至2008年，常熟人中有著述者2400多人，著作5900多种。至2015年，常熟市图书馆馆藏总量达到180万余册，仅古籍藏量已达20多万册，在国内县级图书馆排名第一。被列入全国首批古籍重点保护单位。至2015年，常熟籍的中国科学院院士、中国工程院院士有王淦昌、张青莲、张光斗等24位，数量居全国同类城市前列。社会科学界著名人士有宗白华、钱仲联、戴逸、黄心川等。

【名胜古迹】　常熟古称琴川，城市融山、水、城为一体，呈“七溪流水皆通海，十里青山半入城”之格局，具有得天独厚的历史人文资源和自然旅游资源。全市拥有国家AAAAA级景区——沙家浜·虞山尚湖风景区，AAAA级景区城市古迹名胜区、服装城购物旅游区、蒋巷村、聚沙园等4家。全市还有曾园、赵园、方塔公园、燕园、翁氏故居、南湖湿地公园等70多处各类风景园林和名胜古迹景点。

截至2015年，全市有全国重点文物保护单位3个，省级文保单位有19个，市（县级）文保单位有145个。位于虞山北麓的兴福寺始建于南齐年间，为国务院确定的汉族地区佛教全国重点寺院；城区东部的方塔始建于南宋，为常熟地标性建筑；位于古城区域翁氏故居—綵衣堂，是一所保存比较完善、具有典型江南建筑风格的住宅，1996年被国务院公布为第四批全国重点文物保护单位。

【地方特产】　叫化鸡。又名又称常熟叫化鸡、煨鸡，是汉族名菜。由常熟百年老店山景园名厨朱阿二20世纪初根据民间传说而创制的，入口酥烂肥嫩，风味独特。被列入《江苏菜谱》和《中国菜谱》。

鸭血糯。常熟特产，为清康熙年间栽培稻种变异而来的一个籼型糯稻品种，具有强身补血之功能。其色紫红，气香味腴，曾被列为皇家贡品。

阳澄湖大闸蟹。阳澄湖优良的土质、水质、水草、食料，形成了螃蟹得天独厚的生长环境。阳澄湖大闸蟹青背白肚，金爪黄毛，蟹黄油肥，肉白鲜嫩。

兴福寺蕈油面。虞山之之麓，遍植松树，春秋两季盛产有“素中之王”美誉的松树蕈。兴福蕈油面即用松树蕈做面浇，其味鲜嫩清香，成为独具地方特色的佳肴。

王四桂花酒。此酒取上等糯米、集秋后之丹桂酿制而成。色呈琥珀，酒质香醇，上口带桂花香，微甜，四季可饮。

虞山绿茶。风景秀丽的常熟虞山，清代开始种植茶树，而今成片拓植。虞山绿茶碧绿清爽，香气四溢，养气益神。其中，“剑门”绿茶为AA级绿色食品、江苏名牌产品,“虞山”绿茶为江苏省无公害产品。

马永斋卤菜。老字号卤菜系品牌,古里人马永梅清光绪末年创制。根据传统配方,以先进设备精制而成,风味独特,营养丰富。

红木雕刻。常熟被誉为“红木之乡”,红木雕刻历史悠久。所产红木家具选材优良,雕刻精细,油漆考究,驰名中外,曾被北京中南海选用。

常熟花边。我国著名手绣抽纱制品之一,已有近100年历史,是常熟传统出口手工艺品,曾获国家金质奖,在国际市场上享有很高声誉。

经济建设

【综合实力】 2015年,全市全年实现地区生产总值2044.88亿元,比上年增长7.2%;实现财政总收入369.18亿元,比上年下降3.1%;其中一般公共财政预算收入157.70亿元,比上年增长7.0%;全年公共财政预算支出155.26亿元,比上年增长12.5%。全年完成固定资产投资631.22亿元,同比下降3.0%。全年全体居民人均可支配收入41506元,比上年增长8.3%;全体居民人均生活消费支出25472元,增长7.4%;城镇居民人均可支配收入46571元,增长8.6%;人均生活消费支出50413元,增长8.3%。农村居民人均可支配收入25811元,增长8.6%;人均生活消费支出18686元,增长8.7%。

【农业与农村】 2015年,常熟市实现农业总产值76.20亿元,比上年增长5.4%。全年实现粮食总产量30.60万吨,比上年下降1.0%。

农业产业化稳步推进。完成“四个百万亩”用地计划调整,形成“一核三带多园区”现代农业产业发展格局,国家农业园区核心区完成3.3万平米温室大棚各项配套工程,常熟市农业科技发展有限公司和种业公司进入市场化实质性运作,主核心区农业科技创新中心工程启动。

农业现代化水平提升。全年新增高标准农田0.29万公顷;新增高效设施农业面积132.5公顷,高效设施农业面积比重达15.5%;新增高效设施渔业建设面积133.3公顷,高效设施渔业面积比重达28.2%,农业机械化水平达90%。新增市级以上农业龙头企业6家,新增各类新型农村合作经济组织89家,新增无公害农产品、绿色食品26个。

【工业和建筑业】 2015年,全年实现工业总产值4554.30亿元,比上年下降0.6%。其中,规模以上工业产值3655.26亿元,下降0.3%。全年实现新兴产业产值1620.87亿元,高新技术产业产值1404.79亿元,同比增长分别为1.1%和0.9%,占规模以上工业产值分别达到44.3%和38.4%。全年规模以上工业企业实现产品销售收入3586.88亿元,比上年下降1.3%;利税总额254.06亿元. 增长3.6%,其中利润169.15亿元,下降2.0%。规上工业亏损面为22.3%,比上年提高2.9个百分点;亏损额为52.82亿元,比上年增长15.6%。全年汽车及零部件、装备制造、纺织服装“三个千亿级”产业完成投资140亿元,占全部工业投入50%;完成产值2430亿元,占工业总产值比重53.6%。18家“小巨人”企业开票销售收入增长4.8%;70家“专精特新”企业完成销售920亿元,增长3.3%。民营经济加快发展,新办私营企业3486家、个体工商户9723户,净增内资注册资本185亿元,民营经济累计注册资本突破1200亿元。

全年资质以上建筑业企业(含劳务分包)实现建筑业总产值156.06亿元,比上年下降14.6%。房屋施工面积1316.6万平方米,比上年下降13.2%,其中新开工面积308.06万平方米,下降44.0%;竣工面积569.57万平方米,增长11.8%其中住宅竣工面积325.29万平方米,增长32.8%。

【服务业】 2015年,全市完成服务业投资347亿元,增长13.5%,服务业增加值占地区生产总值比重45.3%。全年实现社会消费品零售总额670.07亿元,比上年增长8.8%;实现商品市场成交额1756.70亿元,比上年增长3.0%;其中常熟服装城成交额1312.70亿元,增长5.0%。全年A级景区接待境内外游客1780.75万人次,比上年增长2.6%;实现营业收入1.87亿元,增长5.1%。年末全部金融机构本外币各项存款余额2604.88亿元,比年初增加226.43亿元;全部金融机构本外币各项贷款余额2040.32亿元,比年初增加102.75亿元。资本市场“常熟板块”不断壮大,累计上市企业10家、新三板挂牌企业20家。常熟港货物吞吐量突破8500万吨,增长5.6%。电子商务持续快速增长,被商务部认定为全国首批电子商务进农村综合示范县。

【开放型经济】 2015年,全市新批外商投资项目注册外资13.52亿美元,比上年增长56.1%;到账外资8.05亿美元,下降23.5%。全年实现进出口总额221.57亿美元,比上年增长9.8%。其中,进口75.47亿美元,下降1.0%;出口146.10亿美元,增长16.4%。全年新办境外企业17家,累计144家;全年新签境外劳务及承包工程合同额2.23亿美元,完成营业额1.72亿美元。全年服务外包接包合同额2.93亿美元。年内,高新区成为全省创业投资集聚发展示范区。

【民营经济】 2015年,全市新办私营企业3486家、个体工商户9723户,净增内资注册资本185亿元,民营经济累计注册资本突破1200亿元。年末,私营个体登记注册117352户,同比增长9.4%,登记注册资金1243.58亿元,同比增长13.3%;全年私营个体新登记注册14402户,同比下降7.1%,其中新登记注册资金123.59亿元,同比增长18.1%。

【科技创新】 2015年,常熟科技创新体制综合改革试点方案获省政府批准,高新技术企业三年培育计划全面完成,“313工程”扎实推进,高新区升格为国家级高新区。新增高新技术企业99家、省民营科技企业204家、省高新技术产品330个,列入省重大科技成果转化专项4项;获批省重点企业研发机构5家,省工程技术研究中心6家,省研究生工作站18家,苏州市企业研究院、院士工作站、重点实验室各1家,苏州市工程技术研究中心 58 家；新增省级科技企业孵化器 4 家，累计建成省级以上科技企业孵化器 8 家，其中国家级 3 家。

全年申请专利 6324 件，其中发明专利 3606 件；授权专利 3267 件，其中发明专利 728 件。年末拥有有效发明专利 3112 件，按常住人口计算万人发明专利拥有量达 20.61 件，同比增长 22.0%。2015 年新增中国驰名商标 1 件。全年培育和引进国家"千人计划"人才 4 人，年末拥有 19 人；新增省双创计划人才 5 人，年末拥有 45 人；新增姑苏计划人才 21 人，年末拥有 76 人；新增市级领军型人才项目 50 个，年末拥有 282 个。年内，获批国家知识产权试点示范城市。

社会发展

【城乡建设】 2015 年，全面开展《美丽常熟——城乡空间发展战略规划》研究，推进镇控制性详细规划全覆盖，开展常熟镇村布局规划优化调整和综合整治村庄规划、村级工业用地整合规划编制，市规划委员会实体化运作。全面启动"多规合一"试点。加快推进"三优三保"行动，完成潜力调查，辛庄镇"三优三保"专项规划通过省级论证。年内，三环路高架全线贯通，通港路、常沙线快速化改造工程启动建设，沪通铁路常熟段清障工作基本完成。新世纪大道北延一期、常浒线九里段节点改造前期积极推进，元和路、书院街综合改造工程全线通车，县南街主路面具备通车条件，红梅路、开元大道、香山南路等一批城区道路建成通车。加快推进棚户区（危旧房）改造，完善危险公寓房解危政策。完成安置房建设项目 6 个，面积 37.3 万平方米。南门坛上历史文化街区保护与整治工作有序推进。昆承工业园企业搬迁基本完成。优化道路交通组织管理，规范城区停车秩序。开展城乡环境整治"百日行动"，完成"九整治"项目 40 个、"三规范"项目 189 个，通过国家卫生城市复审和国家生态园林城市、省优秀管理城市现场考查。"美丽乡村"创建和城乡一体化示范小区建设扎实推进。

【社会事业】 至 2015 年年末，全市拥有各类学校 108 所，在校生数 152150 人，毕业生数 33146 人，专任教师 10250 人。其中，高等学校在校生 18068 人，专任教师 889 人。拥有幼儿园 80 所，在园幼儿数 33090 人。年内昆承中学扩建工程、游文幼儿园、东南实验小学及幼儿园建成投用，新开工校安工程 33 万平方米；深化义务教育集团办学模式，扶持普惠性民办幼儿园发展，推进公办幼儿园独立法人扩面，完成国标校车升级工作。全市学龄儿童入学率 100%，小学毕业生升学率、初中毕业生升学率和高考录取率分别为 90.0%、98.1%和 98.0%。至年末，全市拥有各类医疗卫生机构 468 个，拥有床位 7346 张。拥有卫生技术人员 8569 人，其中执业医师（助理）3570 人，注册护士 3240 人；乡村医生 2775 人。年内市血站迁建、中医院扩建工程投用，紧密型医联体建设纵深推进，实施慢病患者下沉社区管理，受惠群众 18 万人。

全年新增全民健身工程（点）17 个，累计拥有 519 个。举办群众性体育活动 370 次，参加人数达 66 万人次。获省级以上竞赛金牌 14 枚、银牌 15 枚、铜牌 7 枚；获苏州市级竞赛金牌 137.5 枚、银牌 90 枚、铜牌 91 枚。学校体育设施向公众开放率达到 6%。全年销售体育彩票 33 亿元，筹集体彩公益金 2447 万元。市公共体育服务中心建成投用，增 8 所学校体育设施向社会开放，成功创建省公共体育服务示范区。

全年举办各类文化惠民活动演出 430 场，观众约 5 万人次。新建农村电影固定放映点 2 个，累计建成 22 个，实现农村电影流动放映与固定放映相结合。全市文化系统拥有文物保护和科学研究机构 5 个，举办陈列 11 个、展览 17 个，参观人次 32.86 万人；艺术表演团体 2 个，演出 3253 场次；文化馆 1 个，文化站 10 个，社区文化活动室 112 个，村文化活动室 332 个；艺术表演场馆 2 家。年末拥有公共图书馆 1 个、图书分馆 25 个，总藏量 244.92 万册。年末数字电视用户 36.31 万，广播节目综合人口覆盖率 100%，电视节目综合人口覆盖率 100%。成功举办 2015——中国（常熟）常熟江南文化节暨沙家浜旅游节和第四届中国古琴艺术节；文庙工程主体建筑完成；文史专著《让国南来 · 仲雍》和《南方夫子 · 言偃》正式出版，填补了国内吴文化专著研究空白。

全年用于民生支出 85.11 亿元，比上年增长 10.1%，占公共财政预算支出的 54.9%。完善征地补偿和被征地农民社会保险制度，新老政策平稳衔接，补偿安置 36.6 万人。启动住房保障货币化补贴新政，新增缴存住房公积金职工 5.5 万人。年内新开工各类保障性住房 2706 套，基本建成 1054 套；城乡养老保险制度衔接工作完成，18 万群众受益。实施全民参保登记计划，城镇职工社会保险覆盖率、城乡居民养老保险和医疗保险覆盖率均保持在 99%以上。年内新增就业岗位 8.7 万个，本市籍大中专毕业生就业率 96%以上，城镇登记失业率控制在 1.9%以下。城乡低保标准提高到每月 750 元，居民基本医疗保险人均筹资标准提高到 800 元。养老设施建设加快推进，启用市敬老院，建成日间照料中心 102 家、助餐点 92 个，新增养老机构床位数 622 张，累计达 11704 张，镇级居家养老服务管理中心建成率 100%。

【生态建设】 2015 年，全市开展城乡环境整治"百日行动"，完成"九整治"项目 40 个、"三规范"项目 189 个，通过国家卫生城市复审和国家生态园林城市、省优秀管理城市现场考查。PM2.5 年平均浓度下降 13.6%，空气质量优良天数比例 66.8%。"美丽乡村"创建和城乡一体化示范小区建设扎实推进，新增"三星级康居乡村"21 个。调整优化 164.8 平方千米省级生态红线保护区域，完成水系连通调控规划编制，实施城乡河道综合治理 38 条、省太湖治理工程 100 项、"畅流活水"项目 25 个，古城区活水自流效果显现，七浦塘常熟段线通水，铁黄沙整治、城西污水处理厂二期等重大环境工进展顺利。新增造林绿化面积 101.28 公顷。

【综合改革】 2015 年，全面推进“5 张清单、1 个平台、7 项相关改革”，健全完善事中事后监管机制，政府职能加快转变。全面取消非行政许可审批事项，行政审批事项精简 40.7%，政府行政权力、专项资金和行政事业性收费全部实现清单管理，组建市公共资源交易中心。企业投资建设项目实行并联审批，审批流程得到简化优化。深化政府机构改革，市场监管局、卫计委、市政府法制办挂牌运行，新组建综合性检验检测中心，理顺水务管理和城乡居民医保管理体制。镇域相对集中行政处罚权试点工作全面推开，下放 328 项权力至 7 个镇 2 个街道，设立镇综合执法机构。深化行政执法和司法联动工作。推进政务服务向基层延伸，首批下放经济管理和公共服务权限 87 项，镇（街道）便民服务中心实现全覆盖。进一步推进政企分开，行业主管部门与中介机构彻底脱钩，服务市场全面开放，建立中介机构信用等级评定制度。稳妥推进政府职能向社会转移试点，向社会转移政府职能 100 项。落实注册资本认缴、先照后证等改革举措，全面推进“三证合一、一照一码”登记制度改革。国有企业加快去行政化改革步伐，全面落实市场化主体建设，国有资产分级监管、分类考核机制得到健全。

组织机构及领导人名录

（截至 2015 年 12 月 31 日）

常熟市四套班子领导机构及市纪委机构

中共常熟市第十二届委员会

书　记　惠建林
副书记　王　飚　王建国
常　委　桑五官　杨崇华　程　波
　　　　黄锡明　潘志嘉　沈晓东
　　　　张万银

常熟市第十四届人民代表大会常务委员会

主　　任　秦卫星
副 主 任　杨　伟　钱向宏　闻永昌
　　　　　潘建华
党组书记　秦卫星
副 书 记　杨　伟
副调研员　潘云来

常熟市人民政府

市　　长　王　飚
副 市 长　沈晓东　陈惠良　范建国
　　　　　陶　理　朱亚辉　孙　健
　　　　　沈一平
　　　　　周灵群（2015 年 12 月挂职）
党组书记　王　飚
副 书 记　沈晓东

中国人民政治协商会议常熟市第十三届委员会

主　　席　徐永达
副 主 席　吴国华　殷丽萍　王永明
　　　　　江振球
党组书记　徐永达
副 书 记　王永明
副调研员　李国祥

中共常熟市纪律检查委员会

书　　记　程　波
副 书 记　许建明　沈剑峰
常　　委　薛建伟　鞠庆丰　袁建军
　　　　　李　艳

常熟市人民武装、审判、检察机构

市人民武装部

部长、党委副书记　张万银
政治委员、党委书记　宋　刚
副 部 长　陈艳明

市人民法院

院长、党组书记　张峥嵘
副 院 长　庾　晨　金健峰　张志强
　　　　　李根发
党组副书记　庾　晨
政治处主任　章　琳
纪检组长　时培安

市人民检察院

检察长、党组书记　陆建中
副检察长　陈向忠　张月明　吴伯初
　　　　　胡　烨
党组副书记　陈向忠
政治处主任　陆　斌
纪检组长　李　艳

中共常熟市委工作机构及部门管理机构

市委办公室

（挂市委研究室、市委保密委员会办公室〈市国家保密工作局〉、市委机要局牌子）

主　　任　周荣葆
副 主 任　钱耀良　章桂生　衡成军
　　　　　倪嘉臻

市委研究室

主　　任　章桂生
副 主 任　朱　钰

市委保密委员会办公室

（市国家保密工作局）

副主任、副局长　马志强

市委机要局

副 局 长　朱凤伟

市委组织部

（挂市人才工作办公室牌子）

部　　长　黄锡明
副 部 长　廖瑞娟　黄晓东　陈正东
　　　　　邹燕兰

市委非公有制企业和社会组织工委

（与市委组织部合署办公）

书　　记　邹燕兰
副 书 记　黄若葵　周春阳

市人才工作办公室

主　　任　黄晓东
副 主 任　黄若葵

市委老干部局
（由市委组织部管理）

局　　长　陆凤妹
副 局 长　谢　坚　胡惠良　王　燕

市委宣传部
（挂市委对外宣传办公室、
市精神文明建设指导委员会办公室牌子，
市哲学社会科学界联合会挂靠）

部　　长　潘志嘉
副 部 长　时映光　范建峰　奚　坚
　　　　　吴文进　王　燕

市精神文明建设指导委员会办公室

主　　任　吴文进
副 主 任　洪云伟

市委对外宣传办公室

主　　任　奚　坚

市委统一战线工作部
（挂市政府侨务办公室牌子）

部　　长　王永明
副 部 长　范葆华　马建平　苏建东
　　　　　邓　玒　陆競业

市政府侨务办公室

主　　任　邓　玒
副 主 任　李江南

市委台湾工作办公室
（挂市政府台湾事务办公室牌子）

主　　任　陆　清
副 主 任　王建石

市委政法委员会
（挂市社会治安综合治理委员会办公室、
市依法治市领导小组办公室牌子）

书　　记　杨崇华
副 书 记　范建国（兼）　邵　军
　　　　　钱仲华

市社会治安综合治理委员会办公室

主　　任　钱仲华
副 主 任　仲　华　柯志刚

市国家安全领导小组办公室
（与市委政法委员会合署办公）

副 主 任　毛振南

市委农村工作办公室
（挂市政府农村集体资产管理办公室牌子）

主　　任　吴建兴
副 主 任　华雪明　钱振新　张建华

市委市级机关工作委员会

书　　记　陈正东
副 书 记　朱卫良　薛　刚　邵　洁

市机构编制委员会办公室

主　　任　费卫东
副 主 任　葛　刚　陆　珩

市信访局

局长、党组书记　沈靖波
副 局 长　杨岳忠　王　燕
　　　　　徐家农

常熟市人大常委会工作机构

市人大常委会办公室
（挂市人大常委会研究室牌子）

主　　任　章　迈
副 主 任　支立新　陈士民　浦明霞

市人大常委会研究室

主　　任　支立新

市人大常委会人事代表联络工作委员会

主　　任　李　红
副 主 任　陈云珍

市人大常委会内务司法工作委员会

主　　任　戴玉华
副 主 任　黄立新

市人大常委会财政经济工作委员会

主　　任　陈　飞
副 主 任　罗建新　吴育农

市人大常委会城建环保工作委员会

主　　任　夏建国
副 主 任　蔡伟民

市人大常委会教科文卫工作委员会

主　　任　范浩康
副 主 任　武　琦

市人大常委会外事民宗侨台工作委员会

主　　任　黄忠良
副 主 任　浦明霞

常熟市人民政府工作部门及派出机构

市政府办公室
（挂市政府外事办公室、
市人民政府新闻办公室、
市政府金融工作办公室、
市政府研究室牌子）

主任、党组书记　王建国
副 主 任　唐　坚　朱国清　高向军
　　　　　范立军　朱晓峰　谈晓华
　　　　　杨坚红　钱敏磊

市政府外事办公室

主　　任　唐　坚
副 主 任　戴亚芳

市政府金融工作办公室

主　　任　沈育军
副 主 任　陆小强　顾　晨

市政府研究室

主　　任　朱国清

市发展和改革委员会
（挂市物价局、市服务业发展办公室、
市企业上市工作办公室牌子）

主任、党委书记　李丽芳
副 主 任　赵　军　刘永祥　严　新
　　　　　殷　伟
党委副书记、纪检组长　朱素倩

市物价局

局　　长　赵　军

副 局 长 季中英

市服务业发展办公室

主 任 刘永祥
副 主 任 黄惠明

市企业上市工作办公室

主 任 沈育军

市经济和信息化委员会
（挂市中小企业局牌子）

主任、党委书记 邓国华
副 主 任 陆云鹤 顾利东 唐建军 叶 斌
党委副书记 王 茵
纪检组长 周 伟

市中小企业局

局 长 陆云鹤

市 教 育 局

局长、党委书记 陈邵东
副 局 长 王金涛 唐佩军 陆培新 凌解良 唐建雪 赵明华
党委副书记 林 峰 王金涛
纪委书记 林 峰

市科学技术局
（挂市知识产权局牌子）

局长、党组书记 潘 伟
副 局 长 查银华 陈 岚 沈卫东
纪检组长 张培新

市 公 安 局

局长、党委书记 吴 军
政治委员 冯 晋
副 局 长 钱振荣 王建良 夏建刚 吴 宏 唐志强
副 政 委 钱永清
党委副书记 冯 晋 钱永清
政治处主任 宁爱民

市外来人员服务和口管理办公室
（挂市新市民事务中心牌子）

主 任 庞学海

副 主 任 邹耀芳 盛春华 钱建春

市公安消防大队

大队长、党委副书记 吴友华
教导员、党委书记 朱 峰
副大队长 陆 强 温广东

市 监 察 局
（与纪律检查委员会合署办公）

局 长 许建明
副 局 长 唐国林

市 民 政 局

局长、党委书记 戴炳元
副 局 长 沈志明 徐 健 周 青
党委副书记、纪委书记 董 萍

市 司 法 局

局 长 冯 晋
党组书记 徐 秾
副 局 长 朱元正 周卫良 顾明月 薛建国
纪检组长 孙建明

市 财 政 局

局长、党组书记 浦梅萍
副 局 长 朱正刚 章一凡 黄熙枚 殷新勇
党组副书记 朱兴生 季俊华
纪检组长 朱兴生

市政府国有资产监督管理办公室
（与市财政局合署办公）

主 任 季俊华
副 主 任 邓美英

市人力资源和社会保障局

局长、党委书记 廖瑞娟
副 局 长 唐 奕 沈建新 张卫忠 钱雪平 沈 军
党委副书记、纪委书记 李迎辉

市国土资源局

局长、党组书记 张俊华
副 局 长 陈菊花 陈建刚 葛迅能 张林元 吴志平
纪检组长 姚宏龙

市土地储备中心
（市政府委托市国土资源局管理）

主 任 陈菊花（兼）
副 主 任 姚晓阳 姚晓锋

市住房和城乡建设局
（挂市地震局牌子）

局长、党委书记 陆继军
副 局 长 钱新锋 薛志恒 王建国 王曦 杨燕 陆志明 章伟东
党委副书记 钱新锋 褚卫东
纪委书记 褚卫东

市 地 震 局

局 长 邱正祥

市房产管理处

主 任 陆继军
副 主 任 薛志恒 杨黎明 刘顺根 陈志军

市城市建设基金管理中心

主 任 薛志恒
副 主 任 黄延飞

（市房屋征收管理办公室）

主 任 邱正祥

（市绿化委员会办公室）

主 任 钱新锋

市 规 划 局

局长、党组书记 蒋向阳
副 局 长 俞 翔 马 新 徐雪峰
党组副书记、纪检组长 朱立新

市城市管理局
（挂市城市管理行政执法局牌子）

局 长 钱建平
党委书记 钱振荣
副 局 长 许晓东 殷志江 尹 柯 徐建东
副 书 记 许晓东 朱永涛
纪委书记 皇甫越芳

市环境卫生指导中心

主 任 许晓东

副 主 任　范胜娟　周　政

市交通运输局

局长、党委书记　唐志军
副 局 长　钱建平　戚晓飞　须建国
周宜军　仲春剑
党委副书记　钱建平　戚晓飞
吴建东
纪检组长　须建国

市水利局
（挂市水务局牌子）

局长、党委书记　陈永进
副 局 长　周建英　闻振东
皇甫建国
党委副书记　蔡水明　周建英
总工程师　周　锷
纪委书记　董卫兵

市农业委员会
（挂市林业局牌子）

主任、党委书记　高宝兴
副 主 任　徐澍中　王建军　霍惠明
陆　益
党委副书记　张颂跃
纪委书记　苏惠元

市商务局

局长、党委书记　赵东方
副 局 长　陆建华　张　毅　戚晓维
蔡宇恒
党委副书记　张一鸣

市文化广电新闻出版局
（挂市文物局、版权局牌子）

局长、党委书记　吴　伟
副 局 长　朱利华　王洪良　何君良
党委副书记　柴　畅
纪检组长　殷德刚

市版权局

局　　长　吴　伟

市文物局

局　　长　吴　伟

市卫生和计划生育委员会

主任、党委书记　朱兴元
副 主 任　魏　奇　吴培明　徐晓萍
顾雪坤　钱向前
党委副书记　魏　奇
纪委书记　张淼洲

市体育局

局　　长　吴国华
副 局 长　顾烨华　孙玉华　余　阳
谈晓枫
党组书记　顾烨华

市环境保护局

局　长、党组书记　顾玉芬
副 局 长　屈春山　王晓东　沈　宇
刘　玮
总工程师　刘家鹏

市旅游局

局长、党委书记　唐　晓
副 局 长　沈　琴　瞿建良　章　理
王金良
党委副书记　沈　琴
纪委书记　刘明海

市民族宗教事务局

局长、党组书记　苏建东
副 局 长　孙振兴　顾叙明

市审计局

局长、党组书记　徐　力
副　局　长　朱　仪　徐晓华
王海燕　潘建国
党组副书记　朱　仪
纪检组长　张金华

市安全生产监督管理局

局长、党组书记　董国新
副 局 长　王建平　高建国　陈　瑜
蒋永卫
纪检组长　唐文俊

市市场监督管理局
（挂市食品药品监督管理局牌子）

局长、党委书记　阚国良
副 局 长　顾漪玲　金志强　张　雷
殷仁亭　秦雪元　张文华
党委副书记　顾漪玲
纪委书记　钱　强

市食品药品监督管理局

局　　长　阚国良

市食品安全委员会办公室

专职副主任　朱正宇

市检验检测中心

主任、党组书记　季建农
副 主 任　唐拥军　诸雪梅

市统计局

局长、党组书记　陆益斌
副 局 长　程凤鸣　李志刚

市粮食局

局长、党委书记　陆乾元
副　局　长　张振环　钱勇鹤
罗卫刚
党委副书记　张振环

市民防局
（挂市人民防空办公室牌子）

局长、党组书记　丁　雷
副 局 长　平永良　季建宏

市政府法制办公室

主　　任　唐剑锋
副 主 任　施珉珏

市政务服务管理办公室

主任、党工委书记　杨坚红
副 主 任　吴云龙　苗卫东　吕　松
纪检组长　夏国新

中共常熟市委、市政府直属事业单位

市委党校
（挂市行政学校牌子）

校　　长　王建国（兼）
副校长、校务委员会委员
凌解良　周　军　王志中
王美华　陈云水

市行政学校

校　　长　凌解良（兼）

副 校 长　周　军(兼)　钱雪平(兼)

市委党史工作办公室
市地方志编纂委员会办公室

主任、党组书记　周　燕
副 主 任　戴仁璋　陈建东

市档案局(馆)

局(馆)长、党组书记　顾志强
副局(馆)长　殷　红　桑建刚

市市级机关事务管理中心

主任、党组书记　钱耀良
副 主 任　戴建东　陈龙章　徐洪远　石建东

市 接 待 办

主　　任　钱耀良
副 主 任　卜蕾蕾　姚志强

市广播电视总台

台长、党委书记　张　怡
副 台 长　王鹤鸣　戚晓峰
党委副书记　孙国平

常熟日报社

总编辑、党组书记　范建峰
副总编辑　俞益民　巴泽民　归岳嵚

市供销合作总社

主任、党委书记　姚卫东
副 主 任　王忠达　胡雪东
党委副书记　王忠达

市政府驻上海联络处

主　　任　徐国强

垂直条线管理机构

江苏省电力公司常熟市供电公司

总 经 理　刘玉方
党委书记　蒋建国
副总经理　蒋建国　陆　斌　颜建国　苏　宁
党委副书记　刘玉方

纪委书记　张　奕

常熟邮政管理局

局　　长　郝　磊

中国邮政集团公司
江苏省常熟市分公司

总经理、党委书记　祁　伟
副总经理、纪委书记　蔡永华

中国电信股份有限公司常熟分公司
市 电 信 局

总经理、局长、党委书记　黄小龙
副总经理、副局长　朱建宏　顾金华　曹唯一
纪委书记　朱建宏

中国移动通信集团
江苏有限公司常熟分公司

经　理　王利民
副经理　夏国良

中国联合网络通信有限
公司常熟市分公司

总 经 理　陈　军
副总经理　金　震　周　锋

苏州市住房公积金
管理中心常熟分中心

主　　任　张正祥
副 主 任　冯　超　沈利亚

市国家税务局

局长、党组书记　李兴祥
副 局 长　汤振华　邵力洲　何晓宇
纪检组长　张小曙

常熟地方税务局

局长、党组书记　周　健
副 局 长　周建堂　汤　洪　吴才丰　韩音梅
纪检组长　韩音梅

中国人民银行常熟市支行
国家外汇管理局常熟支局

行(局)长　党组书记　张军阳

副 行 长　金耀良

中国银行业监督管理委员会
苏州监管分局常熟监管办事处

主　　任　夏红君

中国农业发展银行常熟市支行

行　　长　陆　林
副 行 长　叶辰栋　杨振华

中国工商银行股份
有限公司常熟市支行

行长、党委书记　金　华
副 行 长　瞿　易
纪委书记　须韶锬

中国农业银行股份有限公司常熟分行

行长、党委书记　陈　鹏
副 行 长　何　岳　张曾博　季玉珍
纪委书记　张曾博

中国农业发展银行常熟市支行

行　　长　陆　林
副 行 长　叶辰栋　杨振华

中国银行股份有限公司常熟支行

行长、党委书记　陈　勇
副 行 长　许　蓝　朱义忠　姚文雷　王文亚
纪委书记　许　蓝

中国建设银行股份有限公司常熟支行

行长、党委书记　高雪峰
副 行 长　芦育文　牛　凯　章　莉
纪委书记　尹才新

交通银行股份有限公司常熟分行

行　　长　齐　竝
副 行 长　张　宏

常熟农村商业银行

董事长、党委书记　宋建明
行长、党委副书记　秦卫明
监 事 长　张义良
副 行 长　黄勇斌　施　健　薛　文　王　玮
纪委书记　张义良

中国邮政储蓄银行股份有限公司常熟市支行

行 长 周 祥
副行长 王文姣 徐国兴

中国人民财产保险股份有限公司常熟中心支公司

总经理 王晓勇
副总经理 吴怀民 钱力飞 陈莉娟

中国人寿保险股份有限公司常熟支公司

总经理 张龙卫
副总经理 张 晨 邵 强

中国太平洋财产保险股份有限公司常熟中心支公司

总经理、党委书记 李晓敏
副总经理 秦卫刚 俞志刚 时东鹰 张正元

中国平安财产保险股份有限公司常熟支公司

负责人 马曾扣
副总经理 吴晓明 李二伟

苏州市保险行业协会常熟分会

会 长 王晓勇
副会长 李晓敏 张龙卫 何 刚 马增扣
秘书长 徐翔年

东吴证券股份有限公司常熟分公司

总经理 徐 明

南京证券有限责任公司常熟吉祥商城证券营业部

总经理 李学东

海通证券股份有限公司常熟海虞北路证券营业部

总经理 苏加宏

常熟市烟草专卖局
（苏州市烟草公司常熟分公司）

局长、经理 陈 涛
副局长 李宏昌
副经理 王 渊

市盐务管理局
（江苏省苏盐连锁有限公司常熟分公司）

局长、经理 吴志明
副局长、副经理 杭 杰

市气象局

局 长 曹建华
副局长 陆士良

常熟市政协工作机构

市政协秘书处

秘书长 施 晨
副秘书长 余保根 蒋伟国 何晓东 钱晓东 项 颖

市政协办公室
（挂市政协研究室牌子）

主 任 施 晨
副主任 余保根 蒋伟国 何晓东 钱晓东 项 颖

市政协研究室

主 任 蒋伟国

市政协提案委员会

主 任 马国熙

市政协经济科技委员会

主 任 高金华
副主任 边习虞

市政协城乡建设委员会

主 任 许建明
副主任 李上珍

市政协社会事业委员会

主 任 余保根
副主任 卫 欣

市政协港澳台侨（民族宗教）委员会

主 任 钱晓东
副主任 王耀翔

市政协文史委员会

主 任 王金龙

常熟市民主党派、工商联及社会团体

中国国民党革命委员会常熟市基层委员会

主 委 边习虞
副主委 查银华 杨怡芳

中国民主同盟常熟市委员会

主 委 吴国华
副主委 朱利华 陈红娟 唐佩军

中国民主建国会常熟市委员会

主 委 钱向宏
副主委 韩 新 徐澍中 吴忠庆

中国民主促进会常熟市委员会

主 委 殷丽萍
副主委 朱 晞 陈炯明 邹科惠

中国农工民主党常熟市委员会

主 委 陶 理
副主委 金仲达 范家林 钱向前

九三学社苏州市委员会常熟支部

主 委 周 梅
副主委 魏亚平

市工商业联合会(市总商会)

主 席 朱克明(兼)
副主席 马建平 王剑江 李明普 徐 俭
党组书记 马建平

市总工会

主席、党组书记 姜轩栋
副主席 李盛骏 程庆红 戴建华 毛书齐
党组副书记 李盛骏

共青团常熟市委员会

书记、党组书记 张康德
副书记 周 晓 韩晓诚

市妇女联合会

主席、党组书记 李芳红
副主席 韩丽亚 钱敏霞

市科学技术协会

主席、党组书记　卜鸿昌
副主席　沈耀文　翟俊霞

市文学艺术界联合会

主席、党组书记　李　忠
副主席　肖志刚　苏映红

市哲学社会科学界联合会
（挂靠市委宣传部）

主　席　时映光
副主席　何　平

市归国华侨联合会

主　席　王小民
副主席　张　萍　孟学军（兼）

市残疾人联合会

理事长、党组书记　邱菊平
副理事长　钱　征　郑秋英

市红十字会

会　长　陶　理
副会长　顾丽华

开发区、口岸管理机构

常熟经济技术开发区党工委

书　记　惠建林
副书记　王　飚　桑五官　张建忠
委　员　范建青　王　钢　孙雪良　陆利兵

常熟经济技术开发区管理委员会

主　任　王　飚
副主任　桑五官　张建忠　张建强　范建青　孙雪良

常熟经济技术开发区纪工委

书　记　陆利兵
副书记　黄雯华

经济技术开发区党政办公室

主　任　周一凡

经济技术开发区招商局

局　长　贺勇胜
副局长　赵红芳　张志强

经济技术开发区经济发展局

局　长　王向东
副局长　许　柳　王井刚

经济技术开发区规划建设局

局　长　徐　岗
副局长　范金良　盛振琪　周　杨

经济技术开发区财政局

局　长　黄　卫
副局长　冯　静　郑　健

经济技术开发区劳动人事局
（党群工作办）

局　长　戴富保
副局长　徐正玉　吴燕婷

常熟经济技术开发区安全生产监督管理和环境保护局

局　长　王　奕
副局长　沈建康

常熟出口加工区管理局

局　长　李　军
副局长　王晓楠　周军丽

常熟科创园管理服务中心

主　任　戴富保
副主任　沈晓明　葛　龙

江苏省常熟高新技术产业开发区党工委

书　记　王建国
副书记　沈一平　陆晓棣
党工委委员　姚建祥　姚丽英　陈国栋

江苏省常熟高新技术产业开发区管委会

副主任　沈一平　陆晓棣　姚建祥　姚丽英　陈国栋

江苏省常熟高新技术产业开发区纪工委

书　记　姚建祥
副书记　沈小弟

高新技术产业开发区党政办公室

主　任　殷坚东
副主任　王　维　毛雨东

高新技术产业开发区组织人事劳动局

局　长　陆筱元
副局长　俞　敬

高新技术产业开发区规划建设局

局　长　章伟东
副局长　顾军明　金义龙

高新技术产业开发区招商局

局　长　顾志强
副局长　王险峰　梁红梅　陶传龙　姚　成　吕　刚

高新技术产业开发区安全生产监督管理和环境保护局

局　长　钱晓东

高新技术产业开发区经济发展局

局　长　沈　阳

高新技术产业开发区科技与知识产权局

副局长　张　健　李德伟（挂职）

高新技术产业开发区财政局

局　长　张军波
副局长　苏　燕

常熟综合保税区 B 区管理局

局　长　王国平

常熟国家大学科技园管委会

副主任　卓　辉（挂职）　张　燕　王奇峰

大学科技园科技招商部

部　长　顾　麟
副部长　王　翼

大学科技园综合事务部

副部长　王永前

大学科技园企业服务部

副部长　张　政（挂职）

东南街道办事处

副 主 任　戴庆仁　顾雪峰

江苏常熟服装城党工委

书　　记　夏建国
副 书 记　陆建达　俞国荣
　　　　　曹　林(挂职)
党工委委员　沈瑞良　邓运华
　　　　　汪　群　张建明
　　　　　毛　华　蒋　丰
　　　　　陈美华

江苏常熟服装城管理委员会

主　　任　陆建达
副 主 任　俞国荣　沈瑞良　邓运华
　　　　　汪　群

常熟服装城纪工委

书　　记　汪　群

常熟服装城党政办公室

主　　任　毛　华

常熟服装城建设局

局　　长　须文胜

常熟服装城财政局

局　　长　陈美华

常熟服装城经济发展局

局　　长　顾辛辛

常熟服装城社会事业局

局　　长　张建明

常熟服装城综合管理局

局　　长　蒋　丰

常熟虞山尚湖旅游度假区党工委

书　　记　刘　洪
副 书 记　徐学东　朱卫东

常熟虞山尚湖旅游度假区管委会

主　　任　徐学东
副 主 任　朱卫东　蒋国华　徐振祥
　　　　　高桂兴

常熟虞山尚湖旅游度假区纪工委

书　　记　瞿美娟

常熟国家农业科技园区党工委

书　　记　王建国(兼)
副 书 记　范建国(兼)　高宝兴

常熟国家农业科技园区管委会

主　　任　范建国(兼)
副 主 任　高宝兴　张颂跃
　　　　　沈卫平(兼)

市发展投资有限公司

董事长、党委书记　徐学峰
总 经 理　徐学峰
副总经理　陶少锋
监事会主席　马可玮

市城市经营投资有限公司

董事长、总经理、党委书记　钱瑞龙
副总经理、董事　顾洪良
党委副书记、纪委书记　支建新
监事会主席　查志宽

市保障房开发建设有限公司

董事长、总经理　钱瑞龙
监事会主席　查志宽

江苏江南商贸集团有限责任公司

董事长、党委书记　游立志
副董事长、总经理、党委副书记
　　　　　石伟江
副总经理　陈剑江
监事会主席　马可玮
副 主 席　王建平

江苏省常熟经济开发区高新技术产业园党工委

书　　记　朱亚辉
副 书 记　万晓军　徐惠东　何　明

江苏省常熟经济开发区高新技术产业园管委会

主　　任　徐惠东
副 主 任　何　明　何根元　徐建良
　　　　　吴　洁

江苏高科技氟化学工业园（江苏常熟新材料产业园）党工委

书　　记　马维刚
副 书 记　须亚军　范国华

江苏高科技氟化学工业园（江苏常熟新材料产业园）管委会

主　　任　须亚军
副 主 任　范国华　陈立新　王纪渊
　　　　　蔡伟民

市政府口岸办公室

（挂港口管理局牌子）

主任(局长)、党组书记　陶俊明
副 主 任　赵国良　邵云涛

市港口管理处

主　　任　陶俊明
副 主 任　邵佩标　金　红　姚哲翔

中华人民共和国常熟边防检查站

站长、党委副书记　陈祥云
政治委员、党委书记　孙兵勇
副 站 长　蔡永新　舒　兵
副政委、纪委书记　周昆翔

中华人民共和国常熟海关

关长、党组书记　掌孝恩
副 关 长　陈玉福　于　青　蔡东良

中华人民共和国常熟出入境检验检疫局

局长、党组书记　唐　政
副 局 长　颜　军　李信军　李　喆
纪检组长　顾巧元

中华人民共和国江苏常熟海事局

局长、党组书记　李宏兵
政委、党组副书记、纪检组长　王建成
副 局 长　孟雨青　周　勇　耿　亮

驻常熟部属企业

江苏常熟发电有限公司

党委书记　吴国庆
总 经 理　刘丛涛
副总经理　俞卫新　姚智斌　杭桂男

总工程师　薛建强
纪委书记　徐光煜

高等学校、中专、省重点中学及市直属医院

常熟理工学院

党委书记　张庆奎
院　　长　朱士中
副 院 长　陈建华　沈宗根　戴国洪
　　　　　周　宏　钱素平　姜建明
党委副书记　朱士中　丁晓原
纪委书记　丁晓原

江苏省常熟职业教育中心校

校　　长　苏建青
党委书记　马　骏

江苏省常熟中学

校　　长　唐建雪

常熟市中学

校长、党委书记　周永良

市第一人民医院

院　　长　陈　波
党委书记　黄　伟

市第二人民医院

院　　长　吴　钢
党委书记　吕卫华

市中医院（新区医院）

院　　长　唐　剑
党委书记　马汉青

各镇（街道、场）领导机构

虞　山　镇

党委书记　朱亚辉
副 书 记　万晓军　徐惠东　范惠才
镇党委常委　蔡美月　范江涛
　　　　　庞凤琴　褚宏伟
　　　　　王　峰　顾　锋
　　　　　梁　盾
党委委员　密永良　何　明　李惠华
　　　　　查玉英　俞　铁　邹　捷
　　　　　邵　燕　徐　峰　陆　坚
　　　　　陈继发
纪委书记　蔡美月
副 书 记　邵　燕
人大主席　蔡美月
副 主 席　邵祖生
镇　　长　万晓军
副 镇 长　庞凤琴　陆振忠　王剑江
　　　　　朱　炬　郁海成
　　　　　程　璐（挂职）
政协工委主任　范惠才
副 主 任　季　浚

（虞山镇琴湖管理区）

书　　记　顾　锋
主　　任　蔡晓军

（虞山镇方塔管理区）

书　　记　范江涛
主　　任　毛天伟

（虞山镇兴福管理区）

书　　记　陈继发
主　　任　邵雪明

（虞山镇虹桥管理区）

书　　记　王　峰
主　　任　尹　伟

（虞山镇谢桥管理区）

书　　记　徐　峰
主　　任　徐　耘

（虞山镇莫城管理区）

书　　记　俞　铁
主　　任　罗来一

（虞山镇大义管理区）

书　　记　梁　盾
主　　任　仲旅疆

梅　李　镇

党委书记　徐海东
副 书 记　张宁江　顾君明　陈　勇
　　　　　王　潇（挂职）
党委委员　苏文学　沈宗明　浦方勇
　　　　　冯利明　周琴花
纪委书记　顾君明
副 书 记　沈宗明
人大主席　徐海东
副 主 席　汤丽芬
镇　　长　张宁江
副 镇 长　浦方勇　朱雪忠　陈伟娟
　　　　　杨俊达
政协工委主任　顾君明
副 主 任　李建中

海　虞　镇

党委书记　马维刚
副 书 记　朱惠明　须亚军　童建清
　　　　　王金立（挂职）
　　　　　周育才（挂职）
党委委员　窦卫东　张振良　唐　亿
　　　　　钱志国　吴　江　苏剑峰
　　　　　顾晓丹
纪委书记　童建清
副 书 记　苏剑峰
人大主席　陈永华
镇　　长　朱惠明
副 镇 长　周志坚　金雪良　陈　义
　　　　　凌建东
政协工委主任　童建清
副 主 任　温国芬

（海虞镇福山办事处）

主　　任　窦卫东

（海虞镇周行办事处）

主　　任　张学清

碧溪新区（碧溪街道）

党工委书记　范建青
副 书 记　赵　红　徐文胜
　　　　　陆志强　魏国平（挂职）
委　　员　窦明春　王学东
　　　　　黄晓红　戴忠明
　　　　　周丽芳　毛国昌
纪工委书记　徐文胜
副 书 记　毛国昌
主　　任　赵　红
副 主 任　陆敏学　季黎明
　　　　　盛建明　夏　健
人大工委主任　王伟东
政协工委主任　徐文胜

（碧溪办事处）

党工委书记　窦明春

主　　任　张顺兴

(浒浦办事处)

党工委书记　黄晓红
主　　任　陶培雄

(吴市办事处)

党工委书记　王学东
主　　任　朱　慧

(东张办事处)

党工委书记　徐文胜
主　　任　范惠清

古　里　镇

党委书记　曹国芬
副书记　赵　斌　陈建青　高爱芳
党委委员　顾小燕　张旦红　陈　宏
　　　　　毛建峰　钱英杰
纪委书记　高爱芳
副书记　毛建峰
人大主席　陈建青
人大副主席　陆建华
镇　　长　赵　斌
副镇长　张旦红　郭晓峰　吕廷均
　　　　秦卫东　刘　呈　高　平
政协工委主任　高爱芳

(古里镇白茆办事处)

主　　任　万拥东

(古里镇淼泉办事处)

主　　任　陶建冬

沙　家　浜　镇

党委书记　张建强
副书记　季恒义　周建宏
　　　　浦明霞(挂职)　夏　冬
党委委员　李伟国　金国峰　赵庆锋
　　　　　田菊芳
纪委书记　周建宏
副书记　赵庆锋
人大主席　陆卫东
镇　　长　季恒义
副镇长　李伟国　邹拥军　顾建福
　　　　支月明　姚彩莲　吴　坤
政协工委主任　艾桂芬

(沙家浜办事处)

书　　记　胡剑栋
主　　任　朱惠江

沙家浜旅游度假区

党工委书记　张建强
副书记　周建宏　顾永忠
主　　任　周建宏
副主任　顾永忠

支　塘　镇

党委书记　芮伟国
副书记　潘　健　沈振新　许　俊
党委委员　陆黎平　汤　炜　张丽芳
　　　　　屠文英　支晓东
纪委书记　陆黎平
人大主席　芮伟国
副主席　姚建平
镇　　长　潘　健
副镇长　王　陶　朱文勇　付春秀
政协工委主任　周大利
副主任　李晓明　孙龙元

(支塘镇任阳办事处)

主　　任　付春秀

(支塘镇何市办事处)

主　　任　吴文英

董　浜　镇

党委书记　许晓波
副书记　许晓挺　李美新　顾建东
党委委员　朱云涛　俞拥军　章伟平
　　　　　马建新　王静良　黄　剑
纪委书记　李美新
人大主席　秦建明
镇　　长　许晓挺
副镇长　龚春霞　苏利刚
　　　　李广军(挂职)
政协工委主任　李美新

(董浜镇徐市办事处)

主　　任　王志丰

尚　湖　镇

党委书记　王晓东
副书记　顾伟明　管建良　贾宇烨
　　　　张继勇(挂职)
党委委员　王卫刚　周冬青　浦利明
　　　　　陈　瑜　王　宏　顾丽娟
　　　　　沈　锋　朱　钰(挂职)
纪委书记　王卫刚
人大主席　陶瑞忠
副主席　周建华　汪新华
镇　　长　顾伟明
副镇长　王卫刚　王卫东　黄林才
　　　　金国清　钱芝英　周振洪
政协工委主任　管建良
副主任　王志军

(尚湖镇王庄办事处)

主　　任　倪静洁

(尚湖镇练塘办事处)

主　　任　陶文军

辛　庄　镇

党委书记　丁　琪
副书记　乔小力　潘志英
　　　　胡海燕(挂职)
党委委员　范建新　金永青　陈建良
　　　　　姚文龙　袁　瑜　秦雅红
　　　　　吴利锋
纪委书记　潘志英
副书记　陈建良
人大主席　殷振龙
镇　　长　乔小力
副镇长　姚文龙　龚　强　王正国
　　　　姚富民　钱　韧
政协工委主任　潘志英

(辛庄镇张桥办事处)

主　　任　范建新

虞　山　林　场

党委书记　刘　洪
副书记　徐学东　朱卫东
党委委员　范仲华　王建华　顾维明
　　　　　沈　成
场　　长　徐学东
副场长　范仲华　王建华　顾维明

说明:名录由市委组织部、各单位等提供并审核,如有误,一律以正式文件为准

中国共产党常熟市委员会

综　　述

【概况】 2015年，中共常熟市委牢牢把握工作主线，切实加强统筹协调，引领和推动经济社会健康发展。重点抓了3件大事。一是深入学习贯彻习近平总书记系列重要讲话精神。组织市镇两级宣讲团，广泛开展宣传宣讲，分层分级培训轮训。深入开展调查研究，全面展开工作布局，制定出台“五个迈上新台阶”实施意见，逐项进行深化部署，推出了一系列务实管用的方法和举措，确保总书记重要讲话精神落到实处。二是科学谋划“十三五”经济社会发展。市委常委会加强对规划编制工作的组织领导，制订工作方案，抓好13个专项规划编制，组织开展系列专题论证。形成《中共常熟市委关于制定常熟市国民经济和社会发展第十三个五年规划的建议》。三是扎实开展“三严三实”专题教育。市委常委会牢牢把握中央“三个见实效”的目标要求和省委提出的“六查六看六整治”主线，科学制定《实施方案》，切实抓好“四专题一强化”的各个环节。坚持“五位一体、综合发展”总基调，努力适应新常态，积极谋求新发展。主要抓了六方面工作：全力保持经济平稳健康运行。全市经济运行总体呈现稳中有进、进中提质的态势。完成工业总产值4554.30亿元、规模以上工业产值3655.26亿元，分别下降1%和0.8%。完成固定资产投资631亿元，下降3%。实现社会消费品零售总额668亿元，增长8.5%；商品市场成交额1790亿元，增长5%，实现外贸进出口总额220亿美元；汽车服务业、电子商务、现代物流、文化旅游等业态加快培育，虞山尚湖旅游度假区升格省级旅游度假区。加快推进转型升级。加强要素统筹、服务保障和跟踪督查，扎实推进奇瑞捷豹路虎二期、丰田变速箱、中联光电新材料等重大项目建设，带动产业结构调整和集聚发展。以省科技体制综合改革试点为契机，深入实施创新驱动发展战略，加快增长动力转换。常熟高新区升格国家级高新区，挂牌成立智能车综合技术研发与测试中心。新增市级领军人才项目50个、“姑苏计划”人才20人、省“双创计划”5人，高层次人才集聚效应进一步放大。推进重点领域改革举措落地见效。县委权力公开透明运行试点、梅李镇“强镇扩权”试点、公立医院综合改革试点、审判权运行机制改革试点、全国农民合作社和家庭农场党组织建设试点等15项改革

12月24日，市委十二届十四次全体（扩大）会议在常熟会议中心举行

试点取得阶段性成果。稳步推进大部门制改革,组建卫计委、市场监督管理局,调整水务管理体制;整合各类资源平台,组建市检验检测中心、市公共资源交易中心;统筹推进农村各项改革,强化农村"三资"监管,梅李镇农村集体资产交易服务中心挂牌运行;试点开展社区股份合作社股权固化、"政经分离"和"村账镇代理"改革,全面推进农村土地承包经营权确权登记颁证改革。切实加大城乡一体发展和生态建设力度。加快实施"三优三保"行动,全面推进"多规合一",开展城乡空间发展战略规划编制工作,完成新一轮镇总体规划修编。加快推进产城融合,完成三环路高架系统建设。实施城乡环境整治"百日行动",通过全国卫生城市复审。稳步推进城乡一体化示范小区建设,累计竣工交付230多万平方米。加强生态文明建设,城乡生活污水治理"四个统一"做法得到住建部推广。狠抓大气污染防治,强化空气质量应急管控。稳步提升民生事业均等化水平。扎实办好各项民生实事,持续加大民生投入,城乡公共服务支出占公共财政支出比重达到75%。社会保障体系全面覆盖,完成全民参保登记工作,完成城乡养老保险制度衔接,城镇职工社会保险、城乡居民养老保险和医疗保险覆盖率均保持在99%以上。城镇居民人均可支配收入5.03万元,农村居民人均可支配收入25860元,分别增长8%和8.8%。深化义务教育集团办学模式,推进实验中学等4所学校改扩建工程。推进养老服务改革,镇级居家养老服务管理中心覆盖率100%。"医联体"建设深入推进,基本药物零差率销售制度全面实施。制定创建全国文明城市三年行动计划,顺利跨入"全国文明城市提名城市"行列。加快建设"书香城市",实施系列文化惠民工程,成功创建省级公共体育服务示范区。完善"大平安"体系,综治网格化建设、技防街区建设、治安重点地区整治扎实开展,刑事发案率实现连续8年下降,累计降幅达50%。全面加强党的建设,制定出台关于推动全面从严治党迈上新台阶的实施意见和相关制度。强化对意识形态工作的引领和管理,推行党政领导干部年终述学制度,积极开展党委(党组)中心组理论学习巡听旁听、督学考学,蝉联全省基层党员冬训工作示范县(市)。进一步完善选人用人机制,制定《市管党政领导干部"动议比选任用"实施办法》及民主推荐、考察、任前公示等配套实施细则。出台《从严管理干部若干规定》等文件,建立领导干部个人有关事项报告抽查核实机制。制定出台党委班子成员抓基层党建四份"任务清单",开展"农民合作社、家庭农场"基层党建全国试点,大力整顿软弱涣散村党组织。开展首轮党风廉政建设巡察,以点带面发现问题。出台领导干部廉洁诚信积分管理办法,推动党员干部日常管理制度化可量化。

重要会议

【全市党建工作会议】 2月14日,全市党建工作会议召开。市委书记惠建林出席会议,就下阶段党建工作提出三点要求。市委副书记、市长王飚出席会议。会议分别就纪检、组织、宣传、统战工作进行专题部署,市委党校作书面交流。各镇、碧溪新区、各部门负责人向市委、市政府提交《党风廉政建设责任书》。市委副书记王建国主持会议。市委常委、市纪委书记程波,市委常委、组织部部长黄锡明,市委常委、宣传部部长潘志嘉,市政协副主席、市委统战部部长王永明出席会议。

【全市镇(区)党(工)委书记履行党管人才职责专项述职会议】 2月14日,全市镇(区)党(工)委书记履行党管人才职责专项述职会议举行。市委书记惠建林出席会议,就做好2015年人才工作提三点要求。市委副书记、市长王飚主持会议。梅李镇、辛庄镇、古里镇、尚湖镇党委书记分别作专项述职,惠建林围绕完善人才政策体系、加快创新创业人才引进、充分发挥企业在人才工作中的主体作用等方面进行点评。市委常委、组织部长黄锡明出席会议。

【全市作风效能建设大会】 2月25日,全市作风效能建设大会在常熟会议中心召开。市委书记惠建林出席会议,就抓好作风效能建设提出四点要求。市委副书记、市长王飚主持会议,市人大常委会主任秦卫星、市政协主席徐永达等市四套班子全体领导出席会议。会议进行了市级机关作风效能建设先进表彰。市委常委、市纪委书记程波通报2014年全市作风效能建设情况,对2015年作风效能建设的目标任务作具体部署。会议下发《关于建立健全长效机制,构筑作风效能新常态的工作意见》。

【全市政法工作会议】 2月26日,全市政法工作会议召开。市委书记惠建林在会上要求主动适应经济发展新常态,坚持改革和法治双轮驱动,以促进社会公平正义为核心扎实推进法治常熟建设,以维护社会和谐稳定为根本深化开展新一轮平安常熟建设,以打造法治型党组织为引领着力加强政法队伍建设,全面提升常熟政法工作法治化、科学化水平,努力争当全省乃至全国平安建设、法治建设的排头兵,为构筑常熟"五位一体、综合发展"新优势提供坚强的法治保障。市委常委、政法委书记杨崇华回顾总结2014年政法工作,并对2015年政法工作进行部署。副市长范建国主持会议。

【全市农村工作会议】 3月24日,全市召开农村工作会议。市委书记惠建林,市委副书记、市长王飚,市人大常委会主任秦卫星,市政协主席徐永达等市四套班子领导出席会议。惠建林对2015年农村工作提出三点要求:要认清发展方向,把习近平总书记重要讲话精神作为新时期"三农"工作的根本遵循。要抓牢工作重点,把"农业强、农村美、农民富"作为新时期"三农"工作的重要目标。要强化组织领导,进一步营造农村改革发展的良好氛围。市委副书记王建国主持会议。会议表彰了2014年度常熟市农业农村工作先进集体和先进个人。梅李镇、海虞镇、碧溪新区、虞山镇中泾村相关负责人在会上作交流发言。会议下发《关于加大农村改革创新力度推动现代农业建设迈上新台阶的意见》《关于进一步加强农村集体“三资”管理的意见》等文件。

【“三严三实”专题党课暨专题教育部署会议】 5月19日，“三严三实”专题党课暨专题教育部署会议召开。市委书记惠建林以“学习践行‘三严三实’，做忠诚干净担当的共产党人”为题，结合常熟实际，为全市党员领导干部上了一堂专题党课，并代表市委对全市开展“三严三实”专题教育作动员部署，要求全市广大党员干部要认真践行“三严三实”，保持政治定力，守住法纪底线，不断实现自我净化、自我完善、自我革新、自我提高，手握戒尺、举有所虑、言有所规、行有所止，争当党的优良作风的实践者和推动者。市委副书记、市长王飚，市人大常委会主任秦卫星，市政协主席徐永达等市四套班子全体领导出席会议。

【市委十二届十三次全体(扩大)会议】 7月25日，市委十二届十三次全体(扩大)会议举行。会议的主要任务是认真学习贯彻习近平总书记系列重要讲话精神，根据省委十二届十次全会和苏州市委十一届九次全会部署要求，回顾总结上半年工作，研究部署下半年重点任务，动员全市广大干部群众加快转型、全力攻坚、开拓奋进，确保完成年度各项目标任务，为全面构筑常熟“五位一体、综合发展”新优势奠定坚实基础。市委常委会主持会议。市委书记惠建林受市委常委会委托，向大会作题为《加快转型，开拓奋进，为全面完成全年目标任务而努力奋斗》的工作报告。会议审议通过《中国共产党常熟市第十二届委员会第十三次全体(扩大)会议决议》。会议回顾2015年上半年全市经济社会发展情况。市委副书记、市长王飚作会议总结，就贯彻落实会议精神作部署。市委委员、候补委员出席会议。列席会议的有：不是市委委员的市四套班子领导，市纪委委员，各镇(管理区)、碧溪新区、各办事处、各村有关负责人，市各部委办局党政主要负责人，各开发区(东南街道)、工业园区、旅游度假区、服装城副局职以上领导，30强工业企业、20强服务业企业负责人，各直属单位、民主党派、人民团体、工商联、条线垂直部门负责人，地市级离休干部、原市四套班子领导、部分党员代表等。

【领导干部警示教育大会】 9月30日，常熟市召开领导干部警示教育大会。市委书记惠建林出席并讲话。市委副书记、市长王飚主持会议。市人大常委会主任秦卫星、市政协主席徐永达等市四套班子全体领导出席会议。惠建林在讲话中指出，市委召开全市领导干部警示教育大会，是贯彻落实党的十八大和十八届三中、四中全会以及中央纪委五次全会精神的重要举措，也是市委落实全面从严治党新要求、履行党风廉政建设主体责任的具体行动。主要目的是教育和警示全市各级领导干部警钟长鸣、廉洁自律，既管好自己，又带好队伍，推动全市党风廉政建设和反腐败工作再上新的台阶。市委常委、市纪委书记程波通报2015年以来全市党员干部违纪违法案件查办情况。与会者观看了由市反腐败协调小组拍摄制作的警示教育片。

【全国文明城市创建工作推进会】 10月26日，市委、市政府召开全国文明城市创建工作推进会，对新三年创建工作进行专题部署。市委书记惠建林出席会议并讲话。惠建林对全国文明城市创建工作提出要求。会上，各责任部门向创建指挥部提交了目标责任书，虞山镇、住建局、教育局3家单位作了表态发言。市委副书记、市长王飚出席会议，市领导王建国、潘志嘉、沈晓东、钱向宏、陶理出席会议。

【2015年度落实党风廉政建设责任制暨领导干部述职述廉报告会举行】 12月22日，常熟市举行2015年度落实党风廉政建设责任制暨领导干部述职述廉报告会。苏州市委常委、政法委书记曹福龙以及常熟市委书记惠建林，市委副书记、市长王飚，市人大常委会主任秦卫星，市政协主席徐永达等市四套班子全体领导出席会议。曹福龙就落实党风廉政建设责任制党委主体责任、纪委监督责任，推动当前工作提出要求。惠建林代表常熟市党政领导班子，汇报了2015年度党风廉政建设责任制落实情况。常熟市深入学习贯彻党的十八大、十八届三中、四中、五中全会和习近平总书记系列重要讲话精神，严格执行党风廉政建设责任制，切实担负起统一领导、直接部署、全面落实的主体责任，全力支持纪委履行监督责任，坚定不移推进党风廉政建设和反腐败工作，为全市经济社会持续健康发展提供了有力保证。惠建林、王飚分别代表市委班子、市政府班子作述职述廉报告，并作个人述职述廉报告。其他市党政领导班子和领导干部作书面述职述廉报告。考核组还就常熟市落实党风廉政建设责任制情况进行民主测评。

【市委十二届十四次全体(扩大)会议】 12月24日，市委十二届十四次全体(扩大)会议在常熟会议中心举行。会议的主要任务是：深入学习贯彻党的十八届五中全会、中央经济工作会议和省委十二届十一次全会精神，回顾总结2015年工作，研究部署明年工作，动员全市各级党组织、广大党员和干部群众，进一步振奋精神、真抓实干，协调推进“四个全面”战略布局，为开创“十三五”发展新局面、全面建成更高水平小康社会而努力奋斗。市委常委会主持会议。市委书记惠建林受市委常委会委托，向大会作题为《加快转型升级，推动全面创新，为开创“十三五”发展新局面而努力奋斗》的工作报告。会议审议通过《中共常熟市委关于制定常熟市国民经济和社会发展第十三个五年规划的建议》和《中国共产党常熟市第十二届委员会第十四次全体(扩大)会议决议》。会议回顾2015年以后常熟市经济社会发展情况。市委委员、候补委员出席会议。不是市委委员的市四套班子领导，市纪委委员，各镇(管理区)、碧溪新区、各办事处、各村有关负责人，市各部委办局党政主要负责同志，各开发区(东南街道)、工业园区、旅游度假区、服装城副局职以上领导，30强工业企业、20强服务业企业负责人，各直属单位、民主党派、人民团体、工商联、条线垂直部门负责人，地市级离休干部、原市四套班子领导、部分党员代表等列席会议。

【2015年度全市党委书记抓基层党建工作和履行党风廉政建设主体责任述职会议】 12月30日，2015年度全市党委书记抓基层党建工作和履行党风廉政建设主体责任述职会议举行。市委书记惠建林出席会议并作讲话。市委副书记、市长王飚主持会议。会上，惠建林向大会作抓基层党建和履行党风廉政建设主体责任述职。常熟经济技术开发区、虞山镇、常熟高新区、海虞镇等14位板块、乡镇党(工)委书记分别作了专项述职，惠建林围绕抓党建工作、落实党风廉政建设主体责任等方面进行点评。与会人员对市委抓基层党建工作、市委书记履行抓基层党建工作职责和14位党(工)委书记履行抓基层党建工作职责、党风廉政建设党委主体责任落实情况进行评议。市领导桑五官、杨崇华、程波、潘志嘉、沈晓东、张万银、闻永昌、陈惠良、朱亚辉、沈一平、王永明出席会议。

重要活动

【纪念中国共产党成立94周年大会】 6月26日，常熟市召开纪念中国共产党成立94周年大会，回顾党的光辉历程，缅怀党的丰功伟绩，表彰党建工作先进。市委书记惠建林出席会议并作讲话。市委副书记、市长王飚，市人大常委会主任秦卫星，市政协主席徐永达等市四套班子全体领导出席会议。惠建林在讲话中要求全市党员，一要坚持以从严管理党员干部为关键，把全面从严治党要求落到实处；二要坚持以建设法治型基层党组织为引领，提高依法履职和依规管党水平；三要坚持以开展“三严三实”专题教育为重点，争当忠诚干净担当的时代先锋；四要坚持以密切联系群众为重点，持久深入加强作风建设。

【全省道德模范与身边好人现场交流活动暨常熟市第三届道德模范颁奖典礼】 8月28日，常熟市举行全省道德模范与身边好人现场交流活动暨常熟市第三届道德模范颁奖典礼。江苏省文明办副主任葛莱，市委书记惠建林，市委副书记、市长王飚出席活动。惠建林在活动中要求全市上下以此次活动为契机，全面实施创建全国文明城市新三年行动计划，把公民道德建设放在突出位置，进一步放大道德模范示范引领和激励带动效应，传承道德力量，彰显新风正气，在全社会形成学习先进、崇尚先进、争当先进的浓厚氛围。截至年底，全市共有2位全国道德模范，101位中国好人、江苏好人、苏州好人、苏州市文明市民标兵和1个全国最美家庭，涌现出以常德盛、钱月宝、端木银熙为代表的一批道德模范和身边好人。本次活动由省委宣传部、省文明办主办，苏州市委宣传部、苏州市文明办、常熟市委、市政府承办。活动突出“爱国、敬业、诚信、友善”主题，受到表彰的10位道德模范分助人为乐、见义勇为、诚实守信、敬业奉献、孝老爱亲五个类别进行现场交流。潘志嘉、钱向宏、陶理、殷丽萍等市领导出席活动。

【2015中国(常熟)江南文化节暨沙家浜旅游节】 9月19日，2015中国(常熟)江南文化节暨沙家浜旅游节在常熟大剧院开幕。全国各地文化界、旅游界领导和嘉宾，苏州市副市长王鸿声，以及常熟市委书记惠建林，市人大常委会主任秦卫星，市政协主席徐永达等市四套班子领导出席开幕式。开幕式上，常熟7个文化旅游项目进行授牌。包括常熟成为联合国世界旅游组织第8个旅游可持续发展中国观测点，虞山尚湖旅游度假区被批准为省级旅游度假区，金曾豪《凤凰的山谷》获第十三届精神文明建设“五个一工程”优秀作品奖，常熟图书馆被文化部命名为“2014最美基层图书馆”，常熟美术馆“写山水图——离开黄公望的660年”获文化部“2014年全国美术馆馆藏精品展出季”优秀展览奖，常熟评弹团《招牌菜》获第八届中国曲艺牡丹奖，常熟市文化馆江南云水合唱团获第九届中国音乐金钟奖合唱比赛铜奖。随后，主办方还为第八届中国旅游电视周及2015“缘来常熟”旅游电视短片邀请赛获奖项目，以及“沙家浜精神”——纪念抗战胜利70周年全国征文活动获奖者进行颁奖。本届文化旅游节期间组织举办了古琴艺术节、民间艺术展演、旅游产业发展论坛等14项主体活动和多项配套活动，涵盖经济商贸、文化艺术、休闲旅游等多个领域。

【烈士纪念日公祭活动】 9月30日，常熟市举行烈士纪念日公祭活动。市委书记惠建林，市委副书记、市长王飚，市人大常委会主任秦卫星，市政协主席徐永达等市四套班子全体领导至常熟市烈士陵园缅怀革命先辈，祭奠烈士英灵，寄托深切哀思。惠建林宣读祭文，并代表市四套班子整理花篮缎带。王飚主持公祭活动。仪式上，参加烈士公祭活动人员奏唱国歌，少先队员献唱《我们是共产主义接班人》，武警礼兵在激昂深情的《献花曲》旋律中向烈士敬献花篮，全体人员向烈士行三鞠躬礼，瞻仰烈士纪念碑。革命烈士家属代表，市机关有关部门、市政法系统代表，离退休老干部、老战士代表，虞山镇有关代表，有关企业代表，教育局代表，驻常部队代表等近500人参加公祭活动。

(俞进锋)

调查研究

【概况】 2015年，市委研究室深入践行习近平总书记“五个坚持”要求，切实强化“三服务”意识，充分发挥参谋助手作用，共撰写重要会议材料、领导讲话、署名文章、综合汇报材料250多篇，编发《内参》7期，《通报》21篇，被省级以上报刊录用的领导署名文章6篇。

【起草文稿】 2015年，市委研究室着眼于服务常熟经济社会发展大局，紧贴全市中心工作，积极主动为市委战略决策和重大工作部署服务，完成了市委十二届十三次、十二届十四次全会报告以及市委《关于制定国民经济和社会发展第十三个五年规划建议》的起草任务。注重站在领导的高度和角度，完成市领导在省市重要工作会议上的多篇讲话稿的起草，包括在省县(市、区)委书记研修班座谈会上的交流发言、全市“三严三实”专题教育党课、经济工作会议、政法工作会议上的讲话等。

【改革协调】 积极负责处理市委全面深化改革领导小组日常事务工作，坚持把市委谋划全局的战略决策，把经济社会发展中带有前瞻性、宏观性、可操作性的研究课题，把广大干部群众关注的热点难点，作为主攻方向，组织开展全面深化改革重大问题的政策研究，系统梳理总结全市各类改革试点项目的内容、进展和经验，统筹协调有关方面提出改革工作方案和措施，先后对农民合作社基层党组织建设、民营经济核心竞争力等情况进行专题调研。

【调查研究】 积极办好《常办简报》，编发《内参》7 期，《通报》21 篇。市委书记惠建林《敢啃转型硬骨头》发表在《人民日报》，《干在实处谋新篇》发表在《新华日报》，《以创新引领经济转型》《当好党的"一线总指挥"》发表在《群众》杂志，《永葆一颗为党为民的赤诚之心》《推动常熟经济迈上新台阶》发表在《江苏通讯》，《全力构筑"五位一体综合发展"新优势》发表在苏州《调研与参考》。调研报告《培育打造"单打冠军"，提升企业核心竞争力》在苏州市委研究室《调研与参考》上发表。

【编辑《常熟通讯》】 把围绕全市中心工作、服务全市发展作为重中之重，及时准确地宣传中央和省、市委的方针政策与决策部署，做好市委重大决策、重要部署、重点工作的宣传解读，加强工作指导与交流，总结交流反映全市各个方面、各条战线，在推进构筑常熟"五位一体、综合发展"新优势中的新思路、新举措、新成效，积极为基层搞好工作提供服务。强化精品意识，坚持走发名篇、出精品、创名刊之路，稳定和扩大稿源，编发高质量的文章，提高刊物内在品质，不断增强"吸引力"，扩大"影响力"，全年共编辑出刊《常熟通讯》12 期，与全国 100 多个市、县(区)建立双向交流机制。 (徐新科)

组 织 工 作

【概况】 至 2015 年末，全市共有基层党组织 6163 个，其中党委 221 个、党总支 350 个、党支部 5592 个。全年新发展党员 787 人，转入 3088 人，共有党员人数 73987 人。全市有副主任科员(副镇级)以上干部 1353 人，其中女干部 198 人，占 14.63%；非中共党员人数 40 人，占 2.96%；大专以上学历 1331 人，占 98.37%。

【加强干部教育培训】 将学习贯彻十八届四中全会精神作为重点，组织全市 1400 多名科级以上领导干部参加专题轮训。坚持把党性党风党纪教育纳入各类主体班次的必修课程。实施分层培训，举办局镇正职领导干部中浦院高级研修班，新提拔领导干部复旦大学能力素质提升班；开展分类培训，开设生态文明建设、组工干部、统战干部等专题培训班 6 期，参训 420 余人次。全年共举办领导干部"菜单式"讲座 10 期，参训 5624 人次。修订出台《领导干部学分制考核管理办法》，建立领导干部教育培训信息库，推进干部教育培训工作科学化、制度化、规范化建设。

【完善干部选拔任用机制】 制定出台《市管党政领导干部"动议比选任用"实施办法》及民主推荐、考察、任前公示等配套实施细则，加强干部选拔任用痕迹管理，全年共提交市委常委会研究干部 7 批次近 300 人次，其中提拔 72 人。制定出台《关于加强和改进培养选拔优秀年轻干部工作的实施办法》和《关于进一步完善竞争性选拔干部工作的若干意见》，面向全市竞争性选拔 4 名"81 后"副科职领导干部，从市级机关选派 6 名无基层领导经历的科级干部、4 名年轻中层干部到乡镇挂职任职。制定《市级机关中层干部选拔任用工作规程(试行)》，实施中层干部选拔任用工作预报制度，对 46 家单位 657 人次的人事调整方案进行审核，列席旁听会议 26 场次。

【从严监督管理干部】 出台《从严管理干部若干规定》。对 13 名不适宜担任现职的科级领导干部进行调整，对年度考核结果较差的 2 家单位主要负责人和 3 名考核排名靠后的班子成员进行重点约谈。与 16 名新任领导签订《三责告知承诺书》，对 4 名领导干部实施三责联审、11 名领导干部实施经济责任审计，为 20 名领导干部办理离任交接手续。在苏州各县市(区)中率先建立个人有关事项报告抽查核实联系机制，对 105 名拟提拔重用人员的有关事项进行核查，对有漏报情况的 7 名干部发出函询通知，并完成全市科级以上干部个人有关事项年度集中填报工作。深化和拓展权力公开透明运行工作，重点厘清机关部门、镇(街道)领导班子及其成员职责和权力，规范重要会议议事目录清单，编制职权目录 128 条，分类逐项绘制权力运行流程图。深入规范领导干部在社团兼职行为和社团财、物的管理，与相关部门制定出台《关于进一步规范领导干部在社团兼职和加强社团内部管理的通知》。

【加强干部综合管理培养】 消化调整超配领导干部 1 名、非领导职务干部 55 名。会同相关部门落实县以下公务员职务职级并行制度，做好机关事业单位在职人员、退离休人员津补贴调整和养老保险制度改革等相关工作。启动全市干部人事档案专项审核工作，完成 1141 卷市管科级干部档案的初审和复审。开展"青年志·致青春"暨年轻干部"三讲三树"主题教育实践活动，面向全国高校公开选聘 19 名优秀毕业生充实到全市事业单位，接收 4 名省委选调生、1 名"985"高校村官工程大学生到基层工作。加强党外干部工作，配备 4 名民主党派兼职副主委。妥善安置团职军队转业干部 5 名，接收到常挂职干部 7 名。办理市管干部退休 39 人，办理出国(境)政审 142 批次 287 人次。

【创新党委管党工作机制】 深化党委管党工作机制，制定党委书记、党务副书记、组织委员和其他班子成员抓基层党建工作"任务清单"，修订完善党委管党十项措施。对 2014 年基层党建工作排名靠后的 3 个党(工)委负责同志进行提醒谈话。对 33 个全市基层党建工作重点项目和一批特色项目、基础项目实行项目化管理。组织开展"党代表看党建、市领导督党建、常委会议党建"活动，查找出全市党建工作存在问题 66 条，提出对策建议 50 条，形成专题调研报告 14 篇。推动党代表进村入企，将市党代表工作室延伸到村、社区和非公企业,变驻点接访为流动履职。17个市级党代表工作室共开展接待活动606次,收集并答复问题、建议903件。

【强化基层党组织功能属性】 开展农民专业合作社、家庭农场党组织建设全国试点工作,组建138家"新农"组织党组织,实现党的组织和工作全覆盖。加强社会组织党组织建设,党的工作和组织覆盖率达到70%。制定下发《关于法治型基层党组织建设的实施意见(试行)》及参考标准,采用"八个一"工作法推进法治型基层党组织建设。建立基层党组织整顿帮扶常态机制,11个整顿帮扶对象基本完成整顿转化。组织开展"规模以上非公企业党组织统一悬挂红色标牌行动"和非公企业党组织"三不"专项治理行动,选派第十批"百名干部进百企"专职党建工作指导员150名。开展评先评优争创工作,33个基层党组织和12名基层党组织书记分别获得苏州市先锋基层党组织和优秀基层党组织带头人荣誉称号,8名村党组织书记被推选为"吴仁宝式优秀村书记"。全面启动村(社区)书记、主任岗位年金制。建立村党组织书记任免事前报告和备案管理制度,开展新一轮新老党组织书记"红色接力"行动,推荐村党组织书记后备人才220名。制定《大学生村官管理办法》,组织250多名大学生村官开展专题培训。整合开发"基层党组织规范活动管理平台",实施在职党员进社区管理平台二期工程建设,开发党代表履职管理功能模块。

【加强党员教育管理】 开展纪念建党94周年系列活动,举行七一纪念大会,组织先进典型宣讲,表彰2013—2014年度全市党建工作先进集体和先进个人。开展全市党员队伍普查,排查确定"问题党员"80人、"问题党组织"400多个,处理38人。开发入党积极分子党的基本知识网上考试系统,实行考试合格准入制度。举办发展对象和新党员标准化培训班6期,参训1530人。召开市党员关爱基金会一届四次理事会会议,向全市2926户贫困户和964户贫困边缘户发放535.3万元党员关爱基金,遴选全市生活困难家庭的优秀学生进行扩面帮扶,资助15万余元。举办全市村(社区)党组织书记、非公企业党工共建培训班。建立远程教育"固定学习日"制度,组织开展"远程培训周"。《老陆办学记》获全国党员教育电视片观摩交流作品一等奖。全面推广江苏先锋智能TV,实现镇(街道)、村(社区)基层站点"全覆盖"。

【完善人才政策体系】 开展镇(区)党(工)委书记履行党管人才职责专项述职大会,举行全市科技和人才工作领导小组会议,动态调整考核内容和指标权重,增强各级党委抓好新形势下人才工作的责任感和紧迫感。召开市人才办主任会议9次,推进和落实各项政策措施。组织人才工作者专题培训2期,提升工作队伍综合业务能力。调研制订宣传文化、教育、卫生、农业、社工等重点社会事业领域高层次人才计划实施细则和企业经营管理人才素质提升计划等6个文件,统筹各支人才队伍建设。修订科技创业领军人才申报条件,出台《项目管理暂行办法》。搭建政企银合作交流平台,推出以创投、信贷、担保、保险为主要内容的"集合信贷"科技金融服务。

【加快人才集聚】 举办2015常熟国际精英创业周、第四届"创智杯"创业大赛常熟赛区复赛、省华侨华人高层次人才江苏行、美南中国专家协会联合会常熟行、留日博士总会江苏行常熟专场等活动,围绕特色产业举办"智能装备"特色专场。加强与寰球人才网、千人智库等社会组织合作,全年新增落户项目85个。编制下发《2015年度常熟市高层次紧缺人才需求目录》,加快高层次紧缺人才引进步伐。年内,全市新引进"国家千人"计划专家3人,新增省"双创计划"5人、省"双创博士"12人、苏州"姑苏计划"20人,常熟市级创新创业领军人才立项50个,其中创业类47个。全市人才资源总量达27.5万人,同比增长9.88%,高层次人才总量达1.95万人,同比增长12.68%。获2014年"苏州市人才科技工作创新进步奖"。

【优化创业生态】 推进"双创"科技企业"313"培育工程,3家人才企业在"新三板"挂牌上市。举办1期领军人才创业训练营、3期人才企业与银行、本土企业对接交流会,邀请江苏高科、深交所等机构实地考察人才企业,搭建人才企业与政府部门、金融机构、本地创新企业的合作交流平台。围绕推动产业转型升级,举办"小巨人"企业家赴浙江大学专题研修班。人才载体建设继续加快,全年新增省级科技企业孵化器3家,省众创空间4家,4家省博士后创新实践基地升格为国家级博士后工作站。 (李 昊)

"两新"党建

【概况】 2015年,全市深入开展"两

7月10日,2015(第七届)苏州国际精英创业周常熟创新创业合作洽谈会举行

新"党建"建功示范年"活动，推出 9 项具体措施，全力推进"两新"党建。截至 2015 年年底，全市共建立非公企业党组织 3488 个，其中独立党组织 2548 个，联合党支部 940 个(覆盖企业 12517 家)，组织覆盖率达 99.56%，共有非公企业党员 22134 名；共建立社会组织党组织 70 个，其中独立党组织 61 个，联合党支部 9 个(覆盖社会组织 36 家)，组织覆盖率达 56.7%，共有社会组织党员 380 名。

【市委非公工委更名为市委"两新"工委】 为进一步完善非公有制企业和社会组织党建工作领导体制和工作机制，根据全省统一要求，经市委常委会研究决定，中共常熟市非公有制经济工作委员会更名为中共常熟市委非公有制企业和社会组织工作委员会(简称市委"两新"工委)。

【奇瑞捷豹路虎汽车有限公司党委成立】 1 月，成立奇瑞捷豹路虎汽车有限公司党委，隶属常熟经济技术开发区党工委领导和管理。全市党委建制非公企业党组织增至 35 个。

【常熟市零距离网络技术有限公司党支部成立】 12 月，成立常熟市零距离网络技术有限公司党支部，隶属虞山镇虹桥管理区党工委领导和管理。这是全市成立的第一家互联网企业党组织。

【开展"双亮双挂"活动】 在规模以上非公企业党组织大力开展"双亮双挂"活动，党组织悬挂标识，党员采取统一佩戴党徽、在胸卡或工作岗位醒目位置放置党员身份标识等方式佩挂红色标识，进一步推动党组织亮承诺、党员亮业绩，充分展示非公企业党组织和党员的良好形象。

【开展"三不"专项治理行动】 结合党员普查工作，进行摸底调查，对党员人数不足的党组织，及时调整优化党组织设置；对因企业关停并转等原因，无法开展活动的党组织，进行集中治理整顿；对活动开展不正常的企业党组织，进行整改。全市共整顿党员人数不足、活动不正常、作用不发挥企业党组织 287 家，全面提高非公党建工作规范化水平。

【选派第十批党建工作指导员】 制定《关于做好第十批非公企业党建工作指导员选派工作的意见》，在全市选派 150 名党建工作指导员，明确工作职责，加强日常管理。同时，下拨工作补贴，办理商业保险，完善选派工作基础保障并对第九批 24 名优秀专职党建指导员予以表彰。

【加大非公党建保障力度】 由市镇两级按每名党员 200 元的标准下拨非公企业党组织活动经费，全年市级共下拨经费 176.5 万元；对非公企业党员交纳党费实行全额返还，全年共返还非公企业党费 179.5 万元。 (张志新)

宣传工作

【概况】 2015 年，全市宣传思想文化战线紧紧围绕"基层工作加强年"，深入学习宣传党的十八届四中、五中全会和习近平总书记系列重要讲话精神，坚持把牢方向导向、科学谋划规划、努力求实务实、推进创新创优，各方面工作有巩固有加强、有突破有提高，呈现积极健康、蓬勃向上的良好态势，为全市改革发展提供思想保证、精神力量、道德滋养和文化条件。

【理论工作】 市委出台《关于切实改进学风的意见》《关于进一步加强学习型党组织建设的意见》。全年围绕"'四个全面'战略布局"等专题组织中心组集中学习 8 次，完成对全市乡镇(系统)党委首轮巡听督学全覆盖。在全市基层党校开展"争先创优"活动，持续打造"一村(社区)宣讲一故事"宣讲品牌，组织全市基层党校校长暨理论骨干赴浙江大学集中培训，虞山镇"流动党员学习驿站"等 2 个项目入选苏州市基层党校扶持项目。"精品党课'大比武'，搭建冬训学教新平台"获得全省基层党员冬训工作创新项目奖，保持"全省基层党员冬训示范市"称号。启动第四届哲学社会科学优秀成果评奖，修订《社科普及基地创建与管理条例》，引导和规范社科类学会健康发展，4 个项目获苏州市社科普及资助项目，翁同龢纪念馆被命名为"江苏省社科普及基地"。

【新闻宣传】 健全重大主题宣传策划机制，完善新闻报道双月通报制，全年推出"三严三实""纪念抗战胜利 70 周年"系列专题报道 50 余组，央视、新华社、人民日报、光明日报、农民日报等中央主要媒体刊发报道常熟稿件 100 多篇，创历年新高。出台《信息发布和政策解读机制实施意见》，组织"城乡环境综合整治""农村土地新政解读"等新闻发布会 12 场，准确解读政策措施，积极回应社会关切。全方位开展城市形象宣传，制作完成大型人文纪录片《书香》和城市宣传画册《常来常熟》。深化网络传播秩序专项整治，全天候开展网络舆情监控，全年清除各类不良信息 2300 多条，答复网友问政 300 多次，编写《网情摘报》《舆情专报》30 多期，提供主要领导决策参考。"i 常熟"城市 APP 正式发布，举办全市新闻发言人和网评员培训，获评"中国城市网络形象排行榜 20 强"。

【文明创建】 顺利跨入"全国文明城市提名城市"行列，沙家浜镇入选"全国文明镇"，梦兰村入选"江苏最美乡村"。制定"创建三年行动计划"，完善"新风杯"竞赛考核细则，推动形成文明创建项目化推进机制、社会化参与机制、常态化考核机制。重视发挥典型引路作用，举办第三届常熟市道德模范评选与身边好人现场交流活动，钱敏丹入选"中国好人"，端木银熙当选第五届江苏省道德模范。广泛开展"社会主义核心价值观"公益广告宣传，在全市镇村、社区、企业、学校、窗口单位普遍设立"善行义举榜"和社会主义核心价值观宣传栏。开发运用市志愿者注册记录"云平台"，全市有服务记录的注册志愿者近 7 万人，"海虞妈妈"被推荐为全国百个"最佳志愿服务项目"。广泛开展"核心价值观进校园"活动，不断深化未成年人文明礼仪养成教育，市检察院获"全国未成年人思想道德建设工作先进单位"称号。调整未成年人社会实践基地管理模式，整合形成"一中心两基地"新机制，得到教育部专家组充分肯定。

【文化建设】 出台《推动常熟文化建设迈上新台阶的意见》，梅李殷培华美术馆、碧溪非遗展示馆等建成开放。大力实施文化惠民工程,全年开展市民公益文化培训4100多人次,举办"文化惠民村村演""情暖常熟"群文巡演等活动400多场。成功举办"2015江南文化节暨沙家浜旅游节""第五届中国古琴节"等重大文化活动。扎实推进"书香城市"建设,举办"纪念抗战胜利70周年"全国征文大赛,荣获第十届苏州阅读节优秀组织奖。召开繁荣发展社会主义文艺工作推进会,积极开展以"中国梦"为主题的文艺创作,原创锡剧《侠医缪希雍》获第十四届中国戏剧节优秀展演奖。成功组织文化旅游产业推介签约,"印象·沙家浜"实景演出等6个项目入选苏州市2015年文化产业重点建设项目,在苏州市文化发展绩效考核综合评价中的位次上升2位。

【文化科技卫生"三下乡"活动】 1月16日,2015年常熟市文化科技卫生"三下乡"活动在尚湖镇启动。活动共组建"三下乡"文化服务、科技服务、卫生服务、法律服务、志愿者服务五大服务分团,累计收到各有关部门和单位捐赠的扶贫资金和物资共计价值54.8万元。

【举办第八届常熟市阅读节】 4月22日,第八届常熟市阅读节暨第四届"灵动碧溪"阅读节、第五届常熟市少儿阅读节启动仪式举行。该届阅读节主题是"阅读,让常熟更美丽",共组织开展各类阅读活动230多项,其中市级主体活动7项,各镇村、社区、企业举办阅读活动150多项,各学校举办青少年阅读活动60多项。

【省委常委、宣传部长王燕文到常熟调研】 7月3日,省委常委、宣传部长王燕文到常熟调研宣传思想文化工作,先后考察海虞镇海福新城、市博物馆、市图书馆、翁同龢纪念馆、梅李镇聚沙园、沙家浜爱国主义教育基地等,并召开座谈会,听取常熟宣传思想文化工作汇报,充分肯定常熟在传统文化创新、精神文明建设、人才队伍培养、公共文化服务推进等方面取得的成绩。

【举办2015中国常熟江南文化节】 参见第57页〖2015中国(常熟)江南文化节暨沙家浜旅游节〗。

【开展"家在苏州·常熟风物"主题活动】 4月下旬,"家在苏州·常熟风物"主题活动在全市爱国主义教育基地开展,活动期间共有100多批团队3000多人次走进爱国主义教育基地,接受革命传统教育、时代精神教育、历史文化教育。

【全市繁荣发展社会主义文艺工作推进会召开】 11月17日,全市繁荣发展社会主义文艺工作推进会召开,会议要求相关部门、文艺工作者坚持正本溯源、提质增效,坚定文艺创作之本,始终把人民作为文艺表现的主体;深挖创作之源,深入生活、扎根基层,提高创作之质,推出更多思想精深、艺术精湛、制作精良的精品力作;注重文艺作品的效果,自觉把艺术追求融入时代潮流、实现价值引领。

2015年省级以上主流媒体对常熟市的重要报道

表4

媒体	版面	标题	日期
人民日报	第A18版	敢啃转型硬骨头	10月13日
人民日报	第A01版	做党和人民信赖的"四有"书记——全国优秀县委书记推选表彰纪实	7月1日
人民日报	第A02版	赵乐际在江苏调研时强调—用协调推进"四个全面"的成效衡量"三严三实"专题教育成果	7月19日
人民日报	第A12版	纪念沙家浜精神全国征文活动启动	4月3日
人民日报	第A10版	常熟池塘上建光伏电站不占地能发电	2月8日
人民日报	第A02版	渔光互补	8月16日
人民日报	第A17版	建立健全行政裁量权基准制度—"一把尺"裁量 破解同案不同罚	11月25日
人民日报	第A09版特刊	既要富口袋,也要富脑袋	3月10日
人民日报	第A09版	传统产业呼唤工匠精神小微企业主刘卫军——"我就是个匠人"(故事·百姓影像)	4月22日
人民日报	第A24版	阅读与传承(大地漫笔·编辑丛谈)	4月27日
光明日报	第A01版	琴韵书香满常熟	8月29日
光明日报	第A06版	"阿庆嫂"唱到了第七代	8月5日
光明日报	第A05版特刊	江苏省常熟市康博村党委书记高德康代表:居家养老模式需创新	3月12日
农民日报	第A01版	创新引领农业升级增效	9月1日
农民日报	第A06版	常熟:农药集中配送助力减量用药	4月30日
经济日报	第A08版	坚实的芦荡摇曳的散文	5月31日
经济日报	第A13版	山是山水是水百姓富环境美	3月11日
中国文化报	第A03版	常熟美术馆:首届全国水粉画大展作品展	3月12日

续表 4

媒　体	版　面	标　　题	日　期
中国文化报	第 A07 版	海虞：让传统苏作技艺走出去	7 月 4 日
中国文化报	第 A08 版	古韵今风书香日浓—江苏常熟扎实推进“书香城市建设”	9 月 18 日
中国文化报	第 A03 版	庞薰琹图案艺术精品展在莞城美术馆展出	3 月 15 日
中国文化报	第 A03 版	中和之美——常熟美术馆藏唐滔作品展开展	3 月 29 日
中国纺织报	第 A08 版	海安常熟共建省级合作园区已进驻企业 26 家	6 月 9 日
中国纺织报	第 A0 版	梦兰家纺获“信息披露实践优秀奖”	9 月 25 日
中国纺织报	第 A05 版	常熟服博会演绎现代江南织造	7 月 2 日
中国环境报	第 05 版	放管结合优化服务常熟环保简政放权蹄疾步	10 月 19 日
中国环境报	第 10 版	中法水务与常熟签订战略协议成立合作公司，负责常熟江南水务资产和运营	3 月 17 日
消费日报	第 B4 版	承前启后代代相传江苏常熟：文化传承与创作的一方沃土	5 月 19 日
消费日报	第 B4 版	均衡发展为指引惠民便民为主线——江苏常熟争当协调发展的典范	9 月 17 日
中国工业报	第 B3 版	高德康担任中服协羽绒专委会主任	6 月 24 日
中国教育报	第九版	产教融合发展战略国际论坛（IFIE）在常熟召开	11 月 30 日
中央电视台	新闻联播	县委书记风采惠建林：当好县域经济改革排头兵	6 月 27 日
中央电视台	新闻联播	习近平会见全国优秀县委书记	6 月 30 日
中央电视台	朝闻天下	县委书记风采惠建林：当好县域经济改革排头兵	6 月 27 日
中央电视台	新闻直播间	县委书记风采惠建林：当好县域经济改革排头兵	6 月 27 日
中央电视台	晚间新闻	习近平会见全国优秀县委书记	6 月 30 日
中央电视台	焦点访谈	县委书记要做“领头羊”	7 月 1 日
中央电视台	中国新闻	2015 中国江南文化节暨沙家浜旅游节开幕	9 月 20 日
中央电视台	晚间新闻	阅读平台形式多公共文化亲民惠民	10 月 7 日
中央电视台	新闻直播间	江苏常熟：“拥军城”让子弟兵无后顾之忧	12 月 6 日
中央电视台	经济信息联播	开学季	3 月 2 日
中央电视台	朝闻天下	江苏：为捐造血干细胞民警推迟婚礼	4 月 3 日
中央电视台	美丽中国乡村行	抗战名村行——沙家浜	8 月 17 日
中央电视台	新闻直播间	国务院公布第二批国家级抗战纪念设施及遗址名录	8 月 24 日
中央电视台	文明密码	常熟水乡味道	8 月 31 日
中央电视台	文明密码	常熟的蒸菜	9 月 4 日
中央电视台	海峡两岸	红木版富春山居图在江苏常熟展出	10 月 22 日
中央电视台	朝闻天下	第七届中国智能车未来挑战赛	11 月 15 日
中央电视台	新闻联播联播快讯	2015 年中国智能车未来挑战赛开幕	11 月 15 日
中央电视台	走进科学	智能车挑战赛	12 月 10 日

（段秀娟）

统 战 工 作

【概况】　2015 年，全市统一战线围绕市委、市政府中心工作，把服务全市构筑“五位一体、综合发展”新优势、推动经济社会发展、维护社会和谐稳定作为建言献策的重点，着力提高统战工作的贡献度。年内，市委统战部再次获中央统战部宣传工作先进单位荣誉，并被省委统战部评为全省统战工作先进集体。

【开展坚持和发展中国特色社会主义学习实践活动】　指导各民主党派和知联会深入开展坚持和发展中国特色社会主义学习实践活动。组织市各民主党派、无党派知识分子联谊会共同协商研究，形成《关于加强思想政治引

6月18日，市委统战部举行纪念中国共产党成立94周年暨坚持和发展中国特色社会主义学习实践活动主题报告会

导，推进民主党派自身建设的协商意见》；协助各民主党派建立学习实践基地，开展各类学习实践主题活动；组织召开全市党外人士纪念中国共产党成立94周年暨坚持和发展中国特色社会主义学习实践活动主题报告会。

【参政议政与民主监督】 协助市委召开双月座谈会6次，召集党外人士参加常熟经济技术开发区"十三五"规划通报会1次，参会人员共计70余人次，征求意见建议170余条。组织召开全市对口联系工作会议，对进一步加强对口联系工作、确定调研选题课题等提出具体要求，拓宽了民主党派知情参政的渠道。围绕构筑品牌经济新高地、全市城乡一体化暨农宅建设管理、加强与完善市精神卫生体系建设等课题，组织统一战线成员开展联合调研，形成调研报告10多篇。依托"我为常熟改革发展献一策"平台，积极组织党外人士结合各自工作领域，建言献策，全年共收集各类社情民意50余条，涉及经济、民生、社会事业、公共管理等领域。积极会同有关部门聘任党外人士担任特约民主监督员，参与行政执法和党风、行风监督评议，发挥好民主党派和无党派人士在各部门落实中央八项规定和省委十项规定、践行"三严三实"要求，加强作风建设等方面的监督作用。

【培育民主党派社会服务品牌】 支持各民主党派、知联会通过建立社会服务基地（工作站）、调查研究基地、学习实践基地等，创新社会服务工作平台与载体。引导各民主党派、知联会发挥各自优势，打造特色的教育服务、医疗卫生服务和科技服务，巩固社会服务"一党派一品牌"成果。整合各民主党派资源，开展"同心"社会服务活动，组织民主党派成员开展"迎新春、送春联——书画家进社区活动"和"同心共筑中国梦，服务社会惠民生"社会服务活动。组织编纂《共画同心圆——常熟市民主党派基层组织活动典型案例汇编》以及《共画同心圆——常熟市民主党派活动载体建设情况汇编》，对民主党派社会服务工作实践进行细致整理和系统总结，巩固民主党派社会服务成果。

【党外代表人士队伍建设】 召开民主党派、知联会工作会议和组织工作会议，形成《关于进一步加强民主党派基层组织建设的协商意见》，协助各民主党派开展"基层支部示范建设"活动，推进了民主党派的制度化和规范化建设，增强党派组织活力。召开全市民主党派基层组织建设推进会，总结交流各民主党派基层组织建设的经验，展示各自在基层组织建设方面所做的工作和取得的成效。会同组织部门，积极争取市委支持，完成4个民主党派市委领导班子的调整充实工作，优化了民主党派领导班子结构；指导并协助民革、九三学社两个组织顺利换届，完成政治交接，确保政治信念和优良传统的薪火相传。举办民主党派、无党派人士骨干培训班，增强党外人士做中国特色社会主义建设的亲历者、实践者、维护者、捍卫者的坚定性和自觉性。年内新发展民盟盟员14人、民建会员19人、民进会员6人、农工党党员13人、民革党员6人、九三学社社员5人。至年末，全市民主党派共有成员1345人，其中民盟256人、民建346人、民进299人、农工党351人、民革65人、九三学社28人。至年末，全市共有副局（科）职以上党外领导干部35名，其中担任政府部门正职1名。

【引导非公经济健康发展】 深入开展以"守法诚信"为重点理想信念教育实践活动，会同有关部门组织了"'四信'之光耀民企"主题宣传活动，加大对诚信守法企业家的宣传力度。先后举办"江苏省第78期企业高级职业经理人任职资格培训班"和第一期"精益营销训练班"，邀请专家学者为企业家就现代职业经理人的角色认知、企业资本运作以及互联网思维下的创新营销、营销心理学等热门课题进行培训。构建非公经济人士综合评价体系，联合人大、政协、工商、税务等10多个部门，对部分重点非公经济代表人士进行综合评价，初步建立综合评价数据库。

【弘扬光彩慈善事业】 用好光彩事业载体，引导非公经济人士特别是其中年轻一代致富思源、富而思进，主动参与到社会公益慈善事业，释放非公经济助力，努力构建非公企业社会责任体系。市睢宁商会会长与1名贫困学生签订帮困助学协议书，每学期资助他8700元至大学毕业。市青田、莆田、闽南商会各捐助2万元给市光彩基金，用于帮助贫困生和困难人士。组织企业家代表专程赴四川省绵竹市土门镇进行慰问活动，为当地困难群众送上总商会民营企业家21万元的光彩捐赠款。进一步深化打造企业家健康工程，经上级同意，向市二院捐款50万元用于购买先进设备。

【港澳台与海外统战工作】 指导在美国马里兰州成立"美国大华府常熟联谊会"，促进常熟籍旅美人士的联络联谊，拓展与欧美各国、澳大利亚、日本等地华侨华人重点社团的联系。在翁同龢纪念馆建立“同和侨苑”，被命名为“江苏省华侨文化交流基地”，并在黄公望纪念馆等9家单位设立“海峡两岸文化基地”，深化“缘来常熟”两岸交流基地建设，推进常台两地交流合作。在台北举办“原创微电影《赭》台北观赏会·常熟虞山赭石砚暨黄公望文化研究书籍展”，组织《富春山居图》红木合璧两岸文创精品展，联合文化部门在孟加拉国首都达卡策划举办“庆祝中孟建交40周年——常熟市书画院作品展”，展示“虞山画派”的流风遗韵，增进与当地华侨华人的文化认同。加强侨务工作平台和基层侨联组织建设，新建海虞、支塘侨务工作站，指导海虞、辛庄、梅李、董浜、碧溪新区成立镇级侨联组织，全市基层侨联组织达到7家，辛庄镇被评为全国社区侨务工作示范单位。举办欧美海智人才暨海外华人华侨高层次人才常熟行、美南中国专家协会联合会常熟行以及留日博士总会江苏行常熟专场推介会等活动，促成侨企中国恒瑞碳纤维项目签约高新区。通过市台协会、上级台办和部分台商牵线搭桥，深化与台湾重点企业及行业组织的交流与往来，扩大对台招商信息渠道。年内，全市新批台资项目1个，合同利用外资32万美元；增资4家，投资总额21440万美元，注册资本6000万美元。至2015年，全市有台资企业522家，合同投资104.87亿美元，注册资本61.04亿美元。协助组织接待张耀章亲属，在孝友中学举行张耀章铜像和生平陈列揭幕仪式。积极接待海外人士，全年共接待海外华人华侨300多人次，接待台胞50多批200多人次，承办赴台交流10批57人次，非公职人员赴台商务活动56批105人次。

【维护民族宗教领域和谐稳定】 成立市民族宗教工作领导小组，出台《关于加强全市宗教活动场所安全管理工作的意见》，明确宗教活动场所安全管理工作的重点和各相关部门的职责。组织开展星级宗教活动场所认定工作，统一星级评定标准，严格对照评定细则，认真开展星级创建工作。指导市佛教协会拟定《全市佛教活动场所管理办法》，促进宗教活动场所规范化管理。组织开展宗教政策法规学习月活动，引导宗教团体和宗教界人士正确认识和处理“国法与教规”的关系，帮助宗教界人士增强法治意识。深化常熟兴福慈善功德会品牌建设，明确敬老助老、爱心助学、扶贫济困3个重点公益领域，全年共慰问环保工人、儿童福利院、贫困学生、敬老院等近3000人次，捐献款物20多万元。加强宗教人才和文化建设，举办第四期中青年僧材培训班，指导市佛教协会复办常熟法界学院，进一步加强佛教人才的培养。进一步挖掘宗教特色文化，指导市佛协会编纂出版《维摩寺志》《藏海寺志》，成功创刊《兴福》杂志。加强对外交流，积极与台北华严莲社加强交流合作，组织部分人员赴台湾参加台北华严莲社举办的华严专宗论坛，推介常熟佛教文化。举办“百年华严百城烟水——首届华严论坛”，广邀大德法师、专家学者会聚常熟，研讨佛教华严专宗对现代社会的积极作用。协助完成市基督教堂委会的换届工作。优化少数民族扶助扶持工作，全市各级民宗部门全年走访慰问少数民族困难家庭24户，发放慰问金2万多元，结对支助少数民族贫困学生20名。进一步落实好民族工作政策，按政策办理中考加分证明41人次、高考加分证明14人次。组织推进清真食品补贴政策落地。指导市少数民族联谊会顺利换届，并更名为“市民族团结进步促进会”。　　（朱明明）

农村工作

【概况】 2015年，全市农村工作紧紧围绕“五位一体、综合发展”总基调和农村工作会议明确的目标任务，以深化农村各项改革、实施强村富民、扎实推进美丽乡村建设和城乡一体化建设、积极培育新型农业经营主体为重点，全力推动农业强、农村美、农民富，取得了明显成效。常熟市“加强村级财力建设发展村级集体经济”改革发展政策获2014年度全省农业农村改革创新成果。1月，市委农村工作办公室主任吴建兴被省委农村工作领导小组办公室评为全省农工办系统先进工作者。

【健全完善政策体系】 全年先后出台《关于加大农村改革创新力度推动现代农业建设迈上新台阶的意见》《常熟市农村土地承包经营权确权登记颁证工作实施意见》《常熟市村级集体资金资产资源管理暂行办法》《关于推进全市村庄综合整治的实施意见》《常熟市征地补偿和被征地农民社会保障办法》《常熟市征地补偿和被征地农民社会保障实施细则》《关于加快全市村级工业用地整合优化的实施意见》等政策意见，进一步健全完善深化农村各项改革的政策体系。

“美丽乡村”建设

【实施强村富民工程】 推动村级财力均衡健康发展。确立规划先导、资源集约、统筹推进、均衡发展理念，重视经济薄弱村脱贫转化，全面推进村级财力建设新三年行动计划。着力盘活农村集体存量土地资源，支持和鼓励抱团发展、联合发展、异地发展，推进“一村两楼宇”建设；全面落实生态补偿、村集体缴纳税收地方留成部分转移支付等政策，完成镇收购土地指标的本金债权入账，基本统一年利率标准并结息，保证了全市村级集体经济的均衡稳定健康发展。2015年，全市村级集体经济总收入20.4亿元，同比增长7.79%，村均总收入884万元；稳定性收入14.2亿元，村均稳定性收入614万元，同比增长7.07%。促进农民增收。持续实施农民收入倍增计划，不断提高农民工资性、投资性、财产性、经营性和转移性收入，2015年，全市农民人均纯收入25860元。

【推进新农村建设】 2015年，加快推进“美丽乡村”建设，全年完成2个省级“美丽乡村”建设面上示范创建村的各项创建工作，受益农户568户，总投资1153万元。完成20个苏州市“三星级”康居乡村的创建，受益农户2505户。稳妥推进城乡一体化建设。坚持“方向坚定不移、政策一以贯之、工作持续不断、方法统筹推进”的总原则，调整优化上一轮村庄布局规划，推进村庄综合整治规划编制，加强示范小区和农村住宅建设管理，确保了城乡一体化建设工作平稳、有序、顺畅推进。截至12月底，全市示范小区累计开工41个，总建筑面积547万平方米，交付使用234万平方米，结构封顶234万平方米，正在主体施工近80万平方米，安置入住累计9020多户。

【加强新型农业经营主体建设】 2015年，全市新增农民专业合作社8家，累计达到250家，新增家庭农场31家，累计达到90家。建成9家苏州市级家庭农场，新增村级合作农场32家，累计组建62家。其中6家被批准为省级示范性家庭农场。

【开展农村土地承包经营权确权登记颁证】 加强全市农村土地承包经营权确权登记颁证工作的组织领导，建立市、镇、村三级工作网络，召开全市动员大会。明确采用确权确股不确地、确权确利不确地和确权确地三种不同方式实施确权登记颁证。全市确定符合实施确权颁证条件的村有156个，2015年已有134个行政村全面展开此项工作，同时，制定实施意见，细化工作措施，编印《工作手册》和《政策问答》等一整套工作资料，并基本完成发包方调查、承包方调查、承包地块调查、踏勘制图和系统信息录入等工作。

【深化社区股份合作社改革】 印发《关于实施社区股份合作社股权固化改革的指导意见（试行）》，启动先行组织实施的40家社区股份合作社股权固化改革试点。编印《常熟市农村社区股份合作社股权固化改革工作手册》，明确社区股份合作社股权固化改革工作操作流程，组织先行开展股权固化改革的镇（区）、村等相关人员进行业务培训。截至2015年12月底，各镇（区）试点村基本完成自1983年至2015年12月31日的成员基本信息摸底调查，研究制定了成员界定的条件和标准、股权配置办法和实施细则、成员代表产生办法等。

【推进农村产权交易服务改革】 在完成梅李镇农村集体资产交易服务中心建设试点工作的基础上，印发《关于全面推进农村集体资产交易服务中心建设的指导意见》，赋予各镇（区）农经管理部门交易监督职责，建立交易管理办、前置审核办和交易中心“二办一中心”的组织架构，农村集体“三资”交易管理与日常管理合一，交易中心与公共资源交易市场共享“两合署”的交易监督管理体系。 （张晓红）

机构编制

【概况】 2015年，市机构编制部门贯彻落实市委、市政府决策部署，适应经济发展新常态，坚持以法治精神为引领，以转变政府职能为核心，以简政放权为突破口，大力推进行政管理体制改革，进一步严格规范机构编制管理，着力抓好政府机构改革任务落实、加强事中事后监管和各项改革试点工作，努力为全市构筑“五位一体、综合发展”新优势提供有力的体制机制保障。

【政府机构改革】 按照精简统一效能原则，稳步推进大部门制改革。整合卫生局、计生委职责，组建卫生和计划生育委员会；整合工商局、质监局、食药监局和食品安全办的职责，以及卫生部门承担的食品安全相关职责，组建市场监督管理局，挂“市食品药品监督管理局”牌子，统一负责工商、质监、食品药品监管等市场监管职责，同时承担市食品安全委员会的具体工作；整合质监、食品药品监管、农业、粮食等部门的各

5月13日，中央机构编制委员会办公室副主任王峰到常熟调研

类技术资源组建“常熟市检验检测中心”；将土地交易、建设工程交易以及政府采购等公共资源交易平台整合，组建“常熟市公共资源交易中心”。加大部门间职责整合力度，将土地登记、房屋登记、林地登记、草地登记等不动产登记职责整合到市国土资源局；将原计生委的“研究拟订人口发展战略、规划及人口政策”职责划入发改委，将商务局的“生猪定点屠宰监督管理”职责划入市农委；进一步理顺水务和医保管理体制，将原由市住建局承担的涉水工作职责以及下属的市给水与排水管理所、城市节水办、污水处理厂划转到市水利局，实现了全市城乡防洪排涝、供水、排水、节水、污水“一条龙”；原由市卫计委承担的居民医保管理职责以及下属的市农村合作医疗管理中心划转到市人社局，形成居民医保与城镇职工医保“一体化”的新格局。积极配合全省广电网络整合工作，推进常熟广电网络管理体制改革。

【深化行政审批制度改革】 贯彻落实省委十二届七次全会提出的“建立以5张清单、1个平台、7项相关改革”举措为主要内容的“简政放权、转变职能”目标要求，全面取消非行政许可审批事项，按照“取消是原则，调整是例外，例外必从严的原则”，对非行政许可审批事项以“取消、转变、调整”的方式逐行开展清理、审核、确认，暂停行政许可大项6项、新增2项，暂停子项4项、取消2项；取消非许可审批4项，补充法律法规依据调整为行政许可6项，调整为其他权力14项，调整为管理与服务事项2项，全面取消非行政许可这一审批类别，与2014年新一轮审改前231项相比减少94项，精简率达40.69%，并实现“目录之外无审批”。坚持“放、管”结合，建立健全行政审批长效监督监管体系，落实市政府常务会议通过的《关于深化行政审批制度改革加强事中事后监管的意见》，针对取消、下放、保留、转移、前置改后置、涉及审批的中介等分类逐项及时完善具体的监管措施220条。加快推进市、镇两级政务服务体系建设，探索研究相关行政审批事项的下放，采取下放、委托、授权等多种形式，首批下移42项经济社会管理权限和45项公共服务事项到乡镇，实现政府职能部门公共服务延伸到基层全覆盖。

【推进全省镇域相对集中行政处罚权试点工作】 作为省政府批准的全省唯一在镇域全面开展相对集中行政处罚权试点工作市，常熟市积极推动监管重心下移，首批赋予乡镇的涉及安全生产、环境保护、劳动保障、镇容镇貌、卫生监督、城镇建设和规划管理等六个方面328项执法权。年内，乡镇综合执法机构组建到位、职责明确到位，人员力量整合到位，实现执法平台、执法流程、执法文书、自由裁量权、执法证件、服饰标志等全面统一；实现“一个部门管市场”的基础上做到“一支队伍管执法”；整合资源，归并执法队伍，整合卫生（餐饮服务环节食品安全执法）、工商、质监和食品药品监管执法力量，加强基层监管力量组建统一的隶属市场监管局领导的市场监管执法队伍，承担本区域工商、质监和食品药品监管等市场监管执法工作。

【加强机构编制动态管理】 开发区和工业园区管理机构采取“撤一建一”的方式建立完善安全生产和环境保护机构，明确工作职责，配足配强监管人员，全面加强安全生产和环境保护监管力度，充实完善开发区纪检监察机构建设。深化纪检监察体制二轮改革。建立完善巡查工作体系，成立巡查工作领导小组及办公室，构建与上级巡视工作的对接机制。下达2016年度全市公务员、事业单位编制使用计划871名，受理批准机关、事业单位人员调动计划申请97名，机构编制调整事项10件。年内新建的6家事业单位以及幼教分设后独立设置的11家幼儿园人员编制均通过系统内或跨部门调剂的方式解决。将政府机构改革精简的12名行政编制充实到政府法制、民生保障、国有资产监督等部门，调整优化行政编制资源。适应教育事业的发展，对教育系统各学校人员编制在原定10825名总额内进行动态调整；住建系统内部调剂4名编制用于增加建筑安全监督站人员力量，进一步强化安全保障；水利系统通过内部调剂和跨部门调剂结合的方式调剂30名编制用于支持水务一体化改革后部分职能任务增加的事业单位发展。编外公益性岗位人员的用工管理进一步规范。积极探索财务人员统筹使用办法，配合财政部门出台《常熟市市级行政事业单位财务管理办法（试行）》，鼓励条件成熟的部门率先试行本系统内事业单位财务人员统筹使用，增加事业单位专业技术人员占编比例。严格把关用编计划，明确全市自收自支事业单位以及机关事业单位后勤服务人员只出不进，并严控人员逆向调动，逐步将可交由市场和社会履行的职能放开，强化事业单位的公益属性，努力构建社会公益服务新格局。

【严格落实控编减编任务】 根据省、市有关市县政府职能转变和机构改革工作的要求，围绕实现本届政府财政供养人员只减不增目标，按照“控制总量、盘活存量、优化结构、创新管理”要求，明确全市控编减编总体目标、基本原则、具体措施和工作要求。通过推进政府职能转变和机构改革，创新编制管理方式，采取机构编制动态管理、推进事业单位分类改革、推行政府购买服务等系列新举措，充分挖掘现有编制资源，提高编制资源效用，确保全市行政编制、各类专项编制不突破中央和省、市核定总额，确保事业编制总量以2012年底统计数为基数只减不增。严守“三条”红线，在总量平衡的基础上，合理调整有关单位机构、编制，优化资源配置，在确保机构编制“零增长”的前提下，解决关键领域和重点部门的机构编制需求。

【强化机构编制责任审核】 认真做好机构编制责任审核，将离任必审和任中审核有机结合，会同组织部、审计局完成对虞山镇、古里镇、发改委、商务局等单位的机构编制责任审核，共联审有关单位主要负责人4名。进一步完善机构编制和组织人事、财政等部门协调配合机制，全面实行机构编制实名制管理，完成实名制信息系统升级工作，落实机构编制核查月报制度，使机构编制核查与日常管理相结合，推进机构编制精细化管理和使用。

【参与做好绩效管理工作】 积极参

与政府绩效管理的整体设计，将各部门对“三定”规定执行情况的考核评估以及职能履行情况的考核评估结果纳入政府绩效管理体系。通过参与组织全面绩效管理和牵头实施机构编制专项绩效管理，强化对各部门职能配置、职责履行和人员编制执行情况的监管以及其他各项机构编制管理，促进政府部门科学、全面、依法履职，从源头上推进政府职能转变。

【强化事业单位法人登记和中文域名管理工作】 根据年度工作计划，全面完成2014年度事业单位年度报告公示工作，对512个事业单位进行网上公告。根据机构设置及事业单位法人变更要求，完成20个事业单位的新设立登记，完成130个单位的有关法人变更事项，4个事业单位的证书补领。完成机关事业单位中文域名注册和网上挂标570家，完成率为90%。组织有关部门及乡镇的37名新任职事业单位法人代表赴浙江大学参加法人培训，增强其履职意识和服务意识。 （李　刚）

机关党建

【概况】 2015年，市级机关各党组织深入贯彻习近平总书记系列重要讲话精神，落实全面从严治党要求，开展学习型、服务型、创新型、法治型党组织建设，构建机关党建工作从严从实管理新常态，机关党的建设科学化水平不断提升。全年新发展党员28人，其中女性12人，评选出市级机关优秀党员159人。至年末，市级机关党工委下辖党委6个、党总支18个、党支部32个，党员3422人。下辖工会组织55个、团组织29个。

【党建工作责任制考核】 党工委年初与各党组织签订年度党建工作责任书，根据党委、总支、支部不同类型，分别明确11项工作要求。修改完善党建考核意见，明确23个考核项目，做到用实绩证明、让数据说话，并将党员满意度作为评价标准。全年组织开展2次拉网式党建工作实地督查，考评工作更加务实。考核结果使用上实施“4个一律”：评比先进党组织、优秀党务工作者一律从优秀的单位中选择，对考核结果比较差的党组织一律约谈，机关部门绩效管理考核中“机关党建”的成绩一律依据考核结果，考核情况一律实名通报。年底开展党组织书记抓党建工作专项述职评议，党工委领导按照问题导向进行点评，形成下级向上级述职、上级对下级考核、党员和群众对书记评议的工作运行机制。

【党员干部教育管理】 各党组织结合“党章学习日”和“三严三实”专题教育，集中开展党性教育活动，以领导干部讲党课、参观党员教育基地、党员志愿服务、专题讨论、观看党员先进事迹电教片等方式，对党员进行党性锤炼。举办第一期市级机关中层干部培训班，将听课和现场观摩相结合，提高中层干部的政治理论水平和业务技能。组织开展市级机关党组织新任党务干部、分支部书记培训，组织学习习近平总书记关于全面从严治党的新要求、《中国共产党党和国家机关基层组织工作条例》《中国共产党发展党员工作细则》和发展党员工作实务，提高机关新任党务干部的政治理论素养和业务水平。开展机关党务干部队伍建设课题调研，对党务干部的配备提出了明确要求。对上一年度做出突出成绩的党务干部给予表彰和奖励。

【党风廉政建设】 主动落实党风廉政建设党委主体责任，将市委关于党风廉政建设主体责任评价细则分解到工委每名领导班子成员，向机关各党组织书记辅导解读《常熟市落实党风廉政建设党委主体责任评价实施意见》。组织市级机关新提拔的52名正股职干部进行集体廉政谈话。强化对重点对象、关键环节的监督管理，排查30个部门136个中层风险岗位，提出293条防控措施。深入开展廉政文化进机关活动，在机关干部中征集个性化的廉政格言，参与党员干部434名，获奖作品以短信形式在节假日期间向机关党员干部发送。举办市级机关勤廉榜样故事演讲会。广泛抽取“两代表一委员”、村(社区)干部、企业代表和普通群众代表，对市级机关作风效能以无记名方式进行满意度测评，纳入机关年度绩效考核。以服务窗口和执法岗位为重点，首次对7个部门下属单位开展作风纪律巡察暗访。对违反纪律的4名党员进行党内纪律处分。

【机关法治型党组织建设】 机关党工委带头推动全市机关法治型党组织建设，主要领导实地调研指导，确定国税局、检察院、海事局、审计局为试点单位，探索形成党建与法治融合的工作思路。组织机关法治型党组织建设专题座谈会，听取7个重点单位交流建设经验和特色成果。开展法治型党组织建设成果征集活动，向组织部报送30项具有指导意义和能够广泛推广的好经

6月9日，常熟市级机关党建联盟成立仪式举行

验、好做法。其中机关党工委、海事局、检察院、法院等单位9项建设成果入选《法治型党组织建设成果汇编》。联合常熟市纪委、市司法局、市广电总台举办市级机关依法行政、廉洁从政知识竞赛，内容以《宪法》《党章》等国家法律法规、党内法规为主，要求市政府重点执法部门必须参加，每个参赛队伍中必须有副科级以上干部。比赛创新形式，设置视频案例分析题和风险PK题环节，增加比赛难度和精彩程度，在市级机关掀起一轮尊法学法的高潮。

【机关党建联盟】 党工委针对部分机关党组织党员人数少、党建资源薄弱、发展不均衡等现状，在听取各党组织意见的基础上，决定由工商联、妇联、团市委和法制办4个党支部组成彩虹党建联盟，由残联、党史工办、文联和信访局4个党支部组成蓝天党建联盟。6月9日，党工委举行机关党建联盟成立仪式，联盟成员单位签订合作协议。成立仪式后，彩虹党建联盟组织开展第一次党建联盟活动，邀请苏州市道德模范、重残女孩钱敏丹作《梦想的力量》个人事迹宣讲。党建联盟的成立有效地整合相邻区域或职能相近机关党组织的党建资源，促进机关党的建设共建共享、互利互惠，使机关党建工作由孤军作战向多方联动转变，由形式单一向内容丰富转变，由封闭式向开放式转变，由差异大向均衡性发展。

【市级机关"十佳"制度评选】 深化群众路线教育实践活动，与市纪委、组织部联合开展市级机关群众路线教育整改落实制度成果展示评比，共有57个部门申报83项制度成果。经过初评筛选、现场展示、集中评定三个阶段，市委老干部局《"上个门、逐个问"老干部普访制度》、市纪委《"阳光纪检"活动实施意见》、常熟日报社《"记者蹲点"实施办法》、常熟公积金中心《"五个一"单位服务长效机制》、市城管局《"四室三栏二岗一志愿"党员示范机制》、市委办公室《市领导会议活动协调机制》、市委组织部《共享互动齐推学习制度》、市检察院《全员参与检务督察制度》等10项制度被评定为市级机关"十佳"制度成果。

【机关群团工作】 坚持党群共建机制，提升群团组织覆盖。新成立3个工会组织，机关工会组织覆盖率达到98%；及时督促指导任期届满的16个基层工会按期换届。首次通过建立联合团支部形式，大幅提升组织覆盖，机关团组织覆盖率比上年提升30%，达到97%。新成立妇女组织4家，妇女组织覆盖率达到97%。广泛组织开展各类文化体育活动，举办第十届市级机关健身运动会和第二十届机关乒乓球比赛。团工委开展"以诚信为镜，亮青春之容"机关青年英语风采大赛。组织"五四"青年节系列活动、篮球比赛、摄影采风活动、读书沙龙活动等。2015年，机关妇女系统获得国家级、省级和市级优秀"巾帼文明岗"各1个，苏州级"巾帼文明岗"2个，市级"巾帼文明岗"4个，1人被评为市"最美媳妇"。妇工委组织机关妇女干部开展烘焙培训和婚姻家庭法律知识讲座。全年各类活动机关干部参与人数达到1200人次，活跃了机关整体氛围。 （钱韵娅）

保密工作

【概况】 2015年，全市保密工作按照中央、省委和苏州市委保密委的统一部署，遵行"积极防范、突出重点、夯实基础、提升能力、创新突破"的要求，坚持问题导向，突出改革创新，强化依法行政，以技术防范为突破口，完善基础制度，优化队伍素质，落实工作责任，持续加大宣传教育培训和检查督查力度，坚持打赢信息时代保密战，全面推进保密工作标准化管理迈上新台阶。

【提升保密工作基础管理水平】 科学总结保密工作标准化管理实践经验，结合国家保密法律法规的新要求，进一步优化保密工作标准化管理体系。制定政务内网保密管理、保密违规行为处理等相关保密管理制度，进一步完善涉密工作保密管理、保密要害部门部位、信息公开等方面的制度。加强定密指导力度，以保密主官为核心，全面落实定密责任人制度，形成权责明晰、程序规范、定密准确、解密及时、监督有力的定密管理制度。加强涉密人员管理，建立健全涉密人员资格审查、上岗培训、在岗审核、脱密期管理和出国（境）管理制度。巩固完善涉密人员保密承诺制度，形成涉密人员长效管理制度。

【提升保密法制宣传教育水平】 建立健全党委（党组）理论中心组保密学习制度。充分发挥市委党校等培训基地阵地作用和保密部门主导作用，积极发动党政机关、涉密单位的主体作用和各类社会教育资源的辅助作用，形成各司其职、密切配合和保密教育培训格局。抓好领导干部、保密主官、涉密人员、普通公务员的保密教育培训，切实提高保密意识和知识技能，重点开展定密管理、涉密网络管理、保密技术检查、涉密载体销毁等专项培训。积极开展面向全社会的保密法制宣传教育活动，探索开展具有区域、行业特点的保密文化建设，充分利用网络传媒、技术演示、公益广告、手机平台等现代化手段，不断扩大保密普法宣传教育的覆盖面，营造全社会支持、重点保密工作的舆论氛围。

【提升保密工作技术支撑水平】 加强涉密网络安全保密防护和管理。根据《苏州市电子政务内网保密管理暂行办法》，积极做好全市政务内网建设的保密指导、监督和服务工作，全面规范政务内网涉密确认、网络建设、系统测评、接入审批和日常管理等各环节的保密管理。依托信息化提升保密管理。全面升级改造涉密计算机违规外联、移动存储介质使用管理等保密监管平台。加强非涉密网络保密监管，严格机关、单位互联网门户网站、政务微博、微信等信息公开保密审查，提升网络窃密泄密感知和监测预警能力。加大保密技术装备配备力度。加强重点涉密机关单位保密要害部门、部位、涉密信息系统、保密会议室技术防护装备和保密部门技术检查装备配备，统一配备标准，完善保障机制。

【提升保密工作检查监督水平】 健全保密工作依法行政机制。贯彻落实国家关于加强保密工作依法行政的意见，不断强化法治思维和依法办事能力，建立保密行政执法考核和责任追究制度。健全保密检查方式方法。进一步落实《机关、单位保密自查工作要求》和《苏州市保密工作检查暂行办法》，建立健全涉密违规行为及泄密案件实施督办、责任倒追、约谈整改、查处通报机制。组建保密检查专门队伍，依法对党政机关、涉密单位开展科学化、制度化和常态化保密检查。改进专项保密工作。积极稳妥推进和加强重点区域、重点领域、重点行业、重点单位保密管理。组织开展国家秘密载体管理、国家统一考试、涉密经济数据等保密专项检查。

【提升保密工作服务保障能力】 加强保密队伍自身建设。以践行习近平同志"五个坚持"要求为重点，加强保密部门作风效能建设，开展保密干部忠诚教育和职业精神教育。认真贯彻落实中央保密委工作要求，在人员配备、职能配置等方面，不断推动解决保密机构队伍建设突出问题。提升服务能力。严格执行涉密载体销毁管理规定，抓好对国家秘密载体的分类回收销毁保密管理，杜绝涉密文件资料、电子办公设备违规外流造成泄密。全年共回收各类文件资料70余吨，回收各类电子办公设备2600余台。

【推进保密工作领导责任制落实】 强化保密工作领导。市委保密委员会从加强自身建设做起，进一步落实保密委员会工作制度，不断完善议事规划，提升决策能力，加强组织协调，开展监督检查，及时研究解决工作中的重大、难点问题。强化领导责任。严格落实《党政领导干部保密工作责任制规定》，强化党政"一把手"的领导责任，明确责任内容，细化责任要求，努力探索建立保密工作领导责任制落实监督检查长效机制。（蒋小春）

机要工作

【概况】 2015年，市委机要局停用卫生局、计生委、工商局、质监局、食药监局等5家单位机要工作站，新开通卫计委、市场监督管理局、上海银行、有线网络公司、邮政管理局、检验检测中心等6家单位机要工作站。全市160家接入单位通过机要专网发送公务电子邮件16690份，流转办理217494份次。冯金达被评为2014年全省机要系统先进个人，获嘉奖一次。

【增挂常熟市国家密码管理局牌子】 4月，经市编委批准，中共常熟市委办公室增挂常熟市国家密码管理局牌子，与市委机要局一个机构两块牌子运行。常熟市国家密码管理局的主要职责是：组织贯彻落实党和国家关于密码工作的方针、政策，研究提出解决全市密码工作发展中重大问题的建议；根据国家密码管理的有关规定和全国、全省、苏州市密码发展规划，拟定全市密码工作中长期发展规划和年度工作计划，制定密码通信及密码管理等方面的具体细则；依法履行密码行政管理职能，管理全市密码科研、生产、装备及使用等方面有关事宜，查处密码失泄密事件和违规违法研制、使用密码的行为；组织实施全市信息化密码保障工作，负责全市电子政务网络与信息系统中密码保障体系的规划和管理，承担信息化安全保障的相关工作；承办市委密码工作领导小组的日常工作。同时，市委机要局内设机构作相应调整，原技术科改为通信报务科、原业务科改为密码管理科、原计算机科改为技术认证科，各科室对应职能也作相应调整，市委机要局继续在市密码工作领导小组及市委办公室领导下工作。

【推进电子政务内网、电子公文安全可靠应用试点两项重点工程建设】 2015年，市委机要局继续积极推动常熟市电子政务内网建设工程。因现有机房空间不足，市委市政府分管领导牵头多部门考察论证，明确市委机要局整体搬迁至市委楼并增扩机房的规划，同时将电子政务内网建设工程与机要局整体搬迁工程合并进行，以优化互补，节约成本。建设过程中，机要局参与工程调研论证、规划设计、专家评审、方案拟定、部门协调、招标采购、施工监督等工作。至年底，工程进展顺利。2014年常熟市被选为全国党政机关电子公文系统安全可靠应用第二批试点单位。2015年市委机要局继续开展试点建设，各类具有自主知识产权的电子公文系统软硬件经测试，运行稳定。

【党委系统信息化】 2015年，市委机要局开发完善电话通讯录自动排版系统，与2014年开发的电子版录入系统相结合，在2015年编印电话通讯录过程中得到正式应用，使电子版通讯录易于随时更新和打印。继续充实完善内部网站，全年共更新市委办内网经济类文章431篇，其他类文章30多篇。加强人员培训，11月，机要局与保密局共同组织举办1期业务技能及保密知识培训班，对全市机要通信网络相关单位联络员进行培训，提升联络员的机要通信系统操作技能，增强联络员的保密意识。

【信息化密码保障】 2015年，市委机要局组织协调相关技术专家，维护解决市信息资源管理中心企业库应用平台（外网）、纪委勤廉预警系统（内网）中数字证书应用中的具体问题累计20多台次；升级完成市内、外网身份认证基础设施，新增23套数字证书。9月，机要局会同市电子政务中心、市信息化办、政务服务中心起草并通过在政务外网集中建设电子签章系统（结合数字证书）的请示报告。更新完善机要内网在线自助服务平台，为全市机要网接入单位提供网上技术帮助和自助操作说明，全年更新自助技术类文章24篇，累计访问1154次。提供信息技术服务，帮助虞山镇、海虞镇等镇（区）和部门做好政务内网规划、信息系统开发指导等工作；协助市纪委、人大办、政协办、市维稳办、国安办、法规科等在机要内网上相应业务应用系统的部门提供技术服务，全年共到部门、基层维护计算机等各类网络设备累计达180多台次。（黄　斐）

党史工作

【概况】 2015年，党史工作围绕改革开放新时期党的历史，注重资料的征集和编写。围绕纪念抗日战争暨世界反法西斯战争胜利70周年，发挥党史部门优势，举办图片展览；提供常熟抗日斗争史料，配合市级新闻媒体做好宣传工作。

【《中国共产党常熟市代表大会、市委全体（扩大）会议报告汇编》出版】 1月，《中国共产党常熟市代表大会、市委全体（扩大）会议报告汇编》出版，该书由市委办公室和市委党史工作办公室联合编辑，全书分上下两册、近60万字，收录1996年至2014年历次中国共产党常熟市代表大会、市委全体（扩大）会议报告，对于保存党史资料和研究这一时期全市改革开放和经济社会发展有重要意义。

【举办常熟市纪念抗日战争胜利70周年图片展】 9月2日，由市委党史工作办公室和市档案局联合举办的历史不可忘记——常熟市纪念抗日战争胜利70周年图片展在市档案馆开幕，图片展分“日军入侵、常熟沦陷”“坚持抗战、最终胜利”“抗日故事、可歌可泣”三部分，有照片和图片58幅、绘画16幅，图文并茂，展现了常熟人民在中国共产党的领导下同仇敌忾、共赴国难，战胜日本侵略者的事迹，展览在市档案局展出半个月后前往虞山镇、尚湖镇、古里镇、沙家浜镇巡回展出。

【编写《任天石烈士传》】 7月14日，省委党史工作办公室在南京召开雨花台烈士传丛书编写工作会议。常熟市委党史工作办公室承担任天石烈士传的编写任务。通过广泛搜集和征集资料，初步掌握任天石参加革命前后的历史资料，经过精心编写，至年底形成初稿。

【参与编写《民族脊梁——苏州抗战人物传》】 7月，《民族脊梁——苏州抗战人物传》出版，该书共有56篇文章，记录64位在苏州开展抗日救亡运动和进行抗日斗争的人物的事迹，按照苏州市委党史工作办公室的要求，常熟市委党史工作办公室撰写11位抗战人物的传略。

【提交论文参加苏州抗战史研讨会】 8月24日，由苏州市委党史工作办公室和苏州市新四军历史研究会联合举办的苏州抗战史研讨会在苏州革命博物馆举行，会议收到论文20篇，常熟市委党史工作办公室提交了论文《井冈山道路的忠诚实践者——谭震林领导苏南东路抗日斗争分析》并在会上作交流，该文入选《苏州抗战史研究文集》。

（刘品玉）

党校工作

【概况】 2015年，中共常熟市委党校（以下简称党校）举办各类培训班132期，培训2.3万多人次。其中，主体班27期（含10期“菜单式”选学讲座），培训8100人次；与各乡镇和部门联合举办各类培训班26期，培训2820人次；承接乡镇和部门办班69期，12000多人参加培训；社会办班1期，培训40人；接待来自全国各地的培训班9期，培训580人次。年内，全体教师共对外宣讲300多场次，授课对象28000多人次。宣讲内容包括党的十八届四中、五中全会精神解读、习近平总书记系列重要讲话精神解读、协调推进“四个全面”战略布局、社会主义核心价值观、常熟经济社会发展情况介绍和党史国史等。全年出版4期《市情研究》，合计编辑20多篇文章。立项10项校级调研课题。经公开招标和评审遴选，确定2015年度常熟市哲学社会科学应用研究立项课题6项，其中3项被列为重点课题。《常熟市农民合作社、家庭农场基层党组织建设研究》被确定为江苏省社科应用研究精品工程立项课题。《乡村治理呼唤科学服务——以常熟中泾范式为例》刊登于全国中文核心期刊《群众》杂志。参编《苏州市党员干部党性教育读本》，完成常德盛、钱月宝、端木银熙、苏咏梅4位先锋人物事迹的撰写工作。《常熟社会组织参与社会管理的实践和探索》和《搭建平台优化结构提升能级——从新跃物流案例析我市第三方物流的发展》获常熟市第四届哲学社会科学优秀成果评选二等奖，《高职院校学生社会责任感调查研究》获三等奖。

【举办中国特色社会主义理论第四期研修班】 1月9日至11日，党校举办中国特色社会主义理论第四期研修班，特邀中共中央党校党史党建教研部副主任曹普教授和中共中央党校研究生院原院长许全兴教授围绕《中共党史》《马克思主义哲学》《实践论》《矛盾论》《学好哲学是我们党的好传统》等多个主题进行专题授课，来自江浙沪粤4省（市）地区的16家市（县）级党校共94名骨干教师参加培训。

【推进党员标准化培训的品牌化建设】 从2015年开始，全市发展对象和新党员培训由党校负责实施。党校教师从内容要求、组织形式、结业考试等三个方面严把培训标准，提高授课质量。全年共培训发展对象和新党员

9月2日，历史不可忘记——常熟市纪念抗日战争胜利70周年图片展在市档案馆开幕

2000多人，既锤炼了师资队伍，又推进了党校标准化培训的品牌化建设。

【推出“社区党建市委党校活动日”方案】 “七一”期间，以加强与社区党组织共建为切入点，推出“社区党建市委党校活动日”方案，开展“五个一”活动，旨在提高党组织最基层负责人的政治理论和党性修养，充分发挥基层党组织的战斗堡垒作用。此项活动得到虞山镇党委大力支持和配合，6月23日和7月2日，虞山镇各社区173位党支部书记分两批走进市委党校，邀请“全国军队先进退休干部”“全国优秀居委会主任”——虞山镇枫泾社区党委书记陆仁华到校现身说法，传授社区工作经验。全体参加者观看党性教育纪录片《红旗渠》，交流工作心得，共同学习提高。

【实施“导师培养计划”】 聘任党校4名高级讲师为导师团成员，并分别与4名35岁以下的青年教师结对帮教。由导师重点向青年教师传授教学科研工作必备的知识和方法，加快青年教师成长步伐，形成良性循环的青年教师培养机制。计划用两年时间，实现青年教师队伍整体素质大提升。

【推进现场教学基地规范化建设】 2015年，党校拟写《常熟市干部教育培训现场教学基地规范化建设实施意见(建议稿)》，对现场教学基地建设和管理等提出了“五个一”的规范化要求。召开干部教育培训现场教学基地规范化建设座谈会，共同商讨现场教学基地规范化建设和运作事宜，着力推进12家现场教学基地规范化建设。(王文权)

老干部工作

【概况】 2015年，全市老干部工作根据市委、市政府总体要求，以“五心四到三满意”服务理念为引领，认真贯彻落实全国老干部工作“双先”表彰大会精神，创新老干部思想政治工作、深化老干部服务管理、加强老干部学习活动阵地建设、引导老干部为党的事业增添正能量、推动老干部工作者创先争优，较好地落实全市332名离休干部生活政治待遇。全年为老干部赠送报刊和学习资料、传阅文件，组织老干部参加重要会议和重大活动，年初召开全市离退休干部大会，年中召开半年度情况通报会，让老干部与时俱进、思想常新。组织全市离退休干部开展“三好”主题活动，引导老干部为党的事业增添正能量。举办全国“两会”精神宣讲、国际国内形势报告会，提升离退休干部党员政治理论水平。分别组织地市级离休干部及市四套班子退休干部、全市离休干部、女离休干部、易地安置到常离休干部参观考察常熟及周边县市经济社会发展成果，积极为全市城镇发展建言献策。结合重大节日、春节高温期间走访慰问老干部，重点对住院、长病卧床、孤寡、有特殊困难的老干部进行探望，全年共计走访慰问850多人次。扎实推进老干部“幸福家园”工程、社区“四就近”服务工作，为6家常熟市级利用社区资源服务老干部工作示范社区颁发铜牌。建立老干部住院信息平台，增设中医专家咨询服务，为老干部提供人性化、亲情化的健康关怀。继续推进医疗保健工作，组织离休干部及市四套班子退休干部分赴扬州工人疗养院、安徽泾县保健疗养。组织全市离休干部及市四套班子退休干部参加体检，并进行义诊，卫生所门诊6458人次，指导料理30位离休干部去世善后工作。召开老干部医疗协调小组会议，解决老干部在就医、用药、住院等方面热点难点问题，协调老干部住房拆迁、医疗、生活待遇、家庭邻里纠纷等生活待遇信访90多件(次)。深化“上个门、逐个问”普访活动，实施“家庭无障碍工程”，为老干部赠送防跌倒物资。继续开展“情暖九〇后，关爱送到家”祝寿活动，全年为16位年满90周岁的老干部上门过生日。围绕纪念抗战胜利70周年，举办首届“彩虹韵”老干部文化体育节，全年组织老干部文艺汇演、棋牌、书画、桌球等活动30多场次，老干部参与4000多人次。开设耆英大讲堂，开办老年大学老干部分校，满足离退休干部精神文化养老需求。组织常熟市“彩虹桥”老干部宣讲团开展宣讲，积极发挥老干部优势作用。老干部在慈善募捐、扶贫帮困、社区建设、市民教育、关心下一代、老年体育事业等发展方面发挥积极作用，丰富老干部晚年生活，树立新时期老干部良好形象。全年刊印《常熟市老干部工作》简报4期，《纪念抗战胜利70周年特辑》1期，制作《聚力改革谋发展务实创新铸辉煌——2015年常熟市委老干部局工作纪实》电视片1部，编印发放《常熟市离休干部志》和《2015年常熟市老干部活动掠影》。

【老干部参观现代化建设成果】 3月6日，以“我和春天有个约会”为主题，市委老干部局组织全市20多名女离休干部参观江苏梦兰集团，并听取梦兰集团发展情况介绍。7月8日，市委

3月6日，市委老干部局组织离休干部参观活动

老干部局组织28名地市级离休干部及市四套班子退休干部参观考察太仓规划展示馆、集装箱码头、现代农业园，听取太仓市委书记王剑锋对该市经济社会发展成果的介绍。10月22日，市委老干部局开展“看常熟新貌，享改革成果”全市离休干部参观活动，组织94名离休干部参观市农业科学研究所，听取市农业委员会关于全市农业发展建设情况及“十三五”常熟农业发展规划的汇报。10月14日，市委老干部局组织易地安置到常离休干部参观虞山三峰胜景。11月14日，市委老干部局组织25名地市级离休干部及市四套班子老领导考察古里镇波司登集团、康博村、苏家尖村、古里中心卫生院、铁琴花园，听取古里镇一、二、三产业发展情况汇报。

【组建“彩虹桥”青年志愿者服务队】 3月，为弘扬“奉献、友爱、互助、进步”的志愿者精神，充分发挥青年老干部工作者在助推全市老干部工作转型发展中的积极作用，市委老干部局印发《关于成立市委老干部局“彩虹桥”青年志愿者服务队的通知》。3月20日，组织“彩虹桥”青年志愿者服务者赴清河坊社区开展首次服务活动，为社区居民送上《健康100问》。5月28日，赴市儿童福利院开展“走进儿福院，大手帮小手”志愿活动，陪孩子们看一次电影，吃一顿必胜客，让他们真切感受到老干部工作者送上的浓浓关爱。

【“三好”活动凝聚正能量】 4月16日，市委老干部局开展“争当好帮手，晚霞映朝阳”主题活动。组织老干部书画协会、老园丁书画研究会40多位老同志与石梅小学38位学生同探书画之美，共作翰墨之彩。4月29日，印发《关于在全市老干部中开展“培育好家风，传承好家训”家风家训征集活动的通知》，活动历时5个月，收到21名老同志的28篇征文，老同志用自己的治家格言、家风故事为传承家庭美德，弘扬时代新风添智出力，12月4日，举办颁奖仪式，对陆文灏等21位获奖老同志进行集中授奖。8月18日，联合新四军历史研究会开展“讲述好故事，传播正能量”主题活动，组织与会人员观看抗战老干部代表访谈录像，听取新四军历史研究会负责人作的关于抢救抗战老战士、老同志史料工作汇报，聆听年轻干部、小学生讲述的抗战老干部英雄故事以及到会抗战老干部代表作的交流发言，共同追忆历史、缅怀先烈、致敬英雄。

【举办首届“彩虹韵”老干部文化体育节】 5月至9月，市委老干部局举办首届“彩虹韵”老干部文化体育节。文体节以“五月的鲜花”“春约”“忆峥嵘岁月”“乐健”“重温经典”五个部分组成。共开展活动19场次，近3000人次的老干部参与其中。期间，老干部书画协会举办“大智立法”和“固我长城”两场大型书画展，展出作品180多幅。其中，以纪念抗战胜利为题材的“固我长城”书画作品集结成册，分送全市离休干部；老干部集邮协会主办抗战主题邮票展览，承办制作纪念抗战胜利70周年纪念封，并分发至全市离退休干部。老干部文史组出版文史特刊《纪念抗战胜利70周年特辑》并开展“石梅雅集”诗词交流活动；老干部艺术团承担开幕闭幕式“五月的鲜花”老干部文艺专场、“牢记历史、珍爱和平”歌咏会两场演出；老干部摄影组举办“寻找春天的脚步”摄影作品展；盆景协会组织精品盆景展。

【深化老干部服务管理】 2015年，市委老干部局会同人社局建立老干部住院信息平台，全年通过信息平台主动发现并探望住院老干部150多人次，为老干部及时送去慰问金及慰问品，进一步加强了与各大医院的沟通联络，缩短了为老干部提供个性化医疗服务的时间和周期，得到了老干部及其家属的好评。联合农工党常熟市委，邀请虞城名中医为老干部现场问诊开方，并开设中草药虚拟药房，让老干部享受就医问诊、药品结账、拿取中药一站式真情服务。全年共计有7位名中医坐堂127次，为离退休干部开出处方360多张。实施“家庭无障碍工程”，为350多名离休干部、市四套班子退休干部送上防跌倒小夜灯、《健康100问》、居家安全小贴士等物品资料，并为20多位有需求的老干部定制安装多功能马桶扶手和淋浴抓杆等“无障碍”助老设施，改善老干部居家环境，提高老干部生活质量。

【创新老干部学习活动平台】 2015年，市委老干部局围绕老干部身体、心理特点，开设耆英大讲堂，通过一月一讲座的形式，对老干部进行思想政治教育与党性修养、科学养老与日常保健、文化养老与志趣培养等内容宣传，全年共举办10期。整合现有老干部团、组、协会，筹建常熟市老干部协会，进一步提升团队凝聚力，激发成员活力。成立老年大学老干部分校，10月，首个秋季班开学，设钢琴两个班，舞蹈、合唱、古筝各一个班。

【老干部工作成果转化】 2015年，市委老干部局制作《聚力改革谋发展、务实创新铸辉煌——2015年常熟市委老干部局工作纪实》电视片，编印《常熟市离休干部志》《2015年常熟市老干部活动掠影》，宣传老干部工作，提升老干部工作知名度。做到为党留史、为老干部存志，同时充分展现老干部保持与时俱进、追求阳光心态、体验美好生活的珍贵瞬间。　（王晓波）

接待工作

【概况】 2015年，常熟市共接待来宾234批9420人次。其中，党和国家领导人2批；省部级领导33批；司厅级领导50批；地市级领导26批；县市级领导36批，同时参与全市其他重大会务、活动共87批次。

【到常熟的国家级领导】 2015年，莅临常熟的党和国家领导人共有2人。5月18日，全国政协副主席、民进中央常务副主席罗富和到常熟，视察常熟弘宇节能减排工程有限公司并座谈。7月17日至18日，中央政治局委员、中组部部长赵乐际到常熟、视察支塘镇蒋巷村并座谈，听取落实全国农村基层党建工作会议精神的意见建议。

【到常熟的省部级领导】 2015年，接待住建部部长陈政高，十一届全国政协常委、解放军原副总参谋长吴铨叙上将，中共中央委员、国家行政学院常务副院长马建堂,国家档案局局长杨冬权,中国科协副主席陈章良,国家发改委副秘书长王宝伟,住建部总经济师赵晖,中国招商集团董事长李建红,中央党校原常务副校长李景田,卫生部原部长张文康,国家知识产权局原局长田力普,中编办副主任王峰,中国供销集团董事长杨建平,沈阳军区副政委高建国中将,青海省政协党组副书记、副主席王小青以及江苏省委书记、省人大常委会主任罗志军,省委副书记、省长李学勇,省委原书记梁保华,省委副书记、苏州市委书记石泰峰,省委常委、宣传部长王燕文,省委常委、纪委书记弘强,省委常委、副省长徐鸣,副省长徐南平,省人大常委会副主任、党组副书记张卫国,省人大常委会副主任蒋宏坤,省政协副主席范燕青,省政协原副主席顾浩等省部级领导到常熟考察调研。

【到常熟的县(市)级以上党政代表团】 2015年,接待宿迁市考察团、苏州工业园区考察团、张家港市考察团、泗洪县考察团、无锡市锡山区考察团、如皋市考察团、海门市考察团、海安县考察团、射阳县考察团、贵州思南县考察团、贵州松桃苗族自治县考察团、山东省微山县考察团、山东省肥城市考察团、山东省郯城县考察团、山东省齐河县考察团、山东省费县考察团、广东省中山市西区考察团、广西南宁市青秀区考察团、河南省叶县考察团、河南省兰考县考察团、河北省张家口市宣化区考察团、四川省安县考察团、四川省泸州市考察团、湖北省荆州市考察团、西藏米林县干部培训班、新疆伊犁州尼勒克县考察团、新疆伊犁州老干部考察团、内蒙古包头市考察团、陕西省岐山县考察团、青海省天峻县考察团、甘肃省庆阳市考察团、江西省景德镇市珠山区考察团、辽宁省葫芦岛市代表团、陕西省彬县考察团、云南省漾濞县考察团以及澳大利亚昆士兰州伊普斯维治市代表团等40多批中外考察团到常考察。

【全市大型会议、活动组织保障工作】 2015年,接待办积极配合做好全国农村生活污水治理工作培训班、全省深入实施转型升级工程推动经济发展迈上新台阶工作会议、全省科协系统服务大众创业万众创新现场会、《正义之声》—苏州市纪念中国人民抗日战争暨世界反法西斯战争胜利70周年大型主题群众歌会、苏州市美丽村庄建设现场会、第24届中国(常熟)尚湖牡丹花会开幕式、第16届中国江苏(常熟)服装服饰博览会暨2015江南国际时装周开幕式、2015年中国(常熟)江南文化节暨沙家浜旅游节、2015乒乓球世界冠军大师赛、UWC世界联合学院中国常熟分校开学典礼、2015中国苏州(常熟)国际精英创新创业合作洽谈会、2015年中国智能车未来挑战赛、烈士纪念日公祭、常熟市城乡环境整治现场会、全市重点项目督查现场会、蒋巷村50周年发展座谈会等各类重要会议活动的组织保障工作。

【市级外出考察活动联系、上级考核检查接待工作】 做好市主要领导赴武汉走访慰问长航局、赴贵州思南县、浙江桐庐县、绍兴市柯桥区、临安县考察等活动的联络对接工作。配合做好上级到常熟的"国家生态园林城市"考核组、全国双拥模范城市检查考核组、2016—2020年全国科普示范县检查验收组、省"六五"普法考核验收组、"江苏省优秀管理城市"省级考核组、苏州市法制宣传教育领导小组"六五"普法考核组等考核验收工作,做到后勤保障有力、接待工作周全。

【服务全市重大商务活动】 2015年,市接待办积极服务全市经济工作,参与艾梅伊·龙腾高端耐磨材料全流程生产线投产仪式、康迪泰克(中国)橡塑技术有限公司混炼胶中心成立仪式、常熟与中国中车股份有限公司、中国科学院生态环境研究中心签订分散式污水处理设施生产及研发基地签约仪式、中国智能车综合技术研发与测试中心揭牌仪式、新中源丰田汽车能源系统有限公司开业仪式、丰田汽车研发中心(中国)有限公司"丰田技术空间"活动、中利集团与常熟农商行总部企业落户高新区签约仪式等接待活动。

(陈晓宇)

责任编辑　刘品玉

常熟市人民代表大会

综　　述

【概况】 2015年，常熟市人民代表大会及其常委会紧紧围绕全市工作大局，认真履行宪法和法律赋予的各项职权，与时俱进推动全市人大工作发展，共召开8次常委会会议和11次主任会议，听取和审议“一府两院”专项工作报告46项，组织开展执法检查、专题视察9次，依法任免国家机关工作人员58人次，全面完成市十四届人大四次会议确定的各项任务。坚持服务大局，促进经济稳健发展。高度重视科技创新工作，关注全市工业重点项目建设与企业技术改造情况，助推经济转型创新发展。按照《中华人民共和国预算法》要求加强对财政预决算管理的全程监督，推进公共财政健康运行。关注“十二五”规划执行与“十三五”规划纲要草案编制情况，强化计划执行、规划编制监督。围绕全市“三农”工作强化监督，推动传统农业向现代农业转型。坚持依法监督，维护社会和谐稳定。着力强化法律监督，对《中华人民共和国食品安全法》《中华人民共和国安全生产法》实施情况开展执法检查。着力推动公正司法，听取审议法院执行工作以及检察院预防职务犯罪工作情况汇报。着力推进依法行政。关注“六五”普法收官工作，对市住建局、文广新局、审计局、粮食局、苏州市住房公积金管理中心常熟分中心进行工作评议。讨论、决定常熟国家农业科技园区总体规划以及历史文化名城保护规划等重大事项，依法履行人事任免职权。坚持惠民宗旨，推进民生共享发展。关注大气污染防治工作，专项视察农村污水管网收集处理情况，推进生态文明建设。关注民生热点问题，听取审议物业管理、基本药物制度实施、教育均衡化、防范打击电信网络诈骗等工作情况。着力推进民生实事工程建设，对2015年民生重点项目进行专项视察。坚持强基固本，发挥代表主体作用。高度重视代表工作，深化代表履职活动，强化代表议案督办，提高建议办理实效，加强对各镇人大的联系指导，进一步支持和保障代表依法履职，增强代表工作的生机和活力。坚持务实创新，致力提升履职水平。持之以恒加强自身建设，认真学习贯彻党的十八届五中全会、中央18号文件以及省委文件精神，认真落实省委、苏州市委人大工作会议精神，认真开展“三严三实”专题教育，围绕全年工作各项议题深入开展调研，切实提高整体素质，全面提升履职水平。

人大会议

【常熟市第十四届人民代表大会第四次会议】 1月6日至9日，常熟市

1月6日，常熟市第十四届人民代表大会第四次会议开幕

第十四届人民代表大会第四次会议在常熟会议中心举行。会议听取审议市人民政府市长王飚所作的《常熟市人民政府工作报告》,审议《常熟市2014年国民经济和社会发展计划执行情况与2015年国民经济和社会发展计划(草案)的报告》和《常熟市2014年财政预算执行情况和2015年财政预算(草案)的报告》;听取审议市人大常委会主任秦卫星所作的《常熟市人大常委会工作报告》、市人民法院院长张峥嵘所作的《常熟市人民法院工作报告》、市人民检察院检察长陆建中所作的《常熟市人民检察院工作报告》,并通过相关决议。会议依法补选沈剑峰、张康德、陈飞、夏建国为常熟市第十四届人民代表大会常务委员会委员。会议经过审议同意殷振龙等26名代表提出的关于"加快我市水循环体系建设"的议案,决定交市人民政府认真组织实施。会议同时收到其他建议、批评和意见127件。

【市人大常委会会议】 1月28日,常熟市十四届人大常委会举行第二十四次会议。会议听取审议关于全市"六五"普法实施情况的汇报,审议通过市人大常委会2015年工作要点和工作安排,并通过有关人事任免事项。

3月17日,常熟市十四届人大常委会举行第二十五次会议。会议听取审议关于全市科技创新体系建设情况的汇报,审议通过《常熟市人民代表大会常务委员会关于完善代表联系群众制度的意见》,并通过有关人事任免事项。

5月29日,常熟市十四届人大常委会举行第二十六次会议。会议听取审议关于常熟市2014年财政决算(草案)的报告,听取审议关于常熟市2014年本级财政预算执行情况和其他财政收支的审计工作报告,听取审议关于全市大气污染防治工作情况的汇报,并通过有关人事任免事项。

7月28日,常熟市十四届人大常委会举行第二十七次会议。市委副书记、市长王飚,政府各组成部门的主要负责人以及来自社会各界的100多名人大代表受邀列席会议。会议听取审议关于上半年全市经济社会发展情况和下半年重点工作安排的报告,审议常熟市2015年上半年国民经济和社会发展计划执行情况的报告、2015年1月至6月财政预算执行情况的报告,听取审议2015年国民经济和社会发展计划重点建设项目调整方案、2015年市本级财政支出预算调整方案的报告,对市住建局、文广新局、审计局、粮食局、苏州市住房公积金管理中心常熟分中心5个部门的工作进行工作评议,并通过有关人事任免事项和决议。

9月25日,常熟市十四届人大常委会举行第二十八次会议。会议听取审议全市物业管理工作情况汇报,听取审议第十四届人大四次会议代表建议办理情况的汇报,审议通过关于《中华人民共和国食品安全法》实施情况的执法检查报告,并通过有关人事任免事项。

11月13日,常熟市十四届人大常委会举行第二十九次会议。会议听取审议关于全市生态文明建设工作情况的汇报,听取审议《江苏常熟国家农业科技园区总体规划(2015～2020)》修编情况的报告,通过关于全市贯彻实施新修订的《中华人民共和国安全生产法》情况的执法检查报告,听取苏州市人大代表履职情况的报告。

12月10日,常熟市十四届人大常委会召开第三十次会议。会议听取审议关于常熟市"十二五"国民经济和社会发展计划执行情况与"十三五"国民经济和社会发展规划纲要草案编制情况的报告,审议通过《专题询问实施办法》和《常熟历史文化名城保护规划(2013～2030)》,并通过关于补选市第十四届人民代表大会代表的决定和有关人事任免决定。

12月29日,常熟市十四届人大常委会第三十一次会议召开。会议审议通过关于常熟市2015年财政预算调整的报告,听取关于常熟市2015年财政预算执行情况和2016年财政预算草案的报告并依法进行初审,听取审议关于"加快我市水循环体系建设"代表议案实施情况的汇报,作出关于召开市十四届人大五次会议的决定,审议通过关于代表变动情况和补选代表资格的审查报告,讨论提请市十四届人大五次会议审议通过的各项文件草案和建议名单,决定市十四届人大五次会议列席人员名单,讨论了市人大常委会工作报告(讨论稿),并通过有关人事任免事项。

【市人大常委会主任会议】 1月16日,常熟市十四届人大常委会举行第三十四次主任会议。会议讨论市人大常委会2015年工作要点和工作安排(草案),讨论了2014年常委会各项调研报告,讨论市十四届人大四次会议督办建议以及市十四届人大三次会议以后优秀建议代表名单。

2月11日,常熟市十四届人大常委会举行第三十五次主任会议。会议听取审议关于全市预防职务犯罪情况的汇报,讨论《关于完善代表联系群众制度的意见》(草案)。

4月24日,常熟市十四届人大常委会举行第三十六次主任会议。会议听取审议关于全市加快实施"对接自贸、接轨上海"工作情况的汇报,听取审议关于全市开展防范打击电信网络诈骗警情情况的汇报,听取审议关于"加快全市水循环体系建设"代表议案实施方案的汇报,听取审议关于2015年市级政府投资项目建设资金需求计划的汇报,讨论关于开展全市加快现代农业建设(畜禽养殖三年整治规划)情况的视察活动方案,讨论关于开展部门工作评议的实施方案,讨论关于开展人大代表"统一接待日"活动的实施方案。

5月21日,常熟市十四届人大常委会举行第三十七次主任会议。会议听取关于2015年秋季高中、初中、小学、幼儿园招生计划及办法的情况汇报,听取关于镇域综合执法工作情况的汇报。

5月28日,常熟市十四届人大常委会举行第三十八次主任会议。会议讨论了《中共常熟市委关于坚持完善人民代表大会制度推动人大工作与时俱进的意见》(讨论稿),讨论《常熟市人民代表大会常务委员会专题询问实施办法》(讨论稿)。

6月18日,常熟市十四届人大常委会举行第三十九次主任会议。会议听取审议关于全市基本药物制度实施情况的汇报,听取审议关于全市农村公路改造情况的汇报,讨论关于《中华人民共和国食品安全法》实施情况的执法检查方案。

7月14日，常熟市十四届人大常委会举行第四十次主任会议。会议听取部门工作评议情况的汇报。

8月13日，常熟市十四届人大常委会举行第四十一次主任会议。会议听取审议关于加强全市教育师资队伍建设、推进教育均衡化发展情况的汇报，听取审议关于全市农村土地承包经营权确权登记颁证工作情况的汇报，听取关于制定《关于授予常熟市荣誉市民、常熟市名誉市民称号的规定》有关情况的说明，讨论关于《中华人民共和国食品安全法》实施情况的执法检查报告（草案），讨论关于开展全市贯彻实施新修订的《中华人民共和国安全生产法》情况的执法检查方案，讨论关于开展全市工业重点项目建设与企业技术改造情况的视察活动方案，讨论关于开展全市农村污水管网收集处理情况的视察活动方案。

10月27日，常熟市十四届人大常委会举行第四十二次主任会议。会议听取审议关于全市贯彻实施《中华人民共和国节约能源法》情况汇报，听取审议关于法院执行工作情况的汇报，讨论关于全市贯彻实施新修订的《中华人民共和国安全生产法》情况的执法检查报告（讨论稿），讨论关于全市镇域综合执法工作情况的视察活动方案，讨论关于开展"加快全市水循环体系建设"及"城乡河道综合治理"代表议案实施情况的视察活动方案，讨论关于开展政府实事工程建设情况的视察活动方案，讨论关于开展苏州市人大代表向常熟市人大常委会报告履职情况的工作方案。

12月3日，常熟市十四届人大常委会举行第四十三次主任会议。会议听取有关人事任免事项的通报，听取有关补选代表相关事宜的通报，讨论关于开展专题询问工作的相关办法。

12月25日，常熟市十四届人大常委会举行第四十四次主任会议。会议听取有关人事任免事项的通报，听取审议常熟市棚户区（危旧房）改造一期、二期实施情况及三期实施方案的汇报，讨论市十四届人大五次会议的议程、日程，讨论提请市十四届人大五次会议审议通过的各项文件（草案）和建议名单以及市十四届人大五次会议列席人员名单（草案）。

工作审议

【讨论、决定重大事项】 11月13日，市十四届人大常委会第二十九次会议审议通过《江苏常熟国家农业科技园区总体规划（2015－2020）》；12月10日，第三十次会议审议通过《常熟历史文化名城保护规划（2013－2030）》；12月25日，第四十四次主任会议听取审议关于2015年市级政府投资项目建设资金需求计划和棚户区（危旧房）改造一期、二期实施情况及三期实施方案的汇报，并分别作出相关决议。5月21日，市十四届人大常委会第三十七次主任会议听取全市镇域综合执法体制改革情况的汇报；8月13日，第四十一次主任会议听取《关于授予常熟市荣誉市民、常熟市名誉市民称号的规定》制定情况的说明，推动了相关重大决策有效落实。

【审议"六五"普法工作】 1月28日，市十四届人大常委会第二十四次会议听取审议了关于全市"六五"普法工作情况的汇报。会议要求，市政府及相关部门要按照"谁主管谁普法，谁执法谁普法"的原则，着力构建"大普法"格局；认真贯彻落实习总书记关于法治宣传工作要"创新宣传形式，注重宣传实效"的重要指示精神，务求普法宣传教育入脑入心；把服务大局、关注民生作为普法工作的重要原则，努力增强普法工作针对性；结合实际，将"六五"普法工作融入到法治政府建设中去，切实做好普法工作要件保障，确保全国法治宣传教育先进县（市）"六连冠"。

【审议预防职务犯罪工作】 2月11日，市十四届人大常委会第三十五次主任会议审议了关于全市预防职务犯罪情况的汇报。会议要求，市人民检察院要进一步加强预防宣传，真正使预防宣传教育入耳入脑；紧抓预防重点，使权力始终处于有效监督之下；推进制度完善，构建预防职务犯罪人民防线；整合内部资源，形成齐抓共管、侦查和预防一体化工作格局。

【审议法院执行工作】 10月27日，市十四届人大常委会第四十二次主任会议听取审议了关于法院执行工作情况的汇报。会议要求，市人民法院要深化宣传教育，营造诚信守法的执行环境；强化执行联动，形成社会化执行的大格局；采取有效措施，加大执行工作力度；加强自身建设，提升队伍执法水平。

【审议科技创新体系建设】 3月17日，市十四届人大常委会第二十五次会议听取审议了关于全市科技创新体系建设情况的汇报。会议要求，全市上下要进一步切实加强对科技创新工作的组织和领导，形成更加完善的科技创新支撑和服务体系；以"市场需求"为导向，形成有利于出创新成果、有利于创新成果产业化的新机制；积极引导支持创新要素和创新成果向企业集聚、创新政策向企业倾斜、创新人才向企业流动，提升全市经济发展的质量和效益；始终坚持人才优先发展战略，以积极有为的姿态全力推动全市科技创新体系建设。

【审议大气污染防治工作】 5月29日，市十四届人大常委会第二十六次会议听取审议了关于全市大气污染防治工作情况的汇报。会议要求，政府及相关部门要切实增强工作紧迫感和责任感；突出源头治理，加快产业转型、落实节能减排、完善政策措施、深化多元联动，多措并举凝聚工作合力；加强监督管理，不断提升大气污染防治工作水平，让天更蓝、水更清，群众呼吸到更新鲜的空气。

【审议上半年政府工作报告及财政、计划报告】 7月28日，市十四届人大常委会第二十七次会议听取审议关于上半年全市经济社会发展情况和下半年重点工作安排的报告，审议常熟市2015年上半年国民经济和社会发展计划执行情况的报告、2015年1—6月财政预算执行情况的报告。针对下半年工作，会议指出政府及相关部门要认清形势，坚定发展信心，牢牢抓住经济工作的主动权，综合运用多种措施和手段加快转型升级，同时抓好“十三五”规划，布局好未来常熟发展。会议强调，要克服发展中遇到的困难和挑战，转变作风，狠抓落实，推动全市各项工作实现新跨越。关于财政工作，会议要求要处理好保增长和促转型、比速度和讲效益、谋利益和求发展的关系，创造性地开展工作。尤其是要强化财税收入组织，千方百计完成目标任务；紧紧围绕发展主题，着力培育壮大财源；积极推进财税体制改革，提高财政管理水平。

【审议物业管理工作】 9月25日，市十四届人大常委会第二十八次会议听取审议关于全市生态文明建设工作情况的汇报。会议要求，政府及职能部门要强化齐抓共管的部门联动机制，建立健全物业管理企业的服务信息公开和诚信评价体系，加强对业委会组建工作的指导和业务培训以及履职监督，帮助广大市民和业主自觉树立正确的权利意识和物管理念。

【审议生态文明建设工作】 11月13日，市十四届人大常委会第二十九次会议听取审议关于全市生态文明建设工作情况的汇报。会议要求，市政府及相关部门要紧紧围绕修编后的《常熟市生态文明建设规划》，以率先建成国家生态文明示范市为总抓手，进一步强化生态文明理念教育，着力发展绿色低碳的生态经济，加快推进生态文明重点工程建设，全力打造优美宜居生态环境，不断完善生态文明建设的长效机制，全面推进全市生态文明建设进程。

【审议市“十二五”国民经济和社会发展计划执行情况与“十三五”国民经济和社会发展规划纲要草案编制情况】 12月10日，市十四届人大常委会第三十次会议听取审议关于常熟市“十二五”国民经济和社会发展计划执行情况与“十三五”国民经济和社会发展规划纲要草案编制情况的报告。会议要求，市政府要立足长远，提高发展的质量和效益；贯彻绿色发展理念，促进生态环境质量总体改善；优化发展环境，赢得发展主动权；统筹谋划推进社会事业发展，保障经济社会发展成果惠民共享；强化规范意识，增强规划的严肃性、权威性和约束力。

人事任免

【市十四届人大常委会第二十四次会议决定任免名单】 陈邵东任市教育局局长；免去殷东明市教育局局长职务；朱兴元任市卫生和计划生育委员会主任，免去市卫生局局长、市食品药品监督管理局局长职务；顾玉芬任市环境保护局局长，免去市人口和计划生育委员会主任职务；阚国良任市市场监督管理局局长；唐剑锋任市政府法制办公室主任。

【市十四届人大常委会第二十五次会议决定任免名单】 谷建昌任市人民法院行政审判庭庭长，免去市人民法院行政审判第二庭庭长职务；邵卫刚任市人民法院环境资源审判庭庭长，免去市人民法院行政审判第一庭庭长职务；孔维瑱任市人民法院民事审判第四庭副庭长；朱剑任市人民法院虞山人民法庭副庭长；许标任市人民法院兴隆人民法庭副庭长；杨春琴任市人民法院立案庭副庭长；姜壮志任市人民法院辛庄人民法庭副庭长；免去唐国芳市人民法院审判员职务；唐晓毅、方宇任市人民检察院检察委员会委员；免去范平市人民检察院检察委员会委员职务。

【市十四届人大常委会第二十六次会议决定任免名单】 曹倩任常熟市人民检察院检察员；李娜任常熟市人民检察院检察员；姚伟波任常熟市人民检察院检察员；何思东任常熟市人民检察院检察员；顾凯宏任常熟市人民检察院检察员；吴洋任常熟市人民检察院检察员；徐芳任常熟市人民检察院检察员；刘倩任常熟市人民检察院检察员；孙晓芳任常熟市人民检察院检察员；刘雪生任常熟市人民检察院检察员；原良鹏任常熟市人民检察院检察员；王联方任常熟市人民检察院检察员；免去谭秀萍的常熟市人民检察院检察员职务。

【市十四届人大常委会第二十七次会议决定任免名单】 唐晓任市旅游局局长；免去陈建平市旅游局局长职务；王伟东任碧溪街道人大工作委员会主任；免去杨建明碧溪街道人大工作委员会主任职务；周薇任市人民法院民事审判第四庭庭长；免去陈国萍市人民法院立案庭副庭长职务；免去胡斌市人民法院民事审判第一庭副庭长、审判员职务；免去包正市人民检察院检察员职务。

【市十四届人大常委会第二十八次会议决定任免名单】 吕军鹏任常熟市人民法院审判员；陈娟任常熟市人民法院审判员；赵丹丹任常熟市人民法院审判员；徐鑫任常熟市人民法院审判员；蒋玉凤任常熟市人民法院审判员；甘国露任常熟市人民法院审判员；苏志鑫任常熟市人民法院审判员；李志华任常熟市人民法院审判员；步全赢任常熟市人民法院审判员；陈洁任常熟市人民法院审判员；赵晔任常熟市人民法院审判员；赵丽丹任常熟市人民法院审判员；顾勇任常熟市人民法院审判员；葛晓春任常熟市人民法院审判员。

【市十四届人大常委会第三十次会议决定任免名单】 周灵群任市人民政府副市长(挂职)。

【市十四届人大常委会第三十一次会议决定任免名单】 冯晋任市司法局局长；免去徐秾市司法局局长职务；钱建平任市城市管理局局长；免去钱振荣市城市管理局局长职务；蔡伟民任市人大常委会城建环保工作委员会副主任；免去陆卫江市人大常委会城建环保工作委员会副主任职务。

重要活动

【督办议案实施】 在市第十四届人民代表大会第四次会议上，由殷振龙等26名人大代表提出的“加快全市水循环体系建设”被列为“一号议案”。市政府及相关部门接到市人大关于议案办理的任务后于3月26日召开全市“畅流活水”工程推进会，以《常熟市水系连通调控规划》为指引，敲定全市水体循环调度总体方案及畅流活水工程的分期实施计划。4月24日，市十四届人大常委会召开第三十六次主任会议,听取议案实施方案汇报。市委副书记、市长王飏于4月和7月两次听取专题汇报并主持召开畅流活水工程现场推进会;10月19日,市委召开双月座谈会,专题通报水环境综合整治情况,听取党内外人士意见。11月30日,市人大常委会对“加快我市水循环体系建设”代表议案实施情况进行了视察,并对市十四届人大二次、三次会议关于“加快推进城乡河道综合治理”代表议案实施情况进行专题视察。12月29日,市水利局局长陈永进在市十四届人大常委会第三十一次会议上作代表议案实施情况汇报。根据计划,2015年拟实施项目25个,计划总投资3.3亿元,实际完成投资9000万元。市级11个项目中,莫城河、辛安塘、枫泾—颜港中心河、琴川河4项已基本竣工,高新园水循环调整等8项工程全面施工。市人大常委会主任秦卫星对一号议案实施取得的阶段性成效予以肯定,并指出市人大及其常委会将继续关注议案办理进程与实效,适时安排督查、视察、调研等活动,全力助推河道综合治理工作和全市水循环体系建设。

【督办代表建议】 1月23日,全市政府系统人大代表书面建议、政协提案交办工作会议召开。市委副书记、市长王飏,市人大常委会主任秦卫星,市政协主席徐永达等出席会议。2015年交办议案1件,代表建议127件。王飏在会上要求各承办单位要高度重视,精心组织,周密部署,认真办理,进一步提高建议落实率和代表满意率,努力使建议办理工作迈上新台阶。

【钱月宝、高德康参加全国人代会】 3月5日至15日,常熟市全国人大代表钱月宝、高德康赴北京参加第十二届全国人民代表大会第三次会议。会议期间,两位代表审议《政府工作报告》等各项重要报告。钱月宝代表就推进政府向社会力量购买环境信息服务、扶持农村“法律服务所”、党政办公系统国产化替换、加强专利工作、推进在线教育等提出了6份建议。高德康代表向大会提交5份建议,包括“深化农村改革、促进农民增收”“发展农村敬老院、解决农村养老问题”“实施城乡医疗卫生服务均等化”“加强人才培养和发展”“持续推进两化深度融合”等。

【全国人代会精神传达报告会召开】 3月20日,十二届全国人大三次会议精神报告会召开。市委书记惠建林,市人大常委会主任秦卫星,市政协主席徐永达等市四套班子领导出席会议。全国人大代表钱月宝和高德康分别作十二届全国人大三次会议精神传达报告。惠建林就贯彻落实全国“两会”精神进行部署,要求全市各地把深入学习贯彻全国“两会”精神作为一项重要的政治任务,切实把思想和行动统一到全国“两会”精神上,主动适应经济发展新常态,着力提高经济发展质量和效益,狠抓改革攻坚,突出创新驱动,全力构筑“五位一体、综合发展”新优势,齐心协力推动常熟在“迈上新台阶,建设新江苏”的征程中走在前列。

【市人大工作会议召开】 6月18日,全市人大工作会议召开。市委书记惠建林,市委副书记、市长王飏,市人大常委会主任秦卫星出席会议。沙家浜镇党委、财经工委、辛庄镇人大、检察院、住建局负责人分别从不同的角度就如何开展、支持人大工作进行了交流发言。会议结束前,惠建林要求全市各级人大及其常委会要深入学习贯彻习近平总书记系列重要讲话精神,强化大局意识,切实增强依法履职实效;适应发展要求,不断拓展依法履职内涵;强化代表主体,充分发挥代表积极作用;加强党对人大工作领导,强化人大依法履职保障,围绕中心、服务大局,找准人大工作与改革发展稳定工作的结合点与契合点,不断提高履职能力,在新的起点上开创全市人大工作的新局面。

【评议政府部门工作】 4月至9月,市人大常委会组织代表对市住建局、文广新局、审计局、粮食局、苏州市住房公积金管理中心常熟分中心五个部门进行工作评议。常委会组成评议调研组,通过广泛动员、个别谈话、召开各类座谈会、开展问卷调查等形式,就被评议部门在依法行政、制度规范、履职尽责、维护民生、工作创新和队伍建设等方面的情况听取代表、基层群众和服务对象的意见,在此基础上形成客观公正的评议意见,由市十四届人大常委会第二十七次会议通过,送交市政府及被评议部门予以整改,并对各被评议部门整改落实情况进行跟踪督查,有效促使各项整改措施落实。

【组织代表统一接待选民日活动】 5月8日、10月27日,市人大常委会举办人大代表统一接待日活动。市委书记惠建林,市委副书记、市长王飏,市人大常委会主任秦卫星以人大代表身份参加接待日活动。在各接待点,人大代表与选民代表面对面,重点围绕改革发展大局和民生福祉,听取选民代表对“一府两院”工作的意见和建议。接待日收集到建议由市人大梳理形成建议专报交市政府,市政府主要领导高度重视,及时分解落实并组织相关部门办理,切实解决了一批群众反映较为普遍的问题。

【组织全体市人大代表进行履职培训】 11月6日,市人大举行全员培训,邀请青岛市第十一届至十四届人大代表关石青,就如何履行好代表职务进行讲座。市人大常委会主任秦卫星以及全市近300名人大代表聆听报告。报告会上,关石青结合多年履职经历,就如何深入选民访民情听民意、呼吁解决民生难题,与大家进行交流并分享了经验。

【组织全市镇(街道)人大工作座谈会】 12月17日,市人大常委会召开全市镇(街道)人大工作座谈会。市人大常委会主任秦卫星等参加会议。会议就各镇人大和街道人大工委2015年主要工作和2016年工作打算开展交流和探讨,就下一阶段工作进行部署,并结合“三严三实”专题教育活动征求对市人大常委会党组及常委会领导的意见和建议。秦卫星对各镇、街道的人大工作给予充分肯定,并要求认真学习贯彻十八届五中全会精神,牢牢把握“五大发展”理念,积极推动人大各项工作与时俱进,更好地服务全市发展大局。

【做好人民群众来信来访工作】 市人大常委会始终坚持认真倾听群众的反映,解答有关法律问题,以法律、法规、政策为依据,耐心细致地做好宣传、教育和疏导工作，并督促有关政府部门妥善做好群众信访的处理工作，为化解矛盾、构建和谐作出努力。2015年共受理来信50多件，接待来访15批次，对3件信访件进行重点督办，促使一批信访反映的实际问题得到妥善处理。

监督检查

【开展加快全市现代农业建设视察】 5月11日，市人大常委会开展加快全市现代农业建设(畜禽养殖三年整治计划)视察活动。市人大常委会主任秦卫星等参加视察。视察组先后实地查看辛庄优质水稻示范基地、虞龙养猪专业合作社、梅李现代农业示范基地、中泾村设施农业基地等，充分肯定近几年全市建设现代农业取得的新成效新亮点，并就推进农业现代化提出要处理好四个关系，使农业成为农民增收的聚宝盆。

【督查国家卫生城市复审迎检工作】 6月3日，市人大常委会对复审迎检工作进行督查。市人大常委会主任秦卫星等参加活动。督查组一行先后到虞园新村、兴福管理区、北门大街社区、泰安农贸市场、汽车南站等处，查看市容秩序、环境卫生、河水水质等，并听取了相关情况汇报。秦卫星要求进一步增强共识，把迎检工作摆在突出位置；深化专项整治，切实解决复审过程中的难题；落实长效管理机制，巩固创建成果；集思广益制定好管理规则，强化监督，形成全社会共同关心的良好氛围。

【开展《中华人民共和国食品安全法》执法检查】 7月30日，市人大常委会对全市《中华人民共和国食品安全法》实施情况开展执法检查。市人大常委会主任秦卫星等参加活动。检查组先后到虞山镇金亿快餐配送部、农副产品交易城和东洋饮料(常熟)有限公司等，要求相关职能部门及各板块要进一步加强宣传教育，提高公众食品安全意识；加强日常监管，加大对食品安全违法行为的惩处力度；加强组织保障，健全食品安全长效管理机制。

【开展《中华人民共和国安全生产法》执法检查】 8月24日，市人大常委会对全市贯彻实施新修订的《中华人民共和国安全生产法》情况开展执法检查。市人大常委会主任秦卫星等参加活动。检查组分三组前往常熟经济技术开发区、梅李镇、海虞镇等地，深入住友橡胶、龙腾特钢、三爱富中昊等单位生产一线，对全市贯彻实施新安全生产法工作所取得的成效予以肯定，并指出要进一步认清形势，深刻认识到安全生产工作的重要性、艰巨性和紧迫性，始终绷紧安全生产这根弦。

5月11日，市人大常委会开展加快全市现代农业建设(畜禽养殖三年整治计划)视察活动

【开展农村污水管网收集处理情况视察】 9月11日，市人大常委会开展全市农村污水管网的污水收集、处理工作情况视察。市人大常委会主任秦卫星等参加视察。视察人员分三组查看虞山镇福圩村汪家宅基、海虞镇汪桥村汪家桥、江南水务公司、梅李镇瞿巷村等地集中式污水处理系统和分散式处理设施站点。视察组要求各部门加强宣传引导，切实提高老百姓参与农村污水处理工作的积极性；加快推进建设，抓住重点项目，保质保量完成建设任务；重视标准制定，探索运行机制，确保运行取得实效；强化组织领导，落实各级责任，使人民群众能够享受到社会文明的成果，助推政府部门实现科学管理。

【开展全市工业重点项目建设与企业技术改造情况视察】 9月24日，市人大常委会开展全市工业重点项目建设与企业技术改造情况视察。市人大常委会主任秦卫星等参加视察。视察人员分成三个小组，实地查看苏州华威电梯部件有限公司、阿科玛(常熟)氟化工有限公司、亚通汽车零部件(常熟)有限公司、常熟中佳新材料有限公司等。视察组对全市工业重点项目建设与企业技术改造工作予以充分肯定，并要求各部门坚定发展信心，进一步加快转型升级步伐；突出项目带动，进一步扩大有效投入；突出技术改造，进一步增强创新驱动发展能力；突出政府服务，进一步优化发展环境。

【开展镇域综合执法工作视察】 11月2日，市人大常委会开展全市镇域综合执法工作情况视察。市人大常委会主任秦卫星等参加视察。视察组采用“看、听、议”的形式，实地察看沙家浜镇和海虞镇综合执法局，并要求相关部门要深化认识，增强持续推进镇域综合执法的力度；完善机制，提高镇域综合执法的水平；要强化合力，提升镇域综合执法改革的成效。

【开展民生实事工程建设情况视察】 10月6日，市人大常委会开展民生实事工程建设情况视察。视察人员分组查看尚湖集中式饮用水源地达标建设工程、三环路快速化改造工程东北环段桥面系统、市公共信息服务平台、文庙修复二期工程和市敬老院、游文小学建设工程、市公共体育服务中心、报慈小学迁建工程等。视察组肯定各项民生实事项目取得初步成效，并要求加快项目推进，加强项目应用，使这些项目、工程发挥出良好的效果，惠及群众的日常生活，推动经济社会持续健康发展。

【开展加快水循环体系建设和加快推进城乡河道综合治理实施情况视察】 11月30日，市人大常委会开展加快水循环体系建设和加快推进城乡河道综合治理实施情况视察。市人大常委会主任秦卫星等参加视察。视察人员分四组查看南福山塘闸、琴川河、护城河鸭潭头临时溢流堰和常浒河锁澜桥临时溢流堰等水循环体系建设重点项目，以及南干河、沈村河、季泾塘等河道治理工程，并听取市政府关于加快全市水循环体系建设和加快推进城乡河道综合治理实施情况汇报。视察组充分肯定全市水循环体系建设取得的成效，并要求深化思想意识，增强水环境整治工作的紧迫感和使命感；坚持科学规划，确保工程有序推进；完善长效管理，切实巩固建设成效；注重统筹协调，强化议案实施保障；加强监督检查，确保建设和治理工作进度。

调 研 考 察

【张卫国到常熟调研开放型经济转型升级和港澳台工作情况】 6月24日至25日，江苏省人大常委会副主任张卫国一行到常熟调研“新常态下我省开放型经济转型升级和港澳台工作情况”。苏州市人大常委会副主任朱建胜和市领导惠建林、王飚、秦卫星等陪同调研。调研组实地查看了奇瑞捷豹路虎、常熟科创园、波司登集团、通润驱动、梦兰集团、常熟理工学院和高新区等地。张卫国对常熟新常态下开放型经济转型升级和港澳台工作情况给予充分肯定，并希望常熟要充分认清经济发展的大趋势，不断加大开放式的创新力度，主动融入“一带一路、长江经济带”等国家战略。

【杜国玲到常熟调研台商企业发展情况】 8月5日，苏州市人大常委会主任杜国玲到常熟，与台商代表召开座谈会，了解新时期台商企业发展情况，探讨台商权益保护等问题。会上，台商代表们就企业转型升级、用工、固废处理、配套制度等方面进行交流。在了解相关情况后，杜国玲指出，台商企业要根据形势进行转型升级，产品向高、特、精发展。

【江苏省人大到常熟调研医疗纠纷处理立法工作和综合医改试点进展情况】 10月29日，江苏省人大常委会教科文卫工委主任许洪祥一行到常调研医疗纠纷处理立法工作和综合医改试点进展情况并开展座谈。苏州市人大常委会副主任徐国强，常熟市人大常委会主任秦卫星陪同调研。调研组一行调研了市第二人民医院、医学检验所、古里中心卫生院等。

【开展常委会专题调研】 根据市人大常委会年度工作安排，7月至11月，市人大常委会围绕《促进传统商贸业转型升级》《加快实施全民健身战略，不断满足公共体育需求》《激发活力，推进社区治理现代化》《充分发挥上市企业优势促进全市产业转型升级》《加快城中村改造，提升城市整体形象》等五个课题分别开展专题调研。调研组经过长达半年的调研，多次召开座谈会听取相关部门、镇、村（社区）负责人以及其他代表的意见、建议，并学习借鉴外地成功做法和经验，结合常熟实际，形成调研报告，提出切实可行的意见建议供市委、市政府决策时参考，对助推科学决策、促进政府工作发挥了积极的作用。

【开展常委会党组集体调研】 10月至11月，市人大常委会党组全体成员分别赴市发改委、法院、检察院、常熟经济技术开发区、高新技术产业开发区和交通局开展调研。调研组通过实地视察、座谈会等形式，分别听取了相关部门主要负责人围绕新常态下加快转型发展提高财政贡献份额、“十三五”规划编制工作的初步意见、司法工作以及实事工程建设情况等的汇报，进一步拓宽思路，明确下一年工作重点。

（朱　铭）

责任编辑　刘品玉

常熟市人民政府

综　　述

【概况】 2015年，常熟市人民政府（以下简称市政府）全面贯彻落实党的十八大和十八届三中、四中、五中全会精神，坚持以习近平总书记系列重要讲话特别是视察江苏重要讲话精神为根本遵循，团结依靠全市人民，牢牢把握“五位一体、综合发展”总基调，主动适应经济发展新常态，全力以赴稳增长、促转型、惠民生，各方面工作取得新进展。全年实现地区生产总值2045亿元，增长7.2%；一般公共预算收入157.7亿元，增长7%；实现规模以上工业产值3655亿元；完成新兴产业产值1621亿元、高新技术产业产值1405亿元，分别增长1.1%和0.9%；实现全社会固定资产投资631亿元；社会消费品零售总额670亿元，增长8.8%；外贸进出口222亿美元，增长9.8%；实际利用外资8亿美元，净增内资注册资本185亿元，民营经济累计注册资本突破1200亿元。

市政府重点采取以下五方面措施。一、突出稳增长、调结构统筹兼顾，确保经济运行稳中有进。深入研究新常态下既保持经济平稳发展又着力推进转型升级的思路举措，坚持发展第一要务，更加突出“工业经济、主导产业、骨干企业”三个为主的发展导向，以落实“410”工程为主抓手，努力化解经济下行压力，经济增长稳定在合理区间，转型升级步伐加快。汽车及零部件、装备制造、纺织服装“三个千亿级”产业完成投资140亿元，占全部工业投入50%；完成产值2430亿元，占工业总产值比重53.6%。18家“小巨人”企业开票销售收入增长4.8%；70家“专精特新”企业完成销售920亿元，增长3.3%。土地节约集约利用持续加强，盘活存量用地418.87公顷。服务业发展提质增效，完成服务业投资347亿元，增长13.5%，服务业增加值占地区生产总值比重46%。二、突出抓改革、促创新双轮驱动，加快发展动力转换。全面推进“5张清单、1个平台、7项相关改革”，健全完善事中事后监管机制。全面取消非行政许可审批事项，行政审批事项精简40.7%，政府行政权力、专项资金和行政事业性收费全部实现清单管理，组建市公共资源交易中心，形成上下衔接的公共资源交易平台体系。企业投资建设项目实行并联审批，审批流程得到简化优化。深化政府机构改革，市场监管局、卫计委、市政府法制办挂牌运行，理顺水务管理和城乡居民医保管理体制。镇域相对集中行政处罚权试点工作全面推开，下放328项权力至7个镇2个街道，设立镇综合执法机构。推进政务服务向基层延伸，首批下放经济管理和公共服务权限87项，镇（街道）便民服务中心实现全覆盖。进一步推进政企分开，行业主管部门与中介机构彻底脱钩，服务市场全面开放，建立中介机构信用等级评定制度。稳妥推进政府职能向社会转移试点，向社会转移政府职能100项。落实注册资本认缴、先照后证等改革举措，全面推进“三证合一、一照一码”登记制度改革。国有企业加快去行政化改革步伐，全面落实市场化主体建设，国有资产分级监管、分类考核机制得到健全。常熟科技创新体制综合改革试点方案获省政府批准。“高新技术企业三年培育计划”全面完成，“313”工程扎实推进，新认定高新技术企业99家，新增省高新技术产品330个，新增发明专利授权659件，列入省重大科技成果转化专项4项。重大载体加快布局，高新区升格为国家级高新区，新增博士后工作站4家、省级科技企业孵化器4家。推动科技、人才与经济发展紧密结合，入选苏州市级及以上人才计划25人，新增市级科技创新创业领军人才项目50个。三、突出强统筹、优生态互动并进，不断提升城市品质。开展《美丽常熟——城乡空间发展战略规划》研究，推进镇控制性详细规划全覆盖，开展镇村布局规划优化调整和综合整治村庄规划、村级工业用地整合规划编制，市规划委员会实体化运作。全面启动“多规合一”试点。加快推进“三优三保”行动，辛庄镇“三优三保”专项规划通过省级论证。重大基础设施建设加快推进，三环路高架全线贯通，通港路、常浒线快速化改造工程启动建设，沪通铁路常熟段清障工作基本完成。新世纪大道北延一期、常浒线九里段节点改造前期积极推进，元和路、书院街综合改造工程全线通车，县南街主路面具备通车条件，红梅路、开元大道、香山南路等一批城区道路建成通车。加快推进棚户区（危旧房）改造，完善危险公寓房解危政策。完成安置房建设项目6个，面积37.3

万平方米。南门坛上历史文化街区保护与整治工作有序推进。昆承工业园企业搬迁基本完成。优化道路交通组织管理，规范城区停车秩序。开展城乡环境整治“百日行动”，完成“九整治”项目40个、“三规范”项目189个，通过国家卫生城市复审和国家生态园林城市、省优秀管理城市现场考查。“美丽乡村”创建和城乡一体化示范小区建设扎实推进。生态文明建设取得新进展，调整优化164.8平方公里省级生态红线保护区域，完成水系连通调控规划编制，实施城乡河道综合治理38条、省太湖治理工程100项、“畅流活水”项目25个，古城区活水自流效果显现，七浦塘常熟段全线通水，铁黄沙整治、城西污水处理厂二期等重大环境工程进展顺利。在全国率先实施农村生活污水治理PPP项目。积极开展水利部河湖管护体制机制创新试点。狠抓大气污染防治、环保大检查等五项重点工作，建成智慧环保系统，移送司法机关处理环境违法案件14件。沿江片区集中供热管网全线贯通，污泥干化焚烧处置项目正式启动。加强农药集中配送和投入品监管，持续推进农业面源污染治理，区域环境质量得到改善。四、突出惠民生、善治理协调共进，不断优化社会环境。五大类20项重点民生项目基本完成。完善征地补偿和被征地农民社会保险制度，新老政策平稳衔接，补偿安置36.6万人。城乡养老保险制度衔接工作圆满完成，18万名群众受益。新增就业岗位8.7万个，常熟籍大中专毕业生就业率96%以上，城镇登记失业率控制在1.9%以下。实施全民参保登记计划，城镇职工社会保险覆盖率、城乡居民养老保险和医疗保险覆盖率均保持在99%以上，城乡低保标准提高到每月750元，居民基本医疗保险人均筹资标准提高到800元。启动住房保障货币化补贴新政，新增缴存住房公积金职工5.5万人。养老设施建设加快推进，启用市敬老院，建成日间照料中心102家、助餐点92个，镇级居家养老服务管理中心建成率100%。昆承中学扩建工程、游文幼儿园、东南实验小学及幼儿园建成投用，新开工校安工程3.3万平方米；深化义务教育集团办学模式，扶持普惠性民办幼儿园发展，推进公办幼儿园独立法人扩面，完成国标校车升级工作。市血站迁建、中医院扩建工程投用，紧密型医联体建设纵深推进，实施慢病患者下沉社区管理，受惠群众18万人。文庙工程主体建筑完成，举办江南文化节暨沙家浜旅游节、中国古琴艺术节等重大文化活动。市公共体育服务中心建成投用，新增8所学校体育设施向社会开放，成功创建省公共体育服务示范区。获批联合国世界旅游组织旅游可持续发展中国观测点。深入实施社会治理创新工程，扎实推进政社互动和社区减负，新市民积分管理持续深化，累计受理入学入医入市民卡申请12.1万人。高度重视安全生产，全面抓好企业主体责任落实，持续开展重点行业领域安全整治，实现事故起数、死亡人数“双下降”，安全生产形势持续稳定好转。社会信用体系加快建设，社会大局保持稳定可控，公众安全感、法治建设满意度显著提升。五、突出严作风、提效能相互促进，不断加强政府自身建设。巩固和拓展党的群众路线教育实践活动成果，扎实开展“三严三实”专题教育，切实抓好“四专题一强化”各个环节，持续抓好专项整治任务，推动干部担当作为、“马上就办”，政府机关作风建设持续加强。优化整合政务服务资源，完善政务服务体系，智慧政务服务平台上线运行，为民服务项目即办件比例提高到67.5%。全面推进法治政府建设，认真执行市政府常务会议、市长办公会议议事制度，强化政府绩效考核，修改完善重大决策程序规定，建立健全决策听证、后评估和责任追究制度。自觉接受人大监督和政协民主监督，办理人大代表建议115件、政协提案230件。深化财政预算管理制度改革，扩大预决算信息公开范围，实现政府预算全口径公开。加强政府性债务管理，优化债务结构，降低债务成本，有效防范债务风险。全面深化政务公开，加大监察、审计工作力度，深化政风行风“媒体问政”机制，推进廉洁诚信积分管理，严格落实行政问责制，政府廉政建设取得新成效。

重要会议

【市政府常务会议】 1月16日，市长王飚主持召开市政府第54次常务会议，听取2014年度常熟市科学技术奖评审工作、加强各镇政府投资项目立项审批管理办法、常熟市“三优三保”行动项目资金管理暂行办法、全市安全生产及消防工作等情况汇报，研究推进常熟服装城专业流通市场综合配套改革实施意见、常熟市出租房屋专项整治实施方案、加快转变政府职能建设服务型政府意见等事宜。

2月13日，市长王飚主持召开市政府第55次常务会议，听取国资监管工作及《关于加快市属国企市场化主体建设的若干意见》《市直属国资公司监事会暂行办法》等情况汇报，研究常熟市安全生产“党政同责、一岗双责”实施细则、进一步加强国土资源管理工作的意见、常熟市2015年度依法行政工作要点等事宜。

3月18日，市长王飚主持召开市政府第56次常务会议，听取关于给予市公安消防大队记集体三等功及吴友华等3位同志记个人三等功、申报个人二等功奖励工作、认定苏州市一般湿地等情况汇报，研究常熟市房地产开发经营管理办法、住房保障实施办法、“畅流活水”工程实施意见、大气污染防治2015年度实施方案、扶持养老服务组织发展的实施办法、加快推进养老服务业发展的实施意见、生产安全事故调查组工作规则等事宜。

4月16日，市长王飚主持召开市政府第57次常务会议，听取关于2015年一季度经济社会运行分析、农村土地承包经营权确权登记颁证、农村新建住宅用地审批发证等情况汇报，研究镇域综合执法事项下放、加强镇(街道办事处)依法行政、一季度安全生产、下调生育保险缴费比例和2015年企业退休人员养老金调整等事宜。

5月18日，市长王飚主持召开市政府第58次常务会议，听取第十届国际湿地大会筹备工作、2015年秋季高中、初中、小学、幼儿园招生计划及办法、《常熟市人民政府重大行政决策程序规定》和2015年度市重大行政决策项目、干部处分等情况汇报,研究控制和查处违法建设、全面加强特种设备安全监管工作、调整非居民用天然气价格、加强投资项目审批中介服务机构管理工作等事宜。

6月16日,市长王飚主持召开市政府第59次常务会议,听取2015年第一批市科技创新创业领军人才计划项目评审、调整2015社保年度社会保险缴费基数、《常熟市政府向社会转移职能事项目录》、调整2015年度义务兵优待金标准、健全镇(街道)政务服务体系建设、解除有关行政警告处分等情况汇报,研究校舍安全工程长效保障机制、村级集体资金资产资源管理、征地补偿和被征地农民社会保障办法实施细则和全市征(使)用土地人员安置补偿遗留问题处理、对各镇(开发区、服装城、度假区)机关实行绩效管理、进一步加强燃气管理工作、推动民生建设迈上新台阶、加快转型升级步伐推动经济发展迈上新台阶、市政府党组"三严三实"专题教育工作和第一专题学习研讨方案等事宜。

7月16日,市长王飚主持召开市政府第60次常务会议,听取2015年上半年经济运行、"十三五"规划编制、上半年全市安全生产工作等情况汇报,研究关于推动科技创新、促进经济转型升级发展若干政策、成立市政府推进职能转变协调小组、深化行政审批制度改革加强事中事后监管、全市实施河道整治后对失水渔民进行补偿安置、调整城乡最低生活保障、上世纪六十年代精简退职老职工生活补助费及孤儿养育标准、调整部分优抚对象抚恤补助标准、农村新建住宅用地审批发证工作监督办法、实行"三证合一"登记制度实施意见及授予常熟市荣誉市民、常熟市名誉市民称号等事宜。

8月15日,市长王飚主持召开市政府第61次常务会议,听取各镇房屋区位补偿价调整、市级预算单位公务卡实施方案、2015年上半年全市金融工作等情况汇报,研究加强环境监管网格化建设等事宜。

9月15日,市长王飚主持召开市政府第62次常务会议,听取重点项目进展、2015年大气污染防治工作进展、将直管公房划归属地政府、调整大病补充医疗保险承办方式和2016年度居民医保政策调整等情况汇报,研究进一步加快农村重点基础设施建设、进一步加快淘汰老旧机动车、进一步加强乡镇内部审计和市道路地名管理实施办法等事宜。

10月16日,市长王飚主持召开市政府第63次常务会议,听取1—9月份全市经济运行情况、1—9月份全市安全生产工作、加强消防管理办公室建设、建立常熟市居民生活用水阶梯价格制度方案等情况汇报,研究进一步加强危险化学品企业安全管理的工作意见、常熟市防范和打击恶意逃废债务行为工作方案、常熟市绿色建筑管理暂行办法、调整部分政策性项目财政负担建议、征地保障资金和农转城资金划转建议方案、2016年市本级财政预算编制、提高农村离职、退养干部待遇、调整老年农民、无地无保障人员、居保退休人员基础养老金和增加企业退休人员健康体检肿瘤指标项目、增加老年健康体检肿瘤指标项目、提高乡村医生待遇、增加乡村医务室药品种类及挂水业务、明确2016年度新市民积分入医指标数等事宜。

11月16日,市长王飚主持召开市政府第64次常务会议,听取常熟市法治政府建设指标体系、公立医院医疗服务价格调整、2016年政府性投资项目等情况汇报,研究市建设工地扬尘和运输车辆管理考核办法、市领军型创业创新人才、高层次紧缺人才、外商投资企业和市外投资企业高层管理人员、军转干部及港澳台商子女入学(园)实施意见、2015年推进简政放权放管结合转变政府职能工作方案、行政许可事项目录管理暂行办法及权限内行政审批项目动态调整、智慧政务服务平台信息资源共享管理暂行办法、推进企业投资建设项目并联审批、《市属国有企业负责人履职待遇、业务支出管理规定》《市属国有企业贯彻落实"三重一大"决策制度的实施办法》《市属国有企业经营投资失误和资产损失责任追究暂行办法》干部处分等事宜。

11月30日,市长王飚主持召开市政府第65次常务会议,听取关于调整市级机关、事业单位租金补贴和逐月住房补贴比例的情况汇报,研究关于推动科技创新促进经济转型升级发展若干政策的意见及科技创新与转型升级财政专项资金管理办法、关于推动现代服务业转型升级若干政策的实施细则、关于推动商务转型发展若干政策的实施细则、关于推进工业经济转型升级若干政策的实施细则、关于推动科技创新若干政策的实施细则、关于鼓励扶持企业上市挂牌工作若干政策的实施细则、关于强化人才支撑、促进经济转型升级发展若干政策的实施细则、关于促进质量强市工作若干政策的实施细则等事宜。

12月28日,市长王飚主持召开市政府第66次常务会议,听取《政府工作报告》(征求意见稿)、常熟市国民经济和社会发展第十三个五年规划纲要草案、2016年度融资计划、进一步完善城乡居民基本养老保险制度、继续执行阶段性降低职工基本医疗用人单位缴费费率等情况汇报,研究2016年度民生实事项目、2016年度市本级财政预算编制等事宜。

【市政府全体(扩大)会议】 1月25日,市政府召开全体(扩大)会议。要求全市上下要深刻领会、准确把握习近平总书记在江苏视察时的重要讲话精神和总体要求,紧紧围绕市委提出的"五位一体、综合发展"总基调,主动把握经济新常态、全力打造精致城市、加快建设法治政府,为建设美丽常熟作出贡献。市政府全体领导出席会议。会上,市政府各副市长分别部署分管工作。各板块和各部门向市政府递交2015年目标责任书。

7月29日,市政府召开全体(扩大)会议,落实市委十二届十三次全体(扩大)会议精神,回顾总结上半年工作,部署下半年任务。会议要求全市上下认清形势,坚定信心,加快转型,开拓奋进,确保全面完成全年目标任务,为构筑"五位一体、综合发展"新优势奠定坚实基础。市政府相关领导出席会议，会议由市委常委、常务副市长沈晓东主持。会上，市政府各副市长分别部署分管工作。发改委、卫计委、城管局、环保局和市场监督管理局分别作交流发言。

（曾　军）

体制改革

【概况】 2015年，全市体制改革贯彻落实中央关于全面深化改革的总体部署和省委、苏州市委关于深化经济体制改革的总体要求，以全市深化经济体制改革三年行动计划（2014—2016年）为总指引，细化阶段性改革内容，突出深化经济体制、行政体制、农村改革、生态文明建设及民生领域改革等五大方面重点领域改革任务。加快行政审批制度改革。全面公布"五张清单"，加强各类行政事业性收费和政府性基金项目动态管理，推进以负面清单管理模式为特征的投资便利化改革。全面取消非行政许可审批事项，与2014年新一轮审改前231项相比减少94项，精简率达40.69%。实施提速增效工程，70项涉民服务事项中46项实现当场受理当场办结，即办件比例达到65.71%，进驻事项平均承诺期限由最初的14天缩短为4.02天。推行建设项目模拟审批，全面推进企业投资建设项目并联审批，开展规范审批中介服务，公布《常熟市投资项目审批中介服务机构名录》并实行动态管理。推进商事制度改革，从7月份开始全面实行"三证合一"登记制度。稳妥推进大部门体制，新组建完成市场监督管理局、市卫生和计划生育委员会、市政府法制办公室3个政府工作部门。加大部门间职责整合力度，全面厘清部门间职责交叉和分散事项，整合部门间相同相近职责，坚持同一件事情由一个部门负责，国土、住建、卫计、发改、人社、水利等部门职能有所调整。统筹推进相关事业单位分类改革，优化整合各类技术资源和公共资源交易平台，组建"常熟市检验检测中心"和"常熟市公共资源交易中心"。推进全省镇域相对集中行政处罚权试点工作，从市级机关部门向乡镇划转88名人员编制，实现乡镇综合执法机构组建到位、职责明确到位。调整机关津补贴与事业单位绩效工资发放标准，推进机关事业单位养老保险改革。重点做好机关绩效管理工作，实现作风效能考核与绩效考核的有效衔接和平稳过渡。深化财政体制改革，贯彻落实新《中华人民共和国预算法》，2015年度除涉密部门和涉密项目外市级部门预算及"三公"经费预算全面实行公开。贯彻落实《政府采购法实施条例》，规范政府采购运行监管，推进政府购买服务，出台《常熟市政府向社会转移职能事项目录》，促进政府职能转变和社会管理创新。加快产业转型升级。市级财政专项资金优化整合，2015年共兑付各类扶持发展资金15.11亿元。工业经济形成以鼓励"机器换人"推进智能制造、鼓励企业兼并重组和鼓励企业绿色发展为重点的政策体系，装备制造、汽车及零部件和纺织服装等三大"千亿级"产业全面推进优化升级。新能源、生物医药、高端装备制造和智能电网物联网等产业增长势头良好，高端装备制造完成产值464.3亿元，成为加快产业转型的生力军。现代服务业加快发展。服务业年增加值占地区生产总值比重为45.3%，占全社会固定资产投资的比重为55%，提高8个百分点。创新驱动加快实施，省科技体制综合改革试点市经省政府正式批复同意方案并明确支持政策措施。继续落实清费减负政策，落实国家、省取消、暂停、免征65项行政事业性收费，减轻企业负担约3330万元。稳妥推进国企改革，经信委系统下属国企完成整体划转交接，交通系统所属单位着手改革调研。市种业公司划归市农发公司，公安机关所属保安押运企业脱钩改制正式实施。推进国有企业市场化主体建设，出台《关于加快市属国企市场化主体建设的若干意见的通知》。进一步健全市国有企业监督机制及完善企业薪酬绩效分配机制，完成向四大直属国资公司派驻监事会主席工作。加强对市投资项目审批中介服务机构管理，规范中介机构从业行为，出台相关暂行办法。市属行业协会（商会）去行政化改革基本完成。全面规范领导干部在社团兼职，社团内部管理得到全面加强。成立土地成本核算中心，统一扎口归集地块成本。优化金融生态环境，调整工业用地抵押融资政策，用新增抵押贷款替代企业担保，破解互保联保难题，新政策全年为全市新增抵押贷款8.1亿元。引导社会资本设立"企业转贷资金池"，有效减轻企业还贷周转压力。扩大企业债券发行范围和创业投资规模，市东南资产经营投资有限公司8亿元债券获国家发改委批准发行。深化农村集体产权制度改革。全面开展农村土地承包经营权确权登记颁证，年底50%以上村完成。深化社区股份合作社改革，启动先行组织实施的40家社区股份合作社股权固化改革试点，至年底，梅李瞿巷等三个村已完成。推进农村产权交易服务改革，各镇（区）全面完成农村集体资产交易服务中心建设，并陆续正常运行，全市已完成交易930笔，交易金额4600万元。扶持农村新型合作经济组织。开展合作社名录建设，开展农民合作社、家庭农场党建试点工作，全市共成立了80个独立支部、56个联合支部，覆盖各类"新农"组织244家，组织覆盖率73%。全市新增家庭农场31家，全市新增村级合作农场32家。生态文明建设提到新高度，制订出台《常熟市生态文明建设领导小组成员单位职责清单》，实施生态文明建设"一票否决"制度和工作进展定期"点评"制度。更大力度优化能源发展，全面推进电力需求侧管理城市试点工作，全市完成20多家企业电能管理平台安装工作和6万千瓦电力负荷下降任务。因地制宜建设分布式光伏电站，24家企业上报分布式光伏发电项目，已通过苏州市发改委审核备案。大力推进全市污泥干化焚烧处置项目、沿江片区集中供热管网建设，开展太湖水环境综合治理，全市污水处理运管体制改革正式进入实施阶段。全面落实居民用自来水阶梯价格制度。提高部分污染物排污费征收基准标准，同时实行差别化收费政策，准备于下一年度起开征。民生领域改革全面推进。

完善征地补偿和被征地农民社会保障办法和实施细则，妥善处理部分征使用土地补偿和城乡一体化过程中的问题。城镇职工和城乡居民养老保险制度衔接，全市符合转接条件的18.98万人全部完成了转接确认手续，居民医保实现平稳移交。积极推进职工医保和居民医保整合，探索职工医保和居民医保大病保险引入商业化运作。公立医院综合改革不断深入。启动公立医疗机构薪酬制度改革，加强对公立医院绩效考核。通过完善价格综合改革政策，逐步解决医疗服务价格结构性矛盾，全市公立医院药占比为41%。鼓励社会办医，合理控制公立医疗机构数量和规模，拓展社会办医发展空间，新设置医疗床位的分布向规模型民营医疗机构和中医康复、老年护理、临终关怀专科特色倾斜。深化紧密型医疗服务联合体建设，基层医疗机构的诊疗技术和管理理念有明显提高，门诊人次及住院患者数分别增加约15%、45%。新市民积分管理导向作用更加突出，2015年度积分管理办法根据"稳定的工作、固定的居住、遵纪守法和社会贡献"等原则，对新市民积分管理计分标准、项目内容进行了优化。改革文化市场管理体制，文化市场部门联席会议制度把文化、工商、公安、消防、环保、电信等部门纳入，共同探讨解决文化市场的相关重点、热点、难点问题。出台《关于加快推进养老服务业发展的实施意见》。居家养老服务组织建设加快推进，新建成或正在建设日间照料中心77家，助餐点15个。虞山镇颐养院扩建工程基本完成，大幅提高民办养老机构建设运行补贴标准，明确了城市托老所(农村老年关爱之家)、老年人日间照料中心、示范性居家养老服务中心、助餐点等居家养老服务组织的补贴标准。编制《常熟市养老服务设施布局规划》，实施政府购买居家养老服务制度。全市以居家养老为基础、社区养老为依托、机构养老为补充的养老服务体系不断完善，养老服务逐步从传统的救济型、补缺型向服务于大众的适度普惠型转变。

【碧溪新区试点启动农村新建住宅用地审批登记发证】 2015年，审慎推进农村宅基地确权登记办证工作，以碧溪新区为试点，启动全市域农村新建住宅用地审批登记发证工作。12月15日召开审批发证工作会议，就碧溪新区报送的全市第一批用地申报材料相关问题沟通协调并明确了相关操作意见。

【农田水利设施产权制度改革和创新运行管护机制试点】 11月18日，苏州市发改委、财政局、水利局共同批复同意常熟市农田水利设施产权制度改革和创新运行管护机制实施方案，明确的试点工作任务主要为：1. 实行建管一体化；2. 探索完善项目补助方式；3. 产权确权和移交；4. 建立工程管护经费的长效投入机制；5. 建立政府绩效考核为基础依据的奖惩办法；6. 扶持农民用水户协会发展；7. 建立农田水利设施信息管理系统。批复基本同意出台的政策及相关制度文件。（司马贤智）

对口帮扶

【概况】 2015年是"十二五"帮扶规划的收官之年，常熟市按照江苏省、苏州市关于对口支援、经济协作的工作要求，不断加大对口支援、南北挂钩的工作力度，积极开展各项扶贫和经济协作活动。认真做好常熟泗洪南北挂钩工作，年内拨付资金500万元用于常泗工业园区共建；"十二五"期间，共拨付资金2425万元，投入基础设施建设资金近5亿多元，共建成"八通一平"面积达5平方千米、标准厂房约35万平方米、人才公寓3万平方米，共分为5个功能区：机械制造产业区、综合产业园区、水暖五金产业区、高新技术产业园区和金属表面处理中心；引进工业项目40多个，注册资本9.8亿元，项目总投资超百亿元，其中亿元以上项目24个，初步形成纺织服装、食品加工、装备制造、阀门卫浴四大主导产业。在省发改委、经信委、财政厅等九部门联合验收中，常泗工业园被评为全省37个南北共建园区第六名，获得1000万元的奖励资金。园区在巩固共建工作成果的基础上，积极争创省级特色产业园区和省级经济开发区。推进泗洪"脱贫攻坚工程"，年内常熟市拨付帮扶资金500万元，同比增加61.29%，主要用于西南岗、成子湖两个片区豆冲、姬楼、瓦坊、大庄、淮建、桥口等六个村的农机购置及综合服务用房、钢架厂房、育蚕室、钢架大棚建设等项目。十二五期间，共拨付脱贫攻坚资金1420万元，常熟企业到泗洪落户项目已有20多个(其中转移到常泗工业园11个，总投资32亿元)，涉及纺织、化工、机械制造、建材、房地产开发和金融等行业，其中包括美迪洋皮件、波司登、梦兰、佳和房地产、农商行常熟泗洪分行等多个大项目，以实现梯度发展、南北共赢。继续做好与陕西横山、重庆云阳、西藏林周、新疆、青海等地区的东西对口支援工作，年内落实财政帮扶资金7775万元，同比增长14.91%；"十二五"期间支助西部帮扶资金31052万元，着力增强对口支援地方的内生发展动力。落实中利腾晖、波司登、苏陕扶贫三个项目参加第十九届西洽会暨丝博会，不断拓展发展空间。积极发挥常熟市在医疗、教育、劳务技能等领域优势，做好"一对一"帮扶贵州省思南县工作，实现两地资源共享。常熟市每年安排100万元资金用于思南地区脱贫帮扶项目建设，助推思南早日实现脱贫致富奔小康的目标。（孙正秋）

政府法制工作

【概况】 2015年，常熟市政府法制办公室由市政府办公室挂牌机构调整为政府工作部门，牵头开展全省唯一以相对集中行政处罚权为主要内容的镇域综合执法改革，探索形成"四个一"的新执法模式。制定出台《常熟市法治政府建设指标体系》，明确未来5年常熟法治政府建设目标。组织开展市政府常务会议学法，书面学习新《中华人民共和国行政诉讼法》《中华人民共和国食品安全法》，邀请专家解读《中华人民共和国环境保护法》《中华人民共和国安全生产法》。审查备案各镇(场)、各部门规范性文件 16 件，向苏州市政府报备政府规范性文件 5 件，承办《江苏省自然灾害救助办法》《苏州市轨道交通条例》等省、苏州市法规、规章征求意见 19 件，协助开展《苏州市居家养老服务条例》立法调研 1 次，全年受理行政复议案件 45 件，审结 37 件，其中维持原具体行政行为 26 件，终止行政复议 7 件，驳回 3 件，确认违法 1 件，另审结 2014 年度结转案件 5 件，其中维持原具体行政行为 2 件，终止行政复议 1 件，驳回 2 件，复议委员会审理疑难复杂案件 2 件，提出复议意见书 2 份。规范行政权力网上运行，全市 38 个部门实行了处罚案件网上运行，权力库累计录入权力 8634 项，在用权力 8373 项，其中行政处罚 7402 项；共编制权力内外部流程图 17268 个。推进重大行政处罚案件网上备案工作，全年行政处罚案件网上运行 3785 件，网上备案重大行政处罚案件 133 件。2015 年，常熟市被表彰为苏州市 2014 年度依法行政工作先进集体、参与立法工作先进单位、行政执法与刑事司法衔接工作优秀单位、依法行政信息工作优秀单位；常熟市政府法制办公室被评为全省 2015 年度政府法制工作成绩突出单位。

【法制办升格成为政府工作部门】 1 月 24 日，中国共产党常熟市政府法制办公室党组建立，由唐剑锋、施珉珏组成。1 月 26 日，市政府法制办公室举行机构升格揭牌仪式。1 月 28 日，经常熟市第十四届人民代表大会常务委员会第二十四次会议通过，唐剑锋任市政府法制办公室主任，4 月 22 日，中共常熟市委市级机关工作委员会批复同意成立中共常熟市政府法制办公室支部委员会，施珉珏任党支部书记。5 月 8 日，《常熟市政府法制办公室主要职责内设机构和人员编制规定》经市政府批准印发，明确常熟市政府法制办公室为市政府工作部门，正科级建制，内设综合科（法规科）、行政执法监督科、行政复议应诉科 3 个科室，核定行政编制 11 名，主要承担统筹规划、综合协调、督促指导全市依法行政工作，做好市政府在依法行政方面的参谋、助手和法律顾问工作；负责市政府规范性文件以及有关重大行政决策合法性审查；负责行政执法监督工作；负责市政府法律事务；协调处理有关法律、行政法规、规章和规范性文件实施中的冲突和争议；组织开展政府法制工作研究和宣传以及对外政府法制业务交流，组织、指导政府法制工作人员和行政执法人员教育培训工作；指导、推进全市政府法律顾问工作；做好合同纠纷仲裁的相关工作；承担市全面推进依法行政工作领导小组办公室的具体工作；承办市委、市政府交办的其他事项。新增牵头全市镇域综合执法试点，协调下放行政处罚权的承接和运转工作；加强对各镇（街道）依法行政的业务指导、培训等职责。

【镇域综合执法首年试点改革】 2015 年，作为全省唯一试点，常熟开展以相对集中行政处罚权为主要内容的镇域综合执法改革。2 月 27 日，召开全市推进依法行政和简政放权工作会议，市长王飚出席会议，市政府法制办部署镇域综合执法试点工作。4 月 27 日，市政府制定《市政府关于在全市镇域开展综合执法试点工作的实施意见》，在全市 7 个镇（虞山镇和梅李镇除外）两个街道办事处全面启动镇域综合执法改革。5 月 8 日，出台《市政府关于公布第一批镇域综合执法集中行使行政处罚权的通知》，下放城建规划、劳动保障、安全生产、环境保护、镇容镇貌、卫生监督等 7 个部门的 328 项行政处罚权。5 月 14 日，成立由市长王飚任组长的试点工作领导小组。各镇按部署相继成立综合执法局，整合执法力量、执法资源，配备不同执法类别专业技术人员，代表镇政府统一行使行政执法权，全市综合执法局办公场所共计 8000 平方米，执法车辆 45 辆，执法人员 530 人。市政府法制办牵头 4 次组织召开领导小组办公室会议，1 次镇域违停贴单协调会，编印 6 期《综合执法专刊》，通报督促各镇综合执法改革推进情况，协调解决改革进程中疑难问题。完成统一规范执法文书格式、执法程序、标识标志、自由裁量权、统一换发综合执法证件工作，做到行政执法规范。开发综合执法网上操作系统，实现执法案件实时上网、跟踪监督。组织全市 650 名综合执法人员全员业务培训。截至 12 月 31 日，全市各镇办结行政处罚案件 388 件，在办行政处罚案件 51 件，基本解决了基层行政执法中长期存在的多头执法、重复执法、部门间相互推诿等问题。

【苏州市政协到常熟调研镇域综合执法工作】 3 月 9 日，苏州市政协副主席季中正一行到常调研镇域综合执法工作，苏州市政府法制办主任胡伟华、副主任黄涧秋陪同调研。调研组专程赴沙家浜镇、支塘镇实地召开座谈会，了解镇域综合执法工作，听取综合执法工作难点、存在问题，并从加强组织领导、转变基层政府职能、合理界定权力边界、强化下放权力运行制约、促进社会参与、注重改革评估和研究等方面提出了前瞻性指导意见，为常熟镇域综合执法改革顺利开展指明了方向。

【江苏省政协到常熟调研镇域综合执法工作】 4 月 1 日，江苏省政协副主席范燕青一行就“依法治省”议题到常调研，镇域综合执法改革作为其中一项重要调研内容参与座谈汇报。

【镇政府依法行政工作夯实】 4 月 20 日，市政府下发《市政府关于进一步加强镇政府（街道办事处）依法行政工作的意见》，提出通过 3 至 5 年努力，健全镇政府（街道办事处）依法行政工作机制，转变基层政府职能，形成决策科学、执行顺畅、监督有力的权力运行体系，规范行政执法行为，提升基层工作人员特别是领导干部的法治思维和能力，建设人民满意基层法治政府。

【重大行政决策程序规范落实】 6 月 3 日，市政府印发《常熟市人民政府重大行政决策程序规定》，及时修订公布《常熟市人民政府重大行政决策程序规定》，调整重大决策范围，明确重大行政决策的组织、协调、指导和监督管理部门，推行重大决策目录化管理，经征集调研论证并经市政府第 58 次常务会议讨论通过，确定了市“十三五”规划纲要、生态红线区域保护规划、市医疗改革实施方案、市综合执法改革作为 2015 年度市级重大行政决策项目，并通过“中国常熟”门户网站向社会公布，报苏州法制办备案。严格履行公众参与、专家论证、风险评估、合法性审查、廉洁性评估、集体讨论决定六个必经程序，落实重大决策实施后评估，对可操作性、执行情况、实际成效等方面进行评估，确保依法科学民主决策。

【全面清理规范性文件】 7月至9月，全面清理全市两级政府规范性文件，共清理2015年8月31日前市政府制发的规范性文件178件，其中继续有效116件，废止31件，宣布失效2件，拟修改29件。清理结果发文公布，同时通过政府法制网向全社会公开。指导各镇各部门对本单位制定的规范性文件进行全面清理，清理结果报市政府法制办备案同时网上公示。

【规范性文件首次委托第三方评估】 8月，市政府法制办启动2015年规范性文件实施情况评估工作，首次创新性引入第三方中立机构开展评估。选取市政府2012年公布实施的《市政府关于印发〈常熟市燃气管理办法（暂行）〉的通知》《市政府关于印发〈常熟市特困家庭老年人政府资助养老暂行办法〉的通知》《市政府关于印发〈常熟市科技型中小型企业信贷风险补偿专项资金管理办法（试行）〉的通知》3件涉及民生和社会经济发展的规范性文件，分别委托江苏少平律师事务所等3家单位进行评估，使评估更客观公正。

【开展市场监督和卫生计生领域专项执法监督】 9月23日，市政府法制办会同市人大内司委、市政协城建委、市委政法委、市监察局对市场监督和卫生计生领域开展专项执法监督。针对执法队伍整合、执法权力运行、执法程序执行、执法文书规范、执法行为监督情况等方面进行全面执法检查。

【依法行政示范点创建】 9月25日，经申报、审核和公示，市财政局、住建局、城管局、环保局、市场监管局、地税局、检验检疫局、海事局、烟草局9个行政机关和梅李镇、沙家浜镇、尚湖镇3个乡镇被确认为常熟市2015～2016年度市级依法行政示范点，并向苏州市推荐依法行政示范单位5个。

【全市政府法制干部专题培训举办】 10月11日，市政府法制办举办全市政府法制干部专题培训，邀请上海市人民政府法制办行政复议处处长赵德关授课，对政府信息公开工作中注意点和疑难问题进行讲解和指导。全市各镇（区）依法行政联络员、镇综合执法局负责人，市政府各部门、各垂直条线单位法制科长70人参加培训。

【省法制办到常熟调研镇域综合执法工作】 10月22日，省政府法制办主任于爱荣到常调研镇域综合执法工作，市委书记惠建林、市政府常务副市长沈晓东及苏州市人民政府法制办主任胡伟华陪同调研。调研组实地视察海虞镇综合执法局，现场了解镇域综合执法开展运行情况，观看全市综合执法宣传短片。于爱华对常熟镇域综合执法探索创新和务实工作表示肯定，并希望继续深入推进改革，积累经验，闯出一条基层行政执法改革之路，为此项工作在全省推广打好基础。

【行政执法案卷评查】 10月28日、29日，市政府法制办组织开展了2015年度行政执法案卷评查。将发改委、公安局、教育局等28家执法单位列为评查对象，邀请法院行政庭、监察局、政法委、档案局等14家单位参评，首次将梅李镇、海虞镇等9个乡镇（街道办事处）综合执法局列入评查范围。采取接受评查单位互评、邀请单位参评和法制办综合评审相结合的方式，对抽取的237件行政处罚和行政许可案卷进行集中评查。评查结果发文通报并作为年度依法行政考核依据。

【行政复议应诉工作座谈会召开】 4月17日、7月31日、11月5日，市政府法制办先后3次邀请常熟、张家港两地法院及全市主要执法部门召开行政复议应诉工作座谈会，通报全市行政复议诉讼情况，分析行政执法过程中存在问题并研究改进对策，共同探讨新常态下行政复议应诉工作中的共性和疑难问题，建立常熟、张家港两地政府与法院常态化定期沟通联系制度。

【苏州市政府督查组到常熟检查重大行政决策程序规范化工作】 11月17日，苏州市政府办公室督查室、市建设法治政府领导小组办公室对常熟重大行政决策程序规范化工作进行专项督查。督查组采取听汇报、查台账、座谈等形式，对重大行政决策制度建设、人员机构落实、决策事项目录化管理、实施后评估等7项情况进行了现场检查。市监察局、财政局，市委政法委维稳办，以及年度重大行政决策项目承办单位和决策实施后评估承办单位市发改委、人社局、卫计委、环保局、城管局分管领导参加督查。

【法治政府建设指标体系出台】 11月23日，经市政府第64次常务会议讨论通过，出台《常熟市法治政府建设指标体系》，明确7项一级指标，30项二级指标，具体量化为116项三级指标，勾勒了未来5年常熟法治政府建设蓝图。 （刘冬良）

民族宗教

【概况】 2015年，全市常住少数民族人口1997人，依法登记的宗教活动场所52处，其中佛教32处、道教1处、天主教9处，基督教7处（另有临时活动点3处）。年内，更改民族成分人员13人，少数民族考试加分服务55人，其中高考14人，中考41人。常熟市少数民族联谊会更名为常熟市民族团结进步促进会，并选举产生新一届理事会。市民宗局贯彻宗教慈善活动，宗教界全年捐赠善款近30万元，用于关爱孤老、扶贫助学、慰问环卫等项目。

【加强民宗干部培训】 组织全市统战、民宗干部参加在南京和苏州举办的业务培训班，确保全市每一名统战、民宗干部受训一次。组织开展“国法与教规的关系”宗教政策法规学习月活动，加强宗教界人士和民宗干部对宗教政策法规的学习。

【培养教职人员队伍】 指导市佛教协会每月定期开设僧人学习日活动，邀请专家学者讲授哲学、历史、人文、法律等课程。8月，举办第四期中青年僧才培训班。9月，复办常熟法界学院，招录来自全国各地的20多名学僧，充分利用社会力量办学，聘请专职学院管理人员，选聘社会各界有专长的教师授课，培养僧才。推荐市基督教三自爱国会的四名义工传道，参加省基督教两会组织的培训，加强教职人员的培养。

【创建星级宗教场所】 深入开展省星级宗教活动场所创建工作，重点抓住消防安全、财务规范和档案建设等工作，促进了宗教活动场所管理社会化、规范化。在此过程中，13 处宗教活动场所通过档案验收，1 处达到省档案工作三星级标准，2 处达到二星级标准，10 处达到一星级标准。12 月，兴福寺成功创建为江苏省五星级宗教活动场所，三峰清凉寺、法华寺、净心院成功创建为江苏省四星级宗教活动场所。

【挖掘宗教特色文化】 市佛教协会编纂出版《维摩寺志》《藏海寺志》，至年底虞山四大寺的志书全部修编完成。10 月举办“兴福寺恢复开放三十周年图片展”，展现常熟佛教的巨大变化和全市的宗教政策落实情况。创办《兴福》杂志，打造佛教文化交流平台。加强与台北华严莲社的交流合作，组织僧员赴台北华严莲社参加华严专宗论坛，推介常熟佛教文化。举办“百年华严百城烟水——首届华严论坛”，来自中国大陆、台湾、香港和美国、韩国、匈牙利、日本等国家的 50 余名大德法师、专家学者齐聚常熟开展华严专宗研讨，提升常熟宗教界对外的影响力。 （顾文婷）

对台工作

【概况】 2015 年，市台办以持续推进两岸关系和平发展为主题，积极构筑对台工作新思路，依法管理涉台事务，做好对台经济、对台交流交往、对台宣传等各项工作。是年，全市新批台资项目 1 个，合同利用台资 32 万美元，增资 4 家，投资总额 21440 万美元，注册资本 6000 万美元。常台两地经贸、文化、农业、教育等领域的交流合作不断深化，因公赴台交流 11 批 60 人次，非公职人员赴台商务活动 62 批 113 人次。

9 月 2 日，常熟市法界学院复办揭牌

【参与对台招商引资】 2015 年，市台办做好市领导、各经济板块赴台招商引资的各项组织协调工作，做好到常熟经贸考察团组的接待工作，并有重点地赴台湾、福建等地开展招商活动，重点拜会岛内知名企业、工商团体、行业工会以及业界精英，深化与台湾重点企业和行业组织的交流与往来，及时掌握台湾产业动向和企业投资意向，扩大对台招商信息渠道。

【服务台资企业发展】 以“服务好台商”为工作的出发点，充分依托各类工作平台，利用人大政协视察活动、上级台办“三解三促”驻点调研等，走访调研全市重点和典型台资企业，充分掌握企业转型升级现状、需求及问题，针对性调整帮扶工作着力点，协调相关部门为企业安全生产、经营发展排忧解难。同时积极做好政策法规辅导工作，通过上门送政策、手机报实时推送等方式，帮助台商吃透、用足各项惠台政策，掌握与生产经营息息相关的法律法规、行业规定，在依法生产经营的基础上，实现企业转型升级。

【举办两岸题材原创微电影《赭》台北观赏会】 3 月 25 日，市台办统筹多方力量，组织安排微电影《赭》台北观赏会，并于扬州京华城同步放映，引起两岸各界关注，40 多家海峡两岸主流媒体对微电影观赏会作集中报道，并于大陆腾讯网、优酷网和台湾地区 YouTube 上线发布微电影视频，累计点击率超百万次，成为创新入岛宣传方式的一次成功尝试。微电影《赭》紧扣两岸交流交往主题，2015 年获金熊猫北美国际微电影节“特别推荐奖”及 2015 海峡两岸微电影大赛“铜飞燕奖”。

【举办“东方之魂”《富春山居图》红木雕刻合璧特展】 4 月，由市台办和常熟日报社联合策划的“‘东方之魂’《富春山居图》红木雕刻合璧暨两岸文创精品展”正式启动，海峡两岸的 20 多名雕刻师历时近半年，在长 11.15 米，宽 0.45 米的花梨木上，以传统技艺再现传世名作的磅礴气势。红木版《富春山居图》于 10 月 21 日在常熟国际展览中心合璧展出，得到海峡两岸主流媒体的积极关注和较高评价，40 多家主要媒体到常熟对活动作集中报道，百余家海内外媒体同步转载转播，并由中国网（中国互联网新闻中心）“中国访谈世界对话”栏目以及中央人民广播电台《文化时空》栏目作专题报道，引起广泛关注和热烈反响，提升了常熟城市品牌在海内外的影响力和知名度。

【成立首批常熟市“海峡两岸交流基地”】 2015 年，市台办授予黄公望纪念馆、虞山尚湖拂水山庄、燕园、兴福禅寺、曾园、翁同龢纪念馆、铁琴铜剑楼、东方红木家俱艺术馆、圣百合江南糕饼创意园等9家单位为首批常熟市“海峡两岸交流基地”,进一步发掘常熟独特的对台交流资源,给两岸同胞搭建更多回顾历史、品味文化、畅叙亲情的平台。

【协办第四期两岸婚姻家庭当事人辅导班暨中华传统文化家风家训论坛】 12月20日至21日,由海峡两岸婚姻家庭协会主办,海峡两岸婚姻家庭服务中心、江苏省台办、江苏省民政厅、苏州市台办、常熟两岸书院承办的第四期两岸婚姻家庭当事人辅导班暨中华传统文化家风家训论坛在常熟举办,150多名两岸婚姻家庭当事人代表及各地台办、民政局领导参加了辅导班。中国国民党前副主席洪秀柱出席开班仪式并致辞,民政部社会事务司司长王金华、国务院台办联络局副巡视员邱大昭、江苏省台办副主任张为、江苏省民政厅副厅长钮学兴、苏州市台办主任韩卫、常熟市委副书记王建国等领导出席开班仪式。为期两天的辅导班涵盖名家讲座、访谈分享、讨论参观、文化体验、联谊活动等多个环节,为两岸配偶搭建沟通交流的平台,共同探讨两岸婚姻家庭如何谋求和谐、传承中华传统文化家风家训。

【协助省台办开展“三解三促”驻点调研】 6月24日至25日,江苏省台办主任杨峰一行到常熟开展“三解三促”驻点调研,重点走访达富电脑(常熟)有限公司、长春化工(江苏)有限公司以及烨辉(中国)科技材料有限公司,听取企业生产经营情况,并就企业遇到的实际困难现场支招,提出意见建议。

【协助苏州市人大举办台商座谈会】 8月5日,苏州市人大常委会主任杜国玲一行到常熟调研台资发展情况,与台商代表召开座谈会,了解新时期台商台企生产经营情况,探讨台商权益保护等问题。

【市台协会举行换届选举大会】 9月12日,市台协会第五届第一次会员大会召开。会议审议并通过台协会第四届理事会工作报告,选举产生新一届台协会领导班子。江苏华瀜餐饮管理有限公司董事长、常熟固钻电子有限公司董事长王勇铎连任新一届台协会会长。

【成立市台协会青年会】 12月27日,市台协会青年会(简称“台青会”)召开成立大会,会议选举产生第一届台青会理事会,亚适通风设备(苏州)有限公司经理颜心怡当选会长。市台办主任陆清、市台协会会长王勇铎出席成立大会并分别致辞。台青会作为台协会的重要组成部分,旨在通过举办各类文化、教育、娱乐活动,加强台籍青年间的交流互动,锻炼培育台企青年干部,助推台资企业在常熟健康稳步发展。

【强化对市台协会的指导和管理】 2015年,指导市台协会完善各项规章制度,依法开展各项会务活动。组织市台协会主要会务干部参加苏州市台商座谈会、常熟市“警企联动·共筑平安”台企工作会议等相关活动;支持市台协会办好迎春联谊会、法律政策宣导讲座、文体活动和比赛;全力帮助台商解决劳工、子女就学等问题,提高对台服务水平。

【加强对市台谊会的指导和管理】 2015年,完善市台谊会自身的制度建设,组织常务理事开展“双月座谈会”,学习党和国家领导人关于两岸关系和平发展的讲话精神,统一认识,提高以实际行动促进常台两地交流交往的主动性;组织台界政协委员深入调查研究,关心社情民意,为全市经济社会发展建言献策。 (曹　妍)

侨务工作

【概况】 2015年,常熟市侨务工作紧紧围绕“为侨服务、为全市经济社会发展服务”两大中心,进一步夯实工作基础,涵养侨务资源,拓展工作渠道,创新工作方法,在侨情调研、侨法宣传、招才引智、联络联谊、基层拓展等方面加大力度,全市侨务工作再上新台阶,辛庄镇获评2015年度“全国社区侨务工作示范单位”。市侨办加强与海外侨社侨团、常熟籍华侨华人重点人士的联络联谊。全年接待海外华侨华人共224人次,其中包括澳大利亚苏州总商会会长丁兆璋、西班牙台湾客家会会长黎万棠、世界吴氏宗亲总会理事长吴荣祥、留日博士总会会长李建平、美国达拉斯美中商会主席顾天鹏等重要侨领。支持和协助美国大华府常熟联谊会的筹备和成立。成功举办“2015欧美海智人才暨海外华侨华人高层次人才常熟行”活动、“2015留日博士总会江苏行常熟专场”活动。继续做好落户的华侨华人高层次人才和侨企服务工作,为侨企中国恒瑞碳纤维项目进驻常熟高新区做好服务,走访了苏州笛米环保科技有限公司等,举办“文化常熟”领军人才联谊活动,通过调研、走访、联谊,与创业中的华侨华人增进了解,沟通感情,为企业出谋划策,让华侨华人创业者在常熟扎根发展。加强基础性调研,拓展基层侨务工作。在全市各系统党委、民主党派进行侨情调研,开展全市赴境外投资经商人员调研。开展全市侨法宣传周活动和“12·4”侨法广场咨询活动。积极推进镇级侨务工作站建设,海虞镇、支塘镇侨务工作站先后揭牌成立。积极推进侨务工作进园区,高新区、科创园侨务工作站提档升级,建设“新侨之家”。依托翁同龢纪念馆场馆优势、文化名人优势,建立新的侨界活动阵地“同和侨苑”。继续发挥虞山镇“七彩侨苑”作用,进一步丰富侨界人士的文化生活。加强为侨服务,积极推进关爱工程。举办“常熟市侨界迎新春电影招待会”,开展“2015侨爱暖巢慰问活动”,走访全市重点侨界空巢老人、老归侨、老侨眷。举行“张耀章先生铜像揭幕仪式”,在孝友中学设立张耀章铜像。全年共处理侨务信访14件,办理华侨子女中考加分审核3件,做到热情服务,严格把关,切实为归侨侨眷和海外侨胞解决难事、实事。协同相关部门进行了首届“常熟之友”的评选,李文华、纪华雷、蒋黎明3位华侨华人入选。加强海外文化宣传,促进海内外交流。联合市文广新局书画院赴孟加拉国举办“庆祝中孟建交40周年暨孟加拉南北大学孔子学院建院10周年——常熟市书画院作品展”。承办2015年海外华裔青少年“中国寻根之旅”夏令营活动。在法国《欧洲时报》进行《江南福地，常来常熟》专版宣传，在《华人时刊》进行常熟侨务工作、侨界风采以及园区情况的宣传。侨办自办的电子报《琴川乡音》内容和形式更加完善，每月一期向海外华侨华人发送。建立微信常熟侨友群，宣传常熟经济、社会发展和投资创业环境。

【“2015欧美海智人才暨海外华侨华人高层次人才常熟行”活动举行】 7月3日，由常熟市委、市政府主办，常熟市人才办、侨办、科协承办的“2015欧美海智人才暨海外华侨华人高层次人才常熟行”活动在常熟大酒店举行，来自海外30多位高层次人才参加活动。推介会由常熟市委常委、组织部部长黄锡明主持，常熟市委副书记王建国、常熟市副市长孙健、常熟市政协副主席王永明出席活动。参加活动的海外人才一部分来自“2015海外华侨华人高层次人才江苏行”活动，项目涉及生物制药、医疗器械等产业领域，活动期间各位嘉宾实地考察常熟创新创业环境。

【2015留日博士总会江苏行常熟专场活动举行】 8月25日，由江苏省侨办主办，常熟市人民政府、留日博士总会承办的2015留日博士总会江苏行常熟专场活动举行，来自日本和国内的14位留日博士相聚常熟，考察常熟的自然、人文、创业环境，交流创新创业理念，共话合作发展未来。8月26日，2015留日博士总会江苏行常熟专场推介会举行，江苏省侨办主任王华，苏州市侨办主任顾伯铭，常熟市委副书记、市长王飚，常熟市委常委、组织部部长黄锡明，常熟市副市长孙健，常熟市政协副主席、市委统战部部长王永明出席推介会。当天，嘉宾实地考察常熟经济技术开发区科创园、常熟国家大学科技园，并进行项目路演。为以后进一步开展合作交流，常熟市人才办与留日博士总会签订高层次人才交流及项目引进合作的协议。

【美国大华府常熟联谊会成立】 美国当地时间3月28日，美国大华府常熟联谊会筹备会在马里兰州洛克维尔市举行。来自华盛顿特区以及附近的马里兰州、弗吉尼亚州的美国大华府地区的常熟同乡欢聚一堂，组织成立首个美国常熟人同乡联谊。会议就联谊会的章程进行讨论，并选举产生第一届联谊会负责人。联谊会成立后，将促进美国大华府地区的常熟人之间的联系和互动，友爱互助，并加强与常熟市政府相关部门之间的联系，关心和促进家乡常熟的建设发展，增进两地之间的文化、教育、科技、经贸交流。

【2015年海外华裔青少年“中国寻根之旅”夏令营江苏苏州营闭营仪式在常熟举行】 7月30日，参加2015年海外华裔青少年“中国寻根之旅”夏令营江苏苏州营的50多位营员和领队到达常熟，参观游览沙家浜风景区、常熟国家大学科技园、虞山尚湖风景区、翁同龢纪念馆、古琴艺术馆、常熟市青少年活动中心。当天下午，在常熟市青少年活动中心举行2015年海外华裔青少年“中国寻根之旅”夏令营江苏苏州营闭营仪式。苏州市侨办副主任沈永明，常熟市政协副主席、市委统战部部长王永明以及常熟市侨办、外办、教育局领导出席仪式。最后，举行海外华裔青少年与常熟青少年联欢会，现场气氛热烈，演出精彩纷呈，联欢会在全场合唱《同一首歌》的歌声中落下帷幕。

（徐　红）

7月30日，2015年海外华裔青少年“中国寻根之旅”夏令营江苏苏州营闭营仪式在常熟举行

外事工作

【概况】 2015年，常熟市政府外事办公室（以下简称外事办）共接待来自友城团队5批42人次，出访友城团组共6批42人次，派遣一名国际交流员赴日本萨摩川内市进行为期一年的交流；接待或协助接待其他外宾7批85人次；妥善处置涉外事（案）件4起；申办因公出国（境）团组护照、签证25批91人次，其中自组团22批88人次，上组3批3人次；申报APEC卡46人次，已累计发卡184张；办理26家企事业单位、286人次的代发邀请函电的申请。常熟市同韩国务安郡结好事宜获全国友协批准；建立了外事工作联席会议制度，统筹全市外事资源；出台政策对赴友好城市交流的市民（青少年）进行补助；首次启动“常熟之友”评选工作；完成国际友谊园的规划设计工作，并动工建设。

【友城交往】 2015年，外事办接待友城来访团组5批42人次；组派友城访问团6批42人次出访。4月1日，外事办派遣常熟理工学院朱喜芳老师作为国际交流员赴日本萨摩川内市进行为期一年的交流。4月23日至24日，汤斯维尔市市长代表、市政厅经济发展署高级官员西蒙·米尔考克先生对常熟市进行友好访问,同常熟商贸、旅游和艺术界人士交流。6月,出台政策对赴友好城市开展友好交流的市民(青少年)由市财政给予补助。8月1日至5日,以萨摩川内市教育委员会教育部长中川清先生为团长的日本萨摩川内市青少年交流团一行18人访问常熟市,2015年是两市第29次开展青少年体育交流活动,两市以体育文化交流为传播友谊的桥梁与纽带,以提高两市青少年综合素质为宗旨,全面发展两市的友好交流关系。9月7日至11日,以常熟市工商联副主席李明普为团长的常熟市工商联代表团6人出访萨摩川内市,拓展常熟访日企业家视野,增进与友城企业的互动。10月8日至11月17日,常熟市派遣第二人民医院医师护士代表沈玄霖、季勇、吕淑娅、付红燕4人赴日本绫部市立医院,学习日方医院的医务管理、诊疗技术及服务理念。10月27日至29日,汤斯维尔市企业委员会旅游发展部主任伍兹女士率领代表团一行11人访问常熟,同有关部门商讨两市在旅游、文化、电影及摄影等领域的合作事宜。11月9日至16日,以常熟市政协副主席江振球为团长的友好代表团一行6人出访日本绫部市与韩国务安郡,共商友好交流事宜。11月9日,以常熟市游泳协会会长吴俊伟为团长的常熟市民游泳代表团一行19人抵达韩国务安郡,并于10日参加两市游泳友谊赛,在切磋游泳技艺的同时,增进两市市民的友好感情。11月,常熟市与韩国务安郡结好获得中国人民对外友好协会批准。11月18日至21日,日本萨摩川内市副市长知识博美率领政府代表团11人访问常熟,与有关部门商讨两市在经贸、旅游等领域的合作意向。11月19日至26日,以常熟市人大常委会副主任杨伟为团长的友好访问团访问美国惠蒂尔市和加拿大本拿比市,与友好城市的市政府就进一步开展教育、文化、卫生、经济等领域的交流进行友好商讨。12月10日至11日,汤斯维尔市原姐妹城市委员会主席苏珊到访洽谈青少年交流事宜。

12月11日,2015年"常熟之友"授予仪式在常熟大剧院举行

【涉外接待】 2015年,外事办共接待和配合有关部门接待7批共85人次外宾。5月12日,配合商务局接待埃塞俄比亚驻上海总领事由哈纳·方达·沃尔德·乔治斯一行,推动"杰希国际助力埃塞俄比亚采购洽谈会—常熟站"的举办。7月4日至5日,接待德国奥格斯堡应用技术大学舒克校长、负责国际事务的弗雷博教授以及德国生态工程协会主席、湿地科学家盖勒博士一行,并推动常熟理工学院与该校签署合作框架协议。7月下旬,与侨办联合承办2015年海外华裔青少年"中国寻根之旅"夏令营常熟段的活动,接待来自美国及爱尔兰的50多位华裔青少年。9月15日,接待以色列前驻沪总领事科恩一行,就推动常熟与以色列在科技创新、农业、医疗、教育培训等方面的交流合作进行初步协商。11月3日至4日,接待美国达拉斯美中商会主席顾天鹏、会长秦永兴一行,就发展美国新友城进行探讨。11月5日至8日,配合世界联合学院中国常熟分校接待世界联合学院主席约旦前王后努尔·侯赛因及国际董事会、理事会、中国理事会相关人员一行,协助世界联合学院中国常熟分校做好开学典礼的礼宾工作。

【出国(境)管理】 2015年,外事办共办理25批91人次的因公出国(境)团组手续,其中自组团22批88人次,上组3批3人次。外事办根据上级有关规定,配合市出国会审小组,严格按照年初计划上报团组,做到有保有压,向招商一线倾斜。出国(境)证照收缴率100%。在APEC商务旅行卡申办工作中,外事办根据常熟市实际,积极推介,按需办理。全年向上级部门申报46人次,取卡43张,累计发放APEC商务旅行卡184张。全年办理26家企事业单位、286人次的代发邀请函电的申请。

【涉外管理】 3月下旬,调整外事工作领导小组;建立外事工作联席会议制度。4月中旬,召开第一次外事工作联席会议。成立外事信息员队伍,并建立外事信息联络群,掌握了解全市外事资源和外事动态。与此同时,积极协助尼泊尔珠峰雪崩事故家属办理赴尼泊尔手续,协助家属出境处理善后事宜。10月下旬,邀请苏州市外事办涉外处长边方作涉外管理安全教育讲座。11月上旬,协助世界联合学院常熟分校邀请约旦努尔王后前来参加开学典礼。积极配合公安部门,处理2起日本人在常熟死亡的涉外事件。

【"常熟之友"评选】 8月,制定出台《关于授予常熟市荣誉市民、常熟市名誉市民称号的规定》,规范"荣誉市民""名誉市民"评选工作。同月,外事办联合侨办、台办启动"常熟之友"评比工作,共有13名涉外人士获评2015年"常熟之友",并在"黄玫瑰之夜"圣诞晚会上进行授牌。另外,夏普办公设备(常熟)有限公司董事长兼总经理川村浩一获苏州市2015年"苏州之友荣誉奖"。

2015 年"常熟之友"一览表

表 5

类　别	姓　名	单　位　及　职　务
常熟之友	大岛正弘	住友橡胶(中国)有限公司董事、副总经理
	田口雅也	丰田汽车研发中心(中国)有限公司副总经理
	平贺义之	大金氟化工(中国)有限公司董事、副总经理
	李文华	苏州全波通信技术有限公司董事长
	西本泰久	创美工艺(常熟)有限公司副总经理
	纪华雷	常熟柏宇医疗电子有限公司董事长、总经理
	伯知远	阿科玛(中国)投资有限公司常熟分公司研发中心总监
	欧乐	施泰尔精密机械(常熟)有限公司、瑞华机械(常熟)有限公司董事长、总经理
	林为恭	常熟冠林汽车饰件有限公司董事长
	林慧义	达富电脑(常熟)有限公司关务处处长
	葛在洙	泰光化纤(常熟)有限公司总经理
	蒋黎明	苏州莱茵电梯股份有限公司总经理
	蔡世宏	长春化工(江苏)有限公司副总经理

(徐梦星)

地方志工作

【概况】 2015 年，市地方志编纂委员会办公室以编纂《常熟市志》为主线，狠抓地方志和年鉴质量推进工作。年内，《常熟市志》完成编纂；《常熟史话》《常熟年鉴(2015)》出版发行；《虞山镇志》《沙家浜镇志》成功入选全国首批名镇志工程，《梅李镇志》入选第二批；继续对在编部门和乡镇志书编修深入指导，《常熟统战志》《董浜镇志》出版发行；进一步做好方志文化宣传，"常熟史志"政务微博定期更新；《常熟史志》季刊一年如期出版 4 期，主要刊登常熟文史研究文章，进行地情知识宣传。

【《常熟市志》出版发行】 2015 年，《常熟市志》送出版社审稿，继续进行修改和校对。一是吸收相关专家、学者的意见和建议，对部分编章节结构进行了调整、充实；二是对部分内容和照片进行了必要的删减和调整；三是按照出版的要求，对全志书的体例进行了必要的统一和规范补；四是对全书制作了条目、表格和随文图片三部分索引。至是年底，《常熟市志》编纂工作全部完成。

【《常熟史话》出版】 3 月，"常熟地方历史文化丛书"——《常熟史话》完成编纂，由古吴轩出版社出版发行。《常熟史话》是一本普及常熟历史文化的通俗读物。4 月 3 日举行首发式，共赠送全市学校 2.4 万册，供学生阅读使用。

【《常熟年鉴(2015)》发行】 1 月 27 日至 30 日，地方志办分别组织各单位召开 2015 年《常熟年鉴(2015)》组稿会议，对组稿工作进行详细部署在不断创新年鉴编纂基础上，扎实提升质量，5 月完成《常熟年鉴》内容初稿，10 月由方志出版社正式出版。在 2015 年全省综合年鉴框架设计和条目质量评比活动中，《常熟年鉴》整体框架设计获得三等奖，一个综述性条目获得三等奖。

【学习贯彻《全国地方志事业发展规划纲要(2015—2020)》】 8 月 25 日，国务院办公厅印发《全国地方志事业发展规划纲要(2015—2020 年)》(以下简称《规划纲要》)，这是全国地方志工作第一部规划性文件。地方志办公室通知全体方志工作人员进行深入学习，研究部署开展学习贯彻方案，9 月 9 日，市地方志办公室召集全体工作人员进行了专题学习。并依据《规划纲要》，研究制定史志工作五年规划。

【乡镇、村志获多个省级奖项】 在省地方志办通报的首届江苏省优秀乡镇(街道)志、村志评选中，市地方志办报送参评的乡镇、村志获多个奖项。在综合类奖项中，获一等奖 1 部，二等奖 5 部，三等奖 6 部。在各类单项奖中，获一等奖 6 部、二等奖 13 部、三等奖 26 部；获奖志书数量和名次均居全省县市前列。

(张　军)

档案工作

【概况】 2015 年，常熟市的档案工作主要是对行政权力事项进行全面梳理，其中 14 项行政处罚、1 项行政强制、10 项其他权力，通过法制办备案。贯彻好《常熟市重要档案管理办法》，对一、二级重点监管单位监管深入细化，针对性地对社保中心、城建档案馆、房产档案馆等一级重点监管单位进行了现场安全检查。全年通过网上教育考试上岗培训 124 人。为理工学院 147 名学生提供了实习岗位。组织赴中国人民大学培训。

【"常熟市档案信息化行政监管系统"运行】 "常熟市档案信息化行政监管系统"研发和应用取得突破性进展，整个系统初步形成合理的信息框架。在一级重点监管单位全面试用的基础上，以"档案行政报备"形式，在市镇两级机关全面推行，年内已有 150 多单位应用，全面开创档案监管新方式，得到国家、省、苏州三级档案部门的充分肯定和高度评价。国家档案局副局长杨继波充分肯定和高度评价，省档案局副局长张姬雯到常调研专题研究应用提升，苏州市法规宣教工作会议在常熟召开，听取常熟汇报，观摩“常熟市档案信息化行政监管系统”成果展示，苏州档案局局长肖芃表示这是“互联网＋”在档案领域的先进成果，要在苏州各区、市推广，并将其列入苏州档案事业发展“十三五”规划。

【档案馆建设扎实推进】 2015年，地处常熟市文化片区东南部，占地面积14932平方米，总建筑面积36197平方米的市档案馆新馆开工，进入地下施工及内部弱电和装饰设计阶段。成功建成碧溪新区档案馆。沙家浜镇档案馆正在筹建中。8家镇级档案馆人员稳定，业务工作扎实，对下指导有力，镇域范围内老百姓就近查档方便。对10家镇机关档案工作进行年度检查。继续保持镇机关档案工作省五星级9家，省三星级2家。高新区档案馆工作不断加强。

【成为省档案技能实训基地】 5月，常熟市档案局(馆)被选为省档案技能实训基地，通过制作菜单式课程，落实实训授课点，规范培训设施，正式与江苏省档案局、苏州大学签署实训基地协议，成为全省首批档案技能实训基地。完成省档案局实训课件的制作和实训任务。

【档案法制宣传】 加强法制宣传活动，在“6·9”国际档案日，通过《常熟日报》、“常熟档案”微信公众号、常熟档案局官网等进行宣传。参与了“三下乡”“12·4”宪法宣传日活动，开展“2015档案法制宣传周”，制作“香樟木档案保护木条”为新的宣传品。

【基层档案工作不断提升】 2015年，全市174家单位通过省星级规范测评及复查。电信、烟草、社保中心通过省五星级的复查；国税四分局、地税八分局、中医院、疾控中心通过省四星级复查。人行、蒋巷村、职教中心3家单位晋升省五星级，常熟理工学院、财政局晋升省四星级。认真贯彻国家档案局8号令，加强机关档案工作长效管理，对121家单位的2014年度归档文件目录审阅修改，并进行网上年检和实地检查。贯彻国家档案局10号令，审批了基层卫生院、广电总台、法制办、中法水务、天然气公司等单位的《归档范围和保管期限表》、分类方案。完成80项常熟市重点工程的登记备案，上报30项苏州市重点工程、3项省级重点工程。民营企业档案工作得到加强，中诚建材集团有限公司、苏州百纳再生资源有限公司、江苏亨通高压电缆有限公司通过省星级复查。系统档案工作得到巩固，教育、建设、国土、卫生、国税、地税、工商、农行等主管部门对下指导有力。佛教系统13个寺院档案工作晋升省星级标准。298家村(社区)档案工作延续巩固良好，古里镇苏家尖村、虞山镇小义村、海虞镇龙墩村晋升省三星级。年内，全市共60个村、1个社区达到省三星级标准。开展全市“农村土地承包经营权确权登记颁证”档案工作的培训指导。1211件党的群众路线教育实践活动材料接收进馆。全面推行新的《全宗指南》《全宗卷》国家标准。

11月6日，市档案局走进政风行风热线

【档案信息化工作正常推进】 2015年，全面完成馆藏数量最大、利用率最高的四个全宗群档案的数字化，累计扫描全文2578万页，馆藏档案数字化率达到80.6%，超额完成“十二五”目标。完成35家基层单位55万页档案扫描。积极推进电子文件归档工作，对全市应用电子政务的单位开展培训，41家单位2014年度的电子文件在线归档，处理文件2.7万多个。常熟地税局晋升省5A级数字档案室。继续做好《社会主义新农村档案工作平台》推广应用，为水利局编志工作开通网络查档功能，共享5个自主查档用户。

【爱国主义教育功能进一步增强】 2015年，充分挖掘馆藏文化，编纂出版《民国报纸记忆常熟》，获全省档案文化精品评选一等奖、苏州市档案编研优秀成果一等奖、常熟市第四届哲学社会科学优秀成果二等奖。完成内部刊物《国家领导人来常视察图册》的编辑。参加市文明办、关工委组织的“七彩夏日”活动，并获优秀组织奖。在纪念抗战胜利暨世界反法西斯战争胜利70周年之际，举办“历史不可忘记—纪念抗战胜利70周年图片巡回展”，在市档案馆及各镇巡展，46个机关单位到馆参观，取得良好社会反响。

【馆藏档案资源不断夯实】 2015年，全年接收档案3687卷、40788件、资料385册，接收政府信息公开文件681件。征集各类档案34983件(张)。至年底，馆藏档案377438卷/107172件。印发《关于接收市镇两级机关1996—2001年度档案的计划》，开展第一批机关档案接收。全力筹建“常熟市图片中心”，征集照片29543张，为历年之最，常熟日报社照片档案征集形成常态化机制；开展“记忆常熟”摄影图片征选活动。加强两岸档案文化交流，首次赴台湾开展档案征集活动，征集到浦薛凤、黄公望、蒋元枢相关档案资料。多次赴南京、合肥、长沙、上海、北京等地征集名人档案，征集到陆埮院士2000多封工作研究书信和大量珍贵照片档案、摄影家袁毅平的档案等4980件名人档案。加强劳模档案征集，举行端木银熙个人档案捐赠仪式，1866件(张)档案征集进馆。

【档案利用服务保持优质】 2015年，市档案局文档阅览中心继续深化“兰台公信，心系百姓”服务品牌内涵，增强服务意识，优化服务环境，提高服务效能，提供更安全方便的利用环境，继续保持窗口服务零投诉。局主要领导和有关科室走进“政风行风热线”直播，现场回答市民咨询提问，提升了档案工作的亲和力知晓度。全年接待利用14745人次、17865卷次/12件，档案在社会各领域、各方面发挥越来越重要的作用，社会影响力不断提升。 (毛巧珍)

信访工作

【概况】 2015年，市信访局受理群众信访事项2124件(批)9465人次，件(批)次同比下降4.71%，人次同比上升4.71%。其中，受理群众来信618件，同比下降15.46%；受理群众来访1506批8847人次，批次、人次同比分别上升0.53%和6.49%(其中，集访274批6807人次，批次、人次同比分别上升1.86%和3.64%)。全年发生越级进京上访29批29人次，批次、人次同比分别上升383.33%和38.10%；越级赴省上访42批523人次，批次、人次同比分别上升44.83%和265.73%；越级到苏州市集访17批439人次，批次、人次同比分别上升6.25%和25.79%。全年共收到信访事项复查申请36件，经过调查核实，其中13件出具市政府信访复查意见，23件出具不予受理意见。此外，办理上级交办案件和市领导批办信件11件。全年信访总量继续高位运行，但未发生大规模进京赴省集体上访和非正常上访事件、未发生影响社会稳定的重大群体性事件、未发生有影响的个人极端事件，信访形势继续保持平稳可控，为全市经济社会和谐稳定发展提供了重要保障。

【开展信访工作“基层基础建设巩固年”活动】 2015年，根据江苏省委、省政府《关于进一步加强和改进基层信访工作的意见》，依照《全省信访工作“基层基础建设巩固年”活动实施方案》要求，常熟市信访系统深入开展了信访工作基层基础建设巩固年活动，立足全市信访工作实际，继续在机构设置、场所配置、人员编制、经费保障等方面抓好落实，重点推进“阳光信访”建设，建成启用以互联网为依托的“阳光信访信息系统”，信访事项的登记、转送、交办、统计等工作全部纳入系统进行，并通过开展“信访信息录入百日会战”活动，推动系统得到全面运行与运用，初步建成整体流程监控、三级督查办理、分门别类处置的工作体系，实现信访事项“可查询、可跟踪、可督办、可评价”的目标。年内，市信访局组织举办“信访信息系统应用培训班”，派员参加全省信访工作信息化培训班、苏州市信访法治化建设专题培训班、苏州市信访系统“三严三实”专题教育培训班等，通过走出去引进来的方式，对基层信访干部进行系统性培训，夯实全市信访工作基层基础。

【开展党政领导干部接访下访活动】 2015年，常熟市各级党委、政府继续贯彻落实中央《关于创新群众工作方法解决信访突出问题的意见》《党员干部联系服务群众工作实施意见》等文件精神，坚持把领导干部接访下访作为密切联系群众的一项重要制度，深入开展党政领导干部定期接访约访和走访下访活动，并实行重大信访问题、复杂疑难信访问题和层面性信访问题领导包案处理制度。4月，市委办、市府办联合下发《关于领导干部定期接待群众来访的工作意见》，进一步规范了领导干部定期接待群众来访的工作制度，明确工作要求。党政领导干部按规定定期在市人民来访接待中心接待预约登记的上访群众，协调相关部门调查核实上访群众所反映的问题，并依法依规予以及时有效解决。同时，结合党的群众路线教育实践活动，把解决群众反映强烈的突出问题纳入党政领导干部走访下访的主要内容，由党政领导干部结合所包信访积案、日常工作、调研座谈等活动，深入基层、深入一线接待信访群众，切实做好解疑释惑、疏导情绪、化解矛盾的工作。全年市党政主要领导共接待群众来访42批122人次，定期下访30多次，市委书记惠建林、市长王飚分别参加全省《2015年市县(区)党政主要领导接访下访“百县千案”化解工作》；党政领导班子累计接待群众135批502人次；各镇(场)、新区领导班子成员累计接待群众811批2298人次。

【开展信访积案专项化解行动】 2015年，在第53届“世乒赛”“抗战胜利70周年”“中国—中东欧国家领导人会晤”等重要活动期间，市信访局在全市范围内组织开展信访积案专项化解行动。其中，根据党的群众路线教育实践活动要求，组织开展“信访积案专项治理行动”，对群众路线活动中排查梳理出的23件信访积案，按照“属地管理，分级负责，谁主管，谁负责”的信访工作原则，依据“三到位一处理”的工作要求，积极采取措施予以就地化解。同时，根据省信访局和苏州市信访局的工作要求，深入开展“进京去省重复访集中化解专项行动”，着力对进京去省重复访案件进行攻坚化解，对信访活动中的违法行为进行依法处置。通过上述专项化解行动，一批信访突出问题及时就地得到有效化解或缓解，其中包括11件交办案件得到及时处理反馈，13件疑难信访案件通过复查复核结案。

【确保重要敏感时期的社会稳定】 2015年，市各级党委、政府认真落实“党政同责、一岗双责”责任制，主要领导亲自抓，分管领导靠前抓，信访部门牵头抓，以高度的责任感和使命感，超前谋划、精心组织、紧密配合、狠抓落实，确保全国、省、市各级“两会”以及第53届“世乒赛”“抗战胜利70周年”、十八届五中全会、“中国—中东欧国家领导人会晤”等重要敏感时期的社会和谐稳定。市信访局按照“预防在先、化解在早”的原则，坚持每月定期在市、镇两级深入开展社会矛盾纠纷排查化解活动，并通过召开维稳研判分析会的形式，及时对全市范围内的各类矛盾纠纷和突出不稳定问题进行排查梳理，努力从源头上预防和减少信访问题的发生。重要敏感时期开展专项排查化解行动，强化信息分析研判，实行信息“零报告”制度，全力做好对重点人员的稳控工作。全年共抽调信访干部26批次赴京、赴省参加各类信访值班和专项保障行动，全力做好对越级进京赴省上访人员的接访与劝返工作。通过前方处置、后方保障，两者相互配合的工作模式，较好维护了重要敏感时期的社会和谐稳定和常熟的城市形象。

【引导群众依法逐级有序信访】 2015年，市信访部门继续以“六五”普法宣传为契机，以国务院《信访条例》和《江苏省信访条例》宣传为重点，在全市范围内组织开展《信访条例》法制宣传月活动，并坚持在接访过程中向来访群众发放《信访人权利义务告知书》《信访知识问答》等宣传小册子，及时将相关政策、实施细则、工作流程等向社会公布。在常规宣传基础上，通过制作专题宣传展板、橱窗板报等方式，着力对依法逐级走访、诉访分离、网上信访等工作进行宣传，积极引导信访群众提高法律意识，使依法逐级走访的理念在各级党委政府、各部门单位、基层组织和信访群众中形成共识，营造有利于开展工作的良好环境，有效规范全市信访秩序。 （严敏亚）

机关事务

【概况】 2015年，常熟市市级机关事务管理中心加强市级机关行政事业经费管理，编制预算、规范支出，增强经费保障功能，提高扎口部门资金使用效率。加强市级机关国有资产管理，开展资产核查，做好资产调配，规范办公用房管理，推进办公用房调整优化，巩固办公用房清理整改成果。加强公共机构节能工作，抓好节能考核、节能创建、节能宣传，组织开展节能宣传活动，强化节能意识，营造节能氛围。加强公务用车管理，加快机关事业单位、国有企业黄标车的淘汰工作，开展公务用车专项核查及日常督查，落实公车改革工作。做好市级以上重要会议、重要接待和重大活动的后勤保障，抓好市级机关物业管理、安保服务工作，对群体性上访事件妥善处置，确保市级机关设备设施安全运行。常熟市机关医务室拓展医疗服务内容，全年接诊患者2285人次。

【公务用车管理改革】 对全市警用号段牌照公务用车进行自查自纠、清理整顿，坚决杜绝冒领、串挂、挪用、外借、伪造、编造警用号段牌照车辆等行为，检查涉及公检法等部门约600辆警用号段车辆。对全市领导干部公务用车开展专项梳理核查，联合政府办、市纪委等部门完成6次公车督查工作。完善全市67家机构、9个乡镇、2个开发区、3个管委会公车基础信息，根据上级政策、结合常熟市实际制订一系列常熟市公务用车制度改革方案，涉及车辆处置、出行保障、车辆保留、司勤人员安置等诸多具体难点问题，推进常熟市公车改革任务落实。

【机关办公用房调整】 制定出台《常熟市市级党政机关办公用房管理实施细则》，涉及产权登记、规划建设、调配使用、维修改造、物业标准、监督管理等重要内容，明确常熟市党政机关办公用房的日常管理规范，为进一步落实办公用房调整管理工作夯实基础。对市住建局等16个部门办公用房使用现状及可供调剂使用的办公用房房源开展调研，掌握可调剂使用办公用房11处，摸底房屋情况，厘清房屋权证情况。按照“统一权属登记、统一规划建设、统一调配使用、统一维修改造管理、统一物业标准管理”的原则，拟定调整建议方案，开展调整改造工作，共办理土地证权属变更5处，房产证权属变更7处，市规划局已搬迁到位，市机要局正在搬迁施工中，市工商联、民主党派的办公设施调整项目进入公开招标阶段。

【重大活动后勤保障】 2015年，承办市级以上重要会议、重要接待和重大活动的后勤保障工作共计130余次，参加会议人数约3万人次；为全市的会议、接待活动及四套班子领导视察、考察、调研活动等提供车辆保障1000余辆次。重要会议包括常熟市第十四届人民代表大会第四次会议、政协常熟市第十三届委员会第四次会议、市委扩大会议（一年两次）、全市先进表彰暨作风效能建设大会、市委中心组专题学习报告会（多次）、领导干部警示教育大会等全市性大型会议，重大活动有第七届中国（常熟）江南文化节、第十届中国常熟沙家浜旅游节等。

【政府采购管理工作】 2015年4月，常熟市政府采购中心因机构调整划归常熟市公共资源交易中心管理，市级机关事务管理中心配合做好资产盘点、财务结算、人事转移等具体移交工作，在过渡阶段持续做好相关管理保障工作。2015年，政府采购规模持续增长，常熟市政府采购中心全年组织实施各项采购任务计130批次，成交金额51053万元，节约资金6711万元，节约率11.62%。 （邵金婷）

责任编辑 刘品玉

中国人民政治协商会议常熟市委员会

综　述

【概况】 2015年，市政协常委会深入学习贯彻中共十八大和十八届三中、四中、五中全会精神，以习近平总书记系列重要讲话精神为统领，认真落实中央《关于加强社会主义协商民主建设的意见》《关于加强人民政协协商民主建设的实施意见》文件精神，广泛团结参加政协的各党派团体和各界人士，坚持团结和民主两大主题，围绕中心、服务大局，与时俱进，履行职能，为打造现代江南名城作出应有贡献。年内，市政协常委会始终坚持党的领导。围绕推进“四个全面”战略布局，服务新常态下常熟经济社会全面协调可持续发展，在围绕中心中找准位置、体现价值，在服务大局中凝聚共识、汇聚力量。举行“十三五”规划专题建言会，组织常委会议重点协商2次，主席会议专题协商5次，专委会对口协商10次，建言建在需要时，议政议在点子上。市政协常委会把新常态下发挥政协作用，新形势下履行政协职责，作为工作的着力点，加大务实创新的力度，探索履职载体和管理手段的创新。突出行风效能，推出民主监督专项评议新举措。建立双月政情通报会机制，并且用制度的形式固定下来、定期开展。开设常熟政协微信公众号，不仅让政协宣传跟上时代的脚步，而且综合了履职平台、即时通联、管理考核等内容，不断适应“互联网＋”时代委员履职和管理服务方式的现代化。市政协常委会更加注重当好文化自觉的实践者，挖掘文史精品，开展文化交流，助力文物保护，弘扬常熟优秀传统文化，持续放大历史文化名城效应。有关围绕名人遗存、历史文物保护利用的专题建言，得到市委、市政府主要领导的批示。出版《让国南来——仲雍》和《南方夫子——言偃》。以文化为载体，以名城为纽带，与河北正定、陕西铜川、江苏武进等地政协开展文化交流，扩大了常熟文化的对外影响。市政协常委会始终把利民、惠民、富民作为衡量履职成效的重要标准，牢固树立人民政协为人民的理念，把为民服务贯穿于履行职能的全过程。立案的249件提案，转送的86条社情民意信息，涉及民生问题的占80%，通过各承办单位的积极办理，综合采纳率达94.38%，一批群众关注的民生问题得到逐步解决。市政协党组走进社区、农村基层一线，倾听民声，征求意见，让政协的建言更加精准、更接地气。坚持和完善政协常委结对百名贫困学生活动，部分政协乡镇工委开展委员联系村、社区、企业，让政协离百姓更近。

1月5日，政协常熟市第十三届委员会第四次会议开幕

【罗富和到常熟视察】 5月18日，全国政协副主席、民进中央常务副主席罗富和到常熟视察。全国政协副秘书长、民进中央副主席朱永新，全国人大常委、民进中央人口资源环境委员会主任、中国科学院科技政策和管理科学研究所所长王毅，苏州市政协主席高雪坤，常熟市委书记惠建林，市政协主席徐永达陪同视察。罗富和一行视察了苏州弘宇节能减排工程有限公司，并听取公司相关汇报。罗富和对公司从排污企业转型成为治污企业的做法十分赞赏。他说，传统产业的转型升级对于国家下一步的发展非常重要，苏州弘宇在这方面做得很成功，积累了丰富经验。他希望公司下一步加快技术推广，

让更多的排污企业应用新技术，促进环境保护。

【周铁农、罗豪才关心常熟政协文史工作】 常熟市政协编撰出版的文史专著《让国南来——仲雍》《南方夫子——言偃》，由十一届全国人大副委员长、十届全国政协原副主席周铁农和九届、十届全国政协副主席罗豪才分别作序。市政协主席徐永达一行于12月17日专程赴京奉书并向两位领导汇报常熟政协的文史工作。周铁农指出，优秀的传统文化是中华文化的源头、培育民族精神的土壤，因而是一个民族立于不败之地的力量所在，常熟政协组织各方面的力量，致力于地方传统文化的挖掘、研究与整理。几年来，成果迭出，可喜可贺。仲雍是常熟的一位伟大的先贤，他的让国精神和开拓进取的精神，正是我们今天发展各项事业、建设和谐社会、实现中国梦所需要的。希望常熟政协再接再厉，不断挖掘新的文史资料，再出精品力作，为我们的精神家园不断添砖加瓦。罗豪才说，为了做好文史工作，常熟政协制订规划，组织人才，领导亲为，一步一个脚印地开展地方文史资料的挖掘与整理，为基层政协做好文史工作树立了好榜样。常熟文化底蕴深厚，文史工作大有可为，相信常熟政协一定会为展示传统文化的独特魅力，放大文化名城效应作出更新更大的贡献。

【承办中国政协杂志社基层政协新闻宣传工作交流会】 11月10日至12日，中国政协杂志社基层政协新闻宣传工作交流会在常熟举行，来自全国14个省29个地市级近百名政协领导齐聚常熟。中国政协杂志社总编辑翟有林、副社长王君光，江苏省政协副秘书长程玉松，常熟市政协主席徐永达出席活动。会议期间举行以《我国宏观经济形势及热点问题分析》和《新常态下的中国经济发展》为题的专题讲座，与会人员还就如何撰稿、组稿、挖掘新闻线索，加强基层政协新闻宣传工作等进行了深入研讨。

【范燕青到常熟调研】 4月1日，省政协副主席范燕青带领省政协调研组到常熟，召开“全面推进依法治省、努力建设法治江苏”座谈会，听取常熟市政协委员意见建议。苏州市政协副主席季忠正、常熟市政协主席徐永达出席座谈会。范燕青对常熟市法制建设工作取得的成效予以充分肯定，认为常熟法治工作目标明确、重点突出、理念先进、措施有力，为法治惠民工作打下良好基础。他希望常熟坚持在依法行政、完善执法体系等方面进行积极探索，为全省提供宝贵经验。

【苏州市政协十三届十八次常委会议在常熟召开】 4月28日，苏州市政协十三届十八次常委会议在常熟举行，就“助推镇域综合执法，深化行政执法体制改革”开展专题协商。苏州市政协主席高雪坤等出席会议。常熟市委书记惠建林在会上作《常熟市经济社会发展及镇域综合执法工作情况通报》，市政协主席徐永达出席活动。高雪坤希望相关部门充分认识基层综合执法工作的重要性，科学制定方案和政策措施，坚持全社会的参与，稳妥有序推进。会议审议并通过《助推镇域综合执法，深化行政执法体制改革的建议》和有关人事事项。与会人员参观了沙家浜镇综合治理中心。

【市政协党组开展“三严三实”专题教育活动】 根据中央关于开展“三严三实”专题教育的安排，按照市委的统一部署，市政协党组紧密结合政协工作实际，精心组织、周密部署，严格要求、扎实推进“三严三实”专题教育活动。市政协党组认真推进教育活动的各环节，认真动员部署，深入学习讨论，组织专题党课，深化对“三严三实”内涵的理解和践行；深入开展谈心谈话，认真撰写对照检查材料，召开专题民主生活会；深入查摆问题，制定落实整改方案，深化长效机制建设。随着专题教育活动的深入推进，市政协履职不断取得新成效，“三严三实”标准在政协工作中进一步体现，机关人员的群众观点和宗旨意识进一步增强，机关服务水平进一步提升，政协委员了解民情、反映民意、集中民智的作用进一步发挥，政协工作的方法和渠道进一步拓宽，联系群众和服务群众的长效机制进一步巩固。

重要会议

【政协常熟市第十三届委员会第四次会议】 1月5日至7日，中国人民政治协商会议江苏省常熟市第十三届委员会第四次会议召开。会议听取并拥护市委书记惠建林在大会开幕式上所作的讲话，会议认为，市政协各参加单位和全体委员要充分发挥自身优势，认真履职尽责，为全力构筑常熟“五位一体、综合发展”新优势作出新贡献。会议听取并赞同王飚市长所作的《政府工作报告》及其他报告。会议审议并同意徐永达主席所作的《政协常委会工作报告》，审议并同意王永明副主席所作的《政协常委会提案工作情况报告》。会议认为，市政协常委会对新一年工作提出的五个“进一步”的建议，目标明确、重点突出，要认真组织实施，务求取得实效。会议期间，委员们围绕依法治国、经济发展新常态、文化繁荣、生态文明建设、民生保障等重大问题，以及进一步做好新常态下人民政协工作，通过分组讨论、大会发言、撰写提案等形式，深入协商议政。会议指出，市政协要珍惜好形势，把握好机遇，努力把社会各界的思想和行动统一到中共十八大、十八届三中、四中全会精神和市委的重大决策部署上来；要凝聚改革共识，推动市政协各参加单位、全体政协委员、各界人士都能理解改革、支持改革、参与改革；要树立法治思维，运用法治方式，依法参政议政；要按照市委十二届十二次全体(扩大)会议提出的目标任务，围绕常熟市经济社会发展重大问题和涉及群众切身利益的实际问题广泛协商，切实做到政治协商有新作为、民主监督有新举措、参政议政有新成效。全体政协委员要珍惜崇高荣誉，本职岗位建功立业，政协履职尽责尽力，努力创造出无愧于时代、无愧于人民的新业绩。会议号召，市政协各参加单位和全体政协委员，要在中共常熟市委的坚强领导下，深入学习贯彻中共十八大和十八届三中、四中全会精神，牢记神圣职责，不负人民重托，发挥独特优势，推进协商民主，群策群力谋发展，凝心聚力促和谐，为实现经济强、百姓富、环境美、社会文明程度高的目标，为全面推进“效率常熟、美丽常熟、幸福常熟、法治常熟”建设作出新的贡献。会议通过《政协常熟市第十三届委员会第四次会议决议》。

【政协常委会议】 3月18日，市政协十三届十一次常委会议召开，通报协商“人口快速增长背景下加快教育资源科学配置”议题。市政协主席徐永达出席会议，市人大常委会副主任钱向宏，副市长陶理应邀参加会议。会议进行分组讨论，委员们围绕人口政策调整对教育资源配置的影响、新城区教育资源配置、外来工子弟学校发展等问题，进行了协商建言。在全面掌握人口数据和科学研判人口增速的基础上，《应对人口快速增长趋势，科学布局教育设施》的政协常委会建议案提出，要做好前瞻性规划，合理教育资源布局，加快重点项目推进，让每个孩子都有接受优质教育的机会和条件。会议协商决定卫欣任市政协社会事业委员会副主任，王耀翔任市政协港澳台侨（民族宗教）委员会副主任。

8月21日，市政协十三届十二次常委会议召开，通报协商“农村住宅建设管理工作”问题。市政协主席徐永达出席会议，市委副书记王建国、市人大常委会副调研员潘云来应邀参加会议。会议听取全市农村住宅建设管理情况的通报和政协委员的建言。综合各方意见上报的《深化综合整治村庄建设管理，建设幸福美丽乡村》建议案建议，综合整治村庄要科学界定范围、因地制宜调整布局、实事求是明确建设目标，真正实现农村更美丽、百姓更幸福、资源更集约。会议还协商决定对部分政协委员作了调整。

12月30日，市政协十三届十三次常委会议召开。市政协主席徐永达出席会议，市委常委、常务副市长沈晓东应邀参加会议。会议听取《政府工作报告》（讨论稿）起草的说明，并进行协商讨论；协商通过《政协常委会工作报告》（讨论稿）和《提案工作情况报告》（讨论稿）及两个报告的报告人；协商决定有关委员调整等人事事项；听取市政协十三届五次会议筹备情况汇报；协商决定召开市政协十三届五次会议有关事宜；审议市政协各专门委员会工作报告（书面）。会议协商决定许建明任市政协城乡委主任，钱晓东任市政协港澳台侨（民族宗教）委主任，并对部分政协委员作了调整。

【政协主席（扩大）会议】 5月20日，市政协十三届十三次主席（扩大）会议召开，通报协商“加强大气污染防治，控制灰霾天气发生”问题。市政协主席徐永达出席活动。与会人员先后视察常熟市大气环境质量监测监控中心、江南大厦建设工地，听取全市大气污染防治工作的情况通报。《齐抓共管打响治霾攻坚战》的建议案提出，要扎实推进既定的工作措施，创新工作、通力合作，增强依法监督、依法治污的意识，全面加强常熟市大气污染防治。

6月19日，市政协十三届十四次主席（扩大）会议召开，通报协商“历史建筑和名人遗存保护”问题。市政协主席徐永达出席会议，副市长陶理应邀参加会议。与会文史学者、政协委员围绕历史建筑、名人遗存的保护利用进行协商建言。《加强历史建筑和名人遗存保护，打造历史文化名城的核心竞争力》的建议案认为，要抓住历史建筑、名人遗存这两个关键，突出在全面监管中保护，在重点投入中保护，不断打造新常态下常熟经济社会发展的软实力，彰显常熟综合发展核心竞争力。

9月18日，市政协十三届十五次主席（扩大）会议召开，通报协商“依法加强职工劳动保护”问题。市政协主席徐永达出席会议，市委常委、常务副市长沈晓东应邀出席会议。会上，市总工会、安监局、人社局作专题情况通报。政协委员们围绕企业职工劳动保护工作进行协商建言。

10月27日，市政协十三届十六次主席（扩大）会议召开，通报协商“现代农业园区建设”问题。市政协主席徐永达出席会议，副市长范建国应邀出席会议。会上，市农业委员会作专题情况通报，委员代表从现代农业园区建设过程中存在的问题、人才队伍培养、机制完善等方面协商建言。与会人员先后视察虞山镇中泾村高效特色精品园、尚湖镇现代农业产业园。《推进现代农业园区建设，催生农业现代化新动能》的调研报告建议，要立足实际，积极适应农业发展新常态，要高点定位，特色引领，要务实进取，普惠民生，全面推进现代农业园区建设，催生农业现代化“双创”新动能。

【政协“双月”政情通报会】 3月31日，市政协召开“双月”政情通报会，解读全市农村工作会议精神，进一步增强委员协商议政的针对性、实效性。市政协主席徐永达出席会议。市委副书记王建国围绕全市农村工作会议提出的目标任务、重点工作进行详细解读。相关委员针对职业农民培养、村级集体资产管理等进行提问咨询，有关部门作现场解答。

6月4日，市政协召开“双月”政情通报会，听取法治常熟建设情况专题通报，促进委员知情明政、建言献策。市政协主席徐永达出席会议。市委常委、政法委书记杨崇华就全市法治体系、法治政府建设以及法制宣传、司法公正等作情况通报，市法院、市司法局围绕各自职能作了专题通报。相关委员分别就正当反映诉求与维护公共秩序、破解法官流失问题、加强青少年法制教育等进行提问咨询。

7月30日，市政协召开“双月”政情通报会，通报常熟上半年度经济社会发展情况。市政协主席徐永达出席会议。市委常委、常务副市长沈晓东作专题通报。政协委员分四组开展讨论，从转型升级、科技创新、人才引进、电子商务等方面提出意见建议。

11月16日，市政协召开“双月”政情通报会，通报常熟重大基础设施建设情况。市政协主席徐永达出席会议。副市长孙健作专题通报。与会人员先后视察了书院街改造工程、元和路改造工程、藕渠家园安置房建设、北三环高架建设等工程现场。

政治协商

【常熟市委、市政府重视支持政协工作】 市委、市政府重视政协工作，市委主要领导参加政协重要活动并作重要讲话，听取政协党组专题汇报、给予指导，在政协报送的建议意见上多次作出重要批示。市政府主要领导主动到政协通报工作，亲自交办政协提案，对办理政协建议意见作出具体部署。市委其他领导通过参加政情通报会、座谈会、分组讨论等活动，加强对政协工作的指导和推动。市政府各位副市长按照分工，认真办理政协提案，应邀参加政协各层次协商、视察调研，对政协工作给予大力支持。年内，市委、市政府领导参加政协各类活动36次。市委坚强的领导、市政府全力的支持，为推进协商民主大格局中的政协工作指明方向，营造氛围。

【主席专题视察】 2月3日，市政协围绕“餐厨废弃物回收体系建设”开展主席专题视察。市政协主席徐永达出席活动，副市长孙健应邀参加视察。视察组一行先后视察常洁废油脂回收有限公司、江苏洁净环境科技有限公司，并听取全市餐厨废弃物处理项目有关情况汇报。《设定时间表推进餐厨废弃物规范处置》的调研报告提出全力保障项目推进、加大执法监管力度等建议，得到市委、市政府领导的高度重视，年内项目主体工程已经竣工。

4月17日，市政协围绕“齐抓共管，提升住宅小区物业服务水平”开展主席专题视察。市政协主席徐永达出席活动。视察组一行先后视察明日星城城欣园、清枫和院、润欣花园等小区，并听取全市物业管理工作的情况汇报。政协委员围绕规范物业管理行为、小区管理四方互动等内容进行了建言。《齐抓共管，提升住宅小区物业服务水平》调研报告建议，要健全行业监管网络，完善社区协调机制，强化业委会自治功能，发挥物业公司管理作用，切实提高小区物业服务效能。

6月11日，市政协围绕“历史建筑和名人遗存保护”开展主席专题视察。市政协主席徐永达出席活动。视察组一行先后视察方塔园名人馆、文庙、庞薰琹故居及支塘镇永忍堂张宅、姚厅等地，并听取支塘镇关于历史文化保护的情况通报。

7月29日，市政协围绕“科创孵化企业与本市骨干企业对接情况”开展主席专题视察。市政协主席徐永达出席活动。视察组一行先后视察江苏金龙科技股份有限公司、苏州久易光电科技有限公司、金仕生物科技（常熟）有限公司，听取市人才办、常熟科创园、常熟国家大学科技园的情况通报。政协委员围绕推动科创孵化企业与常熟市骨干企业合作双赢课题，开展协商建言。《加强科创孵化企业与骨干企业对接，以创新驱动推进我市经济转型升级》建议案提出，要重视来自企业内生动力的自主创新，引进高端促进创新，创新机制推动创新，真正实现科创孵化企业与本土企业、科学技术和直接生产的对接。

9月29日，市政协围绕“稳定乡村医生队伍，筑牢基层医疗卫生服务网底”开展主席专题视察。市政协主席徐永达出席活动。视察组一行先后视察虞山镇枫泾社区卫生服务站、古里镇苏家尖村卫生室、古里中心卫生院，并听取市卫计委专题情况通报。政协委员围绕完善基层医疗管理体系、稳定优化乡村医生队伍等方面，开展协商建言。《强化基层医疗服务体系建设，夯实全市医疗卫生改革基础》建议案提出，要科学规划、统一标准、加快基层医疗机构建设，充实强化基层医疗服务队伍，完善管理运行机制与制度创新，夯实全市医疗卫生改革基础。

10月10日，市政协主席专题视察全市现代农业建设情况。市政协主席徐永达出席活动。视察组一行先后视察古里镇现代水稻产业园区、尚湖镇常兴万亩水稻示范方以及市农业科学研究所，并听取市农委主要负责人、水稻育种专家的情况通报。

11月24日，市政协就“完善健身绿道体系建设”开展主席专题视察，市政协主席徐永达出席活动，副市长陶理应邀出席活动。视察组一行先后视察城市花园、香山路小游园、金桂家园等地的健身绿道建设，听取市体育局的专题情况通报。政协委员围绕健身绿道的建设管理，开展协商建言。《打造城市新亮点，提升百姓幸福感》的调研报告建议，尽快明确健身绿道建设主体，逐步健全健身绿道管理体系，全面推进全市健身绿道体系完善，加快实现建设精致城市的目标。

【“十三五”规划专题建言会】 8月17日，市政协委员专题建言会召开，围绕完善常熟市“十三五”规划开展协商议政。市政协主席徐永达出席会议，市委常委、常务副市长沈晓东应邀出席会议。10名政协委员分别围绕现代农业、养老事业、教育布局、交通发展、城市建设、古城保护等事关全市长远发展、民生福祉等议题作专题发言，为常熟市编制“十三五”规划提供参考，一批建议得到市委、市政府重视和采纳。

【全员视察】 11月27日和12月4日，市政协组织开展委员全员视察，分批实地视察全市产业经济、生态环境修复和社会事业发展成果。市政协主席徐永达出席活动，市委常委桑五官、副市长朱亚辉分别陪同视察。委员们分别视察常客隆星光天地、梅李高级中学、培华美术馆、碧溪新区问村、奇瑞捷豹路虎汽车有限公司和常熟开关制造有限公司、游文幼儿园、莫城电商产业园、南湖湿地公园等，为进一步知情明政、参政议政创造条件。

【提案工作】 市政协十三届四次会议以来，共收到委员提案383件，参与提案的委员249人，参提率达68.03%，同比提高5.36%。经审查，立案249件，其中，委员提案144件，市各民主党派、工商联、无党派知识分子联谊会提案78件，市政协各专门委员会、界别、镇（街道）工委提案27件。各级领导对政协提案工作高度重视，市委主要领导对主席会议督办提案作出批示，明确要求；市政府主要领导亲自部署政府系统提案交办工作；各位副市长领办12件重点提案，见面率、采纳率、满意率均为百分之百；各承办单位领导班子把提案办理作为推动工作、改善民生的重要抓手，在具体工作中加以体现。市政协将提案工作作为发挥委员主体作用、坚持履职为民的一项具有全局意义的基础性工作，创新领导走访重点承办单位制度，加强沟通协商；8件被列为主席会议和主席督办的重点提案，与市长领办提案一起，分别组织常委会议、主席会议以及主席专题视察进行深化，推动建议落到实处；结合办理进程，组织提案办理座谈会3次，落实办理责任，推进经验学习；组织提案者参与专题调研、视察、座谈会等，为提办双方搭建交流平台；开展提案办理“回头看”，回访委员116人，分3组对34件提案进行督查，有效推动建议落实。同时，市政协进一步优化服务，将十三届四次会议提案答复办理情况汇编成册，为委员撰写提案提供借鉴，为部门决策提供参考；将重点提案、优秀提案和涉及提案工作的视察、调研、督办、表彰等活动，及时通过新闻媒体及政协网站、《常熟政协》杂志进行宣传；编发《提案办理专报》9期，注重典型示范和经验推广；深化激励机制，表彰优秀提案、提案办理先进单位，有效带动了全市各部门的提案办理工作。249件提案，经54个承办单位认真办理，发挥了在推动幸福美丽常熟建设方面的积极作用。其中，解决、基本解决和采纳委员意见的148件，占59.43%；列入计划的87件，占34.95%；留作参考的14件，占5.62%。从反馈的情况看，委员们对提案办理工作的满意率达98.79%，实现了提案办理“满意率”和“落实率”的双提升。

【社情民意信息工作】 年内，共收到社情民意信息92件，累计向32个部门转送社情民意86条，编发《社情民意专报》2期。《关于利用花边厂原址建立常熟非物质文化遗产展示馆建议》的专报，市委、市政府主要领导专门批示，要求认真研究。面对市场贸易方式的转变和电子商务的影响，围绕常熟服装产业以及服装城如何转型发展，提交了《关于全力争取市场采购贸易方式试点的建议》，市政府主要领导批示要求加大力度争取市场采购贸易试点，请相关部门做好基础工作，发挥其对专业流通市场和纺织服装产业的正向激励。此外，还将“进一步规范常熟道路标识系统”“加强学校周边食品安全”“在我市建立统一的电子病历”等社情民意转送有关部门办理，切实推动相关问题的解决落实。

【举办全员专题学习讲座】 4月28日，市政协举行“新常态、经济转型与发展战略”专题学习讲座。市政协主席徐永达与委员们一起听取报告。浙江大学教授、经济学家孙家良围绕新常态与经济转型主题，对新常态下我国经济基本特点、改革方向等进行深入浅出的阐述。

9月25日，市政协举行“协商民主格局中的人民政协”专题学习讲座。市政协主席徐永达出席。中国人民政协理论研究会原秘书长原冬平从协商民主格局中“懂政协、会协商、善议政”的新论点、中国协商民主建设的重大意义、中共中央推进协商民主的新举措等方面作了阐述，对“人民政协协商民主”作详细解读。

民主监督

【探索民主监督的有效途径】 市政协着力发挥民主监督在协助党政机关改进作风、提升效能方面的独特作用，创新开展民主监督专项评议活动。上半年对市委农工办开展民主监督专项评议工作，向市委、市政府上报《关于对市委农工办民主监督专项评议意见的报告》，客观全面肯定工作成绩，公正指出存在的问题不足，并从部门和全市两个层面分别提出了推进全市农村工作的意见建议。市委领导高度重视，批示要求认真研究相关建议，结合工作予以落实。在常熟科技创新体制综合改革试点方案获省政府批准的新形势下，政协围绕科技部门在谋划改革、引导转型中的作用，对市科技局进行民主监督专项评议，引起社会各方的关注、参与和支持。市科技局制定专项评议意见整改的实施方案，要求机关上下结合工作实际加以落实。

【组织委员履职学习】 市政协根据新形势新任务，把加强学习、强化培训、落实全体会议决议精神作为夯实基础的工作来抓，开展多种形式的学习活动。把委员的学习培训列入议事日程，举行政协委员学习报告会、专题讲座，邀请全国政协和浙江大学专家到常熟讲课，引导和鼓励全体政协委员通过学习提高自身修养和素质。围绕政府重点工作和民生实事，组织以农村工作、经济运行情况、法治常熟建设、重大基础工程建设等为主题的“双月”政情通报会，市委、市政府领导到会通报情况，让委员更多地了解政情，更好地知情明政。政协全会召开前，组织全体委员对全市经济社会发展中重大工程的规划建设、群众普遍关注问题的研究解决进行全员视察，为委员咨政建言、反映社情民意、开展民主监督创造条件。

【优化委员履职平台】 市政协高度重视委员履职平台建设，尊重每个委员履职的劳动成果，通过市长领办、主席督办，走访重点承办部门、提案回头看等举措，认真办理提案和反映社情民意信息，保护和提高委员参政议政积极性。在全体会议闭会期间，继续邀请委员列席重要的协商会议和参政议政活动，力争本届政协每个委员都能列席1次以上常委会议或主席会议。围绕委员培训、委员活动、委员考核，完善委员联络制度，加强委员服务管理，为委员履职尽责创造良好条件，进一步激发委员履职热情。在全体委员中深入开展“双岗尽责”主题活动，完善正向激励机制，引导委员本职岗位建功，履行委员职能，为常熟发展作贡献，为人民政协添光彩。运用电子签到等现代化手段，做精做细做实委员“参会率”考核；在提案在线管理系统分类建立委员提案数据，做好委员“参提率”考核，并把考核情况作为市政协各类评优表彰的重要依据。

【深化走访一线委员活动】 在开展“服务委员、推动履职”走访一线委员活动的第三年，市政协进一步深化、细化走访活动，形成制度化、常态化。对每位政协领导走访的委员进行年度调整，让委员有更多与政协领导开展深层次交流的机会；走访活动上下半年各安排一次，单独走访的委员占到总数一半以上。年内走访基层一线委员200多名，收集社情民意近百条，有力促进了委员履职。同时，市政协领导按照分工，参加专委会、界别活动组、镇(街道)工委活动，市政协专委会联系、指导界别活动组、镇(街道)工委活动，及时了解委员意愿和要求，增强政协凝聚力和向心力。

【做好联谊交流、协调关系工作】市政协围绕团结民主两大主题，发挥政协的特色优势与桥梁纽带作用，努力做好联谊交流、协调关系工作，为全市经济社会平稳健康发展凝心聚力。始终坚持尊重和保障各民主党派、工商联、无党派人士在人民政协中的民主权利，积极为他们参政议政、发表见解创造条件、搭建平台。重要视察调研活动邀请民主党派人士参加，重要会议安排民主党派和无党派人士代表发言，民主党派提出的重要建议和提案纳入重点督办范围。坚持大团结大联合，高举爱国主义和社会主义旗帜，积极做好海外联络与联谊工作。着力做好台资和侨资企业走访活动，主动协调解决他们转型发展中遇到的问题。认真贯彻党的民族宗教政策，加强与民族宗教界代表人士的经常性沟通，主动关心、及时反映少数民族同胞和信教群众的困难和要求。密切与非公有制经济人士和其他新的社会阶层人士的联系，引导他们政治上自信、发展上自强、守法上自觉。

【发挥界别的载体作用】年内，市政协对界别工作加强指导和考核，定期召开界别组组长会议，交流工作、部署任务、总结经验。围绕推动委员“双岗尽责”，界别组积极组织各类学习视察活动；围绕拓宽委员的履职视野，界别组强化与对口单位的联系沟通，组织委员走进部门单位，为委员提供丰富的履职素材；围绕履行社会责任，界别组开展送医下乡、关爱失独家庭、结对助学等形式多样的爱心公益活动；围绕界别特色的发挥，界别组主动发掘自身代表性强、集中度高的优势，组织委员深入行业一线，为行业发展积极建言献策。

【发挥各镇(街道)工委的阵地作用】市政协加强对各镇(街道)政协工委的联系指导，年内各镇(街道)工委围绕中心、立足实际，更加注重建章立制，阵地建设，全面规范建立“委员之家”；更加注重履职实效，以提交一件提案、参加一项调研视察、提出一个工作建议、反映一条社情民意信息、做一件力所能及的好事实事“五个一”活动，推动委员“双岗尽责”；更加注重能力提升，加强理论学习，强化委员意识，开展联合调研，畅通信息渠道，各镇(街道)工委呈现出活动规范有序、履职特色鲜明、成效更加显著的新面貌。

【专委会工作扎实推进】市政协各专委会在组织委员学习、开展专题调研、搭建履职平台、联系服务委员等方面有声有色、成效显著。年内各专委会深入调查研究，认真负责地完成政协各层次协商的调研工作，有数据有分析，提出了许多切中实际的建议；加强与对口联系部门的专题协商，制度化、规范化、程序化不断增强；加强自身建设，工作有计划，活动有部署，内容丰富，形式多样；加强对政协镇(街道)工委、界别组的服务和指导，推动委员履职的经常化、常态化；积极组织委员走进部门一线开展调查研究，鼓励引导委员服务社会，建功立业。

参政议政

【《让国南来——仲雍》《南方夫子——言偃》出版发行】经过两年时间的筹备，由市政协文史委携手本地11名文史学者编撰的《让国南来——仲雍》《南方夫子——言偃》两部文史专著于2015年底由古吴轩出版社出版。两书共50多万字、160幅照片，首次全面系统记述了开创和影响吴文化的两位先贤的历史功绩，客观评价了两位先贤的历史地位，热情颂扬两位先贤的至德精神。第十一届全国人大常委会副委员长、第九、十届全国政协副主席周铁农和第九、十届全国政协副主席罗豪才分别为两书作序。《让国南来——仲雍》被誉为研究仲雍的首部专著，填补了国内空白。《南方夫子——言偃》集史料性、权威性于一体，开创言子研究新境界。

【开展文化交流】市政协以书画为媒介，搭建交流载体，团结各方人士，传播弘扬常熟底蕴深厚的优秀文化。年内，市政协加强政协书画室建设，特聘5名顾问，增聘本地部分中国书协会员、中国美协会员为市政协特邀委员。借助政协书画室平台，市政协对内组织丰富多彩的文化实践，对外开展不同层次文化交流，采取走出去和请进来的方式，举办“常熟·铜川政协书画展”“名城缘·书画情——常熟·正定政协书画展”，并刊出专集，扩大政协组织、常熟文化在全国的影响力；赴外地举办“寸草心·虞山情”寇忠理书画作品展、“凝望虞山”邵宁书画作品展，通过艺术展示和交流，拓展常熟书画者的视野和水平，支持书画家们为常熟历史文化有效传承、放大效应作出贡献。

【常熟、正定缔结友好政协】7月3日，常熟与河北正定县举行缔结友好政协签约仪式。常熟市政协主席徐永达，正定县政协主席张俊立出席仪式。常熟、正定两地同属国家历史文化名城，两地政协缔结友好，旨在加强交流合作，推进新常态下县域政协工作更加有序地开展，携手放大名城效应。正定县是继浙江桐庐、陕西岐山之后，与常熟政协结好的第3个城市。

【助推文物保护】市政协在助推文物保护、促进永续利用上下功夫，持续放大历史文化名城效应。在开展深入调研的基础上，市政协召开常委会议、主席(扩大)会议进行专题议政，就“名城保护要整体推进”“丰富历史文化街区规划并刚性执行”“积极为仲雍墓言子墓黄公望墓申报国保单位”和“历史建筑和名人遗存保护”等内容协商建言，得到市委、市政府主要领导的批示并被采纳。《紧扣常熟人文历史特色题取地名》《加强对唐市古镇保护的建议》等提案的相关建议被政府部门采纳，并得到认真办理落实。文庙、言子专祠的修复工程基本结束，南门坛上历史文化街区综合整治工程有序推进，南泾塘历

7 月 3 日，常熟市与河北正定县举行缔结友好政协签约仪式

史文化街区重点整治列入“十三五”规划方案。

【文史成果推介】 在《虞山文化流派》《常熟状元》取得广泛好评、读用宣传工作取得显著效果的基础上，市政协进一步做好文史专著的宣传利用工作，持续放大常熟历史文化名城效应。全年对外赠阅近 1000 套，范围扩展到天津、甘肃、宁夏和福建厦门、江西瑞昌、湖北京山、河北行唐等地，常熟文化的影响力、凝聚力继续放大。在《虞山文化流派》获苏州市级、江苏省级社科奖项的基础上，《常熟状元》获常熟市第四届哲学社会科学优秀成果一等奖。注重《让国南来——仲雍》《南方夫子——言偃》文史成果的效应放大，先后为两本文史精品举行首发暨赠书仪式。由江苏省、陕西省政协文史委为支持单位，中国先秦史学会为指导单位，在仲雍故里陕西岐山举行了《让国南来——仲雍》专题研讨会，中共岐山县委书记张海建到会致辞，常熟市委书记惠建林向会议发来贺信。与会专家围绕仲雍的历史地位、礼让精神对周文化和儒家文化的影响，以及对吴地经济社会发展和文化的影响进行了研讨和交流。人民政协报、人民网、新华网、新浪网、东方网、中国政协新闻网等作专题报道，《中国政协》杂志及其网站刊登了专家学者的学术观点，《苏州日报》以“常熟政协聚焦地方传统文化助力提升城市竞争力”为题，整版介绍政协文史工作及在放大历史文化名城效应方面的经验。两书已发行 5000 多套，引起史学界、文化界的广泛关注。

【启动征集常熟改革开放口述资料】 市政协积极探索文史工作为现实服务的新途径，启动常熟改革开放（1978 年——1999 年）口述资料征编工作，围绕改革、创新、个性、领先，确定第一轮征编项目 19 个，通过采访重大事项当事人（亲历者），重点抢救一批改革开放后二十年间常熟经济发展、体制改革、民主法治、社会管理等方面的资料。征集工作由市政协文史委员会、常熟日报社共同组织实施。11 月 5 日举行启动仪式，计划于 2016 年结集出版口述史专辑。

【机关效能提升】 市政协机关强化服务员的角色定位，持续深入推进服务效能的提升。机关全体人员学习先进典型，忠于职守主动有为，敬业和创新成为机关作风建设的主旋律。年内，机关认真组织政协的各类调研、视察、会务活动，顺利承办中国政协杂志社基层政协新闻宣传工作交流会；热情做好委员服务联络工作，倾听委员心声，积极推动委员“双岗尽责”、双岗创优；注重政协和委员声音的传播，认真办好《常熟政协》杂志及门户网站；重视政协工作联谊会、研究会的服务工作，并建立了机关干部定向联系老同志的工作机制。

【召开服务型机关建设会】 3 月 3 日，市政协围绕敬业、创新主题召开服务型机关建设会议，市政协主席徐永达出席会议。会议听取端木银熙、唐春潮两位先进典型的事迹，与会机关干部代表进行交流发言。会议表彰了 2014 年度市政协服务型机关建设先进集体和先进个人。

【常熟政协微信公众平台上线】 11 月 8 日，市政协启用“常熟政协”微信公众平台。政协委员在微信搜索“常熟政协”进行关注，登录“委员履职平台”完成绑定，即可浏览政协要闻、掌握履职信息、接收会议通知、学习文史掌故，通过“委员沙龙”进行在线互动，通过提案管理系统提交提案，上传照片、文字提交社情民意信息，实现“在线履职”。通过平台，政协还可即时掌握委员提交提案和社情民意情况、统计委员参会和调研情况。 （颜 容）

责任编辑　刘品玉

纪检·监察

综　　述

【概况】 2015年，全市各级纪检监察组织按照“把纪律和规矩挺在前面”的要求，切实强化党风廉政建设纪委监督责任，持续推进党风廉政建设和反腐败工作。构建责任体系，制定党风廉政建设4张“责任清单”，制定落实党风廉政建设主体责任和监督责任评价办法及评价细则，分别设定48项、53项评价标准，对责任落实情况进行百分制量化考核。出台《关于开展党风廉政建设巡察工作的意见》，综合运用调查走访、听取汇报、专项审计等巡察方式，对市发投公司实施首轮巡察。严厉惩治腐败，全年共受理信访举报163件，查处各类违纪违法案件262件，同比增长42.39%，为国家和集体挽回直接经济损失1877多万元。抓好作风建设，开展“清风行动”监督检查42批次，开展工作纪律专项整治行动，督查单位70个，发出督办单11份。推动广电部门建立政风行风热线基层行“媒体问政”机制，在7个乡镇(村)开展基层行活动。查处违反中央八项规定精神案件12起，对11名党员干部给予党纪政纪处分，2次对5起典型案例进行点名道姓通报曝光。加强日常管理，出台《常熟市领导干部廉洁诚信积分管理办法》，从严控制领导干部办理婚丧喜庆事宜的范围和规模。加强宣传教育，连续7年开展“5·10训廉日”主题活动，对党员干部酒后或醉酒驾驶情况进行公开通报，协助市委召开领导干部警示教育大会，拍摄并播放警示教育片《正风反腐警钟长鸣》。对“碧水琴川”廉政文化品牌创建10周年进行回顾。完成第二轮内设机构调整，加强开发区纪检监察组织建设，首次在国企设立纪委。开展“铁纪铸铁军、务实创佳绩”主题教育活动，在全系统开展学习吴惠丰先进事迹活动，举办纪检监察业务培训班，开设“双月讲座”，深化“青蓝结对”工程，推行项目管理人制度，推动主责主业履行到位。召开新闻发布会，向媒体通报纪检监察工作最新成果，主动接受社会监督。

执 纪 查 案

【概况】 2015年，全市各级纪检监察组织查处各类违纪违法案件184件，同比增长42.39%，涉及十万元以上案件6件，副科级以上领导干部案件13件，10人被移送司法机关，为国家和集体挽回直接经济损失1877多万元。重点查处市经信委主任科员(原副主任)俞建刚以及中小企业综合协调科前后两任科长叶虹、刘卫东等人受贿窝案、市交通工程管理处主任黄震受贿案。

【建立办案人才库】 8月，出台《常熟市纪委监察局办案人才库管理暂行办法》，从乡镇纪委、公检法、审计、财政等部门遴选40多名具备法律、财经管理、行政执法等工作经验的人员纳入人才库，进行统一建档、分类管理，根据案件需要，随时抽调人才库人员参与纪检监察办案工作。增强了办案工作力量，提升了工作质量和效率。

【建立案管综合数据库】 建立案件管理综合数据库，依托现代网络信息和大数据技术，建立科学有效的案件线索管理机制，及时、准确地查办案件，推进案管查询、统计、分析工作的科学化、规范化、全程化、精细化、信息化，全面提升纪检监察机关发现腐败、惩治腐败和预防腐败的能力，为提供领导决策、转化办案工作成果发挥积极作用。

党风政风监督

【概况】 2015年，全市党风政风监督工作按照“把纪律和规矩挺在前面”的要求，以严的态度和实的措施，不断向纵深发展。深化“两个责任”落实，制定党风廉政建设党委主体责任等4张责任清单，配套出台评价办法和评价标准，结合检查考核，对责任落实情况进行量化评价。探索实施“两个责任”报告制度和廉情分析制度，开展述责述廉、专项述职活动，对落实责任不力的单位和个人实施问责。深入贯彻落实中央八项规定精神，加强作风督查，严查快处违纪行为，畅通社会监督渠道，发挥“政风行风热线”等舆情平台的监督作用。探索开展党风廉政建设巡察，围绕九个方面巡察重点，创新方式、固化程序，推动问题整改和面上规范。全面推行绩效管理制度，严格日常管理和考核评价，推进机关职能转变，提升服务效能。严格执行个人有关事项报告制度，加强对婚丧喜庆事宜办理情况的抽查核实，全面开展廉洁诚信积分管理，推动纪律和规矩立起来、严起来。

【构建"两个责任"制度链】 3月，常熟市在出台落实党风廉政建设"两个责任"实施意见基础上，制定出台4张责任清单，推动"两个责任"进一步明晰化、具体化。12月，24位党委书记、10位纪委书记进行现场述责并接受公开点评。认真落实主体责任监督检查和责任追究制度，对责任制检查和"两个责任"评价中排名靠后、推进不力、履责不到位的进行问责，推动"两个责任"落地生根。

【深化作风建设成效】 开展"清风行动"监督检查42批次，严肃整治党员干部违规吃喝、公款购买和赠送节礼、公款旅游、公车私用等突出问题。持续开展反浪费反奢侈专项整治行动，督促相关主责部门加强对厉行节约、公车配备、公务接待等规定执行情况的监督检查。全年查处违反中央八项规定精神的问题12起，处理党员干部19人，其中给予党纪政纪处分11人。

【开展首轮党风廉政建设巡察】 2015年，首次在全市开展党风廉政建设巡察，协助市委制定党风廉政建设巡察工作意见，成立市委巡察工作领导小组和市委巡察办，组建第一巡察组。对市发投公司实施为期30个工作日的进驻巡察。突出巡察重点，紧扣"四个着力"、源头预防、保证政令畅通情况及信访突出问题等九个方面，围绕重点人、重点事、重点问题开展巡察。创新巡察方式，综合运用调查走访、听取汇报、受理信访举报、专项审计等方式，对"两个责任"落实情况进行监督检查。固化巡察程序，严格按照巡察准备、巡察实施、巡察报告、反馈整改、后期回访、结果运用等六个步骤开展工作。巡察共发现问题12个，5人受到党纪处分。

【全面推行绩效管理制度】 2015年，出台《市级机关部门绩效管理工作实施意见》，确定职能工作目标、管理工作目标、满意度目标、创新创优和违规违纪等5个方面的目标管理类别，配套制定《市级机关绩效管理考核细则》，形成包含一级指标5项、二级指标11项、三级指标21项、四级指标36项的绩效评价框架体系。对全市83个市级机关（单位）开展集中考核，评出"优胜"单位10个、"优秀"单位22个、"良好"单位28个、"达标"单位9个、"诫勉"单位3个。

【出台《常熟市领导干部廉洁诚信积分管理办法》】 2015年，出台《常熟市领导干部廉洁诚信积分管理办法》，针对领导干部个人作风建设、廉洁履职、守法诚信等方面问题，设定17项63条评价标准，内容覆盖8小时内外。明确责任评价部门，出台评价细则，开发信息管理平台，以日常和年终相结合的形式，对领导干部日常工作、生活中的廉洁度、诚信度进行科学分析、评价和预警，结果刚性运用于领导干部年度考核、提拔使用和评先评优。该做法被《江苏纪检监察信息》全文刊登，并在苏州市推广。

【出台《关于规范领导干部办理婚丧喜庆事宜的暂行规定》】 2015年，明确"六个严禁"纪律要求，坚决制止大操大办和借机敛财等行为；加强婚丧喜庆事宜报告和备案审核，建立职能室、分管常委、分管书记和主要负责人四级联审机制，对报告不符合办理规定的及时进行约谈提醒，对实际办理情况进行全面抽查核实，1名违规党员干部受到问责，1名责任领导被倒追责任。该规定被《江苏党风廉政建设》全文刊登。

行政执法监督

【概况】 2015年的行政执法监督工作，以"三转"为要求，突出主业主责职责定位，加大监督执纪问责力度。开展生产安全事故专项检查工作，出台《常熟市安全生产两类责任追究暂行办法》，制定司法联动制度，细化责任追究办法，落实安全监管责任。围绕"水"和"气"两个领域，开展生态文明立项监察工作，以问题为导向，传递责任压力，保障政令畅通。加强效能建设，严肃工作纪律，解决为官不为、中梗阻问题，在全市单位部门中营造你追我赶、争先进位的干事创业氛围。

【开展生态文明建设立项监察】 围绕"水"和"气"两个领域，以问题为导向，对太湖流域环境综合治理、阳澄湖生态优化行动、望虞河和阳澄湖流域水环境综合整治、白茆塘和盐铁塘流域水环境综合整治、城乡黑臭河道整治工作、大气污染防治等工作进行督查，严肃查办生态文明建设和生态损害事件背后的失职渎职、滥用职权、为官不为、懒政怠政等问题。对"9·18"污染事件相关人员进行责任追究，组织处理1人，追究党纪责任2人，诫勉谈话7人。

【组织专项督查落实问责问效】 抓住突出问题，加强执法再监督，围绕重点部门和重点领域开展专项式督查，坚持有责必问。对环保、卫生、农委、科技部门进行督查，重点督查职能是否履行到位、资金使用是否管理到位。围绕房屋征收搬迁、安全生产事故、大气污染防治等市委市政府中心工作开展监督检查，促进部门责任落实到位。

【开展工作纪律专项整治】 开展会议纪律、工作纪律专项督查活动，对工作人员"不务正业"问题实行明查暗访，督查全市相关单位70个，发现各类违反工作纪律问题34人次，下发跟踪督查单11份，督促相关单位对违纪人员进行诫勉谈话、通报等处理，有效推动机关作风效能建设。

反腐倡廉宣传教育

【概况】 2015年，常熟市党风廉政宣传教育认真把握全面从严治党新要求，聚焦反腐倡廉中心任务，突出纪在法前，主动发声，强化教育，扎实推进"碧水琴川"廉政文化重点活动，加大对外宣传力度，全年上报稿件127件，录用379篇（次）。进一步夯实党员干部拒腐防变的思想道德防线，营造了风清正气的政治生态，为全市党风廉政建设和反腐败工作不断开创新局面提供良好的思想基础和舆论环境。

【承办“学思践悟大家谈”主题征文活动】 年内,承办苏州市“廉石之光·碧水琴川——学思践悟大家谈”主题征文活动。以“主题征文”为核心,拓展“手记、随笔征集”“专题调研”“电视访谈”“网友互动交流”“微型廉政党课宣讲”等活动形式,加深大家对党风廉政建设和反腐败工作新形势、新任务、新要求的认识与感悟。本次征文共收到各类稿件769篇。全市获得一等奖1篇,二等奖2篇,三等奖3篇。

【对党员干部酒驾进行通报曝光】 4月,向全市下发《关于部分党员干部酒后或醉酒驾驶机动车处理情况的通报》。通报指出,2011年5月以后,全市共有216名党员干部因饮酒后或醉酒后驾驶机动车被查处,其中酒驾164人、醉驾52人,造成交通事故35起。这些党员干部中,受到党内警告158人,严重警告4人,留党察看1人,开除党籍50人,开除公职6人。通报要求全市广大党员干部要从中吸取深刻教训,引以为戒,坚决守住法律和纪律的底线。

【举办廉政情景剧展播活动】 组织开展廉政情景剧创作展播活动,先后创作拍摄《简单也是一种幸福》《送礼风波》《变味的公务考察》《酒驾的代价》《一根鱼竿》等5部廉政情景剧,大力宣传严禁大操大办婚丧喜庆事宜、严禁收送礼金礼卡(券)礼品、严禁公款旅游、严禁酒后驾车、严禁公款钓鱼等相关党纪条规,并在常熟电视台“春来外传”栏目进行展播,以通俗易懂、喜闻乐见的形式解读廉政规定,厘清违纪边界,深受党员干部和群众欢迎。

【开展“依法行政、廉洁从政”知识竞赛】 比赛着重考察选手在《中华人民共和国宪法》《中华人民共和国行政诉讼法》等国家法律法规和《准则》《条例》《农村基层干部廉洁履行职责若干规定》等党内法规方面的知识水平。比赛组织发动全市56个部门单位,经过初赛、复赛两轮比赛,选拔出6支队伍进入决赛。决赛共分个人必答题、抢答题、小组客观题、情景分析题和风险题5个环节。最终,市海事局获冠军。

【拍摄《正风反腐警钟长鸣》警示教育片】 把典型案件作为反面教材,拍摄了《正风反腐警钟长鸣》警示教育片,警示提醒广大党员干部注意小枝小节,严守纪律规矩,自觉筑牢拒腐防变的思想道德防线。首次针对党员干部容易违反的“四风”、酒驾、敷衍塞责等“微腐败”问题,在全市领导干部警示教育大会上进行播放,市各单位部门在各类会议上播放150多次。

机关自身建设

【概况】 2015年,市纪委监察局按照“把纪律和规矩挺在前面”的要求,扎实推进“三转”,明确职责定位,进一步改进方式方法,践行党内“四种形态”,以严明的政治纪律和政治规矩,打造一支忠诚、干净、担当的纪检监察干部队伍。组织机构:根据“三转”要求,调整、规范委局机关内设机构名称和职能,明晰各个科室的权责定位。制度运行:建立健全各项纪检监察干部内部管理制度,根据新形势,探索纪检监察干部谈心谈话等制度。队伍建设:以丰富的主题教育活动和培训,提升纪检监察干部的素质。硬件载体:更新和完善纪检监察干部监督管理信息系统,充分发挥科技向心力。

【完成内设机构调整】 2015年9月,按照“三转”要求,市纪委对内设机构进行第二次调整,调整后,委局机关行政编制总量不变,内设机构从9个增加到10个,纪检监察室增加到3个,撤销执法和效能监督室、成立第三纪检监察室;原案件审理室的挂牌机构“案件监督管理室”改为单独设置;原纪检监察一室、纪检监察二室分别更名为“第一纪检监察室”和“第二纪检监察室”,原教育调研室更名为“宣传教育室”,原干部监督管理室更名为“纪检监察干部管理监督室”;撤销办公室增挂的“监察综合室”牌子,撤销信访室增挂的“市行政监察举报中心”牌子,改革后实际执纪监督部门数量和人员力量约占总数的70%和73.33%。

【加强纪检监察组织建设】 2015年9月,贯彻落实苏州市委要求,在全市两家省级以上开发区(常熟经济技术开发区、常熟高新技术产业开发区)设立监察审计室,明确纪工委副书记兼任监察室主任,各配备7名专职纪检监察干部。在市城投公司设立派驻纪检组。各乡镇成立监察审计室,配备审计人员,发挥监察、审计联动作用。

【开展“铁纪铸铁军、务实创佳绩”主题教育活动】 2015年,开展“铁纪铸铁军、务实创佳绩”主题教育活动,围绕“忠诚、干净、担当”和“三严三实”开展了思想大讨论活动,通过双月讲坛、读书交流、业务竞赛、纪检监察干部培训班、“青蓝结对”等形式,不断更新完善干部知识结构,提升能力素养;依托“民情工作室”制度,领导班子分片带队,通过定期接访、包案下访、民情恳谈等方式,“零距离”倾听百姓心声,了解社情民意,帮群众解决实际困难12个。

【开展机关中层副职竞争上岗】 2015年11月组织开展竞争上岗活动,制定起草竞岗实施意见,设定资格条件,通过调研报告撰写、演讲答辩、民主测评、考核评分、组织考察等环节,全面考量干部文稿写作、解决问题、组织协调能力等综合素质,3名干部走上中层副职岗位。

【吴惠丰成为全省纪检监察系统首例造血干细胞捐献者】 7月28日,古里镇纪检监察室主任吴惠丰成功捐献造血干细胞,成为全省纪检监察系统首位、苏州市第101位、常熟市第10位造血干细胞成功捐献者。人民网、新华网、“新华日报”“苏州日报”等媒体都陆续进行宣传报道。10月23日,市纪委又下发《关于在全市纪检监察系统开展向吴惠丰同志学习活动的通知》,并举行吴惠丰同志先进事迹报告会,在全市纪检监察系统形成学习先进、崇尚先进、争当先进的良好氛围。 (黄亦范)

责任编辑 刘品玉

中国国民党革命委员会常熟市基层委员会

【概况】 2015年，中国国民党革命委员会常熟市基层委员会(以下简称民革基层委或民革总支)下属5个支部，新发展党员6人，病亡1人，现有党员65人，党员平均年龄49岁，离退休人员15人，在职党员中100%为大专以上学历，其中博士7人，硕士5人，女党员占26%，2人当选苏州市人大代表，1人任苏州市政协委员，10人任市政协委员，党员以政府机关、文教、经济和社会组织等单位。9月19日，民革总支召开支部增扩和支部换届工作会议，选举产生新一届支部委员。根据《中国国民党革命委员会党章》的相关规定和程序，民革总支将下属的3个支部扩展为5个支部。12月14日，民革常熟市基层委员会召开成立暨第一届全体党员大会。选举产生民革常熟市基层委员会第一届委员会领导班子。是年，民革基层委获民革中央授予的“全国宣传思想理论工作先进集体”，被民革江苏省委授予“民革江苏省先进基层组织”称号，党员张文金获国家卫计委、红十字总会、总政后勤部授予的“2012—2013年度全国无偿献血奉献奖金奖”和民革江苏省委授予的“民革江苏省先进党员”称号，党员夏中获国家卫计委、红十字总会、总政后勤部授予的“2012—2013年度全国无偿献血奉献奖铜奖”和苏州市委市政府授予的“苏州慈善奖·最具影响力慈善楷模”。

【参政议政】 民革苏州市人大代表在苏州市第十五届人大四次会议上提交个人建议5条，民革苏州政协委员向政协苏州市第十三届委员会第四次会议提交个人提案1件；在政协常熟市十三届四次大会上，副主委杨怡芳代表民革总支作“让铁黄沙成为常熟明天的‘金黄沙’”的大会发言，民革总支向大会提交集体提案7件，市政协委员向大会提交个人或联名提案13件，提案“建设天然公共泳场，满足百姓健身需求”被列为市长领办提案，年内反映社情民意7条。边习虞等代表民革总支在市委召开的双月座谈情况通报会和政协专题协商会上，围绕反腐倡廉、城乡一体化和农宅管理、水环境综合整治、发展汽车产业、十三五规划、文化产业发展等作了“重视对党员干部理想信念教育”“打造纺织服装产业升级版”“正确应对职业病防治新常态”“关于促进孵化企业和本土企业合作的建议”“交通快速接轨上海的建议”“对我市现代农业园区建设规划定位的意见和建议”“前瞻布局汽车零部件产业、继续推进整车厂零部件采购本地化、完善车企员工生活配套设施”“机制创新，理顺社区管理体制、服务创新，满足居民多元需求、手段创新，搭建智慧社区平台、教育创新，改变居民生活习惯”“强化依法节水，建立最严格的水资源管理制度、强化依法护水，建立强有力的水面率管控机制、强化依法治水，建立高标准的水生态保障体系、强化依法管水，建立惠民生的水环境创新氛围”和“把握发展定位、控制生态红线、发挥特色优势、提升人文意识”等调研专题发言。年内，民革总支先后开展休闲农业、科技创业、统计工作、特色教育、古镇保护、转型升级、文化创意和通信事业发展等调研，让党员们了解情况、拓宽视野。民革总支集体提案《关于进一步提升昭文路常浒河滨河绿带建设的建议》获政协市十三届三次会议优秀提案，张文金获市政协“双岗尽责”先进个人。

【社会服务】 3月8日国际劳动妇女节，民革总支的全体妇女党员来到大义镇虞山敬老院，举行“特别的爱给特别的你”的敬老关爱活动。5月30日，为纪念第44个“六·五”世界环境日的到来，由民革总支发起的“绿色公益团”在董浜镇文化广场举行“践行绿色生活建设美丽乡村”主题宣传活动。40多名民革党员志愿者以及绿色公益团成员单位的40多名志愿者参与主题宣传活动。活动还用“我为环保献一计”、环保主题演出、环保灯谜竞猜、环保咨询服务等方式宣传环境保护理念。年内接收20位党员捐款7900元注入民革总支建立的“捐资助学基金”，举行向贫困地区捐衣物或闲置图书仪式，将所捐物品寄给贫困地区，贡献博爱善心；党员夏中向各慈善机构及个人捐款29950元，直接受益者43人次，还利用业余时间为近万人次免费按摩治疗。

【民革常熟市基层委员会成立】 12月14日，民革常熟市基层委员会召开成立大会。江苏省政协副秘书长、民革江苏省委副主委殷志强，民革江苏省委副主委、民革苏州市委主委、苏州市政府副市长王鸿声，中共苏州市委统战部副部长钱培华，中共常熟市委常委、

5月30日，由民革常熟市总支部发起的“绿色公益团”在董浜镇文化广场举行“践行绿色生活 建设美丽乡村”主题宣传活动

组织部部长黄锡明，常熟市政协副主席、中共常熟市委统战部部长王永明等出席会议。民革常熟直属小组成立于1988年，民革常熟支部成立于1990年，民革常熟总支成立于2010年。本次总支换届暨更名大会选举产生了民革常熟市基层委员会第一届委员会领导班子，主委查银华，副主委杨怡芳、杨刚，委员张文金、曹正丰和黄育新。王鸿声、王永明共同为民革常熟市基层委员会揭牌。（张文金）

中国民主同盟常熟市委员会

【概况】 2015年，中国民主同盟常熟市委员会（简称民盟常熟市委）有14个支部，盟员256人。盟员平均年龄51.5岁，退离休人员占34.3%，中高级职称人数占92.6%，分布在教育、科技、文化、医卫等9个界别。在2015年初召开的常熟市第十四届人大第四次会议、常熟市政协第十三届四次会议上，民盟21位人大代表和政协委员认真履行好政治协商、民主监督、参政议政职能。其中《关于加快餐厨垃圾处理建设进度实施资源化利用的建议》作为大会发言，并被列为市政协主席督办提案，《完善新市民积分管理工作，提升管理服务水平》作为大会书面发言。民盟常熟市委共向大会提交集体提案14件，盟内政协委员提交个人提案31件，盟内人大代表提交建议案5件，其中范黎与他人联名议案《加快我市水循环体系建设》被列为人大1号议案。盟市委集体提案《规范中小学生课外培训机构营造健康和谐教育环境》、朱利华与他人合作的提案《关于培育常熟储备演艺人才的建议》、钱律新与他人合作的提案《关于加强街道门牌号管理的建议》被评为政协十三届三次会议以来的优秀提案，民盟界别被评为市政协先进界别活动组，钱律新、吴文华、金嘉梅被评为“双岗尽责”主题活动先进委员。

【主题论坛有成果】 年初，民盟苏州市委发文表彰各级组织和广大盟员在2014年积极参与民盟市委论坛论文活动，盟员张永华、徐丽娟、陈红娟获2014年度论坛论文工作先进个人。张永华参加民盟省委在徐州召开的第三届城镇化建设研讨会，撰写的两篇论文在会上作交流。民盟省委在南通举办第六届江苏教育发展论坛，盟市委积极参与该论坛的组稿，市中支部张永华参加论坛，并交流《情志教育，顺势而为》的论文，该论文同时获三等奖。

【对口联系工作有成果】 2015年，市教育局和相关学校为民盟常熟市委关于《建议开设“虞山文化”地方性课程》《加大对民办学校师资扶持力度，促进民办教育的可持续发展》两个课题的调研认真准备，详细介绍情况。民盟常熟市委调研组赴体育局调研健身步道建设情况，得到体育局大力支持。与市体育局联合开展“体育彩票捐资助学”活动，捐助尚湖高级中学、实验中学、孝友中学15位学生。教育局党委组织教育系统民主党派基层组织负责人开展“我为常熟教育献一策”教育考察暨座谈活动，同时邀请党派支部主委、人大代表、政协委员参观考察常熟教育发展。其他对口联系单位与民盟常熟市委开展多种形式的交流。

【社情民意受到重视】 民盟常熟市委向市政协、苏州民盟报送的社情民意信息有20多条。为党委政府汇集分析舆情和科学决策提供了参考。民盟常熟市委荣获民盟苏州市委社情民意信息工作优秀组织奖；陈红娟荣获个人特等奖，吴国华、孙洪、查建英获个人三等奖。

【调查研究成效显著】 2015年，常熟民盟各调研组深入走访相关单位听取意见，开拓思路，加强研究，撰写《建议开设“虞山文化”地方性课程》《推进健身步道建设，提高市民幸福指数》等10篇调研报告，内容涉及社会养老、教育改革、环境卫生和公共体育等方面。

【组织盟员参加各级组织举办的培训班】 2015年，11位盟员参加在省社会主义学院举行的全市民主党派、无党派骨干培训班学习并积极撰写学习心得体会。市中支部吴彦彰参加在省社会主义学院举行的江苏民盟2015年度盟务骨干培训班学习。通过学习不断传承和弘扬民盟精神。

【开展活力基层建设】 2015年，常熟民盟以民盟上级组织“特色基层创建推广年”、中共市委统战部“基层组织建设提升年”为抓手，制订《常熟民盟基层组织工作制度》，包括委员会议、盟员会议、学习制度、盟费收支管理等16个方面，使基层组织工作更加规范化、制度化。同时制订《民盟市委领导和机关干部联系基层组织制度》，明确每个主委、副主委联系几个支部，为基层组织活动提供指导。各支部完善《基层工作手册》，根据创建“达标基层”“特色基层”

9 月，民盟常熟市委赴贵州思南开展对口交流

"优秀基层"指标体系要求，基层支部工作更加规范开展。民盟市委召开基层支部工作推进会暨与兄弟党派学习交流活动，学习兄弟党派基层组织工作经验；组织基层组织负责人和部分新盟员赴江阴民盟学习交流，学习兄弟县市民盟组织经验；举行基层组织工作观摩交流会，让基层阵地建设和基础台账资料做得较好的支部介绍经验做法，起到了示范引领作用，以促进基层组织工作的整体提升。

【完善服务载体，成立"三大基地"】 2015 年，民盟市委设立"光明之家 · 盟员学习活动基地""美书摄培训基地"和"常熟花边传习基地"三大基地。"光明之家"为各级统战系统、民盟组织提供相互学习、文化交流、联络联谊的平台。"美书摄培训基地"由中国书法家协会会员、文化支部主任戈伟言为首期书法老师，传授书法技艺，进一步提高常熟盟员的艺术修养。源于对"常熟花边"非物质文化遗产文化传承的责任意识，盟员、市中支部副主委谢燕月将常熟花边基本技艺和创新手段在"常熟花边传习基地"义务传授到民盟盟员和社会各个阶层，以壮大常熟花边传承保护创新队伍。

【服务品牌做大做强】 民盟市委延续传统，继续打造社会服务品牌，组织盟员参加市各民主党派、知联会在常熟文化广场举行的"'同心'共筑中国梦，服务社会惠民生"广场咨询服务活动；与市政协港澳台侨委员会组织医疗和法律方面盟员到尚湖镇东桥村开展"爱心在民盟、服务新农村"大型综合咨询活动，近 200 位村民前来咨询。"三八节"期间，盟市委举行"传承常熟花边，传递民盟爱心"慈善义拍活动，拍品是由民盟市委部分女盟员利用业余时间精心绣制的 30 件常熟花边工艺饰品，所得 4590 元善款由民盟市委于"六一"期间对口资助 3 位学生。民盟市委赴贵州思南县开展对口联系交流，捐赠 200 件羽绒衣和一批体育用品，并由盟员企业家认捐了"希望童园"项目。民盟市委充分发挥书画界盟员优势，分别到报本社区、富阳社区、泰山社区开展"迎新春、送春联"系列活动，两次赴企业开展送书画活动。

【江苏民盟国风书画院送文化到常熟】 11 月 7 日至 8 日，江苏民盟国风书画院院长刘灿铭、名誉院长张尔宾、书画家桑作楷、苏金海、桑建国等一行，在民盟江苏省委秘书长唐双辰的率领下走进常熟。书画家们与常熟民盟的书画家进行交流，并对当地文化场馆进行考察。

【宣传工作获民盟江苏省委表彰】 2015 年，民盟常熟市委在《扬子晚报》《挚友》上发表 3 篇文章，《苏州统一战线网站》《江苏民盟》《民盟江苏省委网站》《苏州民盟》《江苏政协》《苏州政协》《常熟政协》《常熟统战》和市新闻媒体共刊登宣传常熟民盟工作的稿件 400 多篇(次)。《常熟民盟》出刊 6 期。《常熟民盟》网站运行正常，更新及时。完成《江苏民盟年鉴》常熟部分、《培训心得体会汇编》《基层活动案例汇编》《载体建设汇编》等编写工作，共计 10 多万字。民盟市委获民盟江苏省委思想宣传工作先进集体、陈红娟获先进个人称号。

【理论学习获民盟苏州市委多项表彰】 2015 年，常熟民盟在苏州民盟组织的多项学习活动中获奖。民盟常熟市委获民盟苏州市委征文活动优秀组织奖。在学习贯彻十八届三中全会精神征文活动中，有 5 位盟员获二等奖；在学习江苏民盟核心价值观、"我的民盟、我的梦"征文活动中，查建英、吴彦彰、张洁获一等奖；有 9 位盟员获二等奖；6 位盟员获三等奖。 (张 闳)

中国民主建国会常熟市委员会

【概况】 2015 年，中国民主建国会常熟市委员会(以下简称民建常熟市委)共有 16 个支部、346 名会员，设有参政议政、社会服务、三胞联络、老年和妇女 5 个工作委员会。市委机关设有组织处、宣传处、秘书处 3 个处室。成员以经济界为主延伸至机关综合部门、财经、水农、建设、交通、文教、卫生界等。会员平均年龄 52.3 岁，在职会员占 73.7%，本(专)科学历、研究生文化程度分别占总数的 72%、10%，有博士 6 名，女会员占 25.1%，有各级人大代表、政协委员 42 人。2015 年是民建建会 70 周年，民建常熟市委开展"坚持和发展中国特色社会主义学习实践活动"，把 2015 年作为民建常熟市委"学习实践活动"的推进之年，市委会带头，各支部围绕"主动适应新常态，为构筑常熟发展新优势作贡献"的主题活动，把学习活动与会务工作、组织活动深入结合起来，创造学习活动的良好氛围，提高学习活动的实际效果。注重创新学习形式，创造机会让会员参加各类培训，满足会员对学习的需求，分别组织骨干会员赴省社会主义学院学习培训，举行“爱会认家”2013—2014年新会员读书班。组织基层组织负责人、骨干会员等赴市法院旁听案例审理过程，接受预防职务犯罪警示教育。开展“为常熟发展作贡献，为民建组织添光彩”“争先创优”评选活动，选出先进支部6个、优秀会员36名。

2015年，民建常熟市委八届十八次全体会议选举吴忠庆为八届市委副主任委员，并明确分工责任，进一步加强领导班子队伍。举办基层组织工作交流会，12个在职支部负责人参观“东南—金辰”活动室，集体座谈交流各自工作所得所想，每月召开支部主任会议，当年重点打造了“东南综合—金辰”、“东南综合—仕德伟”“财经—会计函校”“企业界—红钻石”“建设、交通综合—新苑地”五个活动室，创建支部活动平台。16个支部年活动均在8次以上。2015年，民建常熟市委采取参政议政工作委、政协民建界别组、调研骨干组、民主党派联合调研等多轮驱动方式，提升调研工作水平。全年走访企业30多家，围绕“企业健康体检”“政府简政放权”“企业两化融合”“企业智能制造”等课题，完成《关于常熟市“规上”工业企业“两化”融合的调研报告》《深化企业“健康体检”促进企业健康发展》等多篇调研报告。专题报告《加快发展电子商务助推常熟经济发展》，引起中共常熟市委、市政府主要负责人的高度关注。在全会组织开展“我为常熟改革发展献一策”活动，共收到各类社情民意40余条。在各级刊物网站上被采用信息达140多篇次，每周更新网站，编辑出版《常熟民建》6期。

【参政议政】 1月5日至8日，在政协常熟市十三届四次会议上，民建常熟市委34名政协委员共提交2篇大会发言、12篇集体提案、3件民建界别提案和54篇个人提案。其中，在会上作《常熟主动接受上海自贸区辐射的建议》的大会发言；《关于健全政府法律顾问制度的思考和建议》等6件提案获市政协十三届三次会议优秀提案；3名会员获2014年市政协“双岗尽责”主题活动先进委员，政协民建界别组获2014年市政协先进界别活动组。

10月21日，民建常熟市委向市敬老院捐赠轮椅

【社会服务】 年内，民建常熟市委继续打响“思源工程—生育关怀”和“民建志愿者分会”两个品牌。春节期间先后下乡镇、走基层慰问18户低保、低保边缘特困家庭，把温暖送到城乡困难群众中；开展“爱心助学”活动，先后向支塘镇15名、尚湖镇10名家境困难的学生，送上每人助学金1000元，还建立支部成员“二对一”日常联系机制，承诺资助帮扶这些学生直至大学毕业；3月组织中医院支部医师赴江苏金辰针纺织有限公司开展“送医疗进企业”活动，为职工们提供义诊咨询服务；组织30多名会员代表，赴市120急救中心，开展应急救护技能培训，让会员掌握基本的急救知识和技能；10月21日重阳节当天赴市敬老院看望慰问孤寡老人和五保老人，为他们送去价值2万元的9辆轮椅车与节日的祝福；11月参加市文明城市督查工作，对全市公共卫生间及建筑工地围栏等处开展检查督查工作；落实对“失独困难家庭”的结对帮扶制度，6个结对支部常年走访慰问，关心老人。

【召开纪念民建成立70周年大会】 12月26日，民建常熟市委召开“纪念民建成立70周年暨先进支部、优秀会员表彰大会”，80多名会员代表出席会议，中共常熟市委统战部副部长陆兢业应邀出席并讲话。市人大常委会副主任、民建市委主委钱向宏作《同心同德，为全面构筑常熟“五位一体、综合发展”新优势贡献力量》的报告。民建市委副主委徐澍中宣读《关于表彰2014—2015年度“为常熟发展作贡献为民建组织添光彩”活动先进支部、优秀会员的决定》，对8个先进支部和36名优秀会员进行表彰。

【编纂《中国民主建国会常熟市委员会志》】 1月28日，民建八届二十七次主任委员会议提出编纂“民建志”的动议，3月25日八届二十八次主任委员会议正式启动编写工作。8月12日民建八届十九次全体会议通过了编纂方案，建立工作领导小组，经过准备工作、资料搜集、志稿评审等阶段，《中国民主建国会常熟市委员会志》已完成初稿，包含照片120幅，文字35万。

【“食品安全卫生”送工地】 7月29日，民建常熟市委联合常熟市住房和城乡建设局党委举办首期“建筑工地食品安全卫生与食堂大锅菜制作”专题讲座，由民建派出会员，结合建筑工程企业、食堂大锅菜制作和夏令应时菜品的实际，举办讲座。全市具有房屋建筑工程总承包一、二、三级资质企业、外地进常熟房屋建筑工程总承包企业的安全负责人、后勤负责人参加学习培训。

【民建常熟市委获评全国先进】 12月16日，在北京举行的中国民主建国会成立70周年纪念大会上，民建常熟市委被授予“纪念民建成立70周年

全国先进集体”，民建常熟市委主委钱向宏代表江苏民建先进集体接受颁奖。（盛　晔）

中国民主促进会常熟市委员会

【概况】 2015年，中国民主促进会常熟市委员会（以下简称民进常熟市委）共有12个支部，全年发展新会员10人，现有295名会员，主要来自教育文化出版界别。在市政协十三届四次会议上，民进常熟市委提交大会发言1篇，书面发言1篇，集体提案15件和个人提案30件。其中《新人口政策背景下，加快教育资源科学配置的几点建议》的提案，被列为重点提案。有关新人口政策背景下加快教育资源科学配置的议题，被列入当年市政协第一次常委会议题，推动了常熟教育资源的科学配置。叶黎依委员的“编辑出版《曾朴全集》的建议”，得到市委市政府重视，《曾朴全集》的整理、编辑和出版工作，被列为市“文化事业十三五规划”重要工程。朱建江的《加快我市“机器换人”计划的建议》，受到民进省委重视。《南门坛上历史文化街区保护整治要切实保护文物和历史建筑》的社情民意得到市长王飚批示，促进了历史建筑保护和历史街区的整治工作。为学习借鉴浙江省余姚市“水资源保护与水环境建设”及杭州市上城区“社会化居家养老服务体系建设”成功经验，7月13至15日，常熟市政协副主席、民进常熟市委主委殷丽萍带领民进界别政协委员、市委委员及支部主任先后赴两地调研。2015年，民进常熟市委结合中国民主促进会成立70周年，结合常熟民进成立30周年，举行新会员座谈会，学习民进会章、会史。通过网站学习园地、QQ群以及微信平台，及时链接主流媒体学习材料以及民进上级组织的工作信息，做到学习常态化。利用《常熟民进》、“常熟民进”网站、常熟政协网站以及《挚友》等平台进行宣传，其中《挚友》杂志刊登“民师之家”帮扶民工子弟学校的长篇报道。组织建设方面，民进常熟市委以被民进中央授予“全国先进基层组织”称号为新的起点，进一步强化组织建设。持续推进“坚持和发展中国特色社会主义学习实践活动”，继续开展“走访会员，服务基层”活动，进一步强化民进市委与支部的联系。按照会章和基层工作相关条例，先后完成书画支部、小教支部、经济支部、联一支部、孝友支部、联二支部的换届。2015年，民进常熟市委被民进中央授予“全国社会服务先进集体”，获江苏省组织建设管理系统先进单位荣誉称号。小教支部获江苏省“社会服务工作先进集体”荣誉称号。徐静芳获民进江苏省组织管理系统优秀管理员称号；徐静芳、顾丽芳、徐惠国、倪宁丹获得民进江苏省委社会服务工作先进个人称号；陈炯明、曹浩亮、时雲仿、陶保忠、钱建江、陆雁、钱静霞、潘志琴获民进苏州市委社会服务工作先进个人称号。唐俊荣、荣利明、王筱红、王新刚、姚群芳、蔡铁萍等6名委员被评为常熟市政协“双岗尽责”主题活动先进委员。

【民进省委走基层调研社会服务工作】 3月2日，在民进苏州市委副主委顾和祥陪同下，民进省委社会服务处处长褚玉琴、虞霄、薛伟一行3人到常熟调研社会服务工作，听取民进常熟市委关于社会服务工作三大品牌——“彩虹行动”“书画服务”“民师之家”的介绍，实地参观民进常熟市委“民师之家”活动室。常熟市政协副主席、民进常熟市委主委殷丽萍出席活动。

【“阳光助学行动”苏州培训班（常熟站）完成】 3月27日，民进江苏省委“阳光助学行动”苏州培训班（常熟站）结业仪式在江苏省常熟中学举行，来自云南省丽江市永胜县的3位教师完成了在常熟为期一周的培训学习，顺利结业。常熟市政协副主席、民进常熟市委主委殷丽萍，江苏省常熟中学副校长沈英姿、邹科惠等领导参加结业仪式，民进常熟市委副主委陈炯明主持仪式。一周的培训活动具体安排在江苏省常熟中学，三位老师与指导老师结对，实行“一对一”指导，通过随班听课、参与教学研究、参观校史馆、参与教工学生体育活动，感受常熟浓厚的文化底蕴和现代教育理念。

【江苏民进“彩虹行动”2015（常熟）培训班举办】 5月8日，江苏民进“彩虹行动”2015（常熟）培训班结业仪式在常熟市实验小学举行。来自贵州省毕节地区沙土镇常熟希望小学的6位老师完成在常熟的培训学习，顺利结业。民进江苏省委社会服务处处长褚玉琴，民进苏州市委副主委杨辉，常熟市政协副主席、民进常熟市委主委殷丽萍，中共常熟市委统战部副部长陆兢业，常熟市教育局副局长凌解良，塔前、实验、石梅小学校长等领导参加结业仪

8月18日，民进常熟市委在市图书馆举办纪念抗日战争胜利暨世界反法西斯战争胜利70周年书画展

式。此次培训为期一周,为丰富贵州教师学习培训内容的广度与深度,民进常熟市委安排塔前、实验、石梅小学3所学校具体实施培训计划。常熟希望小学是2008年民进常熟市委组织3位民进企业家出资31.6万元,在金沙县沙土镇捐建的一所学校。

【民进中央副主席罗富和到常熟视察】 参见第96页〖罗富和到常熟视察〗。

【殷丽萍参加民进全国社会服务工作会议】 6月2日,民进全国社会服务工作会议在北京开幕。民进中央主席严隽琪、民进中央常务副主席罗富和,副主席刘新成、朱永新,秘书长高友东出席开幕式,常熟市政协副主席、民进常熟市委主委殷丽萍参加会议,她还作为江苏省选送的唯一代表上台作社会服务经验交流。在此次会议上,民进常熟市委被授予"全国社会服务工作先进集体"称号。

【召开庆祝教师节暨民进成立70周年报告会】 9月7日,民进常熟市委召开庆祝教师节暨民进成立70周年"我身边的先进"报告会,苏州市政协副主席、民进苏州市委主委张昕,中共常熟市委统战部部长王永明、副部长范葆华及来自全市各基层支部近70名会员参加报告会。民进常熟市委副主委邹科惠主持报告会。江苏省特级教师、常熟市实验中学副校长钱建江,江苏省特级教师、常熟市实验小学、东南小学副校长顾丽芳,杨园小学教师、新会员葛丽萍介绍他们人生故事和生活感悟。3位优秀会员的先进事迹集中凸显和聚焦"民进精神",传递了坚持和发展中国特色社会主义的正能量,是深化学习实践活动的鲜活教材。

【钱静霞参加首届"孝思论坛"】 12月8日,由民进苏州市委主办的首届"孝思论坛"在苏州大学炳麟图书馆学术报告厅举行,苏州市政协副主席、民进江苏省委副主委、民进苏州市委主委张昕、民进苏州市委副主委顾和祥等领导出席论坛。民进常熟市委机关人员带领小教支部成员钱静霞、王群英参加论坛。民进苏州市委各专委会、各县市区的13位会员围绕"教育·文化·苏州发展"这一主题,依次登台建言,钱静霞代表民进常熟市委作题为《中小学生命教育的缺失与对策》的发言。

(俞丹洁)

中国农工民主党常熟市委员会

【概况】 2015年,中国农工民主党常熟市委员会(以下简称农工党常熟市委)下设秘书处、组织处、宣传处3个工作部门和参政议政、青年工作、社会服务、老龄妇女4个工作委员会、1个总支、14个支部和1个直属小组。2015年分别在医药卫生、环保、经济、文化、教育以及政府机关等领域发展党员13名,平均年龄41岁,全部为本科学历及中高级以上职称,继续保持党员发展精英化和年轻化。截至年末,全市党员人数达到351人。具有中高级职称的341人,占97.15%(其中:正高级技术职称30人,博士3人,硕士13人)。党员中现有苏州市人大代表2人(其中常委会委员1人),苏州市政协委员1人;常熟市人大代表1人(常委会委员1人),常熟市政协委员27人(其中常委4人)。

【参政议政】 在市政协十三届委员会第四次会议上,农工党常熟市委共提交16件集体提案,其中《稳定乡村医生队伍筑牢基层医疗卫生服务网底》作为大会发言,《关于加快推进常熟市乡镇综合执法的建议》和《进一步加强规划建设工作打造城北高品质生活片区》两件提案列为大会书面发言,《加强大气污染防治,有效控制灰霾天气的发生》被列为政协1号提案和主席会议督办提案;28名委员撰写提交个人及联名提案26件,另参与37件联名提案,委员提案参与率100%。《关于将青墩塘北侧楔形地建设成城市生态公园的建议》的集体提案和党员个人联名提案《关于进一步提升公共体育场所及设施使用和管理的建议》被市政协评为优秀提案。农工党党员江燕华、曹新华、赵文健、钱向前被评为2014年市政协"双岗尽责"先进委员,常熟市政协农工党界别被评为先进界别活动组。在农工党江苏省委开展的"2015年深化医疗卫生体制改革"联合调研活动中,市委组织党员开展调研并撰写报告,共提交3篇调研报告,其中两篇调研报告获奖,一院支部委员会江燕华的《坚持三医联动,深化医疗体制改革》获二等奖,公卫支部钱向前的《从慢性病管理入手,在构建分级诊疗制度上求突破》获三等奖。

【对口联系工作有序开展】 2015年,农工党常熟市委进一步加强对口联系工作,努力把对口联系工作制度化、程序化、规范化。1月份农工党市委召开对口联系工作座谈会,市卫生、计生、国土、公安、住建、规划、政协港澳台侨(民宗)委等部门分管领导参加会议,并对对口联系工作及参政议政工作提出许多建设性意见。3月中旬,市规划局邀请农工党常熟市委20多名党员前往宜兴参观,为更好建言常熟城市规划建设提供参考素材。此次受邀参观宜兴城市规划建设,也是农工党市委与对口联系单位加强沟通联系的又一尝试。6月底,农工党常熟市委以规范农业用地,提高土地节约集约水平为课题,前往对口联系单位——市国土局开展对口交流、走访座谈,据此形成《加强耕地资源保护规范休闲农业用地》的调研报告,作为集体提案提交政协。12月初,市卫计委邀请农工党常熟市委进行对口联系活动,就医疗卫生改革和"十三五规划"等进行讨论。

【开展学习实践活动】 为纪念中国共产党成立94周年,深入开展坚持和发展中国特色社会主义学习实践活动,6月11日,市委在玉蕙口腔医院举行"农工党常熟市委纪念中国共产党成立94周年暨坚持和发展中国特色社会主义学习实践活动"演讲比赛,全市各基层支部9名农工党员参加比赛,他们大都是来自一线的教师、医生,他们结合岗位工作实际、个人成长经历、身边党员故事,讲述"加入农工党为什么,历史责任是什么,我为共产党做什么"的心路历程,阐述了作为中国特色社会主义事业亲历者、实践者、维护者、捍卫者的历史责任，表达了坚持和发展中国特色社会主义事业的坚定信念以及对中国共产党的热爱之情。比赛邀请常熟资深编辑袁文龙、常熟理工学院副教授闫淑琴，常熟市高级教师沈佚、王建英和吴晓燕担任评委，比赛采用现场评分制，评委们通过对选手演讲内容、语言表达、综合形象等方面的细致打分，评选出一等奖1名，二等奖2名，三等奖3名和优秀奖若干名，并举行颁奖仪式。来自三院支部的陈蓉飞获一等奖，并代表农工党市委在中共市委统战部举办的坚持和发展中国特色社会主义学习实践活动主题报告会上作发言。同时，在中国农工民主党成立85周年之际，市委组织全体党员深入学习农工党党章、党史，并积极参加农工党中央在全党开展的"学精神、学党章、学党史"知识竞赛活动，积极配合农工党中央进一步加强我党自身建设而在全国范围内开展党员基本情况的问卷调查。

【农工党常熟市委向"苏州前进慈善基金"捐款】 3月，农工党苏州市委成立"苏州前进慈善基金会"并设立慈善捐助专户，并在全市党员中发出开展"苏州前进慈善基金"募捐活动的倡议，农工党常熟市委积极响应，全市各基层组织和党员纷纷行动、慷慨解囊，共捐款12万多元。其中褚东明等3名党员每人捐款上万元。多年来，农工党常熟市委多次发动党员进行捐款，累计捐款已达24万多元，已发放爱心助学金13.6万多元，累计帮扶学生66人次。

【送医服务工作常态开展】 农工党常熟市委发挥拥有众多优质医疗资源的优势，定期开展送医服务活动。3月中旬，农工党常熟市委红十字会应急救护学雷锋志愿者服务队继续来到服装城琴南社区，开展健康咨询和义诊服务活动；4月下旬，组织10多名医疗、环保专家参加统战部组织的以"同心共筑中国梦，服务社会惠民生"为主题的大型广场社会服务活动；5月下旬，借常熟市科普宣传周之际，组织党内多名医疗专家和环保专家到镇海台开展"环境与健康宣传周"活动，为广大市民开展健康及环保方面的咨询服务；5月底，在"六一"前夕购置一套食品安全快速检测设备送往梅李琼宇学校，用于学校食堂食品安全监测。5月下旬，农工党常熟市委社会服务工作委员会会同二院总支、一院支部在古里中心卫生院开展义诊；教师节，组织东明医院医务人员为梅李琼宇学校全体教师开展免费体检；11月上旬，与政协港澳台侨(民宗)委联合开展送医服务活动，组织10多名医疗专家到大义蜂蚁村为村民开展体检和医疗咨询。10月下旬，二院总支10多位专家赴老年公寓进行义诊活动，为老人们提供健康体检及医疗咨询活动；11月上旬，一院支部委员会组织10多名专家到白茆紫霞村开展送医服务活动；三院支部定期对台资企业外来员工进行义务心理咨询和心理健康讲座，并对企业管理人员进行心理咨询专业培训。活动每年受惠人数近2000人，得到好评。

4月3日，农工党常熟市委中医诊所开业

【中医专家诊疗服务点成立】 4月3日，农工党常熟市委中医诊所开业。中医诊所开设在市老干部活动中心卫生室，以后逢每周二、五由农工党成员中医专家全天在活动中心为全市离退休老同志看病问诊。门诊除养生咨询外还提供全面的中医药解决方案。随着农工党常熟市委中医诊所模式的不断成熟和社会服务能力的不断提高，农工党常熟市委将会同老干部活动中心医务室不断拓展服务的受众面，逐步面向社会大众。

【市委和公卫中心支部受到农工党中央表彰】 2015年，农工党常熟市委被农工党中央授予"中国农工民主党优秀县级组织"称号，公卫中心支部被农工党中央授予"中国农工民主党先进基层组织"称号。另外，周炯英、江燕华、卢卫平等11名党员被评为苏州优秀党务工作者，受到表彰。王剑石、汤美玉、何佩铭、须学敏、周樊迟、钱素珊5位农工党党龄在55年以上的老党员受到农工党苏州市委表彰。

【党员张国良当选"苏州好人"】 2015年7月"苏州好人"上榜名单揭晓，共有10位市民当选。其中常熟农工党党员张国良入选。2009年6月，张国良加入中国农工民主党，他连续7年资助贫困学生周思佳，为贫困学生照亮放飞梦想的道路。同时，"苏州好人"也将成为"中国好人""江苏好人"、全国全省道德模范和市十佳新人的重要推荐人选。

(陈敏新)

九三学社常熟市支社

【概况】 2015年，九三学社常熟市支社积极开展参政议政、建言献策、民主监督和社会服务工作，切实履行参政党职责。

是年，新发展社员4名，预备发展对象2名。支社在12月完成换届选举工作。选举周梅为支社主委，陈安丽为副主委，施杨、徐菁、钱伟新为支社委员。

【学习与研究】 坚持加强学习，在日常工作之余要通过自学、参加社组织和统战部门组织的培训等多种形式来提高统战理论水平和基层组织管理水平。多学习、多思考、多调研。以不断增强的理论水平来指导实际工作，提高解决实际问题的能力。年内组织社员活动9次，内容主要是围绕上级布置的内容、时事政治开展学习，学习中共组织、各级政协以及九三学社上级部门各类文件精神，听取专家工作报告讨论社会时事政策，不断提高自身素质。组织社员撰写相关文章16篇，其中多篇为《江苏九三》《苏州九三》《常熟统战》所采纳与刊用。选派多名社员参加省社会主义学院、苏州社会主义学院培训班学习，促进社员素质逐步提高。

【参政议政】 支社社员积极参政议政，参加民主党派集体调研活动，和市政协、市政府有关部门的座谈会，积极建言献策。在中共常熟市委组织的“双月座谈会”上，积极建言献策。就反腐倡廉、现代农业、古城保护、水资源保护、文化建设等问题作专题发言；积极组织社员参加九三省委、苏州市委组织的课题招标；获九三江苏省委、九三苏州市委宣传工作先进单位、先进九三中央、省、市委个人奖励多项；参加市民主党派联合调研，向常熟市政协提交提案8个，向苏州九三市委报送信息8条。童举希担任常熟市科技局、常熟市人力资源与社会保障局行风监督员，以“行风监督员”身份参加市纪检、纠风办组织的行风评议工作，发挥了较好的作用。

【社会调研】 2015年，支社积极参与参加民主党派集体调研和市政协、市政府有关部门的座谈会，组织有关社员开展社会调研，先后到厦门、广州、义乌、昆山市、太仓市、支塘镇开展休闲旅游、人才规划、城乡一体化、王淦昌故居保护等相关课题调研，撰写提交高质量调研报告，与有关部门加强沟通，对政协提案、社情民意落实情况给予跟踪，不断提高支社参政议政水平。

【对口联系】 2015年，支社与对口联系单位市科技局、民防局联合开展农业科技、城乡一体化、企业科技、民防发展等社会调研，以及发展规划等课题研究。同时，创新社会服务方式，邀请市科技局、民防局共建王淦昌中学社会服务基地。服务基地揭牌仪式于9月25日举行。

【社会服务】 在职社员立足本职工作，服务地方经济社会发展，积极参与社会服务工作，魏亚平、段莉萍、张青松、钱伟新热心为病人服务。童举希、陈安丽、施杨努力做好教学和管理工作，陈安丽把日语教育和日资企业挂钩，使学生既得到锻炼又为日后就业奠定基础，受到学校表彰，施杨长期在人社局培训班担任培训讲师，为培养地方实用人才做出贡献。 （童举希）

常熟市工商业联合会(总商会)

【概况】 2015年，常熟市工商业联合会（以下简称工商联）进一步拓展组织网络，新成立市青田商会、市酒业流通商会、市跨境电商商会等。根据年度计划，对到期应换届的市文化创意产业商会、市浙江商会、市台州商会和市湖北商会进行换届。新发展企业会员160家，个体工商户会员154家。积极推进商会规范化建设，会同市民政局举办社团规范化建设与等级评估培训。扎实开展异地、行业商会的财务工作专项检查，逐步规范商会财务档案、财经制度、财务经费和票据等管理使用，指导、督促各商会规范运行。强化典型宣传，开展“四信之光耀民企”主题宣传活动，对在全省民营经济发展表彰大会受到表彰的波司登集团、常熟开关厂、常熟市龙腾特钢有限公司3家企业和个人进行宣传。强化素质培训，联手市人才办、市经信委，举办“江苏省第78期企业高级职业经理人任职资格培训班”，39人毕业。同市弘成教育培训中心合作，举办第一期“精益营销训练班”，全市30多名企业总经理、高管参加。与市商务局合作，遴选常熟市15家有资质的企业参加中欧国际论坛。开展特色服务，积极参与市劳动关系三方协调，发挥基层、行业和异地商会的平台作用，及时有效缓解劳资矛盾，减少和预防劳动争议，参与劳动三方企业欠薪专项治理行动，推进工资预警与处置工作。依托与市地税局、市国税局成立的“纳税人之家”，在虞山装备制造业商会开展政策宣讲会，对企业所得税申报业务进行专项辅导。新成立常熟市闽南商会调委会，依法处理经济活动中发生的各种矛盾纠纷，进一步提高企业防范法律风险和化解纠纷的能力。加强合作交流，组织企业家参观德清国内装饰贴面板行业国家级重点高新技术企业——德华兔宝宝装饰新材股份有限公司。先后接待海南省琼海市、甘肃庆阳市、山东莒县、张家港等工商联参观全市知名企业、典型商会，就服务企业、服务商会及开展党建工作进行深入交流。开展光彩行动，市青田、莆田、闽南商会各捐助2万元给市光彩基金，用于帮助贫困生和困难人士；赴四川省绵竹市土门镇进行慰问活动，送上总商会民营企业家21万光彩捐赠款；向市第二人民医院捐款50万元用于购买医疗设备。加强调查研究，积极参政议政，完成全国工商联第15次上规模民营企业调研，上报全市2014年度营业收入总额5亿元以上民营企业30家，有3家企业上榜2015中国民营企业500强。组织工商联界别20名政协委员参加市政协十三届四次会议，专门作《切实降低企业融资成本，助推常熟实体经济发展》的大会专题发言；提交《关于加强服务非公经济企业发展的建议》等9件团体提案，提交《加大政府引导支持力度，推动纺织服装产业转型升级的建议》等5件个人提案。开展商会党建工作，召开全市商会系统党员冬训动员大会，总商会党委与各支部书记签订党建工作目标责任书，并授予商会支部7位党员为“2014—2015年度优秀党员”。邀请市委党校老师谢建刚结合当前经济热点，作关于十八届四中全会精神的深入解读；专题举行“发展党员工作”实务培训。

【开展"四信之光耀民企"主题宣传活动】 针对"三期"叠加的新形势，为更好提振民企发展信心，引导非公有制企业在经济新常态下加快转型升级，工商联在2014年主题宣传活动的基础上，联合市委宣传部，依托市电视台、电台、报社三家主流媒体，继续开展"四信之光耀民企"主题宣传活动。此次活动重点宣传诚信树企、文化育企、创新强企3个方面，并在常熟日报头版刊登，电视台在常熟新闻和今日传播中播出，电台也同步播出。宣传活动5月份开始，到6月份结束，共遴选出15家具有代表性的企业进行集中宣传。宣传活动在社会上引起较大反响，展现民营企业和企业家的良好社会形象，为民营企业发展营造良好氛围。

【开展"送法到商会"活动】 为丰富商会会员企业的法律知识，提高他们依法维权水平，总商会法律服务中心与俞晓华律师事务所合作，多次开展向异地商会送法活动，派出专业律师在商会开展专题讲座。先后在4月、5月、9月举行3次大型律师和企业家互动会和法律讲座，重点阐述企业运营过程中法律风险的管控问题。会员企业法律意识显著提升，企业预防风险和管控的能力显著增强。

【开展理想信念教育实践活动】 2015年，全国工商联部署以"民营企业家与中国梦"为主题，以守法诚信为重点，继续深入开展非公有制经济人士理想信念教育实践活动。工商联根据工作实际，制定方案，并下发到各基层、行业和异地商会。5月15日，召开商会秘书长工作会议，对深入贯彻学习中央统战部、全国工商联"以守法诚信为重点的理想信念教育实践活动"进行专题布置。要求各商会创新工作方法，扩大成效，发挥已建的平台基地作用，拓展活动的广度和深度，着力在守法诚信上求得突破。工商联还向全市民营企业下发守法诚信经营倡议书，并在网站、月刊上进行宣传。

【全国工商联副主席林毅夫到常熟调研】 4月15日，经济学家、全国政协常委、国务院参事、全国工商联副主席林毅夫一行到常熟，就民营企业"走出去"开展调研，并与江苏省内部分纺织服装商会代表、协会代表举行座谈会，听取省内纺织企业"走出去"的现状和政策建议。在调研中，林毅夫走访了康博村和雪中飞公司，了解波司登在"走出去"战略中的举措和成效。林毅夫评价，波司登在国内做品牌比较早，在国内是知名品牌，但先行者也会面临更多挑战。他希望越来越多的纺织服装企业能够像波司登一样，紧跟国家"一带一路"发展战略，勇敢"走出去"，积极打造世界的知名品牌。

4月15日，经济学家、全国政协常委、国务院参事、全国工商联副主席林毅夫到常熟就民营企业"走出去"开展调研

【常熟市青田商会成立】 5月21日，常熟市青田商会在常熟市虞山锦江饭店召开成立大会。据统计，目前浙江青田籍人士在常熟，特别在服装城经营的企业和个人就有400多家(人)，主要涉及工业、服装、鞋革、商贸等领域。会议选举产生第一届商会领导班子，苏州乐铭贸易有限公司董事长邹小群当选为第一届常熟市青田商会会长。会上，常熟市青田商会为常熟市光彩事业促进会捐赠2万元善款。

【常熟市工商联获省"五好"县(市、区)工商联认证】 自2014年起，根据全国工商联统一部署，常熟市工商联紧紧围绕江苏省工商联的实施要求，以及苏州市工商联制定下发的《苏州市2014～2017年"五好"市(县)、区工商联建设规划》，按照"领导班子好、会员发展好、商会建设好、作用发挥好、工作保障好"的标准，结合自身情况，提早准备，认真谋划，积极主动采取好的办法和措施，深入开展"五好"县(市、区)工商联创建活动。经过自评、初评和现场评审，根据苏联发〔2015〕48号文件通知，苏州市共有7家工商联被江苏省工商联认定为"五好"县(市、区)工商联，常熟市工商联名列其中。

【常熟市3家企业上榜"2015中国民营企业500强"】 8月25日，全国工商联在京发布"2015中国民营企业500强"榜单，全市共有3家企业上榜。其中波司登股份有限公司以302.7亿元的营收总额排名第132位，常熟市龙腾特种钢有限公司位居第304位，中利科技集团股份有限公司位居第312位。全国工商联同时还发布了"2015中国民营企业制造业500强"和"2015中国民营企业服务业100强"榜单，常熟有6家企业入围"2015中国民营企业制造业500强"。据悉，本次民企500强入围门槛为95.09亿元，比上年增加3.87亿元，增速为4.24%，较上年的17.38%低13.14个百分点。

【日本萨摩川内市政府代表团到常熟友好访问】 11月18日，以日本萨摩川内市副市长知识博美为团长的萨摩川内市政府代表团一行11人对常熟进行友好访问。代表团在访常期间，由常熟市工商联主办中日双方交流会。

常熟市工商联和日本萨摩川内市商工会议所在2008年缔结为友好商会,双方每年都互有往来。常熟市工商联副主席李明普向考察团介绍常熟市工商联基本情况,并希望双方加强交流合作,为会员企业服务,为地方经济服务,促进双方共同发展与繁荣。知识博美说也希望通过两市友好、两会友好,促进两地经济的发展与繁荣。双方还就商会工作、服务企业等具体内容进行互动交流。 (蒋惠珠)

常熟市无党派知识分子联谊会

【概况】 2015年,常熟市无党派知识分子联谊会(简称知联会)有会员46人,平均年龄46岁。有省人大代表1人,苏州市人大代表2人,常熟市人大代表4人(其中2人为常委),苏州市政协常委1人,常熟市政协委员25人(其中6人为常委)。是年,知联会在全体会员中开展坚持和发展中国特色社会主义学习实践活动。深入学习中共十八大四中、五中全会精神,通过参加培训班、报告会、参观考察、观看《生命线》、学习《苦难辉煌》、"同心共筑中国梦"系列活动以及自主学习等多种形式,自觉树立正确的人生观、价值观。年内,知联会政协委员组成的无党派界别组被市政协评为先进界别组,郝丽萍被市政协评为先进个人。

【参政议政】 年内,知联会始终围绕中共常熟市委市政府的中心工作和人民群众关注的民生问题,以及影响稳定、影响发展的问题开展深入调查研究,通过赴外地专题调研,走访对口联系部门和有关政府职能部门,听取会员企业对经济发展意见等一系列途径,积极为常熟经济社会的科学发展提出建设性意见和建议。在市政协第十三届四次会议上共提出提案28件,其中集体提案10件,个人提案与联名提案18件,大会发言两篇。集体提案《切实加强我市历史建筑的保护》被市政协列为市政府督办提案。2015年知联会继续把课题调研作为工作重点,根据市政协统一布置,组织调研组分别就"积极创新我市房屋维修基金管理与使用体系"和"切实加强与完善我市精神卫生服务体系建设"两个专题先后到市卫计委、住建局、残联等部门调研学习,在市三院与相关社区召开座谈会,听取意见和建议。在有关职能部门的支持下,两个调研组分别赴外地考察学习,开拓思路,活跃思想,经过三个多月的工作,两篇调研文章已作为政协大会发言与书面发言。按照年度的工作计划,安排各个活动小组在有关职能部门支持与帮助下共完成"常熟市康复医疗体系现状调查及建议"、"全面掌控我市土壤污染现状,加大防范与治理""加强我市小区业委会指导和管理等的建议"等7篇调研文章,分别提供有关职能部门,并作为大会集体提案。

【社会服务】 2015年,知联会不定期的组织会员分批走访对口联系单位市城管局、市审计局、市商务局,了解学习他们先进的工作理念,听取他们对社会热点问题的意见和反映,进行专题调研,为参政议政工作打好基础。在商务局,双方就建立一支长效、高素质的招商引资队伍进行研讨。调研文章《"菜篮子"里装民生——集贸市场要回归公益性》也在商务局的支持和配合下顺利完成。在城管局对口联系中,会员们在一系列调研的基础上对目前城管执法人员的执法难等问题以社情民意、提案等形式进行呼吁,同时城管局在专题调研"关于加强小区业委会指导和管理的建议"的工作中给予帮助与支持。在市审计局座谈期间,局领导对近年来审计工作开展情况进行通报,并结合自身工作提出许多事关常熟经济社会发展的问题症结,为知联会建言献策提供有价值的课题。与会人员通过双向互动交流的形式,对当前审计工作面临的新形势和新任务进行了分析,共同探讨如何更好的加强和改进审计工作,以适应形势发展的需要。在"加强我市房屋维修基金管理与使用"的专题调研中,得到审计局的支持,使调研工作得于顺利展开。知联会成立之初就把慰问与帮助社会困难人员,作为知联会服务社会的重要内容,已连续6年帮助一名苏州市级退休劳模与一名古里贫困小学生,每年定期前往走访与慰问,为他们送上广大无党派知识分子的关怀和鼓励。知联会5位政协常委、两位人大常委及其他副局级领导也每年定期捐助结对贫困人员,表达自己的一份爱心。知联会注重发挥"智力"优势,履行社会责任,广泛开展"智力咨询",传递科技、文化、教育、法律等方面的知识和信息,充分发挥和扩大"知识"的力量,打造出无党派知识分子服务社会的"同心"品牌。为了帮助解决当前大学生就业难题,知联会精心组织会员单位江苏亿通、江苏梦兰等多家企业主动招聘应届毕业大学生就业,仅亿通公司每年接纳大学毕业生二十多人。利用无党派政协委员中法律界高级人才众多的优势,正在积极筹办法律援助中心,免费为广大市民提供法律服务与法律援助。 (陆家琪)

常熟市总工会

【概况】 2015年,市总工会先后与人社局、交通局等部门联合开展叉车、导游讲解、红木雕刻、出租车驾驶、农机修理等16项行业技能操作比赛。开展"中国梦·劳动美"主题教育活动,与市文明办联合表彰"五一"文明岗50个、文明职工100名。推荐评选苏州市劳动模范31名,江苏省"五一劳动奖章"、奖状各1名。新建"职工书屋"示范点30家,劳模创新工作室2家。做好困难劳模帮扶工作,完成各级劳模三金发放近118万元,组织107名退休劳模进行疗养休养。与市文明办联合组织开展劳动模范先进事迹巡回宣讲活动25场。新签、续签工资专项集体合同10040份,其中行业性集体合同14份,建会企业合同签订率达100%。培育职代会(厂务公开)典型单位及"双向承诺"典型单位20家。组织开展新《中华人民共和国安全生产法》知识竞赛、"安全隐患随手拍"活动、"安全记心中、平安伴我行"演讲比赛、"以人为本、生命至上"摄影比赛等活动,向基层单位发放职工安全生产知识丛书 500 套。组织开展夏季“三送”活动，慰问奋战在高温一线的职工、劳模 2600 余人，发放防暑降温用品 15 万元。新建职工服务中心 1 个，服务站点 14 个。为 2015 年度的困难、特困职工 362 名进行免费体检，向 243 名困难职工家庭的学生发放助学金 27.32 万元。启动第六期职工互助会，向参会职工 41 名发放补助金 33.6 万元。关爱女职工，建成“妈妈驿站”10 家。全市新增建会企业 232 家，其中单独建会 105 家，新增会员 2.1 万名。新培育全国模范职工之家、职工小家各一个，江苏省模范职工之家、职工小家各 2 个。组织工会干部赴浙江大学培训 3 期，参训工会干部 150 名。年内，市总工会召开十三届八次全委会，姜轩栋当选为新一任常熟市总工会主席。是年，市总工会被评为江苏省“安康杯”竞赛组织工作优秀单位。

【打造四季服务品牌】 市总工会积极打造“春送岗位、夏送清凉、金秋助学、冬送温暖”四季服务品牌。1 月中旬，市总工会领导分组慰问困难职工家庭。双节期间，共慰问困难职工 543 户，城镇特困职工 100 户，发放慰问金 100 多万元。联合人社局开展“春风行动”“女职工招聘专场”“迎五一大型招聘专场”“困难职工家庭高校毕业生招聘会”等专场招聘活动。8 月 4 日，市总工会主席姜轩栋带队走访慰问奋战在高温一线的职工、劳模 2600 余人，发放防暑降温用品 15 万元。8 月，市总工会组织开展“金秋助学”活动，向 243 名困难职工家庭的学生共发放助学金 27.32 万元，其中小初阶段 118 人，高中阶段 53 人，大专及以上阶段 72 人。

【制定出台普惠职工实事项目】 2 月，市总工会制定出台 6 项普惠职工实事项目。一是扩大工会法律援助受助面。依托全市已建成的职工服务中心、站、点，发挥好职工法律援助律师团、签约律师作用，积极为合法权益受到侵害的职工、工会工作者和工会组织提供无偿法律援助。二是提高职工法律素养。通过下发法律读本、在市总工会网站设立法律宣传专栏等途径，加大法制宣教教育力度。三是实施职工心理健康促进计划。通过选聘职工心理辅导员、下发《职工心理健康自助手册》、组织心理健康讲座进企业等途径，广泛普及心理健康知识。四是建设“妈妈驿站”，关爱“三期”女职工。在女性职工较为集中的企业、楼宇等建设“妈妈驿站”，统一张挂标识，配备水源、电源、家具、冰箱、微波炉、消毒奶锅等设施，为职业女性度过哺乳期以及孕期、经期等特殊生理阶段提供服务。五是加大送文化向基层活动力度。开展向企业、职工送图书、送演出、送电影活动，丰富基层职工的精神文化生活。六是加强职工安全生产知识普及教育。以存在职业危害的非公有制企业及外来务工人员聚集的行业为重点，组织开展学习培训、知识竞赛、操作训练和技能竞赛等活动，切实提高职工安全防范意识和技能。

5 月 10 日，2015“工会杯”常熟市首届市民（职工）自行车赛举行

【开展“妈妈驿站”创建活动】 3 月 16 日，市总工会下发《关于开展“妈妈驿站”创建活动的通知》，在全市范围内开展“妈妈驿站”创建工作，力争 5 年内建成 30 家符合标准的“妈妈驿站”。7 月 28 日，常熟市首家“妈妈驿站”在常熟站务公司汽车北站挂牌运行。经苏州市总工会考核验收，11 月 19 日，常熟市汽车客运站务有限公司（汽车北站）、创美工艺（常熟）有限公司、芬欧汇川（中国）有限公司等 10 家单位的“妈妈驿站”被命名为 2015 年度苏州市工会“妈妈驿站”示范点。

【2015 年“集中要约行动”全面启动】 从 3 月起，市总工会全面铺开 2015 年“集中要约行动”。“集中要约行动”以深化集体协商为主题，推进行业集体协商为重点，提升集体协商质效为目标，明确 5 类重点邀约对象，在做到“坚持依法要约、坚持劳资共赢、坚持职代会制度、坚持突出个性”四项原则坚持的基础上，确保到年底已建工会企业集体合同续签建制面保持在 100%，新签建制面保持在建会企业的 95%以上。

【第六期职工医疗互助会启动】 第六期“常熟市关心特殊疾病职工康复互助会”于 3 月正式启动。互助会实行团体会员制，每期互助保险期限 3 年，缴费标准为会员每人每期一次性缴纳 30 元/份（可按此标准成倍递增份额），中途参保按标准递减，救助范围含癌症等八大类疾病及三种意外情况，按不同年度给予一次性补助。截至 8 月底，第六期互助会参保职工达 5.85 万人，同比增长 27%。

【启动劳模事迹巡回宣讲活动】 4 月 28 日，常熟市庆“五一”劳模事迹巡回宣讲启动仪式暨先进表彰大会在常熟大剧院举行。会上，市委副书记王建国，市人大常委会副主任、市总工会主席闻永昌，市政协副主席殷丽萍共同启动劳模事迹巡回宣讲活动。此次巡回宣讲活动将采用市道德讲堂总堂设点宣讲和赴基层单位巡回宣讲两种宣讲方式，集中宣讲端木银熙等 8 位一线劳模的先进事迹。活动从5月份开始，到10月底结束，共开展宣讲活动25场。

【开展“五一”系列活动】 市总工会紧扣“中国梦·劳动美”主题，开展系列庆祝活动。召开常熟市庆“五一”劳模事迹巡回演讲启动仪式暨先进表彰大会，组织开展劳模事迹巡回宣讲活动，通过电视台、电台、报纸等媒体，集中开展劳模事迹宣传，大力弘扬劳模精神。联合市卫计委，组织医疗工作者中的劳模先进开展义诊。组织工人志愿者为职工群众提供各类志愿服务。举办首届常熟市“工会杯”昆承湖市民自行车赛，倡导全民健身、绿色出行、低碳环保的生活理念。举办“中国梦、劳动美”摄影大赛，用镜头记录劳动者的工作场景，展现新时期常熟职工的风采。组织开展“唱响五月”职工小合唱比赛，抒发对劳动的无限热爱。举办“岗位争贡献、共筑中国梦”职工征文比赛，围绕学习贯彻习近平总书记关于“中国梦”系列讲话精神，结合自身工作岗位，畅谈对中国梦的理解。

【开展“技能培训促就业”活动】 6月起，市总工会依托职工学校这一平台，针对本地户籍下岗失业人员、困难企业待岗歇工人员、困难特困职工家庭待业初、高中及高校毕业生等，举办“技能培训促就业”培训班。培训班开设育婴员（月嫂）、计算机中级培训班、网店创业无忧精品班等3个项目，为期3个月，共培训学员53名。培训结束后，每位学员进行职业技能考核并分别领取育婴师、计算机中级等技能培训合格证书。 （胡素芬）

共青团常熟市委员会

【概况】 2015年，常熟团市委全面贯彻落实党的十八大、十八届三中、四中、五中全会和市委十二届十三次全体（扩大）会议精神，深入学习贯彻中央党的群团工作会议和《中共中央关于加强和改进党的群团工作的意见》精神，以思想引领为核心，以服务青年为重点，在探索共青团改革创新、转型升级中开展各项工作，广泛凝聚青春力量助推经济社会发展，为建设经济强、百姓富、环境美、社会文明程度高的新常熟贡献青春力量。截至2015年底，全市共有14—35周岁的青年常住人口28万人，其中团员64421人；直属团组织40个，基层团委数134个，基层团工委数21个，基层团总支数108个，基层团支部数2404个。2015年，新增省级青年文明号1家，苏州市级青年文明号6家。目前，全市共有国家级青年文明号7家，省级28家，苏州市级154家。团市委获得2015年“面对面”活动县级优秀调研报告、2015年度江苏十大团委系统微信、2014年度共青团工作创新奖、2014年度苏州市共青团系统宣传思想文化工作先进集体等荣誉。

【开展自媒体活动“精准营销”】 “青春常熟”微信公众平台加强线上活动设计和粉丝运营管理，成功开展“我的另一半是团干”、中秋节抢月饼、“最美园丁”评选等活动，粉丝数较去年同期上涨800%。同时，全市团属自媒体新增直属团组织微信公众号6个、企业团属微信公众号1个、下属青年自组织微信公众号2个、“常青汇”微信群20个，跟青年息息相关的工作、生活、娱乐等资讯点对点的辐射到每个青年。2015年，“青春常熟”微信图文阅读443959人次、图文阅读1040445次数、转发29588次数。组织开展青年人自己的党课——红色话剧《谁主沉浮》演出、千名青年党员谈体会活动、“舞动梦想”常熟好舞蹈大赛、寻找你身边的青年达人秀、篮球天团——3V3、“践行核心价值观携手共筑中国梦”常熟市“团队牵手共成长”展示活动、“绿色长征”公益健走等线下主题活动共计30余场。同时开展“悦青春”青年文化风尚季活动、“天下无咖”常熟新媒体实战分享会、“绿色出行”公益行等青年人喜闻乐见的活动。开展全市青年干部素质培养提升工程，“青年志·致青春”——年轻干部“三讲三树”主题教育实践活动，下设子活动7项，参与人数超过1000人。

【深化品牌服务活动效应】 联合市农委举办2015年常熟市农产品电子商务培训班，来自全市各镇（区）的相关特色农产品种养专业户、农产品经纪人，农业龙头企业、农产品批发市场相关负责电商业务的人员，以及正在从事农产品电商的各类农村青年共130多人参加了培训。组织全市10余名涉农创业青年赴苏州参加2015年苏州农村青年电商培训班。联合市人社局、妇联等单位举办2015年第二届“常熟农商银行杯”青年创新创业大赛，共吸引48支青年创业团队参赛；广泛发动并推选“微客联盟”等两个项目参加“秀我APP·腾飞青春梦”为主题的首届中国青年APP大赛（江苏赛区）暨江苏省青年APP大赛；推荐10个优秀创业项目参

9月18日，苏州市青少年纪念九一八事变84周年百人宣誓活动在常熟举行

加由团省委联合相关单位在全省范围举办的“邮储银行杯”江苏青年创新创业大赛，其中“新型3D打印材料的开发与产业化”项目获得创业类二等奖，也是苏州5个获奖项目之一。联合市人社局、市旅游局、市商务局、市总工会、市妇女在江苏省常熟职业教育中心举办2015年常熟市青年厨师烹饪技能大赛。全市青年厨师40余名及烹饪爱好者经过角逐，共有专业组选手19名和业余组选手11名获奖。

【营造青年人才成长氛围】 通过对1994年创建以来获得表彰的全市所有青年文明号进行梳理和重新认定，确认常熟市级青年文明号389家，苏州市级148家，省级28家，全国级7家；成功举办2015年度常熟市青年文明号争创集体负责人培训班，重新修订《常熟市青年文明号管理办法》，创新编印《常熟市青年文明号创建活动指导手册》，对今后开展创建工作作进一步指导，推选常熟市民卡服务中心等6家常熟市级青年文明号集体为苏州市级青年文明号争创单位，并参加培训，同时全市首发“青年文明号”题材公益微电影《One-Day》，进一步展示全市优秀青年文明号集体风采。积极引导广大青工爱岗敬业、学技成才，表彰常熟市天然气有限公司王刚等36名2014年度常熟市级“青年岗位能手”，推荐常熟市人民法院姜壮志获评2015年度苏州市杰出青年岗位能手，推荐波司登股份有限公司张明月、苏州林奈新能源有限公司沈赟2人获评2015年度苏州市青年岗位能手；推选温进等5位岗位青年参与市广电总台的技能优秀人才拍摄工作，进一步弘扬和倡导青年职业文明。

【探索共青团参与社会治理机制】 3月，组织全市200余家青年文明号集体，青年志愿者队伍10余个在街心花园、明辉社区和体育馆，开展两场青年文明号广场集中示范志愿服务活动，累计参加人数8000余人、服务近2万人次、筹集并捐赠金额25万余元；规范常熟市青年志愿者协会管理运作，新招募协会会员近500人；开展2015年度青年志愿服务项目引导扶持的项目征集工作，以资金、物资的形式引导扶持一批优秀社会志愿服务项目并进行项目展示，进一步传播志愿服务理念，弘扬志愿服务精神；开展首届公益创意海报大赛，面向全市青少年群体共征得作品598份；组织全市青年志愿者参与“学雷锋文明交通志愿服务周周行”活动、开展2015年常熟市科技、文化、卫生“三下乡”活动等。

【加强青年社会组织扶持力度】 与市民政局联合打造青年社会组织枢纽型平台暨常熟市公益之家；与组织部、民政局开展青年社会组织培训1次，就如何购买政府服务方面做了政策宣传；引导5个青年社会组织参与团属项目，中标3个项目；根据团省委“111工程”，常熟团市委扶持成立领军型青年自组织5个，示范性青年自组织3家，联系合作青年自组织28个；组织常熟市流水琴川义工（志愿者）服务团等5个青年自组织，开展公益宣传及现场招募志愿者活动；常态化开展青年志愿者组织季度会议；组织志愿者常态化运营“七彩小屋”、“和爱常熟”志愿者服务站两个志愿服务阵地。常熟市流水琴川青年中心义工团义工尤美军（小星）入选江苏省十佳青年志愿者候选人。

【加强青少年维权服务】 2015年，累计开展常熟市“共青团与人大代表、政协委员面对面”活动12次，参与青少年230人；调整预防青少年违法犯罪工作领导小组及下设重点青少年群体服务管理工作专项组，并召开推进会，进一步推进“成长护航工程”，分别开展“桂霞工作室”“孙老师职业指导工作室”、“送流浪孩子回家”、“彩虹桥”和虞城妈妈等5个重点项目；组织开展2015年“暖冬行动——亲情一日”主题活动、与建行开展“mylove”爱心基金捐助等，关爱困难青少年群体；常态化运营碧溪滨江“笑果”青少年社区服务店，通过共青团组织集结爱心企业、青年社工组织及特色文化团队，为社区青少年免费提供成长关爱、城市融入、文康体艺、亲子关系等服务和支持。“滨江笑果”开课21次，累计开课74次，服务青少年及青少年家庭2000多人。

【加强团的基层组织建设】 与市委组织部联发《关于进一步加强新形势下基层党建带团建工作的意见》，通过加强基层党建带团建工作，实现团组织对青年的全面覆盖为共青团工作的开展和团员青年的成长提供坚强的政治保证，切实提高党、团组织的创造力、凝聚力和战斗力，使党、团组织始终保持蓬勃的生机与活力。进一步规范团的目标考核体系，在制定出台《常熟市共青团考核实施意见》基础上，加大对基层共青团的指导督办力度，进一步强化对基层的数据化考核理念，有效地激发基层团组织的热情和积极性。截至11月，非公团建新增200余家。做好团员发展和教育管理工作。全市累计开展“入团第一课”教育54场，覆盖5354人；开展2015年常熟市中学、中职学校“魅力团支书、活力团支部”风采展示评选活动，并推荐江苏省常熟中学徐一孜、江苏省常熟中等专业学校顾洁、常熟外国语学校高二1班团支部、常熟市王庄中学初二(4)班团支部参加省级评选；聘请最美好青年、青联委员和青企协会员等各级优秀青年95人担任学校团支部校外志愿辅导员；试点在常熟市外国语初级中学、江苏省常熟中等专业学校中建设“团员成长教育室”，在10个市级活力团支部先行试点建设“班级团队角”，在江苏省常熟中等专业学校试点开展“学生团员成长档案”建设，推动中学团工作有形载体建设；在前期团员队伍发展状况摸底的前提下，编制常熟市2015—2016年团员发展规划，确保各级各单位报送的数据信息真实全面、有效可用。同时，团市委积极组织青年参与“百名好青年评选”、青年自组织培育等项目，分别推荐120名、130名少先队员参加“江苏好少年”“苏州好少年”展评活动，组织全市13名第三届苏州市百名美德好少年获得者积极参与苏州市“践行美德与我同行”线上（下）主题活动。进一步完善公开评审机制。在继续实行组织推荐、差额竞选、公开评审的基础上，强化各项评比的公平、公开和公正，为全市团组织的争创活动注入新活力。同时，“五四红旗团委”“五四红旗团支部”等先进单位的推出，进一步辐射和带动全市各级团组织的建设和发展。

【常熟市青年企业家协会二届二次全体会员大会】 3月6日,常熟市青年企业家协会二届二次全体会员大会在常熟国际饭店举行。市委副书记王建国、团市委书记张康德出席会议。会议审议通过退会人员名单及新入会人员名单,审议通过会员考核办法、协会分组名单及2015年协会重点工作计划。

【纪念五四运动表彰大会】 5月4日,"悦青春"常熟市纪念建团九十三周年暨"五四"运动九十六周年表彰大会在常熟大剧院举行。大会对2014年"最美好青年"、新长征突击手、青年文明号单位等进行表彰,以优秀青年成长成才的先进事迹,引领全市青年志存高远,脚踏实地,自觉把个人奋斗与常熟发展的宏伟大业结合起来,努力在实现中国梦的实践中放飞青春梦想。市领导王建国、闻永昌、孙健、殷丽萍出席表彰大会。

【共青团红色话剧《谁主沉浮》首演】 7月10日晚,由团市委、文广新局、常熟理工学院团委策划、编排的红色话剧《谁主沉浮》在常熟市文化馆首演。红色话剧《谁主沉浮》场景取自上海"一大"旧址,剧中人物是当年参加"一大"的15名代表。剧情以片断和跳跃的形式展现了"一大"开会的进程及会议的主要议程。

【纪念抗战主题活动】 8月30日,团市委开展"铭记抗战史同圆中国梦"纪念中国人民抗日战争暨世界反法西斯战争胜利70周年主题纪念活动。全市青年代表、驻常部队代表、中小学生代表以及团市委人员共计100余人会合。在烈士纪念碑前,共青团常熟市委员会向广大青年发出号召,希望大家在无限追思中牢记责任,在深切缅怀中汲取力量,以"勤勉务实"的工作作风,为构筑常熟"五位一体、综合发展"新优势作出贡献。

【常熟市青联五届一次全会召开】 11月27日,市青年联合会第五届委员会第一次全体会议在常熟会议中心召开,选举产生新一届委员会主席、副主席、常委。大会总结了市青联第四届委员会工作,明确第五届青联工作的指导思想和目标任务。苏州团市委书记、青联主席李朝阳,常熟市委副书记王建国,市委常委、组织部部长黄锡明,市人大常委会副主任闻永昌出席会议。

【团中央致信江苏省常熟中等专业学校】 12月31日,团中央书记处书记傅振邦向江苏省常熟中等专业学校发来贺信,高度肯定并赞扬该校2015年以来为学校共青团工作做出的努力,希望该校一如既往的深化学校共青团工作改革,再上新台阶。 (丁 科)

常熟市妇女联合会

【概况】 2015年,常熟市妇女联合会(以下简称市妇联)认真贯彻落实中央、江苏省委、苏州市委党的群团工作会议精神,紧贴市委市政府工作大局,围绕中心抓谋划,聚焦目标抓落实,推动妇女工作创新发展。指导全市行政村妇代会全面改建成妇联,新建市场监督管理局妇委会。年末,全市有镇(碧溪新区)妇联10个,板块妇工委4个,系统妇工委(妇委会)22个,管理区妇工委8个,办事处妇工委4个,村、社区妇联295个。全市共有全国巾帼文明岗6个,江苏省巾帼文明岗41个,苏州市巾帼文明岗107个;江苏省级示范妇女儿童之家15个、苏州市级示范妇女儿童之家26个、常熟市级示范妇女儿童之家60个。

【推动创业创新发展】 主动适应经济发展新常态,通过组织培训、经验交流、参观学习等形式,帮助妇女提高科技文化素质,增强创业创新本领。成立常熟市女企业家创业创新服务团,召开全市农村妇女创业创新增收行动推进会,发放妇女贴息小额担保贷款528万,受惠妇女53人。组织女企业家赴阿里巴巴总部参观考察,接受"互联网+中国经济新引擎"新型发展模式培训。组织银农对接活动,协调召开信贷支持农村创业致富女能手座谈会,帮助解决农户贷款难问题。培育巾帼现代农业示范基地8个,家庭农场6个,巾帼合作组织3个,辐射带动妇女1749名就业增收。开展实用技术培训32期、3907人次,妇女460名参与"农村妇女网上行"学习。召开"双学双比"女能手协会年会,先后组织女能手、女经纪人、"农家乐"负责人等外出盐都、建湖、宜兴参观学习,拓眼界、转思路,提升科学种养水平。打造升级版农家乐,建立巾帼电商基地。城乡联动常态化举办女性专场招聘31场,为女性提供2万多个岗位。深化巾帼建功竞赛活动,创建"巾帼文明岗"47个,开展"巾帼文明岗"优质服务进社区活动。

【引领家庭文明风尚】 以习近平总书记"要重视家庭建设"指示精神为指引,常态化推进"最美家庭"寻访等文明家庭创建系列活动,在家庭形成以社会主义核心价值观为主要内容的美好家风。培树典型加大宣传力度,开展"最美媳妇"寻访活动,开辟专栏宣传报道"最美媳妇"先进事迹,举办颁奖仪式进行表彰。在常熟电视台制作投放公益宣传短片。聘任一批优秀女大学生村官,成立"我身边的最美家庭"事迹宣讲团,进村(社区)、入机关、学校、部队,宣讲"最美家庭"故事140余场次。城乡联动举办"兴文明家风·建最美家庭"第八届家庭文化节,苏州常熟女书画家作品展等活动丰富了全市家庭文化生活。开展好家风好家训征集活动,共收到好家风好家训350条、家庭故事300余篇。开展2015年常熟妈妈双拥行动,得到江苏省军区和双拥办的肯定,相关做法在解放军报和中国新闻刊登和播出,助力常熟创建全国双拥模范城"四连冠"。

【参与社会治理创新】 以"齐心创平安·共绘常熟梦"为主题,开展"万名妇女学法律·万户家庭创平安"家庭学法知识竞赛、"幸福家庭梦·平安常熟情"照片故事征集活动等8项系列活动,丰富"平安家庭"的创建内涵。发挥巾帼律师志愿服务团作用,开展"三八"维权周和"心手相连·与爱同行"送温暖、献爱心活动,联合法院开展"服刑在押人员未成年子女关爱行动",组织7场"和谐家庭乡村(社区)行"活动,惠及妇女群众660名。走进电台"午间风"节目、"政风行风热线"直播室,通过电波服务妇女群众。积极参与农村土地承包经营权确权登记颁证工作，推进家庭暴力告诫制度，出具家庭暴力告诫书16份，并进行回访。召开全市妇女儿童工作会议，表彰妇女儿童工作先进集体、先进个人和优秀联络员，推动"十二五"妇女儿童发展规划落实到位。开展规划终期监测评估工作，接受苏州市妇女儿童发展规划调研督查。深化农村妇女"两癌"免费检查等实事项目，为8名贫困"两癌"妇女争取全国妇联"贫困母亲两癌救助专项基金"8万元。举办第三批关爱单亲贫困母亲和患"两癌"贫困妇女"康乃馨"行动，发放慰问金9万元和爱心护枕。全面启动"十三五"妇女儿童发展规划编制工作。做好妇儿信访工作，全年接待149件、177人次，为化解矛盾、促进社会稳定发挥积极作用。

【滋养儿童快乐成长】 以促进儿童健康成长为神圣职责，切实开展以困境儿童为重点的各类关爱服务工作，整合社会资源与困境儿童结对帮扶。开展"好妈好爸好孩子"家庭教育公益巡讲，聘请8位专家老师菜单式宣讲家庭教育新理念、新知识和新方法，促进"科学家教进万家"。举办家庭教育座谈会，开展家庭教育调研，更好指导家庭教育实践发展。开展"小手牵大手·平安进万家"儿童交通安全教育活动，制作儿童交通安全教育读本《小动物出游记》1.2万余册，提升幼儿文明交通意识。开展"书香滋养文明风·阅读成就中国梦"书香宝宝阅读家庭活动，以儿童书画展、亲子夏令营等活动，提高儿童素养，融洽亲子关系。组织开展"六一"慰问活动，向孩子们送上慰问金和节日的祝福。举办"同在蓝天下·共享微净界"2015年"8·26"虞城妈妈爱心行动，发放爱心助学金3万元、爱心礼包50个，资助50名困境儿童。继续推进"四季平安盒"行动，为流动儿童募集到"四季平安盒"2490份。

【加强妇联自身建设】 深化群众路线教育实践活动，不断加强组织、阵地、队伍建设，切实以好作风培育好干部、提升好形象、打造好业绩。举办2015年常熟市妇联干部能力素质提升培训班，推荐28人参加省、苏州市妇联的各类培训，督促市镇村(社区)妇女干部35名通过初级、中级社会工作师考试，提升妇女干部综合素质。组织妇女代表看妇儿之家活动，发挥妇女代表作用。推进妇女儿童之家创建工作，召开妇女儿童之家建设现场推进会，评选表彰第六届市级十佳示范妇女儿童之家，着力提升"家"的服务质量和水平。督促梅李镇、碧溪新区妇联成立女性民办非企业各1家，主动协调对接民政部门，指导、推荐女性社会组织承接政府服务妇女儿童项目3个，组织女性社会组织开展"社团'四送'进百家"活动和践行核心价值观行动。开展妇女儿童工作专题调研，全面改版"常熟女性网"，开通常熟市妇女联合会微信公众号，提升妇联网上服务妇女的能力。

【首届妇女儿童家庭公益微创投项目】 4月8日，在全市启动首届妇女儿童家庭公益微创投项目，征集到11个项目。在第三方——苏州市德润社会工作服务中心指导下，经过项目的初审、面审、优化、推介、公示等环节，择优签约幸福种子——高危儿家庭支持计划、敦亲睦邻社区人文客厅——家庭阅读社区推广计划、拥抱生命与爱同行——"两癌"妇女关爱行动困境扬帆、助梦起航——贫困学生增能计划、牵手孤贫儿童——"海虞妈妈"爱心课堂5个项目，投入资金11.85万元，受益252人。

【最美家庭颁奖典礼】 3月5日，在市广电总台演播厅举办"家和万事兴"最美家庭颁奖典礼，制作VCR播放最美家庭寻访活动，展现动人而真实的家庭故事——患难夫妻不离不弃、志愿奉献携手同行、言传身教科学教子、外来媳妇勇挑重担、四代同堂幸福满屋、勤劳致富反哺社会、夫妻同心比翼齐飞，表演了以全国最美家庭钱敏丹事迹为原型创作的情景剧《梦想的力量》，表彰"最美家庭"特别奖1户，"最美家庭"10户、"最美家庭"提名奖10户和文明家庭标兵户100户，彰显"家"的温馨与"和"的力量。苏州市妇联主席谢建红，市领导王建国、闻永昌、陶理、殷丽萍和各界代表270余人参加典礼。

【缪志红到常熟调研】 12月4日，省妇联主席缪志红一行4人到常熟调研指导妇女工作。调研组一行实地查看辛庄镇妇女儿童活动中心、服装城中服园区巾帼电商基地、三峰巾帼农家乐基地等，充分肯定常熟妇女儿童工作，尤其是妇女创业创新取得的成效。

（俞文清）

常熟市文学艺术界联合会

【概况】 2015年，常熟市文学艺术界联合会(简称常熟市文联)深入贯彻党的十八届四中、五中全会精神，以习近平总书记系列重要讲话精神为统领，按照市委总体部署，牢牢把握社会主义核心价值体系的根本要求，坚持文艺"二为"方向和"双百"方针，坚持以人民为中心的创作导向，团结和依靠广大文艺工作者，充分发挥文学艺术界人民团体的职能和优势，围绕大局，加强服务，扎实工作，锐意进取，着力推动文艺事业繁荣发展，为加快文化强市建设作出新的贡献。全年组织各协会开展各类志愿文艺惠民服务活动200多场次，受众人数达20多万人次，96件文艺作品在全国、省、市获奖，出版和发表文学作品50多部(首)。年内，常熟市文联被评为苏州市文联系统先进集体。

【繁荣发展社会主义文艺推进会】 11月17日，常熟市繁荣发展社会主义文艺推进会在常熟大酒店召开，市委常委、宣传部部长潘志嘉，宣传部副部长、社科联主席时映光，市文联主席李忠、副主席肖志钢、苏映红，各乡镇宣传委员，各乡镇文联代表，各协会主席及市文艺创作骨干近80人参加了此次会议。会议学习贯彻了习近平总书记在文艺工作座谈会上的重要讲话精神，学习贯彻了全国、全省繁荣社会主义文艺推进会精神，并对"十三五"全市文艺工作进行安排部署。与会文艺家代表围绕习总书记讲话精神，结合工作实践为推动常熟文艺发展建言献策。

【放大名城效应文艺品牌活动】常熟市文联积极筹划活动，做强文艺品牌，放大常熟历史文化名城效应，唱响“中国梦”主旋律。一是积极参与2015中国（常熟）江南文化节暨沙家浜旅游节活动和“沙家浜精神”纪念抗战胜利70周年全国征文活动，中国作协副主席何建明到常熟参加江南文化节开幕式和抗战胜利70周年全国征文颁奖仪式。二是精心组织2015“启·承”元四家故里美术精品展，共展出常熟、锡山、嘉善、平阳、余杭、富阳六地书画家的92件作品。三是开展中国抗日战争胜利70周年纪念主题活动。承办“正义之声”苏州市纪念中国人民抗日战争暨世界反法西斯战争胜利70周年大型主题群众歌会，举办纪念中国抗战胜利70周年书法展览、“纪念抗日战争胜利70周年沙家浜诗会”和“法治文学作品征集活动”。四是举办“文艺就在身边”2015常熟市乡镇特色文艺展演。10个镇（区）文联奉献了一台各具特色，精彩纷呈，十分接地气的文艺会演。五是“中国作家·《雨花》读者俱乐部”在蒋巷村正式成立。中国作协副主席何建明、中国作家出版集团管委会副主任徐忠志、省作协主席范小青和市委常委、宣传部长潘志嘉出席成立仪式，10多位本土作家与中国作家出版集团主编们座谈交流。

【2015文艺家读书班】8月17日，2015常熟市文艺家读书班在常熟大酒店辛庄厅举办，邀请苏州大学文学院副教授陈国安主讲“中国传统文化与现代社会”；江苏省非遗保护工作专家委员会委员、江苏省民俗学会副理事长龚平主讲“非物质文化遗产保护的苏州解读”。还组织各协会相关艺术家、《常熟田》编委会作家赴山东、浙江采风，拓宽艺术视野，激发创作灵感。

【文艺精品创作成果】积极引导全市文艺家坚持以人民为中心的创作导向，鼓励创作出一批体现时代精神，具有地方特色，在全省乃至全国有较大影响的精品力作。文艺精品创作硕果累累，获国家级奖项8项，省级奖项9项；入展全国、全省各类评比或赛事56项；获苏州级奖项23项；出版和发表文学作品50多部（首）。

【文艺队伍建设】常熟市文联所属协会现共有市级会员2953人，其中国家级会员82人、省级会员241人。继续实施以老带新、以师带徒计划，培养更多金曾豪、牛小艾、陆建华、丁晓原式的文艺家，让优秀人才脱颖而出。潘吉加入中国作家协会，林友加入中国舞蹈家协会，孙丽萍、陆明星、钱伟春加入中国摄影家协会；推荐李谦申报全省宣传文化系统“五个一批”人才；推荐顾鹰、寇忠理申报全省宣传文化系统青年文化人才；推荐金曾豪、皇甫卫明、潘吉、顾鹰、陈培元申报苏州第十届“五个一工程”奖，金曾豪获得特别荣誉奖，顾鹰获得入选作品奖。

【文艺惠民志愿服务】常熟市文联组织文艺家走进基层，体验生活，增进与群众的联系。一是举行百名艺术家进百村（社区）活动启动仪式，拉开了在全市镇村内广泛开展“深入生活、扎根人民”主题实践活动的帷幕。据不完全统计，全年共有500多名艺术家走进社区（村），奉献了120多场文艺节目和600多件文艺精品。二是组织开展党员文艺家志愿服务活动100多项，参与艺术家达8000人次，受众人数达6万多人。三是促进协会与乡镇结对服务活动。“三下乡”进尚湖；“戏剧、歌舞”进联盟，“美术、书法”进辛庄，“评弹书会”进梅李等让百姓领略到了不同的艺术享受。四是开展艺术品知识普及推介活动16场，普及山水画收藏知识，向市民介绍中国画特点及市场行情，提高收藏爱好者的欣赏水平。

8月17日，常熟市文联主办的2015常熟市文艺家读书班在常熟大酒店举行

【青少年书画考级】2015年，常熟市书画考级工作方兴未艾，受到家长、学校、老师的共同关注，树立文艺交流中心、少年之家等4个先进考点，新增董浜中心小学、国际学校、青少年活动中心、金苹果书法培训中心等4个考点，全市参考人数达2959人，考级成绩显著提高，呈现出社会教学与学校教学相融、城区与乡镇互动、相对自主与逐步规范并重的特色，取得了良好的社会效益。常熟市文联与市教育局联合于12月召开年度书画考级工作会议，表彰年度书画考级工作优秀集体、先进个人，举办2015年常熟市青少年书画精品展，通过《常熟文艺网》链接全市中、小学校网络平台展出。

【自身建设】常熟市文联党组注重加强党员党性修养和机关作风廉政建设，带领机关人员深入基层、深入群众，查找和解决“不严不实”问题，使文联工作的制度化、规范化水平持续提升。一是全委会、党组会、民主生活会、办公会按时召开，重大决策集体商讨，完善各项机关内部管理制度，认真抓好党风廉政建设。党组领导集体参加常熟电台“午间风”栏目“政风行风热线”节目直播，回答市民朋友所关心的问题，并做好市民疑问解答、提案答复及回访工作。二是《常熟田》如期编辑出版，编委倾心奉献，为广大文学爱好者搭建更高展示平台；《常熟日报文联专版》报道重要文艺活动，展示基层工作特色；《常熟文艺网》更新后台制作，汇集基层文艺信息，对外宣传扩大影响；市文艺交流中心配置专职人员，实行规范管理，承接各种展览，举办惠民讲座，成为文联重要宣传窗口。三是加强特色文艺创作基地建设，当年帮助尚湖风景区获得中国摄影家协会摄影创作基地；虞山—尚湖—沙家浜景区成功创建苏州市特色文艺创作基地。（李　谦）

常　熟　市 科学技术协会

【概况】　2015 年，常熟市科学技术协会（以下简称市科协）围绕大众创业万众创新主题主线，以创建江苏省暨全国科普示范市为目标，以服务创新驱动发展、提高市民科学素质、促进人才创新创业为抓手，坚持改革创新，致力求真务实，完成全年预定的各项目标任务，取得一系列新成绩，为幸福美丽常熟建设作出积极贡献。年内，成功创建 2016—2020 年江苏省科普示范市；江苏省科协系统服务大众创业万众创新现场会在常熟召开，创美工艺、中利腾晖等一批先进典型突颖而出；成立全国科协系统首个企业科协联合会；持续开展“建家群创”行动，新成立企业科协 50 家，企业科技人员之家 20 个，申报科技人员创新行动项目 472 项，1.2 万人参与献计攻关；成功举办中国科协创新驱动助力工程苏州（常熟）对接活动；创建苏州市级以上科普教育基地、科普示范镇（街道）、科普示范社区（村）、科普惠农服务站、社区科普惠民服务站 21 个。开展常熟市科协软科学研究课题项目资助，申报课题 23 个，14 个课题获得资助。卓辉光电科协“智能照明技术与产业国际研讨会”、市建筑学会“中国聚氨脂绿色节能华东地区高峰论坛”被列入为苏州高层次学术会议并获得资助。全年共获得苏州市级以上表彰的各类科普人才项目 53 个，其中国家级 5 个。陈新环获江苏省“科普惠农兴村计划”农村科普带头人荣誉称号；侯春洪的《高端精密微小型无刷直流电机的研发及产业化》项目获得第三届省双创大赛三等奖；市科协获得江苏省科协 2015 年度“县级科协创新发展能力提升计划”资助单位，其中“搭建企业科协协同创新平台，促进科技成果推广应用与转化”获得“三服务一加强”单项工作创新案例；成为唯一获得中国科协表彰的服务企业科技创新先进单位、海智计划工作先进集体县级市。

【创建 2016—2020 年江苏省暨全国科普示范市】　7 月 27 日，以省科协副主席冯少东为组长的检查组对常熟市创建“2016—2020 年全国科普示范市”工作进行检查验收。常熟市委副书记、市长王飚，市委副书记王建国，以及市委办、市政府办、市科协、组织部、科技局、教育局、人社局、农委、民政局、虞山镇等市全民科学素质工作领导小组主要成员单位领导参加了汇报会。市委副书记王建国就创建情况进行专题汇报，并播放了常熟市创建全国科普示范市电视宣传片。王飚代表市委市政府在会上作表态发言，在中央加强党对群团工作意见的基础上，进一步重视科协工作，科普改变理念，科技改变生活，创新让生产生活效率更高，通过开展各项活动，推动群众能够提升获取科普信息和知识的能力，真正达到提高全民科学素质的目的。10 月 19 日，江苏省科协印发《关于命名 2016—2020 年江苏省科普示范县（市、区）的决定》（苏科协发〔2015〕175 号）文件，常熟市成功创建 2016—2020 年江苏省科普示范市。

【全市首个企业科协协同创新项目启动】　3 月 16 日，由市科协、江苏金龙科技股份有限公司、创美工艺（常熟）有限公司联合举办的“金龙星 · 创美梦”企业科协协同创新项目启动仪式在江苏金龙科技股份有限公司举行。“金龙星 · 创美梦”企业科协协同创新项目是由常熟市科协提议，利用企业科协平台开展协同创新与合作，企业科协双方本着互利互惠、深度合作的原则，通过科技创新集群孵化体制，开展伊索谱科技创新和“讲理想、比贡献”科技竞赛活动等形式，旨在提升企业信息化管理系统水平，并以此推动企业信息化、自动化方面的市场延伸与拓展。这是常熟市科协首次对企业科协间开展协同创新，进一步深化产学研一体化协同创新、资源利用、人才培养、科技服务等全方位的合作与交流的有益尝试。希望通过培育典型案列、以点带面的方式，摸索出一些促进企业科协发展的有效方法，提升战略协同创新层次和水平，在全市掀起新常态下群众性科技创新活动新高潮。

【中国科协创新驱动助力工程苏州（常熟）调研考察对接活动】　6 月 25 日至 26 日，中国科协创新驱动助力工程苏州调研考察对接活动走进常熟，江苏省科协副巡视员许钧，苏州市科协党组书记、主席纪顺俊，常熟市委副书记王建国等 60 余人参加对接活动。中国自动化学会、中国纺织工程学会、中国机械工程学会等全国学会分别与国家常熟大学科技园、江苏紫荆花纺织科技股份有限公司、常熟启弘纺织实业有限公司等 5 家单位签订合作协议，与 8 家企业达成合作意向。其中中国复合材料学会与江苏惠丰润滑材料有限公司合作的“基于纳米添加剂的高性能固体润滑油脂系列产品”项目，中国机械工程学会与常熟市上海飞奥压力容器制造有限公司的“法兰接头智能化焊接机器人工作站”等 5 个项目已启动实施，有效促进地方产业转型升级和科技成果的转化。

【2015 欧美海智人才常熟行活动举行】　7 月 2 日至 5 日，市科协成功承办“2015 欧美海智人才常熟行”活动。江苏省科协副主席阮仁良，苏州市科协副主席张志军；常熟市委副书记王建国，市委常委、组织部部长黄锡明，市政府副市长孙健，市政协副主席、统战部部长王永明等出席活动。爱尔兰中国学生学者联谊会主席王灿创新团队，德国奥格斯堡应用技术大学舒克校长、负责国际事务的弗雷博教授，德国生态工程协会主席、湿地科学家盖勒博士，海外华侨华人高层次代表 20 多名海智人才观看了城市形象片——《山水人和话常熟》，聆听已落户的海归创业创新人才代表发言。孙健介绍了常熟市经济社会发展和科技人才政策情况，王永明和汪灿共同为首届爱尔兰常

熟国际创新创业大赛获奖选手颁奖。活动期间,海智人才们分别赴国家级常熟经济技术开发区科创园、国家常熟大学科技园等地进行载体考察和项目对接洽谈。7月4日,德国奥格斯堡应用技术大学与常熟理工学院进行合作洽谈,双方签署合作框架协议。

【中国科协副主席、书记处书记陈章良到常熟调研】 7月10日至11日,中国科协副主席、书记处书记陈章良一行到常熟考察调研。市领导王飚、秦卫星、徐永达、黄锡明、沈晓东、陈惠良等分别陪同考察。陈章良一行组织召开中国科协创新驱动助力工程苏州(常熟)座谈会,市委常委、常务副市长沈晓东简要汇报近年来常熟经济社会发展和科技人才发展情况,陈章良对常熟在实施中国科协创新驱动助力工程中所取得的成绩表示肯定,并表示中国科协将承接好政府职能转移工作,回去后转呈相关部门落实,一定帮助企业牵好线、搭好桥,助力企业转型升级、创新发展。实地考察了江苏省董浜现代农业科技园区、创美工艺(常熟)有限公司、沙家浜镇水产技术协会、全国科普教育基地——常熟国家湿地公园等。

【常熟市农村专业技术协会联合会成立】 10月23日,常熟市农村专业技术协会联合会成立大会召开。来自全市农技协、农业龙头企业的代表以及农业科技专家等60多人参加大会。常熟市委副书记王建国在会议上要求农技协联合会认清形势,充分发挥农技协在建设社会主义新农村中的重要作用,促进农业科技成果的普及和推广;把握方向,坚持走多元化发展的路子,尊重农民的意愿和群众的创造,扎实推进全市农技协工作健康发展;加强领导,统筹协调,推进协会良性发展,切实做好农技协发展的各项服务工作,为农民增收致富做出积极的贡献。大会审议通过《常熟市农村专业技术协会联合会章程》《常熟市农村专业技术协会联合会选举办法》,选举产生首届理事会成员和理事长。

【常熟市企业科协联合会成立】 10月26日,常熟市企业科协联合会成立大会召开。企业科协联合会成员单位代表、个人代表共60余人参加会议。苏州市科协党组书记、主席纪顺俊和常熟市委副书记王建国共同为常熟市企业科协联合会揭牌。会议审议通过《常熟市企业科协联合会章程》,选举产生联合会首届理事会理事、理事长和监事会监事、监事长。王建国要求企业科协联合会,一定要坚持依法按章民主办会;一定要加强联合会的自身建设;一定要做好服务创新创业的工作。他要求市科协,要大力支持企业科协联合会工作;要大力实施中国科协创新驱动助力工程;要发挥国家级海智基地优势;要积极向上举才荐才,畅通企业科技工作者上升通道。

7月10日,中国科协副主席、书记处书记陈章良到常熟考察调研

【江苏省科协系统服务大众创业万众创新现场会在常熟召开】 10月29日至30日,2015全省科协系统服务大众创业万众创新现场会在常熟召开。省科协党组书记、副主席陈惠娟出席会议并讲话,常熟市委副书记、市长王飚到会致辞。本次现场会召开,表明科协组织在大众创新创业的新征程中发挥更大作用,必将进一步激发全社会创新创业热情。会议期间,与会人员现场集中观摩了创美工艺(常熟)有限公司,中利腾晖光伏科技有限公司,江苏省高新技术产业开发区(常熟国家大学科技园),常熟理工学院和常熟市科普馆等科协工作的新亮点、新典型。

【实施服务企业创新工程】 2015年,持续开展以建设"科技人员之家"、开展群众性科技创新活动为主要内容的"建家群创"行动。全年新建企业科协50家,企业科技人员之家20个;开展科技人员创新行动,申报2015年科技人员创新行动项目472项,1.2万人参与献计攻关;表彰2014年科技人员创新行动"双十佳"创新项目56个,其中5个项目获得45万元资助。积极推动企业科协协同创新,《仓库的物料管理系统升级改造》等一批项目成功运行,质量效益明显。申报2014—2015年度苏州市"讲比"竞赛活动项目52个,其中7人获"杰出工程师",20个项目获优秀项目,市科协被评为优秀组织单位。联合主流媒体开展"群创・圆梦"大型系列报道,促进企业群众性科技创新活动的蓬勃开展。

【实施常熟籍院士专家双向服务计划】 2015年,通过成立院士专家服务中心,举办院士团队"科技创新・产业合作"洽谈会,陈祥宝、田禾等院士多次到常熟指导产业发展,指导和帮助企业解决技术需求20个,其中陈祥宝院士团队与中利科技集团合作的《快速固化预浸料及推广应用》项目已启动。1月17日,市委副书记王建国代表市委、市政府专程赴京慰问常熟籍翁宇庆、吕达仁、陈祥宝3位在京院士,送上新年祝福。2月2日,市政府在上海奥林匹克俱乐部召开在沪常熟籍院士新春座谈会，范滇元、黄崇祺、薛永祺、田禾应邀出席座谈会，副市长陈惠良出席会议并讲话。10月21日，中国科协科普专委会副主任、中科院院士杨元禧一行就新媒体时代的科普创作课题到常熟专题调研。11月10日，中国工程院院士谢克昌、陈勇到常熟考察经济社会发展和创新载体建设情况，有效地推进企业科技创新与成果转化，促进了企业转型发展。年内，积极发挥专家咨询团作用，21个建言成果受到表彰，为市委市政府科学决策提供参考。

【实施科普惠农工程】 2015年，充分发挥农村党员基层干部科技素质培训示范基地、科普惠农服务站、农村科普示范基地、农技协的作用，全年共投入20万元开展水产养殖、稻米种植和蔬菜培育技术培训220期、9300多人次；实施科普惠农项目21个，带动1260户农户增收致富。虞山镇勤丰村、市农机推广站副站长陈新环分获江苏省“科普惠农兴村计划”农村科普示范基地、农村科普带头人荣誉称号，碧溪新区出口蔬菜产业基地被省科协命名为江苏省优秀科普惠农服务站。 （薛琼瑜）

常熟市归国华侨联合会

【概况】 2015年，常熟市侨联打造“侨缘侨谊、侨家侨友”服务品牌，实施“关爱老侨、助力新侨、文化惠侨、真情引侨”四大行动，加快推进基层侨联组织和网上侨联建设。引进承办“2015美南中国专家协会联合会常熟行”人才活动，组织领军人才与高校实施“人才＋高校”合作，建立重点新侨人才联系制度，开展新侨人才在常创业情况调研。持续开展“关爱老侨”行动，走访慰问老归侨、老侨眷以及重点侨界代表人士。组织常熟中小学生参加“第十六届华人学生作文大赛”，6名学生参赛作文获奖。依托乡情乡谊，联系指导美国大华府地区常熟旅美侨胞建立常熟同乡组织，促进两地之间的文化、教育、科技、经贸交流。全年共接待到常探亲访友、参观考察、交流合作的海内外侨界人士100多人次。年内，翁同龢纪念馆被省侨联命名为“江苏省华侨文化交流基地”，星海无线电博物馆入选首批“苏州市华侨华人文化交流基地”，4家单位被命名为“常熟市侨联活动基地”。

【5家镇级侨联组织相继成立】 市侨联将乡镇侨联组织建设列为全年工作重点，与市委统战部联合下发《关于加快推进镇级侨联组织建设的通知》，召开全市镇级侨联组织建设会议，推进镇级侨联组织建设工作。5月29日，常熟市首家乡镇侨联——海虞镇侨界联合会成立，实现全市镇级基层侨联组织零的突破，省侨联副主席镇翔、苏州市侨联主席沈晋华到会祝贺。积极探索适合新形势、符合本地实际的基层侨联组织建设途径，按照“有组织、有队伍、有阵地、有经费、有活动”的要求，先后指导辛庄镇、梅李镇、董浜镇、碧溪新区成立侨联组织，全市基层侨联数量扩大到8家，逐步形成全市两级侨联网络，有效拓展了工作领域，提升侨联工作服务发展、服务侨胞的能力。

【常熟侨联被列为省侨联“三解三促”联系点】 5月，省侨联副主席镇翔一行到常熟开展“三解三促”联系点调研。镇翔一行考察了常熟经济技术开发区科创园，走访了新侨创新创业企业和侨资企业，还专门听取市侨联工作专题汇报，详细了解常熟市情侨情、侨联重点工作、特色工作以及目前存在的问题和困难。市委副书记王建国会见了镇翔一行，市政协副主席、市委统战部部长王永明陪同调研。10月，省侨联副主席镇翔一行再次赴常熟市调研。期间，先后走访常熟理工学院，出席常熟市梅李镇侨界联合会成立大会及翁同龢纪念馆命名“江苏省华侨文化交流基地”揭牌仪式，并深入基层看望慰问两位老归侨。

【2015美南中国专家协会联合会常熟行】 4月25日至26日，“2015美南中国专家协会联合会常熟行”活动举行。美国美南中国专家协会联合会会长刘波、秘书长顾菊林携17名海外专家与常熟开展人才、科技项目洽谈交流。与会海外嘉宾听取了常熟市情和人才科技政策等情况介绍，实地考察常熟市创新创业载体。通过参观对接，部分项目与载体达成合作意向。2015美南中国专家协会联合会常熟行活动是该协会与常熟联合开展的第7次科技人才合作活动。

【服务新侨创业发展】 推进“助力新侨”工程，与在常熟科创园、大科园落户的20位优秀新侨创业领军人才建立长期联系制度，开展重点新侨走访调研活动，及时掌握他们的诉求和动态。根据调研和新侨人才的反映，组织侨界政协委员撰写“加强新侨人才与本土企业合作，推进科技项目落地生根产业化”提案，被列入市长领办提案，部分建议得到市政府和人才主管部门的采纳。组

10月30日，省侨联副主席镇翔慰问常熟老归侨

织开展常熟领军人才与高校、本土企业对接交流活动，为领军人才与高校、本土企业合作搭建平台，多位领军人才与常熟理工学院达成合作意向并实施。协助常熟科创园举办“帆起滨江·共赢未来”创业服务文化周活动，参与众智云集投资机构组织的创业大赛，为新侨人才发展在常熟营造氛围。

【美国大华府常熟联谊会成立】 在常熟市侨联的倡导下，3月28日，美国大华府常熟同乡代表相聚马里兰州洛克维尔市，召开美国大华府常熟联谊会成立会议。与会代表讨论了即将成立的常熟联谊会名称、性质、宗旨、会员构成等相关事宜，选举和产生第一届联谊会负责团队，钱海峰被推举为首任会长。会议希望在海外弘扬常熟精神，把联谊会工作认真做实，促进美国大华府地区常熟同乡间的联系交流、友爱互助，在海外共建一个常熟大家庭。会议还明确联谊会要主动加强与常熟各级政府、部门之间的联系，动员旅外侨胞关心家乡发展，为常熟建设出力。

（季玉萍）

常熟市残疾人联合会

【概况】 2015年，常熟市残疾人联合会紧紧围绕市委、市政府的中心工作，牢牢把握“五位一体、综合发展”总基调，切实履行“代表、服务、管理”职能，按照残疾人事业发展的新要求，紧紧围绕“改善残疾人生活状况”这个中心，抓住“发展残疾人事业，构建和谐新常态”这个主题，认真实施重点工作和项目，完成各项工作任务。是年，全市共有各类持证残疾人20117人，其中肢体残疾9220人，视力残疾2128人，听力言语残疾681人，精神残疾3677人，智力残疾3296人，多重残疾1115人。

【残疾人社会保障全面落实】 贫困家庭和无就业能力的残疾人生活保障全覆盖，全市为8940名残疾人发放各类生活救助金3080万元；不同类别残疾人特惠政策全覆盖，为2855名残疾人办理手机短信补贴、机动轮椅燃油补贴、残疾人自主创业补贴、残疾人免费乘坐公交车等。

【残疾人托养服务更加巩固】 为托养机构入住人员及工作人员329名办理了每人每月100元托养机构意外伤害商业保险。为全市10家残疾人托养服务中心办理了托养机构综合保险，共计1.8万元。其次，残疾人的托养服务机构制度完善。一是机构规范化管理，规章制度健全，服务内容、标准、程序公开；二是服务队伍专业。吸纳一批护理、康复、医疗、心理辅导、家电和水电、法律援助等有专业的志愿人员，为托养人员提供服务；三是工作人员培训常态化，针对不同类别的残疾人员服务要求，实行个性化的托养服务；四是居家养残统一管理，制定服务计划，提高服务质量，让每一位居家残疾人得到相应的服务，全年发放护理补贴90万元。全年投入22余万元，改造庇护就业型托养机构1家。

【残疾人特殊教育全覆盖】 全市特教班总数达58个，标准化特教班已达40个，建成资源共享教室近70个，为945残障儿童入学提供较为优越的环境。年内，新增加2个标准化特教班。全市在2010年农村中心小学特教班实现全覆盖的基础上，实现初中阶段特殊教育的覆盖率达到70%。

【残疾人康复有力推进】 年内，开展“残疾预防”康复知识宣传活动。在第八个“世界自闭症日”，积极开展“世界自闭症日”康复知识宣传活动。与市特殊教育学校联合举办“蓝色行动，关爱自闭症儿童”活动暨常熟市自闭症康复教育专题讲座及自闭症儿童亲子游戏活动。全市共发放宣传册子1000多份、有100多人次的自闭症儿童家长及亲属前来咨询。围绕优化服务，认真做好各项审批工作。全年全市定点医院共为白内障患者手术1000多例，其中有贫困家庭白内障患者60多例得到手术费用减免救助。全市有0～14岁残疾儿童90多名进入定点康复机构进行康复训练，得到市残疾儿童康复训练补助。康复定点机构为他们制订完善的康复训练计划方案，提供系统康复训练服务，取得了较好的康复训练效果。为20多名困难家庭的肢体残疾人安装假肢和矫形器。为残疾人发放轮椅226辆、助行器29辆、铝合金拐杖62付、洗澡椅24张、坐便器24个。发放西门子盒式助听器9套、西门子耳背式助听器9台，做好10名残疾听障儿童人工耳蜗安装审批，给予补贴48万元。发放普通盲杖13支。为贫困精神病人免费发药776人。

【残疾人基本服务状况和需求专项调查完成】 根据2015年1月省政府残疾人工作委员会等11个部门单位转发《关于开展全国残疾人基本服务状况和需求专项调查的通知》精神，市残联按照“数据核查、入户调查、数据处理”

1月7日，省残联到常熟督导入户调查工作

三个阶段的有关要求，开展此次专项调查工作。截至3月底，调查残疾人总数18974人，其中入户调查17862人、电话调查355人、查无此人493人（448人重复）、搬迁9人、空挂2人、外出27人、死亡226人。入户调查率为98%（标准是95%）。复录错误率为0.0067%（标准是0.5%），圆满完成此次专项调查工作，市残联专项调查办公室也被苏州市残联评为“先进专项调查办公室”。另外，虞山镇及10名个人分别被省、苏州市残联评为“先进调查队”和“先进个人”。

【残疾人文化生活丰富活跃】 根据2015年4月国务院残工委、中宣部、中残联等11个部委办联合下发的《关于开展第二十五次“全国助残日”活动的通知》文件精神，围绕助残日“关注孤独症儿童，走向美好未来”的主题，按照“5＋X”规定内容，多形式、多渠道、多层次广泛开展宣传引导、文化助残、走访慰问、解难帮困等一系列助残活动。一是举办文艺演出。市“残疾人文艺队”在虞山镇枫泾社区举行文艺演出，此次演出共有14个文艺节目，300多名群众现场观看演出。二是举行第三届残疾人门球锦标赛，8支代表队参加比赛。梅李镇、沙家浜镇、支塘镇残疾人门球队分获前三名。三是举办迎“六一”特殊儿童乒乓球比赛。市残联、教育局在特殊教育学校联合举办特殊儿童迎六一乒乓球比赛。比赛分听力障碍小学组、听力障碍中学组、智力障碍小学组、智力障碍中学组和综合组。全市共40名特殊教育学生参加比赛。

【残疾人群众性文体活动】 为迎接2015年国际聋人节的到来，由常熟市聋人协会主办，市特殊教育学校承办的“2015年常熟市第四届聋人篮球比赛”在市特殊教育学校球场举行，共有六支代表队参加比赛。辛庄镇残疾人门球队代表市残联参加在吴江市举办的苏州市第三届残疾人门球锦标赛，获得优胜奖。在全国第九届残疾人运动会上，常熟共有4位选手参加比赛，共获六枚金牌、两枚银牌。盲人游泳运动员李桂芝继在女子S11级100米自由泳中折桂后，又获女子S11级50米自由泳第一名。她还取得女子视残49分4×100米自由泳接力第二名、女子SB11级100米蛙泳第四和女子S11级100米仰泳的银牌。乒乓球选手曹宁宁和周影分获男子TT5级团体、单打金牌和女子TT4级团体、单打第一名。另一名乒乓球小将谷晓丹取得女子TT5级团体亚军和女子TT4级单打第五名。

【残疾人按比例就业扩面推进】 2015年，对乡镇企业集中到市残疾人服务中心窗口年审，改为下基层设点年审。在全市设21个年审点（包含两个开发区），利用2个多月的时间对企业逐一年审，并按省残联要求逐一录入省系统。针对国家、省政府出台对小微企业减免三年残疾人保障金的特殊政策，一是宣传好相关政策；二是切实落实上级对小微企业的优惠政策，并做好解释、鉴定工作；三是对企业做到应收尽收，全市企业统一政策、统一年审、统一标准，有力地推进了残疾人按比例分散就业工作。截至11月底，全市在减免9600多家小微企业、减免残疾人保障金2000多万元的情况下，入库保障金超过5300万元，比2014年增600多万元，

【残疾人职业介绍和技能培训力度加大】 5月23日，常熟市举办大型公益就业援助招聘专场，吸引80多名残疾人前来应聘，此次招聘会共有44家单位报名参加，共346个岗位。其中有8家单位优先为残疾人提供了设计文案、文字处理、产品维修、网络客服、仓库管理员等岗位22个。8月30日，常熟秋季公益性就业援助专场招聘会在市人力资源服务中心举行，给残疾人提供了就业援助岗位。全市自行组织培训600人次，其中农村残疾人培训365人次。获得过第四届江苏省残疾人技能大赛蛋糕装饰第三名的邓飞，在残联的关心支持、耐心沟通引导下，继续深度培训72天，选拔成为国赛选手，在全国第五届残疾人技能大赛上获得蛋糕装饰全国第二名的好成绩。获得过第三届江苏省残疾人技能大赛美甲第一名的选手陈喆也被选中为国赛后备选手，在南京培训50天。在苏州市举办的2015年度残疾人技能比赛中，常熟市再一次获得团体第一名。（邹永兴）

常熟市红十字会

【概况】 2015年，常熟市红十字会完善组织体系建设，深入开展红十字宣传，围绕“三救三献”核心业务，认真履行人道主义职责，充分发挥党和政府在人道领域联系群众的桥梁和纽带作用。召开市红十字会六届三次理事会议。组织基层红十字秘书长和专兼职干部参加苏州市红十字会举办的创新思维与能力提升专题培训班。5月，常务副会长顾丽华出席中国红十字会第十次全国会员代表大会，受到习近平总书记等党和国家领导人亲切接见。15所学校成立红十字会，全市学校红十字会实现全覆盖。常熟市星城小学被省红十字会、省教育厅命名为第四批“江苏省红十字示范学校”。举行第19届、20届“生命相髓、大爱无疆”捐献造血干细胞血液采样入库活动，有258名志愿者加入中华骨髓库，3名志愿者成功捐献造血干细胞。全年登记报名捐献遗体市民23人，登记报名捐献角膜2人，实现身后遗体捐献2人。广泛开展人道救助，组织红十字博爱送温暖活动，参与全市文化科技卫生“三下乡”，会同红十字志愿者慰问敬老院孤寡老人、困难群众，携手公益组织为重病儿童、学生举办慈善义演义卖、专项募捐，搭建市民爱心助学桥梁，结对助学四川省内江市、绵竹市及常熟市困难家庭学生88人。2015年市红十字接受社会捐款168.24万元，捐赠物品价值11.5万元，发放款物共计153.42万元，主要用于全市范围内困难群众红十字博爱救助以及助学等项目。组织实施2015年公益性应急救护培训项目，通过培训进机关、进学校、进社区、进企业、进重点行业等方式，全年完成初级救护员培训2517人，普及性救护培训16137人。拓展应急救护培训阵地，建立市老年大学红十字应急救护培训基地。组织举办常熟理工学院首届大学生应急救护大赛。会同市教育局、民防局联合举办2015年常熟市青少年红十字民防知识竞赛和青少年夏令营活动，组织开展

2015年常熟市高一新生应急救护知识与技能演练比赛。会同虞山镇人民政府举办红十字应急救护演练活动，举办2015年应急救护培训师资教学技能比赛。注重红十字工作宣传，市红十字会获2015年度中国红十字会总会报刊宣传先进集体三等奖、2015年度《江苏红十字》报刊宣传工作县（市、区）级二等奖、2013—2015年度常熟市文化科技卫生"三下乡"先进集体等荣誉。

【参加中国红十字会第十次全国会员代表大会】 5月4日至7日，市红十字会常务副会长顾丽华作为苏州市唯一基层代表赴京，参加中国红十字会第十次全国会员代表大会，受到中共中央总书记、国家主席、中央军委主席习近平，中共中央政治局常委、国务院总理李克强，中共中央政治局常委、中央书记处书记刘云山等党和国家领导人的亲切接见，还聆听习总书记的重要讲话，并合影留念。

【开展红十字博爱送千家活动】 2015年春节前后，市红十字会集中开展"红十字博爱送千家"活动，会同各镇红十字会、七彩虹义工团志愿者，走访碧溪新区、虞山、支塘、古里、尚湖、辛庄等乡镇，看望慰问当地困难群众，向他们送上人道关怀和新年祝福。活动共发放红十字救助金182126元，筹集和发放梦兰棉被143条、珊瑚绒毯500条以及毛巾、保暖内衣等各类物资价值5.42万元，受益群众688户数。

【红十字青少年活动精彩纷呈】 2015年4月起，市红十字会会同市教育局、民防局联合举办常熟市青少年红十字民防知识竞赛，在青少年中普及红十字运动知识，本市小学五、六年级和初中一、二年级全体学生参加。在初赛的基础上，于6月5日在常熟市绿地实验小学举行了决赛，福山中心小学、辛庄中心小学和外国语初中分别获小学组和初中组一等奖。7月中旬，组织进入红十字民防知识竞赛决赛的54名中小学生开展了以"快乐体验、相伴成长"为主题的青少年夏令营活动，学习止血包扎等急救知识和技能。6月起，对全市10所普通高中、职校的高一新生开展普及性应急救护培训，共培训13场次，受训高一新生6000多名。11月下旬，会同市教育局、民防局组织开展"2015常熟市高一新生红十字民防应急救护知识与技能演练比赛"，10所高中、职校的20支参赛队共100名学生参加比赛，通过理论知识答题和技能操作，常熟市中学1队、2队获一等奖。

【造血干细胞捐献取得新突破】 依托流水琴川义工协会红十字志愿者，采用定点宣传与流动宣传相结合的方式，每周六、日两天定点在方塔东街献血屋对无偿献血者进行捐献造血干细胞的宣传动员，同时依托市血站的无偿献血活动，将宣传动员拓展到乡镇、企业，实现捐献造血干细胞宣传动员项目化、阵地化。2015年，组织捐献造血干细胞血液采样两次，有258名志愿者加入中华骨髓库。先后有金狮物流杨利刚、琴湖派出所任浩、古里镇吴惠丰3名志愿者成功捐献造血干细胞，采样数和捐献数均为历年最多。

【老年大学应急救护培训基地启用】 在市文明办、市民政局、市教育局和老年大学支持下，5月14日，市红十字会在老年大学建立的红十字应急救护培训基地揭牌启用。培训基地由市老年大学提供专用教室，市红十字会提供师资、教材、教具，市元和小学提供志愿服务，在每月第一周的周四下午面向全市市民开设应急救护培训课，进行应急救护知识与技能的培训。市政府副市长、市红十字会会长陶理、常务副会长顾丽华和副会长陆培新、董萍参加揭牌仪式。

【红十字志愿服务蓬勃开展】 2015年，市红十字会与各义工团体和有关单位、部门紧密合作，以项目为载体，以品牌为引导，以阵地建设为着力点，汇集志愿者公益力量，大力推进红十字会"三救三献"核心业务。由流水琴川义工协会红十字志愿者担纲的造血干细胞宣传劝捐开展101场次，服务时间1636小时，宣传劝捐从以往的街头走向献血屋和乡镇、部门。七彩虹公益社红十字志愿者开展的街头红十字流动募捐自2009年初开展以来，初衷不改，为市民释放爱心、救助弱势群众坚守街头，全年募集爱心款81262.88元，使红十字成为虞城街头一道爱的标志。红十字志愿者进医院在市一院、二院、中医院和市五院全面铺开，流水琴川义工协会率先将导医服务从双休日向全日制推进，深受医患欢迎，全年红十字志愿者导医服务达到10499.5小时。作为传统项目的无偿献血志愿宣传服务，全年参加红十字志愿者512人次，服务时间2375小时。此外，一批来自学校、医院的红十字救护培训师业已成为全市公益性应急救护培训的师资主力。

【博爱项目助学贫困大中学生】 2015年，经积极申报，市红十字会建立了省级资助的"博爱助学基金"项目，项目由省红十字会资助10万元，市红十字会自筹配套10万元。对省中、市中

2月，市红十字会开展春节博爱送温暖活动

两所重点中学以及常熟理工学院的共100名来自贫困家庭、品学兼优的大中学生进行了每人2000元的助学帮扶。

【关爱重病学生、儿童专项募捐】 4月12日，市红十字会携手流水琴川义工团及爱心企业，在本市方塔街街心花园举办“大手牵小手、爱心圆梦想”大型慈善义演义卖活动，现场募集爱心款32005元，用于资助本市渐冻症患儿徐林林和白血病儿童高龚怡的治疗。8月8日、9日，会同七彩虹公益社在方塔东街为常熟理工学院重病学子陈兴强开展专项募捐，现场募集爱心款45420元，全部用于其治疗费用。12月12、13日，会同七彩虹公益社在方塔东街开展拯救市实验中学初三学生、恶性淋巴瘤患者徐婷的街头募捐，募集爱心款8673.7元。（周越峰）

常熟市哲学社会科学界联合会

【概况】 2015年，常熟市哲学社会科学界联合会围绕深入学习贯彻习近平总书记系列重要讲话精神及十八届三中、四中、五中全会精神和中国特色社会主义、中国梦、社会主义核心价值观宣传教育，抓好理论宣讲和理论研讨，开展基层巡回宣讲1500余场；结合江苏省、苏州市重点应用课题研究工程和常熟市委市政府工作目标，组织开展2015年度社会科学立项课题招标工作；组织开展常熟市第四届哲学社会科学优秀成果评审，结集编印《2013—2014年度常熟市社科应用研究获奖成果汇编》；围绕经济社会文化发展的重点开展调查研究和学术交流活动，配合中央党校党建部就“法治型党组织建设”进行专题调研；组织常熟市第十届社会科学普及宣传周活动；加强社科普及基地建设，制定下发《常熟市社科普及基地创建与管理条例》，组织开展全市社科普及基地申报和复评工作；编辑出版《琴川论丛》，对常熟社科网进行改版；加强对学会社团的管理与工作指导，组织社科类优秀社团评选活动，指导学会社团规范运作、提升业务活动质量和水平。

【组织社科应用研究评奖】 论文《关于建构新型农业经营主体的调查与思考》获苏州市第二届“社科应用研究精品工程”三等奖。组织开展常熟市第四届哲学社会科学优秀成果评奖，《常熟状元》《类型纪录片：影像里的中国》等5项成果获一等奖，另评出二等奖10项，三等奖20项。

【常熟市第十届社会科学普及宣传周】 9月25日，与市委宣传部在碧溪农民公园主办的“常熟市第十届社会科学普及宣传周”开幕。本届宣传周以“弘扬法治精神，传播法治文化”为主题，先后组织开展社科知识下基层广场宣传咨询、“常熟市纪念抗日战争胜利70周年”图片巡展、“百年常图”图片展、“市民课堂”“同和讲堂”专题讲座、社科知识灯谜展、社科书市等10项活动，吸引大量市民群众参与。

【2015年度社会科学立项课题招标】 结合江苏省、苏州市重点应用课题研究工程和常熟市委市政府工作目标，组织开展2015年度社会科学应用研究课题招标工作，确定《新常态下常熟经济创新发展研究》等15个项目为年度立项重点课题，另有16个项目为一般课题。截至2015年12月31日，共有28项课题结项。

【社科活动载体】 新命名常熟文化馆、虞山风景区管理处、梅李历史文化博物馆、碧溪非物质文化遗产展示馆4家“常熟市社会科学普及基地”。翁同龢纪念馆被命名为“江苏省社科普及基地”。“状元文化系列活动”入选江苏省社科联社科普及资助项目。《同和讲堂》获评“苏州市社科普及品牌讲座”。“德法同治”社科普及宣传系列活动获评“苏州市社科普及创新项目”。

（徐 雯）

责任编辑 戴仁璋

政法委及综治

【概况】 2015年，政法综治法治部门加强反恐、反邪教斗争，强化国家安全人民防线建设，情报信息收集研判机制实现制度化、规范化、长效化，重点稳控对象措施落实到位，开展矛盾纠纷排查化解、信访积案治理、进京去省重复访集中化解等专项行动，确保社会稳定；严厉打击各类违法犯罪，全面完成新一轮技防城建设三年规划，积极推进综治网格化管理、新市民积分管理、重点特殊人群管理工作，刑事发案数实现连续8年下降，群众安全感继续提升；全面推开镇域综合执法试点，积极推进社会稳定风险评估，高质量完成10项市级“关爱民生法治行”实事工程和25项镇级平安法治实事工程，做好“六五”普法收尾工作，法治环境进一步优化；加强政法队伍思想建设、业务培训和纪律作风建设，坚决贯彻落实各项禁令铁规，积极开展政法文联各兴趣小组活动，队伍素质进一步提升。常熟市被省综治委命名为省平安县市；14个镇(板块)被苏州市综治委命名为2015年度苏州市平安镇(街道)；有2个项目被评为苏州市综治和平安建设优秀项目；4个镇(新区)、2个板块被市委、市政府命名为“安定杯”得杯单位；政法综治人民满意“三十佳”、政法工作15个先进集体、20名先进个人、社会管理和社会服务20个先进集体、20个先进个人分别受到市委、市政府表彰。

【召开全市政法工作会议】 2月26日，市委、市政府召开全市政法工作会议，部署新一年政法工作目标任务。会议要求各地、各部门主动适应经济发展新常态，坚持改革和法治双轮驱动，以促进社会公平正义为核心扎实推进法治常熟建设，以维护社会和谐稳定为根本深化开展新一轮平安常熟建设，以打造法治型党组织为引领着力加强政法队伍建设，全面提升常熟政法工作法治化、科学化水平，努力争当全省乃至全国平安建设、法治建设的排头兵，为全面构筑常熟“五位一体、综合发展”新优势创造和谐稳定的社会环境、公平正义的法治环境、优质高效的服务环境。

【如期完成新一轮技防城建设】 2015年，如期完成《常熟市深化技防建设三年规划方案》，在现有治安监控的基础上，通过新建、改造和资源整合，建成以抓拍系统、高清治安监控系统、村级监控系统、小区以及单位内部监控系统“四位一体”的监控体系，形成“点上覆盖、面上成网、外围成圈、覆盖城乡”的“蜂窝式”治安监控网络。至年底，建成投用社会面高清视频监控3060套、村级视频监控15623套、电子卡口抓拍1082套，技防村(社区)、规模和重点单位、小区建成率达到100%；自主研发建设社会性安防系统运维监管平台，将社会面各小区、各单位建设的安防系统接入监管平台，实现运维到位、资源共享的工作目标，年内先行完成100多个居民小区，30多个市场，以及交通、城管、文化等行业共5600多套视频监控同平台的联网；推进重点行业领域、区域性技防体系建设，分别建成市级移动监控体系和水域防控体系；开展电动车防范专项行动、技防一条街建设专项行动、渔业产业园(蔬菜基地产业园)和区域性技防建设等专项活动。

【建立综合执法评查机制】 镇域综合执法工作已初步形成“一个执法主体，一支执法队伍，一个执法平台，一套执法规范”运作模式。按照“先易后难、逐步下放、权责相符”原则，结合政府机构改革和部门实际能力，加快审批、处罚、监管等权力的下放进程，明确板块、部门责任，加强配合，形成合力，实质性推进镇域综合执法工作。开发行政执法网上操作系统，目前权力库数据已经完成更新，相关权力数据已导入完毕，同时配套开发现场移动执法系统，对执法过程进行实时记录，固定现场证据并“零时差”传送至执法平台，实现了案件网上跟踪监督。组织开展综合执法案件评查，并通报评查结果。

【开展重点地区、突出问题整治】 持续推进重点地区、突出问题专项整治，先后开展洞港泾地区、安定地区、小康村地区、小义村地区等35个治安重点地区以及锡太路、苏虞张道路两侧和校园周边环境、“九小”场所、“三合一”、废旧物资回收业等专项整治，采用堵疏结合的方式，一方面以市整治办牵头，各相关镇为主体，各相关部门配合，适时开展集中整治和常态化整治，做到整体推进、措施多样、执法有力；另一方面，各镇依托属地行政村，全面了解和掌握相关人员的相关信息等基本情况，依法送达限期停业告知书，建立长效化管理机制。

【稳妥推进司法改革】 做好司法体

制改革试点工作的各项准备，建立领导干部干预司法活动、插手具体案件处理的记录、通报和责任追究制度，推动建立尊重并执行法院生效裁判的制度。谋划应对立案审查制向立案登记制的重大改变，确保审判工作平稳有序。围绕全市大气、水体、食品安全等领域，对于严重侵害或影响不特定的多数人利益的案件，探索完善提起公益诉讼制度，年内审结2起。完善主审法官、合议庭、主任检察官、主办侦查员办案责任制。推进以审判为中心的诉讼制度改革。落实证据裁判原则，突出庭审中心作用，推进量刑规范化改革，统一法律适用标准，规范自由裁量权行使。建立司法档案，探索实行办案质量终身负责制和错案责任倒查问责制。建立司法机关内部人员过问案件的记录制度和责任追究制度。明确纪检监察和刑事司法办案标准和程序衔接，健全纪检监察机关与检察机关协作配合机制，依法严格查办职务犯罪案件。创新人民群众参与监督司法途径和方式，推进官方微信等司法公开新平台建设，构建开放、动态、透明、便民的阳光司法机制。

【与浙江大学联办法治建设培训班】 4月26日至30日，常熟市依法治市领导小组办公室在浙江大学举办法治建设培训班，各镇分管领导或法治副主任、部门分管领导或法治建设联络员及2014年度人民满意政法干警、人民满意综治法治干部共70多人参加培训。

【开展社会稳定风险评估专题培训】 6月4日，常熟市维稳办对全市乡镇板块、稳评工作的重点部门和相关第三方稳评机构涉及稳评工作的相关人员70多人进行专题培训，共发放300份培训资料。邀请昆山市维稳办主任郭小虎作业务讲座；苏州市坤利管理咨询公司总经理施宝芝就第三方开展稳评工作进行经验介绍。

【苏州市综治办主任会议暨综治信息化建设推进会在常熟召开】 7月2日，苏州市综治办主任会议暨综治信息化建设推进会在常熟召开。会议主要内容是贯彻落实省、市工作要求，加快推进全市综治信息系统建设，研究部署下半年综治和平安建设重点工作。苏州市委政法委副书记、综治办主任曹萍主持会议。苏州市综治办传达了全省综治办主任会议、全省综治信息化建设试点工作推进会精神；姑苏区、张家港市、昆山市作了交流发言；各市、区综治办汇报了上半年重点工作情况及下半年工作打算；省委政法委综治四处处长陈春贵就加强综治基层基础工作作了专题指导。各市、区综治办主任及综治科科长，市综治办领导及各处人员参加会议。

【召开常熟市"关爱工作团"全体成员会议】 7月30日，全市"关爱工作团"全体成员会议在市政协五楼会议室召开，市关爱工作团团长俞惠良作了题为《为孩子们健康成长保驾护航》的报告，市委政法委副书记王燕传达了苏州会议精神，并对关工委在政法方面的下一步工作提出了具体要求。会议对三年来关爱工作成绩突出的单位和个人进行了表彰，市法院、市检察院、市司法局等六个单位进行了交流发言，政法关工委全体人员出席了会议。

【出台《常熟市领导干部学法用法述法考评办法(试行)》】 7月，市委办公室、市政府办公室印发《常熟市领导干部学法用法述法考评办法(试行)》，将领导干部个人学法尊法守法用法情况、依法执政依法行政依法办事能力、重大事项依法决策情况纳入领导干部的年度考核，构建领导干部学法用法新常态，促使领导干部自觉成为尊法学法守法用法的模范。该办法实施后，建立并完善了党委中心组学法制、政府常务会议学法制、网上考法制、"菜单式"培训制、专业讲座培训制等领导干部学法制度，继续推行领导干部任职资格法律知识考试，全年组织非人大任命领导干部法律知识任职资格考试5批63人次，应考人员全部通过。

【建成全国首个法治主题雕塑公园】 8月底，常熟市法治雕塑公园建成，公园总投资1000万元，总面积约2.3万平方米，系全国首个法治主题雕塑公园。公园于2014年4月在城市中心区启动建设，面向全国公开征集设计方案。公园分为法治之光、常熟历史法治、中国古代法治、世界法治四个主题区，包含法与权、六不亭、上善若水、权责亭、宣誓广场、山水明鉴等20个不同类型法治主题雕塑，该项目获得中国环境艺术最佳范例奖。

【市法学会召开第四次会员大会】 9月16日，市法学会召开第四次会员大会。市委书记惠建林，苏州市委常委、政法委书记、法学会会长曹福龙出席会议并讲话。江苏省法学会向大会发来贺信。大会审议通过市法学会第三届理事会工作报告，选举产生市法学会新一届领导机构，市委常委、政法委书记杨崇华当选为第四届法学会会长。副市长范建国等出席大会。

12月8日，省"六五"普法考核验收组对常熟"六五"普法工作进行考核验收

【常熟市国家安全教育基地落成】 11月27日,常熟市国家安全教育基地在市委党校落成。国家安全警示教育展《责任》同时展出,采用声光电技术手段,再现隐蔽战线的历史与现实,揭示中国隐蔽战线斗争的尖锐性和复杂性,介绍中国共产党历史上隐蔽战线的杰出人物。全市各级党组织、社团组织、机关、学校、村(社区)、企业等党员干部群众分批前往参观。

【成立交通事故综合调解处理服务中心】 12月7日,常熟市交通事故综合调解处理服务中心正式运营,由公安交警、法院、人民调解工作室、诉调对接工作室、保险理赔工作室、法律援助工作站、价格认证室7个部门组成,提供集事故处理、人民调解、法律服务、巡回法庭、车辆定损、保险理赔"六位一体"的快捷"一站式"服务,缩短事故处理工作周期,提高理赔效率,维护群众合法权益。 (丁亮亮)

法　院

【概况】 2015年,常熟市人民法院共受理各类案件24286件,同比上升13.90%;结案24364件,同比上升17.08%,均再创历史新高,案件审判质量居苏州全市法院首位。

刑事审判 2015年共审结刑事案件1931件,决定逮捕232人,判处刑罚2306人。依法严惩严重刑事犯罪和涉众型犯罪,审结杀人、抢劫等暴力犯罪案件291件,审结涉案金额8.78亿元的5被告人非法吸收公众存款案和涉案金额211.79万元的9被告人跨国电信诈骗案。恪守证据裁判、疑罪从无原则,判处缓刑691人、免刑22人,对3人(单位)依法宣告无罪。依法严惩职务犯罪,审结贪污贿赂和渎职侵权案17件26人,配合市纪委组织开展职务犯罪案件庭审旁听3次。加强个人信息保护,审结首例利用网络非法获取公民个人信息案。落实未成年人权益保护,对45名未成年犯封存犯罪记录,联合市妇联开展"服刑在押人员未成年子女关爱行动"。

民商事审判 审结民商事案件12304件,同比上升8.30%。以涉民生案件为重点,对劳动争议案件快立、快结,依法维护劳资双方合法权益,结案847件。支持合法的民间借贷和企业融资,结案2519件。规范市场秩序,妥善处理公司股权及经济合同类纠纷,结案2113件。化解婚姻家庭纠纷矛盾,结案1412件。发布食品药品安全等领域的典型案例12起。

知识产权审判 审结知识产权案件306件,同比上升81.07%。审结侵犯"光头强"动漫卡通形象著作权案和苏州首起利用微信平台不正当竞争案。通过"青花"商标纠纷案的审理,维护公众正当使用传统文化公共资源的权利。制定知识产权审判三年规划,发布知识产权六大典型案例、年度报告和刑事案件分析报告。

行政审判 审结行政案件74件。依法审查行政行为的合法性,确认违法1件,确定履行法定职责1件,驳回行政相对人诉讼请求7件。推动行政机关负责人出庭应诉,行政首长出庭率92.86%。依法推进琴湖片区综合改造建设工程和酒厂地块等新征收项目,为行政执法人员开设新行政诉讼法专题讲座4次。

执行工作 执结各类案件9341件,同比上升32.8%,结案标的额52.6亿元。健全执行联动机制,加强与市公安、房管、银行等部门的沟通协作,先后与34家银行实现"点对点"集中查询,开通房产查询专线,建立证券信息定期查询机制,运用支付宝账户冻结手段,着力构建"执行难"综合治理格局。加大执行威慑力度,全年司法拘留114人,限制出境27人,对涉嫌拒不执行判决、裁定和非法处置查封财产的4人依法移送追究刑事责任。启用执行指挥中心,依托最高法院、江苏高院查控系统实现网上直接冻结和划拨。

立案信访 全面落实立案登记制度改革,充分保障当事人诉权,依托"互联网+"和12368司法服务热线,开设网上诉讼服务中心,为当事人提供电子送达、网上立案、电子档案查询、判后答疑等便利,通过手机短信平台及时向当事人推送案件相关信息。搭建平台,由公益律师进驻诉讼服务中心为群众提供免费法律援助。加大涉民生案件执行和司法救助力度,执结涉民生案件4543件6552万元,向238名当事人发放救助基金167.04万元。

审判辅助 全年办结司法鉴定702件,完成法医咨询407件,组织破产清算案件的管理人遴选工作,在司法鉴定中引入鉴定、评估人员调解机制;司法警察大队全年安全提押人犯1705人次,成功处置两起刑事案件开庭中的突发事件;全年被上级法院录用信息41篇次,在各类媒体发表新闻宣传稿件1117篇次,在电视媒体推出法制类节目192期,认真做好新闻发布、媒体采访的各项准备工作;首次发布《民商事审判白皮书》,重点对民间借贷、房地产等8个领域内的新情况和新问题进行分析研判。积极开展经济新常态下司法应对专题调研活动,形成调研报告、司法建议18份。"关于加强小区物业管理""关于建立退市企业职工及民工工资垫付机制""关于我市商业市场包租情况调研"等报告引起市委、市政府高度重视;向市人大代表和市政协委员赠送内刊《琴川法苑》,并随刊附送"征求意见表"主动征求对法院工作的意见建议;扎实做好卷宗督促归档及扫描工作,机要保密工作正常运转,网上答复及时回复,公文流转准确规范。

【规范全员办案】 进一步落实院长、庭长和综合部门法官办案制度,全年院长、副院长结案108件,庭长结案1508件,副庭长结案8117件,综合部门法官结案145件,院长、庭长及综合部门法官结案数占全院结案总数的40.54%。进一步科学调配资源,根据案件类型、法官专业特长、部门收结案态势,及时调整一线办案力量,将综合部门人员充实至一线协助送达、保全,确保一线集中精力、集中时间办案攻坚。进一步提升辅助人员综合素质,制定《法官助手、书记员的职责定位与分工》,减轻法官工作压力。

【规范权力运行】 以虞山法庭为试点,逐步建立以主审法官办案责任制为核心、以审判团队管理为框架的审判权运行机制。制定《关于对被告人认罪、认罚案件从宽处理的若干规定》，适用该程序的156件案件实现了无抗诉、无改发、无申诉，达到充分保障人权、节省司法资源和有效化解社会矛盾的目的。充分发挥小额诉讼低成本、高效率的优势，审结该类案件997件，82%的适用率居苏州全市法院首位。

【加强审判管理】 抓好规范案件清理和审限管理常态化工作，审判质效不断提升，审判管理经验在苏州全市法院院长会议上介绍。落实重大审判实务研判，总结最高法院指定常熟法院承担的“债务人自主重整模式探索与完善”试点工作成果。完成最高法院重大审判理论中标课题《协助执行问题研究》，为执行制度体系的改革提供理论依据。下发调查问卷，成立法院工作研究小组，凝聚全院干警智慧，为党组科学决策提供参考。

【实施内外监督】 制定落实党风廉政建设主体责任和监督责任实施意见，开展司法巡查和审务督查。以积分制考核为抓手，扎实开展廉洁司法集中教育活动。随案向当事人发送“廉政监督卡”3万余份，接受当事人监督。集中开展个别干警预警评估、青年干警廉政风险预防、“远离微信红包”自查自纠3次专项整治活动，确保司法廉洁。做好人大代表、政协委员联络常态化工作，自觉接受人大及其常委会监督。积极配合人大常委会专题调研和集中视察，向主任会议专题报告执行工作。主动向市政协通报工作，听取政协委员意见。全年邀请代表、委员视察法院、观摩庭审103人次。

【落实司法民主】 为进一步弘扬司法民主，拓宽人民群众有序参与司法渠道，积极与市人大常委会、市司法局沟通协调，并制定下发《人民陪审员管理实施意见》《人民陪审员自主管理委员会工作细则》，充分维护陪审员参审的独立性，发挥陪审员参审的积极性，陪审员全年参审案件4073件，在审理涉及环境保护、食品药品安全等人民群众广泛关注的重大案件中发挥了重要作用。目前，常熟法院人民陪审员数增至252名，来自各行各业，广泛性、代表性进一步增强。

【推进司法公开】 适应合信息化时代下人民法院审判执行工作新常态，制定信息化工作细则，重点建设审判流程、裁判文书、执行信息三大司法公开平台，得到苏州中院高度肯定并转发全市法院学习借鉴。在中国裁判文书网公布生效裁判文书12414篇，通过互联网直播庭审99次。开展公众开放日活动，600余人进法院参观。全力推进“阳光拍卖”，淘宝网司法拍卖全年成交金额4.2亿元，为当事人节省佣金1367.5万元。全年召开新闻发布会3次，在全省首创“新闻发布进社区”，常熟法院被最高法院评为2015年度在司法新闻宣传工作和司法理论宣传工作中“做出突出成绩的人民法院”，法院官方微信被评为“江苏十大司法微信”。

4月30日，市人民法院在练南村社区服务站对一起非法狩猎案件进行开庭宣判

【推进诚信建设】 出台《关于防范和处理虚假诉讼的工作意见》，规范诉讼诚信。对一起原、被告虚构债权债务关系的民间借贷案件依法启动再审程序，撤销原调解书。加强对失信被执行人的多部门联合信用惩戒，将1782名常熟籍和1581名非常熟籍失信被执行人信息同时纳入全国法院失信被执行人名单库和常熟社会征信系统，并在市委宣传部、《常熟日报》和法院官方微信共同发布。142名失信被执行人慑于市场准入、资质认定、贷款融资等联合信用惩戒的威力，履行了债务人义务。

【强化法官教育】 坚持以法官为中心，强化教育培训，全年组织各类业务培训35批次。科学合理调配法官岗位和工作任务，努力提升法官庭审驾驭、矛盾化解等综合能力。注重人才队伍建设规划，加强青年法官引导和培养，继续落实新进法官到基层法庭和立案信访窗口锻炼。重视提高法官的司法调研能力，3篇案例入选最高法院“2015年度案例”，2篇论文分获最高法院“荣昌杯”和“春城杯”征文二等奖。

（陈　香）

检　察

【概况】 2015年，常熟市检察院全面深化各项检察改革，认真开展规范司法行为专项整治工作和“三严三实”专题教育活动，推动司法办案绩效有新提升、服务和保障大局成效有新提升、严格规范司法能力有新提升。被评为第三届全国未成年人思想道德建设工作先进单位、全国一级规范化检察室、全国检察宣传先进单位、苏州市先锋基层党组织、苏州市文明单位标兵。在常熟市委机关作风效能建设“公仆杯”竞赛中连续五年入选“十佳得杯单位”。

履行刑事检察职能 受理提请审查逮捕刑事案件1053件1341人，批准或决定逮捕759件916人。依法受理审查起诉各类刑事案件2086件2535人，提起公诉1926件2306人。严厉打击故意杀人、故意伤害、抢劫、绑架等严重危害人民群众生命财产安全犯罪案件93件108人。依法办理危险驾驶、非法买卖、持有枪支、弹药等危害公共安全犯罪案件584件585人。稳妥办理社会影响大、群众关注度高的强迫交易、危险物品肇事、污染环境等犯罪案件7件22人。妥善办理非法吸收公众存款、集资诈骗等涉众型经济犯罪案件8件12人，涉案金额2亿多元。推进平安常熟、法治常熟建设，切实维护社会稳定和人民群众生命财产安全。

加大办案力度 以“落实举报规定，推进反腐倡廉和规范司法”为主题，深入基层开展举报宣传周系列活动，增强群众对反腐败工作的支持与参与度。全年共受理群众举报线索58件，立案查办职务犯罪案件12件15人。立案侦查科级干部职务犯罪3件3人；重点查处发生在工程建设、民生保障等领域职务犯罪7件7人；立案查办行贿、单位行贿犯罪4件6人；查办国家机关工作人员不作为、乱作为等渎职犯罪2件2人。通过办案为国家和集体追回赃款和挽回经济损失900多万元。

转变办案模式 健全举报线索受理、分流、查办和反馈机制，防止有案不办、选择性办案。严格落实询问证人、讯问犯罪嫌疑人同步录音录像制度，规范办案流程。探索推进“智慧侦查”办案模式，加快职务犯罪侦查工作信息化、科技化建设。完善涉案款物长效管理机制，制定出台《常熟市人民检察院涉案财物管理（暂行）规定》，专人专岗专司涉案款物管理，建账设卡及时将信息录入管理系统，严格做到法律依据充分、法律文书完备，单、证、物一致。树立精品化办案理念，提升案件质量，1件案件被评为全省“十大精品案件”，办案经验在全省作交流。

推进惩防一体化建设 建立职务犯罪立案侦查同步介入预防机制，结合办案深入分析系统性、行业性、区域性职务犯罪的特点和原因，先后向涉案单位及其主管部门提出风险防控和堵塞漏洞建议7份，落实反馈率100%。先后组织开展预防法制讲座12场，参观警示教育基地10批次，3000余名党员干部接受教育。开展“代表委员看预防”、群众参与检察建议制发、邮路志愿者参与预防等活动，全力构建预防职务犯罪人民防线。依托“琴川清风”预防研究中心、“预防畅想热线及在线普法中心”，为预防职务犯罪提供理论支撑与实践指导，被评为苏州市“新媒体普法”优秀创意案例。

强化刑事诉讼监督 适时介入引导侦查重特大故意杀人案件8起、毒品案件5起、涉黑涉恶团伙犯罪案件4起；先后推出组织容留卖淫、拒不支付劳动报酬、污染环境三期类案侦查取证指引；依法对侦查活动中的违法情形提出纠正意见9件，防止案件“带病”进入起诉、审判程序。严格执行罪刑法定、疑罪从无、非法证据排除等原则和制度，建立抗诉线索发现、论证和抗诉质量评估机制，依法对审判中的违法情形提出纠正意见2件，提起抗诉1件。

强化刑罚执行和监管活动监督 全面加强对刑罚执行、刑事强制措施执行、强制医疗执行及社区矫正活动的监督，监督交付执行1561人，依法对有关违法情形提出纠正意见31件，提出书面检察建议4份。开展审判前未羁押罪犯交付执行专项检察，清理延迟交付执行8人。深入推进社区服刑人员脱管、漏管专项检察，依法监督收监执行3人。按照中央和最高检统一部署，严格做好特赦部分服刑罪犯专项检察监督工作，监督特赦服刑罪犯5人。

强化民事诉讼监督 综合运用抗诉、再审检察建议、支持起诉、督促起诉等手段，构建多元化民事检察监督体系，先后支持起诉、出庭抗诉2件；监督纠正民事虚假诉讼案件11件，依法追究4名虚假诉讼行为人刑事责任。成立环境食品药品专案办公室，与有关部门共同推进行政执法与刑事司法、公益诉讼相衔接工作。严格落实修订后行政诉讼法，制定《发现行政机关违法行使职权或不行使职权案件线索移送（暂行）办法》，实施以来，依法办理行政违法案件2件，向有关行政机关发出督促履行职责检察建议2份。

【开展规范司法行为专项整治活动】 认真组织开展为期一年的规范司法行为专项整治工作。先后对2013年以来办理的4000余件案件逐一排查，向人大代表、相关政法部门发出征求意见函90余份。从司法理念、司法作风、职业态度、专业水平等方面深刻剖析问题产生的根源，先后制定出台《关于在职务犯罪侦查中保障律师权益的办法（试行）》等27项工作制度，把程序与实体并重、“理性、平和、文明、规范”司法理念融入到办案全过程。

【推出“六个一”工程】 探索创新涉案未成年人帮教新模式，针对涉罪未成年人90%以上来自外地籍家庭，且监护人文化程度低、参与帮教能力不足、参与度不高等状况，以“办理一个案子，挽救一个孩子”为目标，着力构建“六个一”工程，即一次走访调查，把握问题关键；一封家长书信，搭建沟通桥梁；一次亲子互动，重塑家庭关系；一份未来计划，强化监护职责；一次亲职辅导，提升帮教能力；一份阳光档案，共筑亲情防线。引导监护人充分发挥帮助未成年人树立正确思想观念、养成良好行为习惯过程中的重要作用，有效填补监护人在教育挽救涉罪未成年人工作过程中的角色缺失，取得良好效果。

【开通律师服务系统】 开通律师服务系统，律师等特定人群可通过微信或QQ将身份与代理案件进行预约关联，通过服务系统短信自动获得各种重要节点信息，在苏州地区首次实现了案件信息从受理、批捕到开庭、判决的全覆盖。此外，通过该系统的预约功能，辩护人、诉讼代理人还可与案管干警联系，协助他们与办案检察官进行沟通交流。该系统极大方便了律师等受众群体，扩大了检察机关服务群众的空间和时间范围。

【引入社会评议团参与公开审查】 对存在较大争议或者具有较大社会影

响以及疑难复杂等案件，通过公开听审、公开听证、公开论证、公开宣告、公开答复等形式，邀请社会评议员进行共同审查，社会评议员来自社会各界，有人大代表、政协委员、人民监督员、特约检察员，有专家咨询委员、社区矫正机构及帮教机构代表、热心公益的市民群众、外来人员代表，也有已退休的社会团体工作人员以及其他适宜担任评议员的人员。

【创新检律协作机制】 与司法局共同制定《关于在处理信访、申诉等案件中建立检律协作机制的实施意见》，推进律检协作，拓宽协作渠道，保证律师行使正常权利，妥善解决涉检矛盾纠纷。此后，根据中共中央政法委员会、江苏省人民检察院先后出台的《关于建立律师参与化解和代理涉法涉诉信访案件制度的意见（试行）》《关于开展律师参与化解和代理涉法涉诉信访案件试点工作的方案》精神，对上述《实施意见》进行了补充和完善，12 月 7 日江苏法制报刊发《请律师来释法说理》一文，对常熟市检察院的经验和做法予以报道。

【入驻微信和“头条号”】 抓住微信和“头条号”兴起的趋势，驻扎到这两块新兴的媒体平台，第一时间发布检察工作动态和案件信息，进行法治宣传，同时组织预防职务犯罪微友群，多方收集群众对检察工作的意见和建议，不断完善检察工作。

【举办预防职务犯罪研究中心沙龙活动】 以纪念抗日战争胜利 70 周年为契机，探讨如何将沙家浜红色资源与职务犯罪预防文化建设有机结合，进一步弘扬革命优良传统，推动预防职务犯罪工作创新创优发展。

【构建预防职务犯罪人民防线】 开展“代表委员看预防”、群众参与检察建议制发、邮路志愿者参与预防等活动，构建预防职务犯罪人民防线。依托“琴川清风”预防研究中心、“预防畅想热线及在线普法中心”，为预防职务犯罪提供理论支撑与实践指导，被评为苏州市“新媒体普法”优秀创意案例。

【打造“效能检察”】 做好司法责任制改革准备工作，制定并实施《案件质量积分管理考核办法》，健全责、权、利相统一的配套机制。建立认罪轻案快速审查机制，提高审查效率，案件审结率提升至 92%，在全市保持领先，工作经验被省院转发。建立刑事检察办案指挥中心，与法院庭审对接，先后开展出庭观摩 21 次、庭审指挥 7 次、证人视频出庭 3 次，得到最高检、省院、苏州市院领导充分肯定。突出侦查监督在审判前的主导地位，建立健全主罪主证复核工作机制，构建以物证、书证、鉴定意见等客观性证据为基石的综合证据体系，先后进行案件主证复核 117 件。

【完善内外监督机制】 全面强化内部监督管理，制定《作风效能建设积分管理考核办法》，探索实行“全员参与检务督察制度”，工作经验被省检察院转发。牢固树立主动接受监督意识，向市人大常委会作主动接受监督专题汇报；邀请人大代表、政协委员视察检察为民服务中心、办案区、通报检察工作 7 次；组织代表委员、人民监督员、特约检察员 50 多人次听庭评议案件；走访人大代表听取意见 12 次；制定《关于自觉接受人大及其常委会监督的规定》等 7 项制度，使检察机关接受监督更加全面、更加规范。

【探索环保领域公益诉讼工作】 支持环保公益组织向违法排污企业和个人提起民事诉讼，请求法院判令承担环境损害赔偿责任，取得较大进展。建立环境资源司法保护联席会议制度，和环保、公安、法院等部门签订《关于打击环境污染犯罪行政执法与刑事司法、民事公益诉讼衔接工作办法》，对建立环保案件应急联动、案件移送等作出具体规定。对一起环境污染公益诉讼案件线索进行初查，召开环境公益诉讼专家论证会。前期准备工作基本完成，评估机构已出具环境损害评估报告，金额为 600 多万元。 （李国洪）

公　安

【概况】 2015 年，常熟市公安局全力做好维稳工作，协助党委政府依法稳妥处置因商铺售后包租、劳资纠纷、住宅小区延期交房等各类聚集事件 217 起，圆满完成全国“两会”、北京“九三”阅兵、苏州“16＋1”会晤及世乒赛等各类大型安保活动 33 次。通过严防严控，全市刑事发案同比下降 2.2%，实现刑事发案“八连降”的工作目标，其中“两抢”案件发案创历史新低，盗窃案件同比下降 8.1%。全力推进技防建设三年规划扫尾工作和“技防示范街区”建设工程，建成各类高清抓拍比对系统 700 余套、高清治安监控 4100 余个、村级治安监控 1.5 万余个，城区、农村监控覆盖率分别达到每平方公里 40 个和 20 个。组织全警开展“五进走访送平安”活动，走访单位、家庭 25.6 万家，通过上门入户面对面宣传、集中宣讲、派员值守 ATM 机等多种方式，大力宣传电信网络诈骗防范知识。强化刑事技术建设和网上网下合成侦查，不断提升核心打击力，全市各类刑事案件整体破案率达 28.6%，破案率和破案绩效位列苏州市前列。严格落实吸毒人员“逢嫌必检”措施，在苏州首推微量毒物发检技术，共破获公安部目标案件 2 起，抓获毒品犯罪嫌疑人 71 人。深入推进执法规范化建设，着力提升民警执法能力，完成申请政府信息公开答复、行政复议、行政诉讼任务，年内依法回复申请政府信息公开 21 件，23 起行政复议案件全部维持市公安局具体行政行为，26 起行政诉讼案件全部胜诉。加强消防安全监管，排查登记“九小场所”“三合一”场所 7 万余家，对发现的火险隐患，严格督促单位制定整改方案、落实防范措施，共整改火灾隐患 6.5 万处；建立完善重大火灾隐患抄报机制，对督改阻力大、涉及面广、责任主体缺失的区域性火灾隐患，抄报属地政府牵头开展综合治理。年内，全市火灾事故同比下降 23%，事故死亡人数同比下降 75%。

打击各类犯罪 全年立刑事案件 10829 起，破 2960 起，破案率 27.33%。抓获各类刑事犯罪嫌疑人 4550 人，其中网上逃犯 386 人；刑事拘留、取保候审各类嫌疑人 2939 人，检察提起公诉 2402 人。严厉打击暴力犯罪活动，11 起现行命案全破，八类案件立 344 起，破319起，破案率为92.7%，其中杀人案件立3起破3起、抢劫案件立39起破35起、强奸案件立58起破53起、故意伤害案件立243起破224起、放火案件立1起破1起。深入开展打击侵财犯罪质效提升年专项行动，破获苏州挂牌案件10起。重拳打击黑恶势力和涉黑团伙犯罪，共打击各类涉恶团伙39个，抓获团伙成员175人，破案51起，其中3人1起团伙34个148人破案34起，3人3起团伙5个27人破案17起。打掉服装城寻衅滋事团伙，抓获犯罪嫌疑人10人。侦破一起聚众斗殴案，抓获在服装城地区聚众斗殴的犯罪嫌疑人11人。

基层基础建设 市公安局完成三年技防规划、网络查勤系统"三化"改造、出入境分理点建设以及网警111系统设备升级等项目，完成辛庄派出所、辛庄交警中队迁建工程和战训基地改扩建工程项目的立项，完成大义派出所（含大义巡特警中队）翻建工程、S338省道治安卡口建设工程、刑事技术中心改造工程立项前期手续办理工作。为基层所队新配备执法记录仪300台，单警装备柜180只，为特警统一配置作战靴、作训鞋、作战服。

社会治安管理 市公安局共侦破治安类刑事案件66起，刑拘73人，取保候审57人；查处治安案件705起，行政处罚1530人。全力维护社会政治稳定，滚动排查不安定因素信息2013条，涉及不安定因素1158件，群体性事件预警率达100%。加强人口管理工作，全市总户数为327858户，总人口为1068211人，其中男性为518336人，占48.5%；女性549875人，占51.5%。全市外来人口工作量为1855186人次，同比上升8%；全市外来人口实有数为921709人，占2014年年末实有数938191人的98.2%。全市有出租房屋121108户、417531间。全市寄住人口登记数为327077人。年内共组织8轮、256次外来人员实地检查，抽查2万余人次，信息登记率、准确率分别达97.9%和91.9%。在全市范围内组织开展出租房屋专项整治工作，排查发现群租房1473处、2043间，全部发放整改通知书。组织开展门牌规范整治行动，完成全市71条道路、7800余块门牌的补缺和纠错任务。做好治安阵地管控工作，严格落实旅客实名登记、场所硬件设置配备等各项规定，全年共检查旅馆7802家次，处罚未按规定登记旅客信息的前台服务员67人，旅馆被罚款58家，取缔无证旅馆12家；检查公共场所8521家次，发现并整改安全隐患200余处，12家场所被停业整顿，21家受到罚款处罚。加强危险物品安全监管，组织召开全市剧毒化学品销售单位、全市电镀行业负责人及小剂量剧毒化学品使用单位安全主管会议，集中学习《剧毒化学品、放射源存放场所治安防范安全标准》等规定；加大对涉危单位安全防范设施、基础台账、值班等方面的检查力度，检查发现、整改各类安全隐患200余处，全市未发生一起涉及危险品安全事故。加强治安查禁工作，严厉打击黄赌娼违法犯罪活动，查处黄赌娼案件705起，刑拘54人，取保候审39人，治安处罚1530人，收缴各类赌博机335台。组织开展"利剑行动""打击食品药品环境犯罪深化年"专项行动，加强与环境、卫生、市场监督、人社等部门协作，侦破生产销售有毒有害食品案3起、环境类案件11起、非法行医案件4起、拒不支付劳动报酬案8起，违法持有、买卖枪支案件3起，刑拘18人，取保候审15人。破获非法运输、处置700余吨废酸的系列环境污染案件，抓获涉案人员6人。扎实开展"缉枪治爆"专项行动，收缴管制刀具135把、弓弩9把、气枪31支、仿真枪3支、彩弹枪90支，军用弹345发、气枪铅弹23.6万发，非法烟花爆竹250余箱。加强犬类管理工作，24小时受理涉犬警情，共捕捉流浪犬、有主散放犬1571只，责令犬主补办养犬许可证101张。

打击经济犯罪 全市共接各类经济犯罪警情332起，立案183起，同比上升9.58%，破案144起，挽回经济损失657.3万元。抓获犯罪嫌疑人169人，其中逃犯40人。狠抓大要案件侦破，共立非法集资类涉众型经济犯罪案件11起，破案9起，抓获犯罪嫌疑人10人，受害人员3700余人，涉案金额9亿余元，侦破苏州地区首例利用P2P网络平台非法吸储案、设立私募基金公司非法吸储案等特重大案件。严厉打击涉企侵财类犯罪，侦破涉企类职务犯罪、扰乱市场秩序类案件33起，抓获犯罪嫌疑人62人，逮捕27人，为企业挽回经济损失500余万元。组织开展打击假冒伪劣犯罪专项行动，捣毁制售假窝点14个，收获涉假物资9万余件。捣毁服装城地区售假窝点9个，查获假冒"阿迪""耐克"等品牌服装8万余件。精心组织猎狐境外追逃专项行动，抓获4名境外逃犯。深入推进打击整治假币专项行动，立假币案件5起、破4起，收缴假币9万余元。积极开展经侦宣传工作，提高防范和打击经济犯罪的能力。加强预防经济犯罪宣传工作，抓住"1·10""3·15""5·15"等宣传节点，广泛开展群众维权宣传活动，向企业赠送《经侦时讯》季刊800份。

网络监控管理 开展网络安全管理监察工作，现场检查单位13家，组织相关单位自查23家，远程检测网站115家，检测出有安全隐患的网站32个。加强属地网站监管，定期召开本地重点网站工作例会，提高网站自我管理的法律意识，处置违法有害信息568条，责令限期整改网站13家，行政处罚网站12家。强化侦查工作，全年破获涉网案件59起，抓获对象78人。赴河南商丘、山东高密等地侦查，破获一批网络诈骗案件、非法获取贩卖公民个人信息案件、网络赌博案件。

交通管理 2015年，全市共有机动车39.4万辆、驾驶员49.7万人、电动自行车109.4万辆，累计发生道路交通事故110645起，同比上升3.9%。其中，道路交通死亡事故210起、死亡215人，同比分别下降3.2%和3.6%。查纠交通违法行为61.7万起，查处违章停车14.3万起，行政拘留交通违法行为人516人。非现场执法采集42.5万起，占纠违数总量68.9%。危险驾驶刑事案件立案530起，办理交通肇事案100起，刑事拘留54人，直接取保候审578人，提起公诉634人。深入开展"三小车辆"集中整治，收回原残疾人机动车155辆，置换新型残疾人机动轮椅车

130 辆，查扣各类违法“三小车辆”2866 辆。推进轻微交通事故快速处理，在城区设立 4 个交通事故快速理赔中心，共受理轻微交通事故 9962 起，占市区事故总量 19%。规范城区停车秩序，向社会公布 9 条违法停车严管路段，依托高清抓拍等非现场执法手段，对严管路段的机动车道、非机动车和人行道的违法停车实行严格管理。联合城管执法部门开展联合执法，对违停乱放现象进行集中治理，清理“僵尸车”20 余辆。全年共记分处理严管路段违法停车行为 18156 起，各类拥堵报警同比下降 28.6%。建立酒驾常态化整治机制，组织开展 60 余次“零点酒驾清查行动”，共查处醉酒驾驶 534 起，饮酒驾驶 1055 起，涉酒事故下降 20.4%。开展交通安全隐患大排查大整治百日行动，对锡太公路、苏虞张公路开展重点整治，规范完善交通标志标线，标明限停等交通管理标示，在事故易发路段安装交通违停抓拍系统。加强道路运输企业检查管理，严格落实企业安全运行责任，清查“营转非”大客车、旅游包车、危险品运输车、接送学生车辆等重点车辆，严治逾期未检和报废车辆，对全市国省道、农村公路安全隐患进行全面排查梳理。做好车辆源头管理工作，预防涉及旅游客车、“营转非”客车、校车的重特大交通事故，出动警力 900 余人次，设置检查点 22 个，检查旅游企业 6 家，排查旅游客车 311 辆、校车 87 辆、校车驾驶员 95 人，增设护学岗 36 处，教育驾驶员 339 人次。做好东北三环快速化改造工程期间施工道路周边的交通组织工作，最大限度降低施工对周边道路的交通影响，保障高架道路施工期间道路安全、畅通、有序。承办东北三环快速化改造智能化控制系统，邀请公安部交通科学技术研究所、省交警总队秩序处、省交通科学研究院、苏州交警支队等单位人员成立专家组，对控制系统实施方案进行评审，严格落实施工，严把质量关口，确保东北三环快速化道路改造顺利交验通车。持续开展常规交通安全宣传，开通“常熟交警”微信公众号向社会发布交通路况、旅游出行指引、占道施工、交通管制、交通组织变更、车驾管理业务、交通违法记分等信息。

禁毒工作 破获涉毒刑事案件 66 起，抓获犯罪嫌疑人员 71 人。查获吸毒行政案件 593 起，处理吸毒违法人员 747 人，其中强制隔离戒毒 142 人，社区戒毒 238 人。缴获毒品折合海洛因 14.1 千克。全面推行吸毒嫌疑人员毛发司法鉴定技术，有效提高对尿检阳性“零口供”吸毒人员的鉴别力。实施吸毒人员“多位一体”动态管控，全市社区戒毒（康复）人员在控率 100%，在控吸毒人员就业安置率 88%，高于苏州市平均水平。全市有易制毒化学品单位 958 家，其中生产单位 18 家、经营单位 80 家、使用单位 860 家。组织易制毒化学品单位培训，在 14 家企业安装公安部“全国易制毒化学品信息管理系统”，为 201 家企业开通网上办证服务，对 350 家企业进行等级评定工作，其中甲级单位 88 家，乙级单位 180 家，丁级单位 82 家。全年未发生制毒案件，未发生易制毒化学品流入非法渠道，未发生被上级部门及外县市公安机关查获违反易制毒化学品管理案件。全面加强禁毒宣传教育，组织禁毒志愿者开展“七彩夏日”和“不让毒品进校园”等主题活动 160 余场次，市禁毒教育基地接待各类参观人员 25 万余人次。

城市巡逻防控 调整优化防控布局，将城区划分成 40 个网格防控单元，巡特警大队定人定岗定责，实行 24 小时网格化巡逻；在派出所推行“接巡合一”模式，将全市划分为 69 个接处警巡区，每个巡区配置 1 辆接处警巡逻车、若干辆巡逻摩托车，有警接警、无警巡逻。整合城区派出所警力，组成 30 人的控发案机动队，通过警情研判分析，集中投向治安复杂区域，有效压降案件警情。扎牢环城、环市两道防线，在城区外围设立 19 个治安查报站和 49 个环城电子卡口，在城市外围建设 14 个治安卡口和 22 个高清智能卡口系统。针对常熟与无锡、昆山接合部违法犯罪警情高发的实际，常态化组织农村派出所开展区域联防工作。通过巡逻盘查、设卡检查，抓获各类违法嫌疑人 1453 人，其中刑事拘留以上处理的嫌疑人 602 人，网上逃犯 96 人，治安拘留 683 人，强制戒毒 28 人，社区戒毒 44 人，全市盗窃案件同比下降 8.9%，其中盗窃电动车发案同比下降 16.6%，入室盗窃案件同比下降 6.7%；“两抢”案件全年发 67 起，创 22 年来历史最低。

城市巡逻防控

出入境管理 临时到常熟境外人员 34379 人次，同比减少 3.23%，其中外国人 25738 人次，台湾居民 7560 人次，港澳居民 980 人次，华侨 101 人次。常熟市常住境外人员 4299 人，同比上升 17.56%，其中，外国人 1849 人，台湾居民 2450 人。市公安局办理境外人员各类签证（注）3116 件次，同比减少 8.02%。其中外国人办理各类签证 2287 件次，台湾居民办理各类签注、证件 814 件次，出入境通行证 15 件次。

常熟港境外船员入港12551人次、出港11865人次，入境15111人次、出境14386人次，外轮入港584艘、出港648艘，入境975艘、出境925艘。市公安局签发船员过境签证335件次。查处涉外案（事）件29起，其中境外人员非法居留案件21起（外国人15起、台湾居民6起），非法入境案件2起，治安案件2起（外国人、台湾居民各1起），死亡事件4起（外国人2起、台湾居民2起）。积极做好出国境管理工作，全年共受理出国境申请65852人次，同比增加24.36%，其中出国36503人次、往来港澳19438人次、往来台湾9896人次、出入境通行证15人。受理网上申请3120件次；新增报备国家工作人员1272人，更改报备信息4人，撤销290人；上报多次商务签注备案企业18家，备案28人。优化出入境窗口服务，为申请人提供预约、延时服务，开通绿色通道。在全市32个派出所设立出国境证照受理服务分理点，共受理出国境申请2804人次，占全市出国境总受理量16343人次的17.16%，占全市首次证照申领受理量13653人次的20.54%。加强涉外培训，举办7场旅馆业境外人员临时住宿登记培训会，全市70余家宾馆、酒店的290多名宾馆从业人员全部参加培训。

单位内部保卫管理 登记管理内部单位53977家，其中省级1家、市级46家、县（区）级340家、社区关注单位1594家、一般单位10221家、个体工商户39546家，比上年底减少795家；检查企事业单位4854家次，其中常规检查2741家次、主动检查905家次、专项检查1208家次、整改复查27家次，等级以上实有单位检查率达100%。检查出隐患单位133家，隐患数428个，当场改正72家，限期整改并处警告44家（整改完成7家、通报1家、协调解决7家）。围绕人防、物防、技防设施落实情况，对校园开展专项安全检查520次，发现并督促整改校园安全隐患54处。组织第四次银行业金融机构安全评估工作，全市483家银行网点全部通过上级评估。组织银行大堂经理、柜员、保安开展电信网络诈骗案件防范专题培训43次，培训人数1500余人次，通过银行向群众发放防骗宣传资料1.5万余份，全市银行业金融机构劝阻拦截诈骗案件119起，警辅人员、志愿者劝阻拦截诈骗案件107起，避免群众遭受经济损失400余万元，表彰奖励见义勇为先进个人162人次。加强与安监部门协作配合，健全重大责任事故信息报送、案件查处和执法检查机制，加大对已发事故的定性查处和责任追究力度。配合市安监局参与重大安全生产事故调查32起，立案侦查13起，对24人采取刑事强制措施。依托全市5家医院警务室，做好医院安保工作，配合医院化解尚未成形的医患矛盾4起，调处成形的医患纠纷2起，处置医患纠纷3起，其中殴打医务人员案件2起，治安处罚2人。

大型活动安全保卫 做好全市“两会”、春节香汛、农历“三月三”香汛活动、普通高校招生考试、普通高中学业水平测试的安全保卫工作，完成第十六届中国江苏（常熟）服装服饰博览会、2015中国智能车未来挑战赛、2015尚湖国际半程马拉松赛、苏州市纪念中国人民抗日战争暨世界反法西斯战争胜利70周年大型主题群众歌会等33次大型活动及重要会议和体育赛事的安保工作。

【全省公安审计工作暨执法活动财物动态审计现场会在常熟召开】 1月27日至28日，江苏省公安厅在常熟召开全省公安审计工作暨执法活动财物动态审计现场会，贯彻落实公安部《关于加强公安审计“四项建设”的意见》和省公安厅党委关于全省公安机关“四项建设”部署要求，总结四年来全省公安审计工作，部署今年全省公安审计工作和“四项建设”任务，推广执法活动财物动态审计经验。公安部审计局副局长陈洁，省公安厅党委委员、副厅长王琦，省审计厅巡视员、省内审协会会长李荣荣，省公安厅党委委员、苏州市副市长、苏州市公安局局长张跃进出席会议。市委常委、政法委书记杨崇华致辞，南京、无锡、徐州、南通、盐城、江阴市局及省警官学院介绍交流有关审计工作经验，市政府党组成员、市公安局党委书记、局长吴军交流了常熟公安开展执法活动财物动态审计工作的经验。全省各市、县（市、区）及江苏警官学院分管审计领导、审计处（科）负责人，省公安厅审计处相关负责人共计170余人参加会议。

【推进义警队伍建设】 在各镇板块组建了14个义警分会、39个义警大队，发展会员单位48个，招募义警队员6000余人。年内，全市义警队伍协助公安机关开展各类随岗式、集中式活动2000余次，为平安建设义务奉献2.4万多小时，在ATM机值守、各类防范宣传、校园安保、大型活动现场秩序维护、为民服务及企业内部服务管理等方面发挥了重要作用，阻止9起诈骗案件，帮助群众挽回经济损失近20万元。11月初，市公安局联合义警总会举办“隆力奇之夜—平安面对面”暨常熟市义警总会成立一周年文艺晚会，市委、市政府相关领导和社会各界群众2000余人参加。

【如期完成“黄标车”淘汰专项治理任务】 市公安局成立由局长任组长，分管局长任副组长，各派出所长、交警中队长为第一责任人的黄标车淘汰专项工作领导小组，明确交警部门牵头，派出所、巡特警部门全力配合，实行“一车一档”，对重点、难点车辆采取抓拍、布控等攻坚查禁措施。同时，采取上门工作等便民服务手段，简化淘汰和补贴申领手续，加快工作进度。年底前共淘汰黄标车9618辆，超额完成省政府下达的任务。

【开展“走访送平安”活动】 在全市范围组织开展“五进走访送平安”活动，进机关、企业、学校、社区、家庭，开展面对面防范宣传，查找整改各类安全隐患。广泛整合社会力量配合民警共同参与开展“走访送”活动，有效发挥社会力量关系熟、地域情况清、工作便利等优势，共同参与企业家庭走访、安全防范宣传、金融网点值守、网络舆情引导等工作，形成以主带辅、以点带面的全方位工作格局。公安机关共走访家庭21.4万户，走访企事业单位4.2万家，采集变更各类基础信息21万余条，发放宣传资料40余万份，通过“走访送”

活动有效防范、遏制警情107起，电信网络诈骗警情升幅较上年收窄35个百分点，排查发现“三合一”隐患场所1.4万家，完成整改1.2万家。

【完善“110”社会联动机制】 年初，针对近年来全市非警务类警情迅猛增长，“110”报警平台超负荷运行的突出情况，市公安局向市政府作专题汇报，推动政府制定出台城市管理涉及部门职能交叉有关事项的分流处理意见，进一步明确各部门职能分工，公安部门牵头负责“三合一”场所、生活类噪音扰民的处置，对违规饲养犬类、家禽家畜引发的邻里纠纷、小区内移车、动植物疫情引发危险等9种情况仅承担配合责任，为非警务类警情的分流厘清了管理关系。通过对“110”接处警平台系统升级和功能完善，解决“110”接处警平台与“12345”便民服务平台的并网对接问题，实现平台之间相互实时派单和跟踪反馈，确保分流工作有据可查、有迹可循，并建立规范的分流工作流程，提高分流处置效率。推动和配合便民服务中心分解落实公共管理服务工作责任，健全处置反馈和部门应急响应机制，强化督促检查与跟踪回访，加大考核奖惩力度，提高相关职能部门工作效率和管理服务水平，杜绝推诿扯皮现象。对接报的一般非警务类警情，市公安局直接流转至“12345”平台，由便民服务中心指令有关部门及时前往处置；对紧急或需要“110”联动的非警务类警情，实行双向派单，在指令民警先期前往处警的同时，加急流转至“12345”平台，由便民服务中心指令有关部门立即前往处置，民警前往现场做好事态稳控等职责范围内工作，待职能部门到达后按规定进行移交或配合。市公安局还通过汇报建议、人大代表和政协委员议案提案等方式，推动政府加强“120”医疗救助、水电气应急处置、矛盾纠纷调解、城市管理、环境保护等方面专业力量建设和应急值守。通过建立“110”与“12345”联动机制，年内通过平台成功流转移车求助等非警务类警情24.9万起，引导市民遇急难险要情况拨打“110”、非紧急情况拨打“12345”，有效提高报警高峰时段“110”接通率。

【加强应急处突配套建设】 狠抓反恐处突实战保障能力提升。着力加强应急物资装备库建设，配套制定了专门的应急物资储备使用规定和定期维护保养规定，累计购置个人防护类、交通运输类、通讯类、医疗救护类等10大类应急物资装备共2000余件，确保装备状态良好率始终保持在95%以上。充实专家库人员，专门组建并不断充实涵盖公安以及联动单位的应急专家库，涉及公安、卫生、医学、化工、生物、放射、电气等专业领域共24名专家入库，为应急指挥决策提供智力支持。完善应急预案库建设，根据反恐处突现实需要，按照安全事故、公共卫生、社会安全三大类突发性案（事）件，会同政府相关职能部门，共同制定了各类细化应急预案13个，逐一明确职责、明确任务，并定期组织开展应急处置演练，先后组织消防等各类应急演练4次。优化应急处置警力库，专门组建一支230人的特警防暴队，专职承担各类突发事件应急处置。详细制定机关警力支援方案，抽调机关部门120名警力组成应急支援队，按突发事件等级划分视情派员支援，确保突发事件得到稳妥处置。 （陈　亮）

司　法　行　政

【概况】 2015年，全市各类人民调解委员会共组织纠纷排查16538次，调处纠纷11139件，调处成功率为99.8%；预防民转刑案件1起5人；劝阻群体性上访237起1202人次，防止矛盾纠纷激化23起。共接收社区服刑人员315人，解除矫正360人，年末在册人数386人；接收刑满释放人员689人，解除340人，年末在册人数1716人。律师事务所共办理各类案件4629件，基层法律服务所共办结各类案件793件，市公证处办结各类公证11363件。市法律援助中心批准批派承办法律援助案件862件，“12348”接待来电来访咨询7611起。

【全面推进一村一社区法律顾问工作】 明确村（社区）法律顾问工作的指导思想、人员选聘、服务事项、工作制度、经费保障、工作考核等内容，充分挖掘村（社区）法律顾问工作中好的做法经验并及时宣传推广，形成全社会重视、支持和推动基层法律顾问工作的良好氛围。尊重村（社区）自主选择权，采用自主聘用、律协推荐、律师自荐等“双向选择”模式，保证每个村（社区）都有一名律师或法律工作者担任法律顾问。统一法律顾问聘用协议，制定村（社区）法律顾问“4＋X”服务事项清单，即：为村（社区）提供法律意见、开展法治宣传、参与矛盾纠纷化解、为群众提供法律咨询和法律援助，同时根据村（社区）实际，另行增加服务事项。

【打造“一季一主题”帮教品牌】 市司法局打造“一季一主题”延伸帮教

12月1日，常熟市启动中小学法治宣传主题月活动

品牌,加快"监地衔接"一体化进程。四个季度主题分别为:"关爱女性·修复家庭""抚慰心灵·感悟新生""花好月圆·祈盼回归""送法入监·情暖高墙"。市司法局联合市妇联、市心理卫生协会、市法治文化艺术团等到宜兴、溧阳、苏州、南京等地监狱,通过举办"一对一"帮教座谈会、心理健康知识讲座、法治文艺演出,开展普法宣讲和提供法律咨询,发放法律书籍、慰问品等多种形式的延伸帮教活动,促进在监服刑人员增强法治观念,自觉接受教育改造,争取早日回归社会。

【常熟市闽南商会人民调解委员会挂牌成立】 3月31日,常熟市闽南商会在市司法局和市工商联的指导下,挂牌成立人民调解委员会。常熟市闽南商会于2002年11月成立,共有会员单位400多家。常熟市闽南商会人民调解委员会按照《中华人民共和国人民调解法》等法律法规,参与调处化解商会会员单位内部、会员与会员之间发生的矛盾纠纷,促进会员诚信守法经营。

【司法部"七五"普法规划起草工作组到常熟蹲点调研】 4月10日至20日,司法部"七五"普法规划起草工作组到常熟蹲点调研,江苏省司法厅副厅长张光东、苏州市司法局局长朱正、常熟市市长王飚等参加。工作组实地考察了常熟市安监法治文化公园、常熟法治文化街等法治文化阵地,了解常熟数字电视普法平台和法治雕塑公园建设情况,对常熟"六五"普法工作给予充分肯定。

【率先实现矫务通配备全覆盖】 6月18日,市司法局为市镇两级社区矫正机构配备43台刑罚执行矫务通终端手机,率先实现县级区域矫务通配备全覆盖,并配套制定《常熟市刑罚执行矫务通使用规定》,规范矫务通保管、使用和维护。刑罚执行矫务通是省司法厅要求推广的社区矫正执法软件(APP),功能主要包括社区服刑人员基础信息查询、实时定位管控、越界报警处理、现场执法保全、公告事项查看、工作人员通讯录等,可实现与省社区矫正内网平台实时对接、数据交换、功能整合,将极大提升社区矫正现场执法能力和信息化监管水平。

【常熟涉军维权网络实现全覆盖】 6月23日,市司法局联合市民政局、市人武部在全市9个驻常部队设立法律援助工作站(联系点),加上之前已建立2个法律援助工作站,实现全市军人军属法律维权网络全覆盖。市司法局与驻常部队建立联络机制,加强军地共建,同时依托"12348"公共法律服务平台和各法律援助工作站,以法律援助为主导,将普法宣传、人民调解、法治教育等职能有机结合,组织全市法律服务工作者开展"法律进军营"系列活动,构筑军人军属法律援助"绿色通道"。

【召开全市律师队伍全面依法国教育动员大会】 8月1日,市司法局、市律师协会召开全市律师队伍全面依法治国教育动员大会,贯彻落实司法部和省司法厅关于在律师队伍中开展全面依法治国教育决策部署,全市12家律师事务所共200多名执业律师、实习律师参加了教育学习。会议表彰了江苏少平律师事务所、江苏俞晓华律师事务所、江苏泰实律师事务所为"苏州市优秀律师事务所",徐钊等8人为"苏州市优秀律师",周建军等3人为"苏州市优秀公益律师",并进行了集体宣誓仪式。

【信函传媒宣传《江苏省人民调解条例》】 9月17日,市司法局与市邮政局合作,印刷人民调解知识问答卡1万份,通过信函传媒方式,发放至全市机关、企事业单位、村、社区群众手中。信函传媒背面刊登《中华人民共和国人民调解法》和《江苏省人民调解条例》相关知识,正面印制人民调解知识问答题,市民群众可详细阅读人民调解相关知识后填写知识问答卡,对人民调解工作提出建议和意见,并将答题卡通过信函邮寄方式寄给市司法局。信函传媒上还印制了常熟司法APP二维码,市民通过手机扫描二维码,即可登录常熟司法局便民APP,了解常熟普法宣传、人民调解、律师在线、公证服务、法律援助等业务,获得便捷、高效的法律服务。

【首个司法公众服务APP上线】 9月28日,市司法局研发的"常熟司法"APP上线运行。"常熟司法"APP平台主要包含"普法宣传""在线考试""律师在线""公证服务""服务机构"和"法律援助"六大模块。通过该平台,市民可及时了解本市法治动态、司法趣闻等法律资讯,观看廉政书法、法律微电影;在线参加普法知识考试,在寓教于乐中轻松学习法律知识;通过语音对话、文字交流等与律师在线交流,获得个性化法律服务;了解各类公证办理须知和收费标准,在线预约公证办理服务;一键拨打市法律援助热线电话"12348",由公职律师提供法律咨询和法律援助。

【常熟公益律师进驻法院诉讼服务中心】 10月8日,市司法局与常熟市法院合作,在市法院诉讼服务中心设立

市法律援助中心"送法进企业"

公益律师服务窗口，由全市13家律师事务所的60多名公益律师通过值班"坐诊"方式，为群众提供专业"套餐式"公益法律服务。市法院诉讼服务中心公益律师服务窗口实行轮班轮岗制度，工作日安排公益律师全天在岗值班，为来访来诉群众提供免费法律咨询、法律文书代写、诉讼引导等法律服务，为符合条件的当事人提供免费法律援助，协助法院对诉讼当事人进行判后答疑，让群众切实感受到司法的人文关怀和法律的公平正义。

【发布首批公共法律服务产品】 10月9日，市司法局发布首批公共法律服务产品，涉及政府决策服务、机关事业单位服务、群众普惠服务、专项领域服务、企业定制服务五大类，主要包括城市基础设施建设中的法律服务方案、政府采购规范化法律服务方案、机关事业单位编外用工管理方案制定的法律服务方案、法制副校长专项法律服务方案、司法便民APP律师在线法律服务方案、物业管理纠纷人民调解法律服务方案、企业规范化运行法律服务方案、危困企业处置法律服务方案等八项产品。各项公共法律服务产品均明确服务提供主体、服务对象、服务内容、流程与方式，保证公共法律服务产品质量，提高公共法律服务透明度。

【省"六五"普法考核组到常熟考核验收】 12月8日，省"六五"普法考核验收组对常熟"六五"普法工作进行考核验收。省考核组一行先后对福山中心小学、海福新城社区、常熟法治雕塑公园等法治文化阵地进行现场检查，观看市信息化民生平台"智慧社区——法律超市"在线法律咨询和视频通话演示。汇报会上，考核组听取常熟"六五"普法工作情况汇报，观看"法润人心"普法成果片，并召开座谈会，详细了解各单位、部门"六五"普法工作落实情况。省考核组对常熟"六五"普法工作给予充分肯定，认为普法工作"站得高、扎得深"。

【万份普法问卷"问计于民"】 12月10日，市司法局开展普法满意度和"七五"普法需求问卷调查，向全市机关、企事业单位、村（社区）发放普法问卷1万余份，内容涉及对普法宣传及法治建设情况的总体评价、获取法律知识的主要途径、"七五"普法的重点对象及普法形式、对"七五"普法的建议和要求等七个方面，市司法局将问卷回收后，整理出市民对普法工作的建议和要求，作为拟定"七五"普法规划的重要参考。

（汤 妍 陈 浩）

人民武装

【概况】 2015年，常熟市人武部围绕"能打仗、打胜仗"目标，抓好年度工作筹划和推进落实，各项工作取得显著成绩，被苏州军分区表彰为军事训练先进单位。

【推进军事斗争准备】 紧贴作战任务，根据上级要求及时修订完善战备方案和各类应急预案。完成"三实"训练和共同课目训练，多次组织带战术背景的演练活动，规范作战值班和升级作战值班室建设，较好完成"世乒赛""中东欧会议"等敏感时期战备值班任务。清明节期间组织驻常部队、民兵120人次完成警戒执勤任务，"五一""十一""中东欧会议"组织民兵紧急出动及集中备勤，检验民兵的应急队伍建设。期间组织民兵应急连进行为期1个月的基地化训练，并参加军分区的比武考核。结合民兵整组，狠抓基层规范化建设，全面落实百分之百达标。严格按照整组方案，完成4400名民兵队伍组织整顿。落实基层武装部考核，实行基层计分考核并纳入区级考核评比，有效促进基层武装工作落实。完成423名新兵征集任务。

【提升国防动员和后备力量】 组织全市国动委成员单位和民兵预备役参加江苏省军区、苏州军分区组织的"苏防—2015A"国防动员演练。召开市国动委会议。为保障原南京军区2015B演习，在没有预先号令的情况下，按上级要求精心组织、全力做好以交通保障为重点的动员支前保障任务。市国动委迅速启动军地应急应战指挥体系和支前动员保障方案，在辖区7个高速路口定点配置交警和民兵，确保参演军车快速过境。

【军事训练】 军事训练工作以提高应对多种安全威胁、完成多样化军事任务能力为目标，坚持训战一致，突出应用训练和协同训练，重点抓好民兵干部骨干、应急队伍为主的支援队伍训练，提升训练难度，加大训练强度，如期完成年度训练任务。

【落实战备工作综合整治】 认真贯彻执行上级关于落实日常战备工作的指示，进一步修订完善战备方案及16个专项应急处置预案。规范战备值班秩序，严格值班制度落实，加强与公安、消防、水利、信访等处突部门的行动融

10月22日，市人武部组织应急连人员进行强化训练

合与联动。采取每日互联互通、定期情报会商、预案融合衔接等手段,严格落实情报工作"零报告"制度,强化节假日、重大敏感时期的战备值班。组织336名民兵信息员在市国防园集训,学习相关规定,交流工作经验。

【首长机关训练】 坚持首长机关常态化,重点突出识图用图、战术标图、作战计算和军事谋略、战术思想、信息化知识的学习,并落实好体能训练制度。严密组织全体干部参加"三实"训练,确保每名干部都熟悉武器性能,为实打实投奠定坚实基础。机关指挥训练组织严密,部长、政委亲自带头参加训练,较好地完成了以省军区《机关业务技能练习册》为重点的首长机关训练任务,定期考核,首长机关整体业务技能指挥能力得到了进一步提升。

【提升战备应急能力水平】 突出抓好规范化建设,定期组织快速拉动,常态落实针对性演练,始终保持高度戒备状态。3月初,组织全市专武干部参加分区集训;清明节期间,组织驻常部队及民兵每天不少于100人次担负虞山森林防火任务。6月份,组织民兵营连长及应急分队训练,7月份,承训全苏州市的情报侦察分队集训任务,10月份,常熟市民兵应急连按照军分区训练要求,分别在苏州七子山国防教育训练基地与常熟市国防园进行为期1个月的基地化封闭训练,11月上旬参加军分区的考核,取得预期效果。中东欧领导人会议在苏召开期间,组织3天集中备勤。

【夯实国防动员基础】 根据地方和部队人事变动情况,对市国防动员委员会领导和工作人员适时进行调整。4月27日至30日,根据苏州市国防动员委员会《关于组织民兵预备役防空兵快速动员和实弹战术演习的通知》要求,市国防动员委员会同步组织动员支前、保交护路演练,市国防动员委员会副主任、副市长范建国,市国防动员委员会副主任、市人武部部长张万银,政委宋刚以及市国动委各办公室成员参加演习。

【民兵组织质量显著提升】 深入开展民兵组织建设调整改革,提升民兵整组质量。召开全市专武干部会议,传达学习上级民兵整组精神,研究部署年度民兵整组工作。着眼"精准、高效",进一步优化民兵队伍编组布局,加强战备执勤、反恐维稳、抢险救灾、治安联防、专业救援等重点分队建设,有效解决编组过于分散,编、训、用脱节等问题。为检验全市整组工作质量,人武部机关分三个工作组,参加各基层单位的整组工作,达到预期效果。

【完成年度征兵工作】 执行征兵命令和征兵政策规定,加大宣传,加强协调,印制征兵宣传手册3万余份,先后组织干部职工110人次,深入4所职业技术学校、3所普通高中开展征兵政策法规宣传,在"常熟日报"、常熟电视台和常熟人民广播电台刊播征兵公益广告和新闻300余条,协调教育局在暑期安排每一所有预征对象的学校指定专人值班。加强体检和政审工作,组织市体检组和政审组工作人员赴外地学习交流,提前介入,指导各乡镇开展工作。全市完成新兵征集任务,其中大专以上学历占新兵总数60.9%。

【完善规章制度】 年内,先后修订完善《常熟市人武部干部职工量化积分考核管理实施细则》和《常熟市人武部党委机关作风建设规定》,领导带头执行,形成自觉按章办事的新风。

【开展全民国防教育】 大力开展全民国防教育,以市委党校、青年民兵之家、学校、企业、社区等为宣传阵地,利用民兵整组、军事训练、征兵准备等时机,采取各种宣传教育形式开展国防教育。以军队院校和国防生招生为宣传主题,分别在江苏省常熟中学、常熟市一中进行国防教育宣传,向学生发放招生简章和国防宣传资料1200余份,接受学生及家长咨询180余人;印制征兵宣传挂图400套、宣传手册2万份,宣传国防法规和征兵政策。

【争创全国双拥模范城】 2015年是常熟争创全国双拥模范城"四连冠"的考评年。市人武部开展各类双拥共建活动,营造浓厚创建氛围。协调市政府提供156万元资金用于帮扶淮安市淮阴区老张集乡郑湾村。完成2012年以来台账资料的收集整理。对外宣传报道常熟双拥工作传统和特色。12月6日,中央电视台新闻频道作了经验介绍。《解放军报》和《人民前线》杂志先后刊出《沙家浜就是你们的家》和《阳澄湖畔再唱"沙家浜"》两篇文章,对常熟新时期"北沙南舰"双拥文化作了报道。

【抓好兵器室建设】 根据上级要求,按照选址、设计、招标、施工、验收等程序组织实施本部兵器室建设。

(汪定洋)

消　防

【概况】 2015年,常熟市公安消防大队进一步完善责任体系,夯实基层基础,强化保障措施,创新治理方式,提升能力素质,努力提高"基础信息化、警务实战化、执法规范化、队伍正规化"水平,为全市经济社会建设和人民群众安居乐业创造良好消防安全环境。

【提升部队整体战斗力】 协调、督促沙家浜镇、古里镇加快推进消防站建设。组织开展基层中队指挥员轮训,深化作战单元训练、战斗编成训练。在苏州消防支队组织开展的政府专职队实战化竞赛中夺得前两名;在苏州市公安消防员职业技能竞赛中获团体第一名,被苏州市总工会授予"苏州市五一劳动奖章"荣誉称号。

【加强后勤综合保障】 实施三年规划(2014—2016),督促采购的10吨泡沫水罐车2辆、18吨泡沫水罐车1辆、32米云梯车2辆、32米高喷车1辆、抢险救援车1辆配备到位,并投入执勤。提请市政府召开协调会讨论通过加强经济开发区和海虞镇两个化工集中区防化中队建设,及投入专项资金重点加强政府专职消防员、特种消防车辆及装备建设。完成消防教育馆改造、执勤中队训练设施实战化改造以及营区视频监控系统、电子巡岗系统等智能化管控设施建设。

【强化火灾防控工作】 提请市政府召开常务会议讨论通过加强消防管理

消防演练

办公室建设，重点在人员配备、福利待遇、经费保障等方面。贯彻落实安全生产“三管三必须”要求，建立健全行业系统消防工作协调机制，联合安监、民政、卫生等部门开展易燃易爆危险品场所、养老福利机构、医疗机构等行业性专项检查行动。依托公安社区警务工作平台，累计检查各类单位9.9万余家次，发现并督改隐患13.8万余处；纳入平台管理的“九小场所”5.6万余家，累计开展检查2.3万余家次，发现并督改隐患4.3万余处。持续开展劳动密集型企业消防安全专项治理、“三合一”隐患专项整治、夏季消防检查、今冬明春火灾防控等一系列专项行动，集中整治一批火灾隐患及消防违法行为。在“三合一”隐患专项整治中，各地累计排查发现隐患场所14589家，完成整改13536家，整改率为92.8%；组织开展联合执法行动40次，对167家场所实施临时查封措施，对6名违法行为人实施行政拘留处罚。针对基层各板块存在的较大或重大隐患以及突出或重大消防安全问题，形成专项报告提请市公安局书面报告市政府，提请市政府领导作出批示、指示并协调解决。根据省公安厅在常熟开展消防大数据综合业务平台试点建设应用的要求，以消防指挥中心升级改造为起点，分别形成专项请示以及综合报告报市政府，着手建立“常熟市消防指挥及信息研判中心”。

【扩大宣传教育影响】 联合民政部门开展全市养老、福利机构消防安全业务培训，组织全市保安协会会员单位开展消防安全专项培训，联合教育、民政部门分别对全市中小学校、养老福利机构开展消防示范教育。结合“六进”消防宣传活动以及清明、防震减灾日、安全生产月、消防宣传月等开展“五进走访送平安”专项宣传活动，累计发放各类宣传资料10万余份。以消防安全委员会名义下发《关于进一步加强社会化消防宣传工作的意见》，重点加强“一报两台”常态化宣传、专版专栏宣传以及提示性、警示性宣传；加强官方微博、微信推介宣传及每日提醒宣传；加强消防宣传车、户外大屏、交通路况电子显示屏、LED滚动宣传栏等阵地宣传；加强全市1000辆公交车、1500块公交数字移动电视屏幕宣传，每天按照16次频率播出防火宣传短片，受众面每天可达25万人次。 （陈心怡）

民　防

【概况】 2015年，全市民防工作围绕贯彻《中共中央国务院中央军委关于深入推进人民防空改革发展若干问题的决定》精神，不断提高民防履行战时防空、平时服务、应急支援使命任务的能力水平。超额完成各级下达的年度工作目标。被省民防局评为县（市、区）民防工作先进单位。常熟市民防志愿者队伍获评“江苏省优秀应急志愿者服务组织”。

公共人防工程建设 超额完成结建人防工程各项指标。2015年，全市开工、竣工人防工程面积分别比政府年度目标增48%和80.2%。完成二院支塘分院医疗救护自建人防工程和梅李小商品市场自建人防工程的条线审批工作。制定全市人防工程质量监督管理程序。对全市人防工程进行资源普查、数据采集上报。召开全市人防工程质量管理工作会议。召开人防工程安全使用巡检员制度工作座谈会，利用乡镇（板块）基层民防组织，对全市人防工程实行属地网格化管理，落实每个人防工程的协管员，对辖区内人防工程进行巡查巡检工作进行布置，确保人防工程始终处于完好状态。通过数字化城管监控做好竣工人防工程的标识标注工作，做到竣工一个标识一个，对损坏的人防工程标识及时更换。

通信指挥系统建设 按照“战时能应战、平时能应急”的标准，进行人防专业队整组；完成心理防护、新型专业队组建；加强志愿者理论培训和实际演练培训；完成人民防空机关训练任务；跟踪指导加强医疗救护专业队20个课题研究，进行医疗救护专业队课题研究成果评审；会同市卫计委依托市第三人民医院成立“常熟市民防心理防护专业培训中心”；修订《防空袭预案》；防空警报设施遍及全市城区和乡镇，城市防空警报音响覆盖率达到98%，连续19年圆满完成防空警报试鸣任务；对人防战备信息系统进行优化；应急通信网（一期）实战化运行，并根据疏散预案优化资源划分。

民防法治建设 对全市大型公共场所人防工程进行3次安全检查，实时以短信呼方式向人防工程使用单位发出人防工程防汛、防火防范及安全使用通知；处理政务网咨询3件，“12345”政

民防摄影展

府便民热线11件，苏州"寒山闻钟"16件；按执法程序处理"中南世纪城"依申请公开人防相关信息的行政复议4件；对99个项目进行许可审批，审批民用建筑面积309万平方米。

民防知识宣传教育 常熟市民防教育体验馆接待参观人员1500人次；绿地实验小学民防教育馆建成投用，开发《民防课程》校本教材。参加全市科普周宣传，发放宣传品500份。举办"六一"少儿嘉年华民防知识宣传，向小朋友们宣传民防防空防灾知识，并发放《常熟市民应急手册》700本和宣传品1000份；编排独脚戏《警钟长鸣》，参加"法治常熟梦"巡演40场。与《常熟日报》、电台、电视台合作，共同营造全民参与民防的氛围。成立学校民防教育研究组，组织民防优秀教案评比；建成绿地实验小学、福山中心小学2个民防示范学校。

【推进基层民防工作】 2015年，全市13个镇（区）依托人武部成立民防办公室，全市260个村（社区）挂牌成立民防工作站；定期组织召开基层民防建设工作会议和业务知识集训；镇（区）组织开展基层民防建设及各类宣传演练活动，启动村（社区）民防工作站应急器材配备工作，完成全年各项指标任务。进一步完善"民防进社区工作"考评体系。规范民防进社区、应急训练和社区宣传教育工作，完善各类应急设施和应急演练规章制度。新增10个民防示范社区。

【民防志愿者张宇朴驰援尼泊尔震区】 4月25日14时11分尼泊尔发生8.1级地震，在20多名救援队员中，常熟民防志愿者张宇朴率先于28日清晨到达加德满都机场。张宇朴所在的救援队克服重重困难，在珠峰尼泊尔一侧登山营地展开搜救。

【基层民防工作人员业务知识集训】 为推动基层民防机构建设，提高基层民防工作人员民防专业知识水平，5月20日，组织全市基层民防工作人员进行业务知识集训，各镇（区）民防办公室工作人员、村（社区）民防工作站（室）站长（主任）400余人参加。

【市青少年红十字民防知识竞赛】 6月，市民防局、市红十字会、市教育局联合举办常熟市青少年红十字民防知识竞赛。全市小学五、六年级和初中一、二年级全体学生共4万人参加。旨在普及红十字民防知识，提高学生的自救互救意识和能力。

【"快乐体验，相伴成长"青少年民防夏令营】 7月10日，以"快乐体验，相伴成长"为主题的"生存、拓展"青少年夏令营在市青少年活动中心举行，活动由市民防局、市教育局、市红十字会联合举办，来自全市18所中小学的代表54名参加。

【规范性文件实施后评估】 对涉及民生的规范性文件《常熟市人民防空建设经费筹集管理规定》（常政发〔2003〕71号）进行实施后评估。对《苏州市人民防空工程管理办法》（苏州市人民政府令〔2008〕第158号令）及《苏州市人民防空工程建设标准实施办法》（苏民防规〔2014〕1号）实施过程中遇到人防工程计算标准或者人防易地建设费收取方面的问题提出意见和建议。对如何优化人防行政许可程序、提高审批效率，征求各单位的意见和建议。

【消除空袭后果综合演练】 10月21日，市民防局联合古里镇人民政府、市卫计委、市应急办，在古里镇开展信息化条件下消除空袭后果综合演练，内容为人员疏散掩蔽、重要经济目标消除空袭后果、通信抢修和医疗救护。参加演练的消防、环保、医疗、通信等民防专业分队成员迅速奔赴现场，有序开展疏散、抢救、抢修、支援、处置，救治伤员，消除空袭后果，并迅速组织恢复生产。

【组建常熟市人民防空专家库】 经市政府和苏州市民防局批准，组建成立常熟市人民防空专家库。首次引进24名专家，包括指挥通信、人防工程、人防设备、医疗救护、法律法规和宣传教育等专业，在热心民防事业发展的专家学者中遴选产生。 （殷依群）

责任编辑 祝慧江

开放型经济

综 述

【概况】 2015年，全市共批准外商投资项目137个，实现注册外资及港澳台资13.28亿美元，到账外资及港澳台资8.58亿美元，历史累计批准注册外资及港澳台资248亿美元，到账外资147.51亿美元。全市新批及增资项目中总投资超千万美元项目58个，注册外资及港澳台资合计12.31亿美元，占92.7%。全市利用外资结构不断优化，服务业引资加快，新批及增资项目38个，服务业注册外资合计4.15亿美元，同比增长87.51%，占比提升至31.26%，同比提高10.73个百分点。全市外资及港澳台资企业运行平稳，全年开票销售1672.09亿元，同比增长15.46%，涉外税收93.97亿元，同比增长5.6%，外贸进出口额170.32亿美元，同比增长14.4%。全年外贸进出口额221.57亿美元，同比增长9.8%，增幅位列苏州各县市第一，外贸进出口总额占苏州市外贸进出口总额的7.26%，同比提高0.78个百分点。全年境外中方协议投资额16470万美元，同比增长26.69%，对外承包工程和劳务新签合同额22311万美元，同比增长20.56%，实现营业额17196万美元，同比增长18.34%；服务外包实现接包合同额29266.72万美元，离岸接包执行额19089.34万美元。

【市委对全面提升服务效能提出新要求】 2月12日，常熟市委、市政府与全市21家涉外及垂直条线部门的负责人进行座谈，交流新一年工作思路和举措，共谋发展。市委书记惠建林代表市委、市政府感谢涉外及垂直条线部门在过去一年里为全市经济社会发展作出的积极贡献。他要求涉外及垂直条线部门在新的一年里，牢牢把握“五位一体、综合发展”总基调，主动适应经济发展新常态，根据市委、市政府的部署，结合各自条线工作，借鉴先进地区好的做法，与常熟发展实际相结合，探索改革创新的新举措，构筑常熟新优势；要全面提升服务效能，深入推进作风建设，创新推出更多更好的服务措施，更好地为企业服务、为地方服务；要更深入地综合分析、研究政策，为市委、市政府的决策部署提供参考，有效解决信息不对称问题。惠建林表示，市委、市政府会一如既往地支持涉外及垂直条线部门的工作，相关部门要积极主动地与涉外及垂直条线部门沟通，相互配合，发挥综合效能，更好地为常熟的经济社会发展服务。

【市政府力促常台两地深化合作】 3月14日，常熟市台商协会举行2015年迎春联谊会，在常台商欢聚一堂，共叙友情乡情。市委副书记、市长王飚出席联谊会并致辞。王飚说，作为常熟开放型经济的重要组成部分，台资企业在推动全市经济社会发展方面发挥着越来越重要的作用。特别是2014年，面对经济下行的压力，台资企业积极应对，深耕常熟，稳健发展，市台商协会积极促进企业与政府的沟通联系，为常熟应对经济发展新常态作出了重要贡献。王飚希望新一年里广大台资企业能抓住机遇，在推动常熟经济增长、优化经济结构、提升产业层次等方面继续发挥积极的促进作用，市台商协会要继续促进常台两地经贸合作，发挥好桥梁与窗口作用，为两地交流作出新贡献。王飚表示，新一年，常熟市委、市政府会为台资企业提供更加高效、便捷、优质的服务，打造更为优越的营商环境。

【张卫国一行到常熟调研】 6月24日至25日，江苏省人大常委会常务副主任张卫国一行到常熟调研“新常态下我省开放型经济转型升级和港澳台工作情况”。苏州市人大常委会副主任朱建胜和常熟市领导惠建林、王飚、秦卫星、孙健陪同调研。常熟市委副书记、市长王飚向张卫国一行详细介绍和分析了近期常熟市经济社会特别是开放性经济发展情况。并表示下一步，常熟将进一步做大做强汽车、服装、装备制造等主导产业；坚持二、三产业的创新驱动；加大县一级城市科技创新工作；深化改革，营造发展空间。张卫国对常熟新常态下开放型经济转型升级和港澳台工作情况给予了充分肯定。他希望常熟充分认清经济发展的大趋势，不断加大开放的创新力度，主动融入“一带一路、长江经济带”等国家战略。同时，各级政府的思维方式要按照政治、社会、经济、生态新常态来改进各项管理工作。会上，常熟市发改委、科技、国检、海关等部门以及中利、开关、隆力奇等企业负责人，结合各自工作实际，就大力推进自主品牌建设、知识产权保护、扶优扶强民营企业等问题提出自己的意见和建议。在常期间，张卫国一行实地调研奇瑞捷豹路虎、常熟科创园、波司登集团、通润驱动、梦兰集团、常熟理工学院和高新区等地。

【常熟市政府部署开放型经济工作】 7月17日，全市开放型经济半年度工作会议召开，通报上半年全市外资、外贸情况，部署下半年工作。会议提出，全市要继续深入实施开放提升战略，抓住国家扩大开放的机遇，加大高端制造、现代服务业外资引进力度，优化引资结构，围绕重点企业和行业，鼓励推动企业导入新技术、新产品，推动外贸转型升级，并抓住"一带一路"国家战略实施机遇，引导更多优势企业拓展国际市场、承接境外工程、转移低端产能等。同时，要不断优化提升投资贸易开放环境，积极争取各类各级先行先试，加快打造更高水平开放平台，有序推进商务行政管理服务体制改革，并在新型创新平台、功能区域合作、开发区创新、口岸联动等方面加强与上海接轨。常熟市副市长孙健出席会议。

利用外资及港澳台资

【概况】 2015年，全市新批外资及港澳台资项目57个，增资项目68个，实现注册外资及港澳台资13.28亿美元，其中服务业外资及港澳台资4.15亿美元，占全市31.26%。到账外资及港澳台资项目8.58亿美元，其中，服务业到账外资及港澳台资1.98亿美元，占全市23.13%。全市新批及增资项目中总投资超千万美元项目58个(新项目34个、增资项目24个)，注册外资合计12.31亿美元，占全市92.7%，其中投资总额超3000万美元以上项目29个，注册外资合计9.79亿美元，占全市73.72%，全市新引进乐歌仓储、普睿司曼等8个投资总额超9000万美元以上项目，注册外资合计5.15亿美元，占全市38.78%。全市新引进上嘉和昊华等2家外资融资公司，注册外资合计4000万美元；新批新维商业保理，注册外资5000万美元。芬欧蓝泰、美桥汽车传动系统2家企业分别被江苏省商务厅评为第三批地区总部和第四批功能性机构，累计全市现有省级外资地区总部2家，功能性机构4家。组织开展外资企业联合年报工作，全市应参加联合年报的外商投资企业870家(含在苏州市以上工商部门注册的企业24家)，实际参检企业815家，参检率为93.68%；年报合格企业815家，年报通过率100%。全市计划总投资57.02亿美元的35个外资重点项目顺利推进，至年末累计完成39.66亿美元，占计划总投资的69.55%，芬欧汇川增资、普江仓储、长兴树脂、达富电脑增资和平谦产业园、华力环保6个项目已投产，奇瑞捷豹路虎、科力美动力电池等项目在建，开竣工率87.5%。

【德尔福项目签约落户】 4月14日，德尔福汽车空调项目签约落户常熟高新区。德尔福汽车空调项目由美国德尔福集团热交换系统事业部投资设立，主要从事汽车空调压缩机等汽车零部件的生产。项目总投资1亿美元，全部达产后预计产值可达30亿元。德尔福集团热交换系统事业部亚太区副总裁克里希纳库马尔，常熟市委书记惠建林出席签约仪式。惠建林向客人介绍了近年来常熟经济转型升级特别是汽车产业的发展情况。他表示，随着汽车保有量的增长，车辆更新换代越来越明显，中高端汽车产品将成为市场消费主流。德尔福项目有着良好的发展前景，他希望工厂尽早投产，为中国汽车制造业提供高质量的配件。克里希纳库马尔对签约项目充满信心，他说，公司将把最先进的生产设备、工艺和设计带到常熟，生产出世界领先水平的节能型压缩机，使双方合作结出丰硕成果。常熟市副市长、高新区党工委副书记、管委会副主任沈一平出席签约仪式。

【艾梅伊·龙腾生产线投产】 4月21日，艾梅伊·龙腾高端耐磨材料全流程生产线举行投产仪式。艾梅伊·龙腾高端耐磨材料全流程生产线由常熟市龙腾特种钢有限公司和国际集团美伊·伊莱克玛泰尔公司合资建设。2013年6月，生产线开工建设，总投入15亿元，2014年底竣工，主要生产高端耐磨球用原材料，产品可适用于全球各大洲不同地质条件下的矿山开采行业，项目全面投产后年产值将达40亿元。常熟市委副书记、市长王飚，市人大常委会主任秦卫星，市政协主席徐永达出席投产仪式。

【康迪泰克(中国)橡塑技术有限公司混炼胶中心在常熟高新区开业】 7月3日，康迪泰克(中国)橡塑技术有限公司混炼胶中心在常熟高新区开业。康迪泰克(中国)橡塑技术有限公司成立于2009年1月，是世界500强企业德国大陆集团在常熟高新区设立的第二家汽车零部件企业。2014年实现销售11亿元。康迪泰克混炼胶中心项目为公司二期项目之一，主要研发和生产高品质弹性产品、功能部件、零部件及系统等橡胶化合物，广泛应用于汽车和工

常熟达涅利冶金设备有限公司车间

业各大领域，包括轮胎、胶管、橡胶涂布、输送带、减震器、空气弹簧和传送皮带等。中心于 2014 年 4 月开工建设，2015 年正式投产。

【杜国玲到常熟调研】 8 月 5 日，苏州市人大常委会主任杜国玲到常熟与台商代表开展座谈，了解新时期台商企业发展情况，探讨台商权益保护等问题。会上，台商代表们就企业转型升级、用工、固废处理、配套制度等方面进行交流。在了解相关情况后，杜国玲指出，虽然目前传统制造业面临国际市场变化、产能过剩等问题，但各大企业要看到制造业有夕阳产品，但永远不会是夕阳产业。台商企业要根据形势进行转型升级，产品要向高、特、精发展。她表示，座谈会上获得的意见相关部门将进行分析整理，并向上级部门反馈。常熟凭借得天独厚的区位优势，已成为台湾同胞在祖国大陆投资最密集的地区之一。截至 2014 年，全市已累计批准建办台资企业 522 家，合同利用台资 102.42 亿美元，注册台资 60.12 亿美元，实际利用台资 33.8 亿美元。2015 年上半年，全市台资企业增资四家，投资总额 2600 万美元，注册资本 1000 万美元。苏州市人大常委会副主任顾仙根出席座谈会。

【常熟市举办招商引资人员培训班】 8 月 20 日至 21 日，为积极应对当前国内外深刻变化的宏观经济形势，抢抓新一轮改革发展浪潮机遇，提高全市招商引资人员水平，常熟市委组织部、市商务局在市委党校联合举办了“2015 年常熟市招商引资人员培训班”。“两区两园”、各镇、碧溪新区、虞山尚湖度假区、服装城分管领导、招商引资人员及发改委、经信委、海关等相关部门人员共 100 多人参加培训。常熟市人民政府副市长孙健出席开班仪式并讲话，指出：“招商引资是全市经济工作的重中之重，新形势下我们要主动深化开放，把握当前面临的挑战和机遇，为产业转型提供新动力”此次培训活动分别邀请了苏州市商务局外资处处长徐元吉、上海社科院外国投资研究中心主任李小钢、高力国际中国区工业物业服务执行董事邓懿君和罗兰贝格国际咨询公司高级经理杨林，就外国投资管理体制改革、一带一路战略、招商实务和汽车生产性服务业等四个专题进行授课，培训授课紧密结合实际工作，针对性强，取得了良好效果。

【新中源丰田汽车能源系统有限公司开业】 8 月 24 日，新中源丰田汽车能源系统有限公司正式开业。常熟市委书记惠建林，市委副书记、市长王飚出席开业典礼。王飚致词说，自 2007 年进入常熟以来，丰田公司携手战略合作伙伴多次追加在常投资，已经成为常熟投资规模最大的外资企业之一，充分体现公司决策层的战略眼光和对常熟投资环境的认可与信任。此次新中源丰田汽车能源系统有限公司开业营运，必将进一步推动常熟汽车产业绿色化、链条化、集聚化发展，也将成为推动丰田汽车未来持续发展的重要力量。市委、市政府及各职能部门将始终坚持开明开放、亲商安商的理念，不断优化营商环境，关注企业发展需求，全力支持企业更快更好发展。新中源丰田汽车能源系统有限公司成立于 2013 年 11 月，总投资 2347 万美元，由丰田汽车公司、PEVE 株式会社及新中源创业投资有限公司在高新区合资设立。建成初期年产 11.3 万组电池箱系统，主要为丰田汽车在我国的混合动力系列车型配套。常熟市副市长、高新区党工委副书记、管委会副主任沈一平出席开业典礼。

【常熟高新区升格国家级高新区】 9 月 29 日，国务院批复常熟高新技术产业开发区等 16 个高新区升格为国家高新技术产业开发区，至此国家高新区由原来的 129 家增加至 145 家。20 多年内，国家高新区坚持改革开放和自主创新，积极推进科技与经济结合，自主创新能力不断提高，创新资源迅速聚集，创新成果大量涌现，高新技术产业快速发展，积极探索了创新驱动发展的路径，在我国调整经济结构、转变经济增长方式中充分发挥引领示范作用。

【首家外资商业保理公司获批】 10 月 28 日，常熟市首家外资商业保理公司——新维商业保理（苏州）有限公司经江苏省商务厅批准成立。公司主要从事以受让应收账款的方式提供贸易融资、应收账款的收付结算管理与催收、销售分户账管理、与所在公司业务相关的信用风险担保、客户资信调查与评估及相关咨询服务。该项目投资方阳光动力能源互联网股份公司是一家国际能源互联网公司，2005 年成立于美国加利福尼亚州，2007 年在美国上市，是一家致力于光伏电站开发、投资、建设和运营管理的太阳能公司。

【长春化工（江苏）有限公司获得开展跨国公司外汇资金集中运营管理业务资格】 10 月 30 日，长春化工（江苏）有限公司经国家外汇管理局江苏省分局批准，获得开展跨国公司外汇资金集中运营管理业务资格。这是常

8 月 24 日，新中源丰田汽车能源系统有限公司开业

熟经济技术开发区内继芬欧汇川(中国)有限公司之后获此资格的第二家企业。长春化工(江苏)有限公司跨国公司外汇资金集中运营管理业务实施后,可通过境内外汇资金集中管理、外债额度集中调配、经常项目轧差净额结算等手段,加强对长春集团内部成员企业之间自有外汇收支的全方位控制,进一步完善长春集团外汇资金内部运行管理,提高外币资金的整体使用效率。

【举办"邓禄普杯"常熟市第九届外商投资企业登山比赛】 11月7日,由常熟市商务局、市体育局、市政府外事办和常熟市外商投资企业协会主办,住友橡胶(中国)有限公司协办的2015"邓禄普杯"常熟市第九届外商投资企业登山比赛成功举办,常熟市政协副主席、市体育局局长吴国华,市商务局局长赵东方,住友橡胶(常熟)有限公司副总经理南伸明等出席此次活动。本届登山比赛设团体及个人两项赛程,共吸引全市41家外企的207名运动员成功参赛,其中外籍人员47名。经过激烈角逐,夏普办公设备(常熟)有限公司、苏州诺华制药科技有限公司、住友橡胶(常熟)有限公司分获团体前三名。来自住友橡胶(常熟)有限公司的田仲政彦、欧德克斯机械工业(常熟)有限公司的稻垣朋弘、住友橡胶(常熟)有限公司的小田原徹分获个人组前三名。此次登山比赛活动,充分展示了常熟市外企企业文化和社会责任,增进了在常外企之间的沟通与交流,也为促进政企互动搭建了良好的平台。

【常熟市召开上海自贸区政策情况推介会】 12月11日,常熟市商务局组织召开上海自贸区政策情况推介会,特别邀请上海自贸区金融服务局经济社会发展服务处处长沈乃恩一行到常熟宣传介绍自贸区金融改革相关情况和政策,助力全市企业"借船出海,扬帆启航",全市四十多家外贸、外经企业代表及常熟经济技术开发区、常熟高新区、各镇相关负责人参加推介会。上海自贸区成立两年多来,在形成更加开放透明的投资管理制度、提高贸易便利化水平、深化金融制度创新、推进政府管理改革等方面取得了积极成效,初步形成了一系列可复制、可推广的改革事项。随着上海自贸区金改"40条"的出台,自贸区金融创新步伐进一步加快。常熟地处上海经济圈,做好对自贸区各项改革举措的研判吸收,寻求"可复制、可推广"的经验并且承接好上海及自贸区的"溢出效应"和辐射带动效应,有利于全市进一步适应国际贸易新格局,提升开放型经济发展水平。当天,推介会重点介绍了上海自贸区五批金融创新案例,主要类别包括存款利率市场化、企业融资、支付结算、资金管理、对外投资、金融机构集聚等方面的创新,结合实例分析了各类创新案例的突破点和应用价值,为在场外贸、外经企业上了生动一课。值得一提的是,此次上海自贸区金改"新40条",明确了对实体经济发展的关键点和创新点给予支持,包括支持民营金融、科技金融发展、小微企业发展等,并以服务实体经济为落脚点,释放更多金融开放创新红利,为全市外贸、外经企业走向国际化带来全新机遇。

【常熟综合保税区通过省联合验收】 12月30日,常熟综合保税区通过省联合验收组的现场验收,标志其已具备正式封关运作的各项条件,掀开本市开放型经济发展新一页。市委副书记、市长王飚陪同验收。省联合验收组由南京海关会同省有关部门组成,受国家10部委委托,对常熟综合保税区进行现场验收。验收组听取验收汇报,了解区内相关规划建设、招商情况等。随后,验收组前往常熟综合保税区A区、B区,对区内隔离设施、卡口设施及相关配套设施进行现场验收。在随后召开的常熟综合保税区验收评审会上,验收组成员一致认为,常熟出口加工区整合优化为常熟综合保税区以来,科学合理制定方案,以高起点、高标准、高效率为目标,完成对基础设施、监管设施等方面的提升改造,已具备综保区的各项功能以及正式封关运作的各项条件,同意通过现场验收。验收结果将报国家海关总署审核。王飚表示常熟将认真落实验收组的意见要求,在进一步完善配套设施的基础上,创新制度、拓展功能、优化管理,全力建设功能完备、配套齐全、政策优惠、服务一流的综合保税区。常熟将以此次验收为契机,积极抢抓"一带一路"、长江经济带、上海自贸区、苏南自主创新示范区等重大战略机遇,推动功能载体与特色产业互动融合,充分发挥综合保税区的综合效益。

对外贸易及港澳台贸易

【概况】 2015年,全市主动适应经济新常态和开放新格局下的对外贸易提出新要求,深入落实稳定外贸增长和加强进口的政策措施,大力培育外贸竞争新优势,推动了全市外贸稳增快转。至年末,全市外贸进出口总额创出历史新高,进出口业务的企业达到2000多家,进出口市场扩展到180多个国家和地区。外资企业仍占主导地位,外资企业增幅高于内资企业,外资企业进出口额170.32亿美元,同比增长14.4%,占全市76.87%。全市进出口商品结构持续优化,高新技术产品及机电产品分别进出口80.86亿美元、127.5亿美元,同比分别增长50.05%、30.8%,其中电子信息进出口增幅明显,累计进出口61.42亿美元,同比增长77.25%。全市围绕"技术、品牌、质量、服务",大力推动贸易促进工作,全年组织近300家企业参加广交会、华交会、日本大阪展、法兰克福日用消费品展等40多个境内外展会;全市机电企业利用机电产品外贸信息服务平台,发布130多种产品信息,平台访问量1.2万人次;连续三年搭建好出口信保平台,全年组织258家小微企业、76家中小企业参加信保统保平台,增强外贸出口企业风险防范及风险抵御能力;引导企业创建自主品牌,进行海外商标注册,参与国际通行的质量管理体系、环境管理体系和行业认证,全年有13家出口企业在境外注册商标,4家企业获得2015～2016年度苏州市出口名牌。

【开展对广交会一期展会调研活动】 4月15日至5月5日,第117届广交会在广州中国进出口商品交易会展馆分三期举办。其中,第一期展会常熟市共有 21 家企业参展,展位 47 个,包括品牌展位 12 个,一般性展位 35 个。4 月 16 日,常熟市商务局外贸科赴广交会实地调研全市一期企业参展情况,先后走访了家用电器、新能源、电子电气产品、工具、五金等展区,与金鼎机械、格林电器、白雪电器、创兰太阳能空调、中利科技、通润装备、通润汽车零部件等重点企业进行了交流,详细了解企业外贸形势,新产品的研发营销情况,采购商到会成交等情况。为了帮助全市机电企业利用好广交会的平台开拓国际市场,促进全市外贸稳定增长,常熟市商务局鼓励和指导企业评选品牌展位。此次一期白雪电器、通润汽车零部件均获得品牌展位。白雪电器推出的新产品交直流车载冷柜系列,40～95 升不同容量,以轻便的整体设计和卓越的性能受到客户的青睐,展会期间有 400 多位客户光顾摊位;通润汽车零部件展位前人头攒动,客户主要以东南亚及非洲为主,展会期间当场获得订单 100 万美元。常熟市商务局利用本次广交会一期新增新能源展契机,为创兰太阳能空调争取到新能源展区展位,客户数量和质量比往届广交会均有提高,且客户意向性大。此次创兰新推出的一体式太阳能空调,采用热能直接利用技术和多循环系统集成,拥有新颖外形、安装简便、安静节能等优点,受到中南美、中东及东南亚顾客的欢迎。市商务局还与中国机电产品进出口商会合作,搭建了常熟机电产品外贸信息服务平台,利用机电商会平台,制作了常熟外经贸网站,为 56 家常熟企业开设了电子商铺,发布了 130 多种产品,发布企业介绍、产品信息、联系信息等供外商查询,并制作印刷了全英文版常熟供应商名录,在机电商会广交会展位上宣传推广,提高全市优质机电外贸企业的知名度。

【举办埃塞俄比亚采购洽谈会】 5 月 12 日,常熟市商务局主办的埃塞俄比亚采购洽谈会,全市 80 多家企业的 100 多名代表参加了此次会议。会议首先由埃塞俄比亚驻上海总领事由哈纳·方达·沃尔德·乔治斯及商务专员进行投资推荐,接着上海杰希国际市场总监介绍互联网＋时代企业开拓国际市场的新型国际营销模式,即互联网＋信息＋渠道＋服务,埃塞俄比亚等非洲国家蕴藏着巨大的市场,正是本市企业今后开拓市场的重要方向之一。会后部分企业带着样品与外商进行了洽谈交流,企业的热情给总领事和外商都留下了深刻的印象。埃塞俄比亚号称“非洲之角”,紧邻中东和欧洲,地理位置优越。该国生产成本低廉,自然资源丰富,在制造业、农业、矿产业、能源开发业、服务业等方面潜力巨大。通过组织此次活动,常熟市商务局希望能加深企业对埃塞俄比亚的了解,为企业开拓市场搭建平台,创造机会。

【举办日本政令解读与白名单系统使用培训会】 为深入贯彻落实《关于促进进出口稳定增长的若干意见》精神,帮助企业清楚理解日本 175 号政令,掌握白名单系统的使用方法,积极利用行业公共服务平台,促进中日贸易的健康发展,9 月 7 日,常熟市商务局与中纺联信息统计部联合举办了“日本政令解读与白名单系统使用培训会”,本市纺织服装出口企业、加工企业和印染企业的近 30 位代表参加了此次会议。会上,日本专业机构日本 BOKEN 集团、上海爱丽纺织技术检验有限公司技术总监梁国斌先生对日本 175 号政令(纺织品不使用特定偶氮染料)进行了解读,包括政令要求、检测方法、贸易流程等;中纺联专家、中纺网络信息技术有限责任公司副总经理张希成对白名单系统在贸易中的作用、申报流程、使用方法进行详细讲解,并与企业代表进行了互动交流。此次培训会的相关背景是 2015 年 4 月 8 日,日本厚生劳动省颁布第 175 号政令,对《家居用品中有害物质管制法》进行修订,正式把可分解致癌芳香胺的特定偶氮染料列为有害物质,禁止在纺织品中使用,该政令将于 2016 年 4 月 1 日正式实施,进入日本市场的纺织品将被要求提交不含禁用偶氮染料的证明材料。为了降低贸易成本,提高企业的信用水平,帮助中国企业进入日本主流的采购渠道,促进外贸发展,中国纺织工业联合会和日本纤维产业联盟经过磋商,决定建立白名单管理体系,该体系将作为纺织品安全标准和第三方权威平台应用于中日贸易,包括实施白名单资质认证和通过白名单系统出具和传递不使用特定偶氮染料证明材料。获得白名单资质的企业产品在出口日本时,可被进入该体系的日本进口商认可,免予检测特定偶氮染料。中纺联白名单工作组已接到很多国内企业对日本政令和白名单系统的咨询。

【召开全市外贸稳增长工作座谈会】 10 月 10 日,常熟市政府召开全市外贸稳增长工作座谈会,贯彻落实江苏省、苏州市外贸稳增长会议精神,促进全市进一步做好外贸稳增长工作。会上,常熟市商务局负责人通报今年以来全市外贸发展情况;各重点经济板块、部门作了交流发言。2015 年,各地外贸形势异常严峻,常熟市外贸发展总体平稳,进出口增幅位列苏州各县市区第一。1 月至 8 月,全市累计完成进出口总额 149.7 亿美元,同比增长 13.8%;其中出口 97.1 亿美元,同比增长 18.7%。在贸易方式上,全市加工贸易增速较快,占比大于一般贸易;进出口主体上,外资企业占主导地位;产品结构上,电子信息和光伏类产品增长明显,纺织服装、轻工、钢铁、化工类产品都有所下降;在贸易伙伴上,美、日、欧市场增长较快,东盟市场平稳增长。会议部署了下一阶段工作,全市要进一步抓住重点区域、重点产业和企业促进外贸稳增长工作,以探索“市场采购、跨境电商”等方式进一步拓展持续发展的空间,加快推进“一带一路”沿线国家贸易的发展。各部门要协作配合,进一步优化发展环境,推进开放创新改革工作,进一步抓好项目建设,为外贸稳增长积蓄更多的后续项目,全力完成全年目标任务。

【举办德国杜塞尔多夫国际玻璃技术展招展说明会】 为更好地组织全市玻璃模具企业出国抱团参展,鼓励全市玻璃模具企业积极开拓国际市场,抢抓订单,11 月 25 日,常熟市商务局与沙家浜镇联合举办德国杜塞尔多夫国际玻璃技术展招展说明会。省商务厅外贸处、江苏汇鸿会展公司等相关负责人出席本次会议，13家沙家浜镇玻璃模具企业的代表参加了此次说明会。会上，沙家浜镇领导介绍了沙家浜玻璃模具行业的相关情况，汇鸿会展公司介绍了德国杜塞尔多夫国际玻璃技术展的情况。沙家浜玻璃模具是常熟市的一个特色产业，产业集聚度高，国内市场占有率达70%，江苏省市场达90%，年出口7000万美元。2016年德国杜塞尔多夫国际玻璃技术展已列入江苏省商务厅2016年贸易促进计划第三类推荐展会。德国杜塞尔多夫国际玻璃技术展是玻璃行业全球第一的专业展览，每两年一届在德国杜塞尔多夫展览中心举办。自1970年举行以来，已经有45年历史。该展会主要展示创新产品、最新的玻璃加工工艺、新玻璃前瞻性应用等最新的玻璃科技资讯。展会不仅为参观人员提供了大量的技术信息，也是供求双方会面洽谈的场合，是一个非常有吸引力的打开国际市场的通道。

【2015年度常熟外贸增长位列苏州各县市第一】 2015年，常熟外贸增长位列苏州各县市第一，汽车零部件和电子消费类新产品“进出两旺”。2015年度，全市进出口总值221.57亿美元，同比增长9.8%，增长幅度位列苏州各县市第一。常熟市完成加工贸易进出口104.59亿美元，同比增长26.88%，对全市外贸增长拉动效应明显。此外，电子类新产品出口快速增长，汽车零部件进口增速，重点单项商品进口稳定增长，达富电脑、阿特斯、奇瑞捷豹路虎、芬欧汇川等企业为全市进出口总值排名前十企业。

外经外包

【概况】 2015年，全市“走出去”规模稳步提升，新设境外企业17家，新批中方境外投资额16470万美元，中利腾晖在泰国新设投资1.39亿美元建厂生产太阳能电池片及组件，风范电力在香港新设投资9800万美元项目开拓国际铁塔市场和输变电工程市场，成为境外投资新的增长点。至年末，全市共有境外投资企业144家，累计中方投资额达7.21亿美元，分布于世界50多个国家和地区。全市对外劳务合作经营单位3家，全年外派劳务人员153人，合同额531万美元，至年末累计在外人员705人，劳务输出保持稳定。年内全市服务外包业态结构趋于优化。全年高附加值的知识流程外包实现离岸接包执行额19018.77万美元，占全市99.63%，同比提高1.5个百分点。

【驻外大使与中小企业代表面对面】 第十二届“大使助力中小企业打响海外市场争夺战暨环球互贸平台定点企业甄选大会”常熟站活动8月22日举行，全市共有300多家中小企业的代表参加活动。2015年，中国企业面临前所未有的压力，融资难度加大、企业利润下滑、生产成本不断加大、库存严重积压等，都成为制约企业发展的“绊脚石”。此次大会的主要目的是帮助常熟中小企业了解最新政策、把握全球市场状况和行业发展趋势，全面贯彻“走出去”战略，落实“一带一路”规划与“抱团出海”方针，更深入和务实地帮助企业成功打响海外市场争夺战。是日，中国驻外大使还与本地企业的代表进行面对面的交流互动，深度剖析国际贸易与投资过程中的风险及机遇。环球商协会联盟、环球相互贸易平台已成功举办多届“大使助力中小企业打响海外市场争夺战暨环球互贸平台定点企业甄选大会”，在深度对接中切实为企业解决了文化障碍、形势不清、人脉不通等一系列问题，受到了进行海外贸易的中小生产型企业的一致好评。

【组织部分外经企业出席第七届中国对外投资合作洽谈会】 10月22日至23日，常熟市商务局组织部分外经企业赴北京参加了第七届中国对外投资合作洽谈会。此次外洽会以“新常态、新机遇：开启海外投资大时代”为主题，重点突出“一带一路”战略新构想，积极推动中国企业开展国际产能和装备制造合作。会上，全球80多个国家（地区）推出了众多投资合作项目及需求，寻找中方合作伙伴。外洽会内容十分丰富，除国别馆与行业馆等展览展示内容外，还举办了“一带一路”投资合作、投资拉美、中欧投资机会、东南亚投资合作、中俄投资合作等专题区域论坛；国际产能和装备制造合作、中国核电走出去、中国电力国际合作、中国农业海外投资合作、中国企业走出去融资与保险等专题行业论坛。此外，还特别举办了俄罗斯、古巴、罗马尼亚、阿联酋等多场国别投资说明会，宣传介绍各国（地区）投资环境和投资政策等。本市企业通过洽谈会了解到了国外的投资需求，为更好的“走出去”指明了方向。

（姚志明　陆志明）

责任编辑　薛　卫

开发区建设

江苏省常熟经济技术开发区

【概况】 2015年,实现地区生产总值815亿元,同比增长1.84%;财政总收入137.4亿元,同比下降3.1%,其中公共财政预算收入58亿元,同比增长4.1%;实现工业总产值2602亿元,同比增长0.2%;工业产品销售收入2530亿元,同比增长0.3%;实现服务业营业收入597亿元,同比增长8.5%。全社会固定资产投资316.8亿元,其中工业投入190.5亿元;实现进出口总额136.94亿美元,同比增长22.7%,其中出口额83.63亿美元,同比增长32.7%。

开发建设 全年开工建设工业项目共33个,总建筑面积约120万平方米。普江仓储、普氏电机、维苏威科技铸造涂料、科达机械二期、长兴化学材料、太平洋汽车部件、信安仓储、隆晟实业水洗城、友鑫置业、国邦润滑油、亚通汽车零部件、汇海仓储二期、苏南特钢迁建、芬欧汇川二期、烨辉酸连轧等总建筑面积约70万平方米的18个项目顺利竣工投产。奇瑞捷豹路虎焊装二期和发动机项目、中隆汽车零部、捷时雅精细化工、威仕科大衡、天银机电、华星盛光电、瑞升利金属制品、斐讯数据通信、华丰橡胶二期、优必佳树脂二期、亨通高压光缆、美锌二期、力菱精细化工、理文卫生纸、理文化工三期、艾迪科食品扩建等总建筑面积50万平方米的15个项目正在加紧建设。加快新城建设,推动产城融合。完成碧溪片区控制性详规、村级工业用地整合优化规划编制,加快综合整治村庄和三优三保规划编制。年内,城乡一体化示范小区建设总体量达130万平方米,年内聚和佳苑二期新竣工面积38万平方米,丰乐佳苑新竣工面积60223.26平方米。滨江休闲广场、公园道1号、长泰花园等项目竣工投用,滨江邻里中心顺利开业,江南印象商业街一期主体工程竣工,城市综合配套更加完善。完成江南大道改造、浒浦大桥、碧浒路、通港路绿化搬迁等工程,推进宝鸿广场、滨江国际会议中心、东张邻里中心三期等项目建设,吴市、浒浦农贸市场建成投用,滨江新城一体两翼格局更趋成熟。完成铁黄沙综合整治主体工程并通过验收,新增陆域面积1365.6公顷(包含张家港229.1公顷),启动铁黄沙对外主道路工程建设。

招商引资 全年新增内资企业注册资本118亿元,注册外资8.4亿美元,到账外资5.1亿美元。围绕开发区重点产业,进一步加大了汽车零部件及装备制造、新能源新材料等产业的招商选资力度。引进注册3000万美元以上外资项目7个:包含乐歌仓储、普睿司曼海缆工厂和码头、华安钢宝利总部及汽车钢板加工项目、高效磁旋浮马达项目、墨西哥尼玛克汽车发动机缸体缸盖项目、分布式光伏发电项目。年内,引进一批国际知名企业或行业内龙头企业:世界500强企业安赛洛米塔尔、全球知名汽车零部件厂商钢宝利、全球最大海底电缆企业意大利普睿司曼、全球最大发动机铸铝企业墨西哥尼玛克、全球最大的白车身试制企业日本拓彼亚、汽车工程塑料合金件领域占据世界领先地位的英国诺立凯、全球前三大标识设备公司之一的英国多米诺、水性涂料领域世界先进技术的日本菊水化学等。

管理服务 年内加快完善教育布局,积极推进校安工程建设,滨江实验中学、浒浦幼儿园及小学教学楼等竣工投用。全市首家普惠性民办幼儿园

常熟科创园外景

——东张邻里中心幼儿园正式开班。浒浦高级中学高考本科上线率达85.6%,稳居常熟前列。建成常熟首家24小时自助图书馆,形成4万册藏书、"三位一体"图书馆网络。成功举办第三届体育运动会,开展"悦动滨江""灵动碧溪"读书节系列活动,建立月末讲座制度,举办"和谐盛世、璀璨滨江"主题灯会,人力资源新市场顺利搬迁投用。全区社会保险基本实现全覆盖,基本养老保险覆盖率达99.6%,外来人员城保扩面覆盖率达90%。诺华制药、夏普设备等38家企业被授予"劳动保障A级诚信单位"称号。富民强村稳步推进,村均可用财力达430万元。成功创建成为苏州市文明单位。成立安全生产监督管理和环境保护局,形成安全环保一体综合管理新格局。深化国家级生态工业示范园区建设,着力推动循环化、低碳化发展。加强网络监管平台应用,在全省率先试点第三方专业机构24小时监控维护,重大危险源企业数据采集率达100%。提前超额完成"十二五"主要污染物总量削减任务。积极促进企业创新能力提升。理文造纸、贝特利、通润汽车零部件等13家企业被认定为省高新技术企业,新增省高新技术产品35个,新增省民营科技企业23家,新增苏州市科技型中小企业15家,亨通高压、理文化工的研发中心获评省工程技术研究中心和省重点企业研发机构,芬欧汇川、施耐德、贝特利等6家企业研发中心获批为苏州市工程技术研究中心;新增国家火炬计划1项,新增省、苏州市科技计划6项,其中亨通高压"超大长度带馈电无中继型海底光缆的研发和产业化"项目被列入省企业创新与成果转化专项。

【奇瑞捷豹路虎揽胜极光正式上市】 2月1日,奇瑞捷豹路虎汽车有限公司揽胜极光正式上市发布会在上海世博展览馆盛大举行,共推出4款不同配置车型。

【舒茨股份成功挂牌"新三板"】 5月20日,江苏舒茨测控设备股份有限公司股票正式在全国股转系统挂牌公开转让,并完成第一轮定向增发,成为常熟首家成功登陆"新三板"的科技"双创"人才企业。

【罗志军调研常熟经济技术开发区】 6月15日,省委书记、省人大常委会主任罗志军一行到常熟经济技术开发区调研奇瑞捷豹路虎汽车有限公司及科创园。罗志军希望奇瑞捷豹路虎以消费者需求为出发点,加快企业自身发展的同时,促进常熟经济发展。希望科创园发挥科技、人才优势,为中国智造、中国创造而努力。

【常熟港靠泊等级最大的液体化工码头正式投入运行】 6月9日,常熟港金泾塘作业区东港化工公用码头工程通过竣工验收。该工程由常熟东港置业有限公司投资兴建,新建两个2万吨级(水工结构按靠泊3万吨级船舶设计)和4个500吨级液体化工泊位及相应配套设施,设计年通过能力380万吨,投资总额约1.5亿元。

7月26日,滨江邻里中心开业

【滨江邻里中心开业】 7月26日,滨江邻里中心正式对外营业。滨江邻里中心是集餐饮、购物、休闲、娱乐等商业功能和文化、教育培训等便民设施于一体的社区购物中心和综合服务中心。该项目占地面积16049平方米,建筑面积约35000平方米,总投资约2亿元。

【华安钢宝利中国区总部项目签约落户开发区】 9月17日,华安钢宝利中国区总部项目正式签约落户。项目一期投资总额10亿元,注册资本8000万美元。常熟工厂总投资6.5亿元,设计"热冲压激光拼焊高强汽车钢板"年产能34万吨。

【华东地区最大的汽车物流及贸易项目落户开发区】 10月28日,泰达华东汽车物流及贸易项目正式签约落户。泰达华东汽车物流及贸易项目由天津滨海泰达物流集团股份有限公司投资建设,投资总额30亿元,注册资本10亿元,将积极打造华东地区整车物流中转中心、华东平行进口车展示贸易中心、综合性零部件进出口物流中心和汽车电商基地。

【滨江新城绿色能源站项目奠基】 10月28日,滨江新城绿色能源站项目举行奠基典礼。绿色能源站项目包含供冷、供暖、供热三个系统,总投资4.2亿元,规划供能区域4.2平方千米。

【国产路虎"发现神行"上市】 10月29日,奇瑞捷豹路虎汽车有限公司生产的第二款全能全地形豪华SUV路虎"发现神行"上市会在上海国家会展中心举行,正式进入主流豪华SUV市场。

(林群丹)

江苏省常熟高新技术产业开发区

【概况】 江苏省常熟高新技术产业开发区(以下简称常熟高新区),前身为江苏省常熟东南经济开发区,于2003年5

月经省政府批准设立，2011年4月更名为江苏省常熟高新技术产业开发区，2015年9月29日经国务院批复同意，升级为国家高新技术产业开发区，定名为常熟高新技术产业开发区，实行现行的国家高新技术产业开发区的政策。2015年，常熟高新区全年完成地区生产总值124.15亿元，同比增长11.9%；完成公共财政预算收入15.13亿元，同比增长12.6%；完成工业总产值、工业开票销售收入分别为441.26亿元、422.53亿元，同比分别增长7.1%和11.8%；完成全社会固定资产投资67.61亿元，其中工业投资34.03亿元；完成进出口总额30.24亿美元，其中出口14.95亿美元，同比分别增长4.1%和8.8%。新兴产业产值、高新技术产业产值占规模以上工业产值比重达到82%和43%。财政收入结构日益优化，工业企业税收占公共财政预算收入比重提高10.5个百分点，纳税超亿元企业达4家。服务业发展成效喜人，全年实现服务业开票销售75.56亿元，同比增长20亿元。

开发建设　2015年南部新城各片区控规，以及新城绿化景观概念规划和村庄建设规划基本完成，新城交通枢纽、新市民俱乐部等公建配套设施前期方案研究全面展开。黄山路北段、银环路、银丰路、卫东圩一期排水工程等市政基础设施建设竣工投用，黄山路西延、湖山南路、武夷山南路以及东南中学配套市政道路、黄浦江路西延工程前期设计有序推进。世界联合学院中国常熟分校一期项目交付使用，二期项目即将启动。东南邻里中心工程建设过半，永旺梦乐城正在规划之中。成立了公用事业养护中心，加强对区域公共服务设施的养护力度，完善了绿地管理系统软件及苗木数据库。加快推进“腾笼换凤”，东佳精密光电等30家企业拆迁工作顺利完成。广和服务外包产业园、华顺软件园、同济科技园共计30万平方米的三大科技载体正式投入运行，全面进入招商环节。上海交大轻量化平台、浙大光电平台集聚效应显现，创新引领作用明显。中国智能车综合技术研发与测试中心项目正式启动，完成事业单位法人登记工作，组建了20余人的专兼职团队，开展智能车展厅、内外场地规划设计、“智车时代”众创空间建设等工作，引进五方智能车、时空通道交通科技、苏州安智汽车等5家智能车产业相关公司，成功承办“2015中国智能车未来挑战赛”。顺应国家“大众创业、万众创新”新趋势，启动与清控科创合作，探索打造综合性创业生态体系。与中国专利技术开发公司、紫金知识产权公司合作，共同成立常熟知识产权服务广场，着力推进高端知识产权服务机构集聚，高新区被省商务厅、省知识产权局认定为“江苏省知识产权示范园区”。至2015年年底，全区共有在建项目28个，总投资96.52亿元，其中工业项目22个，服务业项目6个。另有待建项目18个，总投资92.9亿元，其中工业项目10个，服务业项目8个。

招商引智　全年完成注册外资4.4亿美元，到账外资2.04亿美元；净增民营经济注册资本25.94亿元。新引进了法雷奥精密电机及雨刮系统、马勒汽车空调系统等世界领先项目，以及日本席梦思床垫和美国摩恩厨卫两个行业内“单打冠军”项目。同时，莎玛特汽车传动轴项目、恒瑞与西班牙卡布勒斯集团合作研发、制造碳纤维汽车部件项目、汽车零部件一级配套商—韩国三松常青汽车安全系统、韩国KOPLA车用工程塑料等项目落户区内，区域内汽车零部件一级供应商已达10家。全年新增外资服务业注册资本2.57亿美元，占外资注册资本的58.45%；新增内资服务业注册资本16.54亿元，占内资注册资本63.77%。启动昆承湾总部经济集聚区规划，引进了常熟农商行和中利科技2家本土企业总部。凯毅德亚太区研发制造和运营总部、洁福地板地区结算中心、凯驰中国区研发总部、金通威华东总部、华映资本中国总部、艾克塞斯采购与结算总部等项目落户区内。组织成立了常熟市创业投资协会，科技金融产业进一步集聚，新引进股权投资、创业投资基金10支，总规模5.5亿元，引进昊华融资租赁公司及全市首家外资商业保理公司新维商业保理公司，初步形成了以传统金融机构为主体，新型金融机构和中介服务机构互相促进、产业链完善的金融业发展体系。全年新获批高新技术企业27家，累计达69家；新批高新技术产品65件，累计达237件；新获批省民营科技企业38家，累计达109家；新获国家火炬计划项目5项，累计达9项；新获省级科技计划项目6个，累计达29个。全年新引进国家千人计划2个，累计达7个；入选省双创人才3个，累计达16个；入选省双创博士计划9个，累计达21个；入选省外专百人计划1个；入选省六大人才高峰项目1个；入选姑苏人才计划5个，累计达25个；入选姑苏创业天使计划8个；入选海鸥计划2个，累计达9个；入选常熟市领军人才17个，累计达114个；6名创业人才在第三届江苏创新创业大赛获奖，占全省入选名额的十分之一。

管理服务　2015年社保扩面持续推进，全区外来人员参保率达84.43%，区内社会保险覆盖率达99.82%。全年发放尊老金、各类优抚金、现役军人优待金、残疾人补助、低保救助等各类救助金168万元。深入做好就业工作，为973家(次)用人单位提供招聘服务，实现就业人数5949人。东南实验小学、东南街道卫生服务中心建成投用，银河苑二号、四号集宿楼和原富士康宿舍楼维修工程全面竣工，同时启动建设东南文化中心。积极宣传新市民积分管理办法，落实新市民相关政策。全面推行“网格化”管理新模式，深入开展安全生产大检查，建立快速反应、妥善处置各类事故的应急预案。组织开展违章建筑清理拆除、废旧物资回收点专项治理、非法行医集中整治、游摊散贩疏导管理、安全隐患摸底排查等专项行动。全面推进社会稳定风险评估，妥善处理各类矛盾纠纷，高新区平安建设、法治建设持续推进。切实加强领导干部和党员队伍建设，持续抓好教育实践活动整改落实，扎实开展“三严三实”专题教育，成功举办“智汇常熟”学习型组织系列讲座。认真落实中央“八项规定”精神，不断加强和改进工作作风，坚持厉行节约，公车运行、公务接待、因公出国(境)“三公”支出持续下降。认真做好人大政协提案、“寒山闻钟”论坛和“12345”便民服务热线的办理答复工作，持续推进行政权力公开，实现了对机关权力的有效规范和监管。认真执行党风廉政建设责任制，完善惩治和预防腐败体系，高新区纪检监察室正式获批，进入实质性运作，营造了高新区风清气正的政务环境。

【获批“江苏省汽车零部件产业产学研协同创新基地”】 2月5日，江苏省科学技术厅发文认定第二批省产学研产业协同创新基地，常熟高新区被批准为“江苏省汽车零部件产业产学研协同创新基地”。

【中国恒瑞碳纤维项目落户】 3月24日，中国恒瑞碳纤维项目签约落户常熟高新区。该项目作为中国恒瑞公司的全资子公司，与西班牙卡布勒斯集团合作研发、制造碳纤维汽车部件，项目投资总额近1亿美元，一期注册资本3000万美元，租赁高新区内1万平方米厂房，引进一条价值8500万元的全自动化生产线。

【三松常青汽车安全系统项目落户】 4月1日，三松常青汽车安全系统项目签约落户常熟高新区。该项目由韩国三松株式会社与太航常青汽车安全设备(苏州)有限公司合资设立，总投资6000万美元，注册资本2000万美元，主要生产汽车安全系统相关产品。

【马勒汽车空调项目落户】 4月14日，马勒汽车空调项目签约落户常熟高新区。该项目由原美国德尔福集团热交换系统事业部(后被德国马勒集团收购)投资设立，总投资1亿美元，主要从事汽车空调压缩机等汽车零部件的生产。

【常熟生益科技有限公司奠基】 5月20日，常熟生益科技有限公司举行奠基仪式。该公司总投资15亿元，其中一期项目投资10.2亿元。项目总占地面积9.36万平方米，总建筑面积12万平方米，可年产1100万平方米基板及2400万米商品粘结片。

【必诺集团疫苗项目落户】 7月1日，西班牙必诺集团疫苗项目签约落户常熟高新区。该项目一期注册资本500万美元，租赁区内600平方米洁净厂房，通过自身的FLYLIFE技术平台，借助国内疫苗行业技术升级的产业大趋势，率先建立新一代疫苗生产技术平台。

【法雷奥雨刮器项目落户】 8月13日，世界著名汽车零部件一级供应商法国法雷奥公司雨刮器项目签约落户常熟高新区。该项目由法雷奥公司视觉系统事业部投资，总投资为6000万美元，注册资本2000万美元，厂房生产面积1.6万平方米，可年产1000万套雨刮电机及系统。

【中国智能车综合技术研发与测试中心成立】 8月18日，常熟市人民政府联合西安交通大学、中国科学院自动化研究所、长安大学和青岛智能产业技术研究院在常熟高新区联合成立中国智能车综合技术研发与测试中心。中心功能定位为中国智能车产业的科技创新平台、公共技术服务平台和技术交易平台，成为具备“独立、公正、专业”特征的第三方智能车测评机构。

【李学勇调研常熟高新区】 8月25日，江苏省委副书记、省长李学勇一行到常熟高新区调研。李学勇充分肯定高新区大力推进科技创新，搭建创业平台，发展质量不断提升。江苏省委副书记、苏州市委书记石泰峰陪同调研。

【东南实验小学启用】 8月30日，常熟市东南实验小学顺利启用。该小学位于香江路北侧、黄山路东侧，用地面积为5.4公顷，建筑面积5.5万平方米，建设规模为48班制；幼儿园建设规模为24班制。学校主要有5个单体建筑组成，东面为幼儿园、食堂，中间为小学行政楼、教学楼，西侧为车库，最高为四层，另有运动场、市政道路、绿化景观、智能化配套设备等。

【席梦思床褥家具(苏州)有限公司开业】 9月8日，席梦思床褥家具(苏州)有限公司在常熟高新区开业。该公司于2014年9月1日正式成立，是席梦思公司在我国开设的第一家工厂，首期注册资本500万美元。

【摩恩厨卫项目落户】 9月15日，世界著名厨卫产品领军企业美国摩恩与常熟高新区签订项目投资协议，在高新区设立其亚洲最大生产基地。该项目总投资5000万美元，注册资本2000万美元，生产厂房达3.3万平方米，主要生产高档水龙头等卫浴产品。

【KOPLA车用工程塑料项目落户】 9月24日，韩国株式会社KOPLA车用工程塑料项目落户常熟高新区。项目总投资4500万美元，注册资本1500万美元，生产厂房达2.5万平方米，主要生产汽车用高性能复合材料。同时，在常熟设立研发中心，与通用、现代、起亚共同开发新产品。

【第六届中国汽车造型设计大赛在高新区举行】 9月24日至26日，由中国汽车工程学会与常熟市人民政府联合主办的第六届中国汽车造型设计

3月24日，中国恒瑞碳纤维项目签约落户常熟高新区

8月18日，中国智能车综合技术研发与测试中心在常熟成立

大赛在常熟高新区成功举行。经过初赛、复赛，共有18个单位的30件作品进行最后角逐。在这次大赛上，常熟高新区被中国汽车工程学会授予“中国汽车产业创新设计基地”荣誉称号。

【苏州宇量电池有限公司增资项目落户高新区】 10月23日，苏州宇量电池有限公司增资项目落户常熟高新区。项目总投资10亿元、总注册资本4亿元，一期注册资本2亿元，一期计划批租4公顷，建设2.5万平方米厂房，引进国外先进自动化生产设备，主要从事生产新能源动力锂电池。

【世界联合学院中国常熟分校开学】 11月7日，世界联合学院中国常熟分校举行开学典礼，世界联合学院主席约旦努尔王后出席活动。该校是世界联合学院在全球布局的第15所分校，也是世界联合学院在中国内地设立的唯一分校。一期工程占地4.2公顷，建筑面积6.3万平方米，包括多功能表演艺术中心，体育健身中心，科学、技术、工程和数学(STEM)中心，图书馆等教学生活设施，可同时满足520名学生学习生活的全部需求。

【2015中国智能车未来挑战赛在高新区举行】 11月15日，2015中国智能车未来挑战赛在中国智能车综合技术研发与测试中心拉开帷幕。来自国防科技大学、武汉大学、中科院合肥研究院、军事交通学院等全国14所高校和科研院所的20支车队参加了比赛，充分展示中国智能车的发展趋势与最新动态。

【中利科技、常熟农商行总部落户】 12月23日，中利科技集团股份有限公司总部项目、常熟农村商业银行总部项目签约落户常熟高新区。中利科技集团总部项目，占地面积约1.93公顷，总建筑面积约9.6万平方米，主要用于集团总部办公、商务配套等。常熟农村商业银行总部项目，占地面积约5.73公顷，总建筑面积约11.5万平方米，主要用于总部办公、金融租赁、数据中心、客服中心、运营中心、研发中心等。

【高新区获批“江苏省知识产权示范园区”】 12月23日，省商务厅、省知识产权局联合批复常熟高新区为“江苏省知识产权示范园区”。 （张亚明）

常熟综合保税区A区

【概况】 常熟综合保税区原为常熟出口加工区，于2005年6月3日经国务院批准设立，2006年12月12日顺利通过国家九部委的联合验收，2007年正式运行。常熟出口加工区规划面积0.94平方千米，实际围网内面积为0.88平方千米。2015年1月31日，经国务院批准，常熟出口加工区与吴中、吴江等7个出口加工区一起转型升级成为综合保税区，同年12月30日，由南京海关带领的省联合验收组代表国家十部委对常熟综合保税区进行验收，已顺利通过。2015年，受全球经济形势不景气、国内经济调结构、转型升级带来的经济增速减缓以及海关严控等影响，综合保税区的各项工作也面临了较大挑战，区内加工企业各项指标有不同程度的下降，区内企业全年完成工业总产值4.10亿元，比上一年下降28.02%；实现经营总收入4.87亿元，同比下降25.25%；实现进出口总额2.45亿美元，同比下降25.83%；实现海关税收1.43亿元，同比增长了77.49%。

开发建设 2015年，在得到国务院批复转型升级成为综保区后，出口加工区就全力进行各项基础和监管设施建设，确保符合海关和国检等各部门的验收要求，主要完成以下工作：新增卡口2个；新建海关查验场地5400平方米；在隔离围网上加装电子围栏3217米；更新海关视频监控系统，安装高清摄像头29个，建设综保区全区域监控中心2个，每个中心配备4块55寸拼接屏及全套控制系统；卡口安装了光学车牌识别系统、地磅采集系统、自动放行控制系统等；同时安装了综保区信息化管理系统；建设海关行政审批用房及卡口管理用房320平方米。同时，投资1860万元建设的1.1万平方米保税物流仓库二期工程也于年初完成建设，投入运行。

招商引资 常熟综合保税区作为加工贸易企业的集聚区，依托临江临港和位于常熟经济技术开发区内的优势，吸引了不少企业入驻。到年末，已有18家生产和物流企业落户。其中生产型企业有12家，总投资1.45亿美元，注册资本6347万美元，已有10家企业正式投产。区内生产企业主要以欧美企业为主，占2/3；以机械加工企业为主，占2/3；全部为出口型外商独资企业。区内另有6家物流公司落户，总投资2800万元。2015年，在被国务院批准转型升级成为综合保税区后，开发区积极对外宣传综保区政策，加大招商力度，引进各种新型保税业务到区运作，到年底已吸引6家物流贸易企业落户，总投资1.2亿元，年末申请注册工作全部完成；同时对区内企业进行走访宣传，鼓励开展适合综保区的新业务，促进加工区业务向高技术含量、高附加值和多元化方向发展。

管理服务 常熟综合保税区在做好招商工作的同时，以提高工作效率、改进服务质量、完善服务平台为切入点，注重落户项目的服务工作，确保落户项目早日开工建设，投产运行，促进老企业增资扩产。综合保税区管理局利用各种时机，先后5次举办各种形式的座谈会和政策宣讲会，创造企业和海关、国检、国税、外汇、外经、工商、国土等相关部门直接对话的机会，及时了解新的政策法规。帮助企业解决生产过程中出现的问题，全年累计协调处理50多项。

【常熟出口加工区获国务院批准升级为综合保税区】 1月31日，根据国务院批复文件要求，常熟出口加工区整合优化为综合保税区。综合保税区实行封闭管理，将按照海关特殊监管区域有关规定组织综合保税区隔离监管设施的建设。综合保税区的功能和有关税收、外汇政策，按照《国务院关于设立洋山保税港区的批复》的有关规定执行。 （施一玉）

常熟综合保税区B区

【概况】 2015年1月31日，国务院批复同意常熟出口加工区升级为综合保税区，其中B区位于常熟高新技术产业开发区内，面积0.35平方千米。是年12月30日，常熟综合保税区B区通过由南京海关等10部门组成的省联合验收组验收，标志着未来区内开放层次更高、优惠政策更多、功能更齐全、手续更简化。综合保税区B区依靠更便捷的通关、商检、外汇管理，着力培育和引进一些高附加值的商贸、物流企业，并积极引进高端电子信息、装备制造、新能源等优质项目。2015年，综合保税区B区实现海关监管货值18.6亿美元；完成海关税收2862万元。区内各物流公司保持稳定的发展，报关单量达33359份，同比增长8.8%。

开发建设 至2015年底，综合保税区B区内共有企业13家，其中生产型企业2家，保税物流企业5家，保税贸易服务及检测维修企业共6家。全年实现工业总产值超过5亿元，实现企业经营总收入5.7亿元。区内拥有3.6万平方米标准厂房和2.6万平方米海关监管仓库可供使用，仓库内已有物流企业入驻开展业务。另外，区内梵泰诗在建厂房2.3万平方米，预计于2016年上半年竣工投用。

招商引资 综合保税区B区与宝钢、三星的核心供应商苏州利来钢铁积极洽谈，已至谈判最后阶段，同时，重点发展区内保税物流业务，成功引进常熟汉德皮具贸易有限公司，已正式开展业务。综合保税区B区全年累计报关票数为33359票，一线进出口总额3536万美元，二线进出区总额18.27亿美元，缴纳关税2862万元。

管理服务 2015年，综合保税区B区先后举办各种形式的政策宣讲会和区内企业座谈会5次，让企业及时了解海关、国检、外汇、工商等相关部门的最新政策法规及上海自贸区的相关政策。另外，积极做好区内现有企业的服务工作，及时帮助企业解决生产过程中出现的各种问题。 （丁 历）

江苏省常熟经济技术开发区高新技术产业园

【概况】 2015年，江苏省常熟经济技术开发区高新技术产业园（以下简称高新园）完成工业总产值676.4亿元，同比增长3.1%；工业开票销售收入444.8亿元，服务业开票销售收入34.6亿元，同比分别增长50.5%和13.8%；高新产值完成433.8亿元，同比增长8.5%；新兴产值完成164.1亿元，同比增长3%；完成全社会固定资产投资73.3亿元，同比增长3.6%，其中工业投入34.8亿元，同比增长10.1%；完成一般预算收入10.1亿元，同比下降12.6%；完成外贸进出口总额70亿美元，其中出口56亿美元，同比分别增长54%和70%。常熟开关制造有限公司、苏州通润驱动设备股份有限公司、中交天和机械设备制造有限公司、达富电脑（常熟）有限公司等骨干企业稳健发展，有39家企业入库税收超千万元。

开发建设 全年在建重点工业项目13项，非凡金属、达敏机械、登导驱动、华威电梯等7个项目进入生产或试生产，飞煌工业园一期5.8万平方米高标准工业厂房正式落成；非凡金属竣工投产，全年已实现销售3.5亿元，上缴税收近2000万元；力促RTC把常熟作为集中开票地，全年已实现开票2.4亿元，上缴税收1200万元；金仕生物完成装修，进入临床试验；金龙科技二期主体工程已封顶。在建服务业项目10项，总建筑面积132.12万平方米。万达广场住宅全部封顶，商业完成地下室建设；爱乐酒店竣工验收；隆盈广场一期开街营业，二期开工建设；信一景天顺利交房。加快北部城市生活社区建设，委托市规划设计院，在原城市片区的基础上，加入望虞河以西的产业片区进行控规编制，统筹兼顾，引导产城一体发展。有序推进资源整合，全年完成凯鑫地毯、张坝社区资产、国立空调、丁坝加油站（部分）、实盈光学等5家企业签约。全年基础设施投入累计3700万元，完成草鞋浜河道挡墙工程、民安路泵站改造工程及配套污水压力管工程、青岛路及三亚路污水管网完善工程；完成宁波路及学校周边道路绿化、南海路及联丰东路道路绿化工程、四新河整治工程二期工程等；启动总投资近1亿元的柳州路联通三环路、台山路联通南沙路、联丰路联通南沙路工程建设。

招商引智 全年新增注册外资1.49亿美元，同比增长85.7%，到账外资8016万美元，同比增长19.3%；净增内资注册资本29.4亿元，同比增长35.8%。依托园区大中小企业共同发展的产业网络，加快推进产业链招商。与中关村医疗器械产业联盟达成战略协议，引进了和泰医疗设备、海维医疗器械、华曼兄弟医疗器械、润池生物技术等4家医疗器械项目，总投资超5亿元，批租土地4.33公顷；首批引进意大利PMG、美国舒尔曼和日本樫山项目入驻飞煌工业园，总投资6800万美元，注册2800万美元，其中PMG租用7000平方米，舒尔曼租用4500平方米，日本樫山租用4000平方米；集电梯整机制造、销售、维保为一体的英沃电梯签约落户，总投资11亿元，注册3.6亿元，园区电梯产业链基本形成；中交天和、达富电脑、曼隆电梯、英提尔分别增资3.8亿元、5000万美元、3800万美元、1150万美元；促成常熟市政府、中车、中科院三方签订合作框架协议。加速创新要素集聚，获批省高新技术企业5家，国家火炬计划立项项目3项；新增省高新技术产品37个；获批市领军人才1家、"姑苏领军"2家、中小企业创新基金1家。

管理服务 年内，完成公交首末站扩容，新增1条103公交线路，增设公共自行车点位5处，方便区内员工、群众出行；游文幼儿园完成建设并投入使用；配合推进北部医院建设。认真做好社保扩面工作，协助企业做好劳资关系协调，达富电脑获"常熟市劳动关系和谐企业"称号。开展安全生产专家诊断活动，排查并整改安全隐患近500条；全年对广达制造城、万达生活区周边及各大菜场等重点区域进行5次社会面整治；成立警务室，应对达富电脑大规模招工带来的社会问题；配合水利局、住建局做好环保督查，加大对腾龙金属、雷允上、精诚铝业、展华电子等工业污水接管企业规范管理，做好污水流向调度，控制企业污染物偷排、漏排或超标接管排放；稳控江苏联侨、大稳电子、宜铨电子、多彩铝业和非凡金属环保信访，督促企业落实深度治理，维护区域环境质量。推进技防建设、强化治安管理，新装68只社会面监控探头，压降发案量；全年共处置"12345"服务热线1045起，其中"寒山闻钟"72起。认真调处星宝花园延期交房事件、大义压路机村村民投诉企业污染事件、德福太阳能工程结算纠纷等，切实保障群众权益。

【实盈华东区总部启用】 5月19日，总投资超1亿美元的实盈华东总部正式启用，项目占地12公顷，建筑面积11万平方米。目前，公司正加快从代工型企业向自主创新型企业转型，自主研发生产的新一代摄像头模组——平行双摄像CCM模组创造了摄像头领域快速对焦和3D展现的独特功能，技术水平处于国内外领先。

5月19日，实盈华东总部启用

【达富电脑获得苹果watch独家生产权】 2015年苹果公司发布第一代智能手表，达富电脑(常熟)有限公司获得独家生产权。全年达富电脑完成开票195.7亿元，同比增长594.1%；外贸进出口43.1亿美元，同比增长167.4%，其中出口33.5亿美元，同比增长243.9%。

【罗志军考察常熟开关制造有限公司】 4月13日，省委书记、省人大常委会主任罗志军带领全省深入实施转型升级工程推进经济发展迈上新台阶工作会议的与会人员到园区常熟开关制造有限公司考察。罗志军一行考察了开关制造有限公司的企业技术中心、江苏省智能电网配用电关键技术研究重点实验室，并听取公司负责人关于企业自主创新情况的汇报。罗志军对公司自主研发的智能型万能式断路器CW系列、塑料外壳式断路器CM系列等产品给予高度评价，对公司产品瞄准世界先进水平、狠抓关键技术的发展经验给予充分肯定，勉励企业在自主创新、人才培养、提高产品质量等方面继续努力，研发出更多世界一流的产品。

【开关制造获两大奖项】 常熟开关制造有限公司公司"新一代信息互动化自动转换开关的研发和产业化"项目获评2015年度苏州市科学技术进步一等奖，为常熟市唯一获该奖项一等奖的企业；其"CM5系列塑料外壳式断路器"项目获2015年中国机械工业科学技术二等奖。 (黄之雄)

江苏常熟新材料产业园

【概况】 2015年，新材料产业园(以下简称园区)紧紧围绕"五位一体、综合发展"的总基调，牢牢把握稳中求进、提质增效总目标，主动适应经济发展新常态，全力以赴调结构、稳增长、促转型，面对政策、资源、环境等诸多制约因素，坚定信心、齐心协力、攻坚克难，扎实推进园区招商选资、项目推进、载体建设、安全环保等重点工作，取得了一定的成绩。2015年，园区累计完成地区生产总值19.97亿元；完成工业总产值101.5亿元；全部工业产品销售收入101亿元，实现财政总收入4.95亿元；公共财政预算收入2.14亿元。连续三年，在中国石油和化学工业联合会对全国化工园区的综合测评中入选“中国化工园区20强”。通过国家外贸转型升级示范基地的2014年度考核，园区生态湿地处理中心被认定为市级生态文明教育示范基地。

开发建设 2015年，园区续建、新建重点工程共14个(结转4个、新开工10个)。工程总投资2720万元，累计完成投资1960万元。完成工业固定资产投资18.31万元，净增民营经济注册资本7.22亿元，实现到账外资6002万美元，注册外资5258万美元。在批项目累计31个，有11个项目(科慕特富龙、中昊1336、常熟三爱富六氟丙烯、宇道、达诺尔、优德爱、进尚技改、新特技改、惠彩、淀川、大金工程中心)全部完成报批手续，并取得施工许可证，实现开工建设；有23个项目(天意达、高泰修编部分、常吉、纽佩斯、中昊1234二期、华大技改、富士莱二期、三期、苏威二期氟橡胶、苏威三期氟橡胶、大金PTFE、淀川、惠彩、度恩、阿科玛HF扩建、江南粘合剂、进尚技改、阿科玛化学扩建、诺科、新特PAT、华道、世名、三福、)已实现竣工。规划建设部门在实施零星建设工程的基础上，重点建设服务于经济发展的新平台。推进苏虞生物医药产业园标准厂房建设，入口处海丰路拓宽工程、海丰路景观绿化工程和路灯工程都已完工。完成总投资1100万元的淀川惠德氟树脂项目5515平方米定制厂房、市政工程及配套工程，投资45万元对龙福工业园绿化、路灯、围墙、入口、停车场等相关配套设施进行了完善。积极实施园区污水厂二期改扩建和集水池建设、污水明管翻建和排口改道工程，完成2个区域污水集中收集池的设计、环评审批，同时协调接入企业落实污水管网走向。加强对建设项目施工现场的安全管理，健全完善对绿化养化单位的考核制度，提升园区良好形象。

招商引智 2015年，园区累计赴上海、苏州、昆山等地外出招商80余批次，接待来访投资商90余批次。年内，完成3个项目签约，分别是立邦(中国)集团涂料华东基地项目，总投资2.5亿美元，注册资本8500万美元；意大利卡罗比亚集团陶瓷用染色剂和数字墨水项目，占地2.67公顷，总投资3800万美元，注册1600万美元；惠彩化学材料(上海)有限公司聚酯材料项目，项目注册资本800万，总投资2000万，租赁龙福工业园厂房，建筑面积为2352平方米，主要生产汽车用聚氨酯组合料1.5万吨/年、汽车用胶黏剂5000吨、特种聚酯多元醇5000吨/年、汽车用聚氨酯PUR吸音材料10万件/年。同时储备了德国德之馨香精香料项目、香港威莱集团洗涤日化产品项目、台湾长兴化学项目等。这些项目相对较为优质，具有良好的发展前景。年内，园区参加了2015年中国苏州(常熟)国际精英创新创业合作洽谈会，完成公共库共对接116个，其中深度对接27个。

管理服务 2015年，充分利用党建工作站这个平台，指导园区内各非公企业党组织开展工作，开展非公企业党组织书记红色沙龙、党员虞山环保行、赴波司登法尔胜参观学习等多种形式的活动。召开企业人事工作座谈会，给企业人事负责人搭建交流平台。与常熟滨江职业学校紧密合作，冠名滨江职校“新材料产业园”杯“滨江之星”奖学金，为化工班的在校学生提供社会实践的场所，联系专业老师去滨江授课，为学生到企业实习进行牵线搭桥。参加了苏州市化工职教集团成立大会上，并作交流发言。与海虞镇共同研究制定高层次人才优惠政策，为优秀人才学习生活提供更多便利。

【大金公司第二届樱花节举办】 3月28日，大金氟化工(中国)有限公司举办第二届大金樱花节。大金公司员工家庭以及周边社区居民及各方代表共3000多人参加活动。大金樱花园于2013年开始建设，位于大金氟化工(中国)有限公司厂区南侧，占地2万平方米，园内共种植500多株日本晚樱。每年樱花盛开季节，大金樱花园对外开放，已成为一个区域社会友好交流的绿色平台。本届樱花节主题为“浪漫樱花、和谐大金”。置身于赏心悦目、绚丽争艳的樱花林中，市民心情舒畅、交口称赞。樱花节上，大金公司还组织开展爱心义卖活动，并把所筹善款捐赠给市儿童福利院，回馈社会。

【达诺尔超净高纯电子化学品项目开工】 3月21日，江苏达诺尔科技股份有限公司3万吨/年超净高纯电子化学品项目破土动工。达诺尔公司成立于2004年，公司总投资2000万美元。为了适应市场需求，特别是为了满足市场对超纯硫酸、超纯氢氟酸、超纯盐酸和超纯硝酸等超净高纯电子化学品系列产品的需求，增加产能，公司增资异地扩建年产3万吨超净高纯电子化学品的生产厂房及配套设施，专业生产超净高纯电子化学品，目前公司产品已填补国内行业空白并逐步替代进口产品，占领了国内高端市场。

【陈蒙蒙到园区调研】 4月12日，省环保厅厅长陈蒙蒙一行到园区调研。陈蒙蒙一行参观了园区生态湿地处理中心。该湿地中心于2010年筹备，2013年4月开工建设，2014年7月竣工，2014年9月1日经常熟市环境保护局批准投运，中心采用世界先进水平的德国潜流人工湿地技术，实现尾水的深度处理目标，通过物理、化学、生物协同作用净化低浓度废水，集治污、景观、资源化等功能于一体，是全省首个利用生态湿地处理中心实现化工园区水资源化与循环利用的工程。

【立邦涂料签约】 5月28日，园区与立邦涂料(江苏)有限公司举行签约仪式。立邦涂料是由立邦投资有限公司全资在园区设立的新公司。项目一期总投资为9900万美元，注册资本3300万美元，建设年产10万吨涂料项目。主要生产木器漆、地坪漆，应用于家具制造厂和室内装修装饰。项目产品目标市场为国内涂料市场，产品主要供应雅士利涂料(苏州)有限公司，同时为立邦涂料(中国)有限公司加工生产木器漆、地坪漆等产品。

【科慕(常熟)特氟龙高性能涂料项目开工】 6月1日，科慕(常熟)特氟龙高性能涂料项目举行开工仪式。项目设计建设年产5400吨特氟龙高性能涂料生产装置，总投资约1亿元，主要产品特富龙高性能涂料，是不沾锅和特种水管内层的理想涂料。科慕高性能氟树脂涂料除主要用于食品工业厨具的涂层外，还广泛应用于各类工业的表面处理。项目建成后，除了能满足国内工业对高端不粘涂料的需求和增长外，还将出口到亚太及北美等地区。

【通过国家节水型城市复查】 6月8日，国家节水型城市检查组在常熟市水利局、住建局、经信委相关领导的陪同下，对园区生态湿地处理中心进行了考察。生态湿地处理中心主要负责人向检查组详细介绍了生态湿地的基本情况与工艺流程，并就整个湿地系统的每个"单元模块"进行了细致的讲解，会后，检查组参观了园区生态湿地处理中心，并对园区节水减排工作给予高度评价。

【常熟淀川惠德塑料制品有限公司开业】 6月18日，常熟淀川惠德塑料制品有限公司举行开业仪式。常熟淀川惠德塑料制品有限公司位于园区龙福工业区，由日本淀川惠德株式会社和大金工业株式会社合资建设，公司生产所需的原料大部分来自园区内的大金氟化(中国)有限公司，公司设计年加工氟树脂制品能力为904吨，主要生产PTFE玻纤布衬板、PFA玻纤布衬板、PTFE衬板、PTFE板材和PFA绝缘垫片等，产品主要应用于半导体行业高纯度药液的槽罐内衬和药业运输槽罐内衬材料。

【科慕公司揭牌】 7月1日，园区内的科慕(常熟)氟化物科技有限公司、科慕三爱富氟化物(常熟)有限公司揭牌。科慕公司隶属于杜邦集团，总部位于美国特拉华州威明顿市，在全球有37座工厂。科慕公司是在杜邦公司高性能化学业务平台基础上创建成立的，其钛白科技、氟产品和特殊化学品领域占据全球市场的领导地位。

【常熟生物医药产业基金成立】 常熟生物医药产业基金是由常熟市人民政府和中国风险投资有限公司合作发起的产业基金，2015年7月17日签订合作协议，首期规模2亿元，旨在通过市场化营运方式，发挥国资杠杆作用，推动全市创新发展，尤其是促进生物医药产业化项目的加快集聚。基金组建原则是以财政资金与社会资金相结合，通过市场化方式运作管理，重点服务全市生物医药等新兴科技产业。适当投资外地优秀项目。目前，基金已完成工商注册等前期准备，并已开展社会化募资筹备工作。

【耐素公司博士后工作站举办入站开题报告】 7月19日，常熟耐素生物材料科技有限公司企业博士后工作站举办邵欢博士入站开题报告会。常熟耐素生物材料科技有限公司成为园区内博士后创新实践基地第三家博士顺利入站的分站单位。大连理工大学郑玉斌教授为组长的开题专家组及耐素公司部分高管等参加了此次活动。此次耐素公司与大连理工大学联合培养博士后，是充分利用企业和大连理工大学的研发平台和资源，实现企业与科研机构更加深入的合作，旨在进一步加强企业自主创新能力建设，优化产品结构，提升产品竞争力。

【日本化学企业视察团到园区考察】 7月22日，由日本化学工业日报和中石化联合会共同组织的中国化学产业视察团一行到园区考察。考察团由关西涂料株式会社顾问(前任社长)河盛裕三先生担任团长，团员分别来自20多家日本知名化学公司。此次活动，不仅提升园区知名度，为今后对日招商引资夯实基础；更促进中日化工产业的交流，对未来化工产业的发展具有较强的借鉴意义。

6月18日，常熟淀川惠德塑料制品有限公司开业

【中科院院士田禾到园区参观交流】 10月18日，中国科学院院士、华东理工大学院长田禾等专家一行，在常熟市科协领导、海虞镇及园区领导陪同下参观常熟三爱富中昊化工新材料有限公司、江苏华益科技有限公司和园区生态湿地处理中心，随后与园区5家代表企业科技研发负责人进行座谈。田禾原籍常熟，是新世纪首批"百千万"人才工程国家级人选，长期从事精细化工研究，提出染料分子设计新概念和发展了多重超分子组装体系及分子机器。通过与园区相关企业的考察交流，田禾对园区项目研发、人才培养以及教学科研等工作提出了宝贵意见，希望实现产学研三方合作，推动园区企业的发展。

【举办苏虞生物医药领导人年会】 10月22日，由ChinaBio主办，常熟苏虞生物产业园、常熟新材料产业园承办的2015年全球生物医药领导人年会在常举行，来自海内外近200余位生物医药行业精英齐聚古城，展望中国生命科学行业的机遇与挑战，为产业发展建言献策。常熟市委常委、常务副市长沈晓东出席年会。

【索尔维龙项目氟橡胶投产】 11月10日，索尔维龙项目氟橡胶常熟工厂投产。索尔维常熟工厂此次投产的氟橡胶材料，拥有优异的抗化学腐蚀性，可耐受超过250°C的高温，可加工成汽车、机械、石油和天然气等领域中应用于密封的垫片、油封、软管和电缆等。索尔维亚太区总裁罗德邦、索尔维特种聚合物亚太区总裁杜志仲等企业高管，常熟市副市长陈惠良、园区党工委书记马维刚、管委会主任须亚军等领导以及索尔维的客户代表、合作伙伴等100余名嘉宾出席投产仪式活动。

【三爱富中昊全球首条 HFO—1100mzz 规模化生产线开工】 11月13日,三爱富中昊/科慕 Opteon1100 项目开工典礼在园区内举行,标志着全球首条 HFO—1100mzz 规模化生产线正式开工建设,产品可以满足行业对能够降低全球变暖潜能值(GWP)与提高能源利用效率的解决方案日益迫切的需求。科慕 Opteon1100 项目是由三爱富中昊和美国科幕公司共同合作,生产的主要产品为六氟丁烯(HFO—1100mzz),是零 ODP 值、低 GWP 值的新一代发泡剂,实现从生产到使用过程的全周期节能减排,具有重要的环保和社会效益。项目计划在 2017 年全面展开商业化生产。三爱富中昊公司长期以来致力于 ODS(消耗臭氧层物质)替代品、氟聚合物、氟精细化学品以及氟碳涂料等含氟产品的研发、生产和经营。公司已成为国内氟碳化合物品种最多、产销量最大的综合性氟化工龙头企业。 (钱慧一)

常熟国家大学科技园

【概况】 2015 年,常熟国家大学科技园获得国家级荣誉一项,为国家级博士后科研工作站;省级荣誉两项,分别是江苏省版权示范园区和江苏省众创集聚区试点。常熟国家大学科技园是全国首家设立在发达县域经济中的国家级大学科技园,是教育部"蓝火计划"和江苏省"科技镇长团"试点的成果,也是常熟市根据国家"科教兴国"和江苏省"创新驱动"战略需求,加强区域科技自主创新,加快地方产业转型升级的重要平台。

开发建设 常熟国家大学科技园自启动建设以来,依托多所共建高校的优势资源,结合地方产业、企业需求,重点发展高端基础器件、新兴行业电子、新型节能环保、现代科技服务四大核心产业,已启用"创意、创业、创新、创研、创优"五创基地、科创大厦、同济科技广场、国际人才城等科技创新载体,建筑面积达 50 万平方米。截至 2015 年底,共获得国家级大学科技园、国家级科技企业孵化器、江苏省留学生创业园等 16 个省级以上荣誉;已建成上海交通大学常熟科技园、浙江大学常熟光电技术联合研究中心、同济大学常熟科技园等科技园,建成上海交大常熟轻量化技术研究院、东南大学常熟应用技术研究院、苏州大学常熟低碳应用技术研究院、南京师范大学常熟发展研究院、南京艺术学院艺术设计院常熟分院、金属多孔材料国家重点实验室、江苏产业技术创新中心等产学研创新载体。

招才引智 2015 年,常熟国家大学科技园引进国家千人计划 2 个,入选江苏省双创人才 3 个,入选姑苏人才 5 个,入选常熟市领军人才计划 17 个,入选省博士计划 9 个,入选苏州海鸥计划 2 个。另有 6 名人才在第三届省创新创业大赛中获奖,8 家企业成功入选姑苏天使计划,截至 2015 年底,常熟国家大学科技园培育和引进国家"千人计划"人才、江苏省"双创计划"人才、苏州市"姑苏人才计划"、常熟市领军型创业创新人才(团队)达 162 个。2015 年,园区新增国家高新技术企业 19 家、省民营科技企业 40 家、省科技型中小企业 10 家、省企业研究生工作站 3 家、苏州市工程技术研究中心 4 家,38 只高新技术产品获得认定,江苏广和"分布云智慧城市基础管理平台开发"等 10 个项目获得立项。全波通信与金山太阳能分别获得超亿元订单,广和慧云成功登陆新三板,成为常熟高新区首家登陆"新三板"企业,英华特等 10 多家企业在做新三板上市筹备工作。

【获批江苏省版权示范园区】 4 月 2 日,江苏省版权局发布 2015 年度江苏省版权示范园区、示范单位名单,常熟国家大学科技园成功获批省版权示范园区,将有利于园区培育发展版权密集型企业,加快科技成果转化。

【获批国家级博士后科研工作站】 9 月 14 日,人力资源和社会保障部、全国博士后管委会发文批准 628 个单位设立博士后科研工作站,开展博士后工作,常熟国家大学科技园管理委员会获批设立博士后科研工作站。常熟国家大学科技园将借助博士后工作站这一科研平台与省内外高校建立长期稳定的合作关系,有效提升园区企业的科技创新能力和市场竞争力。

【获批江苏省众创集聚区试点】 12 月 10 日,江苏省科学技术厅发布第二批省级众创空间备案和首批省级众创集聚区试点单位认定名单,常熟国家大学科技园成功获批为省众创集聚区试点,将有利于园区构建更加完备的创新创业生态体系。 (付诚伟)

责任编辑 薛 卫

港口·口岸

综　　述

【概况】 2015年，常熟口岸完成货物吞吐量8507.1万吨，其中外贸量1480.6万吨，集装箱38.98万标箱，同比分别增长5.7%、4.5%、2.5%。全年常熟港完成总投资1518万元，完成了19个新建泊位以及3个改扩建(含加固改造)泊位的竣工验收，完成了常熟港进港航道二期建设工程并通过了竣工验收，航道维护水深提高至8.5米，满足了1万吨级代表船型、兼顾20000吨级杂货船双向通航需求。港口规划依法规范，编制完成《常熟港发展战略研究》《江苏省常熟港“十三五”物流发展规划研究(征求意见稿)》，配合交通运输部规划研究院开展铁黄沙作业区规划方案研究，委托相关单位开展铁黄沙作业区航道方案研究工作；积极争取常熟港享受部分海港待遇，至2015年底，进出常熟港的被引船舶已执行“一次申请、在航交接”的海港标准，吃水达11.8米的船舶能常态化进港，船舶港务费已取消收费。口岸港口信息化水平持续提升，质量效益全面提高，“常熟智慧物流公共信息平台”、港航“EDI”平台等多个项目完成开发建设并上线运行，口岸视频监控系统升级改造完成，常熟电子口岸在基本建立口岸通关服务体系基础上，为口岸进出口企业及联检单位提供更优的信息化支持。口岸环境不断优化，港口口岸发展创新有为，年内常熟港完成13家对外开放码头的年度核查，“铁黄沙”水域扩大开放成功列入省“十三五”口岸规划，“三个一”试点工作得到推广铺开，“三互”工作有序开展，口岸“单一窗口”建设扎实推进。常熟口岸全年共监管进出口货运量1149万吨，货值182.6亿美元，同比分别增长4.9%和4.2%；监管集装箱货物20.17万标箱，同比增长16.2%；监管运输工具3108艘次，同比增长11.4%；查验报关单6663份，查获1281份；全年实现税收入库62.94亿元，同比增长10.77%。办理船舶进出港签证、查验3.29万艘次，完成船舶检验质量监督检查82艘次，办理新建船舶登记3艘次、水工许可23件、危险货物申报审批3992艘次，完成内河船舶安全检查340艘次，海船安全检查72艘次，PSC安全检查58艘次。检验检疫出入境货物2.52万批、27.96亿美元，同比分别增长8.34%、-12.88%。其中入境检验检疫1.5万批、22.62亿美元，同比分别增长15.9%、-9.22%；出境检验检疫1.02万批、5.34亿美元，同比分别下降1.10%、25.58%；检疫入出境国际航行船舶2956艘次，同比增长12.18%；监测国际船员5.16万人次，同比增长10.94%，检验检疫集装箱15.73万标箱，同比增长9.68%。共检查出入境(港)船舶3039艘次、检查出入境(港)人员49232人次，同比分别增长20.1%、17.1%；办理登轮证等各类证件22827份。

常　熟　港

【概况】 2015年，常熟港完成货物吞吐量8507.1万吨，其中外贸量1480.6万吨，集装箱38.98万标箱，同比分别增长5.7%、4.5%、2.5%。绿色港口建

常熟港

设深入推进,顺利完成《常熟港创建绿色港口实施方案》编制和评审。港口规划建设扎实开展,编制完成了《常熟港发展战略研究》《江苏省常熟港"十三五"物流发展规划研究(征求意见稿)》,配合交通运输部规划研究院开展铁黄沙作业区规划方案研究,委托相关单位开展铁黄沙作业区航道方案研究工作,完成常熟港进港航道二期建设工程并通过竣工验收,全年常熟港完成码头建设工程总投资1518万元。积极争取多方协调,年内完成常熟港享受部分海港待遇的预定目标。依法依规严把企业准入关,切实做好港口经营管理服务,2015年,核发港口经营许可证3份,试运行结束换发港口经营许可证2份,注销许可证2份,港政监察大队外出巡查(含联合执法)295次,发出告知书25份,发出限期整改通知书10份,约谈了4家码头企业、2家港口服务企业以及7位浮吊业主。强化企业安全生产主体责任,落实"一岗双责、党政同责",加强行业监管,全年共审批危险货物港口作业2851批次,作业货种66个,危险货物集装箱297TEU,总吞吐量403.2万吨,同比增长17.4%,发放危险货物作业附证12张。强化法治建设,规范权力运行,清理、调整行政权力清单,并将4项行政审批事项、51项行政处罚事项、4项行政强制事项、8项其他行政权力事项在门户网站上公开,确保透明运行。强化口岸综合协调管理,巩固口岸改革创新成果,全面推广铺开"三个一"试点工作,有序开展"三互"工作,扎实推进常熟口岸"单一窗口"建设。年内,多次协调引航、海事、码头、代理等部门做好木材、纸浆、钢材及光缆等三超船舶、兴华硼酸船等安全靠泊和作业,完成了13家对外开放码头的年度核查,"铁黄沙"水域扩大开放成功列入省"十三五"口岸规划,新增"三个一"试点企业6家、试点场站5家,成立常熟口岸"单一窗口"领导小组和工作小组,出台实施《常熟口岸"单一窗口"建设试点工作方案》。口岸信息化水平持续提升,在基本建立口岸通关服务体系基础上,做好"常熟智慧物流公共信息平台"等项目的开发及上线试运行,为口岸进出口企业及联检单位提供了更优的信息化支持。

【兴华作业区件杂货码头工程顺利通过竣工验收】 1月21日,苏州港常熟港区兴华作业区件杂货码头工程顺利通过竣工验收。兴华作业区件杂货码头工程自2010年12月开工,历时近32个月,于2013年8月完成1个3万吨级、1个5000吨级、2个3000吨级和4个2000吨级共8个件杂货泊位的建设。竣工验收委员会听取了工程建设、设计、施工、监理、审计单位和质量监督部门的工作报告,以及工程试运行和初步验收情况的汇报,查看了工程现场和竣工资料,一致认为兴华作业区件杂货码头工程已按批准的建设规模和标准建成,经过试生产运行,工程满足设计和规范要求,已具备运营条件,同意工程通过竣工验收,并于验收之日起正式交付使用。

【举办集中学习权力清单】 3月18日,市口岸办组织全体机关事业人员学习权力清单,由副主任金红对办(局)行政权力清单进行了解读。期间,金红从权力清单制度出台的现实背景、具体含义、主要内容、重要意义等方面着手,围绕办(局)行政审批目录清单、行政权力清单,对办(局)49项行政处罚权、3项行政强制权、8项其他行政权力进行了细致讲解。通过此次学习,进一步明确了办(局)"法无授权不可为,法定职责必须为"的办事理念。

【常熟港靠泊等级最大的液体化工码头正式投入运行】 6月9日,常熟港金泾塘作业区东港化工公用码头工程顺利通过由苏州市港口管理局组织的竣工验收。该工程由常熟东港置业有限公司投资兴建,新建2个2万吨级(水工结构按靠泊3万吨级船舶设计)和4个500吨级液体化工泊位及相应配套设施,设计年通过能力380万吨,投资总额约1.5亿元。工程于2012年10月开工,至2013年11月竣工,并于2014年1月投入试运行。东港化工公用码头的顺利竣工标志着常熟港靠泊等级最大的液体化工码头正式投入运行,将极大提升常熟港液体散货通过能力,有效缓解港区液体化工泊位通过能力不足的矛盾,促进地区经济发展。

【《常熟港创建绿色港口实施方案》通过专家评审】 8月14日,《常熟港创建绿色港口实施方案》专家评审会在南京召开。会上,市口岸办(港口局)主任陶俊明介绍常熟港现状及创建绿色港口的基本情况,交通运输部水运科学研究院作为技术支持单位,对实施方案进行汇报。在充分听取汇报后,专家组一致认为实施方案内容较为全面,结构合理,提出了主要任务和重点支撑项目,体系较为完整,项目基本可行,且保障措施能较好地保证创建工作顺利实施,一致同意该实施方案通过评审。此外,专家建议在创建绿色港口过程中,应充分体现政府、行业和市场主体共同参与的作用,进一步体现常熟港的特色。

【"十二五"期间投资规模最大的公用码头通过竣工验收】 8月28日,常熟港金泾塘作业区大新华通用件杂码头工程顺利通过了由苏州市港口管

1月8日,船长232米、装货后最大宽度达92米的半潜船"振华28"轮在引航员指挥下驶离常熟2号锚地

理局组织的竣工验收，正式投入使用。大新华通用件杂码头工程是常熟港"十二五"期间投资建设规模最大的公用码头工程项目，主要配套服务常熟经济技术开发区汽车制造、装备制造等相关产业的水路运输需求。该工程由常熟大新华港务有限公司投资兴建，新建4个5000吨级件杂货泊位和1个3000吨级重件泊位（兼顾汽车滚装）及相应的配套设施，设计年通过件杂货284万吨、重件25.4万吨、汽车滚装7.7万辆，占用港口岸线694米，实际完成投资总额约6.58亿元。工程于2012年7月开工，至2013年8月竣工，并于2014年6月投入试运行。

【常熟中理理货公司获得管理体系认证证书】 9月15日，常熟中理外轮理货有限公司获得上海挪华威认证有限公司（挪威船级社设立的认证机构）颁发的ISO 9001：2008/GB/T19001—2008管理体系认证证书，认证覆盖的业务范围主要有：件杂货船舶理货业务及集装箱船舶理箱业务。2015年初，为提高企业质量管理水平，提升企业信誉度和产品知名度，中理公司决定按照ISO 9001：2008国际标准建立质量管理体系，为此，公司成立认证工作领导小组，编写一系列程序文件，同时在试运行中严格按照程序文件进行操作。经过9个多月的全面运作，公司于2015年9月11日通过认证公司的现场审核，这是江苏省内第一家获得挪威船级社ISO9001：2008认证的外轮理货企业，该认证的通过将进一步稳定和提高常熟中理理货公司的理货产品质量，从而进一步提高该公司的市场竞争力。

【市口岸办获评苏州市文明单位】 9月28日，常熟市政府口岸办公室被苏州市精神文明建设指导委员会授予"2012—2014年度苏州市文明单位"荣誉称号。近年来，口岸办不断通过媒体宣传、专题讲座、参观学习、道德讲堂、廉政教育、知识竞赛等加强宣传教育，营造创建氛围，同时，积极推行政务公开、"门到门、零距离""一站式、一条龙"等服务活动，搭建服务企业的"绿色通道"，全力打造融合之港服务品牌，提升口岸港口综合竞争力和综合实力。经过几年的努力，文明单位创建活动成效显著，干部职工服务意识明显提高，工作作风有很大改变，服务质量有较大提升，在港口行业中树立了良好形象。

【码头未批先建专项整治行动取得重要进展】 10月23日，江苏省交通运输厅在常熟组织召开了常熟电厂煤码头扩建工程初步设计审查会，同意在电厂一期码头下游扩建1个3.5万吨级散货泊位，标志着常熟港码头未批先建专项整治行动取得重要进展。自交通运输部、江苏省港口未批先建行为专项整治行动开展以来，市港口局紧紧围绕《行动方案》的要求，建立专项整治跟踪巡查制度，及时发现问题、解决问题。专项整治排查过程中发现，常熟港区常熟电厂在未取得岸线使用许可等前期手续情况下，扩建一期码头下游1个散货泊位，为此，市港口局抓紧推进电厂煤码头扩建工程项目补办审批手续整体进度，先后完成部岸线使用批复、省发改委项目核准及初步设计审查三项重要工作。

【常熟口岸"EDI"综合业务平台通过验收】 11月11日，常熟口岸"EDI"综合业务平台验收会在常熟电子口岸有限公司召开，市口岸办相关领导、项目专家组以及电子口岸相关负责人参加会议。会上，验收组审阅该项目技术文件资料，听取项目验收报告和用户报告，并对该项目进行技术咨询。验收组认为该系统达到建设要求，同意通过验收。常熟口岸"EDI"综合业务平台作为整个常熟口岸公共信息平台的核心，建成后将作为口岸EDI数据服务中心，起到EDI报文交换和提供数据共享的服务，有机整合口岸信息资源，提高口岸通关效率，真正实现各口岸监管单位一站式服务模式。

【举办大型户外电视访谈节目】 10月31日，常熟港在兴华作业区长江港务码头举办一场以"情系口岸，心牵江海"为主题的大型户外访谈节目。市口岸办、常熟海关、海事局、国检局、边检站主要领导参与现场访谈，常熟兴华港口有限公司、外代、威特隆、理文造纸公司及捷豹路虎汽车等企业有关负责人参与节目互动，各口岸单位及区内企业代表100多人参加节目录制。此次户外访谈主要向观众介绍了各口岸单位在常熟港发展过程中的不同职能，盘点常熟港自"十二五"以来的各项发展成就，诠释常熟港如何在全市外向型经济中扮演"先行者"角色。同时，各企业有关负责人也分别结合自身发展实际，阐述了口岸各部门给企业货物申报、审批、通关等方面带来的一系列便利举措和服务，并对常熟港未来发展提出各自的想法和建议。节目最后，各口岸单位结合上海自贸区、长江经济带建设、苏南自主创新示范区等国家战略先后提出的背景下，就新常态下如何主动对接融入国家战略分别提出各自的打算和思路，为打造"专业、特色、有价值"港口勾画蓝图、指明方向。

【日本萨摩川内市访中团到常熟港参观交流】 11月19日，以知识博美副市长为团长的日本萨摩川内市政府代表团一行11人到常熟港参观交流，期间，市口岸办（港口局）和代表团进行座谈交流，市口岸办负责人介绍常熟港基本情况及发展概况，日方介绍萨摩川内港的基本情况。同时，双方就常熟港口货运、港区物流方式等方面进行深入探讨和了解，并共同期待未来两市在友好城市基础上能在经济贸易乃至航线开辟方面会有更多的合作与交流。最后，萨摩川内市政府代表团实地参观常熟港最大的公用码头兴华码头。

【举办突发环境污染事件综合应急救援演练】 11月4日，常熟港在常熟华润化工有限公司码头成功举办突发环境污染事件综合应急救援演练。演练由市环境保护局主办，市口岸办、市经济技术开发区协办，海事、安监、公安、消防、气象、急救中心、蓝天救援等多部门联动，现场共有50多人参与应急演练，出动12辆车及3艘船（艇）。演练模拟码头一停用管道法兰损坏，管内残留化学物质发生泄漏，集聚于码头后起火燃烧，伴有少量泄漏物流向长江。应急指挥中心在接到报警后，立即启动《常熟市突发环境事件应急预案》四级响应，依托应急管理系统指挥救援,根据专家建议现场采用控制火势的方式进行救援,在码头用黄砂、吸油毡等应急物资对泄漏物进行围堵和吸附,在出事点附近水域布设围油栏,吸附少量泄漏进入长江水体的化学物;在事故地周边开展大气和水体应急监测,并在水厂取水口附近加密监测;同时,立即联系自来水厂做好应急措施。经过救援,事故地周边大气、水质监测数据未发现明显异常,指挥部结合专家意见宣布应急终止。此次演练吸取天津港事故教训,突出港口危险货物事故甄别,以快速响应、多级联动、配合密切、处置科学为目标。

【举办叉车工技能操作比赛】 9月21日,为进一步提高特种作业人员的操作技能,全面提升常熟港港口企业服务客户的能力,由常熟市港口协会组织的"2015年常熟港叉车工技能操作比赛"在江苏理文造纸有限公司新堆场举行。本次比赛由常熟港12支代表队共27名选手参赛,分理论考试和实际操作两项,实际操作比赛项目为"勇闯三关",即"移叠板、挂彩笼、挪金球"。在精细堆货盘、轻熟绕障碍、准确挂彩笼、技巧挪金球的赛程中,要求叉车司机熟练掌握叉车的各种技能,做到"稳、准、巧、快",是对叉车司机综合能力的考验。比赛过程中,参赛选手们本着友谊第一、比赛第二的原则,凭借精湛的叉车操作技能及稳健的心理素质,将冰冷硕大的叉车操控得非常"乖巧听话"。经过5个小时的激烈角逐,常熟兴华港口有限公司的吴志强获得此次比赛第一名。

【进港航道建设二期工程通过竣工验收】 12月2日,常熟港进港航道建设二期工程通过苏州市港口管理局组织的竣工验收。常熟港进港航道建设二期工程将16.5千米的进港航道在现有水深条件下浚深至理论基面下8.5米,建设标准满足1万吨级代表船型常年通航要求,兼顾2万吨级船型乘潮通航。工程于2014年11月28日开工,2015年3月30日完工,经过一个洪水期的试运行,工程实施后效果明显,水深条件明显改善,工程质量满足设计要求,实现原定目标。 (严亚红)

海　关

【概况】 2015年,常熟海关全面加强正面监管,优化保税监管方式,服务重点项目和企业,全面助力常熟外贸稳定增长。常熟地区外贸全年实现进出口总值1374.5亿元,同比增长10.9%,增长幅度列苏州地区第一名,其中,出口906.4亿元,增长17.5%;进口468.1亿元,下降0.1%。同期,常熟海关自身各项业务指标也呈现良好态势:全年共办理进出口报关单15.2万份,同比增长11.1%;监管进出口货物1149万吨,货值182.6亿美元,同比分别增长4.9%和4.2%;海关税收实现量质并举,入库税收62.94亿元,同比增长10.77%;优化监管查验工作机制,查验率(4.38%)、查获率(19.23%),超过上级海关下达的目标;围绕"管精、管少、管好"的目标,在联网监管、无纸化报核、工单核销等业务领域向重点企业倾斜。加工贸易进出口额103.8亿美元,同比增长27.6%;至2015年底,在海关注册的常熟地区企业达到3943家,同比增长10.4%;积极开展主动披露和报送式稽查试点工作,引入中介协助稽核查作业。在进口商品特许权使用费专项稽查工作中取得突破,实现补税1200万元;积极部署出口许可类专项稽查工作,发现ODS(消耗臭氧层物质)破坏臭氧层案件线索;监管打私"五大战役"行动有力,根据ODS破坏臭氧层案件有关线索,缉私部门已完成刑事立案6起,案值3.2亿元,为我国海关迄今为止查发的最大宗ODS走私系列案件。

【推出"联系基层工作制度"】 2015年,常熟海关建立旨在加强与常熟市各经济板块和重点企业联系的"联系基层工作制度",内容包括关长联系重点板块和重点产业、科长挂钩重点城镇和重点企业制度。3月11日,召开专门会议,向两区两园、各镇和辖区重点进出口企业推介"联系基层工作制度",市委常委、市纪委书记程波和副市长孙健到会讲话,对海关的相关工作举措给予肯定。推介会后,关领导和各科室负责人赴所联系经济板块、城镇和企业进行全面走访,对所提出的50项工作问题进行了研究和解决;10月份开始又启动第二轮走访和调研,帮助相关企业破解现实难题。

【推进各项业务改革】 在2014年开展关检合作"三个一"的基础上,扩大查验场地、参与企业、商品品种,争取全省关检取样互认在常熟试点,实现关检查验场地共用,并与市出入境检验检疫部门签订《合作备忘录》,不断地把此项工作推向纵深,11月份,实现了"一次查验、一次放行"数据自动对碰、推送展示,全年共完成报关单一次申报3795份,一次查验1353份,一次放行3793份,全流程1306份(列南京关区第一);常熟口岸"单一窗口"相关工作按计划进行,11月1日,船舶数据可以进行"一次录入",口岸联检部门实现数据共享;在2014年成功复制上海自贸区4项制度的基础上,2015年内做好了"区内自行运输""保税展示交易"2项制度复制和推广工作的准备;积极推进区域通关一体化改革,年内审结狭义一体化报关单9547票,占跨关区报关单总数的14.93%;逐步推进无纸化通关改革,全年审结无纸化报关单143585票,无纸化率达94.38%;7月28日,"集中汇总征税"改革在芬欧汇川(UPM)试点。至年末,已有8家主要纳税企业可以开展集中汇总征税业务。

【常熟综合保税区通过验收】 12月30日,南京海关副关长张衡率领由省发改委、财政厅、国土厅、住建厅、商务厅、国税局、工商局、检验检疫局、外管局等10个相关部门组成的省联合验收组对常熟综合保税区进行验收。验收组成员观看常熟综合保税区专题片,听取副市长孙健对常熟综合保税区整合设立工作情况的汇报,实地勘查常熟综保区A区、B区的监管设施、基础设施和配套设施情况。经过评审,联合验收组同意常熟综合保税区通过验收,并将验收结果报海关总署审核。常熟市市长王飚,常熟海关、常熟经济技术开发区、常熟高新技术产业开发区等13个部门的有关领导陪同参加验收。 (王京严)

出入境检验检疫

【概况】 2015年，常熟出入境检验检疫局共检验检疫出入境货物2.52万批、27.96亿美元，同比分别增长8.34%、-12.88%，其中入境检验检疫1.50万批、22.62亿美元，同比分别增长15.90%、-9.22%，出境检验检疫1.02万批、5.34亿美元，同比分别下降1.10%、25.58%；检验检疫集装箱15.73万标箱，检疫国际航行船舶2956艘次，监测国际船员5.16万人次。年内，常熟出入境检验检疫局严守国门安全，强化质量安全监管和疫情疫病防控，检出进口不合格商品2262批、1.70亿美元，出口商品未发生质量安全事故；截获各类有害生物353种，其中全国首次截获9种；检出病媒生物8种，有效应对中东呼吸综合征等疫情。检验检疫工作坚持改革创新，推动便捷通关，大力推进业务无纸化、区域一体化、“三个一”、“三互”等工作，通关放行无纸化率达100%，口岸国际航行船舶100%网上申报，试行业务全程无纸化；实现“出口直放、进口直通”省内一体化、“沪常出口直放”一体化；启动国际航行船舶“单一窗口”，关检合作“三个一”覆盖面扩大到进口废纸、木材，与海关试点联合采样，与海事工作合作开展危化品分类鉴定和检测。坚持优化服务，促进经济转型，制定“服务新常态、迈上新台阶”十项服务举措，支持常熟综合保税区通过验收，助力常熟港进口纸浆、木材、钢材、化工品等特色货种做大做强，木材年进口量首次突破300万立方米；对市场采购、跨境电商等新业态开展前瞻性调研；制定出口质量安全示范区建设三年规划，形成国家级、省级、市级三级联动建设格局，帮助2家企业成为全国首批“中国出口质量安全示范企业”。坚持从严治检，提升综合能力，扎实开展“三严三实”专题教育，细化“心连心”工作法，开展关检联合服务外贸“百千万”行动，进一步转变工作作风；推进依法行政，设立行政许可“一口受理”窗口，推行说理式办案和企业约谈，被评为“2015—2016年度常熟市依法行政示范点”；严格规范内部管理，推行绩效管理和微违规考核，开展全员能力提升培训，落实“两个责任”；深化“阳光国检”及“六爱”文化两个品牌建设，1人被评为苏州劳模，全局获集体荣誉32项次，个人表彰90人次。全年获国家质检总局警示通报1个、江苏出入境检验检疫局警示通报6个。

【创新模式服务汽车产业发展】 5月，常熟出入境检验检疫局“创新模式服务汽车产业发展”项目被列为全省检验检疫系统改革创新综合样板。该局对接常熟千亿级汽车产业发展需求，设立“两车一中心”工作组，实施驻厂服务；推行“一企一策”，实施精准服务；采取“一站式”综合查验，实施便捷服务。2015年为常熟市整车及汽车零部件企业节省通关费用500余万元。4月15日，国家质检总局副局长梅克保到常熟调研，对此项工作给予充分肯定。

检验检疫部门严把进口食品质量关

【全国首创阳澄湖大闸蟹跨境电商出口】 10月，常熟出入境检验检疫局采取“监管与放行”并联模式，与无锡硕放机场实施“出口直放”陆空联运一体化，帮扶常熟金唐市水产品有限公司阳澄湖大闸蟹采取B2C模式跨境出口香港，“捕捞—出运—宅配到人”在24小时内完成，实现阳澄湖大闸蟹跨境电商出口国内第一单。全年通过该模式共出口阳澄湖大闸蟹29批、40.91万元，1000多个香港家庭在24小时内品尝到最新鲜的螃蟹，企业增效明显。

【创建“全球维修产业监管制度”省级样板点】 2015年，常熟出入境检验检疫局积极复制、推广上海自贸区各项检验检疫创新制度，针对常熟“全球维修”新产业模式发展需求，鼓励有条件的企业设立“全球维修中心”。同时，创新监管机制，对进口维修产品实行差别化管理和分级阶梯式监管模式，被列为全省检验检疫系统改革创新样板点。该制度推广复制到4家企业，涉及1132批、1814.04万美元进口维修产品。

【帮扶食品企业通过韩国官方检查】 10月14日，韩国食品安全卫生官方检查组赴江苏新伟食品有限公司现场检查，认为企业生产环境良好、安全卫生控制严格，符合输韩食品企业的安全卫生要求。江苏新伟食品有限公司是一家米制品生产企业，出口韩国产品主要为米果。常熟出入境检验检疫局对该公司开展韩国技术法规标准、实验室微生物检测等专题定制式培训，并组织食品管理专家对企业进行全面体检式检查，排除隐患。

【推动CCC免办审批权限落地常熟】 2015年，常熟出入境检验检疫局受理CCC免办审批227批，发证176份。常熟出入境检验检疫局落实简政放权要求，积极争取行政审批权限落地常熟。9月30日，江苏出入境检验检疫局将进口产品《CCC免办证明》审批手续全面下放，常熟企业可直接在当地办证，时间由原来的5个工作日缩短为2～3个工作日，特殊情况可以当天出证，进口产品通关效率提高50%以上，惠及90多家进出口企业。

【原产地签证助力产品出口】 2015年，常熟出入境检验检疫局共签发各类优惠原产地证书2.22万份，签证金额12.45亿美元，按照平均减免3%的关税优惠计算，为常熟市出口企业获得关税减免2.43亿元人民币，有效提升常熟企业及其产品在海外的竞争力。中韩、中澳两个自贸协定于12月20日正式生效后，10天内该局签发该原产地证书共计152份，签证金额939.32万美元，为企业减免关税183.30万元。

【开展关检联合服务外贸“百千万”行动】 5月底，常熟海关、常熟出入境检验检疫局联合启动“关检合作服务常熟外贸稳增长‘百千万’行动”，制定“3—30—300”行动实施方案，建立借力重点板块、外贸管理部门等“第三方”的增效服务机制，对300多家企业进行走访、座谈、征询，覆盖常熟市各主要经济板块及主要行业、重点企业，对收集到的79条意见建议100%响应。

【全国首次截获黑脂大小蠹】 7月16日，常熟出入境检验检疫局在对3批来自美国的集装箱原木实施查验时截获大量有害生物，包括黑脂大小蠹、喜马拉雅木蠹象、光间十齿小蠹、入侵材小蠹、墨天牛属（非中国种）等5种检疫性有害生物。其中，黑脂大小蠹经中国检科院确认，为全国口岸首次截获。黑脂大小蠹主要分布于美国马萨诸塞的东部至德克萨斯的东部和佛罗里达，危害萌芽松、火炬松、黑松、矮松、湿地松等多种松属植物，一旦传入中国，将会对全国林业资源构成巨大威胁。

【检出6批巴西进口花岗岩放射性超标】 2015年，常熟出入境检验检疫局先后6次检出巴西进口花岗岩放射性超标，均及时出具证书，限制其使用场合，并密切关注其流向和最终使用场合，严控进口石材放射性风险。巴西花岗岩为常熟港特色进口商品，多年来进口量保持稳中有升。针对其品种杂、放射性易超标的特点，常熟出入境检验检疫局采取加强检测技能培训、规范检测仪器使用、做好后续监管等措施，强化检验监管。 （华 莹）

边防检查

【概况】 2015年，常熟边防检查工作紧紧围绕“强基础、上台阶、走前列”的工作目标，以全面深化政治工作为引领，以扎实推进“四项建设”、“三项教育”和边检勤务改革为主线，配合东港区码头建设和铁黄沙规划开发，全面推行、常态运行“双巡双管”勤务模式，制成区域巡查、视频巡查、卡口管理、警企联管、船方自管等5项勤务操作清单，打造责任清晰、权责对等的边检勤务标准体系；研究制定涉及边检核心业务的查验、办证、巡查、视频监控、卡口管理、企业协管岗位和船方自管工作等7项权责清单，初步形成常熟边检执法标准体系；投入10余万元改造完成集侯检、办证、休息于一体的联检中心夜间报检室。全年，共检查出入境船舶3039艘次，检查出入境人员49232人次，同比分别增长17.4%、9.3%。在双拥工作中，大力开展“共建共学、共促发展”主题实践活动，无偿献血、慈善募捐、护林防火、植树造林等公益活动，精心打造以仪仗队、龙狮表演队为主的警营文化品牌，圆满完成常熟市争创双拥模范城“四连冠”迎检任务。

【司志健看望慰问官兵】 2月15日下午，省边防总队政治部主任司志健到边检站看望慰问官兵。期间，司志健详细了解了官兵工作、训练、生活情况及困难党员家庭情况，听取关于学习贯彻总队政治工作和党委扩大会议精神的情况汇报和2015年工作谋划，并就下一步工作提出具体要求。

【完成部队院校文化预考保障任务】 3月11日至12日，边检站圆满完成2015年部队院校招生文化预考常熟考点的考务保障工作。期间，边检站为做好考点的服务保障工作，认真讨论考务保障工作、成立考务保障组、制定考务指南、对目标任务、职责分工进行细化，科学制定考务保障方案，指派专人统筹安排好伙食供应、车辆接送和卫生保障等各个环节，深入细致地做好考场内外的保障工作。

【全省海港边检勤务工作研讨会在常熟召开】 3月15日，省边防总队组织第三边检教育培训协作区在常熟边检站召开海港边检勤务工作研讨会，各单位相关业务人员参加了会议。会议就海港边检站船舶检查、监护管理和证件办理过程中出现的常遇问题等方面进行详细讨论，对处理常遇特殊问题形成统一做法、一般流程以外特殊情况处理方法提出意见和建议，讨论达到了预期效果。

【边检站与海关党建共建签约】 3月17日，边检站与常熟海关举行党建共建签约仪式，常熟市海关关长掌孝恩一行出席仪式。双方本着“资源共享、优势互补、双向受益、共同提高”的原则，签订党建共建协议，协商决定按照建设“学习型、服务型、创新型、法治型”党组织要求，建立“军地学习同抓、军地党日同过、军地制度同建、军地和谐同创”的“四同”机制，不断激发党建工作新活力，提升党建工作整体水平。

【公安部边防管理局第一巡视组到常熟指导工作】 5月20至21日，公安部边防管理局第一巡视组组长、原政委傅宏裕率队到边检站开展巡视工作，实地察看机关营区营貌，听取工作汇报，详细了解党委班子建设、部队管理教育以及从优待警等方面的情况。期间，巡视组充分肯定了边检站在部队管理教育、基础设施建设和维护口岸稳定等方面工作，勉励官兵继续传承沙家浜革命精神，为推动地方口岸经济发展做出新的贡献。

【蔡锦明到常熟出席专题民主生活会】 6月11日上午，常熟边检站召开了党委“三严三实”专题民主生活会。省边防总队副总队长蔡锦明、司令部边检处处长孟亚军、警务处处长龚增彦出席会议。蔡锦明对会议做点评，肯定边检站党委2015年各项工作取得成绩，并对下一步工作提出具体要求。

【全省海（江）口岸边检“一证通”推进会在常熟召开】 6月24日，省边防总队组织张家港、太仓、常熟、南通、连云港边检站相关负责人、业务骨干在常熟边检站召开全省海（江）口岸边检“一证通”管理办法工作研讨会暨苏州口岸边检"一证通"试运行工作推进会。会议听取了苏州口岸边检"一证通"前期筹备工作进展情况汇报，对苏州口岸边检"一证通"证件样式、防伪标记、公告须知等进行了再讨论再研究，并就苏州口岸边检"一证通"试运行工作提出具体要求。

【苏州口岸边检"一证通"启用仪式在常熟举行】 6月25日，边检站在口岸联检服务中心举行苏州口岸边检"一证通"启用仪式。仪式上，边检站站长陈祥云接受驻地媒体采访，苏州口岸边检"一证通"是深入贯彻国务院《落实"三互"推进大通关建设改革方案》精神，推进公安部"四项建设"和边检机关专业化、法治化、信息化新"三大支柱"建设，推出的又一项重大便民举措。该举措大大省去了以往长期登轮证重复备案、办证等环节，简化了办证手续，方便了群众，提高了通关速度，为企业带来实实在在的经济效益。

【"最美家庭"事迹宣讲进军营】 7月20日上午，常熟市人武部、民政局、妇联在边检站举行2015年常熟妈妈双拥行动暨"最美家庭"事迹宣讲进军营活动，常熟市委副书记王建国，市人武部、民政局、妇联、驻常部队等主要领导出席活动。王建国对驻常部队积极开展拥政爱民活动给予充分肯定，对边检站在维护口岸安全稳定、服务地方经济社会发展等方面取得的成绩作出高度评价。

【外交部原副部长吉佩定到常熟边检站调研指导】 8月23日，外交部原副部长吉佩定一行6人到边检站检查指导工作。吉佩定一行实地查看边检站指挥中心、荣誉室，观看了宣传片，详细询问了口岸出入境船舶、执法执勤、官兵工作生活等具体情况。边检站领导向吉副部长汇报了今年以来在部署推进"四项建设"、深化边检勤务改革、启用边检"一证通"、优化口岸通关环境等工作情况。吉佩定对边检站服务驻地社会经济发展和双拥共建工作所取得的成绩给与了充分肯定。

【公安部边防管理局边检"一证通"服务机制调研小组到常熟调研】 11月5日，公安部边防管理局边检处参谋伍先锋、李一鸣在省边防总队副参谋长张学明、边检处处长孟亚军的陪同下到常熟边检站对边检"一证通"服务机制进行调研指导工作。期间，调研组一行先后通过实地参观和座谈讨论形式详细了解常熟口岸基本情况，听取了边检站"一证通"使用推广和海港勤务综合指挥系统实际应用情况的汇报。调研组在充分肯定边检"一证通"推广应用和海港勤务综合指挥系统实际应用情况基础上，对下一步边检"一证通"服务机制固化和实际推广应用提出了具体要求。

【省边防总队医疗巡诊队到常熟开展"健康基层行"巡诊活动】 12月28日，省边防总队"健康基层行"医疗巡诊队携带医疗设备和药品到边检站开展医疗巡诊活动。在巡诊过程中，医疗队利用带来的医疗设备为基层官兵进行内科、外科、针推、康复、血压、心电图等项目的诊疗，耐心解答官兵提出的各种疑问，并为官兵开展了军事训练伤病防治知识讲座，增强了官兵训练防护知识。通过此次医疗巡诊，充分体现总队对基层官兵的关心和重视，也让官兵们对自身健康状况有清楚的了解，为保障官兵身心健康，提高部队战斗力，圆满完成各项任务，奠定了坚实基础。

（王金峰）

12月28日，省边防总队医疗巡诊队到常熟开展"健康基层行"巡诊活动

海　事

【概况】 2015年，常熟市共办理船舶进出港签证、查验3.29万艘次，辖区货物吞吐量突破8500万吨，水上旅客运输量29.78万人次。完成船舶检验质量监督检查82艘次，办理新建船舶登记3艘次、水工许可23件、危险货物申报审批3992艘次。完成内河船舶安全检查340艘次，海船安全检查72艘次，PSC安全检查58艘次，船旗国和港口国检查覆盖率均超出上级指标要求。辖区发生一般等级及以上水上交通事故2件，死亡失踪1人，为近年最低，事故指标连续五年控制在江苏海事局目标内。组织搜救行动55次，涉及遇险船舶74艘，成功救助遇险船舶72艘，成功救助遇险人员413人，人命救助成功率99.5%。征收船舶港务费2687.34万元、港口建设费5464.65万元。年内，常熟海事局在市级机关法律法规知识竞赛中获第一名，在市级机关英语风采大赛中获得一等奖，在市级机关5V5青年足球赛中获得第一名。年内，常熟海事局文明创建多点开花、靓点纷呈，局属政务中心、海巡执法支队分别成功争创全国青年文明号和省级机关青年文明号。

【船舶进出口岸查验无纸化办公】 5月初，在常熟海事局的倡议和推动下，常熟市口岸办委托市电子口岸公司着手开发国际航行船舶进出口岸查验"单一窗口”网上办公平台。经过半年时间的研发，该平台于上线试运行。12月15日，常熟海事局政务中心受理人员通过该平台成功为新加坡籍“帕纳玛纳”轮办理进出口岸查验手续。办理过程中，除部分口岸部门因体制原因在个别环节尚需纸质申报单外，其他流程从代理申报、内部审核直至审批通过均可通过网上办理。此举标志着常熟港已初步实现了国际航行船舶进出口岸查验无纸化办公。

【承办2015年常熟市水上搜救综合演习】 11月17日，常熟市2015水上搜救综合演习在兴华码头前沿水域成功举行。此次演习的参演单位20家，各类船艇14艘、专业车辆4辆，参演及后勤保障人员达100余人，南通海事局、太仓海事局、东海救助局均派艇参加此次演习，是为常熟市近年来组织层次最高、参演人数最多、技术装备支撑最强的一次大型水上搜救综合演练。常熟市人民政府副市长孙健、常熟市水上搜救中心各成员单位分管领导现场观摩了演习。

【推行执法过程全公开制度】 11月6日印发的《常熟海事局执法过程全记录工作管理规定》《常熟海事局执法结果全公开工作管理规定》组成一套制度，从执法过程记录、执法结果公开两个层面规范行政执法行为，形成全程监控海事执法行为的工作新模式，实现海事行政执法全程“透明化”。全面推行执法过程全记录、执法结果全公开制度是全面规范行政执法工作的一项重要举措，也是加强对行政执法权力监督和约束的一个有力抓手。常熟海事局将以此为契机，着力提升监管服务水平，助推海事执法规范化迈向新高度。

常熟海事局执法人员开展危险品码头安全检查

【推动东港化工作业区全面进入营运】 6月10日，随着常熟东港化工公用码头通过竣工验收，常熟东港区化工作业区进入全面竣工验收，正式营运阶段。期间，常熟海事局通过前期提早介入，有效行政指导，建设期高效现场监管，完工后迅速推动通航核查，加强码头人员的理论实操培训等措施，实施有效监管和优质服务，保证码头投产收益。

【获全国青年文明号称号】 根据共青联发〔2015〕11号文件，常熟海事局政务中心被确认为“2013—2014年度全国青年文明号”，实现该局文明创建工作的重大突破。常熟海事局政务中心将继续以此为新的起点，组织部门青年积极投身“四个全面”建设，立足本职开展创新创优创效，进一步深化“满意窗口365”服务品牌的内涵，切实争当投身海事“三化”建设的排头兵。

【开展辖区船用岸电推广工作】 2015年，常熟海事局按照江苏海事局《关于做好船用岸电推广运用工作的通知》的要求，结合辖区实际，选择辖区最大的公用码头——兴华码头作为推广岸电的突破口，主动联系常熟市港口局、常熟市供电局协调解决兴华码头船舶岸电建设相关问题，并多次组织辖区码头企业赴泰州靖江新华码头、张家港沙钢码头等学习船用岸电应用先进经验，年内，兴华码头岸电电源设备完成调试工作。（丁浩伟）

责任编辑 薛 卫

综述

【概况】 2015年，全市农业生产总值达76.2亿元，同比增5.54%；增加值达到45.78亿元，同比增5.80%，增速比上年放缓。小麦平均亩产与上年基本持平，达350.61千克；水稻生产主要遭遇生育期低温等不利条件，通过整体高产创建，亩产633千克，比上年略增；全年粮食（稻麦）亩产489.60千克，与上年基本持平。全市蔬菜播种面积2.64万公顷，产值15亿元。生猪出栏约18万头，较上年减少4万头。水养殖总面积11172公顷，渔业总产值24.46亿元。全市69家农业龙头企业实现年销售收入242.3亿元。

2015年常熟市农林牧渔总产值情况一览表

表6

指　　标	本年度现价计(万元)	按可比价计算(万元)
一、农林牧渔业总产值	761975	745061
(一) 农业产值	441745	432236
其中：粮食	89156	—
蔬菜	273720	—
(二) 林业产值	30325	29614
(三) 牧业产值	60703	60043
其中：猪	24154	—
家禽	4072	—
(四) 渔业产值	139522	135590
其中：海水	7680	—
淡水	131842	—
(五) 农林牧渔服务业产值	89680	87578
二、农林牧渔增加值	457839	447603
(一) 农业增加值	289701	283465
(二) 林业增加值	16899	16503
(三) 牧业增加值	24281	24017
(四) 渔业增加值	76737	74574
(五) 农林牧渔服务业增加值	50221	49044

种植业

【概况】 2015年，全市各种作物面积与2014年相比（下同）基本保持稳定，果树面、蔬菜、小麦面积与2014大致持平；小麦平均亩产与上年基本持平，达350.61千克；水稻生产主要遭遇生育期低温等不利条件，通过整体高产创建，亩产633千克，比上年略增；全年粮食（稻麦）亩产489.6千克，与2014年基本持平。

【粮油开展分类指导取得丰收】 2015年，秋播小麦种植面积2.01万公顷，油菜面积0.2万公顷左右，夏熟小麦生产由于秋播期间气温偏高、墒情适宜，出苗率高，基本苗数足，壮苗越冬比例高，但开春后3月份气温偏低、雨水多、雨量大，对小麦根系发育和结实带来不利影响，在全市广大农技人员和种粮大户的共同努力下，普施穗肥、排水降渍等一系列抗灾应变措施的落实到位，针对不同品种，不同苗情开展分类指导，实现苗情转化。经测产调查，夏熟小麦实现“二增一减”的产量结构，即每穗粒数增、粒重增、穗数比上年略减，亩产350.61千克，超历史最高水平，比“十二五”前2010年的312千克增38.61千克增幅12.4%。

【水稻单产比上年增3千克】 2015年，水稻生产战胜了前期强降雨天气造成的二次水淹灾害，及前期低温，寡照发棵迟的不利影响，开展分类指导，改进肥料运筹技术，狠抓各项抗灾措施的落实到位，促进苗情转化，增施穗肥，实现攻大穗增粒重的高产要求，充分发挥全市9个高产创建万亩示范片的示范带动作用。据测产，水稻产量结构呈“三增一减”即每穗粒数增、结实粒增、千粒重增、穗数比上年略减，水稻单产633千克。

【水稻商品化集中育秧面积创新高】 2015年，全市秋熟水稻生产以高产创建整体推进为平台，全面推进水稻商品化集中育秧，市委、市政府和农委加大机插水稻推进力度，年初就明确目标任务，全市要求在上年年商品化集中育秧面积113.33公顷基础上，确保再增20公顷，力争达到33.33公顷，经多方努力，全力推进，据调查统计，本年度水稻商品化集中育供秧面积近140.89公顷，比2011年的20公顷增长7倍多，实现大面积机插水稻1.38万公顷，水稻高产创建做到从头抓起，一着不让，明确站技术人员人人挂钩一个万亩示范片，全市9个水稻万亩高产创建示范片，力争达到100%机插的要求，带动大面积水稻生产整体提高，3月份开始全力以赴抓好前期备耕工作，做到技术早准备，物资早到位，4月8日对全市种粮大户和技术人员开展育秧技术培训，5月11号召开育秧现场观摩会，到5月15日前各类育秧物资全部发放到育秧基到，共发送育秧硬盘51.58万张，壮秧剂13.77万包，防虫网6.25万平方米。准备工作充分，有力推进商品化集中育秧的发展，为当年水稻高产创建打好坚实基础。

【通过强化技术培训提高整体生产水平】 2015年，针对当年全市部分种粮大户承包期限到期，一批新的种粮大户加入的实际情况，市作栽站积极组织开展技术培训，4月10日和7月2日分别邀请南京农业大学副校长丁艳锋、教授李刚华对全市农技人员和种粮大户代表特别是新种植户共270多人进行商品化育秧技术和栽后大田管理技术培训，随后组织技术人员对各镇进行分批培训，做到全市所有1000多户种粮大户全部培训一次。同时根据生产实际需要，于3月5日邀请全国葡萄协会会长对本市林果种植户进行生产和营销技术培训，共计参训人员220多人；7月29日邀请南农大郭世荣教授对全市蔬菜园艺新型职业农民和“基农改”示范户、指导员进行培训，参训人数达到190人。促进本市种植户生产水平的提高。10月13日又针对小麦生产对全市种粮大户开展技术培训，各镇充分利用移栽前期和秋收秋种前开展各种形式的技术培训，特别是新增大户和新机手，一是外邀专家进行面授；二是发挥电台、电视台、网络等现代媒体的作用对种粮户开展远程培训；三是编写技术资料，技术明白纸发放到农户。全年组织大型集中培训4期近800人次，镇、村巡回培训蔬菜23期，培训3310人次，稻麦培训20期1987人次，累计培训6000多人次，年培训人数比2010年增近一倍。同时积极组织职业农民开展培训，先后组织100名种粮大户和60名园艺职业农民到南农大进行脱产培训。

【开展蔬菜园艺技术性研究】 2015年，根据全市蔬菜种植时间长，复种指数高，近年连作障碍现象日益突出，已成为影响本市蔬菜可持续发展的主要因素。作栽站组织开展对蔬菜地次生盐渍化程度调查，对全市不同生产年限的菜地土壤取样455只，进行分析测定，对蔬菜连作障碍克服开展研究，同时对全市林果生产开展调研，并写好调研报告，积极示范新品种、新技术，对10多个叶菜新品种和管道液体栽培技术、水肥一体化技术等进行示范，特别是水肥一体化技术得到大面积推广应用。

【利用现代网络开展技术服务】 2015年，市农委在做好传统技术服务的同时，充分利用现代传媒的作用，多层次开展技术服务，一是把握作物生长关键时期，及时发布作栽信息。作物生长关键时期，通过及时发布作栽信息，召开阶段性会议，发放作物生长技术明白纸、资料，撰写技术意见等不同方式进行栽培技术指导。2015年全年共发布各类信息27期，召开阶段性技术会议近20次，撰写技术意见18期。二是提高服务广度，选择覆盖面广的媒体向农户普及栽培知识。全年通过电台、电视、报刊、网络等媒体及农信通平台发布信息，进行栽培技术普及，宣传技术措施15期次。三是抓示范片示范户，进行服务对接。相关技术人员每人对接一个示范片，开展调查研究，并面对面指导农户。示范片带动周边农户，促进各项增产增收技术措施的落实到位，实现粮、油、蔬全面丰收。

【确保良种供应】 2015年，全市水稻品种结构调整较大，再加上2015年遇到多年未出现的全省范围内水稻种子紧缺的不利局面，当6月份发生水灾时，适时启动启动应急预案，组织种源，帮助抗灾，使本市的2万公顷水稻顺利种植，水稻收获前，调运小麦良种“扬麦16”“镇麦10号”，以及油菜良种“苏油6号”“沪油16”来满足农民的种植需求，确保粮油生产的良种覆盖率。

【抓好种子检查】 2015年，全年共对水稻种子样品126个，小麦种子样品70个，油菜种子样品8个，蔬菜种子样品32个进行600多次检验检查，及时发现不合格种子，避免其流入生产环节。由于工作细致到位，全市的水稻种子省、市两级种子质量检查，现象全部达标，当年粮食生产上未出现一起种子质量事故。

麦种抽检

【落实良种补贴政策】 按国家良种补贴政策，全市做好水稻、小麦、玉米、棉花、油菜和苏州市水稻良种补贴。全市4.2万农户享受465多万元的良种补贴。其中水稻补贴面积1.99万公顷，补贴金额448.14万元，玉米补贴面积0.08万公顷，补贴金额11.87万元，棉花补贴面积205.53公顷，补贴金额4.62万元。同时，实施苏州市水稻良种补贴项目，全市近2万公顷水稻面积享受苏州、常熟两级财政良种补贴285.5万元，并以村为单位，实行张榜公示、公布举报电话。

【开展耕地质量监测】 2015年，稳定全市20个耕地质量监测点，完善8个苏州市级点监测设施，对各市土肥员进行2轮监测技术培训，修订完善"常熟市耕地质量监测技术规范"，并下发到各镇。对各镇监测点工作进行2次现场检查，及时发现薄弱环节，提出工作改进意见。完成稻麦监测点记载、小区测产，土壤和植株样采集和送检，整体监测水平有新提高。

【组织实施2015年耕地质量建设项目】 一是根据省农委项目实施指导意见，制订测土配方施肥补贴项目、耕地质量提升综合示范区项目、农产品产地重金属污染防治项目实施方案，并按规定程序报批、签订任务合同。二是开展业务培训，全年开展各类培训15期，培训基层农技员、种植大户、肥料经销人员600多人次。三是开展采样布点、采集和送样等工作。测土配方施肥采集土壤样品328个、植株样品76个；农产品产地土壤样品采集416个，农产品检测样品691个；协助省农检中心对5个菜蓝子基地、3个粮食基地农产品进行风险监测，采集农产品样品50个。四是实施测土配方施肥整建制推进，充分发挥2个部级示范镇、10个部级示范村的带动作用，深化农企合作，扩大配方肥应用。2015年稻麦测土配方施肥技术覆盖率93.8%，蔬果达80.0%，11月底配方肥销售1.95万吨，折纯0.83万吨，应用面积5万公顷，占播种面积70.5%。稻麦增产率分别达2.94%和7.0%，节本增产效益3582.62万元。

【开展多层次施肥技术示范】 2015年，组织实施稻麦肥料肥用率试验4个，主推配方肥校正试验5个，蔬菜不同氮量及配比试验3个(含省农科院项目)，蔬菜生物肥料肥效试验2个。在尚湖、古里镇设2个测土配方施肥整建制推进示范区，在支塘镇枫塘村、辛庄镇朱家桥村、海虞府东村等设6个千亩示范片。在10个农民专业合作社、44个种植大户开展配方肥料应用示范，面积达0.13万公顷。全市各类示范面积0.3万公顷，幅射带动面积1.07万公顷。在古里坞坵、大义五新开展有机无机肥应用示范，面积3.33公顷；在尚湖镇开展水稻应用草酰胺缓释肥示范，面积0.67公顷，为全面实施化肥减施工程提供技术参数。配合省耕保站农业"三新"工程，在6个蔬果生产基地，开展水肥一体化灌溉施肥技术应用示范，常年基地示范面积200公顷。

【有序开展补充耕地质量评定】 对2014年常熟市国土局25个耕地占补平衡项目开展耕地质量评定，分两次组织专家实地踏勘、土样采集和项目评审，22个项目通过苏州市补充耕地质量评定。对2015年23个耕地占补平衡项目，面积23.91公顷，逐一田块踏勘调查，提出整改建议20份，补充耕地质量评定工作规范有序。

【育成推荐一批水稻新品系参加各级试验】 2015年，2个水稻新品系参加2015年江苏省生产试验，"常粳12—7"参加2015年江苏省早熟晚粳生产试验，"常粳12—9"参加江苏省晚粳迟播组生产试验。6个新品系参加区域试验。"常粳13—9"参加2015年晚粳迟播组区试，"常粳14—7"参加省早熟晚粳组区试，"常粳14—10"参加南方单季晚粳组区试，"常优粳14—6"参加省杂交晚粳组区试，"常优粳13—3"参加福建省粳稻区试，"常优682"参加上海市粳稻组区试。

【实施一批水稻科研项目】 2015年，江苏省科技厅后补助项目《常优系列和常农粳系列粳稻新品种(组合)选育与应用》、苏州市级项目"地方优质粳稻遗传改良与新品种(组合)选育""超高产水稻新品种选育及配套栽培技术集成示范"，常熟市级项目"超高产水稻新品种筛选及配套栽培技术集成示范推广"和"优质高产高抗重大病虫害水稻新品种(组合)选育"等项目完成各项研究指标并顺利通过验收。

【育种材料进一步充足】 2015年，常熟市水稻育种材料进一步得到充实。常规水稻育种方面，种植常规亲本559份，常规F0代材料205份，F2代材料332份，高代选种材料4651份。常规品系比较材料606份，常规新品系展示13份。杂交粳稻育种，不育系回交材料194份，恢复系亲本326份，F2代210份，恢复系高代选种2171份，杂粳新组合比较371份，新组合优势鉴定2886份，杂粳新组合展示5份，大区示范11个组合，超高产新组合栽培及展示8份，小面积隔离制种24个组合，繁种96个，恢复系穗行1040份。

【承担系列试验】 2015年，常熟市承担国家油菜新品种生产试验、国家油菜新品种观察试验、江苏省鲜食玉米新品种区域试验、江苏省四季豆新品种鉴定试验、江苏省豇豆新品种鉴定试验、江苏省大豆新品种鉴定试验、长江中下游冬小麦区试、南方稻区单季晚粳组区试、南方稻区单季晚粳组米质测定，江苏省中熟晚粳区试、杂交晚粳区试、晚粳迟播组区试，江苏省早熟晚粳组展示等，以上各级各类试验均按方案如期高质量完成。

【"常农粳8号"被苏州市列为主要推广品种】 2015年，常熟市重点加大对"常农粳8号""常农粳7号""常优5号""常优2号"等水稻新品种（组合）示范推广力度，"常农粳8号"被苏州市列为主要推广品种，继续加大示范推广力度，在苏州各县市建立示范基地。10月27日，苏州市专家对海虞镇郑家桥村"常农粳8号"示范基地10.13公顷中三个典型田块的产量进行实收实测，经现场核算，"常农粳8号"平均亩产达775.48千克，产量最高的一个田块亩产达到791.4千克，创下本地常规早熟品种机插秧田块高产纪录。据统计，"常农粳8号"当年推广种植面积约1.33万公顷，其中常熟种植面积约0.47万公顷。预计2016年"常农粳8号"推广种植面积可达3.33万公顷以上，并成为苏南稻区常规粳稻的主栽品种之一。

【玉米育种及蔬菜新品种引育进展顺利】 2015年，玉米育种自交套袋材料2000多份，亲本提纯60份，新配组合390个，小面积制种0.03公顷，并推荐1个玉米组合"常玉糯—Z5"参加江苏省鲜食玉米区试。对前几年筛选鉴定出的茄子新品种日本紫露、贝里斯2号两个品种以及番茄两个品种加大露天栽培试验种植，不断完善其栽培技术。黄秋葵两个品种以及速生叶菜中的抗热青菜、甜菜心等品种进行进一步提纯复壮，并做好留种工作，为良种良法打下基础。

【行政推动大面积病虫草害防治】 2015年，重点开展赤霉病、纹枯病、稻瘟病、稻飞虱、蚜虫、烟粉虱、菜青虫、小菜蛾、甜菜夜蛾、斜纹夜蛾、灰霉病、霜霉病、白粉病及一枝黄花为重点的病虫草害防治工作。粮油作物先后开展春季麦田、油菜田杂草化除、油菜菌核病防治，打好以小麦赤霉病和蚜虫为重点的穗期病虫总体战，做好了水稻浸种、秧田化除、病虫防治等工作，特别是在小麦穗期天气持续阴雨的情况下，全面抓好二次防治，同时完成中央财政小麦穗期"一喷三防"工作，先后下发防治物资72万元，用于开展穗期病虫防治。

【开展田间植保科研工作】 2015年，《蔬菜生物农药应用技术开发应用》课题通过验收鉴定，得到专家组的一致好评。为将科技成果迅速应用于生产，结合生产需要，全年共进行14项新农药筛选试验示范，参选农药品种达到50多个，其中小麦病虫药效试验4个，水稻病虫药效试验3个，蔬菜病虫药效试验5个，一枝黄花化除1个，绿化病虫1个，这些药效试验对大面积生产起到重要的指导作用。通过科研项目开展和植保新技术的示范应用，全年向省市各级申报项目5项，争取项目资金159.5万元。

【控制"一枝黄花"扩散】 2015年，结合全市大环境整治，重点开展春季一枝黄花化除和秋季综合治理工作，先后召开各类防治发动会议17个，组建防除队伍102个。全市"一枝黄花"发生面积303.08公顷，化除面积达220.71公顷，复耕复种22.24公顷，人工防治43.91公顷，合计防控面积286.87公顷，占应治面积的94.65%。当年利用财政资金采购调拨高效除草剂166.67公顷，重点用于董浜、碧溪、梅李、支塘、海虞等全市一枝黄花重发区，对控制一枝黄花春季发生起到重要作用。

渔 业

【概况】 2015年，全市水产养殖生产面积11082公顷，全部为淡水养殖。水产品总产量37316吨，其中海洋捕捞1939吨，较2013年减少4.78%。渔业总产值24.06亿元，比2013年增4.59%。其中一产16.45亿元，较2013年增5.54%。

2015年常熟市渔业生产情况一览表

表7

指 标	计量单位	2015年
水产品总产量	吨	37316
海洋捕捞	吨	1939
远洋渔业	吨	0
海水养殖	吨	0
淡水捕捞	吨	694
淡水养殖	吨	34683
一二三产产值（渔业经济总产值）	万元	244556

续表 7

指　　标	计量单位	2015 年
一产（渔业）产值	万元	158232
一二三产增加值（渔业经济增加值）	万元	143816
一产（渔业）增加值	万元	87699
水产养殖面积	公顷	11082
海水养殖面积	公顷	0
淡水养殖面积	公顷	11082
机动渔船艘数	艘	124
机动渔船总吨位	总吨	3632
机动渔船功率	千瓦	6207

2015 年常熟市淡水养殖产量与面积情况表

表 8

指　　标	单　　位	2015 年
淡水养殖产量合计	吨	34683
池塘	吨	21810
湖泊	吨	1138
水库	吨	0
河沟	吨	11693
其他	吨	42
稻田	吨	0
其中：围栏	吨	0
网箱	吨	40
工厂化	吨	2
淡水养殖面积合计	公顷	11082
池塘	公顷	6581
其中：新挖池塘	公顷	28
改造整治池塘	公顷	166
湖泊	公顷	2267
水库	公顷	0
河沟	公顷	2234
其他	公顷	0
稻田（不计入总面积）	公顷	0
其中：围栏	平方米	0
网箱	平方米	100050
工厂化	立方水体	6667

表 9

2015 年常熟市渔业产业化情况一览表

指　　标	单　位	本期累计
设施渔业	公顷	3511
高效渔业	公顷	8943
水产品批发市场	个	4
1. 交易量	万吨	1.11
2. 交易额	万元	48779
渔业协会	个	2
合作经济组织	个	25
合作经济组织养殖	公顷	2435
经纪人	个	485
休闲渔业单位	个	48
1. 总投资	万元	9665
其中：政府	万元	840
2. 休闲渔业	公顷	576
3. 垂钓餐饮等收入	万元	7830

【建设高效设施渔业面积超额完成】 2015 年，全市水产养殖围绕 2015 年省下达给常熟市的高效设施渔业 120 公顷的建设任务，实际完成 138.28 公顷，全市累计高效设施渔业面积达 0.35 万公顷，占总面积的 31.62%。

【新建一家水产医院】 2015 年，在沙家浜芦荡村新建水产医院 1 家，在全市已建成水产医院 8 家，其中市级站 2 家，镇村级 6 家，覆盖常熟四个水产养殖大镇及三个省级现代渔业产业园、精品园。在水产养殖面积占比 50%以上的沙家浜镇朗城村、辛庄镇朱家桥村建成村级“现代渔业科技服务站”，并在这二个村和古里精品园建立 3 个渔家书屋，配备科技书籍及“信息一点通”阅读机，进一步放大水产医院服务平台的功能。

【推广新品种】 2015 年，重点推广河蟹“长江 1 号”新品种，组织 140 多位养殖户从省淡水所射阳繁育基地引进“长江 1 号”大眼幼体 2005 斤，放养面积 66.73 公顷。同时引进“太湖 1 号”青虾、沙塘鳢和鳊鱼、胭脂鱼等套养品种，其中“太湖 1 号”青虾引进原种 1200 斤，繁育面积 6.67 公顷，繁育苗种 5000 万尾，推广养殖面积 106.67 公顷；沙塘鳢引进 121.22 万尾鱼苗，放养蟹池面积 385.53 公顷，放养亲本自行繁殖 29.67 公顷，共计推广面积 414.8 公顷；鳊鱼 1.18 万条，套养面积 19 公顷；胭脂鱼 2000 尾，套养面积 76.53 公顷。

【开展病害监测】 2015 年，在全市设立病害测报点 10 个，监测面积 1667 亩。其中设立在支塘水产医院的河蟹专项测报点为省级测报点，每天报送测报信息。全年完成病害样品监测 82 个，开展病害防治 230 次，开展渔病远程诊断 106 次。为提高本市水生动物防疫队伍建设，组织了测报员培训 5 期，河蟹专项测报培训 3 期，编写《2015 年常熟市水生动物疫病防控信息》8 期，为广大养殖户发布疫病发生情况及预防预警建议。

【组织各类优质渔药 600 多吨】 2015 年，常熟对全市鱼药实行统一进货、统一配送、统一价格、统一管理。与各鱼药店签订合法经营责任书和连锁销售合同，加强连锁管理，建立水产投入品可追溯制度，并对进入本市的渔药厂商建立产品登记备案制度。全年组织各类优质渔药 600 多吨。全年完成 503 批次的抽检任务，检测品种涵盖河蟹、青虾、南美白对虾、四大家鱼、鲫鱼、鳊鱼、鳜鱼、鲻鱼等本市 14 个养殖品种。检测孔雀石绿和呋喃唑酮代谢物两个指标，检测结果均为阴性，合格率为 100%。

【实施科技下乡】 2015 年，常熟市为提高水产养殖水平，全年渔业科技入户工程遴选出技术指导员 21 名，培育水产科技示范户 450 户，覆盖全市 10 个镇 85 个行政村，示范面积 934.95 公顷，其中支塘盛泾村、古里李市村、沙家浜唐东村、芦荡村，辛庄金荡村列为渔业科技入户整体推进村。

【开展职业渔民培训】 2015 年，常熟市为提高渔民素质，全年按照常熟市三年培育新型职业渔民 300 名的计划与任务，组织全市 100 名水产养殖户、投入品经营户，赴无锡渔业学院集中培训 5 天、常熟理工学院集中学习 5 天，首批新型职业渔民 100 名结业。

【试点池塘信息化管理】 在 2014 年试点为辛庄朱家桥村 58 位养殖户办理养殖户“信息卡”的基础上，2015 年，扩大到古里李市和支塘盛泾，利用本市水产医院、渔药连锁店的平台优势，共计安装 7 台读卡终端设备。养殖户 500 多户进行试点，养殖户持卡进行病害诊断、购买渔药，通过信息卡可全面反映各位养殖户的养殖面积、养殖品种、苗种来源、发病情况及用药次数等，既为水产品质量可追溯提供依据，又为实现水产生产全程“数字化”打下基础。

【推进小山水产基地建设】 2015年，小山水产基地边运作、边建设。新建960平方米温室大棚和围栏设施，同时为起到面上的示范带动作用，当年基地养殖的品种有“长江2号”成蟹养殖、“长江1号”扣蟹培育、“太湖1号”青虾繁育与养殖、沙塘鳢、鳊鱼等品种的蟹池套养，积极探索新品种、新技术、新模式。

【实渔业安全生产责任制】 2015年，常熟市、镇、村、船东逐级签订2015年度渔业安全生产管理责任书，海洋、长江渔船、内河及湖泊渔船全部签订安全生产责任书，开展渔业安全教育、培训及法律法规宣传与船员理论、技能考试共8期198人次。以“加强安全法治、保障安全生产”为主题开展好渔业“安全生产月”活动，发放各类渔业安全宣传资料500余份；发送安全生产宣传信息1300余条次；渔区、渔村悬挂渔业安全生产宣传横幅20条，并不断强化渔业安全生产源头管理。一是严格渔业船舶的法定检验与登记，按规定年度检验渔船157艘。对于不符合登记检验规定的，一律不予办理渔业登记证书或检验证书。二是严格渔业船员的考试发证，严把渔业船员的准入关，使船员培训和考核发证质量得到有效保障。三是严格船舶、船员档案管理，切实做到一船一档与一人一档，档案资料不断健全完善。

【开展渔业互助保险业务】 2015年，常熟市开展渔业安全互助保险业务，为渔业生产提供风险保障。全年完成保费90万元，共办理政策性雇主责任险229人、13740份；政策性渔船互助保险29份；内陆人身平安互助险245人、2320份，为渔民提供1.78亿元的风险保障。帮助渔民办理理赔手续5起，渔民获保险赔偿3.6万元。

【更新完善水产养殖户数据库】 2015年，在已建立的水产养殖户数据库的基础上，对全市养殖面积1.33公顷以上的养殖户、水产养殖专业合作社及水产苗种生产单位进行全面登记更新，并签订《水产品质量安全承诺书》。同时，对健康养殖示范场与水产养殖专业合作社的详细信息进行充实完善。年内登记在册养殖户共1532户，水产养殖单位（专业合作社）28个，农业部健康养殖示范场8个，苗种生产单位6个。

【开展水产品质量安全宣传培训】 2015年，常熟市充分利用技术培训、街头咨询、座谈会、执法检查等形式，积极开展水产品质量安全法律法规宣传教育，共举办水产品质量安全宣传教育培训10期，培训438人，发放宣传资料2476份。

【开展水产苗种生产专项整治】 2015年，常熟市出动执法人员29人次、执法检查13次，对全市水产苗种生产企业进行检查。经查，苗种生产持证率为100%，生产的品种与苗种生产许可证所登记的一致，苗种生产企业都能自觉地落实“生产记录、用药记录和销售记录”三项制度。水产苗种执法抽检3个批次，检测结果均呈阴性。另外，与水产苗种生产企业法人代表召开水产品质量安全座谈会、签订《水产品质量安全承诺书》；印制发放《水产苗种生产告知书》《禁用渔药清单》《水产养殖管理记录本》等方法来加强宣传，提高水产苗种从业人员的质量安全认识。

【强化养殖执法监督检查】 2015年，常熟市加强养殖用水质监管，在重点渔业乡镇及水产健康养殖示范场的养殖引水点抽取水样11个，送环保部门检测达标。开展世乒赛期间水产品质量安全专项执法行动。出动执法人员24人次，检查10家水产健康养殖示范场及水产养殖专业合作社，从检查的情况来看，水产养殖单位的安全意识较高，“三项纪录”较为真实、完整，生产管理比较规范。组织开展上市前水产品质量安全监管工作，检查重点养殖区域养殖场的养殖记录及投入品仓库，确保无违禁药物的使用，并告知养殖户水产品上市前要严格遵守休药期的规定，共出动执法人员83人次。对河蟹、青虾等水产品进行药残执法抽检，全年共抽取样品139批次（其中配合各条线各部门抽检39批次），所抽检样品经检测均合格，合格率100%。

【打击电、毒、炸等非法捕鱼行为】 2015年，常熟市根据省渔政监督总队部署，认真开展“打非治违”与“护渔2015”行动。在长江执法检查中，邀请长航公安联合执法，严厉打击长江非法捕捞作业，开捕后继续开展清理违规网具行动，全年共出动渔政员340人次，执法快艇85艘次，雇工66人次，清理毛竹约720根，插网约11300米，地笼170条，鳗鱼网77口。同时，市农委、市公安局联合下发《关于进一步加强联合执法打击非法捕鱼行为的通知》的文件，常熟市渔政监督大队、公安局各派出所、各镇（区）农服中心各司其职，各负其责，既明确分工，又紧密合作，严厉打击以电力捕捞为主的非法捕捞行为。全市共查处电力捕鱼729起，没收电鱼工具729套，立案处罚8起，罚款6700元。立案处罚无证捕捞18起，罚款3.27万元。

【做好长江春禁工作】 2015年，常熟市加强春禁宣传，在常熟电视台和有关网站播放禁渔短片，在常熟日报刊登《长江禁渔通告》，对辖区内长江捕捞渔船逐船发放《春禁告知书》，在长江沿岸渔港码头悬挂禁渔横幅10条。加强江面执法检查，出动执法检查人员200人次，执法船艇40艇次，联合长航公安开展“清江行动”，清除地笼160条，丝网7条，鳗鱼网77口，插网8700米，毛竹760根。春禁期间，立案处罚违反禁渔期规定捕鱼5起，罚款8100元。及时发放春禁补贴22.93万元，涉及长江渔船49艘。

【加强刀鱼生产专项管理】 2015年，常熟市共办理刀鲚捕捞特许证14本，与张家港渔政部门、常熟海事局多次协调，重点解决交界水域渔场纠纷及施工船只违规抛泥问题。加强刀鱼生产期间执法检查，维护渔民合法权益，确保刀鱼生产合法、有序、安全开展。

【做好海洋伏休管理】 2015年，常熟市利用各种媒体宣传伏季休渔的有关规定，在渔业社区、港口、市场等渔业生产活动场所，悬挂横幅6条，宣传国家的渔业产业政策和养护海洋渔业资源的法律法规。伏休前期，通过北斗星通系统了解掌握海洋渔船所在位置，并多次发布通告，要求海洋渔船务必于6月1日12时前到港。进入伏休后，为在启东、如东停泊的13艘渔船办理异地休渔委托手续。同时加强本市渔船停泊情况的现场检查，核实休渔对象和数量，强化渔船“三防”监督，保障渔船、渔港、渔民安全度休。

【调处渔业污染事故】 2015年，常熟市接报各类污染死鱼事件诉求44起，出动执法人员102人次，涉及补偿4起，为渔民挽回损失9.5万元。

【做好长江渔业资源监测与水生野生动物保护工作】 2015年，常熟市按照上级相关要求，科学认真地长江渔业资源监测工作，及时将数据汇总上报，为决策提供科学依据。加大对水生野生动物保护的宣传、检查力度，进一步增强广大民众对水生野生动物的保护意识，救护中华鲟17尾、胭脂鱼11尾。

【做好长江退渔相关工作】 2015年，常熟市重点做好长江退渔船只的退渔申请与补偿资金审核、船只拆解监管以及渔业证件注销等工作。目前退渔船只为29艘，其中碧溪新区23艘，梅李6艘。

畜牧业

【概况】 2015年，全市生猪存栏14.39万头，其中能繁母猪存栏0.66万头，生猪出栏18.27万头；羊存栏3.17万头，出栏1.76万头；家禽存栏50.32万只，出栏80.99万只；奶牛存栏5602头。全年肉类总产量14622.7吨，牛奶产量24618吨；禽蛋产量4265吨。

2015年常熟市畜牧业生产情况表

表10

指标名称	期末存栏数			当年出栏数（头、只）	肉产量（吨）	指标名称	计量单位	数量
	期末存栏数（头、只、箱）	其中能繁殖母畜（头、只）	当年生仔畜（头、只）					
一、大牲畜	5346	—	—	0	0	肉类总产量	吨	18364
1. 牛	5346	3360	2076	0	0	其中：牛肉	吨	0
（1）黄牛	0	0	0	0	0	猪肉	吨	15833
（2）奶牛	5346	3360	2076	0	0	羊肉	吨	364
（3）水牛	0	0	0	0	0	禽肉	吨	2067
其中：奶水牛	0	—	—	—	—	兔肉	吨	
（4）牦牛	0	0	0	0	0	奶类产量	吨	21187
2. 马	0	0	0	0	0	1. 牛奶产量	吨	21187
3. 驴	0	0	0	0	0	其中：水牛奶产量	吨	0
4. 骡	0	—	0	0	0	牦牛奶产量	吨	0
5. 骆驼	0	0	0	0	0	2. 羊奶产量	吨	0
二、猪	183360	8097	0	226190	15833	3. 其他奶	吨	0
三、羊	25490	5300	—	15062	364	山羊绒产量	吨	0
1. 山羊	5136	1359	—	3367	74	山羊毛产量	吨	0
其中：绒山羊	0	—	—	—	—	绵羊毛产量	吨	25
奶山羊	0	—	—	—	—	其中：细羊毛产量	吨	0
2. 绵羊	20354	3941	—	11695	290	半细羊毛产量	吨	0
其中：细毛羊	0	—	—	—	—	兔毛产量	吨	0
半细毛羊	0	—	—	—	—	蜂蜜产量	吨	270
四、家禽	605595	—	—	1206153	2067	禽蛋产量	吨	5161
1. 鸡	220403	—	—	648333	939	其中：鸡蛋产量	吨	762
（1）专用型蛋鸡	50900	—	—	47300	57	鸭蛋产量	吨	3808
（2）专用型肉鸡	118900	—	—	503940	756	鹅蛋产量	吨	591
其中：黄羽肉鸡	81700	—	—	346240	520	蚕茧产量	吨	0
（3）兼用型鸡	50603	—	—	97093	126	其中：桑蚕茧	吨	0
2. 鸭	311292	—	—	409740	758	柞蚕茧	吨	0
3. 鹅	73900	—	—	148080	370			
五、兔	0	—	—					
六、蜜蜂	2683	—	—	—	—			

【继续开展畜禽养殖综合整治】 2015年，全市畜禽养殖整治工作继续推进，2015年计划关停285户、治理1002户。2015实际年关停977户，完成比例为179%，累计完成关停2609户。整治治理完成71户，完成比例为9%。按照《常熟市畜禽养殖综合整治专项资金办法》，市财政在预算中专门安排整治专项资金，为整治工作提供资金保障。市整治办组织相关部门对全市整治情况进行督查，对各板块的资金申报材料进行审核。2015年下达市级补助资金5350.79万元。

【开展春、秋季重大动物疫病防控】 2015年，常熟市成立春、秋防工作领导小组，制定工作方案，落实各项措施。防治重大动物疫病指挥部办公室实行值班制，期间保持24小时通讯畅通。各镇组织全体动物防疫人员，成立"突击防疫小分队"，逐村逐户进行防疫。确保重大动物疫病应免畜禽免疫密度达到100%，免疫畜禽群体平均免疫抗体合格率达80%以上。全年共免疫高致病性禽流感142万羽次、高致病性猪蓝耳病17万头次、牲畜口蹄疫41万头次、猪瘟33万头次、羊小反刍兽疫3.8万头次、鸡新城疫86万羽次。同时对血清进行集中监测，涉及全市10个乡镇的各类畜禽养殖户。监测结果均达省级要求，全市免疫效果较好。

【扑灭H5N6禽流感】 2015年1月，常熟市辛庄镇发生H5N6亚型高致病性禽流感疫情，由于此亚型的禽流感还没有疫苗用以防疫，常熟市紧急采取防控措施。1月24日，常熟市人民政府发布《市政府关于封锁动物疫区的决定》，立即启动《常熟市防治动物重大疫病应急预案》，划定疫点、疫区、受威胁区。按照省、市相关部门专家指导，开展应急处置工作，成立应急处置小组，开展扑杀、消毒工作；辛庄镇会同相关部门立即暂停辛庄镇农贸市场的活禽交易；对辛庄镇的所有养禽户实施封闭饲养，加强饲养管理和生物安全措施；各乡镇对辖区内所有家禽养殖场进行全面排查，同时开展消毒工作。1月29日，常熟市人民政府发布公告，自2月2日起在全市范围内暂停各类活禽交易。按照农业部要求，在疫区周边5千米范围内，对每个规模禽场进行采样，监测"H5亚型"禽流感抗体、"H7亚型"流感抗体和病原。2月15日，苏州市防治重大动物疫病指挥部办公室组织专家成立验收小组，通过检查验收。常熟市人民政府发布《市政府关于解除动物疫区封锁的决定》，从2月15日起解除对疫区(含疫点)的封锁，撤除临时检查点。

【开展奶牛、羊免疫工作】 2015年，常熟市针对春季重大动物疫病防疫行动中发现的问题，重点加强奶牛、羊的口蹄疫免疫工作，对达不到免疫保护水平的场立即实施补免，对春防集中监测中未监测到的全市家畜规模场进行免疫效果监测，全面掌握家畜免疫抗体保护情况。市畜牧兽医站实验室对所有抗体保护率不合格项目作免疫效价分析并反馈到各乡镇动物防疫站，强化免疫程序的执行。

【依法开展动物检疫监督工作】 2015年，常熟市全年开展产地检疫生猪16.61万头；屠宰检疫31.4万头，屠宰检疫牛3047头、羊10023只，生猪屠宰场检疫出不合格猪400头，全部进行无害化处理。配合省、苏州、本市等上级部门抽样21次，其中猪肉105份、猪肝138份、牛肉6份、鸡肉4份、鸡蛋45份、牛奶29份，经实验室检测，全部合格，有效的保障畜产品质量安全。对全年度"瘦肉精"残留监测工作实施统一部署，对全市所有生猪屠宰场、生猪养殖场实行抽样检测。在6～7月开展养殖环节瘦肉精抽检专项行动。全年30522份样本经实验室检测，全部为阴性。

【开展"建立病死畜禽无害化处理机制宣传月"活动】 2015年，常熟市在"宣传月活动"中共出动439人次，专题培训548人次，咨询解答1136次，案例宣讲2次，取得宣传实效。通过新闻媒体进行宣传报道病死畜禽无害化处理的意义，广泛宣传法律法规和相关政策；组织人员在各镇动物防疫站、农村主干道、养殖规模场、农贸市场、定点屠宰场、村(居)委会等公共场所张贴、悬挂宣传标语200条，条幅100条，宣传挂图20幅，发放《病死动物无害化处理明白纸》5000份，《病死畜禽无害化处理100问》3000本；利用投影仪演示病死畜禽无害化处理的具体方法，举办规模养殖场无害化处理培训班，广泛深入开展宣传活动；切实加大行政执法力度。组织动物卫生监督执法人员深入养殖场(户)、屠宰场等相关场所加强执法检查。

【开展畜禽养殖环节违规使用兽用抗菌药物清查行动】 2015年，常熟市发放规范使用兽药告知书及规范使用兽药承诺书，同时深入各养殖场(户)进行用药知识讲解，使其掌握兽药安全使用知识和具体要求，增强规范用药的意识，引导其规范用药，建立健全用药记录制度，严格执行休药期等有关规定，有效提升养殖业科学合理用药水平。在摸底排查的基础上，对全市规模养殖场(户)开展一次全面巡查，重点对养殖场库存兽药产品中假劣兽药及原料药、兽药使用记录与档案、执行兽药休药期规定、兽用抗菌药物处方情况等开展监督检查，并做好监督检查记录。共检查畜禽规模养殖场1170个，发放《规范使用兽药告知书》1170份，签订《规范使用兽药承诺书》1170份，出动检查人员439人次，开展培训、技术指导2000多人次。

【开展动物诊疗及兽药产品标签和说明书专项整治行动】 2015年，常熟市根据省农委《转发农业部办公厅关于开展动物诊疗专项整治行动的通知》和《关于深化兽药产品标签和说明书规范行动的通知》要求，全市累计检查兽药生产企业1个、兽药经营企业6个、从事动物诊疗、宠物美容、宠物寄养等相关行业的单位79家、规模畜禽养殖场485个，全市出动执法人员1342人(次)。

【规模畜禽养殖场病死畜禽实现无害化处理】 2015年，常熟市共无害化处理生猪18601头，涉及525个养殖场(户)，公共沉尸井建设要求以原全市老镇为单位、按照养殖量部署建设1～2个公共沉尸井，全市共建设16个公共沉尸井。

【开展生猪品种改良和奶牛良种改良工作】 2015年，常熟市积极开展国家生猪和奶牛良种补贴项目，全年优质瘦肉型种公猪精液供应量2.8万多瓶，生猪人工授精一次情期受胎率95%左右，母猪平均窝产仔数12.24头；根据全市奶牛养殖场的要求，做好了农业部奶牛良种补贴项目工作。

林　　业

【概况】 2015年，常熟市围绕建设生态文明，发展现代林业。全面做好森林资源、湿地资源与野生动物资源保护工作，严格做好林政执法工作，规范林业项目建设，积极做好第十届国际湿地大会筹备工作，全面推进全市林业有害生物普查工作。

2015年常熟市林业产业产值一览表

表11

产　业　类　别	计量单位	总产值	增加值
总　　计	万元	137694	13259
一、第一产业	万元	49505	4950
（一）涉林产业合计	万元	49505	4950
其中：湿地产业	万元	—	—
1. 林木育种和育苗	万元	19116	1912
（1）林木育种	万元	—	—
（2）林木育苗	万元	19116	1912
2. 营造林	万元	—	—
3. 木材和竹材采运	万元	—	—
（1）木材采运	万元	—	—
（2）竹材采运	万元	—	—
4. 经济林产品的种植与采集	万元	23072	2306
（1）水果种植	万元	18903	1890
（2）坚果、含油果和香料作物种植	万元	174	16
（3）茶及其他饮料作物的种植	万元	3995	400
（4）森林药材种植	万元	—	—
（5）森林食品种植	万元	—	—
（6）林产品采集	万元	—	—
5. 花卉及其他观赏植物种植	万元	7317	732
6. 陆生野生动物繁育与利用	万元	—	—
（二）林业系统非林产业	万元	—	—
二、第二产业	万元	69464	6439
（一）涉林产业合计	万元	69464	6439
其中：湿地产业	万元	—	—
1. 木材加工和木、竹、藤、棕、苇制品制造	万元	6662	666
（1）木材加工	万元	2867	287
（2）人造板制造	万元	3542	354
（3）木制品制造	万元	253	25
（4）竹、藤、棕、苇制品制造	万元	—	—
2. 木、竹、藤家具制造	万元	32472	3240
3. 木、竹、苇浆造纸和纸制品	万元	—	—
（1）木、竹、苇浆制造	万元	—	—
（2）造纸	万元	—	—
（3）纸制品制造	万元	—	—

续表 11

产　业　类　别	计量单位	总产值	增加值
4. 林产化学产品制造	万元	30330	2533
5. 木质工艺品和木质文教体育用品制造	万元	—	—
6. 非木质林产品加工制造业	万元	—	—
（1）木本油料、果蔬、茶饮料等加工制造	万元	—	—
（2）野生动物食品与毛皮革等加工制造	万元	—	—
（3）森林药材加工制造	万元	—	—
7. 其他	万元	—	—
（二）林业系统非林产业	万元	—	—
三、第三产业	万元	18725	1870
（一）涉林产业合计	万元	18725	1870
其中：湿地产业	万元	—	—
1. 林业生产服务	万元	—	—
2. 林业旅游与休闲服务	万元	18725	1870
3. 林业生态服务	万元	—	—
4. 林业专业技术服务	万元	—	—
5. 林业公共管理及其他组织服务	万元	—	—
（二）林业系统非林产业	万元	—	—
补充资料：竹产业产值	万元	—	—
油茶产业产值	万元	—	—
林下经济产值	万元	7627	760

2015 年常熟市花卉产业发展情况一览表

表 12

指　标　名　称	计量单位	本年实际
1. 年末实有花卉种植面积	公顷	32
2. 切花切叶产量	支	20000000
3. 盆栽植物产量	盆	4000000
4. 观赏苗木产量	株	500000
5. 草坪产量	平方米	117020000
6. 花卉市场	个	2
7. 花卉企业	个	10
其中：大中型企业	个	2
8. 花农	户	45
9. 花卉从业人员	人	800
其中：专业技术人员	人	80
10. 控温温室面积	平方米	105
11. 日光温室面积	平方米	

2015 年常熟市林业投资完成情况一览表

表 13

指　标　名　称	计量单位	本年实际	其中:中央投资
一、本年计划投资	万元	45669	520
二、自年初累计完成投资	万元	45669	520
其中：国家投资	万元	520	520
1. 生态建设与保护	万元	37109	500
(1) 营造林	万元	12632	
(2) 湿地恢复与保护	万元	24477	500
(3) 沙地治理与封禁	万元	—	—
(4) 野生动植物保护及自然保护区	万元	—	—
(5) 生态保护补偿	万元	—	—
(6) 其他(含生态工程补助资金)	万元	—	—
2. 林业支撑与保障	万元	1320	20
(1) 林木种苗	万元	—	—
(2) 森林防火与森林公安	万元	500	—
(3) 林业有害生物防治	万元	620	20
(4) 科技教育	万元	200	
(5) 林业信息化	万元	—	—
(6) 其他	万元	—	—
3. 林业产业发展	万元	7240	—
(1) 工业原料林	万元	—	—
(2) 特色经济林(不含木本油料)	万元	—	—
(3) 木本油料	万元	—	—
(4) 花卉	万元	1000	—
(5) 林下经济	万元	3000	—
(6) 木竹制品加工制造	万元	—	—
(7) 木竹家具制造	万元	—	—
(8) 木竹浆造纸	万元	—	—
(9) 非木质林产品加工制造	万元	—	—
(10) 林业旅游与休闲	万元	3240	—
(11) 其他	万元	—	—
4. 林业民生工程	万元	—	—
(1) 棚户区(危旧房)改造	万元	—	—
(2) 社会性基础设施	万元	—	—
(3) 其他	万元	—	—
5. 其他投资	万元	—	—
其中:财政事业费	万元	—	—
三、本年实际到位资金合计	万元	45669	520
1. 上年末结余资金	万元	—	—
2. 本年实际到位资金小计	万元	45669	520
(1) 国家预算资金	万元	625	520
(2) 国内贷款	万元	—	—
(3) 债券	万元	—	—
(4) 利用外资	万元	—	—
(5) 自筹资金	万元	45044	—
(6) 其他资金	万元		

【开展林业有害生物防控】 2015年，常熟市2014～2015年度松材线虫病防治工作全面结束，共采伐疫木1058株，对1800株健康松树实施注干作业，松林间施放肿腿蜂、花绒寄甲共计150万头，根据9月开展秋季疫情普查，2015年虞山松材线虫病发生面积为171亩，病死树株数为14株，分别较2014年下降13.6%和17.6%。

【推进林业有害生物普查工作】 2015年，常熟市邀请南京林业大学专家队伍于4月16日启动野外踏查工作，并由技术人员全程陪同开展调查工作。截至目前调查发现虫害120种，病害标本数量120个，有害植物4种。拍摄照片350张，采集标本246套，阶段性调查成果获得省林业局的肯定。

【开展2015年度湿地管护工作考核】 2015年，常熟市林业站组织技术人员每季度对全市的8个重要湿地管护工作开展湿地岸线管护工作检查考核。通过实地查看并查阅管护台账的方式，查看湿地鸟类、水质资源保护，堤岸维护，湿地水系沟通、标识标牌保护等管护情况。

【开展湿地调整工作】 2015年，常熟市对沙家浜国家湿地公园、南湖省级湿地公园及尚湖饮用水源地等生态红线区域进行调整，进一步强化湿地资源管护力度，强化生态红线区划工作。对长江湿地保护小区保护范围进一步调整，保护区域向南延伸至新江堤外200米及铁黄沙成岛东、北堤岸外300米处，由8635.91公顷调整至10794.65公顷，全市自然湿地保护率达到56.3%。

【加强野生动物资源保护力度】 2015年，常熟市充分利用"爱鸟周"等宣传活动，开展野生动物保护宣传工作，引导市民科学爱鸟护鸟。认真做好野生动物疫源疫病监测，切实维护公共卫生安全，根据疫情监测防控的严峻形势，加大鸟类等野生动物疫源疫病监测力度，排查隐患。通过"12345"热线、市民来电等方式共救助野生动物26只，查处违法售卖野生动物及其制品行为5次。开展湿地鸟类资源调查，全面掌握湿地鸟类资源情况，为进一步做好保护工作提供数据基础。

【林木种苗执法】 2015年，常熟市为全力推进常熟市林木种苗发展，进一步加强林木种苗的行业管理和质量管理，开展打击制售假劣林业种苗行为和保护林业植物新品种权行动，于4月16日至22日在全市组织开展林木种苗质量抽查工作，采用听取种苗质量管理情况介绍和现场抽查相结合的方式对常熟市杨园园林工程有限公司等7家苗木绿化企业开展抽查工作；6月23日，举办面向全市苗木绿化企业负责人的林木种苗培训，邀请南京林业大学史丰厚教授、谈家金教授就苗木行业发展与苗圃病虫害管理进行授课，并组织各企业负责人开展行业交流。

农业机械化建设

【概况】 2015年，常熟市新增农机总投入2600万元，更新和示范推广75马力以上拖拉机、喷杆式植保机等装备769台(套)，新增设施农机装备170台(套)，"新三年农机发展规划"已递交市政府讨论，水稻机插和小麦机插水平较上年得到提高，稻麦秸秆机械化还田率达到85%，经省级认定全市年农机化综合水平为90%。

2015年常熟市农机化渔业作业情况一览表

表14

指　标　名　称	计量单位	数　量
池塘养殖总产量	吨	21000
机械投饲池塘养殖产量	吨	17220
机械水质调控池塘养殖产量	吨	14280
机械起捕池塘养殖产量	吨	189
机械清淤池塘养殖产量	吨	19320

【召开撒肥机现场演示会】 2月6日，江苏省农机化服务站在常熟市古里镇康博村成功举办有机撒肥机械现场演示会。本次演示由农业部南京农业机械化研究所、江苏省农机化服务站、南通市农机化中心、本市农机推广站技术人员、本市相关镇(区)服务中心农机负责人、企业工作人员以及农机大户等40余人进行现场演示和观摩。

【实施农机财政补贴政策】 2015年，常熟市大力宣传农机购置补贴政策，提高农民购机积极性，进一步提高农机装备水平和能力。在省补贴政策未出台前，就为购机农户做好登记造册工作，与生产厂家了解货源情况，待政策一落实，就进行供货和发货，使农户早提到农机具，不耽误农时，全市农机新投入3000万元，争取到中央及省农机购置补贴资金731.25万元，本级财政用于农机化发展扶持资金预算为600万元。引导农民购置大中型、高效复式和薄弱环节的农机具。购置各种类型农机具620台(套)，其中：大中型拖拉机74台，配套秸秆还田机、旋耕机、开沟机等机具167台，高速插秧机111台，育秧流水线53套，碎土、筛土机25套，植保机械12台，谷物联合收割机14台，渔业机械170台，受益农户达450多户，拉动农民投入农机化发展资金超2600万元，农机购置补贴政策落实的整体效果良好，提高农业生产机械化水平。

【开展农机培训工作】 2015年，常

熟市按时开展农机培训工作共举办农机培训24期，培训农机操作人员1020人次，其中插秧机操作手培训4期，136人；大中型拖拉机操作手培训3期206人，联合收割机驾驶员培训4期，131人；机械化育秧技术培训3期83人，职业农民培训4期，198人，其中81人通过职业技能鉴定。

【做好夏秋两忙抢收抢种农机服务工作】 2015年，常熟市在大忙前后，做好新机的性能向上和维修保养工作，共计500台次，对当年新购置的111台高性能插秧机做好下田指导工作。大忙期间，为广大农户在两忙的抢收抢种，做好保驾护航工作，共抢修各类农机具600台套，接听各类维修咨询电话1000次。

【实施省三新工程2项】 2015年，常熟市承担省三新工程的“基于秸秆还田的小麦生产机械化技术集成推广”和“2015年基层农技推广体系改革与建设补助项目（农机）”，第一个项目的试验示范推广，可解决稻秸秆焚烧污染的难题，实现稻秸秆还田、秋播耕整地、小麦半精量播种、化肥深施一次性完成作业，可以提高机械作业效率，减少作业成本，提高农民种粮积极性，可逐步改变小麦种植的无序化与种子浪费以及稻秸秆焚烧与土地板结的严重状况，从而达到增产增收的效果，推广应用前景广阔，后一个项目主要对基层推广体系的建设，确立180户示范户，通过示范户由点带面推动农机新技术的广泛运用，二个项目争取到省级资金33.3万元。

【开展农机监管工作】 2015年，常熟市推进“平安农机”创建活动，全面落实安全生产责任制，不断提升安全监管能力、执法保障能力和为民服务水平，保障农机安全生产。利用会议、报纸、电视电台进行宣传，发放宣传资料3438份，制作横幅85条，出动宣传达67次，组织农机驾驶操作人员进行安全知识培训，主要学习颁布的《农业机械安全监督条例》，重温农机安全操作规程，全市接受学习达1400人次，农机驾驶人员受教育率达90%以上，为确保农机作业安全奠定了基础。全市累计年检农田大中型拖拉机980台，年检率87%，新注册登记57台；联合收割机年检531台，年检率74%，注册登记12台；办理农机政策性保险1576台，司乘人员团体意外伤害险978人；开展农机安全互助工作，拖拉机入会1016台、收割机506台、插秧机646台，拖拉机和收割机入会率达96%。开展农机执法检查40次，检查农机464台次，纠正违章11起，排除安全隐患161个，签订农机安全生产责任状1113份，处理农机事故7起，参加监管人员达到178人次。

【推进秸秆综合利用】 2015年，常熟市通过公开采购形式制作秸秆禁烧宣传物资，发放公开信6.2万份、宣传草帽1000只、宣传环保袋6000只、宣传真空杯1500只、宣传伞1500把、宣传套袖1000只；技术资料1500多份。联合电视台在夏收期间开展移动字幕宣传，各镇制作悬挂宣传横幅521多条。配合做好巡查处置。在两忙期间，集中人员、时间对高速公路、主要干道、风景区周边等重点区域、重要道路沿线加强巡查和督办，累计出动5228人次。对省、市巡查中通报的火点信息，及时响应，确保半小时内到达火点现场并采取应急措施妥善处置。夏熟完成机插秧面积1.72万公顷，麦秸秆机械化还田1.99万公顷。秋熟完成稻秸秆还田1.46万公顷，全年稻麦秸秆综合还田率稳定在为85%，农作物综合利用率达95%以上。

农产品质量建设

【概况】 2015年，常熟市农产品质量安全工作把落实网格化监管、专项整治、农产品检测、可追溯体系建设、监管平台建设、标准化生产及三品认证列为重点工作，市农产品检测中心正式挂牌，设施到位，全力推进农产品质量安全保障行动。全年共接受农业部、省、苏州及常熟市四级部门安排的农产品例行监测973个，合格率为99%以上。

2015年常熟市种植业“三品”比重情况一览表

表15

指标名称		计量单位	数量
种植业食用农产品“三品”产量（折算初级农产品后产量）	无公害农产品	吨	14.3009
	绿色食品	吨	2.7104
	有机农产品	吨	0.0329
	小计	吨	17.043
种植业食用农产品产量（省统计局食用农产品统计）	粮食	吨	31.094
	油料	吨	0.5521
	蔬菜	吨	84.6852
	林茶果	吨	2.0645
	小计	吨	118.3958
种植业“三品”产量占食用农产品产量比例		%	14.4

2015年常熟市有效无公害农产品产量占比情况一览表

表16

指　标　名　称		计量单位	数　量
种植业食用无公害农产品产量	无公害农产品证书产量	吨	12.6848
	除系数折算初级农产品后产量	吨	14.3009
种植业食用农产品产量(省统计局食用农产品统计)	粮食	吨	31.6
	油料	吨	0.9
	蔬菜	吨	82.9
	林茶果	吨	1.9
	小计	吨	117.3
无公害农产品产量占食用农产品产量比例		%	12.19

2015年常熟市有效绿色食品产量占比情况一览表

表17

指　标　名　称		计量单位	数　量
种植业食用绿色食品产量	绿色食品证书产量	吨	2.2519
	除系数折算初级农产品后产量	吨	2.7104
种植业食用农产品产量(省统计局食用农产品统计)	粮食	吨	31.6
	油料	吨	0.9
	蔬菜	吨	82.9
	林茶果	吨	1.9
	小计	吨	117.3
绿色食品产量占食用农产品产量比例		%	2.31

2015年常熟市有效有机农产品产量占比情况一览表

表18

指　标　名　称		计量单位	数　量
种植业食用有机农产品产量	有机农产品证书产量	吨	0.0329
	除系数折算初级农产品后产量	吨	0.0329
种植业食用农产品产量(省统计局食用农产品统计)	粮食	吨	31.6
	油料	吨	0.9
	蔬菜	吨	82.9
	林茶果	吨	1.9
	小计	吨	117.3
有机农产品产量占食用农产品产量比例		%	—

【完善监管体系建设】 2015年，常熟市通过多方面的工作，积极完善监管体系。层层落实责任，下发《2015年常熟市农产品质量安全监管工作意见》《2015年常熟市乡镇农产品质量安全考核实施细则》等，与各镇监管站签订工作责任状，各镇与村、与农业生产主体也层层落实责任。充实监管队伍，明确乡镇监管人员28名，村级协管员199名；继续培养好、发挥好8名常熟市农业特岗人员的专技特长；提升乡镇监管人员的的行政执法能力，为落实网格化管理奠定基础；与相关事业站建立了联络员制度，及反馈生产情况。强化培训提高，4月份组织全市三品企业及各镇监管人员在市党校开展专题培训，120多人参加，邀请专家进行专题讲座；另外组织“三品”内检员赴苏州、南京、泰州等地方参加省、苏州市的培训；组织各镇监管站领导或业务骨干接受南农大的质量安全专题培训等，累计超过400人次。

【落实推广网格化监管】 2015年，常熟市3000多个具有一定规模农业生产主体(企业、合作社、大户)作为监管对象建立档案,及时调整变更信息,录入监管平台;每个生产主体与村协管员、镇监管员建立一一对应关系,在生产季节至少有2次以上的现场检查与指导;全市“三品”企业建立内检员制度,形成监管网络。全市统一印发监管检查记录本,将日常监管落到实处,录入苏州市农委的监管平台,做到有据可查。通过大量的基层监管指导,更加规范生产主体的生产方式,消除安全隐患,确保质量安全。

【完成农检任务】 2015年,常熟市全力开展农产品农残检测、畜产品的瘦肉精检测、产地环境检测,大米等产品转基因、农资质量、农残超标单位的后续的执法抽检等方面,把好农、畜产品的质量安全关。农产品定量检测。全年共接受农业部和省(120)、苏州(59)及常熟市(643)四级部门安排的农产品例行监测973个,合格率为99%以上,出现的3个不合格产品均作实地调查,查明原因,责成整改。把好产地准出关,做好基地快检工作。发挥乡镇监管站、规模基地、配送中心的快速检测室的作用,全年共检蔬菜超过2万批次,其中乡镇监管站检测6500多批次,基地、配送中心自检1.4万批次,合格率超过99.9%。严格监督抽检。做好部、省级的质量安全监督抽检,有机食品、绿色食品、无公害农产品的专项监督抽检等,共计34个,合格率达100%。

【初步建立可追溯体系】 2015年,常熟市加快提升可追溯体系的信息化管理水平。有重点地扶持横塘蔬菜示范区、常熟市虞盛农产品专业合作社、常熟市新龙畜牧场等骨干企业,初步实现了电子档案,销售产品有二维码,消费者可扫描上网查询产品来源、用药情况,实现生产经营性的可追溯。将常熟市虞盛农产品专业合作社、金唐市水产品有限公司等5家企业入列省农委的“放心吃”网站宣传,里睦村蔬菜合作社等3家企业列入苏州市可追溯企业示范点。加快落实生产记录的全覆盖,全市畜牧业、种植业、水产业均有统一印发的生产记录本,要求所有生产主体能做好记录,并对生产记录的真实、完整性作为对基地检查考核的一项重要内容,初步实现在生产环节建立全程管理与产品销售的可追溯。

【常熟市农产品监管平台与省、市平台完成对接】 2015年,常熟市把监管平台建设作为一项重点工作推动,有效提高监管工作的工作效率,监管对象的生产状况、各镇开展的监管工作、农产品的检测合格率等信息能及时反映,真正体现出时效性与真实性,与省、市平台完成对接。

【开展农产品质量安全专项整治】 2015年,常熟市组织落实2015年度专项整治工作,明确农药及农药使用专项整治、“瘦肉精”专项整治、生鲜乳违禁物质专项整治、兽用抗菌药专项整治、畜禽屠宰专项整治、农资打假专项整治、水产品质量专项整治、农产品产地土壤重金属污染专项监测等,各项整治工作均能做到有计划,能落实。专项整治取得一定成效,实现全市无重大事故。

【三品认证管理取得新发展】 2015年,常熟市获批无公害、绿色食品等29个,获批3万吨,已报送16个产品上报,产量30万吨,以三品为主的优质农产品占比尽快达到35%。

现代农业园区建设

【概况】 2015年,全市现代农业园区建设以农业增效、农民增收为目标,以“一核三带多园区”产业发展为抓手,通过农业十大重点工程的实施,全市三大产业主要农产品单产和产值均有不同程度提高,现代农业发展基础更加扎实。园区建设有新提升,国家农业园区核心区完成3.3万平米温室大棚各项配套工程;启动农业科技创新中心工程建设;常熟市农业科技发展有限公司和种业公司进入市场化实质性运作。虞山镇、海虞镇、辛庄镇三个农业园区成功升级苏州市级农业园区。

【园区《规划》完成修编】 2015年,《常熟市现代农业园区规划2015~2020》由浙江大学城乡规划院于1月份编制完成,并通过专家评审论证。随后根据专家评审意见,在园区、农委有关站所、乡镇、编制单位的多方努力下,又进行针对性修改,6月10日,市政府以常政复〔2015〕30号文批准园区新修编规划。11月13日第十四届市人大常委会第二十九次会议审议并通过《规划》。《规划》主要将园区总体发展格局由原来的“一中心二园区多基地”调整为“一核三带多园区”,并重点对核心区二期进行详细规划。

【工程建设稳步推进】 2015年,江苏常熟国家农业科技园区核心区7个单元33000平方米玻璃温室大棚建设工程全面完成;热带果树科普馆搬迁(含内部景观)工程全面竣工;相关配套工程陆续到位,包括高低压供电设施、大棚生产供水设施、供热用天然气工程、部分管理用房、温室周边道路等;农业科技创新中心工程项目已完成用地审批,工程建设用地规划条件已出具,

农业科技园建设

工程施工图纸文案已完成，待土地交易摘牌后进入下一环节；国家杂交粳稻品种创新基地项目库房工程主体结构完成建设；优质稻米新品种（组合）繁育技术集成研究与产业化开发项目水泥田埂和护栏工程完成建设；石宕及周边区域灾害综合整治完成施工方案设计，并经专家论证。

【项目申报和引进取得突破】 2015年，江苏常熟国家农业科技园区共申报落实省、苏州及常熟科技项目2项，建设项目3项，共获得财政资金1245万元，具体包括：省科技厅《苏南特色精品蔬菜产业可持续发展关键技术集成创新与示范》项目，财政资金300万元；苏州市科技局《设施草莓移动架式栽培关键技术集成创新与示范》项目，财政资金100万元；省农委省级现代农业产业化建设项目《潮汐式苗床灌溉系统》项目，财政资金135万元；苏州现代农业园区项目国家农业科技园区温室工程二期建设，财政资金310万元；常熟市现代农业产业园区建设项目，财政支持资金400万元。玻璃温室大棚招商及入驻项目落实取得初步进展：华冠园创园艺科技有限公司的月季盆花种苗研发繁育项目7月22日正式签约，8月份入驻运行。生产规模7200平方米，以引进和培育月季新品种为主，年产盆花20万盆。2400平方米设施草莓开始运行。另外4800平方米叶菜水培项目和7200平方米蕃茄岩棉栽培项目年内完成技术方案设计。

【科技平台建设继续强化】 2015年，“江苏省农业科学院常熟农业科技创新与成果转化中心”和“农业部南京农业机械化研究所常熟现代农业装备技术应用中心”两大产学研平台4月10日由院（所）方与市政府签约并揭牌，项目合作已经全面展开；江苏省生产力促进中心常熟国家农业科技园区服务中心在11月正式签约揭牌，并举办首期“农业科技创新创业管理能力”培训班，这是全省35个同类服务中心中唯一的农业园区服务中心；省博士后创新实践基地正式揭牌，首个博士到站并开题，第四个分站完成申报；西南大学常熟研究院有限公司在园区核心区注册，即将正式运行。另外，围绕“多园区”的各类科技合作平台建设也得到了进一步深化，项目合作成为主旋律。2015年，“一核三带多园区”共向上申报获得立项的科技项目13个，获批项目经费867.6万元，为科技创新平台正常运行和成果转化提供了保障。到年底，全市已有各类研究中心、新农村发展研究院、成果转化中心、农业科技服务中心等科技创新合作平台13个。

【公司化运行逐步上轨道】 2015年，农业园区资产整合相关手续抓紧办理。涉及3宗土地及地上房产，土地证载面积15614平方米，实测面积19724平方米，评估价3095万元，房产证载面积4679平方米，评估价445万元，两项共计3540万元。12月初完成招拍挂前所有手续和摘牌资金落实，12月22日正式在土地交易中心挂牌。完成农发公司、种业公司总经理聘用相关程序和制订年度考核办法。 （朱　剑）

责任编辑　浦君芝

工业和信息化

综　述

【概况】 2015年，常熟市完成工业总产值4554.30亿元，比上年下降0.6%，其中规模以上工业（年销售2000万元以上）完成产值3655.26亿元，下降0.3%，实现销售收入、利税和利润分别为3586.88亿元、254.06亿元和169.15亿元，增幅分别为-1.3%、3.6%和-2.0%；实现工业增加值986.48亿元，增长5.8%；全市工业经济实现开票销售收入3460.70亿元，增长5.9%；规模以上完成出口产品交货值969.88亿元，增长3.4%。全年实现新兴产业产值1620.87亿元，比上年增长1.1%；高新技术产业产值1404.79亿元，增长0.9%。全市工业用电量136.76亿千瓦时，比上年增长4.7%。是年，常熟市加快推进城市信息化建设，提高城市运行管理效率和服务社会能力。完成数据交换中心和五大数据库建设项目总集成和软件开发终验；信用征信平台建设启动，年末完成项目初验，汇集1145万条信息；公共服务平台上线运行，实现133项公共服务办理；市民卡综合卡制发卡116万张，市民卡专用卡（社会保障卡）发放110万张。农村信息化建设不断深入，信息基础设施建设有效推进。年内，常熟市获评国家智慧城市建设试点市、2015中欧绿色和智慧城市创新奖、首批江苏省信息消费试点市。

2015年常熟市工业经济运行情况一览表

表19

指　　标	单　位	累　计	比上年增长率(%)	备　注
全部工业总产值	亿元	4554.30	-0.6	
其中：规模以上	亿元	3655.26	-0.3	占全市80.26%
产品销售收入（规模以上工业）	亿元	3586.88	-1.3	
工业开票销售收入	亿元	3460.70	5.9	
工业用电量	万千瓦时	1367640	4.7	占全社会84.22%
利税总额（规模以上工业）	亿元	254.06	3.6	
利润总额（规模以上工业）	亿元	169.15	-2.0	
资产总额（规模以上工业）	亿元	4033.03	8.2	
负债总额	亿元	2269.90	4.9	
资产负债率（规模以上工业）	%	56.28	-1.8	
两项资金占用总额（规模以上工业）	亿元	946.15	11.6	
其中：应收款	亿元	738.41	15.3	
产成品存货	亿元	207.74	0.2	
亏损企业亏损额（规模以上工业）	亿元	52.82	15.6	
规模以上工业出口产品交货值	亿元	969.88	3.4	

工业性投资

【概况】 2015 年，全市工业投资总体呈低位运行态势，但工业投效提高、投向优化。全年完成工业投资 284.01 亿元，比上年下降 17.5%，占全社会固定资产投资额的 44.99%，其中技术改造投入 198.82 亿元，增长 3.4%，设备投资 159.15 亿元，技改投入占全部工业投入、设备投资占技改的比重，分别达 70%和 80.05%。"十二五"期间，技术改造投资累积超过 1000 亿元。

2011～2015 年常熟市工业投资情况一览表

表 20　　单位：亿元、%

实绩＼年份		"十一五"累计	2011 年	2012 年	2013 年	2014 年	2015 年
全社会固定资产投资(规模以上)		1705.9	535.37	635.5	715.21	650.44	631.22
工业投资	总量	992.1	278.01	332.0	400.04	344.30	284.01
	占全社会投资	58.2	51.93	52.25	55.93	55.86	44.99
技术改造	总量	—	234.5	232.2	235.0	192.34	198.82
	占工业投资	—	84.35	70.0	58.75	56.16	70.00
设备投资	总量	—	159.1	178	185	172.05	159.15
	占技术改造	—	67.85	76.7	78.7	89.45	80.05

【工业投资结构调整】 2015 年，全市产业结构调整和转型发展加快推进，工业产业投资结构逐渐调整优化，完成战略新兴产业投资 171.41 亿元，占全部工业投资的 60.35%。完成高新技术产业投资 70.44 亿元，比上年增长 21.7，占全市工业投资的 24.8%，提升 8 个百分点。呈现通用设备、电力热力等基础产业快速上升，汽车制造等新兴产业有所回落，纺织服装等传统行业低位徘徊的投资格局。

2015 年常熟市产业投资结构情况一览表

表 21

内容		总额(亿元)	比上年增长率(%)	占比(%)	内容		总额(亿元)	比上年增长率(%)	占比(%)
工业投资合计		284.01	-17.5	100	按行业分类	计算机、通信和其他电子设备制造	19.33	35.0	6.81
其中：高新技术产业		70.44	21.7	24.80					
按行业分类	汽车制造	40.32	-62.8	14.20		非金属矿物制品	4.70	-50.6	1.65
	电热燃气	16.73	109.5	5.89		金属制品	14.83	28.7	5.22
	化工	31.52	19.1	11.10		电气机械	26.07	3.4	9.18
	专用设备	9.82	-0.5	3.46		黑色金属	11.23	-55.7	3.95
	纺织	19.50	-20.5	6.87		服装服饰	6.7	-14.1	2.36
	通用设备	14.40	35.2	5.07		造纸和纸制品	35.91	74.9	12.64

【重点内资项目建设】 2015 年，全市 55 个重点工业内资项目计划总投资 191.79 亿元，其中当年计划投资 68.63 亿元。全年累计完成投资 59.39 亿元，占计划总投资 30.97%；其中当年完成投资 42.08 亿元，占当年计划投资的 61.31%，55 个重点工业内资项目有 48 个开工建设，开工率 87.27%。

2015 年常熟市重点工业内资项目投资情况一览表

表 22

指标	项目数	总投资(亿元)	当年投资(亿元)	累计完成(亿元)	占总投资(%)	当年完成(亿元)	占当年投资(%)
合计	55	191.79	68.63	59.39	30.97	42.08	61.31
其中：新建	31	135.13	45.26	25.51	18.88	24.71	54.60
结转	24	56.66	23.38	33.87	59.78	17.36	74.25
超亿元项目	46	185.23	64.07	53.99	29.15	37.23	58.11
新兴产业项目	20	126.69	32.74	17.62	13.88	14.52	44.35
竣工项目	17	20.94	15.36	20.95	100.05	16.19	105.40

技术创新

【概况】 2015年,常熟市完成高新技术产业产值1405亿元,比上年增长0.9%,占全市规模以上工业的比重为38.44%;新增国家级企业技术中心1家,省级企业技术中心6家,苏州市级企业技术中心11家,苏州市级以上企业技术中心累计96家;20个项目列入省重点技术创新项目计划;企业信用贯标企业累计320家;增创一批国家、省和苏州市两化融合示范(试点)企业,为加快工业转型升级起到推动作用。

▲“两化融合”企业:“两化融合”是电子信息技术广泛应用到工业生产的各个环节,信息化成为工业企业经营管理的常规手段。“两化融合”是信息化和工业化的高层次的深度结合,其核心就是信息化支撑,追求可持续发展模式。“两化融合”企业是指经国家、省、苏州市和常熟市认定的“两化融合”示范、试点企业。

3月13日,省委副书记、苏州市委书记石泰峰一行到华东汽车有限公司调研工业经济转型升级情况

【企业两化融合工作】 2015年,常熟市共创建江苏省两化融合示范企业2家、省两化融合试点企业8家、苏州市两化融合示范企业1家、两化融合试点企业10家;波司登获工信部互联网与工业融合创新试点企业;隆力奇、中利腾晖2家企业列入工信部两化融合贯标试点企业;开关制造、中利科技获得省创新示范企业认定;电子商务、三网融合工作平稳推进,新创省四星级数字企业1家。

2015年常熟市企业两化融合情况一览表

表23

序号	名称	企业
1	2015年省两化融合示范企业	中利腾晖光伏科技有限公司
2		常熟三爱富中昊化工新材料有限公司
1	2015年省两化融合试点企业	常熟市启弘纺织实业有限公司
2		常熟市飞龙无纺机械有限公司
3		常熟市精工模具制造有限公司
4		江苏理文造纸有限公司
5		江苏通润装备科技股份有限公司
6		江苏金辰针纺织有限公司
7		江苏长飞中利光纤光缆有限公司
8		苏州科宝光电科技有限公司
1	2015年苏州市两化融合示范企业	常熟瑞特电气股份有限公司
1	2015年苏州市两化融合试点企业	创美工艺(常熟)有限公司
2		苏州华德纺织有限公司
3		常熟市格林染整有限公司
4		苏州瑞森硬质合金有限公司
5		常熟大象橡胶工业有限公司
6		常熟泓淋电线电缆有限公司
7		常熟三爱富振氟新材料有限公司
8		江苏鑫华能环保工程股份有限公司
9		常熟市杜尼电子有限责任公司
10		苏州金泉新材料股份有限公司

【中利科技车内用电缆获认证】 3月，中利科技集团股份有限公司通过汽车行业全球最权威的德国DEKRA（德凯）认证，获该机构全球第一张新能源汽车车内用电缆认证证书。自2011年，该公司成功研发出电动汽车充电用电缆，并先后获得美国UL、德国TUV、德国DEKRA、中国CQC等4项权威认证，同时也参与起草充电桩国家标准，成为全球行业内认证最全企业。

【波司登入选全国互联网与工业融合创新试点】 8月，波司登羽绒服装有限公司以提升用户体验的产品及营销模式创新为方向，以服装行业零售云平台及移动应用创新为内容，入选2015年互联网与工业融合创新试点企业名单，成为全国创新试点百家企业之一。该公司运用互联网最新技术，在服装行业率先建设技术领先的云零售平台，并通过移动互联技术创新营销模式，不断提升用户体验，为波司登战略转型提供有力支撑，也为服装品牌企业进行互联网转型起到良好示范作用。

【创新平台建设】 2015年，常熟市完成31家江苏省企业技术中心的评价工作，龙腾特钢申报国家级技术中心获通过，中利腾晖光伏科技有限公司已首批进入省级企业技术中心名单；20个项目入选《2015年江苏省重点技术创新项目计划》；新增2015年度江苏省中小企业"专精特新"产品（含新技术新产品）6个，累计28个。

▲"专精特新"产品（企业）：指具有以下一项或多项特征的产品："专"——拥有自主知识产权的专利技术；"精"——设计精良，其产品性能接近或超过国外且优于国内先进水平；"特"——拥有专有技术，采用独特或独有的工艺、技术、配方研制生产的产品，或者是地方特色产品；"新"——在一定时期（通常是两年）内研发，且批量投入生产的重大新产品。拥有上述经省、苏州市或常熟市认定产品的企业，称为"专精特新"企业。

【企业信用管理】 2015年，常熟市深入实施"万企贯标、百企示范"工程，提高企业经营管理水平和抗风险能力。全年共有企业44家申报江苏省信用管理贯标企业，3家企业申报苏州市信用管理示范企业，1家企业申报江苏省信用管理示范企业。截至年末，全市信用管理贯标企业达到320家，其中苏州市级信用管理示范企业33家，省级信用管理示范企业2家。

【淘汰落后优化布局有成效】 2015年，全市推进关停不达标企业、淘汰落后产能、改善生态环境专项行动计划，全年共完成淘汰落后产能、关停不达标企业145家；通过调整优化产业布局，全市24个特色产业基地年产出超过1700亿元，占全市规模以上工业的45%以上。

生产制造

【概况】 2015年，常熟市推进产业转型发展，全市工业经济运行继续保持在合理区间，新兴产业保持强势；传统产业优化提升；"小巨人"企业做优做强；全民创业持续红火。产业结构和工业布局不断改善，产业集聚发展加速；主导产品增势明显，中小企业"专精特新"产品继续增加。全市规模以上工业完成产值3655.26亿元。"三大产业"完成产值2430亿元，占全市规模以上工业的53.6%，成为拉动经济稳定增长的主导力量。

▲"小巨人"企业：指注册在常熟市，开票销售收入和缴纳地方税收收入达到一定额度，具有行业领先优势和较强发展后劲，且能履行社会责任、承担社会义务的工业内资或内资控股企业。"小巨人"是常熟市重点培育的行业龙头型企业，在政策上给予优先扶持。

2015年常熟市规模以上工业行业分布情况一览表

表24

序号	行业	企业个数	产值（亿元）		占规模以上工业比重（%）		
			实绩	增长率（%）	2015年	2014年	增长率（%）
	总计	1405	3655.26	-0.32	100	100	0
1	电力工业	11	96.72	-8.90	2.65	2.90	-0.25
2	冶金工业	83	379.82	-14.47	10.39	12.11	-1.72
3	机械工业	296	823.36	15.73	22.52	19.40	3.12
4	电子工业	76	527.85	15.37	14.44	12.48	1.96
5	化工工业	115	342.86	-7.99	9.38	10.16	-0.78
6	轻工业	201	621.35	-3.43	17.00	17.55	-0.55
	其中：造纸	6	67.07	-6.76	1.83	1.96	-0.13
7	纺织工业	565	786.09	-6.66	21.50	22.96	-1.46
	其中：服装	158	403.19	-6.72	11.03	11.79	-0.76
8	建材工业	52	57.07	-17.58	1.56	1.89	-0.33
9	其他工业	9	20.74	0.4	0.57	0.56	0.01
	民营企业小计	1041	1956.22	-4.50	53.51	55.85	-2.34
	外资企业小计	354	1687.84	5.31	46.17	43.70	2.47
	高新产业小计	292	1386.79	0.9	37.93	37.48	0.45

【新兴产业产值占比有效提升】 2015年，常熟市新兴产业继续领跑工业经济，新兴产业（包括苏州“八大新兴产业”和“常熟五大新兴产业”）全年完成产值2235.89亿元，比上年增长4.89%，高于规模以上工业产值增幅5.19个百分点；占规模以上工业的比重61.16%，同比提升3.04个百分点；全市八大战略新兴产业完成产出1620.87亿元，增长1.08%，占规模以上工业的44.34%，其中汽车零部件、太阳能光伏、平板显示、智能电脑和物联网产业等均增长9%以上，汽车零部件产业产值增长42.02%，成为新兴产业发展的主力军。

2015年常熟市新兴产业发展情况一览表

表25

序号	行　业	企业个数	产值（亿元）		占规模以上工业比重（%）		
			实　绩	增长率（%）	2015年	2014年	增长率（%）
	新兴产业总计	488	2235.89	4.89	61.16	58.12	3.04
五大新兴产业	合计	382	1715.35	8.83	46.92	42.98	3.94
	装备制造	203	576.19	-5.00	15.76	16.54	-0.78
	电子信息	69	496.34	6.73	13.58	12.68	0.9
	汽车零部件	73	399.65	42.02	10.93	7.67	3.26
	太阳能光伏	19	214.35	9.00	5.86	5.36	0.5
	生物医药	18	28.82	8.72	0.79	0.72	0.07
苏州八大新兴产业	合计	326	1620.87	1.08	44.34	43.72	0.62
	新材料	113	441.27	-6.36	12.07	12.85	-0.78
	高端装备制造	105	516.44	3.39	14.13	13.62	0.51
	新能源	25	250.97	2.75	6.86	6.66	0.2
	智能电网、物联网	22	225.50	12.18	6.17	5.48	0.69
	节能环保	28	86.32	-5.58	2.36	2.49	-0.13
	平板显示	9	50.18	9.57	1.37	1.25	0.12
	生物医药	18	28.82	8.72	0.79	0.72	0.07
	集成电路	6	21.36	-9.92	0.58	0.65	-0.07

【汽车及零部件产业发展】 2015年，全市规模以上汽车及零部件企业43家完成产值268.72亿元，比上年增长83.4%，占规模以上产值比重为7.35%。全年奇瑞捷豹路虎累计生产27307辆，产值87.86亿元；丰田汽车零部件完成产值23.55亿元，增长177.5%，奇瑞捷豹路虎、观致汽车、丰田汽车零部件、瑞利汽车、吉爱思转向系统、本特勒汽车系统等项目产能持续释放，尽显发展潜力。

【重点工业企业平稳运行】 2015年，全市规模以上企业总数1405家，其中销售亿元以上企业425家，年销售超10亿元企业50家，比上年增长8.7%。工业百强企业运行稳健，实现工业产值、销售收入、利税和利润分别为2537.61亿元、2494.98亿元、198.68亿元和142.84亿元，增长7.7%、6.8%、5.5%和2.6%。

芬欧汇川纸业

2015年常熟市规模以上工业主要指标完成情况一览表

表26

指　　标		单　位	2015年实绩	比上年增减率(%)	占全市规模以上工业比重(%)
规模企业情况	规模企业数	家	1405	-0.6	—
	销售亿元以上企业数	家	425	-4.1	—
	其中:销售超10亿元	家	50	8.7	—
亿元企业情况	产值	亿元	2964.42	-7.1	81.10
	销售收入	亿元	2927.90	-7.5	81.63
	利税总额	亿元	205.99	-9.4	81.08
销售超10亿元	销售收入	亿元	2082.03	-2.1	58.05
	利税总额	亿元	148.41	-17.3	58.42
工业百强企业完成实绩	工业产值	亿元	2537.61	7.7	69.42
	销售收入	亿元	2494.98	6.8	69.56
	利税总额	亿元	198.68	5.5	78.20
	利润总额	亿元	142.84	2.6	84.45
规模以上工业主要技经指标	产销率	%	98.15	-0.1	—
	资产负债率	%	56.28	-1.8	—
	流动资产周转率(次)	次	1.61	-6.9	—
	应付职工薪酬	亿元	244.30	5.7	—
	亏损企业个数	家	313	27.2	—
	工业用电量	亿度	11.89	3.4	—

2015年常熟市重点工业企业销售收入情况一览表

表27　　单位:万元

序号	企　　业	销售收入	比上年增长率(%)	序号	企　　业	销售收入	比上年增长率(%)
1	波司登股份有限公司	2903651	-3.4	21	新世电子(常熟)有限公司	292704	-30.2
2	达富电脑(常熟)有限公司	2367862	298.4	22	住友橡胶(常熟)有限公司	272137	-7.9
3	常熟市龙腾特种钢有限公司	1265417	8.1	23	三菱电机汽车部件(中国)有限公司	238080	-0.6
4	常熟阿特斯阳光电力科技有限公司	1102417	15.6	24	大陆汽车系统(常熟)有限公司	252264	-3.4
5	长春化工(江苏)有限公司	1042688	-15.1	25	明泰电子科技(常熟)有限公司	283876	21.2
6	中利科技集团股份有限公司	836568	6.9	26	江苏凯隆铝业有限公司	254631	10.7
7	江苏隆力奇集团	758635	-5.6	27	丰田汽车(常熟)零部件有限公司	245746	166.3
8	中利腾晖光伏科技有限公司	701623	2	28	五矿物产(常熟)管理有限公司	117234	-57.2
9	江苏梦兰集团有限公司	657418	-0.2	29	江苏常铝铝业股份有限公司	193411	-5.1
10	江苏常熟发电有限公司	556635	-8.4	30	常熟风范电力设备股份有限公司	238535	20.2
11	江苏苏南特种装备集团有限责任公司	542401	-34.9	31	常熟开关制造有限公司	181491	-0.6
12	江苏通润机电集团有限公司	436554	-1.7	32	常熟达涅利冶金设备有限公司	175644	-29.4
13	达明电子(常熟)有限公司	433837	-17.5	33	观致汽车有限公司	158873	48.4
14	常熟市汽车饰件股份有限公司	381642	-0.4	34	大金氟化工(中国)有限公司	128489	-9.6
15	烨辉(中国)科技材料有限公司	409245	-3.2	35	江苏白雪电器股份有限公司	149707	-22
16	华润电力(常熟)有限公司	327090	-12.1	36	常熟三爱富中昊化工新材料有限公司	140674	11.2
17	夏普办公设备(常熟)有限公司	320847	-17.6	37	安博电子科技(常熟)有限公司	111049	-18.9
18	芬欧汇川(中国)有限公司	344351	-1.4	38	康迪泰克(中国)橡塑技术有限公司	109547	-3.7
19	江苏理文造纸有限公司	311238	-6.2	39	敬鹏(常熟)电子有限公司	111472	9.5
20	华普电子(常熟)有限公司	338663	123.9	40	常熟市天然气有限公司	118116	2.2

【“小巨人”企业竞相崛起】 2014年,常熟市被列入“小巨人”计划的16家企业中,新建成省级企业技术中心1家、省级工业设计中心1家、国家重点新产品2个、国家火炬计划2项、国家火炬计划重点高新技术企业5家,制定国家标准3项、行业标准3项。其中中利腾晖光伏科技有限公司年工业开票销售收入完成36.6亿元,首次达到30亿元,超过“小巨人”培育范畴。2015年,18家“小巨人”企业完成工业开票销售收入151.2亿元,占全市工业开票销售收入的4.37%;实现国地税入库税收12.5亿元,占全市工业入库税收的7.59%。

2015年常熟市“小巨人”企业一览表

表28 单位:万元

序号	企业名称	工业开票收入		国地税入库税收	
		累计数	比上年增减率(%)	累计数	比上年增减率(%)
1	常熟开关制造有限公司	177817	-1.6	33882	-22.6
2	常熟风范电力设备股份有限公司	246489	27.3	17336	94.2
3	江苏隆力奇生物科技股份有限公司	99366	-6.5	11808	17.2
4	江苏同禾药业有限公司	21352	-0.8	3555	-40.5
5	苏州通润驱动设备股份有限公司	132175	-13.0	6873	-25.0
6	常熟市天银机电股份有限公司	44927	4.6	4686	-4.4
7	苏州中来光伏新材股份有限公司	62122	32.2	5225	-10.9
8	常熟市汽车饰件股份有限公司	40415	-2.3	4351	-21.6
9	常熟雷允上制药有限公司	17641	-12.3	2735	-16.3
10	中利科技集团股份有限公司	265558	10.0	6353	8.0
11	常熟华融太阳能新型材料有限公司	26456	-37.4	2677	-41.9
12	曼隆电梯有限公司	55470	-11.6	5506	-37.2
13	苏州福斯特光伏材料有限公司	47722	0.9	5836	54.3
14	中交天和机械设备制造有限公司	100852	334.0	1442	-66.2
15	常熟瑞特电气股份有限公司	30478	0.7	1846	-47.8
16	贺利氏招远(常熟)电子材料有限公司	68791	-8.5	4325	6.3
17	中欧汽车股份有限公司	33716	-36.8	3691	-16.7
18	常熟华东汽车有限公司	41110	2.4	2822	-13.7

【民营经济发展】 2015年,全市净增内资注册资本237.31亿元,比上年增长26.3%,完成年度目标任务的197.8%。全市民营经济(个私)累计注册资本达1243.58亿元,其中私营企业和个体工商户累计注册资本分别为1177.78亿元和65.78亿元。全年累计新办私营企业3906家,增长4.7%;新增注册资本112.93亿元,增长20.1%。全市实有私营企业共29813家,个体工商户87539户,私营企业和个体工商户均保持平稳增长。年内,由江苏梦兰集团投资的阿穆尔——黑河边境油品储运与炼化综合体被列为国家“一带一路”建设优先推进项目。

企业上市

【概况】 2015年末,常熟市共有上市企业10家,累计IPO融资总额126.21亿元人民币,股权再融资额28.78亿元人民币,总市值681.245亿元人民币。年内新增“新三板”挂牌企业16家,分别为金龙科技、普克科技、金泉股份、金华机械、舒茨股份、联邦化工、玖隆再生、达诺尔、新泰材料、富士莱、慧云股份、贝特利、莱茵电梯、华能环保、天源磁业和明昊科技。新增“新三板”申报在审企业3家,分别为海德新材、光舵微纳和医药化工。常铝股份定向增发募集资金13亿元项目获证监会行政许可项目审查反馈意见通知书。强盛股份挂牌后采用做市转让,拟转板IPO,待证监局辅导验收。多家挂牌公司正择机引进做市商,拟将交易方式由协议转让变更为做市转让。地源科技等5家挂牌公司累计定向增发7次,股权融资额超过1亿元。新增拟上市、拟挂牌企业超过30家。

▲“新三板”:全国中小股份转让系统,是面向高成长的科技型、创新型非上市股份公司进行股权转让和定向增发融资的交易平台,具有门槛低、成本小、规范化等特点,也是中小板和创业板市场的蓄水池。

▲IPO:股份公司首次向社会公众公开招股的发行方式。

▲做市商:在证券市场上,由具备一定实力和信誉的独立证券经营法人作为特许交易商,不断向公众投资者报出某些特定证券的买卖价格(即双向报价),并在该价位上接受公众投资者的买卖要求,以其自有资金和证券与投资者进行证券交易。买卖双方不需等待交易对手出现,只要有做市商出面承担交易对手方即可达成交易。

【推动企业上市挂牌】 年内,市上市办推动企业上市、挂牌。3月,市政府专门召开全市金融业发展工作会议,会上共10家拟上市和拟挂牌企业同中介机构进行签约。4月,组织20多家已挂牌和拟挂牌企业参加由苏州金融办主办的做市业务专题培训。辛庄镇、沙家浜镇、梅李镇和碧溪新区分别组织累计60多家企业召开“新三板”推介会。尚湖镇和海虞镇分别赴全国股转系统举行企业专场挂牌仪式，累计组织近30家企业进行观摩学习。走访企业120多家，和企业家面对面交流，宣传分析企业上市挂牌利弊及可行性，构建多层次上市挂牌企业后备梯队，指导符合条件的“新三板”拟挂牌企业进行系统备案工作。

【上市服务】 5月，市政府召开企业上市工作领导小组成员单位工作会议，健全完善板块和部门联动的上市工作机制，就企业上市挂牌过程中的相关事宜，明确操作步骤。强化考核导向，对原镇（区、街道）机关绩效考核中企业上市工作条款进行调整。加大政策扶持力度，为强盛股份等“新三板”挂牌企业争取苏州市、江苏省专项补贴资金，并组织普克科技等企业申报苏州市“新三板”挂牌补贴资金。为一批拟上市和拟挂牌企业优先协调处理上市挂牌过程中亟需破解的问题。在企业股份制改造、税务指导、社保公积金缴纳、高新技术企业认定、商标品牌取得、电力能源保障、募投项目备案、房产权证补办、土地指标落实、使用土地改征用、无违规证明出具等方面，给予有效服务。对上市公司和挂牌企业如何发挥上市平台作用事宜进行专题调研，组织12家上市公司和挂牌公司座谈，共同商讨交流，并形成专题调研报告。并对7家A股上市公司和11家挂牌企业股份托管减持情况进行专题调研并形成汇报材料，供市领导参考决策。同时，为挂牌企业、拟挂牌企业以及证券公司等中介机构搭建互动平台。充实完善企业上市工作群，宣传上市挂牌政策，分享上市挂牌动态。

2015年，海虞镇3家企业在全国中小企业股份转让系统举办“新三板”专场挂牌仪式，这是海虞镇首批在“新三板”挂牌的企业

2015年常熟市上市公司一览表

表29

序号	企业名称	上市地	上市时间	IPO融资额	总股本（12月30日）	股价（12月30日）	总市值（12月30日）	保荐机构	股票代码	行业
1	阿特斯光伏科技有限公司	美国纳斯达克	2006年11月	1.155亿美元	0.5499亿股	28.94美元/股	15.914亿美元	雷曼兄弟德意志银行	CSIQ	光伏制造业
2	森特科技集团有限公司	美国纳斯达克	2007年2月	3800万美元	0.4166亿股	0.62美元/股	0.258亿美元	HFG	SUTR	加工制造业
3	江苏通润装备科技股份有限公司	深交所中小板	2007年8月	2.45亿元	2.502亿股	11.53元/股	28.848亿元	东吴证券	通润装备（002150.sz）	金属制品业
4	江苏常铝铝业股份有限公司	深交所中小板	2007年8月	2.97亿元	6.362亿股	12.87元/股	81.879亿元	东吴证券	常铝股份（002160.sz）	颜色金属冶炼和延压加工业
5	波司登国际控股有限公司	香港联交所主板	2007年10月	65.21亿港元	80.074亿股	0.68港元/股	54.450亿港元	高盛摩根士丹利	波司登国际（03998.HK）	纺织服装业
6	中利科技集团股份有限公司	深交所中小板	2009年11月	15.41亿元	5.722亿股	19.65元/股	112.437亿元	国信证券	中利科技（002309.sz）	电气机械和器材制造业
7	常熟风范电力设备股份有限公司	上交所主板	2011年1月	19.215亿元	11.332亿股	9.11元/股	103.234亿元	申银万国	风范股份（601700.SH）	金属制品业
8	江苏亿通高科技股份有限公司	深交所创业板	2011年5月	3.219亿元	1.593亿股	32.20元/股	51.453亿元	中投证券	亿通科技（300211.sz）	计算机、通信和其他电子设备制造业
9	常熟市天银机电股份有限公司	深交所创业板	2012年7月	4.25亿元	2亿股	43.98元/股	87.96亿元	中信建投	天银机电（300342.sz）	电气机械和器材制造业
10	苏州中来光伏新材股份有限公司	深交所创业板	2014年9月	3.86亿元	1.195亿股	54.75元/股	65.426亿元	齐鲁证券	中来股份（300393.sz）	其他制造业

2015 年常熟市"新三板"挂牌企业一览表

表 30

序号	企业名称	挂牌日期	股票简称	股票代码	交易方式	主办券商
1	江苏强盛功能化学股份有限公司	2014 年 10 月	强盛股份	831184	做市	红塔证券
2	江苏惠丰润滑材料股份有限公司	2014 年 11 月	惠丰润滑	831268	协议	中信证券
3	江苏亚特尔地源科技股份有限公司	2014 年 11 月	地源科技	831355	协议	爱建证券
4	江苏阳光四季新能源科技股份有限公司	2014 年 12 月	阳光四季	831558	协议	东吴证券
5	江苏金龙科技股份有限公司	2015 年 1 月	金龙科技	831788	协议	中信证券
6	普克科技(苏州)股份有限公司	2015 年 4 月	普克科技	832264	协议	东吴证券
7	苏州金泉新材料股份有限公司	2015 年 4 月	金泉股份	832277	协议	东吴证券
8	常熟市金华机械股份有限公司	2015 年 4 月	金华机械	832356	协议	东吴证券
9	江苏舒茨测控设备股份有限公司	2015 年 5 月	舒茨股份	832393	协议	方正证券
10	常熟联邦化工股份有限公司	2015 年 5 月	联邦化工	832517	协议	东吴证券
11	苏州玖隆再生科技股份有限公司	2015 年 7 月	玖隆再生	832718	协议	东吴证券
12	江苏达诺尔科技股份有限公司	2015 年 7 月	达诺尔	833189	协议	东吴证券
13	江苏新泰材料科技股份有限公司	2015 年 7 月	新泰材料	833259	协议	安信证券
14	苏州富士莱医药股份有限公司	2015 年 9 月	富士莱	833695	协议	华林证券
15	江苏广和慧云科技股份有限公司	2015 年 11 月	慧云股份	834342	协议	招商证券
16	苏州市贝特利高分子材料股份有限公司	2015 年 11 月	贝特利	834488	协议	世纪证券
17	苏州莱茵电梯股份有限公司	2015 年 11 月	莱茵电梯	834514	协议	安信证券
18	江苏鑫华能环保工程股份有限公司	2015 年 11 月	华能环保	834519	协议	申万宏源
19	苏州天源磁业股份有限公司	2015 年 11 月	天源磁业	834828	协议	东吴证券
20	江苏明昊新材料科技股份有限公司	2015 年 11 月	明昊科技	834843	协议	东吴证券

(张　瑜)

名牌名品

【概况】 2015 年,全市新增行政认定中国驰名商标 1 件(累计 25 件);新增江苏省著名商标 12 件;苏州市级以上品牌企业完成产值 1318.4 亿元,其中省级以上品牌企业完成产值 1166.7 亿元,占全市规模以上工业的 31.92%;波司登、开关制造获省"自主工业品牌五十强";波司登、梦兰和隆力奇获苏州"十大自主品牌"称号。是年,根据产品变化,全市工业主要产品做相应调整,共有观致汽车、路虎汽车等 24 个主要工业产品列入统计,其中有 12 个(不包括路虎汽车和达富苹果手表)产品产能比上年增长;汽车及零部件、冶金、光伏等总体情况良好;部分装备制造、轻纺类产品呈下降趋势。

2015 年常熟市工业主要产品一览表

表 31

序号	产品名称	计量单位	累计实绩	上年同期	增长率(%)	序号	产品名称	计量单位	累计实绩	上年同期	增长率(%)
1	观致汽车	辆	14238	8557	66.4	13	龙腾 PC 钢棒	吨	923168	868011	6.4
2	路虎汽车	辆	27307	0	—	14	龙腾高端合金钢锭	吨	1244388	1187464	4.8
3	达富苹果 IWATCH 智能手表	万台	1069.5	0	—	15	阿特斯电池片组件	兆瓦	2732	2181	25.3
4	通润千斤顶	万台	1814.4	1806.2	0.5	16	腾晖电池片组件	兆瓦	1125	970	16.0
5	通润钢办公家具	万元	158545	130013	21.9	17	梦兰床上用品	万件	1203.7	1206.7	-0.2
6	通润电梯曳引机	万元	172518	180425	-4.4	18	波司登服装	万件	4305	4826	-10.8
7	日月牌断路器	万件	155	158	-1.9	19	理文纸板	吨	1204922	1220542	-1.3
8	日月牌开关柜	台	5185	7604	-31.8	20	芬欧机制纸	吨	762250	757170	0.7
9	中利电缆	千米	396078	350160	13.1	21	隆力奇日化系列	万标箱	3319	3209	3.4
10	白雪压缩机	万台	229	323	-29.1	22	中昊牌氟化学品	吨	135646	131738	3.0
11	白雪冷柜	万台	659861	849428	-22.3	23	华润发电量	万千瓦	1051151	1142811	-8.0
12	龙腾耐磨球	吨	534822	429443	24.5	24	电厂发电量	万千瓦	1669808	1737704	-3.9

2015年常熟市国家级名牌名品一览表

表 32

序号	类 别	产 品 名 称	企 业 名 称	获得年份
1	中国世界名牌	波司登羽绒服	波司登股份有限公司	2007
1	中国名牌产品	白雪牌压缩机	江苏白雪电器股份有限公司	2003
2		CM1 系列塑壳断路器	常熟开关制造有限公司	2003
3		CW1 系列智能型万能式断路器	常熟开关制造有限公司	2003
4		波司登牌羽绒服	波司登股份有限公司	2005
5		雪中飞牌羽绒服	常熟市雪中飞制衣有限公司	2005
6		梦兰牌床上用品	江苏梦兰集团有限公司	2005
7		白雪牌电冰柜	江苏白雪电器股份有限公司	2005
8		通润千斤顶	江苏通润机电集团有限公司	2005
9		梦兰化纤被	江苏梦兰集团有限公司	2005
10		康博羽绒服	波司登股份有限公司	2005
11		千仞岗羽绒服	常熟市千仞岗制衣有限公司	2005
12		雪韵飘羽绒服	常熟市雪韵飘时装有限公司	2005
13		中昊 HCFC－22 制冷剂	常熟市三爱富中昊化工新材料有限公司	2006
14		隆力奇护肤霜	江苏隆力奇集团有限公司	2006
15		环球牌铝箔	江苏常铝铝业股份有限公司	2006
16		波司登牌 T 恤衫	波司登股份有限公司	2007
17		隆力奇牌香皂	江苏隆力奇集团有限公司	2007
18		隆力奇牌沐浴露	江苏隆力奇集团有限公司	2007
19		东南牌酚醛模塑料	常熟东南塑料有限公司	2007
20		ZL 牌通信电缆	中利科技集团股份有限公司	2007
21		中诚牌中空玻璃	常熟市中诚建材有限公司	2007
22		FI 牌亚麻布	常熟市泛佳亚麻有限公司	2007
1	中国驰名商标	波司登	波司登股份有限公司	1999
2		梦兰	江苏梦兰集团有限公司	2000
3		隆力奇	江苏隆力奇集团有限公司	2000
4		阪神	江苏白雪电器股份有限公司	2004
5		BaiXue	江苏白雪电器股份有限公司	2004
6		龙达飞	常熟市龙达飞服饰有限公司	2006
7		隆力奇	江苏隆力奇集团有限公司	2007
8		雪中飞	波司登股份有限公司	2007
9		日月图形	常熟开关制造有限公司	2009
10		TORIN	江苏通润机电集团有限公司	2009
11		洲艳	常熟市洲艳服饰有限公司	2009
12		TR	江苏通润机电集团有限公司	2010
13		千仞岗	常熟市千仞岗制衣有限公司	2010
14		阿里山	常熟市阿里山食品有限公司	2011
15		扬帆	常熟市扬帆服饰有限公司	2011
16		ENOX	常熟市强盛化工有限公司	2011
17		月龙	常熟市月龙服饰有限公司	2011
18		龙心	常熟市金龙机械有限公司	2012
19		金丝狐	常熟市金丝狐服饰有限公司	2012
20		康博	波司登股份有限公司	2012
21		冰洁	波司登国际服饰(中国)有限公司	2013
22		CSC	常熟长城轴承有限公司	2013
23		金辰及图	江苏金辰针纺织有限公司	2014
24		梦兰图形	江苏梦兰集团有限公司	2014
25		zl 图形	中利科技集团股份有限公司	2015

电力能源

【概况】 2015年,常熟市全社会用电量162.38亿千瓦时,比上年增长4.63%;其中工业用电量136.76亿千瓦时,增长4.7%,最高网供负荷达250.15万千瓦。全市加油站总数109家,加油点28家,成品油批发企业8家。全市全社会成品油消耗45.11万吨,同比增长2.72%,其中:汽油26.06万吨,柴油19.05万吨;天然气消耗3.75万立方米,市场供需平衡。2015年度,江苏省下达常熟市太湖流域水环境综合治理专项切块资金8955万元,共6个专项资金项目,涉及工业点源治理项目、城镇污水处理和垃圾处理处置项目等两大类。

【节能评审】 2015年度,常熟市对126个项目开展节能评审工作,共审核15个报告书、13个报告表、98个登记表;累计投资528.18亿元,共审查能耗总量23.47万吨标煤,其中电量15.48亿千瓦时。

【沿江片区供热管网工程】 2015年度,常熟市推进沿江片区供热管网工程,总投资3.87亿元,管线总长94.31千米,其中滨江—董浜—支塘线49.91千米,滨江—梅李—淼泉线44.4千米,工程于2015年12月31日全线贯通。

(许 斌)

【江苏常熟发电有限公司】 2015年,江苏常熟发电有限公司(简称常电公司)完成发电量166.98亿千瓦时,供电煤耗300.49克/千瓦时,比上年下降2.8克/千瓦时;综合厂用电率4.91%,下降0.38%;机组等效可用系数96.37%,增加1.65%。先后完成6号机组超洁净排放改造、百万千瓦机组供热改造,以及老煤码头结构加固改造等一系列重大技术改造项目,机组性能进一步提升,绿色环保成效明显。全年组织员工培训2772人次,内部培训2684人次,举行全员岗位技能竞赛28项。在集团公司集控值班员技能竞赛中,该公司获百万机组团体及个人第一,三十万机组团体第二和个人第一,并先后获评第五届全国电力行业设备管理工作先进单位、全国电力行业质量管理小组活动优秀企业和2015年度江苏省电力安全生产先进单位。

安全环保体系完善 2015年,常电公司结合安健环体系建设,发布2015年安全风险概述、修编《安健环管理手册》,在检修中全面推行安健环文件包,逐级签订安健环责任承诺书,将外包队伍逐步纳入安全管理体系。开发安健环日志及生产任务单电子流程,实现生产任务均通过企业信息化平台进行,进一步细化安全生产管理环节,连续第14年实现三个百日安全无事故目标。年内该公司完成扩建工程5、6号机组环境保护竣工验收,1、2号机组脱硫技改工程环保竣工验收,5号机组除尘环保验收,3、4号机组除尘改造环保竣工验收,6号机组超低排放改造环保竣工验收监测等重大工程项目。通过设备环保整治,主要污染物二氧化硫、氮氧化物、烟尘排放绩效分别为0.11、0.17、0.04克/千瓦时,均达到中电国际先进水平;二氧化硫排放量为1831.6吨,氮氧化物排放量2798.3吨,烟尘排放量576.3吨,分别完成年度排放计划的66.9%、48.8%、54.3%。

供热建设 2015年,常电公司供热基础建设提速,根据常熟市关于推进大气污染防治和关停燃煤供热小机组及小锅炉的要求及规划,该公司所属滨江热力公司继续推进沿江片区集中供热管网工程建设。完成百万机组抽汽改造和多条支线的投用工作,对外供热能力增至520吨/小时。全年供热完成88.5万吨,增长20%,并使常电公司获得150小时发电利用小时奖励。供热管网二、三期工程投运后,将替代区域内3家小热电和百余台小锅炉,促进地方节能减排和常电公司产业升级发展。

电力营销 2015年,常电公司积极开展电力营销,应对上网电价调减影响,抓住电网检修,抢抓上网电价调减前基本电量,截至调价时点该公司实现基本电量超前时间进度约4亿千瓦时,避免电价调降损失约800万元;全年获市场效益电量7.81亿千瓦时。抓住8个交易月度,与省内10家电厂达成23份替代合同,最小合同电量仅为100万千瓦时,平均成交电价0.2元,实现发电边际收益超过1500万元。其中95%来自非五大集团的省内电厂;全年获供热奖励基本电量2.98亿千瓦时。其中30万机组争取到供热奖励电量1.98亿千瓦时;100万机组虽下半年开始供热,仍获1亿千瓦时奖励电量。全年共获大用户直接交易电量6.98亿千瓦时。苏州区域6家电厂参与大用户直购电交易竞争,常电公司获近六成新增大用户,其中包括行业500强企业;该公司制定电价浮动条款,使成交价创全省最高,并一度超过标杆电价。在上网电价两次下降共3.24分/千瓦时,全省仅该公司未受影响,避免结算损失约200万元;该公司克服区域电网线路检修、方式调整需30万千瓦机组保持大开机方式的约束,抢住上下半年5个月度的时间窗口,实现内部替代8亿千瓦时,同比增加0.6亿千瓦时。通过大机替代小机优化该公司总体发电量结构,节约发电成本超1500万元。

20兆瓦光伏电站开工建设 12月9日上午,常熟福山光伏发电有限公司20兆瓦地面光伏电站开工建设。该公司是常电公司全资子公司,项目位于常熟市海虞镇福山农场区域,属渔光互补集中式光伏电站,一期建设容量20兆瓦,远景规划装机容量为50~80兆瓦,规划占地面积为66.67公顷,计划2016年3月投产发电,预计年发电超2000万千瓦时。

(沈小明)

供电保障

【概况】 2015年,常熟市全社会用电量162.38亿千瓦时,比上年增长4.63%。其中第一产业用电量6341万千瓦时,第二产业用电量137.63亿千瓦时,第三产业用电量11.73亿千瓦时,分别增长9.88%、4.74%、1.17%;居民生活用电量,城镇4.68亿千瓦时、农村7.71亿千瓦时,分别增长5.36%、7.31%。8月3日13:13,最高用电负荷279.49万千瓦,增长5.91%。是年,常熟电网运行稳定，未发生大面积停电等影响社会稳定的安全事故。

【电网建设和改造】 2015年，市供电公司完成电网工程建设、改造投资4.3亿元，新增变电容量50.15万千伏安，输电线路长度75.28千米。投运110千伏荷花、清江输变电工程，110千伏言里车载移动变电站工程，110千伏龙桥、芦荡、桂香、珍门、南塘、天星、俞巷变电站扩建工程。完成配网、农网建设与改造投资7.2亿元，建设、改造中压配网线路87条、配变973台。至年末，常熟电网共有35千伏及以上公用变电站76座，主变压器134台，总容量997万千伏安。其中220千伏15座，主变25台、504万千伏安；110千伏50座，主变88台、460.3万千伏安；35千伏11座，主变21台、32.7万千伏安。共有35千伏及以上输电线路197条，总长度1757.72千米。其中220千伏42条、634.47千米，110千伏93条、799.63千米，35千伏62条、323.62千米。共有10(20)千伏配电变压器11853台，总容量391.04万千伏安；20千伏线路38条156.71千米，10千伏线路809条6297.22千米。

1000千伏淮南—南京—上海特高压线路工程 4月29日，1000千伏淮上交流特高压北环工程架线首牵试点在常熟市举行。该工程是国家大气污染防治行动计划12个重点输电通道中首批获得核准的项目，也是国内迄今规模和施工难度最大的特高压工程。淮南—南京—上海特高压线路全长759千米，其中常熟段约24.5千米，线路自南通经GIL隧道穿越长江进入常熟，共有铁塔51基。国家电网公司董事长、党组书记刘振亚，总经理舒印彪，副总经理刘泽洪、帅军庆，分别于11月5日、8月19日、12月25日、1月29日到常熟实地察看淮上线交流特高压苏通过江工程现场。

220千伏练虞线技改工程 10月22日，220千伏练虞线技改工程建成投运。新建220千伏线路8.8千米，破解了高压输电线路跨越昆承湖、穿过居民区、影响高架道路建设等一系列困扰南部新城发展的难题。

110千伏荷花输变电工程 1月26日，110千伏荷花变电站投运。该变电站位于市区香椿路、第三人民医院对面，占地0.45公顷，于2013年10月21日开工建设。本期新建5万千伏安主变压器1台，110千伏进线2回、7.25千米(其中电缆敷设2.45千米)，10千伏出线24回。

110千伏清江输变电工程 4月23日，110千伏清江变电站投运。该变电站位于古里镇虞东公路、金湖路口，占地0.45公顷，于2014年5月26日开工建设。本期新建5万千伏安主变压器1台，110千伏进线1回、全电缆敷设11.55千米，10千伏出线12回。该变电站是全市首个智能变电站，用光纤取代传统的电缆接线，大量使用高集成、低功耗电子元件，实现低碳环保效果。

省内首座110千伏移动变电站 9月10日，江苏省首座车载移动变电站110千伏言里预装式车载移动变电站投运。该变电站位于南三环路与昆承湖之间，占地仅336平方米，于8月10日开工建设。该变电站由五模块组成，所有设备均集成在2辆半挂移动拖车上，主变容量2万千伏安，4回10千伏出线，配置完善的保护监控系统，满足无人值班功能，具有节约土地、安全可靠、方便灵活等特点。全站设备还能分单元模块快速拆卸、异地组装，可快速再为其他项目供电，实现资源重复利用，是在有限时间、空间下低成本高效益的创新性供电解决方案。

110千伏报慈变电站扩建工程 5月15日，110千伏报慈变电站扩建工程投运。该站原有5万千伏安变压器1台。扩建工程于4月15日开工，增设3.15万千伏安主变压器1台。

110千伏龙桥变电站扩建工程 6月25日，110千伏龙桥变电站扩建工程投运。该站原有5万千伏安变压器1台。扩建工程于5月15日开工，增设5万千伏安主变压器1台，110千伏进线1回，10千伏出线12回。

110千伏芦荡变电站扩建工程 7月22日，110千伏芦荡变电站扩建工程投运。该站原有8万千伏安变压器1台。扩建工程于5月18日开工，增设5万千伏安主变压器1台，110千伏进线1回，10千伏出线7回。

110千伏桂香变电站扩建工程 9月24日，110千伏桂香变电站扩建工程投运。该站原有5万千伏安变压器1台。扩建工程于5月25日开工，增设5万千伏安主变压器1台，10千伏出线6回。

110千伏珍门变电站扩建工程 12月4日，110千伏珍门变电站扩建工程投运。该站原有8万千伏安变压器1台。扩建工程于10月8日开工，增设5万千伏安主变压器1台，110千伏进线1回，10千伏出线12回。

110千伏南塘变电站扩建工程 12月11日，110千伏南塘变电站扩建工程

110千伏言里预装式车载移动变电站

投运。该站原有5万千伏安变压器1台。扩建工程于9月25日开工，增设5万千伏安主变压器1台，110千伏进线1回，10千伏出线12回。

110千伏天星变电站扩建工程 12月16日，110千伏天星变电站扩建工程投运。该站原有4万千伏安变压器1台。扩建工程于10月8日开工，增设5万千伏安主变压器1台，110千伏进线1回，10千伏出线12回。

110千伏俞巷变电站扩建工程 12月23日，110千伏俞巷变电站扩建工程投运。该站原有5万千伏安变压器1台。扩建工程于9月6日开工，增设5万千伏安主变压器1台，110千伏进线1回，10千伏出线12回。

【电力供应与服务】 2015年，市供电公司受理用电报装申请25903户，容量80.84万千伏安；完成装接通电21728户，容量71.12万千伏安。完成220千伏苏南重工，110千伏烨辉科技、住友橡胶增容项目的送电。完成石梅广场双电源改造和蒋巷村村史馆供电设施综合改造。完成9个城乡一体化建设项目送电，改造户均容量小于1.5千伏安用户1.36万户。完成农村低压电网项目1816个，改造低压线路827千米、接户线899千米。开展城市景观配电站建设试点，国家电网公司董事长刘振亚、总经理舒印彪先后视察，并充分肯定虞山镇宝岩东对河7号、董浜镇徐市市镇41号标准示范台区的建设运维工作。至年末，全市电力用户共603529户，总装接容量1238.44万千伏安。其中用户自备变电站：220千伏2座，主变4台、42万千伏安；110千伏22座，主变37台、74.9万千伏安；35千伏38座，主变71台、49.425万千伏安；20千伏专变154台、23.2万千伏安；10千伏专变9577台、418.67万千伏安。

大用户增容工程 江苏苏南重工机械科技有限公司，主供电源220千伏，新上2号主变、容量3万千伏安，增容后总容量18万千伏安。烨辉（中国）科技材料有限公司，主供电源110千伏，为扩建年产31万吨镀锌卷板和21万吨彩图卷板项目，新上2号主变、容量4万千伏安，增容后总容量6.5万千伏安。住友橡胶（常熟）有限公司，原主供电源35千伏，为实施年产140万条子午胎扩建项目，升压至110千伏供电，主变容量增容为3.15万千伏安。

分布式光伏发电 2015年，全市共有5家企业和14家居民用户分布式光伏发电项目的并网发电，总装机容量6102千伏安。其中常熟阿特斯阳光电力科技有限公司、苏州中来光伏新材股份有限公司、常熟开关制造有限公司的装机容量超过1000千伏安。市供电公司主动服务分布式光伏发电项目，简化业务流程，为项目提供免费接入方案设计、施工装表、申领政策补贴等服务。

常熟首家电动充电汽车站 11月18日，新海华汽车客运服务有限公司停车场6台充电桩和为之供电的400千伏安变压器正式启用，成为全市首家电动充电汽车站。该公司响应国家节能减排号召，采购17辆纯电动大巴替换原有的黄标大巴，承担常熟经济开发区工厂人员接送任务。纯电动大巴一次充电12小时就能行驶150千米，1台纯电动大巴每天可减少300多千克的二氧化碳排放。

岸电系统建设 2015年，市供电公司在沿江全面实施“以电代油”、打造绿色码头工程，共投运岸电系统28个。轮船靠泊时要用船载发电机发电供船上用电，因而排放大量废气，污染环境。由于许多外轮使用450伏、60赫兹电源，而国内使用380伏、50赫兹电源，因此市供电公司采用低压变频岸电系统设备，直接向靠岸停泊的外轮供电，有效减少船舶发电废气排放。（李　笛）

通信建设

【中国电信股份有限公司常熟分公司】 中国电信股份有限公司常熟分公司（简称常熟电信）除经营CDMA移动业务、高速宽带业务、固定电话、数据和多媒体通信等业务外，还具备为不同行业客户提供包含集成服务、外包服务、专业服务、知识服务以及软件开发在内的一站式整体服务能力。2015年，常熟电信共有固话用户42.6万户，天翼用户近59万户，宽带用户超过33.9万户，本地网络接通率达98.1%，用户申告故障率0.34%。累计完成8.7万实装用户迁移，完成6个端局、155个模块、27万语音端口退网，完成大量政企用户、354个特殊虚拟网、33个PRA电路、53个以视频业务为主的2B+D用户迁移。7月30日在全省率先完成传统交换全部退网任务。2015年末，全面完成FTTH全覆盖目标。常熟电信先后推出智慧医疗、智慧公交、智慧农业、平安常熟、数字城管、翼备云、小贷E通等行业应用，相继实施建设中医院云平台租赁项目、“平安常熟”治安监控系统、智慧常熟发展中心云计算机房、董浜微农场电子商务平台等项目。是年，该公司获评苏州市放心消费创建活动先进示范单位、常熟市劳动保障A级诚信单位，公司无线中心获评2015年全国质量信得过班组。

▲ 2B+D：是一种表达综合服务数字网（ISDN）基本速度界面的简单方法。2B指代两个传输通道，D指代一个数据通道。它可实现两个终端同时通信。

▲ FTTH：即Fiber To The Home，光纤到户。

智慧城市发展中心云计算机房启用 4月，常熟电信承建的智慧城市发展中心云计算机房正式启用。该项目自2014年6月开始立项建设，共分为机房装修、配电、空调、消防、监控、业务等6个子系统，智慧常熟灾备系统以及信息资源系统等多个平台也迁移至该机房。2015年4月3日晚22时智慧城市硬件平台开始割接至新建机房，至4日凌晨4时，迁移完成，共配合完成10条外联业务、70台/套设备的迁移工作，保证了智慧常熟割接前后的平滑过渡。云计算机房的启用，为各系统、各领域的信息处理、数据交换、城市运行管理提供了基础保障。

中医院“医疗云”项目投入运行 9月，中医院“医疗云”项目投入运行。该项目由常熟电信开发，是本地“互联网+医疗”的首个标杆项目，也是全省首个医疗行业云服务架构生产系统及容灾系统的整体解决方案。“医疗云”业务和应用主要有掌上医疗、健康小屋、医疗影像云等。该项目提供多路由的专线网络服务，将医院业务系统快速部署和统一运维，多维度地保障医院信息数据安全，保持医院业务系统的连接性，也将使区域医疗信息化或更大范围内的医疗信息互通互联成为可能，未来可实现医疗资源的最有效配置，降低成本并提高效率，让患者得到更好、更优质的医疗服务。（周　静）

【中国移动通信集团江苏有限公司常熟分公司】　2015年，中国移动通信集团江苏有限公司常熟分公司有营业网点106家，实现运营收入超11.5亿元，客户数超过105.5万元，市场占有率达60.12%，收入份额达48.48%。全年上缴地方税收3780多万元，完成投资8000多万元，4G网络覆盖率达100%，实现覆盖小区800多个，覆盖用户数35万多户，成功签约215个国土卫士视频监控点。全市建成TD—LTE基站近900个，室内分布系统近475套。常熟移动先后获得苏州移动2015年新春营销先进集体一等奖、苏州移动2015年高校迎新先进集体一等奖等奖项。

搭建智慧平台　10月，常熟移动以“千里眼”视频监控为基础，利用4G快速传输能力，建设国土资源综合动态监测平台。将“国土卫士”监控、4G执法的视频资源与单位“一张图”、国土基础数据相结合，对执法监察、耕地及基本农田保护、建设用地管理、地政地籍管理、土地、矿产管理等业务进行实时在线动态监测和记录，并予以识别、判断、处置，实现国土资源管理的智能化管理。12月，常熟服装城管委会与常熟移动合作，利用江苏移动“智慧洞察”大数据平台，基于运营商手机位置信令上下文分析，勾勒出服装城基站覆盖范围内用户的数据、轨迹，实现服装城客流数据的实时监控，增强服装城管委会服务和管控能力，为服装城提供有效信息数据支撑。年内，常熟移动还通过建设公安车载移动视频监控系统项目、常熟理工学院桌面云技术二期工程、对全市居民小区远程电力抄表系统进行改造，推动智慧常熟建设。（王　怡）

【中国联合网络通信有限公司常熟市分公司】　中国联合网络通信有限公司常熟市分公司（简称常熟联通）用户达35.14万户，各类实体销售网点共392家，客户服务面向全市城乡。累计建设开通2G基站440多个，3G基站720多个，4G基站1038个，家庭宽带覆盖超过15万户；网络质量进一步提升，长话接通率98.13%、网络接通率97.24%，家庭宽带入户平均带宽50M；常熟干线光缆350千米，本地网光缆1959千米，接入光缆591千米，管道1519千米，杆路364千米。为常熟地区通信畅通提供保障。年内，常熟联通与市经信委合作，利用自身服务渠道助力常熟市公共信息服务平台“智慧常熟”APP应用的全社会推广。协助市委宣传部开发基于“文明常熟”微信公众号的道德微讲堂项目，用互联网思维助推精神文明建设；组建常熟IT人俱乐部、成立沃创联盟、IT微公益，设立沃创公社展厅。是年，该公司获2015年度苏州市工会“妈妈驿站”示范点、2012—2014年度苏州市文明单位等称号。

整合资源推进共建共享　2015年，常熟联通与其他电信运营商开展室内分布共享合路工作。开通星光天地、世茂双子楼、阅山轩3个共享移动室分，启动第二批世茂75号公馆、滨江邻里中心2个合路工作，至年末累计开通合路9个。通过合路室分，可在节省投资成本、避免二次施工破坏的同时，有效率解决覆盖需求。

“沃超越”精品网建设　2015年，常熟联通推进“沃超越”精品网建设工程。新开通基站548个，开通率78%；室内分布开通59个，开通率62.76%。其中，匹配投诉热点规划155个，目前已优先完成开通103个；LTE宏站总计开通入网778个，室分入网124个，LTE建设使常熟4G总数据流量突破4万GB(3G为5.8万GB)。

▲LTE：移动通信技术的长期演进。（王黎蛟）

信息化建设

【概况】　2015年，是常熟市“十二五”信息化建设和智慧城市建设第一阶段收官之年。全年以加快推进城市信息化建设步伐，提高城市运行管理效率和服务社会能力，让市民、企业感受到“智慧”带来的便捷为理念，以形成智慧城市基本框架为目标，着重围绕深化改革、民生服务、公共服务、融合共享、社会管理等领域，全力统筹协调和组织实施公共服务平台、智慧政务服务平台、信用征信平台等一系列重大信息化工程建设；推进数据交换中心及五大基础数据库的应用，推进云计算中心等资源共享整合设施的应用；市民卡建设继续拓展；农村信息化建设不断深入；信息基础设施建设有效推进，智慧产业进一步壮大，信息化综合效应和示范效果正在彰显。是年，常熟市被确定为首批省信息消费试验区，成为苏州市唯一入选的县级城市。

信息共享　2015年，全市完成数据交换中心和五大数据库建设项目总集成和软件开发的终验，发布《常熟市政务信息资源目录》等一批规范和文件，已有73个部门、单位对接数据并交互信息，汇集630类信息资源，数据总量1920万条，支撑委办局项目应用55个，完成主题数据产品15个。完成智慧城市发展中心之运行管理中心和云计算中心中心建设，共享载体应用取得新进展。

市民卡工程拓展　2015年，全市市民卡综合卡制发116万张，市民卡专用卡（社会保障卡）已发放110万张。市民卡综合应用功能从首发8项扩展到28项，互联互通城市从50个增加到72个，金融应用开卡人数超12万人。2015年进一步扩展市民卡在党员管理、民政服务、校园管理、居民小区、商业服务等方面的应用，开展市民卡进企业、进村委、进机关、进学校、进医院等试点。常熟市民卡建设和运行经验在全国36个城市形成示范效应，被多个城市复制运作。

农村信息化建设 2015年，常熟市开展以信息进村入户为重点的农村信息化应用推广工作，在抓好市镇村三级综合服务平台建设和运维同时，重点考核各镇村的应用和效果，抓好示范基地建设。梅李镇被命名为2015年度江苏省农村信息化示范基地。

智慧产业推进 2015年，常熟市智慧产业发展依托智慧产业联盟，引导成员充分发挥自身和合作优势，培育基于互联网的新产品、新业态、新模式；完成智慧物流市场化体系搭建，成立常熟新跃物流汇信息技术有限公司，聚合口岸物流、城市物流、商城物流与国内外运输和仓储物流；环球相互贸易平台苏州城市运营中心落地常熟，开创服务中小企业走出去新模式；与阿里巴巴集团旗下蚂蚁金服集团签订以政务服务、互联网＋制造业、互联网金融为主要内容的合作协议，成为战略合作发展的国内首个县级市；充分发挥常熟市信息化发展有限公司作为智慧城市建设的投融资和建设运行主体作用，加快探索市场化步伐；同时，做好企业两化融合工作，结合“机器换人”三年行动计划，对两化融合示范（试点）企业开展重点扶持。

基础设施建设 2015年，全市光纤宽带网络继续得到发展，固定宽带用户达到50万户；移动互联网继续稳步发展，手机上网户数超过155万户，无线4G移动网络实现全市基本覆盖。电信、联通、移动、有线等通信运营商积极参与智慧城市建设，在云计算环境、企企通、数字企业、IT俱乐部、智慧社区、市民卡服务等方面成效显著。“可视常熟”建设已在道路交通系统、社会治安系统、公安技侦系统、河湖水域系统、长江港口码头、社会管理体系等六个层面继续全面推进，在社会治理方面进一步显现出效果。

【信用征信平台建设启动】 8月，信用征信平台建设正式启动。围绕建设“一网四库一平台”，实现地方政府部门信用信息资源整合，与省、市平台对接互通、信息共享，为社会提供信用服务，推动全市社会信用体系建设。同时，信用征信平台还有助于普遍应用信用审查，推广使用信用报告，实施失信联动惩戒，推进市场规范化运行和服务型政府建设，提高行政效能和政府公信力。至年末，已完成项目初验，四库汇集190数据项1145万条信息，公共信用信息平台和诚信常熟网实现上线，初步搭建起部门应用平台的信用信息支撑体系。

虞山镇“网格365”平台指挥中心

▲“一网四库一平台”：即诚信常熟网、自然人信用信息数据库、企业信用信息数据库、政务信用信息数据库、金融信贷信用信息数据库、公共信用信息平台。

【公共信息服务平台首发上线】 9月28日，常熟公共信息服务平台首发上线，实现72项便民公共服务一站式在线办理。该平台是市政府重点民生实事项目，为市民和企业提供公共服务在线办理途径，面向市民、企业提供全天候、均等、便捷、优质的标准化服务，个人、企业通过平台还可发布信息、表达诉求、自助服务、社交互动。至年末，服务已达到133项。（陈璐婧）

【电子政务建设】 2015年，常熟市完善电子政务基础设施。截至年末，电子政务外网接入点100个，接入单位116个、政务内网22个点，接入单位22个、村级网络接入点365个，各个接入点运行情况良好。年内，常熟市政府门户网站升级改版。改版后的网站精减为7个一级栏目，主要包括《走进常熟》《信息公开》《公共服务》《政民互动》《政务大厅》《旅游频道》和《三农频道》，内容涉及全市政治、经济、文化等，涵盖市委、市政府工作的方方面面，已经成为全市党务政务信息公开，倾听民情民意，解决市民诉求的主要窗口。同时，网站还增强英文版的内容模块，更好的帮助国内外朋友认识常熟、了解常熟，不断提高常熟在国际上的知名度。本次改版对网站首页及现有的页面进行适度微调，优化网页栏目布局的合理性和科学性，提升网页清晰度，增强门户网的文化内涵。此外，网站还新增《常熟历史上的今天》、“中国常熟”手机APP、政务微博、政务微信等栏目。11月，改版后的常熟市政府门户网站（http://www.changshu.gov.cn）上线运行，日均访问量3.9万人次。（钱俊峰）

责任编辑 汤 涵

商贸服务业

综　　述

【概况】　2015年，全市实现服务业增加值939.9亿元，同比增长8.5%，占地区生产总值比重达到46%，比上年提高1个百分点。全市完成服务业投资346.8亿元，同比增长13.5%，占全社会固定资产投资的比重为54.9%，提高8个百分点。实现服务业税收总额90.2亿元，同比增长2.9%，占税收总额比重为34.7%，服务业一般预算收入57.6亿元，同比增长2.4%；社会消费品零售总额670亿元，同比增长8.8%；市场成交额1756.7亿元，同比增长3%。全市50个重点服务业项目完成投资65亿元，占当年计划投资的86.3%。产业结构不断优化，现代物流、电子商务、汽车服务、服务外包等产业保持繁荣，昆承湖纺织服装电子商务产业园被认定为“江苏省电子商务示范基地”，纺织服装创意产业园获批苏州服务业集聚区；全年路虎和观致汽车销售公司开票销售收入超过100亿元，入库税金超过5亿元；全年离岸接包合同额2.93亿美元，同比增长8.66%；离岸合同执行额1.9亿美元，同比增长21.7%。载体建设成效卓著，高新区慧谷创业＋、同济虞创汇被认定为省级众创空间，与中国专利技术开发公司、紫金知识产权公司合作成立常熟知识产权协同创新广场。科创园积极实施“新三板”培育工程，舒茨股份顺利实现上市挂牌，成为常熟市首家登陆“新三板”的科技双创企业，5家企业与券商签订挂牌辅导协议。服装城深入推进专业流通市场综合配套改革，出台《市场综合配套改革实施意见》，六大平台建设成效卓著。企业培育突破发展，广和慧云大数据科技有限公司被列入省现代服务业“十百千”行动计划重点培育企业，获评江苏省服务业创新示范企业和苏州市创新示范企业，并获省服务业引导资金奖励100万元，企业在成功挂牌新三板。

（周晓丽）

商贸流通

【概况】　2015年，常熟市实现社会消费品零售额为670.07亿元，同比增长8.8%。全市加强商贸行业管理，认定江苏中和贸易公司等12家企业为“第二批常熟市商贸流通业示范企业”。完善社区商业业态布局和商业服务功能，常熟高新区小康社区被命名为2014年度苏州市级社区商业示范社区。做好丰乐、浒浦、任阳3家城乡集贸市场实施升级改造工作。加快创新商业模式，举办4期电子商务人才专项培训，昆承湖纺织服装电子商务产业园正式被江苏省商务厅认定为“江苏省电子商务示范基地”，获2015朱雀奖“电子商务园区十佳创新奖”，成为江苏省唯一获此殊荣的单位；昆承湖纺织服装电子商务产业园、虞山镇言里村、苏州智尚信息技术有限公司分别被授予“苏州市电子商务示范基地”“苏州市电子商务示范村”和“苏州市电子商务示范企业”的称号。全力维护流通市场秩序，制定全市肉菜流通追溯体系运维服务工作考核

8月8日，常熟农行在服装城天虹服装市场举办首届88商户节启动仪式

办法,提升全市肉菜流通追溯运行质量。确定全市8家生猪养殖场为猪肉活体储备基地,生猪活体储备规模总量8800头,形成市级活体储备猪肉应急投放方案。做好2015年元旦春节和雨雪冰冻灾害天气市场供应,落实11家保供企业保证猪肉批发供应量7.68万头、蔬菜批发供应量2.56万吨,零售企业猪肉每天增加储备920头。围绕促消费主题,组织全市17家重点商贸流通企业开展消费促进月活动。江南畜禽食品等4家企业被认定为首批"江苏老字号"。加快商旅文联动,完成出版体现常熟饮食文化的《常熟名菜谱》,举办2015中国(常熟)江南美食节。

【12家企业被认定为常熟市商贸流通业示范企业】 年初,组织开展"第二批常熟市商贸流通业示范企业"申报工作。按照公平、公正、公开的原则,通过企业自主申报、所在地政府(主管部门、行业协会)初审、商务局复审、专家评审、公示并征询相关部门意见等流程,确定了江苏中和贸易公司、江苏阿仕顿服饰有限公司、常熟深国投商用置业有限公司、常熟史力胜体育用品贸易有限公司、常熟市香格里酒店有限公司、常熟建筑装饰材料市场有限公司、常熟市虞城大酒店有限责任公司、常熟市东都旧机动车交易市场有限公司、常熟市农业生产资料有限公司、常熟市糖烟酒有限责任公司、江苏省常熟市生产资料有限公司、常熟市协和装饰工程涂料发展有限公司等12家企业为"第二批常熟市商贸流通业示范企业"。

【获评"江苏省电子商务示范基地"】 3月6日,常熟昆承湖纺织服装电子商务产业园被江苏省商务厅认定为2015—2016年度江苏省电子商务示范基地。常熟昆承湖纺织服装电子商务产业园含中服电子商务产业园、莫城电子商务产业园和高新区电子商务产业园三大区域,现有入驻企业209家,年电商交易额超5亿元。

【常熟跻身中国"电商十强县"】 5月11日,阿里研究院发布2014年中国"电商百佳县"榜单,常熟市列第十位。此次发布的中国"电商百佳县"榜单,是阿里研究院基于阿里巴巴平台海量数据第二次对全国近2000个县或县级市的电子商务发展状况的全面分析,按照"阿里巴巴电子商务发展指数"进行排名,排名前十位的依次是义乌、石狮、永康、桐乡、海宁、天台、德化、昆山、清河、常熟。

【4家企业被认定为首批"江苏老字号"】 7月8日,江苏省首批认定"江苏老字号"名单正式公布,常熟市4家企业榜上有名,分别是常熟市江南畜禽食品有限公司、常熟市建发医药零售连锁有限公司柳仁仁药店、常熟市建发医药零售连锁有限公司童仁泰药店、常熟市建发医药零售连锁有限公司北九如药店。

【中服园区获2015朱雀奖】 7月9日,"2015朱雀奖——电子商务园区十佳创新奖"在第二届中国县域电子商务大会上发布,昆承湖电子商务产业园中服园区成为江苏省唯一获评单位。昆承湖电子商务产业园中服园区经营面积2.5万平方米,入驻电商及服务商110家,延伸服务至常熟市区域内各类电商数千家,培训各类专业人才1万多人。

【举办2015中国(常熟)江南美食节】 9月23日,由中国烹饪协会、常熟市人民政府共同主办的2015中国(常熟)江南美食节在常熟国际展览中心正式开幕。中国烹饪协会副会长彭东生、江苏省烹饪协会会长奚秋生、苏州市商务局副调研员刘俊、常熟市副市长孙健以及苏州市烹饪协会的领导等出席开幕式并参观名店名厨名菜名宴作品展示。本届江南美食节从9月23号持续至27号,主要开展"2015中国常熟名店名厨名菜名宴作品展""《常熟名菜谱》首发式""寻找虞城百姓最喜欢的'特色面'"以及"聚沙塔杯"民间大厨(蒸菜)厨艺技能大赛暨名宴展等10项活动,向市民集中展示江南美食文化精髓,感受健康饮食新氛围。当天的名店名厨名菜名宴作品展上,全市42位省级以上名厨向市民展示了美食节首发的《常熟名菜谱》系列作品,并现场邀请参观者600人参与投票评选"常熟市民最喜欢的十大名菜"。

(姚志明　陆志明)

物　流

【概况】 2015年,全市物流体系不断完善,港口物流、商城物流和城市物流全面发展,企业培育和平台建设齐头并进。全年常熟港货物吞吐量实现8507万吨,同比增长5.7%,其中集装39万标箱,同比增长2.5%,外贸货物吞吐量1481万吨,同比增长4.5%。普洛斯仓储物流、信扬信安整车配套物流、铁黄沙整治等一批现代物流项目竣工,海虞城市综合物流园加快建设步伐。建成服装城物流信息平台和服装城快递物流服务中心,推进物流管理的数字化和

2月6日,民生电商金融物流项目落户常熟

信息化过程，有效降低了成本，促进快递物流的规范有序发展。常熟新跃物流汇公司负责承建的常熟智慧物流公共信息平台——常熟物流汇已完成开发，正在进行平台的测试和试运行。鼓励物流企业提档升级，年末常熟市共有国家A级物流企业26家，其中AAAA级9家，AAA级16家。

【泰达汽车物流项目落户常熟】 2015年，总投资30亿元的天津滨海泰达汽车物流项目正式签约落户常熟。依托常熟港濒临长江入海口的天然区位优势，天津滨海泰达物流集团股份有限公司在常熟投资建设华东地区汽车物流中转中心，发挥公铁水联运模式灵活、运费低等方面优势，为周边及内陆地区汽车产业打造畅通、便利、经济的运输通道。常熟项目将依托泰达物流集团迅猛发展的汽车业务，打造华东地区集汽车物流中转中心、零部件进出口保税仓储配送中心、平行进口汽车展销中心、汽车电商基地等功能为一身的大型区域物流运营中心。 （周晓丽）

供　销

【概况】 2015年，常熟市供销合作总社实现销售92亿元，比2014年(下同)增长12.2%；社会消费品零售总额36亿元，增长9.1%；农副产品收购额25亿元，增长8.7%；新增连锁经营网点40家，建成网点总数1500家；新增投资3.2亿元，建成2个网点项目；提档升级为农服务社5家；领办农民专业合作社6家；规范和完善基层供销合作社1家；2015年分别荣获全国供销合作社系统“百强县级社”“信息报送工作先进单位”和江苏省供销合作系统“电子商务示范县”称号。11月9日，中华全国供销合作总社在浙江省嘉兴市举行2014—2015中国合作经济年度成就奖颁奖典礼。新合作常客隆公司董事长兼总经理包乾申，获中国合作经济年度成就奖十大领军人物。

【常客隆打造星光天地商业综合体项目】 2月11日，常客隆星光天地购物中心试营业新闻发布会在星光天地底楼中厅举行。该项目由江苏新合作常客隆连锁超市有限公司与江苏信一房产开发有限公司投资开发，总建筑面积87539平方米，地上六层、地下二层，引入儿童主题馆、潮流时尚服装服饰以及专业化生活配套等多元业态组合，集购物、餐饮、休闲、娱乐、体验于一体，为常熟最大的一站式购物中心。

【推进“常熟模式”的农药集中配送体系】 2015年，全市农药集中配送额达到3800万元，同比增长1.9%。在省、苏州市有关部门对农产品农残进行的涵盖基地、农户、市场的大范围抽检中，共抽查832个批次，不合格仅为3个，合格率达到99.63%。通过实施农药零差率配送，常熟市农户节省农药成本约1000万元。

【升级改造7家连锁门店】 2015年，常熟市供销合作总社加快实施农业综合开发项目、落实助农增收措施，启动农村卖场升级改造工程，通过购置经营设备、运输设备和农产品检测设备等对门店进行全面升级。至年末，已完成对常客隆梅李新天地、滨江卖场、辛庄卖场、福山二店、花溪一店、何市中学、职教中心共7家老门店的提档升级，改造面积1.6万平方米，农产品销量提高至6.01万吨，农产品销售收入提升至3.67亿元。

【市供销合作总社获电子商务示范县称号】 常熟市供销合作总社加快发展电子商务，大力构建电子商务经营服务体系，依托常客隆家易乐生鲜直投电子商务，积极探索“互联网+”模式。目前，已在常熟城区建立80个社区自提店，年销售达1亿元，获江苏省供销合作社系统“2015年电子商务示范县”称号。 （庄丽杨）

粮　食

【概况】 2015年夏秋两季收购中，全市粮食收购点公开挂牌收购，公示收购价格、质量标准、作价办法、服务承诺，及时结算售粮款，向农民提供整晒场地和整晒工具，帮助农民进行整晒，为售粮农民提供休息室，供应茶水，代烘潮粮，切实解决农民售粮过程中的实际困难。小麦、稻谷价外补贴订单合同签订、价外补贴款发放按规范流程操作，售粮大户满意率提升。小麦价外补贴标准为每50千克10元，全市小麦价外补贴订单签约大户973户，签约面积1.69万公顷。夏粮收购开秤指导价为中等质量标准混合麦每50千克为118元，中等质量标准油菜籽每50千克240元，全市共收购小麦62402吨，油菜籽3699吨。水稻价外补贴标准为每50千克10元，全市水稻价外补贴签约大户1014户，签约面积1.63万公顷。秋粮收购开秤指导价为中等质量晚粳稻每50千克155元，优质品种由收购企业按市场行情在此基础上适当加价。全市累计收购稻谷101925吨，其中价外补贴收购99406吨。根据全市仓容布局，继续对部分种粮大户实行跨镇交售、运费补贴办法，运费补贴标准为每吨20～35元。

【金成油脂公司煤改气项目投入运行】 5月，常熟市金成油脂有限公司煤改气项目竣工并正式投入使用。本项目淘汰原燃煤蒸汽锅炉2台、燃煤热载体锅炉1台，全部更换成使用清洁能源的天然气锅炉。项目投入运行后，减少燃煤锅炉的污染物排放，同时由于采用全自动天然气锅炉，设备安全性能大幅提升，自动化程度大幅提高，工人劳动强度大为降低。

【“沙家浜”大米销售量创新高】 2015年，常熟市粮油购销有限公司的“沙家浜”品牌大米成功成为24所学校食堂的指定用米。通过与麦德龙超市的合作，“沙家浜”大米成为麦德龙超市常熟店、苏州高新区店店、苏州吴中区店、昆山店、宜兴店的推荐粮油产品。“沙家浜”大米全年销售量达15325吨，销售金额达6555万元。

【新增“放心粮油供应店”5家】 11月，市粮食局联合市市场监督管理局对5家拟申报放心粮油供应店的商户进行验收，对2家不符合创建标准的放心粮油供应店予以摘牌。全市共建成放心粮油店39家。 （顾晓兰）

烟　草

【概况】　2015年，常熟市查处各类涉烟违法案件204起，总案值923万元，罚没款223万元，查获各类违法卷烟45050条，其中查获5万元以上案件42起，100万元以上案件1起，拘留3人，逮捕1人，判刑7人，上报国标假烟网络案件3起。苏州市烟草公司常熟分公司实现税利58398万元，同比增长24.62%；其中利润实现48277万元，同比增长25.50%；销售数量61565箱，同比下降1.54%；实现销售收入182336万元，同比增长10.45%；销售毛利率为28.81%，同比增加2.71个百分比。

【卷烟提税顺价】　5月，苏州市烟草公司常熟分公司执行烟草行业卷烟提税顺价重大决策，全面分析提税顺价对消费、客户、品牌以及自身等多方面的影响，始终以保持良好的市场状态为着力点，切实把握好卷烟销售节奏，坚持采取正常投放策略，有效促进卷烟均衡销售和市场平稳发展。认真做好提税顺价的宣传沟通工作，注重把握好“控烟履约”的政策导向，及时完成零售终端标价签的更换工作，积极引导零售客户明码实价销售，有效保证卷烟市场平稳过渡。　（杨　雁）

盐　务

【概况】　2015年，常熟市盐务管理局（盐业公司）全力打造“食用盐放心工程”，认真落实食盐专营要求，构筑食盐安全消费网络，严厉打击各种涉盐违法行为，集中力量查处大案、要案，保障了常熟食盐市场的安全。常熟市盐务管理局共出动执法人员1360人次，查处各类盐业违法案件88起，查处各类盐产品76.66吨，没收违法盐产品19.4吨，罚款24万余元，查获的盐产品数量和罚没款数额分别为上年度的4.5倍和2倍。共处置工业副产盐2万余吨，未发生流入食用盐市场情况。全年共销售食盐1.3万吨，全市碘盐合格率98.98%，碘盐覆盖率98.33%，合格碘盐食用率97.33%。食盐市场秩序总体上平稳安全。

【持续开展“减盐行动”】　10月，苏州市卫计委、苏州市盐务局对常熟市“减盐行动”初期目标完成情况进行评估，各项指标均超过预期值。消费者对减盐防控高血压知识的知晓率和对低钠盐的接受度逐步提高，低盐膳食行为逐步形成。此外，常熟市盐务管理局积极与食盐生产厂家联系，增加低钠盐的品种，不同种类、不同规格低钠盐产品有8个，价格从低到高，满足了不同消费人群的需求。2015年，常熟市低钠盐的市场占有率从前年的5%跃升至46%，低钠盐入户比例达到16.86%以上，超过15%的初期目标要求，常熟市的低钠盐推广在全省各市县排名中名列前茅。　（缪雯炜）

常熟服装城

【概况】　2015年，常熟服装城（以下简称服装城）完成市场交易额1312.70亿元，同比增长5%，全年实现入库税金3.7亿元，公共财政预算收入2.51亿元，货物运输量97.37万吨，新办私营企业265家，新增注册资本4.31亿元；批办个体工商户1988户，新增注册资本1.8亿元，共新增注册资本6.11亿元，全社会固定资产投资4.74亿元。全年接待游客404.93万人，其中购物旅游核心区共接待团队1040批次，44590人。2015年，服装城在建项目共6个（新开项目2个），在建面积19.88万平方米，总投资12.71亿元。其中富莲广场、聚富家园一期2个项目已工程竣工，报规划、消防验收；皮革城二期完成装饰装修95%，室外工程30%，智能化30%；宝利广场一期正在室外市政施工；品牌中心完成墙体砌筑；东方市场完成1号楼二层楼面浇筑。完成了招商东路、南路、西路、北路，白雪路、新莲路的街景维护；实施七个门头形象的提升改造；组织实施区域内河道清淤，共完成2.9千米5.1万平方米7万立方米的疏浚。2015年服装城交易中心工程类招投标共29项，节约资金423万元。完成元和桥南堍公园绿化2000平方米、商城新村二区社区法制文化广场绿化5000平方米，完成横泾塘桥东方停车场的搬迁，建成1.2万平方米临时客运停车场，解决零星车辆集中管理。

【电子商务建设】　服装城中服电子商务产业园与苏州经贸学院建立电子商务集团办学战略合作，加快电商专用人才队伍建设。落实2015年度园区电商扶持政策，共举办56场活动，合作机构6家，涉及人数达4377人次，资金共129730元。年末，园区共签约入驻电子商务公司133（其中42家为虚拟入驻企业），签约面积14550.4平方米，2015年累计交易额5亿元，较2014年增加19%，从开园到目前累计交易额已达13.6亿元。1月14日，当选中国纺织工业联合会流通分会发起的“中国纺织服装电子商务联盟”副主席单位。7月9日，获首届朱雀奖“电子商务园区十佳创新奖”，成为江苏省唯一获此殊荣的单位。

【六大公共服务平台建设】　常熟服装在线已有首批会员超2000家，首家线下展示厅（O2O展厅）在徐州营业。成立电商办，全面协调区域商务的电子化进程。出台《服装城区域电子商务扶持政策》，启动区域无线（WIFI）覆盖项目。内外贸平台建设年初赴商务部答辩，获得南京海关“旅游购物”方式报关出口，累计实现26单共86万美元的交易。确立“市场采购”贸易模式的实施要件和基本流程，制定对外贸易配套政策，启动外贸联网监管平台建设，设置服装城外贸专区，首批迎来8家外贸企业签约入驻专区。常熟男装指数已有500多家服装企业和商户参与采样，形成官网、季报、论坛“三大发布载体”，发布国内首部《中国男装产业发展报告》，12月，常熟男装指数正式获批纳入商务部“商务预报”平台发布体系，正式成为国家级指数。男装设计交易中心成立“常熟中纺金顶时尚设计顾问公司”，发布《中国男装流行趋势报告》，成立中国男装趋势研发（上海）中心，整合中外设计师 50 人，院校、专业合作机构 15 家，推动常熟男装的原创设计影响力在业内进一步放大。节庆会展策划成功运作 2015 年服博会及江南时装周，主体活动多达 24 项，50 多家媒体报道近 500 篇，网上互动信息 6 万条，参会参展受众约 2 万人次。常熟中纺联检中心的质量规范体系初步形成，市场检测服务功能架构进一步完善，年内通过 CMA 认证。

【首届“百团千人”采购节】 3 月 30 日至 31 日，首届“百团千人”采购节在常熟服装城举办。1 月起，服装城各专业市场选派了 34 名拓展员，到南京、盐城等省内 11 个地区开展推介、拓展工作，成功与 4000 多名商户达成参加采购节的初步意愿。3 月各专业市场总经理又亲自前往相关对口市场进行邀请落实，最终筛选出近 1000 名优质商户。采购节期间，北京百荣世贸商城、山东即墨服装批发市场、广州红棉国际时装城等与服装城签约成为重点合作市场；中国银行、中国农业银行、常熟农商银行等与服装城签约成为“常熟服装在线”平台的战略合作银行。常熟服装城被中国百货商业协会授予“中国服装直采基地”称号。

【第十六届服博会暨 2015 江南国际时装周开幕】 3 月 18 日，第十六届中国江苏（常熟）服装服饰博览会暨 2015 江南国际时装周新闻发布会在上海国家会展中心 5—2 号馆正式召开。第十六届中国江苏（常熟）服装服饰博览会从 3 月持续到 6 月，秉持“江南文化名城，休闲服装之都”主旨，坚持“服务产业、服务企业、服务商城”的原则基础上，以纺织服装为主题，打造专业的展览展示、交流交易和国内顶尖专业服装及其产业链采购平台，主要包括“百团千人”采购节、采购汇、采购订货汇、网货交易会、购物旅游节等系列活动；2015 江南国际时装周在 5 月 20 日正式开幕，作为全国唯一以“休闲”为主题的时装周，通过“展、论、秀、赛、奖”五大主线活动，以“江南织造”的核心理念，展开了其中包括“江南织造”国际高峰论坛和十大平行活动、休闲装设计精英大赛、“江南织造大奖”颁奖盛典、商务峰会、专场时尚发布秀以及“江南织造”中国休闲服装设计竞话等系列活动。

【“常熟服装城杯”第七届中国休闲装设计精英大奖赛】 5 月 20 日，以“炫冉 · 锐熠”为主题的 2015“常熟服装城杯”第七届中国休闲装设计大奖赛决赛暨颁奖典礼在常熟国际展览中心举行。活动中，经过数月多轮赛事层层选拔的 23 组精彩作品角逐决赛。选手宗晶玉设计作品《重生》夺得金奖，何煦设计作品《与其感慨路难行》、乔丹设计作品《错悟》分别收获银奖、铜奖。

【服装城 30 周年庆祝活动】 5 月 22 日，常熟服装城“见证 30 年”主题活动之访谈专场“我是服装人、我在常熟”在常熟广播电视台演播厅举行。本次“见证 30 年”主题活动由常熟服装城“见证 30 年”主题展、“我是服装人、我在常熟”人物访谈活动、“品牌里程碑”常熟本土品牌联合走秀三部分组成。其中“见证 30 年”主题展从 5 月 1 日持续到 6 月 1 日，活动地点为常熟服装城文化广场。

7 月 30 日，常熟服装城纺织服装检测公共服务平台、常熟中纺联检测中心有限公司揭牌成立

【集团公司内设机构改革】 2015 年，服装城集团公司完成内设机构改革，将条线相近的部门合并统一，精简机构，压缩管理人员，围绕只减不增原则，8 个企业原有内设部门 80 个调整为 53 个，中层人员原有 187 名调整为 152 名。围绕经营拓展市场，普遍增设了市场拓展部。企业内设机构改革完成了市场从原物业管理型向经营拓展市场转变，是专业流通市场综合配套改革的重要组成。

【外贸服饰集散中心管理办公室成立】 6 月 26 日，服装城外贸服饰集散中心管理办公室正式挂牌成立。管理办公室主要职能是加强外贸区域的经营秩序管理和社会治理，规范商户的经营行为，加大市场培育力度，引导诚信经营，同时负责区域内货物堆放、游摊散贩、车辆停放、消防安全、卫生保洁等工作，外贸服饰集散中心管理办公室紧紧围绕“引导、培育、管理、治理”的工作思路，创新管理方式，维护该区域的持续稳定繁荣。

【优质客户俱乐部成立】 常熟服装城优质客户俱乐部于 10 月 15 日正式成立。俱乐部是以服装城一批规模大、业绩好、具有行业影响力的市场经营户为主体，以优质客户俱乐部为载体的高端平台，通过凝聚产业力量，促进行业交流，从而形成富有区域特色的服装城优质客户群，树立产业标杆，切实打造“常熟服装城”品牌形象。

【“三全”服务】 服装城公共资源交易中心自 2013 年 5 月成立运行以来，以规范交易流程为主线、以制度建设为基础、以岗位腐败风险防控为保障，实行“全覆盖、全方位、全过程”服务，支撑公共资源交易。中心全年共完成各类交易项目 62 项，交易预算价 6895.23 万元，成交价 5856.28 万元，为政府和集体节约和增值资金 1137.28 万元，增收节支率 16.49%。（曹　洁）

江南集团

【概况】 2015年，江苏江南商贸集团有限责任公司（以下简称江南集团）实现销售总额197.7亿元，实现利润9733万元，社会商品零售总额85亿元，缴纳税利2.09亿元，国有资产保值增值率100.65%。全年屠宰生猪35万头，成交蔬菜31万吨，水果26万吨，销售熟食5400万元，风腿1.45万只；全年供应钢材10万吨，有色金属3万吨，煤炭11万吨，成品油4万吨，化工产品6万吨；回收废钢0.71万吨，回收拆解报废汽车及摩托车6873辆，成交汽车2.2万辆。全系统销售超2亿元的企业达11家，其中超10亿元的有4家；上缴税收超1000万元的企业有6家。交电家电公司、生资公司分别实现销售35.24亿元和6.82亿元；建材市场、汽车市场、农副产品交易城三大市场分别实现成交额61.41亿元、24.18亿元和26.5亿元；国际饭店、王四酒家、阅山轩三家酒店共实现销售8463万元。2015年，国际饭店被评为"苏州市文明单位"，交电家电公司被评为"常熟市服务业先进集体"。

【打造现代酒店集团】 2015年，江南集团全资子公司山水江南酒店管理公司发挥资源统筹平台作用，推出成员酒店一卡通消费，开展校企合作，引入3e现场管理体系，提升经营管理创新能力，打造现代酒店管理集团。旗下国际饭店宴会中心10月1日建成开业，至年末承办大型宴会73批次，营业收入810万元；王四酒家加强老字号的传承与创新，挖掘品牌人文内涵，王四主题文化展示馆10月对外开放；阅山轩假日休闲酒店网络评分4.7分，获"2015年中国文化酒店最佳精品酒店奖"。

【加快推进项目建设】 2015年，江南集团重点项目工程建设有序推进，全年完成总投资5.5亿元，完成总建筑面积2万平方米。江南大厦主体结构封顶，现场售楼处11月正式开放；国际饭店改造项目，新建综合楼10月建成投用，主楼及2、3、5号楼装饰改造工程于12月完工并交付使用；建材市场六期国际装饰城项目完成工程建设，进入工程验收阶段。

【资产接收平稳有序】 2015年，江南集团按照常熟市国资改革进度要求，做好相关经营性国有资产的接收整合工作。4月，原常熟市经信委下属华丰房地产公司整体划归江南集团管理；7月，接收常熟市市场监管局移交的琴川、五星2个农贸市场及其他7处不动产；12月，原常熟市公安局下属常熟市保安服务总公司及常熟市常安特种守押保安服务公司成建制划转至江南集团管理。上述企业及资产管理关系调整后，江南集团作为管理主体，履行出资人权利和义务，承担资产保值增值责任。

【积极拓展金融产业】 3月12日，江南集团投资成立常熟宝融金融信息服务有限公司，携手常熟农村商业银行共同打造具有国资背景的地方互联网金融平台——讯燕金服互联网投融资平台，5月正式上线运行，开展网络金融P2P业务。截至12月底，共计销售产品逾11亿元。

【传统品牌开拓创新】 7月25日，江南王四食品有限公司以"王四"品牌系列地方土特产为主导，整合常熟及周边城市地方土特产资源，开设王四食品土特产分公司旗舰店。该店地处海虞南路繁华商业地段，营业面积600平方米，是常熟目前品牌最多、品种最丰富的土特产销售商店。

【商贸企业主动求变】 2015年，传统商贸流通企业面对严峻的经济形势和互联网经济的冲击，主动适应市场，推动转型发展。第一百货商店主动适应当前市场消费趋势，成立餐饮管理公司，引进时尚主题餐饮，推动多元发展。交电家电公司主动创新求变，改革经营模式，布局互联网营销，运营天猫品牌专卖店12家，实现销售业绩新突破，再次上榜中国服务业企业500强。生资公司、建材市场、糖烟酒公司等3家企业推进商业模式创新，提高经营服务水平，入选常熟市第二批商贸流通业示范企业。

【完成全市黄标车回收任务】 2015年，根据常熟市淘汰老旧机动车（黄标车）行动计划，江南集团及下属企业常熟市物资再生利用有限公司配合政府职能部门，履行社会责任，确保全市黄标车整治任务顺利完成。常熟市物资再生利用有限公司是全市唯一一家黄标车回收拆解企业，对外租用场地解决大幅增长的报废车辆堆放问题，增加人手全力做好报废汽车回收拆解工作，全年共回收报废汽车6782辆，比上年1843辆增加268%。 （潘蕙新）

责任编辑 虞 柳

旅游业

综 述

【概况】 2015年，按照“旅游活市”发展战略，全市旅游业紧紧围绕“五位一体、综合发展”总目标，突出转型升级，注重提质增效，旅游产业在高平台上保持良好的发展势头。全市A级旅游景区共接待游客1780.8万人次，同比增长2.6%；实现营业收入1.87亿元，其中门票收入1.03亿元。2月18日至24日春节长假期间，常熟全市景区共接待游客30.33万人次，同比增长6.0%；实现门票收入365.9万元，同比增长18.2%；其中全市AAAA级以上旅游景区共接待游客25.42万人次，实现门票收入219.4万元。“五一”假期3天，常熟全市AAAA级以上景区共接待游客28.43万人次，实现门票收入350.56万元。是年，常熟获批联合国世界旅游组织第8个旅游可持续发展中国观测点，全市新增三星级旅行社1家，省工业旅游区(点)1家。市旅游局获“2015年江苏省旅游饭店服务行业职业技能竞赛苏州选拔赛”组织奖。

旅游资源

【梅李聚沙园景区获批国家AAAA级旅游景区】 1月6日，江苏省旅游局发布《江苏省景区质量等级评定委员会公告》(2015年第1号)，经过前期申报、创建前辅导、初检、最终验收等环节，常熟梅李聚沙园景区正式成为江苏新增8家国家AAAA级旅游景区之一。

【2个项目入选江苏省旅游行业“转型升级创新竞赛”优秀项目】 2月5日，全省旅游工作会议在南京召开，会上对全省旅游行业“转型升级创新竞赛”活动优秀项目和单位进行通报表彰。由市旅游局报送的“‘江南福地常来常熟’旅游品牌推广”和由市旅游服务中心报送的“‘长三角旅游友城卡’发行”等2个案例分别入选产品营销创新和体制机制创新评选项目。

【方塔园举办首届常熟花卉盆景联展暨第十五届方塔山茶花展】 3月11日—5月8日，方塔园推出首届常熟花卉盆景联展暨第十五届方塔山茶花展系列活动。本次花展将展出十八学士、鸳鸯凤冠、花鹤翎等120多个品种200多盆山茶花，同时举办首届花卉盆景联展，推出艺术插花展、蕙兰展、黄杨根雕展、精品盆景展等一系列展览。

【与中山大学签署旅游可持续发展观测点合作建设协议】 4月27日，常熟与广州中山大学举行联合国世界旅游组织旅游可持续发展常熟观测点合作建设协议书签字仪式。常熟市副市长孙健和中山大学校长助理、科技发展研究院常务副院长夏亮辉分别代表双方出席签字仪式。按照协议，双方合作共建“常熟观测点”及“中山大学常熟旅游研究基地”。

【第四届常熟状元文化节开幕】 5月16日，以传承“读书为善、孝爱仁和”家风家教为特色的第四届常熟状元文化节在翁同龢纪念馆松禅书院开幕。本次文化节以“文脉、创意、品牌、合作”为核心创意，带领市民游客共同开启了

林中茶座

一列承家风的学习之旅、感受非遗的传承之旅、品读文化的创意之旅。

【沙家浜等入选“全国旅游价格信得过景区”】 5月25日，国家旅游局公布首批1801家“全国旅游价格信得过景区”名单，常熟沙家浜景区、方塔古迹名胜区、常熟服装城购物旅游区、蒋巷乡村旅游景区等4家单位入选。

【常熟方塔园“崇兰草堂”开放】 6月26日，常熟籍书画陆抑非先生书斋——方塔园“崇兰草堂”正式启用开放。陆抑非是近现代花鸟画家、美术教育家、书法家。“崇兰草堂”为陆抑非先生书房名，其建筑原在老县场前辛巷。

【曾园·赵园荷花展】 7月1日至8月20日，以“清风荷韵·相约曾园”为主题的荷花展在常熟曾园、赵园举办。常熟曾园，素以“曾园荷香”称著于“虞山十八景”，园中近5000平方米的荷塘，百余盆缸荷，紫重阳、红舞裙、舞妃莲等40余种的出水芙蓉，与园内傍水而建、古朴典雅的园林古建相映成趣。

【常熟东方红木家具艺术馆开馆】 8月4日，常熟东方红木家具艺术馆开馆。该馆建筑面积10000平方米，辟有3个区域，红木知识长廊、红木精品家具和红木艺术工坊。此外，艺术馆作为江苏省工业旅游点正式对外开放。

【常熟市评出十大金牌农家菜】 9月2日，由常熟市旅游局，虞山尚湖旅游度假区主办，常熟电视台“赢在职场”栏目组承办的常熟市特色休闲农家菜评选落下帷幕。经过筛选，最终常熟渡口饭店、常熟旺桥生态园、沙家浜镇长虹渔村、百果园饭店、清风小院等选送的十道菜肴获“金牌农家菜”称号，支塘蒋巷村、虞山镇云峰茶业、常熟市梨花村农业生态园、虞山镇水云涧茶室，虞山镇联珠茶室等农家选送的菜肴获“推荐农家菜”称号。

【常熟获评“微博十大影响力乡村旅游目的地”】 9月18日，由新浪网、新浪旅游主办的“新浪第六届金足迹旅游盛典”在苏州举行。盛典上，常熟获评“微博十大影响力乡村旅游目的地”。常熟旅游官方微博自开通以来，已成为官方微营销的重要渠道。至9月18日，粉丝量达23.3万人次。

【常熟签约18亿元文化旅游项目】 9月19日，常熟市文化旅游产业说明会暨重点项目签约仪式举行，滨江汽车文化主题乐园、“江南印象”文商项目等总投资18亿元的14个文化旅游项目落户常熟。近年来，常熟积极实施“文化强市”和“旅游活市”发展战略，历史文化、生态环境等“软实力”正在蜕变成为经济社会发展“硬支撑”。

旅游市场推介

【“常来常熟”彩灯亮相2015台湾灯会】 3月5日，2015台湾灯会在台中市举行，常熟作为友好城市应邀参展。常熟花灯主题名称为“江南福地，常来常熟”，共有3座灯组，分别为“福地常熟”“姜太公钓鱼”“富春山居图”。常熟灯组通过姜太公、黄公望等人物形象以及沙家浜、虞山尚湖、常熟古城等旅游画面展示，积极扩大常熟在广大台湾同胞心目中的形象认知，吸引大量观灯游客驻足留影。

【常熟赴泰州、常州、绍兴、嘉兴进行春季旅游推介】 3月16日至20日，常熟春季旅游推介暨尚湖牡丹花会说明会走进泰州、常州、绍兴、嘉兴。推介期间，常熟向四地市民发出“春天的邀请”，重点推荐常熟沙家浜红色游、虞山尚湖生态游、蒋巷乡村游等旅游产品，并推出第24届常熟尚湖牡丹之旅线路。活动进一步加深常熟与相关城市的合作交流，为常熟旅游产业开拓更广阔的市场。

【常熟联合江阴、张家港、太仓、昆山、吴中推出旅游年卡套餐】 4月上旬，市旅游服务中心联合江阴、张家港、太仓、昆山、吴中推出旅游年卡套餐，通过不同年卡组合搭配，让更多的个人游客和市民家庭可以享受异地旅游同城待遇。此次推出的年卡类型为：长三角旅游友城卡（江阴、张家港、常熟、太仓）个人卡和3人卡，昆山旅游年卡个人卡和家庭卡，吴中太湖旅游年卡个人卡和家庭卡，以及常熟旅游休闲年卡。

【常熟旅游精彩亮相苏州国际旅游交易博览会】 4月10日至12日，常熟旅游局组织沙家浜、虞山尚湖等14家企业参加2015苏州国际旅游交易博览会。会上，常熟旅游企业全面展示了常熟旅游全系列产品和服务，常熟日益成熟的景区节庆和一批创新产品得到与会旅游商和公众的关注和喜爱。

【举办中国旅游日常熟市主题活动】 5月19日，以“新旅游、新常态”为主题的2015年中国旅游日常熟市主题活动在新福地广场举行。启动仪式上公布了2015年常熟旅游惠民举措和政策，并举行“2015常熟文明旅游指南”首发式和“快乐骑行，绿色出游”自行车骑行活动启动仪式，同时举办旅游现场咨询活动。

5月19日，以“新旅游、新常态”为主题的2015年中国旅游日常熟市主题活动在新福地广场举行

【常熟旅游亮相 2015 中国(南京)国际度假旅游及房车展览会】 5 月 29 日至 31 日，市旅游局组织虞城大酒店、沙家浜风景区、虞山尚湖风景区、蒋巷村等行业单位参加 2015 中国(南京)国际度假旅游及房车展览会，并展示了 2015 年的常熟度假旅游新产品和服务。

【苏州市工农业旅游与旅行社见面恳谈会在常熟落幕】 8 月 4 日，苏州市工农业旅游与旅行社见面恳谈会在常熟蒋巷村落幕。来自苏州市工农业旅游区(点)及旅行社负责人约 300 人参加会议，现场达成合作意向多份。蒋巷村代表常熟市工农业旅游区(点)与相关旅行社签订合作协议。

【2015 常熟秋季旅游推介会举行】 8 月 10 日至 13 日，2015 中国(常熟)江南文化节暨沙家浜旅游节常熟秋季旅游推介会分别在扬州、合肥、湖州、杭州四地举行。推介会上，扬州、合肥、湖州、杭州四地旅行社代表观看了常熟旅游推介宣传片，沙家浜风景区与虞山尚湖风景区作为景区代表介绍了常熟主要景区秋季旅游项目。在沙家浜旅游节专项送团活动合作协议签订仪式上，沙家浜风景区分别与四地旅行社签约。

【2015 常熟百姓生活休闲汇启动】 9 月 20 日，2015 常熟百姓生活休闲汇启动仪式在常熟三峰街举行。该活动呼应 2015 中国(常熟)江南文化节暨沙家浜旅游节的总体规划，以“精致常熟，快乐休闲”为主题，为市民和游客打造文化旅游休闲盛宴。

【澳大利亚汤斯维尔市政府代表团到访】 10 月 27 日至 30 日，澳大利亚昆士兰州汤斯维尔市企业委员会旅游发展部主任伍兹率领该市政府代表团一行对常熟进行友好访问，并开展两市旅游文化交流。代表团一行参观了曾园 · 赵园，游览了虞山尚湖旅游度假区，对有着异国情调的“江南亚马逊”——水上森林评价颇高。

【常熟参加 2015 中国国际旅游交易会】 11 月 13 日至 15 日，“2015 中国国际旅游交易会”在云南省昆明滇池国际会展中心举行，“常熟旅游”整体亮相。交易会期间，常熟参展团共发放宣传画册、宣传资料、宣传光碟 5000 余份，“江南福地、常来常熟”的品牌形象得到进一步强化。通过与各地旅游业界的交流与洽谈，开阔了参展团成员的视野，学习和借鉴了各地的旅游发展新理念和新思路。

【常熟组团参加 2015 海峡两岸台北旅展】 11 月 6 日至 9 日，2015 年海峡两岸台北旅展在台北世贸中心举办。展会期间，常熟旅游局、沙家浜、虞山尚湖景区的工作人员向台湾市民发放具有常熟代表性的旅游纪念品及各种旅游宣传资料。并开展台湾旅游达人推荐、大闸蟹擂台等多项精彩活动，吸引了众多台胞的驻足参与。

旅游行业管理

【获 2015 年省旅游业发展专项引导资金支持】 4 月 2 日，省财政厅、省旅游局下达 2015 年度江苏省旅游业发展专项引导资金计划(苏财金〔2015〕18 号)，常熟虞山尚湖旅游度假区兴福美丽村庄建设工程、梅李聚沙园升级改造工程及东方红木家具艺术馆工业旅游基础设施建设工程等 3 个项目获得省旅游业发展专项引导资金支持。

【旅游局组织开展全市旅游安全执法检查】 4 月 29 至 30 日，市旅游局联合安监、质检、交通、公安、消防大队等单位对全市重点旅游单位进行了节前旅游安全联合执法检查。旅游安全联合执法检查共分成 5 组，重点抽查旅游服务中心、沙家浜、交通旅行社、虞山锦江饭店等 24 个单位，重点就消防安全设施、旅游应急预案、旅游经营秩序、旅游车船等方面可能存在的安全隐患进行排查并提出整改意见。

【市旅游局举办“新常态下旅游企业核心竞争力提升”专题培训】 6 月中下旬，市旅游局分别组织“新常态下酒店核心竞争力提升”和“新常态下旅行社核心竞争力提升”专题培训。邀请高校教授和业内专家，通过案例互动等方式，为全市星级旅游饭店、旅行社分别讲授大数据时代的酒店管理、餐饮客房的品质管理创新到酒店人力资源管理，旅行社营销模式创新以及旅游与信息技术结合、旅行社发展电子商务活动现状等方面经验和知识。

【市旅游质监所开展全市旅行社及服务网点规范经营检查】 7 月至 8 月，市旅游质监所成立检查服务组对全市旅行社及服务网点开始为期两个月的专项检查，积极宣讲《中华人民共和国旅游法》《旅行社管理条例》《导游人员管理条例》规定要求。检查服务人员根据合同档案和业务管理资料，逐一对照检查项目，登记受检情况。通过检查，切实提高了从业单位和人员的旅游

12 月 23 日，2015 年度常熟市品牌导游讲解员评选活动颁奖仪式举行

法制及优质服务意识，进一步规范企业诚信、依法经营。

【蒋巷村等入选首批全国乡村旅游品牌名单】 8月12日，全国首批乡村旅游“千千万万”品牌名单公布，蒋巷村获“中国乡村旅游模范村”称号；常德盛获“中国乡村旅游致富带头人”称号；梨花邨农业生态园获“中国乡村旅游模范户”称号；旺桥观光休闲园、瑭璜亲水生态园农家渔村酒家、小凤饭店、李园生态园水上餐厅、梨花邨酒店、百果园饭店、山里人家菜馆等获“中国乡村旅游金牌农家乐”称号。

【常熟成为全国第8个联合国世界旅游组织可持续发展观测点】 8月31日，联合国世界旅游组织秘书长塔勒布·瑞法依正式签署批文，同意常熟成为联合国世界旅游组织旅游可持续发展观测点。至此，常熟与桂林阳朔、黄山、张家界、喀纳斯、成都、河南(焦作、洛阳)、西双版纳等著名旅游目的地一起跻身旅游可持续发展第一方阵。其中，常熟观测点监测主题为：“经济发达地区旅游产业发展与居民生活品质、幸福指数提升”和“经济发达地区旅游产业发展与生态保护”。

【常熟开展旅游纪念品市场专项联合整治行动】 10月20日，市旅游局、市场监管局、商务局联合开展常熟市旅游纪念品市场专项整治行动，针对沙家浜景区周边和景区内的旅游品制作销售、王四食品厂旅游商品开发销售、绂衣堂网络经营旅游商品网络销售等环节开展检查，特别对景区餐饮服务单位的原材料和成品进行抽样检测，食品经营单位销售的预包装土特产产品抽样检查。

【常熟选手在“2015苏州农家乐技能大赛”获佳绩】 11月26日，“2015苏州农家乐技能大赛”在苏州高新区马山游客中心举办。常熟百果园饭店的“桂花板栗红烧肉”以总分第二的成绩获评2015苏州农家乐“十大金牌菜”，渡口饭店的钱建英、梨花邨农业生态园的夏娟娟分别以“江南水乡宴”和“梨园韵味”主题创意摆台获“十佳服务明星”，常熟市旅游局获最佳组织奖。

（高春明　周雅秋）

虞山尚湖旅游度假区

【概况】 虞山尚湖旅游度假区负责虞山尚湖的资源保护、开发、利用、建设和管理。全年完成地区生产总值11.13亿元，同比增长2.46%；一般公共预算收入2.92亿元，同比增长1.51%。完成全社会固定资产投资10.8亿元，同比增长34.2%。服务业经济份额上升，行业运行稳健，实现服务业增加值7.68亿元，同比增长3.1%，在地区生产总值中的占比达69%；实现服务业开票收入36.1亿元，同比增长12.3%。社会消费品零售总额5.1亿元，同比增长8.4%。工业运行速度放缓，完成工业总产值16.1亿元，同比下降0.5%；规模以上工业产值12.4亿元，与上年持平。加快推进企业“新三板”上市进程，华能环保完成挂牌。虞山尚湖被评为国家生态旅游示范区。完善旅游配套设施，提升景区景观质量。尚湖景区建设精品牡丹园和宿根植物园，联合圣百合公司打造尚湖妖怪村，推出流香馆钓蟹体验活动。虞山景区修缮辛峰亭，打造大石山房读书吧，成立半山轩读书俱乐部和维摩书院，新建三峰书屋。做精做优虞山尚湖四季节庆品牌，继续办好牡丹花会、风筝节、杨梅节、金秋灯会、红枫节等活动。促进旅游与体育的融合，承办第五届舟钓世锦赛和首届中国路亚舟钓公开赛、尚湖半程马拉松、江苏省龙舟精英赛、南湖徒步大会等大型赛事和活动。根据游客需求定制旅游特色产品，华东长线市场推出湿地竹筏观鸟游，长三角团队推出蒸菜美食体验游，本地市场推出烘培、陶艺等亲子互动项目。调整虞山尚湖旅行社有限公司职能，新设资产运管中心，改造经营湖甸度假酒店。拓展远端市场，华东团、火车专列团增幅显著提高，远端华东客源市场同比增长44.6%。拓宽销售渠道，新增微信销售平台，网络电商市场同比增长8.6%，网络分销商达387家，组织旅游推介24场次。联合常熟电视台等开展“常熟市特色休闲农家”评选活动，提升乡村休闲旅游品质。媒体宣传形式多样，制作完成《湖山岁月》形象宣传片、《休闲山水间》旅游推介片、《南湖湿地公园申报片》，在省级电台扩大宣传声势，充分利用微博、微信等新媒体平台。虞山尚湖景区全年接待游客920万人次，同比增长4.3%；门票收入3135万元，同比增长6%。推进南湖湿地中心区生态修复，全年完成投资9478万元。虞山尚湖江南文化产业园申报江苏省第二批重点文化产业园区，出版《虞山尚湖文化丛书》，清权祠评为苏州市爱国主义教育基地，“虞山三月三报娘恩”“古船制作技艺”入选江苏省第四批省级非物质文化遗产名录。弘扬和践行社会主义核心价值观，积极选树张林宝等一批身边好人，三峰农家乐基地被命名为省级巾帼农家乐示范基地。深入推进平安度假区建设，刑事发案同比下降10.88%，查纠交通

虞山尚湖景区

违法行为11577起。排查安全生产隐患563条，整改率达97.3%；“三合一”整治完成1905家，整改率达94.49%；安全生产事故下降33%，全年未发生安全生产亡人事件。积极培育“两新”调解组织，完善信访接待制度，集访和个访同比下降15.2%和20.3%，社会大局保持和谐稳定。寺路街历史法治文化街被命为全市第六批法治文化示范点。

【卡亚克舟钓赛】 2月27日，由中国钓鱼协会（CAA）在天津举办的年度会议上，国家体育总局体育指导中心与常熟虞山尚湖旅游发展有限公司签订关于“2015年度钓鱼卡亚克（舟钓）世界锦标赛”的意向书，同时就此次比赛做了新闻发布。4月17日至18日、11月10至15日中国卡亚克舟钓路亚公开赛将在尚湖风景区举办。中国路亚公开赛是中国钓鱼协会正式在国内组织举办的首个路亚钓法的系列比赛活动，通过4个分站赛和1个总决赛选拔出8名国家队员参加11月10至15日在常熟尚湖举办的“2015第五届卡亚克舟钓世锦赛”。

【虞山城墙风筝杜鹃花展】 3月25日至5月5日，举办一年一届的虞山城墙杜鹃花展。此时正是观赏杜鹃的最佳时间，杜鹃花悠然绽放，品种丰富、色彩绚丽、娇艳无比。把春天的虞山装扮得美丽、清艳、火热，阳春三月，山花烂漫。赏花、摄影、杜鹃文化展等活动成为了本届杜鹃花展的一大亮点。

【世界旅游组织专家考察虞山公园】 4月7日，世界旅游组织专家ChrisRyan教授到虞山公园进行考察和评定。在景区工作人员的陪同下，教授沿着倚晴园、栗里茶室、枫径、葫芦亭、沿溪涧至亮山、映山湖、言子墓、仲雍墓等景点，对虞山进行实地考察，并对虞山公园给予好评。

【第24届中国（常熟）尚湖牡丹花会】 4月11日，第24届中国（常熟）尚湖牡丹花会开幕式在尚湖风景区举行。本届牡丹花会延续“花俏江南、美丽假日”的主题，于3月25日至5月5日，历时42天。尚湖牡丹园占地10万多平方米，包括九大色系、300多个品种、5万多株牡丹绽放在虞山尚湖畔，是江南最大的牡丹观赏园，已成为中国四大牡丹观赏基地之一。虞山城墙杜鹃花展、“情缘牡丹”相亲大会、虞山风筝节、江南茶博会、昆曲表演、“水乡人家”江南情境演绎、卡通嘉年华、书法雅集拾萃、小丑搞怪秀等主题活动。

【《虞山尚湖文化丛书》正式出版发行】 4月，由上海三联书店出版的《虞山尚湖文化丛书》正式出版发行。该书全面展示虞山尚湖历史文化风貌，为读者打开了解常熟城市发展的新视野。这套丛书共计37万字，分为《虞山尚湖景区景点》《虞山尚湖名人传略》《虞山尚湖故事传说》《虞山尚湖诗文楹联》《虞山尚湖物产资源》，涵盖虞山尚湖自然风光、名胜古迹、人文历史等各种文化旅游资源，旨在服务中外游客，推介常熟。虞山尚湖文化源远流长，虞山周围几十处文保单位和虞山印派、画派、琴派、诗派等成为常熟的文化瑰宝。经过几代人的开发建设，虞山尚湖逐渐形成山水交融、生态与文化兼备的省级旅游度假区。丛书的出版也为发掘整理虞山尚湖历史文化，充分利用其丰富的人文资源和自然资源，深度开发旅游产品起到积极影响。

【制作完成《湖山岁月》形象宣传片】 5月1日，虞山尚湖形象宣传片《湖山岁月》开拍。经过半个月的精心打磨，全面完成拍摄和制作，成功杀青。该片由虞山尚湖旅游度假区管委会牵头，由获得第二届亚洲微电影艺术节“金海棠奖”优秀作品奖的《赭》剧组组织拍摄，已于7月份完成宣传片剪辑，在8月28日举办的“尚湖退田还湖30周年庆典”上亮相。

【尚湖公司馆藏珍品在苏州博物馆展出】 5月18日，“吴珍撷萃——苏州市第一次全国可移动文物普查精品成果展”在苏州博物馆举行，展出文物均为苏州市第一次全国可移动文物普查成果，精选自17家国有单位藏品，共计100余件套。展览将持续至6月29日。尚湖公司馆藏清代纸质字画《翁同龢楷书八言联》，画心尺寸95.4厘米×46.7厘米，品相完整。此次作为国有行业收藏单位精品被选中参加展览，展现了尚湖景区乃至常熟深厚的历史文化底蕴。

【第十二届江苏常熟森林旅游生态观光节暨第十七届虞山宝岩杨梅节】 第十二届江苏常熟森林旅游生态观光节暨第十七届虞山宝岩杨梅节于6月18日在虞山宝岩景区举办开幕式，活动从6月1日至7月31日。元代常熟地方志上就有宝岩杨梅种植的记载。如今园内有百年以上树龄的古杨梅树170多株。经过长期的改良，现有“大叶细蒂”“小叶细蒂”“东魁”“螳螂子”“水晶”等16个品种。节日期间，举办了“看杨梅烧莳香轧财神”风情巡演、首届三千佛忏祈福消灾法会、祈福迎财神、宝岩杨梅酒DIY、快乐大转盘、钓粽子大赛、虞山盆景展、天然竹艺展、民间艺人展等活动。

【“寻找您心中的十碗面”评选结果揭晓】 9月19日，由虞山尚湖旅游度假区联合常熟市商务局、《常熟日报》共同举办的“常熟面面常熟——寻找您心目中的十碗面”评选活动迎来最终的现场评比试吃，为期两个月的信投票评选出的常熟20家人气面馆，角出最受欢迎的十碗面。活动在兴福老面馆举行，微信评选的20家人气面馆大厨现场烹饪特色炒浇面，由市烹饪协会专业评委和特邀嘉宾进行试吃评判，评委依据面的色、香、味等标准进行公正打分，并当场公布比赛结果。最后，山鑫园面馆、嵩山面馆、兴福老面馆、状元面房、兴福望岳楼老面馆、鸿汛面馆、含晖面馆、金楠居面馆、对面对面馆、海天面馆10家店的面被评为常熟人心中的十碗面。

【4个文化产业项目成功签约】 9月19日，由市政府主办的常熟市文化旅游产业说明会暨重点项目签约仪式在国际会议中心举行，度假区管委会主任徐学东、管委会副主任蒋国华、党工委委员沈成等出席签约仪式。当天，创想信息科技项目——创想会客厅、南湖湿地房车露营地、九座文化创意艺术园、尚湖妖怪村4个文化产业项目成功签约，这对推动度假区文化旅游产业迈上新台阶具有重要意义。至此，全区共

有文化企业95家。

【尚湖金秋国际灯会】 9月19日至10月7日,“郎牌特曲”尚湖金秋国际灯会在尚湖风景区举行。该灯会由常熟市人民政府、苏州市旅游局主办,常熟市旅游局、常熟虞山尚湖旅游度假区承办,是2015中国(常熟)江南文化节暨沙家浜旅游节的重要组成部分。本届灯会共分为灯会主会场区、国际灯组展示区、2015中国旅游年主题的展示区和特色美食互动区四大灯区,共计31组灯组。同时,虞山城墙景区在中秋、国庆期间还为市民游客开设夜花园。

【流香馆钓蟹体验活动上线】 国庆期间,尚湖景区推出钓蟹体验活动。活动场所区位于尚湖风景区流香雅轩服务点,流香雅轩设施配套,静谧雅致,可品茗赏湖、垂钓休闲、体验烘培。游客可在垂钓抛竿、网兜等蟹中,学习钓蟹窍门,享受满满收获的喜悦。景区同时向游客提供大闸蟹当场烹煮加工服务。

【常熟农商银行杯2015第五届常熟尚湖国际半程马拉松邀请赛】 “常熟农商银行杯”2015第五届常熟尚湖国际半程马拉松邀请赛——环太湖马拉松系列比赛(常熟站)于2015年10月18日上午8点30分在尚湖风景区进行。邀请赛由中国田径协会、江苏省体育局、常熟市人民政府主办,常熟市体育局、常熟虞山尚湖旅游度假区管理委员会、常熟市阳光跑步俱乐部承办,常熟市虞山尚湖旅游发展有限责任公司、常熟市道合文化传媒有限公司协办。邀请赛有中国、肯尼亚、美国、加拿大、英国、法国等15个国家和地区的8000多名运动员报名参赛,国内参赛城市达260个。其中特邀9名肯尼亚专业选手以及杨定宏、王田等国内著名选手。前期还举办马拉松赛启动仪式、梅李越野赛等配套宣传活动,比赛期间还举行马拉松摄影摄像大赛、马拉松征文等群众性配套活动。

【2015第三届江南茶文化博览会开幕】 由常熟市旅游局、市文广新局、虞山尚湖旅游度假区管理委员会主办,虞山尚湖旅游发展有限责任公司、江苏望虞台文化创意有限公司、常熟虞山茶文化传播有限公司承办的第三届江南茶文化博览会,于11月7日至9日在虞山维摩山庄举行。本次茶博会还举办了“互联网+传统企业转型高峰论坛”,并邀请北京大学访问教授、正和岛战略顾问、《众创时代》作者、美籍华人吴霁虹,中国禅茶协会秘书长王文国,社群书院联合创始人、惠量小院创始人季烨等互联网专家、茶界专家、社群领袖出席,以“互联网+”的理念、技术、案例为研讨内容,推动中国传统企业实现互联网转型。通过互联网发布各自的茶会创意。

【南湖湿地中心区生态修复工程建设】 2015年,度假区着力推进常熟南湖湿地中心区生态修复各项工程建设,全年完成投资约9000万元,累计投资约4.5亿元。完成垂钓中心综合管理用房、临湖配套服务用房及4座公厕建设工程;基本完成了樱花园10多公顷绿化种植及道路等市政配套建设;组织实施主入口、科普园、植物园等绿化提升工程,基本完成露营地、红枫园、垂钓中心等绿化建设工程,种植各类树木20000多棵、水生植物3万多平方米。完成垂钓中心护岸挡墙、道路、水电管网等市政建设工程;完成了临湖观景台、大游船码头、小游船码头及多功能自行车站台建设工程;完成公园内部道路监控等智能化设备安装及调试;基本完成三期30万平方米湖底清淤工程,疏浚淤泥31万多立方米。（江建华）

沙家浜风景区

【概况】 2015年,景区全年共接待游客221.62万人次,实现总收入1.18亿元,同比分别增长5.45%和6.59%。投资32万元建设无线覆盖项目,在景区内布置40多个AP(信号发射器),无线信号基本覆盖整个景区。对原有票务系统进行全面提档升级,增添电子检票闸机,革新电子门票系统,拓宽游客进入通道。新的智慧票务管理系统主要包含电子票务、智能闸机、自动售取票机、游客分析统计等功能;同时游客也可以通过网上订票或自动售票机等渠道购票,采用刷卡、闪付、支付宝、微信扫码等形式付款,到景区后可凭手机

沙家浜风景区

二维码、身份证、指纹等方式检票入园。3月25日，中国新四军研究会铁军影视中心在沙家浜拍摄六集文献纪录片《沙家浜》。4月30日，北京新四军研究会一行数人在沙家浜风景区缅怀革命先烈，采集"红色热土"，为抗日战争胜利70周年纪念活动做准备。7月1日至17日，央视七套《美丽中国乡村行》摄制组与央视十套《文明密码》摄制组对沙家浜的历史民俗、自然生态，以及以水产养殖为典型的村民致富故事进行全方位的挖掘与介绍。是年5月，沙家浜风景区入选国家旅游局公布首批"全国旅游价格信得过景区"；9月，沙家浜革命历史纪念馆入选"江苏省双拥示范基地"；10月，常熟沙家浜旅游度假区获得"最具文化创意旅游度假区"称号。

【"沙家浜精神"纪念抗战胜利70周年——全国征文评选活动】 4月2日，由中国作家出版集团联合常熟市委宣传部、沙家浜镇共同举办的纪念抗战胜利70周年全国征文评选活动在北京启动。中国作家协会副主席何建明出席活动新闻发布会并讲话。此次征文活动以军民鱼水情，共圆中国梦；牢记历史、点赞人民、书写时代；青年学生的使命与责任；与沙家浜抗战斗争相关的今古传奇故事，面向国内作家、诗人、学者以及各大高校的在校大学生。作品体裁为原创短篇小说、散文、纪实、诗歌、辞赋等，非诗歌类作品字数在1万字以内，诗歌类作品字数在200行以内。

【第十届苏州国际风筝节暨第十三届沙家浜阿庆嫂民俗风情节开幕】 4月4日，第十届苏州国际风筝节暨第十三届沙家浜阿庆嫂民俗风情节在沙家浜风景区开幕。此次风筝节以"让心灵起舞、让梦想起飞"为主题，由苏州市旅游局、沙家浜镇、常熟沙家浜旅游度假区管理委员会共同主办，内容包括筝奇斗艳·风筝汇展、一筝高下·风筝制作、七彩童筝·亲子手绘、筝情永恒·情侣手绘、筝材实料·名家表演和筝爱飞翔·公益义卖六大主题活动。

【第30届爱鸟周活动启幕】 5月17日，由常熟市科协、常熟理工学院、沙家浜镇政府、常熟市林业站以及沙家浜国家湿地公园共同举办的常熟市第30届爱鸟周活动在沙家浜风景区启动。本届爱鸟周在以往各届的基础上，更加注重现场与游客及广大爱鸟人士的互动。沙家浜风景区广场专门设置三道特殊的"墙"，分别为"观鸟摄影墙"、"猜鸟谜语墙"和"爱鸟心愿墙"，游客既可以欣赏到各色珍禽鸟类的珍贵照片，竞答猜谜分享爱鸟知识，还可以在心愿墙上签名，表达保护鸟类、热爱。

【第八届沙家浜端午文化节开幕】 6月20日，"我们的节日"第八届沙家浜端午文化节暨"建华模具杯"龙舟邀请赛在沙家浜风景区开幕。本次赛事由苏州市体育文化研究会、常熟市体育局、常熟市文广新局和沙家浜镇政府联合主办，常熟建华模具科技股份有限公司冠名协办。常熟理工学院、常熟建华模具以及沙家浜镇各村和社区的16支队伍参加比赛。本次龙舟竞赛项目为男子12人龙舟比赛直道竞速500米，通过预赛、决赛两轮赛制比拼，常熟理工学院代表队获冠军。

7月3日，"寻访苏州的抗战印记"大型新闻行动启动仪式在沙家浜革命历史纪念馆举行

【《今日沙家浜油画作品展》上海站画展开幕】 7月23日，纪念抗日战争胜利七十周年——《今日沙家浜油画作品展》上海站画展在上海市普陀区社区学院开幕。本次画展，由江苏省常熟沙家浜旅游度假区管委会与长三角油画交流艺术中心联合主办，沙家浜革命历史纪念馆协办，苏州乐凤居文化策划公司策划，上海市普陀区社区学院承办。展出的油画，大都以风景写实和革命人物来表现，在造型和色彩等方面，忠实于革命题材和自然风景原貌。

【沪剧《芦荡火种》复排首演】 8月1日，经典沪剧《芦荡火种》在沙家浜部队诞生地——常熟复排首次正式演出。当年在沙家浜养伤的36名伤病员家属代表、解放军第二十集团军"沙家浜部队"官兵代表、驻常部队官兵代表和当地市民一起观看演出。为纪念中国人民抗日战争暨世界反法西斯战争胜利70周年、经典沪剧《芦荡火种》公演55周年，中共常熟市委宣传部、常熟市双拥办公室、中共沙家浜镇委员会与上海市沪剧院，共同主办这次经典沪剧《芦荡火种》复排后的战地首演活动。

【全国红色旅游万里行江苏分会场启动仪式】 8月31日，由国家旅游局主办、江苏省旅游局承办、常熟市旅游局和沙家浜风景区协办的"铭记历史·圆梦中华——全国红色旅游万里行江苏分会场启动仪式"在沙家浜风景区举行，江苏省旅游局及全省各市旅游局（委）代表、江苏省30家重点红色旅游景区负责人出席本次活动。启动仪式上宣布"全省红色旅游故事会大赛"的获奖名单，并举行颁奖仪式，与会嘉宾共同观摩部分获奖选手的讲解视频。除启动仪式外，还举行"千名游客红色旅游景区行"和"红色景区联展及现场宣传推广活动”。

【2015中国(苏州)阳澄湖大闸蟹开捕节暨沙家浜美食节开幕】 9月20日，2015中国(苏州)阳澄湖大闸蟹开捕节暨沙家浜美食节开幕。本次活动由苏州市阳澄湖大闸蟹行业协会和江苏省常熟沙家浜旅游度假区管委会共同主办，沙家浜风景区承办，顺丰速运、苏宁易购、京东集团和一号店等多家网络销售平台和运输平台同时亮相，当天各方嘉宾、媒体代表和现场游客超过500人观看开幕式。

【获“全国科普教育基地”称号】 6月29日，沙家浜国家湿地公园(苏州沙家浜旅游发展有限公司)被中国科协公布为2015—2019年度“全国科普教育基地”。沙家浜积极参加各类重大科普活动，开展科普宣传周活动、公众开放日活动、爱鸟周活动、市民科普游活动等。此外，公园还成立沙家浜湿地自然学校，开展具有科学性、趣味性和体验性的教育活动，主要是湿地野趣亲子游、中小学生素质拓展和科普夏令营活动等。经过多年努力，沙家浜国家湿地公园充分发挥应有的科普宣教功能，得到游客的认可和肯定。

【沙家浜革命历史纪念馆入选“第二批国家级抗战纪念设施遗址名录”】 8月25日，国务院公布第二批100处“国家级抗战纪念设施、遗址名录”，常熟沙家浜革命历史纪念馆名列其中。沙家浜革命历史纪念馆紧扣爱国主义教育和革命传统教育两大主题，还原了沙家浜的革命历史和新四军的战斗历程，再现了沙家浜部队(新江抗)浴血抗战和军民鱼水深情同仇敌忾的真实情景。

【获2015年现代“最具魅力乡镇(村)”称号】 11月12日，2015年现代“最佳生态旅游目的地”和2015年现代“最具魅力乡镇(村)”评选活动颁奖典礼在南京举行，沙家浜获2015年现代“最具魅力乡镇(村)”称号。沙家浜是中国历史文化名镇和中国特色景观旅游名镇，小桥流水、临河人家，凸显着江南水乡特色；明清古宅、典籍文章，彰显着古镇文化底蕴。著名思想家顾炎武在唐市创办“亭林书院”，留下“国家兴亡，匹夫有责”的传世名言。深厚的人文积淀和水乡韵味折射出沙家浜的独特魅力。

林场消防演练

【获评江苏省“旅游+互联网”典型】 12月16日，“沙家浜风景区智能化票务管理系统”获评2015年江苏省“旅游+互联网”模式创新优秀项目。沙家浜风景区实施“智慧景区”的建设，经过不断探索，“数字沙家浜”取得阶段性成果，景区的服务水平和服务质量也随之得到显著提升，打造“入园电子化，消费便捷化”的服务目标，获得游客一致好评。

(潘　佳)

虞山林场

【概况】 2015年，虞山林场做好999公顷省重点公益林管护工作，实施虞山林相改造项目，在拓植腊梅、红梅、紫荆、早樱、银杏等共计200多株。开展虞山森林病虫害的监测预报工作，主要针对对松褐天牛、松毛虫、松干蚧、竹巢粉蚧、缀叶纵螟、美国白蛾的监测。施放肿腿蜂、花绒寄甲150万头进行生物防治。实施虞山林相改造项目，在拓植腊梅、红梅、紫荆、早樱、银杏等共计200多株。做好市级315棵市级和场属1300棵名木古树的有偿保护工作。清理疫木1058株，免疫注射3112株。实施春季犬防防疫数845只。加强茶田、果林、毛竹管理，发展生态林农业。投资100多万元加强森林防火基础设施建设，清理可燃物606公顷。做好“四个百万亩”占补平衡(1.52公顷)和南湖荡农用地的申报工作。加强尚湖水草清理和河道网簖、船只专项整治工作。兴福茶园获常熟市非遗传承保护基地称号。

【虞山29年无较大森林火灾事故】 2015年，虞山林场落实森林防火责任制，全面加强防火宣传力度。开设防火业务能力培训班，开展森林防火专项演练，提高森林防火实战能力和应急处置能力。加强防火基础设施建设，采用远程监控与站点管理模式，利用科技防控与人工看护相结合的方法，形成有效的防控监视体系。同时严控火源，加大岗点巡查，与辖区单位签订森林防火责任状，落实森林防火例会制度。至年底，虞山连续29年无较大森林火灾事故。

(江建华)

责任编辑　虞　柳

综　　述

【概况】　2015年，常熟城乡建设积极应对新常态带来的新变化和新挑战，大力推进民生工程建设，着力推动行业平稳发展，为"十二五"规划的胜利收官画上圆满句号，也为"十三五"发展的顺利开局奠定坚实基础。

年内，常熟市推进城市中心区域，特别是老城区域市政道路的拓宽和完善，相继实施元和路快速化改造、书院街扩宽改造、红旗北路升级改造等工程，老城区南北向的交通通畅程度得到有效提升。同时，加快实施长江路东延、衡山路北延、莲花路等新城区域的道路工程，进一步完善相关区域的路网结构，为市民出行和片区开发提供良好保障。新开工建设各类保障性住房2706套，建成1054套；晨枫家园保障房小区完成工程总量的58%；并有序实施了菱塘北村等6个区域（258幢30.88万平方米）老住宅小区、以及珠江路两侧39幢房屋的改造工程，惠及居民4300多户；出台并实施《常熟市住房保障实施办法》，将以往的"补砖头"调整为"补人头"，全面实行城乡一体的货币化保障政策。实施《常熟市危险公寓房解危指导意见》，并配套出台《关于危险公寓房解危过程中适用共有产权、特殊困难户补助、异地安置解危等问题的补充规定》，制作工作流程图和各类规范性文本，稳妥推进全市危险公寓房解危工作。6月25日，住建部部长陈政高到常熟调研，对常熟扎实有效推进危险公寓房解危工作给予充分肯定。三环路生态绿化和慢性系统工程一期东南环（建华转盘—青墩塘段）全部完成，共种植行道树2614株、林带乔木1.8万株、大灌木9800株；二期东北环（青墩塘—白云加油站段）抓紧推进。完成房地产开发投资150.58亿元，商品房新开工137.53万平方米，竣工79.53万平方米，商品房销售171.44万平方米，存量房交易103.37万平方米，商品住宅平均销售价格9023元/平方米，保持基本稳定。出台住宅小区物业管理补贴办法，对保障房物业服务费实施财政补贴；下发《常熟市业主委员会工作指导手册》，指导规范业主委员会的备案和活动，全年累计新建备案业委会22个，换届备案29个，全市业主委员会数量提高到193个；并全面启用住房维修资金新系统，使维修资金的使用更加公开、透明。全年实现建筑业产值154.54亿元，新开工面积482.74万平方米，竣工577.8万平方米；成功申报省级绿色建筑示范市，通过施工图审查的绿色建筑面积143.6万平方米；推进工程质量治理两年行动和建筑工地扬尘防治，开展各类监督检查1224次，整治工地1157个，消除工程质量和安全生产隐患4735个，安全生产责任事故同比下降66.67%。25处城镇燃气设施占压隐患的整治全部完成；以市政公用信息系统管理平台为依托，市政设施精细化管养水平得到全面提升，市政设施完好率保持在90%以上，路灯节能普及率提高到85%。抓好城区绿地补绿，全年累计完成乔灌木补植25万株，补植面积达8.5万平方米。

（张　宇）

城区珠江路景观

城乡规划

【概况】 2015年，市规划局进一步加强控制性详细规划、规划研究等相关工作的开展，并全力推进“多规合一”工作。年初，由市规划局组织发改、国土、环保等主要部门赴厦门、广州实地考察“三规合一”工作，借鉴广州和厦门的实践经验，初步形成以《美丽常熟〈常熟市城乡空间发展战略规划〉》为引领，通过土地利用总体规划、城市规划、经济社会发展规划、生态建设规划等规划的“多规合一”，实现空间规划、信息平台和建设审批管理等方面相互协调和衔接，统筹城乡空间资源配置的基本思路。“多规合一”工作计划和实施意见已得到市委市政府认可，并于6月上旬召开“多规合一”启动大会，已完成城规整合一张图、土规整合一张图、生态控制线初步方案，已形成多规图斑差异对比初步方案。继续深化完善已经开展的控规编制工作，对文化片区、虹桥片区、昆承（藕渠）片区、元和建华片区、元和甸桥片区、龙腾片区的控制性详规进行修编；并与虞山高新园共同编制《城市北部生活社区控制性详规》，为城市北部片区的开发建设提供规划依据。进一步完善火车站片区控规的编制，确定火车站片区的用地布局及路网结构，编制《常熟火车站核心区城市设计及交通组织研究》。与交通局共同委托设计单位编制《常熟市市域沪通铁路涉铁通道专项研究》，在现状调研的基础上，进一步梳理穿越沪通铁路设施的规划情况，考察其实施与铁路建设的关系，结合沪通铁路建设方案，评估涉铁设施在铁路范围内的实施难度和工程可行性。进一步落实严格的规划管理措施，提升规划管理水平，因地制宜地出台《常熟市实施〈江苏省城市规划管理技术规定〉（2011年版）之指标核定细则》（2015年版）。配合住建部门完成《关于加强城市地下管线建设管理的实施意见》初稿。继续深化规划管理审批制度，全年共核发规划审查意见及“一书两证”（选址意见书、建设用地规划许可证、建设工程规划许可证）482份；出具规划条件125份，规划选址意见审查57项，确认用地性质112项，临时用地、收储红线及征收意见等共80项；办理规划核实85件，完成超占地确认22份；立案查纠各类违章121起，查处违法建设面积超过18万平方米；主动公开政府信息3025条，处理回复“寒山闻钟”“12345”、在线回复、部门信箱、人民来信、官方微博等共计808件次。首届市民规划师正式“上岗”。2015年，市民规划师积极履行职责，参与到常熟市规划局部分规划编制项目的咨询和论证，为城市规划建设提出很多建设性的意见和建议。

【《美丽常熟——常熟城市空间发展战略规划》提交讨论】 7月7日，《美丽常熟——常熟城市空间发展战略规划》（以下简称《规划》）提交规委会第一次全体会议讨论。该《规划》2014年由市规划局委托悉地国际咨询公司编制，是“多规合一”工作重要的引领性文件。规划在新常态的城乡规划背景下，通过对美丽常熟六大特质的梳理、城市发展的核心竞争力以及问题挑战分析，设定城市发展目标，提出城市发展战略，为下阶段常熟市的发展和保护空间的明确，以及生态保护、基本农田和建设用地增长边界控制线等各类边界的划定提供依据。

【“多规合一”与“三优三保”开展项目对接】 7月9日，在市规划局召开“多规合一”与辛庄镇“三优三保”专项规划的项目对接会。规划局、国土局、辛庄镇、厦门城市规划设计院、江苏省土地勘测规划院、常熟规划与建筑设计院以及苏州市博雅达勘测规划设计有限公司参加会议。“三优三保”是指“以优化建设用地空间布局保障科学发展，以优化农用地结构布局保护耕地资源，以优化镇村居住布局保障农民权益”，通过土地利用方式转变促进发展方式转变。苏州“三优三保”行动计划是江苏省节约集约用地“双提升”行动计划的重要组成部分，苏州是江苏省的试点城市，辛庄又是苏州市的试点镇。辛庄镇“三优三保”专项规划的编制，在全省范围内有着重要的示范意义。年内，辛庄镇“三优三保”专项规划成果已经基本完成，即将上报审批。“三优三保”与“多规合一”的同步推进与相互校核，有利于提高规划的可操作性。为此，在辛庄镇推进“三优三保”专项规划编制过程中，特地安排“多规合一”工作项目组，与之开展对接。

【数字常熟地理空间框架数据采集项目完成招标】 8月中旬，市规划局完成数字常熟地理空间框架数据采集项目的招标工作，为数字常熟地理空间框架提供数据更新保障。随着“数字常熟”进程的深入，城市发展、精细化管理和社会公众对地理信息资源共享服务提出了愈来愈多的需求，遵照相关技术标准与规范，规划局以“智慧常熟”为指导，按照“数字常熟”建设的总体要求，以全市现有的基础地理信息资源为基础，逐渐丰富和完善基础地理空间数据，通过地理空间框架数据库的建设，构建自然资源与空间地理基础信息数据库，并在全市数据交换中心的总体框架下，形成统一的、权威的、唯一的常熟市基础地理信息公共平台，以公共平台为核心，开展行业和部门典型的基于GIS的公共服务应用开发建设，促进地理信息资源的充分利用，推动城市信息化进程，实现全市的基础空间信息资源的共建共享。

【“常熟市地下管线普查数据更新项目”通过验收】 11月4日，“常熟市地下管线普查数据更新项目”通过验收。项目采用监理制度，加强了探测全过程质量控制。地下管线普查成果在提交验收前经探测单位“两级检查，一级验收”、监理单位跟踪检查，各项程序和手续完备。共完成352.391千米地下管线探测，完成1∶500综合管线图224幅，保证了地下管线数据的完整性与现势性。

【《常熟市古里历史文化名镇保护规划》通过论证】 12月4日，由市规划局委托江苏省城市规划设计研究院苏州分院承接设计任务的《常熟市古里历史文化名镇保护规划》通过专家组论证。通过实地详实的踏勘调研及深入研究，规划提出较为合理的保护目标、层次划分和保护对象。规划整体符合国家、省对历史文化名镇保护规划的编制要求。

【《常熟甸桥片区控制性详细规划》通过论证】 12月7日，由市规划局委托浙江省城乡规划设计研究院负责编制的《常熟甸桥片区控制性详细规划》通过专家论证。甸桥片区规划范围东至元河路—莲花路—元和塘，南至张家港，西至招商西路，北至虞山南路、环城西路，规划面积为2.72平方千米。片区整体定位为：常熟市主城区西部城景交汇的生态住区；以居住功能为主，兼有文化、休闲、旅游功能，展示常熟山、水、城一体特色的城市功能区。

【《常熟市水系景观规划研究》通过评审】 12月18日，由市规划局牵头委托悉地（苏州）勘察设计顾问有限公司开展的《常熟市水系景观规划研究》通过评审。规划从宏观、中观、微观三个层面开展研究，明确了常熟市水生态及水景观的总体格局定位，对滨水地区的开发利用提出了相应的控制和管理措施，并选取了三条典型河道进行概念性设计，研究思路清晰，重点突出。

（徐梦丹）

城市经营投资

【概况】 2015年，常熟市城市经营投资有限公司（以下简称市城投公司）及投资企业实现利润总额1.6亿元，国有资产保值增值率达到109.79%；承担的代建项目、片区基础设施配套、安置房建设等类别的58个项目，年内竣工未成年人救助保护中心、市中医院扩建、市血站迁建、老年公寓、金腾家园、昆承中学改扩建、智慧城市发展中心、游泳跳水陆上训练馆、环城西路扩宽改造二期等25个项目，开工18个项目，完成工程投资31.76亿元。其中，负责组织实施的安置房项目共12个，结转10个，新开工2个，共计建设安置房5612套，105.38万平方米。安置房加快定向销售，完成销售756套7.49万平方米。同时，抓好房产销售、招商工作，琴川嘉安正式开盘销售，已预售2.25万平方米，占已开盘部分的63%。嘉安邻里中心完成招商面积85%，塔弄商业中心完成招商面积40%。安置房加快定向销售，完成销售756套7.49万平方米。

【血站迁建竣工】 1月，由市城投公司组织实施的市血站搬迁工程竣工。该工程于2013年11月开工建设，新建血站位于虞山镇富兴路以北，香榭路以西，占地0.52公顷。新建业务楼总建筑面积6478平方米，其中地上建筑面积6331平方米，地下室建筑面积147平方米，配套室外场地、门卫、围墙、室外照明、绿化、设备采购设施。

【未成年人救助保护中心竣工】 2月，由市城投公司组织实施的未成年人救助保护中心建设工程竣工。该工程于2013年7月开工建设，项目位于虞山南路42号，新建建筑面积2027平方米，对原484平方米的办公楼进行外立面整饰，并配套室外道路、停车场、绿化、市政设施。

【智慧城市发展中心竣工交付】 3月，由市城投公司组织实施的智慧城市发展中心工程竣工。该工程于2013年3月开工建设，项目位于海虞北路51号，占地面积0.5公顷。智慧城市发展中心工程改造老楼2396平方米，拆除老楼后新建建筑面积5249.2平方米，配套室外绿化、场地、市政设施及发电组、办公设备。

【老年公寓建成投用】 5月，由市城投公司组织实施的市老年公寓工程竣工。该工程于2012年12月开工建设，市老年公寓位于虞山镇大义敬老院北侧，占地1.75公顷，可容纳800张床位，总建筑面积47326.4平方米，其中地下建筑面积6207.8平方米，地上建筑面积41118.6平方米。

【市中医院扩建工程竣工】 6月，由市城投公司组织实施的市中医院扩建工程竣工。该工程于2013年1月开工建设，项目位于黄河北路，中医院住院楼东侧。工程总建筑面积41988.4平方米，其中地上15层母子保健楼占31286.6平方米，地上6层教学综合楼6512.3平方米，门卫及辅助用房230平方米，地下1层建筑面积3959.5平方米，并配套道路、管道、绿化、围墙及相关设备。

【宝山路建成通车】 6月，由市城投公司组织实施的宝山路新建工程建成通车。该工程于2014年5月开工建设，项目北起纬一路，南至青墩塘路，全长2662.3米，道路红线宽24米，占地7.24公顷。道路设计标准为城市支路标准，采用双向两车道标准。新建桥梁4座，配套绿化、路灯、交通设施、雨水、强弱电预埋等市政基础设施。

【环城西路拓宽改造二期建成通车】 6月，由市城投公司组织实施的环城西路拓宽改造工程建成通车。该工程于2014年5月开工建设，拓宽改造后道路全长1100米，宽19米，拆迁建筑面积22619平方米。主要建设内容为：路面改造，新建桥梁两座并实施管线入池，雨水、污水、自来水管及路灯、绿化、环卫、交警、亮化、沿河挡墙等配套设施，同步实施市一中西侧环城西路至西门大街连接道路。

【金腾家园竣工】 7月，由市城投公司组织实施的金腾家园拆迁安置小区工程竣工。该工程于2013年3月开工建设，项目位于龙腾以东，江苏通润机电集团有限公司以南，占地24579平方米。总建筑面积58591.3平方米，其中住宅面积37861.1平方米，一层非机动车库2789.1平方米，配套公建4097.1平方米，地下建筑面积13844平方米并配套相应市政设施、绿化和环境设施。

【红梅路建成通车】 7月，由市城投公司组织实施的红梅路道路工程建成通车。该工程于2014年11月开工建设，项目位于文化片区，西起已建香山路，东至三环路，道路全长783.198米，路幅宽36米。主要建设内容为新建道路及桥梁1座，并配套绿化、路灯、交通设施、雨水、污水、强弱电预埋等市政基础设施。道路设计标准为城市次干路，设计车速为40千米/小时。桥梁设计荷载等级为：城—B。配套中强弱电预埋、雨水、污水、绿化、路灯、交通安全设施。

【昆承中学改扩建工程竣工】 12月，由市城投公司组织实施的昆承中学改扩建工程竣工。该工程于2014年10月开工建设，项目位于文化片区星光路，昆承中学校区内。改扩建后学校总规模为12轨36班，总建筑面积4771平方米。改建中拆除学校东北方位宿舍楼，在原址上新建3层教学楼，建筑面积2324平方米；新建三层艺术信息楼，建筑面积2145平方米；新建配电间151平方米、消防水池及地下泵房151平方米；配套场地道路、绿化、停车场等室外工程建设；新增教学办公用具智能化设备及其他材料、教学楼屋顶消防水箱及泵房设备。

【开元大道建成通车】 12月，由市城投公司组织实施的开元大道建设工程建成通车。该工程于2014年11月开工建设，开元大道西起香山路，东至三环路，新建道路737.14米，宽30米。道路采用城市次干路标准设计，设计车速每小时40千米。全线新建简支桥梁二座，设计荷载：城市A级，同时配套路灯、交通设施、雨水、污水、强弱电预埋。绿化等市政基础设施。

【发行12亿元永续债】 5月，市城投公司在全国县级市中成功注册并发行第一单中期票据（永续债）12亿元。

【推进棚改项目融资】 2015年，市城投公司（保障房公司）加强与金融机构、相关部门对接联系，棚改一期、二期融资项目顺畅推进，融资授信总额43亿元，累计提款22.7亿元，取得国开发展基金公司资本金借款1亿元。棚改三期计划融资17.5亿元正按计划推进。

【燃气事业持续发展】 2015年，销售天然气3.17亿立方米，完成天然气外管线及庭院管线施工130.77千米，累计铺设各类天然气管线1780.77千米；完成老小区改造、新建小区及城乡一体化小区居民入户安装总计25021户，累计居民用户超19万户；新增工商业用户117家，累计880多家。

【供水事业保持稳定】 2015年，中法水务有限公司供水能力为87.5万立方米/日，全市用户数为482145户，自来水入户率99.65%。2015年供水量203426754立方米，较2014年的205019492立方米减少1592738立方米，同比下降0.78%；最高日供水量为670126立方米；平均日供水量为557334立方米，较2014年的561697立方米下降4363立方米。全市周期换表23051只。

（邓志澄）

城市管理

【概况】 2015年，常熟市城市管理工作以创建全国文明城市、江苏省优秀管理城市和国家卫生城市复审为主线，紧紧围绕打造精致城市的目标，加强“百姓城管、法治城管、效能城管”建设，深入开展城乡大环境综合整治“百日行动”、城市环境综合整治等行动，全面治理城市环境薄弱区域脏乱差现象，城乡环境面貌得到明显改善，为构筑常熟“五位一体、综合发展”新优势作出贡献。全年查纠各类违反城市管理规定的行为42.7万起，其中查纠乱停车6.9万起、乱设摊7.2万起；清理乱涂贴5万起、乱拉挂3.6万起；拆除各类违章建筑303起0.6万平方米；办结行政处罚案件2986件；清运焚烧处理生活垃圾63万吨，打捞河道漂浮物2.2万吨，发电量18704.3万千瓦时，上网电量15228万千瓦时；处理炉渣12.3万吨，安全处置飞灰1.3万吨，达标处理垃圾渗滤液11.9万吨。城市环境综合整治成效明显，完成“九整治”项目39个、“三规范”项目189个。国家卫生城市通过全国爱卫办复审，成功创建江苏省优秀管理城市（一星级），北门社区——清和坊社区建成江苏省城市管理示范社区。市城市管理行政执法局和法制科科长杨文清分别被省政府法制办公室评为全省城市管理行政执法案卷工作先进单位和个人。

【成功创建江苏省优秀管理城市】 根据市政府的部署要求，将创建全国文明城市、江苏省优秀管理城市与国家卫生城市复审有机结合，实行“三城同创”，做到同部署、同落实、同推进、同督查、同考核，确保各项创建顺利推进。切实履行市创建办职责，针对省整治办反馈常熟市创建省优秀管理城市调研暗访的意见，及时制定整改方案，牵头组织开展城乡大环境综合整治“百日行动”“城市环境大家管、市容秩序大提升”环境治理、废旧物资回收业专项整治等行动，与全省城市环境综合整治工作同步推进。多次召开协调、推进会，向各相关部门、板块明确整治内容、标准要求、责任分工和时间节点，促进各项工作落实到位。同时建立市领导包干联系制度，加大督查力度，市委、市政府主要领导在全力推动面上整治工作的同时，市委书记惠建林负责市容秩序的督查工作，市长王飏负责农贸市场的督查工作。此外，其他市领导分别负责城郊结合部、背街小巷、建设工地、城市河道、环境卫生等督查工作。同时，按照市委要求，市人大、市政协领导牵头开展专项督查，市政府办专门编发督查专报，市整治办对各整治项目进行日常督查和考核，对发现的问题以通知单形式督促限期整改，每季度编发督查通报，全力推动创建工作。12月15日至17日，常熟市创建江苏省优秀管理城市通过省级考核验收。常熟市被省政府命名为江苏省优秀管理城市（一星级）。

【推进城市环境综合整治】 围绕《常熟市城市环境综合整治三年整治规划》和2015年度城市环境综合整治目标任务，认真履行市整治办职责，牵头组织住建、水利、市场监管等部门和虞山镇、尚湖等板块及南门坛上历史街区保护与整治指挥部，围绕以“九整治、三规范、一提升”为主要内容，全力推进城市环境综合整治。“九整治”即整治城郊结合部、城中村、危旧房、老旧小区、背街小巷、城市河道、低洼易涝易淹片区、建设工地、农贸市场；“三规范”即规范占道经营、车辆停放、户外广告设置；“一提升”即提升城市环境长效管理水平。至年底，城市环境综合整治40个“九整治”项目完成39个，完成率97.5%。累计清运城郊结合部、城中村乱堆放杂物274吨，修复道路7150平方米，清除乱涂贴1253处。拆除原义庄小学地块危旧房42户，修理老旧小区屋面9.2万平方米，粉刷墙体27.8万平方米。改建背街小巷道路总长848米，铺设道板砖3280平方米，挖排雨水管道1448米。完成河道清淤9.1万立方米，砌石挡墙1108米，两侧木桩护岸

5628米，修建低洼易涝易淹片区排水管道1.31万米。设置建设工地围墙2400米，清运乱堆放垃圾杂物1780吨，覆盖、绿化裸露场地2100平方米。清理农贸市场内部占道经营、乱涂贴、乱堆放87处，新建农贸菜场1个，建筑面积9849平方米。同时，全部完成189个“三规范”项目的整治。累计设置临时疏导点1处，面积6000平方米，新建停车场2处，增加停车泊位300个，拆除城区不规范户外广告设施186处，面积近2000平方米。

【全面整治市容环境秩序】 围绕主次干道、校园、农贸市场等区域存在的占道经营、流动摊贩、乱停车、乱涂贴以及设置不规范的户外广告、店招标牌等问题持续开展综合整治，累计劝离、取缔各类占道经营行为6900多起，查纠车辆乱停放6.3万起、圈占公共停车泊位3150起，清理“僵尸车”90辆，拆除不符合设置要求、陈旧破损、存在安全隐患的户外广告、店招标牌1700处约1.15万平方米。

【提升服务民生质量】 围绕群众的需求，合理设置调整城区临时疏导点4个，经营面积约1.28万平方米，容纳摊位557个，明确经营时间、经营类型，确保摊收场清。在城区30条道路沿线施划精细化停车泊位4600只，引导车辆规范有序顺向停放。新增公共自行车1200辆、站点43个、锁柱1560个，项目覆盖范围拓展至城区新建小区周边、三环路高架沿线、龙腾新村、大湖甸、体育中心周边以及元和路沿线，方便市民短途出行。创新乱涂贴治理模式，研制特效药水、纳入环卫市场化服务外包内容、推行网格化管理，有效治理“城市牛皮癣”非法张贴与小广告，累计清理城区各类乱涂贴5万多起。

【规范建筑渣土运输处置管理】 完善建筑渣土全程管控机制，严格执行运输企业和运输车辆准入制度，累计完成8家企业运输许可手续办理、390辆建筑渣土车辆密闭改装、22个建设单位《建筑垃圾处置（许可）证》的审批工作。制定《城区渣土运输专项整治方案》，持续开展建筑渣土专项整治行动，严厉打击违规运输处置建筑渣土行为，教育处罚违规运输车辆200多车次，有效遏制建筑渣土运输处置产生的环境污染。

【优化环卫作业模式】 组建机械化清扫保洁作业中心，整合机械化资源，改进作业模式，新增清扫冲洗车辆9辆，更新清扫冲洗车辆4辆，城区道路机械化清扫率94%。完善城区环卫机械化清扫保洁作业规范，明确道路清扫、冲洗、洒水作业范围、作业标准，加大城中村、居民小区、背街小巷等重点区域的作业频次，提升作业效率。按照《苏州市扬尘污染防治管理办法》，进一步调整优化《城市道路洒水抑尘工作方案》，落实城区主次干道、建设工地周边道路每日冲洗和洒水降尘措施，扩大道路机械化作业范围，增加作业频次，明确作业时间、作业标准，提高作业成效。依托环卫综合信息系统，加强对道路机械化作业的路线、时间、频次、工况和作业质量的日常监管考核，严格奖惩措施，提升道路扬尘污染防治效果。

【全面建成农村生活垃圾收运体系精品工程】 高起点规划、高标准建设、高质量管理，开展农村生活垃圾收运体系建设，建成具有常熟特色的农村生活垃圾“村保洁、镇收集、市运处”收运处置模式。按照村庄实行规范化保洁、乡镇实行集中化收集、全市实行统筹化运处的要求，指导各镇结合实际，制订农村生活垃圾收运体系建设专项规划；督促各村按照常熟市农村环境卫生管理标准以及农村环卫设施设备配套、建设及管养标准要求，按比例配备保洁员、收集员以及垃圾桶、电瓶保洁车；指导各村采用劳务合作社和服务外包方式进行村庄保洁，建立村庄环境长效管理督查考核机制；指导各镇规范建设标准化收集房，合理规划村庄垃圾收运线路135条，配套3～5吨位压缩式垃圾收集车辆。通过市场化运作，配备专业运输车辆，将农村生活垃圾统筹收运至焚烧厂。依托环卫管理综合信息系统，对垃圾运输和处理实行统一调度和全程监管。全市农村形成了“1个调度指挥中心、2座焚烧发电厂、25座压缩式中转站、40辆专业运输车辆、144辆收集车辆、2191座垃圾收集房、7600多名保洁员”的生活垃圾收运网格体系。

【加强智慧城管建设】 依托城市管理综合信息系统，进一步优化以局城市管理监督指挥中心为中枢、以各城管执法中队勤务指挥室为纽带、以责任区管控力量为终端的执法管理运行体系，完善主动发现、指挥处置、实时监管、研判预警、责任倒查和绩效考核机制，实现与便民服务中心系统、虞山镇“网格365”平台的无缝衔接。按照“主干道严禁、次干道严控、小街巷规范”要求，对乱象多发的重点路段、区域增设102路视频监控点，通过织密监控网络，提高违章行为主动发现率。新建城区290个违停车辆自动抓拍点，实现城区重点道路、重点区域车辆违停自动抓拍全覆盖。加强停车诱导系统的运行监管，为市民提供信息化、便捷化停车服务。建成投运环卫管理综合信息系统，实现对全市2座焚烧厂、35座压缩式中转站、546座公厕、248辆作业车辆运行情况的实时监控。 （沈心舟 陆婉华）

城乡绿化

【概况】 2015年，常熟市完成三环路生态绿化和慢行系统工程（东南环），新增造林绿化面积101.3公顷，完成省级村庄绿化示范村建设6个。经省林业局认定公布，常熟市2014年底森林覆盖面积19334公顷，林木覆盖率17.58%。

【义务植树活动】 3月12日，市委书记惠建林率领四套班子领导以及全市党政机关主要负责人200多人赴东三环虹桥浜南侧区域参加市级机关义务植树活动，以实际行动掀起春季植树造林活动的高潮。

【城乡绿化建设】 2015年，全市新增造林绿化面积101.3公顷，完成虞山镇福圩村丁薛、虞山镇东青村风枪泾、梅李镇圩港村北季巷、梅李镇天字村天字三区、海虞镇汪桥村汪家桥薛家宅基、辛庄镇张江泾村顾泾等6个省级村庄绿化示范村创建。主要实施并完成绿色通道提升工程42.8公顷，生态片林建设工程32.5公顷，城镇绿化5.3公顷，绿色水廊7.2公顷，湿地绿化10公顷，村庄绿化3.5公顷。完成三环路生态绿化和慢行系统工程（东南环），完成常浒河滨水绿廊概念性设计，配合土地储备中心，完成8个城区收储地块的树木安置工作以及常沙线、通港物流快速通道的绿化搬迁工作。南湖湿地公园完成樱花园、湖底清淤一期、二期及湖岸修复工程，完成湿地植物园、百果园果树种植以及穿湖堤、环湖道路外侧绿化带、沿湖绿化带、湿地科普园、半岛及鸟岛的绿化建设工程；长江湿地生态修复已启动部分绿化；荷花塘湿地公园、沙家浜湿地公园东扩的方案论证等前期准备工作正在加快推进。

【绿化行业管理】 2015年，全市绿化行业保持快速发展，绿化施工企业数量增加到42家。借助行业协会平台，规范管理各绿化施工企业资质管理工作，全年共完成8家三级企业资质就位、4家二级企业资质就位、2家二级企业资质晋升及3家新企业资质申请审核。2015年底全市共有一级资质企业4家，二级12家，三级26家，年绿化工程产值超13亿元。绿化建设队伍不断壮大，全年审核通过项目负责人共计230人，其中本地117人，外地113人，781人次通过年审。海虞南路南延段绿化工程、支梅线改建段绿化工程三标等14个项目获苏州市园林绿化优秀工程称号。

【绿色图章审批】 2015年，共完成居住区绿化竣工备案40项，市区内树木砍伐、移植、截干、切根审批10项，市区占用或临时占绿审批88项，绿化工程设计方案审批（审查）21件。全面检查市区古树名木，及时同养护单位协调对接，多方邀请专家会诊，对虞山镇谢桥古银杏、莫城古银杏、董浜镇徐市中心小学古银杏等生长出现问题的古树名木出具保护修复意见。

【绿化养护管理】 2015年，完成全市1271万平方米的公共绿地的养护。投入资金约250万元，共补植乔灌木25万株，面积约8.5万平方米。完善游园设施，优化游园服务。在城区15个游园内安装100多盏灭蚊灯，提升游园整体环境；在海虞园和长江路游园增设老年健身设施，增强游园活动项目；将漕泾绿地的木栈道更换成环保塑木，提高游园安全性；在泰慈公园建设无障碍通道，方便特殊人员入园游玩；拓宽冠云园的园路，提高游园承载力。完善游园功能，将海虞园升级改造成月季特色主题公园，共种植40个品种5000株月季，建设花坛900平方米，并对8000平方米退化草坪进行改造，种植地被5万多株，重新铺植草坪2000平方米。（王　平）

重点工程建设

【概况】 2015年，组织实施市政道路完善、老住宅小区改造、保障性住房建设、城乡绿化建设、城区水环境综合治理、城乡污水设施建设六大类21项重点民生项目，完成总投资约8亿元。

【市政道路完善】 2015年，共组织实施长江路东延道路等道路工程（殿山路—三环路）12项，新（改）建、续建道路10.9千米。到2015年底，衡山路北延道路工程（三环路—公园路）开工，沙家浜路西延工程（琴湖路—酒厂地块）完成形象进度10%，张坝路道路改造工程（报慈北路—南沙路）完成形象进度60%，莲花路贯通一期工程（东段：沙家浜路西延—划船浜路，西段：聚福路—元和路）完成形象进度80%，长江路东延道路工程（殿山路—三环路）完成形象进度85%，长江路东延道路工程（三环路—台山路）完成形象进度90%，书院街道路综合改造工程（引线街—状元坊段）、元和路改造工程（南三环—招商西路）、红旗北路道路改造工程（南门大街—环城南路）全部完成，县南街道路改造工程（新福广场过街天桥—跨塘桥）已具备通车条件，湘江路西延道路工程（报慈南路—新建报慈小学）除房屋未拆除部分外，已完成并通车。

【老住宅小区改造】 组织对菱塘北村，常福一区教工住宅，枫泾1—3区，钟楼湾2、4、6、8号，新颜路107、109号等区域实施综合改造，共计房屋258幢，建筑面积30.88万平方米，涉及居民4290户，外立面整饰工程基本完成。珠江路两侧39幢房屋维修工程全部完成，该工程建筑面积7万平方米，涉及居民900户。

【保障性住房建设】 组织实施晨枫家园保障性住房建设，小区总建筑面积10.4万平方米，8幢住宅楼及1幢社区物业配套用房，其中813套为经适房，204套为公租房，小区共计1017套。完成主体结构建设，已进入装饰阶段，完成小区总体工程量的58%。

【城乡绿化建设】 组织实施三环路生态绿化和慢行系统工程，总用地面积约107万平方米，一期东南环（建华转盘—青墩塘段）已竣工，共种植行道树2614株、林带乔木1.8万株、大灌木

海虞园景观

9800株；二期东北环（青墩塘—白云加油站段）将综合地面道路建设和招标进展情况于2016年初进场施工。完成城乡新增造林绿化面积101.3万平方米。

【城区水环境治理】 继续推进枫泾河、颜港中心河、琴川河的综合治理，开展余家角河、西角湾河、枫泾河、琴川河、斜泾河、高知楼河六条河流治理的前期工作，所有工程于2015年5月移交水利局。

【城乡污水设施建设】 组织实施2013—2015年常熟市城乡生活污水收集工程、2015年城区污水收集系统完善工程、常熟市城西污水厂扩建工程三项工程，所有工程于2015年5月移交水利局。工程移交前，2013～2015年常熟市城乡生活污水收集工程完成形象进度50%，常熟市城西污水厂扩建工程完成形象进度75%，2015年城区污水收集系统完善工程进入前期工作阶段。

（王　一　薛　青）

市政公用事业

【概况】 2015年，常熟市市政公用事业围绕市政基础设施管养、市政施工行业管理、燃气行业管理三方面展开工作，稳步提升市政基础设施管养水平，促进市政施工行业管理规范，保障燃气行业安全运行。

【行业机构改革】 2015年，开展江南水务委托运行管理的相关工作，完成委托运行前期调研、方案制订、人员处置及协议签订等工作，做好委托运行前职工身价的置换、资产处置以及过渡期间的行业监管工作，顺利实现了江南水务的委托运行。完成涉水体制机制改革工作，给水与排水管理所、节水办、污水厂3个单位隶属关系以及城区防洪排涝、城区河道、防洪设施等管理职能和设施移交市水利局，完成市委市政府的“水务一体化”改革目标。

【市政基础设施管养】 2015年，全市完成26条城区道路的改造和路面零小修、城区厅廊及沿路马路家具的维修保养，摊铺沥青61567平方米，设施完好率90%以上。加快城市照明、亮化的转型升级，对城区5条主要干道进行节能改造，节能普及率提高到85%，路灯亮灯率达到98%，设施完好率达到95%。

【城市桥梁和河道防汛工作】 2015年，完成27座桥梁的常规检测，对存在隐患的枫泾河直桥进行加固，保障桥梁安全运行；全力配合水利局做好城区河道管理与防汛工作，全年疏通下水道218.31千米，增排各类管道230米，河道清淤1.43万立方米，新增翻水泵站两座，增设河道栏杆800多米；健全应急工作组织体系和工作人员网络结构，落实应急队伍和相关物资。2015年常熟梅雨季节遭受罕见强降雨天气，期间共计出动各类防汛人员3000余人次，处理通林路、海虞北路珠江路口等积水点60余处，确保城区安全渡汛。

【燃气行业】 2015年，全市新增天然气管道125千米，新增天然气用户17607户，全市天然气用户总数达18.3万户。完成《常熟市燃气十三五发展规划》的编制，确立城镇燃气安全监管联席会议制度；推进液化石油气、天然气“打非治违”等专项整治工作，规范燃气市场的运行秩序，有效保障燃气设施的完好和安全。全年共召开各类燃气安全会议11次，组织开展液化石油气执法检查290次，排查各类安全隐患115个，暂扣各类液化气钢瓶355只，查处无证经营站点14处，对118家站点进行换发证，管道天然气开展现场检查30多次，提出整改意见60多条。全力推进整治占压燃气管道设施隐患工作，25处市级城镇燃气设施占压隐患全部整改完毕。

【市政施工行业】 2015年，市政企业完成总产值18.7亿元，其中建筑业总产值16.1亿元，同比分别增长8.14%和9.1%。全年发放建筑工程施工许可证139份，工程合同总造价14.25亿元，较2014年增幅分别为24.11%和60.54%。组织各类培训9次，培训3904人次。

（胡　俊）

村镇建设

【概况】 2015年，常熟市城镇基础设施和公共服务设施加快配套，空间布局更加合理，城镇特色风貌鲜明，镇村生态环境优良，城镇文化内涵明显提升，城镇综合实力大幅提高。

【小城镇建设】 2015年，常熟市9个镇、新区（虞山镇除外）城镇建成区面积62.98平方千米，当年完成建设投资76.92亿元，其中房屋投资66.02亿元，市政公用设施投资10.9亿元；当年竣工住宅建筑面积229.33万平方米、公共建筑面积20.83万平方米、生产性建筑面积88.97万平方米，新增道路长度108.9千米。梅李镇景观游园提档升级项目、支塘镇支塘生活广场、尚湖镇面丈塘综合整治工程、董浜镇董浜老街商务广场、海虞镇望虞河西路等重大村镇建设项目建成投用，完善城镇功能配

美丽村庄建设

套，提升城镇整体形象，满足广大群众休闲游憩和日常生产生活的需要。

【村镇创建】 2015年，村镇创建工作继续有序开展。梅李镇获"全国特色景观旅游名镇"称号，碧溪新区李袁村获"全国特色景观旅游名村"称号。梅李镇景观游园提档升级项目、天和佳苑二期现场建设管理提升项目和海虞镇新材料产业园生态湿地处理中心一期项目被评为苏州市美丽城镇建设优秀示范项目。以创促建，重在建设，形成特色，通过创建提升城镇和新农村建设整体品位，提高镇村基础设施配套和园林绿化水平，改善了人居环境。

【美丽城镇建设】 2015年，按照《苏州市美丽城镇建设综合提升阶段目标任务要求》，坚持政府引导、市场运作、资源整合、统筹协调，紧扣"美丽"主旨，深化镇容镇貌整治，提升基础设施水平，加强园林绿化美化，改善城镇环境面貌，全年共实施48个项目，总投资9.43亿元。最终达到了"美丽城镇"建设的预期目标。

【常熟市农村人居环境调查】 2015年，继续开展常熟市农村人居环境调查工作。对全市12个板块共计222个行政村的地址信息、基本情况、基础设施、公共环境、建设管理等基本信息进行全面摸底调查，并将基本信息录入全国人居环境信息系统。 （马亦屏）

防震减灾

【概况】 2015年，全市防震减灾工作围绕监测预报、震害防御、应急救援三大体系建设和苏州市政府与常熟市政府签订的防震减灾目标责任书，认真落实各项工作措施。年初，制订下发年度工作计划和年度工作百分考核细则，获2015年苏州市防震减灾工作先进集体称号。年内，全市行政区域内未发生有感以上地震。

【完善应急救援机制】 2014年市政府修编并下发《常熟市地震应急预案》后，2015年即着力推进常熟市防震减灾联席会议成员单位和各板块地震应急预案的修编工作，共修编预案32个，新编预案16个。继续加强对学校、企业等人员密集场所地震应急演练的组织指导工作，提升群众地震应急处置能力，加强地震应急救援队伍和志愿者队伍建设，购置了帐篷、照明发电机等一批应急救援装备。完成富泰绿地地震应急避难场所建设，《常熟市应急避难场所布局规划（2015—2020）》完成规划论证。董浜镇常熟市无缝钢管有限公司、沙家浜镇好的节能光电科技有限公司被苏州市命名为地震安全企业。梅李镇师德苑小区被苏州市命名为农村民居地震安全工程示范小区，锦荷社区获江苏省地震安全示范社区称号。

【规范抗震设防管理】 2015年，实施源头管理，继续与发改、规划、住建等部门共同把关，确保新建、改建、扩建建设工程全部达到抗震设防要求。加强对农村民居抗震设防的管理，要求建设部门在批准民居落架大修的同时，向户主下发一本防震减灾宣传手册、一封信和一套设计图纸，提高民居住宅抗震设防能力。

【监测预报】 2015年，加强对虞山测震台和设在白茆中学、张桥中学、外国语学校、沙家浜镇政府、支塘窑镇观测站的设备和设施的维护管理，按时进行巡检。全市监测资料连续、及时、可靠，获苏州市监测资料评比优秀。加强监测台站的环境保护，完成支塘窑镇监测站的环境改造，按照上级要求，购置备用仪器和设备。继续抓好宏观观测点的管理，及时梳理和调整宏观观测点，确保全市有20个观测站点，其中10个为苏州市级测点，做到每个测点有固定人员，制度、职责上墙。年内，接到宏观异常报告2起，经核实，排除地震前兆异常。年初制订《常熟市地震局2015年度震情监视和短临跟踪方案》，加强与常熟地震台前兆信息交流，派专业人员参加上级地震部门的震情会商，及时掌握区域内震情趋势。

【普及防震减灾知识】 2015年，组织实施三月宣传月活动，下发"关于开展纪念《中华人民共和国防震减灾法》实施16周年宣传月活动的通知"，明确宣传月活动主题、时间和内容，形成良好的防震减灾知识宣传氛围。继续抓好防震减灾科普示范村（社区）长效管理。防震减灾知识村村、企业行巡展活动顺利开展，巡展村、企业等40多个。发挥好枫泾社区和蒋巷村地震科普教育馆的作用，全年接待参观人员2.6万多人次。5月12日防灾减灾日前后，在城镇主要街道拉出宣传横幅，开展防震减灾知识进社区和赠书活动。市镇二级组织防震减灾知识培训12期、板报橱窗宣传40期、街头咨询30次，发放《读本》等宣传资料2.1万本（册）、新闻媒体宣传38次，拉宣传横幅70幅。积极参加全市科普周和组织7·28地震纪念日活动。继续开展向新增小学三年级学生赠送《读本》活动，以一个学生带动一个家庭防震减灾知识的普及。积极参与苏州市地震局组织的防震减灾作品竞赛活动，共有42份书法和绘画作品参加竞赛，获组织奖2个、一等奖2个、二等奖1个、三等奖3个。（韩仁良）

建筑业

【概况】 2015年，全市实现建筑业总产值154.54亿元，施工面积1230.91万平方米，同比分别下降22.39%和13.7%。新开工工程建筑面积482.74万平方米，新开工工程合同造价91.94亿元，同比分别减少38.7%和43.18%。

【建筑市场秩序】 2015年，集中力量加大建筑市场整治力度，综合开展"打非治违"专项治理工作，以信用综合评价专项检查和工程质量治理两年行动为主要抓手，对不办理施工许可擅自开工、违法发包、非法分包、转包、管理人员不到岗履职等违法违规行为进行重点整治，全面落实工程建设参加各方主体责任，进一步整顿和规范建筑市场秩序。全年开展信用综合评价专项检查2次，共检查在建工地137个。开展工程质量治理行动联合检查3次，共检查在建工地166个，对问题突出的7家施工企业、1家监理企业进行通报。开展监理专项检查2次，抽查在监工程项目

109项次，对存在严重问题的20家监理企业及项目总监予以通报批评，并记录不良行为。

【诚信体系建设】 2015年，"常熟市建筑市场综合监管系统平台"功能得到进一步完善，"建筑业企业、主要管理人员和工程项目"三大数据库全面升级，通过监管信息平台和"常熟建设信息网""常熟建设工程信息网"等载体，向社会公开行业信用信息。加强信息资源整合，实现常熟市诚信信息平台与江苏省、苏州市建设主管部门信用信息平台的数据对接，建立起信息共享机制。落实完善红黑名单制度和征信结果的运用，对行业内的各种失信行为和人员实施差别化管理，最终达到一处失信、处处受限的目的。

【建筑科技进步】 2015年，常熟市共有14项新技术应用示范工程通过省厅验收，25项工程通过省第二十二批新技术应用示范工程目标立项。QC成果获国家级2项、江苏省级14项、苏州市级61项、常熟市级67项。常熟金龙装饰公司的《饰面板装饰用的模块化拼装式钢龙骨结构及其施工方法》获得国家发明专利，常熟市圣峰建筑公司的《工程车辆自动清洗系统》获得实用新型专利。江苏嘉洋华联建筑装饰有限公司的中新科技城241A(30)号地块二期公共部位装修工程项目，实现了常熟市"中国土木工程詹天佑奖"零的突破。

【防清欠工作】 2015年，常熟市落实建筑领域农民工实名制管理制度，推进信息化管理。进一步强化工程款履约保证金和民工工资支付保证金的日常管理，全年累计缴纳工程款保证金1.11亿元，工人工资保证金3847.43万元。印发《关于做好当前建筑领域防清欠维稳工作的通知》，全力配合属地政府做好工程款和民工工资拖欠纠纷调处工作，重点调处了"帝宝花园""沙家浜温泉度假酒店""禧徕乐家居生活广场""玲珑墅"等工程的工程款和民工工资拖欠事宜，受理调处建筑领域各类工程款和民工工资拖欠纠纷投诉33起次，涉案金额4606.63万元，涉及建筑工人1404人次，有效维护建筑业企业和农民工合法权益。

【建筑文明施工】 2015年，组织开展建筑施工环境综合整治、施工扬尘集中整治、中高考绿色护考、夏秋季病媒生物防治、社会主义核心价值观公益广告张贴宣传、志愿者普法进工地等活动，积极配合做好市文明城市和优秀管理城市创建工作，及时协调处理各类建筑施工扰民起诉480起，全年创出国家"AAA级标准化文明示范工地"2个，省级和苏州市级、常熟市级标准化文明示范工地132个。 （张　杰）

【建设工程招投标管理】 2015年，常熟市公共资源交易中心成立，市建设工程交易中心划入公共资源交易中心管理，市建设工程招投标办公室主要负责全市建设工程项目的招投标监督管理工作。2015年，全市共办理项目发包登记317个，建筑面积475.11万平方米，投资总额388.97亿元；新开工项目1222个标段，建筑面积415.91万平方米，交易额103.58亿元，同比分别减少15.67%、47.01%、45.66%。其中，直接发包项目552个标段，建筑面积332.47万平方米，交易额63.22亿元；招标发包项目670个标段，建筑面积83.44万平方米，标底价46.56亿元，中标价40.35亿元，中标价比标底价下浮13.33%，招标工程降低造价约6.21亿元。 （陈文彬）

【建设工程造价管理】 2015年，全市建设工程全面执行《建设工程工程量清单计价规范》(GB50500—2013)及其9本工程量计算规范、江苏省各专业工程计价定额(2014版)、江苏省建设工程费用定额(2014版)。简化外地进市工程造价咨询企业资质核验和单项业务备案手续，全年经备案在常熟承接业务的外地咨询企业31家，本地造价咨询企业8家。 （谢晓芳）

【建设工程质量监督】 2015年，新受监工程447项442.51万平方米；其中建筑工程306项，市政基础设施工程141项总投资额14.08亿元。全年组织工程质量监督抽检1864次，住宅工程分户验收监督抽查91项，工程实体质量监督抽测360项，抽检原材料30组；签发监督抽检通知书7份、整改通知书45份、局部停工通知书7份，记录不良行为9份；全年通过竣工监督验收工程446项648.16万平方米，提交监督报告349份，完成竣工验收备案370份。积极宣传工程质量精品意识，引导各类创优活动，常熟市城市经营投资有限公司海虞北路47、49、50收储地块安置房(国检迁建)室内装饰等8项工程获得中国建筑工程装饰奖。 （周伟民）

【建设工程安全监督】 2015年，组织开展建筑施工安全生产"三项建设""三项行动""打非治违""安全生产月""千万农民工同上一堂课安全培训""国家宪法日宣教"以及"企业信用综合评价""企业综合考评""企业安全保证体系检查"等一系列安全生产基础性工作，组织开展春节复工安全专项检查、起重机械设备、深基坑、高支模和脚手架、施工消防安全、施工扬尘专项检查等各类专项整治以及"重点领域安全生产突出问题专项整治""预防坍塌事故专项整治及回头看""季度综合大检查""监理专项检查"、夏季汛期和冬季施工等"季节性安全专项检查"、节假日期间、"二会""世乒赛"和"16+1峰会"特殊时期等阶段性安全生产专项整治活动。全年共计排查建筑工程项目1210个/次，检查建筑面积3572万平方米，下发《建设工程施工安全隐患整改通知书》1019份，《建设工程施工局部停工整改通知书》191份，督促整改一般安全隐患4769条，重大安全隐患191条；核发建筑起重机械设备产权登记证70台、使用登记证857份；对569名建筑施工安全管理违规人员实施安全生产管理行为考核记分，对10名考核记分扣满分人员进行强制性培训，对60家建筑施工、监理企业的65名安全管理人员进行安全生产告诫约谈，对16家建筑施工、监理企业的12名安全管理人员记录安全生产不良行为；督促企业对157个达到一定规模的危险性较大分部分项工程，编制专项安全施工方案并进行专家论证，组织开展常熟市建筑施工消防应急救援演练活动，提高有效处置建筑施工突发安全事故的应急救援能力。 （陆昇荣）

【建筑施工图审查】 2015年，重点审查工程地质勘察、结构安全、消防安全、抗震设防,着力推进建筑节能减排、新技术、新材料推广应用及城市节水,从源头上保障建设工程的质量。全年审查房屋建筑工程施工图设计文件1246项,审查面积593万平方米,同比减少35.82%。其中民用建筑687项,建筑面积400万平方米。勘察项目237项。共涉及建筑设计单位104家,勘察单位50家。发放施工图审查合格证331份。通过审查,对共计897条违反强制性条文的施工图文件进行纠正。

(焦晓军)

墙体材料改革

【概况】 2015年,全市拥有非粘土新型墙体材料企业25家,年设计生产能力达到376.97万立方米(折25.77亿标砖),全年新墙材产量为5.29亿块标砖,混凝土实心砖产量为0.31亿块标砖,非粘土墙材总产量为5.6亿块标砖,利用废弃物37.76万吨。全年新型墙体材料建筑竣工项目为240项,竣工面积为419.64万平方米,其中非粘土新墙材建筑竣工面积为416.47万平方米,占总建筑竣工面积的99.24%,全部使用非粘土新墙材竣工项目有233项,竣工面积为391.46万平方米,占总建筑竣工面积的93.28%。全年返退墙改专项预收款3814万元,基金结转382.45万元。

【开展禁粘乡镇创建】 2015年,开展"禁粘"乡镇创建工作。制定《常熟市"禁粘"乡镇试点工作实施方案》,明确"禁粘"乡镇的创建的指导思想、禁粘范围、工作目标、组织分工、时间进度,以及具体工作措施;不定期开展工地摸查,对创建乡镇在建工程新墙材使用情况进行逐一排查;严格按照验收要求,指导镇建管局逐项逐条完善验收资格;同时通过出租车LED、广场宣传、工地宣传、制作宣传册、张拉横幅标语等多种方式进行宣传,取得成效。苏州大市范围内唯一试点镇梅李镇顺利通过省"禁粘"乡镇验收。

【"墙改管理系统"规范运行】 2015年,市墙改办实时接收建设单位、施工单位的预约验收申请,为全力配合在建工程的施工进度,每周安排2—3次工程现场验收,全年累计验收在建工程309个,同时在工程墙体验收的过程中抽查新墙材标识的落实情况。全年累计收款343项,金额4079.36万元,返退工程240项,返退面积419.64万平方米,返退金额3814万元,转入基金382.45万元。

【鼓励企业转型升级】 2015年,市墙改办继续做好新墙材产业的转型升级工作。鼓励新墙材企业优化产品结构,提高劳动生产率和产品质量,引导全社会大力推广应用新型墙体材料,积极参与《关于推动工业经济转型升级若干政策的实施细则》的制定,积极修改、优化新墙材项目的补贴原则、补贴对象、补贴标准、补贴程序等方面内容。全年申报省级专项基金扶持项目1项,省补贴资金40万元,地方配套40万元;市级专项基金技改项目5项,累计补贴59.2万元。

(陈璐婧)

房地产业

【概况】 2015年,常熟市完成房地产开发投资150.58亿元,同比增加1.87%;商品房施工面积918.1万平方米,同比增加0.19%,其中商品房新开工面积137.53万平方米,同比减少49.95%;商品房竣工面积79.53万平方米,同比减少31.57%。全市批准商品房预售面积151.54万平方米(不含政策性项目预售面积49.99万平方米),同比减少31.47%;年末累计可售面积281.79万平方米(不含政策性项目216.21万平方米),较2014年底减少5.35万平方米,同比减少1.86%。剔除政策性项目,全市商品房成交161.33万平方米,同比增加13.36%。全市商品住宅(不含政策性住宅)平均成交价格9218元/平方米,同比减少1.11%。存量房交易面积114.88万平方米,同比增加1.64%。核准商品房转移登记11561处,同比减少25.24%;存量房转移登记9027处,同比增加42.74%;抵押登记21909处,同比减少8.94%;核发房屋所有权证书41311处,同比减少20.96%;他项权利证书21909处,同比减少8.94%。

【编制住房建设十三五规划】 编制《常熟市住房建设规划(2016—2020)》,并经专家组一致评审通过。全面系统规划了商品房(包括货币安置的保障性住房)、安置房(包括城乡一体化安置住房以及棚户区改造住房)的建设供应总量、空间分配、年度供应量。规划期末,实现人均住房建筑面积达到52平方米。

【房地产开发经营更加规范】 2015年度,常熟出台并实施《常熟市房地产开发经营管理办法》,提高房地产开发用地挂牌出让准入门槛,加强土地批后、规划、商品房质量和房屋交付使用管理,建立健全房地产行业信用体系,全面实行商品房预售许可差别化管理。全年,核发商品房预售许可证72份,办理商品房交付备案58份。10月1日,施行《常熟市经纪信用管理办法(试行)》,规范经纪机构经营行为,对房地产经纪机构实行差别化管理。开展房地产销售上岗培训,参训232人;开展征收评估上岗培训,参训109人。

【对180家房地产开发企业进行信用考评】 7月,市房产管理处根据《苏州市房地产开发企业信用管理办法》,联合市国土资源管理局、市规划局、市市场监督管理局、市发展和改革委员会、市统计局、中国人民银行常熟市支行等部门,对180家房地产开发企业进行2014年信用考评,最终评定为A级2家、B级136家、C级28家、D级14家,对4家新设立房地产开发企业信用暂定等级进行核定,经评定,B级2家,C级2家,考评结果向全社会进行公示。

【3家百强房地产企业落户常熟5项目】 2015年,3家全国房地产百强开发企业落户常熟,分别是万科企业股份有限公司、碧桂园控股有限公司、新城控股集团有限公司。由万科企业股份有限公司开发的公望花园,位于虞山镇规划开元大道以北,金山路以东,总套数为198套,总面积为26455.66平方

米；由碧桂园控股有限公司开发的琴川碧桂花园及领誉世家分别位于香山路以东，凯文路以南及苏常公路以东，南三环以南，总套数分别为747套和60套，总面积分别为88447.23平方米和5771.10平方米；由新城控股集团有限公司开发的香溢璟庭及虞悦豪庭分别位于虞山镇规划嘉兴路以南，南沙路以西和规划丹桂路以南，宝山路以东，总套数分别为356套和292套，总面积为33963.40平方米和33810.25平方米。除香溢璟庭外，其他房地产开发项目均为成品住宅。

【规范物业服务】 2015年，常熟市出台加强全市保障性住房小区物业管理的意见、住宅小区物业管理奖励补贴暂行办法、住宅小区物业管理奖励补贴资金管理办法。常熟市房产管理处下发进一步规范城乡一体化示范小区选聘物业服务企业的通知、规范政策性项目前期物业管理招投标工作的意见、社区居委会在维修资金使用过程中履行职责的指导意见等10个文件。指导物业企业积极申报苏州市优项目，组织企业实地参观优秀住宅小区的管理，提升服务水平。2015年，8个物业项目（其中5个城乡一体化小区，2个市场化商品住宅小区，1个办公大楼）被评为苏州市优项目，是全市创建优秀项目最多的一年。下发《常熟市业主委员会工作指导手册》约1000份，指导规范业主委员会的备案和活动，至年底共成立业主委员会201个。升级维修资金管理系统，使维修资金管理和使用更加公开、透明。2015年，为加强物业管理的宣传、培训和指导，出台住建系统公职人员带头维护物业管理秩序的通知，要求公职人员带头履行物业管理秩序。

【开展多项专项检查】 2015年，组织开展物业服务收费明码标价、住宅小区装饰装修管理、住宅小区电梯运行等专项督查，全年专项检查项目27个。常熟市住房和城乡建设局会同属地政府对81个有物业管理的小区和部分政府引进的准物业管理小区开展物业服务基础性工作检查，下发《常熟市企业安全生产现场检查意见书》15份。

【加强房屋安全管理】 2015年，对擅自拆改房屋结构等行为加大处罚，对109处装饰装修中涉及拆改房屋结构的进行实地查勘，及时制止危害房屋安全行为，截至年末处理完成71处，移交城建监察大队24处；记入房产信息暂时不予办理房屋转移登记的有20户，其中5户已进行整改或按设计变更方案进行落实，恢复交易。2015年度完成房屋安全鉴定623处40.60万平方米，创新白蚁防治手段，完成白蚁灭治1647户3.65万平方米；新建预防368万平方米。完成直管公房大修1954.4平方米、中修7885.4平方米、轮修41286.88平方米。

【实现直管公房属地化管理】 9月15日，市政府第62次常务会议决定直管公房划归属地政府管理。至年末，除虞山镇外的九个乡镇完成直管公房移交手续，与委托管理单位签订委托管理协议。

2015年全市房地产行业各类企业分布情况一览表

表33

序号	名称	总数（家）	资质				备注
			一级	二级	三级	暂定三级	
1	开发企业	156	—	108	2	46	暂定二级96家
2	物业企业	130	18	13	83	16	—
3	评估企业	6	—	6	—	—	分支机构4家
4	中介机构	249	—	—	—	—	—

（汤逸纯）

房屋征收

【概况】 2015年，全市计划新开工市级住宅房屋征收（搬迁）项目29个，涉及住宅2605户，总面积55.26万平方米。至年末，共完成评估2367户，签约2228户，拆除2145户，拆除面积50.69万平方米。城区陆续完成福甸家园、常福四区一期、金山苑四区一期等安置房交付工作，共交付安置房479户、85套，建筑面积8.4万平方米。

【加快计划项目实施】 2015年，市级计划新开工项目29个，涉征民房2605户（含城区私房预拆迁130户），总建筑面积55.26万平方米。其中，征收项目13个，计划征收搬迁房屋1089户，面积13.71万平方米；搬迁项目16个，计划搬迁房屋1516户，面积41.55万平方米。其中，常浒线九里段节点改造工程、昆承工业园区综合改造工程（一期）、藕渠片区（二期）综合改造工程、火车站片区综合改造工程（一期）等9个重点项目均于一个月内快速完成，延续市级项目"当月启动、当月完成"的良好态势。火车站片区综合改造工程（二期）于12月13日启动后快速推进；昆承片区综合改造工程（二期）、金山苑三区（二期）安置房建设工程、原酒厂地块旧城区改建工程（二期）、常沙线快速化改造、通港路快速化改造、沪通铁路建设工程、1000千伏特高压工程等9个项目的征收搬迁工作陆续进入扫尾阶段。

【全力推进扫尾项目】 加大对历年结转项目的协商工作力度，加强与法院等相关部门的沟通衔接。启动房屋征收补偿决定程序7户，其中6户签约，推动原色织二厂旧城区改造项目顺利完成扫尾工作；对琴湖片区3户提起非诉执行审查，并经法院裁定准予执行1

户；加强工作协调，积极与规划部门就未经登记建筑移交与认定工作进行衔接。坚持房屋征收会办制度，通过集体会商途径解决特殊矛盾问题，进一步推动结转项目扫尾工作进程。

【健全完善政策体系】 牢固树立“依法征收”工作理念，积极研究政策措施，进一步完善房屋征收相关配套政策规定，年内陆续出台房屋征收与补偿相关标准、房屋基本重置价格、房屋装修及附着物参考价格、各镇房屋区位补偿价等5个相关文件。根据部分项目存在的矛盾复杂问题，及时就常浒线九里段节点改造等重点工程民宅搬迁补偿安置相关事宜明确处理意见，有效保障项目实施进度。突出“政策惠民”思路，以备忘录形式明确三环路外市区范围内私房申请预拆迁基本原则、实施主体、补偿安置资金渠道和房源安排，切实解决部分群众实际居住问题。鼓励和引导被征收人选择货币化方式自主购买商品房，起草《关于城区房屋征收货币化安置的实施意见（试行）（讨论稿）》。

【强化安置工作保障】 科学编制年度安置房建设计划，建立安置房建设项目工作联系制度，职能部门及时跟进项目进度，定期对在建工程实地查看进度并形成月报。加强房源审批交付工作管理。认真履行房源交付审核职能，对送审材料严格审查把关，及时沟通反馈，以不断加快审批流程，提高审批效率，有效满足南门坛上历史文化街区、环城西路改造工程（二期）、常浒线九里节点改造工程等项目选房需求。创新工作思路，探索研究盘活存量安置房源新思路，与属地政府、安置房建设单位会商，提出相应建议意见供市政府决策参考。通过预拆迁、零星房源移交、异地解危、小户型定向使用等方式逐步实现城区安置房源去库存化。

【履行资金监管职能】 建立资金监管制度，通过征收搬迁项目资金专户存储、到账报告、征收搬迁资金使用半月报、征收搬迁资金流向财政备案等制度，保证项目资金足额到位、专户存储、专款专用。确立资金预算流程。根据属地政府前期调查摸底后提供的基础数据确定取数节点，整合初始数据，按照项目征收搬迁安置方案进行项目所需征收补偿资金测算。启动阶段性决算工作。对竣工项目，及时进行成本归集并实施阶段性决算，追踪对比该项目预算情况，分析预决算差额部分。同时，在对比过程中不断完善预算口径和统计方法，切实减轻项目建设单位资金压力，降低了资金财务成本，最终实现征收补偿总成本控制的目的。

【巩固信息化建设成效】 2015年，常熟市级征收搬迁项目均已纳入网签范畴。新增预拆迁相关功能，增加项目统计功能，统计汇总不同项目的签约户数、需安置户数、已安置户数、腾房户数等数据以供查阅。优化安置房系统相关功能，针对安置房的使用及统计情况进行功能的提升，增加了房源的可视化方格图，可以更直观地查看房源的详细情况及使用状态。优化完善资金管理子系统，结合网签系统的相关数据，完善资金管理相关功能，主要涉及资金付款汇总功能、付讫标识功能、资金情况明细功能、资金使用统计功能等。

【服务基层搬迁一线】 强化年度计划管理，下达2015年常熟市住宅房屋征收搬迁计划任务；强化工作督察，建立完善常熟市住宅房屋征收搬迁进度月报、房屋搬迁工作动态报送、党务政务信息公开等制度，推动通港路和常沙线快速化改造工程等市级房屋搬迁项目实施进程；增强服务意识，选派专员加强对基层房屋征收搬迁项目的服务、指导和督促，不断推进“同创阳光”工程建设意见实施；开展2015年度“新风杯”考核工作，根据房屋征收工作量、实施情况、完成率、社会稳定等方面进行综合评价，对镇（街道、板块）房屋征收搬迁工作实施绩效考核，有效保障了年度各项目标任务落实到位。 （王唤香）

责任编辑 刘品玉

交通·邮政·快递

交通建设

【概况】 截至2015年底，苏州常熟市境内公路总里程达3418千米，公路密度为2.678千米/平方千米。其中，高速公路82千米，一级公路258.9千米，二级公路689.9千米，三级公路538.5千米，四级公路及等外公路1848.7千米。航道总里程达527.29千米。其中，五级航道112.76千米、六级航道37.88千米、七级航道66.67千米，等外航道309.99千米。通航船闸3座。年内，交通部门负责实施政府投资项目16项，总投资151亿元，其中续建工程6项，新开工及前期项目10项，年内完成投资13.5亿元。

全市公路基本情况一览表

表34

类　　别		公路里程（千米）
高速公路		82.0
等级公路	一级公路	258.9
	二级公路	689.9
	三级公路	538.5
	四级公路及等外公路	1848.7
	公路总里程	3418.0

公路建设 继2014年东南环高架建成通车之后，东北环高架部分在2015年全线已开放通车。工程年内完成投资9亿元，累计完成总投资32.5亿元。通港路已取得省发改委工可及初步设计批复，主体工程正在施工招投标；保通道路已开始施工，累计完成投资2.5亿元。常沙线快速化改造南三环至东南大道段主体工程11月底开工建设，东南大道以南段完成招标，累计完成投资1.5亿元。2015年农村公路大中修工程加紧推进，青墩塘路与G204交叉口、虞东公路建新塘桥、S338陆家宅基桥等六个工程已完成；浒沙线、辛羊线等项目的沥青面层摊铺基本完成，累计完成建筑安装工程费约2000万元。公路养护工程着力推进，福支线支塘镇区南段工程淦昌路以南段800米除交安设施外已完成基本；淦昌路以北段完成左幅沥青下面层，右幅灰土填筑；芝溪桥已基本完成，累计完成建安费1650万元；2015年农村公路大中修工程已基本完成，累计完成建安费约2000万元。路灯照明工程：通支线何市段路灯已完成安装并亮灯，浒沙线、任东线路灯照明工程正在进行安装调试，计划于2016年1月全部完工；常浒线九里段节点改造工程已完初步设计审查，正在开展立项工作。除公租房和一座加油站外，其他民房已拆迁完成，管线搬迁方案已确定。

镇村公路 提档升级工程稳步实施，续建工程中碧溪新区湖漕塘路、沙家浜镇东来路等15个工程已完工并完成交工验收，虞山镇和甸路延伸、梅李镇吴梅东路等6个工程正平稳推进，累计完成建安费约1亿元；2015年新开工程中22条道路已完成施工图审查，已开工道路20条，累计完成建安费约5100万元。通支线何市段路灯完成安装并亮灯，浒沙线、任东线路灯照明工程正在进行安装调试。

铁路建设 截至2015年年末，沪通铁路常熟段累计完成钻孔灌注桩9158根，占总量的94%；完成打入预制桩1027根，占总量的100%；完成承台993个，占总量的82%；完成墩身811个，占总量的67%；完成箱梁预制199孔，占总量的18%；完成民房搬迁708户，占应搬迁总量的99%；完成特种养殖及特种种植搬迁188处，占应搬迁总量的99%。沪通铁路常熟站站房初步方案正进一步完善；铁路前期规划方面，及时报批落实谢寺路段路改桥方案变更，协调增设沿线声屏障，完善常熟站区综合交通枢纽规划和站房设计。此外，向铁路总公司提交盐通苏嘉铁路预工可申请，配合设计单位正在进行的上位规划，同步开展同精度线位方案研究。

航道建设 实施申张线航道沙家浜段整治工程，完成投资3231万元，航道疏浚13.1万立方米，新建护岸4240米。实施苏虞线航道辛庄仓泾段整治工程，完成投资1478.88万元，航道疏浚29.8万立方米，新建护岸1326.6米。实施申张线航道大义段整治工程，完成投资1409.78万元，航道疏浚43.2万立方米。加快做好申张线改道项目相关立项手续办理及初步设计推进工作，积极配合上级部门做好工可前置报批工作。白茆塘古里段航道整治工程方案进入市级项目储备库。科学组织航标改造，提升航道服务能力。按照标体大型化和灯器一体化的要求，投资120万元，对申张线沿线4座航标进行整体改造，安装等外级航道尺度提示牌45块。

场站建设 公交候车亭321座建设基本完成，完成基础开挖浇筑133座，完成上部结构制作200多座，其中有70多座已安装完毕。新建27座公交首末站工程全面开工，赵市首末站、东张首末站、王庄首末站、小桥浜首末站的建设工程已完成。建设启用了花溪公交首末站，同时对达富公交首末站进行扩建；完成位于苏州路公交枢纽站、元和路公交枢纽站、东南公交枢纽站的3个纯电动车充电站的建设启用。出租车服务中心建设工程房建工程包括内部装饰工程及室外场地工程全部完工，完成投资1145万元。

【三环高架全线通车】 11月20日，三环路快速化改造东北环段高架道路正式通车投用，这标志着三环路高架桥面系统全线贯通。常熟内环高架又名三环快速路、三环路高架，全长35.3千米。南环、东环和北环为主线高架+地面辅道形式，全长26.3千米，总投资约为104亿元。

【示范镇创建实现全覆盖目标】 根据苏州市乡村公路管养及安保工程示范镇创建活动要求，经公路部门实地调研，拟将梅李、尚湖、支塘3个镇列入2015年度苏州市乡村公路管养及安保工程示范镇创建计划。11月下旬，梅李镇迎接省乡村公路管养及安保工程示范镇检查小组的内、外业检查，顺利通过2015年度省级示范镇的验收。尚湖及支塘镇的宣传册等汇报材料已制作完成，各项准备工作基本就绪，12月18日迎接苏州市级示范镇的考核验收，从而实现全市示范镇创建工作全覆盖目标。

交通运输

【概况】 2015年，全市营业性交通运输完成公路、水路客运量3853.22万人次，客运周转量148038.76万人千米，分别比上年下降13.7%、4.07%；完成公路、水路货运量1527.07万吨，比上年增长0.89%，；完成货物周转量266488.02万吨千米，比上年增6.90%。

客运 至2015年末，有客运车辆2858辆，其中公交车1038辆、出租车759辆、长途班车220辆、旅游客车184辆，有客运船舶4艘。有客运企业10家，其中公交企业3家、长途客运企业3家、出租客运企业3家、水路客运企业1家。开通长途客运省际班线151条、市际班线101条、县际班线15条。年内，全市新增、更新客运车辆404辆，其中城市公交新增公交车辆20辆，15辆为苏州金龙12米LNG车型，5辆为苏州金龙插电式混合动力车；城乡公交新增干线公交55辆，均为苏州金龙插电式混合动力车；新增镇村公交20辆。年内城市公交新增公交线路1条，调整延伸10条；城乡公交调整公交线路1条，延伸2条，加密27条；镇村公交新开线路15条。公交“常熟通”新增互联互通城市17个，与67城市互联互通。城市公交运营线路总长1455.25千米；日均运营班次2855班，日均运送旅客23.87万人次，日均运营里程10.98万千米。运营线路总条数70条（其中公交班线30条、区域公交线3条、旅游专线2条、学校专线5条数、定制公交班线30条）。公交夜班线路29条。市城乡公交客运有限公司共有营运车辆536辆，其中干线340辆，镇村112辆，校车84辆。全年干线镇村公交共行驶里程3266.02万千米，同比增长15.13%，发送旅客2359.19万人次，同比增长10.06%，完成旅客周转量3.67亿人千米，同比增长8.43%。运营线路总条数73条（其中干线32条、村镇公交41条）。建立监控中心，推进公交营运智能管理，配备人员单独设立了车辆GPS监控中心，实现对车辆营运和安全状态的实时监控，推进公交智能化建设。

货运 年内，全市新增、更新货运车辆2434辆，其中危化品运输车辆153辆。至年末，有各类货运车辆10743辆，其中集装箱车802辆、危险品运输车辆439辆。有船舶12艘，载重吨位35072吨，其中液货运输船舶1艘，载重吨位145吨。有道路货物运输业户（企业）5942户（家），其中个体运输业户2447户、专业运输企业665家（含集装箱运输企业125家、道路危险品运输企业29家）。有道路运输服务（含代理、装卸、仓储等服务）业户272户（家）。有水路货物运输企业9家。

机动车维修及驾驶员培训 全市共有一二类维修企业205家，其中一类4S27家、危货3家、一类综合23家、二类4S9家、二类综合143家，经过引导，市场结构渐向连锁化、规模化、专业化、品牌化、绿色化发展。全年车辆检测38520辆次，燃料消耗量核查1987辆，营运客车等级划分及评定819辆。2015年末，全市有驾校9家，有教练车520辆，教练员773人，全年培训机动车驾驶员41821人。

【服装城公交枢纽站启用】 9月25日始，将原在常熟汽车南站、国际服装城客运站、商场中路临时停车场以及虞东客运站始发的202路往任阳蒋巷、206路往何市、212路往海虞等16条线路全部迁入位于商城南路与南三环交

11月18日，新海华汽车客运服务有限公司6台充电桩正式通电启用

会处的服装城公交枢纽站。服装城公交枢纽站正式启用，该站位于服装城地区招商南路与南三环交汇处，占地面积约1.3万平方米，总建筑面积约2771平方米，建设有三层公交枢纽站，包括候车厅、售票厅、小卖部、医务室、司机休息室、托运管理室等。同时，规划建设900平方米修理车间以及8000平方米室外场地，设计日发送旅客量8000人次，总投资2441万元。建成后将具有城市公交和城乡公交一体运输功能，停车、维修保养、清洗、加气等车辆配套服务功能。

【完成国标校车更新】 在春季已经更新40辆、退出商借车辆的基础上，7月份继续更新40辆校车，实现全部统一使用国标校车的目标。根据校车全部更新后车辆大幅减少的情况，公司提前会同教育局、学校商讨调整运行线路、压缩接送人数、严格按班乘车，确保秋季新学期开学校车的正常运行。目前，共负责24所学校的学生接送，投入接送校车84辆，每天发出接送班次221班，接送乘车学生9941名。

国标校车投用

交 通 管 理

【概况】 常熟市交通运输局内设科室6个，分别是党政办公室、组织人事科、财务管理科、计划规划科、安全科、法制科。直属行政事业单位共计18个，分别是第一交通管理中心所、第二交通管理中心所、第三交通管理中心所、第四交通管理中心所、虞山交通管理中心所、服装城交通管理中心所、常熟市交通运输管理处、常熟市交通工程管理处、常熟市公路管理处、常熟市地方海事处、常熟市航道管理处、江苏省虞山船闸管理处、常熟市机动车维修管理处、常熟市机动车综合性能检测站、常熟市客货配载管理所、常熟市交通工程质量监督站、常熟市农村公路养护管理所、常熟市铁路建设工作办公室。

运政管理 市交通运输管理部门全年办理道路运输许可8189件。全年查处道路运输违法行为1548起，其中非法运营行为(黑车)61起、客运违法行为246起(含出租车违规行为65起)、货运违法行为1241起。完成50辆县内包车的招标和15辆旅游车的投放工作；完成20辆车租车投放许可；严格实施出租车驾驶员记分考核办法，对65人次的违章行为进行了记分。开展道路货物货运站(场)资质核查，复核清理不符合经营资质企业59家；复核清理无营运车辆的普通货运注册企业3028家，复核清理3074辆运输证超过两年未年审车辆。全年组织开展"安澜"行动54次，"深蓝"行动36次；布置苏州大市范围联运稽查16次；全市运政稽查共计查处安监1507件，其中重大案件526件，较大案件636件，一般案件345件。通过监控指挥中心平台处理安全监管信息26277条，对其中不正常3299条作出相应处理。完成744辆客运车辆、439量危货车辆、2800余辆普货车辆的IC卡道路运输证的换发工作。受理各类投诉举报2022起、咨询服务3022起。本年度规费征收任务基本完成，地方海事处完成规费征收600万元，航道处收取赔补偿费228.54万元，虞山船闸征收过闸费930万元。机动车维修市场管理方面，全年日常巡查320次，联合执法行动10次，车辆检测共38762辆次。

路政管理 路政执法方面，加大"治超"力度，全年共检查车辆633辆，处罚超限车辆451辆，处罚金额542400元；共清理摊点477个、非标512块，清除障碍物669立方米；共查处各类污染公路违法行为45起，金额为3.45万元；对损坏的公路路产及公路附属设施上报相关部门773起。定期对辖区内的污染源企业进行检查，减少路面污染情况的发生。与辖区内新增污染源单位签订协议书16份，承诺书8份，发放各类宣传资料600多份，对沿线污染源企业作行政指导18次，开展污染源专项整治行动13次，发出整改通知书1份，对各类污染公路行为处罚36起。采取多种方式要求全市16家混凝土企业381辆混凝土车加装防漏箱，截至年末安装率已达72%，有效减少公路污染情况的发生。

航道及港口管理 严格执行《江苏省航道管理条例》和《江苏省航道财产赔补偿收费标准》，本年度规费征收任务基本完成，地方海事处完成规费征收

600万元，航道处收取赔补偿费228.54万元，虞山船闸征收过闸费930万元。投资197万元建设基于GIS的内河航道管理信息系统，完成初步成果验收。开展危险品码头安全管理，确保附证持证率全覆盖。对全市干线航道所有无证经营码头进行全面调查和宣传，要求无证码头尽早办理港口经营许可证，已有20多家码头企业在更换合格的码头起重设备，6家码头办理特种设备检验合格证。全面开展危险货物码头作业申报工作，共受理申报3150次，合计总量37万吨。对23家两证齐全的危货泊位的申报工作进行把关，建立接入监控子平台，实时对危货码头监督管理。对4家列入苏州范围的内河码头扬尘治理商贸码头和20家常熟市范围内的内河商贸码头，全面推进码头扬尘治理。

内河及海事管理 2015年，签证船舶20631艘次，组织上航检查8809人次，出动海巡艇2924艘次，巡航里程14787千米，检查船舶14008艘次，处理各类违章654次。其中，完成营运船舶检验129艘，总吨位6340总吨，主机功率6845.9千瓦，船检必检项目执行率100%，证书发放合格率达到100%。3个风景区客船、旅游船艇安全检查率达100%，船员适任、船舶适航率达100%。年内共受理审核4起水工作业，主动为沪通铁路常熟段沿线桥梁施工单位提供水上水下活动通航安全评估和行政许可指导工作。全年检查危品码头56次，检查水上加油站点45次，检查油库8次。122社会联动接处警70起，救助遇险船舶6艘，救起船员2名。

【“蓝剑”4号超限超载车辆集中整治】 路政大队和高速公路路政大队、公安城巡大队、农村公路路政中队共同参与，采取集中联合执法方式，在全市范围内开展代号为“蓝剑”4号的超限超载车辆集中整治活动。共检查车辆633辆，处罚超限车辆451辆，处罚金额54.24万元。其中国省道检查308辆，查处142辆，结案132起，卸载236.25吨，处罚金额16.58万元。县乡公路检查325辆，查处325辆，结案319起，超限罚款37.66万元。

【路域环境专项整治】 严格按照省、苏州支队迎检实施方案和整体部署，以落实“迎国检”各项工作为总抓手，扎实开展集镇路段、道口、非标等内容的整治，其中清除摊点477个、非标512块、横幅34条、清除障碍物669立方米，拆除重复设置的交通标志12处。查处涉路施工违法行为3起，并对56起严重违法行为进行了处罚，金额为3.71万元。并对损坏的公路路产及公路附属设施上报相关部门773起。

【打造“数字海事”品牌】 结合智慧交通、平安交通建设的基础上，根据市政府关于内河治安防控体系建设的总体部署和要求，全面完成总投资570多万元的水上安全监控和治安防控体系建设，分别对全市内河水域的3家风景区客运码头、17家危险品码头和相邻县市交界水域及内围重点水域共计58处安装视频监控探头。并对新增的7家危品码头安装视频监控，充实水上安全监控和治安防控体系。 （陈峻峰）

邮　政

【概况】 2015年，中国邮政集团公司江苏省常熟市分公司实现业务总收入26441万元，同比增长19.23%，收入规模居全省县级邮政首位；实现收支差额2692万元，同比增长90.25%。业务总收入、收支差额均完成全年计划目标，继续保持高位增长，增幅位居全区第一。公司在全市共设有邮政服务网点63个，其中代理金融网点47个、纯邮政网点16个，报刊亭45处；移动合作营业厅8处；邮运线路8条。年内完成周行迁建工程以及梅李和湖苑邮政网点电子商务体验区、东门邮政电子商务服务中心建设；建成“苏邮惠民”加盟店135家、社会零售点6家、包裹自提点97家、村邮站93家，开通“邮掌柜”系统100个；完成沙家浜主题邮局、黄河路、高新园、海虞迎宾路等网点装饰改造，进一步提升综合服务能力。2015年常熟邮政继续保持“全国用户满意服务”荣誉并创建“2012—2014年度苏州市文明单位”；黄河路邮政支局获“全国现场管理星级评价五星级现场”称号；苏州市质协用户评价中心对常熟邮政开展用户满意度调查，满意度指数为91.53分，较去年提高0.47分。

【常熟市邮政局更名为中国邮政集团公司江苏省常熟市分公司】 4月21日，根据《中国邮政集团公司关于实施法人体制调整有关事项的通知》(中国邮政〔2015〕86号)要求，经过常熟市市场监督管理局核准，常熟市邮政局企业名称变更为中国邮政集团公司江苏省常熟市分公司。

【成立首家“红色”主题邮局】 5月23日，常熟邮政与沙家浜风景区联合打造的“红色”主题邮局“横泾邮局”正式开业。主题邮局内设置有沙家浜历史文化宣传区、“‘邮’出美丽沙家浜”体验区、未来邮局体验区、营业区等，提供景区纪念戳加盖、纪念邮品销售、微信DIY明信片打印等特色服务。

【邮政首批电子商务服务进农村】 8月24日，常熟梅李镇新丰村苏邮惠民电商服务站正式落成，该站点依托市农委打造的新丰村益农信息社，搭载“邮掌柜”系统，配置包裹自提架，提供网络购销、包裹自提、代缴费、信件收寄等电子商务与便民服务，是邮政切入常熟电子商务进农村示范县建设的第一步。

【开发《徐氏家训集锦》纪念册】 8月，常熟邮政深挖地方文化底蕴，将集邮文化与姓氏文化紧密结合，为全球徐氏联谊会定制《徐氏家训集锦》纪念册1万册，弘扬、传播徐氏家训文化。《徐氏家训集锦》纪念册含有《中华孝道》《中国梦——人民幸福》等邮票，内容包括明代《家规家训》编撰人徐三重、中国革命家和教育家徐特立等60多位古今徐氏名人的名言、族规、家训。

【举办《中国人民抗日战争暨世界反法西斯战争胜利七十周年》纪念邮票首发活动】 9月3日，由中国邮政集团公司发行的《中国人民抗日战争暨世界反法西斯战争胜利七十周年》纪念邮票，在常熟市沙家浜革命历史纪念馆举办首发活动。本次活动推出《中国人民抗日战争暨世界反法西斯战争胜利七十周年》纪念封，启用抗战纪念邮戳三枚，突出展现沙家浜革命烈士与遗址的光辉形象。

【改造升级城乡投递网】 2015年，常熟邮政进行城乡投递网改造升级，撤并虹桥投递部，专设快递包裹商务投递组，实现城区快递包裹专投；乡区优化了碧溪、支塘、谢桥、练塘、福山投递段道，建立起11个快递包裹同心圆投递圈，实现汽车、电瓶三轮车快递包裹投递全覆盖。

【常熟邮政在全区邮政技能大赛中获团体第一名】 2015年，常熟邮政分公司在全区"邮政技能杯"技能大赛中，取得邮政、储蓄、投递三大工种各单项团体第一及总分团体第一的好成绩，营业员李佳凭借个人优异成绩被授予"苏州市五一劳动奖章"。

【黄河路邮政支局获评全国五星级现场】 12月10日，黄河路支局通过全国质量管理协会审核，获评2015年度"全国现场管理星级评价五星级现场"。支局在日常工作中，围绕"一心、二效、三节"的现场管理核心理念，形成用心服务、客户至上的支局文化，强化优质团队建设，并总结提炼"团队建设四共法""客户开发四步法"，支局管理水平迈上新台阶。 （格根图雅）

快　　递

【概况】 2015年，常熟市快递服务企业完成业务投递量13354.22万件，增长51.09%，占苏州全市23.68%；快递业务收入10.02亿元，增长65.79%，占苏州全市11.31%。其中，同城快递完成业务量2653.57万件，业务收入1.38亿元，同比各增长34.54%和33.14%；异地快递完成业务量10557.1万件，业务收入7.71亿元，同比各增长55.79%和74.54%；国际及中国港澳台快递完成业务量143.55万件，业务收入5300万元，同比各增长60.32%和47.61%。全年，同城、异地、国际及中国港澳台快递业务量分别占全部快递业务量的19.87%、79.05%和1.07%；业务收入分别占全部快递收入的13.78%、76.86%和5.26%。

2015年常熟市邮政管理局登记备案快递企业一览表

表35

序号	企业名称	经营品牌
1	常熟市申通快递有限公司	申通
2	常熟市神舟实业有限公司	圆通
3	常熟市中通吉快递有限公司	中通
4	常熟市韵达快运有限公司	韵达
5	常熟市海航天天快递有限公司	天天
6	常熟市希伊艾斯快递有限公司	国通
7	常熟市鑫久鸿快递服务有限公司	速尔
8	常熟市优速快递有限公司	优速物流
9	常熟市神龙货运代理有限公司	快捷
10	常熟港中能达货运有限公司	港中能达
11	常熟德邦物流有限公司	德邦
12	常熟市华驿货运有限公司	国通
13	常熟市卡航供应链管理有限公司	龙邦速递
14	常熟市全峰货运有限公司	全峰
15	常熟市汇通快递有限公司	百世汇通
16	常熟市快乐民俗体育用品销售有限公司	百世汇通
17	江苏省邮政速递物流有限公司常熟市分公司	EMS
18	中外运—敦豪国际航空快件有限公司常熟分公司	DHLExpress
19	嘉里大通物流有限公司常熟分公司	嘉里大通
20	上海宅急送物流有限公司常熟分公司	宅急送
21	苏州霞丰国际货运代理有限公司常熟分公司	其他
22	苏州优速快递有限公司常熟直营分公司	优速物流
23	深圳市原飞航物流有限公司常熟分公司	原飞航物流
24	欧西爱司物流（上海）有限公司常熟分公司	OCS
25	优比速包裹运送（广东）有限公司常熟分公司	UPS
26	杭州百世网络技术有限公司苏州分公司常熟营业部	百世汇通
27	上海佳吉快运有限公司常熟分公司	佳吉快运
28	山东广通速递有限公司常熟分公司	广通速递

（付　利）

责任编辑　张　军

水利·水务

综　　述

【概况】　2015年，常熟市水利水务投入超16亿元，完成各项水利水务建设任务。编制完成《常熟市水系连通调控规划》《常熟主城区畅流活水规划》《江苏省常熟市河湖管护体制机制创新试点实施方案》《常熟市河湖管理范围和水利工程管理与保护范围划定实施方案》《常熟市农田水利规划》和《常熟市“十三五”河道轮浚规划》等专项规划。苏州市重点工程七浦塘拓浚整治工程实现全线通水，铁黄沙整治工程、福山闸移建工程基本完工，全面实施“畅流活水”工程建设，三大中央财政农水重点县项目全面完工并投入使用，城乡生活污水治理水平全面提升。常熟顺利通过国家级节水型城市复查，成功举办全国农村生活污水治理培训班。

防汛防旱防台

【概况】　2015年，市气象站测得全年降水量1615.3毫米，为常熟建站以来年最大降水量、有水文记录以来仅次1931年的第二大降水量，比历年平均偏多479.7毫米（1981—2010年平均值为1135.6毫米）。6月累计降雨量647.9毫米（6月常年平均降雨量192.4毫米），是常年平均降雨量的3.7倍。梅雨期为6月15日至7月13日，梅雨量达614毫米，超过1999年太湖流域特大洪涝灾害的梅雨量（512.4毫米）。6月15～17日，常熟遭受入梅后第一场暴雨袭击，城区小东门降雨量237.2毫米，支塘降雨277毫米，珍门徐六泾降雨276毫米，古里降雨244.6毫米，小东门水位由3.34米急升至4.1米，超过警戒水位0.4米。之后，受梅雨带摆动影响，6月26日起常熟连续遭遇强降雨天气，城区小东门总降雨量311.6毫米，水位由3.29米升至4.0米，超过警戒水位0.3米，此间全市总降水量约3.5亿立方米，相当于7个昆承湖水量。7月11日，9号台风“灿鸿”登录浙江后也对全市造成一定影响。

【召开防汛工作会议】　5月20日，市委副书记、市长王飚带领水利、住建、环保、财政、气象等单位负责人，对全市防汛重点工作进行检查，副市长范建国参加检查活动。王飚实地查看城区泯泾圩防汛现状、望虞河常熟段堤防隐患、中小河流治理——辛安塘整治工程、七浦塘工程和铁黄沙整治工程建设工地，在市政府召开座谈会。会上，王飚分别听取水利局、住建局、气象局关于全市汛前准备工作以及今年汛期气象预测情况的汇报，并强调要强化责任落实，严格执行防汛纪律；要加强隐患排查，落实安全度汛措施；要加快工程建设，夯实防洪保安基础；要注重部门协作，增强防汛工作合力。

【做好防汛预警通知】　6月15日、17日，为切实做好梅雨的防御工作，市防汛防旱指挥部（以下简称市防指）分别发出《关于加强梅雨期间防洪排涝工作的通知》《关于做好强降雨排涝工作的紧急通知》，市政府办公室也专门印发《关于进一步加强全市防汛工作的紧急通知》，要求各镇、各部门领导要高度重视、严阵以待，坚决克服麻痹侥幸思

10月28日，水利部长江水利委员会副主任马建华视察铁黄沙整治工程

想，对病险涵闸、泵站、堤防、危房及在建工程要按照防汛应急预案要求重点防守，认真检查落实各项防汛措施，同时要求沿江各闸全力排水，低洼圩区做好预降排涝。6月24日，针对梅雨期内第二场暴雨，市防汛防旱指挥部又及时发出《关于进一步做好强降雨排涝工作的通知》。当小东门水位达到3.9米时，市防指及时启动防汛Ⅲ级应急响应，要求各镇、各单位按照防汛预案要求做好安全防范工作。

【全力做好防灾减灾工作】 6月18日，市委书记惠建林带领水利、住建等部门负责人察看尚湖王庄集镇、辛庄嘉菱荡等受淹圩区，指导应急抢险工作。市长王飚分别于6月17日、27日到市防办组织召开防汛工作紧急会议并带领相关部门负责人实地查看城区菱塘沿、青石皮桥弄、锁澜路等受淹地段，要求各单位高度重视汛情，全力做好巡查抢排工作，确保度汛安全。6月29日晚9时，苏州市政府组织召开防汛工作视频会议，苏州市市长周乃翔要求常熟市要按照省委、省政府主要领导要求确保"不死一人，尽量减少财产损失"的指示精神，继续做好强降雨的防御工作，常熟市市长王飚又专门汇报了常熟市当前防汛主要工作。7月10日，第9号台风"灿鸿"登录前，市委书记惠建林、市长王飚同时亲临防办视频会议室，召集全市防台紧急会议，并提出要在思想上高度重视、及时掌握台风动向、严肃防汛防台值班纪律等相关要求。市抗排队、市政养护所以及全市各板块均做好受淹地区的应急抢险工作。针对城区低洼片区，尚湖镇王庄集镇，梅李、董浜等乡镇部分未设防区域出现不同程度受淹的情况，全市各防洪排涝应急力量，积极调度、全力拼抢，有效控制险情发生，确保无人员伤亡。

【科学合理调度水利工程】 2015年，在市防办协调下，各板块圩区在保证防洪安全的前提下合理提高农业圩区的控制水位，如辛庄金家大圩内控水位由2.3米提高至2.5米，陈塘圩由内控水位2.6米提高至2.7米，沙家浜连泾圩由2.3米抬高到2.4米。通过科学调控，有效缓解外河水位过快增长，确保堤防安全。梅雨期内市防指调度沿江各闸全力排水，望虞河东控制线沿线各闸借常熟枢纽排水契机开闸排水，在高潮时段海洋泾枢纽开启泵站向长江排涝。全年沿江各闸共排水989潮次、10.4亿立方米，引水204潮次、3.3亿立方米，通过引排结合，有效减轻了防洪压力、降低内河水位，为强降雨有效腾出库容；同时又保障全市人民生产生活用水安全。

水利工程建设与管理

【概况】 2015年，重点实施的七浦塘拓浚整治常熟段工程、铁黄沙综合整治工程，福山闸移建工程、城乡河道综合治理均基本完工。开展"畅流活水"工程建设，2015年工程完成后，古城活水初见成效。以《水利部关于深化水利改革的指导意见》和《关于加强河湖管理工作的指导意见》为主要依据，开展河湖管护体制机制创新试点，完成编写《江苏省常熟市河湖管护体制机制创新试点实施方案》，并通过水利部审查。

【省水利厅专题调研常熟水利工程建设管理】 4月14日，省水利厅党组成员、副厅长叶健一行到常熟调研水利工程建设管理工作，实地查看了铁黄沙整治工程现场，并在市水利局召开座谈会。叶健认为常熟近年来在水利建设上投入大、强度高，取得的成效十分显著。叶健强调要高度重视望虞河工程的建设管理，做好工程除险加固，确保"引江济太"发挥最大效益。叶健还要求常熟市要结合自身特点，搞好水利"十三五"规划，特别是围绕常熟水利现代化目标，理清工作短板，找准突出问题，落实长效管理，使河湖健康、工程良性运行，让水利在经济社会发展中起到更好的支撑作用。

【七浦塘拓浚整治常熟段工程】 七浦塘拓浚整治常熟段工程(以下简称"七浦塘常熟段工程")位于常熟市支塘镇任阳集镇，工程利用老河拓浚，总长8.3千米。河道设计标准为底宽35米，底高程-2.0米(吴淞标高)，边坡1:2.5，河口宽60米，任阳集镇以外段两岸各设置堤防和绿化带宽10米，征地总宽度80米。至2015年底，常熟段主体工程现全部完工，完成拓浚整治河道8.3千米、疏浚河道土方161万立方米，新建护岸挡墙12.28千米、口门控制建筑物12座，新建跨河桥梁4座(2座完工通车、2座完成主体工程)，完成总投资7亿元。

【福山闸移建工程】 福山闸移建工程位于常熟市海虞镇，新建福山闸位于老闸下游1.1千米，为单孔12米节制闸。闸底板顶面高程-2.5米，底板厚1.5米，顺水流方向长18米，垂直水流方向宽15米。采用升卧式平面钢闸门，闸下游布置7米宽交通桥，新闸上、下游各新建3个靠船墩，初设批复总投资3942万元。工程于2014年11月完成招标，由常熟市水利工程有限公司中标施工，苏州市水利建设监理有限公司中标承监。2014年12月开工，2015年6月1日完成水下工程验收，至12月底主体工程全部完工。

【城乡河道综合治理】 2015年，全市实施城乡河道综合治理38条，47千米，投资1.5亿元。全市乡区32条河道水利工程基本完工，共完成河道疏浚土方42.1万立方米，20座桥涵、泵站基本完工，完成整坡46千米。原由市住建局负责实施的城区6条河道，于6月移交市水利(水务)局组织实施，于11月5日完成招投标开工建设。至年底，城区6条河道主体工程基本完工，完成疏浚河道土方1.3万立方米，桥涵、护岸施工基本完成。

【"畅流活水"工程】 2015年，市十四届人大四次会议将"加快我市水循环体系建设"列为一号议案。市政府成立由市长王飚任组长的领导小组，出台《常熟市"畅流活水"工程实施意见》，明确工程目标任务、职责分工、奖补政策、具体措施，制订详细的分年度实施计划。在完成《常熟市水系连通调控规划》的基础上，以主城区为重心，活水调控为重点，紧密结合防洪、截污控污、美丽镇村、生态农业建设，全面开展"畅流活水"工程建设，计划2015年实现古城活水，2016年、2017年重点解决城区清水流失过快问题。根据计划安排，2015

年“畅流活水”工程实施项目25个，其中市级组织实施11项，镇实施14项，总投资3.3万元，当年完成投资1.2亿元。市级项目有莫城河、辛安塘、枫泾—颜港中心河、琴川河4项已基本竣工；高新园水循环调整、南福山塘闸、项泾、界泾、锡北运河、济民塘6项工程已完成招投标开工建设；常浒河溢流堰以及根据古城区畅流规划成果拟增建的护城河溢流堰，12月5日正式开工建设。镇级项目有中泾(虞山)、芦浦塘(海虞)、安乐塘(海虞)、沈村河(梅李)、北港塘(碧溪)等5项已全部完工；季泾塘(董浜)、杨园河(辛庄)、南干河(尚湖)、连泾(沙家浜、古里)、严泾(古里、支塘)、沈市河(梅李)、丰收河(支塘)、清水港(古里)、沙槽河(海虞)等9项，均为汛期后组织实施，预计2016年完成。

【河湖管护体制机制创新试点】 2015年，根据《水利部办公厅关于公布第一批河湖管护体制机制创新试点县(市)名单的通知》精神，市水利(水务)局按照《河湖管护体制机制创新试点县(市)实施方案编制大纲》要求编写《江苏省常熟市河湖管护体制机制创新试点实施方案》，并于2015年9月通过水利部审查。实施方案通过对近年来的河湖管理工作现状进行分析评估，以创新河湖管护模式、落实河湖管护主体、责任和经费、完善河湖管理规划、加强河湖日常管护、划定河湖管理范围、严格水域岸线管理、加强监督考核等为主要内容，从各地河湖管理实际出发，因地制宜、科学规划，注重创新性、实效性、可操作性，立足于通过创新体制机制破解本地河湖管理中的实际问题。全市以此作为河湖管理机制体制创新试点建设的指导性文件，梳理河湖管理保护工作现状，找准河湖管护工作的短板，明确改革创新的重点方向，推动常熟市试点工作顺利开展。

农村水利工程建设与管理

【概况】 2015年，全市加快实施农村河道疏浚，加大农田水利设施建设力度，加强堤防达标建设管理，推广节水灌溉建设范围，全市农村水利工作取得了明显成效。全市共完成疏浚河道234条，长174千米，土方205万立方米，通过了苏州市级县乡河道疏浚整治验收。完成新(改)建排涝站14座；新(改)建及维修三闸15座；完成新建圩堤护岸12.25千米，加高加固圩堤10.57千米。全市建设生态河道31条，长56.7千米。共完成了达标联圩31个、绿化圩堤53.24千米、落实管养人员77人、设置标牌设施357个、圩堤达标长度187.3千米。完成新改建各类农桥100座。

【2014年度中央财政农水重点县项目】 中小河流治理重点县第一期项目，实施虞山、梅李、董浜三个项目区，疏浚河道52条，长度65.4千米，新建农桥21座、涵闸3座，总投资9001万元；2014年规模化节水灌溉增效示范项目建设范围分布于虞山、海虞、尚湖3个镇7个行政村，实施节水灌溉工程0.1万公顷，总投资3600万元；2014年小型农田水利重点县工程涉及虞山、梅李、海虞、支塘4个项目镇区，新建高标准农田0.13万公顷，总投资4800万元。至2015年底，上述三项农水重点县项目均全部完工。

【小型水利工程管理体制改革试点】 根据水利部、财政部《关于小型水利工程管理体制改革的指导意见》以及省水利厅、财政厅《关于深化小型水利工程管理体制改革试点工作的通知》，2013年，常熟市被确定为省级深化小型水利工程管理体制改革试点县。2014年10月，结合常熟市水利工程实际情况，市政府出台《常熟市小型水利工程管理体制改革实施方案》。2015年，由市水利局牵头会同各板块，并委托一家具有水利工程监理资质的单位对全市11个乡镇板块、179个村(社区)所有的水利工程设施进行详尽调查摸底。在农田水利工程设施产权现状调查与建档的基础上，根据产权认定原则，进行产权登记，统一印制《常熟市小型水利工程管护手册》，按照农田水利工程设施的受益对象和影响范围，实行统一管理和属地管理相结合。经过不断地改革、实践和探索，常熟市小型水利工程实现农田水利设施“产权到位、权责明确、保障经费、管用得当、持续发展”的目标。

【不安全因素农桥改造】 10月13日，市政府印发《常熟市不安全因素农桥改造实施方案》，当年拆除各类危桥、废桥35座。梳理出72座存在不安全因素农桥，将其中60座上报2016年省财政厅、水利厅，争取列入“乡间彩虹”省级农桥建设项目，其余农桥则安排在2017年全部改造完成。

【河道杂船和坝埂整治】 2015年市政府印发《常熟市河道杂船和坝埂整治工作实施方案》，计划从2015年10至2016年5月，用8个月时间开展专项清理整治行动。全市梳理出各类无主废船、沉船616条，河道工程临时坝埂93处，当年清理杂船416条，拆除坝埂31处。

水政与水资源管理

【概况】 2015年，市水利局重新修订《常熟市水政监察执法巡查制度》，进一步明确巡查单位、目的、范围、内容、路线、时间、方式及要求。全年，市水政监察大队、各中队共出动人员4534人次，车辆1374车次，共查处水事违法案件218起；拆除违章搭建175平方米，清除违章占用441平方米、违章种植1100平方米，完成清理市级及以上河道中的围网、网簖148处。完成长江澄通河段铁黄沙整治工程第二年度吹填采砂作业的监管任务，配合省水利厅查获非法采砂船舶2条、运输船舶1条，有效规范采砂行为，确保工程建设和通行航道安全有序。实行最严格水资源管理制度，强化计划用水管理，2015年共下达取水计划(含长江委和省厅下达计划)地表水22.67亿立方米、浅层地下水124万立方米、地热水20万立方米。完成2014年度535家取水户的取水许可监督检查，合格524家，注销11家。全年完成两费征收8791.8万元，比上年增长 4.1%。其中水资源费 7042.1 万元，完成年度计划 5340 万元的 132%；水利工程水费 1749.7 万元，完成年度计划 1260 万元的 139%，两费实收再创历史新高。

【实行最严格水资源管理制度工作通过年度考核】 3 月 27 日，由苏州市政府办公室副秘书长陆伟跃、副处长唐诤民，苏州市太湖办处长池中华，苏州市水利局副局长夏坚、处长顾明组成的苏州市考核组，到常熟对 2014 年度实行最严格水资源管理制度进行考核。考核组实地查看南湖荡生态修复工程和董浜节水灌溉基地，听取常熟市政府工作汇报，查阅《常熟市 2014 年度落实最严格水资源管理制度自查自评报告》和支撑材料，对常熟 2014 年度工作的开展和取得的成效给予充分肯定，苏州市考核组当场通报考核意见，常熟通过考核。

【通过国家节水型城市复查】 6 月 8 日，国家节水型城市复查考核组一行对常熟国家节水型城市进行复查。6 月 10 日，考核组形成的复查意见认为，常熟节水工作基础扎实、成效显著，节水型城市建设的各项考核指标达到了国家标准规定的要求，复查验收合格，同意上报住房城乡建设部、国家发展改革委审核。复查组认为，常熟市节水管理制度完善，建立了市、镇和基层单位三级管理体系，形成政府引导、企业主导、全社会共同参与的运行机制，为节水工作提供强有力的组织保障。同时，常熟不断加强基础管理工作，提升管理水平，在计划用水和定额管理、水平衡测试、供水管网改造和节水载体建设等方面取得成效，并对工业污水回收利用进行有益探索。常熟不断加强节水宣传力度，通过多途径、广覆盖、深层次的宣传活动，促使市民养成良好的节水习惯。在全面强化节水减排措施的同时，常熟城市水环境持续改善，尚湖建成国家城市湿地公园，昆承湖通过生态修复，水质显著改善。同时，常熟建立供水管网信息系统，采取综合措施有效降低供水管网漏损现象。

【开展节约用水宣传】 发动全市学校积极参与苏州市第四届“我的天堂我的水”主题征文活动，广大师生踊跃投稿。邀请各级新闻媒体集中采访，大力宣传常熟节水型社会建设，3 月 12 日，江苏省电台、中江网、人民网、中新社 4 家省级以上媒体和《苏州日报》《姑苏晚报》《城市商报》、苏州电视台一套、苏州电视台二套、广播电台 FM91.1、名城苏州网七家苏州媒体记者赴芬欧汇川（中国）有限公司集中采访常熟市节水型企业建设。4 月 15 日，邀请《中国经济日报》记者赴南湖荡生态修复工程、董浜节水灌溉基地、碧溪横塘基地采访常熟水生态文明和小农水建设。5 月 11 日，组织《新华日报》《苏州日报》《姑苏晚报》《城市商报》、苏州电视台一套、二套、广播电台 FM91.1、名城苏州网、苏州新闻网记者集中采访常熟节水型学校建设。

【节水载体建设】 12 月 1 日，苏州市水利局、教育局、节水办组成验收组，对常熟市 2015 年度苏州市节水型学校创建的 8 所学校完成验收。根据省水利厅、教育厅、财政厅《关于全面开展学校节水工作的通知》要求，指导大义中心小学、吴市中心小学申报江苏省节水型学校，指导芬欧汇川、长春化工、理文造纸 3 家企业今年计划申报省级节水型企业；启动 2015 年度节水型学校的创建工作，对 8 所列入 2015 年苏州市节水型学校创建计划的学校进行业务培训。按照省水利厅文件要求，对常福名苑、泰慈苑小区、常熟理工学院、常电公司、三爱富中昊、金成油脂、常铝铝业、常熟棉纺 8 家省级节水载体进行复查审核。

水务管理

【概况】 2015 年，全市重点突出农村生活污水治理，同步抓好供水管理与排水管理，按计划完成管网建设、取水口头部围护、应急水源地建设、污水收治等工程建设任务。5 月，经中共常熟十二届市委第七十一次常委会议和市编委 2015 年第一次全体成员会议研究决定，将市住房和城乡建设局承担的“负责组织、协调、监督、指导城区防洪排涝工作；负责城市河道和防洪设施、污水处理设施的建设管理；综合管理全市供水、排水和城市节水工作。”等涉水工作职责划交市水利局（水务局）承担。将“常熟市给水与排水管理所”“市城市节水办公室”和“常熟市污水处理厂”隶属关系由市住房和城乡建设局领导调整为市水利（水务）局领导，标志常熟实行水务一体化管理。

【城乡供水】 2015 年，全市供水量 20342.68 万立方米，同比下降 0.78%；平均日供水量 55.73 万立方米。全年自来水出厂水水质综合合格率 100%，管网水水质综合合格率 100%。常熟市应急水源地二期配套工程完成水源地市政、设备采购和安装工程、库内挖深、双电源供电、绿化等工程的施工；尚湖集中式饮用水源地达标建设工程完成市政配套工程、管理用房、道路、围墙等建设，完成智能化工程调试，完善绿化种植，完成取水口区域污水管接入市政管网的改造；二水厂深度处理项目取得项目立项批复，完成市政和监理工程招投标和施工场地三通一平工作，完成 10 千伏外线迁移。全年自来水管网工程建设总投资 8969 万元，实际完成管网建设长度 138.1 千米。不断优化水质检测体系，滨江水质检测分中心于 10 月 8 日正式投入运行，有效弥补了原有的三级水质检测体系；全年共设立 122 个水质采样监测点，首次增加了长江应急水库、饮用水源保护区及入江（湖）河道的水质监测；全年累计完成检测样品 6510 份、同比增加 8.0%，完成检测数据 89255 个、同比增加 9.7%，饮用水水质检测合格率常年保持在 100%。全年农网改造工程项目 56 个，投资额度 1701 万元，受益 7012 户，其中水质改善 1189 户，压力改善 5823 户。对全市在用屋顶水箱进行两轮清洗消毒，完成清洗消毒 816 只；继续开展已废除屋顶水箱的拆除工作，共拆除桶形水箱 79 只。

【城乡生活污水治理设施建设】 自 2013 年 9 月其实施的城乡生活污水提升优化工程，工程总投资约 15 亿元，计划新建污水主次干管约 111 千米，污水提升泵站 3 座，小区及机关企事业单

11月25日，国家和省级媒体采访团到常熟参观采访，深入了解常熟在农村污水治理方面所做的工作和取得的成效。图为媒体记者实地考察乡村河道水质

位雨污分流改造接管收集分别为368个小区(62771户)和419家单位及企业；其中市级实施86千米主次干管，乡镇实施25千米工业园区主次干管。至2015年底，累计延伸污水主干管105千米，形象进度为95%；小区及机关企事业单位雨污分流改造接管收集各镇分批组织实施，完成总工程量的85%。城西污水处理厂3万吨/日二期扩建，当年完成土建、工艺管道及设备安装等主体工程。实施方塔街沿线、石梅地块、尚湖风景区周边区域、尚湖高级中学等4所学校生活污水收集，总投资约7265万元。方塔街、西门大街沿线、石梅广场地块及尚湖高级中学、市中宿舍区生活污水收集，当年全面完工。启动方塔街、寺后街、县后街、山湖苑1～8区、金马田园、烟雨坊、柴行村、邹巷、烟雨大酒店周边等小区地块生活污水收集。

【供水安全专项整治】 9月23日，市政府印发《常熟市城乡供水安全专项整治方案》，要求各乡镇(板块)迅速开展属地企业供水安全隐患专项排查。根据《企业用水管网安全隐患整改意见》，第一批重点整治化工、印染、制药、造纸、电解五大类企业，全市共梳理摸排出需整改企业437家，当年完成实施整改企业359家、关停28家。

【全国农村生活污水治理工作培训班在常熟开班】 12月15日，全国农村生活污水治理工作培训班在本市开班，来自全国各地的300多位代表共同探讨农村生活污水治理课题。住建部总经济师赵晖，江苏省住建厅厅长周岚，苏州市副市长陆留生以及常熟市委书记惠建林，市委副书记、市长王飚出席活动。培训人员现场考察常熟和张家港的农村生活污水处理设施和技术模式。就推进全国农村生活污水治理示范县，住建部村镇建设司相关负责人要求各地提高认识，把握好农村污水治理工作的总体要求。培训期间，王飚代表常熟介绍确立“四个统一”，打造农村生活污水治理“常熟模式”的实践与探索。江苏省住建厅、浙江省安吉县、安徽省巢湖市、湖北省鄂州市也分别介绍各自在农村生活污水治理方面的做法和经验。中国农业发展银行就信贷支持农村生活污水治理工作，作专题发言。

【农村生活污水治理】 2015年，常熟市按照苏州市农村生活污水治理三年建设行动计划，重点村庄和特色村庄全覆盖，农村生活污水处理率达到80%的目标任务，2015年苏州市下达常熟的年度目标任务为完成300个重点特色村庄、2万户农户、8个撤并乡镇的农村生活污水治理，当年基本完成建设任务，延伸敷设污水主干管41.83千米。为减轻短期财政压力，降低投资和运行风险，常熟在全国首推农村分散式污水处理PPP模式，将总规模6亿元的项目，按照政府采购程序，选定中车股份，由国资公司出资35%、中车股份出资65%组建项目公司，以特许经营25年的方式全过程、一体化负责项目融资、设计建设及运行维护，根据投资运行成本测算每户每年服务费。经营期内政府委托第三方监管，按抽检考核结果支付费用，经营期满项目设施无偿移交政府部门。PPP项目赋予常熟“四个统一”模式新的内涵，构建“一套严密的政府购买服务模式、一条完善的企业一体化运作路径、一套科学的第三方监管体系”。

(卢　嘉)

责任编辑　浦君芝

环境保护

综述

【概况】 2015年，常熟市生态文明建设以新《中华人民共和国环境保护法》实施为契机，以改善环境质量为落脚点，坚持问题导向、底线思维、为民宗旨，全面推进“美丽常熟”建设。积极构建“党政同责、一岗双责”的制度体系，常熟市委市政府召开生态文明推进大会，常熟市人大常委会、市委常委会、市党政联席会先后听取生态文明建设进展情况汇报，市政府常务会议、市长办公会议5次研究大气污染防治工作，3次研究水环境治理工作，专门召开全市环境质量提升会议部署“16+1”环境应急管控工作，为环境保护工作的顺利推进提供保障。深入开展环保大检查，完成网上申报排污企业8000多家，查处各类环境问题和违法行为839起，下达限期整改通知书561份，下达行政处罚决定书278份，下达查封扣押决定书26份，下达责令停止建设决定书16份，下达责令停止排污决定书9份，下达按日连续处罚决定书3份，责令限产停产单位3家，切实做到有案必查，违法必究。发挥环保司法联动作用，向司法机关移送14起违法排污案件，5名责任人被公安部门行政拘留，9起拒不执行环境行政处罚的案件由法院依法强制执行，2起非法排放重金属案件的3名被告人被依法判处有期徒刑。在全省率先出台关于加强环境监管网格化建设的实施意见，各镇(开发区)全部完成网格化划分实施方案，共划分三级网格77个、新增网格员143名。向镇域综合执法局下放39项环境保护行政处罚权，移送49件违法案件，海虞镇开出全省首张镇级环境行政处罚罚单，实现行政管理关口前移、执法监管力量下沉的目标。深化大气污染防治联席会议和联防联控制度，实施七大类大气污染治理重点工程项目，完成关停、搬迁大气污染单位60家，淘汰10蒸吨及以下燃煤小锅炉731台，完成10蒸吨以上65蒸吨以下燃煤锅炉提标改造单位60家，完成工业废气治理单位75家、整治混凝土企业14家、码头堆场扬尘整治27家，淘汰黄标车、老旧机动车9618辆；第四季度特别是“16+1会议”期间实施“史上最严”的环境质量管控；2015年全市PM2.5平均浓度为56.9微克/立方米，比2013年下降13.3%(按国家统一规定年份比项)。重点实施四大类水环境综合整治工程，完成太湖治理重点工程99项、阳澄湖生态优化重点工程47项、望虞河和阳澄湖流域水环境综合整治重点工程838项以及白茆塘和盐铁塘流域水环境综合整治重点工程337项。全面完成56家电镀企业限期整治收尾和270家货架企业整治工作。全市水质断面达标率较2014年上升21.4%，饮用水源地水质达标率始终保持在100%。优化建设项目审批与验收，审批各类建设项目898个，完成环保竣工验收项目435个；劝退不符合审批要求的建设项目59个，总投资1850万元。举办环境管理技术交流会，500多家企业代表参会，邀请7位专家以及34家污染治理技术单位，通过现场讲解、题培训、交流讨论、产品展示等多种形式对企业进行环境管理和污染治理技术辅导。

环保宣教

【概况】 2015年，组织全市各领域开展新《中华人民共和国环境保护法》和《中华人民共和国大气污染防治法》等法律宣贯学习，围绕“六五”世界环境日“践行绿色生活”主题，开展绿色生活进社区、进学校、进家庭宣传活动。举办文艺专场并在全市各板块巡回演出，举办老年人健身走等系列活动，倡导市民以实际行动践行绿色生活；《中国环境报》《常熟日报》等刊登常熟市生态文明报道120多篇。

【“环保讲师团基层行”入选常熟市十大普法事件】 4月，2014年常熟市普法十件大事评选揭晓，常熟市环保局报送的“环保讲师团基层行”从20件候选大事中脱颖而出。“环保讲师团基层行”是常熟市环保局组织策划的一项巡回宣讲活动，主要包括环保宣传进机关、进社区、进企业、进学校、进乡镇(农村)，通过在常熟市委党校开设生态文明课程，组织讲师团在社区举办环保知识讲座、联合行业协会、重点企业举办环保专题讲座、指导学校创绿、送环保文艺下乡、组织举办生态村创建培训等活动，不断提高公众对环保的认知度，提升环境保护公众参与热情。

【举办“践行绿色生活”世界环境日文艺专场晚会】 6月5日，纪念“六五”世界环境日文艺专场在常熟市石梅广场举行。常熟市副市长范建国出席晚会并讲话，市环委会成员单位分管领导参加，晚会吸引众多市民观看。文艺专场由常熟市环保局主办，通过舞蹈、独唱、小品等艺术形式，为观众送上一场高水准的环保艺术表演盛宴，使绿色、低碳的环保理念深入人心。活动现场还加入生态文明知识问答环节，充分调动现场观众参与环保的积极性，提高人们的环保意识。

【常熟市2014年度企业环境行为信息公开化评级结果揭晓】 6月5日，常熟市向社会公布“2014年度常熟市非国控企业环境行为信息公开化评级”结果，共有536家非国控企业参与评级，其中9家企业被评为“绿色”，464家企业被评为“蓝色”，48家企业被评为“黄色”，14家企业被评为“红色”，1家企业被评为“黑色”。企业环境行为信息公开是一项新型的环境管理模式，通过开展企业环境行为评级工作，增强企业环保意识，提升环保部门监管与服务水平，保障公众环境权益，推动企业主动承担环境保护社会责任，自觉履行环境保护义务，不断提高污染治理水平。

【开展“我为环保代言”微声音公益行动】 7月5日，“我为环保代言”常熟微声音公益行动结束，优秀作品及优秀组织奖揭晓。“我为环保代言”常熟微声音公益行动由常熟市广电总台、市环保局、市教育局联合主办。本次活动围绕2015年“世界环境日”主题，向全市学生、听众征集倡导“绿色理念、低碳生活”和“节约资源、保护环境”的建议和想法，或者是有关环境污染、生态破坏的警句和感想等。活动吸引学校师生、市民群众积极参与，共收到环保微声音作品近400份，大家从各自视角表达对环境保护的理解。经5000名市民在微信平台参与评选投票，评出一等奖(最佳微声音)12个、二等奖(入围微声音)18个、优秀组织奖8个。

【国家和省主流媒体采访常熟农村污水处理工作】 11月25日，由人民日报社江苏分社、新华社江苏分社等国家和江苏省级媒体10多名记者组成的采访团到常熟市采访农村生活污水处理工作。采访团走进古里镇苏家尖村、海虞镇汪桥村、虞山镇福圩村汪家宅基和沈薛巷等地，深入了解常熟市在农村污水治理方面所做的工作和取得的成效。采访中现场点位所在村负责人和营运单位负责人分别介绍生活污水治理情况，所在村村民畅谈了对农村生活污水治理工作的感受。近年内，常熟市合理布局城乡污水处理系统，通过集中式污水处理系统和分散式污水处理设施相结合的方式加快推进生活污水处理，在污水处理设施的覆盖率、建设质量与运行效果等方面居全国领先水平。

环境建设

【概况】 2015年，全市投资30多亿元，实施十大类共48项生态文明建设重点工程，常态化督查重点生态工程进展，监察部门对生态文明建设工作立项监察。生态红线规划融入全市“多规合一”战略，全市范围优化调整江苏省级生态红线保护面积164.81平方千米，入围首届中国生态文明奖先进集体。

【通过苏州市生态文明建设现场考核】 2月13日，苏州市生态文明建设工程考核组到常熟对2014年度目标工程任务书及阳澄湖生态优化行动的完成情况进行现场检查。考核组一行实地踏看南湖湿地公园生态修复、莫城河河道整治、东南污水处理厂二期建设等工程的进展情况，并听取常熟市2014年度生态文明建设及阳澄湖生态优化行动工作的完成情况汇报。考核组肯定常熟市在2014年度目标工程任务书及阳澄湖生态优化行动所取得成绩，并希望常熟市为苏州市的生态文明建设继续打造新亮点。

【虞山林场茶园获“国家有机食品生产基地”称号】 继2014年常熟市海明蔬菜园艺场成为苏州市首家“国家级有机食品生产基地”后，2月26日，常熟虞山林场茶园又获得“国家有机食品生产基地”称号，苏州地区两家有机食品生产基地均落户常熟，标志着常熟有机食品基地建设走在苏州市前列，成为经济发达地区有机食品生产基地建设的典范。近年内，常熟市出台《常熟市生态文明建设奖励办法》，积极培育有机食品基地，以生态农业、循环农业建设促进农业污染减排，两家国家有机食品生产基地的建成，进一步推动常熟市生态农业和现代农业的发展。

【生态保护红线融“多规合一”发展战略规划】 6月，常熟市作为江苏省“多规合一”试点城市，出台《常熟市“多规合一”工作实施意见》和《常熟市“多规合一”工作实施计划》，通过“多规合一”实现统筹城乡空间资源配置，优化城市空间功能布局，促进集约节约用地。常熟市将生态保护红线作为城市发展的安全线和保障线，将生态红线区域保护规划融入“多规合一”发展战略规划，明确生态保护空间，实施生态红线落地上图，制定生态红线保护区域监督管理考核办法，为建设“山、水、城”为

虞山镇福圩村沈薛巷，河水清澈、道路整洁、环境优美，人居环境的改善提升了村民的生活品质

一体的“美丽常熟”空间结构奠定基础。

【5个村通过江苏省级生态村现场考核验收】 7月29日，苏州市环保局、爱卫办、农委组成考核验收组对常熟市申报的省级生态村进行抽查验收，虞山镇中泾村、尚湖镇练南村、辛庄镇张港泾村、支塘镇支东村、碧溪新区浒西村等5个村通过了现场验收。各村围绕创建工作，积极编制生态村建设规划，践行低碳环保的发展理念，着力调整产业布局，大力发展循环经济和现代农业；同时还以村庄大环境综合整治为契机，不断完善基础设施，加大生活污水处理力度，改善村容村貌，在省级生态村创建工作中取得显著成效。

污染减排

【概况】 2015年，全力推进38个重点减排项目，削减化学需氧量1687.5吨、氨氮170.1吨、二氧化硫15285吨、氮氧化物13515吨，超额完成年度目标任务和“十二五”污染减排总任务。全方位推进排污权核定和许可证发放，5家企业通过苏州市环境能源中心平台完成排污权交易，共涉及二氧化硫2.3吨、氮氧化物57.6吨。总量控制系统二期工程将造纸、皮革等重点行业的79家企业列入IC卡管理系统监管范围，同时对现有设备升级和IC卡管理系统管理软件进行升级，完善IC卡管理系统的管理标准，从原单控废水排放总量的管理模式提升到废水排放总量及主要污染物指标总量双重控制。

【通过环保部2014年污染减排现场核查】 1月10日，环保部污染物总量减排核查大气组和农业组到常熟开展2014年主要污染物总量减排现场核查工作。大气核查组赴江苏理文造纸有限公司对其自备电厂的脱硫脱硝工程项目进行核查，农业核查组对常熟良宇种养场的生态发酵床及沼气发电项目开展现场检查，通过现场检查，核查组对常熟市2014年度主要污染物总量减排项目的完成情况予以肯定，同时要求不断增强专业技术支撑，持续抓好污染减排工作，确保圆满完成“十二五”污染减排总体目标任务。

【启动主要污染物排污权核定工作】 12月9日，常熟市在苏州地区率先开展主要污染物排污权核定培训，并正式启动全市排污权核定工作。常熟市环保局邀请了原苏州市环保局副调研员陈肇琪对400多家重点排污单位进行排污权核定培训，重点解读排污权申报以及确权工作流程，使相关企业进一步强化环境资源使用权和总量控制意识，为深化排污许可管理以及推进排污权有偿使用与交易工作奠定坚实基础。

环境监管

【概况】 2015年，严格贯彻实施新《环境保护法》，完善按日连续处罚、查封扣押、责令限产停产、责令停止排污、移送公安拘留等执法流程和文书模板，完善了案件联办和移送流程，通过定期会商、联合执法、联动办案、培训指导等多种形式，严厉打击各类环境违法行为。制定《全市环保大检查工作方案》《关于分解落实全市环境保护大检查工作任务的通知》和《企业自查申报指南及相关资料汇编》等系列文件资料，先后召开环保大检查部门和板块联络员会议12次，组织执法人员赴各镇、各板块召开新环保法宣讲和企业自查申报培训会14场次，发放《致全市企业事业单位主要负责人的公开信》和相关宣传资料2000多份，培训企业超过1500家。通过对辖区内纳入建档范围的排污企业进行“拉网式”排查，逐一登记入册，为企业统一纳入日常环境管理、全面实施网格化监管奠定信息基础。

【开出首张《责令改正违法行为决定书》】 1月16日，常熟市开出新环保法实施后第一张《责令改正违法行为决定书》，首家环境违法企业进入“按日计罚”工作程序。1月7日，常熟市环保局在检查中发现，常熟市常力紧固件有限公司的接管水超过《污水综合排放标准》三级标准，废气治理设施运行不正常。1月16日，常熟市环保局向该公司送达《责令改正违法行为决定书》，要求该公司停止超标排污，并确保污染治理设施正常运行。该公司环保负责人在《决定书》上签字，承诺将立即着手整改，酸污处理将安装pH值在线控制仪，实现自动检测；废水处理系统正在重新设计方案，按照环保要求达标排放。

【贴出首张“封条”】 1月20日，常熟市一家运输公司的两辆货车被环保部门贴上“封条”。在新《中华人民共和国环境保护法》赋予环保部门查封扣押权

市环保局查封违法车辆

力之后，这是常熟市首次使用该权力惩治环境违法行为。1月13日，常熟市环保局接到群众举报，在大义管理区东联村向阳路边的废弃鱼塘填埋场，有人违法倾倒工业污泥。接报后，环境执法人员赴现场查获两辆装载20余吨工业污泥的货车，并进行登记保存。1月20日，环境执法人员向涉案运输公司负责人宣读《查封、扣押决定书》，对停放在小山停车场的两辆涉案车辆进行查封扣押。

【首次查封印染企业违法排污生产设备】 3月30日，常熟市环保执法机构在夜间执法检查中发现常熟市三联有限公司恒顺分公司通过私自设置的暗管向厂外雨水沟道排放生产废水，并最终流入河道。经检测该外排废水系染色废水，严重超过国家规定的排放标准。4月1日，常熟市环保局根据《中华人民共和国环境保护法》第二十五条、《环境保护主管部门实施查封、扣押办法》的相关规定，下达《常熟市环境保护局查封决定书》并实施立案处罚，对该公司造成环境污染的设施、设备进行查封，该企业染色车间的8台染缸全部被贴上封条，查封期限为2015年4月1日至2015年4月30日。是为新《中华人民共和国环境保护法》实施后，常熟市首次对印染企业的生产设备行使查封权。

【全面启动环境保护大检查】 4月29日，常熟全面启动环境保护大检查，集中力量排查环境污染和风险隐患，依法严厉查处一批环境违法行为，全力解决一批突出环境问题。常熟市政府专门召开环境保护大检查工作动员会，下发《常熟市环境保护大检查工作方案》，统筹部署。在《常熟日报》上刊登《关于开展全市环境保护大检查的公告》和《致全市企业事业单位主要负责人的一封公开信》，对开展大检查的范围、检查内容、检查方式进行详细解读；在常熟环保网站设置"大检查浮动窗口"，开辟"大检查专题专栏"，为企事业单位做好自查申报工作提供便利。组织各相关部门联络员、各板块环保负责人开展企业自查申报培训，特别编制《环境保护大检查企业自查申报指南》，明确企业自查申报的基本流程和自查申报系统的操作步骤，为大检查的顺利开展构筑畅通的工作交流平台。

【首例违反新《环境保护法》企业责任人被行政拘留】 5月13日，常熟市公安局对一起违法排放污水案作出行政拘留决定，常熟市三联印染有限公司恒顺分公司2名责任人因违反新《中华人民共和国环境保护法》被行政拘留。3月30日，常熟市环保部门巡查人员在夜间巡查过程中，发现常熟市三联印染有限公司恒顺分公司员工计某利用临时设置的排污管道，通过动力泵将未经处理的超过排放标准和排放限值的生产废水经雨水沟道直排望虞河，严重违反新《中华人民共和国环境保护法》的相关规定。调查核实后，常熟市环保部门于4月3日将查封决定书送达公司负责人俞某手中，并依法对该公司8台(套)生产设备进行查封扣押，并依法将此案和相关材料移交至警方。5月13日，常熟市公安局根据新《中华人民共和国环境保护法》第63条相关规定，分别给予计某和俞某行政拘留十日的行政处罚，这是常熟市在新《中华人民共和国环境保护法》实施后的首例行政拘留案。

【39项环保行政处罚权下放】 常熟市是江苏省政府批复的镇域相对集中行政处罚权试点地区。5月8日，常熟市为加快推进镇域综合执法，切实解决权责交叉、多头执法问题，出台《市政府关于公布第一批镇域综合执法集中行使行政处罚权的通知》，下放了安全生产、环境保护、劳动保障、镇容镇貌、卫生计生、城镇建设和规划管理等方面的328项行政处罚权。按照"能放则放、应放尽放"和分期分批下放的原则，环境保护方面下放《中华人民共和国环境保护法》《中华人民共和国大气污染防治法》《中华人民共和国水污染防治法》《江苏省太湖水污染防治条例》等8部法律、法规、规章规定的39项环保行政处罚权，下放后市级执法部门在镇域范围不再行使已下放的行政处罚权和相关的强制措施权，继续行使监管权。

【开展"零点行动"】 5月19日，常熟市开展"向污染宣战——零点行动"夜间专项执法检查，突击检查全市80多家工业企业。"零点行动"对全市重点排污工业企业，特别是有单独排污口和存在环境信访的企业进行夜间突击检查，环境执法人员重点查看企业污水、废气等环保设施运行情况，并将企业处理后的污水抽样带回监测。常熟市环保部门对查实的违法排污行为按照新《中华人民共和国环境保护法》的要求进行从严处罚，严厉打击环境违法排污行为。

【首起非法储存危险物质和环境污染案件宣判】 6月5日，常熟市人民法院第二次公开审理常熟市第一起非法储存危险物质和污染环境案件，依据《中华人民共和国刑法》第一百二十五条和第三百三十八条的规定，被告人游某、许某因犯非法储存危险物质罪、污染环境罪，被分别判处有期徒刑3年10个月和有期徒刑2年5个月，并处罚金；对查扣在案的剧毒化学物质氰化钠4.55千克和氰化锌20千克予以没收，并由公安机关会同相关部门依法处理。江苏顺驰拉链有限公司于2006年6月在常熟市注册成立，游某某、许某某在经营该企业期间，为谋取利益，于2012年至2014年9月1号期间，在无废水处理设施的情况下，非法从事拉链电镀工艺，并将所生产的废水通过私设的暗管直接排放到城市污水管道。经检测，生产废水中含有的铬、镍等重金属以及总氰化物等污染物均超过国家相关排放标准3倍以上。同时，游某、许某在没有依法取得剧毒化学品使用许可的情况下，违反国家有关监管规定，非法储存氰化钠、氰化锌用于电镀生产。

【开出首例按日连续处罚罚单】 6月29日，常熟市环保局依法对常熟市藕渠电镀有限责任公司下达《按日连续处罚决定书》，这是常熟市首次运用按日连续处罚新"武器"。3月18日，常熟市环保局在检查中发现该企业排放水样中化学需氧量、总锌等污染物超标，依法对其实施立案处罚并启动按日连续处罚程序，在复查中发现该企业排放水样中化学需氧量、总磷和总铜等污染物仍超过国家标准，常熟市环保局依法对其实施按日连续处罚，在原处罚金额的基础上累计计罚。

【率先启动环境监管网格化工作】 9月1日，常熟市人民政府办公室印发了《常熟市关于加强环境监管网格化建设的设施意见》，启动环境监管网格化工作。在《意见》下发之前，常熟市确定了海虞、尚湖两镇作为全市环境监管网格化工作试点区域，海虞镇将综合执法和网格化监管有机融合，全镇划分8个监管网格，先后招聘网格员20名，其中专职网格员不少于10人，增强镇级环境监管力量；尚湖镇依托工业集聚区划分4个监管网格，招聘8名专职网格员成立4支监管队伍，以点带面，实现镇域环境监管网格全覆盖。通过先行先试，常熟市积极探索一条符合市情、镇情的环境监管网格建设新路。启动这项工作，在苏州市范围内属首家。

【海虞镇开出全省首张镇级环境行政处罚罚单】 10月8日，常熟市海虞镇人民政府对区内一家印染企业渗漏排放定型机废油的环境违法行为下达《行政处罚决定书》，依法责令企业立即改正违法行为并处罚款2万元，这是江苏省镇域综合执法试点后，开出的首张镇级环境行政处罚罚单。

环 境 整 治

【概况】 2015年，常熟市着力开展大气污染防治。全年共关停淘汰落后和不达标大气污染企业60家；淘汰和清洁能源替代燃煤小锅炉731台计945蒸吨，全市完成10蒸吨以上燃煤锅炉提标改造60台计879蒸吨，削减二氧化硫11772吨、氮氧化物2434.1吨，烟尘11580.3吨；在电力和热电行业新建成6套脱硝设施和7套高效除尘设施，全面完成行业提标改造任务，常熟发电有限公司完成6#1000兆瓦机组超低排放改造，共形成1903.75吨氮氧化物、373.29吨粉尘和1063.5吨二氧化硫的年削减能力，完成重点企业清洁生产审核53家，完成75家工业企业挥发性有机物治理；出台《关于进一步加快淘汰黄标车的工作意见》《关于启动常熟市第三阶段限制高排放机动车通行的公告》《常熟市人民政府关于对老旧机动车提前淘汰实施临时补助和奖励政策的通告》等文件，扩大限行区域至板块中心镇区，加大黄标车闯禁区执法力度和淘汰奖励力度，全年淘汰黄标车9618辆，兑现财政补助资金5200多万元；组织开展建筑工地扬尘和渣土车运输车辆集中整治行动，查处和纠正违法违规运输渣土行为；加强城市道路清扫保洁和洒水抑尘，城区道路机械化清扫率超过90%；组织开展码头堆场扬尘整治，完成工业自备码头和社会码头整治28家。年内，持续推进水环境治理。签订太湖、阳澄湖年度目标责任书，纳入市镇两级环保目标责任书主要考核内容，且作为年度市"新风杯"竞赛活动考核的重要内容。重点实施四大类水环境综合整治工程，完成99项太湖治理重点工程、47项阳澄湖生态优化重点工程、838项望虞河和阳澄湖流域水环境综合整治重点工程以及337项白茆塘和盐铁塘流域水环境综合整治重点工程。对全市所有重点河道主要断面实施"断面长"制，分别由相关板块的主要领导和行政村的一把手担任断面长，断面监测结果每月通报各断面长，充分发挥断面长的组织协调作用，落实达标措施，改善断面水质。

【省政府到常熟市检查太湖目标责任书完成情况】 1月23日，江苏省政府组织省政府办公厅、水利厅、审计厅、太湖办等单位组成检查组对常熟市2014年太湖水污染治理目标责任书完成情况进行现场考核检查。检查组听取太湖水污染治理工作汇报，实地检查东南生活污水处理厂、辛庄镇荷花塘循环水养殖工程两个太湖目标责任书项目，对常熟市2014年太湖治理工作给予高度肯定。

【重金属污染防治工作通过省级考核】 2月，江苏省环保厅对常熟市重金属污染综合防治规划2014年实施情况进行考核。常熟市按照考核细则要求，收集整理并上报伟达电镀、西村电镀、葑泾电镀等3个列入省重金属污染

常熟新材料产业园生态湿地处理系统

防治规划年度关停项目的台账资料，统计报送了全市皮革、铅蓄电池等涉重行业年度产量及排污量变化情况，省控断面及重点防治区域的重金属污染物指标监测情况，并针对扬宣电子、谢桥电镀、汇能达电池等3家省规划重点企业详细准备清洁生产审核资料及监测台账。经资料核查，常熟市3个上报项目均达到2014年度重金属污染综合防治工作要求，顺利通过省级考核。

【开展中日土壤污染防治技术合作项目】 5月13日至14日，日本石川县土壤污染防治专家到常熟进行技术交流。常熟市环保局介绍常熟市土壤现状和调查、监测、分析能力情况，日方专家组介绍日本土壤污染防治法及石川县土壤污染防治法的基本内容，详细说明日本土壤污染状况调查程序、地理历史调查清单及土壤中污染物分析测定的具体方法，并赴土壤污染场地现场交流土壤修复和污染防治技术。日方专家还向常熟市环境监测站赠送土壤称重电子天平、pH计和振荡萃取仪。此次技术交流是江苏省与日本石川县共同实施的“江苏省土壤污染对策技术支援项目”第三年度工作的重要内容之一，常熟市是项目试点城市之一，该项目包含人员研修、专家来访、技术研讨等内容，有助于常熟市引进国际先进的土壤污染调查技术与修复经验。

【开展“覆盖拉网式”农村环境综合整治试点项目督查】 5月18日至22日，常熟市环保局会同市财政、住建、水利等部门对辖区内11个镇(场)开展2013—2014年度全省“覆盖拉网式”农村环境综合整治试点的72个行政村污水治理工程项目进行联合督查。督查组对照《实施方案》，对项目的工程设计文件、项目实施数量、类型和位置、基本建设程序文件、工程招投标文件及合同、工程施工和监理日志、工程结算审计报告、档案建立是否规范、设施运行长效管理等情况进行全面细致查验，随机抽查了各板块2个分散式农村生活污水整治点。

【全市164家印染废水排放单位实施新一轮限期提标治理】 7月23日，常熟市政府印发《常熟市印染行业废水限期提标治理工作意见》(以下简称《意见》)，要求全市164家印染废水排放单位在2016年3月底前全部完成提标治理。《意见》坚持单独处理与接管处理相结合，前道预处理与后续深度治理相配合，技术升级与工程改造相同步，对废水入环境直接排放的印染企业、间接排放的印染企业和印染废水集中处理单位三类对象分别规定了化学需氧量、氨氮、总氮、总磷、总锑五项指标的达标标准。《意见》还明确对于逾期未完成治理的企业，市政府将依法予以关停。

【推进老旧机动车淘汰3项措施】 9月，常熟市出台《进一步加快淘汰老旧机动车(黄标车)的实施意见》，采取3项措施强势推进老旧机动车淘汰工作。将老旧机动车淘汰工作与车主驾驶证换证、申领等业务进行关联，同时对全市未按规定报废或未按期验车的老旧机动车进行梳理，将车辆及所有人驾驶证信息录入常熟市公安局驾管业务系统进行提示告知，督促车主尽早办理报废手续，实行源头管理。扩大限行，在市区实施黄标车限行的基础上，将黄标车限行区范围扩大到各镇集镇区，自2015年10月1日起在限行区实施电子抓拍，对在用黄标车实行严格管控。增加对提前报废淘汰老旧机动车车主的奖励，将奖励车型分为重型载货车、中型载货车、轻型载货车、大型载客车、中型载客车和小型载客车6类，根据车辆注册年限，将奖励年限定为2001年1月1日起至2009年6月30日为止，每两年一个标准，其中重型载货车和大型载客车每两年每车增加3000元奖励；中型载货(客)车每两年每车增加2000元奖励；轻型载货车和小型载客车每两年每车增加1000元奖励，充分发挥财政资金引导作用。

【验收第二批货架整治企业】 9月，常熟市环保局会同尚湖镇组成验收组，对尚湖镇第二批货架整治企业进行了现场验收。验收组严格按照《尚湖镇货架行业专项整治实施方案》要求，查看企业工艺改造情况和治污设施运行情况，审阅相关台账记录。尚湖镇第二批货架整治工作共涉及企业198家，自2014年6月实施整治，重点围绕酸洗磷化工艺改造、喷塑粉尘治理、污水处置等主要产污环节开展治理。

环境能力

【概况】 2015年，常熟市建成“环保企业通”系统，修改完善环保权力阳光运行系统，新建阳光信访系统、饮用水源地水质自动站巡检管理系统，总量控制系统二期工程将造纸、皮革等重点行业的79家企业列入IC卡管理系统监管范围。完成各类监测数据8.2万个，建成6个大气自动站和12个水质自动站，环境监测站顺利通过实验室资质认定、实验室认可复评审。妥善应对和处置8起突发环境事件，率先启动区域环境风险评估试点，顺利完成全市年度突发环境事件应急演练，首次举办环境应急队伍综合技能培训，福新环境应急处置队伍成为苏州首批综合处置类环境应急队伍之一。

【建成江苏省内首个“环保企业通”平台】 2月3日，江苏省首家“常熟市环保企业通”平台项目通过专家验收。评审专家认为该平台系统简洁实用，满足环境信息公开、强化局企沟通的实际运行需求，在全省环保系统中具有示范作用。“环保企业通”平台是以企业为中心，利用先进的文件交换技术、语音技术和视频技术，搭建的环保部门与企业间信息有序互联、有效共享的平台，具有信息交流、文件传递、消息群发、通知下发等功能。该平台将常熟市之前建设的污染源自动监控系统、IC卡总量控制系统、环境应急管理与决策指挥系统等13个系统相关联，板块、企业能够通过平台便捷地获取这些系统的信息，使板块全面掌握辖区内企业的环境行为，使企业及时知晓自身的排污治污状况，进一步明确企业治污的主体责任。

【举办环境管理技术交流会】 4月28日，常熟市举办环境管理技术交流会，政府搭台，科技唱戏，帮助企业突破治污技术瓶颈，指导企业提升环境管理水平。本次交流会邀请来自环保部华东督查中心、江苏省环保厅、江苏省环科院、苏南环保督查中心、苏州市环保局、苏州市环科所的7位环境管理技术的领导和专家，600多家企业和治理技术单位的代表参会。交流会会期2天，安排印染企业热定型油烟治理、燃煤锅炉整治暨清洁能源替代、污水处理厂运行管理、工业废气污染治理、电镀企业环境管理等7个专题，专题活动采取专家授课、座谈交流、技术展示、现场考察等多种形式，让企业、专家、治理技术单位充分地沟通交流，展示推介先进环保治理技术、产品及服务，搭建一个环境管理技术"产学研用"的互动平台，助力常熟市环境保护水平再上新台阶。

【市环境监测站通过实验室资质认定复评审】 4月18至19日，江苏省质量技术监督局组织专家对常熟市监测站进行资质认定复评审。评审组依据《实验室资质认定评审准则》进行全面检查，评审组认为常熟市站建立比较完善的质量管理体系且运行正常，编制相应质量手册、程序文件、作业指导书、各项记录表格等，覆盖计量认证所规定的条款，各要素基本符合认证评审的要求，盲样考核结果均为满意，同意通过复评审。

【举办环境应急队伍综合技能培训】 4月30日，常熟市环保局在海虞消防中队举办首次环境应急队伍综合技能培训。海虞消防中队为全体环境应急队员讲解各种消防警示标志的含义，各种火灾中逃生的错误行为，10种火场疏散方法，多种烧伤、烫伤的应急处置方法；为全体环境应急队员演示各种应急救援装备的使用方法和日常灭火训练科目；培训还邀请常熟蓝天救援队的教练开展拓展训练。在培训中，环境应急队员们还实践依靠绳索进行速降逃生科目。本次培训在提升环境应急队伍个人能力的同时，增强队伍的协同配合意识和能力，取得良好效果。

【常熟市入选全省县级区域环境风险评估试点】 为开展以环境风险评估与预警为基石的主动风险管理，环保部在江苏、贵州等地进行区域环境风险评估工作，5月，常熟市入选全省县级区域环境风险评估试点。县级区域突发环境事件风险指数评估包括区域突发性环境风险评估和累积性环境风险评估，是在定量评估环境风险源强度、环境风险受体脆弱性、环境风险防控与应急能力的基础上，按照指数法对县级区域突发环境事件风险进行量化、计算、考核，并在此基础上提出降低风险、提高防范能力的路线方法。为开展好试点工作，常熟市环保局委托南京大学环境规划设计研究院对全市经济环境条件、资源环境特点等方面开展商讨，谋划落实开展常熟市县级区域环境风险评估工作的具体方法、措施。

【"常熟市智慧环保二期"项目通过验收】 10月16日，常熟市发改委、市信息化办公室、市电子政务办公室等部门相关专家组成验收组，对常熟市环保局实施的"常熟市智慧环保二期"项目进行评审验收。智慧环保二期在智慧环保一期的基础上实现五大提升：统一每个企业外网登陆各个环保业务系统的账号；进一步完善建设项目管理系统，增加企业外网申报功能；增加排污许可证外网申报、查询系统；导入企业放射源使用的相关信息，并与智慧环保一企一档数据库进行集成；与江苏省危险废物动态管理系统进行对接，将全市企业产废、转移、处置等信息与智慧环保一企一档数据库进行整合。验收组通过查阅台账材料、听取总结报告、观看软件演示、展开质询讨论，认为该项目的建设提升环境监管水平；提高了企业办事的便捷性，拓宽公众参与环境管理的渠道，项目建设达到了设计要求，一致同意该项目通过验收。

【开展突发环境污染事件应急演练】 11月4日，常熟市开展年度突发环境污染事件应急演练。演练模拟常熟经济技术开发区内华润化工码头一备用管道法兰损坏，管内残留化学物质发生泄漏，在码头起火燃烧；另有少量泄漏物流向长江，存在影响长江饮用水源地水质安全的隐患。演练过程中，常熟市环保局在接报后立即启动应急预案，通过环境应急指挥平台进行环境应急指挥救援，经环保、水利、消防、海事、供水等部门应急救援队伍全力合作，终于在1小时内控制事故并消除污染源，事故得到妥善处置，未对周边环境造成明显影响。本次演练严格按照本市突发环境应急预案的要求，以快速响应、多级联动、配合密切，处置科学为目标，充分体现信息化条件下环境应急管理与决策指挥系统功能，达到锻炼队伍、磨合机制、提升能力实战效果。

【全市6个地表水质自动站建成投用】 12月，常熟市谢北桥站等6个地表水质自动站通过市环境监测站验收，正式投入使用。自2014年12月启动招投标程序后，通过优化建设施工方案、强化项目系统管理、同步推进调试比对验收"三维一体"流程，有效缩短建设周期、提高工程效率。6个地表水质自动站投用提高常熟市对相关断面的水质监测能力，为更加有效的开展环境保护工作提供技术支撑。 （孟　薇）

责任编辑　薛　卫

财　政

【概况】　2015年，全市完成一般公共预算收入157.7亿元(其中13个经济板块财政收入完成132.2亿元)，比上年实绩增收10.3亿元，增长7%，增幅比上年同期增加0.6个百分点，其中：税收收入128.4亿元，增长4.5%；非税收入完成29.3亿元，增长19.6%，税收占比81.4%。财政收入占地区生产总值的占比由2014年的7.3%提高到7.7%，提高0.4个百分点；经济技术开发区和高新技术产业开发区的经济贡献份额逐步提高，两区税收收入占全市收入的比重由2014年的24.9%提高到2015年的26.3%。是年，全年完成一般公共预算支出155.3亿元，比上年实绩增加17.2亿元，增长12.5%。其中，全市城乡公共服务支出121.2亿元，占比达78.1%，提高1.9个百分点。2015年起，常熟市全面公开政府预决算、部门预算及“三公”经费预算，全市除涉密部门外的66个部门公开2015年部门预算及“三公”经费预算。是年，常熟市财政局获评2012—2014年度苏州市文明单位，连续12年成为市级机关部门绩效管理考核“公仆杯”得杯单位。

支持经济转型升级　2015年，常熟市《关于推动科技创新促进经济转型升级发展若干政策的意见》《常熟市科技创新与转型升级财政转型资金管理办法》出台，进一步加快转型升级步伐，促进经济发展方式从要素驱动向创新驱动转变。全年兑付各类扶持发展资金15.11亿元。贯彻落实各级减税降费优惠政策，加快推进“营改增”工作，取消、暂停、降低行政事业性收费156项，取消和降低经营性收费31项，全年减轻企业负担约3.25亿元。

改善保障民生　2015年，市财政部门落实强农惠农政策，全市农林水支出12.8亿元，增幅13.46%，推进“四个百万亩”和高标准农田建设，加大政策性农业保险补贴力度，加强农业基础设施建设。加大教育投入，全市教育支出超过30.06亿元，全年共安排校舍维修项目162个，支出3923万元，拨付校车专营资金1110万元，兑付校安工程资金4.31亿元，下达各板块进城务工随迁子女接受义务教育奖补资金1700万元。完善就业服务体系，落实职业培训补贴、职业技能鉴定补贴等政策，鼓励企业吸纳劳动者就业，落实“大众创业万众创新”政策措施，增加就业岗位。全年发放各类就业补贴资金1.32亿元，享受补贴人数41.39万人、单位1140家。完善社会保障体系。强化对困难对象财政托底保障职能。加强征地补偿和被征地农民安置社保资金筹集，贯彻实施征地补偿和被征地农民安置补助新政策，保障农民权益；建立欠缴社保基金分期还款机制，确保社保基金顺畅运行；推进全市养老服务体系建设，联合民政部门提请市政府出台《常熟市扶持养老服务组织发展的实施办法》。建立全市五保老人集中供养市镇分担机制；及时调整义务兵优抚对象相关待遇。是年，全市社会保障支出12.9亿元。支持医疗卫生体制改革。修订完善《常熟市公共卫生资金管理办法》，制定《常熟市市级公立医院奖补办法》，注重对医院服务结果引导，深化医疗卫生体制改革，有效支持公立医院正常运转

9月25日，市财政局组织开展“财政大讲堂”

及发展。推进住房保障体系建设，统筹安排财政资金6035万元支持保障性安居工程建设。2015年，全市保障性安居工程新开工2706套，基本建成1054套，竣工930套。

▲“四个百万亩”：即优质水稻、特色水产、高效园艺、生态林地四个百万亩。

【清理整合财政专项资金】 2015年第一季度，市财政局全面清理整合市级财政专项资金：对已到期、任务已完成和失去政策依据的专项资金予以取消；对符合政策目标，使用方向相同或相近的予以归并整合；同时，严格控制新增专项资金项目，形成《常熟市政府部门专项资金管理清单目录》，于3月25日向社会公布。该《目录》包括转型升级、社会事业、城乡统筹、生态环境四大类38项专项资金，内容涉及工业、科技、教育、社会保障、农田水利等多个经济、民生领域。

【支持创业创新人才建设】 2015年，常熟市继续实施科技创新创业领军人才引进计划，市级财政对创业创新人才支持资金超过5500万元。全年新增省“双创计划”5人，苏州“姑苏计划”人才20人，市级创新创业领军人才立项50个，资助资金5456万元。柔性引进海外智力“海鸥计划”项目，全年引进8个项目10名专家，资助资金37.6万元；引进企业科技副总15家企业，资助资金39.96万元。对重点产业紧缺人才实施薪酬补贴，认定资助对象19人，拟分5年支付资助资金135万元，当年实际资助13人，资助资金18万元。359名高技能人才受到奖励，奖励资金153.25万元。资助高层次人才安家补贴32人次，资金140.67万元。

【百项政府职能向社会转移】 6月24日，《常熟市政府向社会转移职能事项目录》公布，100项政府职能向社会转移。其中：共性项目9项，涉及全市各个部门，分别为“法律宣传教育”“信息化网络维护、系统软件开发及维护”“数字化档案外包服务”“行政事业单位物业（含保安）管理服务”“印刷服务”“全市公务用车的维修保养服务”“全市公务用车的保险服务”“财务核查、审计、评估服务”“在职人员的教育培训”；个性项目91项，涉及民政、教育、卫生、人社、环保、交运、经信、农委、水利、安监、规划、财政等17个部门，转移的项目涉及社会养老、社会福利、社会救助、公共教育体育、公共文化、劳动就业、人才培养、医疗卫生、生态环境、三农服务、社会事务和行政履职辅助管理等多个领域。

【创新融资方式】 2015年，常熟市优化融资结构，有效降低融资成本，“城建发展基金”和“农行棚改信贷融资项目”顺利推进。9月10日，常熟市城市经营投资有限公司成功发行12亿元2015年度第一期中期票据，成为全国县级企业和苏州地区首单长期限含权中期票据。11月12日，常熟市发展投资有限公司成功募集10亿元公司债，成为全国非上市平台企业首单公募公司债。年内完成农村分散式生活污水处理PPP模式试点项目，成为全国县级市首例PPP项目。利用政府采购融资政策，为常熟市棚改项目融资50亿元。

▲PPP：即Public－Private－Partnership，公私合作模式，是公共基础设施中的一种项目融资模式。在该模式下，鼓励私营企业、民营资本与政府进行合作，参与公共基础设施的建设。

（徐颖婷）

国家税务

【概况】 2015年，常熟市国税局共组织税收收入169.55亿元，比上年增收11.06亿元，增长6.98%。其中完成中央级收入120.65亿元，占比71.16%，提高0.76个百分点；完成公共财政预算收入48.89亿元，增收1.98亿元，增长4.23%。在抓好风险管理的同时，最大限度防范和控制欠税，全年共清理欠税5906万元，催缴成功率达98%。强化非居民税收管理，全年入库非居民企业所得税2.93亿元，增长14.7%。年内，市国税局获评2012—2014年度苏州市文明单位标兵。国税一分局、四分局分别获评全国巾帼文明岗和江苏省巾帼文明岗。

税收征管 2015年，市国税部门以《风险应对工作模板》和《风险应对法律指引》为导向，依托数据情报管理平台，采用竞标案例交流、个案研讨等手段，全年完成风险应对任务963户，应对成效合计2.92亿元。同时，执行《税收职责清单（2015版）》，明确11类49项纳税服务职责、8类27项税收风险管理职责和4类8项非独立事项职责，进一步厘清征纳权责，减轻纳税人负担，并扩大全城通办业务范围，做好“一照一码”推广工作，全年共办结新办登记1257户，变更登记1194户；落实国地税合作工作规范，从纳税服务、征收管理、税务稽查、行政执法、信息共享等五个方面与地税部门深化合作。全面推行增值税发票管理系统升级版，共为1.7万户纳税人办理升级。全面实施实名制办税制度，共采集纳税人身份信息3.35万人次，发现防范涉嫌虚开发票案件50户次，移送稽查11户次，有效提升信息管税水平。

税务稽查 2015年，市国税部门严格执行裁量权标准，着力提高执法质量，全年实施行政处罚案件1241件，核查1.26万条执法信息，督查整改8项391户次，有效提高执法准确度。推进简政放权，深化行政审批制度改革，全面取消税务行政审批事项，依法保留行政许可4项，其他行政权力事项17项。严厉打击各类税收违法犯罪行为，全年检查企业92户，查补总额2700万元，入库总额2200万元；查补案值60万元以上案件4起，100万元以上案件1起；大要案查补收入642万元。

税收服务 2015年，市国税部门对接“互联网＋税务”思维，形成以“网上办税服务厅＋移动智能终端”为内容的智慧税务体系，与纳税人携手迈进智慧税务“易时代”，投入各类自助认证设备55台，实现自助报税、认证、购票及代开发票城乡11个网点全覆盖。纳税人通过自助办税终端认证发票304万份，自助领购发票3.4万份。全面升级特服号，推出微信特色服务，积极推广常熟国税微信公众号，全年推送信息170条，向纳税人和社会公众提供包括税收宣

税务人员向高新技术企业宣传税收优惠政策

传、涉税通知、风险提醒在内的信息推送与阅读服务,确保政策解析支持到位。推广移动办税APP,打造新型办税格局。通过对接苏州国税移动办税平台,实现小规模企业一键零申报、自助认证和办税服务厅流量查询等功能;打造智慧国税信息化服务支撑体系,网络基础设施进一步完善。搭建全局WIFI无线系统,确保用户高速稳定使用无线网络,为移动办公和移动办税提供稳定、高效的服务。

【取消16项所得税行政审批事项】 自《全国税务机关纳税服务规范》(2.0版)实行后,市国税部门取消16项原核准类企业所得税优惠办理的行政审批事项。纳税人只需在企业所得税汇算清缴期内向办税服务大厅备案并报送相应的资料即可完成备案,简化备案流程。在简化审批手续的同时,市国税部门保障税收优惠政策的落实,组织业务骨干走进有需求的重点企业,就全面落实研发费用加计扣除、固定资产加速折旧等政策作宣传和讲解,使企业全面知晓和运用税收优惠政策,不断加快转型升级步伐,提升企业自主创新能力。

【常熟2000多户出口企业受益无纸化申报】 5月1日起,全省范围内实行出口退(免)税无纸化申报,常熟市是全省第一批试点地区。本次试点是将无纸化申报由原来的一类企业扩大到常熟市所有出口企业,由原来的无纸化退免税申报扩大到所有出口退免税业务,实现申报、证明办理、审核审批、退库等出口退(免)税业务"网上办理"全覆盖,企业只需在网上办税服务厅申报通过税控数字证书签名后的正式电子数据,而原规定应向主管国税机关报送的纸质凭证和申报表全部留存出口企业备查。推行出口退(免)税无纸化试点管理,常熟2000余户出口企业受益,减少出口企业50余万份退税资料的打印和传递,并将整个流程缩短到2个工作日。

【汽车业成为常熟新经济增长点】 2015年,奇瑞捷豹路虎项目入库增值税1.59亿元,消费税2.45亿元;观致项目累计入库消费税5465万元,"两辆汽车"成为常熟税收增长的生力军。市国税部门持续服务奇瑞捷豹路虎和观致两大项目,从国税视角分析汽车工业现状,做好企业税源预测及行业深度分析报告,与企业保持密切沟通。全程服务观致汽车和奇瑞捷豹路虎企业售付汇管理、股权转让、车价信息、销售公司信息采集等重大涉税事项,做好"一对一"个性服务,当好企业"税务顾问"。

【常熟车辆购置税征收超6亿元】 2015年,常熟市新增车辆49643辆,征收车辆购置税65232万元,比上年增长11.74%。居民消费理念的转变,带动常熟汽车消费市场的迅速增长,全年办理汽车车购税4.8万辆,增长17.14%。全年进口汽车和税款分别达3152辆和14058万元,进口车税款比上年(12253万元)增长14.73%。为促进新能源和小排量汽车发展,国务院自2015年10月1日至2016年12月31日,对购买1.6升及以下排量乘用车,实施减按5%征收车辆购置税的优惠政策。新政实施截至到2015年12月,市国税部门共减征车购税3588万元,办理减征车辆7847台。

2015年度常熟市国税税收情况一览表

表36

单位:万元

收入项目	累计收入					
	小计	中央级	地方级	上年同期	比上年增减数	比上年增长率(%)
一、国税收入合计	1695519	1206466	489053	1584938	110581	6.98
(一)国内两税收入	1173976	865569	308407	1055132	118844	11.26
1. 国内增值税	1132926	824519	308407	1047999	84927	8.10
(1)货物、劳务增值税直接收入	779359	584519	194840	735874	43485	5.91
(2)营改增增值税直接收入	33567	—	33567	31125	2442	7.85
(3)货物、劳务增值税免抵调库	320000	240000	80000	281000	39000	13.88
(4)营改增增值税免抵调库	—	—	—	—	—	—

续表 36

收入项目	累计收入					
	小计	中央级	地方级	上年同期	比上年增减数	比上年增长率（%）
2. 国内消费税	41050	41050	—	7133	33917	475.49
（二）其他各税收入	521543	340897	180646	529806	-8263	-1.56
1. 企业所得税	455174	274531	180643	470566	-15392	-3.27
（1）内资企业	153736	92956	60780	170944	-17208	-10.07
① 国有企业所得税	467	280	187	1190	-723	-60.76
② 集体企业所得税	96	58	38	63	33	52.38
③ 股份制企业所得税	62429	38123	24306	61071	1358	2.22
④ 私营企业所得税	90716	54478	36238	108496	-17780	-16.39
⑤ 其他内资企业所得税	28	17	11	124	-96	-77.42
（2）外资企业	301438	181575	119863	299622	1816	0.61
2. 个人所得税（利息税）	7	4	3	9	-2	-22.22
3. 车辆购置税	66362	66362	—	59231	7131	12.04
二、出口退税	-995300	-995300	—	-805500	-189800	23.56
1. 出口货物退税合计	-675300	-675300	—	-524500	-150800	28.75
① 出口货物退增值税	-677438	-677438	—	-520132	-157306	30.24
② 改征增值税出口退税	2147	2147	—	-4348	6495	-149.38
③ 出口货物退消费税	-9	-9	—	-20	11	-55.00
2. 免抵调减增值税	-320000	-320000	—	-281000	-39000	13.88
① 免抵调减增值税	-320000	-320000	—	-281000	-39000	13.88
② 免抵调减改征增值税	—	—	—	—	—	—

（孙益新）

地方税务

【概况】 2015年，常熟地税局推进征管体制改革，提升纳税服务水平，加强作风效能建设，共组织入库各项收入186.51亿元，比上年增长8.66%，完成一般公共预算收入79.52亿元，增长4.63%。常熟地税局被省地税局授予"依法行政示范单位"称号，连续第八年获市级机关"公仆杯"。

税收征管 2015年，常熟地税局深化重点行业管理，按照分级分类的原则，将全市一般建筑项目区分房地产、政府工程、重大投资项目等进行差别监控，按可售楼盘面积将全市房产公司分为重点监控和一般监控对象进行细化管理，建筑、房地产业入库营业税22.67亿元，比上年增长25.7%；全面排查符合清算条件的土地增值税项目，重大清算项目重点督办，加大清算审核力度，完成评估项目53个，入库土地增值税9.19亿元。推进企业所得税汇算清缴，办理汇缴6258户，汇缴补缴2.33亿元；开展企业所得税重点税源和高风险团队工作，实行企业所得税风险识别"人机结合"，企业所得税入库13.31亿元，比上年增长29.08%。强化年所得12万以上个人所得税自行申报，共受理15871人，补缴税款513万元；加强高收入者个人所得税管理，积极推进股权转让核查，累计入库个人所得税17.01亿元。拓展社会化征管，委托常熟市新市民事务中心进行私房出租税款征收及发票开具，入库税款2319.94万元。开发启用临商户地税委托代征系统，实现零星税源委托代征全覆盖，入库税款2176.2万元。升级上线"常熟市房屋出租租金评估系统"，增加工业用房的租金评估，堵塞房屋出租征管漏洞，入库税款1.1亿元。

风险应对 2015年，常熟地税局认真梳理税源管理事项清单，明确19类275项标准事项，将低风险应对职能改由基础管理分局和风险应对分局分别承担，进一步理顺管理职能。完善重点税源监控制度和大企业联系服务制度，确定602户重点税源企业，落实联系服务职能，提升税源管控能力。加强中等风险应对，探索试行"按户应对"和"按事项应对"双轨并行机制，将简单、直观、指向清晰的风险疑点按户归集，作为事项管理，通过风险平台外网推送快速处置风险。完成中等风险应对9223户,其中按户应对1998户,按事项应对7225户,应对入库税款4.83亿元,比上年增长20.78%,应对贡献率4.58%。加强高等风险应对,开展以资本交易、建筑、房地产业为重点的税收专项检查和专项整治,严厉查处重大涉税违法案件。全年稽查立案89户,查补税款、滞纳金、罚款5800万元,其中千万元以上案件1件。深化第三方数据采集,依托税收征管保障平台,采集内容向外管、财政等部门收付汇信息、政府补贴收入信息等延伸,采集范围从现有数据向历史数据、互联网数据拓展,累计采集40个部门98万余条数据信息。

税收服务 2015年,常熟地税局以落实纳税服务规范为契机,规范简并业务流程,统一涉税事项办理,做到"服务一把尺子、办税一个标准",办税厅预警处置指标排名苏州大市第一;落实国地税合作规范,与国税部门在个体管理、培训辅导、信用评价等方面开展合作,让纳税人"进一家门""办两家事";联合国税局、市场监管局共同推进"三证合一、一证一码"登记制度改革,释放创业活力。继续开展"便民办税春风行动",深化午间办公制、缺失资料登记后补制等服务举措,纳税人办税更加便利。举办"新常态、新税风,助力大众创业"等宣传活动,在电视台、电台、报纸设专栏开展税收宣传。组织纳税人学堂、纳税人之家活动,畅通"12345"便民热线、"寒山闻钟""12366"等投诉处理渠道,全年受理、处理各类投诉325件,举办纳税人学堂15期、纳税人之家5次。创新"易学通"微信移动服务平台,为纳税人提供从"足不出户"到"如影随形"的服务体验,该平台用户已突破3800人。开展A级纳税信用等级评价,联合建设银行常熟分行开展"税银"合作,推出"纳税信用贷"项目,企业可免担保、纯信用、可循环的享受最长达一年、最高金额达200万元的贷款业务,年内申贷7户,贷款金额530万元。

【临商户地税委托代征系统上线】 3月13日,由苏州国、地税联合开发的临商户(未办理税务登记的无证个人)地税委托代征系统上线启用,在苏州率先实现零星税源委托代征信息化全覆盖。该系统实现国税代开临商户增值税票时自动代征个人所得税、城市维护建设税等地税税款,并按日将所代征地税税款通过苏州一体化平台汇总至大集中系统。系统上线首日代征地税款119笔合计金额3.27万元。全年代征地税税款43172笔,合计金额2176.2万元。

【实施首例税务行政强制执行案件】 6月4日,常熟地税局对某房地产开发企业欠缴税款完成税务行政强制执行,查封未销售的商品住宅一套、车库两套,经法定程序实施行政强制执行,以拍卖所得抵缴税款277.06万元,滞纳金51.26万元。

【"纳税信用贷"合作项目签约】 7月22日,常熟地税局与中国建设银行常熟分行合作项目"纳税信用贷"签约。"纳税信用贷"主要针对按时足额缴纳税款的小微企业发放贷款。通过该平台,常熟建行能准确获取企业纳税信息,根据企业的实际情况提供差异化融资产品,避免无抵押担保的小微企业融资问题。是日,2家企业签订贷款意向书,在需要时建行可随时为其发放贷款。

【房屋出租租金评估系统升级上线】 8月10日,"常熟市房屋出租租金评估系统"升级版在全市推广上线,该系统增加对工业、商业用房租金评估功能,评估适用对象由单一的个人拓展至所有企业、个体工商户及个人等,堵塞房屋出租征管漏洞。至8月25日累计评估工业、商业用房487笔、入库税款2113.09万元。

【国家税务总局到常熟地税局调研】 10月29日,国家税务总局所得税司司长刘丽坚率调研组到常熟地税局就"三严三实"专题教育活动和所得税工作开展专题调研,听取基层部门的意见建议。江苏省地税局局长江建平、苏州市地税局局长唐晓鹰等陪同调研。刘丽坚一行参观办税服务厅,并召开座谈会。会上,刘丽坚介绍了所得税司开展"三严三实"专题教育情况,对严以修身、严以用权、办事要实等谈了看法,并与参会人员互动交流。常熟地税局介绍该局工作情况,并就所得税管理、落实所得税政策等方面提出了意见和建议。苏州地税局、苏州工业园区地税局分别发言。刘丽坚一行还到常熟开关制造有限公司实地调研,详细了解企业生产经营情况和税收优惠政策落实情况。

2015年常熟市地方税(费)收入情况一览表

表37

单位:万元

项目	收入实绩	上年同期	增长率(%)
各项收入总计	1865111	1716463	8.66
一、税收收入合计	1056728	1004754	5.17
1. 营业税	347518	329700	5.40
其中省级:	79352	76146	4.21
2. 企业所得税	133193	103188	29.08
3. 个人所得税	170191	177697	-4.22
4. 城建税	84728	76450	10.83
5. 房产税	78886	67566	16.75

续表 37

项　　目	收入实绩	上年同期	增长率(%)
6. 印花税	18085	20884	-13.40
7. 土地使用税	50066	43131	16.08
8. 土地增值税	91905	98204	-6.41
9. 车船税	11964	10485	14.11
10. 契税	58083	68413	-15.10
11. 耕地占用税	12140	9036	4.15
二、基金费收入	808383	711709	13.58
1. 教育费附加	74208	66319	11.90
2. 两金	9.7	10.5	-7.62
3. 文化事业费	171	182	-5.93
4. 防洪基金	12505	23607	-47.02
5. 社保	705934	602559	17.16
6. 农保	27	4	540
7. 人防基金	—	—	—
8. 教育基金	—	—	—
9. 绿化费	—	—	—
10. 退管费	—	—	—
11. 工会经费	7416	7087	4.64
12. 残保金	5503	3811	44.41
13. 职教培训经费	2586	8111	-68.12

（王晓春）

责任编辑　汤　涵

金融

综述

【概况】 至2015年年末，全市金融机构本外币存款余额2604.88亿元，比年初增加226.43亿元，增长9.52%；本外币贷款余额2040.32亿元，比年初增加102.56亿元，增长5.29%。保险公司全年实现保费收入39.34亿元，同比增长12.68%；给付、赔付支出15.95亿元，同比增长21.62%。证券公司全年股票交易额9807.02亿元，同比增长176.02%；期末股票账户数41.80万户，同比增长24.32%；期末股票市值291.43亿元，同比增长64.14%。融资性担保公司全年累计提供担保金额12.97亿元，期末在保余额14.19亿元。农村小额贷款公司全年累计发放贷款11.22亿元，期末贷款余额14.39亿元。年内，东亚银行开业。至年末，全市共有银行业金融机构29家。县域金融研究中心围绕经济金融热点问题，深入调查研究，先后开展“上市公司平台优势发挥”“跨境资金运营管理”“探索乡镇债务处理方式”“推进企业信用评价体系建设”“企业信用风险的识别方法与处置措施”等课题调研工作，为常熟经济金融健康发展献计献策。

服务地方建设 2015年，制定《关于进一步加快全市金融服务业发展的若干意见》，加快现代金融体系建设，推动金融业发展，建设金融强市。积极搭建平台，深化银企对接，促成银企合作项目43个，授信金额82亿元。持续开展“银企对接乡镇行”系列活动，组织银行走访尚湖、梅李、支塘、董浜等乡镇，加强沟通交流，促进合作共赢。宣传推广金融创新政策，调动金融资源支持企业自主创新，近千家科技型企业加入“苏州综合金融服务平台”。围绕常熟经济和产业特点，突出支持重点产业和重大项目，支持实体经济发展，支持转型升级和地方建设。全年新增五大新兴产业贷款17.25亿元，增长12.4%；新增城乡一体化贷款9.09亿元，增长5.50%；新增小微企业贷款31亿元，增长5.37%。

金融风险防控 全年处置银行不良贷款61.80亿元，金融机构年末不良贷款率控制在1.90%。按照“重组兼并、平稳过渡、破产清算”的总体思路，稳妥推进重点企业风险事件处置。“类银团”处置模式日渐成熟，全年成功组建“信立磁业”“卡迪亚铝业”“海虞四企业”“忠鑫织造”4个“类银团”，化解潜在信贷风险13.92亿元。先后组织开展了防范非法集资集中宣传教育、专项整治、广告资讯信息排查清理等一系列活动，净化全市金融环境。出台《常熟市防范和打击恶意逃废债务行为工作方案》，加强对恶意逃废债务行为的防范、打击和执行力度，维护社会信用环境。

金融生态优化 金融办、人民银行、国土局联合出台《常熟市工业用地抵押融资评估实施细则》，全年共发放土地抵押贷款21.83亿元，其中新增释放资金8.12亿元。“企业转贷资金池”合作银行增加至18家，全年累计服务企业227家，完成贷款周转446笔，金额46.26亿元。市金融纠纷人民调解委员全年共受理金融案件15件，金额1.74亿元；成功调解13件，金额1.59亿元，有效提高金融纠纷处置效率。

（吴志鹤）

3月19日，全市金融业发展暨银企合作工作会议召开

中国人民银行常熟市支行

【概况】 2015年，面对错综复杂的国际国内经济金融形势，中国人民银行常熟市支行（以下简称“常熟人行”）严格按照上级行年初工作会议部署和支行实际，坚持稳中求进、改革创新，科学执行稳健货币政策、不断强化金融风险监测、创新创优金融服务能力水平、深入推进内部管理和建设，依法高效地履行基层央行应有职能，为地方经济转型升级和平稳健康发展提供了有力的支持。

金融改革创新 推进城乡一体化非接示范城市建设工做，重点推进金融IC卡在公交领域的应用。完成全市全部932辆城乡公交车的非接改造，组织全市23家发卡银行和江苏银联开展公交非接闪付推广活动扩大金融IC卡在其他民生领域的运用。完成常熟市第二人民医院停车场的非接改造。继续对餐饮店、企事业单位食堂、学校和旅游景点等应用场景实施非接改造，推进常熟市智慧城市建设。

支持实体经济 加强窗口指导，引导银行业金融机构合理把握信贷投放总量和节奏，不断优化金融资源配置效率，支持实体经济发展和转型升级。积极争取并合理运用支农支小再贷款工作，2015年争取到支农支小再贷款规模11.5亿元，居苏州四市一区首位，并全部发放到位。

强化金融监管 地方法人金融机构管理加强。常熟农商银行被吸收为全国市场利率定价自律机制基础成员，获准信贷资产质押再贷款试点行。完善金融稳定形势监测分析月度例会制度，每月召集7～8家银行分管行长召开座谈会，全年共召集全市28家银行的联络机制成员召开70多人次会议。妥善处置金融风险突发事件，做好旋力集团的后续处置工作。妥善处理常熟农商行阜宁支行网络舆情事件、建信村镇银行异常取款等金融突发事件。持续开展防范电信网络诈骗的基础上，举办全市保卫干部业务培训班、成立金融义警服务中队，进一步拓展平安金融创建活动的深度和广度。

9月17日，中国人民银行参事高小琮一行到常熟视察农村金融综合服务站建设

提升金融服务 启动商业银行代理个人信用报告查询试点工作。招商银行常熟支行代理查询点于9月1日正式对外服务。开展整治银行卡网上非法买卖专项行动。常熟人行联合宣传部、公安局、工商局、银监办等部门，通过相关的网站开展为期1个月的宣传活动，网页日均点击量2万多人次。对7家反洗钱义务主体及其分支机构的专兼职人员进行了培训，实现反洗钱培训全覆盖。积极开展反假货币知识宣传和教育，常熟人行也被人民银行南京分行授予“江苏省人民币流通满意工程先进集体”荣誉称号。

【中小企业信息辅助系统建设】 常熟人行进一步完善关联信息查询和风险预警功能。目前辅助系统已有银行信贷和环保、住建等非银行信息数据60多万条。通过辅助系统，常熟人行建立汽车产业信贷数据库，联合相关部门开展工业企业健康体检，向市委市政府主要领导、分管领导上报了专报3期。

【《现代征信学》纳入常熟高校金融专业教育】 在苏州辖区率先实现《现代征信学》纳入大学金融专业必修学分课程，与常熟理工学院、常熟农商行签订了三方共建协议，建立大学生征信教育联建长效机制，推动常熟市社会信用体系建设。

外汇管理

【概况】 2015年，全市共办理跨境贸易人民币结算业务4168笔，同比增长65.4%，金额508.6亿元人民币，同比增长125.19%。实施外汇管理改革创新，深化跨国公司外汇资金集中运营工作。召集跨国公司总部跨境资金集中运营研讨会，开展对芬欧汇川（中国）有限公司等重点指导，为辖内其他企业申请此项业务做好政策支持。长春化工成功获得备案，完成理文化工、烨辉（中国）跨境人民币双向资金池业务备案。促进贸易便利化，全年共开办辅导期企业培训6期，持续开展货物贸易外汇现场核查，发放现场核查通知书50份，完成现场核查52家。开展专项核查应对资本外流风险。加强外汇银行业务管理，提高外汇管理效率，为开发区众多企业办理外汇业务提供便利。采用日常监督和外汇检查相结合的方法，完善台账登记管理，增强外汇管理的执行力和有效性。

【完成直接投资外汇管理改革】 6月1日起，直接投资外汇登记事项下放至银行，为顺利推进直接投资外汇管理新旧政策的平稳过渡，在新政出台前后开展一系列工作。一是组织辖内外汇银行参加总局召开的视频培训会议；二是对外汇银行直接投资外汇登记实务进行现场指导和业务解答；三是对各外汇银行在过渡期内的直接投资登记业务进行统计和反馈；四是按照总局统一安排对存量企业的部分历史信息按照新政策在系统内进行手工调整；五是在9月份对改革后辖内银行的境外直接投资业务开展专项核查，进一步完善辖内银行对直接投资业务的制度修订和执行。 （张朔亦）

银行监督

【概况】 2015年，市银监办积极引导辖内银行机构围绕常熟市委市政府发展战略，支持新型工业化、信息化、城镇化、农业现代化，加大对重点领域以及薄弱环节的信贷支持。

支持地方发展 2015年，各项贷款余额为2040.32亿元，同比增加102.56亿元，增幅5.29%。为长江水利重点工程铁黄沙项目累计投放6.7亿元，为支柱产业和新兴产业奇瑞捷豹路虎、中利集团分别新增贷款1.1亿元和5.84亿元，支持一带一路，为亨通集团成员叙做卢布保函等业务。督促银行机构加大小微企业的信贷投放。全年全市小微企业新增贷款39.03亿元，比年初增长4.94%，占全部新增贷款29%，其中常熟农商行小微贷款新增23.68亿元，占全市小微新增贷款60.67%。

强化风险管控 2015年，全辖处置不良贷款余额61.8亿元，其中现金清收8.47亿元，打包处置24.72万元，核销23.3亿元。12月末，不良贷款余额41.74亿元，不良贷款率1.9%。，实现年末不良贷款率不得突破2%控制目标。根据苏州银监分局建立企业授信总额联合管理机制要求，与金融办联合在辖内推出授信总额联合管理。年末，对试点企业授信总额6.78亿元，促进企业经营稳定。配合政府部门开展打击和防范逃废债行为。经各行排摸，由18家银行机构提供49家案例材料，企业规模主要为中小型企业。

提升金融服务 继续开展"规范经营行为，倡导公平竞争"活动，推动辖内银行业合规经营。加强金融消费者合法权益保护，全年共处理服务类信访投诉19起，办结19起。 （肖　民）

银　行　业

【概况】 2015年，常熟区域银行增至29家，分别为政策性银行分支机构1家，国有商业银行分支机构5家，股份制银行分支机构9家，城市商业银行分支机构6家，农村中小法人金融机构2家、分支机构1家，专类金融机构1家，外资银行分支机构4家。本年度东亚银行（中国）有限公司常熟支行落户常熟，苏州银行、招商银行、泰隆银行各增加1家乡镇网点，工商银行减少2家网点，年末全市银行机构网点数361家，比年初增加3家，其中正常营业349家，临时歇业12家。全市离行式自助银行175家，比年初增加54家。各类ATM机（取款机）、CDS机（存取款一体机）、交易查询机等自助设备1789台，比年初增加53台。银行机构遍布全市各乡镇，虞山镇地区网点172家，其中招商城地区网点35家；其他乡镇网点166家；三大经济开发区网点23家。全市金融从业人数5572人（其中在编人数为5245人），同比增加660人；本科及以上学历占比74.75%，其中硕士人数208名，博士2名。

【中国农业发展银行常熟市支行】 2015年，中国农业发展银行常熟市支行（以下简称市农发行）以保障粮食安全为中心，强化信贷支农；以保护农民利益、促进城乡一体化发展为目标，加大对农业农村基础设施项目投入力度。全年各项贷款余额10.36亿元，利润655万元，全年投放粮油收购资金2.1亿元，投放市级储备粮贷款2亿元，投放市级储备粮贷款2亿元。 （王云石）

【中国工商银行股份有限公司常熟支行】 2015年末，中国工商银行股份有限公司常熟支行（简称工行常熟支行）本外币各项存款余额达236.85亿元，比2014年增加54.59亿元。本外币各项贷款余额201.75亿元，比2014年增加5.07亿元。实现中间业务收入3.22亿元，比上年增加1.05亿元。全年实现拨备前利润6.91亿元，实现净利润3.24亿元。全行本外币不良贷款3.21亿元，不良率为1.58%（不含信用卡），比年初减少0.07个百分点。信用卡不良额326万元，不良率0.91%，比年初下降1.95%。

年内，对全市主板市场7户上市公司业务合作全覆盖，60户新三板已上市、拟上市企业中，有28户企业已在支行开户结算，有24户企业已建立信贷关系。截至年末，经分行准入奇瑞捷豹路虎供应链融资客户109户，累计为55户经销商发放预付款融资11.14亿元，年末有融资余额客户43户，融资余额3.27亿元。年末，私人银行达标客户数162户，比年初新增73户。贵金属交易有效账户净增数和贵金属交易量排名均位居工商银行苏州分行第一。支行全年撤销网点2家，改造3家乡镇网点为理财便利店，自助银行撤销6家。柜面防堵假人民币545张39175元，成功堵截电信诈骗24起90万元，受到常熟市公安部门表彰。年内，工行常熟支行获工总行颁发的"安全管理星级支行"称号；支行营业部财富管理中心被工总行授予"青年文明号"；支行团委获"2014年度中国工商银行五四红旗团委"。 （徐　燕）

【中国农业银行股份有限公司常熟分行】 2015年，中国农业银行股份有限公司常熟分行（以下简称"市农行"）本外币存款余额555.58亿元，比年初增加33.07亿元。其中，人民币存款余额517.5亿元，比年初增加21.52亿元；外币存款余额5.86亿美元，比年初增加1.53亿美元。本外币日均存款余额552.97亿元，比年初增加24.04亿元。本外币贷款余额372.92亿元，比年初增加9.72亿元。不良贷款余额2.75亿元，比年初减少1.41亿元，不良率0.73%，比年初下降0.42个百分点。市农行加大对全市重点项目、重要民生工程的支持力度，累计投放13亿元支持长江水利重点工程——铁黄沙项目建设，授信24亿元支持通港路快速通道项目，授信7000万元支持中法水务第二水厂深度处理工程项目，大力支持新型城镇化建设，支持全市棚户区改造项目。加大对新兴科技企业支持力度，全年新增科贷通、苏科贷授信客户6户，新增用信2540万元，科技型企业存量客户60户，贷款余额57.47亿元，支持五大新兴产业贷款余额40.45亿元，比年初增加5.48亿元。加快服务渠道建设，全年新建自助银行11家(其中精品自助银行4家)，至年末离行式自助银行(含单机)达33家，新增ATM、CRS机具19台、更新45台。发行社会保障卡114.78万张，激活金融功能9.3万张，有效推动常熟市智慧城市建设。年内，市农行获评“2012—2014年度苏州市文明单位”。全年成功堵截电信诈骗75起，为客户挽回损失137万元，堵截伪造银票2起15万元，伪造存单1起4.3万元，协助市公安局追回客户被盗刷资金1起6.3万元，56人次受到常熟见义勇为基金会表彰。 (吴心怡)

【中国银行股份有限公司常熟支行】 2015年末，中国银行股份有限公司常熟支行(简称中国银行常熟支行)本外币存款余额184亿元，其中人民币存款余额166亿元，外币存款余额2.72亿美元；本外币贷款余额221亿元，其中人民币贷款余额208亿元，外币贷款余额2.06亿美元。年内持续加大信贷投放力度，为汽车及零部件、装备制造业、现代物流、城乡一体化、保障房及城市基础设施建设等重点项目发放人民币贷款超过27亿元；同时由于外汇产品政策限制及企业需求下降，外币贷款较年初减少2.45亿美元；积极开拓新业务，年内成功发放苏州地区首笔苗木贷款；开立五笔大额卢布预付款保函，合计24.8亿卢布，该业务是省内首笔卢布结构化金融产品；与常熟市民政局正式签约“拥军卡”项目，是该行在军银业务合作领域的全新突破；首家智能化网点旗舰店正式建成，为客户带来“智能化、网络化、互动化、综合化”的金融服务体验。持续推进平安创建工作，全年成功堵截各类诈骗案件16起，为客户挽回损失103万元；继续加强企业文化建设，创建和谐家园文化，支行工会获评中国银行总行“2015年度模范职工之家”称号。 (陈　勇)

【中国建设银行股份有限公司常熟分行】 2015年末，中国建设银行股份有限公司常熟分行(以下简称“市建行”)，市建行本外币一般性存款余额203.97亿元，其中对公存款余额124.15亿元，储蓄存款余额79.82亿元。本外币各项贷款余额212.2亿元，其中人民币贷款余额180.11亿元。全年清收不良贷款7.4亿元，年末五级分类不良贷款余额1.23亿元，贷款不良率0.58%。年内，市建行获评2012—2014年度苏州市文明单位。全年成功堵截电信诈骗27起，为客户挽回损失53万元，成功阻止假身份证开户5起。年内，市建行成功为理文化工集团办理跨境双向人民币资金池业务，为首笔跨境双向人民币资金池业务。全年办理跨境人民币业务量148.98亿元。 (蔡　菲)

【交通银行股份有限公司常熟分行】 2015年末，交通银行股份有限公司常熟分行(以下简称“市交行”)，人民币各项存款428007万元。其中对公人民币存款余额245454万元；对私人民币存款余额182553万元，外币存款2104万美元。人民币贷款余额68414万元。其中对公贷款余额58.91亿元，较年初增长2.47亿元；个私贷款年末余额9.59亿元，较年初下降1.96亿元。外币贷款余额4453万美元，较年初增加3697万美元。不良贷款余额5.80亿元，比年初增加1.69亿元。2015年交通银行常熟分行负债业务发展平稳，资产业务稳中有升，国际业务亮点突出，个金业务呈现客户类指标与中间业务收入双升的良好发展态势。8月成立的小企业部，着力持续稳健发展中小微金融。12月，交通银行股份有限公司苏州分行与常熟高新技术产业开发区管理委员会、中国人民财产保险股份有限公司苏州市分公司三方在常熟高新区管委会共同签署《常熟高新技术产业开发区中小企业科技信贷金融服务合作协议》，为常熟的中小企业提供更优质高效的科技金融服务。(曹　昱)

【中国邮政储蓄银行股份有限公司常熟市支行】 2015年度中国邮政储蓄银行股份有限公司常熟市支行累计完成业务收入15871.17万元，比上年增长26.04个百分点，收入规模继续保持全省系统内县级支行第一；实现拨备后利润8086.13万元，比上年增长32.81%。年末个人储蓄存款余额28.65亿元，比上年增长2.26亿元。全年销售理财保险20.53亿元，比上年增长6.52亿元。年末公司存款余额10.45亿元，比上年下降8328万元。全年票据贴现25.55亿元，开立全额承兑汇票6535万元，福费廷业务放款22.94亿元。全年累计发放各项贷款18.7亿元，其中个人贷款14.78亿元，小企业贷款3.92亿元。年末贷款结余27.48亿元，比上年新增贷款4.47亿元，其中

5月17日，2015常熟市银行业职工技能大赛在常熟农商银行举行

抵押类个人经营性贷款新增3100万元，消费类贷款新增3.88亿元，小企业贷款新增1174万元，公司信贷新增2000万元，小额贷款下降424万元。年末贷款不良率0.34%。年内，先后获2011—2013年度常熟市文明单位和苏州区第六届“邮储吉尼斯”技能挑战赛团体冠军荣誉称号。（朱建中）

【江苏常熟农村商业银行股份有限公司】 2015年末，江苏常熟农村商业银行股份有限公司（简称“常熟农商银行”）表内外总资产1,210.82亿元，较年初增长132.09亿元，本外币存款775.75亿元，同比增加60.12亿元；本外币贷款532.05亿元，同比增加72.63亿元，不良贷款率1.48%，全年实现拨备前利润总额20.53亿元，同比增长1.85亿元，增幅9.9%。全球银行业排名提升50位，至577位。探索互联网金融渠道，8月成功上线直销银行“燕子银行”。12月，中国人民银行批准该行在全国银行间债券市场公开发行年限为10年、额度不超过20亿元人民币减记型二级资本债券。年内，常熟农商银行南通分行开业，无锡分行完成筹建，年末异地分支机构总数达31家，存贷款分别达91.18亿元和157.87亿元。全年完成5家村镇银行开业，在云南地区筹建10家村镇银行。是年，该行获评中国银监会2012—2015年度“全国银行业金融机构小微企业金融服务先进单位”、《金融时报》金龙奖“年度最具竞争力农商银行”。（陆宏伟）

保　险　业

【概况】 2015年年末，常熟市共有产、寿险公司43家，参加保险协会的成员单位有29家，其中产险公司由原来的19家调整为18家，寿险公司年初新增和谐健康人寿保险常熟分公司一家成员单位，达到11家。保险从业人员达到4900多人，比2014年增加1500人。全市全年产、寿险保费规模双双突破19亿元，全行业保费达39.34亿元，较2014年同期增长12.2%。其中寿险保费收入20.07亿元，增速达13.03%，为几年来增速最快的一年，财产险保费收入19.26亿元，同比增速达11.33%。全市保险业为全社会提供1.36万亿的各类保障，给赔付款15.95亿元，其中财产险赔款10.07亿元，寿险给赔付5.88亿元，为支持经济发展、化解社会风险作出了新贡献。

【苏州市保险行业协会常熟分会】 2015年，苏州市保险行业协会常熟分会（以下简称协会）重点做好保险宣传、协调工作，促进保险行业服务水平提升和行业发展。2015年，协会通过报纸专版、电视采访、电台专稿、多方面推动保险宣传传播。年内，协会开设网站—常熟保险协会网站（www.csbxxh.com）。全年协会在报纸和电视、电台上共组织各类报道达150篇，组织5场次的保险进社区活动。参与交通局维管处和汽修协会的联席会议，主动对接汽车维修企业行业协会，有效缓解事故车辆理赔中的矛盾和冲突，取得积极效果。积极参与由市公安局交警大队承办的全市交通事故综合调解处理中心的筹建工作，历时两年多，事故综合调解处理中心的成立，为保险行业和交警部门今后的合作创造有利条件。（陈　芳）

【中国人民财产保险股份有限公司常熟中心支公司】 2015年，中国人民财产保险股份有限公司常熟中心支公司全年实现保费收入6.56亿元，占当地市场份额的34.07%，同比增长1.14%，全年受理赔案76105件，支付各类赔款3.592亿元。年内，人保财险成功主承保“沪通铁路站前工程3标段”的建筑一切险及建工意外险，填补铁路承保空白；中标2015年度常熟市新市民人身意外伤害保险的独家承保权。（王一秋）

【中国人寿保险股份有限公司常熟支公司】 2015年，中国人寿保险股份有限公司常熟支公司（以下简称“中国人寿常熟支公司”）实现保费收入6.72亿元，同比增长27.37%，市场份额达到35%，继续保持了市场和系统的双领先地位。2015年，累计给付、赔付2亿元，同比上升20%，其中为8845（人次）提供理赔身故、人身意外伤害及医疗保险金合计2329万元。先后获江苏国寿系统“先进单位”“实力强、管理好——综合性支公司卓越领航奖”和“2012—2014年度苏州市文明单位”、苏州保险业“文明服务窗口”、“2014—2015年度苏州市平安金融创建活动先进集体”等多项荣誉。（王敏倩）

【中国太平洋财产保险股份有限公司常熟中心支公司】 2015年，中国太平洋财产保险股份有限公司常熟中心支公司（以下简称太平洋产险常熟中心支公司）实现保费收入7.18亿元，净增保费4238万元，连续6年位居常熟

4月29日，人保财险常熟中心支公司与常熟市财政局、科技局及常熟6家银行，共同签订常熟市“集合信贷”业务合作协议

保险市场之首。2015 年,太平洋产险常熟中心支公司被人力资源和社会保障部中国保险监督管理委员会评为“全国保险系统先进集体”,连续三届被江苏省消费者协会评选为“诚信单位”,被常熟市消费者协会评为“消法宣传优秀单位”;客户服务部被常熟市总工会授予“五一文明岗”等荣誉称号。（钱冬梅）

【中国平安财产保险股份有限公司常熟支公司】 2015 年,中国平安财产保险股份有限公司常熟支公司(以下简称平安产险常熟支公司)实现保费收入 2.89 亿元,同比增长 14.3%,占当地产险市场份额 15.1%。坚持从客户体验出发,不断开发创新产品。年内推出互联平台“平安好车主”APP,打造从“车保险”到“车服务、车生活、车娱乐”的全方位生态圈,为车主提供“一站式金融生活消费体验”。在理赔方面,提出差异化理赔的服务理念,为客户提供更极致的便捷快速、一站式体验式服务,推出电话直赔服务。和修理厂及 4S 店合作,推出远程定损,截至年底,平安产险常熟支公司远程定损点已达 24 家。（高薇薇）

证　券　业

【概况】 2015 年,常熟区域证券公司全年股票交易额 9807.02 亿元,同比增长 176.02%;期末股票账户数 41.80 万户,同比增长 24.32%;期末股票市值 291.43 亿元,同比增长 64.14%。

【东吴证券股份有限公司常熟分公司】 2015 年,东吴证券股份有限公司常熟分公司全年完成 A 股、基金交易量 4194.37 亿元,开放式基金及理财产品日均保有量为 27995.00 万元,融资融券开户 1083 户,累计 4651 户,累计授信额度 47.22 亿元,累计完成交易 253.46 亿元。在创新理财产品代销方面,全年销售资管类产品共计 19160 万元。发行非上市公司债一单:常熟市虞山尚湖旅游发展有限责任公司 5 亿元。在新三板方面,年内共签约 14 单,挂牌 10 单。（顾　艳）

【海通证券股份有限公司常熟营业部】 2015 年,海通证券常熟营业部全年完成股基交易量 1316 亿元、基金产品销售 2.09 亿元、固定收益理财产品 6.56 亿元,完成股权质押融资项目 5500 万元,实现利润 8000 万元。海通证券常熟营业部取得了个股期权以及贵金属业务的试点资格,在深圳交易所举办的股票期权模拟交易大赛中,海通证券常熟营业部获“优秀组织铜奖”。（张　凤）

担　保　业

【概况】 2015 年末,常熟市通过省级许可证年检的融资性担保机构共有 4 家,同比减少 60%,累计注册资金 10.8 亿元,同比减少 40.6%;到年末累计担保金额 356.07 亿元,同比增加 3.8%;年末在保余额 14.17 亿元,同比减少 49.2%;累计代偿额、代偿笔数、代偿余额和代偿损失,同比分别增加 21.5%、12.7%、3.7% 和 139.3%,经营风险和环境持续严峻。2015 年,进一步强化对担保行业的监管力度,有 6 家担保机构停止业务。

表 38

2015 年全市担保业运行情况一览表

项目			数量或金额	同比%
受保企业户数(户)	全部累计(历年)		5014	0.8
	本年累计		1409	-56.5
担保笔数(笔)	全部累计(历年)		9940	2.1
	本年累计		205	-54.9
	本年度情况	100 万元以下	16	-77.1
		100～300 万元	60	-64.3
		300～800 万元	79	-46.3
		800 万元以上	50	-28.6
担保金额(亿元)	全部累计(历年)		560.70	3.8
	本年累计		12.97	-43.6
	本年底在保金额		14.17	-49.2

项目			数量或金额	同比%
代偿	累计代偿额(万元)		131471	21.5
	代偿笔数(笔)		301	12.7
	追偿额(万元)		26601	52.1
	代偿损失(万元)		19066	139.3
本年累计收入(万元)	收入总额		4349	-60.5
	其中	担保费收入	1912	-57.6
		投资收入	20	-99.3
		其他	2417	-33.2
累计提取准备金总额(万元)			4590	-76.7
本年累计纳税(万元)	总额		194	-89.5
	其中	营业税	96	-50.0
		所得税	91	-94.5

表 39

2015 年担保机构基本情况一览表

序号	机构名称	地址	注册资本(亿元)	年末在保余额(万元)
1	常熟市国发中小企业担保有限公司	新世纪大道 58 号 18 楼	3.0	34434
2	常熟市灵丰担保有限公司	海虞北路 27 号	1.0	5944
3	常熟市经发中小企业担保有限公司	海虞北路世贸中心 A 幢 16 楼	5.0	79085
4	江苏盛高融资担保有限公司	黄河路国际贸易中心 A 座 18 楼	1.8	22225
合计			18.18	141688

（陈璐婧）

责任编辑　张　军

综合经济管理

发展规划

【概况】 2015年，常熟市完成地区生产总值2045亿元，比上年增长6.8%。实现服务业增加值939.9亿元，增长8.5%，完成服务业投资346.8亿元，增长13.5%，占全社会固定资产投资的比重为54.9%，提高8个百分点。社会消费品零售总额670亿元，增长8.8%；市场成交额1756.7亿元，增长3%。全市50个重点服务业项目完成投资65亿元，占当年计划投资的86.3%。全市全社会用电量162.38亿千瓦时，增长4.63%。市发改委在总结2015年发展经验的基础上，制定2016年常熟市国民经济和社会发展计划草案。4月，召开分层次、分部门的"十三五"前期思路调研座谈会，听取社会各界意见，形成《"十三五"常熟经济社会发展总体思路与关键举措研究》。10月，根据总体思路和各专项规划，结合国家、省、苏州市编制"十三五"规划的有关精神，编制完成《规划纲要(初稿)》，并广泛征求意见，对初稿进行修改完善，形成《规划纲要(草案)》，提请市人代会审议。同时，编制《常熟市"十三五"能源发展规划》《常熟市农作物秸秆综合利用规划(2016—2020年)》《常熟市热电联产规划(2016—2020年)》等多个专项规划。

【汽车产业】 2015年，常熟市汽车产业实现总产值755.8亿元，其中规模以上汽车制造业总产值397亿元，占全市工业总产值的8.7%。经济技术开发区、高新技术产业开发区全市两大主要汽车产业集群区实现汽车产业总产值343亿元，占全市汽车产业总产值49%。截至12月底，全市汽车产业已有重点企业238家，其中制造业企业129家、服务业企业109家(包括研发、仓储物流、汽配城、销售4S店等)，汽车产业就业人数3万多人。市发改委开展汽车零部件企业的本地化配套调研，赴柳州、重庆等地进行学习考察汽车产业发展经验，成功举办汽车产业发展专家咨询会、"携手高校院所，共筑产业高地"主题论坛、2015年第四届汽车新材料与工艺高峰论坛，为常熟市汽车产业发展打牢基础、拓展空间。

【重点项目建设管理】 2015年，常熟市共有30个项目(其中实施项目25个)列入苏州市重大项目计划，调整后实施项目计划总投资862.7亿元，当年计划投资153.8亿元，全年实际完成投资131.9亿元，为年度计划的85.7%；4个项目同时列入省重大项目投资计划，总投资205亿元，当年计划投资21亿元，由于苏宁云商、斐讯云计算两个项目暂未能实质性启动，全年实际完成投资6.35亿元，为年度计划的30.2%。丰田变速箱全面量产，城乡生活污水收集工程完成主体工程，三环路快速化改造工程高架部分完工通车。

【投资服务】 2015年，市发改委继续推进企业债券发行及监管、偿付本息风险排查工作，3月11日，常熟东南资产经营投资有限公司8亿元债券获国家发改委批准发行，筹资资金全部用于常熟科技产业孵化基地基础设施建设项目。加强对创业投资企业的服务与指

11月20日，第十三届中国(广州)国际汽车展览会开幕，代表常熟汽车产业发展水平的"两车一中心"(观致汽车、奇瑞捷豹路虎汽车和丰田研发中心)再次成为展会众多媒体关注的焦点

导，全市累计创业投资企业74家，备案企业5家，注册资本49.8亿元，实收资本19亿元，到账资金17.1亿元，项目投资总额26.8亿元。受理、审核3个境外投资项目，中方境外投资额达15435万美元；审核上报外商投资企业鼓励类项目进口设备免税清单14批次，确认进口设备清单金额6802.4万美元。帮助有关纺织企业争取棉花进口配额869吨。

【资金与项目争取】 2015年，市发改委围绕功能定位和区位优势，大力扶持创新载体建设，常熟"智能成套装备先进制造业基地"获评首批省级先进制造业基地，昆承湖纺织服装电子商务产业园被认定为"江苏省电子商务示范基地"，高新区汽车生产性服务业产业园获批"江苏省汽车零部件产业产学研协同创新基地"，江苏省光电海缆工程中心获批省级工程中心。全年共争取中央、省投资项目8个，下达资金1.72亿元、专项建设债券1亿元。（曹 昊）

国有资产监督管理

【概况】 2015年，常熟市委、市政府印发《关于加快市属国企市场化主体建设的若干意见》，明确加快市属国有企业去行政化步伐，建立政府与企业在经营业务中的平等契约关系，加快政企分离和事企分离改革，加快推进国有资产重组，实施现代化企业制度建设，深化企业财务管理改革，完善内部分配机制，完备风险内控机制、市场化主体建设等13项重点内容。年内市国资管理部门推进常熟市经信委系统下属国企改革，完成3家企业整体划转交接；将农委系统下属种业公司调整划归常熟农业科技发展有限公司；制定公安局所属保安押运企业脱钩改制方案，将公安部门原下属6家企业整体划归江南商贸集团管理，并举办交接仪式；完成交通系统下属企业"事企分离"前期准备工作。与各乡镇组建常熟市农业基础设施开发建设有限公司，与海虞镇资产经营公司组建常熟市城市综合物流发展有限公司，成立常熟市水务投资发展有限公司。是年，《常熟市市直属国资公司负责人首年年薪实施细则》《常熟市市直属工资公司工资总额预算管理暂行办法》《常熟市市直属国资公司负责人履职待遇和业务支出管理规定》《常熟市市属国有企业贯彻落实"三重一大"决策制度的实施办法》《常熟市市属国有企业经营投资失误和资产损失责任追究暂行办法》等一系列规章制度出台。至年末，全市国有及国有控股、市属集体企业共计62户（统计到一级），公有企业资产总额1328.88亿元，负债总额858.16亿元，所有者权益总额470.72亿元，全年利润总额4.74亿元，其中归属于公有的净利润为2.51亿元。所有者权益中属于公有的资本及其权益总额为460.65亿元，其中国有资产总量459.58亿元，市属集体资产总量1.07亿元。市属三大国资公司考核利润总额3.39亿元，比目标利润增长17.1%，平均保值增值率为109.47%。

【落实监事会制度】 3月2日，市政府印发《市直属国资公司监事会暂行办法》，规定：市国资委根据市政府授权，依法向市直属国资公司委派企业监事会，市国资办负责监事会的日常管理和年度评价工作；监事会以财务监督为核心，履行相关职责，监事会实行主席负责制，向常熟市直属国资公司派驻监事会主席2名。5月，《市直属国资公司监事会细则》出台，进一步明确监事会开展监督检查工作遵循的工作原则、监事会成员的职责、报告和会议制度，促进监事会工作规范化、制度化。

【市属国有企业信息化管理平台建设】 3月，市属国有企业信息化管理平台建设启动建设。该平台将国有企业财务管理、资产管理、资金管理、人力资源管理纳入监管，全面、真实反映企业的资产及财务状况，有助于进一步完善国有企业内部管理制度，实现对市属国有企业资产、资金、资源、资本全过程实时监管，进一步推动全市国资国企做强做精。9月，市直属国资公司全部上线运行。（徐颖婷）

统　计

【概况】 2015年，常熟市统计局完成常熟市2015年1%人口抽样调查，工业、贸易业、其他服务业等统计专业的统计年定报工作，城市商业综合体现状、农民工市民化等20余项专业调查，编发《常熟统计年鉴》《常熟经济运行报告》等10份统计资料，撰写统计信息分析365篇，完成对全市1个板块、2个部门、86家企业的统计执法检查，对全市4500余名统计人员和调查对象开展统计普法宣传，组织2015年统计从业资格全国统一考试和统计继续教育。市统计局先后获评2014年度县级统计局规范化建设省级示范单位、2014年苏州市统计局全市统计综合考评第二名。

统计调查 市统计局通过研究统计制度变化、制定各专业板块月度考核办法、建立网上数据预审制度，完成1409家工业、283家房地产建筑业、479家贸易业、612家其他服务业企业的统计年定报工作，其上报率、直报率、直验率、验收率均达到100%。在苏州大市范围内率先建立一套表网上数据查询模板，做到边报边审，边审边改。在完成常规性调查的同时，围绕社会热点，积极开展企业创新、住房信贷和税收新政对房地产市场影响、小微企业减免税实施情况、城市商业综合体现状、农民工市民化等20余项专业调查。

统计服务 市统计局全年撰写发布统计分析45篇，工作动态192篇，统计信息128篇，其中《2015年上半年常熟小微服务业抽样调查报告》《关于我市规上工业产值预计下降的情况汇报》等2篇统计分析受到常熟市主要领导批示。首次开展新常态下常熟经济发展路径、常熟市科技创新能力、常熟市文化产业发展三项科室课题研究。全年编发《常熟统计年鉴》《常熟经济运行报告》《常熟统计月报》《常熟服务业统计月报》《常熟工业百强》《统计分析》《统计信息专报》等常规统计资料。首次编印《常熟市情市力（2015）》，内容涵盖全市主要社会经济领域，覆盖面广，是社会各界了解常熟发展的重要参考资料。全年累计更新“常熟统计信息网”“常熟统计公众信息网”和“党建园地”信息共1480条，“中国常熟”门户网站信息335条。

统计监测 市统计局每月及时提供全市板块经济发展“创先争优”竞赛指标完成情况；收集分月主要指标及周边比较数据，对全市国民经济指标进行监测预计；密切关注19项地区总值基础指标运行情况，撰写《上半年常熟市GDP运行情况分析》《全市GDP1—8月运行情况及三季度、全年预测》等统计分析报告。围绕“转型升级、城乡一体、生态文明、改善民生”等工作重点，做好转型升级、省小康社会和基本实现现代化、“八项工程”等重点指标体系监测。同时，做好其他各项监测、创建、评比等工作。重点服务联合国世界旅游组织旅游可持续发展常熟观测点首年度监测工作，全国文明城市、书香城市等创建工作，中国中小城市科学发展、县域经济基本竞争力与县域科学发展百强县参评工作。

统计法制 5月至7月，市统计局对虞山镇进行统计督查，对科技局、商务局进行部门监审，对86家企业和9个投资项目进行专业监审，依法对7家企业的统计违法行为进行统计行政处罚。10月，对14个板块、10个行政村和160家联网直报企业进行统计规范化建设集中验收，验收总体情况良好。组织全市3000多家联网直报企业的统计人员和负责人共计5500多人参加普法学习和考试。结合统计执法检查、统计从业资格培训、统计继续教育网上培训向全市4500余名统计人员和调查对象开展统计普法宣传。组织452人参加2015年统计从业资格全国统一考试，3900多名持证人员参加2015年统计继续教育。年内投入普法宣传经费10万余元，发放宣传资料4300余册。在全市交通要道设置统计宣传广告牌13处。联合常熟电视台制作“统计”普法栏目剧，获2015年《春来外传》普法栏目剧大赛十佳故事奖。

【开展1%人口抽样调查】 市统计局制定《常熟市2015年1%人口抽样调查工作计划表》，明确18个工作项目、43项具体的工作内容。并按照计划，召开相关工作会议，完成辛庄镇嘉菱村综合试点、样本抽取、地址编码和绘图、宣传培训、摸底调查等工作。11月1日至15日，在摸底调查的基础上，调查员持掌上电脑入户登记，并进行行业码、职业码的网上编制。全市各级普查机构和129名指导员、调查员共完成12个板块44个村（社区）的1%人口抽样调查。

11月1日，常熟市统计局开展2015年全市1%人口抽样调查正式登记工作

【第三次全国经济普查资料深度开发应用】 市统计局按照《关于做好常熟市“三经普”资料开发工作的通知》，开展第三次全国经济普查资料开发工作。3月9日，在《常熟日报》刊登《常熟市第三次全国经济普查主要数据公报》。7月，《2013常熟经济普查资料汇编》正式出版。8月，市经普办联合常熟理工学院进行重点攻关，完成9篇研究课题。经普办挑选7篇经普研究课题和8篇经普信息、4篇专题分析汇编成《常熟市第三次全国经济普查分析资料汇编》。全年共完成6项第三次全国经济普查资料的开发工作。 （刘　姝）

物　价

【概况】 2015年，常熟市居民消费价格指数累计上涨1.8%，低于3.0%的预期调控目标，价格总水平在相对低位保持平稳。年初，《常熟市2015年价格调控目标责任制实施意见》出台，将年度价格调控目标逐步细化，分别落实到22个部门和各镇（区）。市发改委进一步健全完善价格监测预警体系，优化价格监测网点布局，配合江苏省物价局启用手机采报价系统，提高监测数据的准确性和分析预警的及时性。全市成立价格监督服务站15个、分站23个，价格监督服务点40个，共有价格监督员108名，实现价格监管进乡村。编发《常熟市社会价格监督网络专讯》3期，为全市各监督站提供参考。全年发布价格监测报告60期、民生商品价格信息289期。建立平价商店调控机制、协调机制和监督机制，对全市33家平价商店发放考核奖励资金75万元，探索网上订货、订单配送等新型电子商务模式及平价商店发展与现代物流模式结合的新途径，降低平价商店流通成本。开展“价格诚信有序年”活动，全市共有10家经营单位成为价格诚信的典型，常熟市建发医药零售连锁有限公司民生药房被苏州市物价局、苏州市依法治市办公室表彰为“明码标价、诚信经营”示范店。全年受理各类举报投诉253件，答复各类价格咨询件430件（次），退还消费者多收价款3.36万元，收缴国库989

元。做好价费调整、价格改革等重大价格政策出台的宣传,先后在文化广场、花溪苑社区、欧尚卖场、梅李镇开展宣传,发放各类宣传读物5000余册,设立"12358"价格监督检查流动服务站,现场为群众答疑解惑,引导社会各方增强维权意识。

【天然气自来水实行阶梯价格制度】 1月1日起,常熟市民用天然气实行阶梯气价。年内,市发改委在完成调查摸底、成本测算、组织听证、集体审议等一系列前期工作的基础上,制定常熟市阶梯水价改革方案,经市政府批准后于2016年1月1日起正式实施。阶梯水价制度按年度用水量计算,将居民家庭全年用水量划分为3个阶梯,在阶梯的划分上根据不同阶梯的保障功能,保持适当价差,抑制不合理消费,原则上一、二、三级阶梯水价按不低于1:1.5:3的比例安排。

【行政事业性收费监管】 4月1日起,取消收费许可证及年度审验制度,建立收费情况年度报告制度、收费情况巡访制度,加强事中事后收费监管。全年共取消收费项目65项、暂停收费项目17项、降低收费标准15项;对小微企业免征43项行政事业性收费,减轻企业负担约3330万元;对非营利性养老和医疗机构建设全额免征行政事业性收费,对营利性养老和医疗机构建设减半收取行政事业性收费。建立收费目录清单和动态管理制度,公布《常熟市行政事业性收费目录》《常熟市涉企收费目录》《常熟市实行政府定价、政府指导价的经营服务性收费项目目录》《常熟市涉及机动车收费目录清单》4项收费目录清单,主动接受社会监督。

【天然气价格市场化改革】 2015年,市发改委两次降低工商业用天然气、其他(公用事业)用天然气及车用天然气销售价格,调整后价格为工商业用天然气3.221元/立方米、其他(公用事业)用天然气3.041元/立方米、车用天然气4.05元/立方米。

【医药价格综合改革】 2015年,市价格部门继续做好公立医院医药价格综合改革,降低185项检验项目、6项设备检查治疗价格,部分医疗服务项目实行市场调节价。4月1日起,对常熟市救护车收费项目和标准进行规范和调整,院前医疗急救用车5千米内的收费标准为40元,超过5千米的收费价格为4元/千米(单程计费),非院前急救用车收费标准为10元/千米(单程计费)。6月1日起,取消绝大部分药品政府定价,按照分类管理原则,通过不同的方式由市场形成价格。

【重点领域价费管理】 2015年,市价格部门规范学前教育收费管理,合理确定公办幼儿园收费标准,明确最高标准不超每月400元,根据幼儿园(托儿所)类别分档收费;民办幼儿园保育教育费根据成本分摊机制,由市发改委备案,全年共完成34家民办幼儿园、学前看护点保育教育费备案。引导企业合理制定普通商品住房销售价格,1~7月,共备案商品住宅25批次,备案面积62.9万平方米;8月1日起,根据新出台的《江苏省定价目录》精神,常熟市商品住宅不再进行价格备案,改为建立价格信息流转制度,8~12月,共信息流转商品住宅36批次,信息流转面积112.3万平方米。规范景区门票价格秩序,批复常熟古里铁琴铜剑楼门票试行价格为每人次20元,试行期为两年。完成25个住宅及商业小区的前期物业收费标准的备案登记。组织开展涉农、教育、医疗、涉企等价格和收费专项检查,依法没收违法所得291.3万元,罚款2万元,退还消费者多收价款67万元。加强新兴业态经营行为的监管,受理30起网络购物价格举报案件,配合省物价局反价格垄断分局对常熟市快递行业开展反垄断调查,强化对涉案经营者后续监督职责。

【价格成本工作】 2015年,市价格部门抓好生猪、小麦、粳稻等农本调查工作任务,组织开展农村土地流转费用及补贴情况专项调研,重点加强对成本资料、数据的分析。完善成本监审集体审议制度,逐步规范定调价成本监审行为,全年完成成本监审项目8项,涉及居民阶梯用水、常熟金陵海虞热电有限公司供热成本、校车运行成本、学前儿童看护点保育教育费成本等多方面,为政府合理定价提供科学依据。

【价格认证】 2015年,常熟市价格认证中心完成假冒ONLY、ZARA等世界知名品牌、职务侵占机用缠绕膜、富林商贸仓库火灾等多起有较大社会影响的价格鉴定工作,积极拓展涉税财物价格认定、存量房数据采集等新领域,提升价格服务水平。全年完成涉案涉纪财物价格鉴定1603件,标的总金额1518.6万元;完成社会各类价格评估505件,标的总金额3.27亿元。

(曹　昊)

药品价格巡查

市场监督管理

【概况】 2015年1月23日,常熟市市场监督管理局揭牌成立,整合原常熟工商局、常熟质监局、市食品药品监督管理局和市食品安全委员会办公室的职责以及卫生部门承担的食品安全综合协调职责,同时承担上级机关授权或委托的行政审批和日常监管工作。市市场监督管理局设5个综合科室和10个业务科室,12个市场监督管理分局。组建直属综合执法大队,保留事业单位性质的常熟市质量技术监督稽查大队和常熟市药品检验所,组建常熟市市场监督管理技术指导服务中心,对原有社团组织(企业单位)分别实施暂时保留、解散清算和逐步注销。全局在职人员635名,80%以上均在基层分局或一线岗位。年内,市市场监督管理局实现领导体制、管理体制的"两大改革",职能、机构、人员的"三大整合"和工作体系、运行体系、考核体系的"三大建设"。落实法律法规赋予市场监管部门的"八项监管职责",全力维护生产安全、生命安全和消费安全,构建公平有序的市场经济秩序。全面推行"三证合一""一照一码""全程电子化登记"等改革举措,同时查处各类严重违法违规行为,持续加大执法办案力度,全年立案查处各类案件322件,结案191件,移送公安机关3件,取缔地下窝点6个,取得执法效果和社会效果的双丰收、双提升。

▲"两大改革":指领导体制改革和管理体制改革。

▲"三大整合":指职能整合、机构整合、人员整合。

▲"三大建设":指市场监督管理运行体系建设、工作体系建设和考核体系建设。

▲"三证合一":指工商营业执照、税务登记证、组织机构代码证的三证合一。

▲"一照一码":2015年7月1日起,公司、个人独资企业、合伙企业、各类分支机构和个体工商户在申请设立或办理变更后,只发放记载统一社会信用代码的营业执照,不再发放商事主体的组织机构代码证、税务登记证、社保登记证和刻章许可证。"一照"即营业执照,新版营业执照具有原营业执照、组织机构代码证、税务登记证、社保登记证和刻章许可证的功能。"一码"即18位的统一社会信用代码。

【食品安全监管】 2015年,市市场监督管理局开展春(秋)季学校食品安全专项整治、集体用餐配送单位专项整治等54个专项检查,出动执法人员2.32万人次,检查食品生产经营单位2.46万户次,受理食品投诉举报780件,立案查处食品安全案件112件,移送案件1件,完成食品抽检6317批次(含餐饮具433批次),达到每年每千人4.18件的抽检水平。围绕新《中华人民共和国食品安全法》开展各类培训98场次、受众1.1万人次、发放宣传资料13万余份。对食品生产企业实施分类分级分等监管,食品生产企业质量安全主体责任自查率达100%。完成对全市4633家餐饮服务单位的量化分级评定工作,量化分级评定率达96.94%。巡查食品经营户1.02万户次,餐饮经营户1.7万户次,做好全市重大活动的餐饮安全保障工作。

【特种设备安全监察】 2015年,市市场监督管理局制订《关于全面加强特种设备安全监管工作意见》,形成由该局专业监管、检验检测机构技术支撑、行业主管部门与属地政府共同参与的特种设备安全监管体系。建立健全特种设备安全监管队伍,完善特种设备安全隐患通报机制,同时在梳理检验机构上报隐患的基础上,通过组织开展监督检查,督促企业落实特种设备安全主体责任,全年督查严重隐患企业91家,整改严重隐患特种设备264台。开展电梯安全、压力管道、涉氨制冷企业、气瓶充装单位、重点时段特种设备等专项检查。实现全市城乡"96333"电梯应急救援处置服务平台全覆盖,处置电梯困人故障481起,解救被困人员765人。开展电梯宣传教育活动,向公众普及安全乘梯知识。

【药品医疗器械安全监管】 2015年,市市场监督管理局加强药品生产企业安全性监管特别是提高基药生产及中成药生产企业的产品安全质量指标,对辖区内5家具有基药生产及高风险药品生产企业进行检查,全市取得文号的药品生产企业全部通过新版药品生产质量管理规范认证。全面实施新版GSP规范,完成药品零售企业的GSP现场检查182家,苏州康鑫医药有限公司、常熟顺发医药连锁公司和苏州恒泰医药连锁有限公司通过新版GSP批发

7月24日,市市场监督管理局对全市以冷冻肉品为原料的食品生产企业开展专项检查

认证。开展药品生产企业检查34家次,药品零售企业检查230家次,医疗器械生产经营使用单位检查180家次,500多家药品零售企业完成药品电子监管系统入网。2015年完成新开办药品零售企业28家,零售企业变更253家次。加强药械不良事件监测,审核及上报药品不良反应1257例、医疗器械不良事件380例。

▲ GSP:GoodSupplyingPractice的缩写,被称为《药品经营质量管理规范》。指在药品流通过程中,针对计划采购、购进验收、储存、销售及售后服务等环节而制定的保证药品符合质量标准的一项管理制度。

【产(商)品质量监管】 2015年,市市场监督管理局推进"质量强市"战略,2015年全市省级以上名牌、质量奖获得企业及质量信用AA级企业以上的企业已全面实行首席质量官制度。实施名牌战略工作,帮助企业做好基础工作及各类市场准入要求,引导各级名牌企业贯彻卓越绩效评价标准,提高质量管理水平,全市共有77个产品申报江苏省、苏州名牌。采用标杆企业引路的方式,组织中利腾晖、中来光伏等企业申报各级质量奖,15家企业获得2015年江苏省工业企业质量信用A级评定。同时加强对工业产品生产许可证和3C获证企业的事中事后监管,完成139家工业产品生产许可证企业年审和166家3C获证企业检查。对流通环节192批次产(商)品进行抽检,会同公安部门对全市5家机动车安全技术检验机构开展检查。指导通过"江苏省羽绒服装优质产品生产示范区"复查。

▲ 首席质量官:企业中的第一质量人,负责创建以质量为核心的企业文化,塑造企业质量竞争力。

【市场主体监管】 2015年,市市场监督管理局推进市场主体信息公示工作,完成2013年度和2014年度全市市场主体年报公示,年报率分别达到93.1%和89.6%。开展年报公示信息抽查,抽查企业790户,将2013、2014年度未按期年报、无法取得联系和公示信息弄虚作假的4883户企业列入经营异常名录。开展无证无照治理,累计组织检查127次,排查无证无照经营户9967户,引导办照1841户,督促注销412户。结合《常熟市城乡大环境综合整治"百日行动"实施意见》要求,制订《关于依法开展无证无照经营清理,提升大环境综合整治工作成效的实施意见》,加强无照案件办理力度。对全市废旧物资回收站(点)和经营用闲杂船只经营户开展集中整治。配合属地政府,进一步强化部门联动,通过机要信息网平台,及时将违法情况及"先照后证"实施后的"有照无证"情况抄告各部门,有效提升证照联动管理水平,形成常态化管理。

【商标广告监管】 2015年,市市场监督管理局加强新《中华人民共和国商标法》及商标战略宣传,全年引导企业办理国内商标注册申请2600余件,截至2015年年底,全市有效国内注册商标数达到2.9万件。全年新增中国驰名商标1件,新申报著名商标15件,新申报苏州市知名商标15件。贯彻落实新《中华人民共和国广告法》,全年累计办理户外广告登记1185件,监测媒体广告37.6万条、网络广告5913条。开展非法集资广告资讯信息检查清理活动和药品、医疗器械、保健食品等"广告法"所指9类19种商品含有虚假违法内容的广告专项治理。出动检查人员365人次,检查各类市场主体1897户次,检查各类广告3647条次。

【市场信用监管】 2015年,市市场监督管理局围绕国家卫生城市复审迎检、全国文明城市创建和省优秀管理城市创建,加强集贸市场检查督导力度,督促市场主办方履行市场管理第一责任,对存在问题逐一督促整改。年内推荐"诚信常熟"网站公示企业766家,2015年度新推荐命名苏州市级"重合同守信用"27家、江苏省级"重合同守信用"10家。完成107家有形市场和2.2万户经营户的信用等级评定。针对银行业合同格式条款开展规范监管,缓解企业生产资金融通压力,年度办理动产抵押注销登记141件,变更登记21件,新登记294件,累计实现助企融资40.86亿元,向社会公示动产抵押信息2666条。

【标准化及计量监管】 2015年,市市场监督管理局做好采标和企业标准的审核、备案工作,全年完成采标40项,企业产品标准备案530项,指导19家企业自我公开执行标准。指导市政务服务中心通过国家级行政服务标准化试点项目省级评估验收。对17家计量标准考核证书获证企业的50项计量标准考核开展年度检查,到期复查、核发30项计量标准考核证书,核准发放检定人员证书18人,社会公用计量标准28项。加强对制造(修理)计量器具生产企业证后监管,2015年新增3家企业通过制造计量器具许可证的考核。落实"两免费"检定计划,免费检定血压计2217台、B超机32台和电子秤2539台。开展定量包装商品专项检查,合格率97%以上。开展停车场电子计时计费装置、物流行业计量、机动车尾气检测等专项计量监督检查。

【推进商事制度改革】 2015年,市市场监督管理局按照上级统一部署,推进商事制度改革进程。在继续实施注册资本实缴改认缴、"先照后证"等改革举措前提下,陆续推行"三证合一""一照一码"、全程电子化登记等改革举措。至年末,市政务服务中心市场监管窗口办理"三证合一"和"一照一码"营业执照2803份,国家名称全程电子化登记2件。全年新办理企业设立登记4319户,注册资本222.4亿元;个体工商户设立登记10496户,注册资金10.65亿元。全市实有私营企业29813户、内资企业32959户、外资企业1129户、农民专业合作社791户,个体工商户87539户,全市内资(含民资)注册资本2485.83亿元,净增内资(含民资)注册资本292.78亿元。在市政务服务中心组建市场监管窗口,除企业设立登记外,发放机构代码证1.19万件,餐饮服务许可证1613件,药品经营许可452件,医疗器械经营许可46件。全年办理动产抵押登记294件,股权出质登记92户次,帮助企业获银行贷款139.8亿元。引导个体工商大户转办私营企业,办理"个转企"42户。

【投诉举报中心成立】 市市场监督管理局整合原3条部门热线和"12345"便民服务热线、"寒山闻钟"论坛等群众投诉举报渠道,成立投诉举报中心,实现“一个平台受处、一套系统流转、一部规范指导”。全年累计接收登记，甄别分流各类平台转办件3369件，其中“12345”转件1680件，“寒山闻钟”转件276件，“12315”系统转件229件，“12365”系统转件12件，“12331”系统转件13件；接待登记，甄别分流来人来电来信投诉举报148件；同时该平台接电答复咨询1011件；跟踪督办、收集回复各类办件3298件。（陈　洁）

审计监督

【概况】 2015年，常熟市审计局完成审计项目44个，并实施跟踪审计项目9个。共查出违规和管理不规范金额29.65亿元，工程造价结算审计核减工程款1.5亿元。全年出具审计决定10份，审计专报2份，提出审计建议168条，移送审计线索1条，编报审计信息、宣传、统计分析稿件85篇，被各级采用155篇次，审计报告、专报、统计分析、信息等被领导批示40篇次。年内，市审计局内设机构“任期经济责任审计科”更名为“任期经济责任审计与内部审计指导科”，将法制综合科承担的“指导、监督全市内部审计工作”和“负责内审人员培训”的职责划交任期经济责任审计与内部审计指导科承担。是年，市审计局被评为2012—2014年度苏州市文明单位。

【同级财政审计】 2015年，同级财政审计通过分析比对预算编制和预算执行，从宏观层面提出预算分配和执行管理的薄弱环节，促进完善财政管理制度和运行机制；另一方面，找到财政和地税的结合点，延伸部分事业单位，从票据使用源头上规范事业单位的经营性收费和收入开票情况，保障税源不流失。继续构建财政审计大格局，将经济技术开发区和高新技术产业开发区纳入同级财政审计。此外，对虞山镇开展财政决算审计，对总工会、长江河道管理处两家单位开展财政财务收支审计。对市本级财政存量资金进行专项审计调查，全面摸清存量资金结构和规模，促进收回整合1.24亿元存量资金。

【经济责任审计】 2015年，市审计局对12个部门、单位及板块的14名党政领导干部实施经济责任审计，其中“三责联审”项目4个。继续拓展经济责任审计范围，对常熟市中学等部门所属二级单位的主要负责人进行任中经济责任审计；持续关注“三公”经费、会议费等专项支出，关注“八项规定”执行情况；充分发挥经济责任审计工作联席会议作用，强化协调配合，推进信息共享，完善查处违法违纪案件的协调机制。

【政府投资工程审计】 2015年，市审计局完成审计署统一组织的2014年城镇保障性安居工程跟踪审计。全年实施东北三环路7个标段BT项目、长江澄通河段铁黄沙整治工程等9个项目的跟踪审计，重点关注工程进展、变更情况和施工单位、监理单位履职情况，严把工程结算关，共完成工程造价结算67个，送审总造价10.54亿元，审定总造价9.05亿元，核减工程造价1.50亿元，最大核减率32.9%，平均核减率14.21%。实施常熟理工学院虞山学院新校区建设项目、福山水道南岸边滩整治、海洋泾引排综合整治等4个项目的竣工决算审计，促使建设单位规范建设管理、提高资金使用效益。完成虞山镇水利站新址装修搬迁费用审计等项目，为相关单位结算提供依据。

▲BT项目：BT(BuildTransfer)即建设移交，是基础设施项目建设领域中采用的一种投资建设模式，是指根据项目发起人通过与投资者签订合同，由投资者负责项目的融资、建设，并在规定时限内将竣工后的项目移交项目发起人，项目发起人根据事先签订的回购协议分期向投资者支付项目总投资及确定的回报。

【专项审计及审计调查】 2015年，市审计局共开展8个专项审计（审计调查）项目。围绕公共政策执行，关注公共资金、专项资金绩效，开展排污费绩效情况、商务转型发展资金绩效情况、“智慧常熟”项目运营情况、经发中小企业担保公司经营情况等专项审计调查；围绕民生政策落实，关注民生工程实际效果，开展棚户区改造项目审计调查；围绕社会热点，关注公益机构运行，开展红十字会接受捐赠管理情况、血液采集及供应情况等审计调查；围绕政府职能转变政策，服务机构改革，开展原计生委等单位的资产清查审计。通过审查政策执行效率、资金使用效益、管理水平等，为财政专项资金运行、重点项目开展、公益机构管理等提出建议。

【企业审计】 2015年，市审计局推进对全市国有企业的审计监督全覆盖。关注大型国企运行情况，开展发投公司资产负债净资产审计；加强集团及部门下属企业、关联企业等管理薄弱区的监管，对华丰房产公司、市属工业公有资产管理有限公司、种业公司、工程质量检测中心开展资产清查审计，对交通运输系统各交通运输分局三产公司开展相关情况调查。重点审查企业内控制度、经营业绩、投资绩效、运营前景等方面，揭露已有或潜在的金融风险、经营风险、投资风险、制度风险，助力国有企业稳健发展。

【内部审计】 2015年，全市内部审计共完成各类审计及审计检查项目296个，审计总金额55.02亿元，提出建议意见被采纳261条，促进增收节支47.57万元，纠正违规行为金额8800元，向司法机关移送案件1件。

（程　旻）

国土资源管理

【概况】 2015年，常熟市国土资源部门严控增量盘活存量，有序推进村级零星工业用地整合和农村宅基地退出工作，规范国土资源市场，提升土地供应效率，推进占补平衡、增减挂钩等土地综合整治工程，提高耕地数量与质量。建设“智慧国土”综合动态智能监管系统，强化土地执法监察。连续2年获评江苏省土地执法模范县市先进单位、江苏省国土资源节约集约利用模范市。开展全国国土资源节约集约模范市创建活动，考查成绩位居全省前列。结合

“多规合一”试点，加快“三优三保”专项规划编制，辛庄镇“三优三保”专项规划已通过省级论证，报省政府审批，海虞镇和董浜镇已完成规划的初步编制工作，其他乡镇也在积极推进。村级零星工业用地整合和农村宅基地退出工作有序推进。

▲“多规合一”：是指以国民经济和社会发展规划为依据，强化城乡建设、土地利用、环境保护、文物保护、林地保护、综合交通、水资源、文化旅游、社会事业等各类规划的衔接，确保“多规”确定的保护性空间、开发边界、城市规模等重要空间参数一致，并在统一的空间信息平台上建立控制线体系，以实现优化空间布局、有效配置土地资源、提高政府空间管控水平和治理能力的目标。

▲“三优三保”：是指通过优化农用地结构布局、优化建设用地空间布局和优化镇村居住用地布局；做到保护资源更加严格、保障发展更加有力、保护权益更加有效。

土地登记管理 市国土资源局完善登记系统，加快审批项目办件效率。商品房土地登记办件周期由5个工作日缩减为4个工作日。开通短信提示服务功能，办理各类土地登记26440份。以社情民意交流中心和分中心为平台接待来信来访来电528件，回复率达100%。加快不动产统一登记进程。整合登记职责，组建“常熟市不动产登记中心”，为常熟市国土资源局下属的不动产登记经办机构，承担常熟市不动产登记事务工作。

地政地籍管理 市国土资源局完成报省17个批次258份勘测定界报告审核，权属审核总面积295.6公顷。完成各类地籍测绘1073宗2731.8公顷，做好国土资源局业务数据保障。以碧溪新区为试点，启动推进常熟市域农村新建住宅用地审批登记发证工作。做好全国土地审计后续整改，追缴出让金67778万元。上半年共完成各类项目用地预审41个371.6公顷，组织4个年度计划批次和7个增减挂钩批次，总面积266.6公顷，上报独立选址项目7个40.4公顷，沪通铁路、通港路高架、常沙线等项目已获上级批准。

土地执法监察 市国土资源局建设“智慧国土”科技管理平台，完成全市215个视频监控点的硬件建设。组织开展全市土地执法监察动态巡查973次，巡查总项目1218个，拆除5宗5940平方米违法占地行为。根据国土资源部下发的2014年度土地变更调查遥感监测图斑数据，对203宗42.3公顷违法用地重点部署，督促完善手续，落实整改拆除，实现2014年度土地卫片执法检查“零违法”。

【严控增量盘活存量】 2015年，市国土部门积极推进重点产业项目评价机制，根据《关于印发常熟市产业项目用地评价实施意见的通知》精神，进行6次产业项目用地评价，评价项目68宗，以评价结果决定供地时序和用地规模，优化用地指标配置，从用地源头落实节约集约要求。入库占补平衡项目23个，入库增减挂钩62个项目，新增农用地117.7公顷，完成年度目标。盘活存量土地418.9公顷，常熟市存量土地供地率达45.65%以上。

【土地供应】 2015年，市国土部门编制年度供地计划，确定供应计划总量534.7公顷，实际供地149宗448.7公顷，通过招拍挂收取出让金（流转金）50.62亿元。2010年～2014年土地供应率85.02%，2015年土地有偿使用率95.67%。

【耕地资源保护】 2015年，市国土部门推进占补平衡、增减挂钩等土地综合整治工程，并通过“再整理”“回头看”确保土地整治后期管护，提高耕地数量与质量。完成耕地后备资源划定数据上报，其中宜耕面积464个图斑862.6公顷。“十二五”期初，常熟市耕地保有量55177.5公顷，2015年年末55721.9公顷，实现耕地保有量的增加。（张　萍）

安全生产监督管理

【概况】 2015年，常熟市安全生产监督管理局（简称市安监局）突出责任落实、着眼事故预防、深化隐患治理，开展安全生产检查整改、企业安全生产标准化建设、完善安全生产网格架构等工作，全市安全生产形势保持稳定，没有发生较大以上安全生产事故和有影响的安全事故，各类事故与死亡人数比上年下降28.26%和31.25%。市安监局获评2015年度江苏省非煤矿山及冶金等工贸行业安全生产工作先进集体。

安全责任 2015年，《常熟市安全生产“党政同责、一岗双责”实施细则》《关于进一步加强危险化学品企业安全管理的工作意见》《常熟市生产安全事故调查组工作规则》《关于建立安全生产违法犯罪行为刑事责任追究工作联动机制的意见》《危化企业安全生产诚信考核制度》和《常熟市工业企业安全

6月25日，国家安监总局到常熟督导调研

生产网格化管理实施细则》等规范性文件制定出台。市安监局开展安全生产责任告知承诺工作,发放告知承诺书和《企业安全生产"五落实五到位"》宣传册,重点监管企业负责人向安监部门递交了安全生产述职报告,举办规模以上企业负责人和安全管理人员"菜单式"培训班6期,约谈违法违规建设和隐患整改不力企业12家,对39家发生事故和隐患整改不力的危化企业予以安全生产诚信警示扣分。

安全基础 2015年,常熟经济技术开发区、常熟高新技术产业开发区成立安全生产监督管理和环境保护局,做到机构单列,人员专职;全市工业企业安全生产实现网格化监管"全覆盖";各镇落实分管领导负责安全生产工作。市委、市政府多次研究木质粉尘企业整治、危险化学品大检查、打非治违专项治理和三级政府隐患挂牌整改等工作,检查督查全市安全生产工作形成常态化;市人大常委会组织开展新《中华人民共和国安全生产法》执法检查活动;市政协开展职工劳动保护专题调研;市安委会对年度重点工作和专项工作定期督查;全市各级党政领导都做到亲自抓安全,亲自深入基层检查督查,相关职能部门按照"三必须"工作要求,各负其责。与中国化学品安全协会签订常年合作协议,聘请专家到常熟开展安全检查和业务培训,并与省安科院和其他中介服务机构开展委托业务,共有176家企业得到各类安全专业技术服务,一大批技术难题和安全隐患得到解决和整改。全市工业企业网格化监管格局基本形成并不断优化完善,共设置各类监管网格289个,落实网格专兼职监管员383人,开展全市工业生产企业基本情况摸底调查,安全监管"全覆盖"的目标初步实现。推进标准化创建和提档升级工作,新增安全生产标准化一级企业1家,二级企业32家,三级企业66家,完成三级标准企业复审复评210家,组织185家危化企业安管人员开展互查互评,确保标准化运行质量。各个板块在网格化推进过程中突出信息化工作,利用手机终端实现监管信息及时传递,成为隐患排查及整改督查的重要手段。2个化工集中区的监控分中心已正常运作。全市登录《隐患自查自纠系统》企业8929家。

专项整治 2015年,市安监局重点开展安全设计诊断回头看,对可燃、有毒有害气体泄漏检测报警设施,安全联锁系统使用、维保情况进行检查,督促10家涉及毒性气体、液化气体和剧毒液体的一、二级重大危险源单位,落实有效的整改措施;天津港"8·12"爆炸事故后,对危化品仓储和运输企业开展专项检查和整治,并强化危化品物流管控。对32家粉尘爆炸危险企业负责人进行多轮专题培训,开展粉尘爆炸危险场所粉尘检测,聘请权威专家对重点企业进行安全诊断,要求19家木粉造粒企业停产整改。督促落实管道保护企业主体责任,华兴电力公司完成重点隐患整改2处,加固管理较浅点26处,修复管道防腐层破损130处,检查全市天然气门站、分输站、液化气罐场、供应站库等场所,完成25处城镇燃气设施占压清理。

安全监察 从8月份开始,全市组织开展安全生产大检查、打非治违专项整治行动,突出粉尘爆炸危险企业、危险化学品、冶金、严重职业危害、油气输送管道和城镇燃气、建筑施工、交通运输、"三合一"及九小场所等重点行业和领域。通过制定《生产安全事故调查组工作规则》和《安全生产违法犯罪行为刑事责任追究工作联动机制意见》,明确安全生产非法违法行为等涉嫌犯罪案件移送规定、标准和程序,严厉查处各类违法犯罪行为;严格安全生产"四严查、四问责"机制,分析事故原因,提出整改防范措施,全年立案调查各类非法违法生产行为和安全生产事故190多起,实施行政处罚1275万元,公安部门对11起事故中22位企业安全监管责任人进行刑事追责立案调查,亡人事故刑事追责立案调查率达三分之一,对常熟市企业全面落实安全生产主体责任形成强有力的导向、警示和威慑作用。

安全宣传培训 市安监局宣传贯彻新《中华人民共和国安全生产法》。邀请国家安监总局、中国安科院、苏州市安监局和其他培训机构到常熟为全市各级领导干部、安监工作人员、企业负责人和安全监管员进行"新安全生产法"辅导培训。安全生产培训中心及时将"新安全生产法"内容纳入各类教育培训课程,在电台、报纸、网站等媒体设立专栏宣传"新安全生产法"亮点特色,"安全生产月"期间举办"新安全生产法"知识影视公益广告大赛和创作文艺剧目巡演等活动。

【国家安监总局督查组到常熟督查】 10月14日,国家安监总局督查组一行由甘肃省安监局副局长王贵玉带队,对常熟市危化品领域本质安全提升专项行动等三项重点工作开展情况进行督查。督查组听取工作开展情况汇报,认为常熟市重视安全监管体系建设和监管力量配备,在系统改造、标准化建设、安全监管队伍建设等方面作出有益探索,在提升企业本质安全水平方面取得较好成效。督查组先后到江苏理文化工有限公司、苏州诺华制药科技有限公司等企业进行现场检查,详细了解企业关于日常安全管理、生产装置安全措施、自动化改造、应急响应处置和安全风险管控等方面的情况,并针对检查出的问题与企业进行交流。

【青少年安全生产教育基地启用】 6月25日,常熟市青少年安全生产教育基地揭牌暨首期培训班开班仪式在市安全生产培训中心举行,市委常委、政法委书记杨崇华和副市长陈惠良为基地揭牌。全市各职业技术学校的100多名学生代表参加首期培训,教育基地将通过课堂培训、操作培训、实景展示、警示案例观摩等方式,使接受培训的青少年增强安全意识,提高自我保护能力。 (张 晟)

政务服务

【概况】 2015年,常熟市行政服务中心更名为常熟市政务服务管理办公室,挂常熟市政务服务中心牌子。市政务服务管理办公室以创新行政审批方式为主线,以营造良好投资环境为重点,严格依法改革，规范行政行为，全力推进行政审批制度改革。全年办件291779件，日均办件1167.12件，99.32%实现提前办结。70项涉民服务事项中，有46项实现当场受理当场办结，即办件比例达65.71%，进驻事项平均承诺期限缩短为4.02天。进驻政务服务中心的25个部门在受理权限内行政审批服务事项时，需要提交的申报材料由2634项减少到2099项，精简535项，精简率为20.3%。8月12日，《常熟市进驻政务服务中心行政审批（服务）事项申报材料目录》公布。11月6日，市政务服务中心通过国家级行政服务标准化试点验收。11月30日，《市政府办公室关于推进企业投资建设项目并联审批的意见》出台。12月30日，常熟市智慧政务服务平台上线试运行。是年，市政务服务中心获评2012—2014年度苏州市文明单位。

【实行投资项目审批中介服务机构动态管理】 2015年，市政务服务办公室会同相关行业主管部门摸底调研，制定23项投资项目审批中介服务标准，并对外公布135家投资项目审批中介服务机构名录。中介机构为企业提供“项目申请报告编制、节能评估报告编制”“建筑方案设计、施工图设计、施工图审查、招标代理”等八大类与投资项目审批相关的中介服务。市政务服务办公室对中介名录实行动态管理，及时更新发布，充分营造公平、公正的中介服务环境，实现中介市场的健康、有序竞争。

【市公共资源交易中心挂牌成立】 8月27日，常熟市公共资源交易中心挂牌成立，市委常委、常务副市长沈晓东为市公共资源交易中心揭牌。市公共资源交易中心为副科级全民事业单位，隶属于市政务服务管理办公室，核定人员编制26名，领导职数：主任1名，副主任3名，经费渠道为财政全额拨款。常熟市公共资源交易中心是负责全市公共资源交易和提供咨询、服务的机构，是公共资源统一进场交易的服务平台。

7月9日，全市首张“三证合一”营业执照颁发

【全市首张“三证合一”营业执照颁发】 7月9日，市委常委、常务副市长沈晓东在市政务服务中心为迈普斯绿色建筑机电设计咨询（苏州）有限公司颁发全市首张“三证合一”营业执照。“三证合一”有效整合原相关行政许可部门的行政资源，简化登记注册工作流程，分“一照三号”和“一照一码”两个阶段，由申请人向市政务服务中心市场监管窗口申请。9月2日，市场监督管理部门为苏州中骏装饰工程有限公司等3家公司核发“一照一码”营业执照，梅李分中心同步为苏州市启世朝升服饰有限公司签发“一照一码”营业执照。10月1日后，取消企业、个体工商户、农民专业合作社等代码登记，全面实施“一照一码”。

【通过国家级行政服务标准化试点验收】 11月6日，市政务服务中心通过国家级行政服务标准化试点验收，成为苏南首个通过评估验收的政务服务中心。自标准化试点工作开展以来，该中心制定实施395项服务提供标准、50项服务保障标准，平均承诺期限缩短到4.02天，申报材料精简535项，精减率20.3%。实现服务流程优化再造，企业注册登记按照“一证一码”新模式进行并联审批；建设项目实行规划方案和施工图联审，确保10～15天办结；苏州范围内首创“模拟审批”，服务效率大幅提升、审批时限大大缩短，促进了流程减少、申报简洁、简政放权。 （金小萍）

责任编辑 汤 涵

综　述

【概况】 2015年，全市新增高新技术企业99家、省民营科技企业204家、省高新技术产品330项，实现高新技术产业产值1405亿元，占规上工业产值的38%。全年全市共有4个项目获批省重大科技成果转化专项，获批经费4200万元。全年共承担国家、省和苏州市科技计划项目超150项，获上级专项经费支持7700多万元。全年共申报苏州市级以上各类企业研发机构项目110多项，其中列入省创新联合载体1家，省重点企业研发机构5家，省工程技术研究中心6家，省研究生工作站18家，苏州市企业研究院、院士工作站、重点实验室各1家，苏州市工程技术研究中心58家。年内培育和引进国家"千人计划"3人，入选省"双创计划"5人，入选"姑苏计划"20人，评定市领军型人才项目50个。全年完成本市级项目中期检查181个，验收111项，其中建议中止23项。

2015年，全市专利申请总量6324件，专利授权总量3267件。新增国家知识产权优势企业1家，2项专利获苏州市优秀专利一等奖。省知识产权战略示范市建设顺利通过专家验收。在创新资源集聚区率先发展市场化、专业化、集成化、网络化的众创空间。全年获批苏州市众创空间1家、省级众创空间4家，常熟大学科技园获首批省众创集聚区试点。常熟市上报科技创新体制综合改革试点方案，获省政府正式批复同意，明确支持政策措施。推动创新集聚区纳入苏南自主创新示范区建设范围，常熟高新区的"东南科技城"、经开区的"滨江新区科技城"、海虞镇的"新材料产业园"、虞山镇的"虞山高新园"等创新载体集聚区进入自主创新示范区重大创新载体布局范围。梅李镇获批第五批江苏省创新型试点乡镇。

科技成果

【概况】 2015年，完成三项重点工作，即"推进智能车测试基地建设""新增省级以上科技企业孵化器3家""争创江苏省汽车零部件产业产学研协同创新基地"。全年获批苏州市级以上科技项目133项，获上级科技经费支持4600多万元。新建4家省级科技企业孵化器，全市累计拥有国家科技企业孵化器3家，省级科技企业孵化器8家。全市开工科技创新载体达到36项。打造科创园创新基地、国家大学科技园、汽车研发设计产业园等十大重点科技创新载体。按照上级部署要求，积极推进具有常熟特色的众创空间建设。科技局牵头起草《关于发展众创空间推进大众创新创业的若干政策意见》，获批省级众创空间4家，其中2家获省科技厅资助160万元；苏州市众创空间1家；常熟大学科技园获批首批省众创集聚区试点。组织承办全省科技企业孵化器从业人员培训班，选派20多人参加科技部火炬中心举办的众创空间专题培训班。

【中交天和超大泥水盾构机通过国家首台套科技成果鉴定】 7月9日，工业和信息化部在南京组织召开

6月17日，副省长徐南平在常熟调研

"NSQYPHFH－1493 型泥水气压平衡复合式隧道掘进机"中国首台套科技成果鉴定会。落户于常熟市高新园的中交天和机械设备制造公司自主研制的该型超大泥水盾构机顺利通过鉴定。该装备科技成果总体达到国际先进水平，其中备用可推出式滚刀技术、刀盘伸缩机构技术和氦氧饱和带压换刀应用技术达到国际领先水平。打破了国外超大型盾构机对中国市场的垄断。

【4 个项目获省企业创新与成果转化专项资金】 9 月 21 日，江苏省科技厅公布 2015 年度省企业创新与成果转化专项资金项目，常熟共有 4 个项目入选，共获得省科技成果转化资助 4200 万元，项目数量和争取上级经费数均达历史最高水平。此次入选的 4 个项目分别为中利腾晖光伏科技有限公司承担的"23%以上效率 n 型双面电池及其双玻组件的研发与产业化"、江苏亨通高压电缆有限公司承担的"超大长度带馈电无中继型海底光缆的研发和产业化"、苏州汇科机电设备有限公司承担的"新能源汽车动力电池材料烧成炉及自动化上下料系统的研发和产业化"、江苏迎阳无纺机械有限公司承担的"8.5m 宽幅高强非织造布工艺与智能化装备关键技术的研发与产业化"，这 4 个项目将新增投资达 4 亿元，已实现销售 5000 万元，达产后年新增产值预计 8 亿元。

【常熟风范电力—科技成果通过鉴定】 10 月 17 日，常熟风范电力设备股份有限公司研发的"钢结构热镀锌用新型全无铬钝化技术与应用"项目顺利通过中国腐蚀与防护学会组织开展的科技成果鉴定。中国腐蚀与防护学会的专家在听取情况汇报、审阅相关技术资料、进行现场考察后一致认为，风范电力研发的这一创新项目具有环保、减排以及高可靠性等特点，总体上达到国际先进技术水平。

【新增 4 家省级科技企业孵化器】 2015 年，常熟先进制造业科技园、常熟市纺织服装科技创意园、常熟市古里科技创业园、常熟市辛庄科技创业中心被省科技厅认定为省级科技企业孵化器，认定数达历史最高水平。目前全市拥有国家科技企业孵化器 3 家，省级科技企业孵化器 8 家，省级以上孵化器面积达到 27.9 万平方米，同比增长 27%。

科技合作

【概况】 2015 年，常熟施拉特企业管理有限公司项目获批省国际科技合作项目，获经费 70 万元；华东理工常熟研究院有限公司"绿色环保有机硅改性水性聚氨酯的研究"等 6 个项目获批省产学研联合创新资金（产学研前瞻性联合研究项目），经费 90 万元。7 名高校院所科技人员经过省认定作为特聘专家到常熟市相关企业兼任"科技副总（企业创新岗）"，获得资助 105 万元。2015 年，常熟市党政主要领导、分管领导分别率团走访西安交通大学、中科院自动化所、长安大学等 10 多家高校科研院所，深化合作关系。全年常熟市各经济板块，共邀请高校专家企业行 700 余人次，对接企业 1000 余家次，新增产学研合作项目 220 余项。组织企业参加"第五届江苏科洽会"，苏州市亚波罗电子科技有限公司等 2 家企业就研发项目与学校进行签约；组织企业全年参加 10 多场省、苏州市产学研活动。推出常熟市科技金融——"集合信贷"，构建政府、保险公司、银行对科技信贷风险共担机制，为科技型中小企业发展注入新活力。扩大"苏科贷"覆盖范围，在原有农业银行合作的基础上，增加江苏银行、南京银行、交通银行为"苏科贷"业务合作银行，增加了"苏科贷 II"业务。

【推出科技金融——"集合信贷"业务】 4 月 29 日，常熟市举行科技金融——"集合信贷"签约仪式，正式推出以科技风险补偿专项资金提供信用保障、保险公司贷款保证保险为增信条件、合作银行提供贷款资金支持的信贷业务。"集合信贷"将通过构建政府、保险公司、银行的科技信贷风险共担机制，为科技型中小企业发展注入新活

落户常熟国家大学科技园的浙江大学常熟光电技术联合研究中心，研发人员正在无尘室内封装芯片

力。主要支持对象为全市年销售收入3000万元以下的科技型中小企业。

【中国智能车综合技术研发与测试中心揭牌】 参见第153页〖中国智能车综合技术研发与测试中心成立〗。

【常熟“科技镇长团”服务企业达627家】 自2008年10月常熟市在全省率先开展“科技镇长团”试点工作以来,至2015年已有7批79位高层次人才到常熟市各经济板块和科技局挂职工作。在“科技镇长团”的推动下,由南京大学、东南大学、常熟理工学院等多所高校和市政府合作共建的常熟国家大学科技园,成为国内县域城市中唯一的国家级大学科技园。至2015年累计入驻创新创业企业200余家、承担国家火炬计划项目等各级各类科技计划项目50多项,拥有专利、版权等知识产权1400多项。7年来,“科技镇长团”共引进南京理工大学常熟研究院、南京师范大学常熟发展研究院等14家研究院,建设200余家企业研究生工作站、工程中心等校企合作载体。7年来,“科技镇长团”牵线共签订产学研合同786项目,合同金额24313万元。截至目前,“科技镇长团”累计调研企业1000余家次,服务企业627家,邀请专家800余人次,摸排企业需求102个。

知识产权

【概况】 2015年,全市专利申请总量6324件,同比下降48.36%;专利授权总量3267件,同比下降18.12%;全市发明专利申请量3606件,同比下降13.63%;发明专利授权量728件,同比增长9.8%;发明专利PCT国际申请69件,同比增长40.82%。截止12月底,全市万人发明专利拥有量20.61件,比2014年年末的16.94件增长21.66%。2015年,常熟市企业获苏州市优秀专利奖一等奖二项,二等奖三项。全年新增18家企业进入《企业知识产权管理规范》国标省级备案培育企业名单库;组织全市10家知识产权省标绩效考核合格以上企业完成国标认证过渡工作;组织5家企业申请省“贯标”绩效评价,1家获江苏省知识产权管理标准示范先进单位,1家获国家知识产权优势企业认定,全市累计拥有国家知识产权示范企业1家,国家知识产权优势企业2家;全年获省企业知识产权战略推进计划重点项目1项,6家企业获苏州市知识产权密集型企业培育和重大专利技术推广运用指导性计划立项。常熟紫金知识产权服务有限公司全年实现专利服务收入426.5万元。通过科技贷款形式帮助1家企业运用专利技术质押融资方式,获科技贷款额300万元。全年开展普及性大型专利知识专题培训3场次,组织选送63位企业专利工作者参加江苏省知识产权工程师培训班学习。全年组织选送30多人参加苏州市级以上的各类专利专题培训班学习。

【认定首批专利运营试点企业】 3月,根据《常熟市专利运营试点企业认定管理办法》,常熟市知识产权局首批专利运营试点企业认定结果揭晓,共有20家企业入选首批专利运营试点企业。对认定的专利运营试点企业,将分别给予一定数额经费的激励,鼓励科技工作人员发明创造,提高企业的核心竞争力。

【获国家知识产权示范城市建设工作先进集体称号】 经过三年的示范建设,2015年12月,常熟市实施省级知识产权战略区域示范市工作取得预期成效并通过了专家验收。上半年度,江苏常熟经济技术开发区、江苏常熟高新技术产业开发区两个国家级园区通过省级知识产权试点园区建设验收。12月,江苏常熟高新技术产业开发区被批准列入省级知识产权示范园区。常熟市获国家知识产权示范城市建设工作先进集体表彰。

【通过江苏省知识产权战略区域示范区考核验收】 12月1日,苏州市知识产权局受江苏省知识产权局委托下,组织专家组对常熟市实施江苏省知识产权战略区域示范区工作进行考核验收,验收专家组对照示范区建设方案、目标任务,审阅相关材料,一致认为通过三年示范区建设,常熟市已经完成知识产权战略示范区创建工作方案的目标和任务,符合江苏省知识产权战略示范区验收标准要求,一致同意验收。

科技人才

【概况】 2015年,全市组织2批市科技创新创业领军人才计划项目评审,引进创新创业领军人才(团队)50个,累计278个;新增省高层次创新创业人才计划5人,累计45人;新增姑苏创新创业领军人才计划20人,累计67人;新增姑苏科技创业天使计划19人。全年组织本市级项目中期检查两批共61项,累计完成检查181项;本市级项目验收两批共36项,累计完成验收134项。

2015年常熟市新增苏州市级以上高层次人才一览表

表40

类　　别	姓　名	引才(或创办)企业
省高层次创新创业人才计划	罗小帆	苏州聚复高分子材料有限公司
	邵　冉	苏州奥科姆自动化科技有限公司
	于保华	苏州宝润电子科技有限公司
	尚春庆	苏州英芮诚生化科技有限公司
	戴志成	苏州保力瑞生物材料科技开发有限公司

续表 40

类　　别	姓　名	引才(或创办)企业
姑苏创新创业领军人才计划	张　立	苏州信美通信技术有限公司
	单巍巍	苏州昊卓新材料有限公司
	于保华	苏州宝润电子科技有限公司
	陈善忠	苏州久易光电科技有限公司
	于英超	苏州林奈新能源有限公司
	彭　臻	鐠亚电子(苏州)有限公司
	侯春洪	苏州波斯特克精密电机有限公司
	郝建强	苏州毫邦新材料有限公司
	倪志春	中利腾晖光伏科技有限公司
姑苏创新创业领军人才计划	孙玉海	苏州中来光伏新材股份有限公司
	刘新旗	江苏隆力奇生物科技股份有限公司
	莫国宁	苏州富士莱医药股份有限公司
	芦颖僖	苏州志知物联科技有限公司
	邵黎明	苏州精标影像科技有限公司
	王胜国	苏州鼎驰金属材料有限公司
	宋兴福	苏州聚智同创环保科技有限公司
	许建和	苏州百福安酶技术有限公司
	魏　峥	苏州迈实信息技术有限公司
	王行柱	苏州兴创源新材料科技有限公司
	周　翔	苏州笛卡测试技术有限公司

(缪　岚)

科 学 普 及

【概况】 2015 年,常熟市科学技术协会深入实施《全民科学素质行动计划纲要》,全市公民具备的基本科学素质比例达到 9.7%。全年举办第二十三届科普宣传周、全国科普日、科普惠民卫生志愿者健康行动、科普示范家庭科普一日游等 40 多项主题科普活动,约 30 万名市民受益。举办常熟市第九届青少年科技创新大赛、第三十届青少年科技夏令营等各级各类科技创新大赛、科技节、科技实践、科普教育活动 100 余项。全市共获得苏州市级以上各类奖项 86 项,其中常熟市大义中心小学陈秋的《关于常熟地区 PM2.5 的测量与研究》获得第三十届全国青少年科技创新大赛优秀科技实践活动二等奖。常熟市实验小学、常熟市义庄小学被江苏省科协、教育厅分别命名为江苏省青少年科技教育特色学校、2014—2015 年江苏省青少年科学工作室。科普教育基地、科普场馆、科技素质培训示范基地和科普一日游人数达 9200 人。建成江南糕饼创意园、垃圾发电科普馆;沙家浜国家湿地公园被中国科协命名为全国科普教育基地;碧溪新区浒浦集镇社区获得“全国科普示范社区”荣誉称号,获得 20 万元支持,吉成酱油科普馆列入苏州市科普场馆建设项目,获得 10 万元资助。虞山镇枫泾社区获苏州市十佳科普示范社区。新增科普电子屏 10 家,科普信息化建设扎实推进。

【第二十三届科普宣传周】 5 月 15 日至 21 日,常熟市举办第二十三届科普宣传周,主题为“创新创业、科技惠民”。开幕式上举办了中国科协海智专家高继明教授《现代农业与服务体系》科普报告会、常熟市科普惠农服务站授牌、赠送科普书籍等活动。科普周期间,全市共举办 40 项主题活动。据统计,全市共举办科技(科普)讲座 166 场,近 1 万人参与;科技(科普)知识竞赛 26 场,参赛人数达 4.8 万人;科普知识进农村、进企业、进社区、进校园活动 82 场,约 15 万人接受教育;科技咨询服务活动 22 次,接受咨询服务 7800 多人次;放映科普电影(录像)32 场,观众 8300 多人次;发放各类科普资料等 6 万余份(册);展出科普展板 550 余块,免费参观科普教育基地、科普场馆、科技素质培训示范基地和科普一日游人数达 1.2 万人,出刊科普黑板报 120 多期;更新科普橱窗、画廊 180 多个。

【“台湾科普秀”在常熟举办】 5 月 17 日,常熟市第五届青少年科技节开幕式暨常熟市第九届青少年科技创新大赛启动仪式在市科普馆举行。共举办台湾科普秀、江苏省第二十二届青少年科技模型竞赛、中小学生电子小报比赛、中小学生 flash、scratch 作品设计比赛、科普大篷车展览、智能机器人表演赛等一系列活动。来自台湾元智大学科学教育研究中心的科学教育专业团

5月17日，常熟市第五届青少年科技节开幕式暨常熟市第九届青少年科技创新大赛启动仪式在市科普馆举行。图为台湾科普秀活动

队为大家演绎科普秀。

【2015年全国科普日系列活动】 9月18日至25日，2015年全国科普日系列活动在全市城乡举行。9月18日，常熟市“全国科普日”主场活动——常熟市社区科普益民计划表彰大会暨垃圾发电科普馆揭牌仪式在浦发集团常熟第二垃圾焚烧电厂举行，苏州市科协副主席张亿锋和上海浦发集团环保发展有限公司副总经理杜长勤共同为垃圾发电科普馆揭牌；向常熟市十佳科普示范社区、十佳社区科普工作者、十佳科普志愿者的获奖代表颁奖。全国科普日期间，还举办青少年科普活动，组织开展第九届青少年科技创新大赛评审、“科普大篷车进校园”、“未来科学家”青少年提素行动，组织优秀科技辅导员进社区开展科普讲座、科普表演秀、科技模型制作指导；科普场馆开放日行动，组织常熟市科普馆、沙家浜湿地科普园、常熟海洋世界、理工学院标本馆等13家科普场馆、科普教育基地、科研院所（实验室）面向公众开放；社区科普益民行动，发动全市社区科普惠民服务站围绕全国科普日主题，开展科普示范家庭专题游、百姓科普广场等贴近居民实际的科普宣传活动，开展农村科普惠农行动，媒体科普传播专题活动。

（薛琼瑜）

气象科技

【概况】 2015年，常熟市气象局着力提升气象现代化水平、气象防灾减灾能力、公共气象服务能力。完成“常熟气象监测和公共服务数字化工程”年度任务，确定“十三五”气象现代化建设项目；加强雾霾天气的监测、预报、预警和服务工作，积极参与大气污染防治；进一步提升气象服务“三农”工作能力，做好为农气象服务工作；加强防雷安全社会管理，完成各项安全生产专项整治。2015年1月，张建良获中国气象局授予的“全国气象行业技术能手”荣誉称号。

【气候特征】 2015年常熟气候特点是气温正常略偏高，降水偏多，日照略偏少。年平均气温16.9度，比历年（1981—2010年）平均偏高0.7度（历年平均值为16.2度）。8月为全年最热月份，月平均气温为27.9度；年极端最高气温38.3度，出现在8月3日；1月为全年最冷月份，月平均气温为5.6度，属异常偏高；年极端最低气温-3.3度，出现在1月2日。

2015年降水量1615.3毫米，为常熟建站以来年最大降水量，比历年平均偏多479.7毫米（历年平均值为1135.6毫米）；最多月降水量出现在6月，月降水量为648.9毫米，为常熟建站以来6月份最大降水量；最少月降水量出现在10月，月降水量为44.6毫米。与往年同期相比，6月和11月降水量异常偏多，2月、4月和12月偏多，7月、9月和10月偏少。2015年入梅正常，出梅略偏迟；梅长28天；梅雨量614毫米，属于异常偏多。全年日照时数为1711.3小时，比历年平均偏少102.6小时（历年平均值为1813.9小时），年日照百分率39%。

【气象灾害】 4月9日低温天气，最低气温4度，对夏熟作物有较大影响；4月28日受高空冷涡和强回波影响，全市出现强对流天气，古里镇吴庄村六组有农户民房受雷击，房屋和部分电器受损。6月15日至18日受梅雨带影响，全市普遍出现大暴雨过程，据防汛指挥部统计，全市大部分乡镇受损失，受淹有660户住宅及25个小区，农田3644公顷，蔬菜大棚1688.67公顷，鱼塘134.13公顷，厂房220家，服装城508个门市部；路面受损124处，倒塌房屋21间。6月26—29日出现入梅以来最强降水，全市普遍出现暴雨—大暴雨过程，据防汛指挥部统计，全市133个村及33个居委会受灾，受灾人口2167人，紧急转移334人，受淹住宅819户，房屋损坏294间，倒塌房屋13间，直接经济总损失1553万元。2月23日至28日和11月出现连阴雨天气，对交通和农业生产等较为不利，特别是11月的连阴雨严重影响了秋收秋种工作。2015年汛期共受4个台风外围影响。受“灿鸿”外围影响，7月10日傍晚至12日上午，全市普遍出现7～8级大风，并普降大雨到暴雨。受“天鹅”外围云系和冷空气共同影响，8月24日出现明显降水，降水量级达大暴雨，自动站日最大雨量为167.9毫米。受“杜鹃”外围影响，9月29日普遍出现大到暴雨。 （张海君）

责任编辑　张　军

教　育

综　述

【概况】 至2015年年底，全市有普通高等学校1所，在校学生18171人，教职工1126人；有普通中等专业学校3所，在校学生11040人，教职工1059人；普通中学44所，在校学生42173人，教职工4791人；小学51所，在校学生68929人，教职工4071人；特殊教育学校1所，在校学生118人，教职工46人；幼儿园80所，在园儿童33090人，教职工2098人。

教育经费投入及均衡发展 全市财政教育支出超过28亿元；继续高标准落实生均公用经费，普通高中800元、中等职业学校900元、初中1050元、小学900元、独立法人幼儿园550元；全市教师培训经费财政投入超1600万元；校安工程投入(含奖补)4.9亿元；财政扶贫帮困支出达400万元；非义务教育阶段学校(单位)继续参照义务教育阶段实施绩效工资。免费义务教育所需资金全部按时、足额到位，特殊教育继续实行全部免费。对普通高中学校的特困生按3000元/生・年标准发放助学金；对中等职业学校所有学生实行学费全免，对中等职业学校的一、二年级涉农专业及家庭经济困难学生按2000元/生・年标准发放助学金；对初中学校的特困生按3500元/生・年标准发放助学金；对小学的特困生，按3000元/生・年标准发放助学金；对幼儿园的特困生按1200元/生・年标准发放助学金；以上各项支出经费达378.97万元。市财政投入1516万元用于校安工程奖补；校车专业化运行财政补助达1068万元。春季，报慈小学(一期工程)、滨江实验中学建成投用；秋季，昆承中学原地扩建，东南小学和幼儿园、游文幼儿园、徐市小学、张桥幼儿园异地新建竣工投用；实验中学湘江路校区改造工程，报慈幼儿园迁建工程，高新园中专和滨江职业技术学校扩建工程启动。

教育信息化建设 推进教育技术装备建设，构建“智慧教育”平台，促进教育技术应用，提升全市教育技术建、配、管、用水平。一是新建的微课资源平台上线运行；二是积极推进优质资源“班班通”升级工程，加快建设以电子白板、一体机作为终端显示设备的高标准“班班通”，2015年全市新增多媒体互动教学系统265套，近60%的教室实现了高标准“班班通”；三是完成9个“未来教室”的建设；四是构建公民办结合的网上学习平台“知新网上辅导站”和“百分网校”。2015年全市中小学新建及改造专用室场241个，全年教育装备总投入超过1.36亿元。全年新增图书达13万册。在不断加强室场建设、完善室场内部设施的同时，进一步强化室场文化建设，育人环境得到了进一步优化。苏州市“智慧校园示范校”新增3所。常熟教育信息化已经迈入快速优质发展的时代。

校园安全建设 7月22日，食堂物资定点配送管理、“营养餐”配制工作首次在乡镇试点开展，按照公开、公平、公正的原则，由学校及家长代表组成评委组，在古里镇政府会议室现场投票产生了2家单位为当地8所公办中小学(含幼儿园)进行“定点配送”食堂物资。加强学校食堂食品安全监管，推进学校食堂“五常法”管理体系，全市已有125家学校食堂被评定为“五常法”管理达标

11月7日，世界联合学院常熟分校开学典礼举行

单位。校车运行水平得到提高，上半年，城乡公交公司每天投入运行校车112辆，运行线路106条，运行296个班次，服务25所学校，接送学生12673名；下半年每天投入运行83辆符合国家标准的“长鼻子”校车，运行线路86条，运行221个班次，服务24所学校，接送学生9941名。

教育科研发展　优化教研员队伍，细化调研方式，加强培训工作，支持学校开展各类课改展示活动，成功承办“中国好课堂”暨常熟市课堂教学展示与观摩活动。年内，教研员教科员参加学术讲座活动次数为156次，听课教师9558人；全市中小学教师获苏州市级奖323个，省级58个，全国级13个。继续开展江苏省十二五规划立项课题“幸福教育常熟模式的实践研究”课题研究；逐步归纳出全市学校文化构建的整体思路，助推学校文化建设，引领学校内涵发展，提升学校办学水平；培育江苏省、苏州市精品课题，利用微型课题研究助推一线教师的专业成长。年内，各学校课题申报37个，开题17个，开展中期评估课题49个，结题33个。全市共有苏州市级课题137个、江苏省级课题53个。

教育国际化交流与合作　年内全市组织472名学生出国修学旅行，安排26位教师赴英国、加拿大、美国、新西兰等国家培训，考察学习国际先进教育、办学理念，交流融通国际教育；接待澳大利亚维州东南区、英国埃塞克斯郡、日本萨摩川内市等9批外国教育访问团；1位教师经国家汉办选派至英国友好学校担任为期1学年的汉语志愿者。年内全市新增国外友好学校2所，至年末，全市有国外友好学校的公办学校达32所，并按计划开展教育交流，3位教师在访问友好学校期间上课，开展汉语教育和文化推广活动。10所学校成功申请“校际连线”中英教育合作伙伴项目种子资金。

【尝试“第三方”教育督导】　市政府教育督导室委托苏州市吴江实验小学、太仓市实验小学、苏州市金阊区实验小学、常熟市教育局教研室、苏州市吴江区人民政府教育督导室专家，组成素质教育督导组，对常熟市实验小学进行了素质教育督导；委托苏州市振华中学、吴江区笠泽实验初级中学、苏州市平江中学、苏州新区教育督导室主任、苏州市吴中区木渎实验中学专家，组成素质教育督导组，对常熟市实验中学进行了素质教育督导。首次通过“第三方”实施教育督导，取得督导实质效果。

12月30日，实验小学举行“全息学习”——苏式课堂研讨活动

基础教育

【概况】　2015年，全市在校的小学生68929名，初中生30280名，高中生（普高）11893名。全市适龄儿童小学入学率、巩固率、普及率和毕业率均为100%，初中入学率、巩固率和毕业率均为100%，残疾儿童少年入学率、贫困家庭子女入学率为100%，高中段毛入学率达100%，普职高比4.5:5.5，高等教育毛入学率达69.98%。

年内，继续实施新市民子女积分入学，全市幼儿园、小学、初中起始年级秋季吸纳新市民子女总数10170人。石梅小学、莫城中心小学、谢桥中心小学、辛庄中心小学、星城小学、赵市中心小学、古里中心小学、莫城中学、辛庄中学等9所学校成为“2015年全国青少年校园足球特色学校”；绿地实验小学、东南幼儿园、谢桥小学获得“江苏省绿色学校”称号；实验中学获得“江苏省优秀家长学校”称号；第一中学、实验小学、石梅小学和绿地实验小学成为苏州市首批中小学家庭教育课程化项目学校；外国语初中、报慈小学和塔前小学成为苏州市首批中小学家庭教育课程化拓展学校。星城小学夺得“江苏省第九届国际跳棋特色学校比赛”团体冠军；沙家浜小学在第二届青岛沙滩柔道赛中获得3个第一名、3个第二名、4个第三名；常熟国际学校获得第六届“星光校园·全国中小学生春节联欢晚会”表演金奖；高新园中专获得省中小学艺术展演舞蹈类银奖；普通高中学生在各类学科奥林匹克竞赛中获全国一等奖3个、江苏省一等奖75个。

【继续实施学前教育改革】　推广幼儿园独立法人试点，完成第二批11所幼儿园独立法人改革。实施《市政府关于扶持普惠性民办幼儿园发展的实施意见》，出台《关于幼儿园协作区建设的实施意见》《常熟市公办民办幼儿园帮扶结对实施意见》，开展公办幼儿园和民办幼儿园的“结对帮扶”活动，做好集体办、民办幼儿园年度考核评估，全面提升学前教育办学水平。年内，崇文幼儿园、国际学校附属幼儿园、西庄街幼儿园、湖畔幼儿园、大义果果幼儿园申报创建苏州市优质幼儿园，耕心明珠幼儿园申报创建江苏省优质幼儿园。

【义务教育阶段实施集团办学】　上半年，出台《常熟市教育局进一步深化全市义务教育集团办学的实施意见

(试行)》,并据此制定教育局选派教育集团联系人工作职责和一体型、帮扶型、协作性集团办学管理意见,编制协作性教育集团学期工作手册、协作性教育集团学期教学、德育、教科研工作电子台账,规范和丰富各类教育集团各项活动,制作和完善集团工作专题网页及其功能,全方位推进义务教育集团办学工作。下半年,出台《常熟市义务教育集团化办学工作考核评价办法(试行)》,制定协作型、帮扶型、一体型集团工作考核评价指标并参照执行,据考核结果,按照新制定的《常熟市进一步深化义务教育集团化办学以奖代补资金实施办法》,对考核评价确定为优秀、良好、合格的各教育集团以总额下达的形式进行奖补,各教育集团相关工作组和个人的奖补办法由各集团自定,奖补办法和结果提交教育局计财科、基教科备案。

【试行课改实验班招生模式】 3月,为探索优秀学生群体培养模式,启动省、市中课改实验班自主招生工作。全市各初中学校在学生自愿报名的基础上,按照不超过2015届本校初三在籍学生总数的15%确定推荐名额,推荐条件以初二两个学期和初三第一学期的期末成绩为主要依据,占比分别为10%、20%、70%;4月中旬完成自主招生考试,4月底中招办公布预录取名单;5月初,被预录取的学生不再到原初中学校就读,而是参加省、市中组织的教育教学活动;6月,被预录取的学生需参加苏州市初中毕业暨升学考试。

【普通高考质量继续全市领先】 2015年,全市普通类考生3678人,本二以上上线2613人(其中本一1054人),上线比例达71.04%,较上年提高3.9个百分点,列江苏省第一方阵;上线人数和比例均居苏州各县(市、区)第一。全市艺体类本科上线率达77.3%,实现多元发展。省中学生吴忆遥、葛一润以415分的高分并列苏州市理科第一名。省中、市中本二以上上线比例分别为98.17%、94.80%,上线比例和人数列苏州大市各校首位,全市所有高中都超额完成了高考目标。高校录取情况同样喜人,全市录取985高校122人,其中清华、北大3人,录取211高校447人。

表41

2015年普通高校招生分类录取情况统计一览表

批次名称	合计	文科	理科	艺术	体育
强化班提前录取	0	0	0	0	0
少年班提前录取	0	0	0	0	0
提前本科军事国防	9	1	8	0	0
提前本科公安政法	31	9	22	0	0
提前本科其他院校	6	2	4	0	0
本科一批	878	213	665	0	0
本科二批	1505	483	1022	0	0
本科三批	858	377	481	0	0
艺术公办1小批	37	0	0	37	0
艺术公办2小批	116	0	0	116	0
艺术公办3小批	51	0	0	51	0
艺术民办1小批	90	0	0	90	0
艺术民办2小批	3	0	0	3	0
体育公办本科	12	0	0	0	12
体育民办本科	0	0	0	0	0
本科总计	3596	1085	2202	297	12
高职单招提前录取	81	55	21	5	0
高职专科	295	208	87	0	0
注册入学	6	4	2	0	0
艺术专科1小批	49	0	0	49	0
体育专科	1	0	0	0	1
专科总计	432	267	110	54	1
总计	4028	1352	2312	351	13

说明:报文科1383人,报理科2351人,报艺术类358人,艺术兼报文科20人,艺术兼报理3人,报考体育类4人,体育兼报文科4人,体育兼报理科9人,非统考1人

【全市招生政策出现五大新变化】一是适龄儿童少年父母或其他法定监护人如果多处合法固定住所中含有人均面积低于18平方米的住房，则该住房不再作为确定施教区的依据。二是作为施教区确定依据的合法固定住所产权证须在当年度6月30日前到位。三是同一合法固定住所每三年认定一名幼儿园学区生、每六年认定一名小学学区生、每三年认定一名初中学区生，同一家庭符合计划生育政策除外；若合法固定住所更换产权所有者，在上述规定时间内，该房产不作为同一学段学区生的认定依据，但可作为非同一学段学区生的认定依据。四是普通高中学校取消计划外招生。五是四星级普通高中指标生分配只面向学区生。

【实验小学开展“全息学习”改革实验】“全息学习”倡导“让每个学生的学习真正发生”的理念，以环境资源、平台支持学生学习方式的转变，以学习方式的转变推进课程改革。实验小学先后通过苏州市级、江苏省级答辩，成为江苏省42所基础教育前瞻性教学改革实验项目学校(幼儿园)之一。12月18日，实验小学举办了江苏省基础教育前瞻性教学改革实验项目、苏州市义务教育改革项目阶段汇报暨江苏省教育科学十二五规划课题开题活动。 (吕 东)

高等教育

【概况】2015年，常熟理工学院普通全日制在校本科生18061人，联合培养全日制研究生110人；继续教育学院成人学历教育在籍学生4809人；教职工1126人，其中专任教师856人，高级职称479人，博士249人(另有在读59人)，教学仪器设备资产总值2.2亿元；图书馆馆藏纸质文献146万册，数据库23个，电子图书285万种，中外文纸质期刊1900种，电子期刊4万种。

2015年，引进专任教师41名，其中博士32人；新增江苏省“六大人才高峰”项目资助4人，继续在省内高校保持领先地位；新获省“333工程”科研项目资助1人；新聘讲座教授4人、客座教授7人、课程特聘教师71人；新增省品牌专业2个；《常熟理工学院章程》经教育厅核准生效，成为全省首批大学章程核准单位；在省内率先通过本科教学工作审核评估；启动“教学内涵建设年”活动第二轮教改申报立项评审工作，共立项40个教改课题、150个项目；获批省级实验教学与实践教育中心2个，1名教师在高校教师微课教学比赛中获省一等奖和全国优胜奖；获得省师范生基本功竞赛2个一等奖、4个二等奖的历史最好成绩；校大学生创新创业成果入选教育部优秀案例；学生5500人次参加学科竞赛60项，获国家级奖项107项、省级以上奖项317项；获准立项各级实践创新训练项目481项，其中省级以上项目71项，22项推荐为国家级项目；新获得“专转本”自主招生权，获批4个成人“专升本”专业；获批“国培基地”和“省高职高专院校教师培训基地”等培训基地和机构；毕业联合培养研究生36名，新招联合培养研究生29名，与上海应用技术学院签署联合培养协议；成立常熟理工—新道科技有限公司创新创业学院。

2015年，学院完成科研总经费4518.68万元，纵向项目立项116项，立项率28.6%；首次获得省高校优秀科技创新团队、自然科学类省部级科学技术奖和省高校哲学社会科学重点项目；与中国高教学会院校研究分会联合成立了“应用型院校研究中心”；获批省级技术转移中心1个；新建现代民政研究中心、县域科技体制综合改革与发展研究中心；全年申请专利115项，增长80.2%；获得省高校教师高级专业技术职务学科评议权；与国(境)外9所高校新签署了友好协议；共建了京东校园实训中心、罗克韦尔自动化实验室等实验实训基地，合作企业捐赠设备价值1300万元；成立常熟理工—新道科技有限公司创新创业学院；成功承办了“第九次全国部分理工类地方本科院校研讨会”“第二届产教融合发展战略国际论坛”“第四届控制、自动化与信息科学国际学术会议”、第十届全国大学生智能汽车竞赛等大型活动，完成东湖校区校门重建工作。

年内，学校获得省高等学校信息化建设先进集体、省高校档案工作先进集体、省共青团工作先进单位、省社会实践先进单位、2012—2014年度苏州市文明单位等荣誉，荣获省高校党建工作创新奖、省共青团工作创新创优奖、省教育系统新媒体宣传应用奖等奖项，还被授予“华夏书香校园”“节水型单位”等荣誉称号。

【诺奖评委、瑞典学院院士埃斯普马克来访】5月19日，诺贝尔文学奖评委、瑞典学院终身院士埃斯普马克一行来访。埃斯普马克在东湖校区图书馆报告厅作学术讲座，主题是《国际现代主义和本土传统的会面》。

【常熟理工学院学生成果馆落成】5月22日，常熟理工学院学生成果馆开馆，该馆以大学生创新创业教育为主题，分别由序厅、学院专题、互动展示、实践项目、荣誉殿堂、艺术廊道和创业之路七部分组成，共汇集展出100余件代表常熟理工学院大学生创新创业成果的实物和各类获奖。

【承办第十届全国大学生智能汽车竞赛(华东赛区)】7月24日至27日，第十届全国大学生“飞思卡尔”杯智能汽车竞赛(华东赛区)在常熟理工学院举行。本次比赛由常熟理工学院、共青团常熟市委员会承办，来自华东赛区即上海、江苏、江西等省市共计65所高校、298支队伍、1200多名学生参赛。此次比赛中，东道主常熟理工学院派出的6支参赛队勇创佳绩，共夺得6个一等奖。

【研究成果在国际学术期刊刊登】常熟理工学院马运声教授科研创新团队在多孔配位聚合物领域的最新研究成果：A Convenient Strategy for Designing a Soft Nanospace：An Atomic Exchange in a Ligand with Isostructural Frameworks，在化学领域国际期刊《美国化学会志》上发表。JACS是目前国际化学领域最具影响力的刊物，当前影响因子为12.113。这是常熟理工学院首次以第一完成单位在该刊物上发表的研究论文。

【第二届产教融合发展战略国际论坛秋季分论坛】 11月25日至26日，第二届产教融合发展战略国际论坛秋季分论坛在江苏常熟举行。来自全国200多所高校、企业和科研院所，以及德国、美国、荷兰、新加坡等国家的专家、学者近600名代表参加活动。本次论坛由教育部学校规划建设发展中心、中国教育国际交流协会、中国应用技术大学(学院)联盟主办，苏州市人民政府协办，常熟理工学院、常熟市人民政府、新道科技股份有限公司承办。本次论坛的主题为“服务创新、致力创业——应用技术大学的职责与使命”，出席论坛开幕式的领导和嘉宾有教育部学校规划建设发展中心主任陈锋，中国教育国际交流协会副秘书长沈雪松，江苏省教育厅副巡视员马幸年等。

【海外团支部获全国“示范团支部”】 12月，在团中央学校部、全国学联秘书处开展的践行社会主义核心价值观“示范团支部”创建和“百佳团支书”寻访活动中，常熟理工学院韩国同德女子大学海外团支部(第四批)从竞选单位中脱颖而出，获全国“示范团支部”称号。 (闫 飞)

职 业 教 育

【概况】 2015年，常熟市3所职业学校共有在校学生11040名，夏季毕业学生3355名，中职学校毕业生双证持有率为95.36%，就业率为98.59%。2015年全市普通高校单独招生考试报名人数为776人，实考人数为477人，本科录取225人，录取率为47.17%(按实考)；专科录取246人，转段本科80人，中职注册入学206人，总录取人数为757人，总录取率为97.55%。全市“双师型”教师占专任专业教师比例为60.43%，聘请167名具有实践经验的专业技术人员、高技能人才担任兼职教师，比例为18.35%。常熟中等专业学校的汽车维修、常熟高新园中等专业学校的旅游管理、常熟市滨江职业技术学校的机械加工专业，接受了江苏省品牌特色专业建设视导组专家的现场检查验收并顺利获评，全市共有江苏省品牌特色专业11个。常熟中等专业学校《机械制图与CAD技术基础》、常熟高新园中等专业学校《木作技术基础与应用》、常熟滨江职业技术学校《车工工艺与技能训练》三个课程获评2015年苏州市职业学校精品课程。职业学校继续开办“3+4”汽修专业中职与本科分段培养项目，开展“3+3”衔接试点和“3+开放本科”衔接试点，同时还招收江苏联合职技院、江苏农林、苏州农林的五年制大专生，2015年共招录上述学生1700人。全市农村人员培训总量超62万人次，职工教育培训总量超过17万人。

【常熟中等专业学校被确定为“国家中等职业教育改革发展示范学校”】 10月28日，在《教育部办公厅、人力资源社会保障部办公厅、财政部办公厅关于公布“国家中等职业教育改革发展示范学校建设计划”第二批项目学校验收结果的通知》中，江苏省常熟中等专业学校被确定为“国家中等职业教育改革发展示范学校”。

【职校师生在各类大赛中获奖】 规范开展职业学校“五课教研”，推荐教师参加苏州市、江苏省的“两课评比”，有2人获评苏州市级示范课、8人获评苏州市级研究课，2人获评江苏省公共基础课“两课评比”研究课。在苏州市评优课、基本功比赛中，参赛教师获得一等奖1个、二等奖1个、三等奖2个，并有1人将代表苏州参加全国比赛。重视学生技能教学，学生在苏州市级技能大赛中共获得一等奖28个、二等奖53个、三等奖90个；在江苏省级技能大赛中共获得一等奖3个、二等奖11个、三等奖18个；在全国职业院校技能大赛中获得中职机电装调技术项目金牌2枚。在苏州市职业教育创新大赛中，师生参赛作品有3件获一等奖、9件获二等奖、6件获三等奖、6件获优秀奖，常熟中等专业学校荣获“2015年苏州市职业教育创新大赛团体优胜奖”。

社 会 教 育

【概况】 2015年，常熟市共有4374人报名参加成人高考。(其中高升专1714人，高升本374人，专升本2286人，申请免试88人，推荐考核233人，校企合作933人，退役士兵43人)。实际参考3077人(其中：高升本374人，高升专1028人，专升本1675人)，实考率为93.92%。自学考试全年报考人数2110人(含增考383)，新生761，老生1349(其中：上半年957人，新生293，老生664；下半年1153人，新生468，老生685)；全年报考本科(含增考)1349人，专科761人；全年报考课次(含增考)4713门(上半年2171门，下半年2542门)。全年参加计算机英语证书考试共有15828人，其中：全国计算机等级考试(NCRE)报名13545人(上半年6695，下半年6850)；全国英语等级考试(PETS)报名2283人(上半年1330人，下半年953人)。书法考试全年报名544人。教师资格报名(国考)647人。大学英语四六级全年报名20561人，其中上半年9396人，下半年11165人。

社区教育稳步提升，梅李镇申报创建江苏省级标准化社区教育中心，海虞镇、董浜镇申报创建苏州市学习型乡镇，碧溪镇、虞山镇申报创建苏州市级现代化老年大学，全市各镇创建成江苏省标准化居民学校11家。参加首届苏州市终身教育博览会展示，反映了常熟社区教育不断完善的阵地、丰富多彩的活动、内涵深厚的文化。10月29日，在苏州举行的2015年全民终身学习活动周全国总开幕式上，常熟市推送的励志女孩钱敏丹荣获2015年度“百姓学习之星”并登台领奖。

加强对社会办学管理，做好社会力量申请举办的各类幼托机构、学前儿童看护点、非学历教育机构的现场察看及资料审核、许可、备案等工作。全年共新批幼儿园3家、非学历教育机构颁证单位3家、公办(集体办)备案单位2家，备案学前儿童看护点3家。坚持开展日常巡查和年检工作，年内注销了3

家非学历教育机构，对81家通过年检的、1家暂缓通过的教育机构进行了网上公示。

师资建设

【概况】 2015年末，全市中小学（幼儿园）共有在编教职工10836人，专任教师9822人。全市幼儿园、小学、初中、高中专任教师的学历合格率均达100%，23名教师通过在职攻读取得硕士学位。研究生（含在读）比例初中4.8%、普高15.4%、职高19.2%；幼儿园、小学、初中本科学历比例本别达73.6%、76.4%、94.98%。全市骨干教师比例达34%。年内招录新教师202名，其中幼儿教师73名，小学教师78名，特殊教育教师3名，中学教师36名，职业学校教师12名，新招录教师中有7名硕士学历教师。年内，命名陶文亚等170名教师为常熟市第十八批学科带头人，居群丹等36名教师为常熟市第十二批学术带头人，洪莉等25名教师为常熟市第五批德育带头人，张恒等5名教师为常熟市第六批高级“双师型”教师，陆珂等4名教师为常熟市第一批教育技术应用带头人，蒋晓晨等304名教师为常熟市第十二批教学能手，张阳等40名教师为常熟市第六批德育能手，施燕等21名教师为常熟市第六批中级“双师型”教师，邵志晨等5名教师为常熟市第四批教育技术应用能手，钱玉珠等32名教师为常熟市第二批教科研能手。全市有8名教师获评苏州市名教师、名校长，28名教师上送参评苏州市中青年学科带头人，徐建文、钱建江、韩建光3名教师获评苏州市领军人才。

【成立第二批特级教师工作室】 10月23日，全市第二批特级教师工作室在常熟市中学举行授牌仪式，分别是马宁、钱建江、徐建文、周俊、张忆雯特级教师工作室，学科涉及中学历史、初中语文、小学数学、中学生命科学、职教机电等领域。至此，全市共有10家特级教师工作室，都是由江苏省特级教师领衔，吸纳同一学科领域优秀中青年教师而组成的教育人才培养基地，是教师培训基地有关职能的补充和延伸，也是培养全市优秀教师重要的发源地、优秀青年教师的集聚地和未来名教师的孵化地。

【规范教师人事管理工作】 2015年，出台《常熟市中小学中层干部管理办法》《关于独立建制公办幼儿园内设机构及干部配备的若干规定》，以岗位设置管理为推手，开展岗位管理的科学性、规范性、有效性探索。下发《关于教育系统女性具有高级职称的专业技术人员退休年龄问题的通知》，修改《教师交流工作意见》，提升人事工作的规范化、法制化水平。会同财政局联合制定《常熟市中小学教师培训经费管理办法》，规范、高效使用教师培训经费。

【教师全员网络化培训管理】 按照《〈江苏省教师培训学时认定和登记管理办法〉实施细则的通知》和常熟市教育局《关于做好2015年度教师和校长培训工作的通知》，对全市教师继续教育实行网络管理，各类培训均要在网上公布、网上报名、网上审核。全年参与市级以上培训教师达20005人次，其中国家级培训35人次、省级培训490人次、苏州级培训980人次、常熟市级培训（六大类42个子项目）18500人次。

2015年常熟市中小学教师职务、学历情况一览表

表42

教师类别	总人数	博士毕业	硕士毕业				本科毕业				专科毕业			中专（高中）及以下	
		其中	其中				其中				其中			其中	
		助理及以下	正高	副高	中级	助理及以下	正高	副高	中级	助理及以下	副高	中级	助理及以下	中级	助理及以下
高中教师（中职）	2229	1	2	132	164	27	4	663	840	354	2	21	16	3	0
初中教师	2643	0	0	54	70	8	0	710	1259	404	16	54	60	9	9
小学教师（幼儿园）	5330	0	0	11	31	7	0	189	2586	1270	2	720	277	188	49
校外机构	135	0	0	5	9	0	2	56	48	8	0	5	2	0	0
合　计	10334	1	2	181	252	40	6	1508	4682	2086	25	846	394	247	64

说明：1. 本表统计对象为2016年3月在册在职的中小学教师（其中2016年2月底前到达退休年龄，3月办理退休手续的人员不列入本表统计范围）；
2. 校外机构含：招办、考办、电教馆、教研室、教师发展中心等事业单位编制人员

（吕　东）

责任编辑　张　军

文化·新闻·出版

综　　述

【概况】 2015年，常熟市不断完善公共文化服务体系，推动乡镇综合性文化设施改扩建工程，加快图书馆总分馆体系建设，不断提升公共文化设施服务效能。按照均等化、广覆盖、高效能的要求，推进基层文化设施新一轮建设目标。支塘文化中心全新投用。海虞镇综合文化中心改建升级工作全面启动。碧溪新区聚合家园社区活动中心、梅李殷培华美术馆、支塘古砖雕石馆、锡壶艺术馆、碧溪非遗馆等特色场馆建成开放。辛庄张瑞麟收藏艺术馆在建。虞山镇北部新城文体活动中心已开始规划设计。实施“一二三”提升计划，调动社会力量，实践总分馆体系“图书馆＋”服务新模式，新建“望虞台”茶室图书流通点、西城楼阁“大石山房”图书流通点。推进24小时自助图书馆(图书驿站)建设，推出市图书馆自助借还服务和24小时自动还书服务，建成沿江开发区24小时自助图书馆，完成碧溪新区聚合家园、海虞海福新村、虞山镇莫城管理区等多家镇级24小时自助图书馆建设论证工作。继续推动做好公益性文化单位免费开放工作，不断提升公共文化服务效能。组织开展全市“十佳”公共文化服务品牌评选表彰活动，总结推广在全市公共文化建设中具有引领和示范价值的特色工作，在阵地活动、群文创作、团队建设、文化惠民活动、全民阅读等领域推出一批城乡公共文化服务品牌。全面推进城乡市民免费艺术培训、百姓讲堂、公益展览等各类公益服务。12月，常熟图书馆获“2015中国书业年度图书馆”称号。

7月21日，乡野寻天籁——原生态白茆山歌展演在常熟理工学院举行

文学艺术创作

【概况】 2015年，市文化广电新闻出版局(简称市文广新局)致力于文化艺术精品生产和展示，完成2015中国(常熟)江南文化节系列活动的组织实施，创排大型新编历史锡剧《侠医缪希雍》，推出系列精品展览，不断塑造城市精神，传承历史文脉。

【举办2015中国(常熟)江南文化节】 参见第57页〖2015中国(常熟)江南文化节暨沙家浜旅游节〗。

【举办第八届常熟市阅读节】 4月22日，启动第八届常熟市阅读节暨第四届“灵动碧溪”阅读节、第五届常熟市少儿阅读节，阅读节期间组织开展各类阅读活动230多项。9月21日，第八届常熟市阅读节闭幕式在虞山大戏院举行，常熟图书馆获全民阅读先进集体，常熟图书馆的“图书馆＋”总分馆服务创新模式获评全民阅读创新项目。

【组织举办2015常熟达人才艺秀】 组织举办全新群众文化活动“我的舞台我的梦”2015常熟达人才艺秀，以全民舞台秀的形式，推本土草根明星，圆百姓舞台梦想。活动历时7个月，经海选、晋级赛、PK赛、复活赛、半决赛和决赛共33场表演，充分体现公共文化“从群众中来，到群众中去”的特质，发掘大批“达人奇才”，为社会和谐营造了健康向上的文化氛围。

【常熟美术馆藏温肇桐文献资料研究展】 2015年，美术馆举办“文化部

2015年全国美术馆馆藏精品展出季·温文肇始——常熟美术馆藏温肇桐文献资料研究展”。此次展览是美术馆首次自主策划的大型文献资料展,从温肇桐的美术教育研究及办学实践、中国绘画史研究、中国绘画理论研究和艺术交友情况出发,呈现其人生轨迹,对温肇桐遗留手稿等文献资料进行整理研究。展览被入选全国美术馆馆藏精品展出季项目。

【推动群众文艺创作】 积极推动群众文艺原创作品创作生产。组织举办2015年常熟市群文创作座谈会,按音乐、舞蹈、戏曲曲艺等三大门类,邀请省、苏州级专家来常专题座谈、题材论证及作品改稿,梳理明确全市群文创作重点。锡剧小戏《蟹王招亲》、女声小组唱《亲亲常熟话》、古琴协奏曲《红豆的江南》、舞蹈《一方田》、少儿舞蹈《亲亲芦苇荡》5个作品成功入选苏州市优秀群众文艺作品重点项目。组织举办2015年常熟市群众文艺原创作品会演暨首届苏州市“繁星奖”预选赛。

【加强品牌团队建设】 全力扶持文化馆江南云水合唱团等重点团队。组织江南云水合唱团参与《正义之声》苏州市纪念中国人民抗日战争暨世界反法西斯战争胜利70周年大型主题群众歌会、“中国梦、家国情”第二届书香古里诗赋朗诵会等大型活动。在常熟保利大剧院举行“最美和声,唱响常熟”江南云水合唱团合唱专场音乐会。参加澳门国际合唱联盟亚太世界合唱博览会合唱比赛获成人混声组金奖。

【市书画院书画家获多项荣誉】 书画院书法家秦健作品获全国第二届手卷书法作品展最高奖优秀作品奖。画家吴卫星作品入选中国油画学会、江苏省文化厅、苏州市人民政府联合主办的“江南如画——中国油画作品展(2015)”。经中国书法家协会组织专家严格遴选,书法家寇忠理入选“国学修养与书法·第二届全国青年书法创作骨干高研班”。画家钱学军作品入展江苏省文化厅、江苏省国画院主办的“傅抱石双年展·2015江苏中国画作品展”和中国美术家协会主办的“2015古蜀文脉·墨韵天府——全国中国画作品展”。

【组织纪念抗日战争暨世界反法西斯战争胜利70周年系列活动】 《朝霞映在阳澄湖上——常熟美术馆/庞薰琹美术馆藏美术作品展》《东进·东进——抗战中的新四军》两个馆藏精品展分别于8月和9月在常熟美术馆开展。8月,图书馆大厅举办《纪念中国人民抗日战争胜利70周年常熟书法展》。60多位书协会员和政法系统书法爱好者参展。5月、11月,图书馆市民课堂举行《从抗战邮票说起》《常熟人民的抗战故事》讲座。组织“纪念抗日战争胜利70周年文物图片巡回展”在常熟博物馆、常熟档案馆、沙家浜革命历史纪念馆、梅李历史文化博物馆巡展。

文化出版事业

【概况】 2015年,市文广新局编辑出版系列地方文化典籍,维护出版市场秩序,加大版权法规宣传,加强版权申报工作,致力于常熟文化出版事业发展完善。

【出版系列地方文化典籍】 2015年,常熟市加强地方文献的研究整理,推出系列常熟文化典籍,对《常熟国家历史文化名城词典》进行阶段性修订完善,编辑出版《常熟国家历史文化名城辞典》。注重体现常熟历史文化特色,收集城市建设成果,反映文化遗产全面状况和常熟历史变迁发展轨迹。《中国常熟宝卷》编撰工程自2013年开始,2014年编撰、审稿,2015年经终审完成结集出版。4月,非遗丛书《浒浦花鼓》编辑出版并举办首发暨研讨活动。该书详细介绍了浒浦花鼓孕育诞生的环境脉络、历史渊源、角色分工、动作分解、曲调、唱词、代表性传承人以及作为民间舞蹈类项目在当代环境的传承与发展,对浒浦港地区包括浒浦花鼓、童子开刀和浒浦渔民号子等在内的代表性非物质文化遗产进行梳理,为了解研究民间舞蹈和港口民俗文化提供有益资料。由文广新局编辑的《常熟古桥》《常熟街巷》《常熟闲话》等,于2015年正式出版。

【出版“百年常图”丛书】 9月,“中国图书馆事业建设与发展高层论坛”在常熟图书馆开幕。论坛以“历史与未来”为主题,全面回顾中国图书馆事业建设与发展的历程,深入探讨未来公共图书馆走向。开幕式上,“百年常图”丛书首发。该丛书包括《常熟图书馆志》《常熟图书馆史》《常熟藏书史》。《常熟藏书史》以时为纲,对常熟藏书进行全面梳理,是一部系统研究常熟藏书文化的理论专著。《常熟图书馆志》和《常熟图书馆史》总结了常熟图书馆百年历程,为建设、宣传“书香常熟”提供依据。

【完成新闻出版行业年检、换证和企业申报工作】 2015上半年,改进手段、压缩期限,完成全市221家出版

9月20日,中国图书馆事业建设与发展高层论坛在常熟图书馆举行

物发行单位年度审验和392家印刷企业年审。对通过年检的经营单位重新分类造册、登记，统计分析各项数据，了解行业发展动态，规范出版物市场，促进印刷业发展。与未参加年检企业进行沟通，按要求及时办理注销手续，落实市场准入退出机制。全年为5家台资企业申请《印刷许可证》，为6家内资包装装潢印刷企业申办《印刷经营许可证》，为2家复印打印店办理证照，为16家印刷企业办理变更法人、经营地址等手续，新办理出版物经营单位（书报刊、音像店）21家。

【加强内部资料和报刊发行管理】 排摸全市各机关、企事业单位内部资料出版发行情况，宣传内部资料发行有关法律法规和各项制度。全年新申办《书香常熟》《常熟工人》《沙家浜》等一次性内部资料33家，《琴川论丛》等连续性内部资料32家。

【加强版权申报工作】 向苏州市版权局申报童装市场为苏州市级正版正货市场，梦兰集团、江苏天堂卡通为苏州市版权示范单位，申报第三批企业使用正版化软件示范单位15家，并要求企业列出软件清单，购买正版软件。申报版权重点企业5家。申报评弹微电影《千里寻宝》等14件作品角逐苏州市优秀版权奖。全年共向省版权局申报近1000件作品版权登记，推进全市版权工作。加强著作权管理，全年依法收缴非法出版物513件。

文化遗产保护

【概况】 2015年，全市文化遗产保护工作坚持保护、传承、发扬原则稳步推进。文庙主体工程竣工，文物保护工程全面实施，第一次全国可移动文物普查高效推进，“非遗”保护进一步加强。

【文庙维修主体工程完成】 大成殿、崇圣殿、崇圣门、仪门以及室外市政工程等的文庙中、东轴线工程全面竣工。为保护文庙现场发现的文物，实施了老地坪保护工程和文庙碑刻保护工程。完成文庙尊经阁、明伦堂等西轴线主体建筑。文庙布展工作全面展开。

【全面实施文物保护工程】 启动严讷宅和太平巷明厅保护工程，完成太平巷明厅彩绘保护。完成印应雷墓墓道考古勘探，编写《常熟建华村印应雷墓神道考古调查、勘探报告》，实施维修工程。完成对市级保护单位引线街沈宅、程家桥、抗日自卫会旧址、屈成霖宅后堂楼、福山南街赵宅的修缮，对永济桥进行加固。对全市22处古墓葬安装监控系统，接入公安监控系统，加大对古墓葬保护力度。

【完善文物保护体系】 全面完成第三次全国不可移动文物普查登记文物保存状况核查并上报省局。完成国保单位国家平台信息登录。完成燕园保护展示工程、聚沙塔保护规划、燕园保护规划、博物馆纸质修复等项目向国家文物局申报预算。完成博物馆陈列展览提升工程项目立项、经费补助申请，并成功列入江苏省文物保护专项。《綵衣堂保护规划》报请省人民政府公布。联合公安、消防和文化行政执法大队对全市范围内的文保单位进行安全检查，督促责任单位整改。

【推进第一次全国可移动文物普查】 完成第一次全国可移动文物普查常熟理工学院、市图书馆信息采集录入。完成第一次全国可移动文物普查数据审核。协助“吴珍撷萃——苏州市第一次全国可移动文物普查成果精品展”举办。

【开展文物保护宣传】 组织开展“5·18国际博物馆日”活动。开展“第十个中国文化遗产日”系列活动，正式组建常熟市文物保护志愿者队伍，开展文物保护标志牌清理保护行动。在《常熟日报》专版介绍“国际博物馆日”和“文化遗产日”活动，宣传新公布的《博物馆条例》。举办“第四届常熟状元文化节”，加大文保单位宣传力度。

（罗文青）

常 熟 日 报

【概况】 2015年，常熟日报社发挥主流媒体优势，着力推进媒体融合发展，成功运行全媒体采编系统，构建全媒体采编体制机制，办报与经营各项工作实现稳步发展。《常熟日报》社获“2015常熟全民阅读先进集体”和“2015传媒中国年度十大影响力区县报”称号。

【开展重点工作系列报道活动】 开设《贯彻落实市委扩大会议精神》《转变职能服务发展有实招》《民生实事进行时》《行业龙头企业专题报道》等专栏53组，为建设效率常熟、幸福常熟、美丽常熟营造良好的舆论氛围。在年初政府实事工程确定后，及时开展跟踪报道，开设《2014民生实事巡礼》专栏，报道政府重点民生实事完成情况。开设《转变职能服务发展有实招》专栏，采访重点政府部门负责人谈工作举措，推动各地各部门转变工作作风，提高工作实效。

【深入开展“走转改”】 组织采编人员深入开展“走转改”活动，在各新闻版刊登《走基层·深度调查》《走基层·现场见闻》《走基层·记者手记》《走基层·民生面对面》等专栏，2015年“走转改”报道刊发300多篇。联合虞山镇重点推出《常熟日报》记者挂职社区蹲点行动，实行一个月、一个记者蹲点一个社区的方式，实现采访重心下沉、新闻一线捕捉，帮助反映基层工作、解决实际难题。全年刊发《蹲点日记》75篇。

【开展大型新闻行动“走进沙家浜”】 2月至11月，常熟日报社联合沙家浜镇党委、政府开展“走进沙家浜”大型新闻行动，11名记者深入沙家浜镇的每一个角落，深入挖掘沙家浜的历史文化、革命传统和当地奋发进取的精神，以报道传承文化、激励斗志、开拓进取。此次新闻行动分6个篇章，分别为革命历史篇、生态环境篇、旅游发展篇、民俗文化篇、经济特色篇、文明新风篇，发表28篇稿件，共计4.2万字。

【开展争创双拥四连冠宣传】 配合全市争创双拥四连冠模范城市，开设专栏《争创双拥四连冠》，发稿14篇，精心组织、策划双拥典型报道30多篇，刊登双拥公益广告7个/次，其中《做进藏兵儿子的坚强后盾》《老兵新兵都是水乡的子弟兵》《赤子拳拳守边疆》等报道，

1月，常熟日报社开展“暖冬行动”，向全市困难家庭送上油、米等生活必需品，帮助他们温暖过冬

引发读者好评。

【创新推进媒体融合发展】 2015年，报社全媒体架构已经基本形成，包括《常熟日报》纸质报、《常熟日报》数字报、《常熟日报》数字报手机客户端（APP）、常熟新闻网、常熟日报“生活家”微信、“常熟在线”手机客户端（APP）、“常熟民情在线”（包括手机触屏版）、户外电子阅报栏等传播终端。常熟新闻网改版升级，实现频道扩容，功能提升。视频访谈演播室正式启用，可在网络进行同步直播，上半年完成两会代表委员专题访问策划、录制和节目上线。成立信息发布和政策解读机制领导小组，在常熟新闻网开设“网上发布厅”。

【培育文化产业】 2015年，报社依托古吴轩常熟办事处，加大“常报传媒”文化精品推出，推出一批高质量、群众喜爱的文化图书，已编辑出版《碧溪之路新征程》《民国报纸——记忆常熟》《浒浦花鼓》《常熟史话》《康庄散记》《仲雍》《言子》《缘来常熟》《温文肇始》《中国常熟宝卷》等书籍10部。 （刘颖奕）

广播电视

【概况】 2015年，常熟市广电总台组织策划专题（系列）报道20多个，举办社会活动60多场。创优作品获省级奖9项、苏州市级奖59项，获奖数量质量名列苏州各县市前茅。年内，总台被评为“2014—2015中国品牌媒体百强县区电视台品牌10强”，荣获2012～2014年度苏州市文明单位。《午间风》节目在县级广播中唯一获评全国广播电视栏目“民生热线类10强”。

舆论引导积极有为 采制播出“三严三实”专题教育、苏州市委书记石泰峰到常熟蹲点调研、市委书记惠建林当选全国优秀县委书记等重点报道。在“走基层中”讲好常熟故事，开展“深入生活、扎根人民”主题实践活动，举办“行进中国·常熟故事”走转改大型主题采访活动，推出“走基层·看发展”“走基层·驻村一日”新闻行动。组织“纪念抗战胜利70周年”主题宣传，推出五集大型纪录片《抗战组歌》。开设“贯彻落实市委扩大会议精神”“践行社会主义核心价值观”“争创双拥模范城四连冠”等专题，“两会”报道实现会场内外联动，开辟“代表听民声”“委员走基层”“对话代表委员”专栏。做好“新常态、新作为”“科技创新、引领未来”系列报道，推出“构筑常熟新优势”“推进工业转型升级”“四信之光耀名企”等专题。关注民生，开设“常广新闻追民生”“民生实事看落实”“民生实事面对面”等专题。

创新节目改版栏目 加强与听众互动，交通广播《快乐加油站》推出子栏目《惊喜来了》，采用主持人双档推介的形式并即时在节目中与听友互动，结合新媒体推送，组织限时大放送、限量团购、免费组团体验、爱心义卖义拍等形式的线下活动；《时尚车韵》推出子栏目《购车路路通》，由专家采取三方通话等形式作为听友选车、买车智囊团，听众也可通过网络投票选定行家出谋划策。音乐广播《我们结婚吧》栏目更名为《幸福365》，开设服务性子栏目《幸福家居》。电视城市生活频道改版为城镇财经频道，开设主打新闻栏目《常熟城镇联播》，推出服务性栏目《企业视窗》《大家都来嘿》；民生经济频道《春来茶馆》推出新版块“闲话常熟”，增设“生活情报站”小版块。尝试自办电视直销，推出“天天特价”“天天房展会”子栏目，在相关频道播出，同时开设实体体验店。

承办宣教公益活动 承办江南文化节暨沙家浜旅游节系列活动——第八届中国旅游电视周、江苏省道德模范与身边好人现场交流活动暨常熟市道德模范颁奖典礼、2015‘黄玫瑰之夜圣诞晚会暨常熟之友授予仪式、常熟市“最美家庭”“最美媳妇”颁奖、市劳模事迹巡回宣讲暨表彰大会，首届常熟法治微电影大赛、安全生产影视公益广告大赛，“见证30年”常熟服装城建城30周年系列活动之访谈专场、“情系口岸、心牵江河”大型电视现场访谈等。策划“常广年度新闻人物”“广播电视进社区”“为文明加油”“交通安全进校园”等社会活动，组织“我为环保代言——常熟微声音公益行动”“慈善救急难”“公益家装在行动”“情缘尚湖相亲会”等公益活动。

打造品牌服务社会 打造活动品牌，服务群众生活，举办第二届广场舞大赛、新声代主持朗诵新秀赛、常熟星舞蹈大赛、智慧驾校文明驾车比赛、首届家居建材博览会、苏作红木精品博览会、春季房展会、汽车文化周、少儿用品嘉年华、采摘节、电动车节、农副食品·酒水展销会和服装、鞋类、箱包特卖会等。广电艺术团培训中心拓展成人陶艺、插花、芭蕾形体、民族舞等课程，江苏唯一的中广协青少儿播音主持艺术考级中心落户总台。《缘来常熟》英文版及中文2015版首发。

加强对外宣传 年内，常熟市广电总台向中央人民广播电台、江苏广播电台发稿460多条，其中录音带响报道占60%，《打造绿色金融生态环境的县委书记——惠建林》等近30条次稿件含整体新闻策划被中央人民广播电台录用，获得"2015年度向省台发稿优秀单位"荣誉；电视外发新闻央视用稿8条、省台用稿377条，，其中"惠建林：当好县域经济改革排头兵"在央视新闻联播中播出，"资本源动力投行们在干什么？""第十六届中国江苏（常熟）服博会举行"等在央视新闻节目播出。专题片被黄河台、江苏台国际频道录用专题片12部，获"2015年度江苏电视新闻繁荣奖"。

广电全媒体融合 市广电总台加快新媒体建设，先后建立公众微信13个，构成覆盖粉丝超10万的微信矩阵。推出"i常熟"手机APP，设置市内医院专家门诊预约挂号、路况查询、公共自行车、停车泊位管理、公交车查询等便民服务。推出常熟发布——"i常熟"城市公众微信平台，推送1300条内容，总阅读量200万次，其中40条阅读量过万，最高阅读量近9万次，平台粉丝量达1.3万人，在苏州发布类微信中名列前茅。广播微官网及3套频率微信平台开发完成，粉丝数达4.87万多人，图文阅读数月均60万次，互动数月均2.7万次。交通广播、新闻广播、八点电视吧等微信多次进入苏州微信排行榜（区县媒体篇）前十名。新闻节目内容既在广播电视媒体上发布，同时通过微信平台、公交移动电视、世纪常熟网站发布，形成广电全媒体融合的格局。《常熟广电全媒体融合服务平台项目》获2015年度省级现代服务业（文化产业）发展专项引导资金项目补助80万元。

事业建设得到加强 完成常熟广播电视网台分离的评估审计工作，人员、资产平稳交接，与江苏省广电有线信息网络股份有限公司签订《网络整合备忘录》。广播电视发射塔重建工程招标确定中广电广播电影电视设计研究院为设计中标单位。电视高清新闻非编网建成投用。强化安播运行管理，排查整改故障隐患，组织消防安全应急演练，实现全国两会、重大节日等重要保障期广播电视安全播出无事故。技术创优荣获省电视技术质量奖（金帆奖）二、三等奖各1件，获省广播电视科技创新奖二等奖1件、三等奖2件。

【政风行风热线首次走进村（社区）】 市广电总台以"倾听您的声音，优化我的服务"为主题，开展第二轮"政风行风热线基层行"活动，以走进镇、村（社区）的方式，直面群众、采言纳谏、改进服务。全年43个政府部门走进新闻广播直播室，与听众开展直接交流沟通。4月起，政风行风热线直播活动进一步向村（社区）延伸拓展，在虞山镇、支塘镇、董浜镇、尚湖镇、碧溪新区等地举办"基层行"活动6场，鼓励基层同志在田间地头与群众代表面对面、心贴心叙家话、聊村事，邀请近800人次参与现场问政，梳理收集问题近700条，其中绝大多数得到妥善回应和解决。7月，活动首次走进沙家浜镇芦荡村，同时全镇13个村（社区）每月举办"春来月谈"活动，从问政到说事，问政活动实现理念和形式的转变。

【城镇财经频道开播】 1月1日，城镇财经频道正式开播，频道推出主打新闻节目《常熟城镇联播》，周一到周五每晚六点首播，时长18分钟，设有"城镇头条""常熟表情""三婶娘说事"等固定小版块。《常熟城镇联播》主要报道内容为各镇场经济社会发展，镇村重大民生项目、实事工程建设进展，有关惠民利民政策、信息的解读等。节目贴近基层需要，紧扣城镇热点，播发各类图像新闻、图片新闻2500多条次，围绕各镇场经济建设、农业生产、社会民生等方面推出了一系列新闻报道，成为各镇场向全市人民展示经济社会发展最新进展的一个重要平台。

【广电视听研究工作室成立】 3月30日，广电视听研究工作室正式揭牌成立。广电视听研究工作室由常熟市广播电视学会会长谭宗琪负责主持。广电视听研究工作室将通过培训、座谈等形式，向年轻记者传授新闻采编实务技巧，探索新媒体时代广电编辑记者的创新平台。

【《午间风》获全国广播电视栏目"民生热线类10强"】 4月8日，由中国广播电视协会（现更名为"中国广播电影电视社会组织联合会"）主办的"第三届全国广播电视民生影响力调查成果"在九江发布。常熟市广电总台新闻广播《午间风》节目获全国广播电视栏目"民生热线类10强"，《午间风》是本次评选获奖唯一的县市级广播栏目。本次评比历时一年，涉及全国1200多个广播电视频率和频道、5000多个广播电视栏目。经过社会调查、数据分析、专家评价，最后综合考评，得出获奖结

电波架桥梁

果。调研活动以专业机构提供的调查数据为基础，充分体现专业性、权威性和偏重受众市场反馈等特点，该奖项是中国广播电视协会最重要的奖项之一，在全国广播电视系统具有很大反响。

【《民声汇》实现常态化播出】 4月26日，2015年首期《民声汇》节目——“95％的物业费收缴率是如何炼成的?”在新闻综合频道播出。此后，《民声汇》节目实现月播、常态化运作，首播时间固定在每月最后一周的周日18点30分，节目时长为30分钟。话题涉及“无证无照经营”“治水”“物业费收缴”“河道整治”“养老”“路怒”“医患关系”“PM2.5”等方面，12月播出年终特别节目“市长听您说”。《民声汇》节目首开行业先河，政府用服务外包的形式，让媒体搭建面向全体市民的沟通平台；采用“圆桌会”形式，让党政领导和社会各界人士平等对话；运用微信、微博、网站等新媒体实现话题、嘉宾征集和全天候互动交流。截至年底，有20多位政府部门相关负责人走进《民声汇》节目，共征集讨论话题、观众意见建议500多条次。

【《天天特价》栏目开播】 5月1日，市广电总台经济类栏目《天天特价》开播。栏目组精挑日常用品、中老年用品、酒类饮料、电动自行车、红木家具、住宅商品房等包含本地自产自营，以及外地专业电视购物公司商品进行销售。除在电视频道中播出外，还在“百事通”微信公众号、“世纪常熟”网站、移动公交电视等同步发布节目视频和购物信息，组织线上线下优购活动。同时，开设实体体验店一家，客户既可电话订购，也可到店选购商品。

【《春来茶馆》开设“闲话常熟话”】 5月5日，民生经济频道《春来茶馆》开设“闲话常熟话”子栏目，对常熟方言有研究的两位文史专家袁文龙、梁中立走进节目，同时由动漫公司创作原创动画。节目每周二、周四播出，每期6分钟左右。“闲话常熟话”系统地展示常熟话的脉络，挖掘常熟话的历史文化和其背后的生动故事。为让更多的观众看到节目，栏目组采用“互联网＋”的策略，在栏目微信公众平台上推送，同时节目上传优酷、腾讯等视频网站。

【《援医圭亚那》获中国纪录片国际选片会奖项】 6月26日，由中国广播电视协会纪录片委员会主办的第十届“中国纪录片国际选片会”创优评析活动在湖北襄阳举行。市广电总台纪录片工作室摄制的纪录片《援医圭亚那》在700多部参评作品中脱颖而出，获得“中国纪录片国际选片会”(社会类)二等奖。

【江苏省青少儿播音主持艺术考级中心落户常熟】 9月18日，中国电视艺术家协会江苏省青少儿播音主持艺术考级中心在常熟市广电总台揭牌成立。中国文联副主席、中国电视艺术家协会主席赵化勇、中国电视艺术家协会党组书记张显等出席揭牌仪式。考级中心由中国电视艺术家协会、中视协全国青少儿播音主持艺术考级办公室设立，是中视协在全国县级市第一个授牌、也是江苏唯一的青少儿播音主持艺术考级认证的专业机构，旨在全面推广普通话，挖掘青少儿艺术潜力，提高综合文化素质。符合报考条件的青少年和儿童，将可参加中视协相应级别的语言艺术等级考试。

【5集纪录片《抗战组歌》】 9月28日，由市广电总台历时两年策划并组织摄制的5集大型纪录片《抗战组歌》举行展映式。5集纪录片《抗战组歌》选取《义勇军进行曲》《大刀进行曲》《松花江上》《游击队歌》和《黄河大合唱》这5支具有代表性的歌曲作为拍摄主题，展现了这些歌曲在当时的时代背景下诞生、传唱，并激励全国军民投身民族救亡的难忘历程。

【常熟市获“2014—2015中国品牌媒体百强县区电视台品牌10强”】 11月21日，第八届中国品牌媒体高峰论坛在贵州省铜仁市举行，全国240余家报社、广播电视、网站等媒体机构负责人参会。主办方对中国品牌媒体百强进行表彰，常熟市广电总台获“2014—2015中国品牌媒体百强县区电视台品牌10强”。中国品牌媒体高峰论坛由中国人民大学、复旦、北大、清华等10所国内大学的新闻学院联合主办，是国内唯一汇聚报刊、广播、电视、网络、广告、新媒体等主流媒体品牌精英、品牌专家及品牌企业，进行探讨研究并促成合作的权威专业平台。

（俞　纲）

责任编辑　虞　柳

卫生·医疗

综　述

【概况】　2015年，常熟市有卫生技术人员8569人，千人医生数达2.36人(常住人口)，千人护士数2.15人(常住人口)。全市医疗机构总床位7346张，千人床位数4.86张(常住人口)。全市医疗服务门急诊总数达12735722人次，出院总数达250339人次，分别同比增长6.5%和3.6%。2015年平均期望寿命82.42岁，比2014年增加0.05岁，其中男性平均期望寿命80.22岁，女性平均期望寿命84.49岁。2015年常熟市出生率6.8‰，死亡率8.07‰，自然增长率-1.26‰。

医药卫生体制改革　推进医联体建设和慢病患者下沉社区管理，有效缓解就医配药难等突出问题。启动编制《常熟市“十三五”区域卫生计生规划》和《常熟市深化医药卫生体制改革2016～2020年实施方案》。12月1日起，对接省和苏州公立医院医药价格综合政策，出台医疗服务价格调整相关方案。实施行政执法体制改革，将23项卫生监督行政处罚权下放给镇域综合执法局，将打击非法行医、公共场所卫生监管等职责下放到各镇(街道)。制订下发了《2015年度卫生计生系统事业单位绩效考核办法》和《2015年度卫生计生系统事业单位奖励性绩效工资考核分配办法》。完善基本药物制度，全市基本药物采购总金额4.13亿元(同比增长12.23%)，二级及以上医疗机构2.22亿元(同比增长12.69%)，基层医疗机构采购金额1.91亿元(同比增长7.31%)。为满足基层患者实际用药需求，按照文件规定全市基层医疗机构合理扩大基层药品配备使用范围，优化用药品规与结构比例，27家基层医疗卫生机构共计申报250种目录外药品，采购金额1939.2万元。

医疗卫生信息化建设　基于区域平台的基层医疗、公共卫生、区域检验等系统运行平稳，居民电子健康档案动态更新，数据中心、卫生信息交换共享平台运转正常，区域平台数据集成与业务协同取得阶段性成果，实现与苏州区域平台及“智慧常熟”信息资源库的数据对接，全市人口健康信息化服务体系基本建成。制订《常熟市智慧健康信息惠民项目实施方案》，实施智慧健康信息惠民项目，全市4家市级医院和30家乡镇卫生院(社区卫生服务中心)全部实现网上预约服务，市级医院自助机数量已达117套。完善“计划生育基层工作绩效系统”，展示9大项29小项国家调研内容，受到国家卫计委肯定。

卫生科研与人才建设　开展出生人口增长新趋势分析，预测常熟未来6年新增加出生人口情况，发布《常熟市实施单独两孩政策出生预测及其对策》报告。年内，1999名人事代理人员转为事业人员，120名事业单位占编劳动合同制人员转为事业在编人员。招聘录用硕士研究生23名、大专及本科生194人、社区卫技人员60名、2012级农村培养定向生25名，签约2015级定向培养大专、本科生30名。获评省级“333”培养2人、姑苏人才1人，评选卫生系统第三批学科带头人20名。科研管理工作有所突破。二院眼科获苏州市医学

1月23日，市卫生和计划生育委员会揭牌成立

重点学科称号。获2015年度省中医药局科技项目立项2项、苏州市“科教兴卫”青年项目立项5项、常熟市科技局医药卫生资助项目15项、常熟市卫计委重点项目15项、青年项目5项、指导项目29项；获2015年省医学新技术引进奖二等奖、省中医药科技进步奖三等奖、省首届预防医学科技奖三等奖、苏州市科技进步奖三等奖各1项，苏州市医学新技术引进奖一等奖、二等奖各1项。实行继续医学教育项目管理。确定苏州市级继续医学教育项目26个，常熟市级继续医学教育项目43个。建立和完善乡镇卫生院卫生技术骨干人员定期进修学习制度。推进规范化培训工作，第七批全科医师规范化培训40人，全科医师转岗培训20人。

卫生行业行风建设 抓好党风廉政建设和反腐纠风工作。制订《常熟市卫生局党委落实党风廉政建设党委主体责任监督检查和责任追究办法（试行）》，明确党委的主体责任。实行领导干部勤廉诚信量化管理和刚性监督，51名党政领导干部纳入勤廉预警管理。党员干部、重点岗位人员上岗前廉政教育谈话329人，重点岗位人员和领导分管重点工作的轮岗交流73人。开展药品动态预警监测，加强卫生耗材监管，违规用药扣奖3585人次109.73万元，1人停止处方权2个月，停止采购药品24个、医用耗材8个。督查乡村医生执业情况，注销违反管理条例的3名乡村医生执业资格。开展执行落实中央八项规定督查回头看活动，全系统“三公”经费较上年同期节约了47%。第三方满意度调查的综合满意度为92.9%，较上年上升1.52%。加强宣传工作，注重典型引领，举办首届常熟医德之星事迹报告会，组织全系统观看大型新编历史锡剧《侠医缪希雍》。

医政管理

【概况】 至2015年底，全市共有各级各类医疗卫生机构468家，其中三级医疗机构2家（市二院、中医院）、二级医疗机构6家（市一院、三院、五院、梅李人民医院、支塘人民医院、东南医院）、卫生机构7家（疾控、卫监、妇保、急救、血站、医学检验所、健康教育所）、社区卫生服务中心8家、卫生院20家、社区卫生服务站222个。执业登记注册民营医疗机构99家。

年内，完成执业（助理）医师新增注册9人、变更注册185人、注销6人。市血站迁建工程、中医院扩建工程先后投用。加强医疗质量长效监管，各质控中心提交10项质控情况报告或质控意见。组织全市300名卫技人员参加“三基”训练、考核，举办临床安全用药、基本药物合理使用、基层适宜急救技术等60多个市级再教育培训班。开展急诊补液、用血安全、血液透析等方面的护理、院感专项督查。继续实施计划供应临床用血工作，有效控制不合理临床用血，临床用血量（红细胞系列）持续下降，全面开展核酸检测工作。实施改善医疗服务行动计划。制定《进一步全面改善医疗服务行动计划实施方案》，准备用三年时间，通过不断改善诊疗环境、优化就医流程、改进服务方法、提高电子应用水平，努力让人民群众便捷就医、安全就医、有效就医、明白就医，让人民群众看病就医的感受明显改善。继续开展优质护理服务工程，学习并下发《护理优质服务评审细则》，开展了门急诊输液安全专项检查，专项检查和现场指导4家护理院。全年共接待、调查、调解医疗纠纷125起，437批次，结案111起，结案率90%，涉及赔偿金额637万元。加强对民营医疗机构的监管。门诊部以上的民营医疗机构全部纳入全市质控网络，并利用质控平台，加强日常监管。开展民营医院等级评定工作，2家医疗机构被评定为一级甲等。开展2015年医疗广告和互联网医疗保健信息发布专项整治行动，对查实的违法行为，依法进行行政处罚和计分管理。积极实施中医药能力提升工程，完成基层医疗机构中医科、中药房达标建设验收6家，累计完成达标建设19家。加强中医专科建设，市中医院肛肠科通过国家重点专科现场评估，市中医院心血管科、张桥卫生院中医皮肤科分别列入省中药局基层医疗机构县级中医特色专科（专病）、乡镇中医特色专科（专病）建设项目。全年接听120急救电话111640次，其中有效受理电话36543次，派出急救车23731次，比去年同期上升了3.8%；转运病人21120例，比年同期上升5.4%。

【市卫生和计划生育委员会组建成立】 1月23日，市卫生和计划生育委员会班子组建宣布会议暨揭牌仪式举办，“中国共产党常熟市卫生和计划生育委员会委员会”和“常熟市卫生和计划生育委员会”揭牌。根据上级有关机构职能调整精神，市委、市政府决定组建市卫生和计划生育委员会，将原市卫生局的职能职责、市人口和计划生育委员会的计划生育管理和服务职责整合到市卫生和计划生育委员会，将市人口和计划生育委员会的“研究拟定全市人口发展战略规划及人口政策”的职责划入市发展改革委员会，不再保留市卫生局、市人口和计划生育委员会。

【东南急救站投入运行】 2月10日，全市首个以民营医院为网络成员单位的“东南急救站”正式投入运行。该急救站承担起所属东南开发区、古里及唐市部分片区辖区的日常院前急救工作。全市医疗急救中心急救分站总数增至11个，网络医院急救站点增至8个，常熟市院前急救网络得到进一步完善。

【国家卫计委卫生发展研究中心到常熟调研】 8月23日，国家卫计委卫生发展研究中心到常熟进行“支付制度改革对基层医疗服务有效供给影响案例研究”项目现场调研。调研组一行12人分政策组、县医院组和乡村组三组，分别对市卫计委、市财政局、市农村合作医疗（居民基本医疗保险）管理中心、市第二人民医院和梅李人民医院的相关人员进行专题访谈。该项目是“未来卫生服务体系”项目的中国研究子项目，由“未来卫生体系研究联盟”在五个中低收入国家开展的第二期“有效的卫生服务供给”国别研究项目。

【国家卫计委科教司到常熟调研】 8月25日，国家卫计委科教司教育处调研员敬蜀青一行到常熟开展公立医院改革试点调研工作。调研组对市二院医院科教经费的充分保障以及开展各级各类临床技术给予了充分肯定，并对进一步技术推广、继续医学教育项目申报工作及时给予指导与建议。

【启动智慧健康信息惠民项目建设】 8月25日，市卫计委印发《常熟市智慧健康信息惠民项目实施方案》，启动智慧健康信息惠民项目建设。计划用两年的时间，全市基本建成互联互通、务实应用的智慧健康信息平台，重点支持医疗服务、公共卫生、综合管理等业务信息系统在不同层级上的数据交换、信息共享和业务协同，为构建全市人口健康信息化服务体系、方便居民获得优质高效的医疗卫生服务，提供有力的信息化支撑。

社区卫生服务

【概况】 2015年，东南街道社区卫生服务中心正式投用。虞山尚湖旅游度假区、服装城等社区卫生服务中心工程建设按照计划推进，并同步完成辖区内服务人群的基本医疗及公共卫生工作。推进以城区为重点的社区卫生服务站标准化建设工作，完成枫泾、五星、辛庄等7家社区卫生服务站新建及改扩建。开展各类示范创建，建成全国群众满意的乡镇卫生院2家、省示范村卫生室3家、省乡镇卫生院特色科室1家和苏州市基层医疗卫生机构特色科室4家、建设单位2家。

基层人才队伍建设 组织开展“手拉手—健康管理社区行”、基本药物合理使用等各类培训，全年受训人数累计达1147人次。组织全科医生、社区护士开展“三基”考核竞赛并参加苏州市决赛。开展创新项目评审，6家单位申报的6项创新项目列入卫计委资助项目，2家单位申报的3项创新项目列入卫计委指导项目。

完善基本药物制度 全年基本药物采购总金额4.13亿元，其中二级及以上医疗机构采购金额2.22亿元(包括城区社区卫生服务中心、梅李、支塘)，基层医疗机构采购金额1.91亿元。合理扩大基层药品配备使用范围，不断优化用药品种、类别与结构比例，27家基层医疗卫生机构共计申报250种目录外药品，采购金额1939.2万元。

推进基层签约服务 对辖区内310310名重点人群(65岁以上老年人、0～5岁儿童、65岁以下慢性病患者)开展签约服务，共签约248502人，重点人群签约达率80%。推进全科医生团队服务，全市共组建126支全科医生(健康管理)团队，团队服务覆盖率100%。

【社区卫生信息平台建设】 依托常熟区域平台，完善社区卫生信息化建设，构建市、镇、村三级的远程会诊网络，市一院与辛庄中心卫生院建立远程会诊中心、区域影像、区域心电等区域医疗信息化平台；全市5家乡镇卫生院在市三院支持下，建立医疗信息结算网络，定期到卫生院开设精神专科，实现了市级专科门诊下基层；实现全市各社区卫生服务站的职工医保和居民医保结算平台的整合，解决了以往社区卫生服务站(卫生室)医保结算繁琐的问题。全市社区卫生服务站在全部开通居民医保的基础上，97%以上已开通职工医保结算，基本实现了医保结算网点的广覆盖。

【省内率先实施慢病患者下沉社区管理项目】 10月1日起，常熟市率先在省内实施慢病患者下沉社区管理项目，制订实施方案和具体工作要求，明确符合一定条件的高血压、糖尿病患者在31个镇卫生院(社区卫生服务中心)和58个城市符合条件的社区卫生服务服务站获得慢病长处方配药、社区签约服务和预约转诊等服务。截至年底，共接诊慢病患者15.74万人次，开具长处方7.3万人次。

【开展农村(社区)卫生工作创新项目立项评审】 10月15日，市卫计委召开全市农村(社区)卫生工作创新项目立项评审会，通过专家组的评定，《糖尿病足筛查在基层医疗机构的应用实践》等6个项目列入市卫计委资助项目，《糖医工作站微信公共平台在社区糖尿病防治中的应用》等3个项目列入市卫计委指导项目。农村(社区)卫生工作创新项目自2011年开展以来，旨在农村(社区)卫生管理能力和公共卫生服务水平，探索农村(社区)卫生服务新模式。

【“江苏省示范村卫生室”创建通过复核评估】 11月25日至26日，省级示范村卫生室复评专家对常熟2015年申报的沙家浜镇唐市社区卫生服务站、虞山尚湖旅游度假区建华社区卫生服务站和梅李镇胜法村卫生室3家省示范村卫生室进行现场考核和复评验收。3家卫生室都顺利通过验收。

【东南街道社区卫生服务中心启用】 12月16日，常熟市东南街道社区卫生服务中心正式启用。该中心位于东南街道金麟路东渔村委会东侧，总建筑面积6633平方米，下辖4个行政村、1个社区，常住人口8万人。中心自2014年6月开始动工建设至2015年9月底全部完工，总投资达2000万元。中心有工作人员28名，开设全科诊疗科、预防保健科、妇产科(计划生育专业)、中医骨伤科、医学影像科(B超、心电、X线诊断专业)、检验科、药剂科等医技科室。

卫 生 监 督

【概况】 2015年是卫生监督机构实施改革的重要一年，全年全市出动卫生监督执法人员15282人次，检查各类生产经营单位9516户次。实施行政处罚33起，罚款7.49万元；受理投诉举报291起，处理率100%。发放餐饮服务许可证868份、餐饮服务准入意见书23份、公共场所卫生许可证301份、放射卫生许可证16份；发放从业人员卫生知识培训合格证明41849份。

【全面实施卫生监督机构改革】 根据常熟市人民政府办公室《市卫生监督所人员及编制划转事宜专题会议纪要》(纪要〔2015〕31号)精神，4月29日，市政府办公室召开全市卫生监督相关职责调整会议，对市卫生监督所承担的工作职能进行调整。将原承担的餐饮服务食品安全监管职责划交常熟市市场监督管理局。同时,结合市政府关于在全市镇域开展综合执法试点工作的要求,将承担的公共场所卫生监管、打击非法行医、学校卫生(传染病防治及饮用水卫生)监管、公共卫生投诉举报查处职责下放到各镇(街道),划转在职人员52人,6月1日前划转到位。9月9日,市政府召开会议调整卫生监督相关职责,将原下放到各镇(街道)的学校卫生(传染病防治及饮用水卫生)监管职能调整回到市卫生监督所,并划转4名工作人员。10月22日,市政府再次召开会议调整卫生监督相关工作职能,明确将公共场所卫生监管、打击非法行医、学校卫生(传染病防治及饮用水卫生)监管、公共卫生投诉举报查处职责下放到各镇(街道)。虞山镇、服装城、尚湖度假区区域内的卫生监督职责继续由市卫生监督所承担,同时从原划转人员中调整划转20名人员回卫生监督所工作,其中10人下派进驻各镇综合执法局。11月15日相关人员已全部划转到市卫生监督所。

【参加《全国卫生监督调查制度》修订研讨会】 4月14日至15日,国家卫计委卫生和计划生育监督中心组织的《全国卫生监督调查制度》修订研讨会在北京远望楼宾馆召开,常熟市卫生监督所选派调查制度修订小组10名主要成员参加本次会议。会上,市卫生监督所金建平所长向与会专家介绍了常熟修订小组前期所做的工作,并提出了调查制度修订的总体思路和方向。高建良分所长分专业汇报本次修订的情况,以业务技术的可行性为原则,系统介绍本次修订的具体内容,同时阐明了修订的出发点和依据。常熟市卫生监督所在全国卫生监督调查制度修订工作中所做的大量工作受到充分肯定。

疾病防控

【概况】 2015年,常熟市疾控中心完成10.67万名65周岁以上老年人健康管理工作,为14.88万名高血压患者、3.31万名糖尿病患者提供慢病规范化管理服务。建立电子健康档案129万多份。加强疫情的监测与报告。全年共报告甲、乙类传染病11种2305例,与2014年同比增长0.48%。开展儿童免疫规划工作,实施国家免疫规划疫苗接种397811剂次,接种率均达95%以上。开展艾滋病宣传教育工作,播放宣传片5475次,针对各类高危人群开展艾滋病监测,全市共检测164158人次,发现106例艾滋病病毒抗体阳性者。落实国家"四免一关怀"政策,为237例艾滋病病人和感染者免费提供抗病毒药物治疗。开展艾滋病行为干预工作,干预公共娱乐场所718场次3187人次、企业流动人口9188人次、男男性接触人员948人次。完成血吸虫病防治、地方病防治"十二五"规划的终期评估工作,并分别接受了省、苏州市的工作督导和复查。春季查螺面积313.2万平方米,未查到钉螺。晚期血吸虫病病人复查体检1202人、治疗求助114人次、发放救助款412006.89元。开展消除碘缺乏病现场评估,调查显示全市居民户碘盐覆盖率98.33%、合格碘盐食用率97.33%、碘盐合格率98.98%,继续保持达到消除碘缺乏标准。完成全市中小学校11万余名学生的健康监测工作和7647名三年级学生24122颗牙齿的窝沟封闭。完成城区从业人员预防性体检29309人,发放健康证明29255张;发放各乡镇健康证明22154张。推进健康城市建设。发放各种健康资料203.7万份;开展公众健康咨询476场次,接受咨询68327人次;组织健康知识讲座1574次,听众达53425人次。组织市民开展网上健康素养学习88085人次。

【完成常熟市2015年重点民生实事项目】 常熟将老年人体检和慢性病人管理作为全市2015年重点民生实事项目。市卫计委年初下发《常熟市2015—2016年老年人健康管理工作实施方案》,全年共完成老年人体检10.67万人,且录入区域卫生信息平台。同时广泛开展疾病筛查工作,开展高血压、糖尿病等慢性病的筛查工作。深入开展高血压、糖尿病病人的随访管理工作,并逐步实现信息化管理。全年共有14.88万名高血压患者、3.31万名糖尿病患者得到随访、健康指导、体检等健康管理服务。

【推广应用"预防接种证查验系统"】 市疾控中心与软件公司合作开发了"常熟市入托入学查验预防接种证系统",2014年已经在城区各小学、幼儿园先期投入使用,2015年开始在全市推广使用。该查验证系统通过将学校、托幼机构的学生基本信息与儿童预防接种信息系统的信息进行交互比对,可自动为学生建立预防接种记录账册,并判断是否存在疫苗漏种,同时对漏种对象

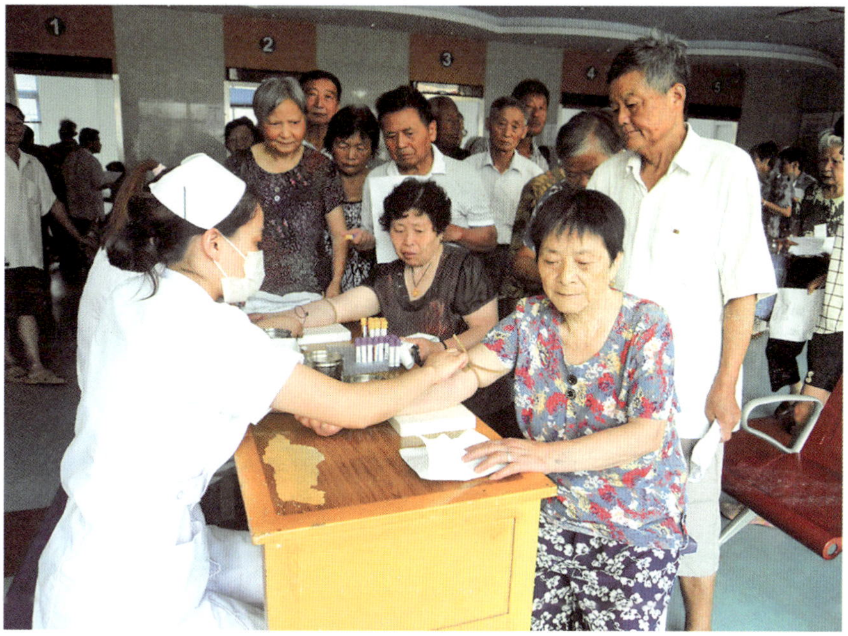

老年人健康体检

自动生成疫苗补种通知单。补种后的每一次记录能够及时更新，并形成相应的统计报表自动上报。该查验证系统的使用，改变以往须对每名学生的预防接种证上所记录的所有疫苗接种史进行逐项查验并人工记录的传统工作模式，充分运用信息化手段，通过学校、疾控中心之间数据共享和交互，快速、准确地完成预防接种证查验工作，不仅极大地减轻了校医、保健老师的工作负担，也使预防接种证查验工作质量有了质的飞跃，对全面提升常熟预防接种工作的整体水平具有重大意义。

【首次荣获省级预防医学科技奖】 由市疾控中心完成的科研项目《苏南农村地区(常熟市)代谢综合征防治关键技术研究》获江苏预防医学科技奖三等奖，这是全省县级疾控中心唯一获此殊荣的科研项目。

【参与第四次全国口腔健康流行病学抽样调查】 国家卫生计生委于2015年至2017年组织开展第四次全国口腔健康流行病学抽样调查。常熟被列为江苏省四个监测点之一首次参与调查，此次调查从11月17日开始，为期两周，抽取3家初中、3家幼儿园和3个社区，涉及5个年龄组的人口开展调查，实际调查1473人。

【心血管病高危人群早期筛查与综合干预项目启动】 11月17日下午，常熟市心血管病高危人群早期筛查与综合干预项目启动会在市卫计委召开，心血管病高危人群早期筛查与综合干预项目启动，该项目是财政部和国家卫生计生委批准设置“心血管病高危人群早期筛查与综合干预项目”试点专项。全市确定梅李镇、支塘镇和辛庄镇作为筛查点，预计对12000名居民了解筛查心血管病相关危险因素情况，评估心血管病风险等，了解高危个体的危险因素暴露情况及疾病特征，继而有针对性地开展强化综合干预措施。

卫生应急

【概况】 2015年，全市发生并上报Ⅳ级(一般)突发公共卫生事件2起，均无重症和死亡病例。完善卫生应急组织体系以及和相关部门的联防联控机制，提升卫生应急综合防控能力。调整市级卫生应急处置队伍，根据突发事件类别建立了24小时生命救援队伍。依托民防志愿者建立了一支50名队员组成的民间医疗救援队伍。年内，妥善处置达富电脑风疹疫情、同汇幼儿园诺如病毒食源性暴发疫情、浒浦高级中学学生肺结核聚集性疫情、人感染H7N9禽流感疫情等，成功应对尚湖镇湖庄村生活饮用水污染事件，有效处置聚集性疫情392起、食源性疾病23起。

【举办2015年常熟市急救技能竞赛】 9月23日，由市人力资源和社会保障局、市人才工作办公室、市总工会、市妇联、共青团市委联合主办，由市卫计委、市卫计委工会、市医学会承办的2015年常熟市急救技能竞赛开赛。有135名选手参加理论初赛，有20位选手进入操作技能竞赛的决赛。

妇幼保健

【概况】 2015年，全市婴儿死亡率为2.4‰，孕产妇死亡率为7.27/10万，全市母婴健康水平明显提高。全面实施出生缺陷干预工程。继续推进免费婚检工作，全年免费婚检12166人(6083对)，婚检率达96.74%，疾病检出率12.99%，婚前卫生指导率100%。全年为9838名计划怀孕人员开展了孕前优生健康检查，发现高风险人群922人。开展产前筛查，筛查13068例，筛查率95.46(13068/13690)，发现唐氏综合征患儿5例。全年共为7909对夫妇办理优生健康疾病险，投保率为96.18%，保险经费39.54万元，赔付33.67万元。推进妇女儿童基本公卫服务项目，孕产妇系统管理率为95.2%、保健管理率为99.5%。孕产妇建卡率为100%，住院分娩率为100%，产后访视率为90.66%；0～36个月龄儿童系统管理率为91.64%。实施婴幼儿健康促进工程，婴幼儿疾病早发现、早诊断、早治疗。全年完成足跟血筛查13590例，筛查率为98.78%，发现10例甲低患儿，1例苯丙酮尿症患儿；完成听力筛查13716例，筛查率99.69%，确诊听力障碍患儿73例。免费为2392名高危儿建立基础档案。

推进以“两癌筛查”为主的重大妇幼项目，提供妇女病普查服务166125人，完成宫颈癌筛查60917人、乳腺癌筛查45593人，完成率分别为243.67%、182.37%，发现宫颈癌25例、乳腺癌29例。继续做好妇女增补叶酸预防神经管缺陷项目，逐步将流动户籍孕产妇纳入服务对象，免费发放叶酸6843人，叶酸服用率100%。孕产妇住院分娩补助6525人326.25万元。实施预防艾滋病、梅毒和乙肝母婴传播项目，检测率达100%，发现梅毒孕产妇38名，进行规范化治疗，无发现先天梅毒新生儿，干预成效显著。严格落实孕14～28周内非选择性别人工终止妊娠的出证工作，完成申请引产审核130多人。落实长效避孕节育措施15189人，落实率达99.9%。依法开展《出生医学证明》的签发审核管理，共签发14490份，开展外省协查证件100多件，查处1例假出生信息，按有关程序上报上级部门处理。

【免费孕前优生健康检查项目获省级临床检验室间质量评价优秀】 8月18日，常熟市免费孕前优生健康检查项目在省卫计委组织的2015年第一次临床检验室间质量评价检查中取得优异成绩，被评为2015年第一次室间质评成绩优秀市。

【举办妇幼健康技能竞赛】 2015年，为迎接国家卫计委组织的妇幼健康技能竞赛，市卫生局、市人口和计划生育委员会、市总工会、市人力资源和社会保障局、市妇联、团市委六部门联合举办妇幼健康技能竞赛，竞赛设围产保健、儿童保健、妇女保健、计划生育技术服务4个项目。参赛对象为全市从事围产保健、妇女保健、计划生育技术和儿童保健的卫技人员。7月15日，各乡镇、市级综合医院同步启动初赛，8月1日完成操作技能市级复赛。徐倩等4位选手荣获一等奖，张红梅等8位选手荣获二等奖，李红等12位选手荣获三等奖，获一等奖的4位女选手同时被授予“常熟市五一劳动奖章”“常熟市技术能手”和“常熟市巾帼建功标兵”荣誉称号，其中徐倩同志还被授予“常熟市青年岗位能手”荣誉称号。

【实施婴幼儿健康工程】 2015年，全面实施婴幼儿健康工程，尤其是高危儿干预项目成效初显。各基层儿童保健门诊结合新生儿满月健康体检和婴幼儿定期健康体检对全市新生儿进行高危因素筛查及新生儿脑损伤筛查，具有高危因素的新生儿或脑损伤筛查未通过的婴儿转诊市妇幼保健所，对风险较高的高危儿建立“健康促进档案”，每月评估，并通过各种方式进行体能和智能方面的干预训练。对精神发育迟滞、大动作落后、疑似脑瘫儿童由儿童保健康复师进行康复训练。共为378名高危儿建立健康促进档案，开展评估4038人次，有25人接受康复训练。（顾 薇）

爱国卫生

【概况】 2015年，常熟市通过国家卫生城市复审，海虞镇、辛庄镇、古里镇、董浜镇、支塘镇、尚湖镇、沙家浜镇等7个国家卫生镇和虞山镇方浜村等208个省级卫生村顺利通过复审。“四害”（苍蝇、蚊子、蟑螂、老鼠）密度常年控制在国家标准范围内。全市农村无害化卫生户厕普及率达到99.8%。持续加强爱国卫生宣传，2015年4月是第27个全国爱国卫生月，围绕“全民参与爱国卫生，共建共享健康中国”主题，通过多种渠道和形式，宣传爱国卫生政策法规，普及卫生与健康知识，共制作发放系列宣传画6000幅、公益宣传袋2万只、折页等宣教资料10.6万份，绘制文化墙宣传画122幅，开展街头咨询18次，咨询人数3274人次，举办健康讲座138次，听众8170人次，播放健康素养影像资料42次，受众2286人次。

【国家卫生城市通过复审】 全市创建国家卫生城市指挥部办公室对照《国家卫生城市标准》，制定卫生城市复审迎检工作方案，将迎检任务细化为八个方面138项，分解落实到各责任部门和板块，有序开展迎检工作。针对问题和薄弱环节，大力开展专项整治。市四套班子领导多次带领有关部门开展专题督查。每天开展现场督查，累计下发问题整改点达4225个，各类问题得到有效解决。在全市上下的共同努力下，常熟市国家卫生城市创建成果得到有效巩固和提升，顺利通过复审。

【病媒生物防制】 全市城乡扎实开展病媒生物防制工作，控制“四害”密度。全年新安装户外大型灭蚊蝇灯323台、公交站台灭蚊蝇灯208台、室内灭蚊蝇灯268台、庭院式灭蚊蝇灯30台，新添陶瓷灭鼠毒饵站19500只、落水管防鼠网9680只、捕蝇笼2300只、雨水井防蚊防鼠闸2638只。注重“四害”孳生地的清除和消杀工作，组织开展季节性突击消杀活动，规范消杀流程、减少药物对环境的污染。在病媒生物防制效果达标省级考核中，常熟市获得灭蝇A级，灭蟑、灭蚊B级，灭鼠C级的良好成绩。

【村庄环境长效管理】 指导各板块、行政村结合实际，加强村庄环境长效管理。市环境卫生指导中心采取明查与暗访相结合的方式，从垃圾日产日清、道路沿线整洁等8个方面进行定期督查考核，共暗访395个自然村落，及时督促指导整改，有效促进了村庄环境长效管理。推进农村垃圾收运体系建设，集中式垃圾收集房达到2191座（其中新建1927座、改建109座），压缩式垃圾收集车辆达到144辆，压缩式垃圾中转站达到25座，垃圾收集线路运行138条。在虞山镇福圩村、古里镇苏家尖村、坞坵村、联泾村，积极开展农村生产生活垃圾分类收集和资源化综合利用试点工作。

【城乡大环境综合整治“百日行动”】 为加快改善城乡环境面貌和人居环境质量，深入开展城乡大环境综合整治“百日行动”，取得明显成效。共清理乱堆放2.46万处，清运各类积存垃圾3.6万吨，清除乱涂贴15.72万处，拆除乱搭建1350处，规范“六小”行业亮证经营1558家，整治流动摊点1.82万起，查纠违章停车1.5万起，新增防蚊蝇、防鼠设施1425处。（李广华）

责任编辑 张 军

体育·健身

综　述

【概况】　2015年，常熟市体育工作着力拓展民生内涵，加强全民健身工程建设，成功创建江苏省首批公共体育服务体系示范区。常熟市体育局被中国残疾人联合会、国家体育总局授予“2011—2014年全国残疾人体育先进单位”称号。年内，先后举办常熟市第二十次全民健身月和第七届体育节活动，承办卡亚克舟钓世锦赛、乒乓球世界冠军大师赛、国奥之队洲际男篮巅峰挑战赛、中国足协室内五人制足球国际邀请赛、尚湖国际半程马拉松邀请赛等各类国际、国内比赛。常熟籍运动员参加江苏省青少年县组田径比赛中获得6金2银1铜；参加苏州市级比赛中共获137.5金90银91铜。全年共有10名队员进入省优秀运动队，创造了常熟市业余训练一个新的高度。体育彩票销售超过3.40亿元。

竞技体育

【概况】　2015年，全市全年承办国际级比赛5项、国家级比赛2项、省级比赛2项。常熟市青少年业余训练取得突破性进展，组队参加国际性比赛1项，国家级比赛2项，苏州市、省级竞赛21大项，参赛人数700多人。参加苏州市级比赛中共获137.5金90银91铜，省级竞赛中共获14金15银7铜。在全国少年田径锦标赛上常熟小将赵焱恩夺得男子400米金牌和200米银牌。常熟田径运动员石雨豪在世界少年田径锦标赛上获得了跳远和三级跳远两个第六名。加强体育人才培养输送，向苏州市体育部门输送体育后备人才33名，共有10名队员进入省优秀运动队，新增二级以上裁判员2名。常熟市体育运动学校搬迁至体育中心，全省县级市首家游泳跳水陆上训练馆建成投用。

【承办乒乓球世界冠军大师赛】　4月19日，2015乒乓球世界冠军大师赛在常熟市体育中心举行。此次赛事由国际乒联、常熟市人民政府主办，常熟市体育局承办。许昕、佩尔森、萨姆索诺夫、王励勤、马琳等国内外知名球星参赛。

【承办国奥之队洲际男篮巅峰挑战赛】　5月22日至24日，国奥之队洲际男篮巅峰挑战赛在常熟市体育中心举行。比赛由中国篮球协会主办，常熟市体育局承办。中国国奥男篮队、美国队、澳大利亚队、加拿大队参加比赛。本次常熟站比赛，中国、美国、加拿大、澳大利亚分获第一至第四名。

【承办第五届常熟尚湖国际半程马拉松邀请赛】　10月18日，第五届常熟尚湖国际半程马拉松邀请赛在尚湖举行，本次马拉松邀请赛由中国田径协会、江苏省体育局、常熟市人民政府主办，有中国、肯尼亚、厄立特里亚等17个国家和地区的8000多名运动员报名参赛。本次马拉松邀请赛分为半程马拉松耐力跑（21.0975千米）和7千米健康跑。男子组半程马拉松冠军被厄立特里亚选手Gebretnsae Okubay Tsegay摘得，成绩是1小时04分37秒；常熟阳光跑步俱乐部队员郝晓帆以1小时16分51秒的成绩获得女子组半程马拉松

10月18日，第五届常熟尚湖国际半程马拉松邀请赛在尚湖风景区举行

冠军。河南新乡的郭晨光获得7千米健康跑男子组冠军,江苏张家港市的张艳艳获得女子组第一。

【承办第五届卡亚克舟钓世界锦标赛】 11月10日至15日,第五届舟钓世界锦标赛在常熟尚湖风景区举办,本届比赛汇集20个国家和地区的48位世界顶级舟钓选手。中国队的马晓宏钓获一尾115公分鳡鱼,摘得本届卡亚克舟钓世锦赛的桂冠;中国队的李海洋钓获一尾63公分翘嘴和一尾34公分翘嘴,获本届世锦赛银牌;丹麦钓手Finn Hansen钓获90公分翘嘴,位居季军。

【承办中国足协室内五人制足球国际邀请赛】 12月18日至20日,中国足球协会主办的2015中国足协室内五人制足球国际邀请赛在常熟市体育中心体育馆举行。墨西哥队、伊朗队、缅甸队以及东道主中国队参加本次邀请赛。经过激烈角逐,伊朗队获第一名,中国队获第二名。

群众体育

【概况】 2015年,常熟市更新健身工程(点)器材41套,新增17套全民健身路径,全市现有各级健身工程(点)519套。更新2007年百村健身工程篮球架169套。新建南湖湿地公园、沙家浜风景区、支塘镇镇区等健身绿道共计64公里,全市现有健身步道120多千米。全年举办三级社会体育指导员培训班5期,大学生村官二级社会体育指导员培训一期。新增社会体育指导员421名,晋升二级社会体育指导员136名、一级社会体育指导员75名、国家级1名,送审国家级社会体育指导员5人。全市现有社会体育指导员3571名,每万人拥有量达29人,其中国家级20名,一级178名,二级1098名。新增自行车协会及六个体育俱乐部(民办非企业),全市共有市级体育协会28家和市级民办非企业单位43家。开展国民体质监测,全年累计测试人数5853人。在前三批49所学校试点开放的基础上,2015年确定开放8所学校,开放学校比例占到全市公办学校的61%。

【举办常熟市首届市民职工自行车赛】 5月10日,由常熟市总工会、常熟高新技术产业开发区管委会、常熟市体育局主办,常熟市自行车运动协会承办的常熟市首届市民职工自行车赛在昆承湖畔顺利举办。比赛根据年龄、性别、车型分为公路车男子组、山地车男子青年组、山地车男子中年组、女子竞赛组以及职工健身组共5个组别,共吸引全市400多名骑行爱好者踊跃参与。

【江苏省龙舟精英赛在尚湖风景区举行】 6月14日,2015江苏省龙舟精英赛在常熟尚湖风景区举行。本次比赛共有12支队伍参赛,分别来自苏州、常州、镇江等地,每队22人,比赛进行预赛、复赛和决赛。经过六轮的激烈角逐,来自连云港的淮海工学院龙舟队摘得头魁,同样来自连云港的连云港市龙舟协会龙舟队取得第二名,常熟理工学院龙舟队取得第三名。

【开展常熟市第七个全民健身日系列活动】 8月8日,常熟市第七个全民健身日系列活动启动仪式在市体育中心举行。2015年全民健身日举办的活动内容更加多元化,除开展了大众喜闻乐见的健步跑、球类等运动外,新增了平板支撑比赛、室内五人制足球比赛等新颖的群众健身方式。全民健身日当天,全市17项体育设施、7家私人健身会所均免费向市民开放。

【举办第三届市民徒步大会】 10月17日,第三届市民徒步大会在南湖湿地公园举行,4000多名徒步爱好者从南湖湿地公园中心广场出发,沿着公园健身步道行走一圈,再回到原点,全程约8.4千米。本次徒步大会以"全民健身,你我同行"为主题,大力倡导"健康、绿色、和谐"理念。

【常熟市公共体育服务中心落成投用】 12月18日,常熟市公共体育服务中心举行落成启用仪式,常熟市公共体育服务中心位于海虞北路的老体育馆,总投资近600多万元,面积3400多平方米。该中心集合体质测试与运动健身指导、全民健身大讲堂、社会体育指导员培训、开放式健身培训,以及体育社团办公、会议等功能,是公共体育服务的一个综合体。其中的国民体质监测与运动健身指导站属省级指导站。常熟市社会体育管理中心和全市部分体育社团已进驻公共体育服务中心。

体育交流

【青少年体育文化交流】 8月2日至3日,日本国萨摩川内市青少年代表一行14人来华访问。在常熟期间,该团与常熟市青少年代表进行体育、文化等交流。交流团一行来到市体育中心与常熟市青少年学生进行了游泳交流赛,交流赛包括仰泳、自由泳、蛙泳、混合泳等18个项目,最终日本选手获得了5个项目的优胜。赛后,双方青少年互赠纪念品并合影留念。2015年是两市第29次青少年体育交流活动。

【举办第二届环太湖城市联盟体育交流活动乒乓球团体赛】 12月6日,第二届环太湖城市联盟体育交流活动乒乓球团体赛在常熟市体育中心举行。共有来自常熟、江阴、张家港、武进、昆山、宜兴、靖江和溧阳8个城市的8支代表队参加。经过两天的激烈争夺,常熟代表队获得了男、女团体的第一名,武进区代表队、宜兴代表队、张家港代表队分别获得男子团体第二名、第三名、第四名;女子团体第二名、第三名、第四名则由宜兴代表队、武进区代表队、靖江代表队分别获得。(陈珺南)

责任编辑 张 军

人力资源和社会保障

劳动就业

【概况】 2015年，全市新增就业岗位8.9万个，高校毕业生就业率达到97.61%，城乡就业困难人员实现就业8997人，城镇失业人员实现就业34152人，农村失业人员实现就业55988人。社会登记失业率为1.91%。全市共为22944家次用人单位发布招聘信息47393条，提供就业岗位214917个，接受求职登记256363人次，介绍成功227767人次，中介成功率为88.85%。城乡举办招聘专场182次，进场单位达8898家次，提供就业岗位203721个，共有100554名求职人员进场报名，达成初步招聘意向54412人次。“春风行动”期间，全市共举办主题招聘专场37次，有2288家次单位提供68645个需求岗位，吸引进场求职者54185人次，达成初步意向21249人次。

【高校毕业生就业】 2015年，全市应届高校毕业生共有6116名。市人社局继续开展实名制管理，就业协议、报到证首次实现一体化电子图片存档，做好动态化跟踪服务。全年提供高校毕业生就业岗位14064个，吸纳高校毕业生242人参加见习。落实各项高校毕业生就业优惠政策，4家小微企业申报36名高校毕业生的社保补贴212474元，4名高校毕业生申请灵活就业社会保险补贴，发放金额4662元。开展“高校毕业生就业能力提升培训项目”，促进广大应届高校毕业生提升，使500名应届高校毕业生直接受益。

【常熟市人力资源服务行业协会活动】 1月16日，常熟市人力资源服务行业协会第一届第四次暨第二届第一次全体会员大会在梅园宾馆召开。苏州市人社局副局长苏耀良，苏州人社局就业促进与市场管理处处长严骏，常熟市人力资源和社会保障局局长廖瑞娟、副局长张卫忠，常熟市民政局副局长周青等领导出席会议，苏州市人力资源行业协会秘书长李勤到会祝贺。大会审议通过第一届理事工作报告及财务审计报告，选举产生协会会长、副会长名单并召开第二届一次全体会员大会。常熟市人力资源服务行业协会成立于2012年1月，首届会员53家。2012～2014年，协会共召开常务理事会议12次，理事会议6次，全体会员大会4次，举办各类讲座、培训、报告会等30余次，组织协会成员赴外地交流学习十余次，协会先后获评常熟市“先进社团组织”“AAA级社团组织”荣誉称号，并于2015年1月正式获批成立行业协会党支部委员会。

【常熟人才就业微官网上线运行】 1月，常熟市人力资源管理服务中心推出官方微信号“常熟人才就业微官网”。微信平台通过“送信息”“送政策”和“送服务”三个版块，为求职者提供招聘岗位、就业见习等相关资讯。同时，平台还提供便民查询服务，可查询个人档案和社保等信息。

【大型人才交流会】 2月7日，在国际展览中心举办“2015年春季大型人才交流会”，市委常委、常务副市长沈晓东，市人社局局长廖瑞娟到现场指导。交流会共有221家单位提供5839个就业岗位，现场共有4800名求职人员入场，达成初步意向1600人次。7月25日，2015年常熟市高校毕业生就业洽谈会暨江苏纺织服装（常熟）人才市场大型招聘会在国际展览中心举行。共有208家用人单位提供4054个就业岗位，吸引6000多名求职者进场应聘，有1900多人达成就业意向。

【春风行动】 2月26日，2015年度“春风行动”首场招聘会在虞山镇大义管理区劳动保障所举办，此次招聘会共有45家用人单位提供1800个就业岗位，吸引了2200人次进场求职应聘，达成初步意向886人次。3月3日，在全市开展“春风行动”主题日宣传活动，人社、工会、妇联、团委、安监、司法、民政、计生、残联和新市民中心等9个部门200多名工作人员，在社区、行政村、广场、菜市场、产业园、汽车站、体育馆和招聘会现场等21个城乡人流密集地点设立宣传服务点，共有1万多人次到场咨询，发放各类资料1.8万份。至3月10日，全市共举办23场“春风行动”现场招聘会，共有1413家次单位累计提供43208个就业岗位，38772人次到场应聘求职，14579人次初步达成意向。3月31日，“春风行动”活动全面结束。2015年全市“春风行动”期间共有2288家次单位提供68645个需求岗位，吸引进场求职者54185人次，达成初步意向21249人次。

【全市定点培训机构指导管理】 4月，市人社部门采取公开招标方式，对职业技能教育和培训项目进行公开招标，确定常熟市高新园中等专业学校等26家单位为2015—2017年度常熟市职业技能教育和培训定点培训机构。4月19日，市人力资源培训指导中心召开定点培训机构就业培训业务会议，对常熟市久诚职业培训学校等8家新增的2015～2017年度职业技能教育和培训定点培训机构开展业务培训。

【首期SYB师资培训班】 5月中旬，常熟开设一期SYB师资培训班。此次是SYB师资培训首次落地县级市举办，也是常熟市开展的首期SYB师资培训班。首期SYB师资培训班为期9天，由中国创业培训工作指导委员会办公室指派的两位资深创业师进行集中封闭式授课，内容涉及SYB项目介绍、授课技巧、创业培训基础知识、学员试讲、理论考核等环节。首期培训班共有30名学员参训。学员在通过结业考试后，获得由中国就业培训技术指导中心颁发的创业培训（SYB）课程师资培训证书，并可持证担任SYB课程讲师。

【人才就业服务进基层宣传活动】 6月2日，常熟市首场"人才就业服务进基层宣传活动"在虞山镇"少年之家"举行，来自虞山镇、虞山尚湖旅游度假区、服装城三地的失业人员、优秀员工、企业人事经理、基层人社工作者等200多名代表参与活动。活动以情景模拟、现场展示、知识问答等形式，宣传全市人才就业服务、就业促进政策以及各类就业创业先进典型事迹、人力资源管理优秀案例，推介职业指导室、就业援助站的"一室一站建设"，有形市场、无形市场的"两个市场体系"，职业指导"一带一"、就业援助"一对一"、创业帮扶"一帮一"的"三个一帮扶机制"，以及服务企业招人选才的"四级响应服务机制"和促进失业人员就业的"五级管理服务模式"。

【创业大走访】 7～9月，由人社局分管领导、创业工作负责人员、创业专家辅导团组成走访小组，在全市各乡镇及管理区进行创业大走访，分批次进入全市各镇、社区（村）开展活动，采取创业宣讲和实地走访的形式，倾听创业者心声，汇集创业者意愿，解决创业者困惑。同时，在大走访活动当中，市创业指导中心对经过创业培训后创办的项目和人员进行跟踪回访和跟踪服务，掌握创业动态，提供创业服务，提高创业成活率。

【基层就业服务现场模拟竞赛】 8月12日，市人社部门组织开展2015年基层就业服务现场模拟竞赛。各镇和社区（村）的基层人社服务工作人员自编自导自演了16个情景剧目，从不同侧面展现基层人社部门为就业困难人员、高校毕业生、有意向的创业者和企业提供便捷、高效、优质的公共就业服务的场景，有8个节目进入决赛。

【公共就业与人才服务展示会】 10月22日，市人社局举办主题为"精细服务、精准发力、精彩呈现"的"常熟市公共就业与人才服务展示会"，省人社厅就业处处长黄建荣、苏州市人社局副局长苏耀良、常熟市人社局局长廖瑞娟等领导出席活动，常熟市委常委、组织部黄锡明部长发表致辞。展示会结合全市人才就业工作特点，分别从企业、员工、HR经理人、入境就业人员、就业条线等多个层面、多个角度，展现我市公共就业与人才服务工作的精彩点。另外，在展示会现场进行了基层就业服务模拟竞赛决赛，竞赛活动以基层人社工作人员自编自导自演的形式，再现基层人社部门为辖区群众和企业提供便捷、高效、优质的公共就业服务的场景。

【"就业援助站"试点】 2015年，市人社部门推出"就业援助站"试点建设，推动"三个一"工作机制（就业援助"一对一"、创业帮扶"一帮一"和职业指导"一带一"）落实，促进五级就业服务模式开展，帮助各类就业困难人员实现就业，确保公共就业精细化服务深入基层、帮扶到人。就业援助站主要是以一个服务窗口和一间谈心室作为硬件配备，由专职人社协管员根据"三个一"工作机制，开展五级就业服务模式，为就业困难人员、失地农民以及困难家庭高校毕业生等各类就业援助对象进行情况摸底，确定援助措施，开展职业指导、推荐就业培训、提供岗位信息和落实援助政策等服务，并对援助对象及时进行回访，掌握就业动态。市人社部门以市人力资源市场设立的就业援助服务中心作为全市就业援助服务体系的支撑点，以虞山镇锦荷社区和尚湖镇山鑫村的就业援助站作为辐射点，以"一中心一社区一村"试点构建就业援助服务体系。市级就业援助服务中心委托常熟久诚人力资源公司进行运作。

【第二届常熟市青年创新创业大赛】 2015年，常熟市第二届"农商银行杯"青年创业大赛主题为"奔跑吧，创业者"，共有40个创业团队报名参赛。7月，大赛初赛在人力资源市场举行，27个创业团队进入复赛。8～9月，创业大赛三场复赛分别在海虞镇镇政府、星光天地商场、理工学院三地举行，9个团队进入决赛。9月下旬，第二届"常熟农商银行杯"青年创新创业大赛总决赛在常熟江南织造时尚中心举行，常熟市副市长周灵群、常熟市人力资源和社会保障

10月22日，常熟市公共就业与人才服务展示会举行

局局长廖瑞娟、共青团常熟市委员会副书记韩晓诚、常熟市妇女联合会主席李芳红等到决赛现场。常熟农商银行小微金融总部总经理周斌、苏州东吴证券场外市场部执行总经理顾利峰、上海鑫道股权投资基金管理有限公司董事长李建国、苏州金枫创业投资有限公司副总经理严茗杰、江苏乘帆压缩机有限公司董事长宋波担任总决赛评委。最终“水知道”工业水处理数据平台项目获一等奖。

劳动维权

【概况】 2015年，全市企业签订有效劳动合同42.8万多份，集体合同签订率100%，评定苏州市级AA级劳动保障信誉单位20家、AAA级信誉单位8家、AAAA级信誉单位3家。开展各类专项检查8次，主动监察用工单位1914户，涉及职工3.21万人，立案查处78家，对4家违法情节严重的单位实施行政处罚18.65万元，清欠2761名职工工资报酬3042.27万元，补签劳动合同349份，为191名职工依法办理社会保险登记，清退童工2名。工资支付预警企业51家，黄色预警29家，红色预警22家，经处置撤销预警29家，追讨工资款约791.3万元。

【“省级劳动保障监察示范网格”】 1月30日，《关于2015年度全省劳动保障监察示范网格监察情况的通报》公布2014年度省级劳动保障监察示范网格名单，常熟古里、滨江两个二级网格获省级劳动保障监察示范网格称号。

【人力资源助手APP】 2015年初，市劳动人事争议仲裁委员会、市社会保险基金管理中心和市人力资源和劳动保障学会联合推出智能手机应用程序“人力资源助手”。“人力资源助手”APP主要由法律法规汇编、人力资源管理通用制度、典型案例精选解析和社会保险实务知识四大块组成。其中法律法规汇编收录现行有效的各级各类劳动社会保障人力资源管理法律、法规、规章和规范性文件等，内容涵盖就业培训、社会保险、劳动关系、劳动人事争议处理和其他相关内容；人力资源管理通用制度主要是免费推送学会会刊；典型案例精选解析除不定期更新增加案例外，亦向APP使用者明确告知劳动纠纷法律援助的条件和仲裁须知；社会保险实务包含参保公众查询、社保百问和办事指南。全部内容通过章节浏览，使用者可根据需要订阅部分内容，亦可在线进行反馈互动。

【企业职位工资指导价位(人工成本)调查】 2015年上半年，市人社局开展全市企业部分职位工资指导价位调查，共完成165家单位职位工资指导价位(人工成本)调查，形成不同行业、不同岗位较为客观的工资指导标准，指导全市用人单位设定合理的工资标准和建立工资正常增长机制。此次公布的企业人工成本采集的样本，涉及企业165户、职工2.5万人。

【镇域综合执法试点】 2015年，市劳动保障监察大队共下放90项行政处罚权、29项劳动保障监察执法项目。6月，完成全市综合执法人员劳动监察基础知识和实务轮训，8月出台《镇域综合执法局劳动保障监察业务工作考核办法》《劳动监察对接综合执法业务操作流程》和《劳动保障监察案件督办制度》。

【人社法制业务宣传“菜单式”培训】 自2015年起，市人社局在全市范围内开启人力资源社会保障法律法规规章、政策、业务“菜单式”培训活动。“菜单式”培训活动围绕三个方面热点内容展开，人社法律法规规章、政策文件及业务，求职招聘、用工管理、社会保险、工资支付、劳动关系、机关事业人事工资管理等；社会、百姓关注的热点问题和阶段性出台的人社政策、办法等；用人单位内部管理、劳动关系矛盾调处、人际关系协调、突发性事件应对等。共35个人社热点课题，集合全系统各部门37名优秀专家组成讲师团，开发适合行政相对人的各类法制、业务课件供行政相对人按需选择。

工资支付执法

人事管理

【概况】 2015年，全市人才资源总量约27.5万人，同比增长9.88%。高层次人才总量1.95万人，同比增长12.38%。全市34个单位部门公开招录公务员(含参公)93名，92人正式录用，1人因怀孕暂缓。全市共招聘录用事业单位工作人员572名，其中市镇两级事业单位公开招聘事业人员129名，机关劳动合同制人员1名，组织部选聘优秀高校毕业生19名，教育系统公开招聘工作人员203名，卫生系统招聘220名。接收安置军转干部17名，其中安置在党政机关和参照公务员管理单位16名，安置在其他事业单位1名。

【发布引进高层次紧缺人才需求目录】 3月，常熟市发布《2015年常熟市引进高层次紧缺人才需求目录》。《2015年常熟市引进高层次紧缺人才需求目录》共涉及16个行业领域，170多个专业类别，体现了紧缺岗位、学历层次、经验与能力要求等要素。2015年需求目录中，硕士研究生及以上学历岗位需求占52%，本科及以上学历岗位需求占43%，研发型人才与工程技术人才之间的比例更趋平衡；在经验与能力要求方面，需求目录进行了比较细化的说明，研究生学历岗位一般应具备1—3年工作经验，本科学历岗位一般应具备3～5年工作经验，并具备中级以上职称；部分特殊岗位要求省级以上奖项荣誉或省级以上项目工作经验。技师以上高技能人才作为常熟支持培养的重点人才，继续列入高层次紧缺人才需求目录，与其他类别的高层次人才享受同等待遇。

【常熟入选外籍人才知晓度最高五强县市】 3月，国家外国专家局对外发布2014"魅力中国—外籍人才眼中最具吸引力的十大城市"评选结果，常熟入选中国百强县中外籍人才知晓度最高的5个县市之一，同时入选的还有江苏江阴市、江苏昆山市、浙江义乌市、浙江绍兴县。这是国家外国专家局第一次开展外籍人士对中国县级市的知晓情况的调查，也是国内唯一一个完全由外籍人才参与评选的引才引智"中国城市榜"。

【国际精英周】 7月初，2015常熟国际精英周举办，来自10多个国家和地区的海内外221名高层次创新创业人才带项目与常熟13个创业载体板块和64家意向企业进行了洽谈对接，举办智能装备专场洽谈、城市风貌考察、开幕式大会、分组洽谈对接、美南中国专家协会专场洽谈等多项活动，共计达成签约项目46个，大会现场签约项目20个。

【"海鸥计划"实施细则修订出台】 10月，《关于推进"海鸥计划"柔性引进海外智力的实施细则》（常办发〔2015〕86号）正式修订出台。"海鸥计划"是该市于2012年开始组织实施的柔性引进海外智力的重要政策，主要指打破国籍、户籍、地域、身份、人事关系等人才流动中的刚性制约，在不改变和影响人才与所属单位人事关系的前提下，以契约管理为基础的海外人才引进方式。此次新修订的实施细则，在申报面、资助标准、申报规则等方面进行重大调整。

【参加苏州第二届技能状元大赛】 11月，常熟参赛选手在苏州第二届技能状元大赛中，有10名选手分别获得一、二、三等奖。常熟市液压工具厂龚晓晨、常熟纺织机械厂有限公司管培明获数控机床装调与维修（双人）一等奖，奖励5万元，被苏州市政府授予"苏州技能状元"荣誉称号，享受市劳动模范待遇，入评"姑苏高技能突出人才"；常熟长城轴承股份有限公司陈浩翔、常熟纺织机械厂有限公司周吉军、常熟路桥工程有限公司王兴国、常熟市保安服务总公司王华分别获得数控机床装调与维修（双人）、公路筑养路机械操作及智能楼宇二等奖，奖励3万元，被苏州市总工会、苏州市人力资源和社会保障局分别授予"苏州市五一劳动奖章"和"苏州技能大奖"荣誉称号，入评"姑苏高技能重点人才"；常熟市液压工具厂周庭炎、常熟市纺织机械厂有限公司谭彪、江苏亿通高科技股份有限公司陆建生、常熟发电有限公司许强分获数控加工中心操作工（四轴）、智能楼宇、焊接三等奖，奖励1万元，被苏州市总工会、苏州市人力资源和社会保障局分别授予"金牌员工"和"苏州技术能手"荣誉称号；龚晓晨、陈浩翔、周庭炎、陆建生被苏州团市委授予"苏州市青年岗位能手"荣誉称号。常熟市液压工具厂、常熟纺织机械厂有限公司被苏州市人民政府授予"高技能人才培养贡献奖"荣誉奖牌。

【公务员招录】 2015年，全市34个单位部门公开招考录用公务员（含参公管理单位工作人员）93名，其中市级机关32名、参照公务员法管理单位15名、乡镇机关46名。报考4342人，审核通过3655人，最终缴费3152人。组织笔试2650人，共90个考场，参考2075人。282人参加面试，92人正式录用，1人因怀孕暂缓进入。从招录单位看，市级机关公务员47名（其中参公15名）、乡镇46名；从性别来看，男47人，女46人；从学历来看，研究生17名，本科生76名；从籍贯来看，苏州大市范围的73名（常熟69名），苏州以外本省的12名，外省的8名（涉及5个省市）。8月，2014年全市36家单位录用的94名新公务员全部转正定级。

【事业单位招聘】 2015年，市镇两级事业单位的公开招聘工作启动提前。1月初，向社会发布公告和招聘简章，共招聘事业人员147名，机关劳动合同制人员1名。2015年事业单位招聘硕士研究生及以上学历学位人员户籍或生源地放宽至苏州大市范围，笔试内容由公共基础知识和申论调整为公共基础知识和行政职业能力测试，专业设置涉及中文、计算机、财会、法律四个方面的全部设置为大类。2015年事业单位共有3381名考生经资格审核通过缴费确认参加笔试，最后共录用事业人员129名，后勤服务人员1名。教育系统于2月底公布招聘职教和中学教师招聘简章，拟招聘职教类师资12名，中学师资43名，后录用10名职教类教师和41名普通中学教师。4月初启动小学、特教、幼教教师的招聘工作，共拟招聘人数156人，后录用小学、特教、幼教教师152名。卫生系统于1月底启动高层人才的招聘，共计划招聘研究生及以上学历人员41名，最后共录用高层次人才20人。3月初启动本科及以上卫技类人才的公开招聘工作，招聘计划录用267名，最终共录用卫技人员177名，其中本科106人，大专71人；录用护理岗位101人，临床综合岗位76人。5月份乡镇卫生院二次补录事业卫技人员20名，研究生及以上高层次人才3名。

【全市机关事业单位基本工资、津补贴、绩效工资标准调整】 2015年，全市公务员规范津补贴标准从7.1万元调整为8.9万元，事业单位绩效工资标准也按照规定进行相应调整，调整共涉及40071人。同时，对全市机关事业单位在职人员的基本工资进行了调整，在调整机关事业单位在职人员基本工资标准的同时，将部分规范津补贴和绩效工资纳入基本工资。机关在职人员基本工资与津贴补贴的比例从之前的 1∶6.73 调整为 1∶3.2，实际人均年增资 10321.2 元；事业在职人员基本工资与绩效工资的比例从之前的 1∶5.57 调整为 1∶2.8，实际人均年增资 10443.6 元。共涉及机关在职人员 5576 人、事业在职人员 21153 人。12 月起，按照上级政策文件精神，开展全市机关公务员职务与职级并行制度。

【新增“江苏省外专百人”】 2015 年，常熟新增“江苏省外专百人”1 名。6 月，第二批江苏“外专百人计划”入选外国专家名单公布，镭亚电子（苏州）有限公司法籍专家 David Albert Jean Fattal 入选 B 类项目。David Albert Jean Fattal，法国巴黎综合理工学院理论物理硕士、美国斯坦福大学物理学博士，曾任惠普实验室科学家、LEIAInc.（镭亚公司）研究主管、技术总工程师等职务。

【博士后工作站建设】 2015 年，全市新增博士后科研工作站（分站）11 家，江苏白雪电器股份有限公司、江苏亿通高科技股份有限公司、常熟经济技术开发区管理委员会、芬欧汇川（中国）有限公司、苏州诺华制药科技有限公司、南京理工大学常熟研究院有限公司、常熟国家大学科技园管理委员会、江苏云才材料有限公司、苏州中科启慧软件技术有限公司、苏州微纳激光光子技术有限公司、江苏龙诺法光电技术有限公司。

社 会 保 险

【概况】 2015 年，本地户籍劳动力养老保险覆盖人数 53.33 万人，参保覆盖率达到 99.6%，养老保障率达 99.6%。全市外来人员正常参保缴费 18.85 万人，城镇养老保险参保人数 60.98 万人，机关事业养老保险参保人数 8685 人，医疗、工伤、生育、失业分别参保 81.08 万人、50.69 万人、57.77 万人、44.86 万人。

【企业退休人员养老金调整】 5 月，全市共有 15.1 万名企业退休人员养老金调整，人均月增发养老金 196 元，调整后月人均养老金达 1871 元。

【城乡养老保险制度衔接工作】 2015 年，常熟市贯彻落实人社部《城乡养老保险制度衔接暂行办法》（人社部发〔2014〕17 号），结合本市实际情况，市人社局出台《常熟市城乡养老保险制度衔接业务集中办理工作方案》，集中按老办法完成符合条件人群的城乡养老保险缴费转接确认、农转城年限差补缴等手续。截至 2015 年 6 月 30 日，全市共有符合转接条件的参保人员 18.98 万人全部完成转接的确认手续。

【启用人社自助服务一体机】 8 月，首批人力资源和社会保障自助服务一体机在市社保中心服务大厅投入使用。人社自助服务一体机为持社保卡、市民卡群众提供社会保险、就业服务、退管服务、证明打印、单位业务、市民卡功能、公告查询等七大类相关业务的自助办理、查询、咨询等服务。12 月底自助服务一体机覆盖全市 85% 的镇村安装点，办事人员可就近进行信息查询或业务办理。

【全民参保登记】 自 2014 年底起，常熟启动全民参保登记工作，通过《常熟日报》、电视台、网站、微博、微信平台等媒体频繁推广宣传，张贴发放通告、公开信 8 万余份。印发全民参保登记工作证、全民参保登记汇编等材料，研发“全民登记信息管理系统”，建立全民登记 QQ 群，全方位推进全民参保登记工作。至 2015 年底，全民参保登记期间全市共采集调查本地户籍人口 39.6 万人，持居住证人口 93.1 万人，共计 132.7 万人。

【医疗救助金发放】 2015 年，全市 2014 年度职工医疗保险医疗救助金发放全市共涉及对象 1665 人，总金额 724.51 万元，人均达 4351 元。2014 年度医疗救助金首次发放至救助对象的社会保障卡上。2014 年度医疗救助的对象是 2014 年 1 月 1 日至 2014 年 12 月 31 日自负医疗费用超过 1 万元（含 1 万元）的普通参保人员，以及 2014 年 1 月 1 日至 2014 年 12 月 31 日自负医疗费用超过 2000 元（含 2000 元）的困难参保人员。自负医疗费用的界定为基本医疗保险药品目录、诊疗目录、医疗服务设施范围内的医疗费用中由参保人员个人负担的部分；乙类诊疗服务项目、控制特需药品中参保人员个人承担部分的 20%；基本医疗保险药品目录、诊疗服务项目外自费医疗费用的 20%。年度救助金额根据自负费用分档确定，最高档救助金额 3 万元。

【工伤保险费率调整】 2015 年，根据《苏州市安监局等部门关于全面推进我市企业安全生产标准化建设的实施意见》精神，全市对经核准公告达到二级以上安全生产标准化的企业，在达标有效期内进行工伤保险费率调整，具体为在原企业工伤保险费率已下浮的基础上，二级企业再下浮 5%，一级企业再下浮 10%，全市共有 10 家二级企业、2 家一级企业参与了此次调整。

【贯彻执行职工生育保险新规】 2015 年，常熟市按照《苏州市职工生育保险管理办法》（苏府规字〔2015〕2 号）、《关于贯彻〈苏州市职工生育保险管理办法〉的有关规定》（苏人保规〔2015〕6 号）及《关于贯彻〈苏州市职工生育保险管理办法〉的实施意见》（常人社医〔2015〕8 号）要求，常熟自 2015 年 5 月 1 日起执行新的职工生育保险政策。市人社局制定《职工生育保险有关业务操作口径》，明确经办流程。7 月份完成系统升级，实现产前检查补贴和生育营养补贴于生育后次月直接发放至参保者社会保障卡，生育及计划生育津贴发放至单位账户。

【贯彻落实省征地补偿新政】 2015 年，常熟市贯彻落实《江苏省征地补偿和被征地农民社会保障办法》（省政府令第 93 号），根据《常熟市征地补偿安置和被征地农民社会保障实施办法》，结合苏州市的实施细则，全市多次召集组织讨论研究，梳理 93 号令新老政策衔接中的矛盾和焦点问题，对涉及社会保障政策衔接的具体章节条款作进一步细化，拟订征地补偿安置和被征地农民补偿安置实施细则草案，出台《常熟市征地补偿和被征地农民社会保障实施细则》《常熟市征地补偿和被征地农民社会保障办法》。2015年底,进入启动实施阶段。

【居民医保管理职能划转调整】 2015年,常熟市根据《关于进一步理顺全市职工医保与居民医保管理体制的通知》和市政府专题会议精神,2015年上半年居民医保的综合管理职能从卫生局划转至人社局。市人社局对居民医保和城镇职工医保的政策、业务、信息进行了整合协调,城乡医保并轨工作实现了平稳过渡。2015年下半年,市人社局主要围绕两项保险信息系统的整合,对双方数据进行全面比对,对业务流程进行了梳理归纳,计划于2016年1月完成两大信息系统的整合工作。

【推行商业保险机构承办大病补充医疗保险】 2015年,根据《常熟市大病补充医疗保险实施意见》,常熟市出台《常熟市大病补充医疗保险实施方案》。10月,向社会发布全市大病补充医疗保险引入商业保险经办服务的招标公告,11月份圆满完成公开招标。东吴人寿股份有限公司、中国太平洋人寿保险股份有限公司苏州分公司(联合体)中标,承办该市大病补充医疗保险项目。12月份完成签约,大病补充医疗保险项目工作人员启动招聘。 (陈晓英)

住房保障

【概况】 2015年,常熟市不断完善住房保障政策体系,出台《常熟市住房保障实施办法(暂行)》。建立"市场建房、居民购(租)房、政府补贴、社会管理"的保障新格局。全年全市各类保障性住房新开工2706套,基本建成1054套,分别完成年度目标任务133.96%、202.69%。其中公共租赁住房新开工1360套、基本建成564套;棚户区危旧房改造安置住房新开工1346套、基本建成490套。至年末,累计保障本市户籍中等偏低及以下收入住房困难家庭3492户。

【出台《常熟市住房保障实施办法(暂行)》】 2015年5月1日,《常熟市住房保障实施办法(暂行)》施行,取消原有的"实物"保障方式,全面实行"货币化"补贴方式,从"暗补"转为"明补",全面实行城乡一体、共有产权性制的货币化保障政策。保障方式分为"购房补贴"和"租房补贴"两种,即政府提供补贴款,住房保障对象在市场上选择合适的房源购买或者承租。实行动态调整机制,对于不再符合保障条件或违反保障政策的取消保障资格的,以取消补贴、收取市场租金的形式实现"退出"。2015年度住房保障申请受理工作于6月1日展开,共受理住房保障申请209起。至年末,初审工作基本完成。

【不断推进危险公寓房解危工作】 2015年1月1日起,施行《常熟市危险公寓房解危指导意见》,并配套出台《关于危险公寓房解危过程中适用共有产权、特殊困难户补助、异地安置解危等问题的补充规定》,制作工作流程图和各类规范性文本,稳妥推进全市危险公寓房解危工作。同时,全方位开展政策宣传,培育群众"业主个人出资、政府财政补助"的解危新思路,全市老楼危楼的安全排查工作也全面展开。五星二区13幢于12月开始恢复性重建,对湖泾新村、陆家弄、东仓街、徐市老旧公寓房和虞山镇排查发现的8幢危旧房屋,进行安全鉴定,提出解危意见。

【68户经济适用住房完成上市交易】 2015年,常熟市出台并实施《常熟市经济适用住房上市交易实施细则》,规定凡购买经济适用住房满5年的,补交相关费用后,可上市交易。截至2015年年末,常熟市房产管理处共受理经适房上市交易75件,其中4件离婚析产,1件继承,71件更变房屋性质;已办结68件,其中离婚析产4件、变更房屋性质64件;正在办理7件。

【保障性安居工程晨枫家园主体结构全部完成】 保障性住房安居工程晨枫家园位于龙腾路以东,规划苏州路以南,小区总占地面积35127平方米,规划设计总建筑面积约10.4万平方米。至年末,晨枫家园所有楼幢主体结构已全部封顶,墙体砌筑及二次结构基本完成,内、外墙粉刷及外墙保温,屋面找坡,铝合金窗框施工均过半,累计完成总投资约2亿元,完成小区总工程量的55%。 (汤逸纯)

责任编辑 浦君芝

民　　政

【概况】 2015年,常熟市出台《常熟市扶持养老服务组织发展的实施办法》《市政府关于加快推进养老服务业发展的实施意见》《常熟市养老服务设施布局规划》,下发了《关于进一步加强我市困境未成年人保护工作的通知》《关于进一步推进困境未成年人社会保护工作实施意见》。全市养老床位数达11704张,每千名老年人拥有养老床位数40张,社会力量举办和公建民营养老机构数占比达70%,护理型床位占比达到50%。共建成日间照料中心102家,助餐点92个,全市镇(街道)级居家养老服务管理中心覆盖率达到100%,占地1.75公顷,设计床位800张,总投资3亿元的常熟市敬老院于2015年6月27日正式建成启用,分散在全市各镇敬老院的409名农村五保对象已集中收住市敬老院。完成总投资2903万元的儿童福利院主体建筑改扩建工程,该项目是市政府重点民生项目,顺利推进造价4200万元的思亲苑二期工程开工建设,预计将在2016年4月建成。出台《常熟市基层社会救助服务窗口工作规程》,统筹推进建设"一门受理,协同办理"的救助工作模式,实现基层救助服务窗口全覆盖,全市共募集慈善款物折合555.3728万元,支出资金1979.13万元,救助困难群众8768人次。突出彩票销售高位运行安全管理工作,福利彩票销售超3.66亿元,创历史销售新高,筹集本级社会福利公益金约3202万元。在全市范围铺开"国家第二次地名普查"工作,完成2015年版常熟市行政区划图的制作和发行。

社会救助　2015年,全市城乡居民最低生活保障标准调整至750元/月,机构孤儿养育标准提高至1920元/月,社会散居孤儿养育标准提高至1340元/月,其余救助对象标准同步提高。共启动5次物价补贴,发放金额达255.01万元,惠及困难群众41519人次。全市共有2873户、4833人纳入城乡最低生活保障,513人纳入城乡农村五保供养,989人纳入低保边缘重病困难对象救助,3997人纳入重度残疾人员生活保障,42人纳入孤儿供养或困境儿童基本生活保障,379人纳入特殊困难残疾生活保障,4959人次享受临时生活救助,9953人纳入医疗救助对象,3.51万人次得到医疗救助,用于各类困难对象的救助资金1.6亿元。修订出台《常熟市社会救助对象年审规程》《常熟市困难群众慈善基金医疗救助实施办法》《常熟市慈善急难救助实施办法》《进一步推进困境未成年人社会保护工作实施意见》《2015年民生保险实施细则》等一系列救助类规范性文件,与现有的救助制度形成良性互补。积极组织抢险救灾,共计转移安置受灾群众1079人,修复损坏房屋457间,累计发放60万元救灾资金。2015年全市共有713户居民获得民生保险的理赔金,涉及理赔金175.19万元。

老龄工作　2015年,市出台《关于加快推进养老服务业发展的实施意见》《常熟市扶持养老服务组织发展的实施办法》,加大对居家养老服务组织的扶持力度,明确养老服务专业队伍建设激励措施。实施政府购买居家养老服务制度,依托市居家养老信息化平台,累计政府援助服务老人30744人次,自费服务老人3096人次,编制《常熟市养老服务设施布局规划》,常熟市敬老院于6月份正式启用,分散在全市各镇敬老院的409名农村五保对象集中收住市敬老院。积极推动各乡镇敬老院通过"公建民营""民营公助"等方式进行社会化改革,以适应市场化的养老需求。全市养老床位数达11704张,每千名老年人将拥有养老床位数40张,新建成日间照料中心77家、助餐点92个,全市镇(街道)级居家养老服务管理中心覆盖率达到100%,已逐步构建起以"居家养老为基础,社区服务为依托,机构养老为补充"的社会化养老服务体系。常熟市老年大学被命名为江苏省示范老年大学,虞山镇老年大学成功创建苏州市教育现代化老年大学,2015年两校报名人数突破2500人。2015年,民政局被江苏省老龄工作委员会办公室授予全省老龄宣传工作先进单位。

慈善事业　2015年,在全市村(社区)探索建立基层慈善组织,深入推进"情暖寒门学子——慈善助学""千万慈善基金——阳光助医"等助学、助医九大慈善品牌项目,对符合医疗救助条件的252人进行救助,资助金额达369.255万元,为1073名助学对象发放助学金389.15万元。出台《常熟市慈善急难救助实施办法(试行)》,扩大慈善基金的救助对象范围,加大救急难工作的力度。加强社会救助和公益慈善的有效衔接,推出"梦乡帮忙团、慈善救急难"和单亲贫困妈妈关爱等公益项目。慈善助学项目先后获评首届江苏慈善奖和苏州慈善奖。扎实开展慈善公益城市的评选工作,成功获评"慈善七星级城市",在2015年12月3日第二届苏州慈善奖评比中,常熟市慈善总会(基金会)获评"最具影响力公益慈善组织",6月26日,《中国社会报》以"多措并举发展慈善事业、齐心合力共建幸福常熟"为题专题报道常熟市慈善事业。

社区建设 2015年,全市持续推动"社区减负"工作,坚持城乡社区"依法履行职责事项""协助市级部门工作事项"和"市级部门开展服务管理需村(居)盖章事项"等三份目录的动态管理,保证"社区减负增效"落到实处。推动镇(街道)综合服务中心建设,实现各镇(街道)便民服务中心全覆盖、面积全达标、功能全到位。严格执行"依法履职""依约履责",加强监督与督查机制,进一步理顺政府部门、镇(街道)和社区居委会的关系,明确基层自治组织应享有的权利和义务,建立和完善"条块结合、以块为主,分工科学、协作有力"的新型社区治理体制和运作机制。以强化"6+1"为重点,重视村民自治,落实各项公约的制订和规范,将社会主义核心价值观融入"村规民约和居民公约"中,通过村规民约的形式,激发广大村民参与自治。推动"三社联动"试点工作的开展,组织"三社联动"业务培训班,促进基层社区治理模式的转变,推进基层协商民主。

社会组织 2015年,全市登记社会组织1242家,其中社会团体353家、民办非企业888家、基金会1家,较上年增加30.74%。成立市社会组织培育中心党支部,强化社会组织党组织建设孵化基地引领示范作用,全面提升社会组织发展质量。"市非公经济组织党工委"变更为"市非公经济组织和社会组织党工委",扎口管理全市的社会组织党建工作,实现社会组织党建由市委组织部和市民政局共同推进模式,全市社会组织中拥有党组织数为32家,现有在册党员498名。强化社会组织规范化建设,组织8次全市范围内的业务培训,内容涵盖社会组织团队管理、财务知识普及、社会组织日常规范化运作和社会组织等级评估等内容,进一步提升社会组织的规范化建设工作。积极推进社会组织去行政化工作,出台《市政府办公室关于进一步明确市属行业协会(商会)改革有关事项的通知》《关于规范领导干部在社团兼职和进一步加强社团内部管理的通知》,对全市151家具有机关背景的社团进行清理和规范,扎实推进87家行业协会商会与业务主管部门"五分离"工作。结合常熟市第二届公益招投标活动,引入福彩、慈善、社区等专项资金,形成公益活动的特色品牌"常熟市公益汇"以及社区公益品牌"社区大家乐",共计推出14个公益项目,购买公益服务金额89.98万元,增长幅度达79.96%。启动四类社会组织和基金会登记管理工作,全市接受四类社会组织直接登记223家,县级基金会登记1家。

拥军优属 2015年,全市为享受定期定量补助的6004名优抚对象发放补助3667.74万元,向912名现役军人发放义务兵家庭优待金及立功奖励金1876.54万元,向1774名重点优抚对象发放节日慰问金185.68万元。审批发放27名复员军人遗属,12名"两参"遗属,5名企业退休参战人员。按照省民政厅的安排和部署,启动残疾警察证更换工作,换证率达到100%。及时调整冬季退役士兵一次性自谋职业补助金标准,市、镇两级财政为全市442名退役士兵发放补助金3133.14万元。首次采取"量化积分、公开选岗、兼顾特长、人岗相宜"的办法给符合安排工作条件且要求岗位安置的两名退役士兵进行工作安排,对5名退役士兵进行货币化安置。开展退役士兵免费职业技能培训,退役士兵两证获得率100%。7月29日,召开全市争创双拥模范城"四连冠"的动员布置会,全面启动全国双拥模范城"四连冠"创建工作。在全省首创"士兵部队立功、父母家乡疗养"、驻军官兵免费体检、养老服务拥军、军人子女统一安排入学入园、退役士兵安置"五个一暖心工程"等五大拥军模式。

社会事务 2015年,全市新建成镇级骨灰堂2处,开建1处。总投资4099万元、占地0.98公顷,建筑面积7800平方米的虞山思亲苑二期项目推进顺利。惠民殡葬和骨灰堂建设实现乡镇100%覆盖。虞山思亲苑强化内部管理,优化服务措施,安全度过清明、大寒等祭扫搬迁高峰。完善救助帮扶机制,实行街头巡查主动救助,确保酷暑严寒流浪人员安全;健全流浪儿童保护性救助机制,充分发挥未成年人保护中心作用,出台《关于进一步加强我市困境未成年人保护工作的通知》和《关于进一步推进困境未成年人社会保护工作实施意见》,对148名困境未成年人开展了救助帮扶工作,全年救助量达2493人次,护送返乡44人次。婚姻登记规范管理、优质服务,全年结婚离婚8873对,补办登记证件1355份,出台《关于成立"常熟市儿童收养评估评审组"的通知》,全年办理收养登记83对。在全市范围铺开"国家第二次地名普查"工作。出台《进一步加强地名公共服务体系建设的实施意见》《常熟市道路地名管理实施办法》《常熟市吴文化地名保护名录》,确立378条地名保护名录,新命名(调整)住宅区23处,道路27条。率先在苏州市设立地名专家组工作制度,出台《常熟市地名专家组工作制度》,完成2015版常熟市行政区划图的制作,并已发行使用。

【民政部社会救助司调研常熟市社会救助工作】 4月8日,民政部社会救助司副司长刘喜堂在省民政厅副厅长章大李、社会救助处处长赵晓东和苏州市民政局局长李永根、副局长胡跃忠陪同下,到常熟市调研社会救助城乡统筹和特困人员供养工作。常熟市副市长范建国和市民政局局长戴炳元、副局长王正国陪同调研。刘喜堂来到新建成的常熟市敬老院进行视察,对常熟市在城乡五保老人集中供养方面作出的积极探索表示充分的肯定。随后组织召开座谈会,副市长范建国就常熟市社会救助工作整体情况向刘司长一行作专题汇报,并就社会救助城乡一体化建设中碰到的难点、问题及有关建议措施进行交流讨论。

【石泰峰调研常熟市居家养老服务中心】 5月24日，省委副书记、苏州市委书记石泰峰一行调研走访常熟市居家养老服务中心，活动中石泰峰详细询问老人们的娱乐活动、日间照料、医疗保健等方面的情况，仔细察看呼叫信息中心、日间照料中心、棋牌室、康复室、就餐室、书画室、心理咨询室。他嘱咐居家养老服务中心负责人要把老人们精心照顾好、服务好，让他们安享晚年，并要求市民政局要做好居家养老服务工作的各项保障工作，为居家老人提供周到快捷的个性化照料服务，努力提高老人们的生活质量。常熟市委书记惠建林、市长王飚、副市长朱亚辉及市民政局局长戴炳元陪同调研走访。

【实现五保老人集中供养】 6月，全市积极构建养老模式新思路，在全省首创全市五保老人集中供养，投入3亿元、拥有870张床位的市级敬老院正式运行，目前已收住集中供养五保对象409名。在此基础上，市编制全市养老服务设施布局规划，全面谋划"2015～2030年社会化养老服务"大格局。

【出台《常熟市养老机构安全管理办法》】 8月6日，常熟市率先在江苏省出台《常熟市养老机构安全管理办法》，办法从组织领导、实施原则、职责分工、安全目标、安全措施、责任追究等6个方面进行详细规定，进一步规范全市各类养老机构安全管理工作。《办法》出台后，将从政策层面有效规范全市养老机构的安全管理工作，形成长效化、制度化、规范化的管理机制，为常熟市养老服务业全面健康发展打下坚实政策基础。

【综合业务信息平台投入使用】 8月，市民政局正式启动"常熟市民政综合业务信息平台"建设。"常熟市民政综合业务信息平台"由1个应用支撑平台和37个业务子系统构成，基本覆盖全市各项民政业务、各类民政对象、各级民政部门和全体民政工作者，与11个部、省系统实现数据交换和一站整合式登陆。项目覆盖信息全面，数据统一规范，平台完善稳定，此系统全面上线运行，实现各类民政业务的大集中、应用范围的大覆盖和工作流程的大统一，为全市民政业务实现信息共享提供基础支撑，为综合分析和科学决策提供数据支持，对全市经济社会发展和"智慧常熟"建设具有重要的应用价值。

【制定出台《常熟市道路地名管理实施办法》】 2015年，市政府制定出台《常熟市道路地名管理实施办法》(以下简称《办法》)，共分6章22条，创新设立"道路地名储备库制度"，建立"道路地名储备库"和提取路名的运行机制是道路地名命名的一次创新。对"储备库"的程序作了明确，将"储备库"的内容细化为8个分项，今后道路命名可以采取提前预约方法，从储备库中提取。同时，将"储备库"设置为城区卷和镇区卷，统筹兼顾各镇(板块)的人文特色。"储备库"建立后能有效解决以往道路命名存在的时效滞后、名称缺乏特色的问题；《办法》突出地名文化遗产保护，明确将严格按照吴文化地名评定标准建立地名保护名录，严格控制保护名录中地名的更名；《办法》强化标准地名的使用和监督，细化标准地名的使用范围，强调地名标志设置的标准化和监管，并着重对"道路地名中'专名和通名'、建筑楼群标准命名、道路桥梁标准命名"进行细化和明确，既体现地名命名的严谨性，又注重公开民主的原则，切实做到地名管理有法可依，提升常熟市地名法治环境，此一做法被江苏省民政厅推广。

【打造依法行政权力清单】 2015年，按照市政府统一要求，市民政局相关职能部门对所有行政审批和公共服务事项的前置条件和申报材料进行分类清理，无法律法规明确规定的材料全部精简、削减。全年对现有54项审批服务事项进行全面梳理，取消、整合3项行政审批服务事项，下放4项公共服务事项，进一步优化审批流程，初步建立起规范、清晰的"民政行政审批权力清单"。并加强规范性文件的清理工作，与现实要求不相适应的，坚决予以取消或转为后置监管，全年共清理各类规范性文件19件，废止4件，修改2件，保留13件。建立民政全业务流程标准化体系，将各项民政业务工作的服务流程、政策依据都予以明确，明晰工作责任，提高服务效率，方便群众办事。

【开展"三社联动"试点】 2015年，全市积极探索社区治理模式的创新与社区自治的推动。常熟市虞山镇作为省级试点乡镇，把"三社联动"作为推动社区工作的重点，建设"网格365"信息平台，设立"社区大家乐"公益微创投品牌，通过协商民主方式制订居民公约，开展大院文化创建、楼道自管等自治活动。是年11月，常熟市又被确定为苏州市唯一的省级农村社区建设试点单位，进一步探索构建农村社区新型治理体制机制。

【打造特色双拥文化品牌】 2015年，全市在成功创建"全国双拥模范城"三连冠，"省级双拥模范城"七连冠的基础上全面启动全国双拥模范城"四连冠"创建工作。积极做好全国及省级"抗战纪念设施、遗址名录、抗日英烈"的申报工作，年内沙家浜革命历史纪念馆成功入选全国第二批抗战遗址和江苏省首批"双拥示范基地"，常熟市4名英烈入选全国抗日英烈和英雄群体名录，2名支前模范代表参加全国纪念抗战胜利70周年大阅兵，5项特色工作全省首创。首创"士兵部队立功、父母家乡疗养"拥军模式。组织18名上年度立三等功以上的常熟籍现役军人的父母进行短期疗养；首创驻军官兵免费体检制度。每年由市财政出资为驻常部队官兵进行免费健康体检；首创养老服务拥军模式。建立"居家养老服务拥军工作站"，对全市60岁以上重点优抚和失能半失能重点优抚对象优惠和免费服务；首创军人子女统一安排入学入园；首创退役士兵安置"五个一暖心工程"，切实帮助退役士兵解决后顾之忧。8月29日和9月1日《新华日报》、10月29日《解放军报》分别以"在精心守卫中传承发展沙家浜精神""弘扬沙家浜精神，军民共创全国双拥模范城四连冠"和"沙家浜就是你们的家"专题报道常熟市双拥工作。12月6日，中央电视台新闻频道以"拥军城：让子弟兵无后顾之忧"为题报道常熟市退役士兵的安置工作

【启用市级居家养老服务中心】 2015年，正式投入使用常熟市居家养老

服务中心,开通“95002”服务呼叫热线。通过政府购买服务方式向海阳养老服务中心购买服务,负责全市居家养老服务工作。全年由海阳在全市开发各类居家养老服务供应商近1096家,提供家电维修、家政服务、医疗保健、理发助浴、物品配送、精神关爱等20多个项目的服务,全年已为全市城乡老年人提供超过4万多小时的服务。近年来,常熟市超前规划、加大投入,积极探索居家养老服务工作新模式,得到上级肯定。

【扎实推进社工队伍建设】 开展“社工增能计划”,累计培训400多人次。积极组织社会工作者职业水平考试,制订《常熟市社会工作者考试奖励暂行办法》,激励全市广大社会工作者参加社工考试及继续教育。与常熟理工学院签订合作协议,组织专家团队为1245名参考人员提供免费培训,全市社会工作者的参考率和持证率明显提高。

(吴奇华)

便民服务

【概况】 2015年,常熟市便民服务中心“五位一体”综合管理服务平台共受理各类服务需求781065件,其中“12345”便民服务热线共受理诉求647247件,比2014年上升77.36%;其中,直接答复有540097件,通过热线系统派发任务单107150件,及时签收率99.82%,及时办理率99.79%,群众满意率98.66%。“寒山闻钟”论坛主帖6988件,及时签收率100%,及时办理率100%。在线咨询1842件,及时签收率96.85%,及时办理率97.88%。镇场(部门)信箱676件,及时签收率94.23%,及时办理率96.75%。市“政风行风热线”共上线44家单位,一把手上线率93.18%,办结率100%。省政风群众诉求平台受理52件,办结率100%。数字城管平台:城区收到上报案件66276件。其中,部件问题8204件,占12.38%;事件问题58072件,占87.62%。监督员上报66265件,占99.98%;公众举报11件,占0.02%。有效案件64778件,有效上报率97.74%。案件现场处置24522件。案件派遣处置涉及19个联动部门,派遣数34457件,应结案34931件,实际结案34640件,结案率99.16%。分中心累计收到上报案件57722件。其中,部件问题1585件,占2.75%;事件问题56137件,占97.25%。有效案件57495件,有效上报率99.61%。案件现场处置8997件,派遣48555件,应结案48490件,实际结案47991件,结案率98.97%。

【运用大数据分析,为政府部门提供决策参考】 2015年,常熟市便民服务中心以抓好“五位一体”综合管理服务平台的工作为抓手,通过智能化、信息化管理手段以及平台的分析功能,析出群众反映的热点问题和需求导向,形成专报上报市委、市政府并及时反馈相关职能部门。“五位一体”综合管理服务平台是市民反映问题最集中,数量最多的一个平台,汇集大量市民诉求。中心对这些诉求进行全面梳理和分类,共划分24个大类、121个中类、288个小类,例如划分环境保护、规划建设、市政市容、公共出行等。通过大数据分析这一举措,有效提高部门办理工作的针对性和实效性。

(杨恺恬)

新市民管理

【概况】 2015年,市新市民事务中心平稳推进新市民积分入学、入医、入市民卡工作,共受理入学申请12759人、入医申请15545人、入市民卡申请39050人,分别排名准入10162人、10001人、38935人。2015年,全市登记新市民115.2万人,即时实有94.3万人,其中共采集黑诊所从业人员91名、黑网吧从业人员47名、黑中介从业人员8名、无证幼儿园从业人员13名,怀孕妇女2536人,每季度向职能部门发送信息通报1期;采集出租房屋房东12.1万户、承租户41.8万户,其中承租户准予备案27.4万户、不予备案14.3万户,备案率达65.54%,向属地政府发送不予备案承租户信息通报4期,通过督促整改,备案率提高1.5个百分点。举办第二届社区警辅职业技能大赛,4名选手获“常熟市五一劳动奖章”称号,1名选手获“常熟市岗位技术能手”称号。

【市政府召开新市民积分管理暨出租房专项整治工作会议】 1月29日,市政府召开全市新市民积分管理暨出租房专项整治工作会议。会议由副市长陶理主持,市委常委、常务副市长沈晓东作2014年新市民积分管理工作报告,副市长范建国就全面推进出租房专项整治动进行工作部署;公安局、新市民事务中心、虞山镇、教育局分别作大会交流发言。市委常委、政法委书记杨崇华参加会议,对2015年积分管理各项工作提出具体要求。全市各镇(区)、有关部门主要及分管负责人,各派出所所长,新市民事务中心中层及各分中心负责人参加会议。

【省委巡视组领导视察基层分中心】 5月7日,江苏省委第一巡视组在常熟工作期间,在市委书记惠建林,市委常委、市纪委书记程波等领导陪同下,至新市民事务中心古里分中心视察调研。巡视组一行实地参观古里分中心服务大厅,听取常熟市开展积分管理工作情况介绍,对中心的工作予以充分肯定,并提出指导意见和建议。

【新市民事务中心领导参加苏州市流动人口积分管理工作会议】 6月24日,苏州市政府召开流动人口积分管理工作会议。市新市民事务中心主任庞学海应邀参加会议,介绍了常熟市新市民积分管理工作情况及成效。省公安厅党委委员、苏州市副市长、公安局局长张跃进要求苏州市区借鉴常熟等地经验,推动苏州市区流动人口积分制管理工作。

【召开新市民子女积分入学管理工作会议】 6月24日,市政府召开新市民子女积分入学工作会议。会议由市府办副主任范立军主持,市新市民事务中心副主任钱建春和市教育局负责人分别就2015年度新市民积分入学形势、公办学校学位情况进行说明,副市长陶理参加会议并讲话。各镇(区)教育工作分管领导、各镇（区）新市民事务分中心负责人参加会议。

【举办社区警辅职业技能大赛】 9～10月，市新市民事务中心举办第二届“常熟是我家”杯社区警辅职业技能大赛。全市1651名社区警辅通过派出所预赛、分区赛，共有来36名选手进入2015年10月23日的决赛。决赛中，来自高新园派出所的戴国清、古里派出所的贾良弟、东张派出所的成洪翔分获甲、乙、丙三个组别特等奖，被授予“常熟市五一劳动奖章”荣誉称号，戴国清还被追加授予“常熟市技术能手”荣誉称号。市公安局党委书记、局长吴军，苏州市公安局人管支队副政委朱存太，市公安局党委委员、市新市民事务中心主任庞学海，市总工会、市财政局、市人社局、团市委有关领导到现场观摩比赛并为获奖警辅颁奖。

【推出网上“出租房屋超市”】 2015年，全市通过“出租房屋超市”租出房屋3976间，房源达到11.7万间，日均保持待租状态出租房屋2500间。2015年8月10日，《人民公安报》在03视点版面刊登《常熟“出租房屋超市”有效运行提升社会治安管理水平》的文章，介绍了常熟市出租房屋管理做法。“出租房屋超市”是将符合备案条件、尚未租出的房屋纳入数据库，向免费新市民发布出租房屋信息的网上平台。“出租房屋超市”房源信息与社区警辅采集的信息、检查备案的信息互联互通，实时关联，实现出租房屋精细化管理，形成“人来登记、人走注销”工作局面。

【动态调整积分管理办法】 2015年，根据“稳定的工作、固定的居住、遵纪守法和社会贡献”原则，对新市民积分管理办法进行优化。新办法增加个人素质、社会贡献度、主动接受管理分值比重，降低符合计划生育加分，取消“近5年内受过刑事处罚的”和“拒不履行法院生效裁判，被法院列入当年度失信人员”申请积分管理资格，加大违反法律法规行为扣减分力度。通过积分管理引导，先后有1500名新市民加入义警，开始参加志愿服务活动，1660名新市民通过义务献血得到加分，新市民个人参与慈善捐赠6万元。 （张韧）

人口与计划生育

【概况】 2015年，全市户籍出生户籍人口出生7268人，其中二孩2907人。“单独两孩”政策顺利实施，再生育审批3259对，出生政策符合率99.92%。查处社会抚养费征收案件73例，结案率90.4%，应征社会抚养费166.4万余元，征收到位率76%。严格执行计划生育一票否决制，审核各类先进评比36批次、拟发展党员402人，审核出违反政策生育250人次。全面落实计生家庭奖励扶助政策，全市兑现各类计生奖励扶助金10560万元，新增免费办理公交爱心卡249人、园林卡262人，发放生育关怀基金60多万元。基本实现流动人口基本公共服务均等化，全市登记居住在常的流动人口87.2万，流动人口出生5172人，其中女性2411人，出生政策符合率为93.02%，优质服务率达97%以上。做好新市民积分管理计生审核，计生审核总计20244份，无错审和纠纷。

【国家卫计委法制司到常熟调研计划生育工作】 6月18日至19日，国家卫计委法制司副司长梁金霞一行到常熟开展计划生育工作综合调研。梁金霞听取苏州市人口和计划生育工作汇报、常熟市计划生育综合调研工作汇报，详细了解全市市计划生育工作领导小组制度和目标责任落实情况、调整完善生育政策和人口计划完成情况、计划生育家庭奖励扶助政策落实和特殊家庭扶助关怀情况等内容。

【组织开展“9·25”《公开信》发表系列纪念活动】 9月25日是中共中央《关于控制我国人口增长问题致全体共产党员、共青团员的公开信》发表35周年纪念日。市卫计委通过《常熟日报》专版、《赢在国策》宣传片，向公众解释“单独两孩”、计生家庭特别扶助、计划生育优待和奖励等相关政策。并制作6000件“生育关怀服务到家”主题宣传品在“9·25”期间发放到全市各乡镇（板块）。全市活动期间通过政策咨询、发放宣传品、义诊服务、有奖问答等为群众零距离服务，悬挂横幅、张贴标语超200多条，发放各类宣传资料2.5万余份，各类媒体信息报道近百次。

【举办2015年卫生计生干部培训班】 12月3日，2015年卫生计生干部培训班在市委党校开班，来自全市13个板块及虞山镇7个管理区的分管领导及140多名市镇两级计生干部参加培训。此次培训班为期2天，培训内容涵盖先进思想与先进事迹报告、计生政策法规和案例解析、流动人口服务管理、科技公共服务，通过业务知识结合当前工作重点、难点、热点问题的课程设置，提高了培训的针对性和实用性。江苏省卫计委副主任何小鹏专程来常熟，为全体计生干部上开班第一课。 （顾　薇）

公积金管理

【概况】 2015年，全市新增公积金缴存单位1209家，新增缴存职工114325人，历史上首次突破10万人。年末应缴职工274066人，比年初净增加18994人，12月应缴金额为2.27亿元；全年归集住房公积金27.04亿元，比上年增加3.92亿元，增长16.96%，年末住房公积金余额65.10亿元；职工月平均缴存额由年初的777元增加至年末的830元，增幅6.82%；全年共审核公积金提取16.77亿元，比上年增长32.05%，其中审核大病提取109笔465.53万元；全年审批发放公积金贷款4900笔20.16亿元，比上年增长296.85%；全年收回公积金贷款5.49亿元；全年共审核保障房公积金贷款贴息363笔29.7万元；全年共对3658名符合长期未使用账户职工发放补贴526.3万元。年内，从公积金增值收益中为市政府补充廉租房建设资金3150万元。

【缴存扩面职能进乡镇】 自2013年起，市公积金中心创新公积金管理服务的模式，提出建立镇级住房公积金管理服务网络的设想，得到苏州市委、市政府及上级中心的高度重视，并指定在

市公积金中心开展服务能力提升活动

常熟市先行试点，取得良好社会反响。3月，苏州市编办、人社局、公积金中心联合印发《关于在镇和街道推进住房公积金缴存扩面工作的通知》，明确将住房公积金缴存扩面职能下放到各乡镇。7月，常熟市编办、人社局、公积金中心也联合发文，正式要求各镇（街道）、度假区积极做好缴存扩面职能进乡镇的承接工作。年末，市公积金中心在虞山镇、尚湖镇建成8个住房公积金业务专柜，专柜数量列苏州县市第一。自此虞山镇、尚湖镇辖域内的单位，在办理缴存单位开户登记、委托收款签约和职工个人开户、转移、启封、封存、领卡业务时，都可以就近到当地劳动保障所服务大厅住房公积金专柜审核办理，在助力扩面的同时又极大方便了缴存单位。

【公积金月归集额超2亿元】 2015年，市公积金中心严格落实"一个服务包、一张联系卡、一场培训会、一次回访、一月一送卡"的"五个一"单位服务长效机制，以服务赢支持；积极规范做好年度公积金基数调整工作，联合各承办银行加大对未调整单位和调整后未补缴单位的催调催补力度，联合各板块社保部门开展公积金稽核工作，引导企业按职工的实际收入计缴公积金，取得显著成效。公积金月归集额自2011年9月突破1亿元大关后，于本年3月公积金归集额突破2亿元，4年内实现翻番；年末公积金累计归集157.18亿元。

【公积金贷款政策调整】 2015年，为促进房地产市场平稳健康发展，帮助职工用足用好住房公积金，市公积金中心加大职工住房消费支持力度。5月15日起，中心开始执行提高贷款最高限额、增加贷款额度计算公式、降低首付款比例、第二次使用公积金贷款利率不再上浮等公积金贷款优惠政策。新政实施首日，共办理住房公积金贷款67笔3260.5万元。全年审批发放公积金贷款4900笔，较上年增加2936笔，增长149.49%；发放贷款金额20.16亿元，较上年增加15.08亿元，增长296.85%；全年审核公积金提取16.77亿元，较上年增加4.07亿元，资金使用总量远超上年。

【完善公积金服务网络】 2015年，市公积金中心新增农业银行虞山工业园分理处提取服务网点，调整中国银行海虞南路支行提取网点职能至中国银行东南开发区支行，建成东南开发区首家公积金提取服务网点。11月，新设虞山镇方塔、琴湖、虹桥管理区3个住房公积金专柜，实现了虞山镇（下辖7个管理区）、尚湖镇的全覆盖，受益单位超5700家。年末，市公积金中心除服务大厅进驻10家单位18个服务窗口以外，在全市设有7个银行提取服务网点和8个乡镇公积金专柜，贴近高效的服务便利广大缴存单位和职工，搭建起覆盖范围更广、职能更丰富的公积金服务网络。

【电子化服务渠道】 2015年，市公积金中心坚持助企惠民服务理念，进一步完善"云服务"平台；积极推广"网上业务系统"和"委托收款"业务，让缴存单位能够远程完成全部的汇（补）缴业务，在方便单位的同时确保资金快速到账。年末，"云服务"平台和"委托收款"业务已覆盖所有缴存单位，"网上业务系统"纳入80%的缴存职工。6月，市公积金中心全面启用业务前台影像系统，办事职工只需携带材料原件，前台不再留存纸质复印件，改由工作人员实时采集业务资料电子影像，业务办理过程实现电子化、无纸化流转，既提高办事效能，为职工节省下大笔复印花费，又强化公积金档案科学化管理水平，帮助职工快速、完整地查询档案。

【资金运行平稳】 2015年，全年共审核公积金提取16.77亿元，审批发放公积金贷款20.16亿元，两项合计投入住房保障资金36.93亿元，助力市民改善居住条件。年末，市公积金中心累计发放公积金住房贷款44607户，已有21649户还清贷款本息，逾期率为零，无一笔不良贷款。年末公积金贷款余额49.19亿元，资金使用率为75.56%，资金运行质态安全有序。

【"十二五"公积金持续发展】 "十二五"期间，全市公积金制度覆盖面持续扩大，新增缴存职工31万人，净增缴存职工超10万人，连续5年新开户单位数突破千家；资金归集翻倍增长，全市住房公积金月归集额从期初的8875万元增长到现在的2.27亿元，五年实现归集资金98亿元；缴存质量显著提高，职工月平均缴存额由期初的503元提高到期末的830元；住房保障作用持续释放，五年累计提取住房公积金59.74亿元，累计发放住房公积金贷款16203笔51.9亿元，向市政府提供廉租住房建设补充资金1.16亿元。（吴　燕）

关心下一代工作

【概况】 2015年，按照市委对全市关心下一代工作规范化建设总体要求，各级关工委和市关工委各成员单位根据领导干部变动实情，及时调整关工委领导班子，完善落实各项规章制度，全市基层关工委规范化建设向常态化目标推进。年初，市关工委对在年前创建“五有五好”基层关工委工作中取得优异成绩的梅李镇周浩忠等40个先进集体、40名先进个人予以表彰。各级关工委切实加强组织建设、队伍建设、载体建设和制度建设，开展好关工委日常工作。基层关工委主任分批次接受培训，强化基层建设，培植发展活力。注重发挥“五老”独特优势，着力打造富有特色的关心下一代工作品牌。8月25日，在纪念中国关工委成立25周年暨全国关心下一代工作表彰大会上，常熟市关工委被中国关工委、中央文明办授予“全国关心下一代工作先进集体”荣誉称号，市民企关工委主任顾漪玲被授予“全国关心下一代工作先进个人”荣誉称号。

【创建校外教育示范站】 2015年，全市组织开展校外教育示范站和示范基地创建活动，各镇(区)关工委整合当地教育资源和社会资源，促进校外教育阵地发展，丰富校外教育实践活动。3月23日，市关工委对虞山镇谢桥管理区校外教育辅导站等40个“示范站”，徐鄞等40名优秀校外教育辅导员进行表彰。市教育系统关工委开展“校站结合，志愿者进社区”活动，为校外教育输送人才，实现一校一站一特色。市关工委利用校外教育辅导站建设扶持经费为50个基层校外教育辅导站每站安装一套电教设备，发挥现代教育装备功能，提升校外教育水准。5月26、27日，省关工委副主任钱协寅到常熟调研校外教育辅导站建设，参观沙家浜革命历史纪念馆、沙家浜青少年国防教育园、红石村校外教育辅导站、市青少年活动中心、虞山镇少年之家和海虞镇新峰美术馆。钱协寅认为常熟校外教育辅导站建设的做法很成功，值得推广和借鉴。

【启动首届“才艺之星”评选活动】 5月28日，由市关工委和市教育局主办的首届“才艺之星”少儿评选活动启动，比赛历时两个月，共有1000多人报名，涉及音乐、舞蹈、武术、书画、朗诵等多个领域，经过初赛、复赛、半决赛、总决赛等前后13场次比赛，共评选出冠军、亚军、季军、十佳选手之星、入围之星等36名优秀才艺少儿。人民网、新华网、中国江苏网、《东方早报》和《关心下一代周报》等媒体对活动进行宣传报道。

【开展“抗战胜利70周年”主题教育】 2015年，市关工委抓住抗战胜利70周年的时机，组织“走访抗战老英雄”“红领巾重走新四军东进抗日路”“听抗日英雄的故事”等活动，引导青少年毋忘国耻、圆梦中华。20多件学生作品在省阳光少年网“走访抗战老英雄”活动评选中获奖，2个辅导站和2名辅导员分别获得“先进集体”奖和“双先辅导员”称号。市关工委还将“崇德守法”教育与“中国梦”教育、“社会主义核心价值观”教育、“文明礼仪”教育等有机结合，采用“讲、谈、读、画、写、做”等方式，开展革命传统教育、孝爱文化教育和励志成才教育活动。

【零犯罪社区(村)创建工作】 2015年，各镇(区)关工委和市关工委各成员单位为有效预防青少年违规违法事件发生，采取关口前移的精准维权服务，强化法律法规教育，增强青少年法治意识和自律意识。全年常熟首次实现本地未成年人零犯罪目标。中国日报网以《为孩子扣好人生第一粒扣子》为题刊发通讯，介绍全市关工委老同志“传递正能量，引导孩子从小知荣辱”和“结对帮教重实效，为孩子人生护航”的成功经验。

(吴静君)

责任编辑　浦君芝

7月9日，“红领巾重走新四军东进抗日路”主题活动启动

镇（区）概况

虞山镇

【概况】 虞山镇是全市政治、经济、文化、商贸中心，全镇区域面积189平方千米，常住人口79.6万人，下辖高新技术产业园1个、管理区7个、行政村47个、社区居委会68个(其中撤村建居12个)，建有中学3所、小学18所，校外教育机构2所，医疗和养老机构6所。镇先后获评全国文明镇、中国乡镇之星、中国商业名镇、全国财政十强镇、全国投资环境百强镇。2015年在中国中小城市综合实力百强评比中，名列第二。

经济发展 2015年，全镇实现地区生产总值851.7亿元，一般公共预算收入47.2亿元，完成固定资产投资180.7亿元，工业总产值934.5亿元，增长1.7%；工业开票销售收入665.6亿元、服务业开票销售收入725.7亿元；社会消费品零售总额400亿元，增长8.8%；高新产业产值443.8亿元，新兴产业产值177.8亿元，分别增长8.3%和2.1%；注册外资1.5亿美元、到账外资8016万美元，分别增长85.7%和19.3%；新办私营企业1883家，增长6.6%；净增内资注册资本73.7亿元，增长27.6%。与中关村医疗器械产业联盟达成战略协议，引进海维医疗器械、和泰医疗设备等4个项目，总投资超5亿元，注册1.5亿元。飞煌工业园一期5.8万平方米高标准厂房落成投用；首批入驻意大利PMG、美国舒尔曼和日本樫山项目，总投资6800万美元，注册2800万美元。集电梯整机制造、销售、维保为一体的英沃电梯签约落户，总投资超10亿元，注册3.6亿元。中交天和、达富电脑、曼隆电梯分别增资3.8亿元、5000万美元和3800万美元，达富电脑获苹果iwatch独家生产权。认定省高新技术企业9家、省民营科技企业19家，新增高新技术产品41个、发明专利授权97件，列入姑苏创新创业领军人才计划2项。莫城纺织服装创意产业园建设全面推进，电商园一期入驻率100%，实现销售4.6亿元，电商园二期、文创双子楼、中洲湖滨广场二期加快推进，实施新跃物流资源交易平台、ID时尚创意园、江南服装时尚设计产业园等载体平台建设。常熟互联网服务外包产业园入驻企业32家，实现开票销售5000万元；常熟跨境电商园入驻企业24家，实现销售7000万美元。16处商务楼宇实现税收5.4亿元、营业收入379.6亿元，分别增长24.1%和24.6%。房产市场实现开票销售69.8亿元。整合组建东部市场管理中心。中泾都市生态农业产业园、莫城高效特色水生种养园、沉海圩乡村湿地公园等现代农业园区加快建设，金家宕思齐文化创意村项目签约。中泾果品、勤川大米、莫城“水八仙”等特色农产品加快市场拓展。上海交大常熟新农村发展研究院及教授工作室挂牌成立，农业领域的产学研合作不断深化。

社会事业 2015年，虞山镇全力推进城市规划建设、更新整治和综合治理，促进城市形象提升和内涵发展。探索优化城市空间布局，完善北部片区、安定片区、花溪片区以及谢桥、莫城、大义三个集镇控制性详规。房屋征收搬迁工作全力推进，实施火车站片区、南门坛上片区等市级项目16个，征收搬迁民宅764户；实施高新园、昆承湖南片区等镇级项目6个，征收搬迁民宅238户；琴湖片区房屋搬迁扫尾以及高新园片区、私营城区域等企事业单位搬迁收储工作加快推进，实施大义、谢桥集镇企事业单位搬迁收储工作。北部城市生活社区功能形态不断提升，万达、中南、绿地项目加快推进，民安路泵站改造、青岛路及三亚路污水管网等基础设施配套不断完善。南门坛上历史文化街区保护与整治有序推进，得意楼维修工程通过竣工验收，新丰乐菜场主体工程基本完成，样板段(新建路至三官弄)工程9号、14号楼完成封顶。城区危旧私房及公寓房解危工作稳步推进，五星二区13幢恢复性重建开工，实施祝家河1～4号原地解危以及东仓街、安定小区异地解危试点。改造老住宅小区18个，惠及居民4290户。改造古城区大院户55个，惠及居民560户。启动“多规合一”和“三优三保”规划编制工作，完善村庄布局、综合整治村庄整治、村级工业用地整合等基础规划。民宅建设管理稳妥实施，累计受理农房落架大修685户，审批房屋一般维修123户，预置换118户。城乡一体化示范小区加快建设，五新花园二期、燕兴佳苑、怡馨佳苑二期等项目竣工验收，五新花园三期、龙蟠佳苑二期顺利推进，积极尝试向社会征集和回购安置房源。推进基础设施建设，完成和甸路、塘头街路、望虞路续建及计巷中心河路、金星路改扩建工程，实施城区基础设施维修和谢桥集镇休闲广场改造工程。实施农村污水收水改造项目35

个，其中PPP模式分散式污水处理项目18个。美丽村庄和康居村加快建设，重点推进东始吉家桥、东联宗家宕的三星级康居村建设，梦兰村成功创建国家级宜居村庄。水利建设力度不断加大，疏浚河道28条、41.2万方，改造桥梁6座。城乡环境整治“百日行动”持续开展，大力整治城中村、城乡结合部、三环路高架沿线等重点区域。抓好大气污染防治、节能减排等生态文明建设，关停落后产能企业21家，取缔燃煤锅炉154台，废水接管企业2家，26家污染物排放企业削减排污量15%，关停畜禽养殖场64家，淘汰黄标车3800辆。完善出台存量资源整合、村级经营性用房建设、合作经济组织发展等3项村级财力扶持政策，实现村均总收入1180万元。新增村级物业用房8.5万平方米，整治农村低效工业企业用地5.3公顷。新建各类专业合作组织8家，其中村级集体农场4家。出台农村社区股份合作社股权固化改革方案并开展试点，实施农村承包土地确权登记颁证工作。

人民生活　2015年，虞山镇养老保险覆盖率、城乡居民养老保险和医疗保险覆盖率均保持在99%以上。新增就业岗位51854个，高校毕业生就业率99%以上，城镇登记失业率控制在1.3%以下。征（使）用土地补偿安置历年失地农民7199人。养老设施建设加快推进，实施颐养山庄改扩建工程，新增床位622张。建成镇级居家养老服务管理中心，累计建成省3A级居家养老服务中心8家、日间照料中心36家、社区居家养老助餐点16个、规范化老年活动室53家，镇级老年大学建成投用。深化“生育关怀、服务到家”品牌活动，完成农村妇女“两癌”筛查三年行动计划。世纪星幼儿园注册落户，伊顿国际幼儿园开学招生，游文幼儿园竣工交付；教育装备达省Ⅰ类标准学校增至15所，新增“幼小分离”幼儿园5所、学前儿童看护点9家；新增苏州市名教师1名、常熟市级骨干教师136名，市级以上骨干教师占比达35%。实施谢桥社区卫生服务中心数字化儿保门诊建设和安定、东环社区卫生服务站提高性改建。成功创建苏州市全民健康生活方式行动示范镇。完善莫城、虹桥、琴湖3个文体活动中心和14所学校对外开放体育场馆的运行管理，新建健身步道12千米，公共文体设施对外开放率达70%。开展“老城记忆—南门坛上”主题文化系列活动。新市民积分管理累计受理新市民入医入学入市民卡申请3.9万人。

社会管理　2015年，虞山镇持续开展重点行业领域消防安全整治，劳动密集型企业火灾隐患、“三合一”隐患场所整改率分别达100%和88.5%，事故起数、死亡人数实现“双下降”。社会稳定风险评估完成征土类项目22宗、建设类项目12个。技防建设继续深化，新增高清监控373套、村级监控150只。工资支付“月月清”行动持续加强，劳资矛盾预警处置机制不断完善。推行信访分级负责制，认真办理和及时回应“12345”热线、“寒山闻钟”论坛等群众诉求。虞山镇“网格365”指挥中心全面运行，定制开发信息管理系统，有效统筹市容秩序管理、建设行为监管、市民诉求解答等综合职能，划分管理网格342个，配优网格管理员931名，城市管理效能持续提升。351个住宅小区物业管理实现全覆盖，其中政府引进并落实物业管理老小区173个，全镇物业费平均收缴率达70%以上。社区建设深入推进，社区综合服务用房面积增至4.13万平方米，其中13个老社区全部落实，16个新建分设社区落实13个；建立志愿者工作站124个、志愿者服务团队128个，社区“四本工作台账、五本基础台账”纳入“网格365”平台统一管理，政社互动和社区减负持续深化。

2015年虞山镇主要经济社会指标

表43

项　目	数　量	项　目	数　量	项　目	数　量
地区生产总值（亿元）	851.7	工业销售收入（亿元）	875.6	中小学校（所）	21
一般公共预算收入（亿元）	47.2	工业利税（亿元）	50.3	在校中小学生（人）	32961
耕地面积（公顷）	3784	固定资产投入（亿元）	180.7	在职教师（人）	2096
用电总量（万千瓦时）	392635	其中：工业投资（亿元）	43.1	医院/病床（所/张）	6/460
农业总产值（亿元）	4	完成技改项目（个）	231	社区卫生服务站（个）	59
粮食总产量（万吨）	4.7	当年技改投入（亿元）	38.2	农村合作医疗参入率	99.52
皮棉总产量（吨）	0	新增民营企业注册资本（亿元）	73.7	自来水入户率（%）	100
出栏生猪（万头）	2.3	完成注册外资（万美元）	14911	农村养老保险覆盖率（%）	99.63
出栏家禽（万羽）	5.8	实际利用外资（万美元）	8016	最低生活保障对象（户/人）	630/1012
水产品产量（吨）	2022	外贸供货额（亿元）	366.8	年末存款余额（亿元）	566.4
农村合作社（家）	167	自营出口额（万美元）	557087	人均储蓄存款（万元）	15.9
农机总动力（千瓦）		三产从业人员（人）	140245	农民人均纯收入（元）	31165
工业企业（家）	2148	三产增加值（亿元）	641.8	农民人均住房（平方米）	70
其中：私营工业企业（家）	1938	集市贸易成交额（万元）	168530	—	—
工业总产值（亿元）	934.5	镇村主干道（千米）	1020	—	—

2015 年虞山镇各村(社区)基本情况

表 44

村(社区)	面积(平方千米)	户数(户)	人口数(人)	集体经济总收入(万元)	人均纯收入(元)	总资产(万元)	党组织书记	村(社区)主任
梦兰村	1.20	255	1009	3505	42185	29734	钱月宝	何 明
新厍村	1.70	356	1473	1904	29800	12851	朱坤林	陶 毅
戈庄村	1.70	385	1477	447	30490	3772	陆金元	邵丙云
湖圩村	2.50	667	2662	1235	30000	10782	陈瑞明	汤伟明
渠中村	4.00	908	3722	1450	31000	13317	陈 飞	周建青
青龙社区	1.17	326	1347	986	28500	9377	钱建国	曹瑞良
庞浜社区	1.00	409	1620	560	31132	3656	陈保生	徐建刚
花溪社区	1.80	507	1852	550	30624	4477	何卫东	石永元
环湖社区	0.33	250	1051	1299	37357	10223	钱伟平	王利明
荷花社区	1.10	329	1314	763	37100	6295	陆永元	范建荣
琴湖社区	0.04	279	840	822	32851	9835	杨生生	费增荣
绿源社区	0.90	1203	3287	—	—	—	唐妹心	唐妹心
洪泾里社区	0.85	1506	4065	—	—	—	张燕芳	张燕芳
漕湖社区	0.60	769	2194	—	—	—	曹卫娟	曹卫娟
湖苑社区	0.75	1046	2807	—	—	—	周 瑜	周 瑜
迎春社区	1.05	2170	5231	—	—	—	仲为平	仲为平
花溪苑社区	0.79	1126	3290	—	—	—	周德明	周德明
藕渠社区	0.47	325	839	—	—	—	叶文娟	叶文娟
锦荷社区	1.50	1544	3992	—	—	—	季 琼	季 琼
金山社区	0.48	726	2336	—	—	—	沈 琴	沈 琴
富阳社区	1.60	676	1684	—	—	—	崔红平	崔红平
胜湖社区	0.95	1236	3315	—	—	—	吴 燕	吴 燕
枫泾社区	0.47	1407	3453	—	—	—	周虞军	周虞军
清和坊社区	0.43	1901	5435	—	—	—	季 岚	季 岚
北门大街	0.47	2366	6181	—	—	—	苏咏梅	苏咏梅
西泾岸社区	0.50	1910	5010	—	—	—	林妹萍	林妹萍
烟雨社区	0.50	1298	3152	—	—	—	邹 艳	邹 艳
颜北社区	0.20	1735	4461	—	—	—	邵秋萍	邵秋萍
学前社区	0.42	1596	3833	—	—	—	曹 宇	曹 宇
报本社区	0.50	1841	4851	—	—	—	吴 琼	吴 琼
西庄街社区	0.46	1650	4494	—	—	—	金 洁	金 洁
花园浜社区	0.40	994	2405	—	—	—	张 竹	张 竹
阜湖社区	0.30	1293	3458	—	—	—	陆 军	陆 军
四丈湾社区	0.50	1424	3439	—	—	—	张 益	张 益
南门社区	0.41	1594	3715	—	—	—	陈幼兰	陈幼兰
湖中社区	0.50	234	700	—	—	—	殷毓祥	殷毓祥

续表 44-1

村(社区)	面 积（平方千米）	户数(户)	人口数(人)	集体经济总收入(万元)	人均纯收入(元)	总资产(万元)	党组织书记	村(社区)主任
合丰村	3.00	567	2059	1080	30112	8005	王平华	薛建国
顶山村	1.36	481	1487	727	29928	4214	蒋伟民	蒋伟民
联盟村	1.25	470	1732	1202	34052	7594	李保全	李保全
李桥社区	1.50	962	3204	626	31859	6197	薛春生	张志文
丁坝社区	0.50	441	1589	1887	31405	12962	谭惠明	李 华
张坝社区	1.00	582	1999	1325	30460	7971	张振良	张振良
兴福社区	0.30	431	1431	314	29649	2026	邵忠明	周 清
报北社区	0.80	2051	6003	—	—	—	徐 鄞	徐 鄞
常福社区	1.00	1861	5173	—	—	—	秦建环	秦建环
枫林社区	0.65	1021	2688	—	—	—	冯爽英	冯爽英
华山社区	0.30	1057	2961	—	—	—	叶 澄	叶 澄
菱塘社区	0.48	1755	4836	—	—	—	彭循佳	彭循佳
闽江社区	1.00	1426	4081	—	—	—	陈 锦	陈 锦
南沙社区	0.40	1228	4505	—	—	—	陆振良	陆振良
泰安社区	0.50	1962	5431	—	—	—	陈 韫	陈 韫
五星社区	0.80	3340	9563	—	—	—	徐 利	徐 利
星海社区	0.50	1947	5209	—	—	—	蒋艳兰	蒋艳兰
甬江社区	0.41	1236	3345	—	—	—	张梅芳	张梅芳
明晖社区	0.50	1418	3760	—	—	—	周振国	周振国
琴枫社区	0.60	1554	4901	—	—	—	俞 玲	俞 玲
报南社区	0.35	1289	3580	—	—	—	顾建芬	顾建芬
浜泾村	2.50	1344	5270	944	31347	5407	朱雪虎	浦东华
泰慈村	1.80	454	1735	1011	30008	8916	朱进元	顾建明
九里村	2.00	427	1496	756	29373	5268	徐忠祥	金国祥
泰安村	2.00	408	1550	1028	32051	9813	冯振中	王瑞根
石墩村	2.80	585	2176	1063	33056	11575	顾永福	高根祥
浦浜村	1.20	309	1265	1072	29956	10401	顾卫康	顾进华
东环村	1.80	615	2441	1326	32112	8391	刘锦彪	朱金虎
大虹桥村	1.70	558	2024	764	30959	4416	张 军	张 军
景龙村	2.46	772	2817	741	32585	3719	卢文东	周春华
新造村	1.69	485	1875	641	27999	3284	顾建忠	常德明
杨荡社区	1.25	446	1648	787	27453	4558	汪建新	陶 义
漕泾社区	0.90	606	2109	472	29503	6162	陈 良	王建华
昭文社区	0.56	1538	4384	—	—	—	张华英	张华英
衡山社区	1.00	1006	2864	—	—	—	薛 萍	薛 萍
虞东社区	0.60	1861	5349	—	—	—	杨月芳	杨月芳
虞园社区	0.50	1946	5298	—	—	—	缪 虹	缪 虹
兴隆社区	0.46	786	2007	—	—	—	潘琴芬	潘琴芬
泰山社区	1.90	1509	4292	—	—	—	朱 洪	朱 洪

续表 44-2

村(社区)	面　积(平方千米)	户数(户)	人口数(人)	集体经济总收入(万元)	人均纯收入(元)	总资产(万元)	党组织书记	村(社区)主任
世茂社区	1.00	1301	3283	—	—	—	徐文洁	徐文洁
润欣社区	0.37	699	1775	—	—	—	徐　娟	徐　娟
珠江社区	0.40	1612	4542	—	—	—	邹　洁	邹　洁
虞枫社区	0.54	155	337	—	—	—	陈　英	陈　英
衡泰社区	0.28	763	1996	—	—	—	邵志红	邵志红
中南南苑	1.00	743	1906	—	—	—	汪　伶	汪　伶
福圩村	2.63	695	2407	850	28554	5023	何振祥	何振祥
方浜村	6.04	1820	6583	1871	29638	11052	丁建明	鱼利锋
勤丰村	6.15	1483	5528	5033	38312	30719	张建昌	陈培中
毛桥村	6.02	1564	5631	2952	33647	18679	陈　俭	归燕青
明晶村	4.16	1090	3759	831	27975	2323	吕　飞	陈永华
常福村	2.60	679	2433	602	26851	1883	常振良	倪建东
新红村	2.18	656	2354	646	28207	1721	陈　麟	金　辉
永红村	4.78	844	3175	725	27911	2822	费惠忠	徐　威
翻身村	3.00	663	2355	726	25397	3390	丁　科	陶国祥
绿地社区	0.98	1857	4518	—	—	—	钱红燕	钱红燕
谢桥社区	1.20	976	2092	—	—	—	王国祥	王国祥
景泰社区	1.40	107	224	—	—	—	胡　敏	胡　敏
安定村	1.73	820	2460	788	37077	4138	秦文元	周雪强
言里村	3.20	904	3337	1143	34086	6015	张永刚	牛建平
三塘村	4.00	1034	3851	1170	33002	3375	戴福根	—
燕巷村	2.30	601	2176	1826	34150	25047	龚惠民	—
和甸村	1.59	297	1170	714	33803	6658	吴丽军	叶　平
湖鹤村	2.30	696	2455	908	32176	6250	陆建洪	—
东青村	3.88	717	2530	849	33401	4324	祝庆	钱志方
东始村	3.20	793	2567	576	34797	2770	毛惠明	毛红英
长瑞村	3.10	572	2035	957	33286	4138	时小兵	时小兵
三和村	2.50	703	2564	601	32900	3070	邹伟刚	俞建明
三星村	6.74	1160	4228	986	32856	5787	狄宏青	周　磊
莫城社区	1.16	1015	2533	—	—	—	丁永明	丁永明
中泾村	5.52	1017	3703	2152	29733	10861	范益民	钱　良
小山村	2.66	942	2832	1239	31324	8267	宗顺林	宗顺林
常隆村	4.00	874	2962	904	29130	6660	徐建锋	邢翔燕
东联村	6.10	1198	4024	956	29378	7392	张　益	张　益
蜂蚁村	5.50	1157	4051	961	27412	5838	范　斌	颜建新
光明村	0.80	955	3224	960	28149	4942	张庆保	吴锦宇
五新村	3.50	542	1696	662	29877	4286	赵俊发	吴　刚
小义村	6.18	1307	4870	1896	31737	6051	殷文元	王　锋
压路机村	5.77	1038	3769	590	29138	8317	林志刚	王志荣
大义社区	1.95	1289	3101	—	—	—	章彩萍	章彩萍

表 45

2015 年虞山镇骨干企业基本情况

企 业 名 称	销售收入(万元)	利税总额(万元)	法人代表
达富电脑(常熟)有限公司	2344418	4399	黄健堂
江苏梦兰集团有限公司	636256	25217	钱月宝
江苏通润机电集团有限公司	474291	83598	顾雄斌
达明电子(常熟)有限公司	423565	499	何世池
常熟市汽车饰件股份有限公司	380670	44707	罗小春
常熟开关制造有限公司(原常熟开关厂)	179278	80337	王春华
苏州通润驱动设备股份有限公司	130958	11264	张　鹤
常熟市天然气有限公司	118116	20324	钱瑞龙
安博电子科技(常熟)有限公司	116252	513	廖锡安
中交天和机械设备制造有限公司	80274	40863	钱献国
常熟精元电脑有限公司	68622	526	柯睿骅
苏州多彩铝业有限责任公司	65301	4728	陈匡立
曼隆电梯有限公司	57217	8242	吴丹群
常熟市欣鑫经纬编有限公司	49979	2144	黄忠清
常熟中法水务有限公司	40559	10982	陶国华

【两家企业被认定为省级科技孵化器】 1 月 4 日,常熟先进制造业科技园、常熟纺织服装科技创意园分别被江苏省科技厅认定为综合类和专业类省级科技企业孵化器。常熟先进制造业科技园主要以高端成套装备制造、新材料新能源、医疗器械、新一代信息技术领域的初创企业为服务对象,由企业孵化中心、科技成果转化中心、大学生创新创业基地、公共配套服务中心等四个功能区块组成,主要把辖区相关技术创新群体联系起来,形成完整的创新体系链条,为区域经济的发展提供动力。常熟纺织服装科技创意园主要以新材料为核心,集聚面料开发、纺织服装研发设计与制造、纺织环保、纺织服装服务平台、纺织服装培训等领域相关高新技术的中小企业,建设专业的新材料、纺织服装中小企业创业孵化基地,逐步实现孵化管理、科技企业培育、营造创新创业环境、节约共享资源功能。

【金龙科技在"新三板"挂牌】 1 月 15 日,金龙科技在"新三板"挂牌,成为常熟第 5 家在"新三板"挂牌的企业。金龙科技主要生产新型高端智能型电脑横机,融合机械执行、电脑控制和花型设计三大核心系统。通过坚持"有品质增长"经营理念,着力打造民族品牌企业的技术和服务战略高点,助推电脑横机产业进一步发展。

【虞山镇试点成立劳动保护监督检查员片区服务站】 1 月 16 日,虞山镇在方浜工业园试点成立劳动保护监督检查员片区服务站。该镇把片区内持证上岗的工会劳动保护监督检查员组织起来,形成合力,整合资源,定期开展专业学习、监督检查、宣传教育等活动,推动企业安全发展,保障职工劳动安全与健康。

【"网格 365"社管模式建立】 1 月,虞山镇启动运行"网格 365"指挥中心,通过实现和市级平台的数据共享,从以往被动处置群众诉求,变为群众诉求和主动发现相结合,建立社会管理新模式。该镇把辖区划分为 341 个网格,设立专职管理员每天对所在网格区域进行巡查,面对面收集民情民意,并及时上传予以协调解决。通过城市管理网格化、社区台账电子化、任务流转痕迹

1 月 11 日,2015 年度虞山镇工商界创新发展交流会举行

化三方面的提升，将各类社会矛盾纠纷、城市管理问题在基层得到妥善解决。

【太湖流域环境保护与现代农业发展研讨在虞山镇举行】 3月22日，由南京大学、虞山镇人民政府、常熟理工学院主办的太湖流域农村环境保护与农业区创新经济发展研讨会在虞山镇举行。江苏省农业委员会、南京大学、上海交通大学、复旦大学、河海大学、世界自然基金会的专家学者出席研讨会，对新时期农村建设模式中"都市观光农业"与"现代创新农业"两个基本点的技术创新、产业集成与先锋示范作用等内容进行讲解，并就新常态下农村面源污染、苏南农村水环境创新管理模式等开展专题研讨。期间，与会人员实地考察虞山镇现代农业建设、水环境综合整治情况以及自然环境资源。

【蒋巷村与中泾村缔结友好村】 6月23日，支塘镇蒋巷村与虞山镇中泾村缔结友好村签约。两村缔结友好村后，将发挥蒋巷村党委书记常德盛的传、帮、带作用，加强对中泾村农村经济社会发展的指导，双方将加强互访互学活动，互派村两委会班子成员挂职锻炼，在党务村务工作、新农村建设、特色文化建设和乡村旅游等领域加强交流，中泾村将积极借鉴蒋巷村在新农村建设中的先进经验，双方在新农村规划、建设、管理等领域加强合作，蒋巷村和中泾村还将建立长期稳定的走亲机制，鼓励村民群众相互走亲，增进友好关系的持续健康发展。蒋巷村党委书记常德盛为中泾村党员干部作专题辅导党课，副市长、虞山镇党委书记朱亚辉出席签约活动。

【金家宕思齐文化创意村项目签约】 8月26日，虞山镇人民政府与上海思齐文化艺术中心签署金家宕思齐文化创意村的合作协议，市委副书记王建国、副市长范建国，副市长、虞山镇党委书记朱亚辉等领导参加签约仪式。金家宕是虞山镇中泾村一个自然村落，具备环境资源优势，拥有历史悠久的农耕文化传承，项目将在硬件上对金家宕丰富的自然资源进行梳理调整，对现有的基础设施进行改造完善，最大限度地保留原汁原味的农村风貌；在软件上则以"农"为核心，结合都市元素，提炼农耕文化，将金家宕建设成为激发人们返乡、恋乡情结以及文化记忆传承的都市观光休闲型乡村样板。

【全市首支非公企业消防队成立】 11月，全市首支非公企业专职消防队在市鸽球印染有限公司成立。该公司地处虞山高新园大义工业园区，周边印染、服装企业众多，专职消防队的建立，加强了火险火灾的防控。该消防队有退伍军人6名，并配置2辆消防车及各类消防器材，在担负公司及周边区域灭火救援任务的同时，还将定期开展消防安全巡查及消防安全知识宣传。 （金 悦）

海虞镇

【概况】 海虞镇位于常熟市的北部，北依长江，东临国家一类口岸常熟港，镇域面积109.97平方千米，下辖周行、福山2个街道办事处、1个农场、4个社区和17个行政村。全镇总户数37510户，户籍人口8.92万人，暂住人口4.12万。先后获全国重点镇、全国环境优美镇、国家卫生镇、全国小城镇建设示范镇、全国创建文明村镇工作先进镇、全国发展改革试点小城镇、全国第一批试点示范绿色低碳小城镇、中国苏作红木家具名镇等称号。

经济发展 2015年，全镇实现地区生产总值85.9亿元；完成财政总收入19.56亿元；一般公共预算收入7.58亿元；实现工业总产值211.6亿元，其中规模以上工业产值162.9亿元；完成全社会固定资产投资29.4亿元，其中工业投资19.6亿元；完成注册外资5258万美元，实际利用外资6002万美元。三爱富中昊六氟丁烯、大金工程中心、科慕特富龙等11个项目实现开工建设。纽佩斯、华道生物药业、淀川惠德等18个项目完成建设进入试生产。苏虞生物医药产业园加快建设，完成100公顷生物医药产业园概念规划、自建区域详细规划及入口工程——海丰路建设，苏四制药、纳微科技和香港基因港等3家企业引进落户。柏科电机项目基础设施建设全部完成。成立市级城市综合物流园，编制物流园发展规划及详细规划，设立城市综合物流发展有限公司，拓展物流产业发展空间。发展节能环保产业，投资8000万元开工建设20兆瓦地面光伏发电项目。推进中新海虞合作项目专项规划设计和公共配套建设，启用中新海虞花园城接待中心，加大项目推介力度，完成中新8号地块经营性土地挂牌工作。港龙地产成功入驻中心集镇，开发建设12万平方米香江豪庭公寓，三爱富总部办公大楼项目签约，华诚国际物流仓储项目已开工建设。海虞电商园入驻电商企业83家，成功获批省级大学生创业园，并通过省级众创空间备案。苏作红木精品展示中心、龙达飞生活体验馆等项目投入运营。富士莱、达诺尔、新泰3家企业挂牌"新三板"。全年共新增高层次人才45名，其中博士7名、国家"千人计划人才"1名，新增苏州"姑苏计划"人才项目2项、常熟市级领军人才项目2项。新增省级高新技术企业7家，高新技术产品25个，申报发明专利400多项，、获苏州市科技进步奖二等奖1项，市级科技进步奖三等奖1项。三爱富中昊、华益化工列入全市"小巨人"计划。农业基础进一步夯实，粮食生产实现12连增。建成投用郑家桥、徐桥533.3公顷现代农业产业园区扩建项目、新州村100公顷规模化节水灌溉增效示范项目、七峰村213.3公顷小型农田水利重点县工程建设项目，新建七峰村商品化集中育秧基地2.7公顷。全镇水稻机插率达92%，实现稻、麦秸秆机械化全量还田。试点农机信息化管理，在肖桥农机库安装实时视频监控系统。海虞现代农业产业园被认定为苏州市级现代农业园区。

社会事业 2015年，海虞镇完成中心镇区控制性详细规划，并通过市级评审。对接物流园区、高铁片区开发建设和土地整理项目及铁黄沙开发，编制周行、福山集镇专项整治规划。启动编制"三优三保"专项规划和村级工业用地整合规划，推进土地综合整治利用，完成增减挂钩项目复垦验收8.9公顷，占补平衡项目复垦验收1.3公顷。实施沪通铁路绿化带、通港路快速通道、新世纪大道北延等市级项目和镇村基础设施建设、农宅解危解急等镇级项目的房屋征收搬迁工作。全年完成搬迁安置农户350户，其中现房安置185户，搬迁预安置165户，超额完成市级下达的年度搬迁安置任务。推进城乡一体化示范小区建设，丽都花园一期项目已完成主体施工，丽都花园二期项目已完成结构封顶，海洲新城一期项目3号楼工程正在主体施工。海洲新城二期、三爱富家园等安置房项目规划设计正在进行。完成新州陆家小桥和福山花园巷2个三星级康居乡村建设。完成望虞河西路、福山东门街改造等道路工程，周虞路、虞泰路、羊福路二期、海虞中学环道等4条道路的两侧绿化、亮化、美化工程建设。完成南季巷河、曹福漤、西泾塘等7条河道综合治理。开展望虞河流域生活污水治理项目，完成陆家小桥和12家事业单位污水处理设施和管网建设。全年集中收运生活垃圾41502吨，完成生活垃圾应急处理设施建设。高标准通过国家卫生镇、省级卫生村复查评审。完成通港幼儿园搬迁拆除、周行学校初中部过渡用房建设等校安工程项目，启动实施周行中心幼儿园扩建工程，完成周行学校初中部易地新建、中新海虞花园城幼儿园新建的方案规划设计工作。加强教育质量全流程管控、师资培育和师德考核，全镇各校教学水平、教学成绩位列全市农村学校第一方阵。强化社区教育，与常州大学、常熟理工学院等院校开展联合办学，实施各类教育培训，成功创建"苏州市学习型乡镇"和"省标准化居民学校"。推进海虞卫生院同市中医院医疗联合体建设，启用周行卫生院预防接种数字化门诊，强化定点医疗机构监督管理，村(社区)卫生服务站全覆盖、普达标。新增苏州市级健康村1个。

人民生活　2015年，海虞镇以村级联合开发公司为平台，利用市级经济薄弱村扶持政策，鼓励抱团发展房东经济。持续发展三大合作经济组织，虞盛农产品合作社、建丰家庭农场申报省级财政资金扶持项目，虞盛农产品合作社被推荐为省级示范家庭农场，被农业部评为全国农民合作社加工示范单位。做好被征(使)用地政策对接和兑现，全年完成117组、6726人补偿安置工作。开展农村承包土地确权登记颁证前期工作。依托镇公共资源交易和"三资"管理信息化平台，强化村级集体"三资"监管，规范村级资产、资源租赁程序。全镇养老保险覆盖率、社会养老保障率均为99.6%。成功推荐就业5448人，完成各类培训4126人。全年共发放低保金、低保边缘金、慈善救助金等各项救助款1416万元。推行政府购买居家养老服务，建成海福新城、邓市、七峰等6家省达标日间照料中心。实施村级老年活动室升级改造三年行动计划，完成10家活动室改造。为13681名老年人免费健康体检，新建居民电子健康档案12693份。继续推进省级放心消费示范镇建设，全年未发生重大食品安全事故。新成立南塘社区居委会，推进社工、志愿者队伍建设，提升社区综合服务能力；获评江苏省和谐社区建设示范镇。举办阅读节，深化全民阅读。成立"海虞新市民志愿者服务团"及"海虞妈妈爱心课堂"。"海虞妈妈"志愿服务品牌获评苏州市优秀志愿服务组织，并申报中央文明委"四个100"最佳志愿服务项目。启用海福新城"红杉树书场"。在新峰美术馆举办"江南画风——首届中国画名家邀请展"等多个画展。加强全镇20支业余文艺团队队伍建设，组织开展民间文艺大巡演、体育竞技比赛、体验民俗等文化活动，创作时尚秀《爱心蛋糕》、小品《家访》、情景小剧《解困排忧》为代表的各类文艺作品，被苏州市文广新局命名为"民间文化艺术之乡"。

社会管理　2015年，海虞镇成立综合执法局和便民服务中心。行使授权下放行政处罚权328项，劳动保障监察执法项目29项。健全安全生产监管网络，对全镇118家镇管重点企业实行动态监管。加强企业安全标准化建设，虞盛合作社创建标准化二级，新泰等4家企业创建标准化三级，欣福、科慕氟化物通过标准化三级升二级提标验收。探索政府购买服务，委托中国化工安全协会、常州大学等第三方安全技术服务机构开展安全隐患诊断服务。开展安全生产大检查和劳动密集型企业、"三合一"单位、花庄木材市场等消防安全专项整治工作。开展各类安全生产讲座、知识竞赛等宣教活动12期，参训1711人次。全年开展隐患治理检查1986家(次)，完成隐患整改5500条。完成常浒线周行段和常虹线福山农场段6.7千米消防管网建设。推进平安海虞建设，全年新装各类监控356个，全镇共有村级监控系统1200套，高清抓拍系统46套，高清治安监控系统87个，实现村级道路全覆盖。畅通信访渠道，全年受理各类来信来访来电339件，接待3500人次，"12345"寒山闻钟论坛、政府信箱等2463件。常态化执行镇党政班子成员接待群众来访制度、信访工作首问负责制。建成海福新城社区法治文化广场和福山中心小学青少年安全教育馆。

2015年海虞镇主要经济社会指标

表46

项　目	数　量	项　目	数　量	项　目	数　量
地区生产总值(亿元)	85.85	粮食总产量(万吨)	4.59	农村合作社(家)	24
一般公共预算收入(亿元)	7.58	皮棉总产量(吨)	18	农机总动力(千瓦)	7767
耕地面积(公顷)	3782.4	出栏生猪(万头)	0.9	工业企业(家)	922
用电总量(万千瓦时)	111085	出栏家禽(万羽)	3.27	其中：私营工业企业(家)	871
农业总产值(亿元)	4.84	水产品产量(吨)	814	工业总产值(亿元)	211.63

续表 46

项目	数量	项目	数量	项目	数量
工业销售收入(亿元)	203.47	自营出口额(万美元)	82964	农村合作医疗参入率	99.15
工业利税(亿元)	14.61	三产从业人员(人)	23312	自来水入户率(%)	100
固定资产投入(亿元)	29.46	三产增加值(亿元)	27.17	农村养老保险覆盖率(%)	99.60
其中:工业投资(亿元)	19.63	集市贸易成交额(万元)	39072	最低生活保障对象(户/人)	290/516
完成技改项目(个)	20	镇村主干道(千米)	622.89	年末存款余额(亿元)	79.23
当年技改投入(亿元)	14.92	中小学校(所)	9	人均储蓄存款(万元)	6.4728
新增民营企业注册资本(亿元)	20.97	在校中小学生(人)	7290	农民人均纯收入(元)	30500
完成注册外资(万美元)	5258	在职教师(人)	724	农民人均住房(平方米)	75.9
实际利用外资(万美元)	6002	医院/病床(所/张)	1/160	—	
外贸供货额(亿元)	49.79	社区卫生服务站(个)	19	—	

2015 年海虞镇各村(社区)基本情况

表 47

村(社区)	面积(平方千米)	户数(户)	人口数(人)	集体经济总收入(万元)	人均纯收入(元)	总资产(万元)	党组织书记	村(社区)主任
王市社区	4.50	3246	7415	—	—	—	张国珍	张国珍
福山社区	3.21	1504	3160	—	—	—	徐建琪	徐建琪
周行社区	1.00	767	2193	—	—	—	邵华文	—
海福新城社区	0.37	30	83	—	—	—	肖学锋	朱一鸣
府东村	4.98	1436	4816	325	30197	2458	丁惠东	陆志君
河口村	7.12	1432	4361	405	30067	2347	朱惠良	张东青
望虞村	4.48	1035	2888	349	30590	1205	陈瑞洲	周伟刚
龙墩村	4.65	1112	3622	374	31280	2495	王志平	钱　胜
东泾村	3.59	1027	3738	342	30390	1834	朱国清	施志英
邓市村	5.75	1319	4895	445	30505	2732	周国刚	李　进*
聚福村	4.86	1266	4444	501	31681	1654	李文忠	袁保中
福山村	8.53	2018	6768	773	30480	3061	时晓刚	时朝阳*
七峰村	7.94	1422	5621	868	30032	3627	苏志军	—
徐桥村	5.69	1063	4148	606	31433	8091	陆　忠	朱　健
郑家桥村	4.82	858	3314	466	28369	2309	奚文裕	程　东
肖桥村	7.97	1679	6314	840	29770	3130	程　刚	章高中*
新州村	5.46	1492	5290	528	29958	3096	温学锋	—
虞南村	4.03	989	3635	362	29037	972	吕　宏	季丽明*
汪桥村	1.65	521	1989	1117	34004	9611	周　虹	黄建青
里泾村	3.90	1215	4639	657	31691	4360	钱晓东	叶俊峰*
香桥村	5.03	1563	5692	547	30945	3155	叶　彪	叶　彪

说明:带“*”的为党组织副书记,主持行政工作。

2015 年海虞镇骨干企业基本情况

表 48

企业名称	销售收入(万元)	利税总额(万元)	法人代表
常熟市交电家电有限责任公司	373249	5842	邵建洪
江苏新合作常客隆连锁超市有限公司	223558	18150	包乾申
大金氟化工(中国)有限公司	135712	7948	金子秀雄
常熟三爱富中昊化工新材料有限公司	130141	17089	金　健
阿科玛(常熟)氟化工有限公司	88486	11467	戴仁威
常熟华新特殊钢有限公司	66146	-11070	张文春
江苏通润装备科技股份有限公司	58875	8810	柳振江
江苏华大新材料有限公司	58867	3523	尹国平
常熟一统聚氨酯制品有限公司	58328	3178	陶林元
阿科玛大金先端氟化工(常熟)有限公司	42624	-7304	戴仁威
科慕(常熟)氟化物科技有限公司	41117	7851	Pascal Raymond Jacques Rechatin
常熟三爱富氟化工有限责任公司	31309	1799	金　健
常熟威怡科技有限公司	30288	3042	陈炳生
常熟高泰助剂有限公司	28942	-8387	戴仁威
江苏金土木建设集团华顺工程有限公司	25183	889	刘生华

【海虞红木家具入选洛杉矶艺博会】 1月14～18日，第二十届洛杉矶艺术博览会在美国洛杉矶会议中心举行。常熟金蝙蝠工艺家具、明艺红木和迎晨阁红木分别选送的3件套六方形南官帽椅、新苏式侧柜等31件苏作红木家具成功入选，并在洛杉矶艺术博览会中国国家展区展出。中国国家展区分“水墨之光”和“非遗之粹”两个主题展，展厅面积近500平方米，近百件具有代表性的中国当代水墨艺术作品和传统艺术作品集中展出。

【全市首个新市民志愿者服务团成立】 3月13日，在“弘扬雷锋精神、践行核心价值”为主题的海虞镇志愿服务月暨第27个全国爱卫月活动启动仪式上，新市民志愿者海虞服务团正式成立，这是常熟首个新市民志愿者组织。该志愿团在册人员有30多人。

4月29日，“家在苏州·美丽乡村”美术、书法、摄影“三下乡”作品展在海虞镇新峰美术馆开幕

【全市首家镇级侨联在海虞成立】 5月29日，海虞镇侨界联合会成立，这是常熟首个镇级侨联。海虞镇侨务工作站同时揭牌。在常熟调研的省侨联副主席镇翔专程到会祝贺。海虞镇共有海外华人及港、澳侨胞40多人，侨眷近100人，侨资企业近10家。

【海虞镇与常州大学签约合作】 8月23日，海虞镇政府与常州大学环境与安全工程学院就“安全、环保”专项合作协议签约。双方约定：开启全方位合作模式，由常州大学担任第三方监督，组织专家、学员到海虞镇开展调研活动，向海虞镇政府提供决策咨询服务，定期在海虞镇辖区内开展安全、环保方面的专项检查及培训工作，帮助辖区内企业查找存在的问题；常州大学要主动为海虞镇辖区企业提供环评、安评方面指导和服务，为企业新项目的申报、技改提供必要的帮助，接受企业安全、环保方面的咨询；常州大学还要与海虞镇联合举办专场招聘会，为海虞企业解决安全环保人才需求；双方要定期联合开展安全、环保氛围的营造；双方还将组织辖区镇、村、管委会负责人进常州大学进修,提高队伍建设。

【海虞镇综合执法局成立】 9月3日,海虞镇综合执法局揭牌运行。该局下设1个综合科(兼法制科)、3个执法中队和1个巡查中队,主要负责辖区内城市管理、建设、规划、环保、劳动、安全生产、卫生等综合执法工作。作为全市首批综合执法局试点镇之一,开展相对集中行政处罚权工作后,海虞综合执法局将履行第一批下放的国家法律、法规、规章规定的328项行政执法职能,实现在全镇范围全覆盖,使城镇管理无盲区、无盲点。

【虞盛农产品专业合作社被认定为全国示范单位】 9月,常熟市虞盛农产品专业合作社被农业部认定为首批全国农民合作社加工示范单位,该企业是常熟唯一入选单位。常熟市虞盛农产品专业合作社由海虞镇七峰村发起,联结郑家桥、肖桥等村并吸纳区域内3800多个农户组建而成。累计投资3200多万元,建成粮食仓储、晒场和生产用房面积1万多平方米,拥有粮食烘干设备22台(其中种子烘干设备10台)和一条日产50吨的大米生产线。

【周行学校入选省书法特色学校】 9月,江苏省教育厅公布全省152所中小学书法特色学校名单,常熟市周行学校名列其中。周行学校是九年一贯制学校,学校重视写字教育,开展书法教育研究,师生逐步养成"动笔必规范,逢笔必不苟"的写字良好习惯,"端端正正写字,堂堂正正做人"在校园中蔚然成风,不仅陶冶了师生情操,提高师生素质,还美化了校园环境,发展了学生个性,并逐步成为一种文化氛围。

【首届中国画名家邀请展开幕】 9月20日,"江南画风——首届中国画名家邀请展"在海虞镇新峰美术馆开幕。市政协主席徐永达出席开幕式。本次邀请展由常熟市文广新局、上海市松江区文广新局、海虞镇人民政府联合举办,是2015中国(常熟)江南文化节暨沙家浜旅游节的系列活动之一。江、浙、沪、皖4地30位优秀画家应邀参加画展,共展出100多幅具有江南韵味和江南特色的中国画。

【海虞镇首家日间照料中心启用】 9月28日,海虞镇邓市日间照料中心正式启用,这是该镇第一家集居家养老服务和残疾人托养服务于一体的农村社区日间照料中心,每天上午7点到下午3点免费对外开放。将向邓市村所有60岁以上老年人开放,同时服务高龄老人、空巢老人、残疾老人及社区内需要日间照料的所有老年人,为他们提供日间照料、健康指导、休闲娱乐等服务项目。

【3家企业在"新三板"挂牌】 10月13日,海虞镇3家企业在全国中小企业股份转让系统举办"新三板"专场挂牌仪式,这是海虞镇首批在"新三板"成功挂牌的企业。3家企业分别是江苏达诺尔科技股份有限公司、江苏新泰材料科技股份有限公司和苏州富士莱医药股份有限公司,股票代码分别为"833189""833259"和"833695"。

【国家和省主流媒体关注海虞农村生活污水处理】 11月25日,国家和省主流媒体采访团到海虞镇汪桥村,现场采访调查农村生活污水治理工作。媒体采访团主要成员来自人民日报社江苏分社、新华社江苏分社等10多家媒体。自2013年8月开始,海虞镇汪桥村开始美丽村庄建设,先后投资1700多万元,对薛家宅基、汪家宅基进行全面改造。美丽村庄建设期间,汪桥村铺设污水管2381米、雨水管3514米,受益居民98户,村民的居住环境质量明显提升。采访团听取汪桥村生活污水处理设施建设的情况介绍,实地察看薛家、汪家两个宅基现状,随机抽样并现场采访村民对农村生活污水处理设施建设的看法和带来的感受。

【20兆瓦地面光伏电站在海虞开工建设】 参见第195页"20兆瓦光伏电站开工建设"。

【海虞苏作红木精品展示中心正式启用】 12月26日,海虞苏作红木精品展示中心正式启用,首批11家红木家具企业入驻。该展示中心位于海虞镇明珠路,总规划面积约1.6万平方米,分三期完成。首期启用展示面积为6900平方米,主要为入驻企业提供产品精品展示、搭建互动交流平台,进一步推动苏作红木传统文化传承和制作技艺创新。 (张子真)

碧溪新区
(碧溪街道办事处)

【概况】 碧溪新区(碧溪街道办事处)——中国农村改革开放三十年的历史典范之一"碧溪之路"的发祥地,常熟经济技术开发区、国家一类口岸常熟港所在地。区域总面积113.79平方千米,下辖碧溪、浒浦、吴市和东张4个办事处,23个行政村、7个社区居委会,户籍人口10.36万人,外来暂住人口5.52万人。先后获评国家卫生镇、全国环境优美镇、中国毛衫名镇、中国时尚羊绒·羊毛制品名镇、中国化纤名镇、中国苏作红木家具名镇、中国人居环境范例奖、国家园林城镇。

经济发展 2015年,全区地区生产总值56.15亿元,同比下降9.44%;地方财政总收入7.05亿元,一般公共预算收入3.09亿元,同比分别下降16.15%、2.57%;工业总产值152.65亿元、工业产品销售收入144.84亿元,同比分别下降21.42%、21.2%;实现利税总额5.96亿元,完成固定资产投资额12.02亿元。年内,推进天银机电、利巨印染、康家家纺、普萝菲家具用品等4个市级重点工业内资项目建设,2个竣工投产,当年完成投资额1.69亿元。加快企业转型步伐,金华机械成功在"新三板"挂牌。完成"退二还一"土地资源整合43.9公顷。吴市、浒浦集贸市场竣工投用。规范农村"三资"管理,成立新区集体资产交易服务中心。加强村财建设,扶持7个薄弱村成立村级经济联合体,抱团收购运作优质资产,预计年增可用财力200万元。碧溪现代设施农业科技示范园区新建防虫网大棚4000平方米、连栋育苗大棚3000平方米,启动800多个大棚喷滴灌配套设施建设。园区科技展示中心、净菜加工中心建成投用。推进园区智慧农业系统和省级"科技超市"项目建设。园区还被列入国家重大农技推广服务

苏通长江公路大桥夜景

试点项目果蔬产业区域示范基地。全区233.3公顷村级(集体)规模水稻产区亩产量较上年有所增加。浒浦休闲观光农业园区浒西片区200公顷节水灌溉建成投用,33.3公顷特色果林采摘区初具规模。

社会事业　2015年,碧溪片区控制性详规修编完成,一体化示范小区聚和佳苑一期、东张丰乐佳苑累计置换2020套,总安置入住1081户,安置房竣工面积达6万平方米。聚和佳苑二期年内竣工,42万平方米的安置房三期做好开工准备。碧溪新区成功创建"国家园林城镇"。碧浒路、浒浦大桥竣工通车。创建三星级康居村2家。滨江实验中学、浒浦学校小学教学楼竣工投用,有序推进吴市小学博文楼建设和东张中学易地新建工程。全市首家普惠性民办幼儿园——东张邻里中心幼儿园开班。浒浦高级中学高考本科上线率达85.6%,居全市第三位。公共自行车二期新设23个点,1000辆新车投用。

人民生活　2015年,碧溪新区村级可用财力达10024.36万元,较上年增加950.24万元,增长率10.47%。农民人均纯收入28292元,同比增幅10.05%。基本养老保险覆盖率、养老保险参保率、个体和纯农正常缴费率、外来人员城保扩面覆盖率稳定在90%以上。完善就业服务体系,新增就业岗位3357个。发放2014年度困难家庭大病补充医疗救助金52.56万元。成立全市首家新市民文化艺术培训基地。组织开展"灵动碧溪"首届常熟市上鸥灯节暨江南民间文艺展演活动和"和谐盛世·璀璨滨江"灯会暨第二届"灵动碧溪杯"上鸥灯全国邀请赛。深化"德法同治"公民道德建设工程,道德木凡唐金华获评全国孝亲敬老之星。《碧溪之路新征程理论研究》《碧溪新区文化综览》《浒浦花鼓》付梓首发。碧溪革命传统教育馆和非物质文化遗产展示馆开馆。碧溪新区获评"江苏省上鸥灯基地"和"苏州民间文化艺术之乡",上鸥灯入选省级非遗项目名录。

社会治理　2015年,碧溪新区综合执法局成立。推进综治网格化服务管理,新增村级监控20个、高清抓拍29个、高清监控30个。组织开展安全生产和消防隐患拉网式、全覆盖大排查和专项整治,健全网格化监管机制,开展"九小场所""三合一"涉氨企业和危化品企业、粉尘爆炸危险企业专项整治,完成台太兴业氟利昂替代液氨制冷系统改造,完成市三级重大事故隐患挂牌整改工作。完善新区三级社情民意交流平台建设,建立健全民意诉求"限期办结""督查监办""办结回访"三级联动机制。

2015年碧溪新区(碧溪街道办事处)主要经济社会指标

表49

项　目	数　量	项　目	数　量	项　目	数　量
地区生产总值(亿元)	56.15	水产品产量(吨)	3093	其中:工业投资(亿元)	3
一般公共预算收入(亿元)	3.09	农村合作社(家)	23	完成技改项目(个)	25
耕地面积(公顷)	3368	农机总动力(千瓦)	10315	当年技改投入(亿元)	3
用电总量(万千瓦时)	203194	工业企业(家)	923	新增民营企业注册资本(亿元)	4.74
农业总产值(亿元)	5.8	其中:私营工业企业(家)	882	完成注册外资(万美元)	0
粮食总产量(万吨)	0.53	工业总产值(亿元)	152.65	实际利用外资(万美元)	0
皮棉总产量(吨)	396.6	工业销售收入(亿元)	144.84	外贸供货额(亿元)	10.89
出栏生猪(万头)	0.73	工业利税(亿元)	5.96	自营出口额(万美元)	17373
出栏家禽(万羽)	4.7	固定资产投入(亿元)	12.02	三产从业人员(人)	17250

续表 49

项　　目	数　　量	项　　目	数　　量	项　　目	数　　量
三产增加值(亿元)	26.14	医院/病床(所/张)	4/195	年末存款余额(亿元)	149.73
集市贸易成交额(万元)	195193	社区卫生服务站(个)	29	人均储蓄存款(万元)	7.68
镇村主干道(千米)	442	农村合作医疗参入率	100	农民人均纯收入(元)	28292
中小学校(所)	9	自来水入户率(%)	100	农民人均住房(平方米)	70.23
在校中小学生(人)	12401	农村养老保险覆盖率(%)	99.60	—	—
在职教师(人)	983	最低生活保障对象(户/人)	316/638	—	—

2015 年碧溪新区(碧溪街道办事处)各村(社区)基本情况

表 50

村(社区)	面　积(平方千米)	户数(户)	人口数(人)	集体经济总收入(万元)	人均纯收入(元)	总资产(万元)	党组织书记	村(社区)主任
碧溪市镇社区	2.50	510	1109	—	—	—	徐浩峰	徐浩峰
溪东村	4.18	1818	6631	645	27682	1893	陈　健	俞荣达
溪南村	4.33	978	3317	422	25966	1377	龚文科	施仲辉
聚福苑社区	6.90	2460	8282	534	30180	3290	曹继军	曹继军
港南村	4.30	1661	5714	844	29895	4318	殷政军	韩国强
周泾村	3.40	1023	3492	454	29202	2234	顾雪明	戴伟华
徐虎村	4.00	743	2716	433	27677	1687	曹向东	王雪明
李村村	2.60	598	2092	335	26525	2713	朱建华	钱志光
浒浦集镇社区	2.90	2074	5732	—	—	—	陈　燕	陈　燕
浒浦渔业社区	0.90	432	1142	—	—	—	倪建新	倪建新
滨江社区	4.30	151	410	—	—	—	季利峰	季利峰
浒西村	4.13	1453	4780	547	29150	3716	王　俊	季峰平
留下村	2.40	608	2133	534	28264	6660	张黎东	—
李袁村	4.08	1269	4334	1763	30044	2643	崔贻峰	袁新春
浒东村	2.80	1620	4972	305	28954	2052	王建平	薛　锋
吴市市镇社区	0.50	375	654	—	—	—	包建良	包建良
泗湖村	1.40	1321	4387	295	27403	1710	夏根兴	夏文虎
三湾村	4.00	1585	5075	435	28455	2291	陈丹益	黄国明
周家桥村	4.00	867	2873	430	27810	2762	孔维军	陈卫标
太平桥村	2.10	347	1189	383	27530	3838	陈建明	陈建明
小市村(聚和佳苑社区)	1.99	470	1628	410	26299	2589	陈梅君	陈　健
万福村	0.80	1073	3564	383	27034	1267	吴　锡	陈宝君
东张市镇社区	1.20	360	689	—	—	—	陆建华	陆建华
龙桥村	4.32	871	3298	478	25936	1969	江俊芳	龚爱东
中南村	4.36	2726	10222	816	29049	5011	谢建清	徐惠良
白莲村	2.65	1345	5187	459	28795	4447	秦建飞	赵建良
新苑村	3.21	559	2117	521	26471	1810	徐向阳	蔡明燕
横塘村	4.43	888	3291	491	26694	3061	王建新	顾志杰
新闸村	3.20	623	2541	319	26311	2491	何永球	—

2015 年碧溪新区(碧溪街道办事处)骨干企业基本情况

表 51

企业名称	销售收入(万元)	利税总额(万元)	法人代表
江苏苏南特种装备集团	545946.38	14635.94	马建兴
常熟市天银机电股份有限公司	43956.07	13462.28	赵晓东
常熟市恒意化纤有限公司	42564.76	-2865.74	陈建云
苏州市通润机械铸造有限公司	25145.85	5505.43	张　鹤
江苏常润纤维集团有限公司	22794.40	-1271.14	张　健
常熟市国盛针织机械厂	22033.10	1463.71	谭卫国
江苏金土木建设集团华夏工程有限公司	20740.23	1662.99	夏岳良
常熟市常力紧固件有限公司	19136.80	2716.26	包正芳
江苏港城建设工程有限公司	18672.29	1224.25	夏建浓
江苏豪威富集团有限公司	18515.36	-81.47	秦惠明
常熟市海立复合材料有限公司	17754.55	228.53	钱燕飞
欧米亚钙业(常熟)有限公司	15492.92	-724.98	孙　岚
常熟市神马机械有限责任公司	14546.94	960.11	马建良
江苏澄达集团有限公司	10872.28	-979.02	陆卫强
江苏益通印染有限公司	10550.27	659.26	王文学

【《碧溪之路新征程理论研究》首发】 1 月 17 日,《碧溪之路新征程理论研究》首发。该书共收录专家论文 32 篇,分"道路新攀登""业态新发展"和"治理新提升"3 个篇章,涉及经济发展、社会治理、城乡一体、农业现代化、党建精神文明等内容。

【碧溪革命传统教育馆、非物质文化遗产展示馆开馆】 2 月 4 日,碧溪革命传统教育馆、碧溪非物质文化遗产展示馆正式开馆。碧溪革命传统教育馆建筑面积 350 平方米,采用雕塑、油画等艺术手段,全面展示各个时期碧溪人民的英雄事迹和精神风貌。碧溪非物质文化遗产展示馆面积 210 平方米,全面展示碧溪新区道教音乐、泥塑工艺、红木雕刻、民间土布、上鹞灯等省级、市级非物质遗产项目。

【省级非遗项目著作《浒浦花鼓》首发】 6 月 13 日,省级非遗项目著作《浒浦花鼓》首发。浒浦花鼓是以苏北花鼓为基础,结合当地传统民俗舞蹈等,再融合常熟浒浦本地特色的一种舞蹈。2009 年 6 月,浒浦花鼓被列入江苏省第一批非物质文化遗产代表名录扩展项目。

【苏州市首家笑果"未检工作室"成立】 7 月 18 日,"法护成长 · 笑果常伴"常熟市人民检察院未成年人检察工作室进驻笑果青少年社区服务常熟 1 号店揭牌仪式,在滨江综合活动中心举行。此次揭牌成立的"笑果"未检工作室——"桂霞工作室"是以检察官邢桂霞命名的未成年人法制宣教工作室,旨在通过常态化开展社区青少年法制宣教活动来保障青少年健康安全成长。此次笑果"牵手"未检工作室是苏州市检察院和苏州团市委携手合作,推进青少年法制教育进"笑果"的一次全新尝试。

【全市首家普惠性民办幼儿园开班】 9 月 1 日,东张领里中心幼儿园正式开班。该幼儿园是全市首家普惠性的民办幼儿园,占地面积 9026.7 平方米,建筑面积 7544.08 平方米,班级设置 4 轨,有保教人员 15 人、学生 201 人。

【第二届"灵动碧溪杯"上鹞灯全国邀请赛开幕】 11 月 18 日,第二届上鹞灯全国邀请赛在碧溪新区开幕,山东、安徽、浙江、江苏和上海等 7 个省市的 20 支风筝代表队参加比赛。碧溪上鹞灯是省级非物质文化遗产项目。

【碧溪新区侨联成立】 12 月 23 日,碧溪新区举行侨界联合会成立大会。45 位侨界人士代表表决通过《碧溪新区侨界联合会实施〈中国侨联章程〉细则》,选举产生新区首届侨联主席、副主席、秘书长和副秘书长。曹建飞当选新区侨联主席。

【碧溪新区开设青年干部研修班】 12 月 26 日,碧溪新区青年干部研修班正式启动。研修班以"践行'三严三实' · 再创碧溪辉煌"为主题,设有丰富的理论课程与实践体验,旨在通过为期一年的系列培训全面提升碧溪新区两级干部的综合素质与能力。　(于　宙)

梅　李　镇

【概况】 梅李镇位于常熟市东北部,总面积 80.84 平方千米,辖 15 个行政村、3 个社区居委会,户籍人口 8 万人,外来人口 6 万人。梅李镇是江苏省经济发达镇行政管理体制改革试点镇、苏州市城乡一体化发展综合配套改革试点工作先导区、苏州市美丽城镇建设示范点。该镇先后获评世界级"健康社区"、中国人居环境范例奖、国家园林城镇、国家卫生镇、国家级生态镇、国家建设宜居小镇、中国经编名镇、中国绒类面料生产基地、中国孝爱文化之乡和孝爱文化传承基地。

经济发展 2015年，梅李镇完成一般公共预算收入5.85亿元，增长8.18%。实现地区生产总值84.59亿元，固定资产投资19.04亿元，工业开票销售收入293.57亿元，服务业开票销售收入56.77亿元。净增内资注册资本11.62亿元，到账外资1549万美元。社会消费品零售总额23.3亿元。全社会用电量18.3亿度。实现第一产业增加值38.6亿元，同比增长8.2%。推进高效设施蔬菜园区建设，省"菜篮子"工程生产基地建设稳步实施，新增蔬菜设施面积20公顷。万亩高标准水稻示范区基础设施不断完善，建成省部级粮食高产创建万亩示范片。吉健、贝儿2个家庭农场申报成功省级示范，吉健葡萄专业合作社被评为国家农民专业合作社示范社和江苏省十家农民合作社。镇标准化规模养殖水平有效提高，县级以上规模化养殖达54%，同比增长17%。开展畜禽养殖污染治理，减少养殖污染点57个，全年无重大动物疫情发生。全年实现工业总产值283.2亿元，其中规模以上工业产值245.79亿元，高新技术产业产值23.25亿元，新兴产业产值152.89亿元。稳步推进4项市级工业重点项目和12项镇级工业重点项目建设。推进新三板企业挂牌工作，4家企业正式签约。完成服务业投资9.9亿元，增长17.63%。梅李小商品市场改造项目有序推进，大润发项目建设方案基本完成。聚沙园升格为国家AAAA级旅游景区，成功创建全国特色景观旅游名镇。举办首届"聚沙塔杯"民间大厨蒸菜厨艺技能大赛暨名宴展、"梅李味道"摄影大赛。完成注册外资2272.78万美元。成功引进民生电商金融物流园项目、特邦新材料项目。加快创新创业载体建设，梅李科技创业中心提质扩容，引进80多家企业，注册资金超2亿元人民币，其中科技研发类企业近30家，拥有各级各类专利、版权等知识产权30多项。科技创业中心获评江苏省中小企业星级服务平台、苏州市创业孵化示范基地。与南京航空航天大学共建的大学生创新创业基地梅李分中心挂牌。新增市双创人才项目3个，入选江苏省六大人才高峰项目1个。申报高新企业3家，高新产品13个，专利300件。获评省级创新型试点乡镇、苏州市科普示范乡镇。龙腾特种钢有限公司技术中心被科技部认定为国家级企业技术中心。

社会事业 2015年，梅李镇开展"三优三保"专项规划编制，完成综合整治村庄整治规划、村级工业用地整合规划、梅李镇中心区控制性详细规划。兆丰佳苑、聚沙佳苑、珍南佳苑一期竣工投用，全年共完成商品房安置103户。东街古镇保护综合整治改造工程稳步实施。获评国家建设宜居小镇。景观游园提档升级、天和佳苑二期现场建设管理提升2个项目入选苏州市美丽城镇建设示范项目。新建镇村道路86条、70多千米，实施老新丰路等4条农村道路提档升级改造，完成田垛里桥等3座桥梁建设和8座农村危桥改造。新增绿化面积4.5万平方米。推进珍北村下塘泾创建江苏省美丽村庄建设示范点工作，以及师桥村洞坝、珍南村王王里创建三星级康居村工作。实施黄泥泾河、陈打市河、张泾河污水收集、道路硬化、河道综合治理等工作。对银塘、蒋泾等9条镇村河道实施综合整治，全年疏浚镇、村二级河道30条，共计31千米，土方60.3万立方米。获评江苏省乡村公路管养及安保工程示范镇、全省"禁粘"试点合格乡镇、苏州市美丽城镇建设先进单位。生态文明建设持续推进，实施盐铁塘水环境综合治理、大气污染防治、印染行业综合治理、污染减排4项重点工程。全镇工业企业累计完成环保治理工程108项，其中，关停取缔杨园烘漆喷涂厂等污染点源10多家，实施10蒸吨以上燃煤锅炉提标改造16台，淘汰10蒸吨以下燃煤小锅炉43台，完成美迪洋皮件、新锦江印染等3家企业综合治理工程，完成25家印染及纺织后整理企业厂区雨污分流、工业废气深度治理。开展珍门污水处理厂、永新印染、新锦江印染中水回用项目，全年完成污水减排150万吨；龙腾特钢完成烧结机脱硫项目减排。淘汰黄标车494辆。

人民生活 2015年，梅李镇加快推进城乡养老保险制度平稳衔接，办理农保折算城保手续11932人。居民基本医疗保险参保率达99.18%。新增就业岗位3096个，城乡登记失业率控制在1%。辖区内被征地农民就业率达99%、高校毕业生就业率达97.1%。新增公积金缴费单位39家。发放低保、低边、五保救助资金398.6万元，慈善救助金70.5万元，优抚金287万元。养老事业、设施建设加快推进，镇日间照料中心正常运营，建成镇村日间照料中心、助餐点6家。提优教学资源，梅李高级中学成功晋升为省四星级普通高中，高考本二以上上线率达64%。完成赵市幼儿园分设，赵市中心小学成为全国青少年校园足球特色学校。社区教育中心通过省标准化验收，老年大学成为省级示范。完善医疗卫生服务，深化公立医院改革，优化社区卫生服务体系，胜法村卫生室创建成省示范卫生室。做好农村妇女两癌（宫颈癌和乳腺癌）预防工作，受惠妇女3038人。建成8千米健身步道，承办苏州市第十九届镇级门球赛、常熟市中小学生田径运动会。举办"阅读与孝爱"同行、"我们的节日"等系列送戏、送影、送书活动，开展"一村宣讲一故事""梅李百姓图片故事"比赛，培华美术馆、徐建新钱币博物馆正式开馆。建成"孝廉教育馆"，镇孝廉文化广场被评为苏州市第四批廉政教育基地。

社会管理 2015年，梅李镇便民服务中心可办理行政许可及服务事项270项，日均接件量700件左右，按时办结率100%。实现内资企业登记服务全功能全流程，发放"三证合一"营业执照30户、"一照一码"营业执照68户。规范运行公共资源交易服务中心，完成工程招投标143件，中标价平均下浮率达16.5%；政府采购60件，预算资金节约率达10.9%。建成全市首家镇级农村集体资产交易服务中心，累计备案合同1015份，对4宗资产进行公开发包，租金标准率达96.4%。率先推进农村集体财务转型升级优化，启动农村土地承包经营权确权登记颁证工作。综合执法局完成办公场所搬迁工作，建成全市首家综合执法信息指挥中心，实施一般程序处罚案件71起，简易程序处罚案件493起，未发生行政复议和行政诉讼。开展安全生产大检查，深化“打非治违”和专项整治工作，6个两级政府重大事故隐患挂牌项目全部整改。在全市首家研发移动安监信息系统“掌上安监”，成功组织“常防2015”人民防空应急救援综合演练。推进新市民积分管理工作，新市民积分入学、入医、入市民卡共计2193人次。完成技防一条街建设，梅李高级中学建成禁毒教育馆。完成20个项目风险评估，新增28个镇级视频高清抓拍系统、59套社会面监控和38套村级监控，刑事案件发案率下降9.8%。完善大调解工作体系，全力做好矛盾纠纷、来信来访、“12345”便民服务热线、“寒山闻钟”论坛诉求，调处成功率100%。天宇村和梅李中心小学分别获评省交通文明示范村和示范学校。镇公共法律服务中心、村(社区)公共法律服务站高质运行，法治宣传、法律服务广泛开展。建立法律顾问制度，实现村(社区)法律顾问全覆盖。

表52

2015年梅李镇主要经济社会指标

项目	数量	项目	数量	项目	数量
地区生产总值(亿元)	84.6	工业销售收入(亿元)	279.3	中小学校(所)	7
一般公共预算收入(亿元)	5.9	工业利税(亿元)	10	在校中小学生(人)	8440
耕地面积(公顷)	3301	固定资产投入(亿元)	19	在职教师(人)	748
用电总量(万千瓦时)	183002	其中:工业投资(亿元)	9.1	医院/病床(所/张)	3/163
农业总产值(亿元)	6.8	完成技改项目(个)	17	社区卫生服务站(个)	15
粮食总产量(万吨)	2.5	当年技改投入(亿元)	6	农村合作医疗参入率	99.20
皮棉总产量(吨)	246	新增民营企业注册资本(亿元)	11.6	自来水入户率(%)	100
出栏生猪(万头)	2.3	完成注册外资(万美元)	2823	农村养老保险覆盖率(%)	99.60
出栏家禽(万羽)	11.5	实际利用外资(万美元)	1549	最低生活保障对象(户/人)	254/508
水产品产量(吨)	923	外贸供货额(亿元)	—	年末存款余额(亿元)	98.9
农村合作社(家)	61	自营出口额(万美元)	93729	人均储蓄存款(万元)	7.5
农机总动力(千瓦)	18005	三产从业人员(人)	16725	农民人均纯收入(元)	29947
工业企业(家)	713	三产增加值(亿元)	21	农民人均住房(平方米)	—
其中:私营工业企业(家)	657	集市贸易成交额(万元)	84987	—	—
工业总产值(亿元)	283.2	镇村主干道(千米)	479.4	—	—

表53

2015年梅李镇各村(社区)基本情况

村(社区)	面积(平方千米)	户数(户)	人口数(人)	集体经济总收入(万元)	人均纯收入(元)	总资产(万元)	党组织书记	村(社区)主任
梅李社区	5.00	2389	6026	—	—	—	方建文	方建文
珍门社区	1.80	404	935	—	—	—	曹建良	曹建良
赵市社区	2.50	530	1108	—	—	—	金建祥	金建祥
胜法村	5.98	1933	6435	1554	31708	7084	温利芬	张俊峰*
聚沙村	3.50	1549	5065	886	31986	5962	金宇翔	朱品石
天字村	5.53	1870	6311	2338	34949	11978	陆建东	秦增发
寨角村	5.98	1480	5061	672	29313	3416	高建锋	张忠岳*
梅南村	3.30	1133	3572	622	28121	1888	陈立新	李志欢*
塘桥村	4.70	977	3168	738	29524	3359	龚　旭	吴建青
沈市村	7.37	1406	5223	677	29801	3652	徐志良	李　峰
珍南村	5.35	981	3637	689	27804	2595	袁正红	龚利丰
珍北村	6.48	1486	5078	729	24879	3573	计建刚	吴　锋
新丰村	6.48	1097	3734	797	26021	2898	朱建康	董志军
圩港村	4.63	1457	4698	805	30298	2304	唐晓东	龚国平
海城村	5.82	1367	4582	689	28761	3429	陆志刚	朱建清
赵市村	6.68	2033	6692	901	29972	5941	戈学锋	程晓刚
瞿巷村	1.10	415	1536	727	31403	6469	邵国平	杨学良
师桥村	7.58	2108	6964	721	31136	2910	张建军	赵　俊

说明:带“*”的为党组织副书记,主持行政工作

表54

2015年梅李镇骨干企业基本情况

企业名称	销售收入(万元)	利税总额(万元)	法人代表
常熟市龙腾特种钢有限公司	1261486	42170	季丙元
江苏美迪洋皮革皮件有限公司	99668	7302	毛建华
江苏良基集团有限公司	93049	8048	吴雪良
常熟三联集团有限公司	39516	3950	季正元
江苏中诚建材集团有限公司	29663	3738	王卫东
泰光化纤(常熟)有限公司	104984	-234	沈载赫
常熟华东汽车有限公司	42586	4044	江建龙
常熟市永新印染有限公司	31902	2758	吕永明
江苏凯诺电缆集团有限公司	48097	2035	王建明
常熟色织有限公司	22281	1952	曾欲健
常熟金陵梅李热电有限公司	10210	1826	万光军
常熟市群英针织制造有限责任公司	33006	1537	蒋建良
常熟市赵市华达染整有限责任公司	18279	1224	陈平华
江苏鼎新印染有限公司	12389	1036	杨继烈
斗山电子(常熟)有限公司	57328	-378	李钟元

【聚沙园获评国家AAAA级景区】 1月6日,省旅游局发布《江苏省景区质量等级评定委员会公告》,梅李镇聚沙园景区正式成为江苏新增8家国家AAAA级旅游景区之一。梅李聚沙园景区因始建于南宋的“聚沙百福宝塔”而得名,该塔是国家级文物保护单位。园内主要景点有屏山听泉、聚沙塔影、古木清风、莲峰谈艺、孝廉梅李,以及名家碑刻回廊、名胜古迹展厅和常熟人民武装抗日纪念碑等,其中“聚沙塔影”为常熟新“虞山十八景”之一。

【梅李镇入选国家宜居小镇名单】 1月,住建部公布第二批建设宜居小镇、宜居村庄示范名单,梅李镇成功入选,成为常熟首个入选乡镇。梅李镇历史悠久、人文荟萃。近年来,又通过发展现代高效农业、加快产业转型升级、完善城镇基础设施、弘扬孝爱文化传统,积极推进现代化新型小城市建设,努力构建功能完善、环境优美、绿色低碳的村镇建设格局,进一步提升了人居环境,达到了风景宜居、街区宜居、功能宜居、生态宜居和生活宜居的评选要求。

【冯新民根雕艺术馆揭牌】 4月20日,冯新民根雕艺术馆揭牌成立,该馆位于梅李镇珍门社区。冯新民是一位具有50多年党龄的老党员,平时热爱钻研根雕艺术,退休后从事根雕艺术已有18年,创作根雕作品500多件,包含爱国教育类、文化体育类、风土人情类、动植物类等方面。作品多次在市内外展出并获奖,省市多家新闻媒体予以宣传报道,获得好评。

【梅李高级中学晋升省四星级高中】 4月,省教育厅公布2014年普通高中星级评估结果,经过省专家评审委员会审定,梅李高级中学晋升为江苏省四星级普通高中,是继江苏省常熟中学、常熟市中学、外国语学校、浒浦高级中学之后的第五所省四星级普通高中。

【常熟首家镇级农村集体资产交易中心成立】 5月26日,常熟市首家镇级农村集体资产交易中心在梅李镇揭牌成立。该交易中心主要负责农村集体资产交易的中介服务和日常管理工作,具体职责包括统一发布集体资产交易信息;组织开展招标、评标、定标和监督合同签订等交易工作;保存管理集体资产交易资料档案等。

【“掌上安监”移动安监信息系统启用】 6月9日,梅李镇“掌上安监”APP上线仪式在梅李镇人民政府举行。15个行政村及50家重点监管企业负责人参加活动,并接受“掌上安监”主要功能的操作培训。梅李镇根据安全生产网络化监管新要求,结合梅李企业特点,开发“掌上安监”APP手持终端,通过信息化手段,加强安全生产标准化监督管理。

【梅李镇入选全国特色景观旅游名镇名单】 7月,住建部、国家旅游局公布第三批全国特色景观旅游名镇名村示范名单,常熟市梅李镇入选。

【梅李镇与南航合作共建】 8月7日,南京航空航天大学大学生创新创业基地梅李分中心签约揭牌。该中心的建立,既丰富了学校的就业单位资源库,也为学生提供了更多深入基层企业、系统了解企业发展历程的机会,让学生素质得到锻炼、能力获得提升。同时,梅李科创中心可借助南京航天航空大学的科研力量,引进与当地传统产业契合度高的合作项目,推动本地产业转型升级,实现多元化发展。

【首届民间大厨蒸菜厨艺技能大赛举行】 9月24日,首届“聚沙塔杯”民间大厨蒸菜厨艺技能大赛暨名宴展在梅李聚沙园广场举行,梅李镇15个村的民间厨师代表队和5个饭店的厨师代表队参加比赛。此次活动是“2015中

9月24日，“聚沙塔杯”民间大厨蒸菜厨艺技能大赛暨名宴展在梅李镇举行

国(常熟)江南美食节”系列活动之一。大赛的主要内容是梅李民间大厨蒸菜烹饪技艺比赛、梅李饭店厨师名宴展示以及“梅李味道”摄影大赛。

【东街综合整治工程正式启动】 9月，梅李镇东街综合整治工程正式启动。本次综合整治的工程项目位于梅李镇梅北路与梅东路交叉口南侧，占地面积约9.6万平方米。工程项目主要有雨、污水管沟砌筑、道路升级改造、增设汽车泊位等。该工程旨在推进梅李古镇东街地段保护与整治，提升古镇功能，为水乡古镇增添优美景观带。

【徐建新钱币博物馆搬迁至聚沙园】 10月1日，搬迁至聚沙园内的徐建新钱币博物馆对外开放。该馆成立于1992年，馆内从先秦的海贝、骨贝，到民国的银圆券，共有钱币种类1388种。

【培华美术馆开馆】 10月20日，培华美术馆开馆仪式暨“乡音无改，岁月留痕”殷培华作品展在梅李镇举行。殷培华是中国美术家协会会员、军旅画家。培华美术馆是其在家乡梅李创办的一家民办公助美术馆，总面积1400多平方米，设有多功能展览厅、工作室、专用教室及交流室。

【梅李首家村级日间照料中心启用】 10月28日，梅李镇首家日间照料中心在天字村开放启用，13名符合条件的天字村民成为首批入托就餐的老人。天字村日间照料中心建筑面积1200平方米，总投入近600万元。主要针对该村的失独家庭、高龄老人、抗美援越援朝老兵、低保低边人员以及五保户等。中心内设居家养老服务室、休息室、卫生室、餐厅等多个场所。

【镇侨界联合会成立】 10月31日，常熟市梅李镇侨界联合会正式成立，选举产生首届侨联委员会，周琴花当选委员会主席。省侨联副主席镇翔、苏州侨联主席沈晋华、市委统战部部长王永明、梅李镇党委书记徐海东等出席会议，并为常熟市梅李镇侨界联合会揭牌。

【成功创建省乡村公路管养及安保工程示范镇】 11月27日，梅李镇成功创建江苏省乡村公路管养及安保工程示范镇，成为全市第4个获此荣誉的乡镇。梅李镇拥有农村公路总里程239.44千米，其中乡道36条72.47千米，村道201条166.97千米，桥梁162座。在创建过程中，该镇按5大类23个项目逐项细化、量化，制定创建方案，排出创建计划，落实创建工作，共投入创建资金5000多万元，实现镇村道路畅通和安全的协调发展。（王　杨）

辛　庄　镇

【概况】 辛庄镇为常熟南大门，东连沙家浜，南接苏州，西邻无锡，是新规划的苏州市“两大一类”小城镇之一，苏虞张一级公路和锡太一级公路在镇区内交汇，227省道、227省道复线贯穿全境。全镇总面积104.26平方千米，户籍人口75973人，常住人口约10万人，下辖1个办事处、20个村、3个社区居委会和1个农场，是国家卫生镇、国家级生态镇、中国针织服装名镇、江苏省文明乡镇、江苏省创新型乡镇，小城镇建设管理获“江苏人居环境范例奖”。

经济发展 2015年，全镇实现地区生产总值96.81亿元，增长3.5%；完成一般公共预算收入5.18亿元，增长13.9%。实现工业总产值304.8亿元，增长1.3%；完成工业开票销售收入250.9亿元，增长12.6%。实现规上企业总产值260.95亿元，入库税金6.05亿元，占比分别达85.6%和50.8%，10家企业入库税金超千万元。完成全社会固定资产投资35.8亿元，净增内资注册资本9.3亿元，注册外资2451万美元，实际利用外资1512万美元。实现高新技术产业产值128.7亿元、新兴产业产值143.3亿元。隆力奇启动德国工业4.0首个中国试点项目，全镇23个超千万元技改项目完成技改投入6.4亿元。与苏州大学合作共建“苏州大学国家技术转移中心(辛庄)产业化基地”，建成2万平方米科技创新孵化器。新认定国家火炬项目6项、国家星火项目1项，获省重大成果转化专项资金项目1项、省工业重点研发项目1项，新认定省高新技术企业9家、省工程技术研究中心1家、省企业研究生工作站4家，新增省高新技术产品40个。现代农业产业化经营快速发展，新组建农业合作组织10个，推进333.3公顷国家农业综合开发高标准农田建设项目，推广沙塘鳢特种养殖面积200公顷、“长江2号”成蟹养殖146.7公顷，现代农业综合示范区通过苏州市级现代农业园区认定，荷花荡现代渔业示范基地通过省级现代渔业示范基地认定，佳盛农业晋升省级农业龙头企业。加大村级财力增收扶持力度，积极推进村级联合体项目建设，为济丰包装建造标准厂房2.2万平方米、集宿楼3000平方米，启动洞港泾2700平方米商业用房建设。实现村级总收入1.34亿元，增长10.4%。

社会事业 2015年，辛庄镇抓好

“三优三保”试点机遇，按照“一城、两片、三园、四区”空间布局思路，系统推进“多规合一”试点工作，修编完善城镇总体规划、村庄布局规划、村级工业用地整合规划和全镇产业发展规划、生态文明规划，全面完成“三优三保”专项规划编制，并已报请省政府审批。修编南部新城控制性详规，科学编制情缘湖万亩生态旅游公园总体规划；高质量实施渔民新村、阳光丽苑二期、恬都花园一区城乡一体化示范小区建设，广福新村交付使用；编制综合整治村庄整治规划，实施解危解急农宅翻建160户，持续推进农路提档升级，新(改)建桥梁6座，建成旺倪桥村罗家浜、桃园村庙双泾两个“三星级康居乡村”；新增“345”镇村公交，优化“336、337”运行班次。完成辛安塘综合整治工程，元和塘整治三期工程进展顺利，实施项泾河“畅流活水”工程，疏浚农村河道25条19.58千米，完成三官塘河、道家浜河、东人家娄黑臭河道专项整治；强化农村面源污染治理，有序推进工矿企业和农村生活污水接管工作，全面完成垃圾收运体系建设；强化城乡建设管理，拆除违法违章建设4000多平方米；深入开展城乡环境综合整治“百日行动”，顺利通过国家卫生镇、省级卫生村复审验收，张港泾村、卫家塘村获评“苏州市健康村”。

人民生活 2015年，全镇人民生活水平稳步提升，农民人均纯收入28856元，增长10.3%。健全就业和社会保障体系，新增就业岗位3000个，安置农村劳动力2500人，户籍劳动力社会保险覆盖率、社会养老保险保障率、医疗保险参保率均达99.6%，累计发放各类低保、慈善救助和尊老慰问金1035万元，落实优抚安置费390万元。新增土地补偿安置人员3938人，预安置失水渔民979人。着力优化养老服务体系，新建6个社区老年人日间照料活动中心。持续推动教育优质均衡发展，实施“名师工程”，加快校安工程建设，杨园中小学、张桥幼儿园竣工交付，张桥中学二期工程建设有序推进，完成杨园幼儿园、凤兰小学规划设计。持续深化“医联体”建设，加快构建覆盖城乡的优质医疗服务体系。强化公共文体服务，率先实现学校体育设施对外开放全覆盖，完成瑞林收藏艺术馆主体工程建设，举办节庆文艺巡演、秧歌展演、评弹专场、全民健身月等活动，实现村级慈善基金全覆盖，获评苏州市文明镇标兵。全面落实“单独二孩”政策，严格执行新市民积分管理。成立侨界联合会，侨务工作获评“全国社区侨务工作示范单位”。

社会管理 2015年，辛庄镇加强法治宣传教育，深化“法律六进”活动，规划建设法治文化主题公园，法治文化一条街获评“苏州市法治文化示范点”，常南村和辛庄社区分别建成省级民主法治示范村和省级民主法治示范社区。加强人民调解规范化建设，深入开展矛盾纠纷排查，有效化解各类社会矛盾，累计办结“12345”便民服务热线、寒山闻钟论坛诉求2610件，调解各类纠纷918起。落实新《中华人民共和国安全生产法》《中华人民共和国环境保护法》，全面实施安全生产、环境保护网格化管理；推进安全生产大检查，深化“六打六治”打非治违专项行动，按期完成市镇两级5个重大事故隐患挂牌整改项目；全面启动木器家具加工行业规范化专项整治，关停家具加工企业32家；全面落实“两湖流域”生态文明整治计划，关停排污企业12家，深度治理2家；启动大气污染防治三年行动计划，完成燃煤锅炉清洁能源替代71台，淘汰老旧黄标车657辆；持续开展食品安全“天安行动”“四打击四规范”等专项整治行动。积极推进“平安辛庄”建设，实施主要道路沿线、校园周边、治安重点管理区域综合整治，新增社会治安监控点105个、道路高清抓拍25套，各行政村(社区)全部建成综治信息系统，全镇刑事发案率下降5.9%。进一步完善应急管理体系，有效维护全镇的平安稳定。

2015年辛庄镇主要经济社会指标

表55

项目	数量	项目	数量	项目	数量
地区生产总值(亿元)	96.81	工业销售收入(亿元)	287.06	中小学校(所)	6
一般公共预算收入(亿元)	5.18	工业利税(亿元)	20.03	在校中小学生(人)	7677
耕地面积(公顷)	3331	固定资产投入(亿元)	35.84	在职教师(人)	480
用电总量(万千瓦时)	75233	其中：工业投资(亿元)	21.27	医院/病床(所/张)	2/193
农业总产值(亿元)	6.41	完成技改项目(个)	81	社区卫生服务站(个)	18
粮食总产量(万吨)	2.33	当年技改投入(亿元)	17.44	农村合作医疗参入率	100
皮棉总产量(吨)	—	新增民营企业注册资本(亿元)	6.45	自来水入户率(%)	100
出栏生猪(万头)	1.43	完成注册外资(万美元)	2451	农村养老保险覆盖率(%)	99.60
出栏家禽(万羽)	17.73	实际利用外资(万美元)	1512	最低生活保障对象(户/人)	326/450
水产品产量(吨)	11398	外贸供货额(亿元)	70.40	年末存款余额(亿元)	93.77
农村合作社(家)	63	自营出口额(万美元)	108409	人均储蓄存款(万元)	7.84
农机总动力(千瓦)	36379	三产从业人员(人)	12101	农民人均纯收入(元)	28856
工业企业(家)	1065	三产增加值(亿元)	24.50	农民人均住房(平方米)	63
其中：私营工业企业(家)	1017	集市贸易成交额(万元)	99737	—	—
工业总产值(亿元)	304.8	镇村主干道(千米)	84.06	—	—

2015 年辛庄镇各村(社区)基本情况

表 56

村(社区)	面　积 (平方千米)	户数(户)	人口数(人)	集体经济总收入(万元)	人均纯收入(元)	总资产(万元)	党组织书记	村(社区)主任
金荡村	3.83	622	2050	522	28815	1084	张惠中	范文元
潭荡村	4.49	928	3329	448	28805	2665	黄国书	陈建新 *
辛中村	2.88	692	2233	325	28575	1145	陆敏珍	李　刚
张港泾村	4.03	864	2937	594	29164	4097	潘　琪	李　敏
常南村	4.49	840	2818	829	28593	2358	陈孝明	顾燕庆
吕舍村	5.84	1173	3852	486	28393	3158	胡生明	沈建强 *
华欣村	6.13	919	3146	576	28344	2793	沈伟中	吴卫东
合泰村	4.82	676	2365	560	28899	2271	陈国英	周文明 *
双浜村	4.19	1008	3561	517	28639	1274	吴彩琴	曹　良
洞港泾村	8.64	1871	6519	858	28514	3333	李　亮	宁培庆
桃园村	1.38	37	110	346	29348	2312	邹　强	张文兵
杨中村	6.80	1202	4027	490	28870	4095	吴志军	严叶军 *
朱家桥村	5.32	919	3332	952	28601	2128	毛国明	唐志军
沈浜村	5.02	734	2539	456	28414	1177	王新刚	陈　敏 *
旺倪桥村	5.51	1064	3778	849	29568	3044	袁宝明	顾洪英
平墅村	5.31	852	3046	658	28656	1913	张立新	朱建峰
东旺村	2.93	652	2374	397	28482	1569	巫优通	冯金虎
张家桥村	4.06	1191	4387	896	29941	5458	黄小和	杨志忠
嘉菱村	6.14	907	3194	929	29339	4507	陶月明	邹建华
卫家塘村	8.74	1621	5818	1299	28959	5626	马文林	王建东
辛庄居委会	1.52	1036	2384	108	—	63	陆建华	陈建军
杨园居委会	0.78	1566	4573	63	—	83	殷文康	高　瑛 *
张桥居委会	1.41	1225	3410	67	—	145	顾卫新	顾卫新

说明：带“ * ”的为党组织副书记，主持行政工作

2015 年辛庄镇骨干企业基本情况

表 57

企　业　名　称	销售收入(万元)	利税总额(万元)	法人代表
常熟阿特斯阳光电力科技有限公司	1155302	62217	瞿晓铧
江苏隆力奇集团有限公司	753981	69105	徐晓平
江苏萃隆精密铜管股份有限公司	67321	2287	陆明华
常熟鲁花食用油有限公司	54766	14189	王力强
苏州福斯特光伏材料有限公司	53522	18157	林建华
常熟市长发铝业有限公司	44456	1180	蒋剑飞
苏州赛历新材料科技股份有限公司	35016	8648	胡云宗
华凌光电(常熟)有限公司	30839	327	廖育斌
江苏省常熟环通实业有限公司	28993	1808	范建平
苏州市云鹰纺织品有限公司	25682	717	范　云
常熟市佳美金属制品有限公司	19504	842	戴明华
江苏国泰宝马制衣有限公司	17145	470	陶雪生
苏州乾雄金属材料有限公司	14172	22	赵建清
苏州汇科机电设备有限公司	12076	2018	徐家郁
常熟市迅达粉末冶金有限公司	9655	981	朱杏根

【荷花荡现代渔业示范基地通过省级认定】 1月，辛庄镇荷花荡现代渔业示范基地获评省级现代渔业示范基地。该基地建成标准化池塘46.7公顷、微孔增氧设施50套。2015年与苏州大学签订校地合作协议，增挂苏州大学基础医学与生物科学学院大学生实训基地。通过“太湖1号”青虾、“长江1号、长江2号”河蟹、沙塘鳢等新品种引进，示范推广循环水养殖，基地虾蟹混养池塘亩均产值超万元。

【首个省外“网上办事大厅”落户辛庄】 4月，安徽省亳州市在辛庄镇建立流动人口“网上办事大厅”服务代办点。该机构由辛庄镇计生办负责宣传服务，亳州市派遣专职人员全面负责站点工作，为亳州市籍新市民提供政策宣传、生殖保健、证件办理、便民维权、就业指导等服务。

【镇综合执法局成立】 6月底，辛庄镇综合执法局成立，设2个执法中队，代表镇政府统一行使本镇域范围内综合执法权力，承接328项下放执法权限。至年末，该局累计开展执法检查5632次，办理行政处罚案件59件。

【345路镇村公交通车】 7月19日，由朱家桥村湘庄到金荡的345路镇村公交正式通车。湘庄位处常熟与苏州、无锡三市交汇处，到杨园集镇距离5.5千米，到辛庄集镇距离10千米，交通闭塞。2015年，根据镇党委征集到的群众意见建议，辛庄镇切实打造便民惠民公交，对336、337路镇村公交运行班次进行优化调整，并新增345路镇村公交，增设新阳大道、沙洞线站点，满足群众需求。

【辛庄镇与苏州大学合作共建】 8月10日，辛庄镇与苏州大学举行“苏州大学国家技术转移中心(辛庄)产业化基地”揭牌仪式。苏州翌森光电科技有限公司和3个苏州大学博士团队分别与辛庄镇签订创业落户协议。基地成立后，辛庄镇将依托苏州大学等高校优势资源，以体制机制创新为动力，精准对接企业需求，进一步加快科技项目化速率，积极打造创新技术的产业化基地、人才创业的“创客基地”。

【“三优三保”专项规划编制完成】 9月，辛庄镇全面完成“三优三保”专项规划编制，并报请省政府审批。《规划》以辛庄国民经济和社会发展规划、城镇规划、土地利用总体规划等规划体系的高度融合为基础，以保护耕地和基本农田为核心任务，以推动产业集约集聚发展、维护区域生态平衡、保障农民合法权益为基本要义，统筹推进“多规合一”，通过科学划定城镇开发边界，合理确定存量建设用地盘活的规模、范围及时序，将进一步优化城乡空间布局，全面开启辛庄经济社会可持续发展的创新实践。

【启动木器家具加工行业专项整治行动】 9月，辛庄镇全面启动木器家具加工企业集中整治行动。根据整治方案，辛庄镇将严格落实新《中华人民共和国安全生产法》《中华人民共和国环境保护法》要求，利用一年时间，规范提升一批行业中的优质企业，全面整治淘汰区域内安全生产问题突出、环境影响严重、无法达到规范要求的木器家具加工企业。截至12月，已完成整治关停家具加工企业32家。

【杨园中小学、张桥幼儿园竣工交付】 9月，规划面积9000平方米、投资3500万元的张桥中心幼儿园竣工交付；10月，规划面积1.9万平方米，投资8000万元的杨园中小学竣工交付。近年来，辛庄镇坚持教育优先的发展战略，加大教育投入，优化教育资源配置，持续改善办学条件，高标准推进校安工程建设，大力支持师资队伍建设，全镇教育事业实现优质均衡发展。

【辛庄镇侨联成立】 9月29日，辛庄镇召开侨界联合会成立大会，会议审议通过《常熟市辛庄镇侨界联合会实施〈中国侨联章程〉细则》，选举产生首届镇侨联领导班子，陈伟星当选镇侨联主席。辛庄镇侨界联合会成立后，将继续坚持为侨服务宗旨，通过联谊、沟通、服务、引导，更好地凝聚侨心、汇聚侨智、发挥侨力。当天，华侨华人文化交流基地在星海无线电博物馆挂牌成立。

【德国工业4.0首个中国试点项目落户隆力奇】 11月20日，由工信部工业文化发展中心、德国机械设备制造

辛庄镇新阳大道景观

业联合会主办，江苏隆力奇生物科技股份有限公司承办的“中国制造 2025”（常熟）高峰论坛暨德国工业 4.0 中国首家试点项目启动仪式在隆力奇举行。工信部、科技部、行业知名专家学者，以及地方相关领导、试点企业代表出席活动。与会代表就如何在全球一体化背景下，结合“中国制造 2025”契机，更好地学习和应用德国工业 4.0，探索民营企业创新之路，实现制造强国之梦等进行深入探讨。隆力奇还在全球成立多个研发机构，联合 VDMA（德国机械设备制造业联合会）、上海同济大学、苏州大学等机构共同成立工业 4.0 标准工作小组，制定出台工业实施的标准及基础，将帮助隆力奇推进和建设工厂的工业 4.0。

【辛庄镇获评全国社区侨务工作示范单位】 12 月，辛庄镇获评 2015 年度全国社区侨务工作示范单位。近年来，辛庄镇侨务工作围绕建设“活力秀美辛庄”主题，以“德善辛庄侨之家”为活动载体，以侨务工作站为抓手，努力拓展侨务工作领域，切实增强基层侨务工作活力，在服务全镇经济和维护社会和谐等方面发挥作用。

【生活垃圾收运体系建成投用】 12 月，辛庄镇生活垃圾收运体系建成投运，实现农村生活垃圾“全量收集、密闭化运输、无害化处理”。该镇先后投入资金 690 万元，完成 159 座集中式垃圾收集房建设，配备 12 辆垃圾收集车、2855 只垃圾桶和 155 辆村级保洁车。

【通过国家卫生镇复审】 2015 年，辛庄镇继续大力巩固国家卫生镇创建成果，投入 80 多万元抓好镇区、镇村结合部和辛庄农贸市场的环境整治和除四害工作；投入 250 多万元，深入开展城乡大环境综合整治“百日行动”，以镇村布点规划优化为抓手，以长效管护机制为保障，通过提升规划布点村庄的公共服务，以点带面不断提升农村公共服务水平，努力改善居民生活质量，镇村面貌焕然一新，分别于 7 月和 10 月通过苏州级国家卫生镇明查和省级暗访，并被国家爱卫会确认为“国家卫生镇”。

（顾　辰）

古　里　镇

【概况】 古里镇位于常熟市东郊，距市区 5 千米，全镇面积 96.46 平方千米，常住人口 6.6 万人，下辖 2 个办事处，17 个村（社区）。该镇先后获评国家卫生镇、全国环境优美镇、中国历史文化名镇、中国羽绒服装名镇、中国针织名镇、中国民间文化艺术之乡、中国绿色名镇、国家级生态镇、中国人居环境范例奖、中国针织面料创新基地、中国针织行业转型升级示范镇、全国纺织行业先进党建工作示范单位、国家火炬生物医药特色产业基地、全国首家“中国（古里）朗诵艺术基地”、江苏省文明乡镇、江苏省科普示范镇、省特色景观旅游名镇、江南民俗之乡。

经济发展 2015 年，全镇共有工业企业 988 家，其中私营企业 969 家；全年完成地区生产总值 148.6 亿元，一般公共预算收入 5.05 亿元；工业总产值 450 亿元，其中新兴产业产值 35.8 亿元，高新产值 20.4 亿元；工业开票销售收入 223.2 亿元，利税 40.1 亿元；完成全社会固定资产投资 29.4 亿元，其中工业投资 17 亿元；实现到账外资 1520 万美元，净增民营经济注册资本 9.2 亿元；完成社会消费品零售总额 28.2 亿元，外贸进出口总额 9.8 亿美元，其中出口 0.8 亿美元。规模经济支撑作用更加明显，全镇 119 家规模以上企业实现工业总产值 408 亿元，利税 37 亿元。第三产业发展迅速，2015 年实现服务业增加值 31 亿元，服务业开票销售收入 46.9 亿元，累计入库税金 1.8 亿元，占全镇财政入库税金总额的 16.7%。转型升级步伐加快。全镇骨干企业主动适应经济发展新常态，优化股权结构、治理结构，推进机器换人。企业上市扎实推进，莱茵电梯成为全镇第二家“新三板”挂牌企业。金辰针纺、东方染整、华德针纺等发展迅速，带动传统针纺行业向价值链高端延伸。轧辊厂、橡胶厂等闲置资源优化整合，引进巨硕柔性化车身开发、罗伯泰克自动化科技等一批精密机械、装备制造企业落户。金土木大厦建设顺利推进，古建园林总部大楼项目建设准备工作有序推进。波司登电子商务公司、万方电商园等快速发展，全镇年互联网销售额超 10 亿元。主动对接科研院校，与北京大学数字中国研究院合作提供三方科技服务；上海交大常熟产业化基地、上海理工大学企业研究生工作站挂牌运作；康诺医疗、强盛冲压件等 4 家企业新立国家火炬计划项目，江苏金辰、强盛股份等 5 家企业认定为省高新技术企业；全镇申请发明专利 400 多件，新授权发明专利 50 多件，全年认定省高新产品 25 件。水稻高产“省 A 级万亩示范片”创建工作顺利通过考核验收；确保农产品质量安全，完成 512 批次地产农产品农残抽检工作；农业科教信息工作有序推进，职业农（渔）民培训突破 1000 人次；成立苏州市农业科学院现代农业科技创新中心，李市渔业精品园获评苏州市“智慧农业”示范基地。全年加高加固圩堤 2.9 千米，新建外圩挡墙 3.9 千米，疏浚河道 18 条，土方 22.3 万立方米，新改、建农桥 7 座，完成清丰河、官宰泾、桃泾等三条城乡河道综合治理。

社会事业 2015 年，全镇镇村规划不断完善，村庄布局规划、村庄整治规划和村级工业用地整合优化规划齐头并进、不断深化，集镇、村庄、工业园区发展边界的划定得到落实；历史文化名镇保护规划完成论证。实事工程顺利实施。稳妥推进城乡一体化示范小区建设，新市小区 2.7 万平方米竣工并交付安置，紫霞花园三期、金湖花园土建竣工，紫霞花园二期结构封顶；道路框架进一步完善，红豆路西延、淼泉中心小学道路畅通工程竣工，红杨路、银桂路北延等道路改造完成结构施工；农村道路提档升级工程加速推进，琵琶泾桥改造全面完成，联泾中心路完成灰土施工，淼东支路桥梁施工顺利实施；淼泉中学、安琪小学校安工程竣工投用；古里法庭土建完成；规划建设示范镇项目暨中心集镇基础设施改造提升工程全面完成；农村生活污水处理工程有序开展，新建污水主管网 16.4 千米、提升泵站 1 座，完成农村区域分散式污水处理系统 18 座，成功接待“全国农村生活污水处理现场会”代表现场考察；新建4家镇村日间照料中心，双港老年公寓建成投用。全年共拆除违章建筑116处，计4200多平方米；做好落架大修联合审查工作，累计审批413户，其中总开工301户，已验收97户；围绕沪通铁路拆搬迁等重点任务，做好动迁安置工作，共搬迁农户237户、企业8家，拆除面积7.7万平方米，兑付各项资金6700万元。

人民生活 2015年，全镇中考省市中录取人数达60名。在全市完成首个乡镇中小学“食堂定点配送”试点工作，举办第五届体育运动会，苏家尖村获评全国减灾防灾示范社区，康博村、高长村获评省级和谐示范社区，在全市率先建成社会救助一门式受理中心。古里中心卫生院成为市第二人民医院联合医院后，全年就医人数同比增长47%；计划生育新政平稳实施，优质服务满意度得到提升，落实计生家庭奖励和特扶对象补助资金577.2万元，流动人口均等化服务实现全覆盖。全镇24名青年应征入伍，发放优待金和安置费350.1万元；顺利举办古里镇民防综合应急演练，村级民防工作站建设实现“满堂红”。全镇基本养老保险覆盖率、老年农民社会保障率、农村合作医疗参入率等均达到99%以上；做好就业再就业工作，共发布用工信息880条，开展就业指导3365人次，提供就业岗位4955个，登记失业救济人员551人，发放失业救济金593.2万元；积极建立和谐劳动关系，受理劳动争议592起，调处结案557起；关注弱势人群，发放最低生活保障金和低保边缘救助金330.5万元；积极推进新市民积分制管理服务工作，全年共有519名新市民子女通过积分管理入读公办学校起始年级，395名新市民子女获“少儿医保”准入资格，2035人获市民卡准入资格。强村富民步伐加快，村均稳定性收入达到631万元，增长13.2%；农村承包土地确权颁证登记工作和社区股份合作社股权固化试点工作有序开展；新建吴庄、陈塘、康博三家合作农场；全面完成补偿安置遗留工作，新纳入补偿安置人员3584人；各类涉农补偿款、流转费返还款、补助款、入股分红均及时拨付到位，实现农民人均收入增长10%。核心价值深入实践。积极宣传和践行“中国梦”和社会主义核心价值观，获评首批苏州市学习型乡镇；波司登公司获评苏州市文明单位标兵，苏家尖村等3个单位获评苏州市文明单位；开展“寻访身边的道德模范”活动，新增省文明家庭标兵户1户、苏州市文明户标兵1户、市级道德模范2人；成立“仁风古里”女大学生村官公益宣讲团。文旅事业融合发展。成功举办“2015书香古里文化旅游周”、第六届书香古里阅读节、“中国梦·家国情”第二届诗赋朗诵会等系列大型活动，特色文化品牌进一步打响；加快整合开发文化旅游资源，铁琴铜剑楼纪念馆纳入苏州市“家在苏州—走基层、看发展、聚力量”和常熟市“常熟风物”主题游线路，白茆山歌参加全国性民歌山歌展演活动，非物质文化遗产保护和传承工作不断加强。

社会管理 2015年，全镇关停华明电镀、芙蓉化工、康博砂洗3家污染企业，对万兴化工、强盛股份等5家排污企业实施排污总量控制；虹桥工业区环境综合整治顺利完成，印染企业废水提标治理工作全面启动；深入开展畜禽养殖专项整治工作，完成污染达标排放整治16户、关停拆除335户。淘汰燃煤小锅炉70台，完成10台10吨以上燃煤锅炉提标改造；对接滨江热力，做好了淼泉区域蒸汽管网建设；淘汰黄标车715辆。以国家卫生镇通过复检为抓手，开展镇村环境整治“百日行动”。苏家尖、高长等14个“省级卫生村”通过复检并重新命名。不断完善环卫基础设施，全镇新改建公厕94座、垃圾收集桶房35座；陈家湾宅基创建省级美丽村庄全面启动，下甲宅基、周家宅基三星级康居乡村创建通过苏州市级验收；生活垃圾分类收集和资源化利用试点工作深入推进；做好市级“三城同创”的环境综合整治工作。同时，加强环境信访调处力度，共调处各类纠纷293起，立案查处环境违法案件23起，处罚金额151万元。安全生产和消防工作不断深入，网格化管理实现全覆盖；新创二级标准化1家、三级标准化3家；挂牌整改有序推进，11个市镇二级挂牌项目已全部摘牌；先后12次开展全镇性事故隐患排查。禁毒、反邪教、国家安全和法治建设工作取得良好成效，镇村两级监控总量达1262个；全镇各类案件实现八连降，刑事案件发案率同比下降4.3%；依托社会公众力量，新成立四支义警队伍；加强社会大环境综合整治，重点地区、校园周边环境和锡太路沿线专项整治全面完成；深入开展人民调解工作，接待来信来访214批(件)891人(次)，受理并调处各类纠纷1093起，调解成功率100%。

2015年古里镇主要经济社会指标

表58

项　　目	数　　量	项　　目	数　　量	项　　目	数　　量
地区生产总值(亿元)	148.6	出栏生猪(万头)	3.77	工业总产值(亿元)	449.50
一般公共预算收入(亿元)	5.05	出栏家禽(万羽)	10.05	工业销售收入(亿元)	431.05
耕地面积(公顷)	2401	水产品产量(吨)	8314	工业利税(亿元)	40.09
用电总量(万千瓦时)	110624	农村合作社(家)	87	固定资产投入(亿元)	29.42
农业总产值(亿元)	7.13	农机总动力(千瓦)	30666	其中：工业投资(亿元)	17.00
粮食总产量(万吨)	3.27	工业企业(家)	988	完成技改项目(个)	48
皮棉总产量(吨)	—	其中：私营工业企业(家)	969	当年技改投入(亿元)	14.7

续表 58

项目	数量	项目	数量	项目	数量
新增民营企业注册资本(亿元)	4.64	镇村主干道(千米)	264	农村养老保险覆盖率(%)	99.6
完成注册外资(万美元)	712	中小学校(所)	6	最低生活保障对象(户/人)	219/386
实际利用外资(万美元)	1520	在校中小学生(人)	5743	年末存款余额(亿元)	92.58
外贸供货额(亿元)	—	在职教师(人)	625	人均储蓄存款(万元)	13.9
自营出口额(万美元)	98588	医院/病床(所/张)	3/186	农民人均纯收入(元)	30315
三产从业人员(人)	12449	社区卫生服务站(个)	3	农民人均住房(平方米)	67
三产增加值(亿元)	31.04	农村合作医疗参入率	99.5	—	—
集市贸易成交额(万元)	73570	自来水入户率(%)	100	—	—

2015 年古里镇各村(社区)基本情况

表 59

村(社区)	面积(平方千米)	户数(户)	人口数(人)	集体经济总收入(万元)	人均纯收入(元)	总资产(万元)	党组织书记	村(社区)主任
康博村	2.67	435	1697	708	31927	10006	高德康	丁亚军
紫霞村	6.56	1044	4325	1219	29190	6184	周建良	李玉英
芙蓉村	5.25	813	3473	629	29646	2777	姚建东	马文龙
坞坵村	10.24	950	3774	1314	26941	5832	严雪军	朱忠英
联泾村	6.07	603	2385	451	26152	1327	陈　进	俞敏东
李市村	7.13	672	2460	388	26675	2348	周建元	陈建良
高长村	5.99	982	3996	916	28933	3282	周　俊	潘建刚
新桥村	6.71	1125	4490	1242	31541	5922	沈建华	姚志高
湖东村	3.56	559	2370	741	31601	2091	艾生保	吴雪生
琴东村	6.00	695	2830	1047	30688	4162	吴建明	张进峰
苏家尖村	7.31	1045	4117	962	30341	4806	薛　鹤	何　强
下甲村	6.46	1344	5007	1838	29508	2482	吴均敏	王卫国
吴庄村	7.15	1515	5921	1812	33225	6501	周培歧	周雪龙
陈塘村	6.82	1569	5831	1210	30090	5417	张晓峰	陶培明
紫芙社区	1.51	1547	4846	613	29665	3552	林雪刚	王桂良
双港社区	2.24	1781	5566	1260	29979	3637	张义刚	密春华
淼泉社区	2.51	1024	3325	564	29063	2273	邓金民	王瑞新

2015 年古里镇骨干企业基本情况

表 60

企业名称	销售收入(万元)	利税总额(万元)	法人代表
波司登股份有限公司	2908523	348645	高德康
江苏常铝铝业股份有限公司	188515	5664	张　平
江苏金辰针纺织有限公司	52244	5177	殷金华
常熟市誉恒针纺有限公司	43752	1957	顾宏伟
雄鹰针织品印染(常熟)有限公司	36708	-113	黄世雄
江苏费森尤斯医药用品有限公司	28843	-5140	马毓玲

续表 60

企业名称	销售收入(万元)	利税总额(万元)	法人代表
江苏强盛功能化学股份有限公司	25711	5755	应志耀
江苏长江纸业有限公司	25265	1001	张建江
常熟市双乐彩印包装有限公司	23961	510	邹明言
常熟华懋纺织有限公司	21149	-3224	赖敏聪
江苏康诺医疗器械有限公司	21149	1633	沈建东
江苏同禾药业有限公司	21030	6458	邹振荣
常熟市鑫源混凝土有限公司	18592	919	王　宏
江苏福兴织染有限公司	16703	1619	顾宏伟
常熟市一帆布业有限公司	15045	139	缪建灿
常熟市神灵医用器材有限公司	14621	2227	沈建东

【中新古里新型城镇化项目启动】 1月9日，中新古里新型城镇化项目签约仪式举行。苏州市委常委、园区党工委书记王翔，常熟市委书记惠建林，市委副书记、市长王飏出席签约仪式。常熟市人民政府与苏州工业园区、中新集团、国家开发银行苏州分行共同签署相关合作开发意向书。新型城镇化建设项目位于古里中心镇区，由城乡结合部改造区、产业优化提升区、历史文化保护区三大板块组成，项目内容涵盖经济发展、民生改善、生态保护、文化传承等多个领域。

【苏家尖村获评国家级美丽宜居村庄】 1月27日，古里镇苏家尖村被住建部公布为第二批国家美丽宜居村庄。苏家尖村围绕村容村貌更加整洁、生态环境更加优良、乡村特色更加鲜明、公共服务更加配套的目标，组织实施以恢复村庄河道生态、改善河道水质、提高人居环境为目标，实现“水清、畅流、岸绿、景美”和以“八整治、八提升”为核心的村庄环境整治行动。重点实施污水管网、空间绿化、停车场地、道路桥梁、文化中心、立面整饰、河道清淤、环卫设施、线路路灯、标识标语等10多个项目的改造和建设，并建成一批公共文化设施。

【“仁风古里”公益宣讲团成立】 5月6日，古里镇在全市率先成立“仁风古里”女大学生村官公益宣讲团，并启动“我身边的最美家庭”事迹宣讲村村行活动。“仁风古里”女大学生村官公益宣讲团将走进“最美家庭”，深化提炼感人事迹，利用“道德讲堂”和“村民活动日”等进行事迹宣讲，在全镇范围内中树立道德标杆，让广大群众学习身边人、身边事，营造健康向上的和谐氛围。

【常熟市跨境电商商会在古里镇成立】 8月5日，常熟市跨境电商商会在古里镇成立。商会成立后，积极推动全市企业适应电子商务新的发展方向，推进企业进入跨境电商时代，让更多的“常熟制造”“常熟品牌”走入国际市场，也让更多的国际品牌走进常熟的千家万户。同时，商会为企业做好跨境电商的科学服务和政策、技术、产业、市场导向工作，并在服务企业跨境电商业务的发展和完善中做出努力。

【古里镇农技推广服务中心获评全国首批五星级】 8月12日，经专家评审和网上公示，农业部全国农业技术推广服务中心公布首批108个全国五星乡镇农技推广机构(种植业)，古里镇农技推广服务中心名列其中。近年来，古里镇农技推广服务中心通过改善服务条件、健全体制机制、创新方式方法、提升服务能力，有力地推动现代农业发展，促进了农业增效、农民增收。

【上海交大技术转移中心古里产业化基地签约成立】 8月13日，上海交大技术转移中心古里产业化基地在古里镇签约成立，为古里镇转型升级产

1月9日，中新古里新型城镇化项目签约仪式举行

业发展提供科技支撑和引领。上海交大技术转移中心产业化基地落户古里后，古里镇将集聚本镇的产业要素、人才要素、人文要素和新型城镇化要素，搭建本镇产业发展与上海交大科研成果对接的“直通车”，引领企业主动对接，引进新技术、新产品、新成果，抢占转型升级制高点，努力在新常态下实现新发展。

【古里镇第五届体育运动会举行】 9月20日，古里镇举行第五届体育运动会开幕式。本届运动会设有篮球、羽毛球、乒乓球、健身操、象围棋、跳绳、拔河、田径等38个项比赛项目，其中还有跳长绳、踢毽子、自行车慢车等民间运动项目，两人三足跑、乒乓板持球等趣味运动项目。

【古里镇“中国梦·家国情”诗赋朗诵会举行】 9月22日，“中国梦·家国情”第二届书香古里诗赋朗诵会在常熟保利大剧院举行。朗诵会邀请瞿弦和、张凯丽、郭凯敏、孙小梅等20多位国内知名演员和主持人。朗诵会分为《铭记》《家国情》《中国梦》三个篇章，以纪念抗战胜利70周年为主题，以诗歌朗诵、歌舞、情景剧、合唱等形式讲述常熟以及全国的抗战典型故事，抒发爱国情怀。

【《古里历史文化名镇保护规划》通过省专家组论证】 12月3～4日，古里镇召开历史文化名镇保护规划论证会，省住建厅副厅长张鑑带队的相关专家教授参加论证。专家组现场考察铁琴铜剑楼街区、李市古街区，并召开论证汇报会，《古里历史文化名镇保护规划》顺利通过论证。常熟市政府副市长孙健，市政府办、规划局、文广新局主要领导，国土局、住建局、交通局、水利局、旅游局、消防大队、绿委办分管领导及镇党委书记曹国芬，党委副书记、镇长赵斌等参加会议。

【全国农村生活污水治理工作培训班到古里调研】 12月14日，由住建部主办的全国农村生活污水治理工作培训班在常熟开班。住建部总经济师赵晖、省住建厅厅长周岚、苏州副市长陆留生出席开班仪式。会议期间，代表们专程考察古里镇苏家尖村的农村生活污水治理现场，农村治污“常熟模式”受到与会人员肯定。

【古里镇获评“中国民间文化艺术之乡”】 12月19日，文化部公布2014～2016年度“中国民间文化艺术之乡”名单，古里镇以山歌入选其中。近年来，古里镇对白茆山歌的传承和发展做了大量工作。1995年，建立白茆山歌馆，聘请国内外众多专家学者作为顾问，组织成立白茆山歌发展研究会，在学校、企业和乡村建立起师带徒机制。2006年，白茆山歌被国务院公布为首批国家级非物质文化遗产。

【古里镇省级现代渔业精品园建设项目通过验收】 12月25日，苏州市农业委员会组织有关专家组成验收组，对常熟市古里镇人民政府承担的“省级高效设施渔业项目古里镇现代渔业精品园建设”项目进行验收。苏州市农委副主任马刚和相关处室负责人，常熟市农委主任高宝兴、副主任徐澍中陪同验收。验收组听取镇农服中心负责人关于项目实施情况汇报，同时进行察看建设现场、查阅相关材料和质询与讨论，通过票决一致同意该项目通过验收。

（王荔菁）

支塘镇

【概况】 支塘镇是常熟的东大门，距国家一类口岸常熟港、太仓港各20千米。镇域面积128.96平方千米，集镇区面积3.7平方千米，下辖3个社区居委会和16个行政村，设任阳、何市2个办事处，总户数20043户，户籍人口70299人，暂住人口35675人。支塘镇先后获评国家卫生镇、国家环境优美镇、中国非织造布及设备名镇、江苏省环境与经济协调发展示范镇、江苏省文明乡镇、江苏省实施“十二五”妇女儿童发展规划省级示范乡镇。

经济发展 2015年，全镇实现地区生产总值72.51亿元；完成财政总收入8.13亿元，其中一般公共预算收入3.33亿元，同比增长10%；完成工业总产值156.23亿元，其中规模以上工业产值116.66亿元。实现工业开票销售收入155.31亿元，同比增9.8%。净增内资注册资本9.95亿元，同比增78.6%；到账外资383.56万美元。项目培育成效明显。完成工业投资11亿元，科吉机电、东佳电子建成投产，润通路桥即将投产。盘活土地13.3公顷、房产2.8万多平方米，引进总投资8.3亿元的塑通机械等5只高质高效优质项目。启动工业园区生活污水主干管网建设和支塘、何市片区蒸汽管线建设。创新驱动不断提升。完成技改投入7.84亿元，获批省高新技术企业6家，省民营科技型企业12家，省高新技术产品10只；申报发明专利268只，新授权发明专利46只。引进硕士以上高层次人才8人，新建研究生工作站1家，签订产学研合作协议12项，申报常熟市创新创业领军人才项目1个，苏州市“海鸥计划”项目1个。企业资本市场运作取得新进展。惠丰润滑材料、金泉新材料、联邦化工等企业挂牌“新三板”，常源变压器完成券商签约，太阳雪新能源、艾美医疗等多家企业挂牌工作积极推进。现代农业发展水平继续提升。实现农业增加值6亿元，完成机插秧面积1266.7公顷，稻麦良种覆盖率达98%以上。枫塘、项桥万亩高产示范方增效创建，盛泾、任南村省级高效设施渔业项目通过验收，长桥村高标准农田建设项目、徐政村省级高效渔业设施项目正加紧实施。开展农村土地承包经营权确权登记颁证工作，土地股份合作社、股权固化等农村各项改革试点均稳妥推进。新增劳务合作社2个，农民专业合作社3个，家庭农场3个，徐政水产专业合作社成功创建农业部健康养殖示范场。服务业发展平稳推进。完成服务业投入10.1亿元，实现服务业消费品零售总额23亿元。蒋巷游客接待中心全面启用，接待游客16万人次，旅游创收1200万元。

社会事业 2015年，全镇完成村庄布点规划修编和重点村庄、特色村庄综合整治规划，开展村级零星工矿用地整合优化规划编制，加快推进“三优三保”“多规合一”工作。基本完成1000千伏特高压动迁，沪通铁路、七浦塘拓浚整治搬迁工程收尾在即。盛康路、任直路、支新路、新庙路等道路竣工通车，芝溪路、育才路等工程具备通车条件。城乡一体化示范小区建设稳妥推进，东馨佳苑一期全面投用，嘉和苑即将交付，累计安置151户。东馨佳苑二期、康馨佳苑全力推进；嘉丰苑已启动前期准备。落实农宅分类管理，开展综合整治区农宅解危解急，3年累计通过会审592户，其中588户已实施落架大修。启动任阳农贸市场建设，总投资近3亿元的嘉凯城·城市客厅项目即将开工。完成北街南入口搬迁，启动“集贤商肆”开发准备。金鑫花园、鸿景名苑等开发项目顺利推进。完成国家卫生镇复审，开展七浦塘沿线环境综合整治，推进徐政、项桥美丽村庄建设，完善村庄环境长效管理机制，新增各类垃圾收运车108辆，新建垃圾桶箱房106处，全镇范围垃圾收运体系全面建立。建立国家级环境教育社会实践基地1个，创建省级生态村1个、常熟市生态文明村2个。全年铺设污水收水主干管网9千米，新增农村分散式小型污水收集工程收水375户。完成河道综合整治3条，河道疏浚40条。畜禽养殖污染整治累计关停758户，治理验收519户。严格管控外来蔬菜种植户无序种植行为，严格落实秸秆禁烧综合利用工作，完成燃煤小锅炉整治和黄标车整治任务。

人民生活 2015年，支塘镇完成文体公园及健身中心、支塘思亲苑、何市思亲苑、王淦昌中学高中教学楼、何市中小学一期工程等一批重点民生实事工程。支塘人民医院主体封顶，预计2017年交付使用。任阳卫生院一期改建工程进入装潢施工阶段，窑镇社区卫生服务站完工投用，丰联社区卫生服务站新建工程顺利推进。围绕城乡居民收入“倍增计划”，开展多层次职业技能培训18期，新增就业岗位3018个，高校毕业生初次就业率达98.1%。社保覆盖面不断扩大，全镇养老保险覆盖率99.73%，外来人员城保扩面完成率99.98%；住房公积金扩面1265人，城乡养老保险衔接完成率97.67%，30%以下被征地农户和失水渔民人员补偿安置工作全面完成。加大困难家庭、弱势群体帮扶和慈善救助力度，发放低保金及生活补助共计331.82万元，发放慈善救助资金150.3万元，残疾人生活补助320.58万元。开展教师交流，实施教师外派培训。加大医疗硬件设施建设和公共卫生服务力度，组织开展农村妇女“两癌”检查，落实65岁以上老年人免费体检和重性精神病“双免”项目。完善全镇居家养老体系，镇居家养老管理服务中心、日间照料中心以及8个村级日间照料中心建成投用，引进上海海阳居家养老团队，签订购买养老服务协议。春节民间文艺大巡游获批2014～2015年度常熟市“十佳”公共文化服务品牌，全年组织“文化惠民大巡演”43场、文化送影230场次、公益文化讲堂6期。中心图书馆开办全市首个“常熟籍作家图书专柜”和“诺贝尔文学家图书专柜”。加强民间文博事业发展，建成沈玥瑛古砖雕石馆、江南锡壶艺术馆，免费向公众开放，筹建徐兆玮纪念馆。“支塘滚灯”成功申报省级非物质文化遗产项目。蒋巷村建成全国首家村级“中国作家·《雨花》读者俱乐部”以及全国首个中国作协村级创作基地。原创文艺节目《招女婿》等获全市群众文艺原创作品会演金奖。学校体育设施全面向社会开放，健身中心运营正常，举办“金泰杯”苏州市乒乓球邀请赛，全民健身的氛围逐步形成。

社会管理 2015年，支塘镇推进财税体制改革，建立政府全口径预决算审查和监督机制，压缩三公经费规模，控制并调整政府债务规模和结构。开展综合执法体系和服务体制改革，成立镇综合执法局，筹备建立便民服务中心。实施镇村公共资源、集体资产的交易管理体制改革，建立镇公共资源交易中心和农村集体资产交易服务中心。新市民积分管理持续深化，累计受理入学入医入市民卡申请1462人。强化安全生产网格化管理，完成市、镇两级重大隐患挂牌整改任务，新增安全生产标准化二级达标企业3家。开展涉氨、粉尘、危化、冶金企业安全生产大检查和“六打六治”专项整治行动，“三合一”整治率达到95%以上，全年实现食品安全零事故。社会大局稳定可控，全年共破获刑事案件167件；办理治安案件168起，同比下降10.97%。推进治安防控体系建设，新增各类监控150多个。多措并举优化城镇管理秩序，重点开展204国道淦昌路口、芝溪路、校园周遍、主要道路沿线专项整治。同时在废旧物资回收、“四黑”整治、新市民积分管理、黄标车报废等工作中均取得较好效果。

2015年支塘镇主要经济社会指标

表61

项目	数量	项目	数量	项目	数量
地区生产总值(亿元)	72.51	出栏家禽(万羽)	79	工业利税(亿元)	9.78
一般公共预算收入(亿元)	3.33	水产品产量(吨)	4910	固定资产投入(亿元)	21.13
耕地面积(公顷)	5528	农村合作社(家)	29	其中:工业投资(亿元)	11.03
用电总量(万千瓦时)	69207	农机总动力(千瓦)	33708	完成技改项目(个)	52
农业总产值(亿元)	7.27	工业企业(家)	989	当年技改投入(亿元)	7.84
粮食总产量(万吨)	51650	其中:私营工业企业(家)	989	新增民营企业注册资本(亿元)	10.75
皮棉总产量(吨)	66	工业总产值(亿元)	156.23	完成注册外资(万美元)	373.53
出栏生猪(万头)	6.3	工业销售收入(亿元)	150.79	实际利用外资(万美元)	383.56

续表 61

项　目	数　量	项　目	数　量	项　目	数　量
外贸供货额(亿元)	3.19	在校中小学生(人)	6180	最低生活保障对象(户/人)	249/461
自营出口额(万美元)	17986	在职教师(人)	529	年末存款余额(亿元)	72.6
三产从业人员(人)	12589	医院/病床(所/张)	3/200	人均储蓄存款(万元)	8.27
三产增加值(亿元)	31.08	社区卫生服务站(个)	18	农民人均纯收入(元)	29488
集市贸易成交额(万元)	627600	农村合作医疗参入率	98.85	农民人均住房(平方米)	78
镇村主干道(千米)	228	自来水入户率(%)	94.8	—	—
中小学校(所)	6	农村养老保险覆盖率(%)	99.7	—	—

2015 年支塘镇各村(社区)基本情况

表 62

村(社区)	面　积 (平方千米)	户数(户)	人口数(人)	集体经济总收入(万元)	人均纯收入 (元)	总资产 (万元)	党组织 书记	村(社区) 主任
阳桥村	3.20	371	1475	783	30860	3734	密建青	顾卫东
八字桥村	6.39	1199	4746	603	29553	2652	王丽华	陆喜明
窑镇村	6.29	849	3225	651	30133	4529	洪　卫	刘军良
枫塘村	9.16	1213	4708	1181	29007	3502	葛春庭	高拥军
长桥村	4.99	966	3597	844	29002	3932	陈　青	苏正华
支东村	5.20	1219	4438	508	29028	2885	李振乾	周永青
蒋巷村	1.63	235	874	2149	38501	23758	常德盛	蒋玉英
凤泾村	2.77	644	2467	893	30283	2305	顾炳元	王文清
盛泾村	6.06	639	2515	642	28708	2964	王建刚	陈永梅
徐政村	4.39	742	2809	608	28338	2096	钱卫明	王利娟
丰联村	7.62	924	3690	2418	31577	5805	刘德洪	陈雪中
任南村	7.19	936	3498	993	30377	3700	王建平	杨　飞
何东村	9.24	1233	4574	507	28352	2103	叶映朴	姚利军
项桥村	6.72	1133	4011	360	28753	2682	王荣明	马庆峰
何南村	6.59	1180	4379	583	29349	2502	王振明	周燕飞
何北村	7.72	1633	5737	738	28634	3551	王国峰	李　平
市镇社区	3.60	2437	6344	—	—	—	密建青	黄军英
任阳社区	2.29	1333	4256	145	29152	966	邹伟民	丁建荣
何市社区	2.00	1157	2956	—	—	—	吴文英	—

2015 年支塘镇骨干企业基本情况

表 63

企　业　名　称	销售收入(万元)	利税总额(万元)	法人代表
江苏凯隆铝业有限公司	226000	3800	陈喜龙
江苏常盛集团有限公司	89000	7300	常德盛
常熟联邦化工股份有限公司	34500	7000	苏仁球
常熟市飞龙无纺机械有限公司	20200	1350	韩雪龙
常熟市富尔威纺织品有限公司	19000	517	周志锋
江苏迎阳无纺机械有限公司	17000	1900	范　伟
常熟市鑫盛制袋有限责任公司	16000	570	张友根

续表 63

企业名称	销售收入(万元)	利税总额(万元)	法人代表
度恩光学(常熟)有限公司	16000	4600	申度铉
苏州金泉新材料股份有限公司	15000	2700	樊海彬
江苏灵丰纺织集团有限公司	15000	1350	张保岐
江苏远洋药业股份有限公司	14500	550	陆昌元
江苏环湖宏顺彩钢泡塑有限公司	14500	1100	曹福兴
常熟市金顶无纺布有限公司	14500	2500	陆伟明
常熟市三佳磁业有限公司	14400	1800	胡卫国
江苏阿里山食品有限公司	11939	413	朱永涛

【文体公园建成投用】 2月1日,支塘镇文体公园建成投用。该公园北邻张青莲小学、南接支塘人民医院新址,总占地面积2.76公顷,总投资1800万元,配套体育馆、室外灯光篮球场、健身广场、健身步道、健身路径等设施。

【民间文艺大巡游举行】 2月19日,支塘镇举行“三羊开泰——支塘镇2015年民间文艺大巡游”活动。180名文艺爱好者组成的队伍,途径支塘、任阳、何市3个片区,表演支塘滚灯、舞龙、舞狮、挑花灯、荡湖船、踩高跷等民间文艺节目。该活动入选2014～2015年度常熟市“十佳”公共文化服务品牌。

【马来西亚代表团考察蒋巷村】 3月21日,马来西亚华人工会代表团一行到蒋巷村,考察基层党组织如何在中国农村经济社会建设中发挥领导作用。代表团考察了蒋巷村村史馆、万亩良田,并走进村民家中,体验当地普通农民的生活。在座谈会上,代表团一行与蒋巷村党委书记常德盛就中国共产党在农村中的组织建设与领导作用进行交流学习。

【全市首个常熟籍作家图书“专柜”设立】 3月22日,全市首个常熟籍作家图书“专柜”启动仪式在支塘镇文化站举行。活动现场,共收到俞小红、王晓明、潘吉、顾鹰等15位常熟籍作家捐赠的专著共计90部(册)。该“专柜”里的图书,读者可凭借阅卡、市民卡借阅。

【全市首个校园纠纷调解委员会成立】 3月27日,常熟市王淦昌中学校园纠纷人民调解委员会成立,系全市首个调解委员会,主要承担校园内学生意外伤害、与教学活动相关的涉师涉生纠纷调处工作。设有专职人民调解员3名,兼职人民调解员24人。成员来自司法、文教、公安、法庭、学校等多个部门,由镇司法所具体负责涉校纠纷调解工作的组织协调和业务指导。

【中国非织造布产业协作创新发展论坛召开】 6月5日,由中国产业用纺织品行业协会主办、支塘镇政府承办的2015中国非织造布产业协作创新发展论坛在支塘镇召开。该论坛是中国产业用纺织品行业协会2015年非织造布系列活动之一,主要就非织造布行业的装备发展和技术创新、产品开发进行探讨,展示行业发展的最新成果。会上,与会领导和专家就新形势下纺织行业发展,全国非织造布产业的战略机遇,国产非织造布设备、专用纤维和助剂的技术创新与推广应用以及面临的挑战进行充分研讨。参会企业分别就各自的装备和技术进行专题交流和推广。

【赵乐际到蒋巷村考察调研】 7月17日,中共中央政治局委员、中组部部长赵乐际在江苏省委、苏州市委等有关领导的陪同下,对支塘镇蒋巷村基层党组织建设工作进行考察调研。赵乐际一行实地参观和考察蒋巷村村史馆、村容村貌,详细询问蒋巷村基层党建工作情况,并召开基层党建工作座谈会,听取蒋巷村党委书记常德盛关于开展基层组织建设的情况汇报,对蒋巷村基层党建工作给予肯定。

【全国首个村级俱乐部在蒋巷村成立】 8月30日,蒋巷村“中国作家·《雨花》读者俱乐部”成立,成为“中国作家·《雨花》读者俱乐部”在全国选定安家的首个村级俱乐部。中国作家协会党组成员、副主席何建明,江苏省作家

6月5日,2015中国非织造布产业协作创新发展论坛在常熟召开。图为与会嘉宾在企业参观

协会主席范小青，常熟市委常委、宣传部长潘志嘉和支塘镇蒋巷村党委书记常德盛共同为蒋巷村“中国作家·《雨花》读者俱乐部”成立揭牌。

【支塘镇综合执法局成立】 8月25日，支塘镇综合执法局揭牌成立。综合执法局是将涉及社会经济管理领域的若干个行政机关的行政处罚权集中起来，统一行使行政处罚权，开展综合行政执法工作。即集中行使安全生产、环境保护、劳动保障、卫生计生、镇容镇貌、城镇建设和规划管理等方面法律、法规、规章规定的行政处罚权和与行政处罚权相关的日常监督管理权。作为全市综合执法局试点镇之一，开展相对集中行政处罚权工作后，支塘镇综合执法局将履行第一批下放的国家法律、法规、规章规定的328项行政执法职能，使城镇管理无盲区、无盲点。

【常德盛参加纪念抗战胜利70周年大会观礼活动】 9月3日，支塘蒋巷村党委书记常德盛作为全国优秀共产党员代表，受中组部邀请，参加纪念抗战胜利70周年大会观礼活动。这是常德盛第二次受邀赴京参加阅兵观礼活动。2009年，常德盛作为全国劳动模范代表，参加建国60周年阅兵观礼活动。

【徐政水产养殖专业合作社通过农业部验收】 10月20日，支塘镇徐政水产养殖专业合作社通过农业部“健康养殖示范场”考核验收。成为支塘镇继盛泾村、任南村后第3个获“农业部健康养殖示范场”称号的村级水产养殖专业合作社。年初，徐政村申报创建“农业部健康养殖示范场”，围绕这一目标该合作社主要做好生产条件标准化、生产操作规范化、生产管理制度化、示范辐射规模化等4个方面的工作。 （王梦婷）

沙家浜镇

【概况】 沙家浜镇位于常熟市东南隅，面积65平方千米，人口4万余人，下辖1个办事处、14个行政村（社区），是全国重点镇、全国文明镇、国家卫生镇、中国特色景观旅游名镇、中国休闲服装名镇、中国玻璃模具之乡、中国历史文化名镇、中国绿色名镇，先后获中国人居环境范例奖、联合国人居署迪拜国际改善居住环境最佳范例奖。

经济发展 2015年，全镇实现地区生产总值97亿元、一般公共预算收入5.03亿元、财政总收入13亿元，分别增长4.12%、8.7%和9.2%。实现工业总产值314.66亿元、开票销售收入217.23亿元，分别增长6.27%和9.06%；完成全社会固定资产投资21.03亿元，其中工业投资13.02亿元；实现到账外资1148万美元，净增民营注册资本20.16亿元，分别完成全年目标的114.80%和530.53%。全镇63家规模以上企业实现工业总产值267.46亿元、利税23.84亿元、利润18.88亿元，分别增长6.27%、11.55%和5.19%；全镇拥有工业总产值超亿元企业29家，纳税超亿元企业2家，超1000万元企业14家、超500万元企业27家、超百万元企业85家。地区生产总值、一般公共预算收入年均增长10.64%和14.02%。工业总产值和开票收入年均增长11.71%、13.02%。全社会固定资产投资累计122.41亿元，其中工业投资75.15亿元，累计吸纳注册外资6746万美元，到账外资6759万美元。依托渔业产业园平台，加强高效设施养殖项目建设，加快科技成果转化应用，特色水产效益不断提升，市场认可度得到有效提高。在传统“虾蟹混养”的基础上，东湖渔业、民意水产等龙头企业探索多品种立体养殖模式，与中国淡水渔业研究中心达成战略合作，开辟产学研合作新路。加强同网上交易平台的合作，打造“沙家浜螃蟹网”，探索线下线上有机融合，建立更加完善的农产品营销、流通体系，受益农户达2000多人，获评“省农业电子商务示范镇”，金唐市水产成功实现跨境电子商务销售。全镇水产养殖亩均产出达1.3万元/亩，渔业产业园核心区产出达1.49万元/亩。全镇实现服务业投资8亿元，增加值20.27亿元。加大服务业招商引资和项目嫁接力度，推进湿地公园北扩工程、大型实景剧“沙家浜”等重点项目。农业现代化步伐加快，省级渔业产业园区核心辐射作用凸显，“基地＋公司＋合作社＋农户”新模式取得成效，特色水产养殖项目日益多元，多品种立体养殖模式日趋成熟，农业生态休闲设施日臻完善，“渔光互补”项目并网发电，“沙家浜”牌阳澄湖大闸蟹被评为“省名牌农产品”。沙家浜镇成为苏州市唯一获得农业部“一村一品专业示范镇”授牌的乡镇。度假区全年接待游客221.6万人次，自营收入1.18亿元，分别增长5.5%和6.6%。成功创建国家5A级旅游景区、国家湿地公园，获批省级旅游度假区，休闲旅游业态初步形成。年均接待游客194万人次，旅游自营收入破亿元大关，获评中国绿色名镇、中国大闸蟹美食之乡。沙家浜风景区获评全国科普教育基地、全国价格信得过示范单位，纪念馆入选国家级抗战纪念设施、遗址名录，票务系统获评全省互联网＋模式创新优秀项目。继续实施规模经济“扩容工程”，规模企业对全镇经济的支撑作用更加明显。63家规上企业工业总产值占比达85%，中利科技、中来股份、白雪电器、郎诚金属等14家企业纳税超1000万，其中中利科技、中来股份2家上市企业分别实现产值153.82亿元、6.7亿元、纳税2.73亿元、5300万元，贡献突出。加强工业重点项目服务和跟踪督查，推动45个镇重点工业项目建设，实现工业投入7.79亿元，完成年度计划的82%，其中中利电子、中联光电、建华模具等5个市级项目完成投入5.2亿元，完成年度计划的95%。中利科技、中利腾晖、中来股份等39个项目投产使用，创力矿山、郎诚金属等41个项目完成建设。理顺科技人才引育机制，积极引进各类人才380名，其中博士3名、硕士29名。全镇入选“姑苏人才计划”2人，市级领军人才1人。产学研深度融合，中利腾晖、创力矿山、福莱德科技等企业分别与南京工程、南航、川大、河海等知名高校建立长期合作关系。白雪电器成功申报国家级博士后创新实践基地，中利腾晖、中利科技分获省重点科技成果转化项目和省重点企业研发机构补助资金，新增省工程技术研究中心2家，省企业技术中心1家,苏州市级工程技术研究中心2家。积极推进企业研发中心和公共服务平台建设,启动"机器换人"项目,不断提升企业自主创新能力,新建科技创新载体3.1万平方米。2015年全镇规上企业完成工业总产值、销售收入、税收,分别是2010年的1.74倍、1.71倍和1.6倍。中利科技入选中国民营企业500强和民企制造业500强,成功创建苏州市市长质量奖,中利腾晖、白雪电器、中来光伏等15家企业跻身市百强企业。强化新能源战略,中利腾晖、中来光伏、福莱德科技在行业整体低迷的情况下逆势扩张,中利电子、中联光电、郎诚金属等项目相继启动,3D打印、智能电表、中利来等项目蓄势待发。实施走出去战略,中利腾晖在泰国投资建厂,国内外累计投资建成光伏电站3.6GW,中来股份收购意大利翡膜考特公司,建华模具收购欧文斯(天津)模具有限公司。打造上市企业板块,拥有中利科技、中来股份二家上市公司,积蓄沙家浜金属科技(商业设施)、医药化工、中巨新能源等拟新三板挂牌企业,建华模具、通达宏泰、科宝光电、冠林汽车、中翼汽车、恒信(创景)等拟境外或中小板上市企业。启动创新创业引擎,累计投入工业项目267个,投入资金34.19亿元。全镇申报专利超4500件,培育国家火炬计划重点高新技术企业7家、国家级博士后工作站2家、省级高新技术企业23家、省级工程技术研究中心9家、省重点实验室1家、省外资研发中心1家。

社会事业 2015年,沙家浜镇编制完成镇村庄综合整治规划,调优国家湿地公园规划,启动省级旅游度假区总体规划修编,推进镇总体规划、集镇控制性详细规划、镇村级工业用地整合规划、"三优三保"规划编制,科学指导城镇土地资源综合利用,加快启动"多规融合"。根据古镇保护规划要求,启动唐市古镇保护工作,明确核心保护区范围和功能定位,开展老街保护和修复工程,保护和恢复古镇原有水乡风貌。推进"美丽村镇"建设,完成芦荡村和昆南村两个三星级康居乡村建设,受益农户147户。逐步推进生活污水治理工程,全年投入3300万元,完成1500多户管网改造。持续完善镇村公共配套设施,全面完成东来路、阳澄南路提档升级,南新路西延,苏南路大修,张湖路缪浜路镇村公交运行配套设施改造等工程,维阳路、青年路建设接近尾声,完成4.5千米申张线航道整治任务,全年疏浚河道6条、3.2千米。稳妥推进城乡一体化工作,春来家园·春和坊二期、南丰苑完成封顶,万安小区7区、阳澄新村13区进展顺利,全年交付安置房222套,置换农户139户。实施常沙线快速化改造清障、市电力公司500千伏出线等市级项目。扎实推进农村水利建设,投入资金630万元,对排涝站、危桥进行改造,加高加固圩堤,进一步提高防汛防洪能力。年内通过国家卫生镇、省级卫生村复审。组织纪念抗战胜利70周年系列活动,主办"沙家浜精神"全国征文赛,承办"正义之声"苏州市纪念抗战胜利70周年群众歌会,举办"三进城"暨"家在苏州·美丽沙家浜"主题展示活动,沪剧《芦荡火种》重排首演仪式暨纪念沪剧《芦荡火种》公演55周年活动。开展"流动人口宣传服务月""和阿姨幸福快车""全民健身月""江南船拳"展演、"百村体育健身工程"等活动。文艺创作精品层出,出版《永远的沙家浜精神》作品集,景区成功申报"苏州沙家浜摄影创作基地"。红石村农家书屋入选全国服务农民、服务基层文化先进建设集体公示名单,石湾山歌、江南船拳入选第四批省级非物质文化遗产代表性名录。推进社会文明建设,开展"我们的节日"民俗活动、学雷锋志愿服务,"乡风文明岗""善行义举榜"全覆盖,孝老敬亲、诚实守信蔚然成风。落实生态文明建设,推进环境保护工作,淘汰79台燃煤锅炉,治理工业废气超标企业2家,妥善处置昆山石牌垃圾焚烧扰民事件。加强企业区域环境应急管理,督促全镇企业填报《污染源"一企一档"信息填报表》,开展常昆污水厂、金像电子、扬宣电子、塑料五金和华群科技5家企业环保应急预案申报工作。全力推进流域整治,完成缪家塘、张家段黑臭河道治理,关停2家化工厂及165户畜禽养殖场所,常昆污水处理厂二期投入使用,扩大集镇区、常昆工业园区污水收水范围,全力争创"国家级生态文明示范镇"。投入9亿元,启动5个示范小区的建设,总建筑面积达29.3万平方米。完成南环路、中兴路、春来大道、东来路、阳澄南路等改扩建工程,实施唐市古镇保护性修复工程,完善老街危房修缮方案设计。大力发展循环经济,节能环保技术得到推广运用,提标改造和节能减排顺利推进。实施阳澄湖流域水环境综合整治,全面完成常昆污水处理厂扩建工程,铺设雨污水分流管道225公里。实施畜禽养殖污染整治,加强大气污染防治,累计关闭重污染企业103家,关停"六小一无"企业17家,"禁燃区"高污染设备淘汰工作基本完成。积极推进美丽村镇建设,村庄环境得到有效提升。荣获"全国绿色名镇"称号。

人民生活 2015年,沙家浜镇扩大社会保险覆盖面,居民基本(农村合作)医疗覆盖率达100%,参合率达99.7%。全力构建城乡一体的就业创业保障机制,年均新增就业岗位4120个,实现城镇失业人员再就业3315人,获省政府表彰"就业工作先进镇"。加快推进"平安法治"建设,持续深化法制宣传、人民调解、法律援助、社区矫正和安置帮教工作,矛盾纠纷调处率、调解成功率达100%和99%。信访工作高位平稳、有序可控,信访办结率达98%。实现"智慧社区"平台全覆盖,推进"智慧云守护神"项目,有力提升村(社区)技防能力。人技联动的治安防控网络不断强化,组建集纠纷调解、扶贫济困、护村护院、法制教育为核心的"和阿姨"人防力量,新市民享受同城待遇,累计办理新市民积分入学730多人次。完成沙家浜中学和唐市中学迁建工程,提升沙家浜卫生院中医骨伤科、唐市卫生院康复中心等特色医疗服务能力。建立健全社会救助体系,民生慈善工程深入实施,公租房项目顺利推进,村居家养老设施日益普及完善,老年大学获评"省示范老年学校"。安全生产工作连续五年考核名列全市前茅,连续三年实现安全生产"零死亡"。双拥工作成效明显,获评"苏州市双拥模范乡镇"。精神文明创建成果丰硕,先后获评苏州市文明镇、省文明镇标兵、全国文明镇、国家重点镇。政府资金重点向民生倾斜，唐市中学、唐市幼儿园校安工程、“南丰小区”公租房项目完成土建。大力促进就业创业，新增就业岗位3780个，援助就业困难人员再就业239人，创业培训53人，获“苏州市高质型就业镇”称号。新增缴存住房公积金职工3096人，完成全年任务的176.9%，社会保险覆盖率和社会养老保险覆盖率均达99.6%。养老设施建设加快推进，启用红石社区日间照料中心、唐北老年关爱之家，建成万丰家园居家养老中心，完成五保老人市级集中供养。全面提升基层医疗和计划生育服务水平，加强卫计人员能力培训，唐市社区卫生服务站投用，沙家浜卫生院被国家卫计委评为“群众满意的乡镇卫生院”。完善残疾、困难人员救助体制，全年发放救助金604万元，实现村级慈善工作站全覆盖。合法宗教活动得到保障，民族宗教政策得到落实。征兵任务顺利完成，双拥工作富有特色，获评“省双拥示范基地”。社区股份合作社组建实现“满堂红”，农村土地承包经营权确权登记颁证试点全面完成。强化镇村集体资产管理，注重村级抱团发展，先后投资腾晖集宿区、农贸市场、消防站建设，并通过资本市场向中巨新能源公司进行股权投资，村级收入、农民人均收入连续增长在10%以上。

社会管理 2015年，沙家浜镇成立综合执法局，整合执法力量，承接上级部门下放的328项行政处罚权限，开展重点区域综合整治、流动商贩“百日行动”，废旧物资回收、劳动监察联合执法、公共场所卫生联合执法等专项治理行动，开展各类检查7243次，当场纠正违法行为7638件。推进土地综合整治利用，加大控违拆违力度，严控新增违法建设和用地行为，完成增减挂钩项目复垦验收2.1公顷，报省征收9.5公顷。抓好城建监察工作，全年查处各类违章205处，拆除面积3000多平方米，有效遏制违章势头蔓延。深化平安建设，增强科技防范能力，全年新装各类监控188个，村级监控更换低照度380个，完成首期小区“智慧云守护神”家庭技防监控安装，通过“苏州市综治基础设施建设示范点”验收。社会治安得到强化，刑事案发率连年下降，群众安全感持续上升。加强安全生产工作，开展危险化学品企业、粉尘爆炸危险企业、道路交通、人员密集场所、建筑工地和特种设备等专项整治，全年检查企业2194家次，排查隐患4025项。深入推进企业安全标准化建设，完成标准化三级4家、二级3家企业的创建工作。积极开展司法工作，“公调对接”“交调对接”“律所共建”有序运作，公共法律便民服务站建设全覆盖，获评“省优秀司法所”。智慧沙家浜、数字城管等信息化管理手段日益丰富，新市民积分管理政策得到全面落实。注意事要解决，信访办结率达98%。巩固和拓展党的“群众路线”教育实践活动成果，扎实开展“三严三实”专题教育，深入查摆存在问题，加强政府自身建设，提升政府行政效能。继续深化挂钩联系村和企业、密切联系党员群众等一系列工作机制，推动干部“敢担当、勤作为”，严格规范议事、办事流程，做到责任明晰，按章办事。坚持向人大报告和向政协通报制度，自觉接受人大和社会监督，主动听取并认真落实人大、政协的意见建议。进一步规范《政府信息公开条例》，创新开展“春来月谈”活动，依法妥善处置因拆迁安置、环境污染、企业欠薪引发的信访问题，办结“12345”便民服务热线、“寒山闻钟”“政府信箱”任务计2322件。依法加强财政监督、注重债务监管，确保公共资源交易透明规范可控。始终把廉政建设作为立身之本，狠抓两个责任落实，与班子成员、部门负责人签订《党风廉政建设责任书》，组织开展多形式的廉政教育，不断强化党员干部廉洁意识。领导干部带头遵守中央八项规定和市委十二项规定，规范重大决策和重大投资联席会商机制，严格执行公车使用、礼金礼品礼卡上交登记制度，“三公经费”得到严控。加强审计督查、纪检案件查办力度，加强廉政风险防控。

2015年沙家浜镇主要经济社会指标

表64

项　目	数　量	项　目	数　量	项　目	数　量
地区生产总值(亿元)	97.2	工业销售收入(亿元)	302.39	中小学校(所)	4
一般公共预算收入(亿元)	5.03	工业利税(亿元)	27.36	在校中小学生(人)	3212
耕地面积(公顷)	2291	固定资产投入(亿元)	21.03	在职教师(人)	291
用电总量(万千瓦时)	73639	其中：工业投资(亿元)	13.02	医院/病床(所/张)	2/125
农业总产值(亿元)	7.66	完成技改项目(个)	24	社区卫生服务站(个)	10
粮食总产量(万吨)	0.12	当年技改投入(亿元)	4.9	农村合作医疗参入率	100
皮棉总产量(吨)	0	新增民营企业注册资本(亿元)	20.16	自来水入户率(%)	100
出栏生猪(万头)	0.64	完成注册外资(万美元)	1686	农村养老保险覆盖率(%)	100.00
出栏家禽(万羽)	0.7	实际利用外资(万美元)	1148	最低生活保障对象(户/人)	141/198
水产品产量(吨)	9856	外贸供货额(亿元)	30	年末存款余额(亿元)	21.96
农村合作社(家)	20	自营出口额(万美元)	50086	人均储蓄存款(万元)	5.49
农机总动力(千瓦)	9926	三产从业人员(人)	14939	农民人均纯收入(元)	28876
工业企业(家)	536	三产增加值(亿元)	20.27	农民人均住房(平方米)	73
其中：私营工业企业(家)	504	集市贸易成交额(万元)	76484	—	—
工业总产值(亿元)	314.66	镇村主干道(千米)	161	—	—

2015年沙家浜镇各村(社区)基本情况

表65

村(社区)	面 积(平方千米)	户数(户)	人口数(人)	集体经济总收入(万元)	人均纯收入(元)	总资产(万元)	党组织书记	村(社区)主任
红石村	5.80	684	2780	361.0	27710	3200	邓永林	赵志明
芦荡村	4.60	585	2108	829.0	29304	4667	陆建元	毛建荣
昆承湖村	6.24	491	1883	413.0	29865	3735	金荣保	计文明(代)
沙南村	5.20	625	2188	656.0	30863	4394	李 明	苏国明
苏南村	3.40	320	7687	184.3	27977	2585	徐建英	王春雷 丁阿二
华阳村	8.00	926	3434	336.0	27404	1829	顾建良	王建明(代)
朗城村	3.99	630	2115	475.0	27730	2743	钱进	李立军
新湖村	5.20	737	2501	347.3	27305	1483	周建明	王洪贤
唐东村	5.58	670	2528	239.0	27048	1665	顾喜元	沈建江
唐北村	9.10	826	3128	645.0	26935	3770	徐建文	周纪忠
常昆村	5.10	878	3878	800.0	28922	4814	平雪云	吴卫良
横泾村	4.40	790	2890	1098.0	29000	5434	张坤云	袁文中(代)
昆南村	4.00	739	2619	395.0	27415	2117	时利明	赵惠中
芦荡社区	2.81	1305	3601	—	29865	—	顾伟清	—

2015年沙家浜镇骨干企业基本情况

表66

企 业 名 称	销售收入(万元)	利税总额(万元)	法人代表
中利科技集团股份有限公司	832176	63949	王柏兴
中利腾晖光伏科技有限公司	725284	67524	王柏兴
江苏白雪电器股份有限公司	131106	7123	朱勤保
江苏中利电子信息科技有限公司	131713	17937	王柏兴
常熟金像电子有限公司	88457	6724	杨长青
苏州中来光伏新材股份有限公司	66240	17353	林建伟
华达利家具(常熟)有限公司	57666	2389	汪 力
苏州申腾金属材料有限公司	47579	6997	陈坤保
扬宣电子(苏州)有限公司	42249	1657	罗家亮
常熟市福莱德连接器科技有限公司	39238	2239	许建明

【沙家浜镇与南京工程学院开展产学研合作】 1月1日，南京工程学院副院长曹雪虹一行到沙家浜镇考察企业，召开座谈会，了解企业在人才、科技等方面的需求，以进一步推进产学研合作。南京工程学院是国家"卓越工程师教育培养计划"首批试点高校和国家"CDIO工程教育模式改革研究与实践"试点高校之一，自动化、热能与动力工程、电气工程及其自动化等是该校最有优势的特色专业。

【沙家浜镇老年大学受表彰】 1月31日，江苏省老年大学协会表彰了全省首批73所示范老年大学和学校，沙家浜镇老年大学名列其中。沙家浜镇老年大学成立于2010年，该校在老年教育教学工作方面根据沙家浜镇的特点，围绕"水乡"和"红色教育"，突出"三个贴近"，即贴近农村实际、贴近时代要求、贴近社会生活，充分发挥课堂教学的主阵地作用，努力开辟第二课堂，丰富活跃老年人的精神文化生活，使老年教育老有所教，老有所学，老有所乐，老有所为。

【沙家浜镇开展"缤纷冬日"青少年活动】 1月31日，沙家浜镇在唐市中学礼堂举行2015年"缤纷冬日"活动启动仪式，以"践行价值观，共筑中国梦"为主题，开展形式多样的"春泥计划——缤纷冬日"系列活动。活动以除夕、春节、元宵节等传统节日为契机，组织学生慰问女兵家庭，尊老爱老系列活动，以建设社会主义核心价值体系为根本，突出"践行核心价值观"主题，引导广大未成年人争当品德高尚、富有理想、充满活力和创造力的新一代青少年。

【红色旅游书屋揭牌开放】 2月9日，沙家浜红色旅游书屋揭牌开放，为

11月4日，常熟市农民合作社、家庭农场基层党组织建设试点工作推进会在沙家浜镇举行

游客、员工提供免费阅览和购买服务。此次开放的“红色旅游书屋”设在沙家浜革命历史纪念馆第三展厅，分红色记忆、人在旅途、民俗风情、休闲度假、旅游管理5个部分，藏书3600余册。

【沙家浜镇举办第十八届劳动力招聘专场】 3月7日，沙家浜镇举办第十八届劳动力招聘专场，共吸引25家企业进场招聘，累计提供60多个工种2600个岗位，当天共有500多人进场应聘，其中本地大龄人员占到一半以上。

【中利科技集团获全球首张车内用电缆认证证书】 参见第188页〖中利科技车内用电缆获认证〗。

【南京航空航天大学与中利腾晖合作共建】 4月10日，南京航空航天大学与中利腾晖光伏科技有限公司签订共建学生实习实践基地协议，双方在人才交流和技术研发等项目上开展合作。中利腾晖利用光伏研发、生产及检测设备，配合学校开展光伏技术研究和教学实践，为全国培养更多的光伏专业人才。

【“和阿姨幸福快车”公益活动启动】 5月15日，沙家浜镇2015年“和阿姨幸福快车”公益活动正式启动。“和阿姨幸福快车”公益活动围绕“和悦家庭幸福共享”主题，针对广大妇女群众开展“和谐婚姻幸福家庭”宣传引导、《幸福之旅》新婚夫妇婚恋辅导公益创投、“和阿姨在身边”婚姻家庭公益巡讲活动；针对困境儿童、单亲母亲和空巢老人开展特殊人群结对关爱活动；针对妇女干部举办巾帼志愿者业务能力培训和每月一次的“和阿姨”公益活动，进一步提升“和阿姨”幸福家庭服务中心的服务水平，更好地指导群众经营幸福美满的家庭，享受美好生活。

【举行纪念抗战胜利70周年暨“沙家浜精神”研讨会】 8月1日，沙家浜革命历史馆举行纪念抗战胜利七十周年“沙家浜精神”研讨会，会议邀请当年阳澄湖畔“三十六个伤病员”的亲属、刘飞将军的子女、现“沙家浜部队”的领导，以及抗战亲历者和常熟市相关部门的领导，围绕沙家浜革命精神与军民鱼水深情展开深入探讨，深切缅怀先辈业绩，总结“沙家浜精神”的精髓和内涵。8月7日，由苏州市诗词创作协会、常熟市文联和沙家浜镇共同主办的“纪念抗日战争胜利70周年沙家浜诗会”在沙家浜风景区举行。

【苏州市纪念抗战胜利70周年主题歌会在沙家浜举行】 9月4日，“正义之声”——苏州市纪念中国人民抗日战争暨世界反法西斯战争胜利70周年大型主题群众歌会在沙家浜举行。活动参演者有学生、机关干部、专业团队以及抗战老战士等。歌会由18首主题歌曲组成，充分反映苏州人民在抗日战争的关键时刻，忧国患家、同仇敌忾；配合东进的新四军在苏州阳澄湖等水网地区，开辟敌后游击根据地，联系群众，打击敌寇的大无畏革命精神。同时讴歌今天的苏州人民在十八大精神指引下，为振兴中华，实现美丽中国梦苏州篇章的愿景意气风发的进取精神。苏州市委副书记、市长周乃翔等领导出席活动。

【全国青少广播记者走进红色沙家浜】 11月1日，“走进红色沙家浜”——全国青少广播记者大型联合采访暨常熟少儿红色经典展示活动在沙家浜风景区举行。全国各地近40家广播电台的60多名少儿节目编辑、记者、主持人参加活动。少儿节目编辑、记者、主持人在沙家浜中心小学红领巾小导游的带领下，参观了瞻仰广场、沙家浜革命历史纪念馆等景点，欣赏了由常熟少先队员代表带来的少儿红色经典展示。

【万丰家园工作站成立】 11月11日，沙家浜镇唐市社区万丰家园工作站正式成立。万丰家园是沙家浜镇城乡一体化示范小区，共入住农户364户，涉及全镇苏南、朗城、新湖等村的农宅置换户。工作站共有专职人员3名，负责党建、计生、养老保险等日常工作。

【沙家浜镇与中国水科院战略合作】 11月12日，沙家浜镇人民政府与中国水产科学研究院淡水渔业研究中心正式签约，达成战略合作。沙家浜镇将依托淡水渔业研究中心的资源优势、科技优势和人才优势，通过建立挂牌培训基地、建立博士后科研工作站等方式，按照工业化发展理念，把一、二、三产有机融合，探索农业发展新格局，打造“第六产业”。

【金乡县来沙家浜镇举办经济合作恳谈会】 11月18日，山东省金乡县到沙家浜镇举办经济合作恳谈会。会上，金乡经济开发区与中利腾晖光伏科技有限公司、江苏好的节能光电科技有限公司和苏州创力矿山设备有限公司签订投资意向书，共同开发60兆瓦农光互补光伏发电、环保节能型光电项目、自动化矿山掘进设备3个项目。

【张海涛到沙家浜镇调研】 12月7日，全国政协常委、中国广播电影电视社会组织联合会会长张海涛一行到沙家浜镇调研有线智慧社区建设情况。张海涛一行考察沙家浜镇南塘新村技防到户工程、文化广场和红石村村委，实地体验了智慧社区的应用情况，对智慧社区项目在推进村务公开、依法行政方面发挥的重要作用表示肯定。

【全市首届"智慧安防"系统应用研讨会举办】 12月11日，全市首届"智慧安防"系统应用研讨会在沙家浜镇举办。该研讨会由市安全技术防范行业协会主办、江苏有线常熟分公司承办。会上，与会人员针对"智慧安防"工作的发展方向以及实用性进行探讨分析。对于如何利用数字化手段深入推进家庭安防、社区安防以及企业生产全方位安全防范监管等方面进行研讨。

（吴逸飞）

董浜镇

【概况】 董浜镇位于常熟市东部，紧邻常熟港和常熟经济技术开发区，苏嘉杭高速公路、沿江高速公路、常昆高速公路、苏通长江大桥"三路一桥"在境内交汇，建设中的沪通铁路穿境而过，距常熟港7千米。全镇总面积62.5平方千米，常住人口5.4万人，外来人口2万人，下辖14个行政村，2个社区居委会。先后获国家卫生镇、全国环境优美镇、国家级生态乡镇、中国民间文化艺术之乡，江苏省安全文明镇、江苏省文明镇等称号。

经济发展 2015年，全镇完成地区生产总值33.72亿元；完成工业总产值72.1亿元；完成一般公共预算收入1.84亿元；规模以上工业产值53.73亿；高新技术产业产值7.65亿；全镇规模企业实现开票销售收入53.2亿元；全社会固定资产投资完成13.78亿元，其中工业投资完成10.26亿元；服务业投资完成3.52亿元。全年新引进弘泰汽配、华邦汽车材料等6家企业落户，总投资4.94亿元；其中德润纤维、朝熙精密两家企业盘活闲置资产3.7公顷。投资总额5亿美元的佑辉科技高效马达制造项目签约。总投资14.64亿元的21只镇级重点项目进展顺利，其中利来汽配、华坤纺织、恒鑫橡塑3个市级重点项目已完成投资3.03亿元。举办"工业4.0"讲座，开展"机器换人"调研。普克科技"新三板"成功挂牌，友邦散热器与东吴券商正式签约，长江化纤获央企恒天集团注资，企业发展活力进一步激发。成功申报省高新技术企业3家，新增省民营科技企业8家、省高新技术产品21只、苏州市级工程技术研究中心2家，成功对接科技副总项目1家，友邦散热器、华德粉末和南农大(常熟)研究院的产业化示范项目分别入围国家火炬计划和星火计划。杜尼电子、骏驰科技和凯博不锈钢分别与江苏理工学院等高校开展校企合作；创美工艺与南京航空航天大学成功创建省研究生工作站。招才引智实现新发展，引进、培养高层次人才20名、专业技术类人才10名，其中博士(正高)2名。积极开展科普工作，成功申报江苏省科普示范镇，徐市社区成功申报苏州市科普示范社区。创美"伊索谱"协同创新工作模式得到中国科协、省科协领导肯定，并在全市推广。发展"公司＋合作社＋农户"合作模式，积极拓展本地及上海、苏州等周边市场。积极探索农业电子商务和品牌运营，开发"董浜乡情十二品"等特色农产品的市场化运作模式，取得一定成效。南农大(常熟)研究院运作机制不断完善，校地合作不断加深。园区获评江苏省智能农业示范园区，成功申报国家重大农技推广服务试点项目，先后接待省委书记罗志军等国内外考察人员101批次，1900多人次。观智村泥仓溇成功申报苏州市级湿地公园，并列为2016年第十届世界湿地大会的现场展示点。结合科技入户工程，加快职业农民培养，开展"田头实训体系"特色服务品牌建设，开展各类培训30多期，培训农户1500多人次，印发各类农技资料5000余份。农业机械化水平不断提高，夏熟、秋熟再夺丰收。做好征(使)用土地补偿安置工作，累计安置18872人。依托徐市香椿特色产业，指导旗杆、陆市、智林三个村的合作社联合组建旗杆合作农场，发展集体经济。开展社区股份合作社股权固化改革工作，以天星村为试点，出台镇级实施方案。农村集体资产交易服务平台正式运行。积极推进农村土地承包经营权确权登记颁证工作，完成调查摸底。加强村级财力建设，巩固"三资"清理成果，积极引导各村以社区股份合作联社为平台，通过抱团发展、挖掘存量等方式壮大村级经济；将镇级优质资产转让给黄石、杨塘、旗杆3个市级经济薄弱村。2015年，全镇村级平均可用财力达到342.64万元，同比增长14.11%。

社会事业 2015年，董浜镇以"多规合一"为抓手，健全完善规划体系，"三优三保"、村庄布局规划优化微调，村级工业用地整合规划不断深化。有序推进民宅解危解急工作，全年会审通过362户。稳步推进示范小区建设，滨河嘉园三期、越雪佳苑共安置选房搬迁户87户；旗杆佳苑一期、文丰佳苑主体完成，进入市政施工阶段。500千伏高压线、沪通铁路绿化带、镇置换区农村住宅第四批解危解急等项目共搬迁置换农宅136户，现已全部完成评估签约。加强土地资源集约利用，完成土地增减挂钩9.1公顷，新增收储土地3.5公顷。华阳路工程开工建设，启动汽车零部件产业配套园规划道路建设。全年改造村级农路12千米；道路亮化及路灯节能改造有序进行，完成411盏路灯的LED改造。绿化养护工作持续推进，新增重要节点绿化造林6.67公顷。积极做好重点工程协调工作，沪通铁路、沿江片区集中供热管网等工程顺利推进。城镇配套功能不断完善，常安机动车检测站正式运营，汽车服务业配套功能进一步完备。以推进生态文明建设新三年行动计划为抓手，突出抓好大气污染防治和工业废水治理工作，两家热电厂分别完成关停评估和签约，全年淘汰燃煤小锅炉13台，完成3家企业挥发性有机物深度治理，开展印染行业工业废水超标改造。加强水环境综合治理，实施城乡河道治理4条，农桥改造8座，疏浚镇村河道7条，畅流活水工程1条，总投资3000万元的中央财政中小河流治理重点县工程董浜一期项目顺利竣工。新建污水管网15公里，镇污水厂二期正式运营。完成汽车零部件产业配套园规划一号路、企事业单位污水收集管网工程，启动智林、东盾、杜桥三个村的农村生活污水微动力处理工程，受益农户500余户。组织开展城乡大环境整治“百日行动”，督查整治脏点840余处。完成杜桥村黄鳝浜、东盾村鱼池三星级康居示范乡村建设工作，并通过苏州市级验收。落实环境卫生长效管理，顺利通过国家卫生镇复查，14个村全部通过省级卫生村重新命名。畜禽养殖污染整治工作顺利推进，治理关停养殖户93家。生态文明创建工作不断推进，创美工艺成功申报苏州市生态文明企业。

人民生活 2015年，全镇农村居民人均纯收入达到29981元，发放各项惠农补贴862万元。社会保险覆盖率、征缴率分别达到99.06%、96.8%。成功举办大型招聘会两场，促进城乡就业困难人员再就业376人，开发公益性岗位51个。全年镇财政负担纯农人员社保补贴、农村居民养老保险和征地补偿待遇发放总计达2079.91万元。镇村医疗保障不断完善，镇村医保总人数达51998人，参合率99.62%。积极开展社会救助，全年对23户五保户、99户低保户、58户低保边缘户发放生活救助金、临时物价补贴157.12万元；实施慈善救助181人次，累计发放慈善基金58.13万元。落实优抚政策，全年对优抚对象发放生活补助金、优待金和慰问金234.56万元。持续推进养老服务体系建设，委托专业养老服务机构，为19名贫困高龄老人和重度残疾人提供上门服务。新建永安、里睦、北港和徐市社区4家村(社区)日间照料中心，全年发放尊老金179.77万元。征兵、双拥工作持续加强，26名青年应征入伍。残疾人事业持续发展，2名董浜籍选手在全国第九届残疾人运动会上获得佳绩。认真贯彻新市民积分入学政策，吸纳302名起始年级新市民子女到公办学校就读，积分入学率100%。积极推进“校安工程”，徐市中心小学新校舍按期竣工启用。创新社区教育工作，成功创建苏州市学习型乡镇。扎实开展健康教育宣传，观智村成为“苏州市健康村”。开展老年人健康体检工作，共有8000多名老年人参加体检并建立健康档案，全面完成妇女病普查及“两癌”筛查工作。继续开展无偿献血活动，成功献血730人次。开展计划生育优质服务活动，共为5688名育龄妇女进行健康检查服务，全年办理二胎审批102对，发放计生三项经费857万元。镇便民服务中心启用，进驻部门18个，可办理包括市级委托下放在内的经济社会管理权限和公共服务事项150多项。着重开展文明创建，圆满完成创建全国文明城市辖区迎检工作，顺利获评苏州市文明镇，华德粉末、创美工艺被评为苏州市文明单位，北港村、永安村被评为苏州市文明村。积极培育和弘扬社会主义核心价值观，开展身边好人评选活动，钱敏丹当选“助人为乐中国好人”“全省自强模范”，吴育昆获市级道德模范提名奖。群众文化体育事业持续发展，《董浜镇志》正式出版，编写付梓灯谜专刊《抗战虎影》，成功举办镇第六届体育运动会，成立董浜镇乒乓球协会，全年送戏、送影、送展、送书下乡280场次。

社会管理 2015年，董浜镇开展安全生产网格化建设及企业标准化创建，深入推进“六打六治”打非治违行动，持续推进“三合一”隐患整治工作，完成市镇两级重大隐患摘牌整改。开展“天安行动”食品安全专项整治工作，在学校食堂全面推行“五常法”管理，提升食品药品安全保障水平。加强“法治董浜”建设，积极开展“公共法律服务”活动，进一步加强公共法律服务站点建设，全年开展各类法律服务136次。开展平安建设，刑事发案率同比下降11.7%，全年组织开展矛盾纠纷排查198次，调处各类矛盾纠纷91起，调结率100%。全面开展社会稳定风险评估，完成110千伏雪沟变电站等9只项目的风险评估工作。积极开展校园周边等重点地区突出问题百日整治行动，取得良好的社会效应。配强社会管理队伍，完善立体化社会防控体系，成立镇综合执法局，有序承接和行使市级下放的行政执法权，成立以来共办理行政处罚案件14件。进一步畅通和规范群众诉求表达、权益保障渠道，健全信访、维稳制度，及时化解社会矛盾，维护社会稳定。

2015年董浜镇主要经济社会指标

表67

项　　目	数　　量	项　　目	数　　量	项　　目	数　　量
地区生产总值(亿元)	33.72	水产品产量(吨)	1903	其中：工业投资(亿元)	10.27
一般公共预算收入(亿元)	1.84	农村合作社(家)	66	完成技改项目(个)	25
耕地面积(公顷)	3281	农机总动力(千瓦)	22055	当年技改投入(亿元)	3.06
用电总量(万千瓦时)	49414	工业企业(家)	501	新增民营企业注册资本(亿元)	3.07
农业总产值(亿元)	6.06	其中：私营工业企业(家)	472	完成注册外资(万美元)	0
粮食总产量(万吨)	0.98	工业总产值(亿元)	72.1	实际利用外资(万美元)	1597
皮棉总产量(吨)	20	工业销售收入(亿元)	71.89	外贸供货额(亿元)	5.71
出栏生猪(万头)	1.8	工业利税(亿元)	0.3	自营出口额(万美元)	5607
出栏家禽(万羽)	6.37	固定资产投入(亿元)	13.78	三产从业人员(人)	11782

续表 67

项目	数量	项目	数量	项目	数量
三产增加值(亿元)	13.48	医院/病床(所/张)	2/80	年末存款余额(亿元)	44.05
集市贸易成交额(万元)	11365	社区卫生服务站(个)	12	人均储蓄存款(万元)	6.17
镇村主干道(千米)	117	农村合作医疗参入率	99.75	农民人均纯收入(元)	29981
中小学校(所)	3	自来水入户率(%)	100	农民人均住房(平方米)	71
在校中小学生(人)	2917	农村养老保险覆盖率(%)	99.58	—	—
在职教师(人)	275	最低生活保障对象(户/人)	83/119	—	—

2015 年董浜镇各村(社区)基本情况

表 68

村(社区)	面积(平方千米)	户数(户)	人口数(人)	集体经济总收入(万元)	人均纯收入(元)	总资产(万元)	党组织书记	村(社区)主任
北港村	3.4	920	3289	498	30322	1970	石振云	马　悦
东盾村	4.09	1012	3574	637	28830	3967	李友余	谢　磊
黄石村	3.1	668	2363	444	30486	2367	俞锦平	钱文标
里睦村	3.35	773	2868	505	29976	2477	包乾申	顾　雁
智林村	4.62	1138	3906	441	29193	2927	姚贤军	钱丽亚
陆市村	4.26	1113	3608	509	29350	1802	沈晓波	钱晓斌*
杨塘村	3.75	1087	3758	472	28957	2572	吴兆洲	庾卫平
旗杆村	4.16	613	2076	448	29113	2983	皇甫文军	钱学锋*
天星村	4.68	1256	4684	343	30979	2473	陈惠中	朱振荣
永安村	3.45	819	3014	515	28078	3500	蒋佩东	俞志平
新民村	4.88	766	2813	422	29982	3982	何　军	沈　宁
杜桥村	5.36	819	3465	708	31700	2690	唐福兴	王利军*
观智村	4.6	860	3495	700	31025	2983	沈雪明	张　烨*
红沙村	3.1	626	2617	575	32125	2508	王　进	周志军
董浜社区	2.7	635	1321	—	—	—	陶敏炯	王向东*
徐市社区	2.7	1915	5355	—	—	—	徐耀文	凌月娟

说明：带“*”的为党组织副书记，主持行政工作

2015 年董浜镇骨干企业基本情况

表 69

企业名称	销售收入(万元)	利税总额(万元)	法人代表
江苏东盾木业集团有限公司	90010	5369	李友余
常熟涤纶有限公司	59972	1767	程建良
创美工艺(常熟)有限公司	38802	1093	大迁纯生
常熟市无缝钢管有限公司	18445	827	陈国强
常熟市华坤针纺织有限公司	16647	579	樊　红
奕东电子(常熟)有限公司	15543	1396	张亚明
风范绿色建筑(常熟)有限公司	14378	4	桑琴华
苏州钢特威钢管有限公司	12281	359	吴振环
常熟市顺丰混凝土有限公司	10878	954	顾文青
常熟市杜尼电子有限责任公司	9757	2419	周永康

【“学雷锋乐百姓”第十届志愿服务月启动】 3月4日，董浜镇“学雷锋乐百姓”第十届志愿服务月活动启动。仪式上，各级领导为文艺志愿服务队、新市民志愿服务队、永安社区志愿服务队以及为农志愿服务队4支队伍授旗。董浜镇共有志愿者服务队104个，志愿者总数达5000多人，全年开展活动累计数十次。组建5年多的“乐百姓志愿服务队”，已成为董浜一支较具影响力的志愿服务队伍。

【全市首个企业科协协同创新项目启动】 3月16日，由常熟市科协、江苏金龙科技股份有限公司、创美工艺（常熟）有限公司联合举办的“金龙星·创美梦”企业科协协同创新项目启动仪式在江苏金龙科技股份有限公司举行。双方企业项目组成员、代表和市科协有关部门负责人，共40余人参加启动仪式。该项目是由常熟市科协提议，利用企业科协平台开展协同创新与合作，企业科协双方本着互利互惠、深度合作的原则，通过科技创新集群孵化体制，开展伊索谱科技创新和“讲理想、比贡献”科技竞赛活动等形式，旨在提升企业信息化管理系统水平，并以此推动企业信息化、自动化方面的市场延伸与拓展。

【第三届“董徐大道”长跑比赛举行】 4月18日，董浜镇第三届“董徐大道”长跑比赛举行。全镇400余名少年、青年、中年、老年选手分7个组参加比赛。比赛分2千米和5千米两个项目。北港村的王维康和董浜中学的钱振国、董浜中学的万宇钺分获男子青年、中年组和少年组第一名，金牌模具的寇恒敏、杜尼电子的沈培玉、董浜中学的李贝芸分获女子青年组、中年组和少年组第一名，老年组选手参与为主，不记名次。

【董浜农业园区引进蛙稻米生态种植项目】 6月3日，常熟市董浜镇观智稻米专业合作社和上海自在源农业发展有限公司进行蛙稻米生态种养项目签约仪式。双方第一年合作面积为33.3公顷，合作成功后在未来4年内将逐步扩大到600公顷。

【常熟理工学院与董浜杜尼电子公司合作签约】 6月4日，常熟理工学院教务处和机械工程学院的相关领导到董浜镇，与常熟市杜尼电子有限责任公司洽谈校企合作事宜并签订产学研合作和教学实习基地协议书。双方主要围绕科研合作、学生实习基地建设、青年教师下企业、企业员工业务技术培训及学历再教育、企业新品开发和技术创新等多方面进行交流合作。

【江苏理工学院与董浜镇进行产学研合作签约】 11月6日，江苏理工学院和常熟市（董浜镇）产学研项目签约仪式在董浜镇政府举行。董浜镇的常熟市骏驰科技有限公司、常熟市杜尼电子有限公司分别和江苏理工学院汽车与交通工程学院、机械工程学院签订产学研合作协议，这标志董浜镇企业与江苏理工学院的校地合作已跨出实质性一步。江苏理工学院是一所集科学研究、人才培育、科技研发于一体的综合性大学。学校在机械制造、汽车工程、电气技术等重点领域的研究不断深入，目前已成为推动科学技术成果向现实生产力转化的重要力量。

【磁旋浮电机项目落户董浜】 11月18日，由香港佑辉有限公司投资建设的年产630万台电机项目在常熟经济技术开发区签约，该项目位于董浜镇汽车零部件产业配套园，计划总投资5亿美元，注册资本2亿美元，主要从事高效磁旋浮马达系列产品的研发、生产和销售。

【董浜镇侨联举行成立大会】 12月8日，董浜镇举行侨界联合会成立大会，30多位与会代表通过《实施中国侨联章程细则》，选举产生镇侨联领导班子，开拓催化剂有限公司总经理顾一飞当选首届镇侨联主席。苏州市侨联副主席张仲清，常熟市政协副主席、市委统战部部长王永明等领导出席成立大会。

【董浜镇便民服务中心揭牌运行】 12月30日，董浜镇便民服务中心揭牌运行。该中心规划服务大厅和办公面积1300多平方米，设立企业服务、投资建设、民生服务3个功能区，规划设置窗口46个，中心主要职能是负责研究制定镇便民服务中心办理事项目录，负责组织、协调、监督、考核、管理进驻中心的部门和单位依法、高效办理经济社会管理权限和公共服务事项，并进行限额以下工程建设、物资采购、资产资源交易招投标。 （毛　瑜）

11月11日，经苏州市人民政府批准，董浜镇泥仓溇湿地公园成为苏州市级湿地公园

尚　湖　镇

【概况】 尚湖镇东靠虞山镇，南接辛庄镇，毗邻无锡、江阴、张家港，是常熟西大门，全镇总面积112.5平方千米，下辖办事处2个、水产养殖场1个、行政村22个、社区居委会3个，户籍人口7.92万人，外来人口5.95万人。2015

年，尚湖镇紧紧围绕"建设现代化和美尚湖"的总体目标，牢牢把握稳中求进的工作总基调，主动适应经济发展新常态，全力以赴稳增长、促转型、惠民生，各项工作取得新进展，被《中国中小城市绿皮书2015》评定为"全国科学发展百强镇"。

经济发展 2015年，全镇主要经济指标实现平稳增长，实现地区生产总值82亿元；财政总收入9亿元、一般公共预算收入3.72亿元，分别增长8.9%、13.5%；全社会固定资产投资13.5亿元。实现工业开票销售收入160亿元，工业投资5.9亿元，规模以上工业产值139.5亿元；高新技术产业产值39.2亿元，增长12%；新兴产业产值完成42.2亿元，增长2%。总投资8.3亿元的春兴精工一期精密镁合金生产线已投产，二期4.3万平方米厂房及办公用房建设工程顺利启动。百联机械积极参与"机器换人"项目的设备研发。民营经济发展递速，新办私营企业143家，净增内资注册资本11.7亿元，完成全年目标的224.2%。土地节约集约利用持续加强，盘活存量用地2.3公顷，存量厂房2.3万平方米。新增"新三板"上市挂牌企业1家。农业基础设施建设取得新进展，新增高标准农田333.3公顷，罗墩产业园7000平方米连栋大棚新建工程竣工。全镇新增合作农场4家，家庭农场25家。农村"三资"管理进一步加强，清理核增应租未租土地25公顷，租金较上年净增400万元。村级稳定性收入增长10%，翁家庄等4个村的村级总收入均超1000万元。完成服务业投资7.6亿元，增长16.7%，服务业增加值占地区生产总值比重进一步提高至36%，社会消费品零售总额21.6亿元，增长7.7%。开票销售超亿元的服务业企业达9家。市级服务业重点项目——动能电子商务产业园基本建成。中心集镇房产项目加快推进，"和美家园"项目完成交房，"荷香雅居""宝利花园"项目主体竣工。宝利大酒店进入试营业阶段。

社会事业 2015年，尚湖镇城乡一体化示范小区竣工交付4.2万平方米，封顶近1万平方米，新增安置入住130户。新和一期地下土建工程加快推进。顺利通过国家卫生镇复审，22个行政村全部通过省级卫生村复审，罗墩村殷巷、大河村西村三星级康居乡村建设主体工程基本完成。农宅解危解急工作平稳有序，会商会办通过193户。全面完成尚湖大道两侧人行道改造、华新小区绿化、中兴街整治等21项基础设施建设工程，集镇形象明显提升。全面完成"农村公路三年行动计划"，改、扩建西王路、华夏路等农村道路48千米。大河西路、常吉路等镇级道路提档升级工程抓紧施工。建成苏州市级乡村公路管养及安保示范乡镇。园区配套设施建设加快推进，翁家庄园区路北路、货架园区3号河完成施工。王庄老街水系调整项目启动实施。湖庄、罗墩、翁家庄、吉桥、新和5个村连片整治和大河、新裕、新鑫3个村污水管网建设全面动工，完成污水独立处理设施24台套，日处理能力580吨，铺设管道95千米，受益人口3400人。新增企业污水接管54家。全面开展各类专项整治行动。两湖流域水环境综合治理和货架行业专项整治加快推进，关停华美覆铜板、诚欣布业等污染企业7家，涉及补偿资金近4000万元。全面完成货架行业三年整治任务，对全镇298家货架企业按照规范进行整治。深化"六小一无"企业专项整治"回头看"活动，取缔"六小一无"企业29家。畜禽养殖综合整治工作扎实推进，关停82户，整治提升62户。狠抓大气污染防控。淘汰10吨以下燃煤小锅炉109只，完成工业企业废气治理2家，全面完成黄标车专项整治任务，淘汰黄标车700辆。完成南干河、横泾河等4条河道综合整治，疏浚河道22条，土方37万立方米。面丈塘综合整治工程稳步实施。城乡环境整治"百日行动"全面开展，颜巷、蒋巷镇村2个"九整治三规范一提升"项目通过苏州督查。农村垃圾收运体系持续优化，新增3吨级垃圾压缩式收运车1辆，新建垃圾集中收运点237个。完成"小土窑""小公墓"复耕复垦工作，增加挂钩指标13.73公顷。练南村建成省级生态村。

人民生活 2015年，尚湖镇全面完成30%以下部分征地组补偿安置工作，涉及6027人，镇级补偿安置资金近7000万元。社会保险覆盖面不断拓宽，城乡居民养老保险覆盖率达91%，农村合作医疗保险实现全覆盖。实施慢病患者下沉社区管理，受惠群众1.7万人。社会救助体系进一步完善，发放各类救助金815万元。落实双拥优抚政策，发放各类抚恤、优待金789万元。养老服务加快建设，发放尊老金215万元，成立居家养老服务管理中心，采用政府购买服务的形式，为19名特困家庭的失能、半失能老人提供免费服务，新建日间照料中心6家。兑现各类计划生育奖励金、扶助金809万元。发放各类财政涉农补贴1000多万元。校安工程加快推进，练塘中学1.6万平方米改扩建工程全面竣工，练塘中心小学教学楼加固、装饰工程全部完工，市政配套加紧施工，确保2016年春季开学投用。探索引入社会力量办学模式，利用原蒋巷小学校舍，举办1所民工子弟学校，2016年春季正式开学。社区卫生服务功能进一步提升，改建练塘中心卫生院住院部病区，王庄医院数字化儿保门诊工程基本完成，新建、改建社区卫生服务站3家。食品安全专项整治深入推进。新建健身步道9000米。弘扬地方特色文化，尚湖百姓戏曲大舞台获2014～2015年度全市"十佳"公共文化服务品牌，锡剧票友大赛年度总决赛再度荣登常熟大剧院，并成功举办特色文化——"王庄戏曲"品牌发展座谈会。

社会管理 2015年，尚湖镇成立综合执法局，承接市级下放328项执法权限，并正常运转；平湖和下庄两村合并成立湖庄村，谋求村级发展新突破；完善公共资源交易中心运行机制，规范工程建设、政府采购和资产资源交易项目的招投标管理；全面完成农村集体资产交易服务中心建设；成立镇级便民服务中心，实行相关职能一站式服务，提高效能，优化作风。不断强化安全生产、消防工作，建成网格化监管体系，全面整治安全隐患。环保网格化监管体系逐步建立，环境信访总量得到有效压降。治安防控体系建设加快推进，新增村级高清监控70只。严厉打击各类违法犯罪活动，刑事案件发案率下降8.3%。人民调解工作扎实有效，受理各类纠纷540起，调处成功率达99.8%。信访工作依法规范有序，到市集访批次减少25%。新市民积分管理持续深化，受理并按时办结入学、入医、入市民卡申请3900多人，积分入学申请受理数位居全市之首。废旧物资专项整治行动扎实开展，取缔无证废旧物资点126个。全面整治大河、翁家庄等5个公路节场大规模占道设摊、无证经营行为，有效防控社会公共安全风险。

表70

2015年尚湖镇主要经济社会指标

项　　目	数　　量	项　　目	数　　量	项　　目	数　　量
地区生产总值(亿元)	82	工业销售收入(亿元)	181.3	中小学校(所)	8
一般公共预算收入(亿元)	3.72	工业利税(亿元)	10.74	在校中小学生(人)	5567
耕地面积(公顷)	3979	固定资产投入(亿元)	13.53	在职教师(人)	475
用电总量(万千瓦时)	68502	其中：工业投资(亿元)	5.92	医院/病床(所/张)	150
农业总产值(亿元)	6.23	完成技改项目(个)	37	社区卫生服务站(个)	19
粮食总产量(万吨)	5.73	当年技改投入(亿元)	5.89	农村合作医疗参入率	99.92
皮棉总产量(吨)	—	新增民营企业注册资本(亿元)	8.9	自来水入户率(%)	100
出栏生猪(万头)	3.11	完成注册外资(万美元)	0	农村养老保险覆盖率(%)	90.76
出栏家禽(万羽)	14.66	实际利用外资(万美元)	0	最低生活保障对象(户/人)	415
水产品产量(吨)	5945	外贸供货额(亿元)	30.4	年末存款余额(亿元)	81.25
农村合作社(家)	84	自营出口额(万美元)	46770	人均储蓄存款(万元)	7.53
农机总动力(千瓦)	48200	三产从业人员(人)	14125	农民人均纯收入(元)	28634
工业企业(家)	1016	三产增加值(亿元)	29.56	农民人均住房(平方米)	70
其中：私营工业企业(家)	980	集市贸易成交额(万元)	80850	—	—
工业总产值(亿元)	185	镇村主干道(千米)	251	—	—

表71

2015年尚湖镇各村(社区)基本情况

村(社区)	面　积(平方千米)	户数(户)	人口数(人)	集体经济总收入(万元)	人均纯收入(元)	总资产(万元)	党组织书记	村(社区)主任
王庄社区	27.98	669	1571	—	—	—	施美琴	贡卫东
冶塘社区	32.99	822	1738	—	—	—	朱方明	殷伟刚
练塘社区	34.17	1435	3145	—	—	—	汪新华	张建平
河金村	2.34	587	2173	456	6398	2058	王卫明	钱　云
车路坝村	4.05	842	3052	381	8605	1844	—	夏士江
福寿村	6.01	950	3446	689	9770	3305	王学忠	宋建东
东桥村	4.02	765	2908	341	8611	2757	张　斌	—
张村村	1.90	457	1646	391	4715	2617	范云元	王振刚
家鑫村	5.10	882	2374	604	9219	2422	陆伟新	丁　锋
南村坝村	1.52	332	1134	445	3300	1280	钱建国	王　勇
山鑫村	3.04	629	2343	352	6764	1580	周亚军	顾新伟
大河村	4.80	1122	3768	580	9763	4203	金国清	顾卫明
湖庄村	5.30	1553	5104	411	13677	3497	王永军	陆　枫
新和村	3.50	960	3186	267	9280	2596	林之强	龚丽艳
新鑫村	5.60	785	2781	456	8575	1675	邵满保	—
新巷村	4.01	735	2384	405	7701	2654	曹建国	周小江
蒋巷镇村	3.58	893	3347	256	9324	2269	屠雪华	陈　江
新裕村	6.20	1284	4249	449	11618	2452	徐敬国	张夏亚
常兴村	4.03	1081	3980	466	10431	4793	高立峰	李国峰
鸳鸯桥村	3.62	906	3124	820	9240	4651	陶文军	张国华
吉桥村	5.46	1670	5487	1225	15924	3758	陆雪明	朱向东
罗墩村	6.70	1558	5272	563	14258	2810	殷建忠	陆　军
练南村	4.20	826	2855	349	7294	3522	浦明华	孙　仁
颜巷村	2.84	838	3128	365	8935	1157	唐增元	周国民
翁家庄村	7.32	1541	5067	1075	15603	5591	蒋斌雄	秦琴华

2015 年尚湖镇骨干企业基本情况

表 72

企业名称	销售收入(万元)	利税总额(万元)	法人代表
常熟风范电力设备股份有限公司	243431	37135	范建刚
苏州卡迪亚铝业有限公司	102968	0	吴志强
苏州浦石精工科技有限公司	39412	0	周洪江
常熟市亿嘉纺织品有限公司	28928	891	郑久土
苏州华光宝利印刷版材有限公司	28422	2055	张　涛
苏州莱茵电梯股份有限公司	25822	1744	蒋黎明
常熟环海织造有限公司	21879	560	董跃进
江苏久盛铝业有限公司	21185	0	陈晞华
日立汽车系统(常熟)有限公司	20612	4357	金口和正
江苏万宝桥梁构件有限公司	14882	1709	陆　骏

【湖庄村挂牌成立】 3月13日，尚湖镇湖庄村党委、村委会挂牌成立。湖庄村由原平湖、下庄两村合并而成，两村整体位于虞山尚湖风貌协调控制区内，资源环境控制压力较大，村级财力发展较为困难。此次经尚湖镇党委研究并报经市政府批准同意后，将两村合并为湖庄村，旨在通过行政区划的调整，进一步加强基层组织建设，整合两村优势资源，促进村级财力的发展。

【石泰峰考察尚湖镇罗墩高效农业产业园】 5月24日，省委副书记、苏州市委书记石泰峰在常熟市委书记惠建林，市委副书记、市长王飚的陪同下考察尚湖镇罗墩高效农业产业园。考察中，石泰峰走进产业园标准化农业大棚，实地查看蔬菜瓜果长势情况，并对罗墩村近年来在创新发展现代农业，加快强村富民进程中所取得的成绩给予充分肯定。石泰峰同时要求，镇村两级继续加大工作力度，发展现代高效农业，提升土地产出效率，促进现代农业增效、农民持续增收、农村稳定发展。

【尚湖镇通过国家卫生镇苏州市级复审】 7月9日，尚湖镇顺利通过国家卫生镇复审专家组的复审考核。近年来，尚湖镇始终以“功能完整、生态宜居”为目标，持续加大投入，完善镇村基础设施建设，通过污水主支管网建设、河道综合治理、农村生活垃圾集中收运体系建设以及两湖流域水环境综合治理和货架行业专项整治等工作，进一步做好建设新型城镇、优化人居环境、提高百姓生活水平，让广大群众更好的享受创卫成果。

【尚湖镇成立两家村级合作农场】 7月29日，尚湖镇家鑫合作农场和练南合作农场相继成立。该镇累计成立村级合作农场5家。家鑫和练南合作农场成立后，将以建设绿色农场、有机农场、生态农场为导向，通过“社员＋合作社＋基地＋合作农场”的多元模式，团结带领全体村民致力发展现代高效设施农业，加快推进现代农业发展，实现农民增收、农业增效、农村发展的“三赢”局面。

11月13日，风范电力与四川能投签署战略合作协议

【风范电力公司科技成果通过国家级鉴定】 10月17日，常熟风范电力设备股份有限公司研发的“钢结构热镀锌用新型全无铬钝化技术与应用”项目通过中国腐蚀与防护学会组织开展的科技成果鉴定。公司此次研发的用新型有机—无机复合钝化剂及工艺处理后的钢结构热镀锌，工件表面不仅能满足耐蚀性标准的要求、可替代污染危害极大的铬酸盐钝化技术，而且还具备良好的憎水性和自清洁功能。该产品核心技术拥有系列化的国家发明专利，具有自主知识产权，市场前景广阔。

【2015 尚湖镇百姓戏曲大舞台暨锡剧票友大赛年度总决赛举办】 12月22日，2015年尚湖镇百姓戏曲大舞台——“中和杯”锡剧票友大赛年度总决赛在常熟大剧院举办。全市及周边县市的12名月度冠军参加比赛。本次大赛通过走进企业、学校和村的方式，充分吸引苏州、无锡、镇江等地的锡剧票友踊跃参与。同时，活动还邀请到中国戏剧梅花奖获得者、国家一级演员倪同芳和周东亮担任特邀评委，提升百姓戏曲大舞台的知名度和影响力。是日，尚湖镇百姓戏曲大舞台被授予2014～2015年度全市“十佳”公共文化服务品牌。

（王平平）

责任编辑　陈建东

人物·荣誉

新闻人物

陈必华 1925年10月生，江苏射阳人，1950年加入中国共产党。抗战时期在射阳永和村当村长，负责地方民运工作，1949年4月随军渡江南下分配在吴县、常熟等地从事基层和企业领导工作。1984年10月在常熟塑料厂书记兼厂长职位上离休。他上中学时，受老师的影响，接受了抗日救亡革命思想的教育。1941年，年仅16岁的他和乡亲一起，掩护了一位新四军战士，使他躲过了日军的抓捕。他在担任永和村村长期间，积极开展民运工作，支援抗日力量。为配合新四军的行动，他带领本村民工队冒着枪林弹雨，做好了战斗物资保障和伤员救护转移工作。他积极向群众宣传抗日救国的思想，宣传“兵民乃胜利之本”的道理，先后选送村里10多名青年参加新四军，他还积极做好拥军优属工作，主动配合部队做好军粮征收工作。2015年9月，他作为江苏省支前模范代表之一前往北京参加纪念中国人民抗日战争暨世界反法西斯战争胜利70周年阅兵式。

金炳元 1929年12月出生，江苏常熟人，中共党员，1976年在吴市人民公社阮湾村担任副业干部直至退休。他从小就十分憎恨日军的暴行，金炳元的外婆家是共产党的一个地下联络点，13岁的时候他就开始为新四军帮忙传递情报、运送物资，他还在当地地下党员的指示下，和同伴为太仓来执行秘密任务的两位女同志放哨掩护和提供食物，顺利完成了任务。抗战期间，金炳元一直利用自己年龄小不易暴露的有利条件，成为可靠的“堡垒户”，帮助地下工作者们完成了许多重大任务，直到迎来了抗战胜利的那一天。也正是这段经历，让他后来在解放战争时期，又成为了地下工作者的情报传递员、交通员，与地下工作者一起为解放军秘密运送枪械，在解放军即将横渡长江南下时，为地下党同志送去情报让他们提前做好准备工作。2015年9月，他作为江苏省支前模范代表之一前往北京参加纪念中国人民抗日战争暨世界反法西斯战争胜利70周年阅兵式。

惠建林 1964年2月出生，江苏苏州人，大学学历，中共党员，现任淮安市人民政府市长。2008年底开始任常熟市人民政府市长，2011年10月，任常熟市市委书记。主政常熟的这些年，他从实际出发，把贯彻“四个全面”战略布局具体化，提出了“五位一体、综合发展”总基调，他团结带领广大干部群众，努力推动常熟经济社会全面协调可持续发展，城市综合实力稳居全国县域经济第一方阵。他带头践行“三严三实”，把“从严”作为为政清廉之规，在学校择校、机关人员调动、违法建设行为责任追究、政府投资建设项目等方面，带头照规办事，为全市领导干部树立了榜样，很多制度执行难问题便迎刃而解。他迎难而上真抓实干，提出把农村污水治理纳入统筹城乡发展的总体框架，先后实施两轮城乡生活污水治理“三年计划”，六年心血换来“宜居”二字。2008年以来，常熟累计投入资金30亿元，建成投用11座生活污水处理厂、902个分散式污水治理设施，形成29.7万吨/日处理能力，常熟被住建部评为“县域村镇污水综合治理示范区”。他以“啃硬骨头”精神实现创新发展，主张“有所为有所不为”：实现资源优化配置，在纺织服装、装备制造、汽车三大主导产业上大有作为；对不符合城市特点的坚决不乱作为。他积极推进村级集体资产资源整合，下决心改变“村村点火”状态，走集约集聚发展之路；推进“小巨人”企业培育计划，引导面广量大的中小企业走小而精、小而专、小而强的特色成长之路；建设核心生态圈，把生态优先落到实处。2015年“七一”前夕，他被中共中央组织部授予“全国优秀县委书记”称号。

李　炜 1963年3月出生，江苏张家港人，大学学历，中共党员，经济师。自2011年起任常熟地税局党组书记、局长以来，组织公共财政预算收入占全市比重始终保持在51%以上，土地增值税清算税款占土地增值税入库比例从2010年的7.35%升至2014年的57.84%。推进机关实体化

服务，带队解决50多家企业的120多个涉税难题。实行办税服务零收费，为纳税人减轻成本8000多万元。创新开发“易学通”“落实税收优惠政策信息平台”等，落实各项减免税20.79亿元。2011—2013年，常熟地税局连续三年被评为苏州地税系统“三个一流”工程考核先进单位，2014年绩效考核成绩名列苏州地税系统前茅，并连续二次被江苏省地税局评为“全省地税系统依法行政示范单位”。他也先后获得“中国优秀青年卫士”、江苏省“新长征突击手标兵”、江苏省“人民满意的公务员”，江苏省“劳动模范”等称号，2015年4月被中共中央、国务院授予“全国先进工作者”荣誉称号。

享受副县(处)级以上政治待遇的离休干部逝世人物

姓　名	性　别	出生年月	籍　贯	原工作单位与曾任职务	逝　世　时　间
钱一江	男	1926年9月12日	宜兴	江苏常熟中学干部	2015年1月29日
陈　通	男	1925年12月30日	常熟	市党史办副主任	2015年2月1日
仲跻信	男	1929年7月5日	沭阳	市经研中心干事	2015年2月5日
孙秀松	男	1926年1月2日	淮安	市纪委副书记	2015年2月6日
胡中成	男	1925年1月31日	吴县	市影管处党支书	2015年4月15日
于道源	男	1921年10月18日	山东	市经委主任	2015年5月7日
陈　环	男	1931年9月12日	阜宁	市总工会主席	2015年5月13日
钱　芬	女	1921年10月15日	常熟	市制药厂科长	2015年7月15日
封锦泉	男	1928年11月6日	泰兴	市农业机械化研究所所长	2015年9月11日
王东海	男	1926年1月15日	扬中	市印刷厂副书记、副厂长	2015年12月1日
朱延儒	男	1922年7月15日	涟水	市无线电厂党支部书记	2015年12月7日
张伊凡	男	1927年1月4日	昆山	市文联副秘书长	2015年12月23日
缪　元	男	1918年10月15日	常熟	梅李公社党委副书记	2015年12月30日

先 进 集 体

全国条线及省级表彰的先进集体

受 表 彰 者	荣　誉　称　号	表　彰　者	表彰时间
常熟市国家税务总局一分局	全国巾帼文明岗	中华全国妇女联合会	2015年2月
常熟市	2015中欧绿色和智慧城市奖创新奖	国家发改委	2015年11月
常熟市	国家智慧城市试点城市	住建部、科技部	2015年4月
常熟市	国家知识产权试点示范城市工作先进集体	国家知识产权局	2015年7月
常熟市人民法院	集体一等功	江苏省委、省政府	2015年2月
常熟市体育局	2011—2014年全国残疾人体育先进单位	中国残疾人联合会、国家体育总局	2015年9月
常熟市教育局	江苏省学前教育改革发展示范区	江苏省政府	2015年2月
常熟市科协	企业科技创新示范单位	中国科协	2015年10月
波司登羽绒服装有限公司	江苏慈善奖	江苏省政府	2015年12月
隆力奇生物科技股份有限公司	江苏慈善奖	江苏省政府	2015年12月
中利科技集团股份有限公司	江苏慈善奖	江苏省政府	2015年12月
虞山尚湖旅游度假区	2015年国家生态旅游示范区	国家旅游局、环保部	2016年1月
常熟市供销合作总社	2014年度百强县级供销社	中华全国供销合作总社	2015年2月

受表彰者	荣誉称号	表彰者	表彰时间
碧溪新区	国家园林城镇	住建部	2015年12月
碧溪新区浒浦集镇社区居委会	国家级科普示范社区	中国科协、财政部	2015年5月
江苏高科技氟化学工业园	2015中国化工园区20强	中国石油和化学联合会	2015年5月
沙家浜风景区	第二批国家级抗战纪念设施、遗址	国务院	2015年8月
沙家浜风景区	全国科普教育基地	中国科协	2015年6月
辛庄镇	全国社区侨务工作示范单位	国务院侨办	2015年12月
虞山镇	中国人居环境范例奖	住建部	2015年1月
梅李镇	第二批建设宜居小镇	住建部	2015年1月
梅李镇	第三批全国特色景观旅游名镇	住建部、国家旅游局	2015年7月
梅李镇	2005—2015年中国经编行业推动贡献奖	中国针织工业协会	2015年11月

先进个人

全国条线及省级表彰的先进个人

受表彰者	荣誉称号	表彰者	表彰时间
李　炜(地税局)	全国先进工作者	中共中央、国务院	2015年4月
惠建林	全国优秀县委书记	中共中央组织部	2015年6月
钱月宝(梦兰集团)	中国纺织服装行业社会责任建设工作先进个人	中国纺织工业联合会	2015年11月
钱月宝(梦兰集团)	优秀共产党员	江苏省委	2015年6月
顾漪玲(市市场监督管理局)	全国关心下一代工作先进工作者	中国关心下一代工作委员会、中央精神文明建设指导委员会办公室	2015年8月
吴少刚(中科梦兰电子科技公司)	有突出贡献中青年专家	江苏省政府	2015年3月
潘伟(市科技局)	国家知识产权试点示范城市工作先进个人	国家知识产权局	2015年7月
钱月宝(梦兰集团)	最具爱心慈善捐赠个人	江苏省政府	2015年12月
姚振华(海虞镇人民政府)	全国模范司法所所长	司法部	2015年11月
周斌(市供销社)	2014年度信息报送工作先进个人	中华全国供销合作总社	2015年1月
吴瑞石(虞山尚湖旅游度假区)	省第七届农业技术推广三等奖	江苏省政府	2015年2月
唐金华(碧溪新区)	全国孝亲敬老之星	全国敬老爱老助老主题教育活动组委会	2014年12月
冯利明(梅李镇人民政府)	2005—2015年中国经编行业突出贡献奖	中国针织工业协会	2015年11月
隆正钟(梅李镇人民政府)	2005—2015年中国经编行业先进个人	中国针织工业协会	2015年11月

责任编辑　王　宏

文 件 选 编

关于推动科技创新促进经济转型升级发展若干政策的意见

常发〔2015〕60 号

为进一步推动我市科技创新，促进产业转型升级发展，着力营造优质发展环境，增强企业核心竞争力，推动经济发展方式从要素驱动向创新驱动转变，更好地推动经济发展迈上新台阶，经市委专题会及市政府第 65 次常务会议审议通过，制定以下政策意见。

一、政策原则

1. 突出重点。围绕我市"十三五"规划和经济迈上新台阶明确的目标任务，充分发挥市场在资源配置中的决定性作用，以实现创新驱动为目标，准确把握政策切入关键节点和重点领域，支持新产业、新技术、新模式、新业态发展，实现经济更具质量、更优结构、更有效益地可持续发展。

2. 绩效优先。注重财政资金使用经济效益和社会效益的有机统一，加大资金整合统筹力度，以绩效为导向，以提高经济发展质量和效益为中心，区分不同类型、依据项目绩效，确定财政资金安排的标准和额度。

3. 分类指导。针对不同产业发展特点，分业施策，对符合未来发展方向的高新技术及新兴业态给予重点支持。根据产业发展情况，合理确定不同产业项目扶持条件。

4. 规范管理。加强专项资金预算编制、项目申报、项目评审、预算执行、监督检查、绩效评价等各个环节的管理，结合申报企业的安全、环保、职工权益等情况，进行综合评审，因素分配，做到公开透明、公正合理、专款专用、科学监管。

5. 转变方式。进一步完善财政专项资金分配使用方式，充分发挥财政专项资金的引导和激励作用，提高财政资金的使用效益，逐步推进"资金变基金"、财政无偿补助向有偿资助改革。我市将设立工业信息化产业投资基金、创新创投基金、科技人才发展基金和现代服务业引导发展基金等四项基金，5 年内市财政安排基金总规模不少于 10 亿元，吸引社会资本和金融资本参与，进一步壮大基金规模。综合运用股权投资、债权投资、融资增信等市场化手段，着力支持对我市制造业意义重大的核心技术、重大装备及关键部件研制和示范应用、新一代信息技术研发突破及产业化项目，重点培育一批具有高成长性、发展潜力大的科技创新型企业和一批现代服务业发展项目。

二、政策措施

加大财政支持力度，设立"常熟市科技创新与转型升级专项资金"，每年投入不少于 20 亿元。其中市财政安排 10 亿元，各镇、经济技术开发区、高新技术产业开发区、服装城、虞山尚湖旅游度假区（以下简称镇（区））安排 10 亿元。专项资金主要用于支持推动科技创新、经济发展迈上新台阶"四大类 40 项重点工作任务"的组织实施。市级专项资金按"突出重点、绩效优先、导向鲜明、规范管理"的原则管理使用；镇（区）专项资金由其根据创新发展转型升级任务，结合各镇（区）产业特点，自行制定政策并管理使用。

（一）大力推进科技创新

1. 有效集聚创新资源。支持企业与高校、科研院所开展产学研协同攻关，支持企业向高校院所等单位购买科技服务和成果，实施一批由企业提出需求、先行投入和组织研发，采用后补助等方式给予支持的产学研合作项目。支持高校、科研院所与我市共建科技合作载体和科技公共服务平台。

深入开展产学研对接，实施科技镇长团提升工程和“名城名校”战略，促进经济转型升级。

2. 加强企业创新能力建设。实施高新技术企业倍增计划，支持企业争创国家和省高新技术企业。支持企业设立省级以上工程研究中心、企业重点实验室、工程实验室、企业技术中心、工程技术研究中心、院士工作站、博士后工作站、研究生工作站等企业研发机构和建立产业技术创新联盟。

3. 加强知识产权创造、运用和保护。支持企事业单位开展发明专利创造和运用。鼓励企业建立知识产权管理制度和体系，创建知识产权优势、示范、运营和密集型企业。鼓励知识产权中介机构提升服务能力，形成服务品牌。探索建立商标、专利和版权等知识产权综合执法机制，营造公平竞争的法治环境。

4. 推进实施重点科技计划项目。推进科技计划管理机制改革，对符合常熟市工业、农业、民生等科技创新项目指南的，按照项目申报、评审、公示等程序择优立项，并通过后补助、间接资助等方式给予支持，开展科技型企业上市培育助力计划，在科技型拟上市企业中实施一批科技计划专项。加快新产品、新技术、新工艺的研发、应用与推广，提升综合创新能力。围绕我市重点产业领域，与省科技厅开展科技成果转化联合招标，支持企业开发新产品拓展新市场。

5. 深入推进创业创新。支持孵化器运营模式创新，鼓励社会力量按市场化机制兴办众创空间。建设开放共享的创业信息服务和技术服务公共平台，促进众创空间与产业创新的有机结合。完善创业教育培训体系，打造创业导师队伍。对经认定的众创空间、科技载体和优秀创业团队等给予支持。加大普惠性财税政策支持力度，进一步落实企业研发费用税前加计扣除等税收优惠政策，支持企业建立研发准备金制度，实现政策落实与企业创新发展的良性互动，着力营造“大众创业、万众创新”的社会氛围。降低政府采购和国有企业采购门槛，扩大对本市中小型科技企业创新产品和服务的采购比例。编制区域内自主创新产品目录，试行创新产品与服务远期约定政府购买制度，对首次投放市场的创新产品采取竞争性谈判、竞争性磋商、单一来源采购等方式实施首购、订购及政府购买服务，努力促进创新产品的规模化应用。

6. 扎实推动科技金融创新。完善多层次的科技型中小企业信贷支持政策，有序扩大“科技信贷风险补偿资金池”规模，努力解决科技型中小企业融资难、融资贵的问题。大力推进科技保险工作，有效降低企业创新风险。鼓励天使投资机构投资本市初创期科技型小微企业。

（二）加快产业转型升级

7. 支持企业加大技改投入。对发展智能制造，应用工业机器人等自动化、智能化装备和信息技术进行技术改造，以及对通过技改投入促进传统产业形成新的竞争优势的项目给予扶持，鼓励支持企业获得国家、省首台（套）重大装备及关键部件认定。

8. 培育重点特色企业和产品。推进“小巨人”企业培育提升、推动中小企业“专精特新”发展，打造一批具有国际、国内竞争力的骨干企业、知名品牌和细分行业冠军。鼓励“小巨人”企业做优做强，进一步突出对全市工业经济发展的推动示范作用。

9. 推进“两化”深度融合。支持促进信息产业升级与新一代信息技术推广应用、物联网产业、集成电路产业发展、信息消费、电商拓市、工业化和信息化深度融合、互联网产业推进。

10. 支持企业做优做强。鼓励和引导企业开展兼并重组，盘活存量资产，优化资源配置，提升企业竞争能力，促进全市经济转型发展。

11. 推进企业上市挂牌。鼓励符合产业政策导向的企业改制为股份有限公司，建立现代企业制度，通过资本市场实现资源优化配置，助推企业提质增效，转型升级。

12. 推进企业节能降耗。全面实施“关停不达标企业、淘汰落后产能、改善生态环境”专项行动，加快淘汰落后产能，鼓励企业节能和工业清洁生产、节水、循环经济改造、资源综合利用、再制造和重大节能环保装备（产品）产业化、提高节能和工业绿色制造支撑能力建设。支持淘汰落后产能，加快腾出发展空间，持续优化工业空间布局。

（三）加快发展现代服务业。

13. 重点支持现代服务业发展。鼓励支持云计算、大数据、物联网、移动互联、数字文化、环境服务、创投服务、农业服务、专业培训以及产业融合等新兴业态和新建或提升改造现代仓储、跨境物流、汽车服务、科技服务等生产性服务业项目。积极培育平台经济、楼宇经济和会展经济。鼓励企业提档升级，支持服务业重点企业推动业态创新、技术创新、品牌创新，具有明显行业引领作用的改造提升项目。鼓励推进流通业现代化，支持连锁、农产品流通、住宿餐饮、会展、家政、再生资源等商业模式创新，促进市场体系建设。

14. 鼓励加快发展电子商务。重点支持包括交易、信息、诚信、安全、数据交换、跨境贸易、物流快递、人才培养等各类公共服务平台和产业园区建设和企业借助第三方电子商务平台开展网络销售，鼓励企业通过B2B、O2O、B2C、跨境电商、代运营等模式开展电子商务交易；加快推进电子商务进农村综合示范县的项目建设，积极推动各级示范项目的建设。

15. 加快总部经济培育发展。重点支持新设立和新引进总部企业及功能性机构，鼓励制造业企业分离发展现代服务业，分离建办一批组织结构完备，运行机制规范、市场竞争力强的现代服务业企业。

16. 加快旅游业转型升级。根据“旅游活市”发展战略，加快全市旅游业转型升级，打造常熟旅游发展升级版，推动常熟旅游融合发展、集聚发展、创新发展。重点鼓励和支持区域旅游规划编制、旅游项目建设、公共服务设施升级、旅游品牌创建、旅游人才培养、旅游企业做优做强及地方特色旅游商品研发。

17. 推动文化创意产业发展。结合我市产业特色和优势，加快培育和壮大文化产业市场主体，鼓励文化创意企业集聚和融合发展，扶持具有较强引领和孵化功能的新型产业基地，促进文化创意企业自主创新，支持优秀文化创意产品及延伸业态。

（四）加快开放型经济转型升级

18. 鼓励引进新兴产业重大项目。鼓励和支持国家重大科技专项、重大产业创新发展工程等各类重大项目落户我市，优先落实项目配套资金。每年组织实施一批提升技术能级和服务功能且具有辐射带动作用的重大产业项目，加强协调服务，促进其尽早建成投产。

19. 引导产业集聚发展。强化新兴产业规划导向，明确功能分工和产业特色，支持建设一批新型工业化产业示范基地和现代服务业集聚区（示范区），优先支持特色园区的重点企业和重大项目。推进产业载体建设提升发展，完善载体功能，优化公共服务，进一步完善镇级产业载体设施，提高各类资源的集约化使用效率。支持各类资本来我市投资兴业，鼓励各类载体吸引新办企业入驻。落实国家对小微企业税费优惠政策，促进小微企业做优做强。

20. 实施企业国际化战略。鼓励企业积极开拓国际市场，培育新型贸易方式，提高企业参与国际竞争的能力，支持企业拓展营销渠道、应对贸易摩擦、规避贸易风险；培育国际品牌，提升品牌和质量；以现有示范基地为依托，培育综合服务企业，支持投资贸易促进、研发检测、跨境电商和市场采购等各类外经贸公共服务平台建设。支持企业开展研发、生产、营销全球布局，扩大对外投资和工程劳务合作，加快走出去步伐。

21. 鼓励发展服务外包。支持服务外包企业积极开拓国内外市场和人才培训、认证、知识产权保护、软硬设施等要素配套，优化服务外包发展软硬件环境。

（五）强化人才支撑

22. 加大科技人才奖励。设立科技创新创业市长奖、科学技术奖、科技合作贡献奖等，对突出贡献的人士、高层次人才视情授予“荣誉市民”和“名誉市民”称号，并给予表彰。

23. 着力引进创新创业团队。深入实施“科技创新创业领军人才计划”，精心组织“苏州国际精英周”等招才引智活动，依托重大科研和工程项目、国际学术交流合作项目、重点学科和高层次科研院所，每年引进和培养一批高层次创新创业团队。围绕我市主导产业及新兴产业，重点支持一批市场前景好、技术评价高的优质项目。

24. 加强产业人才队伍建设。继续实行“海鸥计划”，鼓励企业借助外智。实行重点产业紧缺人才薪酬补贴，对企业引进的符合《常熟市紧缺专业人才需求目录》的高层次人才分类进行资助。重视高技能人才队伍建设，对获得相关认定的高技能人才、技能大赛获得者以及培训机构、企业给予奖励或扶持。

25. 优化人才配套服务。有效落实高层次人才享受生活待遇暂行办法，给予高层次人才安家补贴。进一步提升人才生活性待遇政策的针对性和有效性，在住房公积金、子女入学、医疗、出入境、落户、社保等生活待遇方面继续完善相关措施，做好服务。对于领军人才企业在项目筹备、企业建设、生产经营、人才招聘、市场开拓、融资贷款等方面需要协商解决的问题，通过建立联席会议制度、开展信息对接等方式，进一步优化人才企业服务，支持优秀成长型企业做大做强。

三、政策保障

1. 加强组织领导。市成立推动科技创新、促进经济转型升级发展领导小组及办公室，研究、协调、解决政策实施过程中遇到的重大问题，审核专项资金的安排、分配计划。

2. 明确部门职责。市各相关部门要根据职能职责，围绕推动科技创新、促进经济转型升级发展的要求，突出重点，精准发力，制定本意见的实施细则、办法和年度实施计划、目标，发布“项目年度专项资金申报指南”，组织项目评审；市财政局统筹安排专项发展资金，提出资金安排计划，制定专项资金管理办法和基金管理办法，实行绩效评价；市审计局加强对专项资金使用的监督检查。

3. 加强考核监督。加大对各部门政策实施工作的考核力度，确保责任到位、政策到位和实施到位，促进扶持政策见成效、专项资金有绩效。

本意见自2015年1月1日起试行，本意见未尽重大事项由市委、市政府专题讨论决定。

关于制定常熟市国民经济和社会发展第十三个五年规划的建议

常发〔2015〕63号

“十三五”时期，是我市全面贯彻党的十八大和十八届二中、三中、四中、五中全会精神，深入贯彻落实习近平总书记系列重要讲话精神、争当建设“强富美高”新江苏先行军排头兵的关键时期，是率先全面建成高水平小康社会决胜时期和积极探索开启基本实现现代化建设新征程的重要阶段，“十三五”规划必须紧紧围绕这一奋斗目标来制定。

中国共产党常熟市第十二届委员会第十四次全体会议，认真学习贯彻党的十八届五中全会和省委十二届十一次全会精神，深入分析形势，紧密结合实际，研究了“十三五”时期我市发展的一系列重大问题，就制定“十三五”规划，提出如下建议。

一、以习近平总书记系列重要讲话特别是视察江苏重要讲话精神引领全市“十三五”发展，坚持“五位一体、综合发展”总基调

习近平总书记系列重要讲话是各项工作的根本遵循和行动指南。必须始终以习总书记系列重要讲话特别是视察江苏重要讲话精神为引领，贯彻中央、省委和苏州市委部署，谋划“十三五”发展，坚持“五位一体、综合发展”总基调，锲而不舍抓落实，奋力攀登新台阶，一步一个脚印把总书记为我们勾画的美好蓝图变为现实。

（一）“十二五”时期常熟发展取得显著成就。“十二五”时期是常熟极为重要的一个发展阶段。面对错综复杂的宏观环境和艰巨繁重的发展任务，我们在省委和苏州市委的正确领导下，深入实施六大战略，顺利完成了“十二五”规划确定的主要目标任务。综合经济实力显著增强，地区生产总值、一般公共预算收入年均分别递增 9.1% 和 9.5%，人均 GDP 达到 135760 元，达到上中等收入国家和地区水平。转变发展方式取得明显成效，产业结构不断优化，主导产业发展壮大，新兴产业快速集聚，现代服务业加快培育，现代农业持续发展。重点领域改革取得阶段性成果，全方位开放布局全面展开，创新型城市建设迈出重要步伐。城乡发展一体化全面推进，城市基础设施更加完善，生态环境持续优化，城乡协调发展水平显著增强。社会事业全面进步，教育、文化、卫生、体育等均衡发展，城乡居民收入持续提高，社会保障体系全面覆盖，人民群众的幸福感和满意度不断提升。精神文明建设富有成效，依法治市扎实推进，社会安定有序、团结和谐、充满活力，所有这些为常熟未来发展奠定了坚实基础。

在“十二五”发展中，我们认真贯彻省委和苏州市委决策部署，紧密结合常熟实际创造性开展工作，切实做到上级有要求、常熟有行动、落实有成效。党的十八大之后，我们按照习总书记对江苏工作的最新要求，与时俱进丰富完善发展内涵，全面展开“五个迈上新台阶”工作部署，形成了鲜明的工作特色，积累了宝贵的发展经验。一是更加注重全面协调可持续发展。坚持以经济建设为中心，坚持发展第一要务不动摇，科学把握工作的系统性和整体性，协调推进“五位一体”的全面小康建设，着力提升产业竞争力、创新驱动力、要素集聚力、文化软实力，在转型升级中保持经济社会平稳健康发展。二是更加注重发展速度与质量效益相统一。主动适应和引领经济发展新常态，始终坚持以提高经济发展质量和效益为中心，坚持加快发展与加速转型相统一，形成“稳中有进、稳中提质”的良好态势。三是更加注重激发改革创新动力活力。围绕改革试点先行先试，围绕提升服务效能和完善运行体制机制，深化重点领域改革，呈现多点突破、蹄疾步稳、纵深推进的良好态势。深入实施创新驱动发展，发展动力正在加快转换，发展空间不断拓展优化，发展路径更加清晰。四是更加注重城市发展向内涵提升转变。全面启动“多规合一”试点，持续推进新型城镇化和城乡发展一体化，优化资源配置和空间布局，突出产城融合，提升城市功能，塑造城市个性，城乡统筹发展水平不断提高。五是更加注重民生建设普惠性均衡性。坚持发展经济与改善民生相协调，加快建立健全权利公平、机会公平、规则公平的制度体系，推动公共资源均衡配置，扎实办好各项民生实事，促进社会公平正义和人的全面发展，让全市人民共享改革发展成果。六是更加注重勤勉务实的工作导向。落实全面从严治党要求，践行“三严三实”，大力弘扬求真务实作风，充分调动各方面的积极性创造性，凝聚起全市上下共谋发展、共促稳定、共创和谐的强大合力。这些经验弥足珍贵，必须在“十三五”发展中予以坚持和发扬。

（二）“十三五”时期常熟发展面临的形势。“十三五”时期，常熟发展既处于可以大有作为的重要战略机遇期，也面临诸多矛盾叠加、风险隐患增多的严峻挑战。世界多极化、经济全球化、文化多样化、社会信息化深入发展，新一轮科技革命和产业变革蓄势待发。同时，国际金融危机深层次影响在相当长时期仍然存在，外部环境中不稳定不确定因素增多。我国经济长期向好基本面没有改变，特别是经济发展进入新常态，经济发展方式正从规模速度型转向质量效率型，经济结构正从增量扩能为主转向调整存量、做优增量并举的深度调整，经济发展动力正从传统增长点转向新的增长点，我国经济正在向形态更高级、分工更复杂、结构更合理的阶段演化。特别是“一带一路”、长江经济带、长三角区域发展一体化等国家战略的实施，为我们提供了新的机遇。常熟产业基础比较好，综合发展水平比较高，全民创业传统悠久，实体经济基础比较牢固，经过“十二五”发展，我市站在了新的发展平台，具备向更高目标奋进的基础条件。

同时，我们也要清醒地看到，由于市场环境、社会环境、法治环境的深刻变化，对常熟未来发展提出了新的更高要求。主要是：城市之间竞争日益激烈，面临“标兵快进、追兵临近”的紧迫形势；我市经济发展方式尚未得到根本转变，分散式发展问题仍然比较突出，自主创新能力不足，土地资源和环境要素日益趋紧；教育、医疗、养老等基本公共服务供给压力加大，人口老龄化加快；市民文明素质和社会文明程度有待提高；制约市场经济活力、发展方式转变的体制机制障碍仍然存在，改革攻坚任务更加艰巨；社会建设与治理还有不少薄弱环节，法治建设需要进一步加强；党员干部思想作风和能力水平有待提高，等等。

我们必须明大势、看大局，准确把握战略机遇期内涵的深刻变化，准确把握国际国内发展基本趋势，准确把握常熟发展阶段性特征和新的任务要求，坚定发展信心，保持发展定力，探索发展新路，不断开辟常熟发展新境界。

（三）“十三五”时期常熟发展的指导思想。高举中国特色社会主义伟大旗帜，全面贯彻党的十八大和十八届三中、四中、五中全会精神，以邓小平理论、“三个代表”重要思想、科学发展观为指导，深入贯彻习近平总书记系列重要讲话精神，以总书记视察江苏重要讲话精神为引领，认真落实“四个全面”战略布局，坚持“五位一体、综合发展”总基调，全面实施创新驱动、民生优先、城乡统筹、绿色发展、文化提升五大战略,协同推进经济建设、政治建设、文化建设、社会建设、生态文明建设和党的建设,争当建设“强富美高”新江苏的先行军排头兵,率先全面建成高水平小康社会,积极探索开启基本实现现代化建设新征程,谱写好中华民族伟大复兴中国梦的常熟篇章。

(四)“十三五”时期经济社会发展目标要求。根据中央、省委和苏州市委明确的目标定位,今后五年,常熟要率先全面建成高水平小康社会,在探索基本实现现代化的路子上迈出坚实步伐,人民群众过上更加美好的生活,努力把常熟建设成为产业特色鲜明、创新活力迸发、文化事业繁荣、城市精致秀美、社会均衡协调的现代江南名城。

——经济结构明显优化。经济保持中高速增长、产业迈向中高端水平,基本形成以高新技术产业为主导、先进制造业和现代服务业为主干、现代农业为基础的现代产业体系。在提高发展平衡性、包容性、可持续性的基础上,保持地区生产总值年均增长7.5%左右,一般公共预算收入年均增长7.5%左右,提前实现地区生产总值和城乡居民收入比2010年翻一番。

——质量效益不断提升。基本形成集约集聚发展方式,主导产业竞争力和支撑力明显增强,劳动生产率、资源利用效率明显提高,到2020年,单位建设用地产出地区生产总值达到60万元/亩。适度控制人口总量,优化人口结构,提高人口素质。

——创新能力显著增强。着力打造产业特色鲜明的先进制造业高地和体制优势明显的产业科技创新高地。到2020年,全社会研发经费支出占GDP比重达到3%,高新技术产业产值占规模以上工业产值比重达到45%,企业核心竞争力和城市创新能力显著增强。

——民生事业均衡发展。百姓富裕程度、人民生活水平和质量普遍提高,就业创业水平不断提升,社会保障体系更加健全;文化、教育、卫生、体育等社会事业协调发展;文化强市建设扎实推进,社会主义核心价值观广泛认知践行,公民文明素质和社会文明程度显著提高,充分挖掘和彰显国家历史文化名城的特色和优势。

——绿色发展成效明显。生产方式和生活方式绿色、低碳水平上升,单位生产总值能耗大幅下降,主要污染物排放总量得到有效控制,土壤、空气和水环境治理成效明显,生态环境和人居环境不断优化,建成国家生态文明建设示范市。到2020年,空气质量优良天数比例80%以上,III类以上地表水比例70%。

——体制机制更加完善。基本形成系统完备、科学规范、运行有效的制度体系,重点领域和关键环节改革取得重要成果,市场配置资源能力有效增强;政府公信力和行政效率明显提高。法治常熟建设扎实推进,社会治理法治化水平明显提升。法治型基层党组织建设取得新进展,党的建设制度化水平不断提高。

(五)“十三五”时期常熟发展的基本理念。发展理念是发展行动的先导。党的十八届五中全会提出了创新、协调、绿色、开放、共享发展理念,是“十三五”乃至更长时期我国发展思路、发展方向、发展着力点的集中体现,是关系我国发展全局的一场深刻变革。要把践行五大发展理念与全面建成小康社会总目标紧密结合,实施系统化、整体性部署安排,形成更加鲜明的发展导向。

践行创新发展理念,加快实现发展动力转换。创新是引领发展的第一动力。要实施创新驱动战略,大力推进以科技创新为核心的全面创新,全面强化企业技术创新、产品创新、管理创新和商业模式创新,增强转型发展内生动力,加快形成以创新为主要引领和支撑的经济体系、发展方式,走出一条质量更高、效益更好、结构更优、优势充分释放的发展新路。

践行协调发展理念,增强发展整体性全面性。协调是持续健康发展的内在要求。要实施城乡统筹战略,持续推进新型城镇化和城乡发展一体化,大力推进“多规合一”,优化市域空间布局,形成城市、开发区、镇村合理均衡配置的空间结构,提升城镇建设内涵,实现城乡基础设施和基本公共服务均等化,加快形成城乡发展一体化新格局。

践行绿色发展理念,着力优化生态环境。绿色是永续发展的必要条件和人民对美好生活追求的重要体现。要坚持节约资源和保护环境的基本国策,坚持可持续发展,推进生产方式、生活方式、消费方式绿色化,构建“低能耗、低排放、低污染”的绿色产业体系,促进经济效益和生态效益的和谐统一、人与自然的协调发展。

践行开放发展理念,构建全方位开放格局。开放是繁荣发展的必由之路。要对外开放和对内开放并举、引资和引技引智并举、更高水平引进来和更大步伐走出去并重,更加主动融入国家和省全方位对外开放总布局,积极融入“一带一路”和长江经济带建设,在扩大开放中拓展发展新空间,提升企业、城市、人才国际化水平,发展更高层次的开放型经济。

践行共享发展理念,增强人民群众获得感。共享是中国特色社会主义的本质要求。要始终把增进民生福祉作为出发点和落脚点,推进各类群体利益均等化,探索完善经济发展与民生改善相匹配的体制机制。

二、转型升级创新驱动,着力推动“经济强”

认真贯彻创新发展、协调发展、开放发展理念,坚持以提高经济发展质量和效益为中心,以创新驱动为主引擎,深入推进转型升级,扎实开展科技体制综合改革试点,厚植实体经济发展优势,推动经济发展迈上新台阶。

(一)深入推进创新驱动发展

强化企业创新主体地位和主导作用。深入实施高新技术企业倍增计划、“双创”企业“313”培育工程,以知识产权创造为核心,培育有核心竞争力的创新型企业。支持规模骨干企业加强技术研发能力建设,组建校企合作联盟和产业技术创新战略联盟,开展关键技术、共性技术联合攻关,争取在高端装备制造、生物医药、新能源汽车和动力电池等领域形成一批创新成果。落实企业研发准备金制度、高新企业所得税优惠等创新政策,促进企业加大研发投入,推动设备更新和新技术应用。

强化人才对科技创新支撑作用。坚持高层次人才、高技能人才队伍协调发展导向，更加注重发挥市场和企业的作用，更加注重人才聚集的质量和效益，更加注重构建和完善有利于人才聚集和发展的机制和环境，激发各类人才创新创造活力。盯住“高精尖缺”人才，以助推产业转型升级为主线，聚焦核心支柱产业人才，加快战略性新兴产业、先进制造业、现代服务业等重点领域急需中高级技术与管理人才的引进开发，全面培养一批优秀企业家和高水平的企业经营管理人才队伍。

推进重大载体平台创新。全面融入苏南国家自主创新示范区建设，充分发挥国家级开发区在加速产业转型、科技进步、产城融合、制度创新、政策集成等方面的示范引领作用，努力把“两区”打造成为战略性新兴产业集聚区、先进制造业基地先导区、产城融合发展示范区和科技体制综合改革试验区。抓住常熟高新技术产业开发区升格国家级高新区的契机，实施转型升级五年行动计划，创新工作体制机制，充分发挥高新区和大科园叠加优势，着力打造区域科技创新核心区。

深化全方位产学研协同创新。拓展科技镇长团工作内涵，建立务实高效的政产学研合作机制。鼓励我市企业与省产业技术研究院加强战略合作，开展集成攻关，突破产业发展的核心关键技术。加强以大学科技园、科创园为主阵地的创新载体建设，提升国内知名高校院所在常熟分支机构的发展水平，联合开发具有自主知识产权的重大目标产品。引导常熟理工学院把学科建设、人才培养与常熟新兴产业发展需求相结合，加大对检验检测公共服务平台、协同创新中心、创业基地的支持力度，促进校地协同发展。

大力推进大众创业万众创新。深入开展“创业常熟”行动，放宽政策、放开市场、激活主体，发展众创、众包、众扶、众筹空间。支持新型创业孵化机构发展，以“互联网＋”为切入点，率先发展市场化、专业化、集成化、网络化的“创客根据地”，培育具有常熟特色的创业文化。

构建促进创新发展的体制机制。建立强有力的组织领导体系，统筹推进科技创新重大布局、创新资源配置、创新体系建设。完善创新驱动导向评价体系，切实加大财政科技投入力度。构建以创新投入、创新绩效、创新环境等为主要内容的评价管理制度。完善区域创新服务体系，推进科技金融深度融合，加快构建多元化、多层次科技创新投融资体系。全面推进知识产权强市建设，打造“知识产权零侵权”城市。

（二）着力打造发展新动能

发挥投资对稳增长的关键作用。不断优化投向、提高投效，促进投资从重规模和速度到重质量和效益的转变。加大招商选资力度，提高项目引进质量，围绕主导产业和战略性新兴产业领域，实施一批重大产业项目，积极扩大有效投入，切实增强发展后劲。同时发挥消费对增长的基础作用，积极培育养老、健康、信息、旅游、教育、文化、体育等领域的消费增长点。发挥出口对增长的促进作用，积极培育以技术、品牌、质量、服务为核心的开放型经济新优势。

厚植实体经济发展优势。注重存量增量并举，实施“小巨人”、“专精特新”企业培育提升工程，引导民营企业明晰发展战略、优化股权结构、完善治理结构、提升人才结构，提升企业核心竞争力。加强以设备更新为载体的技术创新、工艺创新和管理创新，培育更多创新能力强、市场前景好的优秀企业。加快推动外资企业本土化进程，推进民企外企融合发展。推进企业上市工作，加大引导扶持力度，形成持续培育、持续上市的滚动发展格局。

推进质量品牌建设。加快区域特色品牌、产业核心品牌和现代服务品牌建设，将重点发展的产业领域、基地、载体平台等列入名牌战略发展计划，促进品牌塑造与企业和产业发展紧密结合，加快汽车零部件产业基地、常熟服装城、新能源产业基地等区域品牌塑造。积极开展“一企一品”培育活动，有计划有重点地扶持培育名牌名品。大力培育一批“专精特新”企业，打造一批具有市场竞争实力的“单打冠军”产品。

（三）加快经济转型升级

加快发展方式转变。实现从分散发展向集约集聚发展转变，市级层面以国家级开发区为主阵地，乡镇板块以镇级工业小区为重点，优化产业项目布局，加快载体功能创新，确保新办工业项目全部进区入园，提高集约集聚发展水平。充分发挥市场倒逼作用、政策引导功能，全力推进村级工业用地整合优化，提升资源配置效率。坚持“以工业经济为主、以主导产业为主、以骨干企业为主”的发展导向，培育壮大汽车及零部件、装备制造、纺织服装三大主导产业，加快构建现代产业体系，建设制造强市。

推动制造业高端化发展。立足常熟产业基础和发展方向，重点培育新能源、新材料、新一代信息技术、生物医药、节能环保等战略性新兴产业，加速形成产业技术优势和规模优势。全面对接《中国制造 2025》及江苏行动纲要、“互联网＋”行动计划，鼓励企业加强以智能制造、绿色制造为重点的技术改造升级，加快实现产业结构由中低端向中高端迈进。实施智能制造“400 工程”，推进工业强基工程，加快推进“机器换人”，实施企业制造装备升级计划，推动生产方式向柔性、智能、精细转变，向数字化、智能化提升，建设一批智能车间、智能工厂。整合提升特色产业，按照“兼并重组、减少数量、提升规模、提高质量”的要求，鼓励企业开展产业链垂直整合，巩固提升沙家浜玻璃模具、支塘无纺设备、尚湖货架、辛庄光伏、海虞新材料、古里医疗器械等特色产业，着力提高产业集中度，整体提升特色产业竞争力。

加快发展现代服务业。依托沿江、服装城、南部新城三大区域，认真落实服务业发展“十三五”专项规划，以生产性服务业为重点，积极发展总部经济、现代物流、科技服务、电子商务、汽车服务、金融服务、服务外包等产业，发展基于网络的数字化制造、内容服务、平台经济等新业态，做强先进制造业和现代服务业两大主干。加快建设畅游常熟，打造旅游目的地城市，推动生活性服务业向精细和高品质转变。

拓展经济发展新空间。高效集约利用资源，以“多规合一”提供法律依据,以“三优三保”提供政策支撑,坚决淘汰高污染、高能耗、高安全风险、低产出效益的“三高一低”企业。建立落后产能常态化淘汰机制和主动退出激励机制,鼓励社会资金参与改造低效工业用地,鼓励企业跨行业转型,鼓励低效企业退出,鼓励企业兼并重组,鼓励盘活存量资产,不断提升土地利用效率。创新要素利用方式,不断提高单位土地、能源、环境容量等要素产出率,实现土地的永续利用和高效利用。

(四)增创开放型经济新优势

主动融入国家重大战略。学习复制上海自贸区改革成功经验,抢抓长江经济带建设机遇,深度融入长三角一体化发展。加快推进铁黄沙综合整治工程,合理利用岸线资源,科学布局产业项目,全面融入黄金水道建设,推动临港经济加快发展。抢抓“一带一路”战略发展机遇,探索利用“苏满欧”班列等新运输线路,深化和加强与“一带一路”沿线国家和地区的产业联系。

提升招商选资水平。突出重大招商引资项目统筹推进,按照不同功能区定位和产业规划布局,开展差异化招商。建立专业化、市场化招商引资运作机制,突出抓好产业链招商、以商引商、效益招商,推动股权投资、资产重组、产业更新等引资方式多元化。鼓励现有企业增资扩产,把研发设计、高端制造等高技术含量、高附加值环节转移到常熟。注重拓展企业境外上市、发行债券等间接利用外资渠道,提升引资潜力。

加快外贸转型升级。建设国际投资贸易综合服务平台,大力培育市场采购贸易、跨境电子商务等新型贸易方式,提高一般贸易比重和加工贸易增值率。用足用好国际国内“两个市场、两种资源”,鼓励有条件的本土企业走出去建设加工基地、设立营销总部,培育一批本土重点跨国企业集团。着力拓展综保区自由贸易功能,积极争取贸易多元化等政策,促进与保税相关的销售、结算、检测、研发等业务发展。

(五)持续推进新型城镇化和城乡发展一体化

优化市域空间布局。加快实现“四规”有机协调、城市功能布局有序、各类控制线划定科学,形成市域规划“一张蓝图”。围绕“一城四片区”的城市总体框架,加强中心城区、城市副中心、中心镇、新型社区、特色村“四级五层”之间的内部联系,形成科学布局、合理分工、功能互补、集约发展的格局。

推进产城融合发展。推动城市发展从外延拓展向内涵提升转变,统筹生产力布局与各类功能区安排,合理定位城镇、开发区职能与拓展方向,促进空间优化和资源集聚,逐步形成人口、经济与资源环境相协调的发展格局。加强各类开发区功能改造,推动单一功能向综合功能转型、园区产业经济向综合型城市经济转型。严格控制新增城镇建设用地规模,鼓励城镇用地集约紧凑发展,注重中心镇区与工业园区基础设施、公共服务体系的共建共享,进一步提高产城融合发展水平。

提升城市功能品质。按照“提升主城区、发展小城市、建设新农村”的思路,完善城市各片区功能定位,加强古城保护和整治更新,推进城市东部功能拓展区、南部国际性生态社区、西部生态休闲区、北部生活社区合理分工、组团发展,进一步完善城市综合功能,建设宜居宜业的“精致城市”。以提升能级和优化功能为主线,全面提升“小城市”建设内涵,着力提高资源、人口和产业集聚程度,发挥其带动周边区域发展的主导作用,探索具有常熟特色的新型城镇化发展路子。持续推进美丽镇村建设,加强农村传统村落和民居的保护,增强基础设施和公共服务配套功能。拓展智慧城市应用领域,推进城市管理和公共服务信息化,提升城市运行效率和管理服务水平。

完善重大基础设施。加快推进城市快速路网体系建设,协调推进沪通铁路、盐通苏嘉城际铁路、沿江城际铁路的规划研究和项目建设工作,加强与苏州市域轨道交通的规划对接,不断完善路网连接工程,构建现代综合交通运输体系。优先发展公共交通,完善城市公交、城乡公交和镇村公交三级公交体系,提高线网通达深度。积极推进新能源交通体系建设。加快建设一批合理分布、保障有力的电水气、停车场、充电桩等关系民生的基础设施项目,加强区域统筹,提高利用效率。

加强城市功能与上海对接。充分发挥区位优势,注重与上海在基础设施、要素市场、产业配套、政府服务等领域的全面对接。充分利用常熟山水文化资源优势,积极打造“同城效应”、“节假日效应”,提升与上海商贸旅游合作水平。加强与周边城市基础设施互联互通,推进公共服务便利化,不断提升城市国际化水平。

提高户籍人口城镇化水平。以“小城市”为重要载体,以制度创新为有力保障,引导农业转移人口市民化和居村农民就近市民化互动,改变生产生活方式,逐步融入城市生活。提高“小城市”内在承载力,推动产业发展与城镇建设紧密融合、基础设施与公共服务协调布局,完善城镇综合功能,增加创业就业机会,为农民在城镇稳定就业和生活创造良好条件。完善新市民积分管理制度,引导新市民参与社会公共服务,形成共建共享共治良性机制。

(六)提升现代农业发展水平

落实苏州“四个百万亩”规划,构建“一核三带多园区”现代农业产业格局,推进以常熟农科所为中心区域的现代农业科技创新区建设,着力打造东部高效蔬菜园艺带、南部高效水产示范带、西部优质粮食产业带,建设若干个各具特色的现代农业产业园。培育新型农业经营主体,实现规模化种植、基地化管理、标准化生产、市场化运作。提升农业科技装备水平,加快高标准农田建设,加快农业基础设施改造提升,强化农业科技创新驱动,健全农技推广服务体系,提高农业科技应用水平。构建富民强村长效机制,做大做强农村集体经济。

三、均衡普惠共建共享,着力实现“百姓富”

认真贯彻共享发展理念,按照人人参与、人人尽力、人人享有的要求,坚守底线、突出重点、完善制度、引导预期,围绕“七个更”的目标,注重各类群体利益均等化,稳步提升民生事业发展水平。

（一）促进城乡居民持续增收

完善就业创业体系。根据城镇化建设和产业结构转型升级需要，着力提升劳动者素质，改善劳动力就业结构，提高就业弹性和就业容量。建立健全政府投资、重大项目促进就业机制。不断完善体制机制，健全普惠性政策措施，构建有利于大众创业、万众创新蓬勃发展的政策环境、制度环境和公共服务体系，以创业带动就业。建设统一规范灵活的人力资源市场，健全公共就业服务体系，为劳动者自主择业提供服务。落实“居民收入倍增计划”，努力实现居民收入增长和经济发展同步、劳动报酬增长和劳动生产率提高同步，促进城乡居民收入持续普遍较快增长。

完善社会保障制度体系。推进全民参保登记工作，加快建设全民登记信息动态管理系统，提升社保扩面征缴工作水平，健全更加公平和可持续的社会保障体系。注重不同层次保障制度的合理保障梯度，推进城乡保障制度的衔接与整合，多渠道提高综合保障水平。推进机关事业单位养老保险制度改革。坚持精算平衡，完善筹资机制，分清政府、企业、个人等责任。适当降低社会保险费率。完善社会保险体系。

（二）积极扩大公共服务供给

加快教育改革发展。深化教育领域综合改革，优化学校布局和教育资源配置，深化集团办学模式，完善城乡教师交流机制，缩小义务教育城乡、区域、学校、群体之间的差距。加快发展学前教育，高标准高水平普及义务教育。以注重内涵、提高质量、打造特色为重点，发展优质普通高中教育。推行“产业园区＋标准厂房＋职业教育”模式，发展特色职业教育。结合常住人口密度、生源和交通等条件，完善积分入学制度，健全现代学校管理体制。逐步分类推进中等职业教育免除学杂费，率先从建档立卡的家庭经济困难学生实施普通高中免除学杂费，实现家庭经济困难学生资助全覆盖。

推进健康城市建设。深化公立医院综合改革，深化“医联体”建设，增强基层医疗卫生机构服务能力，构建分级诊疗制度，建设健康城市。整合城镇居民基本医疗保险和新型农村合作医疗制度，实现城乡居民公平享有基本医疗保险权益，积极构建保障更加公平、管理服务更加规范、医疗资源利用更加有效的城乡居民医保制度。推动实现医疗、医保、医药“三医联动”，完善基本医疗保险、大病补充医疗保险、医疗救助“三位一体”的医疗保障体系。

促进人口均衡发展。坚持计划生育基本国策，完善人口发展战略，全面实施一对夫妇可生育两个孩子的政策，提高生殖健康、妇幼保健、托幼等公共服务水平，帮助计划生育家庭解决实际困难，注重家庭健康发展。完善户口登记政策，加强户口登记管理，全面解决无户口人员登记户口问题。

创新养老服务模式。创新养老服务体制机制，在政府托底保障的基础上，逐步形成居家养老为主、社区和机构养老为补充的养老格局。大力发展养老服务产业，稳步推进养老机构公建民营改革，全面放开养老服务市场，通过购买服务、股权合作等方式，支持各类市场主体增加养老服务和产品供给。完善残疾人社会保障和服务体系，强化残疾人就业就学援助，加大残疾人教育资助力度，免费提供残疾人职业技能培训。

四、生态优先绿色发展，着力打造“环境美”

认真贯彻绿色发展理念，围绕打造自然环境之美、景观特色之美、文化交融之美、城乡协调之美的目标，深入推进生态文明建设工程，大力推进美丽宜居新常熟建设，走出一条经济发展和生态文明相辅相成、相得益彰的路子。

（一）保护生态空间。落实主体功能区制度和生态红线区域保护规划，分类编制保护方案，完善配套管理制度，合理安排城镇建设、农田保护、产业集聚、村落分布、生态涵养等布局。突出抓好生态空间管控和保护，严守耕地保护、开发强度和生态保护三条红线，划定永久基本农田和城市开发边界，推动优化开发区域产业结构向高端高效发展，推动重点开发区域提高产业和人口集聚度，重点生态功能区实行产业准入负面清单。以核心生态圈建设为重点，持续推进生态系统修复，更加注重系统性布局、协同性建设，整体布局山、水、林、田、湖等各要素，加快建成虞山尚湖生态旅游区、尚湖南湖生态涵养区和长江江滩生态屏障区，充分彰显山水相依、滨江环湖的生态空间格局。

（二）推动绿色发展。坚守能源、用水和土地等重要资源使用总量的上限，严格执行国家、省产业政策指导目录，强化源头控制，倒逼产业升级。推动产业结构调优调绿，实施传统产业提标改造，综合环保、安全生产等措施，关停并转落后产能企业，深化工业污染防治，打造工业经济升级版。大力发展循环经济，推进清洁生产，实施工业园区循环化改造，建设生态工业示范园区。

（三）建设美丽宜居家园。实施“蓝天工程”，全面贯彻大气污染防治“国十条”，从严落实政府主体责任和部门联动职责，突出抓好能源结构优化、产业结构调整、工业污染治理、绿色低碳交通、城市扬尘控制、应急预警等重点工作。实施“碧水工程”，全面落实国家水污染防治行动计划，推进长江、太湖、阳澄湖、望虞河等重点流域水污染防治工程，开展城乡河道综合治理，实施畅流活水工程，促进水环境质量持续改善。加强农业面源污染防治。因地制宜推进美丽乡村建设，逐步扩大覆盖面。加快重大环境基础设施建设，探索完善农村生活固体废弃物和生活污水治理新模式。推进绿色常熟建设，完善城市绿地布局的均衡性，提高城市绿地系统综合效益。深入开展生态文明细胞工程建设，全面推进低碳城市、低碳园区、低碳企业、低碳家庭和低碳社区建设，努力建成国家生态文明建设示范市。加强环境监管，促进环境行政执法与刑事司法衔接，建立对环境违法行为的严惩机制。

（四）健全生态文明制度体系。建立生态文明工作联席制度，构建常熟经济社会发展绿色评估体系，将生态文明建设指标纳入经济社会发展评价体系和干部绩效考核体系。加快排污许可管理创新，建立以排污许可证制度为核心的环境管理体系，推进排污权有偿使用与交易试点。推进生态支付和生态补偿,探索环境资源限额分配、有偿转让机制。

五、文化引领创新治理,着力促进"社会文明程度高"

认真贯彻创新发展、协调发展理念,顺应社会发展进步的需要,把建设文化强市摆上重要位置,把创新社会治理作为紧迫任务,推动物质文明和精神文明协调发展,不断提高公民文明素质和社会文明程度,充分挖掘和彰显国家历史文化名城的特色和优势。

(一)加快文化强市建设

提升思想理论建设水平。加强党的理论创新成果的学习宣传,把学习宣传贯彻习近平总书记系列重要讲话精神引向深入,深化中国特色社会主义理论体系和党史、国史、社会主义发展史的宣传教育。推进马克思主义大众化,拓展理论宣传的途径、方法、手段,引导人们坚定中国特色社会主义道路自信、理论自信、制度自信。加强意识形态阵地管理,加强和改进网络宣传和舆论引导。

提升市民文明素养。加强对社会主义核心价值观的深度阐释和宣传普及,使社会主义核心价值观深入人心,成为全社会共同的思想基础。推动弘扬优良传统与弘扬时代精神相结合,加强社会公德、职业道德、家庭美德、个人品德教育,塑造良好的社会风尚、健康向上的社会风气,培育勤勉务实、理性平和、积极向上的社会心态,引导人们自觉履行法定义务、社会责任、家庭责任,自觉维护社会秩序。巩固扩大文明城市创建成果,形成人人共建共享社会文明的生动局面。

加强文化遗产保护利用。创新文化遗产保护体制机制,系统梳理文化遗产资源,健全物质和非物质文化遗产普查、登记、建档、认定制度。实施文化遗产"解读"工程、"展示"工程,充分运用现代手段让文物说话,让文化遗产"活"起来。大力挖掘文化遗产内在价值,将具有地方特色的文化元素融入旅游产品设计和创意产品研发。加强对民俗文化、地方戏曲等遗产项目的保护与扶持,争创虞山文化国家级文化生态保护区。

完善现代公共文化服务体系。建成城市"十分钟文化圈"和农村"十里文化圈",基本形成布局合理、设施完善、功能健全,公益性与经营性文化设施有机结合,覆盖城乡的公共文化服务体系。深入实施文化惠民工程,推进"书香城市"建设,实现全市公益阅读服务网络全覆盖。推进公共体育事业发展,加快群众体育基础设施建设,广泛开展全民健身运动。

提升文化传播力影响力。实施常熟文化"走出去"战略,加强对外宣传力度,提高常熟城市的知名度和城市软实力。突出抓好以"中国梦"为主题的现实题材、以历史事件历史人物为主题的重大题材、以常熟历史文化为主题的地域题材和以百姓生活为视角的民生题材创作生产。提升舆论引导能力,推动传统媒体和新媒体融合发展,有计划、有重点打造一批形态多样、手段先进、较具影响的新型主流媒体集群。大力提升信息化基础设施建设水平,进一步深化"三网融合"。

增强文化发展活力。实施"文化产业+"工程,整合传统文化资源与现代产业资源优势,强化文化产业发展的融合功能,加快文化与科技、创意的融合发展。实施产业集聚区提升工程,加快形成文化创意、文化旅游两大产业集群,培育引进一批牵引力强、示范性好的重大文化产业项目,推动建立完整的文化产业链。加强文化产业与互联网的融合,推动重点文化企业与网络运营商合作,加强数字内容集成和研发生产,促进文化产业转型升级。加强文化人才队伍建设,探索多元的文化人才培养和引进模式。建立完善的文艺创作、民营团体演出奖励等制度,以体制机制的改革创新促进文化大繁荣大发展。

(二)推进社会治理创新

坚持系统治理、依法治理、综合治理、源头治理,全面提升社会治理效能,建设平安常熟,确保社会既充满活力又和谐有序。

完善社会信用体系。落实诚信江苏建设总体发展战略,加速推进政务诚信建设,提高政府公信力。深入推进商务诚信建设,强化企业社会责任,营造诚信市场环境。全面推进社会诚信建设,加快建设覆盖全社会的信用信息系统。大力推进司法公信建设,深化司法体制和工作机制改革,提高司法工作的科学化、制度化和规范化水平。

创新社会治理方式。加强党委领导,发挥政府主导作用,鼓励和支持社会各方面参与,建设政府治理和社会自我调节、居民自治良性互动的社会治理格局。增强社区服务功能,全面推行"政社互动",积极探索城乡社区协商民主,实现公民自主参与、自我管理,增强基层自治活力。大力培育包括社会团体、行业组织、社会中介组织、志愿团体等在内的各类社会组织,发挥其在公共服务和社会治理方面的作用。

增强社会治理能力。以"法治常熟、平安常熟"建设为抓手,完善维护社会稳定长效工作机制,防范和控制好重大治安案件,健全对公共卫生事件、食品安全事件、社会安全事件的预防预警和应急处置体系。建立健全重大工程项目建设和重大政策制定的社会稳定风险评估机制,提高政府保障公共安全和处置突发公共事件的能力,把各种不稳定因素化解在基层和萌芽状态。加强社会治安综合治理,构建立体化、现代化的社会治安防控体系,注重发挥城乡社区在社会治安防控中的基础作用,提高治安防范科技化、智能化、网格化水平,依法严厉打击各类犯罪活动,提升社会治安保障能力。加强网络安全监管、风险防范和应急处置。完善新市民事务管理职能,强化新常熟人集中居住小区的管理服务,开展社区环境突出问题综合整治行动,提升城市综合治理水平。

健全安全生产监管责任体系。全面实施新的《安全生产法》,严格执行安全生产"一岗双责"要求,强化企业主体责任和部门、乡镇、行业监管责任,高度自觉把安全生产各项制度措施落实到位,做到守土有责、守土尽职。深化重点领域安全隐患排查整治,严厉查处安全生产领域各类违法违规行为,全力保持安全生产形势总体平稳。

六、推进全面深化改革和全面依法治市

深入贯彻落实党的十八大和十八届三中、四中、五中全会精神,坚持全面深化改革和全面依法治市"双轮驱动",为增创发展新优势提供强大动力支撑，打下坚实制度基础。

（一）打好全面深化改革攻坚战

按照中央、省委决策部署，牢牢把握改革时序进度，确保到2020年在重要领域和关键环节改革上取得突破，形成系统完备、科学规范、运行有效的体制机制。

推进重点领域改革突破。进一步转变政府职能，持续推进简政放权、放管结合、优化服务的改革，提高政府效能，以政府自身改革带动其他领域改革。完善现代市场体系，深入推进商事制度改革，创造公平竞争、平等准入的市场环境。积极参与“长江经济带区域通关一体化”改革，推进口岸“单一窗口”建设，深化口岸部门“三个一”、“三互”合作。推进价格机制改革，以市场为导向，不断健全和完善全面反映市场供求、资源稀缺程度、生态环境损害成本和修复效益的价格形成机制。推进金融创新发展，对接上海自贸区金融创新政策，积极推进外汇资金集中运营、跨境投融资便利化、扩大跨境人民币使用等改革和试点。完善金融风险防范机制，落实企业健康体检制度，优化金融生态环境。落实深化财税体制改革制度，全面推进“三公”经费预决算公开，做好全口径财政预算管理改革，构建全面规范、公开透明的预算制度。深入推进城市执法体制改革，构建权责明晰、服务为先、管理优化、执法规范、高效有序的城市管理体制。积极推动政府向社会购买服务，探索建立公共服务交易平台。推进农村各项改革，破除城乡二元结构，加快形成发展一体化新格局。

积极推进改革先行先试。准确把握中央顶层设计目标要求，主动争取省级以上层面的改革试点项目，打造具有常熟特色的改革品牌。科学组织一些矛盾问题多、攻坚难度大的改革试点，及时总结提炼改革做法和经验，形成一批制度性成果。尊重基层和群众的首创精神，进一步激发改革创新的动力活力。完善全面深化改革工作机制，抓好改革方案的速度统筹、质量统筹、落地统筹，做实做细调查研究、征求意见、评估把关等关键环节，切实提高改革方案质量。

（二）全面推进依法治市

加快法治政府建设。坚持在党的领导下、在法治轨道上开展工作，全面推进法治政府、法治市场、法治社会一体化建设，使法治成为城市核心竞争力的重要标志，努力建设“法治常熟”。完善行政决策程序规定，积极推行政府法律顾问制度，建立重大决策终身责任追究制及责任倒查机制。全面落实行政执法责任制，完善行政执法程序，健全监督机制，建立权责统一、权威高效的依法行政体制。

坚持公正司法。保证依法独立行使司法权，健全司法权力运行机制。坚持以事实为根据、以法律为准绳，做到事实认定符合客观真相、办案结果符合实体公正、办案过程符合程序公正，努力让人民群众在每一个司法案件中都感受到公平正义。切实保障人民群众参与司法，全面推进司法公开，构建开放、动态、透明、便民的阳光司法机制。

加强法治文化建设。坚持把全民普法和守法作为依法治市的长期基础性工作，在全社会形成守法光荣、违法可耻的浓厚氛围。落实《法治江苏建设指标体系（试行）》，把法治建设实绩纳入领导班子、领导干部政绩考核，推动党员干部特别是领导干部带头遵守法律、依法办事。

七、加强和改善党对“十三五”发展的领导

顺利实现“十三五”规划目标任务，党的领导是根本政治保证。要认真落实全面从严治党要求，充分发挥党委统揽全局、协调各方的领导核心作用，最广泛动员各方面力量，最大限度调动一切积极因素，凝聚改革发展的整体合力。

（一）完善党领导经济工作体制机制。发展是党执政兴国的第一要务。各级党委必须深化对经济发展规律的认识，改进领导经济社会发展的工作体制机制和方式方法，提高依法做好经济社会发展工作能力和水平。加强党委领导经济社会发展工作的制度化建设。围绕议大事、抓大事，完善党委研究经济社会发展战略、定期分析经济发展和社会治理形势、研究重大方针政策的工作机制，健全决策咨询机制，提高决策科学化水平。

加强各级党组织建设，围绕推动发展、服务群众、凝聚人心、促进和谐目标，强化其服务功能和政治属性，充分发挥党组织战斗堡垒作用和党员先锋模范作用。突出尊法学法、依法履职、依规管党、依纪监督和健全制度，深入推进法治型基层党组织建设。广大党员干部要增强贯彻“三严三实”和“忠诚干净担当”的思想自觉和行动自觉，积极干事创业、勇于担当作为，在改革发展中争当模范。

各级党组织和广大党员干部要坚决维护中央权威，在思想上政治上行动上同以习近平同志为总书记的党中央保持高度一致。严明党的纪律，严格落实党风廉政建设主体责任和监督责任，健全惩治和预防腐败体系，坚决查处违纪违法问题，加强权力运行制约和监督，完善改进作风长效机制，促进干部清正、政府清廉、政治清明，为经济社会发展营造良好的政治生态。

（二）广泛凝聚推动改革发展的整体合力。坚持党的领导、人民当家作主和依法治国的有机统一，发展社会主义民主政治，加强经济社会发展重大问题和涉及群众切身利益问题的协商，充分发挥民主党派、工商联和无党派人士作用，促进思想上同心同德、目标上同心同向、行动上同心同行。强化党管武装工作，关心支持国防和军队建设，扎实做好双拥工作，密切军政军民团结，促进军民融合深度发展。

（三）加快建设人才强市和人力资源强市。坚持党管人才原则，牢固树立人才是最宝贵的财富、第一资源的理念，深入实施人才优先发展战略，进一步完善人才优先发展、优先投入的工作格局，以人才优先发展之功收人才引领发展之效。全面加强党政人才、企业经营管理人才、专业技术人才、农村实用人才、文化人才、社会工作人才等各类人才队伍建设，提升人才队伍整体素质和能力。

（四）健全规划实施保障机制。加强统筹协调，确保总体规划与专项规划、市级规划与镇区级规划有机衔接，各项规划有机融合。各地各部门要因地制宜，科学确定“十三五”

时期本地区、本领域发展的思路举措，确保“十三五”规划建议的目标任务落到实处。

实现“十三五”发展目标，任务艰巨而繁重，全市各级党组织和广大党员干部群众，要紧密团结在以习近平同志为总书记的党中央周围，协调推进“四个全面”战略布局，同心同德、勤勉务实、开拓进取，为构筑常熟“五位一体、综合发展”新优势、谱写好中国梦常熟篇章而不懈奋斗！

关于加快推进养老服务业发展的实施意见

常政发〔2015〕12号

为积极应对人口老龄化，加快推进全市养老服务业发展，根据《国务院关于加快发展养老服务业的指导意见》(国发〔2013〕35号)、《省政府关于加快发展养老服务业完善养老服务体系的实施意见》(苏政发〔2014〕39号)、苏州市《市政府印发关于加快发展养老服务业的实施意见的通知》(苏府〔2014〕108号)精神，结合我市实际，提出以下实施意见：

一、指导思想

以邓小平理论、“三个代表”重要思想、科学发展观为指导，深入贯彻落实党的十八大、十八届三中、四中全会精神，把不断满足老年人日益增长的养老服务需求作为出发点和落脚点，充分发挥政府的主导和引领作用，鼓励社会力量积极参与养老服务业发展，使社会力量逐步成为发展养老服务业的主体，确保托底型养老、扩大普惠型养老、支持社会化养老，努力使养老服务业成为积极应对人口老龄化、保障和改善民生的重要举措，成为扩大内需、增加就业、促进服务业发展、推动经济转型升级的重要力量。

二、发展目标

到2020年，全面建立健全以居家为基础、社区为依托、机构为支撑，功能完善、布局合理、规模适度、覆盖城乡的养老服务体系。养老机构床位数每千名老人不少于45张、护理型床位占机构床位总数达到50%以上，社会力量举办或经营的养老床位占比达到70%以上；所有社区、村均建有日间照料中心或托老所(老年关爱之家)，60%以上的城市社区和有条件的农村社区建有老年人的康复场所；市居家养老服务指导中心、镇(街道)居家养老服务中心、城乡社区居家养老服务站三级养老服务管理服务网络进一步健全；生活照料、医疗护理、精神慰藉、紧急救援等基本养老服务覆盖所有居家老年人。

三、主要措施

(一)充分发挥政府主导和引领作用

1. 统筹规划养老服务业发展。将养老服务业发展纳入国民经济和社会发展规划，列为我市现代服务业重点发展领域，制定和组织实施养老服务设施专项规划，并与经济社会发展水平、人口老龄化发展水平相衔接，注重统筹资源，合理布局。重点扶持老年人生活照料、健康服务、文化教育、体育健身、休闲旅游等养老服务业发展。

2. 优先养老用地供应。在符合城乡总体规划和土地利用总体规划等相关规划前提下，结合现状用地条件，按照人均不低于0.2平方米的标准，制订常熟市养老服务设施专项规划，按年度落实相应的建设用地计划。鼓励各类主体利用存量建设用地、闲置房屋按照养老专项设施专项规划，开办养老服务机构，规划、国土、消防等相关部门积极配合和支持。社会力量举办的非营利性养老机构与公办养老机构享有相同的土地使用政策，床位数在500张以上的养老服务机构，其投资项目可分别列入市级服务业重点项目，优先给予用地保障。新建住宅小区按每百户不低于30平方米配套建设社区居家养老服务用房，与住宅同步规划、同步建设、同步验收、同步交付使用，验收后，由代建单位或开发商根据有关规定或土地出让合同的约定移交属地政府使用；老城区和已建成的住宅区社区居家养老服务用房按每百户15—20平方米的标准建成，没有达到规划和建设指标要求的，通过购置、置换、租赁等方式调济解决，不得挪作他用。

3. 完善社区养老服务设施。加强社区服务中心(站)及社区卫生、文化、体育等公共服务设施为老年人服务设施的功能衔接，提高使用率和综合效益。支持社区组织开展适合老年人的群众性文化体育娱乐活动，各类具有为老年人服务功能的公共设施都要向老年人免费开放。按照无障碍设施工程建设相关标准和规范，推进坡道、电梯、公厕等与老年人日常生活密切相关的公共设施建设和改造。

4. 推进养老服务信息化建设。推进“智慧养老”建设，加快完善“虚拟养老院”模式的推广应用，完善市居家养老信息化平台建设，实现全市城乡养老服务供需资源对接，老年人居家呼叫服务系统和应急救援服务网络基本实现城乡覆盖，为困难老人免费配置“一键通”等电子呼叫设备，建立全市城乡老年人数字化健康档案，形成城乡一体化的养老服务信息网络与社会服务网络，努力打造“无围墙”的全市智慧养老院。

5. 加大推进公办养老机构改革。以改革的思路推动公办养老机构转型升级与效率提升，有条件的要积极推进公办养老机构社会化改革，将专门面向社会提供经营性服务的公办养老机构改制为企业或社会组织，建立起完善的法人治理结构和科学高效的管理运营模式。政府通过运营补贴、购买服务等方式，支持“公建民营”、“民办公助”等多种方式兴办养老服务机构；鼓励民间资本通过委托管理等方式，积极参与公有产权养老服务设施的管理和运营。优化养老机构设施设备配置，指导和支持养老机构科学合理配置生活、办公、医疗、康复、文化娱乐、安全等设施设备，逐步健全其为老年人提供生活照料、康复护理、精神慰藉、文体娱乐等功能。

6. 建立完善财政金融扶持政策。市、镇（街道、板块）二级要设立发展养老服务业专项资金，用于养老服务补贴、养老机构建设、居家养老服务设施建设、运营、智慧养老（虚拟养老院）等项目。市级用于社会福利事业的彩票公益金，要将50%以上的资金用于支持发展养老服务业。支持民办养老机构建设，通过建设补助、运营补贴、购买服务等方式，支持社会力量举办养老服务机构，开展养老服务。鼓励各类金融机构和社会资本投向养老服务业，支持养老服务企业通过资本市场融资，引导商业保险机构开发养老险种；积极争取国债资金、保险资金、慈善捐赠资金等的投资养老服务基础设施和重大项目。完善养老服务补贴制度，对我市“三无”老人、“五保”老人，实行政府供养；对特殊困难和高龄老年人进入养老机构，给予一定的优惠和补贴，逐步扩大居家养老服务补贴范围，逐步提高补助标准，发挥政府的托底保障作用。

7. 落实税费优惠政策。经市民政部门设立许可的养老机构提供的养老服务免征营业税。由民政部门每年按要求统一汇总养老机构的相关情况报送至认定非营利性组织免税资格的相关部门，经认定的符合条件的收入免征企业所得税，其自用房产、土地暂免征收房产税、城镇土地使用税，养老机构内专门为老年人提供生活照顾的场所占用的耕地免征耕地占用税。对企业事业单位、社会团体和个人通过公益性团体及县级以上人民政府及其部门向非营利养老机构的捐赠，符合相关规定的，准予在计算其应纳税所得额时按税法规定比例扣除。对非营利性养老服务机构建设全额免征国土资源部门收取的土地复垦费、土地闲置费、耕地开垦费、土地登记费，住房城乡建设部门收取的房屋登记费、白蚁防治费，人防部门收取的防空地下室易地建设费；对营利性养老服务机构建设减半征收。对各类养老机构减半收取施工图设计文件审查费、防雷设计审查费、防雷设施质量监督验收费、有线电视数字化工程配套建设费等收费。养老服务机构用水、用电、用气、用热按居民生活类价格执行；固定电话、有线（数字）电视、宽带互联网等收费执行国家和省相关优惠政策。

8. 加强培育养老服务人才队伍。一是扩大养老服务队伍。鼓励和吸引专业社会工作者和社工专业的高等院校毕业生从事养老服务工作，建立养老服务机构和社区居家养老服务公益性岗位，支持养老服务机构吸纳就业困难人员就业，大力培养和引进养老服务专业人才，壮大养老服务队伍。二是提高专业化水平。加快培养老年医学、康复、护理、营养、心理和社会工作等方面专门服务人员。加强养老服务人员职业培训和养老护理员职业技能鉴定，实行养老服务机构从业人员职业资格认证和持证上岗制度。到2020年，实现每个养老服务机构均配备一名专业社工，养老护理员持证上岗率达100%。三是加快培育社会养老服务志愿者队伍，积极推行志愿者注册制度，动员、组织和引导企事业单位、社会组织和广大市民为有需求的老年人提供各种公益性服务，大力促进养老服务志愿者队伍的发展。

（二）支持社会力量进入养老服务领域

1. 引导养老服务多元化、专业化。鼓励社会力量按养老市场需求，参与居家和社区养老服务发展，建立满足不同需求的养老服务机构和日间照料中心、托老所（农村老年关爱之家）、助餐点等养老服务组织，发挥市场在老年人衣、食、住、行、医、文化娱乐等服务中的基础作用，逐步使社会力量成为发展养老服务业的主体。引导专业化社会组织和家政、物业等企业加盟、参与、托管社区居家养老服务，为居家老年人提供助餐、助浴、助洁、助医、助修、助购、购询等定制服务。

2. 创新养老服务供给模式。鼓励信息化产品和服务的开发和推广，依托电子网络技术整合各类社会养老存量资源，建立养老服务“大数据”平台，着力提高居家养老信息化水平。加强规划引导，实施品牌战略，提高创新能力，打造特色品牌，鼓励品牌养老服务机构入驻常熟，引入先进的现代养老服务业管理理念、运作模式和经营业态，不断提高我市养老服务业的整体经营管理水平。

3. 激发老年人个人消费能力。鼓励信息化产品和服务的开发和推广，充分利用现代互联网、物联网技术，建设社会化、信息化的基层养老服务平台，为老年人提供居家生活、医疗保健、老年产品、代购代缴、紧急救助等方面的服务，增强老年人消费体验，激发消费能力。

4. 引入养老服务保险政策。按照机构设保、保险公司运作、政府支持的原则，建立常熟市养老机构、居家养老服务组织综合保险和70周岁及以上老年人团体人身意外伤害保险制度，增强老年人接受护理照料的支付能力。探索建立老年人长期护理保险，老年人住房反向抵押保险等险种，以多种形式完善保险机制，提高老年人对养老服务的可持续消费能力。

5. 积极培育专业的社会组织。在养老产品研发、服务管理和专业培训等领域培育一批专业的社会组织，开展养老服务行业标准制定、服务质量评估、服务行为监督、从业资质认定等事务。发挥社会组织在行业自律、监督评估、沟通协调、服务中介、风险分担等方面的作用，为养老服务业发展起到积极推动作用。

（三）积极推进医疗卫生与养老服务相结合

1. 推动医养融合发展。加快医养融合养老服务体系建设。大力构建以护理院、医疗机构老年病床及居家养老护理病床为基础，以养老服务组织护理站、养老机构医务室为延伸，以养老服务组织和医疗机构合作为依托的多形式全方位的医养融合养老服务体系。其中，鼓励床位在100张以上的养老机构开设对内服务的医疗机构，开展对入住老人的各类医疗服务；床位在100张以下的养老机构和日间照料中心与辖区内社区卫生服务机构签订合作协议，通过定期巡诊、上门服务等方式，满足老年人的基本医疗卫生服务。社区卫生服务机构应当为老年人建立健康档案。各类养老服务机构医疗服务功能更加完善，医养资源共享，服务便捷，医养融合模式更加成熟。

2. 健全医疗保险机制。对于养老机构内设的医疗机构，符合职工基本医疗保险和城乡居民基本医疗定点条件的，可申请纳入定点范围，入住的参保老年人按规定享受相应待遇。医保部门要按照有关规定简化手续，缩短审批时限，同时完善医保报销制度，切实解决老年人异地就医结算问题。

四、组织领导

（一）健全工作机制。要将发展养老服务业纳入国民经济和社会发展规划，纳入政府重要议事日程，将养老服务业列入基本现代化考核指标体系，作为各职能部门、各板块年度重点目标考核内容，明确责任，确保各项任务落实到位。成立市养老服务业发展领导小组，形成政府领导牵头负责，发改委和民政局协调推动，财政、国税、地税、住建、卫计委、人社、公安、消防、国土、规划、金融、市场监督局、教育、体育、旅游等多部门各负其职、齐抓共管、合力推进的工作格局。

（二）强化行业监管

1. 加强养老服务机构的监管。加强对各类养老服务机构日常运行的管理，建立养老服务机构信用体系，制定信息披露制度，对服务质量和运营情况定期开展监督检查。市发改、人社、卫生、民政、财政、审计等部门通过联合检查、财务审计、社会公示等方式，加大对接受政府补助的养老服务机构监管力度，对通过瞒报、造假等方式骗取财政性资金的以及侵占、私分、挪用所接收财政资助的，予以收回。各类养老服务机构，要完善管理规范、改善服务质量。对不符合设立要求的养老机构，取消其设立许可。

2. 建立养老服务评估、财政资金投入绩效评价制度。参照养老机构服务质量相关国家标准、行业标准和地方标准，对养老机构实施等级评定工作，促进养老服务机构规范化发展。采取政府购买服务的方式，引入第三方开展养老服务评估。合理确定养老服务需求类型，建立健全科学规范的评估指标体系，严格评估流程，综合利用评估结果，加强评估工作和资金使用的绩效监督，实现养老服务评估科学化、常态化和专业化。

（三）营造良好氛围

要深入宣传社会养老服务体系建设的重要意义、目标任务和法规政策，引导社会各界积极参与、大力支持社会养老服务体系建设。要认真总结经验，树立典型，大力开展养老服务示范活动。要加强道德文化建设，切实提高养老服务从业人员的职业道德水平，广泛开展为老志愿服务，在全社会大力营造敬老爱老助老的良好风尚。

本意见从 2015 年 5 月 1 日起施行。《常熟市人民政府关于加快推进养老服务体系建设的若干意见》（常政发〔2008〕50 号）同时废止。

关于加强我市保障性住房小区物业管理的意见

常政办发〔2015〕49 号

为加强保障性住房的后续管理，引导推行市场化物业管理，维护保障性住房小区业主基本生活秩序，改善小区业主生活质量，根据《江苏省物业管理条例》和市委、市政府《关于进一步加强城市管理的工作意见》（常发〔2010〕57 号）、《常熟市住宅区物业管理实施办法》（常政发规字〔2011〕2 号）文件，结合保障性住房小区实际，就我市保障性住房小区加强物业管理提出以下意见：

一、本意见所指保障性住房小区是 2001 年以后政府投资建设的公共租赁住房（含廉租房）、经济适用住房。物业服务费补贴对象是指居住在保障性住房小区享受保障性住房的家庭。具体名单由常熟市住房保障中心核定。

二、实行保障性住房物业服务费分类补贴

（一）廉租房物业服务费由市财政给予全额补贴。

（二）公共租赁住房物业服务费由市财政给予适当补贴，补贴比例为应缴额的 80%。

（三）经济适用房住房物业服务费由市财政给予适度补贴。其中：未配置电梯的多层住宅给予 0.28 元/平方米·月的补贴（主要用于清洁卫生、绿化管理等补贴），配置电梯的小高层（含）以上住宅给予 0.58 元/平方米·月的补贴（主要用于清洁卫生、绿化管理、消防管理、电梯管理等补贴）。

（四）补贴基数根据物价消费指数变动情况、最低工资标准调整幅度等每三年进行调整。

（五）业主承担的物业服务费标准为物业服务合同或前期物业服务合同约定的物业服务费标准扣除财政补贴后的余额。

（六）保障性住房上市交易转变为普通商品房后不再享受物业服务费补贴政策。

三、保障性住房小区由属地政府负责长效管理

属地政府应按照物业管理考核办法加强保障性住房小区的考核，督促物业服务企业按服务合同履行服务责任，建立小区长效管理。

四、补贴经费的安排和使用

（一）属地政府负责计算辖区范围内保障性住房小区补贴经费。

（二）市住建局（房管处）会同属地政府负责编制年度物业补贴经费计划，纳入房管处年度部门预算。

（三）属地政府在每年6月、11月分两次提出拨款申请，由市住建局（房管处）初步审核后报市财政局复核，财政局根据审核结果拨付补贴资金。

五、补贴时限自2015年1月1日起实施。

常熟市住宅小区物业管理奖励补贴暂行办法

常政办发〔2015〕61号

为建立住宅小区物业管理长效管理机制，提高物业服务质量，根据市委、市政府《关于进一步加强城市管理的工作意见》（常发〔2010〕57号）、《常熟市住宅区物业管理实施办法》（常政发规字〔2011〕2号）和《关于进一步推进我市住宅小区物业管理工作的实施意见》（常政发〔2011〕29号）等文件，制定本办法。

一、奖励补贴对象、范围和时限

1. 补贴对象：承接老住宅小区（老住宅小区是指2000年12月31日前竣工交付使用的住宅小区）物业服务的物业服务企业；住宅小区内“二低一特”等困难家庭（“二低一特”困难家庭指低保户、低保边缘户和特困职工）。

2. 奖励对象：社区居委会、业主委员会、物业服务企业。

3. 奖励补贴范围：三环路以内（含绿地老街区域）。

4. 奖励补贴时限：考虑到老住宅小区改造的进度情况，奖励补贴从2013年7月1日开始实行，截至2018年12月31日为止，但对同一小区单项补贴奖励时限最长不超3年（36个月）。

二、补贴内容和标准

（一）承接老住宅小区物业服务的物业服务企业

补贴基数根据小区规模确定，补贴额与考核结果挂钩。5万平方米以上的封闭式老住宅小区补贴基数为0.15元/平方米·月，5万平方米以下（含5万平方米）和开放式老住宅小区补贴基数为0.20元/平方米·月。年度综合考核为“良好”的，年终以补贴总额（补贴基数×小区总建筑面积×12月，以下同）的120%进行贴补；年度综合考核为“合格”的，年终以补贴总额的100%进行贴补；年度综合考核为“基本合格”的，年终以补贴总额的90%进行贴补；年度综合考核为“不合格”的，年终以补贴额的60%进行贴补。年度综合考核为“良好”的比例不超物业服务小区总数的10%。属地政府可根据考核情况细化补贴方案。

（二）“二低一特”困难家庭物业服务费补贴

住宅小区“二低一特”困难家庭物业服务费给予全额补贴，每户家庭每年只补贴一处。

三、奖励内容和标准

（一）年度评优奖励

1. 优秀物业管理住宅小区：每年按不超总数10%的比例评选年度市级优秀物业管理住宅小区，并按0.2万元/个对物业服务单位进行奖励。

2. 先进物业服务企业：每年按不超总数10%的比例评选年度市级先进物业服务企业，并按0.5万元/个进行奖励。

3. 业主委员会：每年按总数10%～15%的比例评选年度市级优秀业主委员会，并按0.2万元/个进行奖励。

（二）行业创优奖励

对获得苏州市级、江苏省级、国家级优秀物业服务住宅小区称号的住宅小区物业服务企业分别按1万元/个、3万元/个、5万元/个进行奖励。

（三）社区物业管理工作奖励

根据属地政府对社区居委会物业管理工作的考核结果进行奖励，奖励基数为0.3元/平方米·年，年度综合考核为“良好”和“合格”的，年终以奖励总额（奖励基数×实施物业管理（含自治管理）的小区总建筑面积）的100%进行奖励，年度综合考核为“基本合格”的，年终以奖励总额的90%进行奖励，年度综合考核为“不合格”的将不予奖励。

四、考核的组织实施

市住建局（市房管处）负责物业服务企业的业务考核。属地政府负责辖区范围内住宅小区物业管理工作的考核及社区居委会、业主委员会物业管理工作的考核。年度考核结果必须公示。

五、补贴奖励经费的测算、拨付和使用

1. 市住建局（房管处）会同属地政府负责编制本年度物业管理补贴奖励经费计划，纳入次年度预算。

2. 属地政府负责根据考核结果，计算辖区范围内老住宅小区、“二低一特”困难户的物业服务费等补贴经费和社区居委会、业主委员会补贴奖励经费。市住建局（房管处）负责计算市级先进物业服务企业、优秀小区和创建苏州市级以上优秀物业管理住宅小区奖励经费。

3. 属地政府应当在次年初编制本年度物业管理补贴奖励方案，并由市住建局（房管处）初步审核后报市财政局复核，财政局根据审核结果拨付补贴奖励资金。

4. 市财政局会同市住建局（房管处）对相关经费的拨付情况按10%～15%的比例进行抽查，规范经费的使用。

六、小区监督管理主体

属地政府是辖区范围内小区监督管理责任主体，物业管理补贴奖励时限到期后，由属地政府负责落实辖区范围内小区的常态化管理。

关于确定常熟市征地补偿和被征地农民社会保障相关标准的通知

常政办发〔2015〕154号

根据《市政府关于印发〈常熟市征地补偿和被征地农民社会保障办法〉的通知》(常政发规字〔2014〕6号),经市政府同意,现就确定常熟市征地补偿和被征地农民社会保障相关标准通知如下:

一、土地补偿费支付标准

自2013年12月1日起,农用地土地补偿费的30%支付给农村集体经济组织,农用地土地补偿费的70%按照以下比例分配:40%直接支付给16周岁以上被征地农民,其余划入被征地农民保障资金专户个人分账户。

二、未成年年龄段生活补助费支付标准

自2013年12月1日起,未成年年龄段的被征地农民一次性领取生活补助费标准为1.2万元/人,其与安置补助费的差额部分转入被征地农民保障资金专户统筹账户。

三、社会保障资金计算标准

(一)2013年12月1日至2014年6月30日,劳动年龄段被征地农民和养老年龄段被征地农民社会保障资金以2012年全市农民人均纯收入(19467元)的20%按月折算(324元)计算确定。

(二)2014年7月1日至2015年6月30日,劳动年龄段被征地农民和养老年龄段被征地农民社会保障资金以2013年全市农民人均可支配收入(21691元)的20%按月折算(362元)计算确定。

(三)2015年7月1日至2016年6月30日,劳动年龄段被征地农民和养老年龄段被征地农民社会保障资金以2014年全市农民人均可支配收入(23767元)的20%按月折算(396元)计算确定。

以此类推。

四、养老年龄段被征地农民保养待遇标准及列支渠道

养老年龄段被征地农民保养待遇由养老补助金和省规定的城乡居民最低标准基础养老金两部分构成,保养待遇总标准与按常政发〔2007〕55号文实施补偿安置的第四年龄段被征地农民征地保养待遇标准一致,并实行同步调整,养老补助金和省规定的城乡居民最低标准基础养老金的具体标准按有关规定动态确定,资金列支渠道分别为本市被征地农民保障基金和居民养老保险基金。

养老年龄段被征地农民保养待遇总标准2015年1月1日起为700元。

常熟市新市民积分管理办法

常政办发〔2015〕183号

第一章　总　　则

第一条　为加强我市新市民服务管理工作,加快新市民同城化待遇步伐,根据《中共常熟市委常熟市人民政府关于实施新市民积分制管理的意见》,制定本办法。

第二条　新市民是指在本市工作或居住的非本市户籍人员。新市民积分管理是通过设置积分指标体系,根据新市民个人素质、居住情况、社会贡献和遵纪守法等转化为相应的分值,当积分达到一定分值时,可以享受相应的公共服务待遇。

第三条　新市民办理居住证一年(含一年)以上,在本市有合法固定住所,经本人自愿申请,可纳入新市民积分管理。

以下人员需办理居住证但不受居住年限限制:符合《常熟市领军型创业创新人才、高层次紧缺人才、外商投资企业和市外投资企业高层管理人员、军转干部及港澳台商子女入学(园)实施意见》有关规定的;学历为博士及以上的;各镇(区)当年引进的具有大专及以上学历,并具备中级及以上专业技术资格或高级工及以上职业资格的;在本市自有居住房(工业、商业、办公、车库等非居住用房除外,有合法的房屋所有权证、国有土地使用证,下同)的新市民。

来常的苏州其他县市户籍人员,以公安机关新市民信息登记为居住依据,无需办理居住证。

第四条　当申请人积分达到一定分值时,其未成年子女按本办法相关规定可入读本市公办幼儿园和义务教育阶段公办学校(以下简称入学),可享受居民基本(农村合作)医疗保险和大病补充医疗保险(以下简称入医),申请人及其未成年子女还可享受市民卡(以下简称入市民卡)等公共服务待遇。

第五条 新市民积分管理坚持总量控制、统筹兼顾、分类管理、统一排名的原则。已纳入积分管理的新市民，为其未成年子女申请享受上述相关待遇时，夫妻双方共同申请的按就高原则，取夫妻一方的积分。在总积分相同、排名并列的情况下，根据申请人基础分高低进行排名；基础分再次并列的，根据申请人办理居住证时间先后顺序进行排名。

第二章 管 理 机 构

第六条 新市民事务中心承担新市民积分管理日常工作，组织实施新市民积分统计、排名、公示及准入卡发放，指导各镇（区）开展新市民积分管理工作。

市监察局负责对新市民积分管理工作进行监察。

市财政局负责新市民积分管理的财政统筹和经费保障。

市政府其他有关职能部门及其在镇（区）的分支机构、派出机构和其他相关机构，根据各自职责做好新市民积分管理工作。

各镇（区）新市民事务分中心设立新市民积分管理服务窗口，负责新市民积分管理咨询、申请受理、资料初审和录入等工作。

第三章 受理申请及资料审核

第七条 新市民积分管理积分指标体系由基础分、附加分、扣减分、一票否决四部分构成。

基础分指标包括个人素质、参保情况和居住情况等内容；附加分指标包括个人基本情况、紧缺急需人才、专利创新、表彰奖励、社会贡献、投资纳税、公共卫生等内容；扣减分指标包括参加国家禁止的组织或活动、行政处罚等内容；一票否决包括刑事处罚和失信人员等内容。具体积分项目按《常熟市新市民积分管理计分标准》进行计分。

第八条 在本市租赁房屋居住或集宿居住的新市民向居住地镇（区）新市民事务分中心申请参加积分管理。在本市自有居住房的新市民必须在房产所在地申请。

第九条 新市民参加积分管理按规定填写申请表，并提供相关证明材料原件及复印件。

（一）必备材料：

1. 居民身份证、居住证；

2. 户籍地公安机关开具的户籍证明（户口簿或家庭关系证明）；

3. 在本市有自有居住房的，提供房屋所有权证、国有土地使用证等权证；租赁房屋居住的，提供申请年度所住出租房屋的积分管理备案证明和一年以上房屋租赁发票；集宿居住且在本市社保缴费满一年的，提供申请年度集宿单位工作证明和集宿区积分管理备案证明。

（二）选择材料：

1. 文化程度学历证书和学历注册备案表（学历认证报告）；

2. 具有职业资格（含初级工、中级工、高级工、技师、高级技师）的，提供全国、江苏省统一考试颁发的或苏州市人社局颁发的职业资格证书。具有专业技术资格的，提供专业技术资格证书原件，专业技术资格评审申报表或初定专业技术资格呈报表原件（考试取得专业技术资格除外）。取得社会工作师资格的，提供社会工作师职业证书；

3. 自有居住房的房屋所有权证和国有土地使用证；

4. 户籍地县级或乡镇（街道）计划生育管理部门出具的《流动人口婚育证明》；

5. 接受常熟市计生部门管理的每年 2 次的孕环检查证明（2 次间隔不超 6 个月）；

6. 符合计划生育政策的，提供户籍地村、镇、县三级计划生育行政部门核实盖章的《非户籍人口婚育情况证明》；

7. 在本市生活期间获得且计入我市授权数据内有效发明专利的证书；

8. 获得四年一届的常熟市级及以上体育竞赛获奖证书；

9. 获得常熟市镇、管理区及以上颁发的荣誉证书或相关表彰文件；

10. 采样或捐献骨髓（造血干细胞）荣誉证书；

11. 2009 年 1 月 1 日起，本市颁发的无偿献血证；

12. 2009 年 1 月 1 日起，受本市表彰的见义勇为和市级及以上媒体宣传报道的好人好事等行为的证明材料；

13. 常熟市志愿者协会核发的志愿者证及服务时间证明，义警组织核发的义警服务时间证明；

14. 财政部门监制的《公共事业捐赠统一票据》；

15. 申请人本人或配偶的营业执照；

16. 常熟市孕产妇保健卡；

17. 0～6 岁（7 周岁以下）儿童预防接种证；

18. 0～6 岁（7 周岁以下）儿童保健卡（保健手册）或儿童保健检查报告单；

19. 有效期内的常熟市食品、公共场所从业人员预防性健康检查合格证明；

20. 在本市办理《就业创业证》或《就业失业登记证》、一年以上（含一年）社会保险、居民健康档案的及 2009 年 1 月 1 日起申请人在本市缴纳税款的，根据申请人的居民身份证号码系统自动审核评分；

21. 申请人根据《常熟市新市民积分管理计分标准》，可提供的其它证明资料。

第十条 各新市民事务分中心对申请人提供的证明材料原件及复印件进行核对、确认后，出具受理回执交申请人，原件退还，复印件存档，在 3 个工作日内将申请人的相关信息录入“常熟市新市民积分管理信息系统”，提交新市民事务中心复核。复审未通过的退回分中心，分中心核准后应在 10 个工作日内完成重新提交；复审通过的转递各职能部门，各职能部门在 10 个工作日内完成审核评分。

第十一条 各职能部门按照《常熟市新市民积分管理计分标准》对参加积分管理的新市民开展评分工作。

市公安局：负责居民身份证、居住证、户籍证明、家庭关系证明、见义勇为证明、违法犯罪行为，以及义警服务证明等的核查评分；

市教育局：负责学历证明的核查评分；

市人社局：负责就业创业证、就业失业登记证、职业资格证书、专业技术资格证书、社会保险情况证明、常熟市引进高层次紧缺人才、常熟市劳动保障A级及以上诚信单位称号的用人单位法定代表人等的核查评分；

市国土局：负责国有土地使用证的核查评分；

市住建局：负责房屋所有权证的核查评分；

市卫计委：负责儿童预防接种证、孕产妇保健卡、儿童保健卡（保健手册）或儿童保健检查报告单、居民健康档案、无偿献血证、常熟市食品生产经营及公共场所从业人员预防性健康检查合格证明、有关计划生育证明文件和违反计划生育行为的核查评分、非法行医行政处罚行为的核查评分；

市民政局：负责常熟市慈善总会（基金会）捐款证明的核查评分、社会工作师评分；

市文明办：负责志愿服务、好人好事、表彰奖励的核查评分；

市科技局：负责专利证书的核查评分；

市体育局：负责体育技能和荣誉证书的核查评分；

市文广新局：负责文化市场违法违规经营行为的核查评分；

市市场监督管理局：负责工商营业执照、非法经营加工、违反食品安全法行政处罚行为的核查评分；

市国税局：负责申请人纳税情况的核查评分；

市地税局：负责申请人纳税情况的核查评分；

市城管局：负责违反城市管理方面的行政处罚信息的核查评分；

市红十字会：负责捐赠证明和登记采样、捐献造血干细胞荣誉证书的核查评分；

市交通局：负责未经许可从事道路运输经营活动的核查评分；

法院：负责拒不履行法院生效裁判，被法院列为失信人员的核查评分；

各镇（区）综合执法局：负责本辖区内违反行政管理方面的行政处罚信息的核查评分；

新市民事务中心：负责协调各部门开展评分工作。

第十二条 申请人提出积分管理申请时，可一并提出积分入学、入医、入市民卡等申请，并按规定提供入学、入医、入市民卡等相关材料。

第十三条 申请人在提出申请后，如居住地跨镇（区）变动，本人应在受理截止日期前，持初次受理回执、变更后的居住人员信息登记表至现居住地镇（区）新市民事务分中心办理手续，并重新填写申请表。申请人有关信息发生变化的，应及时向受理申请的镇（区）新市民事务分中心提交相关证明材料。新市民事务分中心初审后，报新市民事务中心转递相关职能部门审核评分，并在“常熟市新市民积分管理信息系统”中调整。

第十四条 评分部门发现已纳入积分管理的新市民有加扣分规定情形的，应及时将情况告知新市民事务中心，经审核确认后，在3个工作日内对相关人员的积分进行相应调整。

第十五条 申请人伪造或提供虚假申请资料，或者有违反本办法其他规定的，列入积分管理失信名单，取消积分管理申请资格；已纳入积分管理的，取消积分管理资格，取消积分管理提供的有关公共服务待遇，且不得再次申请参加积分管理。违反相关法律的，移交有关部门依法追究法律责任。

第四章 积分及核查

第十六条 申请人成功提交申请资料45个工作日后，可凭姓名、居民身份证号码及档案编号登录《常熟市新市民服务网》查询个人积分。对个人积分情况有异议的，凭本人居民身份证在规定时间内到提交申请的新市民事务分中心提出积分复核要求，逾期不予受理。

第十七条 入学、入医、入市民卡按申请人积分高低分类进行排名，排名方法：入学按申请人所得积分高低，分镇（区）的学校、年级进行排名；入医、入市民卡按申请人所得积分高低，在全市范围内进行排名。

申请人积分为0分或负分的不享受积分入学、入医、入市民卡等待遇，准入分值根据当年度积分管理情况确定。

第十八条 新市民事务中心根据申请人积分确定入学、入医、入市民卡候选人员名单并进行公示，公示期不少于5个工作日。公示期间如有异议，可通过来信、来电、来访等形式向新市民事务中心举报或投诉。新市民事务中心统一将投诉或举报材料移交相关部门或机构核查，相关部门或机构应在5个工作日内完成核查，核查结果反馈新市民事务中心，以此核定其是否具有入学、入医、入市民卡资格。

第五章 入学管理

第十九条 已纳入新市民积分管理的申请人，可为其符合条件的未成年子女申请入读公办幼儿园和义务教育阶段公办学校起始年级。

申请人子女年龄需满足：幼儿园小班招收3周岁的幼儿，小学一年级招收6周岁且未接受过小学教育的儿童，初中招收应届小学毕业生。招生出生年月范围以当年度教育部门公布为准。隐瞒学籍信息的取消申请人子女准入资格，并纳入积分管理失信人员名单。

第二十条 市教育局于每年3月20日前公布对新市民子女开放的公办学校（幼儿园）和服务区域。

第二十一条 新市民申请积分入学的，应于当年4月1日至4月30日向居住地镇（区）新市民事务分中心提交书面申请，并出具相关申请材料。积分入学申请按管理区（街道办事处）开放学校填报志愿。

第二十二条 新市民事务分中心于每年5月中旬将入学申请信息按学校分类后交镇（区）教育办公室和新市民事务中心，新市民事务中心将全市入学申请信息按镇（区）、学校汇总后于5月20日前交市教育局备案。

第二十三条 市教育局于每年6月将"入学指标数"上报市政府批准，并于6月下旬统一向全市公布。

第二十四条 每年7月初，新市民事务中心分镇(区)按学校、年级对申请人积分由高到低进行排名，并将排名情况反馈市教育局。经市教育局确认后，由新市民事务中心公示积分入学名单，公示期不少于5个工作日。

第二十五条 经积分排名不能入读所申请公办学校(幼儿园)的新市民子女，由居住地所在镇(区)积分入学工作小组根据本区域其他公办学校空余学位情况以及积分排名高低进行统筹调剂，不服从调剂的不再安排。调剂入学的名单由新市民事务中心按规定公示。

第二十六条 积分入学名单经公示无异议的，由新市民事务中心于7月中旬向符合条件的申请人发放入学准入卡。申请人持入学准入卡和准入学校要求出具的相关材料，在规定时间内到学校为子女办理入学手续，逾期未办理的，视为自动放弃。

第二十七条 在规定时间内(6月30日前)取得自有居住房(除监护人共有产权外，其他形式共有产权自有居住房不作为入学依据)的新市民，可持房屋所有权证、国有土地使用证等有效证件和本市户籍儿童同时参加房产对应学校的报名登记，符合积分管理新市民居住信息登记要求的，方可正式为子女办理报名入学手续。

第二十八条 新市民子女通过积分管理入读公办学校(幼儿园)的，申请人需继续参加积分管理，每年接受出租房屋复检并提供房屋出租发票，符合条件的可报名入学；不符合备案条件又拒不整改，或者符合备案条件但不提供房屋出租发票的，将申请人列入积分管理失信名单。

第六章 入 医 管 理

第二十九条 已纳入新市民积分管理的申请人，可于每年9月30日前至其居住地新市民事务分中心，为其在本市的未成年子女(18周岁以下)申请下一年度居民基本(农村合作)医疗保险和大病补充医疗保险。

第三十条 市政府根据我市医卫资源和新市民未成年子女申请入医的实际情况，每年10月份公布新市民未成年子女下一年度入医指标数。参保个人缴费标准、市镇财政补助标准以当年度市政府公布为准。

第三十一条 新市民事务中心于当年11月15日前按申请人积分高低在全市范围内进行排名并予以公示，公示期不得少于5个工作日。经公示无异议的，由新市民事务中心于当年11月30日前发放入医准入卡。

第三十二条 申请人携带入医准入卡及参保所需相关资料于当年12月20日前至居住地居民基本(农村合作)医疗保险经办机构办理入医手续，按规定缴纳个人承担部分的参保费用，其余由市、镇两级财政进行补助。逾期未办理手续的，视为自动放弃。

第三十三条 符合入医条件的新市民未成年子女，按居民基本(农村合作)医疗保险结算年度(自然年度)实行一年一保，先申请后参保的制度。当年度已参保的新市民，下一年度如需继续参保，需于当年度9月30日前到居住地新市民事务分中心窗口重新提出入医申请，提交相关材料，填写入医申请表，参加积分排名。

当年度已参保的新市民，未取得下一年度参保指标的，根据本人意愿，下一年度可继续参保，凭既往参保缴费凭证及其他相关资料，到居住地居民基本(农村合作)医疗保险经办机构办理参保手续，参保费用按照当年筹资标准(包括居民医保、大病补充医疗保险和医疗救助等)由个人全额负担，财政不予补助，参保缴费时间和参保后待遇与其他人员相同。

第七章 入市民卡管理

第三十四条 市政府根据公共资源的实际情况，每年安排一定数量的新市民入常熟市民卡，并将指标数向全市公布。

第三十五条 已纳入新市民积分管理的申请人，可向居住地新市民事务分中心提出申请入市民卡，填写申请表并提交积分管理材料。集宿居住的新市民可由本人或所在单位集体申请。

第三十六条 新市民事务中心根据当年的入市民卡指标数，对新市民积分申请入市民卡的资料审核，经评分部门评分后，向积分达到一定分值的申请人发放入市民卡的准入卡。

第三十七条 获得入市民卡准入卡的申请人，须自领到准入卡之日起，在准入卡有效期限内，携带准入卡和其他相关资料，到居住地市民卡管理中心办理市民卡相关手续。逾期未办理的，视为自动放弃。

第三十八条 新市民积分入市民卡的受理时间为当年度积分受理开始时至当年11月30日。

第三十九条 市民卡的使用按照《常熟市民卡管理办法》执行。

第八章 监 督 检 查

第四十条 新市民申请参加积分管理过程中，对执行积分管理相关规定情况有异议的，可向市监察局或市新市民事务中心反映，并递交异议理由，由受理部门对异议情况进行核实。反映情况属实的，由受理部门督促相关单位进行整改，并提请职能部门依照相关规定追究责任人责任。

第九章 附 则

第四十一条 根据本市经济社会发展需求，由新市民事务中心会同相关职能部门对积分管理指标体系和分值标准提出动态调整方案，报市政府批准后向社会公布。

第四十二条 在本市居住的外国人、无国籍人和香港、澳门特别行政区居民以及台湾地区居民，不得申请新市民积分管理，上述人员的居住登记及管理，按照国家和本市有关规定执行。

第四十三条 本办法由新市民事务中心负责解释，上级对新市民管理另有规定的，从其规定。

第四十四条 本办法自下发之日起施行。2014 年 12 月 30 日发布的《市政府办公室关于印发〈常熟市新市民积分管理办法〉的通知》（常政办发〔2014〕212 号）同时废止。

附件：1. 2016 年常熟市新市民积分管理计分标准

2. 2016 年常熟市新市民积分管理计分表

附件 1

常熟市新市民积分管理计分标准

新市民积分管理积分计分指标体系由基础分、附加分、扣减分、一票否决四部分指标构成。基础分指标包括个人素质、参保情况和居住情况三项内容；附加分指标包括个人基本情况、紧缺急需人才、专利创新、表彰奖励、社会贡献、投资纳税、公共卫生七项内容；扣减分指标包括参加国家禁止的组织或活动、行政处罚等内容；一票否决包括刑事处罚和失信人员两项内容。

积分管理总积分＝基础分＋附加分＋扣减分。

具体如下：

一、基础分

（一）个人素质积分＝文化程度得分＋职业资格得分＋专业技术资格得分＋社会工作师

1. 文化程度得分

得分标准：大专为 30 分；本科为 50 分；硕士为 70 分；博士为 90 分。按最高学历计分，不累加计分。

2. 职业资格、专业技术资格得分

得分标准：职业资格五级（初级技能）为 10 分、职业资格四级（中级技能）为 30 分、职业资格三级（高级技能）为 50 分、职业资格二级（技师）为 70 分，职业资格一级（高级技师）为 90 分；专业技术资格初级职称（员级）为 10 分、专业技术资格初级职称（助理级）为 30 分、专业技术资格中级职称为 50 分、专业技术资格副高级职称为 70 分、专业技术资格正高级职称为 90 分。一人具有多个职业资格的，按本人最高职业资格计分，不累加计分；一人具有多个专业技术资格的，按本人最高专业技术资格计分，不累加计分；一人同时具有职业资格及专业技术资格的，可分别计分，累计加分。

助理社会工作师 10 分、社会工作师 20 分、高级社会工作师 30 分，按本人最高职业资格计分，不累加计分。

（二）参加社会保险情况得分

得分标准：在本市内参加养老保险、医疗保险、失业保险、工伤保险、生育保险，每个险种每满一年加 3 分，不限最高分。

（三）居住情况积分＝房产情况得分＋办理居住证年限得分

1. 房产情况

得分标准：本人或配偶在本市拥有自有居住产权房建筑面积超过 63m2（含 63m2）且居住的为 30 分，63m2 以下的为 15 分，63m2 以上的每超过 10m2 加 2 分，最高分限 50 分。

2. 办理居住证年限

得分标准：符合居住条件的，在本市累计办理居住证时间每满 1 年加 3 分，不限最高分。

二、附加分

（一）个人基本情况包括就业证得分＋计划生育情况

得 K 分标准：

1. 办理《就业创业证》或《就业失业登记证》的，得 2 分。

2. 提供户籍地出具的《非户籍人口婚育情况证明》，并经核实无违法生育行为的加 50 分。

3. 提供有效期内的全国《流动人口婚育证明》的，加 10 分。

4. 15—49 周岁育龄妇女能够连续参加现居住地 1 年至少 2 次（每次间隔 4—6 月）孕环情检查服务的，加 5 分。

（二）紧缺急需人才

属于《常熟市领军型创业创新人才、高层次紧缺人才、外商投资企业和市外投资企业高层管理人员、军转干部及港澳台商子女入学（园）实施意见》规定人员的，加 120 分，并不受居住年限限制。

（三）专利创新

得分标准：在常熟市工作和生活期间

1. 申请发明专利获得授权并计入常熟市授权数据内的有效发明专利，第一发明人加 15 分/件，第二发明人加 10 分/件，第三及以后发明人加 5 分/件。多项发明专利可累计计分，最高分限 60 分。

2. 申请实用新型专利获得授权并计入常熟市授权数据内的有效实用新型专利，第一发明人加 5 分/件，第二发明人加 2 分/件，其他合作者不计分。多项实用新型专利可累计计分，最高分限 30 分。

（四）表彰奖励

得分标准：在常熟市工作和生活期间；同一部门条线同一类奖项取最高分，不累计计分。

1. 体育比赛奖励：获得四年一届江苏省级以上（含省级）体育竞赛前三名的，加 30 分，四至六名的每次加 20 分，最高分限 90 分；获得四年一届苏州市级体育竞赛（苏州市运会）前三名奖励的，加 20 分，最高分限 60 分；获得四年一届常熟市级体育竞赛（常熟市运会）前三名奖励的，加 10 分，最高分限 30 分。

2. 荣获常熟市劳动保障 A 级及以上诚信单位称号的用

人单位法定代表人，每次加 10 分，最高分限 50 分。

3. 获得镇（区）党委、政府及本市部、委、办、局表彰奖励每次加 10 分，最高分限 30 分，同一部门条线同一奖项取最高分。

4. 获得市委、市政府及苏州市部、委、办、局表彰奖励或授予荣誉称号的，每次加 20 分，最高分限 60 分，同一部门条线同一奖项取最高分。

5. 获得地级以上党委、政府或厅级以上部门表彰嘉奖或授予荣誉称号的，每次加 40 分，最高分限 120 分。同一部门条线同一奖项取最高分。

（五）社会贡献

得分标准：

1. 2009 年 1 月 1 日起至受理申请截止之日，在本市参加无偿献血，每捐献全血 100 毫升加 2 分，每捐献机采血小板 1 个单位加 15 分，不限最高分。

2. 登记采样骨髓（造血干细胞）的加 2 分，捐献骨髓（造血干细胞）的加 80 分，登记采样或捐献骨髓不受地点、年限限制。

3. 2009 年 1 月 1 日起至受理申请截止之日，在本市有见义勇为行为的，以市见义勇为基金会发布的决定为准，奖励每满 100 元，加 2 分，不限最高分。

4. 2009 年 1 月 1 日起至受理申请截止之日，发生在常熟的好人好事，受到常熟市级媒体宣传报道的，每次加 10 分；受地市级媒体宣传报道的，每次加 20 分；受省级媒体宣传报道的，每次加 40 分；受国家级媒体宣传报道的，每次加 60 分。一人同一好人好事受媒体宣传报道的，以最高级媒体宣传报道计分；一人不同好人好事分别受不同媒体宣传报道的，分别计分，累计加分；好人好事受媒体宣传报道的，不限最高分。

5. 2009 年 1 月 1 日起至受理申请截止之日，在常熟市参加义工、义警等志愿服务每满 5 小时加 1 分，不限最高分。

6. 个人在常熟市捐赠每满 1000 元加 1 分，最高分限 30 分。接受捐赠的单位必须是省民政部门或财税部门认定的慈善公益组织。

（六）投资纳税

得分标准：

1. 在本市个人投资：工商注册资本 5 万元以下的加 3 分；工商注册资本 5 万元（含 5 万元）以上 10 万元（含 10 万元）以下的加 5 分；工商注册资本超过 10 万元的，每满 5 万元加 1 分；最高分限 30 分。

2. 2009 年 1 月 1 日起至申请年度上一年底，个人在本市累计缴纳个人所得税款每满 200 元加 1 分，不限最高分。

3. 符合租房居住条件的申请人，主动提供租房发票的，每年加 10 分，最高分限 60 分。

4. 2009 年 1 月 1 日起至申请年度上一年底，在本市从事工商经营活动（企业）累计缴纳税款 2000 元的加 1 分；工商经营活动（个体）累计缴纳税款每满 1000 元的加 1 分，不限最高分。

（七）公共卫生

得分标准：

1. 在本市范围内进行早孕建卡（怀孕 13 周内建立孕产妇保健卡）的加 5 分，未建卡的不得分；在本市范围内产前检查完整的加 2 分，产前检查不完整的不得分。

2. 在本市范围居住的 0～6 岁（7 周岁以下）儿童按规定接受定期健康检查的加 3 分，未按要求进行的不得分。

3. 在本市范围内配合建立和完善居民健康档案并达到三星标准的加 3 分，不符合要求的不得分。

4. 在本市范围居住的 0～6 岁（7 周岁以下）儿童预防接种史齐全的加 3 分，预防接种史不全的不得分。

5. 在本市范围内从事涉及食品生产经营、公共场所服务岗位的人员提供有效预防性健康检查合格证明的加 2 分，未提供的不得分。

三、扣减分

（一）参加国家法律法规禁止的组织或活动的，扣 100 分。

（二）近五年内受过限制人身自由行政处罚的，每起扣 30 分；近五年内因违反治安管理受过行政罚款处罚的，每起扣 15 分；一年内在本市因违反税收法律法规受到行政处罚的，每起扣 15 分；三年内在本市因非法行医、违反食品安全法等卫生法律法规受到行政处罚的，每起扣 30 分；一年内因违反道路交通法律法规处罚款可以并处拘留而只作罚款处罚的，每起扣 5 分；一年内因在本市境内违反交通法律法规被处 1000 元（含）以上罚款处罚的，每起扣 5 分；2010 年 1 月 1 日起至评分之日未经许可从事道路运输经营活动，每起扣 15 分；一年内在本市因违反城市管理法律法规，因非法经营等违法违规行为受到行政处罚的，每起扣 15 分；从事歌舞娱乐场所、游艺游戏场所、出版物发行、营业性演出、美术品、社会艺术水平考级、互联网上网服务、广播电视电影违法违规经营活动及违反版权法行为的，每起扣 15 分；涉及文物领域违法违规行为，每起扣 30 分。

四、一票否决

（一）近 5 年内受过刑事处罚的，取消申请资格。

（二）拒不履行法院生效裁判，被法院列为失信人员的，取消申请资格。

附件 2

2016 年常熟市新市民积分管理计分表

类别	项目		积分类别	分值
基础分	个人素质	文化程度	大专	30
			本科	50
			硕士	70
			博士	90
		职业资格专业技术职称	职业资格五级(初级技能)	10
			职业资格四级(中级技能)	30
			职业资格三级(高级技能)	50
			职业资格二级(技师)	70
			职业资格一级(高级技师)	90
			专业技术资格初级职称(员级)	10
			专业技术资格初级职称(助理级)	30
			专业技术资格中级职称	50
			专业技术资格副高级职称	70
			专业技术资格正高级职称	90
		社会工作师	助理社会工作师	10
			社会工作师	20
			高级社会工作师	30
	参加社会保险情况		在本市参加社会保险五个险种,每个险种每满 1 年,加 3 分	不限
	居住情况	房产情况	本人或配偶在本市拥有自有居住产权房建筑面积不满 63 平方米(不含 63 平方米)的,加 15 分	15
			本人或配偶在本市拥有自有居住产权房建筑面积超过 63 平方米(含 63 平方米)的,加 30 分	30
			本人或配偶在本市拥有自有居住产权房建筑面积超过 63 平方米的,以 63 平方米为基准,每超过 10 平方米加 2 分,加分后房产总分最高限 50 分	限 50
		办理居住证年限	符合居住条件的,累计办理居住证时间每满 1 年,加 3 分	不限
附加分	个人基本情况	就业证	办理《就业创业证》或《就业失业登记证》	2
		计划生育	提供户籍地出具的《非户籍人口婚育情况证明》,并经核实无违法生育行为的加 50 分	50
			提供有效期内的全国《流动人口婚育证明》的,加 10 分	10
			15—49 周岁育龄妇女能够连续参加现居住地 1 年至少 2 次(每次间隔 4—6 月)孕环情检查服务的,加 5 分	5
	紧缺急需人才		属于《常熟市领军型创业创新人才、高层次紧缺人才、外商投资企业和市外投资企业高层管理人员、军转干部及港澳台商子女入学(园)实施意见》规定人员的,加 120 分,并不受居住年限限制	120
	专利创新(在本市工作或生活期间)		申请发明专利获授权,且计入我市授权数据内的有效发明专利,第一发明人加 15 分/件,第二发明人加 10 分/件,第三及以后发明人加 5 分/件	限 60
			申请实用新型专利获得授权,且计入我市授权数据的有效实用新型专利,第一发明人加 5 分/件,第二发明人加 2 分/件	限 30
	表彰奖励(在本市工作和生活期间,同一部门条线同一类奖项,取最高分,不累计计分)		获得四年一届的江苏省级以上(含省级)体育竞赛前三名加 30 分,四至六名加 20 分	限 90
			获得四年一届的苏州市级体育竞赛前三名加 20 分	限 60
			获得四年一届的常熟市级体育竞赛前三名加 10 分	限 30
			荣获常熟市劳动保障 A 级及以上诚信单位称号的用人单位法定代表人,每次加 10 分	限 50
			获得镇、管理区、板块党委、政府及本市部、委、办、局表彰奖励的,每次加 10 分	限 30
			获得市委、市政府及苏州市部、委、办、局表彰奖励或授予荣誉称号的,每次加 20 分	限 60
			获得地级以上党委、政府或厅级以上部门表彰嘉奖或授予荣誉称号的,每次加 40 分	限 120

续表

类别	项目	积分类别	分值
附加分	社会贡献	参加采样，志愿加入中华骨髓库，加2分，不受地点、年限限制	2
		捐献骨髓（造血干细胞），加80分，不受地点、年限限制	80
		2009年1月1日起至受理申请截止之日，在本市参加无偿献血的，每捐献全血100毫升，加2分	不限
		2009年1月1日起至受理申请截止之日，在本市每捐献血小板1个单位，加15分	不限
		2009年1月1日起至受理申请截止之日，在本市见义勇为，以市见义勇为基金会颁发的奖励为准，奖励每满100元，加2分	不限
		2009年1月1日起至受理申请截止之日，发生在本市的好人好事行为，受常熟市级、地市级、省级、国家级媒体宣传报道的，每次分别加10分、20分、40分、60分	不限
		2009年1月1日起至受理申请截止之日，在本市参加义工、义警等志愿者服务的，每满5小时加1分	不限
		在本市个人捐赠每满1000元加1分，接受捐赠的单位必须是依法登记的慈善组织	限30
	投资纳税	在本市个人投资：工商注册资本5万元以下的加3分；工商注册资本5万元（含5万元）以上10万元（含10万元）以下的加5分；工商注册资本超过10万元的，每满5万元加1分；最高分限30分	限30
		2009年1月1日起至申请年度上一年底，个人在本市累计缴纳个人所得税每满200元，加1分	不限
		符合租房居住条件的申请人，主动提供租房发票的，每年加10分	限60
		2009年1月1日起至申请年度上一年底，在本市从事工商经营活动（企业）累计缴纳税款2000元的加1分；工商经营活动（个体）累计缴纳税款每满1000元的加1分	不限
	公共卫生	在本市范围早孕建卡的加5分，产前检查完整的加2分	限7
		在本市范围居住的0—6岁（7周岁以下）儿童接受定期健康检查	限3
		在本市范围配合建立和完善居民健康档案并达到三星标准	3
		在本市范围居住的0—6岁（7周岁以下）儿童预防接种史齐全	限3
		在本市范围从事涉及食品生产经营、公共场所服务岗位的提供有效预防性健康检查合格证明	2
扣减分	违法行为	参加国家禁止的组织或活动的	-100
	行政处罚	近五年内受过限制人身自由行政处罚的	每起扣30分
		近五年内因违反治安管理受过行政罚款处罚的	每起扣15分
		一年内在本市因违反税收法律法规受到行政处罚的，	每起扣15分
		三年内在本市因非法行医、违反食品安全法等卫生法律法规受到行政处罚的	每起扣30分
		一年内因违反道路交通法律法规处罚款可以并处拘留而只作罚款处罚的	每起扣5分
		一年内因在本市境内违反交通法律法规被处1000元（含）以上罚款处罚的	每起扣5分
		2010年1月1日起至评分之日未经许可从事道路运输经营活动	每起扣15分
		一年内在本市因违反城市管理法律法规，因非法经营等违法违规行为受到行政处罚的	每起扣15分
		从事歌舞娱乐场所、游艺游戏场所、出版物发行、营业性演出、美术品、社会艺术水平考级、互联网上网服务、广播电视电影违法违规经营活动及违反版权法行为受到行政处罚的	每起扣15分
		从事文物领域违法违规行为受到行政处罚的	每起扣30分
一票否决	刑事处罚	近5年内受过刑事处罚的	取消申请资格
	失信人员	拒不履行法院生效裁判，被法院列为失信人员的	取消申请资格

关于促进质量强市若干政策的实施细则

常政办发〔2015〕194 号

第一条 为贯彻落实市委、市政府《关于加快转型升级步伐推动经济发展迈上新台阶的意见》，深入推进质量强市工作，充分发挥产品质量、标准化在推动全市企业自主创新、转型升级、产业竞争、抢占市场的重要作用，根据《关于推动科技创新促进经济转型升级发展若干政策的意见》，特制定本实施细则。

第二条 营业执照载明的住所在我市范围内、获得各级质量奖的各类企业（不含分支机构），我市标准起草单位及取得其他标准化工作成果的企业、事业单位和人民团体，可按照本实施细则申请奖励。

第三条 申请奖励的认定依据

（一）中国质量奖的认定依据为中国质量奖评审委员会发布的认定文件；江苏省质量奖、江苏省质量管理优胜奖的认定依据为江苏省人民政府发布的认定文件；苏州市长质量奖的认定依据为苏州市人民政府发布的认定文件。

（二）标准主要起草的认定依据为国际标准化组织、国家标准化管理委员会或有关标准管理机构发布的正式标准文本；承担国际、国家专业标准化技术委员会秘书处、分技术委员会秘书处、工作组秘书处工作的认定依据为国际标准化组织、国家标准化管理委员会发布的公告。

第四条 奖励标准

（一）企业获得中国质量奖，每件奖励 200 万元；获得江苏省质量奖，每件奖励 100 万元；获得江苏省质量管理优胜奖和苏州市长质量奖，每件奖励 50 万元。

（二）对国际、国家、行业标准的主要起草单位，分别给予不高于 20 万元、10 万元、8 万元的一次性奖励；对承担国际、国家专业标准化技术委员会（分技术委员会、工作组）秘书处工作的单位，分别给予 20 万元、10 万元的一次性奖励。

第五条 奖励申报流程

（一）新认定的中国质量奖、江苏省质量奖、江苏省质量管理优胜奖、苏州市长质量奖，申请奖励时应提交下列材料：

1. 奖励申请报告；
2. 企业奖励使用规划；
3. 相关认定文件复印件（加盖公章）。

（二）标准主要起草单位，申请奖励时应提交下列材料：

1. 标准化奖励申请表；
2. 标准文本；
3. 标准特点及其先进性和创新性的证明或说明材料，标准中涉及专利的，需提供专利证明；
4. 标准审查评审会议意见；
5. 经济效益和社会效益分析材料；
6. 制定、修订标准已经发生的经费明细。

（三）取得其他标准化成果的单位，申请奖励时应提交下列材料：

1. 标准化奖励申请表；
2. 相关认定依据。

第六条 申请奖励的单位应于每年 3 月底前按照本细则所列的材料清单，持单位上年度开展质量强市、标准化工作证明材料，向市市场监督管理局提出奖励申请。市场监管部门于 6 月底会同市财政等部门，组织专家对受理的申请进行评审，并根据评审结果提出奖励意见，报市政府审批。

第七条 市场监管部门与财政部门负责对奖励资金发放和使用情况进行监督。获得奖励资金的单位应于资金拨付后至次年年底前，向市场监管部门和财政部门提交获得奖励资金项目的绩效评价报告。

第八条 本细则由市市场监管局负责解释，自 2015 年 1 月 1 日起执行。

关于进一步完善城乡居民基本养老保险制度的意见

常政办发〔2015〕204 号

为进一步完善我市社会保障体系，推进养老保险城乡一体化，根据《省政府办公厅关于进一步完善城乡居民基本养老保险制度的意见》（苏政办发〔2014〕104 号）、《市政府办公室关于进一步完善城乡居民基本养老保险制度的意见》（苏府办〔2015〕55 号）和《市政府印发〈常熟市居民社会养老保险实施办法〉的通知》（常政发规字〔2011〕17 号），经市政府第 66 次常务会议审议通过，现就进一步完善我市城乡居民基本养老保险制度提出以下意见：

一、常熟市居民社会养老保险制度更名为常熟市城乡居民基本养老保险制度。

二、以“全覆盖、保基本、有弹性、可持续”为方针，以增强公平性、适应流动性、保证可持续性为重点，合理分担个人与政府责任，科学确定筹资标准和待遇水平，完善保险关系转移接续和制度衔接，强化基金管理监督和经办管理服务，建立完善覆盖全体城乡居民的养老保险体系。

三、坚持和完善社会统筹与个人账户相结合的制度模式，巩固和拓宽个人缴费、集体补助、政府补贴相结合的资金筹集渠道，完善基础养老金和个人账户养老金相结合的待遇支付政策，探索建立基本养老保险和补充养老保险相结合的多层次保障体系，强化制度激励机制，完善服务网络，提高管理水平，促进城乡居民基本养老保险平稳可持续发展。

四、享受最低生活保障待遇和未实现就业的四残人员等特殊弱势人群，财政按最低缴费档次给予全额补助，直至到达规定的养老年龄。

五、本意见实施后到达规定养老年龄，且居民基本养老保险缴费年限达到15年及以上的人员，不再计发“缴费年限养老金”，改按每缴费满1年每月加发6元基础养老金；缴费年限超过15年的，从第16年起，加发标准低于男满60周岁女满55周岁时本市居民基本养老保险基础养老金月标准1%的，予以补足。

六、达到规定养老年龄的本市户籍城乡老年居民，按规定不需缴费且未享受其他养老保险（保障）待遇的，可按规定标准全额享受本市城乡居民基本养老保险基础养老金。

社会保险经办机构要完善城乡居民基本养老保险待遇领取人员信息核对机制，确保不虚、不重、不漏、不错。

七、参保人员在缴费期间因户籍迁移、需要跨地区转移城乡居民养老保险关系的，可在迁入地申请转移养老保险关系，一次性转移个人账户全部储存额，并按迁入地规定继续参保缴费，缴费年限累计计算；已经按规定领取居民养老保险待遇的，无论户籍是否迁移，其养老保险关系不转移。

八、参保人员亡故的，其基本养老保险个人账户资金余额可依法继承，并可以享受一次性丧葬补助金。参保人员丧失中华人民共和国国籍的，可以在离境时或离境后，经本人书面申请，可将个人账户储存额或余额一次性支付给本人。

九、参保人员在被判处有期徒刑期间符合待遇领取条件的，暂缓办理领取手续，待服刑期满再予办理。基础养老金和个人账户养老金分别按其期满之月标准和计发月数计算，并从期满次月起发放居民养老待遇。领取养老待遇人员，在被判处有期徒刑期间，不享受养老待遇，从其服刑期满次月起，恢复发放养老待遇，按其刑满时标准发放。

参保人员被判处管制、缓刑、假释、暂予监外执行期间符合待遇领取条件的，或领取养老待遇人员被判处管制、缓刑、假释、暂予监外执行期间，可以享受养老待遇。

十、享受居民养老保险待遇的老年居民实行社会化管理，其社会保险日常事务管理由居住地所在街道（乡镇）、社区（村）实行属地管理。社保经办机构要加强城乡居民基本养老保险信息管理系统建设，精确记录参保缴费、个人账户、待遇领取等情况，并将城乡居民基本养老保险参保人员列入社会保险个人权益记录单发放范围。

十一、积极探索城乡居民补充养老保险制度，完善城乡居民养老保险体系。

十二、本意见自发文之日起实施，本市已有规定与本意见不一致的，按本意见执行。2015年1月1日至发文之日执行的相关规定与本意见不一致的，按本意见执行。

2015年中共常熟市委主要文件目录

2月25日	常发1号	市委、市政府关于表彰2014年度“公仆杯”、“新风杯”、“安定杯”竞赛先进单位的决定
1月8日	常发2号	关于同意建立中国共产党奇瑞捷豹路虎汽车有限公司委员会的批复
2月9日	常发5号	市委、市政府关于进一步加快全市金融服务业发展的若干意见
2月5日	常发7号	市委、市政府关于印发《关于进一步提高经济发展质量和效益的意见》的通知
2月5日	常发8号	市委、市政府关于印发《关于推进常熟服装城专业流通市场综合配套改革实施意见》的通知
2月5日	常发9号	市委、市政府关于印发《常熟市深化经济体制改革三年行动计划(2014～2016年》的通知
2月5日	常发10号	贯彻落实党的十八届四中全会决定全面推进法治常熟建设的实施意见
2月17日	常发11号	关于建立健全长效机制构筑作风效能新常态的工作意见
2月17日	常发12号	市委、市政府关于印发《常熟市安全生产“党政同责、一岗双责”实施细则》的通知
3月6日	常发13号	市委、市政府关于表彰2014年度政法工作先进集体、先进个人的决定
3月3日	常发14号	市委、市政府关于开展全市板块经济发展“创先争优”考核的实施意见
3月13日	常发15号	关于同意撤销中共常熟市尚湖镇平湖村委员会和建立中共常熟市尚湖镇湖庄村委员会的批复
3月24日	常发16号	市委、市政府关于表彰2014年度常熟市农业农村工作先进集体和先进个人的决定

3 月 20 日	常发 18 号	关于印发《关于市委常委会全面贯彻执行民主集中制的意见》的通知
3 月 24 日	常发 19 号	市委、市政府关于加大农村改革创新力度推动现代农业建设迈上新台阶的意见
3 月 24 日	常发 20 号	市委、市政府关于表彰常熟市 2014 年度生态文明建设工作先进集体和先进个人的决定
4 月 13 日	常发 24 号	市委、市政府关于命名表彰 2011～2013 年度常熟市文明村镇、文明单位的决定
4 月 10 日	常发 25 号	市委、市政府印发《关于加快市属国企市场化主体建设的若干意见》的通知
4 月 10 日	常发 26 号	市委、市政府关于表彰 2014 年度工业经济、开放型经济、服务业、财税工作、人才与科技创新工作、安全生产工作先进集体和先进个人、工业企业十大纳税户的决定
5 月 4 日	常发 29 号	印发《关于法治型基层党组织建设的实施意见(试行)》的通知
6 月 5 日	常发 33 号	关于组织开展纪念建党 94 周年系列活动的通知
6 月 8 日	常发 34 号	关于开展党风廉政建设巡察工作的意见
6 月 17 日	常发 36 号	关于坚持完善人民代表大会制度推动人大工作与时俱进的意见
6 月 18 日	常发 37 号	市委、市政府常熟市“多规合一”工作实施意见
6 月 23 日	常发 38 号	关于推动全面从严治党迈上新台阶的若干意见
6 月 26 日	常发 39 号	关于表彰 2013—2014 年度党建工作先进集体和先进个人的决定
7 月 1 日	常发 40 号	市委、市政府关于授予 2015 年第一批常熟市科技创新创业领军人才称号的决定
6 月 26 日	常发 41 号	市委、市政府关于推动民生建设迈上新台阶的实施意见
7 月 1 日	常发 42 号	市委、市政府关于推动常熟文化建设迈上新台阶的意见
6 月 26 日	常发 43 号	市委、市政府关于加快转型升级步伐推动经济发展迈上新台阶的意见
7 月 1 日	常发 44 号	市委、市政府关于印发《常熟市市级机关部门绩效管理工作实施意见》的通知
7 月 1 日	常发 45 号	市委、市政府关于印发《常熟市镇(开发区、服装城、度假区)机关绩效管理工作实施意见》的通知
7 月 8 日	常发 48 号	市委、市政府关于明确江苏高科技氟化学工业园管理机构管理体制的通知
7 月 20 日	常发 51 号	关于印发《常熟市领导干部学法用法述法考评办法》的通知
7 月 27 日	常发 52 号	关于印发《中共常熟市委十二届十三次全体(扩大)会议决议》和《市委十二届十三次全体(扩大)会议报告》的通知
9 月 8 日	常发 54 号	关于中共常熟市非公有制经济工委更名的通知
9 月 25 日	常发 55 号	市委、市政府关于印发《常熟市创建全国文明城市三年行动计划》(2015～2017)的通知
11 月 2 日	常发 56 号	印发《关于从严管理干部的若干规定》的通知
12 月 3 日	常发 59 号	市委、市政府印发《关于加快推进全市村级工业用地整合优化的实施意见》的通知
11 月 30 日	常发 60 号	市委、市政府关于推动科技创新促进经济转型升级发展若干政策的意见
12 月 14 日	常发 61 号	市委、市政府关于印发《推进常熟国家高新区加快创新驱动发展五年行动计划(2016～2020 年)》的通知
12 月 28 日	常发 62 号	关于印发《中共常熟市委十二届十四次全体(扩大)会议决议》和《在市委十二届十四次全体(扩大)会议上的工作报告》的通知
12 月 28 日	常发 63 号	关于制定常熟市国民经济和社会发展第十三个五年规划的建议

2015 年常熟市人民政府主要文件目录

1 月 5 日	常政发 1 号	关于建设统一规范公共资源交易市场的意见
1 月 21 日	常政发 2 号	关于印发《2015 年度政府投资项目计划》的通知
2 月 4 日	常政发 3 号	关于加快转变政府职能建设服务型政府的意见
2 月 4 日	常政发 4 号	关于颁布 2014 年度常熟市科学技术奖的决定
2 月 26 日	常政发 6 号	关于印发 2015 年常熟市依法行政工作要点的通知

3 月 2 日	常政发 7 号	关于印发《常熟市市直属国资公司监事会暂行办法》的通知
3 月 3 日	常政发 8 号	关于印发《常熟市 2015 年突出环境问题挂牌督办工作方案》的通知
3 月 6 日	常政发 9 号	关于印发《常熟市 2015 年价格调控目标责任制实施意见》的通知
3 月 19 日	常政发 11 号	关于印发《常熟市扶持养老服务组织发展的实施办法》的通知
3 月 19 日	常政发 12 号	关于加快推进养老服务业发展的实施意见
3 月 20 日	常政发 13 号	关于印发《常熟市“畅流活水”工程实施意见》的通知
3 月 25 日	常政发 15 号	关于公布《常熟市政府部门专项资金管理清单目录》的通知
3 月 31 日	常政发 17 号	关于给予常熟市公安消防大队记集体三等功及吴友华等三位同志记个人三等功的决定
4 月 8 日	常政发 18 号	关于进一步加强石油天然气管道保护提升安全发展水平的实施意见
4 月 13 日	常政发 20 号	关于表彰常熟市 2014 年度城建工作先进集体和先进个人的通知
4 月 14 日	常政发 21 号	关于给予章桂生等 138 名同志记个人三等功的决定
4 月 20 日	常政发 22 号	关于进一步加强镇政府(街道办事处)依法行政工作的意见
4 月 27 日	常政发 23 号	关于在全市镇域开展综合执法试点工作的实施意见
5 月 8 日	常政发 24 号	关于公布第一批镇域综合执法集中行使行政处罚权的通知
5 月 29 日	常政发 26 号	关于批转《常熟市 2015 年秋季高级中等学校招生计划》的通知
6 月 1 日	常政发 27 号	关于加强投资项目审批中介服务机构管理工作的意见
5 月 30 日	常政发 28 号	关于明确虞山高新技术产业园管委会管理体制的通知
6 月 3 日	常政发 29 号	关于印发《常熟市人民政府重大行政决策程序规定》的通知
6 月 4 日	常政发 30 号	关于全面加强特种设备安全监管工作的意见
7 月 6 日	常政发 32 号	市政府、市人武部关于表彰 2014 年度征兵工作先进单位和先进个人的通报
8 月 1 日	常政发 33 号	关于深化行政审批制度改革加强事中事后监管的实施意见
9 月 1 日	常政发 35 号	市政府、市人武部 2015 年征兵命令
9 月 10 日	常政发 36 号	关于公布各镇房屋区位补偿价的通知
9 月 25 日	常政发 37 号	关于确定常熟市 2015—2016 年度市级依法行政示范点的通知
9 月 28 日	常政发 38 号	关于公布 2015 年清理规范性文件结果的通知
10 月 28 日	常政发 39 号	关于进一步加强危险化学品企业安全管理的工作意见
11 月 6 日	常政发 41 号	关于公布常熟市第四届哲学社会科学优秀成果奖的决定
11 月 23 日	常政发 42 号	关于公布常熟市权限内行政审批项目目录的通知
11 月 23 日	常政发 43 号	关于印发《常熟市法治政府建设指标体系》的通知
11 月 24 日	常政发 44 号	关于公布《常熟市吴文化地名保护名录(第一期)的通知
12 月 3 日	常政发 45 号	关于公布市级行政执法主体的通知

2015 年常熟市国民经济和社会发展统计公报

2015 年，面对国内外经济形势错综复杂，经济下行压力加大的严峻挑战，全市上下牢牢把握“五位一体、综合发展”总基调，努力适应新常态，积极谋求新发展，全力以赴稳增长、促转型、惠民生，经济运行总体保持平稳。

一、综合

经济运行稳中有进。全年实现地区生产总值 2044.88 亿元，比上年增长 7.2%。其中：第一产业增加值 40.76 亿元，增长 3.8%；第二产业增加值 1064.27 亿元，增长 6.2%；第三产业增加值 939.85 亿元，增长 8.5%。三次产业比例调整为 1.99:52.05:45.96。按常住人口计算，人均地区生产总值 135431 元。

图1　2011年—2015年地区生产总值及其增长速度

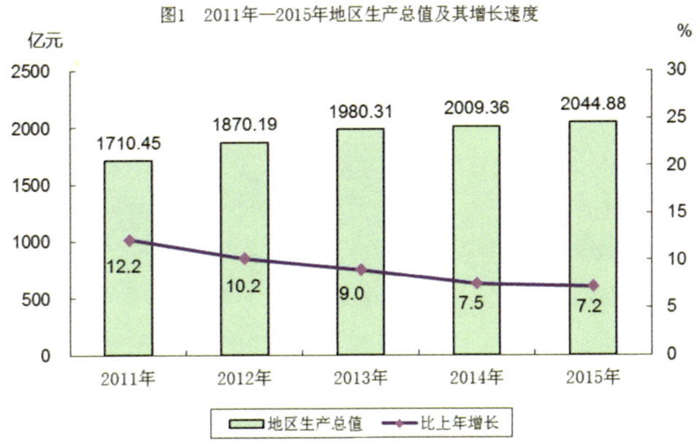

财政实现平稳增长。全年实现财政总收入 369.18 亿元，比上年下降 3.1%，其中税收收入 260.20 亿元，增长 6.5%。实现一般公共预算收入 157.70 亿元，比上年增长 7.0%，其中税收收入 128.40 亿元，增长 4.5%，入库税收占一般公共预算收入的 81.4%。全年一般公共预算支出 155.26 亿元，比上年增长 12.5%；城乡公共服务支出占财政支出的比重达 78.1%。

图2　2011年—2015年一般公共预算收入及其增长速度

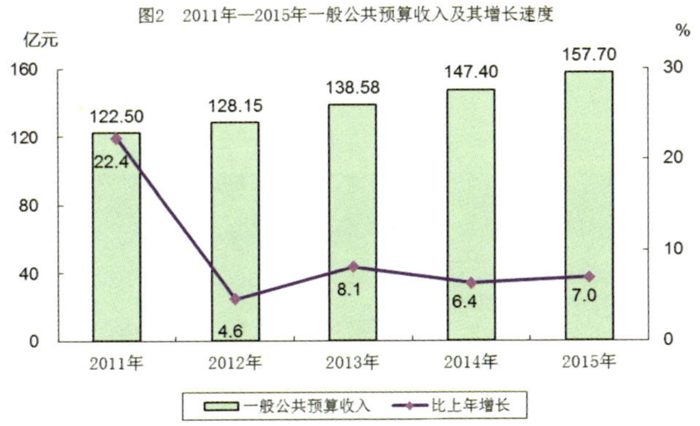

物价保持温和上涨。全年居民消费价格比上年上涨 1.8%，八大类消费品价格呈现“七涨一跌”。上涨的是：食品涨 4.8%、烟酒涨 2.0%、衣着涨 4.3%、家庭设备用品及维修服务涨 3.7%、医疗保健和个人用品涨 0.3%、娱乐教育文化用品及服务涨 1.0%、居住涨 1.6%；下跌的是：交通和通信跌 5.4%。

图3　2015年城镇居民消费价格指数

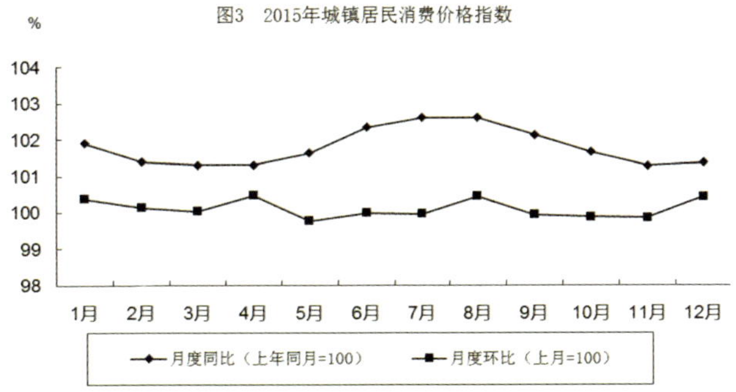

就业形势基本稳定。全年新增就业岗位 8.90 万个，提供高校毕业生就业岗位 1.40 万个，开发公益性岗位 1069 个。年末城镇登记失业率 1.91%，常熟籍大中专毕业生就业率 97.6%。

二、农林牧渔业

农业生产总体平稳。全年实现农业总产值 76.20 亿元，比上年增长 5.4%。其中，种植业产值 44.17 亿元，增长 10.5%；牧业产值 6.07 亿元，下降 8.2%；渔业产值 13.95 亿元，下降 2.2%。全年粮食种植面积 62.49 万亩，比上年下降 1.6%；粮食总产量 30.60 万吨，下降 1.6%；粮食亩产 489.6 千克/亩，与上年持平。其中，夏粮种植面积 30.37 万亩，下降 0.8%；产量 10.63 万吨，下降 0.4%，亩产 349.9 千克/亩，增长 0.3%。秋粮种植面积 32.12 万亩，下降 2.4%；产量 19.97 万吨，下降 2.2%，亩产 621.7 千克/亩，增长 0.2%。全年肉类总产量 14623 吨，比上年下降 19.9%。其中，猪肉产量 12788 吨，下降 19.2%；禽肉产量 1407 吨，下降 31.9%。年内生猪出栏 18.27 万头，比上年下降 19.2%；禽蛋产量 4265 吨，下降 14.9%；牛奶产量 24618 吨，增长 16.2%。水产品产量 37316 吨，比上年下降 1.0%。

图4　2011年—2015年粮食总产量及其增长速度

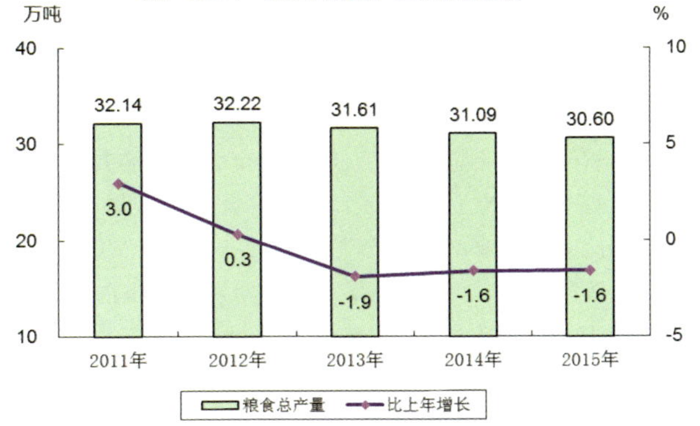

2015 年主要农产品产量

表 1

产品名称	计量单位	产　量	比上年增长%
粮食	吨	305965	-1.6
#夏粮	吨	106256	-0.4
#小麦	吨	105635	-0.4
秋粮	吨	195663	-2.4
#水稻	吨	192361	-2.5
棉花	吨	370	-32.1
油料	吨	3975	-28.0
#油菜籽	吨	3780	-29.2
蔬菜	吨	854971	1.0
瓜类	吨	22881	10.8
水果	吨	16440	8.4
茶叶	吨	38	6.1
生猪出栏	万头	18.27	-19.2
家禽出栏	万只	80.99	-32.9
肉类	吨	14623	-19.9
#猪肉	吨	12788	-19.2
禽肉	吨	1407	-31.9
禽蛋	吨	4265	-14.9
牛奶	吨	24618	16.2
水产品	吨	37316	-1.0

农业产业化稳步推进。完成“四个百万亩”用地计划调整，形成“一核三带多园区”现代农业产业发展格局，国家农业园区核心区完成 3.3 万平米温室大棚各项配套工程，常熟市农业科技发展有限公司和种业公司进入市场化实质性运作，主核心区农业科技创新中心工程启动。

农业现代化水平提升。全年新增高标准农田 4.4 万亩；新增高效设施农业面积 1988 亩，高效设施农业面积比重达 15.5%；新增高效设施渔业面积 2000 亩，高效设施渔业面积比重达 28.2%；农业机械化水平达 90%。新增市级以上农业龙头企业 6 家；新增各类新型农村合作经济组织 89 家；新增无公害农产品、绿色食品 26 个。

三、工业和建筑业

工业生产缓步下行。全年实现全部工业总产值 4554.30 亿元，比上年下降 0.6%。其中，规模以上工业产值 3612.54 亿元，下降 1.5%，占工业总产值的比重为 79.3%。按行业分，全市规模以上工业 32 个大类行业中 12 个行业产值比上年实现增长，占行业总数的 37.5%；前十大行业合计实现产值 3027.62 亿元，比上年下降 1.0%，占规上产值的 83.8%。按规模分，大型企业产值 1877.71 亿元，比上年增长 0.6%；中型企业产值 694.73 亿元，下降 3.3%；小微企业产值 1040.10 亿元，下降 4.1%。按注册类型分，内资企业产值 1924.06 亿元，比上年下降 6.9%；外资企业产值 1688.48 亿元，增长 5.4%。按结构分，重工业产值 2098.41 亿元，比上年下降 1.6%；轻工业产值 1514.14 亿元，下降 1.5%。

图5　2011年—2015年工业总产值及其增长速度

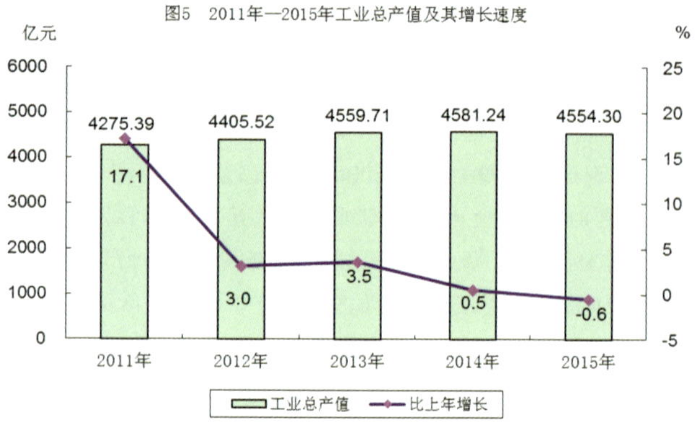

2015 年规模以上工业主要行业产值及其增长速度

表 2

指　　标	产值(亿元)	比上年增长%
电气机械和器材制造业	522.26	5.4
计算机、通信和其他电子设备制造业	507.85	9.2
纺织服装、服饰业	399.94	-7.7
化学原料和化学制品制造业	363.16	-7.5
纺织业	317.76	-5.4
汽车制造业	271.01	86.6
黑色金属冶炼和压延加工业	235.84	-32.3
通用设备制造业	173.66	-9.1
金属制品业	139.43	-2.8
电力、热力生产和供应业	96.72	-8.9

工业转型步伐加快。全年实现苏州八大新兴产业产值 1620.87 亿元，比上年增长 1.1%。全年六大高耗能行业实现产值 825.84 亿元，比上年下降 16.4%，占规上工业产值的 22.9%，比上年回落 4.0 个百分点。

2015 年规模以上工业企业主要工业产品产量

表 3

产品名称	计量单位	产　量	比上年增长%
纱	万吨	3.86	-10.8
布	万米	1385.45	-11.0
服装	万件	16227.84	-10.8
人造板	万立方米	72.87	-18.5
化学纤维	万吨	20.96	-5.3
橡胶轮胎外胎	万条	1213.53	-19.3
钢材	万吨	520.95	0.2
模具	万套	65.43	13.7
电力电缆	万千米	63.79	-1.7
光缆	万芯千米	559.54	9.2
家用冷柜(家用冷冻箱)	万台	107.26	-17.3
电子元件	亿只	178.60	3.7

工业效益增长回调。全年规模以上工业企业实现产品

销售收入 3547.87 亿元，比上年下降 2.6%；利税总额 244.72 亿元，下降 1.0%，其中利润总额 168.60 亿元，下降 2.4%。

建筑行业发展趋缓。全年资质以上建筑业企业（含劳务分包）实现建筑业总产值 155.86 亿元，比上年下降 15.1%；竣工产值 166.22 亿元，增长 20.0%；房屋施工面积 1316.61 万平方米，比上年下降 13.2%，其中新开工面积 308.06 万平方米，下降 44.0%；竣工面积 569.57 万平方米，增长 11.8%，其中住宅竣工面积 325.29 万平方米，增长 32.8%；工程结算收入 160.83 亿元，下降 5.7%，利润总额 7.13 亿元，下降 3.8%。

四、固定资产投资

投资降幅有所收窄。全年完成全社会固定资产投资 631.22 亿元，同比下降 3.0%。其中，第二产业 284.39 亿元，比上年下降 17.4%；第三产业 346.82 亿元，增长 13.5%。

图6　2011年—2015年固定资产投资及其增长速度

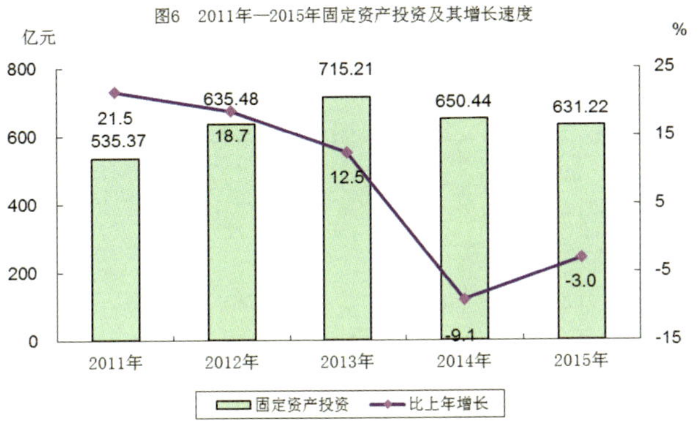

投资结构不断优化。全年工业投资完成 284.01 亿元，比上年下降 17.5%，其中工业技改投入 198.82 亿元，增长 3.4%。全年高新技术产业完成投资 70.44 亿元，增长 21.7%；高耗能行业完成投资 68.97 亿元，下降 17.5%。

2015 年房地产开发和销售主要指标完成情况及其增长速度

表 4

指　　标	单　位	绝对数	比上年增长（%）
投资额	亿元	150.58	1.9
＃住宅	亿元	125.41	1.8
房屋施工面积	万平方米	918.10	0.2
＃住宅	万平方米	650.12	5.1
房屋新开工面积	万平方米	137.53	－49.9
＃住宅	万平方米	104.35	－49.2
房屋竣工面积	万平方米	79.53	－31.6
＃住宅	万平方米	55.97	－19.3
商品房销售面积	万平方米	145.96	1.1
＃住宅	万平方米	130.54	0.7
商品房销售额	亿元	134.14	6.9
＃住宅	亿元	121.68	7.6

二手房市场小幅上涨。全年二手房成交面积 114.88 万平方米，比上年增长 1.6%，其中住宅成交面积 78.36 万平方米，增长 57.9%；二手房成交总额 73.38 亿元，增长 45.3%，其中住宅成交额 64.25 亿元，增长 81.4%。

五、国内贸易

消费市场平稳增长。全年实现社会消费品零售总额 675.64 亿元，比上年增长 9.2%。按销售地区分，城镇市场零售额 560.54 亿元，比上年增长 10.0%；农村市场零售额 115.10 亿元，增长 5.3%。按行业分，批发和零售业零售额 618.87 亿元，比上年增长 8.9%；住宿和餐饮业零售额 56.77 亿元，增长 12.3%。

图7　2011年—2015年全社会消费品零售总额及其增长速度

商品市场健康发展。全年实现商品市场成交额 1756.70 亿元，比上年增长 3.0%；其中服装城成交额 1312.70 亿元，增长 5.0%。按市场类型分，综合集贸市场成交额 223.09 亿元，比上年增长 2.5%；专业市场成交额 1533.61 亿元，增长 3.1%。

六、开放型经济

实际利用外资放缓。全年新批外商投资项目注册外资 13.52 亿美元，比上年增长 56.1%；实际使用外资 8.05 亿美元，下降 23.5%。

进出口市场表现良好。全年实现进出口总额 221.57 亿美元，比上年增长 9.8%。其中，进口 75.47 亿美元，下降 1.0%；出口 146.10 亿美元，增长 16.4%。进出口差额（出口减进口）70.63 亿美元，比上年增加 21.37 亿美元。

图8　2011年—2015年进出口总额及其增长速度

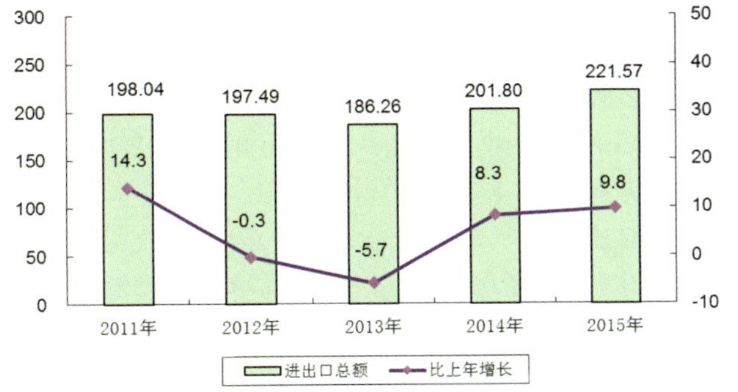

表 5

2015 年货物进出口总额及其增长速度

指　　标	绝对数(亿美元)	比上年增长%
货物进出口总额	221.57	9.8
货物出口额	146.10	16.4
#一般贸易	70.24	-2.8
加工贸易	75.33	42.2
#机电产品	88.14	40.1
高新技术产品	59.65	78.9
货物进口额	75.47	-1.0
#一般贸易	30.59	1.8
加工贸易	29.26	-0.6
#机电产品	39.35	13.8
高新技术产品	21.22	3.2

表 6

2015 年对主要国家和地区货物进出口额及其增长速度

国家和地区	进出口额(万美元)	比上年增长%	出口额(万美元)	比上年增长%	进口额(万美元)	比上年增长%
美国	491258	33.6	435055	34.7	56203	25.5
日本	286868	-5.0	175741	2.7	111127	-15.0
欧盟	387098	33.4	251430	32.3	135668	35.6
东盟	222135	-13.2	126801	7.1	95334	-30.8
拉丁美洲	165992	6.2	72264	-2.2	93728	13.7
韩国	103486	0.7	57146	9.7	46340	-8.6
台湾	112973	-24.0	20858	-18.8	92114	-25.1
巴西	83845	-6.4	19609	-21.6	64236	-0.5
新加坡	71569	-29.9	23275	21.5	48294	-41.7
泰国	47157	7.1	30774	24.7	16384	-15.4

外经合作有新拓展。全年新办境外企业(开业数)17 家,累计 144 家,当年投资 1.65 亿美元,比上年增长 26.7%。全年新签境外劳务及承包工程合同额 2.44 亿美元,比上年增长 31.9%;完成营业额 1.71 亿美元,增长 17.9%。全年服务外包接包合同额 2.82 亿美元,比上年下降 5.7%;离岸执行额 1.91 亿美元,增长 26.5%。

七、交通、邮电和旅游

交通运输稳步发展。全年旅客运输量达 3853 万人次,比上年下降 13.7%;旅客周转量 14.80 亿人公里,下降 4.1%。全年货物运输量达 1527 万吨,比上年增长 0.9%;货物周转量 26.65 亿吨公里,增长 6.9%。全年常熟港货物吞吐量达 8507 万吨,比上年增长 5.7%。其中,外贸货物吞吐量 1481 万吨,增长 4.5%;集装箱吞吐量 38.98 万标箱,增长 2.5%。年末民用汽车保有量达 34.46 万辆,比上年增长 10.0%,其中私家车保有量 30.24 万辆,增长 12.2%。

推行公交优先战略。实现城市公交、城乡公交、镇村公交实现无缝衔接。新增公交车辆 123 辆;新建候车亭 321 只;新建公交首末站工程 27 只;新增公交线路 2 条,调整延伸 12 条,加密 27 条;新增公共自行车租赁点 70 个,新增投放公共自行车 1950 辆。

图9　2011年—2015年港口吞吐量及其增长速度

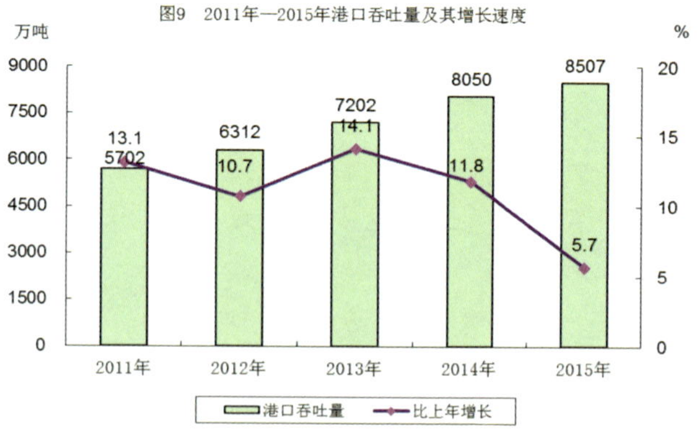

邮电业务继续扩大。全年实现邮电业务总收入 35.05 亿元,比上年增长 3.9%。其中,邮政业务收入 12.84 亿元,增长 22.5%;电信业务收入 22.21 亿元,下降 4.5%。

旅游事业品质提升。全年各类景点接待境内外游客 1924.02 万人次,比上年增长 4.4%。其中,国内游客

1916.24万人次，增长4.4%；境外过夜游客5.24万人次，下降7.1%。全年实现旅游收入282.45亿元，比上年增长8.4%。其中，国内旅游收入277.11亿元，增长8.2%；旅游外汇收入8665万美元，增长16%。

图10　2011年—2015年旅游总收入及其增长速度

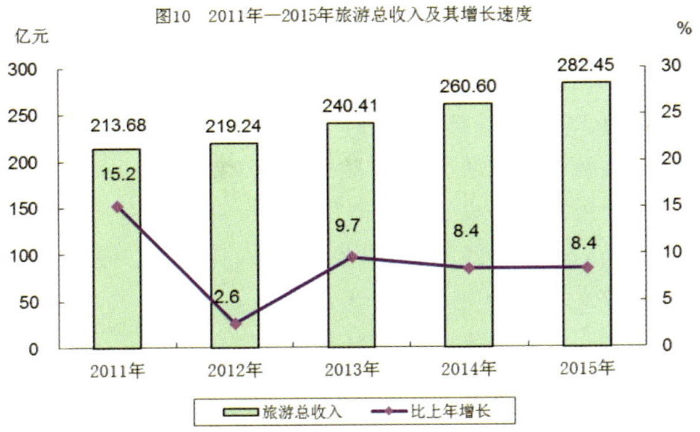

八、金融、证券和保险业

金融信贷运行向好。年末全部金融机构本外币各项存款余额2604.88亿元，比年初增加226.43亿元，其中人民币存款余额2418.40亿元，增加158.95亿元。年末全部金融机构本外币各项贷款余额2040.32亿元，比年初增加102.75亿元，其中人民币贷款余额1930.91亿元，增加114.61亿元。

2015年全部金融机构本外币存贷款余额及其增长速度

表7

项　　目	年末数(亿元)	比年初增长%
各项存款	2604.88	9.5
#住户存款	1112.99	6.1
#人民币住户存款	1104.60	5.9
非金融企业存款	1024.29	13.4
广义政府存款	429.86	9.3
各项贷款	2040.32	5.3
境内贷款	2036.43	5.1
#住户贷款	442.30	7.5
短期贷款	138.23	-3.1
消费贷款	30.97	70.4
经营贷款	107.26	-13.9
中长期贷款	304.07	13.1
消费贷款	270.13	15.3
经营贷款	33.94	-2.1
非金融企业及机关团体贷款	1594.13	4.5
#短期贷款	895.22	-3.6
中长期贷款	611.07	14.5
境外贷款	3.88	528.5

注：2015年起金融机构存贷款统计口径进行调整。

证券交易市场活跃。年末证券交易股票开户总数41.80万户，比上年增长25.3%；全年各证券营业点股票交易额9807.02亿元，增长344.4%。年末证券机构托管股票市值291.43亿元，比上年增长79.2%。

保险业务继续开拓。全年保险机构保费收入38.74亿元，比上年增长16.4%。其中，寿险业务保费收入17.80亿元，增长19.8%；健康险和意外伤害险业务保费收入2.98亿元，增长26.3%；财产险业务保费收入17.95亿元，增长11.7%。全年保险业务支出15.76亿元，比上年增长25.2%。

九、科学技术和教育

科技创新加速培育。常熟科技创新体制综合改革试点方案获省政府批准，“高新技术企业三年培育计划”全面完成，“313”工程扎实推进，高新区升格为国家级高新区。新增高新技术企业99家、省民营科技企业204家、省高新技术产品330只，列入省重大科技成果转化专项4项；获批省重点企业研发机构5家，省工程技术研究中心6家，省研究生工作站18家，苏州市企业研究院、院士工作站、重点实验室各1家，苏州市工程技术研究中心58家；新增省级科技企业孵化器4家。

专利人才成果丰硕。全年申请专利6324件，其中发明专利3606件；授权专利3267件，其中发明专利728件。年末拥有有效发明专利3112件，按常住人口计算万人发明专利拥有量达20.61件。2015新增中国驰名商标1件。年末全市拥有各类人才27.7万人，其中高层次人才1.97万人；拥有各类专业技术人员20.88万人，其中高级职称1.05万人，中级职称3.8万人。全年培育和引进国家“千人计划”人才4人，年末拥有19人；新增省双创计划人才5人，年末拥有45人；新增姑苏计划人才21人，年末拥有76人；新增市级领军型人才项目50个，年末拥有282个。

教育事业蓬勃发展。昆承中学扩建工程、游文幼儿园、东南实验小学及幼儿园建成投用，新开工校安工程3.3万平方米；深化义务教育集团办学模式，扶持普惠性民办幼儿园发展，推进公办幼儿园独立法人扩面，完成国标校车升级工作。全市学龄儿童入学率100%，小学毕业生升学率、初中毕业生升学率和高考录取率分别为90.0%、98.1%和98.0%。年末拥有各类学校108所，在校生数152143人，毕业生数33146人，专任教师10250人。其中，高等学校在校生18061人，专任教师889人。年末拥有幼儿园80所，在园幼儿数33090人。

各类学校在校生及专任教师情况

表8

指　　标	所数(所)	在校生人数(人)	专任教师(人)
合计	108	152143	10250
普通高等学校	1	18061	889
普通中等专业学校	3	8233	956
高级中学(含完全中学)	8	11897	1199
初级中学(含九年一贯制)	36	30878	2496
小学	59	82337	4674
特殊教育学校	1	737	36
附：幼儿园(含民办)	80	33090	1448

十、文化、卫生和体育

文化事业繁荣发展。成功举办2015中国(常熟)江南文化节暨沙家浜旅游节和第四届中国古琴艺术节等重大文化活动;文庙工程主体建筑完成;文史专著《让国南来·仲雍》、《南方夫子·言偃》正式出版,填补了国内吴文化专著研究空白。全年各类文化惠民活动演出430场,观众约15万人次。新建农村电影固定放映点2个,累计建成22个,实现农村电影流动放映与固定放映相结合。全市文化系统拥有文物保护和科学研究机构5个,举办陈列11个、展览17个,参观人次32.86万人;艺术表演团体2个,演出3253场次;文化馆1个,文化站10个,社区文化活动室112个,村文化活动室332个;艺术表演场馆2家。年末拥有公共图书馆1个、图书分馆25个,总藏量244.92万册,其中图书藏量215.51万册。年末数字电视用户36.31万户,广播节目综合人口覆盖率100%,电视节目综合人口覆盖率100%。

卫生事业快速发展。市血站迁建、中医院扩建工程投用,紧密型医联体建设纵深推进,实施慢病患者下沉社区管理,受惠群众18万人。年末拥有各类医疗卫生机构468个,拥有床位7346张。年末拥有卫生技术人员8569人,其中执业医师(助理)3570人,注册护士3240人;乡村医生275人。

医疗卫生机构基本情况

表9

指　　标	个数(个)	床位数(张)	卫生技术人员(个)
合计	468	7346	8569
医院(含民营医院、护理院)	25	5955	5756
乡镇卫生院	20	1082	1227
社区卫生服务中心	8	309	457
村卫生室	140	—	9
社区卫生服务站(个)	82	—	170
门诊部	34	—	248
诊所(卫生所、卫生室、校医室)	140	—	313
卫生系统机构	18		386
其他卫生机构	1	—	3

体育事业积极发展。市公共体育服务中心建成投用,新增8所学校体育设施向社会开放,成功创建省公共体育服务示范区。全年新增全民健身工程(点)17个,累计拥有519个。举办群众性体育活动370次,参加人数达67万人次。新认定二级以上运动员10人、二级以上等级裁判员2人、社会体育指导员421人。获省级以上竞赛金牌36枚、银牌14枚、铜牌15枚。获苏州市级竞赛金牌137.5枚、银牌90枚、铜牌91枚。学校体育设施向公众开放率达到61%。全年销售体育彩票3.3亿元,筹集体彩公益金2447万元。

十一、环境保护和安全生产

生态环境明显改善。开展城乡环境整治“百日行动”,完成“九整治”项目40个、“三规范”项目189个,通过国家卫生城市复审和国家生态园林城市、省优秀管理城市现场考查。PM2.5年平均浓度下降13.6%,空气质量优良天数比例(AQI)66.8%。“美丽乡村”示范村建设顺利推进,新增“三星级康居乡村”20个、美丽乡村1个。调整优化164.8平方公里省级生态红线保护区域,完成水系连通调控规划编制,实施城乡河道综合治理38条、省太湖治理工程100项、“畅流活水”项目25个,古城区活水自流效果显现,七浦塘常熟段全线通水,铁黄沙整治、城西污水处理厂二期等重大环境工程进展顺利。新增造林绿化面积1519亩。

安全生产取得成效。全年发生生产安全事故857起,死亡129人;其中道路交通事故532起,死亡122人。亿元GDP生产安全事故死亡率为0.0631人。

十二、人口、人民生活和社会保障

人口总量保持稳定。年末户籍户数32.79万户,户籍人口106.82万人,比上年减少633人。全年出生7827人,人口出生率7.33‰;死亡8618人,人口死亡率8.07‰;人口自然增长率为-0.74‰。出生人口性别比为104.4(男性:女性,女性=100)。年末常住人口151.01万人,比上年增加0.04万人;其中城镇人口为101.27万人,占常住人口的67.06%,比重较上年提高1.03个百分点。

人民生活质量提高。全年全市全体居民人均可支配收入41506元,比上年增长8.3%;全体居民人均生活消费支出25472元,增长7.4%。其中,城镇居民人均可支配收入50413元,增长8.3%;人均生活消费支出29323元,增长7.0%。农村居民人均可支配收入25811元,增长8.6%;人均生活消费支出18686元,增长8.7%。城乡居民收入比为1.95:1。

社保体系更加完善。全年用于民生支出85.11亿元,比上年增长10.1%,占一般公共预算支出的54.9%。实施全民参保登记计划,年末城镇职工基本养老保险参保60.98万人,覆盖率99.6%;城镇职工基本医疗保险参保78.48万人,覆盖率99.6%;失业保险参保44.86万人,覆盖率99.6%;工伤保险参保44.31万人,覆盖率99.6%;生育保险参保41.51万人,覆盖率99.6%。年末新型农村养老保险参保0.25万人,覆盖率99.0%。年末居民基本(农村合作)医疗保险参保40.87万人,覆盖率99.3%。城乡居民低保标准提高到每月750元,居民基本医疗保险人均筹资标准提高到800元。年内新开工各类保障性住房2706套,基本建成1054套;启动住房保障货币化补贴新政,新增缴存住房公积金职工5.5万人。养老设施建设加快推进,启用市敬老院,建成日间照料中心102家、助餐点92个,新增养老机构床位数622张,累计达11704张,镇级居家养老服务管理中心建成率100%。

注:① 地区生产总值、各产业增加值绝对数按现价计算,增长速度按不变价格计算。

② 旅客、货物运输量周转量测算方法发生调整,“比上年增长”为同口径数据。

③ 邮政业务总收入包含邮政、EMS和规模以上社会快

递公司快递业务收入。

④ 保险数据来源于保监会。

⑤ 各类学校统计口径包含外来工子弟学校，幼儿园统计口径包含民办幼儿园。

⑥ 城镇职工基本养老保险参保人数为在职缴费人数，城镇职工基本医疗保险参保人数为在职缴费人数和离退休人员参保人数，失业保险、工伤保险、生育保险参保人数为缴费人数，新型农村养老保险参保人数为缴费人数。

⑦ 养老机构床位数统计口径包含居家养老床位数。

（市统计局提供）

索 引

说明:

(1)本索引采用主题分析索引方法,按主题词汉字拼音字母顺序排列,同音字按声调排列,音调相同按下一字的音序排列。(2)索引主题后括号内的阿拉伯数字是主题内容所在的页码。(4)重复出现的主题,索引中只排列一次,页码中间以“,”分隔,按顺序排列。(5)索引标引词一般采用中心词和简称,一级类目字体加粗标志。

D

H

J

K

L

S

T

W

虞山十八景

常熟素以悠久的人文历史、秀丽的山川景色、丰饶的物产资源享誉江南。常熟“虞山十八景”之说，形成于明、清之际，其后邑内外文人墨客留下许多“虞山十八景”的咏诗和绘图。现分年刊出邑人赵宗维所绘“虞山十八景”图，赵宗维早年师从王澹如，是清末民初虞山画派的重要代表。

书台积雪

又称“书台怀古”，位于城区虞山东南麓之书台公园内。南朝梁昭明太子萧统曾在此读书著述，留下读书台。台上筑长方形石亭，亭内有萧统像石刻、碑记及大石台。周边焦尾泉、仓圣祠、巫咸祠、雅集亭等错落于参天古木之间。在此观山听泉，读书会友，别有情趣。冬日吟眺雪景，尤多雅兴。

破山晚钟

一说“破山清晓”，位于城北虞山北麓兴福寺内。寺建于南朝齐，始名大慈寺，梁大同改名兴福寺。唐贞观后改称破山寺，诗人常建游寺后作《题破山寺后禅院》，咸通间复称兴福寺至今。寺内有唐幢、米碑亭、四高僧殿、空心潭、空心亭、兴福石、救虎阁、君子泉、白莲池等众多名胜。

降龙古涧

相传唐贞观间，虞山出现一条白龙，常化作白须老翁到兴福寺听高僧讲经。后老翁现出原形，高僧恐惧，忙口诵咒语，召来一条黑龙与之相斗。白龙不能胜，冲山而去，寺前山坡为之破裂，故称“破山”，破山寺因此而得名。寺前破山处形成一条山涧，称“破山涧”，涧内山石都呈赭色。

昆承双塔

又称“昆城双塔”。双塔是指城区的方塔与小东门外的聚奎塔。聚奎塔初建于明万历间，崇祯初建成，清同治后因遭飓风而严重损坏，后渐废；方塔建于南宋建炎间，原名崇教寺宝塔，又称兴福寺塔，塔系正方形，四面九层，今已修整一新。旧日双塔互为犄角，在昆承湖上可眺望双塔雄姿。

桃源春霁

常熟城区北门外烈士陵园后虞山北坡，中有桃源涧。其涧上部狭长，涧底大石平铺，大雨后水流急泻直下，形如一柄寒光闪闪的宝剑。旧日涧两侧遍植桃林，每当春雨初霁，涸水奔泻，落红片片，随流飞泻，胜似陶渊明所描述的桃花源仙境。涧边崖上有“桃源涧”“古月寒泉”等石刻多处。

常熟年鉴